Peter Fiedler

Persönlichkeitsstörungen

Peter Fiedler

Persönlichkeitsstörungen

Mit einem Geleitwort von
Prof. Dr. Christoph Mundt

5., völlig neu bearbeitete Auflage

BELTZ PVU

Anschrift des Autors:

Prof. Dr. Peter Fiedler
Psychologisches Institut
Universität Heidelberg
Hauptstr. 47–51
D-69117 Heidelberg

Jokers Sonderausgabe

5., vollständig überarbeitete und erweiterte Auflage 2001

1. Auflage 1994 Psychologie Verlags Union
2., überarbeitete und erweiterte Auflage 1995
3., aktualisierte Auflage 1997
4. Auflage 1998

http://www.beltz.de

Lektorat: Gabriele Lange
Herstellung: Uta Euler
Umschlaggestaltung: Federico Luci, Köln
Umschlagbild: Mauritius-Die Bildagentur GmbH, Frankfurt
Satz, Druck und Bindung: Beltz Bad Langensalza GmbH, Bad Langensalza
Printed in Germany
5 4 3 2 1 0

ISBN 978-3-86800-504-2

Inhaltsverzeichnis

Geleitwort

von Prof. Dr. Christoph Mundt

Mit dem Autor dieses Werkes verbindet mich eine über mehr als ein Jahrzehnt gehende wissenschaftliche und persönliche Freundschaft. Unsere räumliche Nähe und die häufigen regelmäßigen Zusammenkünfte haben nicht verhindert, mich in tiefste Überraschung zu stürzen, als dieses Buch mit seiner Durchdringung einer ungeheuren Stofffülle plötzlich auf dem Schreibtisch lag. In aller Stille und mit der ihm eigenen Systematik hatte Peter Fiedler nicht nur Material gesichtet, Material, das von der Geschichte des psychoanalytischen Hysteriebegriffs über Irrungen und Wirrungen der amerikanischen und europäischen Diagnosemanuale bis zu Details therapeutischer Ansätze und ihrer Techniken reicht. Was macht das Buch so bemerkenswert über die Tatsache hinaus, dass es ein schier unübersehbares und diffuses Literaturgebiet erschöpfend referiert und in eine – Verständniszusammenhänge erst ermöglichende – Ordnung gebracht hat?

Man spürt dem Werk an, dass sein Autor gleichermaßen in der Psychologie, ihrer Ideengeschichte und ihren aktuellen Forschungsergebnissen zu Hause ist wie auch in der therapeutischen Praxis und in der psychiatrischen Klinik, deren Klientel er durch enge Kooperationen in Münster und Heidelberg kennt. Wie so oft stimuliert Grenzgängertum kreative Leistungen, hier das Grenzgängertum zwischen den unterschiedlichen Sichtweisen aus Psychiatrie und Psychologie auf ein Problemfeld, in dem niemand sich wohl wirklich zu Hause fühlt. Dies hindert nicht, dass sein Herz auf der Seite der Psychologie, in Sonderheit der klinischen Sozialpsychologie schlägt. Unaufdringlich, ohne jede Einseitigkeit der Literaturauswahl, aber beharrlich wirbt er dafür, mit dem diagnostischen Begriff Persönlichkeitsstörung das medizinische Paradigma zu verlassen, die Neutralisierung einer „Morbologie" von devianten Persönlichkeiten in den Begriffen *Disorder* und *Störung* ernst zu nehmen. Er schlägt eine Definition vor, die sich von der Person weg auf die Interaktion und damit auf ein Beziehungsgefüge, ein System von einander bedingenden Interaktionsabläufen konzentriert.

Konsequenterweise werden Persönlichkeitsstörungen entwicklungspathopsychologisch – übrigens wie in der älteren Charakterlehre etwa von Reich – als Schutz- oder Coping-Haltungen verstanden, die therapeutisch erst einmal positiviert werden müssen, um den Blick durch Entstigmatisierung frei zu bekommen für die Aufgabe, dem Patienten den Erwerb sozialer Kompetenz zu ermöglichen. Der Abbau stigmatisierender Terminologie, wie sie sich aus der älteren psychiatrischen Literatur entwickelt hatte, und stigmatisierender Denkweisen, wie sie bestimmte Strömungen der Forensik bis Mitte der 70er-Jahre pflegten, ist dem Autor nicht nur wegen ihrer therapeutischen Auswirkungen wichtig – wer nicht an Therapierbarkeit glaubt, entwickelt auch keine Fantasie zu therapeutischen Techniken für ein widerständiges Klientel –, sondern auch wegen der nur so zur Innovation führenden Öffnung konzeptionellen Denkens.

Die Rezeption amerikanischer Forschung, die Fiedler hier vermittelt, füllt die Lücke in der europäischen Literatur zu diesem Thema. Seine überwiegend positive Aufnahme der Intention des DSM, theoriefrei zu arbeiten, mag die positivismuskritischen Leser hie und da verschrecken. Sie sollten sich nicht abwenden. Die Aufbereitung des Materials ist nie einseitig, dem kritischen Leser wird seine Meinung gelassen, die des Autors wird ersichtlich. Ohne eigene Stellungnahme ist diese Stoffmasse ohnehin nicht strukturierbar. Fiedler führt die Philosophie des DSM konsequent weiter, wenn er kritisch anmerkt, dass die Kriteriologie einiger Persönlichkeitsstörungen des DSM auf einem heterogenen Gemisch von Symptomen und Interaktionen basiert – andererseits die dissoziale Störung weitgehend von dem Wertungsaspekt der Delinquenz bereinigt wurde. Er schlägt deshalb vor, die stark symptomgestützten Diagnosen auf die Achse 1 zu verlegen und die Achse 2 wirklich nur den Interaktionssonderheiten vorzubehalten.

Die ungewöhnlich rasch notwendig gewordene 2. Auflage und die jetzt erreichte 5. Auflage zeigen, wie nötig dieses Buch gewesen ist. Ich war nicht zu Unrecht von Anfang an überzeugt, dass es ein Standardwerk werden wird, nicht zuletzt deswegen, weil es die psychologische und die psychiatrische Tradition des Gebietes zusammenführt, eine Verbindung, die mit den psychologischen Persönlichkeitslehren und den schwer systematisierbaren klinischen psychopathologischen Realitäten nur von wenigen Autoren bezwungen wird. Mit Sicherheit zu erwarten ist von diesem Autor, dass er die in seinem Buch aufgeworfenen Fragen, etwa die nach einer Entwicklungspsychopathologie bzw. Entwicklungspathopsychologie – wie bereits in den vergangenen Jahren – auch in der Forschung weiterverfolgen wird. Man darf sich über dieses Buch und seine Zukunft weiterhin freuen.

Eine persönliche Vorbemerkung zur 5. Auflage

... so gilt doch dies auf Erden:
Wer mal so ist, muss auch so werden.
Wilhelm Busch

Eine umfassende Darstellung des gegenwärtigen Wissens über Persönlichkeitsstörungen ist ein Unterfangen, das die Fähigkeiten eines einzelnen Forschers in höchstem Maße herausfordert und das ihn gelegentlich an die Grenzen seiner Möglichkeiten führt. Eine allseits akzeptierbare Zusammenfassung setzt nämlich ein Gebiet voraus, über das mehr oder weniger Einigkeit herrscht. Genau dies ist im Bereich der Persönlichkeitsstörungen nach wie vor nicht der Fall. Dass ich mich vor jetzt genau zehn Jahren an diese Arbeit gemacht habe, geschah gerade deshalb – andererseits und ursprünglich aber auch, um mich selbst gründlich kundig zu machen. Da ich mich dabei ziemlich ehrgeizig an die Arbeit gemacht habe, ist über die Jahre hinweg diese, zumindest was die Seitenzahl angeht, recht passable Zusammenschau herausgekommen. Dass dieses Buch bereits wenige Jahre nach Erscheinen die 5. Auflage erreichen sollte, das jedoch habe ich nicht vorauszudenken gewagt.

Diese Neuauflage möchte ich zum Anlass nehmen, in eine erneute gründliche Fortschreibung des Textes einzutreten. Dies ist zwingend notwendig und sinnvoll, denn ein weltweit zunehmendes Interesse an den Persönlichkeitsstörungen hat zwischenzeitlich zu einem wahren Boom von Publikationen geführt. Selbst jene, die wie ich – von zwanghafter Sammelleidenschaft angetrieben – möglichst viele Publikationen selbst besitzen wollen, können mit der Entwicklung kaum mehr mithalten. Auch die zwei eigens zum Themenfeld neu gegründeten Zeitschriften (das *Journal of Personality Disorders* und die deutschsprachige *Persönlichkeitsstörungen – Theorie und Therapie*) erfreuen sich zwar zunehmender Beliebtheit, geben aber immer nur einen bescheidenen Eindruck von den Entwicklungen wieder, wie sich diese weltweit in anderen Fachjournalen, Herausgeberwerken und Monographien ständig vollziehen. Die Leser der 5. Auflage kommen nun unzweifelhaft in den Genuss, an diesen Entwicklungen wenigstens teilweise zu partizipieren.

Das Buch wurde ursprünglich von vorn nach hinten ausgearbeitet und niedergeschrieben. Dies entspricht ebenfalls meiner zwanghaften Persönlichkeitsstruktur. Ich habe in der jetzigen 5. Auflage an der Gliederung gegenüber den früheren Auflagen keine Änderungen vorgenommen. Nach wie vor bin ich überzeugt, dass ein Leser, der sich bisher noch nicht allzu vertiefend mit Persönlichkeitsstörungen befasst hat, die Monographie – so er Zeit und Muße findet – am sinnvollsten vom ersten bis zum letzten Kapitel durcharbeitet.

Die historische Perspektive in Teil I stellt die wichtigsten Grundlagen für ein Verständnis der späteren Kapitel bereit. So werden in den Darstellungen zu den einzelnen Persönlichkeitsstörungen in Teil II vielfältige Bezüge zu den Verstehensansätzen im ersten Buchteil hergestellt, die bei den einzelnen Störungsbildern nicht jeweils erneut in aller Breite dargelegt werden. Die Störungskapitel können – bei entsprechender Beachtung der im historischen Abriss dargestellten Grundlagen – ohne Einhaltung einer Reihenfolge durchgesehen werden. Teil III über die Behandlungsansätze wiederum setzt grundlegende Kenntnisse über die einzelnen Störungsbilder voraus. Für Kreuz-und-Querdenker sind im laufenden Text vielfältige Kreuz-und-Querverweise (→) eingefügt, die zu inhaltlich weiterführenden und ergänzenden Textstellen führen können.

! Der Leser lasse sich nicht durch die Gliederung im Buchteil II täuschen, in der eine genauere Darstellung von 14 spezifischen Persönlichkeitsstörungen versprochen wird. In diesem Buch werden exakt 175 Persönlichkeitsstörungen vorgestellt und jeweils mehr oder weniger ausführlich beschrieben. Gegenüber der allerersten Auflage wurden im Laufe der Zeit 45 weitere Bezeichnungen und Konzepte hinzugefügt! Es gibt zwar weit mehr als die aufgenommenen Konzeptualisierungsversuche. Die Anzahl ist von mir willkürlich unter dem Aspekt relevanter Literaturbezüge begrenzt worden.

Mein Anspruch an eine Überarbeitung dieser 5. Auflage ging, wie angedeutet, dahin, den bereits in den ersten Auflagen zusammengefassten Wissensbestand über die Persönlichkeitsstörungen weitmöglichst zu aktualisieren. Besonderer Wert wurde auf eine klarere Ausarbeitung und Begründung der Differenzialdiagnose einzelner Störungen gelegt: Komorbiditäten, Kriterienüberlappungen, Abgrenzung zu anderen Störungen (→ alle Störungskapitel und → 19.5).

Weiter wurde die *Liste der standardisierten Interviews und Fragebögen* zur Diagnostik von Persönlichkeitsstörungen erweitert und ausführlich kommentiert (→ 19.1). Die weiteren Veränderungen in dieser Auflage betreffen die vielfältigsten unterschiedlichsten Aspekte, sodass es hier ökonomischer ist, jene Kapitel anzugeben, die sich gegenüber den vorausgehenden Auflagen nur sehr unbedeutend verändert haben: Nur wenig verändert wurden die verschiedenen (Teil-) Kapitel zur historischen Entwicklung. Weitgehend unberührt geblieben sind auch meine jeweiligen Versuche einer Einführung (→ 1, → 6, → 21). Ähnliches gilt für den nach wie vor kaum sinnvoll möglichen „Versuch, einen Schlusspunkt zu finden" im Epilog (→ 26).

Natürlich wollte ich, meiner narzisstisch gefärbten Persönlichkeit entsprechend, selbst gern eine Botschaft in dieses Buch einweben und damit auch Anerkennung finden. Denn selbstverständlich habe ich selbst eine Vorstellung davon, was Persönlichkeitsstörungen sind und wie diese behandelt werden könnten. Letztere Ansichten findet der Leser im Behandlungsteil, und dort vor allem im Kapitel über die therapeutischen Krisen (→ 25). Auch in den Einführungsversuchen und im Epilog sind teilweise höchst persönliche Stellungnahmen und Wertungen enthalten, die in einem Lehrbuch natürlich eher nachgeordnete Wichtigkeit einnehmen. Mir selbst erscheinen die genannten Abschnitte inzwischen als unverzichtbar alternativer „roter Faden" durch dieses Buch. Für Leser, die sich für persönliche Ansichten des Autors interessieren, sind die Kapitel → 1, → 6, → 21, → 25 und → 26 natürlich Pflichtlektüre. Sie dienen nach wie vor einer wichtigen Orientierung, als sie meine eigene kritische Position und Ambivalenz gegenüber den Persönlichkeitsstörungen beinhalten.

Diese Ambivalenzen und Unsicherheiten betreffen vor allem das Stigmatisierungsproblem (→ 1). An dieser Problemsicht hat sich in den vergangenen Jahren wenig geändert. Im Gegenteil: Sie hat sich aufgrund vielfältiger Diskussionen über die Persönlichkeitsstörungen eher noch verfestigt. Sehr zum Nachdenken gebracht haben mich in diesem Zusammenhang zahlreiche Telefonanrufe, Briefe und direkte Kontaktnahmen von Lesern, die die „Persönlichkeitsstörungen" offensichtlich aus sehr persönlichen und privaten Gründen gelesen haben. Nachdenklich gemacht hat mich u.a. ihre Dankbarkeit für „das Buch", das ihnen offensichtlich „endlich" eine Möglichkeit an die Hand gegeben hat, ihre Ehepartner oder anderen Angehörigen „zu verstehen". Ich bin mir bis heute nicht sicher, ob diese Dankbarkeit günstig oder ungünstig zu werten ist. Denn fast spiegelbildlich teilten mir einige (sehr wenige) andere Personen offen ihren Unmut oder Ärger darüber mit, dass sie – seit sich ihre Angehörigen mit „diesem Buch" befassen würden – auf teils unakzeptable Weise „beschimpft", „in eine Ecke gestellt" oder „abgewertet" würden. Ich bin aufgrund der sich auch hieraus ergebenden Ambivalenz zunehmend der Überzeugung, dass die drei Einleitungs-„Versuche" und das Schlusskapitel zwingend vor oder begleitend zu jeder weitergehenden Beschäftigung mit „dem Buch" gelesen werden sollten.

Dass ich in diesem Buch fast durchgängig (und wohl nur von einigen Zitaten abgesehen) die „männliche" Variante der Personbeschreibung und Persontypisierung benutzt habe, liegt *ausschließlich* an meiner persönlichkeitsbedingten Neigung zur Sparsamkeit. Angesichts der erreichten Seitenzahl, die der Verlag akzeptieren konnte, schien mir das kleine Vergehen gegenüber dem Anspruch emanzipierterer AutorInnen durchaus vertretbar, nicht durchgängig von „DiagnostikerInnen", „PatientInnen" oder „TherapeutInnen" oder gar – weil richtiger – von „Diagnostiker/inne/n", „Patient/inn/en" oder „Therapeut/inn/en" zu schreiben. Wenn also von männlichen Personen die Rede ist, so schließt dies – wo dies nicht ausdrücklich anders vermerkt wurde – immer zugleich ein, dass mit dem Gesagten genauso Frauen gemeint sind. Außerdem war es nur so möglich, gelegentlich deutlicher herauszuarbeiten, dass viele Persönlichkeitsstörungsdiagnosen mit einem unschönen Geschlechtsbias behaftet sind. Der mir weniger geneigte Leser darf mir natürlich dennoch eine antiemanzipative Persönlichkeitsstruktur unterstellen, auch wenn mir diese – so hoffe ich jedenfalls – ausgesprochen fremd ist.

Aber gerade zur Vermeidung dieser mir ausgesprochen suspekten sog. „unabhängigen Persönlichkeitsstörung" (der interessierte Leser findet eine Beschreibung dieser Störung auf einem Umweg über das Sachwortverzeichnis; siehe dort unter → „Clint-Eastwood-Syndrom") sei hier zum Schluss zwingend auch noch all jenen herzlich gedankt, ohne deren direkte oder indirekte Mitwirkung dieses Buch nicht so weiterentwickelt worden wäre, wie es jetzt vorliegt.

Zu tiefem Dank verpflichtet bin ich vor allem jenen Lesern, die sich die Mühe gemacht haben, mir ausführlich zu schreiben und dabei mit Kritik und Vorschlägen für die zukünftige Ausgestaltung der „Persönlichkeitsstörungen" nicht gespart haben. Auch das E-Mail-System hat sich dabei als unverzichtbares Element einer direkten und vor allem immer unmittelbaren Auseinandersetzung entwickelt. Um es ehrlich zu sagen, mit einigen Korrespondenten ging es oft nächtelang hin und her. Und ich habe auf diese Weise neue Freunde gewonnen, deren Rat und Kritik ich inzwischen als unverzichtbar erachte.

Viele neue Ideen und Ansichten, die in diesem Buch ihren Niederschlag gefunden haben, stammen aus jenen nicht selten viele Stunden währenden Diskussionen, an die ich gern zurückdenke. Ich hoffe sehr, dass sie/Sie alle dies an dieser 5. Auflage leicht bemerken werden, dass und wie ich auf ihre/Ihre Vorschläge eingegangen bin. Schlaflose Nächte haben mir die Internetdiskussionen und Briefwechsel schon gelegentlich bereitet, aber ich bedaure diese Kontakte keine Minute. Denn sie waren sämtlich sehr wohlwollend und stimulierend, was mich angesichts der von mir selbst investierten Arbeit sehr ermutigt hat, den begonnenen Weg weiter zu gehen. Nochmals: Herzlichen Dank!

Peter Fiedler
Heidelberg, im März 2001

Teil I

Historische Perspektive und Stand der Konzeptentwicklung

Die Personperspektivierung eines zwischenmenschlichen Problems

Erster Versuch einer Einführung

Menschlich aber bedeutet die Feststellung des Wesens eines Menschen eine Erledigung, die bei näherer Besinnung beleidigend ist und die Kommunikation abbricht.
Karl Jaspers

DEFINITION

Persönlichkeit und Persönlichkeitseigenschaften eines Menschen sind Ausdruck der für ihn charakteristischen Verhaltensweisen und Interaktionsmuster, mit denen er gesellschaftlich-kulturellen Anforderungen und Erwartungen zu entsprechen und seine zwischenmenschlichen Beziehungen auf der Suche nach einer persönlichen Identität mit Sinn zu füllen versucht.

Jene spezifischen Eigenarten, die eine Person unverkennbar typisieren und die sie zugleich von anderen unterscheiden, sind wegen ihrer individuellen Besonderheiten immer zugleich von sozialen Regeln und Erwartungen mehr oder weniger abweichende Handlungsmuster. Gewöhnlich werden persontypisierende Abweichungen innerhalb der Vielfalt gesellschaftlich-kultureller Ausdrucks- und Umgangsformen toleriert, ja sie sind – wie etwa im Falle kreativer Abweichung – sogar mit einer hohen sozialen Wertigkeit belegbar.

Person

Allgemein betrachtet, ermöglicht erst die *Wiederholung sozialer Besonderheit* – als Nonkonformität wie auch als auffällige Konformität – den Prozess der Persontypisierung. Dieser Akt diagnostischer Urteilsbildung geschieht gewöhnlich als Eigenschaftszuweisung an eine Person. Dabei handelt es sich um eine Verallgemeinerung von wiederholt beobachtbarem Verhalten-in-Situationen auf scheinbar zeitstabilere und kontextunabhängigere Persönlichkeitseigenschaften. Dieser Verallgemeinerungsprozess kann dabei sowohl die eigene Person als auch andere Personen betreffen.

Prozesse der Zuschreibung von Persönlichkeitseigenschaften sind – unabhängig von der Frage ihrer Wirklichkeitsentsprechung – notwendig und funktional, etwa um sich mit anderen über Personen zu verständigen oder um etwas mit ihnen beziehungsweise gegen sie zu unternehmen. Eigenschaftszuschreibungen erleichtern den Umgang mit anderen, indem sie diese verstehbar und berechenbar machen. Und sie dienen *der Person selbst* zur wechselseitigen Beziehungsstrukturierung, indem sie beispielsweise einer interpersonellen Abgrenzung oder der Definition einer Gruppenzugehörigkeit zugrunde gelegt werden können.

Störung

Persönlichkeitseigenschaften werden üblicherweise erst dann mit dem Etikett „Persönlichkeitsstörung" belegt, wenn sie deutlich in Richtung eines *Leidens der Betroffenen* (etwa unter der „Last ihrer Gewordenheit") oder in Richtung *Dissozialität* oder *(anti)sozialer Devianz* extremisieren. Da die Übergänge zwischen sozial akzeptierter und sozial *nicht* akzeptierter Abweichung sehr kontextabhängig und fließend sind, erfolgt die Diagnose „Persönlichkeitsstörung" fast zwangsläufig in einem Bereich persönlicher und zwischenmenschlicher, wissenschaftlicher und gesellschaftlich-kultureller Streitfragen und Konfliktzonen. Es nimmt nicht weiter Wunder, dass die Konzepte und Verstehensansätze der Persönlichkeitsstörungen von Kultur zu Kultur sowie innerhalb der verschiedenen psychiatrischen, psychologischen und psychotherapeutischen Richtungen und Traditionen wechseln.

Stigmatisierung

Diese Divergenzen zeigen sich insbesondere in zwei bisher kaum befriedigend gelösten *Grundproblemen der Diagnostik* von Persönlichkeitsstörungen. Diese Grundprobleme hängen eng mit jenem beschriebenen Verallgemeinerungsprozess diagnostischer Urteilsbildung zusammen, nämlich von spezifisch abweichenden Verhaltensmustern-in-Situationen auf relativ zeitstabile und kontextunabhängige Personeigenschaften oder Persönlichkeitsstörungen rückzuschließen. In der Literatur wird eines dieser Probleme zumeist unter dem Stichwort „Stigmatisierungsproblem" so abgehandelt, dass sich das andere zwingend ergibt, ohne dass dies die meisten Autoren jedoch bemerken. Dieses zweite Problem lässt sich am besten mit *„Personperspektivierung einer Beziehungsstörung"* umschreiben. Da eine Kenntnis beider Grundprobleme für eine kritische Rezeption dieses Buches Voraussetzung ist, sollen sie hier einführend dargestellt werden (vgl. auch Glatzel, 1975; Fiedler, 2000a).

1.1 Das Stigmatisierungsproblem

In der psychiatrischen Nomenklatur wurden und werden bis in die jüngste Gegenwart hinein die Begriffe *„Psychopathie"* zur Kennzeichnung der Persönlichkeitsstörungen und *„Psychopath"* als Bezeichnung für einen Menschen mit Persönlichkeitsstörungen benutzt. Die „Psychopathie" bzw. den „Psychopathen" kennzeichnen extreme (d.h. bis ins scheinbar „Krankhafte" reichende) Störungen des Beziehungserlebens und Sozialverhaltens, die sich in zweierlei Hinsicht darstellen können: einerseits als ein extremes, oft mit subjektivem Leiden verbundenes Versagen im Beziehungs- und Leistungsbereich, andererseits eine mehr oder weniger aktive Tendenz zu ständiger Norm- und Regelverletzung. Für die besonders destruktiven und extrem unverantwortlichen Formen psychopathischer Störungen sind in der Psychiatrie noch die Begriffe „*Soziopathie*" zur Störungskennzeichnung und „*Soziopath*" zur Personkennzeichnung gebräuchlich. Seit den ersten Versuchen zu Beginn des 19. Jahrhunderts, in der neuzeitlichen Psychiatrie die nosologische Einordnung gestörter Persönlichkeiten zu begründen, gilt es als ein zentrales Anliegen der Psychiatrie, die Unterscheidbarkeit psychopathisch-krankhafter und intendiert-verantwortbarer Dissozialität und Kriminalität (d.h. die Frage der *Schuldfähigkeit*) wissenschaftlich zu begründen. So wird u.a. verständlich, warum die meisten der früheren und selbst noch manche der aktuellen Versuche einer wissenschaftlich motivierten Definition und Beschreibung der Psychopathie wie Kataloge schlechter Eigenschaften, menschlicher Fehlverhaltensweisen und asozialer Tendenzen klingen.

Devianz
Daran hat auch das Bemühen der Psychiatrie, einen wertfreien Psychopathie-Begriff zu vertreten, kaum etwas zu verändern vermocht. Ein *Kodex der Devianz* in der Beurteilung psychischer Auffälligkeiten hat sich immer leichter durchgesetzt, zumal wenn das abweichende Verhalten als Übertreten allgemeiner Ordnungs- und Rechtsnormen psychiatrisch zur Frage der Schuldfähigkeit begutachtet und möglicherweise bestraft wurde. Das Bemühen der Psychiatrie um Anerkennung als wissenschaftliche Disziplin im Übergang zum 20. Jahrhundert hat mit ihrem zunehmenden Einfluss auf die forensische Begutachtung und damit auf die Kriminologie erheblich – wenngleich vielfach auch gegen ihre Intention – zur Festigung dieser Tendenz beigetragen, sodass beispielsweise Begriffe wie „unreife Persönlichkeit", „Triebtäter", „Hangtäter" oder „gemeingefährlicher Psychopath" bis heute in der Rechtssprechung überlebt haben (vgl. Prins, 1980; Szasz, 1993).

Die diagnostisch-definitorische Verquickung der psychischen Gestörtheit einer Person mit Aspekten der Gesellschaftsschädlichkeit ihrer Handlungen hat in den 60er- und 70er-Jahren dieses Jahrhunderts zu einer teilweise heftig vorgetragenen Kritik der Psychiatrie-Klassifikation geführt. Sie erfolgte vor allem aus soziologisch-antipsychiatrischen Positionen heraus, die insbesondere die stigmatisierende Dynamik der Diagnostik als „Etikettierung" oder „Labeling" (z.B. Scheff, 1963) sowie Prozesse der „gesellschaftlichen Organisierung psychischen Leidens" (Keupp & Zaumseil, 1978) untersuchten. Im Gefolge dieser Kritik wurde vielfach nicht nur der Begriff, sondern das Konzept „psychopathische Persönlichkeit" überhaupt abgelehnt (vgl. u.a. Szasz, 1961; Wulff, 1972; Keupp, 1976; Jervis, 1975). Mehr noch als die diagnostische Feststellung bei anderen psychischen Störungen (wie etwa bei einer Phobie, Depression oder Schizophrenie) berührt nämlich die Diagnose „Persönlichkeitsstörung“ unmittelbar das *Diagnostikproblem der Stigmatisierung*, denn es werden nicht nur einzelne Verhaltens- und Erlebensepisoden als „störend“ bezeichnet, sondern die diagnostizierte Persönlichkeitsabweichung bezieht sich – eben als eine Verallgemeinerung über die der Beurteilung zugrunde liegenden Devianzmuster hinaus – immer *auf die Person als Ganzes* (vgl. Jones et al., 1984).

Perspektivenwechsel

Die diagnostische Feststellung einer Persönlichkeitsstörung markiert einige für die betreffende Person und für ihre sozialen Beziehungen entscheidenden Veränderungen (vgl. insbesondere Glatzel, 1977): Bis zu diesem Zeitpunkt vollzogen sich die verallgemeinernden Fremd- wie Selbstzuschreibungen von Persönlichkeitseigenschaften im Rahmen sozialer Erwartungen. Sie begründeten damit im Wesentlichen die kontext- und zeitübergreifende Berechenbarkeit und Beständigkeit einer Person. In dem Perspektivenwechsel von den Persönlichkeits*eigenschaften* in Richtung Persönlichkeits*störung* drückt sich nun einerseits eine zunehmende Beunruhigung des sozialen Systems aus. Die Personhandlungen haben wiederholt ein tolerierbares Maß überschritten und die Bezugspersonen antizipieren einen möglichen Verlust kollektiver Kontrolle über das erreichte Ausmaß sozialer Devianz. Andererseits findet diese soziale Verunsicherung durch eben diesen Perspektivenwechsel zugleich wieder Ruhe und Stabilität – insbesondere dann, wenn diese Urteilsbildung durch eine professionelle (psychologisch-psychiatrische) Diagnostik gestützt wird. Professionelle Diagnostik beinhaltet Kenntnisse über psychische Gestörtheit und eröffnet Perspektiven ihrer Behandlung. Die *Beruhigung des sozialen Systems* nimmt also in dem Maße zu, wie diese Störungszuschreibung wissenschaftlich begründbare bis juristisch vertretbare Maßnahmen einer zugleich professionell einsetzbaren Hilfestellung bis Fremdbehandlung rechtfertigen könnte – bis hin zu Formen psychoedukativer Disziplinierung oder letztlich (im Falle der Schuldfähigkeit) der Bestrafung.

Stigmatisierungsproblem

Das Stigmatisierungsproblem setzt nun genau dort ein, wo sich ein *Konsens* über die Notwendigkeit der Korrektur oder Beendigung wiederholt gezeigter Verhaltensdevianz mit den Betroffenen *nicht mehr herstellen lässt.* Dasjenige, was den Bezugspersonen wie den professionellen Helfern Entlastung und Beruhigung, Handlungsbedarf und Handlungsperspektive eröffnet, birgt – so die Kritik der Labeling-Perspektive – für die Betroffenen selbst die Gefahr einer überdauernden fixierenden Merkmals- und Identitätszuschreibung in sich. Zugleich wird die Möglichkeit zur Konsensfindung über die zugeschriebenen Persönlichkeitsstörungen eingeschränkt. Denn die Hinzuziehung professioneller Begutachtung und Hilfe impliziert zumeist die *Unfähigkeit zur Einsicht* in die eigenen charakterlichen Bruchstellen und stellt damit eine Kompetenz der Betroffenen zur Mitgestaltung der aktuellen Situation eher infrage.

1.2 Die Personperspektivierung einer Beziehungsstörung

Persönlichkeitsstörungen gehören wie andere Persönlichkeitseigenarten zur Person dazu. Deshalb dürfte zunächst auch nicht zu erwarten sein, dass ein Mensch – im Bereich des Übergangs von der sozial akzeptierten zur nicht mehr akzeptierten sozialen Abweichung – *sich selbst* die Diagnose einer „gestörten Persönlichkeit" gäbe. Dies dürfte schon deshalb nicht zu erwarten sein, weil im Grenzbereich zwischen Persönlichkeitseigenart und Persönlichkeitsstörung *intendierte Devianz* selten unterstellt werden kann. Es handelt sich zumeist wohl lediglich um eine sozial unangemessen extremisierte Verhaltensgewohnheit, die vom Betroffenen selbst möglicherweise gar in bester interpersoneller Absicht eingesetzt wurde und wird. Selbst wenn die Betroffenen extrem unter den Folgen der von ihnen mitverursachten Interaktionsschwierigkeiten leiden sollten, erlaubt zumeist oder zunächst *nur die Außenperspektive* der Bezugspersonen oder die eines professionellen Diagnostikers die Schlussfolgerung einer „gestörten" Persönlichkeit.

Ich-Syntonie

Das Phänomen, dass die den Persönlichkeitsstörungen zugeschriebenen Devianzmuster aus der Eigenperspektive zunächst eher selten als störend, abweichend oder normverletzend erlebt werden und dass sie deshalb als solche bei sich selbst schwerlich als Persönlichkeitsstörungen diagnostizierbar sind, bezeichnet man als *Ich-Syntonie der Persönlichkeitsstörungen* (z.B. Vaillant & Perry, 1988; Fiedler, 1994d).

Die Ich-Syntonie ist nicht absolut zu sehen, etwa in dem Sinne, als sei den Betroffenen eine Einsicht in die Mitverantwortlichkeit für die Extremisierung zwischenmenschlicher Beziehungsschwierigkeiten gänzlich verschlossen. Je länger die betroffene Person bereits über die eigenen Beziehungsschwierigkeiten nachdenkt, je mehr sie unter den privaten oder beruflichen Interaktionsproblemen leidet, je weiter sie möglicherweise bereits in einer psychotherapeutischen Behandlung ihrer Beziehungsschwierigkeiten vorangekommen ist, umso mehr dürfte die Wahrscheinlichkeit zunehmen, dass Selbsteinsicht in die interaktionellen Verwicklungen vorhanden ist.

Die Ich-Syntonie verdeutlicht jedoch in prägnanter Weise, dass Diagnose und Beurteilung von Interaktionsdevianzen als Persönlichkeitsstörungen auf Verhaltensstörungen-aus-der-Außenperspektive beruhen, die die betroffenen Menschen selbst zunächst eher als Eigenschaften denn als Gestörtheit ihrer Person bezeichnen würden. Wenn überhaupt, dann erwächst ein Gefühl der Gestörtheit der eigenen Person oder des subjektiv erlebbaren Leidens in der Folge zunehmender Interaktionsprobleme eher *diffus* und *unbestimmt*. Ganz im Unterschied dazu werden die meisten anderen psychischen Störungen und Syndrome (wie beispielsweise die phobischen oder affektiv-depressiven Störungen) als *ich-*

dyston, eben *als nicht zu sich zugehörig* erlebt – weshalb sich die Betroffenen von diesen Störungen gern wieder frei machen würden.

Übergänge

Jedoch gilt es, auch das Phänomen der Ich-Dystonie nicht absolut, sondern relativ zu sehen. Wie wir sehen werden, gibt es durchaus ich-dystone Persönlichkeitsstörungen (wie z.B. die ängstlich-vermeidende oder gelegentlich auch die dependente). Und es gibt psychische Störungen (wie z.B. die Störungen der Geschlechtsidentität oder der Geschlechtspräferenz), bei denen die Übergänge zwischen einem ich-dyston vorhandenen Störungsbewusstsein und einer ich-synton fehlenden Störungseinsicht fließend sind. An den Beispielen wird auch deutlich, dass die subjektive Ich-Syntonie entscheidend davon abhängt, ob das betreffende Interaktionsverhalten in den Bereich der durch allgemeine Normen festgelegten *sozialen Devianz* hineinreicht oder nicht.

Wichtig in diesem Zusammenhang ist, dass persönlichkeitsbedingte Interaktionsprobleme den Betroffenen selbst vielfach erst durch Kritik und Rückmeldung anderer transparent werden. Nicht in jedem Fall werden die Betroffenen akzeptieren, dass die kritisierten Verhaltensmuster unangemessen sind, Regelverstöße darstellen oder Änderungswert besitzen. Paradoxerweise wird die Möglichkeit, kritische Rückmeldungen zu akzeptieren, in dem Maße eingeschränkt, wie sich Rückmeldung und Kritik nicht mehr nur auf Verhalten in Situationen, sondern zunehmend auf kontextübergreifende Persönlichkeitseigenschaften oder schließlich gar auf Persönlichkeitsstörungen beziehen. Dieser Perspektivenwandel schränkt nämlich – wegen der vollzogenen *Abstraktion über Situationen* – die Möglichkeit der *Reflexion der Situationsangemessenheit konkreter Handlungen* immer mehr oder weniger ein (vgl. Cohen, 1972).

Ob das Problemverhalten-in-Situationen über Metakommunikation mit dem Betroffenen veränderbar ist, hängt entscheidend davon ab, ob die Kritik eines Verhaltensmusters beim Angesprochenen zur Kritikakzeptanz führt. Die Frage ist also, ob der Kritisierte zu einem Diskurs über den Störcharakter seines Verhaltens bereit oder fähig ist – d.h., ob er bereit ist, seine Verhaltensbesonderheit als kritisierenswerte (also ich-dystone, ihn möglicherweise selbst störende) Personeigenschaft wenigstens prinzipiell als veränderungsnotwendig zu betrachten. Ist das Interaktionsmuster *nicht* auf die Ebene der *Ich-Dystonie* transferierbar, liegt die Schlussfolgerung der ich-syntonen Persönlichkeitsstörung nahe – mit vielfältigen Implikationen für die Betroffenen, die von deren Uneinsichtigkeit bis zur möglichen Irreversibilität der Persönlichkeitsstörungen reichen können.

Personperspektivierung

Das zentrale Problem des sozialen Prozesses der Zuschreibung und Begründung von Persönlichkeitsstörungen – konkret: der *Personperspektivierung eines interaktionellen Problems* – liegt nun vor allem darin, dass zwar der aktuelle Prozess der Entstehung ausgesprochen interpersoneller Natur ist. Im Ergebnis jedoch verschiebt sich der Blick einseitig auf die lebensgeschichtliche, möglicherweise biologisch begründbare Gewordenheit der Person. Für die Interaktionspartner und Diagnostiker ist dies – wie angedeutet – eine außerordentlich beruhigende Situation. Dies ist deshalb so, weil die Diagnose Persönlichkeitsstörung bei den Diagnostikern „den Gedanken an ihrer etwaigen Mitschuld an dieser Störung oder gar am Scheitern der Beziehung ‚vernünftigerweise' gar nicht aufkommen lassen kann" (Glatzel, 1977, S. 127) – und dies wiederum, obwohl die Persönlichkeitsstörung erst durch den Prozess ihrer Diagnose festgelegt wurde. Ohne den Diagnostiker gäbe es keine Diagnose.

Diagnosogenik-Theorie

Karl Jaspers hat diese Diagnosogenik-Theorie der Persönlichkeitsstörungen einmal mit folgenden Worten zusammengefasst: „Menschlich aber bedeutet die Feststellung des Wesens eines Menschen eine Erledigung, die bei näherer Besinnung beleidigend ist und die Kommunikation abbricht." (Jaspers, 1913, S. 365f.) Welche Folgen sich daraus – vor allem bei Eintritt in die Institution Psychiatrie – als „Patientenkarriere" ergeben, sind im Rahmen der Labeling-Perspektive ausführlich beschrieben worden (vgl. Goffman, 1959; Glatzel, 1975; Keupp, 1976; oder in einer etwas aktuelleren Synopse: Fink & Tasman, 1992).

Dieser hier nachgezeichnete Diskurs über das mit den Persönlichkeitsstörungen untrennbar verknüpfte Diagnostikproblem der *Personperspektivierung einer Interaktionsstörung* spielt in den Arbeiten, die in den letzten 200 Jahren über Persönlichkeitsstörungen verfasst wurden, immer wieder eine mehr, zumeist eher weniger zentrale Rolle. Wir werden diesen Aspekt in diesem Buch jedoch viele Male und unter jeweils neuer Perspektive in den Mittelpunkt rücken, weil er erhebliche Bedeutung für Verständnis, Diagnostik und Behandlung der Persönlichkeitsstörungen hat.

1.3 Übersicht

In den nachfolgenden Kapiteln soll nun zunächst ganz allgemein und störungsübergreifend die historische Entwicklung hin zum aktuellen Stand des Wissens und zu aktuellen Kontroversen nachgezeichnet werden. Im zweiten Teil des Buches wird dann ausführlicher auf die Konzeptentwicklung der einzelnen Störungsbilder eingegangen. Die gegenwärtigen Klassifikationsversuche der Persönlichkeitsstörungen beruhen vor allem auf Verstehensansätzen sowie Definitions- und Ordnungsversuchen von vier Wissenschaftstraditionen:

- Als die traditions- und einflussreichsten Vorläufer müssen die nosologischen Systematisierungsversuche psychischer Störungen im Rahmen der *psychiatrischen Psychopathologie* angesehen werden (→ 2).
- Den zweiten Einflussbereich bilden die tiefenpsychologischen Verstehensansätze der *Psychoanalyse* (→ 3) sowie

- ihre (der Psychoanalyse) folgend, zeitgleich wie vorausgehend entwickelten *interpersonell* bzw. *soziodynamisch orientierten Extensionen* in klinischer Psychologie, Psychosomatik und Psychiatrie (→ 4).
- Im Bereich der Differenziellen Psychologie wird vor allem die testpsychologisch begründete *dimensionale Persönlichkeitsdiagnostik* bevorzugt. Andererseits werden die in den vergangenen Jahren vor allem in der Klinischen Psychologie entwickelten *biosozialen Lerntheorien* für die Erklärung der Persönlichkeitsentwicklung und deren Störungen zunehmend bedeutsamer (→ 5).

Angesichts der kaum überschaubaren Vielfalt und Heterogenität vorliegender Ordnungsversuche und Verstehensansätze wird die nachfolgende Darstellung vor allem auf jene Systematisierungsversuche und Konzeptüberlegungen etwas eingeschränkt, von denen wesentliche historische Impulse für das heutige Verständnis der Persönlichkeitsstörungen ausgegangen sind.

Wie bereits deutlich geworden ist, liegt ein großes Problem im Umgang mit den Persönlichkeitsstörungen in der Art, wie Menschen „Sprache" zur Begriffs- und Bedeutungssetzung benutzen. Dies führt insbesondere den Autor eines Lehrbuches über Persönlichkeitsstörungen in große Schwierigkeiten, will er einerseits die über Sprache vermittelten Sichtweisen und Denkansätze anderer Autoren möglichst genau wiedergeben, andererseits folgenschwere Fehler nicht wiederholen, die in genau der Begriffssetzung dieser Autoren begründet lagen. Für den Umgang mit diesem Dilemma wurde in diesem Buch folgende Leitlinie zur Orientierung gewählt:

> **!** Begriffliche Setzungen werden im Zusammenhang mit der Darstellung von Verstehensansätzen und Forschungsarbeiten anderer Autoren in diesem Buch möglichst so vorgenommen, wie sie in den Originalarbeiten zu finden sind.

Das bedeutet zwangsläufig, dass Begriffe, wie z.B. „Psychopathie", „Soziopathie", „Psychose", „Hysterie" sowie jeweils entsprechend auch Attribute wie „endogen", „neurotisch", „libidinös" usw. sehr häufig in diesem Buch vorkommen, auch wenn dem Autor gelegentlich alternative und aktuellere Begrifflichkeiten besser gefallen hätten. Andererseits wurde von den wünschenswerten Alternativen so vielfältig Gebrauch gemacht, dass die Hoffnung berechtigt ist, dass diese einen deutlichen und tragfähigen Kontrast zu den althergebrachten Sprachgepflogenheiten bieten könnten.

Charakter und/oder Persönlichkeit

Eine kurze Bemerkung zur Setzung und Nutzung der Begriffe *Charakter* und *Persönlichkeit*. Heute werden beide Begriffe vielfach synonym gebraucht, wobei Charakter schlicht als der „unmodernere" der beiden Begriffe betrachtet wird. In der persönlichkeitspsychologischen Tradition (vor allem im Rahmen der „Deutschen Charakterkunde") ist jedoch verschiedentlich viel Aufwand betrieben worden, beide Begriffe mit unterschiedlichen Bedeutungen zu belegen. Letztendlich hat sich dabei jedoch keine konsensuelle Perspektive entwickelt.

So haben einige Autoren aus der Gruppe der „deutschen Charakterologen" *Charakter* immer als intentionalen, willensmäßigen, in Bewegung befindlichen Persönlichkeitsanteil begriffen (z.B. Utitz, 1925; Wellek, 1950; → 5.1). Takuma gelangt 1980 im Rückblick auf diese Differenzierungsbemühungen demgegenüber zu der Ansicht, dass der Charakterbegriff überwiegend das statische Element betont habe. Rohracher (1965) wiederum bezeichnet die Gesamtheit der psychischen Anlagen des Menschen – der entwickelten wie der unentwickelten – als Charakter. Und unter Persönlichkeit fasst er jene Anteile eines Menschen zusammen, die unter dem Einfluss seiner Umgebung aus seinem Charakter entstanden sind.

Im Rahmen dieses Buches wird der Begriff Persönlichkeit in aller Regel bevorzugt. In den unterschiedlichen Rezeptionskontexten werden die Begriffe Charakter bzw. Persönlichkeit zumeist so eingesetzt, wie sie in den zitierten Quellen benutzt wurden.

2 Psychiatrische Systematiken der Persönlichkeitsstörungen

... um nach Menschlichkeit, Vernunft und Recht den Schuldigen vom Kranken zu trennen.
Giovanni Jervis

Die gegenwärtigen Konzepte der Diagnostik und Klassifikation von Persönlichkeitsstörungen stehen in der Tradition der psychiatrischen Entwicklung einer psychopathologisch begründeten Nosologie psychiatrischer Störungen, insbesondere derjenigen in Frankreich, Deutschland, England und in den USA. Sie ist zugleich eng verbunden mit der Geschichte der Psychiatrie als medizinische Wissenschaft überhaupt. Wir folgen im Abriss der historischen Perspektive teilweise einer Darstellung bei Saß (1987) und Berrios (1993).

2.1 Historische Perspektive

Im 18. Jahrhundert sahen sich die Staatsverwaltungen angesichts einer zunehmenden Überfüllung der Zuchthäuser und infolge der Kritik einiger Mediziner mit dem Problem konfrontiert, einige schwer unterscheidbare Personengruppen zu verwalten, die offensichtlich nicht als Verbrecher eingestuft werden konnten. Es ergab sich ein Abgrenzungsproblem: Neben den eindeutig geisteskranken „Irren" (für die damals die ersten „Irrenhäuser" eingerichtet wurden) gab es auch einige Personen, die sich zwar sozial deviant und abnormal verhielten, bei denen jedoch nicht eindeutig bestimmbar war, ob ihnen karitative Fürsorge zuteil werden sollte oder ob sie für ihre teils als kriminell einzustufende Dissozialität einer gerechten Strafe zuzuführen seien. Der starke Ausbau des Systems der Irrenanstalten gehorchte sozialpolitischen Erfordernissen. Er entsprach zugleich einer Aufgabe, die für die ersten engagierten Psychiater schwieriger war als je zuvor: nämlich „nach Menschlichkeit, Vernunft und Recht den Schuldigen vom Kranken zu trennen" (Jervis 1978, S. 47).

2.1.1 Frankreich

Der Franzose Philippe Pinel legte mit der Beschreibung einer „Manie sans délire" (1809) erstmals in der neuzeitlichen Psychiatrie eine nosologische Einordnung gestörter Persönlichkeiten vor. Als entscheidendes Merkmal gilt nach Pinel eine *Beeinträchtigung der affektiven Funktionen bei ungestörten Verstandeskräften.*

Pinel erlangte nicht zuletzt dadurch Berühmtheit, dass er als ärztlicher Direktor zweier psychiatrischer Krankenhäuser die Patienten von ihren Ketten befreite und humane Behandlungsmethoden einführte. Pinel legte den Grundstein für eine Beschreibung und Klassifikation psychiatrischer Störungen und entwickelte eine differenzierte ätiologische Theorie, indem er u.a. zwischen Umweltbedingungen und einer individuellen Prädisposition zur Geisteskrankheit unterschied (vor allem der Gefühle und Leidenschaften einer Person). Emotionen waren für ihn das Bindeglied zwischen Körper und Seele.

Wenige Jahre später differenzierte Esquirol (1838) die Typisierung der „Manie sans délire" in einer Lehre von den *Monomanien*, in der er dissoziale Verhaltensweisen und einige Delikttypen in den Bereich psychiatrischer Beurteilung und Behandlung einzubeziehen versuchte (z.B. Kleptomanie, Pyromanie, Erotomanie). Wirkungen dieser nosologischen Festlegungen finden sich noch in den heutigen Klassifikationssystemen, in denen einige eng umschriebene Symptombilder, wie z.B. „Pyromanie" und „Kleptomanie", den „Störungen der Impulskontrolle" zugewiesen sind (vgl. Fiedler & Mundt, 1996).

Degenerationslehre

Die Übernahme von Delikttypen in die psychiatrische Nosologie führte fast zwangsläufig zur Problematik der terminologischen Verquickung der Persönlichkeitsabweichungen mit sozial-gesellschaftlichen Wertungen. Befördert wurde dies weiter durch die Einführung der *Degenerationslehren* in die französische Psychiatrie (durch Morel, 1857). Morel war der Auffassung, dass gewohnheitsmäßige Dissozialität und Kriminalität durch schädliche Umwelteinflüsse entstehen könnten. Sie würden nach erfolgter Gewohnheitsbildung jedoch durch Vererbung weitergegeben. Der Schweregrad der Störung sollte schließlich gar von Generation zu Generation bis zum Aussterben zunehmen. Das in der Folge von den Sozialdarwinisten vertretene Konzept vom „geborenen Kriminellen" (Begriffssetzung „Delinquente nato" durch den italienischen Psychiater Lombroso, 1876) blieb in Europa und Amerika lange Zeit wirksam und dürfte wesentlich zu den weit verbreiteten Negativurteilen gegenüber psychischen Störungen und Persönlichkeitsstörungen beigetragen haben (vgl. Pick, 1989).

Konstitution

Um die Jahrhundertwende fügten Magnan und Legrain (1895) den Vererbungshypothesen erstmals eine *neurophysiologische* Erklärung hinzu. Sie postulierten ein Ungleichgewicht der zerebrospinalen Zentren, wodurch das Equilibrium der degenerierten Personen gestört sei und eine besondere Fragilität verursacht werde. Ihre Arbeit entstand historisch im Kontext der beginnenden Kritik und allmählichen Überwindung des Degenerationsgedankens. Zunehmend mehr rückte die differenzialdiagnostisch bedeutsamere Frage in den Vordergrund, ob und unter welchen Umständen deutlich abweichenden Persönlichkeitseigenarten organisch-krankhafte Ursachen (wie den „Nervenkrankheiten") zugeschrieben werden könnten bzw. wann vielmehr hereditär bedingte, biologisch-konstitutionelle Faktoren lediglich Voraussetzungen bereitstellten für eine ansonsten jedoch vornehmlich psychosozial überformte charakterliche Devianz. Letztere Verstehensperspektive versuchte in Frankreich Dupré (1925) – etwa zeitgleich zu ähnlichen Entwicklungen in Deutschland – in seiner „Doctrine des constitutions" zu untermauern. Diese Änderung der Ätiologieperspektive in Richtung hereditär-konstitutioneller Verursachung der Persönlichkeitsstörungen sollte fürderhin eine zentrale Rolle einnehmen.

2.1.2 Deutschland

Die Bezeichnung „Psychopathie" war schon recht früh in der Psychiatrie gebräuchlich und bezog sich zunächst auf das Gesamt psychischer Störungen (vgl. z.B. v. Feuchtersleben, 1845). Sie avancierte dann jedoch mit der Monographie von Koch über die „Psychopathischen Minderwertigkeiten" (1891–1893) innerhalb weniger Jahre weltweit zum psychiatrischen Oberbegriff für Persönlichkeitsstörungen. Koch, der im deutschen Sprachraum als Erster die Persönlichkeitsstörungen zu systematisieren versuchte, hatte seine Abhandlung noch unter dem Eindruck der französischen Degenerationslehren geschrieben. Von den *angeborenen psychopathischen Degenerationen* (gemeint waren damit intellektuelle und moralische Schwächezustände als angeborene Minderwertigkeiten einer organpathologisch veränderten Gehirnkonstitution) unterschied er zwei weitere Formen der erworbenen psychopathischen Verfassungen mit jeweils spezifischer hereditärer Voraussetzung: Die erste betraf schwächliche, empfindsame und leicht verletzbare Menschen mit einer angeborenen psychopathischen Disposition („zart besaitete Seelen"). Die zweite Form sollte sich bei Personen mit angeborener psychopathischer Belastung finden lassen und umfasste eine heterogene Vielfalt unterschiedlicher Persönlichkeitsstörungen.

Psychopathische Persönlichkeiten

Einige Beispiele, die Koch aufführt und die sich auch in späteren Typologien wieder finden, sind „die weinerlichen Gemütsmenschen, die Träumer und Phantasten, die Menschenscheuen, die Mühseligen, die Gewissensmenschen, die Empfindlichen und Übelnehmerischen, die Launenhaften, die Exaltierten und die Exzentrischen, die Gerechtigkeitsmenschen, die Stadt- und Weltverbesserer, die Hochmütigen, die Taktlosen, die Spöttischen, die Eitlen und die Gecken, die Bummler und die Neuigkeitskrämer, die Unruhigen, die Bösewichter, die Sonderlinge, die Sammler und Erfinder, die missratenen und die nicht missratenen Genies". Kurt Schneider (1928, S. 16) merkte zu dieser Auflistung zwar etwas spöttisch an, dass Koch seine Studien weniger in der Anstalt als im Leben gemacht haben dürfe. Andererseits betonte er jedoch, dass das Wesentliche dieser Typologisierungsvielfalt darin liege, deutlich zu machen, dass es wohl bei jedem Systematisierungsversuch von Persönlichkeitsstörungen schwerlich gelingen werde, sie trotz aller Buntheit vollständig zu bekommen oder sie bei einer deutlichen Typenbegrenzung problemlos auf den Einzelfall anzuwenden.

Kochs (durch Morel beeinflusste) ätiologische Konstruktion eines Systems der „degenerativen Entartung“ sollte zwar bereits wenige Jahrzehnte nach seiner Publikation nurmehr historischen Wert besitzen. Dennoch hat seine Begriffssetzung der „psychopathischen Minderwertigkeiten“ in der Folgezeit und insbesondere in Deutschland erheblich zur Negativkonnotation von Persönlichkeitsstörungen beigetragen, bis hin zur moralischen Verurteilung Betroffener – schließlich gar zur Legitimierung politischer Verfolgung im Rahmen einer groß angelegten „Säuberungsaktion“ im Dritten Reich, in der es galt, Kultur und Politik von „degenerativ-psychopathischer Gesinnung“ und „Gesellschaftsfeindlichkeit“ freizubekommen.

Kraepelin

In den verschiedenen Auflagen des Lehrbuches der Psychiatrie von Emil Kraepelin lässt sich um die Jahrhundertwende der Wandel von der Degenerationslehre hin zu den zunehmend wichtiger werdenden konstitutionellen Verursachungshypothesen der Psychopathie gut nachzeichnen:

Gab es bei Kraepelin zunächst noch eine Kategorie des „geborenen Verbrechers“ (die im Sinne der Degenerationshypothese im Bereich des Schwachsinns abgehandelt wurde), so erschien in der 5. Auflage (1896) eine erste Ausdifferenzierung sog. „psychopathischer Zustände“, die neben Zwangszuständen, impulsivem Irresein und konträren Sexualempfindungen eine Kategorie mit sog. „Konstitutionellen Verstimmungen“ beinhaltete. In der 7. Auflage (1903–1904) finden sich in einem neu eingerichteten Kapitel „Die psychopathischen Persönlichkeiten“ die „geborenen Kriminellen“ jetzt subsumiert neben weiteren Psychopathien (als „originäre Krankheitszustände“) wie die „Haltlosen“, die „Lügner und Schwindler“ und die „Pseudoquerulanten“. In der 8. Auflage seines Lehrbuches (1908–1915) tritt schließlich das Dissoziale als Unterform in eine deutlich ausgeweitete Gruppe der psychopathischen Persönlichkeiten zurück.

Es kommt eine zunehmende Unsicherheit Kraepelins zum Ausdruck, persönlichkeitsspezifische Auffälligkeiten eindeutig zu ordnen. Das liegt an seinem noch suchenden Bemühen, eine in praxi brauchbare, beschreibende Klassifikation nosologischer Entitäten zu entwickeln. Zunehmend häufiger werden jetzt spezifische Konstitutionen als Krankheitsursachen angesehen. So werden auch im Bereich der übrigen psychischen Störungen konstitutionelle Veranlagungen postuliert (sie heißen „depressive“, „manische“, „reizbare“ oder „cyklothyme“ Veranlagung). Für Kraepelin kann – je nach Konstitution – jede einzelne Persönlichkeitstypik mehr oder weniger prägnant im Vordergrund stehen. Ihre Gesamtzahl jedoch scheint nicht mehr abschätzbar.

Im Bereich der solitär auftretenden psychopathischen Persönlichkeiten beschränkt Kraepelin seine Nosologie unter dem Gesichtspunkt der Wahrscheinlichkeit ihres Auftretens in der Klinik. Er unterscheidet schließlich sieben Haupttypen: die „Erregbaren", die „Haltlosen", die „Triebmenschen", die „Verschrobenen", die „Lügner und Schwindler", die „Gesellschaftsfeinde" sowie die „Streitsüchtigen". Auch in dieser Nomenklatur bleibt die sozial-wertende und moralisierende Verbindung von Psychopathie mit Minderwertigkeit und Gesellschaftsfeindlichkeit erhalten.

Kretschmer

Kraepelins Konstitutionsätiologie hat bis in die Gegenwart hinein ihre Wirkungen entfaltet. Seinen Durchbruch verdankt dieser Verstehensansatz jedoch Kretschmer, der seine Persönlichkeitslehre konsequent *konstitutionstheoretisch* begründete (→ Exkurs: Kretschmer und Kant). Kretschmers Persönlichkeitspsychologie (1921) erreichte schnell weltweite Bekanntheit – nicht zuletzt wegen ihrer Rezeption und immensen Forschungsstimulation in der Psychiatrie wie in der Psychologie.

EXKURS

Kretschmer und Kant

Kretschmer greift u.a. auf die durch Galen im 2. Jahrhundert n. Chr. von Hippokrates überlieferte Lehre von den vier Temperamenten (cholerisch, sanguinisch, phlegmatisch und melancholisch) zurück. Diese Wiederentdeckung war etwas mehr als 100 Jahre zuvor entscheidend durch Immanuel Kant stimuliert worden, der auf der Grundlage dieser klassischen Einteilung in seiner „Anthropologie in pragmatischer Absicht" (1798) eine Temperamententypologie entwickelte. Diese vier Typen bei Immanuel Kant waren:

Sanguinisches Temperament. Das sanguinische Temperament des Leichtblütigen erwies sich als Person als guter Gesellschafter, der u.a. stets scherzhaft aufgelegt sei. Andererseits maß diese Person den meisten Dingen keine allzu große Wichtigkeit bei, war vielmehr jemand, der alle Menschen zu Freunden habe.

Melancholisches Temperament. Das melancholische Temperament des Schwermütigen sehe allerwärts Ursache zu Besorgnissen und richte seine Aufmerksamkeit entsprechend vorrangig auf Schwierigkeiten und Beschwernisse im Leben.

Cholerisches Temperament. Das cholerische Temperament des Warmblütigen zeige sich in leidenschaftlicher Ehrbegierde und in eine Vorliebe für Formalitäten. Die Person sei deshalb schicksalhaft zum Unglück verdammt, weil sie die meisten Widerstände bei anderen provoziere.

Phlegmatisches Temperament. Das phlegmatische Temperament des Kaltblütigen sei u.a. als weitgehend affektlos charakterisierbar. Die Person neige durchgängig zur Untätigkeit, besitze zugleich in ihrer Langsamkeit jedoch durchaus die Fähigkeit zu zwischenmenschlichen Wärme.

Immanuel Kant unterstellte seiner Typologie einen kategorialen Charakter, in der Mischungen nicht zugelassen waren. Seine Temperamentenlehre fand weite Verbreitung und hatte auf die gerade beginnende Psychopathie- und Persönlichkeitsforschung in der Psychiatrie wie in der Psychologie entscheidenden Einfluss (→ 5.2). Die Striktheit, mit der Kant die Kategorialfestlegung behauptete, dürfte zugleich grundlegend für die Versuche in ▶

der Psychiatrie gewesen sein, eine kategoriale Klassifikation psychiatrischer Störungen zu begründen.

Kretschmer (1921) postulierte nun im Rückgriff auf die hippokratische Temperamentenlehre von Kant und in der Folge körperbaulicher Untersuchungen schizophrener und manisch-depressiver (zyklothymer) Patienten unter anderem Zusammenhänge zwischen Konstitution, Temperament und Körperbau. Nach seiner Auffassung entsprechen sich

- leptosomer Körperbau, schizothymes Temperament und schizoide Erkrankung,
- pyknischer Körperbau, zyklothymes Temperament und zykloide Erkrankung,
- athletischer Körperbau, visköses Temperament und epileptoide Erkrankung.

Im Unterschied zur letztgenannten Eigenartstypisierung, die sich schon bald als nicht haltbar erwies, hatten Kretschmers Beschreibungen der zyklothymen und schizothymen Temperamentsextremisierungen beträchtlichen Einfluss auf die psychiatrische Systematisierung von Persönlichkeitsstörungen.

Zyklothym-zykloide Persönlichkeit. Zyklothym-zykloide Personen werden von ihm als gesellig, gutherzig, freundlich, gemütlich, als zugleich heiter, humorvoll, lebhaft, hitzig wie auch still, ruhig, schwermütig, weich beschrieben. In kritischen Lebenslagen verändert sich dieses Bild einseitig in Richtung Depressivität mit Schwankungen zwischen heiter und traurig.

Schizothym-schizoide Persönlichkeit. Die Merkmale schizothym-schizoider Personen sind Ungeselligkeit und soziale Absonderung. Sie sind still, zurückhaltend, ernsthaft, humorlos, einerseits schüchtern, scheu, feinfühlig, empfindlich, nervös, andererseits gutmütig, brav, gleichmütig, stumpf, dumm. In schwierigen Lebenslagen schwanken sie zwischen den Extrempolen reizbar und stumpf, sind gelegentlich gleichzeitig empfindsam und kühl.

Kretschmer (1921) verließ die Sichtweise kategorialer Zuordnungen, indem er eine (weitere) Dimensionierung postulierte. Diese reichte von einem Pol schizophrener Erkrankungen (mit den weniger betroffenen schizoiden Temperamenten im Vorfeld) bis zu einem Pol manisch-depressiver Erkrankungen (mit zykloiden Temperamenten als weniger extreme Variante). Im Mittelbereich ließen sich die normalen Charaktere einordnen, die in Richtung zykloider Vereinseitigung syntone Eigenarten zeigten. Gemeint war damit – in Anlehnung an Bleuler (1922) – eine besondere Affektivität, die den gefühlsmäßigen Beziehungen zu den Mitmenschen weitgehend entsprach. In Richtung schizoider Vereinseitigung lagen interaktionell eher weniger erträgliche, dystone Eigenarten (Unruhe, Unstetigkeit usw.) im Normalitätsbereich.

Körperbau und Charakter. Kretschmer vermutete schließlich fließende Übergänge zwischen den körperlich sichtbaren und damit der Konstitution entsprechenden psychischen Erkrankungen über die Charaktereigenarten des Durchschnittsmenschen bis hin zu jenen der „genialen Personen“ in Kunst, Wissenschaft und Politik – eine Annahme, mit der er zugleich Forschungsfelder ungeahnten Ausmaßes eröffnete. Es gibt wohl keinen Bereich der Persönlichkeitsforschung, in dem in Permanenz und über Jahrzehnte hinweg solch bestechend „eindeutige“ Zusammenhänge gefunden wurden, wie in der selbst heute noch nicht vollständig überschaubaren Forschungsliteratur über „Körperbau und Charakter“.

Die Forschungsaktivitäten gingen erst zurück, als die zunächst recht eindeutigen Bestätigungen von Kretschmers Hypothesen zunehmend empirisch Widerspruch fanden und teilweise als Artefakte erklärbar wurden, z.B. bedingt durch die verschiedenen Altersstufen, in denen schizophrene versus manisch-depressive Störungen auftreten (vgl. Eysenck, 1980a; eine ausführliche Darstellung und Bewertung des Ertrags der Forschung zur Persönlichkeitstypologie Kretschmers findet sich bei Rohracher, 1965).

Typologien

In den Folgejahren entstanden in der deutschsprachigen Psychiatrie eine ganze Reihe weiterer Typologien, in denen Störungen der Persönlichkeitsentwicklung neben dem Bemühen um ihre beschreibende Einordnung bzw. konstitutionstheoretische Begründung schließlich auch unter dem Gesichtspunkt der „charakterlichen Besonderheiten" systematisiert und zunehmend persönlichkeitspsychologisch erklärt wurden, dies vor allem unter mehr oder weniger ausdrücklicher Bezugnahme auf die zu dieser Zeit in der Psychologie eine erste Blütezeit erlebende Persönlichkeitspsychologie als sog. „Charakterkunde" (z.B. Birnbaum, 1909; Kahn, 1928; Schultz, 1928; Homburger, 1929; Gruhle, 1922, 1956; einige dieser Ansätze finden sich ausführlich von Kurt Schneider, 1950, beschrieben; ausführlicher auch → 5.1).

Kurt Schneider

Abgesehen von Kretschmers „Körperbau und Charakter" (das bis 1967 allein in Deutschland 25 Auflagen erreichte) haben all diese Systematiken wohl vor allem wegen des Erscheinens der wegweisenden Monographie „Die psychopathischen Persönlichkeiten" von Kurt Schneider (1923) keine allzu weite Verbreitung gefunden und parallel zur schwindenden Bedeutung der Charakterkunde in der Psychologie zunehmend an Gewichtigkeit verloren (vgl. Tölle, 1986; auch: Saß, 1987).

Kurt Schneider schließt an Kraepelins Systematisierung an, gibt jedoch dessen soziologisch-wertende Begriffssetzungen auf. Er versucht, Persönlichkeitsstörungen phänomenologisch präziser zu fassen, dies nicht zuletzt, um seinen Typologisierungsversuch „gegenüber den ständig wechselnden psychologischen und physiologischen Konstruktionen und Theorien neutral" zu halten (Schneider, 1928, S. 29). Sein Konzept umfasst einerseits Patienten, die deutlich an sich selbst leiden, wenngleich dieses Leiden für sie selbst zumeist diffus und unbestimmt bleibt, und andererseits solche, die agieren, kein Leidensgefühl haben und die durch ihre Aktionen eher andere Menschen stark beeinträchtigen können.

ÜBERSICHT

Wegweisende Typologie: Kurt Schneiders psychopathische Persönlichkeiten

Kurt Schneiders Einteilung aus den 20er-Jahren hat – wie noch deutlich wird – alle späteren deskriptiven Typologien wie schließlich auch die Klassifikationssysteme ICD und DSM maßgeblich beeinflusst. Schneider kam es zwar darauf an, die Spannbreite vorfindbarer Persönlichkeitsbesonderheiten möglichst weit zu umfassen. Andererseits legte er Wert auf die Feststellung, dass die von ihm gewählten Typenbezeichnungen auch aus einem Bemühen um Begrenzung und Straffung resultierten. 1928 unterscheidet er 10 Formen psychopathischer Persönlichkeiten:

- **Die Hyperthymen:** heiter, betriebsam, zugleich unkritisch, unvorsichtig, selbstsicher bis haltlos, streitsüchtig; gelegentlich lässt sich eine Neigung zu Übertreibung und pathologischem Lügen diagnostizieren.

- **Die Depressiven:** pessimistisch, skeptisch, depressiv verstimmt, unglücklich, zugleich schwermütig; die Vergangenheit erscheint wertlos, die Zukunft drohend.
- **Die Selbstunsicheren:** mit den beiden Unterformen der Ängstlich-Sensitiven und der Zwanghaft-Anankastischen.
- **Die Fanatischen:** einerseits expansive, aktive Personen, die streng persönliche Überwertigkeiten verfechten; andererseits das querulatorische Verfechten und Zurschautragen allgemeiner Ideen und Normvorstellungen; schließlich fest überzeugte Sektierer.
- **Die Geltungsbedürftigen:** übertrieben, aufdringlich, theatralisch, fantasiereich, exzentrisch, Neigung zu Pseudologia phantastica; den Begriff „hysterisch" lehnt Schneider wegen seiner weit reichenden theoretischen Implikationen ab.
- **Die Stimmungslabilen:** leicht auslösbare extreme Stimmungsschwankungen zwischen grob, brutal, Jähzorn, Affektkrisen, spontanen Rauschzuständen einerseits und plump, vertraulich, süßlich, bigott, egozentrisch andererseits; Unstetigkeit, Fortlaufen, Fortbleiben, Veränderungssucht.
- **Die Explosiblen:** allgemein zwar angepasst und ruhig, jedoch leicht erregbar und zur spontanen Gewalttätigkeit neigend; „Kurzschlussreaktionen" im weitesten Sinne; „die Beziehungen zu den anderen Psychopathen sind so zahlreich, dass man fragen kann, ob die Explosiblen nicht alle in ihnen aufgehen" (Schneider, 1928, S. 68).
- **Die Gemütlosen:** umfasst die Gruppe der bis dahin als „antisozial" und „gesellschaftsfeindlich" bezeichneten Persönlichkeiten; ohne Moral, fehlendes Gefühl für Moral und Normen; unverbesserlich; Neigung zu Kriminalität auf der einen, erstaunliche Leistungen „stahlharter Naturen" in Führungspositionen auf der anderen Seite.
- **Die Willenlosen:** abhängige Menschen ohne Widerstand, zumeist verständig, gutartig, anspruchslos, jedoch leicht auch ins Dissoziale verführbar und unzuverlässig, gelegentlich schwankend „wie ein Rohr im Winde".
- **Die Asthenischen:** überempfindlich, überstark auf körperliche Symptome reagierend, körperlich leicht versagend, sich selbst seelisch unzulänglich fühlend.

Wesentlich war für Kurt Schneider der Versuch einer möglichst prägnanten Typologisierung – mit der praktischen Konsequenz, dass die Systematik nicht als schlichtes Diagnostikum benutzt werden dürfe. Sie könne lediglich als Orientierungsmöglichkeit dienen, um betroffene Personen mehr oder weniger eindeutig zuzuordnen oder aber auch um die Kombination von Persönlichkeitsmerkmalen unterschiedlicher Typen in Erwägung zu ziehen. Er schrieb: „Fast nie sehen wir *reine* Bilder" – und: – „Man solle sich hüten, da der Wirklichkeit Gewalt anzutun und vor allem nicht meinen, eine Benennung ersetze das Verständnis einer konkreten Persönlichkeit. Typen sind erste und im Hinblick auf das Individuelle stets grobe Orientierungspunkte von grundsätzlicher Einseitigkeit." (Schneider, 1928, S. 29)

Schließlich hat sich Kurt Schneider scharf gegen die bis dahin vorherrschende Gepflogenheit gewandt, Persönlichkeitsstörungen als (Nerven-)Krankheiten zu betrachten oder gar von „krankhaften Persönlichkeiten" zu sprechen. Nur in Ausnahmefällen seien Übergänge oder Grenzfälle beobachtbar, etwa bei den Persönlichkeitsänderungen in der Folge organischer oder toxischer Psychosen oder bei schizophrenen und zyklothymen Phasen. Auch diese Übergänge und Grenzfälle, in denen konstitutionelle Zustände in Krankheitsprozesse übergingen (oder möglicherweise auch umgekehrt), waren für ihn kein hinreichender Grund, psychopathische Persönlichkeitseigenarten als „krankhaft" zu bezeichnen. In letzter Konsequenz und mit Blick auf die forensische Beurteilung von Persönlichkeitsstörungen folgte aus dieser Festlegung aber auch, „dass von der Auffassung aus, dass psychopathische Persönlichkeiten keine kranken Menschen, sondern charakterologische Spielarten sind, eine *Exkulpierung grundsätzlich nicht* stattfinden kann, es sei denn, dass eine Kombination mit höheren Schwachsinnsgraden oder Bewusstseinstrübungen vorliegen" (Schneider, 1928, S. 15).

2.1.3 England

Beträchtlichen Einfluss auf die Konzeptualisierung der Persönlichkeitsstörungen in Europa wie in Amerika hatte die Arbeit des Engländers Prichard (1835) über „Moral Insanity", die unter dem Einfluss von Pinel und Esquirol verfasst wurde. Für Prichard ergab sich die Möglichkeit einer Abgrenzung nicht persönlichkeitsbedingter Dissozialität und Kriminalität gegenüber der persönlichkeitsbedingten Devianz über die Beantwortung der Frage, ob die antisozialen Handlungen unter Kontrolle des Willens intendiert ausgeführt wurden oder nicht. Nur – diese Frage ließ sich nicht so einfach beantworten. Obwohl sein Konzept der „Moral Insanity" schnell weltweite Verbreitung fand und obwohl das Bemühen um eine Definition von „nicht intendiert" auch heute noch in den Diagnosekriterien der „antisozialen Persönlichkeitsstörung" aufspürbar ist, geriet es zugleich unmittelbar in das Spannungsfeld, das sich bei dem Bemühen der Ärzte aufbaute, Verhaltensweisen, die mit rechtlichen Ordnungsvorstellungen in Konflikt gerieten, in die psychiatrische Nosologie zu integrieren. Durch die damalige Diskussion entfacht, spielte fürderhin die Klärung der Verantwortlichkeit bei gewohnheitsmäßiger sozialer Devianz und Delinquenz eine zentrale Rolle. Insbesondere Maudsley (1874) sprach sich für die Zuerkennung verminderter Schuldfähigkeit in Fällen aus, in denen die medizinische Zuständigkeit angesichts der mit einer „Mental Alienation" verbundenen Kriminalität deutlich infrage gestellt werden könne.

Moral Insanity

Es war insbesondere Prichards Begriffssetzung der „Moral Insanity", die seinerzeit in Europa und Amerika gleichermaßen schnelle Verbreitung fand, wie sie zu zahlreichen Missverständnissen führte. Wie Saß (1987) dazu ausführt, fand in den meisten Rezeptionsversuchen vor allem eine folgenreiche Einengung in Richtung „moralisch-sittlich" statt. Dabei war der Begriff „moral" von Prichard in einem viel umfassenderen Sinne von „gemüthaft" oder „emotional-affektiv" gemeint und betraf – wie schon bei Pinel – Veränderungen des Gefühls und des Willens im Unterschied zu denen des Intellekts. Diese Akzentverschiebung wurde natürlich durch die Degenerationslehren Morels weiter begünstigt und legte den Grundstein für die auch in England und Amerika bis heute nachwirkende Tendenz, den Psychopathie-Begriff auf eine Typisierung gewohnheitsmäßiger sozialer Devianz und Delinquenz zu beschränken.

So benutzt die britische „Mental Health Act“ (von 1959) bis in die Gegenwart hinein den Begriff der „Psychopathic Disorder“ im Sinne eines abnorm aggressiven und verantwortungslosen Verhaltens. Diese Diagnostikgepflogenheit geht vor allem auf die einflussreiche Arbeit von Henderson (1939) zurück. Henderson unterschied

- überwiegend *unangepasste* und
- überwiegend *aggressive* sowie
- überwiegend *kreative* Psychopathen.

Letztere Bezeichnung fand jedoch nur wenig Verwendung. Da in der englischen Psychiatrie der „Psychopathy“-Begriff neben der Kennzeichnung persönlichkeitsbedingter Dissozialität zugleich als allgemeiner Oberbegriff auch für die *nicht* als antisozial klassifizierbaren Persönlichkeitsstörungen Verwendung fand, blieb eine Psychopathie-Diagnose vielfach doppeldeutig. Dies scheint sich – trotz einer über viele Jahrzehnte hinweg geäußerten Kritik (vgl. Lewis, 1974) – erst in den letzten Jahren zu ändern, nachdem in den neueren Klassifikationssystematiken (ab DSM-III und ICD-10) der Begriff „Psychopathie“ selbst keine Verwendung mehr findet. Nicht von ungefähr hat in England die Diskussion um rechtliche und medizinische Zuständigkeiten im Grenzbereich von Kriminalität und Persönlichkeitsdevianz bis in die Gegenwart ihre Virulenz beibehalten (Walker, 1968; Walker & McCabe, 1973).

2.1.4 Amerika

Wenige Jahre nach Pinel hatte der Amerikaner Rush (1812) das Konzept der „Manie sans délire“ aufgegriffen. In seinem Lehrbuch der Psychiatrie, das weit über 100 Jahre als Standardtext diente (und noch 1962 neu aufgelegt wurde) beschrieb er Verwahrlosung, Aggressivität und mangelnde Rücksicht bei Personen, deren Vernunft und Intellekt nicht gestört seien. Mit seiner Betonung einer „Perversion of Moral Faculties“ und einer „Moral Alienation of Mind“ hatte er seinerseits eine starke Vereinseitigung der angloamerikanischen Psychopathieauffassungen in Richtung „soziale Devianz“ vorbereitet. Es erschien nur konsequent, wenn 100 Jahre später Partridge (1930) zur Überwindung der bis dahin geführten Diskussionen und Kontroversen vorschlug, zur genaueren Kennzeichnung der persönlichkeitsbedingten Dissozialität und Kriminalität – bei einer breiten Auffassung der psychopathischen Persönlichkeiten – die Bezeichnung „Sociopathy“ vorzusehen. Partridge definiert Soziopathien als andauernde Fehlanpassungen, die durch die bekannten Methoden der Erziehung und Bestrafung nicht korrigiert und nicht in normale Verhaltensweisen überführt werden könnten.

Mask of Sanity

Großen Einfluss auf die gegenwärtige Konzeption von Persönlichkeitsstörungen hatte Cleckleys 1941 erschienene Monographie „The Mask of Sanity“. In diesem

Werk argumentiert er gegen eine zu weit gefasste Gruppe der Persönlichkeitsstörungen. Er vertritt erneut eine Beschränkung des Psychopathiebegriffs auf Personen mit antisozialen Verhaltensweisen, die keine adäquate Motivation erkennen lassen und deren soziale Devianz nicht durch eine Psychose, Neurose oder geistige Behinderung bedingt ist. Cleckley konnte sich mit seiner Konzeption letztlich nicht mehr durchsetzen. Die Psychiater, die sich zur Entwicklung des DSM-I (1952) in einer Task Force der American Psychiatric Association zusammengeschlossen hatten, bevorzugten die Ansicht, dass ein lebenslanges Muster maladaptiven Verhaltens ein gemeinsames Charakteristikum der psychopathischen Störungen darstelle, deren Untergruppen zusammengenommen eine Hauptkategorie unterschiedlichster Persönlichkeitsstörungen rechtfertige, von denen schließlich nur eine die Kennzeichnung „antisocial" erhalten sollte (vgl. Penna, 1981).

2.2 Internationale Bemühungen um eine Vereinheitlichung

Die Bemühungen der Psychiatrie um Anerkennung als medizinische Wissenschaft im letzten und zu Beginn dieses Jahrhunderts waren von dem Anspruch geleitet, auch für die psychiatrischen Störungsbilder eine weithin akzeptierbare Systematik seelischer Krankheiten zu entwickeln. Bereits 1882 hatte ein Statistik-Ausschuss der britischen *Royal Medico-Psychological Association* ein Klassifikationsschema erstellt, das jedoch trotz mehrfacher Umarbeitungen nie angenommen wurde (vgl. Davison & Neal, 1988). Wenige Jahre später (1889) einigten sich Psychiater während eines internationalen Kongresses erstmals auf ein einheitliches Klassifikationsschema, das jedoch in der Praxis weitgehend unberücksichtigt blieb – zu sehr divergierten zu dieser Zeit die Begrifflichkeiten und Verstehensansätze. Der bedeutsamste Einfluss dieser Zeit ging ganz fraglos von Kraepelin aus. Erste Bemühungen in den Vereinigten Staaten durch die *Association of Medical Superintendents of American Institutions for the Insane* (eine Vorläuferin der *American Psychiatric Association*) wurden maßgeblich durch Überlegungen Kraepelins bestimmt. Das von dieser Gesellschaft 1913 ausgearbeitete Schema fand jedoch in den USA keine ungeteilte Zustimmung und wurde in einigen Staaten strikt abgelehnt (z.B. von der *New York State Commission*). Bis zum Ende des 2. Weltkrieges blieben fast alle nationalen wie internationalen Versuche, zu einer einheitlichen Klassifikation psychischer Störungen zu gelangen, weitgehend erfolglos – einmal abgesehen davon, dass die in der übrigen Medizin weltweit bereits gebräuchliche *International List of Causes of Death* 1939 erstmals um eine Reihe psychiatrischer Krankheiten erweitert wurde.

ICD-6: Sektion V

Dieses Verzeichnis wurde 1948 in seiner 6. Auflage unter der Schirmherrschaft der gerade gegründeten Weltgesundheitsorganisation (WHO) zur *International Clas-*

sification of Diseases, Injuries, and Causes of Death (ICD) erweitert, einschließlich einer Sektion V mit dem Titel „Mental, Psychoneurotic and Personality Disorders". Die von europäischen und amerikanischen Psychiatern dominierte Konferenz hatte sich zwar einstimmig für diese Nomenklatur ausgesprochen. Die weltweite Anerkennung der ICD-6-Systematik für psychiatrische Störungen blieb jedoch aus, und dies, obwohl sie von der WHO ihren Mitgliedsländern zur Vereinheitlichung der Diagnosegepflogenheiten dringend empfohlen worden war.

Die Sektion V wurde schließlich nur in fünf Ländern (England, Finnland, Neuseeland, Peru und Thailand) als Klassifikationssystem durch die Gesundheitsministerien offiziell eingesetzt. Und selbst dort, in England beispielsweise, nahmen die Psychiater die Sektion V der ICD-6 kaum zur Kenntnis (vgl. Kendell, 1990). Ganz im Unterschied zur übrigen Medizin bevorzugten sie auch fürderhin ihre traditionellen Begriffssetzungen und nationalen Eigenarten. Ein besonders krasses Beispiel stellte das nur kurze Zeit später (1952) veröffentlichte *Diagnostic and Statistical Manual of Mental Disorders* (DSM-I) durch die *American Psychiatric Association* dar, deren Psychiater zuvor noch entscheidenden Anteil auch an der Entwicklung der ICD genommen hatten (Grob, 1991).

Integrationsversuche

Die WHO beauftragte wenige Jahre später den aus Wien stammenden und während des Krieges nach England emigrierten Psychiater Erwin Stengel, die Gründe für diese Zurückhaltung gegenüber einer Vereinheitlichung zu untersuchen.

Stengel (1959) fand als Resümee seiner Erhebung die Neigung zur Schulbildung und Konkurrenz durch eine persönliche Bindung der meisten Psychiater an unterschiedliche Traditionen in der Psychiatrie schon auf nationaler Ebene. Diese führe bereits bei der Begriffssetzung zu Unterschiedlichkeiten, die durch das jeweils bevorzugte ätiologische psychopathologische Verständnis psychischer Störungen bestimmt seien. Immer dort, wo die Störungskennzeichnung eine ätiologische Perspektive beinhalte, impliziere der Versuch der Vereinheitlichung zugleich die Bevorzugung eines bestimmten Störungsverständnisses, dem sich Psychiater mit konkurrierender Auffassung natürlich widersetzten. Er schlug deshalb vor, zukünftig möglichst Begriffe zur Störungskennzeichnung festzulegen, die keine Ätiologieperspektive beinhalteten und die damit eher als „operationale Definitionen" Akzeptanz finden könnten.

Angesichts dieser Situation unterbreitete die Expertenkommission der WHO im Vorfeld der ICD-8-Ausgabe zu Beginn der 60er-Jahre den Vorschlag, die Entwicklung psychiatrischer Klassifikationen zunächst auch parallel auf nationaler Ebene voranzutreiben und jeweils eigene Ergänzungen zur ICD-8-Ausarbeitung vorzulegen.

EXKURS

Klassifikationskritik

Diese Empfehlung fällt nun zugleich in die Zeit weltweit zunehmender Kritik am sog. „medizinischen Modell" psychischer Störungen. Diese Klassifikationskritik beinhaltete die nachfolgend aufgeführten wesentlichen Gesichtspunkte (vgl. Klerman, 1986).

Antipsychiatrie. Die wohl fundamentalste Kritik wurde von Szasz (1960, 1961) vorgetragen, der der Psychiatrie das Recht absprach, als Teildisziplin der Medizin aufzutreten. Diese sog. „antipsychiatrische Position" wendete sich gegen die Auffassung, psychische Störungen (Psychosen, Neurosen und Persönlichkeitsstörungen) angesichts fehlender Hinweise auf anatomisch-organische Grundlagen und Ursachen als „Krankheiten" zu betrachten (vgl. die Dokumentation der daraufhin einsetzenden Kontroverse hierzu bei Keupp, 1972).

Geringe Reliabilität. Eine zweite Kritik richtete sich gegen die in Forschungsarbeiten sichtbar werdende geringe Zuverlässigkeit psychiatrischer Diagnosen sowie die bereits durch Stengel herausgearbeitete Vermischung ätiologischer und deskriptiver Setzungen in der Benennung psychischer Störungen, die sich an einer inflationären Begrifflichkeit festmachen ließ (vgl. Bastine, 1990).

Stigmatisierungsproblem. Eine dritte Kritik fokussierte die erheblichen negativen sozialen und psychologischen Folgen, die mit der diagnostischen Feststellung und psychiatrischen Behandlung psychischer Störungen verknüpft schienen. Es ging dabei einerseits um die unmenschlichen, teils freiheitsberaubenden Bedingungen, unter denen die Psychiatrie bis dahin Diagnostik und Behandlung in Ausübung sozial-gesellschaftlicher Macht und Kontrolle als öffentliche Institution einsetzte, nicht selten missbrauchte. Höhepunkte waren Goffmans Analysen der sozialen Situation psychiatrischer Patienten (1959, 1961) sowie Rosenhans Dokumentation „Gesund in kranken Institutionen" (1973). Andererseits kam daraufhin jene im Einleitungskapitel bereits angedeutete Diskussion um die Stigmatisierungswirkung psychiatrischer Diagnosen in Gang, die bis heute nachhaltige Bedeutung insbesondere für den Bereich der Persönlichkeitsstörungen behalten hat (→ 1.1 sowie die Dokumentation der Kontroversen zu diesem Punkt bei Keupp, 1979).

Kategoriale Klassifikation. Die vierte Kritikvariante dieser Zeit betraf die Versuche der Entwicklung und Ausarbeitung diagnostischer Systematiken zur kategorialen Klassifikation. Diese Kritik wurde vor allem vonseiten der Psychologie vorgetragen. Auf die Perspektiven der vor allem in der differenziellen und klinischen Psychologie diskutierten und entwickelten typologischen und dimensionalen Systematiken als Alternativen zur kategorialen Diagnostik wird weiter unten ausführlicher eingegangen (→ 5.2 bis → 5.4).

Kulturelle Unterschiede. Ein letzter Kritikpunkt dieser Zeit wurde vor allem von Psychiatern der Entwicklungsländer und in der Dritten Welt vorgetragen. Er betrifft das Problem, dass die bisherigen Entwicklungen der Diagnosesystematiken (insbesondere der ICD der WHO) kulturabhängig zu einseitig den Konventionen westeuropäischer und amerikanischer Diagnosevorstellungen entsprächen und damit nicht bruchlos in Länder außerhalb dieser Kulturzonen übertragbar seien (vgl. Sartorius, 1990).

Nationale Entwicklungen

Die Rückgabe der Entwicklung psychiatrischer Systematiken durch die WHO an die Psychiatriegesellschaften der Mitgliedsländer hatte zeitweilig ein noch stärkeres Auseinanderdriften der weltweiten Diagnosegepflogenheiten in der Psychiatrie zur Folge. Andererseits zeigten sich aber auch beträchtliche Auswirkungen insofern, als man in den nationalen Entwicklungen vor allem der oben genannten Kritik zu entsprechen versuchte, die begrifflichen Setzungen in der psychiatrischen Diagnostik deskriptiver zu halten und sie von ätiologischen und theoretischen Implikationen freizubekommen.

Bei den verschiedenen nationalen Systematiken zur Diagnose und Klassifikation psychischer Störungen handelte es sich (mit Ausnahme der französischen Bemühungen) um Versuche, den Interviewern konkrete Leitfäden an die Hand zu geben, mit denen versucht werden sollte, die Reliabilität zu erhöhen. Die Objektivität der Diagnosestellungen sollte dadurch verbessert werden, dass die eingesetzten Interviews und Fragebögen zumeist computerisierte Diagnosestellungen erlaubten.

USA. In den USA entwickelte seit Mitte der 60er-Jahre eine Arbeitsgruppe um Joseph Zubin an der Biometrics Research Unit in New York die *Mental Status Schedule* sowie als deren Nachfolgeinstrument die *Psychiatric Status Schedule*, in der präzise und wörtlich vorgeschrieben wurde, wie und was die Patienten durch Interviewer genau gefragt werden sollten (vgl. Spitzer et al., 1970).

Frankreich. Ganz im Unterschied dazu besteht die 1968 in Frankreich vom *Institut National de la Santé et de la Recherche Medical* veröffentlichte Klassifikation aus dem Versuch, deskriptivere Kategorien für die Bezeichnung psychischer Symptome und Syndrome anzubieten. Da sie keine weiteren Ausführungen zur operationalen Definition enthält, sich also auf Intuition und Gesamteindruck des Diagnostikers verlässt, gilt sie als weitgehend unreliabel (Pichot, 1990).

England. Weltweite Verbreitung und Anwendung in einer Reihe epidemiologischer Studien fand die in England von Wing, Cooper und Sartorius (seit 1974) entwickelte *Present State Examination* (PSE), in der versucht wurde, eine Balance zwischen gewissen Festlegungen und Flexibilität bei der Durchführung der Interviews zu erreichen.

Deutschland. In den deutschsprachigen Ländern schlossen sich namhafte Psychiater und Psychologen aus der Bundesrepublik, Österreich und der Schweiz zur *Arbeitsgemeinschaft für Methodik und Dokumentation in der Psychiatrie* (AMDP; zunächst AMP) zur Erstellung eines Dokumentationssystems psychiatrischer Befunde (des sog. AMDP-Systems) zusammen, das seither in vielen Kliniken zur Eingangserhebung Verwendung findet (4. Auflage, 1981). Das AMDP-System unterscheidet sich von den drei anderen Verfahren dadurch, dass es über die Erhebung zentraler Symptome und Syndrome hinaus eine Reihe anamnestisch bedeutsamer Daten der lebensgeschichtlichen Entwicklung, kritische Lebensereignisse im Vorfeld der Erkrankung sowie die aktuellen psychosozialen Lebensbedingungen von Patienten mitzuerfassen versucht.

Persönlichkeitsstörungen

Was nun die Persönlichkeitsstörungen angeht, so wurden sie in diesen verbesserten Diagnosemanualen nicht oder nur sehr am Rande mitberücksichtigt. Dies lag wesentlich begründet in der zeitgleich angefachten Diskussion um die Frage, ob und welche psychischen Störungen „Krankheiten" seien oder nicht. Vor allem dieses Problem und die damit zusammenhängende Frage nach den Unterschieden „neurotischer" und „psychotischer" Störungen sollte mithilfe deskriptiver Systematiken einer objektiveren Forschung zugänglich gemacht werden. Entsprechend ging in dieser Zeit die Zahl substanzieller Theorie- und Forschungsarbeiten über Persönlichkeitsstörungen in der Psychiatrie deutlich zurück – mit Ausnahme der Arbeiten zur „Psychopathie" und „Soziopathie".

2.3 Wendepunkt: Die Einführung des DSM-III

Noch bis einschließlich der ICD-9 (vgl. Degkwitz et al., 1980) zeigten die nationalen Entwicklungen recht wenig Wirkung auf die Versuche der WHO-Kommission, eine weltweit akzeptierbare Systematik zu entwickeln. So waren von den WHO-Psychiatern Neuerungen zwar kontinuierlich diskutiert worden – z.B. auch Überlegungen dazu, die kategoriale Diagnostik in der ICD-8 durch eine multiaxiale Klassifikation zu ersetzen, wie sie viel später erst im DSM-III realisiert werden sollte (vgl. Rutter et al., 1973; Kendell, 1975). Die ICD-9 blieb jedoch eine kategoriale Klassifikation, die (durch den Einfluss psychoanalytisch orientierter Psychiater) nach wie vor stark mit dem Problem ätiologie- und theoriehaltiger Bezeichnungen behaftet war.

Eine grundlegende Neuorientierung sollte erst von der mutigen Initiative einer unvoreingenommeneren und jüngeren Generation von Psychiatern auf nationaler Ebene ausgehen, die zugleich erneut und außerordentlich kritisch auf die WHO-Systematik ICD-9 reagierte. Diese Psychiater (und einige Psychologen) gehörten zur Task Force der *American Psychiatric Association*, die Mitte der 70er-Jahre mit der Entwicklung der dritten Version des US-amerikanischen *Diagnostic and Statistical Manual of Mental Disorders* (DSM-III) betraut worden war (vgl. APA, 1980).

Man kann heute zusammenfassend sagen: Im Rückblick hat insbesondere die Zuspitzung der kritischen Auseinandersetzungen um die Probleme der Stigmatisierungswirkung und des medizinischen Modells der psychiatrischen Diagnostik durch die Antipsychiatrie-Bewegung und durch die Labeling-Kritik in den 60er- und 70er-Jahren sowie ihre Rezeption und methodische Vertiefung in der Klinischen Psychologie und Psychiatrie eine wichtige innovative Wende eingeleitet. Die Veränderungen im US-amerikanischen DSM-III waren so gravierend, dass sie weltweit zunächst Zurückhaltung und (eher „unter der Hand") Kritik auslösten, offiziell jedoch zunehmend Respekt und Beachtung fanden. Die Wirkungen des DSM-III waren schließlich so bedeutsam, dass sie wenige Jahre später von Klerman (1986) bereits als „Paradigma-Wechsel" (i.S. von Kuhn, 1970) der Psychiatrie bezeichnet wurden. Diese „kleine Revolution" zeigte in der Tat weltweite Wirkungen und hat in vielerlei Hinsicht schließlich auch Eingang gefunden in die neueste Auflage der *International Classification of Diseases, Chapter V: Mental and Behavioural Disorders*, der ICD-10 (vgl. WHO, 1991).

Die wichtigsten Veränderungen des DSM-III und seiner Nachfolger (DSM-III-R und DSM-IV) wie die in der aktuellen ICD-10 sollen hier zunächst (und mit besonderem Blick auf die Diagnostik und Klassifikation bei Persönlichkeitsstörungen) kurz zusammengefasst werden. Sie betreffen drei Perspektiven.

Die Störungsperspektive

Vor allem als konstruktive Reaktion auf die Labeling-Kritik wurden in den aktuellen Fassungen des DSM(-III-R/-IV) und der ICD(-10) u.a. jene kritisierten Kategorialfestlegungen „Psychopathie" und „Soziopathie" (wie auch die der „Psychose", „Neurose", „Hysterie") wegen ihrer theoretischen Mehrdeutigkeit und Stigmatisierungsneigung aufgegeben. Der Psychopathiebegriff wurde durch den bislang weniger vorbelasteten Begriff der „Persönlichkeitsstörungen" ersetzt. Die Akzeptanz des Begriffs „Persönlichkeitsstörungen" als allgemeiner Oberbegriff für behandlungsbedürftige Abweichungen der Persönlichkeitsentwicklung erfolgte inzwischen weltweit und innerhalb der unterschiedlichen Denktraditionen (auch innerhalb der Therapieschulen; → 3 bis → 5). Beide Klassifikationssysteme verwenden den Störungsbegriff, und zwar ohne weiter gehende Implikationen in Richtung „Erkrankung". Und in den Kriterieninhalten für die einzelnen Störungen tritt an die Stelle der Gestörtheit oder des Leidens der Gesellschaft unter persönlichkeitsbedingten Verhaltensauffälligkeiten einer Person das Leiden der betroffenen Person selbst sowie die sich daraus ergebenden Einschränkungen ihrer sozialen Kompetenz (APA, 1987, S. 405 der deutschen Übersetzung; Dilling et al., 1991, S. 212).

Die Prototypenperspektive

Die Hoffnung Kraepelins, psychische Störungen mittels kategorialer Systematik nach natürlich vorfindbaren, klar voneinander abgrenzbaren Krankheitseinheiten ordnen zu können, hat sich bis heute nicht erfüllt. Auch sind die meisten Versuche fehlgeschlagen, kohärente Verbindungen zwischen klinischen Symptomen, spezifischen Ursachen, ätiologischen Modellvorstellungen und prognostischen Faktoren herzustellen (vgl. Sartorius, 1990; Bastine, 1990). Vielmehr stellen gerade die Grenzfälle und Überschneidungen von Störungsbildern sowie Fragen nach der Komorbidität große Herausforderungen für die gegenwärtigen Bemühungen dar, im Bereich der Klassifikation und ätiologischen Modellbildung voranzukommen. Letzteres gilt insbesondere für den Bereich der Persönlichkeitsstörungen.

Wegen des „Zulassens einer gewissen Randunschärfe“ (Zerssen, 1973) gewannen deshalb in den DSM-III-Ausarbeitungen sog. typologische Systematiken an Bedeutung (Prototypenperspektive). Diese Art typologischer Systematik folgt Modellüberlegungen, die in der Kognitiven Psychologie im Rückgriff auf einige Grundüberlegungen Wittgensteins (1958) als sog. „Prototypenmodell der Kategorisierung“ entwickelt wurden (z.B. Mervis & Rosch, 1981). Die Prototypenperspektive stellt u.a. folgende Anforderungen an eine Klassifikation von Persönlichkeitsstörungen (vgl. Widiger & Frances, 1985; Frances & Widiger, 1986):

Komorbiditätsprinzip. Die Systematik sollte eine Akzeptanz von Mehrfachdiagnosen beinhalten. Dies Kriterium ist beispielsweise durch die Multiaxialität des DSM-III (seit 1980) erfüllt. Mit dem DSM-III-R (seit 1987) und im DSM-IV (1994) besteht zudem die Möglichkeit, mehrere Persönlichkeitsstörungen bei ein und derselben Person zu vergeben; in der ICD-10 (seit 1991) gilt allgemein das Prinzip der Mehrfachdiagnosen (→ 19 zur Komorbidität).

Polythetische Kriterien. Die Diagnosekriterien sollten zur Reliabilitätserhöhung polythetisch angelegt sein, d.h., auf eine Person braucht jeweils nur ein Teil der Gesamtkriterien für ein Diagnosevergabe zuzutreffen. Auch diese Anforderung des Prototypenansatzes gilt als weitgehend erfüllt, wenn jeweils eine quantitativ festgelegte Untergruppe von Kriterien für eine Diagnosebegründung herangezogen werden kann.

Dimensionierung. Die Kriterien sollten qualitativ gewichtet sein. Diese Anforderung, die in gewissen Grenzen eine Dimensionierung der Schwere der Störung ermöglichen soll, wird bisher weder im DSM-III-R/DSM-IV noch in der ICD-10 ausreichend erfüllt, was auf einen Mangel an substanziellen empirischen Studien mit der Anwendung beider Systematiken zurückgeführt werden kann.

Prototypische Merkmale. Weiter sollten prototypische Merkmale benannt sein, die für das jeweilige Störungsbild als besondere Markierungspunkte gelten. Auch dieses Kriterium ist in den neuen Systematiken nur in Ansätzen ausgearbeitet.

Das mit Ausnahmen gegebene Bemühen um eine weniger umfangreiche Liste mit störungstypisierenden Merkmalen erhöht inzwischen die Zuverlässigkeit der (Differenzial-)Diagnose beträchtlich und vermindert den besonders im Bereich der Persönlichkeitsstörungen gegebenen Beurteilerbias, nämlich, dass Beurteiler bei umfänglichen Merkmalslisten bereits bei Zutreffen von weniger als den geforderten Kriterien zur Diagnosevergabe neigen (vgl. Horowitz et al., 1981).

DSM-III-R/-IV wie ICD-10 verzichten inzwischen weitgehend auf Gesamteindrücke und intuitive Erfahrungen des Diagnostikers als Beurteilungsgrundlage. Sie fordern vielmehr eine Beurteilung des Problemverhaltens anhand konkreter Verhaltensindikatoren oder Verhaltensmuster, die für spezifische Persönlichkeitsstörungen als prototypisch betrachtet werden. Erste systematische Untersuchungen zur Prototypenentwicklung im Bereich der Persönlichkeitsstörungen wurden u.a. von Livesley vorgelegt (1985, 1986; Livesley et al., 1987a, b; auch von Horowitz et al., 1981).

Die interpersonelle Perspektive

Früher wurde vielfach versucht, aus sich wiederholenden Normabweichungen einer Person – unter Zuhilfenahme zumeist ätiologietheoretischer und psychodynamischer Hypothesen – auf deren innerpsychische Struktur als Persönlichkeitsstörungen zurückzuschließen. Die meisten Autoren betonen inzwischen den Aspekt der Beziehungsstörungen und sie betrachten Persönlichkeitsstörungen als komplexe Störungen der zwischenmenschlichen Interaktion (z.B. McLemor & Benjamin, 1979; Morey, 1985; Kiesler, 1986; Rudolf, 1987; Millon & Everly, 1985; Glatzel, 1990; Benjamin, 1995). Ein Verständnis der Persönlichkeitsstörungen als „Störungen des zwischenmenschlichen Beziehungsverhaltens" ermöglicht in besonderer Weise die Beachtung der Stigmatisierungsproblematik insofern, als die (ätiologie)theoretische Konzeptualisierung nur durch Vermeidung der Personperspektivierung und unter Berücksichtigung zwischenmenschlicher und soziokultureller Entwicklungen akzeptierbar wird.

Die verschiedentlich erhobene Forderung, in den Klassifikationssystemen den Begriff „Persönlichkeitsstörungen" durch eine Kategorie der „komplexen Störungen des zwischenmenschlichen Beziehungsverhaltens" zu ersetzen (z.B. Kiesler, 1986; Benjamin, 1995), gilt vielen noch als zu weitgehend und findet aus verschiedenen Gründen keine ungeteilte Zustimmung (vgl. Tölle, 1986; Widiger et al., 1991; → Epilog). Eines lässt sich inzwischen jedoch schon absehen: Dort wo die Ausrichtung der Diagnosekriterien an persönlichkeitstypischen Interaktionsmerkmalen erfolgte, hat dies in aktuellen Forschungsarbeiten erheblich zur Verbesserung der Zuverlässigkeit und Validität der Diagnose von Persönlichkeitsstörungen beigetragen (vgl. z.B. Morey, 1985).

In diesen drei veränderten Perspektiven sind auch die Gründe zu finden, die in den vergangenen Jahren viele klinische Psychologen, Verhaltenstherapeuten, aber auch Psychoanalytiker bewogen haben, ihre früheren Vorbehalte gegenüber der psychiatrischen Klassifikation von Persönlichkeitsstörungen weitgehend aufzugeben und vielmehr aktiv an ihrer Verbesserung mitzuarbeiten (vgl. Wittchen & Schulte, 1988; Schulte & Wittchen, 1988). Dieser veränderten Einstellung folgend, ist auch die in diesem Buch gewählte Darstellung der Persönlichkeitsstörungen an den aktuell gültigen Klassifikationssystematiken (DSM-IV und ICD-10) orientiert.

2.4 Die Persönlichkeitsstörungen im DSM-IV und in der ICD-10

2.4.1 DSM-Diagnostik

Im DSM-IV (APA, 1994) wird der gegebenen Komplexität und Differenziertheit psychischer Störungen durch eine sog. „multiaxiale" Struktur entsprochen (→ Abbildung 2.1).

Kurz vorweg zusammengefasst: Die Persönlichkeitsstörungen werden (zusammen mit den geistigen Behinderungen) auf der Achse II kodiert, und zwar (a)

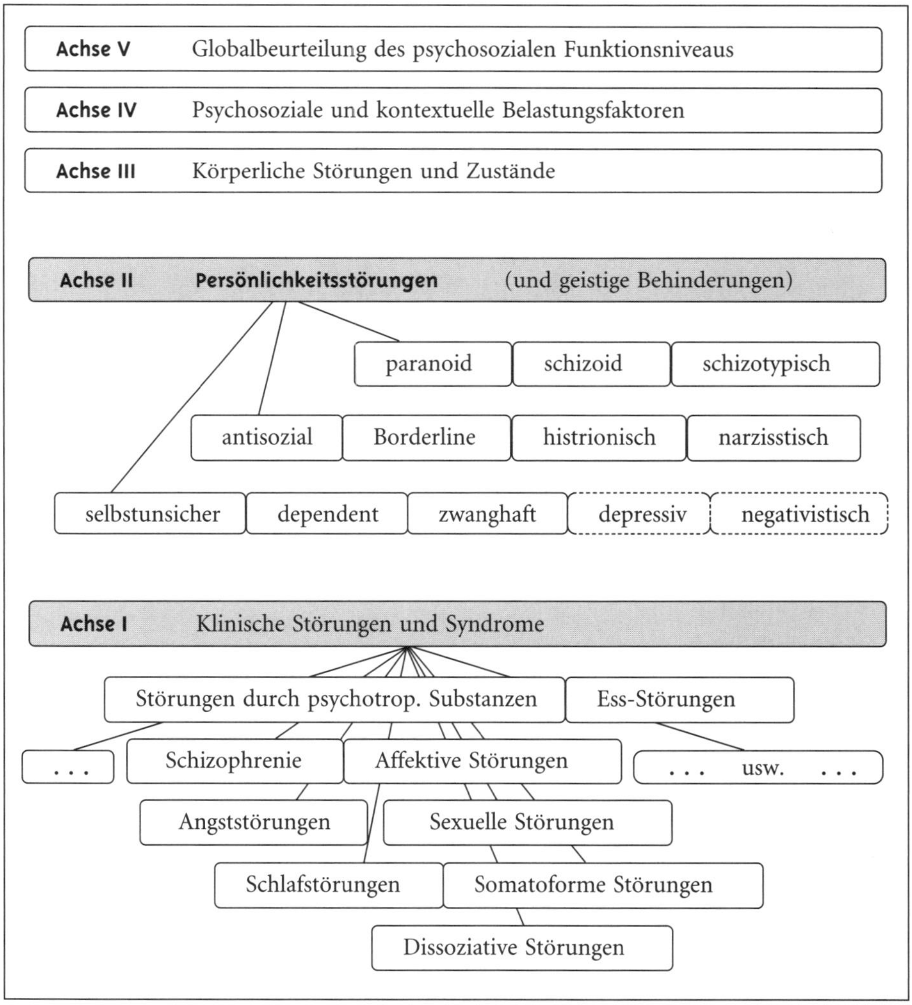

Abbildung 2.1. Die multiaxiale Diagnosesystematik im DSM-IV.

gesondert von den klinischen Syndromen der sonstigen psychischen und psychiatrischen Störungen auf Achse I und (b) gesondert von möglichen körperlichen Störungen auf Achse III. Auf diese Weise können voneinander getrennte Diagnosen auf jeder der drei Achsen gleichzeitig vergeben werden. Im DSM-III-R gehörten zur Achse II noch lang dauernde und tief greifende Entwicklungs-, Lern- und Kommunikationsstörungen des Kindes- und Jugendalters dazu. Sie wurden – vor allem wegen ihrer Veränderbarkeit und therapeutischen Beeinflussbarkeit – im DSM-IV der Achse I zugeordnet. Konkret ist die Achsenanordnung im DSM-IV folgendermaßen strukturiert:

Achse I. Die Achse I des DSM-IV umfasst nun alle klassifizierbaren Störungsbilder und Störungsbedingungen mit Ausnahme der Persönlichkeitsstörungen und geistigen Behinderungen. In der Darstellungsfolge im DSM-IV sind dies die psychischen Störungen der folgenden Ordnungsbereiche:

a) Störungen mit Beginn typischerweise im Kleinkindalter, in Kindheit und Adoleszenz,
b) Delirium, Demenz sowie amnestische und andere kognitive Störungen,
c) organisch bedingte psychische Störungen und Syndrome,
d) Störungen durch psychotrope Substanzen,
e) Schizophrenie und andere psychotische Störungen,
f) affektive Störungen (so unverständlicherweise nach wie vor im deutschen DSM-IV bezeichnet, obwohl im DSM-IV-Original die DSM-III(-R)-Bezeichnung „Affective Disorders" inzwischen durch die zutreffendere „Mood Disorders" [= Stimmungsstörungen] ersetzt wurde),
g) Angststörungen,
h) somatoforme Störungen,
i) vorgetäuschte Störungen,
j) dissoziative Störungen,
k) sexuelle Störungen und Störungen der Geschlechtsidentität,
l) Essstörungen,
m) Schlafstörungen,
n) Störungen der Impulskontrolle, die nicht anderenorts klassifiziert sind,
o) Anpassungsstörungen.

Achse II. Die Achse II ist neben den nachfolgend zunächst allgemein zu besprechenden Persönlichkeitsstörungen auch noch für die Registrierung geistiger Behinderungen, die seit frühester Kindheit bestehen, vorgesehen. Zusätzlich zu den „offiziell" geführten Persönlichkeitsstörungen (paranoid, schizoid, schizotyp, antisozial, Borderline, histrionisch, narzisstisch, selbstunsicher, dependent, zwanghaft) finden sich noch zwei weitere im Anhang zur künftigen Erforschung. Es sind dies die *passiv-aggressive/negativistische* und die *depressive Persönlichkeitsstörung* (beide Störungen sind seit Jahren in einer Diskussion, der wir auch in diesem Buch breiten Raum geben werden; → 17; → 18).

Achse III. Die Achse III beinhaltet sämtliche körperlichen und allgemeinen medizinischen Störungen. Das DSM-IV bezieht sich dabei auf Kategorien körperlicher Krankheiten, die in der *International Classification of Diseases* (ICD) außerhalb der ICD-Sektion V (F: psychischen Störungen) aufgelistet sind.

Achse IV. Auf Achse IV war im DSM-III(-R) eine Dimensionierung des Schweregrades psychosozialer Belastungsfaktoren vorgesehen, die im Jahr vor der Beurteilung in möglicherweise bedeutsamer Weise zum Ausbruch, zum Wiederauftreten oder zur Verschlechterung der psychischen oder Persönlichkeitsstörungen beigetragen haben könnten. Die dimensionale Einschätzung wurde im DSM-IV aufgrund der enormen Forschungsentwicklungen hierzu in den vergangenen zehn Jahren aufgegeben, und zwar zugunsten einer Aufstellung prototypischer kritischer Lebensereignisse, allgemeiner Lebensschwierigkeiten, familiärer und zwischenmenschlicher Stress- und Konfliktsituationen, unangemessener sozialer Unterstützungsbedingungen, fehlender persönlicher Ressourcen und anderer ökologisch-ökonomischer Belastungen. Dieser neu eingeführte Klassifikationsversuch ermöglicht die singuläre oder multiple Feststellung psychosozialer und kontextueller Bedingungen, die möglicherweise mit den aktuellen psychischen Störungen in einem Zusammenhang stehen.

Achse V. Die Achse V schließlich erlaubt eine Globalbeurteilung (Dimensionierung) des psychosozialen Funktionsniveaus der Patienten zur Zeit der Diagnostik sowie hinsichtlich des höchsten Niveaus (psychischer Gesundheit) im zurückliegenden Jahr.

Im Unterschied zu den meisten Syndromdiagnosen der Achse I, die vielfach einander ausschließende Diagnosen verlangen, sind im Bereich der Persönlichkeitsstörungen auf der Achse II Mehrfachdiagnosen möglich, wenn die Betroffenen die Kriterien für mehr als eine Störung erfüllen. Gleichzeitig sind die Persönlichkeitstypologien ansatzweise dimensional konzipiert, da die Verhaltensmuster der Betroffenen erst bei Überschreiten kriteriengebundener Grenzwerte als Persönlichkeitsstörungen diagnostiziert werden dürfen.

Durch die Achsenanordnung wird nahe gelegt, im Zusammenhang mit einer spezifischen Störung auf der Achse I (z.B. einer Phobie oder Depression) zugleich immer die Diagnose einer Persönlichkeitsstörung in Betracht zu ziehen. Andererseits kann die Persönlichkeitsstörung begründet zur Hauptdiagnose avancieren, insbesondere, wenn sich mithilfe der Achse I keine weitere diagnostische Klassifikation vornehmen lässt.

2.4.2 ICD-Diagnostik

Die ICD-10 (WHO, 1991, 1993) führt die klinischen Syndrombereiche psychischer Störungen in Kapitel V (F) nacheinander in zehn separaten Kategorien auf: (F0:) Organische, einschließlich symptomatischer psychischer Störungen; (F1:)

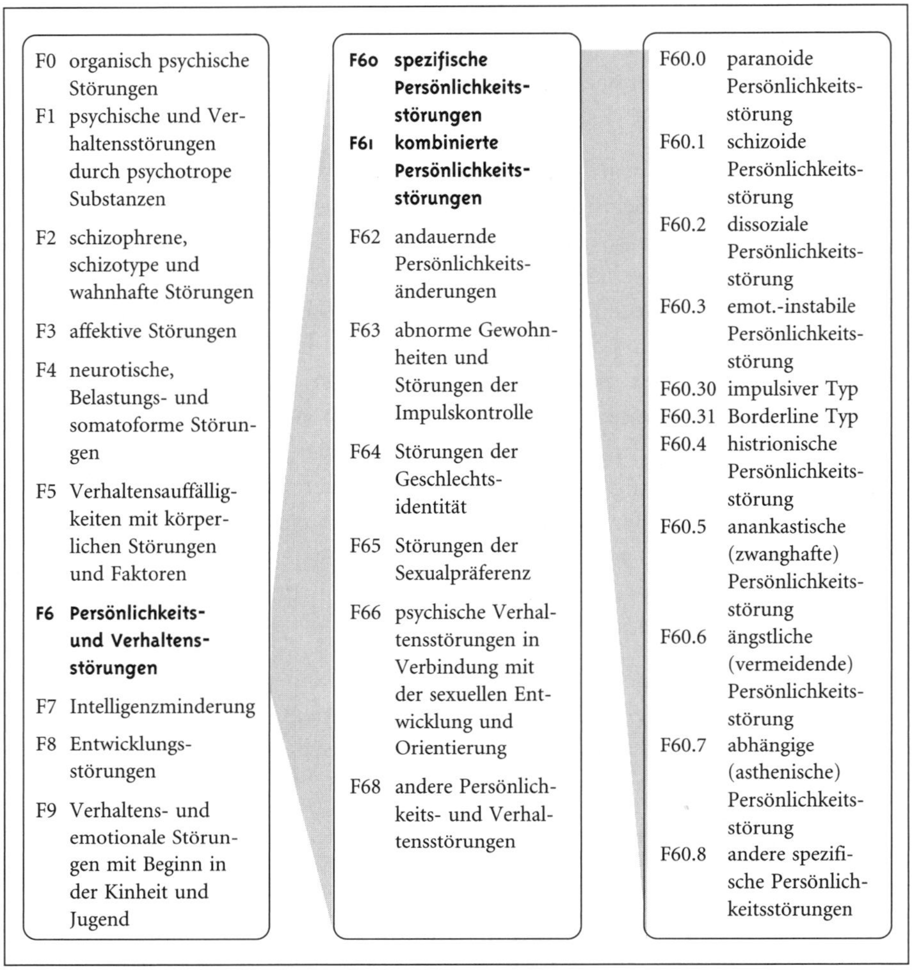

Abbildung 2.2. Ausfaltungsstruktur der psychischen Syndrome und Persönlichkeitsstörungen in der ICD-10.

Psychische und Verhaltenstörungen durch psychotrope Substanzen; (F2:) Schizophrenie, schizotype und wahnhafte Störungen; (F3:) Affektive Störungen; (F4:) Neurotische, Belastungs- und somatoforme Störungen; (F5:) Verhaltensauffälligkeiten mit körperlichen Störungen und Faktoren; (F6:) Persönlichkeitsstörungen und Verhaltensstörungen; (F7:) Intelligenzminderung; (F8:) Entwicklungsstörungen; (F9:) Verhaltens- und emotionale Störungen mit Beginn in der Kindheit und Jugend (→ Abbildung 2.2).

Den klinisch-diagnostischen Leitlinien der ICD-10 entsprechend, sollen so viele Diagnosen vergeben werden, wie zur Beschreibung des Zustandsbildes erforderlich scheinen (Komorbiditätsprinzip). Hauptdiagnose ist die Diagnose, der aktuell die größte Bedeutung zukommt. Unter Berücksichtigung der gesamten Vorgeschichte kann dies auch eine Lebenszeitdiagnose oder die einer Persönlichkeitsstörung sein.

In der ICD-10 gilt das allgemeine Prinzip der Komorbidität – auch über den Bereich F der „psychischen Störungen" hinaus in den Bereich der „körperlichen Ursachen" hinein (im DSM-III-R ist dies die Achse III „körperliche Störungen und Zustände").

Körperliche Störungen

Als ICD-Beispielsbereiche für körperliche Störungen, die im Zusammenhang mit psychischen Auffälligkeiten bedeutsam sein könnten, sind vor allem die folgenden relevant:

(A) Infektionserkrankungen;
(C) Neubildungen/Tumore;
(E) endokrine, Ernährungs- und Stoffwechselerkrankungen;
(G) Erkrankungen des Nervensystems;
(I) Erkrankungen des Kreislaufsystems;
(K) Erkrankungen des Verdauungssystems;
(Q) angeborene Missbildungen und Chromosomenaberrationen;
(Z) Faktoren, die den Gesundheitszustand beeinflussen und zur Inanspruchnahme von Gesundheitsdiensten führen (in den Bereichen Erziehung/Entwicklung/psychosoziale Einbindung).

Persönlichkeits- und Verhaltensstörungen

Eine interessante Eigenwilligkeit in der ICD-10 besteht in der Zusammenfassung der Persönlichkeitsstörungen und einiger anderer psychischer Störungen zur Hauptgruppe F6 der „Persönlichkeits- und Verhaltensstörungen". Die dort zusammengenommenen Störungen (Persönlichkeitsänderungen, abnorme Gewohnheiten und Störungen der Impulskontrolle sowie unterschiedliche Störungen, die eng im Zusammenhang mit der sexuellen Entwicklung und Orientierung stehen) haben – wie die Persönlichkeitsstörungen selbst – als ein gemeinsames Merkmal die sog. „Ich-Syntonie". Das heißt, dass die Betroffenen die diagnostizierten Störungen (zeitweilig oder gar durchgängig) nicht zwingend selbst als „Störungen" oder „Gestörtheit" ihrer selbst erleben und wahrnehmen.

Teilweise zeigt sich in dem Gesamt dieser Störungen eine besondere Kulturspezifität, da das Ausmaß der Ich-Syntonie eindeutig mit der Akzeptanz oder Ablehnung der jeweiligen Störungen schwanken kann (z.B. die Homosexualität im Bereich der sexuellen Entwicklung/Orientierung). Andererseits gibt es nach wie vor Diskussionen, ob bestimmte Störungen dieser Gruppierung nicht besser als spezifische Symptome oder Eigenarten einzelner oder mehrerer Persönlichkeitsstörungen diesen zugeordnet werden sollen, wie dies z.B. mit einzelnen Störungen der Impulskontrolle bereits im Bereich der Borderline-Störungen geschehen ist.

Persönlichkeitsänderungen

Besondere differenzialdiagnostische Beachtung in beiden Diagnosesystemen erfordert die Abgrenzung der Persönlichkeitsstörungen von den Persönlichkeitsänderungen. Persönlichkeitsänderungen treten *erst im Erwachsenenalter* zumeist nach Extrembelastungen oder nach langwieriger körperlicher oder psychischer Erkrankung in Erscheinung. Sie haben viele Gemeinsamkeiten mit den Persönlichkeitsstörungen. Ihre Entwicklung geht gewöhnlich jedoch nicht bis in die frühe Kindheit zurück. Und sie lassen sich nur selten oder nur partiell als (in diesem Sinne) persönlichkeitstypische Verschränkung hereditär-konstitutioneller und entwicklungspsychologischer Faktoren konzeptualisieren (ausführlich nochmals → 2.5.5).

2.5 Allgemeine Kennzeichnung der Persönlichkeitsstörungen

In beiden Diagnosesystemen werden Persönlichkeitsstörungen als wiederholt beobachtbare, persontypische Interaktionseigenarten beschrieben, die als unflexibel und sozial als wenig angepasst gelten können (vgl. Wittchen, 1996). Die Diagnose sollte erst gestellt werden, wenn sich die zwischenmenschlichen Beziehungsstörungen der Betroffenen in der Weise extremisieren, dass die berufliche und private Leistungsfähigkeit erheblich beeinträchtigt ist und wenn diese Beeinträchtigungen zu subjektiven Beschwernissen führen.

2.5.1 Definition und allgemeine diagnostische Leitlinien

DSM-IV

Im DSM-IV werden Persönlichkeitsstörungen als extremisierte Persönlichkeitszüge aufgefasst und sie werden störungsübergreifend auf allgemeiner Ebene seit dem DSM-III(-R) folgendermaßen charakterisiert:

DEFINITION

„Persönlichkeitszüge sind überdauernde Formen des Wahrnehmens, der Beziehungsmuster und des Denkens, und zwar im Hinblick auf die Umwelt und auf sich selbst. Sie kommen in einem breiten Spektrum von wichtigen sozialen und persönlichen Situationen und Zusammenhängen zum Ausdruck. Wir sprechen von *Persönlichkeitsstörungen* nur dann, wenn Persönlichkeitszüge unflexibel und wenig angepasst sind und die Leistungsfähigkeit wesentlich beeinträchtigen oder zu subjektiven Beschwerden führen." (APA, 1994, S. 630)

Als das wesentliche bestimmende Merkmal von Persönlichkeitsstörungen wird im DSM-IV ein andauerndes Muster des inneren Erlebens und Verhaltens angesehen, das sehr deutlich von den allgemeinen Erwartungen des jeweiligen kulturellen Umfeldes an solche Erlebens- und Verhaltensweisen abweicht. Anhand von sechs Kriterien lässt sich die Diagnose der Persönlichkeitsstörung weiter erhärten:

- Die Persönlichkeitsstörung manifestiert sich in mindestens zwei der folgenden Bereiche: als Störung der Kognition, des Affektes, der interpersonellen Beziehungen und/oder der Impulskontrolle.
- Das gezeigte Erlebens- bzw. Verhaltensmuster ist unflexibel und andauernd in einem breiten Spektrum persönlicher und sozialer Situationen.
- Die Persönlichkeitsstörung führt zu klinisch bedeutsamen Beschwerden und/oder zu einer deutlichen Beeinträchtigung der Leistungsfähigkeit in sozialen, beruflichen oder anderen wichtigen persönlichen Situationen und Zusammenhängen.
- Das Erlebens- und Verhaltensmuster erweist sich als stabil und lang andauernd, und seine Entstehung kann wenigstens bis in das Jugendalter, wenn nicht gar bis in die Kindheit zurückverfolgt werden.
- Das Muster tritt nicht vorrangig als zentrales Merkmal oder erst als Folge einer anderen psychischen Störung in Erscheinung.
- Es lässt sich nicht ursächlich auf direkte physiologische Wirkungen von Substanzen (z.B. Drogenmissbrauch, Medikamente, Vergiftungen) oder andere organische Störungsbedingungen (wie z.B. Schädel-Hirn-Traumen) zurückführen.

ICD-10

Die ICD-10 begreift die Persönlichkeitsstörungen als Ausdruck des charakteristischen, individuellen Lebensstils eines Menschen, des Verhältnisses zur eigenen Person und zu anderen Menschen.

DEFINITION

Die spezifischen Persönlichkeitsstörungen „umfassen tief verwurzelte, anhaltende Verhaltensmuster, die sich in starren Reaktionen auf unterschiedliche persönliche und soziale Lebenslagen zeigen. Dabei findet man gegenüber der Mehrheit der Bevölkerung deutliche Abweichungen im Wahrnehmen, Denken, Fühlen und in Beziehungen zu anderen. Solche Verhaltensmuster sind zumeist stabil und beziehen sich auf vielfältige Bereiche von Verhalten und psychischen Funktionen. Häufig gehen sie mit persönlichem Leiden und gestörter Funktionsfähigkeit einher.“ (Dilling et al., 1993, S. 225)

In der ICD-10 wurden als allgemeine Kennzeichnung der Persönlichkeitsstörungen ebenfalls einige störungsübergreifende Kriterien festgelegt, die vorgeordnet erfüllt sein sollten, bevor die Diagnose einer spezifischen Charakterstörung vergeben werden kann. Danach sollten diagnostische Leitlinien bei mindestens drei der nachfolgenden Eigenschaften oder Verhaltensweisen vorliegen und einer jeder weitergehend spezifizierenden Diagnosestellung mit zugrunde gelegt werden (vgl. WHO, 1993, S. 227):

- Es besteht Unausgeglichenheit in den Einstellungen und im Verhalten in mehreren Funktionsbereichen wie Affektivität, Antrieb, Impulskontrolle, Wahrnehmen und Denken sowie in den Beziehungen zu anderen.
- Das auffällige Verhaltensmuster ist andauernd und gleichförmig und nicht auf Episoden psychischer Krankheiten beschränkt.
- Das auffällige Verhaltensmuster ist tief greifend und in vielen persönlichen und sozialen Situationen eindeutig unpassend.
- Die Störungen beginnen immer in der Kindheit oder Jugend und manifestieren sich auf Dauer im Erwachsenenalter.
- Die Störung führt zu deutlichem subjektiven Leiden, manchmal jedoch erst im späteren Verlauf.
- Die Störung ist meistens mit deutlichen Einschränkungen der beruflichen und sozialen Leistungsfähigkeit verbunden.

Diese ICD-10-Leitlinien entsprechen im Großen und Ganzen den oben genannten Kriterien im DSM-IV. In beiden Systemen wird zwingend eine sorgfältige Abklärung der Beständigkeit der Persönlichkeitszüge und Persönlichkeitsstörungen über eine lange Zeit und spätestens seit Beginn des frühen Erwachsenenalters gefordert. Gleichzeitig wird eine genaue Abgrenzung (Differenzialdiagnose) zu Persönlichkeitsauffälligkeiten verlangt, die im Zusammenhang oder in der Folge anderer psychischer Störungen auftreten können (z.B. als Ausdruck einer chronifizierten affektiv-depressiven Stimmungsstörung oder Angststörung, die zumeist ebenfalls beträchtliche Veränderung der Persönlichkeitseigenarten von Menschen bewirken können). In DSM-IV wie ICD-10 wird nachdrücklich darauf hingewiesen, dass eine einzige Interviewsituation in aller Regel nicht hinreichend ist, um die Diagnose einer Persönlichkeitsstörung sicherzustellen. Auch wird empfohlen, Informationen von anderen

Personen, die den Betroffenen gut kennen, zur Validierung der Diagnose zu nutzen.

2.5.2 Die Grundrechte der Menschen

Persönlichkeitsstörung ist nicht gleich Persönlichkeitsstörung. Und selbst innerhalb prototypischer Stile wie Störungen gibt es gravierende Unterschiede. In der aktuellen Persönlichkeits(er)forschung normaler, d.h. klinisch unauffälliger Probandengruppen fällt beispielsweise auf, dass die in den Diagnosesystemen findbaren Kriterien der Persönlichkeitsstörungen sehr häufig auf Personen zutreffen, die man selbst kaum als persönlichkeitsgestört bezeichnen würde oder dürfte. Nicht gerade wenige Menschen erfüllen sogar die Mindestzahl von Kriterien einer oder mehrerer Persönlichkeitsstörungen, kommen jedoch in ihren sozialen Bezügen ohne große Probleme zurecht, gehören gelegentlich sogar zu hoch angesehenen Personen unserer Gesellschaft (Fiedler, 1999, 2000a).

Es gibt deshalb einen wichtigen weiteren beachtenswerten Aspekt, der vor Diagnosevergabe von Diagnostikern und Therapeuten beachtet werden sollte. Es handelt sich dabei um wichtige, ethisch begründbare Leitkriterien, die von vielen Diagnostikern und Therapeuten allzu leichtfertig übersehen werden. Dies nicht zuletzt deshalb, weil die oben genannten übergreifenden Kriterien zumeist nicht hinreichend genug beachtet werden. Hier sind die drei wichtigsten dieser vor jeglicher Diagnose einer Persönlichkeitsstörung zu beachtenden Kriterien nochmals besonders hervorgehoben.

!

- Persönlichkeitsstörungsdiagnosen dürfen nur vergeben werden, wenn die betreffende Person selbst unter ihrer Persönlichkeit leidet, und/oder
- Persönlichkeitsstörungsdiagnosen dürfen nur vergeben werden, wenn sie das Risiko der Entwicklung oder Exazerbation einer psychischen Störung (z.B. affektive Störung, Suizidalität, Dissoziationsneigung) beinhalten oder eindeutig mit diesen in einem Zusammenhang stehen (therapiebedeutsame Aufklärungspflicht gegenüber dem Patienten!), und/oder
- Persönlichkeitsstörungsdiagnosen dürfen nur vergeben werden, wenn die Betroffenen wegen ihrer Persönlichkeitseigenarten z.B. aufgrund eines erheblich eingeschränkten psychosozialen Funktionsniveaus ihre existenziellen Verpflichtungen nicht mehr erfüllen, was zumeist heißt, dass sie mit Ethik, Recht oder Gesetz in Konflikt geraten sind. In diesem Fall brauchen die Patienten selbst die Angemessenheit der Diagnosevergabe nicht zwingend zu teilen.

Sind diese drei Voraussetzungen nicht erfüllt, dürfen *keine* Persönlichkeitsstörungsdiagnosen vergeben werden! Sehr wohl könnte von akzentuierten Persönlichkeiten oder von Persönlichkeitsstilen gesprochen werden.

Diese Voraussetzungen leiten sich aus wichtigen Grundrechten der Menschen her, durch die der individuellen Ausgestaltung der Persönlichkeit großzügige

Freiheiten eingeräumt werden (z.B. Artikel 2, Grundgesetz). Eingeschränkt wird das Recht auf Freiheit der Entfaltung der Persönlichkeit lediglich durch weitere gesetzliche Bestimmungen, mit denen zumeist Ethik- und Rechtsverletzungen unterbunden oder gesundheitliche Risiken (z.B. Seuchengefahr) eingeschränkt werden sollen.

Markante persönliche Stile

Bei Beachtung der genannten Voraussetzungen darf und kann übrigens nur selten von Persönlichkeitsstörungen gesprochen werden. Schon gar nicht darf die stigmatisierende Diagnose „Persönlichkeitsstörung“ vergeben werden, wenn nur die Kriterien, nicht jedoch die genannten weiteren Voraussetzungen erfüllt sind. Ohne mindestens eine der drei oben genannten Voraussetzungen handelt es sich bei auffälligen Personeigenarten lediglich um markante persönliche Stile – mit möglicherweise hohem Anpassungswert (vgl. das Konzept der akzentuierten Persönlichkeit bei Leonhardt, 1968). Als solche sind und bleiben sie durchaus beachtenswert, u.a. weil sie dem Therapeuten wichtige Hilfestellungen bieten, in der Therapie zu einer komplementären Beziehungsgestaltung zu gelangen.

2.5.3 Störungen des Leistungs-, Interaktions- und Sozialverhaltens in der Kindheit und Jugend

Üblicherweise lassen sich die für Persönlichkeitsstörungen typischen Verhaltensmuster bereits in der Kindheit und Jugend beobachten. Beide Diagnosesysteme setzen also zur Diagnosestellung der Persönlichkeitsstörungen die Feststellung einer lebenslangen Entwicklung voraus (dies ist ein wesentliches Unterscheidungsmerkmal gegenüber den Persönlichkeitsänderungen; → 2.5.). Dennoch sollte die Diagnose einer Persönlichkeitsstörung selbst erst nach einer längeren Zeit der Personentwicklung ab dem frühen Erwachsenenalter gestellt werden. Nur in Ausnahmefällen werden in den Diagnosesystemen Persönlichkeitsstörungsdiagnosen bereits in der Kindheit oder Jugend zugelassen, und zwar *nur dann*,

- wenn die geforderte Mindestzahl der Kriterien der jeweiligen Persönlichkeitsstörung bereits voll erfüllt ist (→ die Kriterienkataloge in den nachfolgenden Kapiteln) *und dann*,
- wenn die Störung selbst durchgängig und anhaltend (im DSM-IV: bereits mindestens ein Jahr) beobachtbar ist.

Von dieser Einschränkung ist im DSM-IV einiges ausgenommen; so gilt dies *nicht* für die antisoziale Persönlichkeitsstörung. Die der antisozialen Persönlichkeitsstörung entsprechende Diagnose im Kindes- und Jugendalter ist die *Störung im Sozialverhaltens* („conduct disorder“).

Beide Diagnosesysteme verfügen ansonsten über sehr ausdifferenzierte Klassifikationshilfen zur Diagnose und Bewertung von spezifischen Störungen des Leistungs-, Interaktions- und Sozialverhaltens in der Kindheit und Jugend.

DSM-IV. Im DSM-IV finden sich diese als „Störungen mit Beginn typischerweise im Kleinkindalter, in der Kindheit und Adoleszenz". Dort sind jene Störungen, die bereits in der Kindheit zeitstabile und wenig variable Wirkungen auf die privaten und schulischen Entwicklungsmöglichkeiten ausüben und die in der Langzeit- bzw. Retrospektiverforschung häufig Zusammenhänge mit späteren Persönlichkeitsstörungen aufweisen, vor allem im Bereich der sog. (expansiven) Verhaltensstörungen, zu finden (z.B. Aufmerksamkeits- und Hyperaktivitätsstörungen, Angststörungen in Kindheit und Adoleszenz, Störungen des Sozialverhaltens sowie Sozialstörungen mit oppositionellem Trotzverhalten). Gelegentlich handelt es sich dabei aber auch um leichte und tief greifende Entwicklungsstörungen (z.B. Autismus, Schulleistungsstörungen, Sprach-/Sprechstörungen usw.) sowie geistige Behinderungen. Die geistigen Behinderungen bei Kindern sind (da sie wegen ihrer Zeitbeständigkeit bis ins Erwachsenenalter fortbestehen) – wie bereits oben angedeutet – ebenfalls auf der Achse II im DSM-IV angesiedelt.

Im DSM-IV wird bei einer Reihe von Persönlichkeitsstörungen andererseits eine sorgsame Differenzialdiagnose zur Abgrenzung lebenslanger Persönlichkeitswirkungen aus jeweils spezifischen Entwicklungsstörungen und Behinderungen gefordert (→ die Abschnitte zur Differenzialdiagnose in den nachfolgenden Kapiteln).

ICD-10. In der ICD-10 finden sich die dem DSM entsprechenden Klassifikationsmöglichkeiten psychischer Störungen in Kindheit und Jugend in den Abschnitten F7: „Intelligenzminderung", F8: „Entwicklungsstörungen" und F9: „Verhaltens- und emotionale Störungen mit Beginn in der Kindheit und Jugend" (→ Abbildung 2.2).

2.5.4 Komorbidität mit anderen psychischen Störungen

Die meisten Persönlichkeitsstörungen haben charakteristische Verhaltens- und Interaktionsmerkmale, die zugleich als wichtige Merkmale in den Diagnosekriterien anderer spezifischer psychischer Störungen bedeutsam sein können. So können Merkmale der dependenten, paranoiden, schizotypischen oder Borderline-Persönlichkeitsstörungen in Episoden der depressiv-affektiven, phobischen oder schizophrenen Störungen auftreten. Eine Persönlichkeitsstörung sollte in diesen Fällen erst oder möglichst nur dann diagnostiziert werden, wenn die für sie charakteristischen Merkmale auch außerhalb der Episoden, in denen die spezifische psychische Störung oder Erkrankung das Erleben und Handeln eines Menschen dominiert bzw. einschränkt, bestehen bleiben. Bei einigen Persönlichkeitsstörungen wird im DSM-IV nahe gelegt, die Störung als „prämorbid" zu kennzeichnen, wenn diese bereits vor Ausbruch einer spezifischen psychischen Störung beobachtbar war (z.B. vor einer schizophrenen Erkrankung).

2.5.5 Persönlichkeitsänderungen

Persönlichkeits*störungen* werden in der ICD-10 von den Persönlichkeits*änderungen* unterschieden. Im DSM-III(-R) waren Letztere teilweise im sog. „organisch bedingten Persönlichkeitssyndrom“ enthalten, das als Untergruppe der „organisch bedingten psychischen Syndrome und Störungen“ aufgeführt wurde. Im neuen DSM-IV wurde diese Störungsgruppe in gewisser Angleichung an die ICD-10 ebenfalls in eine neue Kategorie der „Persönlichkeitsänderungen“ überführt, die auf der Achse I angesiedelt ist (APA, 1994, S. 171ff). Während die Persönlichkeitsänderungen im DSM-IV jedoch im Wesentlichen als Folge „medizinischer Bedingungen“ (also als Folgephänomen einer psychischen oder physischen Erkrankung und/oder Behandlung) konzeptualisiert ist, unterscheidet die ICD-10 zwei spezifische Bedingungskonstellationen (WHO, 1993, S. 234ff):

- andauernde Persönlichkeitsänderungen nach Extrembelastungen,
- andauernde Persönlichkeitsänderungen nach psychischer Erkrankung.

Grob betrachtet, werden Persönlichkeitsänderungen in der ICD-10 (1991) wie im DSM-IV (1994) ähnlich beschrieben, und zwar als Persönlichkeitsauffälligkeiten, die (im Unterschied zu den Persönlichkeitsstörungen) erst im Erwachsenenalter erworben wurden und eine zuvor beobachtbare Persönlichkeitsstruktur ereignisabhängig markant verändern (ausführlich hierzu: Shea, 1996b; Triebwasser & Shea, 1996).

DSM-IV

Im DSM-IV werden in gewisser Korrespondenz zu „Persönlichkeitszügen“ („Traits“) folgende Typisierungen der „Persönlichkeitsänderung *nach* körperlicher bzw. psychischer Störung und/oder deren Behandlung“ vorgenommen (APA, 1994, S. 172):

- labiler Typus (mit einer vorrangig charakteristischen Veränderung der Affektivität bzw. der Stimmung),
- enthemmter Typus (mit einer vorrangig charakteristischen Verminderung der Impulskontrolle),
- aggressiver Typus (mit einer vorrangig charakteristischen Neigung zu aggressivem Verhalten),
- apathischer Typus (mit einer vorrangig charakteristischen Neigung zur Apathie und Gleichgültigkeit),
- paranoider Typus (mit einem vorrangig charakteristischen Misstrauen und paranoidem Denken).

Darüber hinaus sind weitere Charakterisierungen und Kombinationsdiagnosen möglich. Die Diagnose einer bereits vorher bestehenden Persönlichkeitsstörung oder die einer anderen psychischen Störung muss ausgeschlossen sein.

ICD-10

Entsprechend müssen bei der in diesem Bereich der ICD-10 ebenfalls möglichen Diagnose einer „andauernden Persönlichkeitsänderung *nach psychischer Erkran-*

kung“ die unvollständigen Rückbildungen oder Residualzustände von psychischen Störungen ausgeschlossen werden. Letztere Diagnose kann dann bei Vorliegen beispielsweise der folgenden Persönlichkeitsänderungen gestellt werden (Dilling et al., 1993, S. 236f):

- hochgradige Abhängigkeit sowie Anspruchshaltung gegenüber anderen,
- Passivität, verminderte Interessen und Vernachlässigung früherer Freizeitbeschäftigungen,
- ständiges Klagen, krank zu sein, oft verbunden mit hypochondrischen Beschwerden,
- dysphorische und labile Stimmung,
- im Vergleich zu früher eine deutliche Störung der sozialen und beruflichen Funktionsfähigkeit.

Diese Kriterien müssen über einen Zeitraum von zwei und mehr Jahren erfüllt sein.

In der ICD-10 müssen zur Diagnosestellung der (im DSM-IV *nicht* so vorhandenen) „andauernden Persönlichkeitsänderung *nach Extrembelastung*“ folgende Merkmale ebenfalls über einen Zeitraum von mehr als zwei Jahren nach dem oder den einschneidenden Lebensereignis(sen) vorliegen und bestehen bleiben (vgl. WHO, 1993, S. 234f):

- feindliche oder misstrauische Haltung der Welt gegenüber,
- sozialer Rückzug,
- Gefühle der Leere und Hoffnungslosigkeit,
- ein chronisches Gefühl der Nervosität wie bei beständigem Bedrohtsein sowie
- Entfremdung.

Das Zeitkriterium der Kontinuität der Störung über zwei Jahre dient vor allem der differenzialdiagnostischen Abgrenzung zur (zumeist akut bedeutsamen) posttraumatischen Belastungsstörung, die eine Eingangsbedingung in die andauernde Persönlichkeitsänderung nach Extrembelastung (als Möglichkeit ihrer Chronifizierung) darstellen kann.

2.6 ICD-10 und DSM-IV: Gemeinsamkeiten und Unterschiede

In den Übersichtskästen auf den folgenden Seiten sind die *spezifischen Persönlichkeitsstörungen* der ICD-10 und des DSM-IV aufgelistet und mit einigen wichtigen Merkmalen charakterisiert. In den aktuell gültigen Fassungen beider Klassifikationssysteme wurden Anzahl und Benennungen deutlich vereinheitlicht (vgl. → Tabelle 2.1). Zugleich beinhaltet diese Zusammenstellung eine Unterteilung in drei Hauptgruppen, mit der erstmals im DSM-III (1980) versucht wurde, die Persönlichkeitsstörungen hinsichtlich einiger übergreifend markanter Interaktionstypiken zu systematisieren.

Tabelle 2.1. Persönlichkeitsstörungen in ICD-9, **ICD-10**, DSM-II, DSM-III(-R) und **DSM-IV** (Abfolge und Gruppierung der Störungsbilder in Anlehnung an das DSM-IV).

ICD-9	**ICD-10**	DSM-II	**DSM-III(-R)**	DSM-IV
			Gruppe A	
paranoid	**paranoid**	paranoid	**paranoid**	paranoid
schizoid	**schizoid**	schizoid	**schizoid**	schizoid
( )	**→ *)**	( )	**schizotypisch**	schizotypisch
			Gruppe B	
soziopathisch	**dissozial**	antisozial	**antisozial**	antisozial
	emotional instabil:			
erregbar	**– impulsiv**	explosibel	**→ **)**	
( )	**– Borderline**	( )	**Borderline**	Borderline
zyklothym	**→ ***)**	zyklothym	**→ ***)**	(depressiv)
hysterisch	**histrionisch**	hysterisch	**histrionisch**	hysterisch
( )	**ängstlich (vermeidend)**	( )	**selbstunsicher (avoidant)**	vermeidend
asthenisch	**abhängig**	asthenisch	**dependent**	dependent
anankastisch	**anankastisch**	zwanghaft	**zwanghaft**	zwanghaft
	(****)	passiv-aggressiv	**passiv-aggressiv**	(negativistisch)
		unangemessen	**( )**	

( ) In der ICD-9 oder im DSM-II noch nicht vorhanden bzw. in der ICD-10 oder seit dem DSM-III nicht mehr vorhanden.

→ *) In der ICD-10 als „Schizotype Störung" unter F21 im Bereich F2 „Schizophrenie, schizotype und wahnhafte Störungen" zu kodieren.

→ **) Seit dem DSM-III als „Intermittierend Explosible Störung" unter „Störungen der Impulskontrolle" auf der Achse I zu kodieren.

→ *)** Seit dem DSM-III: Achse I (unter „Affektiven Störungen"; im DSM-IV: „Stimmungsstörungen"), zur Kennzeichnung chronischer Verläufe depressiver Verstimmung („Dysthymie") bzw. mit hypomanischen Episoden und Perioden wechselnd („Zyklothymie") über mindestens zwei Jahre (entsprechend im ICD-10 unter F3: „Affektive Störungen"); im Anhang des DSM-IV wurde die „depressive Persönlichkeitsstörung" neu hinzugefügt (vgl. Text).

(****) In der ICD-10 sind die narzisstische und die passiv-aggressive Persönlichkeitsstörung unter der Restkategorie „andere spezifische Persönlichkeitsstörungen" aufgeführt (F60.8). Die passiv-aggressive Persönlichkeitsstörung des DSM-III(-R) wird jetzt als „passiv-aggressive/negativistische Persönlichkeitsstörung" im Anhang des DSM-IV geführt.

Hauptgruppe A. Sie beinhaltet seit dem DSM-III (1980) mit den paranoiden, schizoiden und schizotypen Persönlichkeitsstörungen Personen, die häufig als „sonderbar oder exzentrisch" bezeichnet werden. Diesen drei Persönlichkeitsstörungen wird im Kontext ätiologietheoretischer Überlegungen eine konzeptuelle Nähe zu den schizophrenen und wahnhaften Störungen unterstellt.

Hauptgruppe B. Sie beinhaltet die histrionische, narzisstische, antisoziale und Borderline-Persönlichkeitsstörung. Personen mit solchen Störungen werden häufig als „dramatisch, emotional oder launisch" bezeichnet. Für diese Störungsgruppe wird konzeptuell und ätiologietheoretisch eine gewisse Nähe zu den (vor allem depressiven) Störungen der Stimmung und Affektivität angenommen. Im Anhang des DSM-IV findet sich zur weiteren Erforschung jetzt eine „depressive Persönlichkeitsstörung", der eine besondere Bedeutung als *eine* mögliche Prädisposition (neben den anderen Persönlichkeitsstörungen in dieser Gruppe) für eine depressive Erkrankung zugesprochen wird.

Hauptgruppe C. Sie beinhaltet die selbstunsicheren, dependenten und zwanghaften Persönlichkeitsstörungen. Menschen mit diesen Störungen zeigen sich „ängstlich und furchtsam". Ätiologietheoretisch und konzeptuell wird bei diesen Persönlichkeitsstörungen eine Nähe zu den Angststörungen und Phobien vermutet und untersucht. Die bisher im DSM-I bis DSM-III-R vorhandene, jedoch umstrittene passiv-aggressive Persönlichkeitsstörung wurde neu als sog. passiv-aggressive (negativistische) Persönlichkeitsstörung konzipiert und zur weiteren Erforschung in den Anhang des DSM-IV zurückgesetzt.

Es gibt eine Reihe weiterer Gruppierungsversuche, die auf der Grundlage beobachtbarer Interaktionsähnlichkeiten (Kriterienüberlappungen) oder auch aufgrund psychopathologischer oder ätiopathogenetischer Überlegungen zu teils gänzlich anderen Gruppeneinteilungen gelangen. Die aktuell wichtigsten Beispiele für eine solche konzeptuelle Komorbidität finden sich in → Kapitel 21 (vgl. auch die Zusammenstellung einiger Ordnungsversuche bei Saß, 1987, S. 24). Da die bisherigen Unterteilungsversuche vornehmlich konzeptueller Natur sind und empirische Belege für deren Sinnhaftigkeit erst sehr spärlich vorliegen, wurde in der ICD-10 auf eine Untergliederung der Persönlichkeitsstörungen gänzlich verzichtet.

2.6.1 Hauptgruppe A: sonderbar und exzentrisch

Gegenüber den Vorfassungen wurde die ursprüngliche Kategorie „schizoide Persönlichkeit" – die u.a. als (prämorbide) Persönlichkeitsstruktur schizophrener bzw. zur Schizophrenie prädisponierter Menschen aufgefasst wurde – seit dem DSM-III (1980) durch zwei Kategorien ersetzt, und zwar

- durch die „schizoide Persönlichkeitsstörung" und
- durch die „schizotypische Persönlichkeitsstörung",

wobei die schizotypische Persönlichkeitsstörung nunmehr jene Verhaltensmerkmale enthält, die eine besondere Prädisposition zur Schizophrenie nahe legen.

Diese Unterteilung begründet sich aus Ergebnissen wichtiger Familienstudien sowie aus Retrospektiv- und Prospektivstudien zur Erforschung der Langzeitverläufe der Schizophrenie (vgl. Siever, 1981; → 8 und → 9).

ÜBERSICHT

Persönlichkeitsstörungen (1):
Cluster A im DSM-IV; Besonderheiten in der ICD-10
[sonderbar und exzentrisch]

Paranoide Persönlichkeitsstörung
Überempfindlichkeit gegenüber Kritik der Normorientierung eigenen Handelns sowie ein durchgängiges Misstrauen und eine Neigung, anderen bösartige Motive gegen die eigene Person zu unterstellen.

Schizoide Persönlichkeitsstörung
Gleichgültigkeit gegenüber sozialen Situationen und sozialer Rückzug und eine eingeschränkte emotionale Ausdrucksfähigkeit in zwischenmenschlichen Kontexten.

Schizotypische Persönlichkeitsstörung
Soziale und zwischenmenschliche Defizite, die jeweils von einem akut erlebten Unbehagen und von Mängeln in der Beziehungsfähigkeit begleitet werden, sowie kognitive oder Wahrnehmungsstörungen und ein exzentrisches Verhalten (in der ICD-10 findet sich diese Störung im Bereich „F2: Schizophrenie" als schizotype Störung).

Genau aus diesem Grund jedoch und ganz im Unterschied zum DSM wurden die „schizotypen Störungen" in der ICD-10 als Unterkategorie der Schizophrenie zugeordnet (ganz ähnlich, wie dies beide Systeme für die dysthymen bzw. zyklothymen Störungen mit deren Zuordnung zu den affektiven Stimmungsstörungen vorsehen; vgl. Gruppe B in → Tabelle 2.1; auch → 18).

2.6.2 Hauptgruppe B: dramatisch, emotional, launisch

In der ICD-10 ist die Borderline-Persönlichkeitsstörung („Borderline-Typus") eine von zwei Unterformen der dort so bezeichneten „emotional instabilen Persönlichkeitsstörung"; die zweite Form („impulsiver Typus") entspricht der sog. „intermittierend explosiblen Störung" des DSM (seit dem DSM-III; 1980), die dort auf der Achse I der Syndromgruppe der Störungen der Impulskontrolle zugerechnet wird. Die Zuordnung der episodenhaft und spontan auftretenden Aggressivität und Gewalt zum Bereich der Persönlichkeitsstörungen, geht auf die Einflüsse der europäischen Psychiatrie auf die Entwicklung der ICD zurück. Vor allem in deutscher Psychiatrietradition war der aggressive Impulskontrollverlust immer schon als Psychopathiemerkmal aufgefasst und mit Begriffen wie reizbare, explosible oder aggressive Persönlichkeit(sstörung) belegt worden (vgl. Saß, 1987).

ÜBERSICHT

Persönlichkeitsstörungen (2):
Cluster B im DSM-IV; Besonderheiten in der ICD-10
[dramatisch, emotional, launisch]

Antisoziale Persönlichkeitsstörung (DSM)
Dissoziale Persönlichkeitsstörung (ICD)
Kontinuierliche Missachtung und Verletzung der Rechte anderer bei fehlender Scham, fehlendem Verantwortungsgefühl und Mangel an Empathie (seit Kindheit und Jugend).

Borderline-Persönlichkeitsstörung (DSM)
Intensive und zugleich instabile zwischenmenschliche Beziehungen, impulsives und teils selbstdestruktives Verhalten, deutliche Wechsel in der Stimmungslage und im Selbstbild.

Emotional instabile Persönlichkeitsstörung (ICD)
Borderline-Typus (ICD)
In der ICD-10 ist der sog. Borderline-Typus eine von zwei Unterformen der emotional instabilen Persönlichkeitsstörung mit allgemeiner Tendenz, Impulse auszuagieren ohne Berücksichtigung von Konsequenzen; wechselnde, launenhafte Stimmung.

Impulsiver Typus (ICD)
Die wesentlichen Charakterzüge der zweiten Form emotional instabiler Persönlichkeitsstörung, des sog. impulsiven Typus, sind mangelnde Impulskontrolle und Ausbrüche von gewalttätigem und bedrohlichem Verhalten.

Depressive Persönlichkeitsstörung (*DSM-IV: Anhang*)
Depressionstypische Gedanken und Verhaltensweisen und eine pessimistische Lebenseinstellung sowie eine Neigung zu sozialer Anpassung.

Histrionische Persönlichkeitsstörung
Eine Neigung zur Emotionalisierung und Inszenierung zwischenmenschlicher Beziehungen und ein übermäßiges Verlangen nach Aufmerksamkeit.

Narzisstische Persönlichkeitsstörung (DSM)
Eine Neigung zur Selbstwertüberhöhung bei gleichzeitiger Überempfindlichkeit gegenüber Kritik (diese Störung ist in der ICD-10 *nicht* konzeptualisiert).

Auf den Einfluss psychoanalytischer Forscher zurückgeführt werden kann die Neusetzung der „narzisstischen Persönlichkeitsstörung“, die jedoch wegen eines Mangels einschlägiger empirischer Befunde zur Stützung dieses Konzeptes bis in die jüngste Zeit hinein kritisiert wurde (Widiger et al., 1988). Dies ist auch einer der Gründe, weshalb die narzisstischen Persönlichkeitsstörungen nicht in die ICD-10 übernommen wurden. Für die empirische Absicherung des Konzeptes sind erst in jüngster Zeit einige Studien vorgelegt worden, die denn auch im aktuellen DSM-IV zu einigen konzeptuellen Veränderungen geführt haben (vgl. Ronningstam & Gunderson 1990; → 13.1).

Ganz im Unterschied zu den mit der Schizophrenie in einen Zusammenhang gestellten Persönlichkeitseigenarten (paranoid, schizoid, schizotypisch) werden die mit der Depression assoziierten Persönlichkeitsstörungen (z.B. hyperthym, thymopathisch, zyklothym [noch in der ICD-9] sowie zyklothym [auch im DSM-II]) in den beiden aktuellen Fassungen als dysthyme und zyklothyme Störungen in den jeweiligen Syndromsektionen der „Affektiven Störungen" (bzw. „Stimmungsstörungen" im DSM-IV) registriert. Damit folgen ICD-10 und DSM (seit DSM-III) einer durch eine Reihe von Studien gestützten Auffassung, der zufolge im Bereich der affektiv-depressiven Erkrankungen enge Verbindungen zwischen den weniger schweren, jedoch chronischen Verläufen (die auf subaffektiv wirkende Persönlichkeitsmerkmale zurückgeführt werden) und den episodenhaft verlaufenden affektiven Störungen bestehen (→ 18).

In jüngster Zeit wird jedoch von verschiedenen Autoren (unter Bezug auf eine Reihe einschlägiger Untersuchungen) gefordert, unter den Persönlichkeitsstörungen (also auf der Achse II des DSM-Manuals) erneut eine „depressive Persönlichkeitsstörung" zusätzlich vorzusehen (Phillips et al., 1990, 1993; vgl. auch Hirschfeld, 1990; Akiskal & Akiskal, 1992). Im aktuellen DSM-IV (1994) finden sich die Kriterien dieser „neuen" depressiven Persönlichkeitsstörung im Anhang, womit diese zur genauen Erforschung empfohlen werden (→ 18.6).

Sowohl in der ICD-10 wie seit dem DSM-III wurde die frühere Kennzeichnung „Hysterie" (hysterische Neurose; hysterische Persönlichkeit) wegen ihrer Vielgestaltigkeit (sehr heterogene Ätiologie-Implikationen; ähnliche Stigmatisierungsproblematik wie der Psychopathiebegriff) gestrichen und im Bereich der Persönlichkeitsstörungen durch „histrionische Persönlichkeitsstörung" ersetzt. Damit wurde die seit langem geforderte Präzisierung der bisherigen Kategorie „Hysterie/hysterische Persönlichkeit" konsequent bis hin zur begrifflichen Neusetzung „histrionisch" vorgenommen (→ 12).

Auf zwei Persönlichkeitsstörungen, die dem Cluster B zuzurechnen gewesen wären, wurde inzwischen gänzlich verzichtet. Dabei handelt es sich einerseits um die *selbstschädigende Persönlichkeitsstörung* und andererseits um die *sadistische Persönlichkeitsstörung*. Beide befanden sich als „Persönlichkeitsstörungen in der Diskussion und Erforschung" noch im Anhang des DSM-III(-R) (seit 1980). Sie waren immer schon heftig umstritten. Unter diesen Streit wurde mit Einführung des DSM-IV nun endlich ein Schlussstrich gezogen, da beide Störungskonzepte dort nicht mehr vorhanden sind und auch sonst keinerlei Erwähnung mehr finden.

Für den eng mit beiden Persönlichkeitsstörung assoziierten symptomatisch beobachtbaren *sexuellen Sadismus* bzw. *sexuellen Masochismus* sehen beide Diagnosesysteme (DSM-IV wie ICD-10) eigene Störungsgruppen vor. Das DSM-III(-R) sah jedoch einige Ausschlusskriterien vor, die eine Verbindung des sexuellen Sadismus mit der sadistischen Persönlichkeitsstörung nicht zuließen. Ob zwischen den Symptom- und Persönlichkeitsstörungen Zusammenhänge bestehen, ist bis heute nicht systematisch untersucht worden. In der ICD-10 sind sexueller Masochismus und sexueller Sadismus zu einer Kategorie des *Sadomasochismus* zusammengefasst worden, da sich häufig beide symptomatisch-sexuellen Störungen bei ein und derselben Person finden lassen.

2.6.3 Hauptgruppe C: ängstlich und furchtsam

Auch auf zwei weitere bisherige Diagnosemöglichkeiten wurde in den aktuellen Versionen gänzlich verzichtet. Es sind dies die „asthenische Persönlichkeit" (sowohl in der ICD-9 wie im DSM-II) sowie die „unangemessene Persönlichkeit" („inadequate personality disorder"; bisher nur im DSM-II). Als Kennzeichen „asthenischer Persönlichkeiten" gelten verminderte Leistungsfähigkeit, körperlich empfundene Schwäche und erhöhte Erschöpfbarkeit ohne erkennbare organische Ursachen mit oftmals extrem ungünstigen Konsequenzen für die psychosoziale, vor allem berufliche Entwicklung (z.B. Frühinvalidität; vgl. Tölle, 1986). In der ICD-10 sind Hauptmerkmale dieses Störungsbildes der dort in der 1. Auflage noch so bezeichneten „abhängigen (asthenischen) Persönlichkeitsstörung" zugeordnet worden (abgeändert schließlich in der 2. Auflage der ICD-10 in „abhängige Persönlichkeitsstörung"; vgl. WHO, 1993, S. 232; → 15.2). Als Merkmal der „unangemessenen Persönlichkeit" galt ein durchgängiges Muster ineffektiver Reaktionen auf emotionale, soziale, intellektuelle und körperliche Anforderungen, wenn sich keine Hinweise auf verursachende körperliche oder geistige Defizite oder Behinderungen finden ließen.

Die wesentlichen Gründe für das Aufgeben beider Kategorien waren

- differenzialdiagnostische Unschärfen zwischen diesen beiden Typisierungen,
- die fehlende Operationalisierung von Verhaltensindikatoren der über ihr „Nichtvorhandensein" definierten „inadäquaten" Persönlichkeitsmerkmale,
- Differenzierungsschwierigkeiten zwischen asthenischen und affektiven Störungen in den für beide Bereiche als zentral betrachteten Merkmalen der Anhedonie und Hemmung, schließlich
- die außerordentlich seltene Nutzung vor allem der Astheniekategorie zur Kennzeichnung von Persönlichkeitsstörungen (vgl. Lion, 1981).

Im DSM gelten (seit dem DSM-III) als Nachfolgekategorien für beide Bereiche einerseits die dependenten, selbstunsicheren und schizoiden Persönlichkeitsstörungen sowie andererseits manche Syndromspezifikationen der affektiven Stimmungsstörungen (vgl. Turkat & Levin, 1984). In der ICD-10 sind beide Diagnosebegriffe im Zusammenhang mit der „abhängigen (asthenischen) Persönlichkeitsstörung" aufgeführt (→ 8, → 14, → 15).

ÜBERSICHT

Persönlichkeitsstörungen (3):
Cluster C im DSM-IV; Besonderheiten in der ICD-10
[ängstlich und furchtsam]

Vermeidende (selbstunsichere) Persönlichkeitsstörung (DSM)
Ängstlich-vermeidende Persönlichkeitsstörung (ICD)
Soziale Gehemmtheit, Gefühle persönlicher Unzulänglichkeit und Überempfindlichkeit vor negativer Beurteilung durch andere.

Dependente Persönlichkeitsstörung (DSM)
Abhängige Persönlichkeitsstörung (ICD)
Abhängiges, unterwürfiges Verhalten; mangelnde Selbstständigkeit und Entscheidungsunfähigkeit; Angst vor Verlassenwerden und vor Kritik.

Zwanghafte Persönlichkeitsstörung (DSM)
Anankastische Persönlichkeitsstörung (ICD)
Detailorientierter Perfektionismus und übertriebene Sorgfalt auf Kosten persönlicher Flexibilität, Aufgeschlossenheit und Effizienz.

Passiv-aggressive (negativistische) Persönlichkeitsstörung (DSM, Anhang)
Ein passiver Widerstand gegenüber sozialen Anforderungen sowie eine ausgesprochen negativistische Sicht gegenüber vielfältigen Aspekten des Lebens (diese Störung ist in der ICD-10 *nicht* konzeptualisiert).

Die „dependente Persönlichkeitsstörung" war im DSM-I des Jahres 1952 noch eine Unterkategorie einer „passiv-aggressiven Persönlichkeit". Obwohl Letztere 1968 im DSM-II nicht mehr explizit vorhanden war, wurde sie erneut in das DSM-III und wiederum auch in das DSM-IV übernommen – angeregt einerseits durch empirische Arbeiten, die eine Typendifferenzierung passiv-aggressiver versus dependenter Persönlichkeitsmerkmale nahe legen, gestützt andererseits durch Konzeptdifferenzierungen, wie sie in den vergangenen Jahren vor allem von psychoanalytischen Autoren vorgelegt wurden (vgl. Malinow, 1981a, b; → 15, → 17).

Schließlich ist die Diagnose der „passiv-aggressiven Persönlichkeitsstörung" nach wie vor eine sehr umstrittene Besonderheit der US-amerikanischen DSM-Systematik (→ 17). In der ICD-10 wird sie nämlich lediglich als eine Möglichkeit der nicht weiter definierten Restkategorie „andere spezifische Persönlichkeitsstörungen" aufgeführt. In der europäischen und vor allem deutschen Klassifikationstradition werden viele Personeigenarten, die mit der passiv-aggressiven Persönlichkeitsdiagnose verknüpft sind, mit der „dependenten" bzw. mit der „asthenischen Persönlichkeitsstörung" in einen Zusammenhang gestellt, die in der ICD-10 als „abhängige (asthenische) Persönlichkeitsstörung" diagnostizierbar sind – obwohl diese Möglichkeit durch die ICD-10 selbst nicht angedeutet wird (vgl. jedoch Tölle, 1986).

Trotz ihrer erneuten Auslassung in der ICD-10 wird die passiv-aggressive Persönlichkeitsstörung in der aktuellen DSM-IV-Version keineswegs gänzlich aufgegeben, wenngleich die Ignoranz der ICD-10-Autoren gegenüber dieser Kategorie deutliche Irritationen ausgelöst hat. Mit Hinweis auf die ICD-10 wird diese Persönlichkeitsstörung nunmehr im Anhang des DSM-IV als sog. „passiv-aggressive (negativistische) Persönlichkeitsstörung" geführt und soll zukünftig als „negativistische Persönlichkeitsstörung" (nach weiterer Erforschung ihrer Validität) möglicherweise erneut der Gruppe der in praxi diagnostizierbaren Persönlichkeitsstörungen hinzugefügt werden (→ 17).

2.7 Schlussbemerkung

Die einleitend dargestellten Ambivalenzen und Probleme, die mit der diagnostischen Feststellung von Persönlichkeitsstörungen verknüpft sind, offenbaren in besonderer Weise ein Dilemma des Übergangs, in dem sich die psychiatrische Diagnostik und Klassifikation jeweils befindet. So bedarf es klassifikatorischer Festlegungen, als nur sie eine vergleichbare Erforschung und Beurteilung sozial abweichender Verhaltensweisen und Persönlichkeitsstörungen ermöglichen. Letztlich ist auch erst mit der Diagnose die ihr unterstellte negative Stigmatisierungswirkung angemessen einschätzbar. Eine wichtige Konsequenz lässt sich nämlich bereits heute aus den langfristigen Wirkungen der Stigmatisierungsdebatte ziehen, die der kritische Leser noch mehrfach in den Kapiteln dieses Buches wieder finden wird: Paradoxerweise schafft zunächst einmal nur eine objektivierbare Diagnostik und reliable Klassifikation der Persönlichkeitsstörungen selbst die Voraussetzung für Kritik und Veränderung.

3 Psychoanalytische Konzeptentwicklungen: Charakterstörungen, Narzissmus, neurotische Stile

Unsere Beobachtung zeigt uns, dass die einzelnen menschlichen Personen das allgemeine Bild des Menschen in einer kaum übersehbaren Mannigfaltigkeit verwirklichen.
Sigmund Freud

Bei der Rezeption der nachfolgend und in späteren Kapiteln dargestellten psychoanalytischen Verstehensansätze bleibt zu bedenken, dass sie aus einer für die Psychoanalyse typischen Form der Erkenntnisgenerierung hervorgegangen sind.

Tiefenhermeneutik. Die konkrete therapeutische Arbeit und Beziehung mit dem Patienten ist das wichtigste Erkenntnisverfahren des Psychoanalytikers. So sind die meisten theoretischen Erkenntnisse und praktisch-methodischen Konzepte der Psychoanalyse intuitiv innerhalb der Therapiesituation entwickelt und fortgeschrieben worden. Dies geschieht, indem in der psychoanalytischen Therapiebeziehung für jeden einzelnen Patienten jeweils neu ein lebensgeschichtlicher Bedeutungs- und Erklärungszusammenhang seiner nur ihm eigenen Störungsentwicklung gefunden werden muss. Psychoanalytische Therapie ist insofern angewandte Forschung mit einer eigenen Methodologie, die allgemein als „Tiefenhermeneutik" bezeichnet wird. Es handelt sich um ein Vorgehen, in dem kooperative Erkenntnisgewinnung mit den Möglichkeiten der therapeutischen Änderung zusammenfällt.

Metatheorie. Andererseits schreiben jene psychoanalytischen Forscher, die ihre in psychoanalytischen Therapien gewonnenen Erkenntnisse in Vorträgen, Zeitschriften und Büchern publizieren, eine generelle Theorie („Meta-Theorie") der Psychoanalyse fort, die der allgemeinen Einordnung und Bewertung einzelner Fälle wie auch der allgemeinen Konzeptualisierung psychischer Störungen und Persönlichkeitsstörungen zugrunde gelegt wird. Zur Illustration der metatheoretischen Fortentwicklungen dienen also ebenfalls Fallschilderungen und Beispiele, die aus den gemeinsamen Therapieerfahrungen von Psychoanalytikern und Analysanden entstammen.

Wegen dieser über individuelle und persönliche Erfahrungen der beiden Forschungssubjekte „Analysand" und „Analytiker" fortschreitenden Erkenntnisfindung ist gegen die Psychoanalyse immer wieder der Einwand der Nichtwissenschaftlichkeit erhoben worden. Vor allem aus der Sicht objektivierender Wissenschaftsauffassungen wurde der Psychoanalyse vorgehalten, dass ihre Begriffe nicht eindeutig operationalisiert seien und dass ihre Hypothesen sich der wissenschaftlichen (empirischen oder gar experimentellen) Überprüfung entzögen (z.B. Perrez, 1972).

Von den Psychoanalytikern selbst wird dieser Kritik entgegengehalten, dass die ihr zumeist zugrunde liegende positivistische Wissenschaftsauffassung den Funktionszusammenhang von Forschungsprozess, Methodik und Ergebnissen verkenne. Andererseits ist gegenwärtig bei einigen Psychoanalytikern die Bereitschaft zur empirisch-experimentellen Überprüfung psychoanalytischer Theorien gewachsen. Dies ist insbesondere bei jenen Forschern unverkennbar, die in Kliniken Zugang zu größeren Patientengruppen haben (vgl. die Ausführungen zur Konzeptentwicklung der spezifischen Persönlichkeitsstörungen).

Trotz der Ambivalenz, mit der viele naturwissenschaftlich orientierte Forscher der Erkenntnisfortschreibung in der Psychoanalyse gegenüberstehen, ist unbestreitbar, dass von den Psychoanalytikern wesentliche Einflüsse gerade auch auf das Verständnis und die Konzeptualisierung von Persönlichkeitsstörungen ausgingen, welche die empirisch orientierten Kritiker der psychoanalytischen Methodologie heute selbst anwenden und erforschen.

3.1 Der Charakter bei Freud

Im Rahmen seiner Bemühungen, die Psychoanalyse als Verstehens- und Behandlungskonzept psychischer Störungen auszuarbeiten, war Sigmund Freud zu Beginn seiner psychoanalytischen Forschungstätigkeit vor allem daran interessiert, eine psychologisch orientierte Alternative zu der in der Medizin bis dahin vorherrschenden biosomatischen Auffassung über die Ursachen psychischer Störungen zu begründen.

In dem Bestreben der Psychiatrie um Anerkennung als Wissenschaft wurde seinerzeit die Entwicklung einer wissenschaftlich vertretbaren Systematik psychischer Krankheiten als vorrangige Aufgabe betrachtet. Die Entwicklung eines Ordnungssystems implizierte, dass die Symptome psychischer Störungen selbst nur sekundäre Bedeutung hatten. Sie dienten vor allem der Kriterienfestlegung bei der Klassifikationsfortentwicklung.

Freud hingegen legte sein besonderes Augenmerk primär auf die Symptome psychischer Störungen, indem er über die individuellen Eigenarten der Symptombildung ihre mögliche lebensgeschichtliche Bedeutung und ihre Beziehung zur psychischen Entwicklung seiner Patienten zu entschlüsseln versuchte. Er entdeckte, dass Symptome nicht nur schlichte Merkmale einer Diagnosestellung sind. Sie stellten ganz offensichtlich besondere Möglichkeiten für die Patienten dar, ihre unbewussten Wünsche und nicht befriedigten (für Freud: psychosexuellen) Bedürfnisse in symbolisierter Form auszudrücken.

3.1.1 Die topographische Perspektive

Obwohl es Freud um die Aufklärung lebenslanger Entwicklungen hin zur Symptombildung ging, war er zunächst überraschend wenig an der möglichen Bedeutsamkeit des Charakters bzw. der Charakterentwicklung für die Entstehung neurotischer Symptome interessiert. Seine grundlegende Arbeit über „Charakter und Analerotik" (1908), deren Titel ein solches Interesse nahe legen könnte, wird häufig missverstanden. Er beschrieb darin, dass die zwanghaften Tugenden Ordnungsliebe, Sparsamkeit und Eigensinn bei vielen Menschen gemeinsam auftreten. Bei einigen Menschen könnten diese – wie er sie bezeichnete – „libidinösen Tendenzen" im späteren Leben in eine Zwangsneurose einmünden, jedoch nicht auf der Grundlage jener charakterlichen Eigenarten als mögliche Ursache. Freud vermutete, dass die Eigenarten Ordnungsliebe, Sparsamkeit und Eigensinn – wie die Zwangsstörung – selbst Ausdruck der Abwehr (psychosexueller) Bedürfnisse infolge einer streng normierten Sauberkeitserziehung in den ersten Lebensjahren seien. Dieser „Abschied des Kindes von den Windeln" und dessen „Gewöhnung an den Topf" erfolgte für Freud in der von ihm so bezeichneten „analen" Phase der Kleinkindentwicklung. Nach seiner entwicklungspsychologischen Auffassung folgt die anale Phase einer zeitlich davor liegenden „oralen" Phase und sie mündet ein in die später folgende „phallische" Phase.

Freud interessierte zunächst, ob und wie die neurotischen Symptome der Zwanghaftigkeit mit einer gemeinsamen biologischen Prädisposition zusammenhängen (im Rahmen seiner Libidotheorie immer mit der psychosexuellen Triebhaftigkeit; z.B. 1908). Er wollte wissen, ob die Symptome der Zwanghaftigkeit durch abgewehrte Libidotendenzen aus der von ihm vermuteten „ausgesprochen mächtigen Erogenität der analen Zone" bestimmt waren. Freud war also bestrebt, die psychologische Dynamik des kindlichen Umgangs (des kindlichen „Ich") mit dieser „Analerotik" (aus dem Triebsystem des „Es") zu entschlüsseln. So deutete er die den charakterlichen Eigenarten Ordnungsliebe, Sparsamkeit und Eigensinn zugrunde liegenden Verhaltensweisen des erwachsenen Menschen (einschließlich der neurotischen Zwangssymptomatik) als Festhalten (oder Fixierung) an einer frühkindlich gelernten spezifischen Abwehr jener psychosexuellen Triebregungen, die vom Anus ausgingen.

Erst wenige Jahre später spricht Freud (1913) mögliche Unterschiede zwischen „analem Charakter" und „Zwangsstörungen" explizit an. Auch diese neue Arbeit wird von späteren Rezipienten dahingehend missverstanden, als werde in ihr dem ordnungsliebenden Charakter eine prädispositionelle Funktion für Zwangsneurosen unterstellt (vgl. Auchingloss & Michels, 1983). Für Freud jedoch sind zu dieser Zeit „analer Charakter" und „Zwangsneurose" lediglich zwei unterschiedliche Möglichkeiten der ich-gesteuerten Fixierung (oder Regression) auf die frühkindlichen Konfliktlösungen im Umgang mit der analerotischen Triebstruktur.

Andererseits rückte mit dieser Arbeit für die Kollegen Freuds dennoch die Bedeutsamkeit der Charakterentwicklung für psychische Störungen selbst zunehmend in den Vordergrund ihres Interesses. Der Schritt zur „offiziellen" Beschäftigung der Psychoanalytiker mit Charakterstörungen und deren psychoanalytische Ausdeutung war nurmehr eine Frage der Zeit. Er sollte jedoch stärker durch Freuds psychoanalytische Mitstreiter vollzogen werden als durch ihn selbst. Wegbereitend dafür war zunächst noch eine wichtige konzeptuelle Änderung, die Freud mit einer Weiterung des dargestellten sog. topographischen Ansatzes in Richtung auf die sog. strukturtheoretische Verstehensperspektive der Psychoanalyse vornahm.

3.1.2 Die strukturtheoretische Perspektive

In den Diskussionen von Freud und seinen Kollegen über die seinerzeit in praxi erprobte neue analytische Therapietechnik wurde zunehmend über Erfahrungen berichtet, dass nicht alle Patienten im Sinne der Erwartungen profitierten (vgl. Gay, 1987). Auch Freud erlebte seine ersten Misserfolge. Diese hatten sich eingestellt, obwohl es in den Therapien vordergründig gelungen schien, den Patienten eine Einsicht in die ihren Störungen zugrunde liegende Triebdynamik zu vermitteln. Es wurde zunehmend klarer, dass die Ursachen für diese Misserfolge möglicherweise in Besonderheiten des therapeutischen Prozesses zu suchen seien.

Widerstand

So wurde einerseits das Phänomen des „Widerstands" der Patienten gegenüber therapeutischer Deutung und Einsicht entdeckt. Andererseits war selbst bei gegebener Einsicht offenkundig nicht immer zu erwarten, dass sich in der Folge das Symptombild änderte. Es schien so, als gäbe es auch noch (über die Widerständigkeit im therapeutischen Prozess der Einsicht hinausreichende) „interpersonelle Widerstände" der Betroffenen gegenüber Veränderung (also Widerstände gegenüber den Therapeuten).

Es war nahe liegend und konsequent, den engen Blickwinkel der Psychoanalyse von Symptombildungsprozessen zu erweitern. Nun wurde ausdrücklich die Möglichkeit in Betracht gezogen, dass die Symptomatik eines Patienten fest in eine bestimmte Charakterstruktur eingebunden sein könnte. Unter den Psychoanalytikern jener Zeit wurde zunehmend diskutiert, ob die Widerständigkeit der Patienten gegenüber Veränderung nicht auch mit spezifischen, „interpersonell" sichtbar werdenden Charaktereigenarten zusammenhängen könnte (hierzu äußerte sich Freud beispielsweise 1916). Letztere – die Charaktereigenarten als Interaktionsmuster – ließen sich jedoch sinnvoll nur aus einer interpersonellen

Gewordenheit der Person heraus begreifen. Und dafür sollte der theoretischen Konstruktion des „Überich", das dem „Es" und dem „Ich" nun hinzugefügt wurde, eine wichtige Erklärungsfunktion zuwachsen.

Konflikt

Kerninhalt der strukturtheoretisch begründeten Neurosendynamik blieb nach wie vor der Konflikt zwischen dem „Ich" und dem von ihm abgespaltenen verdrängten Triebgeschehen (aus dem „Es"). Angemessen verstanden werden konnte dieser Konflikt jedoch erst, wenn in Rechnung gestellt wurde, dass der Umgang der Person (des Kindes, des Erwachsenen) mit der eigenen Bedürftigkeit immer interpersonell mitorganisiert ist. Da die Bedürfnisse und Interessen des Kindes und die seiner Bezugspersonen (Eltern) zwangsläufig irgendwann in der Erziehung kollidieren, musste das „Ich" ganz offenkundig (neben der innerpsychischen Regulation des Triebgeschehens) auch noch andere Funktionen erfüllen. Unter anderem musste es eine Balance herstellen zu den Anforderungen aus dem sozial-erzieherischen Umfeld. Unter sehr ungünstigen interpersonellen Umständen war das Kind sogar gezwungen, eigene Bedürfnisse angesichts sozialer Normierung zurückzustellen, abzuwehren oder zu unterdrücken, um sich Angst, Strafe und Enttäuschung zu ersparen.

Die Instanz, die fortan als intrapsychischer, normorientierter Gegenpol zur eigenen Bedürftigkeit auftritt, ist das Gewissen („Überich"). Als solches tritt es zumeist bereits prophylaktisch in Aktion. Dem „Ich" kommt innerhalb des Strukturmodells die besondere Funktion zu, zwischen Triebregungen (Bedürftigkeit) und Vernunft (das sind die Forderungen und normierten Einschränkungen der Realität) zu vermitteln. Wird nun die kontinuierlich geforderte Kompetenz für diesen, vielfach ein großes Geschick voraussetzenden Balanceakt zwischen Bedürftigkeit („Es") und sozialer Bedürftigkeitsbeschränkung („Überich") nicht von Kindesbeinen an erworben (etwa weil dies eine unglückliche Erziehungssituation nicht ermöglicht), bleibt das Verhältnis zur eigenen Bedürftigkeit wie auch die Möglichkeit, diese in der Interaktion mit anderen Menschen angemessen auszuleben, gestört.

Regression

Die für Freud nach wie vor zentralen Mechanismen der Symptombildung erklären sich jetzt also aus einer zwar sozial-beeinflussten, letztlich jedoch immer noch durch die Person selbst (d.h. autoplastisch) angestauten Bedürfnisspannung, aus der schließlich Ängste, Phobien, Zwänge, hysterische Störungen usw. hervorgehen (→ Abbildung 3.1). Die angestauten Triebregungen werden und bleiben in der Symptombildung nachhaltig sichtbar. Sind Symptome nicht sichtbar, bleibt die unausgelebte Bedürfnisspannung dennoch virulent. Diese wird – weil vom „Ich" abgewehrt oder verdrängt – jedoch nicht mehr deutlich und bewusst erlebt. Die (libidinösen) Bedürfnisse wirken vielmehr unbewusst und mit regressiver Wirkung weiter, und zwar, weil sie nicht weiter erprobt und ausdifferenziert werden. Die regressiven Tendenzen und Auswirkungen im Verhalten bleiben dabei annähernd ähnlich ihrer ursprünglichen und damit unreifen Form. Andererseits gibt es für das Individuum jedoch einige, zeitweilig angemessene Verarbeitungsformen der Triebregungen, die man landläufig als „Sublimierung“ bezeichnet. Es kann sich dabei auch um neutralisierende innerpsychische Regulationen mit zumeist „aufschiebender Wirkung“ handeln, indem Trieb-

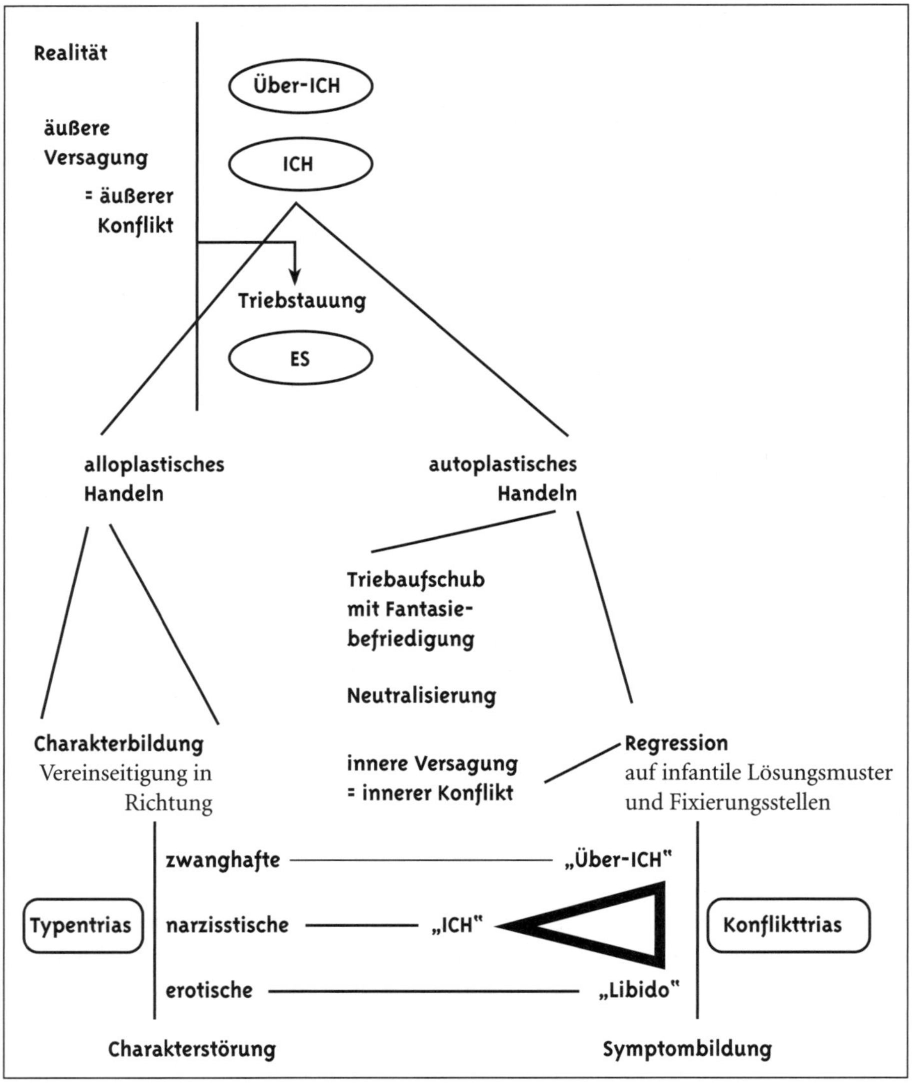

Abbildung 3.1. Symptombildung und Entwicklung von Charakterstörungen im Strukturmodell der klassischen Psychoanalyse (hier als Erweiterung einer Darstellungsidee bei Mertens, 1990, S. 137).

regungen in der Fantasie oder im Traum ausgelebt oder verarbeitet werden. Freud hat diese Prozesse anschaulich u.a. in seiner Vorlesung über „die Zerlegung der psychischen Persönlichkeit" (1933) beschrieben.

Der strukturtheoretischen Konzeption entsprechend, bleiben unausgelebte Bedürfnisse (gebunden an den frühen Zeitpunkt ihrer ersten Abwehr oder Verdrängung) altersabhängig fixiert. Es kommt also, was die Möglichkeiten und Fähigkeiten einer befriedigenden Bedürfnisauslebung betrifft, zunehmend zu einem Entwicklungsrückstand. Die in unbewusster Form weiterwirkenden Bedürftigkeiten gelten in ihrer so fixierten Form nach wie vor den ursprünglich für die Bedürfniseinschränkung mitverantwortlichen Bezugspersonen, zumeist den Eltern. Dem zentralen Dreieckskonflikt zwischen Kind und Eltern (als Ort vielfältiger Fixierungen) wird deshalb in der Psychoanalyse eine besondere Bedeutung beigemessen („Ödipuskomplex").

Ödipuskomplex

Nach Freuds Auffassung gestalten sich die frühkindlichen Beziehungen (zwischen dem dritten und vierten Lebensjahr) in Analogie zur antiken Ödipus-Sage, in dem es zu Liebe (und im Extrem: zu Inzestwünschen) gegenüber dem gegengeschlechtlichen Elternteil kommt, während sich dem gleichgeschlechtlichen Elternteil gegenüber Hass- und Eifersuchtsgefühle entwickeln. Dieser „positiven" steht eine „negative" Form der Entwicklung gegenüber. Dies ist der „Ödipuskomplex". Ausgeprägt ist dieser gekennzeichnet durch Liebesgefühle dem gleichgeschlechtlichen und durch Hassgefühle dem gegengeschlechtlichen Elternteil gegenüber. Häufig mischen sich beide Formen. Normalerweise gelingt in der Identifikation mit dem gleichgeschlechtlichen Elternteil bei zunehmender Zuneigung für den gegengeschlechtlichen Elternteil die Überwindung der Wünsche und damit eine Beendigung der ödipalen Situation. Bei ungünstiger Entwicklung kann es nach einer vermuteten „Latenzzeit" spätestens in der Pubertät zu einer Wiederbelebung kommen, die in der Entwicklung neurotischer Symptome ihren Niederschlag findet.

Späterhin drängen sich also die abgewehrten Bedürfnisregungen dem Jugendlichen oder Erwachsenen (im Extrem eben in Form von Symptombildungen) vor allem in solchen Lebenssituationen auf, die mit jenen (zumeist familiären) Erfahrungskontexten, in denen sie ursprünglich sozial eingeschränkt oder bestraft wurden, große Ähnlichkeit besitzen. Die Präsentation neurotischer Symptome stellt jeweils eine Regression auf die ursprüngliche Situation der Bedürfnisversagung dar. Zumeist handelt es sich um Konflikte, die sich für das Ich aus nicht überwundenen „ödipalen" Widersprüchen zwischen dem „Überich" und dem „Es" ergeben.

Besonders dramatisch verdeutlichten sich für Freud die späteren Nachwirkungen der ödipalen Problematik in der Hysterie, die durch die unterschiedlichsten Symptombilder gekennzeichnet sein konnte. Zu diesem Störungsbild wurden Konversionsstörungen (Seh-, Hör-, Gleichgewichts-, Sprechstörungen), dissoziative Störungen (Erinnerungslücken, Bewusstseinsstörungen, Pseudohalluzinationen usw.) sowie charakterliche Eigenarten (wie die Tendenz zur Dramatisierung, übertriebene Koketterie, Theatralik und Ähnliches) gerechnet. Die hysterischen Phänomene hatten nicht zuletzt wegen ihrer Vielfalt und der damit gegebenen faszinierenden Möglichkeit ihrer psychoanalytischen Ausdeutung von Beginn an das besondere Interesse Freuds auf sich gezogen.

Übertragung

Diese Tendenz der Betroffenen, ihre an früheren Bezugspersonen erworbenen Gefühlseinstellungen gegenüber anderen Menschen, vor allem auch in der Therapie dem Therapeuten gegenüber, zu erleben und auszuleben, gab diesen Phänomenen u.a. die Bezeichnungen

- „Objektbesetzungen“ für die Ausrichtung unbewusster Bedürftigkeiten auf andere Personen und
- „Übertragungsneurose“, bezogen auf das Phänomen neurotischer Übertragungen in die therapeutische Beziehung.

Die Fähigkeit, Bedürfnisse und Gefühle auf andere Menschen zu übertragen, z.B. einem Therapeuten gegenüber eine Übertragungsneurose entwickeln zu können, galt und gilt seither in der Psychoanalyse als wesentliches differenzialdiagnostisches und prognostisches (günstiges) Merkmal. Dem Therapeuten gegenüber eine Übertragungsneurose entwickeln zu können stellt nämlich in der psychoanalytischen Therapie eine der wichtigsten Einflussmöglichkeiten für den Therapeuten bereit, da über sie Möglichkeiten und Wege für den Patienten gesucht werden können, bisher unterdrückte, abgewehrte und unbewusste Bedürftigkeiten und Wünsche in der direkten Interaktion mit dem Therapeuten zunächst regressiv wieder zu erleben, dann zu bearbeiten und schließlich außerhalb der Therapie neu zu entfalten.

Libidinöse Typen

Der Charakter schließlich umfasst innerhalb des strukturtheoretischen Verstehenskontextes vielfältige zwischenmenschliche Aufgaben, Haltungen und damit vor allem interpersonell-alloplastische Reaktionsmöglichkeiten des Ich (Freud, 1924; → Abbildung 3.1). Dies sind Verhaltensbesonderheiten und Verhaltenstechniken, die für das lebenslange Bemühen des Menschen stehen, psychosoziale Anforderungen, erlebtes Leid und seine neurotisch-libidinösen Behinderungen sinnvoll in sein Leben so zu integrieren, dass ein gewisses Maß an Wohlbefinden, Befriedigung und sozialer Einordnung erreicht werden kann. Angesichts der Aufmerksamkeit, die die Charakterstörungen bei seinen Psychoanalytikerkollegen zwischenzeitlich gefunden hatten (→ 3.2), unterbreitete Freud (1931) schließlich selbst einen Vorschlag, die Strukturtheorie für die Entwicklung einer möglichen Charaktertypologie zu nutzen.

Freud beschrieb in dieser Arbeit drei grundlegende psychologische („libidinöse“) Typen, die sich jeweils unter dem vorrangigen Einfluss aus einer der drei psychischen Strukturen entwickeln könnten (→ Abbildung 3.1). In Entsprechung zu der Instanzenlehre bezeichnete er diese:

- **Erotischer Typus:** Dieser Charaktertypus sei aus einer vorrangigen Orientierung der Person am psychosexuellen Triebgeschehen des „Es" hervorgegangen.
- **Zwanghafter Typus:** Für diesen Charaktertypus sei eine Norm- und „Über-ich"-Orientierung handlungs- und wesensbestimmend.
- **Narzisstischer Typus:** Bei diesem Charakter sei die eigene Person (das „Ich") stark und verzerrt in den Mittelpunkt gerückt.

Eine jeweils vorliegende Reinform könne sich – so Freud – in Richtung einer Charakterstörung entwickeln. Mischformen aus zwei Typen (erotisch-zwanghaft, erotisch-narzisstisch, narzisstisch-zwanghaft) seien am häufigsten zu finden und sie kämen als charakterliche Basis für die Entwicklung von Neurosen in Betracht. Die gelungene Integration aller drei Eigenarten würde die Charakterstruktur einer psychisch gesunden Person ausmachen.

Soweit im Falle der Typenextremisierung überhaupt von Charakterstörungen gesprochen werden könne, müsse – so Freud – in jedem Fall sichergestellt sein, dass sie nicht mit psychischen Störungen und Krankheiten zusammenfallen. Wohl könnten sie sich diesen im Erscheinungsbild annähern und „solcherart die Kluft zwischen dem Normalen und dem Pathologischen ausfüllen helfen" (Freud, 1931, S. 313). Schließlich wies Freud darauf hin, dass die von ihm beschriebenen libidinösen Typen und Typenmischungen nicht die einzigen Charakterextremisierungen darstellen und dass es möglich sein müsste, von anderen Personeigenschaften ausgehend, eine ganze Reihe anderer psychologischer Typen aufzustellen.

3.2 Charakterstörungen als Störungen der frühen Ich-Entwicklung

Schon Anfang der 20er-Jahre hatte Karl Abraham (1925) versucht, die Libidotheorie für die Begründung einer psychoanalytischen Charakterologie zu nutzen. Er fügte in Entsprechung zu den postulierten Phasenabläufen der psychosexuellen Ich-Entwicklung dem von Freud bereits ausgearbeiteten „anal-zwanghaften Charakter" Beschreibungen einerseits eines zeitlich früher ausgeformten „oralen Charaktertypus", andererseits die eines zeitlich später angesiedelten „genitalen Charakters" hinzu.

Entwicklung

Für Abraham durchläuft die „orale Entwicklung" einer Person zwei unterscheidbare Phasen mit je eigenen Fixierungsmöglichkeiten, die dann als „Spielarten der Entwicklung" auf die charakterliche Entwicklung entscheidenden Einfluss behalten könnten (Abraham, 1982, S. 130): Die frühere Form einer „oral-festhaltenden" (d.h. dependenten) Fixierung betrifft Personen, die noch als Erwachsene durch die Erwartung beherrscht werden, von anderen Personen jede erdenkliche Hilfe bei der Bewältigung von Lebensanforderungen zu erhalten, ein „Schicksalsglaube", der sie möglicherweise durchgängig zur Untätigkeit verurteilt. Dieser Einfluss mache sich im gesamten sozialen Verhalten der Betroffenen bemerkbar und spiele – als Verzicht auf jede Möglichkeit der persönlichen Expansion – bis in die Wahl des Berufes, der Neigungen und Liebhabereien hinein („oral-dependente Persönlichkeit"; → 15).

Im Vorfeld und Übergang zur analen Entwicklungsphase könne dann zeitweilig noch die Form einer „oral-sadistischen Charaktereigenart" grundgelegt werden, in der die zunächst inaktive Erwartungshaltung durch eine Art ständigen Verlangens, Forderns und beharrlichen Insistierens abgelöst werde und in der Neid, Missgunst und Eifersucht als extreme Formen der späteren charakterlich bedingten Regression hinzutreten können („passiv-aggressive Persönlichkeit"; → 17).

Die „genitale Entwicklungsphase" bedeutete für Abraham das Erreichen einer Stufe der Objektbeziehungen, in der die zuvor durch ihre Ambivalenz getrennt bedeutsamen „oralen" versus „analen" Strebungen zusammenfallen können. In günstiger Charakterentwicklung besteht diese Stufe aus der Integration der positiven Anteile der zuvor abgeschlossenen Phasen: „Aus der frühen oralen Stufe entlehnt sie die vorwärts strebende Energie, aus der analen Quelle Ausdauer, Beharrlichkeit und andere Züge, aus der Quelle des Sadismus die zum Lebenskampf nötigen Energien." (Abraham, 1982, S. 143) Zeitlich folgend wird die weitere Personentfaltung entscheidend davon abhängig gesehen, wie es dem Einzelnen gelingt, das Problem des „Ödipuskomplexes" zu bewältigen, insbesondere „von der erreichten Fähigkeit zu profitieren, Sympathiegefühle auf andere Personen oder auf die Gesamtheit zu übertragen" (Abraham, 1982, S. 139). Ungünstige Charakterentwicklungen aus dieser Phase heraus wurden später als „hysterische Persönlichkeit" bezeichnet (seit Fenichel, 1945; → 12).

> **!** **Charakter.** Zusammengenommen beinhaltet Charakter für Abraham die mögliche „Gesamtheit der triebhaften Reaktionen des Einzelnen auf das Gemeinschaftsleben" (Abraham, 1982, S. 137). Von ihm wird deshalb „letztlich als normal im sozialen Sinne" eine Person betrachtet, die nicht durch eine besonders extreme Ausprägung bestimmter Charakterzüge daran gehindert werde, sich den Interessen der Gesamtheit anzupassen.

Abraham betont also die Notwendigkeit, die interpersonellen Wirkungen und Rückwirkungen charakterlicher Vereinseitigung nicht aus den Augen zu verlieren. Mithin seien auch nicht die Dauer und Permanenz von Eigenschaften zu einem wesentlichen Kriterium der Beurteilung von Charakterstörungen zu erheben, da sie Interaktionsstörungen seien und als solche immer auch von aktuellen Beziehungskonstellationen abhingen.

Obwohl das frühe Phasenmodell der Ich-Entwicklung (mit Ausnahme der „Ödipus“-Konfiguration) seine Bedeutung in der Psychoanalyse inzwischen weitgehend eingebüßt hat und (von Ausnahmen abgesehen) heute als obsolet angesehen wird, haben die frühen Beschreibungen Abrahams eine beträchtliche Anzahl konzeptueller, später auch empirischer Arbeiten stimuliert. Auf diese Weise wirken sie bis in die gegenwärtigen psychiatrischen Beschreibungs- und Konzeptualisierungsversuche der Persönlichkeitsstörungen hinein.

3.3 Symptomneurosen versus Charakterneurosen?

Noch unter dem Einfluss des topographischen Denkmodells (der Triebabwehr durch das Ich) entstand die Publikation von Franz Alexander (1928) über den „neurotischen Charakter“. Alexander versuchte einen neurotischen Charakter als „symptomlose Neurose“ von den „Symptomneurosen“ abzugrenzen. Für ihn war das alloplastische Ausleben sozial auffälligen Verhaltens, das sich in seiner Auswirkung vor allem für andere Menschen unangenehm bemerkbar mache, eines der wichtigsten Unterscheidungsmerkmale zur autoplastischen Präsentation neurotischer Symptome, deren unbewusste Konflikte sich für die Betroffenen selbst in Form eines psychischen Leidens auf quälend unangenehme Weise äußerten.

Abwehr

Alexander schlug eine Differenzierung psychopathologischer Erscheinungen unter dem Aspekt des mehr oder weniger erfolgreichen Gelingens der Abwehr unbewusster Triebe und Tendenzen vor (Alexander, 1928, S. 41): Seine Typologie beinhaltete vier Erscheinungsweisen:

- **Symptomneurose:** Neurotische Symptome seien wegen der symptomatisch (d.h. zeitweilig) hervortretenden Abwehr unbewusster Tendenzen immer regressiv, autoplastisch und würden vom Ich abgelehnt.
- **Neurotischer Charakter:** Im Unterschied dazu führe die Konfliktabwehr bei Vorliegen eines neurotischen Charakters zum regressiv-alloplastischen, die Umwelt beeinflussenden Agieren, das zugleich die Möglichkeit von Schuldgefühlsreaktionen impliziere („expansive Kraft ich-fremder Tendenzen“; Alexander, 1928, S. 40).
- **Antisozialer Charakter:** Fehlen Schuld- und Schamreaktionen sowie eine autoplastische Konfliktabwehr, extremisiere das alloplastische Handeln in Richtung antisozialer und krimineller Handlungen bei ansonsten erhaltenen Ich-Funktionen.
- **Psychose:** Misslinge die Abwehr, weil die Ich-Organisation zusammenbreche, finde sich das psychopathologische Bild der Psychose, in dem ein ich-synton-autoplastisches Verarbeiten von Es-Tendenzen beobachtbar sei.

Für Alexander war die Unterscheidung zwischen Symptomneurosen und neurotischem Charakter recht eindeutig über das alloplastische Bemühen um die Herstellung einer zur Person passenden Realität gegeben. Damit setzte er sich pointiert von der kurz zuvor vertretenen Auffassung Wilhelm Reichs (1925) ab, der einen prinzipiellen Unterschied zwischen Symptomneurosen und neurotischem Charakter bestreitet. Reich versuchte damals (und erneut in seiner weithin bekannten „Charakteranalyse"; 1933) das psychoanalytische Verständnis der Symptombildung in kritischer Auseinandersetzung mit dem Strukturmodell erneut auf die topographische (als hinreichende) Erklärungsperspektive zurückzubinden, indem er die Charakterbildung als Ausdruck langwieriger und kontinuierlicher Triebabwehr durch das Ich beschrieb.

Charakterneurose

Nach Reichs Auffassung sind die (sich als Ausdruck charakterlicher Eigenarten präsentierenden) interaktionellen Symptome von der Person lediglich erheblich besser (eben als Interaktionsgewohnheiten) integriert worden. Prinzipiell seien sie dennoch gleichen Ursprungs wie neurotische Symptome. Charakterstörungen werden von ihm entsprechend aufgefasst: nämlich als Extremisierung einer Symptomneurose in Richtung einer – wie er sie fürderhin bezeichnete – Charakterneurose bzw. als deren charakterliche Assimilation, die für Reich bis in das Körperliche reichte („Charakterpanzer"). Hat sich der Charakter erst einmal verhärtet, hat er fast ausschließlich Abwehr- und Schutzfunktion. Der neurotische Anteil an den Charakterstörungen könne von ihren Trägern (wegen ihrer möglicherweise gelungenen Integration und Schutzfunktion für das eigene „Ich") nur weniger gut rationalisiert werden (Ich-Syntonie). Wenn schließlich Personen mit bis ins Charakterliche reichenden Verhaltensauffälligkeiten weniger „Krankheitseinsicht" zeigten, spreche dies insgesamt lediglich für einen erheblich komplexeren Aufbau der Neurose („Charakter als Gesamtbild"; Reich, 1933, S. 165).

Für Reich übernahm und erfüllte Charakter eine eigenständige eingeübte Abwehrfunktion gegenüber dem Triebgeschehen. Der Charakter sei in dieser Eigenständigkeit zugleich zunehmend vom Ich „dissoziiert" (vgl. Reich, 1971, S. 404ff) und arbeite damit wesentlich ökonomischer als die Abwehr durch das Ich. Charakter binde Impulse in durchgängigen Verhaltens- und Reaktionsmustern, reduziere damit zugleich die Flexibilität einer Person und forme einen „Panzer" gegen die Innenwelt mit einer für die Außenwelt deutlich sichtbaren Einengung des Handlungsspielraums. Da die Charakterentwicklung lediglich eine zunehmend ich-syntone – oder, wie Reich sich ausdrückte: „ich-dissoziierte" – Chronifizierung von Abwehrleistungen darstelle, blieben die Charakterstörungen prinzipiell einer psychoanalytischen Behandlung zugänglich.

Mit dieser (topographischen) Auffassung jedoch konnte sich Reich seinerzeit gegenüber der strukturtheoretischen Innovation seiner psychoanalytischen Kollegen nicht durchsetzen und musste u.a. deshalb eigene Wege gehen (vgl. Büntig, 1982). Reich fand schließlich auch wegen seines dezidiert politischen Engagements nurmehr wenig Resonanz (→ 4: Einleitung).

Abwehrmechanismen

Später wird innerhalb der Psychoanalyse vor allem Abrahams Position erneut aufgegriffen. Es sind vor allem Anna Freud (1936) und Otto Fenichel (1945), die Abrahams Auffassung im Rahmen der inzwischen etablierten Strukturtheorie fortschreiben. Im Zentrum ihrer Überlegungen steht das Konzept der Abwehrmechanismen, das heute als eines der ausgereiftesten und weitgehend akzeptierten Teile der psychoanalytischen Theoriebildung gilt.

Unter Abwehrmechanismen werden automatisch verlaufende psychische Prozesse verstanden, die – vor allem aus neurotischen Konflikten hervorgehende – unangenehme und bedrohliche Gefühle (wie Scham, Schuld, Wut und Angst) fern halten sollen. Da diese Abwehrleistungen zugleich immer interpersoneller Natur sind, war es nahe liegend, sie auch mit den Charakterstörungen in einen Zusammenhang zu stellen. Theoretisch schließt diese Auffassung an Freuds (1926) Überlegungen an, dass bestimmte Formen der Abwehr eindeutig bestimmten Formen psychischer Störungen und Charakterbildungen entsprächen. So gehörten z.B. für Fenichel (1945)

- die „Verdrängung“ als Abwehrform zum *hysterischen Charakter*, der seinen Ursprung vor allem in Störungen der Ich-Entwicklung der ödipalen Phase nimmt,
- die Abwehrmechanismen „Reaktionsbildung“, „Isolierung“, „Intellektualisierung“ zum *Zwangscharakter* der analen Phase, weiter – den Störungen noch früher gelegener Phasen der Ich-Entwicklung zugeordnet –
- die „Introjektion“ zum *depressiven Charakter* und schließlich
- die „Projektion“ als eine der frühesten Störungen zum *paranoiden Charakter.*

Das von Alexander und Reich aufgeworfene Problem jedoch, wie die spezifischen Beziehungen zwischen den Symptomen (einer Neurose) und dem neurotischen Charakter (als Charakterstörung) aussehen, hat bis heute viele Diskussionen beflügelt und kaum etwas von ihrer Wichtigkeit eingebüßt. Auch die von beiden angestoßene Frage, inwieweit und ob überhaupt das ich-syntone Erleben und die häufig daran festgemachte Widerständigkeit von Patienten gegenüber Veränderung ein mögliches bzw. brauchbares Merkmal zur Abgrenzung der Charakterstörungen gegenüber den von Betroffenen zumeist ich-dyston dargebotenen neurotischen (spezifischen psychischen) Störungen und Symptomen abgibt, hat weit über die Psychoanalyse hinaus an Bedeutsamkeit gewonnen.

Ich-Syntonie

Diese Unterscheidung von ich-syntonen alloplastischen Charakterstörungen (die zunächst vorwiegend die Umgebung stören) und von ich-dystonen autoplastischen neurotischen Störungen (unter denen vornehmlich die Betroffenen leiden) dient seit den 30er-Jahren – insbesondere in den Vereinigten Staaten – in der Psychoanalyse und in der Psychiatrie als ein zentrales Differenzierungsmerkmal. Und dies hatte nicht unerhebliche Konsequenzen für die Konzeptfortentwicklung in der Psychoanalyse selbst. Schwere Charakterstörungen, zu denen auch die antisozialen Persönlichkeitsstörungen (Psychopathien und Soziopathien) zählten, gelten wegen der ihnen unterstellten „Alloplastik" und „Ich-Syntonie" als schwer oder gar nicht zu behandeln. Mit ihnen haben sich deshalb vor allem die Psychiater, Psychologen und Soziologen beschäftigt, während sich das Augenmerk der Psychoanalytiker für lange Zeit stärker auf den Bereich der Symptomneurosen und leichteren Persönlichkeitsstörungen konzentrierte (vgl. Saß, 1987).

Der Grundstein für diese Vereinseitigung des psychoanalytischen Forschungsinteresses, die bis in die 70er-Jahre hineinreicht, war durch Freud selbst (nämlich durch sein Diktum von der möglicherweise prinzipiellen Unbehandelbarkeit schwerer Charakterstörungen) vorbereitet worden. Seine Überlegungen, die er am Beispiel narzisstischer Störungen darlegte, bereiteten auf längere Sicht jedoch eine weitere grundlegende konzeptuelle Änderung in der Psychoanalyse vor, die eng mit ihrer Konzeptfortentwicklung seit den 50er-Jahren verknüpft ist. Auf sie soll nachfolgend eingegangen werden.

3.4 Narzissmus

Im Sinne der von Freud strukturtheoretisch begründeten Charaktertypologie (1931) konnte von Charakterstörung dann gesprochen werden, wenn die Person ihre innerpsychische Regulation lebenslang in Richtung auf die Bevorzugung einer der drei psychischen Instanzen („Es", „Ich", „Überich") vereinseitigte. In der Konsequenz bedeutete eine solche Vereinseitigung in Richtung „erotischer" bzw. „zwanghafter" bzw. „narzisstischer" Charakterstruktur, dass es die in eine solche Struktur integrierten Erlebens- und Interaktionsgewohnheiten dem Patienten erschweren konnten oder es gar verhinderten, andere Personen (Objekte) „libidinös" zu besetzen bzw. einem Therapeuten gegenüber eine Übertragungsneurose auszubilden.

Narzisstische Neurosen

Dieses Problem hatte Freud bereits mehrfach zuvor am Beispiel der narzisstischen Neurosen verdeutlicht, für die von ihm u.a. die Dementia praecox (Schizophrenie) wie auch die Psychopathie (gewohnheitsmäßige Kriminalität) als Prototypen angesehen wurden. Narzisstisch gestörte Patienten könnten (so Freud, z.B. 1916/1917) – wegen der dem Narzissmus inhärenten, einseitigen Libidobesetzung der eigenen Person (des „Ich") und der daraus folgenden „Überich-Isolierung" oder „Gewissenlosigkeit" – einer psychoanalytischen Behandlung *nicht* zugänglich sein, weil ja das Prinzip der psychoanalytischen Therapie in der

Bearbeitung von Übertragung und Widerstand bestehe. Dieses Prinzip sei jedoch dort nicht anwendbar, wo es mangels libidinöser Energie Objektbesetzung nicht gäbe, folglich Übertragung und Widerstand vermindert seien, wenn nicht gar fehlten.

> „Die narzisstischen Neurosen sind für die Technik, welche uns bei den Übertragungsneurosen gedient haben, kaum angreifbar ... Bei narzisstischen Neurosen ist der Widerstand unüberwindbar; wir dürfen höchstens einen neugierigen Blick über die Höhe der Mauer werfen, um zu erspähen, was jenseits derselben vor sich geht." (Freud, 1969, S. 407f) „Die Beobachtung lässt erkennen, dass die an narzisstischen Neurosen Erkrankten keine Übertragungsfähigkeit haben oder nur ungenügende Reste davon. Sie lehnen den Arzt ab, nicht in Feindseligkeit, sondern in Gleichgültigkeit ... Sie bleiben, wie sie sind ... Sie zeigen keine Übertragung und darum sind sie auch für unsere Bemühungen unzugänglich, durch uns nicht heilbar." (Freud, 1969, S. 430)

Nach Freud wurde lange Zeit und vielfach noch heute die Unfähigkeit eines Patienten, eine (therapeutische) Übertragungsfähigkeit auszubilden, einer bereits früh im Leben grundgelegten Charakterstörung zugeschrieben und zumeist – im Sinne der gerade dargestellten Argumentationsfigur – als „narzisstische Neurose" oder als „narzisstische (Charakter-)Störung" bezeichnet. Vielleicht liegt es am freudschen Diktum der für eine psychoanalytische Behandlung scheinbar unzugänglichen narzisstischen Störungen, dass sich die Psychoanalytiker lange Zeit nurmehr nebenher mit dem Narzissmusphänomen und damit zugleich kaum noch mit den „schweren" Persönlichkeitsstörungen befassten. Erst in den 50er-Jahren wurde das Thema erneut aufgegriffen und in der Folge hat sich die Narzissmustheorie zu einem der wichtigsten Eckpfeiler zur Erklärung bestimmter Persönlichkeitsstörungen entwickelt (vgl. in der Übersicht: Mertens, 1992; Rudolf, 1999).

3.4.1 Objektbeziehungen

Seit Einführung der Strukturtheorie hatte sich das Interesse in der zweiten Generation der Psychoanalytiker voll auf eine genauere Erforschung der sog. Ich-Funktionen ausgerichtet. Damit stand die Regulation innerpsychischer Konflikte durch Wahrnehmung, Denken, Motorikkontrolle, Vorstellung und Gedächtnisleistung im Zentrum der Aufmerksamkeit. Heute gelten insbesondere die Arbeiten von Heinz Hartmann zu dieser Frage als wesentlicher Meilenstein auf dem Weg zur Modernisierung der Psychoanalyse (1939, 1950).

Hartmann sprach von einer primären und sekundären Autonomie des Ich. Nach seiner Auffassung sind die Wahrnehmung, Motorikkontrolle, die Funktionen des Gedächtnisses und des Denkens nicht aus dem Bemühen um die Abwehr libidinöser Impulse hervorgegangen. Sie folgen vielmehr (als primär autonome Funktionen) ihrer eigenen Gesetzmäßigkeit. Erst wenn diese Funktionen in den

Dienst der Triebregulation gestellt werden, werden sie (sekundär) um die Abwehr organisiert. Daraus kann sich nun jedoch – und dies ist die *sekundäre Autonomie* – wiederum eine eigendynamisch regulierte Funktionseinheit bilden, die ihrerseits eigenen Regulationsprinzipien gehorcht. Diese stellen zugleich eine Möglichkeit der Charakterausformung – auch der positiven – dar, da die ursprünglich zur Triebabwehr eingesetzten Ich-Funktionen (z.B. Ordnungsliebe zur Abwehr analer Triebe) durch die Person weiterentwickelt und mit Lustgewinn ausdifferenziert werden können (positive Entwicklungen im Falle der Ordnungsliebe wären z.B.: besonders genau und scharf denken, ordnen und abstrahieren zu lernen).

Der Charakterentwicklung ist also prinzipiell auch eine besondere Möglichkeit ihrer Ent-Pathologisierung inhärent. Neben der Untersuchung der autoplastischen Lösungsmuster innerer Konflikte verschob sich genau aus diesem Grund das Forschungsinteresse der Psychoanalytiker erneut auf das alloplastische, nach außen gerichtete Handlungsrepertoire des Ich – und damit zunehmend mehr auf die durch das Individuum selbst aktiv mit- und umzugestaltenden Umweltbeziehungen.

Selbstrepräsentanzen

Wesentlich für diese Konzepterweiterung war die Einführung des Begriffes des „Selbst" in den Ausarbeitungen Hartmanns (1950). Zunehmend wurde auch unter Psychoanalytikern die Notwendigkeit gesehen und diskutiert, einen Begriff für das „Gesamt des Menschen" zu finden, genauer: für das Gesamt seiner Persönlichkeit (vgl. auch Rudolf, 1999).

Der Begriff des „Selbst" war nahe liegend, da er bereits zuvor in ähnlichen Zusammenhängen mit Prozessen der Persönlichkeitsreifung und Selbstwerdung (als Individuation; Jung, 1934), der Begründung eines menschlichen Grundbedürfnisses nach Selbstsicherheit (Sullivan, 1953) bis hin zur Möglichkeit einer Selbstanalyse (Horney, 1942) von jenen eingesetzt und benutzt worden war, die der Psychoanalyse schon früh und zum Teil unter Zwang den Rücken gekehrt hatten (→ 4). Wegen der zurückliegenden Kontroversen um die „Selbst"-Konzepte der genannten „Abweichler" jedoch erfolgte die Übernahme des „Selbst"-Begriffes in die psychoanalytische Theoriebildung nicht ohne Widerspruch (Balint, 1968; Zelmanowitz, 1971). Nicht wenige sahen im Behalt der Strukturposition und in einer präziseren Beschreibung und Analyse der Ich-Funktionen durchaus alternative Möglichkeiten, Persönlichkeitseigenarten und Persönlichkeitsstörungen zu konzeptualisieren (→ 3.5).

Objektrepräsentanzen

Mit Einführung und Akzeptanz eines Selbst ergab sich nun die Möglichkeit, die kognitiv-affektiven Beziehungen, die eine Person zu anderen aufbaut, unabhängig von triebtheoretischen Vorgaben neu zu fassen und zu verstehen. Vor allem unter zwei Perspektiven wird seit den 60er-Jahren versucht, im Gesamt intrapsychischer Selbststrukturierung zu differenzieren:

- **Selbstrepräsentanz:** Mit der Analyse sog. Selbstrepräsentanzen wurde es möglich, die innere Welt einer Person danach zu untersuchen, wie sie zwischenmenschliche Beziehungen auf sich selbst hin erlebt, aufbaut und ausgestaltet, welche Bilder und Fantasien sie über sich selbst hat und welches Selbstverständnis sie dabei von sich entwickelt.
- **Objektrepräsentanz:** Die Analyse sog. Objektrepräsentanzen erlaubt eine Einsicht in die Art, wie die Person ihre innere Welt auf andere Personen hin erlebt, aufbaut und ausgestaltet, d.h., welche Fantasien und Bilder sie über ihre Bezugspersonen entwickelt und mit welchen Vorannahmen sie diesen begegnet.

Selbst- bzw. Objektrepräsentanzen bilden also den affektiv-kognitiven Repräsentationsraum der Objektbeziehungen, die eine Person eingeht, ohne dass die Selbst- und Objektrepräsentanzen den tatsächlich ablaufenden Interaktionen entsprechen müssen. Gerade die Besonderheiten der Abweichung intrapsychischer Selbst- und Objektrepräsentanzen von tatsächlich vorhandenen oder auch fehlenden Objektbeziehungen erfüllen wesentliche Funktionen – insbesondere die zur Erlangung oder zum Behalt einer grundlegenden Selbstsicherheit in interpersonellen Krisen. Sie können aber auch in gleicher Weise den Boden bereiten für Fehlwahrnehmungen, Verzerrungen und damit für die Grundlegung zwischenmenschlicher Konflikte.

Entwicklung

Innerhalb des klassischen psychoanalytischen Theorieverständnisses war unter der Bezeichnung „Objektbeziehung“ vor allem die einseitig in eine Richtung gehende innerpsychische „Besetzung eines Objektes“ mit libidinöser (oder aggressiver) Energie gemeint. Im Rahmen der jetzt Platz greifenden Erweiterung wurde – zum Teil in kritischer Auseinandersetzung mit dem physikalistisch-energetischen Triebkonzept freudscher Prägung – zunehmend akzeptierbarer, dass sich eine Objektbeziehung nicht ausschließlich über eine triebenergetische Besetzung beschreiben ließ. Es deuteten sich zugleich Perspektiven für die Überwindung des klassischen Phasenmodells der Ich-Entwicklung an. Hartmann selbst unterscheidet bereits drei globale Phasen der Objektbeziehungsfähigkeit (1964):

- **Primärer Narzissmus:** Eine sehr frühe Entwicklungsphase des primären Narzissmus, in dem Selbst- und Objektrepräsentanzen noch nicht voneinander getrennt werden können.
- **Objektdifferenzierung:** Die nachfolgende Phase der bedürfnisbefriedigenden Objekte, die die Möglichkeiten einer vom Selbst zunehmend besser trennbaren Differenzierung im Bereich der Objektrepräsentanzen eröffnet.
- **Objektkonstanz:** Die Phase einer Objektkonstanz im Übergang zur ödipalen Phase, in der sich das Kind in zunehmender Unabhängigkeit von seinen momentanen (narzisstischen) Bedürfnissen und Affekten ein Bild von seinem Gegenüber machen und sich im Weiteren gar zunehmend mit dessen Perspektive identifizieren kann.

Weite Akzeptanz haben inzwischen auch die Vorschläge von Margaret Mahler (1968) und ihren Kollegen gefunden (Mahler et al., 1975). Sie postulieren eine Entwicklungslinie des Kleinkindes, die von der Symbiose bis zur Loslösung/Individuation reicht und die insgesamt einschließlich der Symbiose- und Individuationsphasen in fünf oder mehr aufeinander folgende Subphasen unterteilt werden kann:

- Symbiose,
- Differenzierung,
- Übungsphase,
- Wiederannäherung,
- Konsolidierung der Individualität und damit zusammenhängend
- Anfänge einer emotionalen Objektkonstanz.

Die Autoren hatten genauestens das Interaktionsverhalten von Müttern und Kindern während der ersten Lebensjahre der Kinder untersucht und dabei eine besondere Beziehungsdynamik gefunden, mit der einige frühe Charakterabweichungen und auch bereits bei Kindern beobachtbare Symptombildungen erklärt werden konnten. Es handelte sich dabei um subtile Interaktionsstörungen, die sich aus einem auffälligen Spannungsverhältnis zwischen einem Symbioseverlangen und den Autonomiebestrebungen des Kindes ergaben, denen die Mütter jeweils mehr oder weniger gut entsprechen konnten.

Diese Versuche, Entwicklungsphasen objektbeziehungstheoretisch zu begründen, stellen seither Möglichkeiten bereit, das Ausmaß und die Art und Weise der persönlichen Bezogenheit auf andere Menschen wie zugleich deren Besonderheiten und Störungen neu zu verstehen. Persönlichkeitsstörungen werden jetzt ausdrücklicher, als dies im Kontext der Triebtheorie möglich war, als persönliche Antwort oder Umgangsweisen mit komplexen Störungen des zwischenmenschlichen Beziehungsverhaltens ausdeutbar. Sie lassen sich ätiologisch auf traumatisierende oder konflikthaltige Beziehungsstörungen im Verlauf der kindlichen Entwicklung zurückführen, die sich aus einem ungünstigen Zusammenspiel von Eltern und Kind in Bezug auf Symbiose und Autonomie herleiten lassen. Sie werden aktuell verständlich als nachwirkender Ausdruck ungünstiger Beziehungserfahrungen, Entwicklungsverzögerungen oder Interaktionseinseitigkeiten in der Kindheit, durch die eine altersgemäße Entwicklung psychischer Kompetenzen zur Differenzierung und Integration von Selbst- und Objektrepräsentanzen verhindert oder erschwert wurden.

Störungen der Objektbeziehungen

Wichtig für diese Verstehensperspektive ist, dass die frühen Beziehungsstörungen und möglichen Traumatisierungen in einer Zeit erfolgen, in der der Mensch der Sprache noch nicht so mächtig ist, dass er diesen ungünstigen, teils traumatisierenden Beziehungserfahrungen selbst eine selbstversichernde kognitive Struktur zu geben vermag. Selbst- und Objektrepräsentanzen sind in solchen Fällen zumeist durch gefühlsmäßige Erinnerungen und Fantasien überformt, die –

wenn sie später angesprochen und aktiviert werden – bei den Betroffenen selbst ein Erstaunen über das eigene Erleben, vorhandene Beziehungsgefühle und Ambivalenzen auslösen können.

So hat beispielsweise der vielen Charakterstörungen inhärente Beziehungskonflikt, bei dem es um unklare Schuldgefühle wegen des Bedürfnisses geht, autonom und unabhängig sein zu wollen, das Interesse jener Psychoanalytiker gefunden, die versuchen, Persönlichkeitsstörungen objekt-beziehungs-theoretisch aufzuklären (vgl. Mertens, 1983, 1990): Dieser besondere Konflikt wird verständlich als die Aktualisierung eines weitgehend ungelösten Objekt-Beziehungs-Konflikts aus der Zeit der Loslösungs-Individuations-Phase (im Sinne von Mahler et al., 1975) bzw. aus der Übergangszeit zur emotional-kognitiven Objektkonstanz (im Sinne Hartmanns, 1950). Die Schuldgefühle, die bei der fantasierten Vorstellung oder bei dem Versuch auftreten, für sich selbst einzutreten und eigene Bedürfnisse unabhängig von anderen zu realisieren, resultieren im Sinne des objektbeziehungs-theoretischen Verständnisses nicht mehr nur aus einem Verstoß gegen die im Überich verinnerlichten moralischen oder normativen Wertvorstellungen und Introjekte. Schuldgefühle werden nunmehr verständlich aus dem Widerspruch fantasierter oder realer Unabhängigkeitsbestrebungen, die in einen Widerspruch geraten zu nicht ausreichend differenzierten oder integrierten Idealerwartungen an eine konfliktfreie Beziehung der eigenen Person zu anderen (Symbiose-Autonomie-Konflikt).

3.4.2 Persönlichkeitsstörungen als Narzissmusstörungen

Das Wort „narzisstisch“ ist im Verlauf seiner Konzeptentwicklung mit derart vielen Bedeutungsaspekten belegt worden, dass man damit alle möglichen Personeigenschaften bezeichnen könnte, die sich zwischen wünschenswertem Verhalten und interaktioneller Devianz einordnen lassen. In seiner ersten systematischen Darstellung benutzt Freud das Attribut „narzisstisch“ bereits in vier Bedeutungsfacetten (Freud, 1914):

- zur Charakterisierung einer Person, die durch eine *pathologische Selbstverliebtheit* gekennzeichnet ist,
- zur Kennzeichnung einer *spezifischen „Objektwahl“*, also der interpersonellen Bevorzugung einer Person (ein Mensch liebt an einem anderen, was er selbst ist, war oder sein möchte),
- zur Beschreibung libidotheoretischer Vorgänge einer narzisstisch-neurotischen Entwicklung in Richtung *Psychosen* (der Patient zieht seine libidinösen Besetzungen vom gewählten Objekt zurück und wendet sie in Richtung auf die eigene Person), schließlich noch
- in der Beschreibung eines *gesunden Narzissmus*, der im Sinne eines gesunden Selbstwertgefühls verstehbar war.

Erst die seit Hartmann im Rahmen der Objekt-Beziehungs-Theorie einsetzende Konzeptualisierung eines intrapsychischen „Selbst“-Systems eröffnete neue Möglichkeiten, auch die Narzissmustheorie fortzuschreiben. Fürderhin wurde versucht, Narzissmus im Sinne eines umfassenden Selbstwertgefühls zu konzeptualisieren (Joffe & Sandler, 1967; Blanck & Blanck, 1974; vgl. Mertens, 1990).

Narzissmus

Die Regulierung des Selbstwertgefühls ist für das psychische Wohlbefinden von Bedeutung. Und eine grundlegende und überdauernde Störung des Selbstwertgefühls wird in der Psychoanalyse seither als narzisstische Persönlichkeitsstörung bezeichnet.

Bedeutsame Einflüsse auf die heutigen Versuche, Persönlichkeitsstörungen als Selbstwert- und Narzissmusstörungen zu beschreiben, gehen von Kohut (1971, 1977) aus. Kohut schreibt dem Narzissmus eine wichtige Rolle als eigene (primäre, angeborene) Triebkraft zu. Während die libidinösen Tendenzen eines Menschen nach außen (auf die Eltern und Mitmenschen), also objektbezogen sind, so ist der Narzissmus jene psychische Energie, die der Mensch auf sich selbst zu richten vermag. In diesem Zusammenhang nun spielt (neben den bisherigen Instanzen „Ich", „Es" und „Überich") das „Selbst" in seiner Auseinandersetzung mit der äußeren Umgebung eine eigene, spezifisch unterschiedliche Rolle. Nach Kohuts Auffassung differenziert sich der primäre Narzissmus in der frühen Entwicklung des Kleinkindes in zweierlei Weise (vgl. auch Rudolf, 1987; → Abbildung 3.2):

- Einmal geht er in Richtung auf die Entwicklung eines vorübergehend *narzisstisch idealisierten Selbst.* Diese innerpsychische Selbstidealisierung manifestiert sich zeitweilig durch Größenfantasien und durch einen Anspruch auf Bewunderung als notwendiges Durchgangsstadium im Rahmen der Entwicklung eines gesunden Ehrgeizes und Selbstwertgefühls.
- Zum anderen wird der primäre Narzissmus abgelöst durch eine vorübergehende *Idealisierung der Eltern* und anderer relevanter Bezugspersonen. Auch diese inneren Abbilder idealisierter Eltern (Elternimagines) werden im Verlauf einer gesunden psychischen Entwicklung realitätsangemessen zurückgenommen auf ein subjektiv handhabbares Idealkonzept der Eltern.

Misslingt nun die altersentsprechende Auflösung der frühen Narzissmusabkömmlinge (Selbstüberidealisierung und Elternüberidealisierung), so bleiben die grandiosen Selbst- bzw. Objektrepräsentanzen in unbewusster Form wirksam. Sie prägen das Erleben und Handeln narzisstisch gestörter Menschen als nicht zu befriedigende Größenansprüche an sich selbst und/oder an andere. Die narzisstischen Persönlichkeitsstörungen werden im Sinne dieses Modells als das Ergebnis einer Entwicklungsstörung durch konflikthaltige bzw. traumatisierende Beziehungserfahrungen in den ersten Lebensjahren verstanden.

Persönlichkeit

Aus ihnen resultieren etwa in der Folge einer wirksam bleibenden Fixierung an das archaische Größenselbst arrogant und selbstgefällig wirkende (Schutz-)Hal-

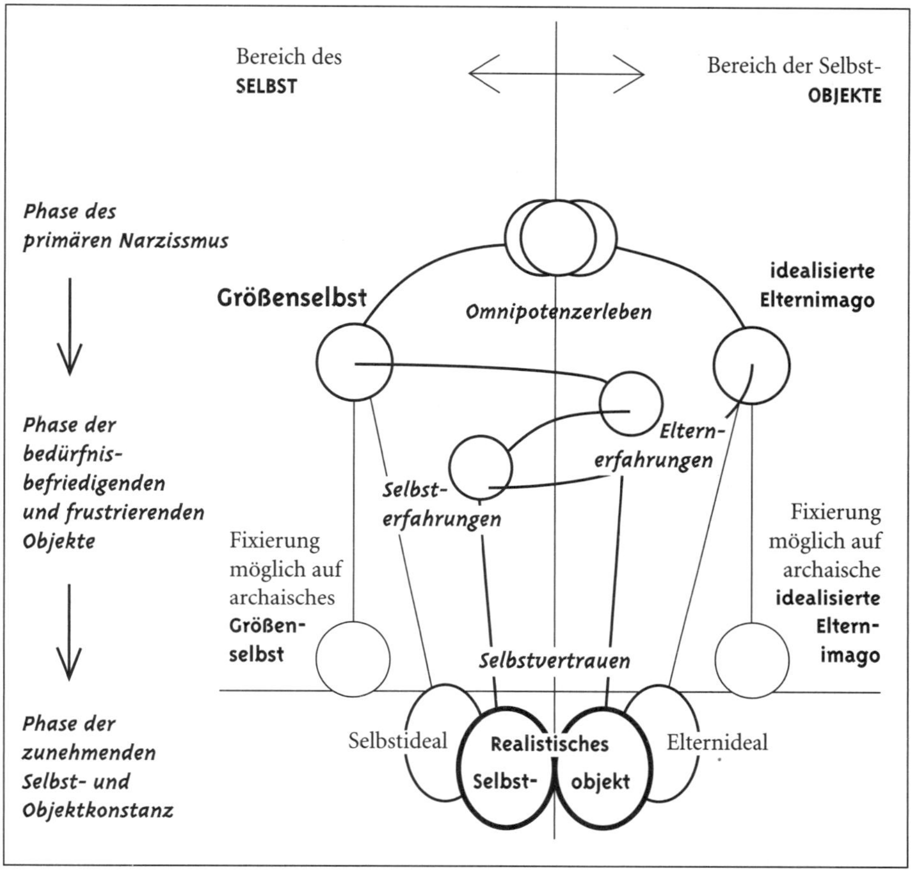

Abbildung 3.2. Das Modell der Narzissmusentwicklung sensu Kohut.

tungen bei zugleich tief gehenden Minderwertigkeitsgefühlen. Da das erhöhte Selbsterleben in der Auseinandersetzung mit den Bezugspersonen nicht verändert und ausdifferenziert wurde und wird, sind wegen des sich verschärfenden Entwicklungsrückstandes zunehmende (narzisstische) Störungen des Selbstwerterlebens wie Selbstunsicherheiten, Schamanfälligkeit, Schüchternheit, hypochondrische Befürchtungen bis hin zu depressiven Verstimmungen zu erwarten.

Andererseits können Beziehungsfrustrationen in der frühen Kindheit zu einer Unterbrechung der Entidealisierung der Elternbilder beitragen und damit zu einer Fixierung an den archaisch idealisierten Elternimagines. Dadurch wird eine schrittweise Verinnerlichung elterlicher Funktionen im Selbstwertbereich verhindert. Bereits durch geringfügige Anlässe können die Betroffenen Enttäuschung und Kränkung erleben und oft folgt unerklärliche Wut ob der nicht erfüllbaren Sehnsucht idealisierter Objektbeziehungen. Die Betroffenen können bei der

Befolgung eigener Wertvorstellungen und Ideale keine Befriedigung erfahren und befinden sich immer auf der Suche nach Zuwendung und Führung durch Autoritäts- und Idealpersonen.

3.4.3 Persönlichkeitsstörungen als Objekt-Beziehungs-Störungen

Wesentliche Impulse für ein objektbeziehungstheoretisches Verständnis von Persönlichkeitsstörungen gehen auch von Kernberg (1975, 1976) aus. Nach dessen Auffassung bleiben insbesondere bei den sog. Narzissmus- und Borderline-Störungen frühe (traumatische) Objektbeziehungen für das spätere Beziehungsverhalten in der Weise bestimmend, dass verschiedenste, affektiv diffuse oder konflikthafte Selbstrepräsentanzen und Objektrepräsentanzen erhalten geblieben sind. Für ihren Umgang mit Beziehungsambivalenzen (insbesondere in der frühen Eltern-Kind-Beziehung) entwickeln die betroffenen Personen alsbald eine besondere Form des Selbstschutzes (oder auch eines Vulnerabilitätsschutzes), der für das weitere Leben bestimmend bleibt.

Spaltung

Kernberg bezeichnet diese besondere Form der Abwehr als Spaltung. Er meint damit vereinfacht ausgedrückt: Von den Betroffenen werden die Selbst- und Objektrepräsentanzen – weil ihre Differenzierung und Integration im Selbst nicht gelernt wurde – zum Schutz vor interpersoneller Verletzung nur jeweils einseitig entweder zur Idealisierung oder zur Abwertung weiter gegen die eigene oder gegen andere Personen in Anwendung gebracht. Kernberg erklärt damit die insbesondere in der Borderline-Störung persistierenden affektiven Instabilitäten, die fluktuierenden Symptombildungen, die abrupten Einstellungsverschiebungen und den episodischen Verlust der Impulskontrolle, die so als Selbstschutzmöglichkeit vor potenziell verletzenden Beziehungserfahrungen aufgefasst werden können (vgl. Rohde-Dachser, 1989; → 11 und → 13 zur narzisstischen und Borderline-Persönlichkeitsstörung, in denen wir auf Kernbergs Konzeptualisierungsversuche ausführlicher eingehen werden).

Spätestens mit der Theorieweiterung zur Analyse intrapsychischer Objektbeziehungen und der Narzissmusentwicklung wird in der Psychoanalyse auch das freudsche Diktum von der Unbehandelbarkeit schwerer narzisstischer Charakterstörungen (mittels Psychoanalyse) zunehmend aufgegeben. Anders als bei neurotischen Konflikten, wo es dem Analytiker darum geht, unbewusste Triebregungen, Affekte, Überich-Restriktionen und Abwehrmechanismen anhand von Beziehungserfahrungen in der Therapie und mittels Einsicht vermittelnder und Sinn setzender Deutungen zugänglich zu machen, kommt es im Kontext der Behandlung von Persönlichkeitsstörungen, die sich auf ein objekt-beziehungstheoretisches Verständnis bezieht, darauf an, Entwicklungsdefizite im Bereich der realen Objektbeziehungen zu beheben.

Diese therapeutischen Versuche der Nachentwicklung und Nachreifung im Bereich schwer reflektierbarer (ich-syntoner) Beziehungsstörungen (etwa, andere Menschen in Persönlichkeits- und Lebensbereichen von sich selbst abgegrenzt erleben zu können oder zwischen Fantasie und Realität unterscheiden zu lernen) setzen jedoch zugleich andere Ansprüche und Ziele als die herkömmliche psychoanalytische Therapie. Diese Neuorientierung hat deshalb dort, wo die objektbeziehungstheoretische Ätiologieperspektive konsequent in Therapieüberlegungen übertragen wurde, zu einer erheblichen Veränderung und Innovation gegenüber den klassisch-psychoanalytischen Settingvorschriften geführt. Zugleich wurde eine Entwicklung phänomen- und störungsspezifischer Differenzierungen in der psychoanalytischen Behandlung eingeleitet, deren langfristige Wirkungen gegenwärtig kaum einschätzbar sind (→ Teil III).

3.5 Neurotische Stile

Erwähnenswert sind hier schließlich noch die besonderen Verdienste von Rapaport (1958, 1960) und seinen Schülern um das Bemühen, die Psychoanalyse in einer eher engen Beziehung zur akademischen (klinischen) Psychologie fortzuentwickeln. Nach Rapaports Auffassung wird das Verhalten eines Menschen durch relativ zeitstabile, sich nur langsam verändernde innere Konfigurationen beeinflusst, die im Wesentlichen über seinen kognitiven Stil, über seine Kognitionen rekonstruierbar seien. Kognitive Stile bestimmen die Art und Weise, wie die Person auf die Umwelt reagiert. Sie begrenzen die allgemeinen Verhaltensmöglichkeiten des Menschen, geben andererseits dem Einzelnen einen umrissenen, zeitlich stabilen und deshalb wieder erkennbaren persönlichen Stil. Auch diese – wenn man so will – kognitiv-psychoanalytische Theorieextension entwickelte sich historisch im Kontext und in der Folge der Bemühungen der Psychoanalytiker der zweiten Generation, die Kenntnisse um die Funktionen des Ich als zentrale Instanz in der Vermittlung von Bedürfnissen und sozialen Anforderungen zu erweitern (v.a. seit Hartmann, 1939, 1950; vgl. Arlow & Brenner, 1964).

David Rapaport (1958, 1960) und kurze Zeit später David Shapiro (1965, 1981) haben nun darauf aufmerksam gemacht, dass sich Charaktereigenarten und Charakterstörungen nicht nur auf der Grundlage eines wiederholten (fixierten) neurotischen Verhaltens entwickeln könnten oder gar aus diesem hervorgingen. Abwehr und Extremisierung in Form von Symptombildung ließen sich viel besser verstehen, wenn sie nicht isoliert und unabhängig vom allgemeinen Funktionieren und Handeln einer Person begriffen und konzeptualisiert würden. Abwehr und Symptombildung gingen vielmehr aus den durchgängigen und ich-typischen Grundmustern der Welt- und Lebensverarbeitung von Menschen hervor.

Persönliche Stile

Mit „persönlichem Stil“ meinen Rapaport und Shapiro eine ganz allgemeine Art des innerseelischen und v.a. zwischenmenschlichen Funktionierens, das jeweils als durchgängig vorhanden identifiziert werden könne. Und mit „neurotischen Stilen“ bezeichnen sie Personeigenarten, die zwar eine gewisse Affinität zu den neurotischen Störungen hätten, keinesfalls aber „als Manifestationen bestimmter Abwehrmechanismen oder als Abkömmlinge spezieller Triebinhalte“ erklärt werden sollten – dafür seien diese Personeigenarten zu weit reichend und zu umfassend (Shapiro, 1991, S. 11).

Das Wichtige an dieser Theorieperspektive ist, dass sie zur Erklärung von Persönlichkeitsstörungen einen Bezug auf die Triebtheorie nicht mehr zwingend erfordert. Zugleich benötigt sie für ihre Begründung charakterlicher Entwicklung auch nicht die Vorstellung eines „Selbst“ als innerpsychische Repräsentanz interaktionell hervortretender Personeigenarten – ist also sparsamer ausgelegt, als die Objekt-Beziehungs-Theorie. Dies hat insbesondere David Shapiro herauszuarbeiten versucht, indem er beispielsweise Abwehr und Symptombildung lediglich als Spezialfall der Wirkungsweise des allgemeinen persönlichen Funktionsstils eines Menschen betrachtet: „Nämlich als Funktionieren dieses Stils unter den speziellen Bedingungen eines Spannungszustandes“ (Shapiro 1991, S. 193).

Persönliche Kompetenzen

Genau unter einer solchen Perspektive gewinnen neurotische Stile zugleich das Merkmal von spezifischen Kompetenzen, etwa im Umgang mit persönlichen und zwischenmenschlichen Krisen. Und im Falle einer charakterlichen Vereinseitigung in Richtung von etwas Besonderem der Person finden sich eben nicht lediglich kritisierenswerte Abweichungsmuster von einer gedachten Norm. Zugleich sind immer …

„… bestimmte Fähigkeiten mit bestimmten adaptiven Vorteilen überentwickelt. Der impulsive Mensch verfügt so vielleicht über exzellentes praktisches Know-how, der Psychopath wird etwa als überaus charmant und liebenswert auftreten, der Paranoide hat möglicherweise eine außergewöhnliche Beobachtungsgabe, der Zwanghafte kann ausgesprochen ausdauernd arbeiten usw.“ (Shapiro, 1991, S. 197)

Shapiro ist weiter der Auffassung, dass die charakterlichen Eigenarten eines Menschen eng mit seinen (Denk-)Gewohnheiten zusammenhängen könnten, etwa, wie er Erfahrungen Ich-integrierend verarbeitet und kognitiv strukturiert. Aus seinem Denkstil würde sich schlüssig eine Matrix ableiten lassen, in der Eigenschaften, Symptome und Abwehrmechanismen als besondere Kristallisationskerne wirkten.

„Wenn, was häufig vorkommt, geringfügige Variationen desselben Denkstils andere, manchmal adaptive Eigenschaften und Charakterzüge deutlich werden lassen, dann ist dieser generelle Stil vielleicht als Matrix zu betrachten, aus der sich unterschiedliche Symptome, Charakterzüge und Abwehrmechanismen im Einzelnen herauskristallisieren. Mit anderen Worten: Es scheint plausibel, dass die Art und Weise des Denkens als einer der Faktoren angesehen werden kann, die die *Form* oder die Gestalt des Symptoms, des Abwehrmechanismus und auch der Anpassungsleistung prägen." (Shapiro, 1993, S. 10; Hervorhebung im Original)

Er ist sich natürlich klar, dass diese Art der Betrachtung (charakterliches und symptomatisches Verhalten als Ausdruck der besonderen Eigenart, wie eine Person über Dinge nachdenkt oder wie sie diese kognitiv verarbeitet) sich nicht nur erheblich von der klassisch psychoanalytischen Auffassung entfernt hat, sondern ihr „möglicherweise gar konträr zuwiderläuft" (Shapiro, 1981, S. 3f). Nicht von ungefähr rückt damit Shapiro – wie bereits Rapaport – mit seinen Konzeptualisierungsversuchen in große Nähe zu den Verstehensansätzen der Klinischen Psychologen und Kognitiven (Verhaltens-)Therapeuten, die sich im Übrigen in ihren aktuellen Ausarbeitungen zu Persönlichkeitsstörungen teilweise ausdrücklich auf beide Autoren beziehen (→ 5).

3.6 Neurotischer Charakter, Charakterneurosen oder Persönlichkeitsstörungen?

Der auf Reich (1927, 1933) zurückgehende Vorschlag, keinen prinzipiellen Unterschied, sondern fließende Übergänge zwischen Symptomneurosen und Charakterneurosen anzunehmen, hat sich nicht so recht durchsetzen können. Auch unter Psychoanalytikern ist das Bedürfnis weit verbreitet, klar konzeptualisierbare Entitäten zu finden und von ihnen aus differenzielle Unterschiede zu suchen. Immer wurde auch zugleich – trotz aller Vorbehalte – eine Nähe zur psychiatrischen Klassifikation gesucht, was das Bemühen um Herausarbeitung von Abgrenzungskriterien eher beförderte als die Begründung einer Dimensionierung. Interessanterweise wurden dennoch die differenzierenden Begriffssetzungen der einer Charakterneurose (bei der ich-dystone Symptombildungen vorliegen können) und der eines ich-syntoneren neurotischen Charakters (bei dem charakternahe Symptombildungen fehlen) eher selten im Sinne dieser Unterscheidungsmöglichkeit genutzt. Beide Bezeichnungen werden von den meisten Autoren synonym gebraucht (vgl. Hoffmann, 1986).

Wir wollen hier jetzt nicht die psychoanalytische Diskussion um das Verhältnis von Neurose und Charakter im Detail nachzeichnen. Dies wird gelegentlich bei der Darstellung der spezifischen Persönlichkeitsstörungen im Teil II dieses Buches notwendig und sinnvoll sein. Vielmehr soll kurz zusammenfassend angedeutet werden, wie sich für psychoanalytische Autoren dieses Verhältnis aus heutiger Sicht darstellt. Dabei scheint auf allgemeiner Ebene eine Differenzierung, wie sie von Hoffmann (1986, 1990) vorgelegt wurde, die vorhandenen unterschiedlichen Sichtweisen am besten zusammenzufassen und zu integrieren (vgl. auch Mentzos, 1984).

Charakter

Nach Hoffmanns Auffassung kann das Verhältnis von Charakter und Neurose heute von drei Gesichtspunkten her bestimmt werden (z.B. 1990, S. 18 f):

- **Charakter als Basis der Neurose:** Charakter in dieser Funktion wird meist als „Charakterstruktur", „Grundstruktur" oder „charakterliche Basis" bezeichnet, die als Voraussetzung für das Auftreten und prinzipiell auch für die Entstehung neurotischer Symptome angesehen werden kann.
- **Charakter als Alternative zur Neurose:** Es bestehen nur wenige Beziehungen zwischen Symptomentwicklung und Charakter. Für die Symptombildungen können charakterunabhängige Erklärungen gesucht werden. Im Unterschied zum nachfolgenden Punkt liegen also per definitionem neurotische Symptome und Störungen, jedoch keine Charakterstörungen vor.
- **Charakter als Parallele zur Neurose:** Im Sinne dieser Auffassung werden frühkindliche Konflikte ich-synton verarbeitet. Auch später mögliche Symptombildungen werden kontinuierlich charakterlich integriert, sodass sie ich-synton bleiben. Dies ist im Prototyp die Entwicklung einer Charakterneurose, die in ihrer Erscheinungsform neurotische Züge trägt, ohne dass die Betroffenen selbst sie ich-dyston markieren würden. „Was wir als charakterlich bezeichnen, ist meist in die Persönlichkeit integriert, was wir als Symptom bezeichnen, scheint ihr fremd und wird als ausgegrenzt erlebt." (Hoffmann, 1990, S. 19)

Inzwischen scheint die Bereitschaft der Psychoanalytiker zuzunehmen, auch den etwas altmodischen Begriff „Charakter" zu streichen und ihn durch „Persönlichkeit" zu ersetzen (vgl. Kernberg, 1984). Dies geschieht ganz offensichtlich auch unter dem Einfluss der aktuellen Veränderungen in den psychiatrischen Klassifikationssystemen (→ 2.4), in denen (neben der Streichung anderer konzept- und theorielastiger Bezeichnungen wie Psychose, Neurose, Hysterie usw.) eben auch die psychiatrische Bezeichnung „Psychopathie" durch „Persönlichkeitsstörungen" ersetzt und deskriptiver gefasst wurde.

4 Interpersonelle Perspektiven: Von der Psychodynamik zur Soziodynamik der Persönlichkeitsstörungen

Persönlichkeit ist das überdauernde Muster
wiederkehrender interpersoneller Situationen,
die ein menschliches Leben charakterisieren.
Harry Stack Sullivan

In der Rückschau liegt wohl eine der wichtigsten Entwicklungen im Bereich der Erklärung von Persönlichkeitsstörungen darin begründet, dass sich aus einer kritischen Auseinandersetzung mit der Psychoanalyse Freuds verschiedene Alternativen, ja zum Teil gegensätzliche Auffassungen herausgebildet haben. Diese Entwicklung wurde dadurch befördert, dass Psychoanalytiker, die mit der Psychoanalyse in einen Konflikt gerieten, im ersten halben Jahrhundert psychoanalytischer Geschichtsschreibung von ihren Kollegen konsequent ignoriert und – falls sie sich öffentlich zu deutlich artikulierten – aus den bestehenden psychoanalytischen Vereinigungen ausgeschlossen wurden. Es handelte sich dabei zumeist um Personen, die den kulturellen und sozialen Faktoren eine größere Bedeutung beimaßen als den von Freud und seinen Anhängern herausgestellten biologischen Faktoren.

Sie erfuhren jeweils deutliche Kritik und schließlich die Ausgrenzung immer dann, wenn sie einen oder gar mehrere der folgenden von Freud vertretenen Grundpfeiler einer triebdynamischen Erklärung psychischer Störungen für sich nicht mehr als verbindlich betrachten konnten und wollten: den Sexualtrieb, das Unbewusste und die frühe Phasenkonzeption der Ich-Entwicklung. Eine ausführliche Dokumentation der Ausgrenzungsgeschichte in der Psychoanalyse findet sich u.a. bei Peter Gay (1987), der jedoch wie die meisten Biographen Sigmund Freuds die besonders unrühmlichen und bedrückenden Vorgänge um den Ausschluss von Wilhelm Reich völlig ignoriert. Dass dies bis in die Gegenwart hinein immer noch passiert, ist unglaublich (vgl. deshalb ergänzend Büntig, 1982).

Neoanalyse. Der Prozess der aktiven Ausgrenzung vollzog sich vor allem zu Lebzeiten Freuds. Einer der Theoretiker, die eigene Wege beschritten – Erik Erikson –, wird von den meisten traditionellen Psychoanalytikern immer noch sehr geschätzt. Die bereits in den ersten Jahrzehnten diese Jahrhunderts Ausgeschlossenen – Alfred Adler und Carl Gustav Jung – wurden und werden jedoch seit ihrem Ausschluss bzw. Austritt aus der Psychoanalytischen Vereinigung von den Freudianern nicht weiter beachtet. Beide begründeten eigene Psychotherapieschulen. Einige der erst später – nach Freuds Tod – in den 40er- und 50er-Jahren Ausgegrenzten (wie Schultz-Hencke, Erich Fromm, Karen Horney und Harry Stack Sullivan) betonten weiterhin ihre Herkunft und Nähe zur Psychoanalyse, obwohl sie selbst mit ihren Ansichten in deutlicher Konkurrenz zur klassischen Triebpsychologie auftraten. Sie firmieren nicht zuletzt deshalb unter den Bezeichnungen „Neo-Analytiker" oder „Neo-Freudianer".

Interpersonelle Psychotherapie. Die nachfolgenden Generationen der Neo-Analytiker – die ihre Auffassungen heute gelegentlich unter der programmatischen Bezeichnung „Interpersonelle Psychotherapie" verbreiten (vgl. Anchin & Kiesler, 1982) – waren zunehmend bestrebt, eine Nähe zur akademischen Psychologie und Psychiatrie zu betonen oder aktiv zu suchen (z.B. in der *Society of Psychotherapy Research*, SPR). Dieses Bemühen fand und findet seinen Niederschlag in einer teilweise ausgesprochen empirischen Ausrichtung seiner Art „psychoanalytischer Forschung". Von dieser Gruppierung sind nun insbesondere in den letzten Jahren vielfältige und beachtenswerte Initiativen und Impulse zur Konzeptfortentwicklung der Persönlichkeitsstörungen ausgegangen, weshalb ihnen und ihren Vordenkern im Folgenden breiter Raum eingeräumt werden soll.

4.1 Minderwertigkeitsgefühle und Machtstreben

Schon früh begann Alfred Adler als höchst aktives Mitglied der Wiener psychoanalytischen Gruppe um Freud eigene Vorstellungen zu entwickeln und auf die Bedeutung sozialer Faktoren für die charakterliche und neurotische Entwicklung des Menschen hinzuweisen. Er verließ den Kreis um Freud, nachdem die Anfeindungen heftiger und für ihn schließlich unerträglich wurden, denen er nach einer öffentlichen Auseinandersetzung mit Freud (1910) und nach der Publikation kritischer Anmerkungen zur Rolle der Sexualität bei der Neuroseentwicklung (1911) zunehmend ausgesetzt war.

Individualpsychologie

Adler gründete mit der Individualpsychologie seine eigene Therapieschule. Er hatte sich übrigens zu keiner Zeit Freuds Auffassungen zur Sexualtheorie auch nur vorübergehend zu Eigen gemacht. Er war nie Freuds Schüler, insofern nie Abtrünniger, wie Freud und seine Kollegen es später gern hingestellt haben (Metzger, 1982). Adlers These war folgende:

DEFINITION

Die sexuellen Störungen eines Menschen sind *nicht* das Ergebnis von Triebabwehrprozessen. Sie entstehen vielmehr *sekundär* in der Folge zwischenmenschlicher Konflikte als Störungen der sozialen Einordnung, die als *primär* im eigentlichen Sinne angesehen werden sollten.

Die von den Psychoanalytikern triebtheoretisch erklärten Abartigkeiten des sexuellen Real- und Fantasielebens von Patienten – so Adler – seien eine Art Bildersprache, durch die Sachverhalte zum Ausdruck kämen, die ihrem Ursprung nach gar nicht geschlechtlich seien. Das Steckenbleiben in frühkindlichen Arten des Lustgewinns (das orale Fingerlutschen, das anale Stuhlverhalten, das genitale Bettnässen) hatte nach Adlers Auffassung die Bedeutung eines Machtmittels auf dem Weg zu mehr Selbstsicherheit in der Auseinandersetzung mit den Erwachsenen. Die Erwachsenen hätten das Kind lediglich aus erzieherischer Ahnungslosigkeit und Ungeschicklichkeit in eine interpersonelle Kampfstellung gedrängt.

Minderwertigkeitsgefühle

Adler rückte in seinen Überlegungen zur Person- und Neuroseentwicklung die konstitutionell-organischen Unterschiede zwischen den Menschen in den Mittelpunkt. Adler bezeichnete das jeweils gegebene Weniger der organischen Konstitution von ihrem kaum erreichbaren Ideal als „Organminderwertigkeit". Seiner Ansicht nach sieht sich jeder Mensch in seinem Bemühen um eine sozial akzeptierbare Leistungsfähigkeit gezwungen, eine auf ihn jeweils mehr oder weniger zutreffende konstitutionell-organische Unterlegenheit zu kompensieren. Diese Kompensationsleistung sei notwendig, um nicht – mit dem Ergebnis einer möglichen neurotischen Fehlentwicklung – in einem Gefühl der kontinuierlichen Unterlegenheit gefangen zu bleiben. Solche Unterlegenheits- oder Minderwertigkeitsgefühle könnten nun durch verschiedene Möglichkeiten der Kompensierung, die das Kind bereits früh lernt, maskiert oder reduziert werden. Adler glaubte, dass die besondere Art, mit der das Kind versucht, mit seinen Minderwertigkeitsgefühlen umzugehen, zu einem Teil seiner Lebensleitlinie bzw. zur Besonderheit eines *für ihn typischen Lebensstils* werde. Dieser Lebensstil erfülle fürderhin eine höchst eigenständige Funktion innerhalb seiner Persönlichkeit.

Ganz ähnlich, wie wir dies später auch bei Rapaport und Shapiro wieder finden (→ 3.5), könnten sich nach Adlers Auffassung ganz persontypische neurotische Lebensstile entwickeln, von denen das *Machtstreben* vieler Menschen als eines der prominentesten Merkmale zu gelten habe. In späterer Überarbeitung verwandelte Adler das Konzept des Machstrebens in eines des *Strebens nach Überlegenheit.* Diese sprachliche Neusetzung stellte klar, dass das Überlegenheitsstreben nicht in jedem Fall neurotische Züge tragen muss. Das Streben nach Überlegenheit kann vielmehr in einer gesunden Persönlichkeitsentwicklung zu sozialem Engagement und Kooperation, zu sozial erwünschter Selbstsicherheit und – in der gesellschaftlichen Konkurrenz – zu gesunder Wettbewerbsfähigkeit führen (Adler, 1912).

Adlers Auffassung entsprechend, entwickelt sich ein neurotischer Charakterstil bereits in den ersten Lebensjahren heraus. Die für den späteren Charakter grundlegende Lebensleitlinie ist in den ersten vier bis fünf Jahren weitgehend ausgeformt. Die wesentlichen Ereignisse ihrer Herausbildung sind für Adler jedoch ausschließlich zwischenmenschlicher Natur. In der gesunden Persönlichkeitsentwicklung liege die Kompensationsleistung gegenüber der eigenen „Organminderwertigkeit" in dem Bestreben, Kenntnisse, Fähigkeiten und Kompetenzen zu erwerben, und dies führe in aller Regel zu einem sozial integrierten und sozial verantwortlichen Verhalten und zu einem gesunden Gemeinschaftsgefühl.

Fehlendes Gemeinschaftsgefühl

Hingegen handele es sich bei der neurotischen Entwicklung um eine Verschiebung des Kompensationsvorgangs in einen (für die Überwindung der persönlichen Organminderwertigkeit) irrelevanten Bereich, nämlich in den von der eigenen Person weggehenden Bereich des sozialen Vergleichs und der sozialen Konkurrenz mit anderen Personen (bei gleichzeitigem Verlust an Gemeinschaftsgefühl). Statt der „sinnvollen Kompensation" der eigenen konstitutionellen Schwächen und Eigenarten durch ein sachbezogenes, aufgeschlossenes und verantwortungsvolles soziales Engagement wird fürderhin ein Mangel der Stellung des Betroffenen zwischen anderen Mitmenschen zum „wunden Punkt". Diese Bedeutungsverschiebung führt letztlich zur Mobilisierung persönlicher Ressourcen für eine dem Gemeinschaftsgefühl abträgliche zwischenmenschliche Abgrenzung und Konkurrenz. Deren langfristige Folgen könnten schließlich in eine charakterliche Ambivalenz oder Vereinseitigung in Richtung der von Adler vorrangig untersuchten Minderwertigkeitsgefühle und/oder Geltungsbedürfnisse einmünden.

Entscheidende Auswirkungen auf die Personentwicklung gehen dazu – bei zunehmender zwischenmenschlicher Unsicherheit – von den weiteren Rückwirkungen und Einflüssen der frühen Erziehungssituation aus. Die weitere Entwicklung hängt so u.a. davon ab, ob bereits das Kleinkind einerseits wegen seiner Sonderstellung gedemütigt und ausgegrenzt wird oder ob es wegen seiner Sonderstellung bevorzugt, verzogen oder verwöhnt wird. Als späte Folgen zeigt das Charakterbild psychisch gestörter Erwachsener deshalb entweder aktive Überlegenheits- und Herrschaftstendenzen (wie Trotz, Rechthaberei, Hass Neid, Geiz, Eifersucht, Stolz, Entwertungsneigungen, Unduldsamkeit, Sadismus) oder aber Unterwürfigkeitseigenarten (wie Masochismus, Bequemlichkeit, Müdigkeit, Schwäche, Ängstlichkeit, Minderwertigkeitsgefühle und Leidensgebärden). So erscheint der Charakter im Licht der vollbrachten individuellen Kompensationsleistungen als eine „Schöpfung der psychischen Kräfte des Kindes" (Rattner, 1972). Das Kind ist gezwungen, mit von außen auferlegten Lebensaufgaben fertig zu werden. Denken, Fühlen, Wollen, Gedächtnis, Aufmerksamkeit geraten zunehmend in den Einfluss der Charakterstruktur und werden von dieser für den Lebensplan und den Lebensstil sinngemäß vereinseitigt.

Sozialtheorie

Adlers Persönlichkeitstheorie war von Anfang an eine Sozialtheorie. In der neurotischen Lebensstilentwicklung verliert die betroffene Person zunächst ein Gefühl für die sinnhafte Fortentwicklung der zwar konstitutionell beschränkten, für sie ursprünglich dennoch gegebenen Möglichkeiten einer unbeschwerten persönlichen Entfaltung der Person. Sie verliert diese Möglichkeiten vor allem durch die zunehmende Orientierung der eigenen Personentwicklung an einem Vergleich mit den Eigenarten anderer Menschen. Schließlich gehen den Betroffenen dadurch mehr und mehr die sozial akzeptierbare zwischenmenschliche Bezugnahme und ein Gemeinschaftsgefühl verloren.

4.2 Extraversion und Introversion

Nur wenige Jahre nach Adler wurde Carl Gustav Jung aus der psychoanalytischen Gesellschaft ausgeschlossen (1914). Er entwickelte eine eigene Schulrichtung, die unter der Bezeichnung *analytische Psychologie* weltweite Verbreitung finden sollte. Auch Jung hatte Schwierigkeiten mit der Überbetonung der Sexualität in der Libidotheorie. Er betrachtete die Libido in einem viel weiter gefassten Sinn als generalisierte Lebensenergie, die durch weit reichende Bestrebungen aus dem Unbewussten gespeist würde.

Archetypen

Jung akzeptierte zwar Freuds Betonung des Unbewussten, fügte dieser Vorstellung jedoch das Konzept des kollektiven Unbewussten hinzu. Das kollektive Unbewusste enthält die gesammelten, kollektiv gemeinsam geteilten Erfahrungen vergangener Generationen im Unterschied zum individuellen Unbewussten. In den wichtigsten Bestandteilen des kollektiven Unbewussten, den sog. Archetypen, ist das archaisch Mögliche der menschlichen Charakterausformung festgehalten. Archetypen beinhalten mythologische Motive (wie Held, Erlöser, Ungeheuer, Höhlenfantasien usw.), die entscheidend die Entwicklung eines Menschen beeinflussen könnten. Archetypen werden zumeist in Fantasien und inneren Bildern lebendig.

Jung nahm natürlich nicht an, dass diese Fantasien und Bilder selbst angeboren seien. Es ging ihm mit der Archetypenmetapher eher um die Konzeptualisierung grundsätzlicher Strukturierungsprinzipien, die die psychischen Prozesse, wenn sie in das Bewusstsein gelangen, in Form einer Kerngrammatik der Personentfaltung ordnen helfen können (von Jung besonders anschaulich dargelegt in den Tavistock-Lectures, 1935, 1975). In diesem Sinn erhielt die Libido als innere Lebensenergie eine neue Bedeutung, als sie unter dem Aspekt kollektiver Präformierung über den engen Blickwinkel der Sexualität hinaus alles beinhalten konnte, was im weitesten Sinne als „Liebe“ und „positive Lebenskraft“ ausdeutbar war.

Selbst und soziale Bezogenheit

Für die Persönlichkeitsentwicklung eines Menschen spielen für Jung die Prozesse der „Individuation“ und der Entwicklung eines „Selbst“ eine besondere Rolle. Er betont die Möglichkeit jedes Menschen zur Gewahrwerdung und Ausgestaltung seiner Einzigartigkeit. Der Individuationsprozess ist ein zielgerichteter Vorgang der persönlichen Selbst-Verwirklichung (Jung, 1928).

In diesem Spannungsverhältnis von Selbst- und sozialer Bezogenheit können nun jedoch Einseitigkeiten auftreten, die neurotische und charakterliche Fehlentwicklungen beinhalten. Diese hatte Jung bereits zuvor in seiner Typenlehre zu beschreiben versucht (Jung, 1921). Die darin niedergelegten Vorstellungen von einer Persönlichkeitsentwicklung waren von ihm schon mehrfach in den Jahren zuvor angedeutet worden (1913), und sie fußen im Kern auf Freuds Überlegungen zu den Unterschieden, mit denen narzisstisch gestörte (schizophrene) Menschen bzw. hysterisch-neurotische Personen zwischenmenschliche Beziehungen aufnehmen konnten (→ 3.4). Die Hysterie hatte in diesem Sinne eine über die Norm hinausreichende Intensität der Beziehungen zum Objekt (und damit eine gute Übertragungsfähigkeit), während der Schizophrenie eine grundlegende Störung in der zwischenmenschlichen Beziehungsfähigkeit unterstellt wurde.

Die *Hysterie* sei – so Jung – gekennzeichnet durch eine zentrifugale Bewegung der Libido, während bei der *Dementia praecox* (Schizophrenie) die Bewegung mehr eine zentripetale sei – ein Versinken in sich selbst und Verschließen nach außen hin. Er postulierte zwei grundsätzliche Bestrebungsmöglichkeiten der Libido, die „Extraversion“ und die „Introversion“.

Typenlehre

In seiner Schrift „Psychologische Typen“ (1921) entfaltete Jung nun die Idee, dass sich schon das Kind von Anfang an mit dieser natürlich gegebenen Ambivalenz oder zwischen Außen- und Innengerichtetheit libidinöser Tendenzen auseinander setzen müsse und dass es sich dabei möglicherweise in Richtung Extraversion oder Introversion vereinseitigen könne.

In einem langen Überblick von fast zwei Dritteln seiner 700 Seiten umfassenden Typenlehre versucht Jung (1921) aus den Werken von Theologen, Philosophen, Psychologen und Dichtern seine These zu belegen, dass es ein höchst extravertiertes und ein höchst introvertiertes Bild von der Welt und damit eine grundlegende Vereinseitigung der charakterlichen Entwicklung von Menschen gibt, so z.B. an den Streitigkeiten zwischen Tertullian und Origenes, Augustinus und Pelagius, den mittelalterlichen Realisten und Nominalisten und den Divergenzen zwischen Luther und Zwingli (vgl. Rode, 1982).

Die Konzepte „Introversion“ und „Extraversion“ sind längst in die gebräuchlichen Möglichkeiten zur Beschreibung und testdiagnostischen Bewertung von Persönlichkeitsstörungen eingegangen, ohne dass von vielen ihrer Nutznießer jeweils nachvollzogen wird, wo eine der wohl wichtigsten Wurzeln der psychologischen Ausarbeitung dieser Konstrukte zu suchen ist. Für Jung dienten sie zur Beschreibung der Dynamik von Selbst- und Objektbeziehung. Er betrachtete es als eine kontinuierliche Lebensaufgabe eines Menschen, diese gegensätzlichen Kräfte balanciert auszugleichen und sie zu integrieren.

4.3 Die Verarmung der Persönlichkeit durch Selbstaufgabe und Selbstentfremdung

Der stark expandierenden Gruppierung der Psychoanalytiker, die sich in den Vereinigten Staaten um den Aufbau einer psychoanalytischen Vereinigung und um die Integration des psychoanalytischen Gedankenguts an den Universitäten bemühten, waren in den 30er-Jahren eine Reihe von Emigranten aus den deutschsprachigen Ländern beigetreten, deren prominenteste Vertreter Erich Fromm und Karen Horney waren. Doch auch sie mussten schon bald – Anfang der 40er-Jahre – zusammen mit zahlreichen anderen wegen ihrer teilweise recht eindeutigen Kritik an der Triebtheorie eigene Wege gehen.

Neoanalyse

Eine dieser ausgegrenzten Gruppen (der u.a. Harry Stack Sullivan und Erich Fromm angehörten) gründete 1943 die sog. Washingtoner Schule für Psychiatrie. Einer anderen Gruppierung (um Karen Horney) gelang es 1944 erstmals, die Angliederung eines psychoanalytischen Institutes an eine medizinische Ausbildungsstätte zu erreichen (vgl. Chrzanowski, 1982). Diese Gruppierungen haben im Unterschied zu Adler und Jung ihren Ausschluss nicht dazu benutzt, eigene Therapieschulen zu gründen, sondern sie haben ihre Ideen eher als zeitgemäße Fortentwicklung der ursprünglichen Psychoanalyse betrachtet und als „Psychoanalyse“ vertreten. Ihre neoanalytischen Nachfolger tun dies bis heute, weshalb es in den USA zuweilen schwer fällt, die Nachfolger Freuds von den Nachfolgern der Neoanalytiker zu unterscheiden.

Soziale Angst

Karen Horneys Überlegungen, die stark durch die sozialpsychologischen Arbeiten Erich Fromms beeinflusst wurden (→ 4.7), reflektieren vor allem soziale und kulturelle Strömungen in den USA der 30er- und 40er-Jahre. Angesichts einer von ihr als potenziell feindselig beschriebenen Umwelt richtet sie ihr Hauptinteresse auf die Frage, wie ein Individuum versucht, mit einer aus Erziehung und Sozialisation hervorgehenden Grundangst umzugehen, die aus einem Gefühl der

Hilflosigkeit und Isolation resultieren kann. In ihrer Konzeption der Personentwicklung gibt es dazu grundsätzlich zwei Wege. Einer dieser Wege kann zu Gesundheit und der andere zur Entwicklung von Neurosen und einer neurotischen Persönlichkeit führen (Horney, 1937, 1945). In dem einen Fall ist dem Kind eine Erziehungssituation beschert, die eine befriedigende Selbstverwirklichung ermöglicht. Im ungünstigen Fall jedoch wird die Grundangst zum existenziellen Faktor, gegen den sich das Kind (später der Erwachsene) mit bestimmten Abwehrhaltungen zu schützen versucht. Den unterschiedlichen Formen der Abwehr ist zumeist gemeinsam, dass sie eine Konfrontation mit der Grundangst vermeiden helfen, wodurch die ursprünglichen Anlässe und Eigenarten der Angst zunehmend geheimnisvollere und idiosynkratischere Qualitäten entfalten.

Horney beschreibt vier mögliche Formen der Fehlentwicklung, die sämtlich Vereinseitigungen der Persönlichkeitsentwicklung darstellen und damit zwangsläufig zu einer „Verarmung der Persönlichkeit“ (1945, 1984, S. 133ff) beitragen:

- **Neurotizismus:** Es handelt sich um die Dominanz einer neurotischen Tendenz zur Abwehr, Unterdrückung und Leugnung negativer Gefühle, die in paradoxer Weise in einer dependenten, versöhnlichen und ausgleichenden Grundhaltung ihren Niederschlag finden kann.
- **Zwanghaftigkeit:** Das zwanghafte Bedürfnis steht für eine emotionale und räumliche Distanz zur Umwelt, die die Person sowohl von anderen und schließlich von sich selbst entfremdet und zu zunehmender (selbst verursachter) Frustration führen kann.
- **Idealisierung des Selbst:** Das Erleben und Handeln ist auf eine „Idealisierung des Selbst“ ausgerichtet, sodass eine wirklichkeitsentsprechende Erfahrungsausweitung verhindert wird.
- **Neigung zur Projektion:** Eine projizierende Haltung ermöglicht betroffenen Personen eine Externalisierung, durch die Gründe für eigene Schuld und eigenes Versagen als von außen verursacht erfahren und konzeptualisiert werden.

Selbstunsicherheit

Das Fehlen von Verantwortungsgefühl, Spontaneität, Selbstvertrauen und Aufrichtigkeit (als die zentralen Merkmale einer gesunden Persönlichkeitsentwicklung) sind wesentlich verantwortlich für den beschriebenen Circulus vitiosus. Die Vermeidung einer konstruktiven Auflösung zwischenmenschlicher Angsterfahrungen konfrontiert die Betroffenen nurmehr umso stärker mit einer zunehmend unklareren Grundangst und macht damit umso dringlicher einen erneuten Rückzug auf die einmal erworbenen Grundmuster der Angstabwehr erforderlich. Karen Horney hat unverkennbar Einflüsse auf die spätere Konzeptbildung der Persönlichkeitsstörungen ausgeübt, wobei sich wesentliche Aspekte ihrer Überlegungen vor allem in die Ausarbeitungen zu einer (ängstlich-vermeidenden bzw. selbstunsicheren) Persönlichkeit wieder finden (→ 15).

Als einer der wichtigsten Aspekte in Karen Horneys Werk gilt zweifellos die Betonung des Konzeptes eines „Selbst“, das nur wenige Jahre später auch in die Konzeptbildung der Psychoanalyse Eingang finden sollte. Sie verknüpfte mit dem Selbst die Grundidee einer kognitiven Matrix – als der entscheidend motivierenden Komponente für den Umgang des Menschen mit sich selbst und mit anderen (vgl. Chrzanowski, 1982). Mit der Einführung des Selbst war es ihr möglich, die in der Person nachwirkenden gesellschaftlichen und kulturellen Einflüsse auf eine neurotische Fehlentwicklung eindrucksvoll nachzuzeichnen, auch wenn ihre Beschreibungen insgesamt wenig ausdifferenziert, damit häufig recht oberflächlich und holistisch erscheinen.

4.4 Gehemmte Intentionalität und der Verlust der Beziehungsfähigkeit

Dass auch Harald Schultz-Hencke gegenüber der psychoanalytischen Triebtheorie eine kritische Stellung einnahm, ist ihm vielfach und wohl fälschlicherweise als wissenschaftlicher Opportunismus während des Dritten Reiches, insbesondere zur Zeit seiner Tätigkeit am „Deutschen Institut für psychologische Forschung und Psychotherapie“ vorgeworfen worden. Sicherlich war der Zwang, freudianische Begrifflichkeiten bei einer Publikationstätigkeit während dieser Periode tunlichst zu vermeiden, objektiv gegeben. Dass in dieser Zeit einige deutsche Psychoanalytiker versuchten, die erlangten Stellungen und Positionen auf ihre Art durchzuhalten, ist vielfach zu Unrecht kritisiert worden. Denn die Kritiker vergaßen und vergessen gelegentlich, dass es Freud selber war, der diese Haltung nicht nur toleriert hätte, sondern den Betroffenen sogar zugeraten hatte (vgl. Gay, 1987; Zander & Zander, 1982).

Integrative Psychotherapie

Bei einer Gesamtwürdigung der Arbeiten von Schultz-Hencke kommt man nicht umhin zuzugestehen, dass er unabhängig von den gegebenen gesellschaftlich-politischen Zwängen – und zwar bereits von Anbeginn seiner wissenschaftlichen Auseinandersetzung mit der Psychoanalyse an (z.B. 1927, 1931) – eine eigene, in sich stimmige Theorieperspektive zu erarbeiten versuchte. Sie war zudem durch ein spezifisches wissenschaftspolitisches Interesse bestimmt, nämlich die historisch sehr über persönliche Divergenzen erfolgte Aufsplitterung in verschiedene tiefenpsychologische Schulen zu überwinden. Schultz-Hencke wollte die gegebenen inhaltlichen Unterschiede zwischen der Psychoanalyse, der Individualpsychologie Adlers und der analytischen Psychologie Jungs möglichst theoretisch überwinden und sie zu einem „Amalgam“ eines weitgehend gesicherten psychoanalytischen Grundwissens neu zusammenfügen. Deshalb ist von den neoanalytischen Richtungen die Konzeption von Schultz-Hencke und seinen Nachfolgern der Psychoanalyse freudscher Prägung zweifellos am nächsten geblieben (vgl. hierzu u.a. insbesondere Dührssen, 1973; Riemann, 1961; Rudolf, 1987).

Intentionalität und ihre Störung

Die Eigenständigkeit des theoretischen Systems von Schultz-Hencke zeigt sich beispielhaft in seinem Bemühen, das triebpsychologische Konzept der Abwehr durch das der *Hemmung* und *Gehemmtheit* zu ersetzen (1940/1946). Diese terminologische Neusetzung ist mehr als nur der schlichte Versuch, psychoanalytische Begrifflichkeiten auszutauschen. Sie beinhaltet eine ausdrücklich alternative Auffassung von der Bedeutsamkeit, die erzieherischen und soziokulturellen Faktoren bei der Persönlichkeitsentwicklung und bei der Entstehung neurotischer Störungen zugesprochen werden sollte.

Für Schultz-Hencke ist nicht der „Ödipuskomplex" (→ 3.1.2) der Kern der Neurose. Vielmehr spielt für ihn eine durch die jeweilige Erziehungssituation des Kindes bedingte Hemmung des (natürlich gegebenen, angeborenen, primären) Antriebserlebens des Kindes eine zentrale Rolle bei der Person- und Neurosenentwicklung. Eine zunächst weitgehend ungebrochene Intentionalität stellte für Schultz-Hencke die primäre Wurzel des kindlichen Antriebserlebens dar. Und die in der Psychoanalyse als Triebkraft betonte Sexualität betrachtete er selbst nur als einen, wenn auch wichtigen Anteil im Ensemble möglicher Ausformungen, die das Antriebserleben des Kindes insgesamt ausmachen konnte. Sexualität sei nur *ein* Teil vielfältig möglicher Formen der neugierig, explorativen, emotionalen Gerichtetheit auf die Welt hin.

Es sind nun insbesondere die erzieherischen Mittel und Bedingungen der Härte und/oder Verwöhnung, die für spätere neurotische Fehlentwicklungen verantwortlich zeichnen, als sie in der Lage sind, das intentionale Antriebserleben grundlegend zu stören. Im erzieherisch gehemmten Antriebserleben zeige sich neurotische Furcht oder Angst, die durch Härte oder Verwöhnung oder durch beides zusammen in frühester Kindheit ausgelöst werde und zu einer Abdrosselung ungebrochener Welterforschung führe.

„Da wo das Kind sich eigentlich im Ansatz ganz ursprünglich frei entfalten müsste, tut es das nicht. Es nimmt nicht, wo es nehmen sollte, es lernt nicht, Nein sagen, wo es das Leben später fordert, es lernt sich nicht behaupten, wo es das gesundermaßen sollte, es wagt nicht, da sexuell zu sein, in Forschungsdrang, Fantasien oder sexuellen Spielereien, wo die Ungehemmten es sind." (Schultz-Hencke, 1940, S. 44)

Persönlichkeitsstörungen

Besonders krass fallen die Hemmungswirkungen dann aus, wenn das Antriebserleben und die Intentionalität des Kindes bereits auf seiner frühesten Entwicklungsstufe behindert wird. Die Spätwirkungen dieser frühen, primären (d.h. nicht neurotisch durch Angst bedingten) Störungen können sich für Schultz-Hencke zu einer sog. „schizoiden Struktur" ausformen (1927). Diese sei durch eine tief gehende Kontaktstörung gekennzeichnet. Die Beziehung der Betroffenen zu den Mitmenschen und zur Welt bleibe vage, diffus, unklar, zwiespältig und unverbindlich. Der Umgang mit der Welt werde zunehmend vermieden. Die Verursachung dieser tief greifend gestörten Beziehungsfähigkeit liege nun genau in einer unmittelbar nach Geburt einsetzenden Behinderung des ursprünglichen „intentionalen Antriebserlebens". Für Schultz-Hencke führen die Behinderungen des Kindes, eine emotionale Zuwendung zur Welt ungestört zu vollziehen, zwangsläufig zu einem zunehmenden „Objektverlust", weil Erkenntnisse über die Objekte (Bezugspersonen) ausbleiben. Diese Erkenntnislücken selbst verhindern zugleich, sich weiteren Objekterfahrungen auszusetzen. Letztlich schützen die prägnanten Merkmale der Distanzbedürftigkeit und des Misstrauens in der schizoiden Struktur nicht nur vor angstvoll-unvertrauter emotionaler Nähe, sondern auch vor einem Offenbarwerden nicht vorhandener Interaktionsfähigkeit.

Das weitere Neurosenmodell Schultz-Henckes folgt insgesamt grob dem Phasenmodell kindlicher Entwicklungsstufen der klassischen Psychoanalyse, wenngleich es sehr differenziert unter der Perspektive psychosozialer Hemmungsprozesse angereichert und ausgearbeitet wird. Danach können die jeweils erreichten Entwicklungsstufen des Antriebserlebens altersabhängig ungünstig beeinflusst und gestört werden – mit entsprechenden Konsequenzen für die spätere Lebensentwicklung. Diese betreffen (jeweils zeitlich aufeinander folgend) folgende Strukturen:

- **Schizoide Struktur:** Sie ist Ausdruck einer Intentionshemmung gegenüber engen zwischenmenschlichen Beziehungserfahrungen in der ersten frühkindlichen Entwicklungsphase.
- **Depressive Struktur:** Sie folgt Erfahrungen erzieherischer Härte und/oder Verwöhnung im ersten Lebensjahr, durch die orale oder oral/aggressive Impulse gedrosselt werden.
- **Zwangsneurotische Struktur:** Hier wird ein Antriebsbedürfnis mit bereits ausgeprägter motorischer Handlungsbereitschaft gehemmt, vor allem das Bedürfnis, Besitz zu ergreifen oder sich die Umwelt aktiv zu erschließen.
- **Hysterische Struktur:** Sie geht aus Bedürfnishemmungen im vierten und fünften Lebensjahr (vor allem aus denen eines sexuellen Antriebserlebens) hervor.
- **Neurasthenische Struktur:** Schließlich hat Schultz-Hencke den vier frühen Strukturen noch eine fünfte hinzugefügt, nämlich die von ihm so bezeichnete Neurasthenische Struktur. Mit dieser Struktur wollte er den vorherrschenden Ansichten spekulativ-organischer Hypothesen über die Neurasthenie entgegenwirken. Nach seiner Auffassung handele es sich bei der zwischenmenschlichen Präsentation körperlicher Schwäche und hypochondrischer Symptombilder um ein psychodynamisch erklärbares Syndrom, das sich möglicherweise aus einer Überlappung oder Mischung der übrigen Strukturen und damit aus unterschiedlichen Hemmungserfahrungen der ersten fünf Lebensjahre zusammenfüge (zum heutigen Neurasthenie-Verständnis: → 16.2).

Schultz-Hencke betont – wie die übrigen Neoanalytiker – vor allem erzieherische und sozialpsychologische Faktoren bei der Persönlichkeitsentwicklung. Auch hat er sich immer wieder mit philosophischen, ethologischen und sozialökonomischen Problemen und deren Wechselwirkungen auf die psychische Entwicklung auseinander gesetzt und sie in seine Überlegungen einbezogen. Nach seiner Auffassung „baut“ der Mensch im Verlauf seiner Persönlichkeitsentwicklung beständig an einer Welt, die seinem Antriebserleben keine absolute Freiheiten lässt, etwa „Interessen geistiger Art ... in ihr *beliebig* zu verwirklichen. Infolgedessen ist das Ökonomische in erheblichem Maße unabhängige Variable und das Geistige abhängige Variable“ (Schultz-Hencke, 1951, S. 130f).

4.5 Krisen der Persönlichkeit und menschliches Wachstum

Innerhalb der Gruppe der Neoanalytiker ist Erik Homburger Erikson jener Autor, der auch innerhalb der klassischen Psychoanalyse nach wie vor großes Ansehen genießt und entsprechend häufig zitiert wird.

Dies liegt u.a. daran, dass er in seiner Konzeption die psychoanalytische Phasenentwicklung der frühen Ich-Entwicklung sowie die Bedeutsamkeit der frühkindlichen Sexualität nicht ausdrücklich infrage gestellt hat. Seine kritische (neoanalytische) Position begründet sich vor allem damit, dass er die Entwicklungspsychologie der Psychoanalyse zu sehr auf die frühen Entwicklungsphasen beschränkt sah und dass der Zeit zwischen dem „Ödipuskomplex“ bis zur Neurosenentstehung zu wenig Beachtung geschenkt würde. Leider sei diese Zeit von Freud programmatisch, wenn auch fälschlicherweise mit dem Begriff „Latenzzeit“ belegt worden, weil nach dessen Auffassung die psychosexuelle Entwicklung keine weiteren Fortschritte mache (Freud, 1905). Erikson kritisierte die starre Begrenztheit dieser Auffassung und war der Ansicht, dass Theorie und Wissen über die Problematik der Erwachsenenneurose dringend weiterer Einsichten und Ordnungselemente bedürfe (Erikson, 1946).

Entwicklungskrisen

Erikson selbst war vorrangig um die Fortschreibung des Phasenmodells der Ich- und Persönlichkeitsentwicklung bemüht. Dabei ging es ihm zeitlebens weniger um eine Analyse psychischer und charakterlicher Fehlentwicklungen, sondern er arbeitete explizit die Bestimmungsstücke einer gesunden Persönlichkeitsentwicklung heraus und beschränkte sich darauf, mögliche Störvariablen der gesunden Entwicklung zu kennzeichnen (Erikson, 1950a). Zu Störungen im Entwicklungsverlauf des Menschen kann es nach Erikson vor allem durch innere und äußere Konflikte kommen, die je nach dem erreichten Lebensalter eine unterschiedliche Bedeutung und Wertigkeit haben, weil die Bezugsgruppen und die gesellschaftlichen Bedingungen wechseln.

> **!** In Eriksons Arbeiten nimmt der Begriff der *Lebens-Krise*, mit dem er die subjektiven Auswirkungen äußerer und innerer Konflikte zu fassen versucht, einen besonderen Stellenwert ein. Das Durchlaufen einer altersabhängigen Lebenskrise bedingt nicht nur eine Störung oder Bedrohung der weiteren Persönlichkeitsentwicklung, sondern Lebenskrisen bieten zugleich immer besondere Chancen für die Bewährung sowie für die Festigung und Weiterentwicklung persönlicher Möglichkeiten und der seelischen Gesundheit.

Erikson setzt nun alle Entwicklungsschritte, wie sie der Reihe nach von Menschen durchlaufen werden, zu allen bisherigen in Beziehung und nutzt sie so als Matrix für ein Verständnis des ganzen bisherigen Lebens. Für die Persönlichkeitsentwicklung ist bedeutsam, wie Lebenskrisen innerhalb bestimmter Lebenszyklen gelöst werden, um den ihnen zugeschriebenen gesunden Anteil zu erreichen. Erikson unterscheidet von der Geburt bis ins hohe Alter insgesamt acht Lebensphasen:

- **Urvertrauen gegen Urmisstrauen:** Diese Periode entspricht der oralen Phase der Ich-Entwicklung in der Psychoanalyse und beinhaltet den Erwerb eines Grundvertrauens oder aber eines grundlegenden Misstrauens in die zwischenmenschliche Beziehungsfähigkeit.
- **Autonomie gegen Scham und Zweifel:** Diese Entsprechung der analen Phase im zweiten und dritten Lebensjahr verlangt vom Kind bei Reifung der Muskulatur den Grunderwerb einer lokomotorischen Kontrolle in einem interpersonellen Gefüge, das im ungünstigen Fall bei Misserfolgen und Niederlagen des Kindes durch Kritik und Abwertung erste Beschämungen und Zweifel auslösen kann. Erfolgreich überwunden wird diese Periode, wenn dem Kind Selbstbeherrschung ohne Verlust des Selbstgefühls zuwächst.
- **Initiative gegen Schuldgefühle:** Diese Periode entspricht der „ödipalen Phase", und das mögliche Krisenerleben wird von Erikson in enger Entsprechung zum klassisch psychoanalytischen Verständnis dem zunehmend konflikthaltigeren Dreiecksverhältnis zwischen Eltern und Kind zugeschrieben. Gelingt dem Kind nicht der Schritt hin zur selbstsicheren Eigeninitiative, resultieren möglicherweise schuldgefühlsbehaftete Passivität, sexuelle Identitätsstörungen und dissozial-psychopathisches Ausagieren.
- **Werksinn gegen Minderwertigkeitsgefühle:** Dies ist die Zeit, in der in fast allen Kulturen irgendeine systematische Unterweisung und Unterrichtung des Kindes stattfindet, in der ein Übergang vom spielerischen Handeln zum Erleben sinnerfüllter Tätigkeit oder das Gefühl, anderen nützlich sein zu können, grundgelegt werden sollte (das meint „Werksinn"). Die Gefahr ungünstiger (überfordernder oder vereinseitigender) Erziehungssituationen – auch in der schulischen Umgebung – liegt in der Vermittlung des Eindrucks persönlicher Unzulänglichkeit und Minderwertigkeit.
- **Identität gegen Identitätsdiffusion:** Mit etwa zwölf Jahren tritt der Jugendliche in die Adoleszenzphase ein, in der Erikson eine innere „psychologische

Revolution“ als bedeutsame Lebenskrise beschreibt. Das Suchen und Erleben erster Intimität mit familienfremden Personen, die beginnende Teilnahme am gesellschaftlichen Wettbewerb sowie die Notwendigkeit, im Übergang zum Erwachsensein eine psychosoziale Selbstdefinition vorzunehmen, können im ungünstigen Fall zu schweren Identitätskrisen führen. Werden diese nicht überwunden, kann dies lebenslang zu einer Unklarheit bezüglich der Identität führen, die nicht selten ihren Niederschlag in kriminellen, sexuellen und psychotischen Fehlentwicklungen findet oder in eine Flucht in Drogen und Alkohol einmünden kann.

- **Intimität gegen Isolation:** Mit dem Eintritt in das Erwachsenenalter streben Menschen langfristige Bindungen und die Gründung einer Familie an, die besondere Konflikte und Krisen durch Ablehnung und Enttäuschung beinhalten können. Ausgrenzung aus Beziehungen und das eigene Vermeiden sozialer Kontakte kann zu zunehmenden Unsicherheiten und sozialen Ängsten führen, die das Risiko der Isolation erhöhen. Bei extremer Isolation besteht die Gefahr einer psychopathischen Persönlichkeitsstörung, die durch Gefühlskälte und Ausbeutung anderer oder durch ein Unvermögen zu vertrauensvollen und dauerhaften Beziehungen gekennzeichnet ist.
- **Generativität gegen Stagnation:** Die Lebensphase zwischen 25 und 65 steht für die meisten Menschen im Zeichen der Erziehung der nächsten Generation(en) sowie der eigenen Produktivität. Generativität als Möglichkeit der Überwindung von Lebenskrisen beinhaltet ein über die engen familiären Bande hinausreichendes persönliches Engagement für günstigere Lebensbedingungen der kommenden Generation(en). Wer nicht zur Generativität in der Lage ist oder wem die Möglichkeiten dazu versagt werden, steht in der Gefahr zu stagnieren, egozentrisch zu werden und damit in der Persönlichkeitsentwicklung zu verarmen.
- **Ichintegrität gegen Verzweiflung und Ekel:** Das hohe Lebensalter erfordert eine Bilanz des Lebens. In einem positiven Sinne kann diese Lebenskrise durch eine Bejahung des individuellen Schicksals überwunden werden und in einer Akzeptanz der eigenen Endlichkeit. Im ungünstigen Fall tut sich Verzweiflung über das eigene Schicksal auf, die nach außen hin sichtbar werden kann durch Ekel, Lebensüberdruss, Bitterkeit, Todesangst und einer chronischen Verächtlichmachung bestimmter Institutionen und Personen.

Eriksons Plädoyer, bei der Persönlichkeitsbeurteilung und bei der Bewertung psychischer Störungen über die Analyse frühkindlicher Erziehungsbedingungen hinauszublicken und die Lebensspanne insgesamt zu berücksichtigen, hat in der psychoanalytischen Bewegung zunächst gleichermaßen Zustimmung wie Ablehnung erfahren. Inzwischen wird jedoch allgemein akzeptiert, dass in dieser Perspektivenweiterung wesentliche Möglichkeiten und Notwendigkeiten liegen – nicht zuletzt auch, um in einem Verständnis der Persönlichkeitsstörungen voranzukommen (→ Epilog).

Es steht aber auch außer Frage, dass Erikson sich inzwischen außerordentliche Verdienste über die Psychoanalyse hinaus um die Theoriebildungen in verschiedenen Bereichen der Psychologie und Psychiatrie erworben hat. Seine Annahme, dass sich die Persönlichkeitsentwicklung über eine erfolgreiche Bewältigung altersabhängiger Lebenskrisen vollzieht, hat sowohl den Theorieperspektiven in der Entwicklungs- und Gesundheitspsychologie, der Konzeptualisierung von Modellen der Krisenentwicklung im Bereich der Krisenintervention und Suizidprophylaxe sowie im Bereich der Verstehens- und Behandlungsansätze bei Persönlichkeitsstörungen wichtige Impulse gegeben (vgl. Becker, 1982; Olbrich, 1982; Fiedler, 1988).

4.6 Bedeutung und Funktion interpersoneller Unsicherheit und Angst

Von den Neoanalytikern, die in diesem Kapitel vorgestellt werden, ist Harry Stack Sullivan der Einzige, der in den USA geboren und ausgebildet wurde und der niemals direkten Kontakt mit Freud hatte.

Um sich mit den aktuellen Entwicklungen in der Psychoanalyse genauestens vertraut zu machen, überredete er in den 20er-Jahren seine Kollegin Clara Thompson, sich in Europa analysieren zu lassen, und dann, nach ihrer Rückkehr in die Vereinigten Staaten, ihn zu analysieren (Chrzanowski, 1982). Als Autor hatte Sullivan eine ausgeprägte Schreibhemmung, weil er der Ansicht war, dass es zwei Gruppen von Lesern gäbe: einerseits „uninteressierte Idioten" und andererseits jene, die sich über die Schlichtheit seiner Schriften nur lustig machen würden. So hat er zu Lebzeiten nur ein Buch und wenige wissenschaftliche Aufsätze in Zeitschriften und Büchern veröffentlicht. Die meisten und aus heutiger Sicht wichtigen seiner Arbeiten, darunter sein Hauptwerk „Die interpersonelle Theorie der Psychiatrie" (1953), wurden erst posthum gedruckt. Es handelte sich dabei zumeist um Transskriptionen seiner auf Tonband aufgezeichneten Vorträge, was möglicherweise ihre Klarheit und ihren besonderen Wert eher beförderte.

Persönlichkeitsstörungen

Es kann rückblickend ganz uneingeschränkt festgestellt werden, dass – im Vergleich zu den bisher dargestellten neoanalytischen Konzeptionen – von Sullivans Theorieperspektiven die bedeutsamsten Wirkungen auf spätere und heutige Entwicklungen im Bereich der klinisch-psychologischen und psychiatrischen Erforschung psychischer Störungen und ihrer Behandlung ausgegangen sind. Obwohl Sullivan in seiner Buchpublikation über die Grundkonzepte der Psychiatrie seiner Zeit (1940) einen Vorschlag zur Systematisierung von Persönlichkeitsstörungen vorlegte, nahm er darauf in seinen späteren Ausarbeitungen zur interpersonellen Persönlichkeitstheorie nicht erneut Bezug. Die von ihm vorgeschlagene Typologie ähnelt in ihrem Anspruch und in ihrer Anlage sehr der etliche Jahre zuvor von Kurt Schneider vorgelegten Systematik (→ 2.2). Beide Ordnungsversuche sind ausgesprochen beschreibend und atheoretisch gehalten und wollten sich vor allem auf jene Persönlichkeitsauffälligkeiten beschränken, die in der psychiatrischen Praxis am häufigsten vorkommen. Sullivans Systematik beinhaltete folgende 10 Persönlichkeitstypen:

- **Nichtintegrierte Persönlichkeiten:** Sie sind gekennzeichnet durch wechselhafte zwischenmenschliche Beziehungen, durch eine Schwierigkeit, aus Erfahrungen zu lernen, und durch eine Nichtbeachtung der interpersonellen Konsequenzen des eigenen Verhaltens. Sie enttäuschen andere sehr häufig durch ihre Oberflächlichkeit und ihre wechselnden Neigungen, was sie nicht davon abhält, sich über die Unzufriedenheit und abweisenden Reaktionen der anderen zu wundern.
- **Selbstversunkene Persönlichkeiten:** Sie sind charakterisiert durch selbstbezogenes Fantasieren. Für sie besteht die Welt um sie herum nur aus „guten“ und „bösen“ Anteilen und sie betrachten zwischenmenschliche Beziehungen entweder als wunderbar oder abscheulich. Sie gehen wiederholt vielfältige intime Beziehungen ein, die jeweils jäh schmerzhaft in die Brüche gehen, ohne dass sie nachträglich bedeutsame Konsequenzen aus ihren Erfahrungen ziehen.
- **Unverbesserliche Persönlichkeiten:** Diese Persönlichkeitsstörung ist erkennbar an einer unterschwelligen Feindseligkeit gegenüber anderen Menschen, die sich in unfreundlichen, mürrischen und einschüchternden Interaktionsmustern niederschlägt. Autoritäten werden als besonders feindselig betrachtet. Die Betroffenen neigen deshalb dazu, sich über Menschen in superioren Positionen heftigst zu beklagen.
- **Negativistische Persönlichkeiten:** Sie bewältigen eine tief sitzende innere Unsicherheit vor allem dadurch, dass sie einerseits die Ansichten anderer Personen unterstützen, gleichzeitig jedoch gegenüber jeglichen an sie gerichteten Anforderungen passiven Widerstand leisten. Zur zwischenmenschlichen Konfliktlösung und Aussöhnung sind sie nur in einer zynisch-pessimistischen Weise in der Lage.
- **Stammelnde Persönlichkeiten:** Das Stammeln (oder auch Stottern) wurde von Sullivan (entgegen kritischer Einwände anderer, die das Stottern als spezifische Störung betrachteten) als Persönlichkeitseigenart angesehen, in der sich eine besondere Art negativistischer Einstellung gegenüber anderen und der Welt widerspiegelt.
- **Ehrgeizbesessene Persönlichkeiten:** Sie sind charakterisiert durch eine besondere Tendenz zur Ausbeutung anderer und durch ein besonders auffälliges skrupelloses und konkurrierendes Verhalten.
- **Dissoziale Persönlichkeiten:** Sie leben sozial distanziert und allein wegen einer grundlegenden Unfähigkeit zur Aufnahme warmer, herzlicher und per-

sönlich befriedigender Beziehungen. Sie können und wollen nicht akzeptieren, dass es Menschen gibt, die ihnen gegenüber wohlgesonnen sind und sie mögen. Während einige dissoziale hoch sensitiv seien, wirkten andere extrem abgestumpft und ließen sich ohne Intimbeziehung durchs Leben treiben.

- **Inadäquate Persönlichkeiten:** Sie sind gekennzeichnet durch ein besonderes Bedürfnis nach Führung und Anleitung durch zur Strenge neigende Personen, die zugleich besonders hohe Ansprüche an alltägliche Entscheidungen stellen. Die Betroffenen haben gelernt, dass eine anklammernde Hilflosigkeit die besten Möglichkeiten zur Lebensbewältigung bietet.
- **Homosexuelle Persönlichkeiten:** Auch mit diesem Typus hob Sullivan (entgegen der damals gültigen psychiatrischen Lehrmeinung) ein spezifisches Syndrom in den Rang einer Persönlichkeitsstörung.
- **Chronisch adoleszente Persönlichkeiten:** Diese Menschen sind kontinuierlich auf der Suche nach Idealen, sehen ihre Wunschträume jedoch nie in Erfüllung gehen, dies insbesondere dort, wo sie die Idealvorstellungen auf einen Liebespartner ausrichten. Tiefe Frustration, Zynismus, neue Begierden oder völliger Rückzug usw. können die Folge sein.

Einige der von Sullivan ausgearbeiteten Typen sowie deren Bezeichnungen fanden Eingang in die ersten beiden Ausgaben des „Diagnostic and Statistical Manual of Mental Disorders" (DSM-I/-II der APA, 1952, 1968). Das Konzept der sog. „negativistischen Persönlichkeitsstörung" wird in den letzten Jahren zunehmend als Alternative zur DSM-Kategorie der „passiv-aggressiven Persönlichkeitsstörung" diskutiert (→ 18.2). Die von Sullivan beschriebenen Charaktereigenarten einer dissozialen Persönlichkeit zählen in den aktuellen Versionen des DSM-IV und der ICD-10 zu den zentralen Kriterien (→ 10.2).

Interpersonelle Theorie

Mit seinem Austritt aus der amerikanischen Psychoanalyse-Vereinigung (Anfang der 40er-Jahre) verlagert Sullivan sein wissenschaftliches Interesse fast ausschließlich auf die Ausarbeitung seiner „Interpersonellen Theorie der Psychiatrie" (1953). Im Kreis der US-amerikanischen Neoanalytiker wird er alsbald derjenige, der gemeinsam mit Erich Fromm die Rolle der sozialen und interpersonellen Faktoren für die menschliche Entwicklung konsequent herausarbeitet. So betont bereits seine Definition von Persönlichkeit ihre zwischenmenschlichen Eigenarten (Sullivan, 1980, S. 137; Hervorhebung im Original):

DEFINITION

„Persönlichkeit ist das überdauernde Muster wiederkehrender interpersoneller Situationen, die ein menschliches Leben charakterisieren."

Das zentrale Konzept zur Beschreibung der Persönlichkeitsentwicklung ist das der Personifizierung eines eigenen Selbst (oder Selbst-Systems). Das Selbst-System besteht aus zwei Grundmustern: einerseits aus Erfahrungen und der

Umsetzung dieser Erfahrungen in eine An-Sicht der eigenen Person (ihrer selbst) und andererseits aus jenen Erfahrungen und den daraus folgenden An-Sichten anderer Personen (der Objekte). Es handelt sich bei dem Selbst-System um eine Struktur von Glaubenssätzen, Generalisierungen und Annahmen über jene Erfahrungen und Wahrnehmungen, die das Kind, der Jugendliche und der Erwachsene im Laufe des Lebens macht. Wichtig jedoch ist: Die Personifizierung des Selbst ist *die Integration interpersoneller Situationen* und damit immer ein *reziproker Prozess*, der ausgesprochen *gefühlsmäßig* organisiert ist. Das, was die Person als „Selbst-Konstruktionen" über sich selbst und über die anderen entwickelt, ist ein affektiv gesteuertes Netz erklärender, kognitiv-theoretischer Konstruktionen. Sie werden zudem entscheidend beeinflusst durch eine reziproke Gefühlsstruktur in für sie prägenden Interaktionen.

Für diesen Anreicherungsprozess des Selbst-Systems hat Sullivan (1953/1980, S. 226) ein Theorem der reziproken Emotion bzw. der motivationalen Struktur von Interaktion entwickelt. Danach ist die personale Integration einer interaktionellen Situation „ein reziproker Prozess, in dem

- komplementäre Bedürfnisse aufgelöst oder intensiviert werden,
- reziproke Gefühlsmuster entwickelt oder desintegriert werden,
- vorhersagbare Befriedigung oder Versagung ähnlicher Bedürfnisse erleichtert wird".

Die sich dabei fortentwickelnden Selbst-Systemstrukturen entsprechen deshalb nur jeweils mehr oder weniger annähernd dem, was die eigene Person oder die „externen Objekte" selbst realiter ausmacht (Sullivan, 1980, S. 194). Auf diese Weise setzte sich Sullivan deutlich von Überlegungen ab, die innerhalb der Psychoanalyse zu Prozessen der „Introjektion" oder „Inkorporation" angestellt worden waren. Er vertritt zwar auch die Meinung, dass die Bezugspersonen erheblich an der Ausbildung und Entwicklung des kognitiven Anteils des Selbst-Systems beteiligt sind. Für ihn sind die introjektiven Wirkungen jedoch und vor allem durch die Qualität der Interaktionssituation selbst bestimmt (besser: verfremdet) worden. Das, was man „Introjektionen" nennen könne, entspräche nurmehr höchst selten den Normen und Ansprüchen, die von den Bezugspersonen vermittelt würden. Entscheidendes Transfermittel sei vielmehr die jeweilige Qualität der interpersonellen Sequenz, in der sich Normierungen und Ansprüche vermittelten.

„Die Vorstellung, dass man auf irgendeine Weise einen anderen Menschen vereinnahmen und zu einem Teil der eigenen Persönlichkeit werden lassen könne, ist eines der Übel, das daraus resultiert, dass die Tatsache übersehen wird, dass zwischen einem zweifellos realen ‚externen Objekt' und dem zweifellos realen ‚meine Sicht' eine Gruppe von Prozessen zwischengeschaltet ist – der Akt des Wahrnehmens, des Verstehens und dergleichen mehr –, die in starkem Maße von vergangener Erfahrung und in zunehmendem Maße von den Vorannahmen über die Zukunft abhängig sind. Es wäre das größte Wunder aller Zeiten, wenn unsere Wahrnehmungen eines anderen Menschen in einer größeren Anzahl wirklich bedeutender Aspekte zutreffend und exakt wären." (Sullivan, 1953, S. 166f; eigene Übersetzung)

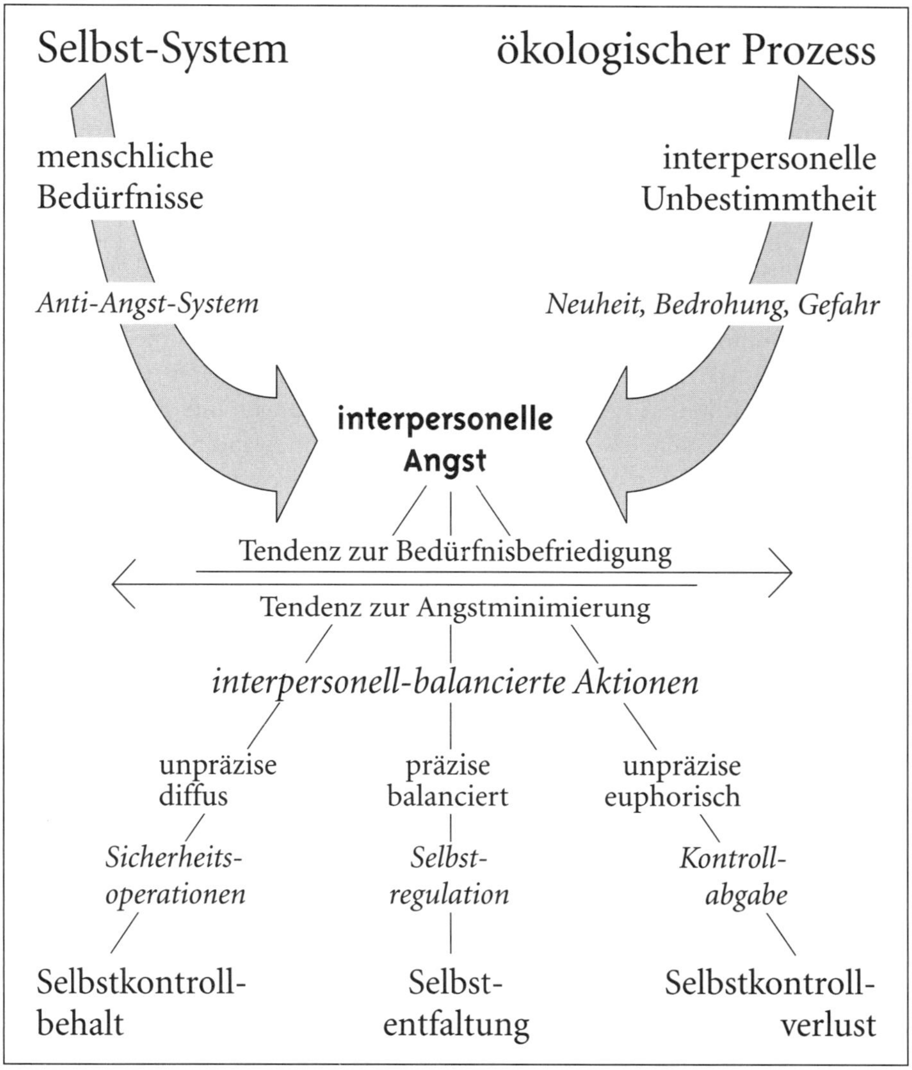

Abbildung 4.1. Interaktionsmuster im Umgang mit der Ambivalenz widerstrebender Tendenzen zur Bedürfnisbefriedigung und zur Angstminimierung (als Zusammenfassung zentraler Annahmen der interpersonellen Theorie Sullivans; 1953).

An dem Prozess der Selbst-Systementwicklung und Wirklichkeitsentfremdung ist der Betreffende also selbst maßgeblich beteiligt, und zwar durch zwei interpersonell bedeutsame Bedürfnistendenzen, die sich erheblich wechselseitig beeinflussen können (→ Abbildung 4.1):

- Einerseits handelt es sich dabei um eine *Tendenz zur interpersonellen Bedürfnisbefriedigung*, die jeweils zugleich interessengeleitet oder erkenntnisanreichernd sein kann.

- Andererseits handelt es sich um eine teilweise gegenläufige *Tendenz zur Angstminimierung*, die sich aus einem dem Selbst-System inhärenten Bedürfnis nach Selbstsicherheit ergibt. Diese Funktion entspricht jeweils zugleich einem grundlegenden Bedürfnis des Menschen nach zwischenmenschlicher Sicherheit.

Die Tendenz zur Angstminimierung ist der Tendenz zur Bedürfnisbefriedigung immer entgegengerichtet. Interpersonelle Angst lässt sich durch die betreffende Person selbst nur sehr bedingt beeinflussen und steuern. Sie wird fast immer durch Interaktion und Beziehung ausgelöst, schon weil sich deren Ergebnis selten genau voraussagen lässt. Interpersonelle Angst ist folglich immer mehr oder weniger gegenwärtig, wenn Menschen miteinander interagieren (jeweils mehr durch bedrohliche und aversive Vergangenheitserfahrungen und Zukunftserwartungen der Beteiligten, jeweils weniger vorrangig dann, wenn neue, unerwartete, d.h. im jeweiligen Selbst-System noch nicht repräsentierte Interaktionserfahrungen gemacht werden). Angesichts angstvoller Interaktionserfahrungen oder Bedrohungserwartungen steigt die Tendenz zur Angstminimierung und beschränkt die bis dahin interaktionsbestimmende Tendenz zur Bedürfnisbefriedigung.

Sicherheitsoperationen

Für Sullivan ist das Selbstsystem zugleich ein „Anti-Angst-System". Prozesse, die die Angst minimieren, bezeichnet Sullivan als Sicherheitsoperationen. Er beschreibt in dieser Kategorie die ganze Spannbreite neurotischer und psychotischer Manifestationen.

So gehören u.a. folgende Phänomene zu diesen Abwehrmöglichkeiten interpersoneller Angst: selektive Unaufmerksamkeit, Apathie, Lethargie, irrationale Wut, steriler Zorn, Verweigerung, Projektion sowie eine ganze Reihe weiterer Interaktionsmuster im Bereich zwischenmenschlicher Kommunikation und Beziehungen (Sullivan, 1940). Dabei war für Sullivan insbesondere die intrapsychische Entwicklung einer Fähigkeit zur selektiven Unaufmerksamkeit gegenüber Angsterfahrungen von herausragender Bedeutung für die Erklärung psychischer Störungen, vor allem aber für ein Verständnis der individuellen Eigenarten, die spätere Persönlichkeitseigenarten und Charakterstörungen ausmachen können. Die Sicherheitsoperationen und insbesondere die Befähigung zur selektiven Unaufmerksamkeit gegenüber sozialer Angst sind für Sullivan der Schlüssel zur Personentfaltung und damit zur Herausbildung persönlicher Stärken und Schwächen, die eine Person ausmachen.

Späte Kindheit und Jugend. Ganz ähnlich wie Erikson kritisiert er an der Psychoanalyse die konzeptuelle Unaufmerksamkeit der Psychoanalytiker gegenüber der „Latenzzeit" jenseits des Ödipuskomplexes. Für ihn stellen gerade die Phasen der Präadoleszenz und des Jugendlichseins wichtige Besonderheiten für die Persönlichkeitsentwicklung bereit. Wo diese Wirkungen in Schule und Freundschaft und bei zunehmender interpersoneller Konkurrenz auf die Prozesse der Selbst-Systementfaltung keine Beachtung fänden, könnten auch die Personeigenarten des Erwachsenen und die daraus resultierenden interpersonellen Vereinseitigungen nur sehr unvollkommen erklärt werden. Und wiederum in kritischer Gegenposition zur psychoanalytischen Überbetonung der introjektiven Wirkung frühkindlicher Erziehung auf die Persönlichkeitsentwicklung fasst er diese Meinung pointiert folgendermaßen zusammen:

„In unserer Zivilisation spiegelt keine elterliche Gruppe wirklich das Wesen der sozialen Kultur wider, in die die Jugendlichen hineingezogen werden. Im Anschluss an die Kindheit, wenn der Familieneinfluss bei der Akkulturation und Sozialisation abnimmt und stattdessen andere Einflüsse zunehmen, kommt es zu Zusammenstößen zwischen den einzelnen ‚Kulturexperten', die das Produkt jeweils ihrer eigenen Familie sind, mit anderen Kulturexperten, die alle nur mehr oder weniger dem gleichen kulturellen System angehören, darin jedoch sehr unterschiedliche Akzente und Gewichtungen setzen. Infolgedessen ist die erreichte Funktionsweise des Selbstsystems in zivilisierten Gesellschaften, so wie sie heute existieren, oft recht unvorteilhaft. Man darf die Tatsache nicht übersehen, dass das Selbstsystem ins Leben gerufen wurde – und das lässt sich zugleich als Ziel bezeichnen –, um die notwendige Bedürfnisbefriedigung unter weitestmöglicher Umgehung von Angst sicherzustellen. Und wie unvorteilhaft die Manifestationen des Selbstsystems in vielen Zusammenhängen auch erscheinen mögen, bleibt zu bedenken, dass man praktisch überhaupt nichts tun würde, wenn man keinen Schutz gegen sehr schwerwiegende Ängste hätte – und wäre man dann noch gezwungen, etwas zu tun, so würde es unerträglich lange dauern, bis man damit zurechtkäme." (Sullivan, 1953, S. 168f)

Sullivan selbst hat sich nur am Rande mit der Erklärung von Persönlichkeitsstörungen befasst; sein Interesse galt primär dem interpersonellen Verständnis neurotischen und noch mehr dem schizophrenen Verhaltens. So sollte die Bedeutung der interpersonellen Theorie für eine Beschreibung, Erklärung und Erforschung von Persönlichkeitsstörungen vor allem durch Sullivans Schüler und Nachfolger herausgearbeitet und fortgeschrieben werden.

4.7 Persönliche Antworten auf die Angst: Unterwerfung oder Auflehnung

Es war eine der zentralen Überzeugungen von Erich Pinchas Fromm, dass der Mensch, sobald er aufhört, das Leben zu bejahen, ein Opfer von Neurosen und psychischen Störungen werde. Sein erstes Buch („Escape from Freedom", 1941), das von ihm angesichts der bedrohlichen Entwicklungen im „Dritten Reich" verfasst worden war, gilt heute als Klassiker seiner Auffassungen. Er begründet darin auch seine kritische Haltung gegenüber den metatheoretischen Grundlagen der Psychoanalyse freudscher Prägung, eine Haltung, die schließlich Grund dafür war, zusammen mit Horney, Sullivan und anderen eigene Wege zur Fortentwicklung der Psychoanalyse zu suchen.

Die Angst vor der Freiheit

Fromm warnt in diesem Buch vor der verführerischen Pseudosicherheit totalitärer Staaten, aber auch vor der Scheinsicherheit merkantilistisch-kapitalistischer Gesellschaftsformen. Letztere suggeriere eine immer größer werdende Freiheit, die den Menschen letztlich jedoch zunehmend von seinen natürlichen Wurzeln und der ihm innewohnenden Natur isoliert. Freiheit verlange ein hohes Maß an Vermögen zur Selbstbestimmung und Entscheidung, bedeute zugleich immer auch die Gefahr einer als bedrohlich erlebbaren Erfahrung des Alleinseins.

> **!** Im Spannungsfeld zwischen der Pseudosicherheit totalitärer Gesellschaftsstrukturen und der Scheinfreiheit kapitalistischer Expansionsmöglichkeit bleiben dem Menschen nur zwei Möglichkeiten: Er kann kreativ und produktiv werden und in gesellschaftlich verantwortlicher Weise und unter Behalt seiner Selbstachtung seine eigenen Bedürfnisse im Sinne kollektiv-solidarischer Anforderungen fortentwickeln. Oder er kann sich der gesellschaftlichen Autorität und ihren Ansprüchen beugen und zu einem gut funktionierenden Werkzeug im Dienste totalitärer Forderung oder merkantilistischer Produktion werden.

In all seinen theoretischen Ausarbeitungen hat Fromm die Möglichkeit des Menschen zur Menschlichkeit in Freiheit betont. Psychische Störungen und charakterliche Fehlentwicklung stellen immer das Ergebnis eines angstvollen Verzichts auf den Mut zur Freiheit dar und – angesichts gesellschaftlicher Anforderungen und Zwänge – den Weg der Anpassung und Unterwerfung zu wählen. Folglich lägen die Wurzeln psychischer Fehlentwicklungen nicht in einer misslungenen oder fehlerhaften Sublimierung menschlicher Triebe. Charakterliche und psychische Störungen entstünden vielmehr aus einem Mangel an Individuation und aus einem Konformismus der entmenschlichten gesellschaftlichen Unterordnung. Diese Gegensicht zur psychoanalytischen Triebpsychologie begründet Fromm folgendermaßen:

„Es handelt sich darum, dass ich die menschliche Natur als im Wesentlichen geschichtlich bedingt ansehe, wenn ich auch die Bedeutung von biologischen Faktoren keineswegs unterschätzen möchte und nicht der Meinung bin, dass die Frage so zu stellen ist, dass man die kulturellen Faktoren gegen die biologischen ausspielt ... Freud betrachtet den Menschen grundsätzlich als geschlossenes System, das von der Natur mit bestimmten physiologisch bedingten Trieben ausgestattet wurde, und er interpretiert die Entwicklung des Charakters als Reaktion auf die Befriedigung oder Frustrierung dieser Triebe.
Demgegenüber vertrete ich den Standpunkt, dass die menschliche Persönlichkeit grundsätzlich nur in ihrer Beziehung zur Welt, zu den anderen Menschen, zur Natur und zu sich selbst zu verstehen ist. Ich halte den Menschen *primär* für ein gesellschaftliches Wesen und glaube nicht, wie Freud es tut, dass er primär selbstgenügsam ist und nur sekundär die anderen braucht, um seine triebhaften Bedürfnisse zu befriedigen.
In diesem Sinne glaube ich, dass die Individualpsychologie im Grunde Sozialpsychologie ist oder – um mit Sullivan zu reden – Psychologie zwischenmenschlicher Beziehung. Das Schlüsselproblem der Psychologie ist das Problem der besonderen Art der Bezogenheit des Einzelnen auf die Welt und nicht die Befriedigung oder Frustrierung einzelner triebhafter Begier-

den. Das Problem der Befriedigung der triebhaften Begierden des Menschen ist als Teil des Gesamtproblems seiner Beziehungen zur Welt zu verstehen und nicht als *das* Problem der menschlichen Persönlichkeit. Deshalb sind meiner Meinung nach die Bedürfnisse und Wünsche, bei denen es um die Beziehung des Einzelnen zu anderen Menschen geht, wie zum Beispiel Liebe, Hass, Zärtlichkeit und Symbiose, die fundamentalen psychologischen Phänomene, während Freud in ihnen nur die sekundären Resultate aus Frustration oder Befriedigung sieht." (Fromm, 1983, S. 248)

Der Unterschied zwischen Freuds biologischer und Fromms gesellschaftlicher Orientierung ist von großer Bedeutung für ein Verständnis der Unterschiede beider Auffassungen zur Entwicklung von Charaktereigenarten und Charakterstörungen. Fromm war der Meinung, dass Umweltbedingungen oder gesellschaftliche Umstände die Entwicklung des Individualcharakters fördern oder behindern oder dass sie die Preisgabe des Individuellen im Gesellschaftscharakter erzwingen, je nach Liberalität oder Stringenz der Gesellschaftsanforderungen. Je nach individueller Vitalität und Wirkungskraft hat der Einzelne jedoch die Möglichkeit, sich gesellschaftlich (frei) auszudrücken, indem er eine Wirkung auf seine soziale und natürliche Umwelt entfaltet, statt nur passives Objekt zu bleiben.

Persönlichkeitsstörungen

Fromm hat eine Reihe von Charaktertypen ausgearbeitet, die er nach produktiven und nichtproduktiven Merkmalen unterscheidet (1941). Zur ersten Kategorie gehören Liebe, Kreativität, die Suche nach der Wahrheit, geistige Eigenschaften, Individuation, Vernunft und Lebensbejahung. Zu den nichtproduktiven Charakterkategorien mit gegebener Möglichkeit, in Richtung klinisch bedeutsamer Charakterstörungen zu extremisieren, gehören:

- **Rezeptive Charaktere:** Sie sind charakterisiert durch ein tiefes Bedürfnis nach externaler Unterstützung durch Eltern, Freunde und Autoritäten. Häufig findet sich eine bis ins Masochistische reichende Unterwürfigkeit. Alle für die eigene Person wichtigen und notwendigen Dinge werden in einer strikten Außenorientierung an relevanten Informanten und Helfern entwickelt. Ihre tiefgründige Angst liegt in dem Verlust relevanter Bezugspersonen, die bis dahin den notwendigen Halt und Sicherheit gegeben haben.
- **Ausbeuterische Charaktere:** Bei diesen Menschen dominiert die Neigung zur Ausbeutung und Ausnutzung anderer Menschen. Die Betreffenden versuchen, aus anderen herauszuziehen, was sie nur immer erreichen können. Es zählt das Haben und nicht das Sein. Im Extrem kann diese charakterliche Orientierung zu einer sadistisch-gewalttätigen und herrschsüchtigen Bezogenheit ausarten.
- **Hortende Charaktere:** Es handelt sich um zwanghaft um Ordnung und Sicherheit bemühte Menschen, die um sich selbst häufig eine Schutzmauer aufbauen und nichts von Dingen, die zur eigenen Person gehören, nach außen geben. Die Schwierigkeit, echte Gefühle auszudrücken, entspricht der

gleichzeitig vorhandenen Tendenz, sich keinen gefühlsmäßig intensiven Beziehungen auszusetzen. Der hortende Charakter neigt dazu, sich von anderen zurückzuziehen und – falls er sie als zu bedrohlich empfindet – sie zu vernichten.

- **Merkantile Charaktere:** Diese Menschen sind extrem bemüht, anderen in dem, was diese erwarten, voll und ohne Anlass zur Kritik zu entsprechen. Über diese besonders (geschäftstüchtige) Charaktertypik wird eine ausgesprochene Selbstsicherheit erreicht, die dem einzelnen Stabilität und Individualität verleiht, da sie lediglich kontinuierlich bereit sind, sich geflissentlich anzupassen und sich gut zu „verkaufen".
- **Nekrophile Charaktere:** Bei diesen Menschen ist das Element der ausbeuterischen Destruktivität dominant. Alles was dem Leben abgewandt ist oder gegen das Leben gerichtet ist, zieht den Nekrophilen an. Eine tiefe Angst vor dem Leben erfüllt ihn, weil das Leben ungeordnet und unkontrollierbar ist; Gerechtigkeit bedeutet korrekte Teilung, und sie sind im Extrem bereit, für das, was sie „Recht und Ordnung" nennen, zu töten und zu sterben. Alles, was „Gesetz und Ordnung" stört, wird als teuflischer Angriff auf ihre höchsten Werte empfunden.

Das ständig wiederkehrende Thema in Fromms Arbeiten zur Personentwicklung ist die Betonung eines existenziellen Dilemmas. Der Mensch ist einerseits ständig bemüht, die drohende Einsamkeit durch eine Suche nach Bezogenheit und Individuation zu überwinden. Andererseits sieht er sich in seinem Streben nach kreativer Produktivität in wachsendem Maße von den gesellschaftlich aufgezwungenen Produktionsmethoden behindert. Anders als bei Freud hat der Mensch in Fromms Konzeption die Möglichkeit der Wahl und Entscheidung. Der Mensch ist in der Lage, sich von den Ketten der Pseudofreiheit totalitärer Systeme wie von der Scheinfreiheit in kapitalistischen Gesellschaftsformen zu befreien. Er kann gar heroische Haltungen annehmen, wenn er „Ja" zum Leben, zur Liebe und Vernunft sagt und sich dem Tod aktiv widersetzt.

Fromm hat zeitlebens versucht, psychoanalytische Konzepte und die Grundsätze des humanen Marxismus miteinander in Einklang zu bringen, wobei er gleichzeitig über Freud und Marx hinauszugehen versuchte (beiden hat er kritische Biographien gewidmet; 1959, 1961). Fromms Ausarbeitungen waren immer durch den Anspruch mitbestimmt, die psychoanalytische „Metatheorie" unter Einbezug humanphilosophischer, soziologischer und historischer Gesichtspunkte fortzuschreiben. Im Gesamtwerk bleiben die psychischen Störungen und Charakterstörungen weitgehend sekundär, verglichen mit der Ausführlichkeit, mit der sich Fromm den Fragen der Individuation, Freiheit, Liebe und Vernunft widmet.

4.8 Die persönliche Lösung interpersonell-gesellschaftlicher Konflikte

Jede der bis hier dargestellten tiefenpsychologischen Denk- und Schulrichtungen fand ihre Anhänger und Nachfolger. Was nun die spezifische Perspektive einer Fortentwicklung von Verstehens- und Behandlungsansätzen im engeren Bereich der Persönlichkeitsstörungen angeht, so ist dieses Thema in allen der hier dargestellten tiefenpsychologischen „Schulen" über viele Jahre hinweg nur sehr peripher bedeutsam gewesen. Die Nachfolger beschäftigten sich vorrangig mit der Erklärung und Behandlung neurotischer Störungen.

Sie taten dies übrigens ganz ähnlich eingeschränkt auf diesen Bereich wie zeitgleich ihre psychoanalytischen Kollegen. Auch in der Psychoanalyse lag in den ersten zwei Jahrzehnten nach Ende des 2. Weltkrieges das Hauptinteresse im Bereich der neurotischen Fehlentwicklungen. Sicherlich spielt für diese allgemeine Zurückhaltung gegenüber Persönlichkeitsstörungen auch die in der Psychoanalyse verbreitete Ansicht eine Rolle, schwere Persönlichkeitsstörungen (und Psychosen) seien mittels Psychotherapie kaum oder nicht zu beeinflussen (→ 3.4, → 23). Gleichzeitig verlagerte sich die Persönlichkeitsforschung zunehmend mehr in den Bereich der Psychologie und Psychiatrie, wo man versuchte, Persönlichkeitstheorien und Persönlichkeitsdiagnostik auf eine psychometrisch objektivierbare Grundlage zu stellen (→ 5.2).

So war es denn der Fall, dass sich erst Mitte der 60er-Jahre das Interesse der Psychoanalytiker erneut auf die Persönlichkeitsstörungen zurückverlagerte und dass eine ähnliche Entwicklung auch in den anderen tiefenpsychologischen und interpersonell orientierten Richtungen zu beobachten ist. Die dabei einsetzenden Ausdifferenzierungen lassen sich außerhalb der Psychoanalyse nicht mehr so ganz eindeutig innerhalb der einzelnen Denkrichtungen weiterverfolgen. Vielmehr vermischen sich die einzelnen Perspektiven zunehmend.

Soziale Rollen

Innerhalb der Nachfolgegeneration der „Neoanalytiker", die sich zwar weiterhin als Psychoanalytiker bezeichnen, gleichzeitig auch unter der Bezeichnung „Interpersonelle Psychotherapie" firmieren, wird die Besonderheit der persönlichen Abweichung nicht mehr als inneres Leiden des Menschen gesehen, sondern als soziale Rolle, d.h. als eine Gesamtheit persönlicher Eigenart von in der sozialen Gemeinschaft gepflegten Verhaltensweisen. Diese Rolle kann nur in Begriffen der Kommunikation und Interaktion gefasst werden. Sie existiert nicht an sich, sondern ist Teil und Struktur zwischenmenschlicher Beziehungen. Dieser Gedanke, dass die objektive Lage, in der sich ein Individuum befindet, Ursache und nicht Folge seiner subjektiven Seins- und Denkweise ist, wird in den 60er- und 70er-Jahren am klarsten in der neoanalytisch geprägten Antipsychiatriebewegung aufgegriffen (→ 2.2).

Obwohl (oder weil) sich die von ihren Protagonisten teils mit revolutionärem Anspruch geführten Diskussionen nicht nur gegen die nosologische Klassifikation, sondern vielfach gegen die Psychiatrie selbst richteten, sind aus ihnen keine grundlegenden neuen Vorschläge zur Systematisierung psychischer Störungen hervorgegangen. Nur wenige kritische Autoren haben sich in dieser Zeit darum bemüht, in ihren theoretischen Ausarbeitungen eine historische Kontinuität zur klassischen Psychiatrie herzustellen. Eine dieser Ausnahmen findet sich – viel zu wenig beachtet – in dem „Kritischen Handbuch der Psychiatrie" von Giovanni Jervis (1975). Insbesondere das in diesem Werk vorhandene, nach wie vor sehr lesenswerte „Wörterbuch der Psychiatrie" stellt den ausgesprochen konsistenten Versuch dar, die von Sullivan und Fromm ausgehenden Überlegungen mit den kritischen Positionen der Antipsychiatriebewegung zu verbinden und sie im Rahmen der vorhandenen psychiatrischen Klassifikation umzusetzen.

Soziale Konflikte

Neurotische und charakterliche Fehlentwicklungen werden nach Jervis durch zwischenmenschliche Angst bestimmt, um die herum sich die übrige Symptomatologie oder interaktionelle Vereinseitigung strukturiert. Auch die psychotischen Erscheinungen tragen – ähnlich wie dies Sullivan sah – nach Jervis' Auffassung neben den psychotischen Ängsten die psychischen Mechanismen „neurotischer" Angst. Zentraler Unterschied zwischen „normaler" und „neurotischer" Angst (die auch der einseitigen Persönlichkeitsentwicklung zugrunde liegt) ist der, dass die neurotische Angst des Menschen immer eine Konfliktangst ist.

Konfliktangst wird durch eine Situation des persönlichen Unbehagens ausgelöst, das sich aus einem ungelösten und nicht klar wahrgenommenen Konflikt zwischen widersprüchlichen Ansprüchen ergibt – und zwar vorrangig durch den Konflikt zwischen Anpassungs- und Freiheitsanspruch, zwischen dem Akzeptieren gesellschaftlicher Anforderungen und Zwänge und der gleichzeitigen Tendenz zur Verweigerung. In der menschlichen Gemeinschaft in Anpassung und Unterdrückung zu leben, ohne sich von ihr zu befreien oder befreien zu können, verursacht Unbehagen und psychisches Leiden.

„Dieses Unbehagen in individualistischer Weise zu leben, darin versunken zu sein, das ist die Neurose (mitgedacht ist vom Autor die charakterliche Verfestigung neurotischen Verhaltens; P.F.). Bei vollkommenem Konformismus, bei völliger Anerkennung der Unterdrückung gibt es weder Unbehagen noch Neurose. Auch im umgekehrten Fall gibt es keine Neurose, wenn nämlich die persönliche Freiheit ständig und engstirnig vorangestellt wird, ohne volles Bewusstsein der Unterdrückung, die dazu bestimmt ist, sie zu verhindern ...
Die Neurose ist weder eine klar begrenzbare noch homogene Realität. Sie hat nicht nur eine einzige Äußerungsform und ist nicht das Ergebnis immer gleicher Mechanismen. Neurotisierende Faktoren wirken auf das gesamte Leben des Individuums ein, und die Neurose ist nicht nur eine Episode, eine sporadische Kompensationsstörung, sondern ein Moment einer Existenz, Knoten in einem Gewirr von menschlichen Beziehungen, dessen Grenzen man – außer künstlich – nicht festsetzen kann. Die Neurose ist ein Aspekt (fast könnte man sagen, der autorisierte und ‚offizielle' Aspekt) einer weitgehenderen Situation von Unbehagen, an dem wir heute alle leiden: Da

sie von der gesamten Lebensgeschichte des Einzelnen nicht zu trennen ist, ist sie auch Teil der kollektiven Probleme, in die sich der Einzelne verstrickt findet.“ (Jervis, 1978, S. 322f)

Für Jervis bleibt ein wesentlicher Aspekt dieses Konfliktgeschehens der von Freud postulierte Widerstreit zwischen Trieb-, besser: Bedürfnisansprüchen und der „gesellschaftlichen“ Notwendigkeit, die Ansprüche zu unterdrücken. Jervis jedoch betont die Sichtweise, dass die Konfliktlösungsversuche primär interpersoneller und sozial-gesellschaftlicher Natur sind und dass neurotische und charakterliche Entwicklungen selbst zunehmend mehr unter den Einfluss gesellschaftlicher Konflikte geraten und damit besser als Widerspiegelungen von gesellschaftlichen Widersprüchlichkeiten zu verstehen und zu konzeptualisieren sind.

Zwischenmenschliche Bedürfnisse

Jervis meint dabei insbesondere das Spannungsverhältnis zwischen zwei komplexen zwischenmenschlichen Bedürfnisaspekten: einerseits dem nach sozialer Geborgenheit, sozialer Einbindung, Nähe und Intimität und andererseits dem nach Autonomie, Freiheit und sozialer Unabhängigkeit (→ Tabelle 4.1). Beide Bedürfnisaspekte sind nun in ihrer scheinbaren Gegensätzlichkeit sowohl gefühlsmäßig bedeutsam wie zugleich ambivalent. Ambivalent unter anderem deshalb, weil sie unmittelbar in ein Spannungsverhältnis gegeneinander geraten können. Je mehr das Bemühen einer Person in Richtung auf die Erfüllung der einen Bedürfnisseite gelangt, umso mehr kann konflikthaft der damit möglicherweise verbundene Verlust oder Verzicht der anderen Bedürfnisseite erlebt und wahrgenommen werden.

Tabelle 4.1. Grundkonfliktbedingungen zwischenmenschlicher Beziehungen und Bedürfnisse (in grober Anlehnung an eine Theoriefiguration bei Jervis, 1975).

Grundbedürfnisse nach sozialer Geborgenheit		**Grundbedürfnisse nach sozialer Unabhängigkeit**
spezifisch: (nach sozialer Bindung, Zugehörigkeit, Akzeptanz, Nähe und Intimität)		spezifisch: (nach sozialer Einflussnahme, Anerkennung, Autonomie, nach Erfolg und Macht)
	negative Bedürfniskonnotationen	
Konformismus Anpassung *möglich scheinen:* Verzicht auf Erfüllung des Bedürfnisses nach sozialer Anerkennung (und damit Verzicht auf soziale Einflussnahme, Unabhängigkeit, Autonomie etc.)		Egoismus Selbstisolation *möglich scheinen:* Verzicht auf Erfüllung des Bedürfnisses nach zwischenmenschlichen Beziehungen (und damit Verzicht auf soziale Geborgenheit, Zugehörigkeit, Nähe, Intimität etc.)

Der Wunsch beispielsweise nach Autonomie und Unabhängigkeit wird im Prozess seiner Durchsetzung (interpersonell) die Gefahr entstehen lassen, dass die Interaktionspartner sich zurückziehen, weil sie ein Zuviel an autonomer Einflussnahme als sozial unerwünschten Egoismus ablehnen. Der Wunsch andererseits nach Geborgenheit, Nähe und Intimität wird (interpersonell) vielfach mit einer Aufgabe von Autonomie und Unabhängigkeit verknüpft. Und in ähnlicher Weise wie auf der gegenüberliegenden Seite können sich zwischenmenschlich unerwünschte soziale Konsequenzen andeuten, zum Beispiel dann, wenn ein Zuviel an sozialer Anpassung als sozial unerwünschter Konformismus ausgelegt wird.

Genau mit dieser, den Ausarbeitungen Jervis zugrunde liegenden Denkfigur schließt sich der Bogen zu den etwa zeitgleich in der Psychoanalyse stattfindenden Innovationen. Auch dort wird – wie wir es in → Kapitel 3 herausgearbeitet haben – zunehmend das Spannungsverhältnis zwischen Geborgenheit (Wunsch nach Symbiose) und Autonomie (Individuation) in den Vordergrund gestellt. Und um hier vollständig zu bleiben, sei ergänzt, dass sich diese Annahme – ebenfalls etwa zeitgleich – auch bei vielen anderen Nachfolgern der Neoanalytiker finden lässt. In Deutschland etwa hatte bereits etliche Jahre zuvor Riemann (1961) die von Schultz-Hencke ausgearbeiteten schizoiden, depressiven, zwanghaften und hysterischen Persönlichkeitsmerkmale mithilfe der „besonderen Antinomien des Lebens", wie er sie bezeichnete, neu zu fassen versucht. In seiner populärwissenschaftlich gehaltenen Abhandlung spielt ebenfalls der besondere Konflikt zwischen einer Angst vor Abhängigkeit und Ich-Verlust versus einer Angst vor Selbstwerdung und Ungeborgenheit eine zentrale Rolle. Auch in den nachfolgenden Abschnitten dieses Kapitels dargestellten Ansätzen US-amerikanischer Forscher, die Sullivan nahe geblieben sind, ist das besondere Spannungsverhältnis zwischen interaktioneller Dominanz versus Unterwürfigkeit von herausragender Bedeutung für eine Beurteilung interpersoneller Konflikte.

Persönlichkeitsstörungen

Zahlreiche Persönlichkeitsstörungen lassen sich nun innerhalb dieses Spannungsverhältnisses als spezifische Lösung des Konflikts zwischen Autonomie- und Geborgenheitswunsch ausdeuten. So kann beispielsweise das interaktionelle Verhalten von Menschen mit dependenter Persönlichkeitsstörung (→ 16) als Prototyp der Vereinseitigung des Bedürfnisses nach sozialer Einbindung gesehen werden – mit all ihren Negativimplikationen in Richtung Submissivität und Konformismus. Die dissoziale Persönlichkeitsstörung (→ 10) lebt weitgehend unberührt von sozialen Einflüssen und nimmt die sozialen Vorhaltungen gegenüber ihrem engstirnigen Egoismus bis hin zur sozialen Ausgrenzung unberührt in Kauf. Selbstunsichere Persönlichkeiten entsprechen jenen Personen, auf die Jervis' Beschreibungen der neurotischen Angst am besten zutreffen, nämlich als unklares Verharren zwischen beiden Bedürfnisaspekten, als grundlegende Unentschiedenheit gegenüber zwischenmenschlich engen und intimen Beziehung sowie gleichzeitig gegenüber unabhängigen und autonomen Entscheidungen (→ 15).

4.9 Wege zu einer interpersonellen Theorie der Persönlichkeitsstörungen

Man kann heute uneingeschränkt sagen, dass von Harry Stack Sullivan die bedeutendsten Wirkungen auf die Fortentwicklung interpersoneller Ansätze zur Erklärung und Behandlung psychischer Störungen ausgegangen sind. Seine Nachfolger haben sich in den USA schon bald nach seinem Tod um eine Verankerung der Psychoanalyse an den Universitätskliniken und psychologischen Instituten bemüht und damit begonnen, ihre Art Psychoanalyse einer empirisch orientierten wissenschaftlichen Erforschung zu unterziehen. Und immer wieder haben sich in den Jahrzehnten nach Sullivans Tod – nicht zuletzt durch die Arbeiten aus dem Kreis der empirisch forschenden Psychoanalytiker – auch die Forscher anderer Grundorientierung – vor allem der Verhaltenstherapie, der Kognitiven Therapie und der psychiatrischen Grundlagenforschung – durch seine interpersonelle Theorie anregen lassen (vgl. Anchin & Kiesler, 1982; Safran, 1984). So ist u.a. aus einer Integration psychiatrischer Forschungsergebnisse und der interpersonellen Theorie Sullivans die Entwicklung der Interpersonellen Therapie der Depression hervorgegangen (Klerman et al., 1984; → 25.2.12).

Da es sich nun gerade bei den *Persönlichkeitsstörungen* um komplexe Störungen des zwischenmenschlichen Beziehungsverhaltens handelt, war es nur eine Frage der Zeit, bis sich die interpersonell orientierten Psychologen und Psychiater auch diesem Feld zuwenden würden. Besonders befördert wurde diese Bereitschaft durch die beschriebenen Neuerungen, die sich mit Einführung des DSM-III (APA, 1980) im Bereich der psychiatrischen Klassifikation ergeben hatten. Interessanterweise nehmen fast all diese Entwicklungen mehr oder weniger ausdrücklich ihren Ausgangspunkt bei einem Vorschlag, den Leary in den 50er-Jahren zur Beurteilung und Einordnung von Persönlichkeitsstörungen unterbreitet hatte und auf den wir aus diesem Grund an dieser Stelle kurz eingehen wollen.

Circumplex-Modell

Angeregt durch die Arbeiten von Horney, Fromm und Sullivan versuchte Leary (1957) für eine bereits aus den 30er-Jahren stammende Systematisierung menschlicher Bedürfnisse von Murray (1938) eine interpersonelle Struktur zu finden und diese empirisch zu untermauern (→ Abbildung 4.2).

In diesem von Leary entworfenen *Interpersonal Circle* werden zwischenmenschlich bedeutsame Persönlichkeitseigenarten auf einer Ebene kreisförmig angeordnet und dabei von zwei Achsen (Dimensionen) abhängig betrachtet: auf einer vertikalen Statusachse können die Personeigenarten zwischen Dominanz und Unterwürfigkeit dimensioniert werden, auf einer horizontalen Achse zwischen Hass und Liebe. Je weiter die einzelnen Eigenarten in Richtung auf den Außenkreis hin extremisieren, umso mehr nehmen sie die Qualität einer Charakter- bzw. Persönlichkeitsstörung an.

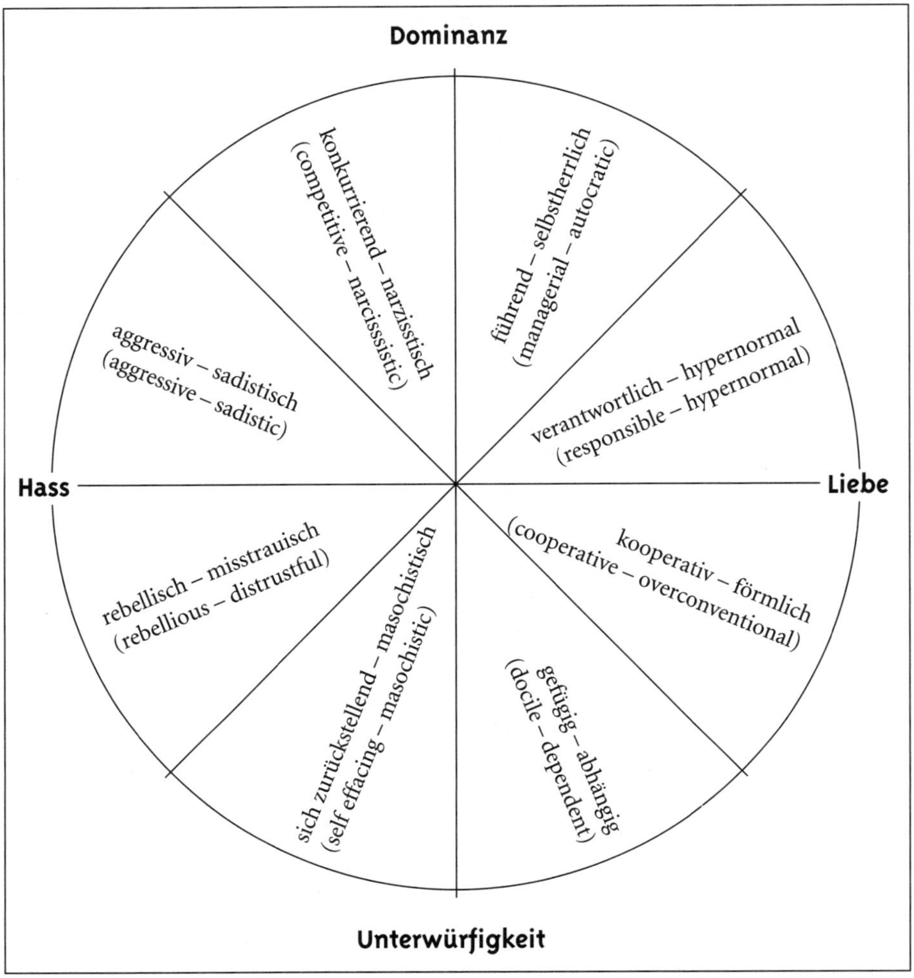

Abbildung 4.2. Auf seine Haupttypisierungen hin vereinfachtes Kreismodell persönlichkeitsbedingter interpersoneller Verhaltensmuster nach Leary (1957).

Persönlichkeitsstörungen

Learys Ordnungsversuch führt zu acht Persönlichkeitstypen, die im Originalkreismodell jeweils noch hinsichtlich einer milderen bzw. extremeren Ausprägungsform differenziert werden. Leary wählt jeweils zwei Begriffe zur Typenbezeichnung, wobei der erstere für die jeweils mildere und adaptivere Persönlichkeitseigenart eingesetzt wurde. Seine Persönlichkeitstypen lassen sich folgendermaßen charakterisieren:

- **Rebellisch-misstrauische Persönlichkeit:** Die rebellisch-misstrauische Persönlichkeit wird beherrscht von Gefühlen des Ressentiments und der Deprivation. Die Betroffenen bewältigen Angst und Frustrationserfahrungen durch aktive Distanzierung von anderen, indem sie gleichzeitig zu Zynismus, Bitterkeit und passivem Widerstand neigen. Obwohl sie keine Distanz wollen und sich im Grunde ihres Herzens nach Nähe und Zärtlichkeit sehnen, verlassen sie sich mehr auf ihre Erfahrungen, die sie wegen zahlreicher Enttäuschungen gelehrt haben, dass auch scheinbar gut gemeinten Absichten anderer besser zu misstrauen sei.

- **Masochistische Persönlichkeit:** Die sich zurückstellende und masochistische Persönlichkeit zeichnet sich durch eine mäßig und unprätentiöse Zurückhaltung aus – einer Tendenz, nicht greifbar und vertrauenswürdig erscheinen zu wollen. In ihrer extremen Form unternehmen die Betreffenden alles, um Missbilligung und Demütigungen zu erfahren, mit dem paradoxen Ergebnis, das diese Gefühle Niedergeschlagenheit und Unsicherheit auslösen.
- **Gefügig-abhängige Persönlichkeit:** Die gefügig-abhängige Persönlichkeit ist primär submissiv und zeigt in ihrem äußeren Verhalten Freundlichkeit und Zuneigung. Ihr markantes Interaktionsmuster gegenüber anderen ist ein auffälliges Hilfeersuchen, das mit Schwäche und Inkompetenz begründet wird. Im Extrem werden einschmeichelnde und klammernde Beziehungen gesucht sowie mit einem kontinuierlichen Verlangen nach Unterstützung, Ratschlägen und Anleitung.
- **Kooperativ-förmliche Persönlichkeit:** Als kooperativ-förmliche Persönlichkeit beschreibt Leary Menschen, die sich danach sehnen, von anderen geliebt und akzeptiert zu werden, und die eine extravertierte Neigung zur Freundlichkeit und Geselligkeit haben. Dominant ist die Bereitschaft, möglichst harmonische Beziehungen herzustellen und zu behalten. Im Extrem zeigen die Betreffenden einen seichten bis überschwänglichen Optimismus und eine unerschütterliche Naivität, gelegentlich histrionische und dramatische Charakterzüge oder eine übermäßige Ablenkbarkeit.
- **Verantwortlich-hypernormale Persönlichkeit:** Die verantwortlich-hypernormale Persönlichkeit scheint ständig bemüht, ihre persönliche Integrität beweisen zu müssen sowie selbstaufopferndes Verhalten und ständige Besorgtheit um andere. Einige der Gemeinten streben kontinuierlich danach, einem inneren Ideal zu entsprechen oder vermeintlichen sozialen Ansprüchen Genüge zu tun. Extremvarianten erscheinen durchgängig als „ordentlich" und perfektionistisch und zeigen eine große Intoleranz gegenüber impulsiven Gefühlen wie Ärger bei sich und bei anderen. Viele erleben ihr Leben als leer, grundlegend enttäuscht über die Unkorrektheit der Menschen, mit denen sie zu tun haben.
- **Führend-selbstherrliche Persönlichkeit:** Die führend-selbstherrliche Persönlichkeit ist erkennbar an einem „Flair" von Strenge und Selbstvertrauen, mit dem sie sich umgibt. In Gruppen betont sie immer ihren Anspruch auf Führerschaft und verlangt von anderen Respekt und Gehorsam. Im Extrem sind nicht selten diktatorische Machtansprüche beobachtbar sowie manipulierende und missbrauchende Eingriffe in das Leben anderer bei gleichzeitig ihnen gegenüber bekundeter Abwertung und Verletzung.

- **Konkurrierend-narzisstische Persönlichkeit:** Die konkurrierend-narzisstische Persönlichkeit wird als stolz, unabhängig und sich selbst überhöhend beschrieben. Die Menschen ihrer Umgebung werden entsprechend ausbeuterisch und herablassend behandelt und in submissive Positionen gedrängt. Die Betroffenen fühlen sich nur wohl, wenn sie sich selbst gut unter Kontrolle haben und sich mit ihren konkurrierenden Auffassungen in einer superioren Position wähnen. Im Extrem zeigen sie einen fast blinden Egoismus sowie verzweifelte Versuche, Eindruck zu schinden. Gelegentlich wirken sie großspurig und auf eine irrationale Weise exhibitionistisch.
- **Aggressiv-sadistische Persönlichkeit:** Die aggressiv-sadistische Persönlichkeit schließlich bezeichnet einen Menschen, der mit kalter Härte und vorrangig strafend auftritt – immer bereit, andere zu verspotten. Seine hart gesottene Art provoziert nicht selten Angst bei anderen Menschen, denen gegenüber dann sogleich die eigene, jedoch nur scheinbare Macht ausgespielt wird. Entsprechend ihrer mittleren Position zwischen Dominanz und Unterwürfigkeit ergibt sich jedoch, dass die Betreffenden häufig Scham und Schuld empfinden, wenn ihnen die Konsequenzen ihres Handelns bewusst werden.

Die zirkuläre Anordnung bringt die inhaltlichen Kategorien Learys in einen systematischen, dimensionsabhängigen Zusammenhang. Benachbarte Kategorien korrelieren hoch positiv, während zwischen im Kreis entgegengesetzten Kategorien hohe negative Korrelationen bestehen. Diese Zusammenhangsbeziehungen hat Leary selbst bereits empirisch zu untermauern versucht (1957).

Etwa zeitgleich hatten Osgood et al. (1957) in einer Reihe von Untersuchungen (u.a. zur räumlichen Lokalisierung von Wortbedeutungen) Daten vorgelegt, die die Plausibilität einer solchen Anordnung voneinander unabhängiger Dimensionen stützen. In Osgoods „semantischem Differential“ (1952, 1966) entsprechen – neben einer „activity“-Dimension – die zwei weiteren der drei von ihm faktorenanalytisch gewonnenen Dimensionen (die der „potency“ und „evaluation“) den beiden Achsen Learys. Im deutschsprachigen Raum hatte Hofstätter (1957) mit einer eigenen Form des semantischen Differenzials die Nähe von „potency“ zu Männlichkeit und die von „evaluation“ zur Weiblichkeit herzustellen versucht. Ertel (1966) versuchte das Polaritätenprofil auf drei Grunddimensionen „Potenz“, „Valenz“ und „Erregung“ zu standardisieren (vgl. auch Ertel & Schindler, 1969). In der Folge dieser und einer ganzen Reihe weiterer Untersuchungen (vgl. u.a. Wiggins & Broughton, 1985) ist man in der differenziellen und sozialpsychologischen Forschung bis heute immer wieder darauf (zurück-) gekommen, die jeweils gefundenen zwei bzw. drei Dimensionen zur Untersuchung affektiver Erlebensinhalte und zur Bewertung affektiv getönter zwischenmenschlicher Beziehung durchaus zugrunde zu legen.

4.10 Circumplex-Modelle

Learys Modell suggeriert einen hohen Gebrauchswert, weshalb in der Folgezeit zahlreiche ähnlich strukturierte Systeme konstruiert und einer empirischen Überprüfung unterzogen wurden. Kritisch eingewandt wurde, dass das Modell die gegebene Komplexität interaktioneller und charakterlicher Eigenarten zu sehr vereinfache, indem diese auf (nur) zwei Grunddimensionen hin in eine Anordnung gebracht würden. Insgesamt gesehen, haben jedoch diese Nachfolgeuntersuchungen, die sich zumeist faktorenanalytischer Designs bedienten, fast ausnahmslos die semantische Struktur von Learys Modell rekonstruiert (z.B. Schaefer, 1959; Becker & Krug, 1964; Horowitz, 1979; Wiggins, 1979; Conte & Plutchik, 1981; Kiesler, 1983; Benjamin, 1986; Paddock & Novicki, 1986). Immer wieder fand sich bestätigt, dass jene zwei Dimensionen des Status („Dominanz" versus „Unterwerfung") und der Zuneigung („Liebe" versus „Hass") die größten Anteile der Varianz der Beurteilung von Persönlichkeitsmerkmalen aufklären konnten.

Seit Mitte der 70er-Jahre hat entsprechend das forscherische Bemühen zugenommen, die inzwischen vielfältig in Fragebogenform und als Ratingskalen vorliegenden Instrumente wie auch einige komplexe systematische Beobachtungsverfahren für eine Beurteilung der Interaktionseigenarten von Persönlichkeitsstörungen einzusetzen. Diese Bemühungen sind mit der Einführung des DSM-III (1980) und seiner Neusetzungen der Persönlichkeitsstörungen weiter beflügelt worden (vgl. Wiggins, 1982; Widiger & Frances, 1985; Kiesler, 1986; Benjamin, 1986, 1994, 1995; McLemor & Brokaw, 1987; Horowitz et al., 1993). Nachfolgend sollen diese Fortentwicklungen anhand dreier ausgewählter Beispiele kurz beschrieben und illustriert werden. Es handelt sich einerseits um den sog. „Interpersonellen Zirkel" von Kiesler (z.B. 1983), andererseits um das „Inventory of Interpersonal Problems" von Horowitz et al. (z.B. 1994) und schließlich um die „Structural Analysis of Social Behavior" von Benjamin (z.B. 1995), drei Verfahren, deren Konzept und Methodik zwischenzeitlich weltweite Verbreitung und Anerkennung gefunden haben.

4.10.1 Der Interpersonelle Zirkel (IPC) von D.J. Kiesler

Das Circumplex-Modell von Kiesler (1983, 1986) schließt grundsätzlich an die Vorgaben von Leary an (→ Abbildung 4.3). Zugleich nimmt er in seinen Überlegungen ausdrücklich Bezug auf Sullivans (1953) Ausarbeitungen zur interpersonellen Theorie. Nach Kieslers Auffassung beruht die Entwicklung von Persönlichkeitseinseitigkeiten und Persönlichkeitsstörungen im Wesentlichen auf einem Wechselspiel der intrapsychischen und interpersonellen Dynamik, welches Menschen dazu führt, maladaptive Beziehungen zu wiederholen, um damit eine psychologische Bindung auf dem Niveau erreichter Kompetenz aufrechtzuerhalten. Obwohl diese maladaptiven Beziehungsmuster häufig schmerzhaft erlebt wer-

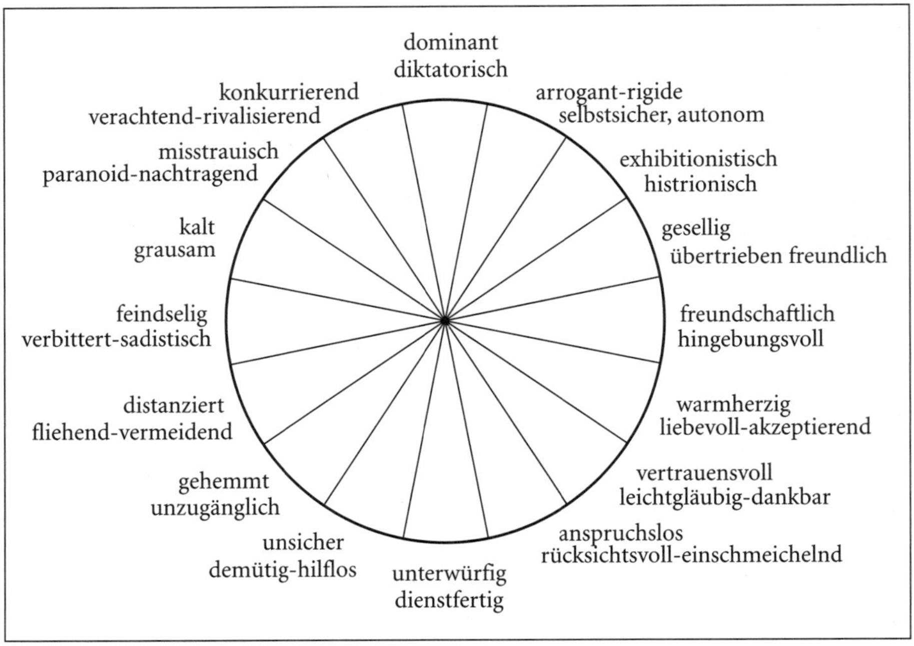

Abbildung 4.3. Auf seine Hauptaspekte vereinfachter interpersoneller Zirkel von Kiesler (1983, 1986).

den, bleiben sie bestehen, weil Alternativen nicht oder nur unzureichend gelernt wurden und damit prinzipiell eine Bedrohung des Selbst(-bildes/-konzeptes) darstellen.

Kiesler geht bei seinen Überlegungen wie andere Autoren, die sich mit ihren Circumplex-Modellen auf die Ausarbeiten von Sullivan und Leary beziehen (z.B. Oxford, 1986; oder nachfolgend: Horowitz et al., 1993) von zwei Postulaten aus. Das erste besagt, dass alle interpersonellen Verhaltensweisen entlang der beiden Hauptachsen eines zweidimensionalen Raumes beschreibbar sind: Die eine Dimension (der Zuneigung und Fürsorge) reicht von feindseligem bis zu freundlichem oder liebevollem Verhalten, die zweite (Macht, Kontrolle, Dominanz) reicht von unterwürfigem bis zu dominantem Verhalten.

Das zweite Postulat besagt, dass zwei miteinander interagierende Personen ihr Verhalten gegenseitig beeinflussen. Dieses Prinzip trägt dazu bei, dass die im Circumplex einzuordnenden Handlungen spezifische Reaktionen bei anderen Personen herausfordern oder hervorrufen. Gewöhnlich besteht eine Komplementarität. Damit ist gemeint, dass sich die Handlungsmuster ähnlich sind im Hinblick auf die Zuneigungsdimension (freundlich–feindselig) und reziprok im Hinblick auf die Kontrolldimension (dominant–unterwürfig) des interpersonellen Zirkels. Konkret in das Modell übertragen: Dominant-feindseliges Verhalten (z.B. „konkurrierend, verachtend-rivalisierend“ führt zu submissiv-feindseligen Reaktionen („unsicher, demütig-hilflos"); und dominant-freundliches Verhalten (z.B. „gesellig") führt zu eher submissiv-freundlichen Reaktionen (also „warmherzig-akzeptierend"). Komplementarität scheint die zwischenmenschlichen Bedürfnisse der Interaktionsteilnehmer am ehesten zu befriedigen; andererseits besteht das Problem zur Aufrechterhaltung unflexibler Komplementaritätsverschränkungen, die in einen letztlich hilflos machenden Circulus vitiosus entgleiten können.

4.10.2 Das Inventar zur Erfassung interpersoneller Probleme (IIP-C/-D) von L.M. Horowitz

Ganz entsprechend den Modellvorgaben des interpersonellen Zirkels von Leary bzw. Kiesler aufgebaut ist auch das Circumplex-Modell von L.M. Horowitz, der seit mehr als 10 Jahren an der Fortentwicklung eines Fragebogeninventars zur Erfassung interpersoneller Probleme arbeitet (vgl. z.B. Horowitz et al., 1988). Inzwischen gilt dieses *Inventory of Interpersonal Problems* (IIP-C/-D) u.a. wegen seiner Akzeptanz durch Patienten als eines der brauchbarsten Selbstbeurteilungsverfahren zur Diagnostik und Bewertung interaktioneller Probleme und Persönlichkeitseigenarten. Nicht zuletzt deshalb und weil kürzlich auch eine deutschsprachige Übersetzung des Verfahrens (Horowitz et al., 1994) vorgelegt wurde, soll hier kurz auf Horowitz' Ansatz eingegangen werden (vgl. sein Circumplex-Modell in → Abbildung 4.4).

Das Circumplex-Modell von Horowitz unterscheidet interaktionelle Persönlichkeitszüge und deren extremisierte Eigenarten. Letztere liegen den Persönlichkeitsstörungen als mögliche prototypische Extremvarianten mit zugrunde. Das Fragebogeninventar zum interpersonellen Zirkel von Horowitz erlaubt es nun, spezifische Beziehungsmuster wie deren Problemaspekte zu identifizieren, einzugrenzen und – da es recht sensitiv auf persönliche Änderungen anspricht – deren Verlaufseigenarten zu überprüfen, weshalb sich dieser Fragebogen auch als ausgesprochen brauchbar für eine Therapieverlaufskontrolle erwiesen hat (vgl. Grawe & Braun, 1994). Auch in den testtheoretischen Prüfungen dieses Verfahrens fand sich wiederholt bestätigt, dass sich die interaktionellen Eigenarten von Probanden bzw. Patienten (u.a. faktorenanalytisch mit einer Gesamtvarianzklärung von jeweils mehr als 75 Prozent) vor allem zwei zentralen Faktoren zuordnen lassen (Horrowitz et al., 1988, 1993). Wie in den Arbeiten zu den Kreismodellen von Leary und Kiesler repräsentieren diese Hauptdimensionen Interakionsmuster

- zwischen ausgeprägter Feindseligkeit und Freundlichkeit und
- zwischen Dominanz und Unterwürfigkeit.

Obwohl die ersten Forschungsarbeiten vor allem im Bereich der Depression lagen, wird dieses Verfahren zunehmend zur Bestimmung interpersoneller Merkmale bei Persönlichkeitsstörungen eingesetzt (vgl. z.B. Alden et al., 1990; Alden & Capreol, 1993).

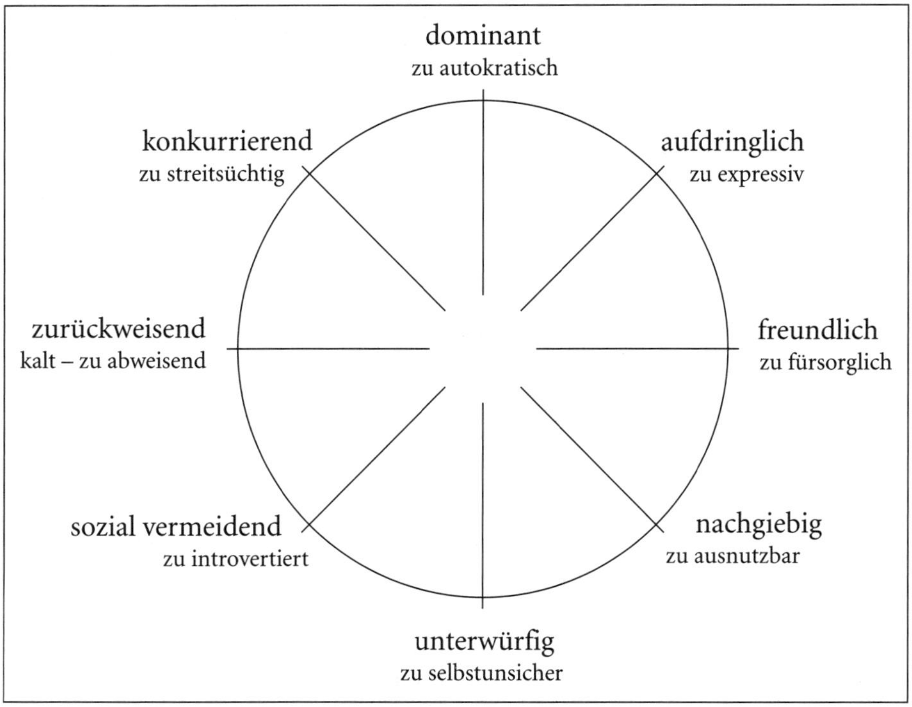

Abbildung 4.4. Hauptdimensionen des interpersonellen Zirkels von Horowitz (et al., 1988, 1994).

Persönlichkeitsstörungen

Es sind inzwischen eine Reihe weiterer Versuche unternommen worden, die prototypischen Interaktionseigenarten der spezifischen Persönlichkeitsstörungen des DSM-III(-R) innerhalb der zweidimensionalen Circumplex-Modelle zu verorten (vgl. Widiger & Frances, 1985; McLemore & Brokaw, 1987; Soldz et al., 1993; Pilkonis et al., 1996). Relativ grob gelingt dies beispielsweise für die passiv-aggressive Persönlichkeitsstörung, deren feindselig-unterwürfige Verhaltensmuster in den Kategorien des linken unteren Circumplex-Bereiches einzuordnen wären (sozial-vermeidend und zurückweisend). Eindeutig zuordnen lassen sich weiter die schizoide (sozial-vermeidend und zurückweisend), die paranoide (konkurrierend, zu streitsüchtig), die narzisstische (arrogant-rigide-selbstsicher), die dependente (nachgiebig-ausnutzbar) und die histrionische Persönlichkeitsstörung (aufdringlich-expressiv).

Andere Persönlichkeitsstörungen jedoch lassen sich nicht ganz so direkt innerhalb des Circumplexes verorten. In neueren Forschungsarbeiten gelingt dies beispielsweise nicht sehr gut für die schizotypische Persönlichkeitsstörung, deren interpersonelle Eigenarten möglicherweise aus verschiedenen Dimensionsaspekten zusammengesetzt sind (sozial-vermeidend und aufdringlich). Ähnliche Schwierigkeiten ergeben sich für die dissoziale Persönlichkeitsstörung, die möglicherweise ebenfalls eine Mischung unterschiedlicher Interaktionskategorien impliziert (kalt-abweisend, zu streitsüchtig und aufdringlich-expressiv; vgl. Livesley & Jackson, 1986; Romney & Brynner, 1989; Soldz et al., 1993).

Gewisse Probleme mit einer eindeutigen Zuordnung finden sich auch bei der ängstlich-vermeidenden Persönlichkeitsstörung (vordergründig dem Bereich „sozial vermeidend, introvertiert" zuzuordnen), zu der kürzlich von Alden und Capreol (1993) jedoch zwei differenzierbare Untergruppen der („zu introvertiert sozial vermeidenden" versus „zu ausnutzbar nachgiebigen") selbstunsicheren Persönlichkeitsstörung identifiziert werden konnten (vgl. → 15.1).

Da es sich bei den meisten Persönlichkeitsstörungen um komplexe Störungen des Beziehungsverhaltens handelt, wurde der Versuch unternommen, das IIP von Horowitz als mögliches Screening-Verfahren zur Identifikation von Persönlichkeitsstörungen zu validieren (Pilkonis et al., 1996). Als Ergebnis wurden drei Subskalen aus dem Itempool des Verfahren extrahiert, mit denen sich das Risiko des Vorhandenseins von Persönlichkeitsstörungen im Sinne eines Screenings recht gut voraussagen lässt. Sie wurden von den Autoren als „Interpersonelle Empfindsamkeit", „Inpersonelle Ambivalenz" und „Aggressionsneigung" bezeichnet. Mit zwei weiteren Subskalen „Bedürfnis nach Anerkennung" und „Fehlender Sozialbezug" lassen sich insbesondere die Persönlichkeitsstörungen des DSM-Clusters C (ängstlich, furchtsam) gut identifizieren. Besonders sensitive Einzelitems des IIP wurden in einer späteren Publikation mitgeteilt (Yookyung & Pilkonis, 1999).

Ein wesentlicher Nachteil der zweidimensionalen Anordnung liegt nun darin, dass innerpsychische Aspekte und Prozesse (wie Interessen, Selbstkonzept, Identität oder die Sichtweise anderer Personen) keine weitere Beachtung oder Rekonstruktionsperspektive erhalten. Sie gehören jedoch ebenfalls zur genauen Diagnosestellung bei Persönlichkeitsstörungen zwingend dazu. Genau diese letztgenannten Nachteile der zweidimensionalen Circumplex-Modelle versuchte Lorna S. Benjamin (1974) mit ihrem Modell der *Structural Analysis of Social Behavior* (SASB) aufzuheben, auf das wir hier abschließend ausführlicher eingehen wollen.

4.10.3 Die Strukturanalyse sozialer Beziehungen (SASB) von L.S. Benjamin

Benjamin hatte früh erkannt, dass sich die innerpsychische und interpersonelle Regulation von Beziehung dadurch bestimmt, wie die Betroffenen ihre interpersonelle Aufmerksamkeit verteilen. Die „Kontrolle" (der Statusdimension) kann sich nämlich entweder auf den anderen oder auf sich selbst oder auf beide Aspekte beziehen. Das Gleiche gilt für „Liebe" und „Hass" (der Zuneigungsdimension), die eine Person jeweils gegenüber anderen und/oder gegenüber sich selbst zeigen und entwickeln kann. Benjamin differenziert innerhalb ihres Ansatzes also zusätzlich nach dem Aufmerksamkeitsfokus (Selbst- versus Objektbezogenheit). Zugleich erweitert sie ihr Beurteilungssystem sozialer Beziehungen noch um den Aspekt der innerpsychischen Regulation und Normierung (→ Abbildung 4.5).

Interaktionsmuster lassen sich mit der SASB nach drei Perspektiven des interpersonellen Verhaltens, die als „Fokus" bezeichnet werden, jeweils dimensional auf einer *Zuneigungsdimension* (jeweils horizontale Achse) und einer *Statusdimension* (jeweils vertikale Achse) beurteilen, und ihre Einordnung im Circumplex-Raum ergibt die entsprechende Zuordnung zu einem der Cluster. So führt beispielsweise die gleiche positive Ausprägung auf der Zuneigungs- und auf der Statusdimension im Fokusbereich „1" (Andere) zum Cluster „1/2": bestätigen, verstehen.

- **Fokus 1 (Andere):** Hier ist die interaktionelle Aufmerksamkeitsrichtung in der Interaktion des Betroffenen auf den Interaktionspartner bezogen, seine Haltung ist transitiv. Auf der Zuneigungsdimension kann sie zwischen den Polen „feindselig" (extrem: „angreifen") versus „freundlich-zugeneigt" (extrem: „aktiv lieben") beurteilt werden, auf der Statusdimension zwischen „Autonomie gewährend" („emancipate") und „Kontrolle ausübend" („control").
- **Fokus 2 (Selbst):** Die dem Verhalten der zu beurteilenden Person zugrunde liegende Aufmerksamkeit ist selbstbezogen und intransitiv. Die Selbstbezogenheit ist ebenfalls interpersonell gedacht und kann sich dabei (auf der Zuneigungsdimension) „feindselig-zurückgezogen" oder „hingebungsvoll-genießend" darstellen und sie kann sich auf der Statusdimension „autonom-unabhängig" versus „nachgiebig-unterwürfig" geben.
- **Fokus 3 (Introjekt):** Introjekt ermöglicht zusätzlich zur Beziehungsanalyse eine Beurteilung der innerpsychischen Regulation und Normierung (Inhaltsaspekt der Beziehung). Registrier- und bewertbar sind so zeit- und situationsstabile Grundhaltungen der Betroffenen sich selbst gegenüber (i.d.R. handelt es sich dabei um lebensgeschichtlich vermittelte Normen des Umgangs mit sich selbst). Introjekte lassen sich ebenfalls auf der Zuneigungsdimension (zwischen „Selbstablehnung" und „Selbstliebe") und der Statusdimension (zwischen „Spontaneität" und „selbstkontrollierender Einschränkung") einschätzen.

Mithilfe der SASB-Beurteilung lassen sich nicht mehr nur die recht eindeutigen persönlichkeitsbedingten Interaktionsauffälligkeiten beurteilen und einordnen, sondern selbst höchst komplexe und fluktuierende Interaktionsmuster werden einer genauen Erfassung und Rekonstruktion zugänglich. Es sind dies spezifische strukturelle Eigenarten des SASB-Modells, die zugleich besondere Einsichten in die Interaktionsgewohnheiten persönlichkeitsgestörter Menschen ermöglichen. Die SASB eignet sich deshalb in besonderer Weise für die Überprüfung der inter-

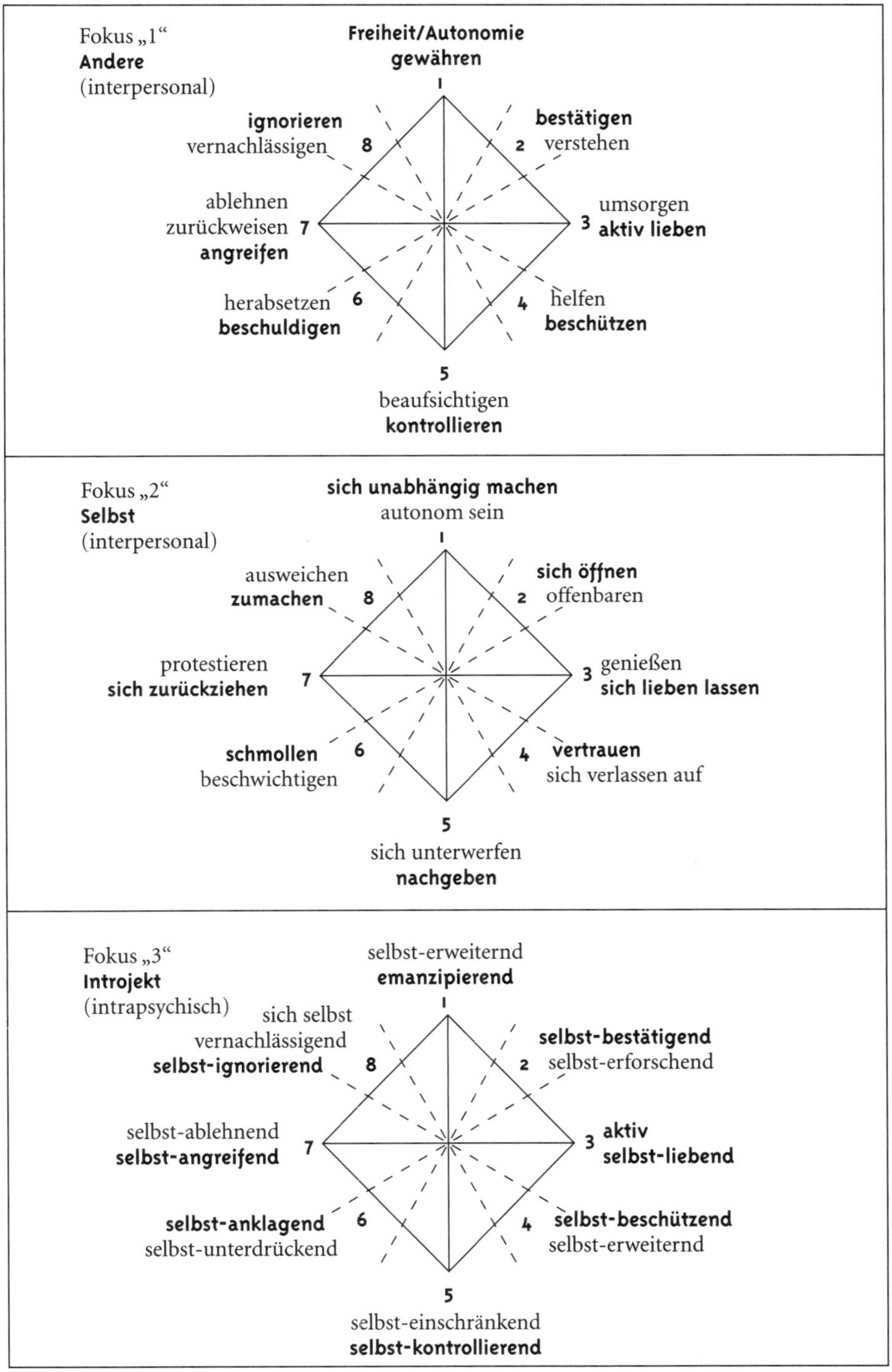

Abbildung 4.5. Strukturanalyse sozialer Beziehungen von L.S. Benjamin (1974); hier die sog. Clusterversion.

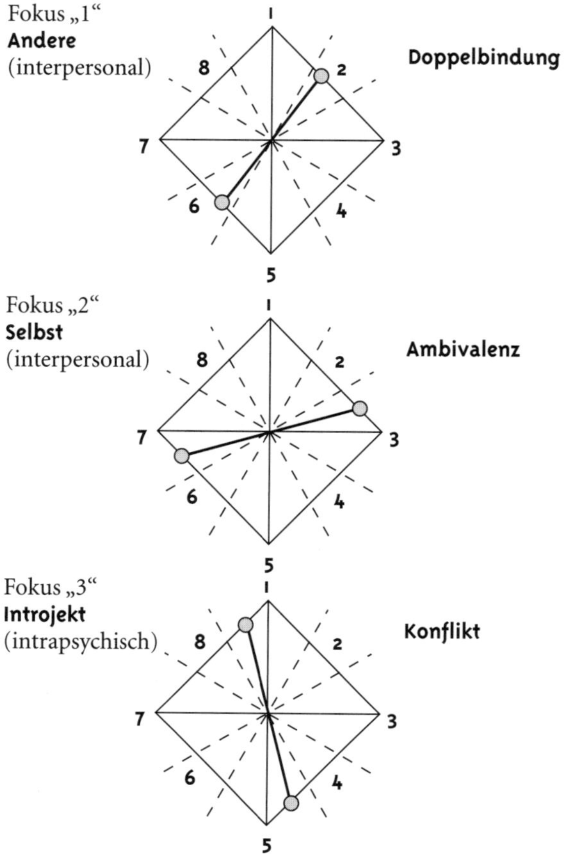

Abbildung 4.6. Beispiele für die Rekonstruktionsmöglichkeiten typischer personspezifischer Beziehungsstrukturmerkmale von Personen mittels SASB sensu Benjamin et al. (1986); hier die Aspekte einer sog. „Doppelbindung“ anderer („double bind“; interpersonelle Aufmerksamkeit ist auf andere ausgerichtet), der „Ambivalenz“ (interpersonelle Aufmerksamkeit der Person liegt auf dem Selbst) sowie der eines intrapsychischen (Introjekt-)„Konfliktes“; Erläuterungen im Text.

personellen Validität der Interaktionstypiken, die ja im Kern die Beschreibungen von Persönlichkeitsstörungen in den diagnostischen Klassifikationssystemen ausmachen. Dies soll hier

- *einerseits* am Beispiel von drei besonders augenfälligen personspezifischen Strukturmerkmalen (Doppelbindung, Ambivalenz, Konflikt) angedeutet werden, die sich mithilfe der SASB rekonstruieren lassen (→ Abbildung 4.6), sowie

- andererseits am Beispiel von drei interaktionellen Strukturmustern, die im SASB-Modell als Komplementarität, Opposition und Kongruenz der Beziehung bezeichnet werden (→ Abbildung 4.7).

Im Falle der personspezifischen Strukturmuster der Beziehung handelt sich um Koinzidenzen, d.h. zeitgleich beobachtbare, in sich selbst widersprüchliche Verhaltens- bzw. Interaktionseigenarten, die es den Betroffenen und Interaktionspartnern jeweils besonders schwer machen, kongruente oder komplementäre Beziehungsmuster einzugehen. Die nachfolgenden Beispiele sind jeweils für mögliche Interaktionstypiken ausgewählt, wie sie bei einer passiv-aggressiven Persönlichkeitsstörung vorfindbar sein könnten (→ 18).

- **Doppelbindung:** Die Doppelbindung („double bind") bezeichnet dabei ein in sich widersprüchliches Interaktionsmuster, das auf den Interaktionspartner ausgerichtet ist (Fokus 1: Andere). Der Verhaltenswiderspruch ergibt sich im SASB-Modell dadurch, dass die beiden zeitgleich gezeigten Verhaltensweisen im Circumplex jeweils einander gegenüberliegend angeordnet werden können. In → Abbildung 4.6 sind dies die Verhaltensweisen „bestätigen/verstehen" (1/2) einerseits und „herabsetzen/beschuldigen" (1/6) andererseits. Eine typische Verbaläußerung hierzu wäre: „Ich verstehe dich ja und deshalb halte ich dich für unerträglich!" Eine andere Möglichkeit zur Doppelbindung wäre gleichzeitiges „helfen/beschützen" (1/4) und „ignorieren/vernachlässigen" (1/8) („Ich werde mich gern um dich kümmern, auch wenn ich dies am liebsten nicht täte!").
- **Ambivalenz:** Eine interpersonelle Ambivalenz ist ebenfalls durch einander gegenüberliegende, zeitgleiche Verhaltensmerkmale gekennzeichnet, diesmal jedoch mit der Aufmerksamkeit auf sich selbst gerichtet (Fokus 2: Selbst). In → Abbildung 4.6 ist als Beispiel eine Ambivalenz zwischen „sich annähern/genießen" (2/3) und „protestieren, sich zurückziehen" (2/7) eingezeichnet, dem folgende Verbalaussage zugrunde liegen könnte: „Ich bin gern in deiner Nähe, will das jedoch nicht, weil du mich immer voll vereinnahmst!"
- **Konflikt:** Die Introjekt-Widersprüche finden ihren Ausdruck häufig in intrapsychischen Konflikten, die sich aus Normwidersprüchen ergeben, zwischen denen sich die Betroffenen nicht klar entscheiden können. Dem in → Abbildung 4.6 beispielhaft eingezeichneten Konflikt zwischen „spontanem Selbst" (3/1) und „sich selbst beschützen und erweitern" (3/8) könnten folgende konfliktträchtige Handlungsmaximen zugrunde liegen: „Ich weiß *nie* was ich will, muss dabei aber *immer* höllisch aufpassen, dass ich nicht zu kurz komme!"

Bei den *interaktionellen Strukturmerkmalen* handelt es sich um Interaktionsfolgen zweier Interaktionspartner (Sequenzen, Übertragungsmuster der Beziehung), die quasi „natürliche" (alltägliche, routinisierte) Interaktion typischerweise ausmachen und die dann, wenn sie von beiden oder mehreren Interaktionspartnern (gewohnheitsgemäß, quasi „eingespielt") gezeigt werden, nur schwer durchbrochen werden können (→ Abbildung 4.7).

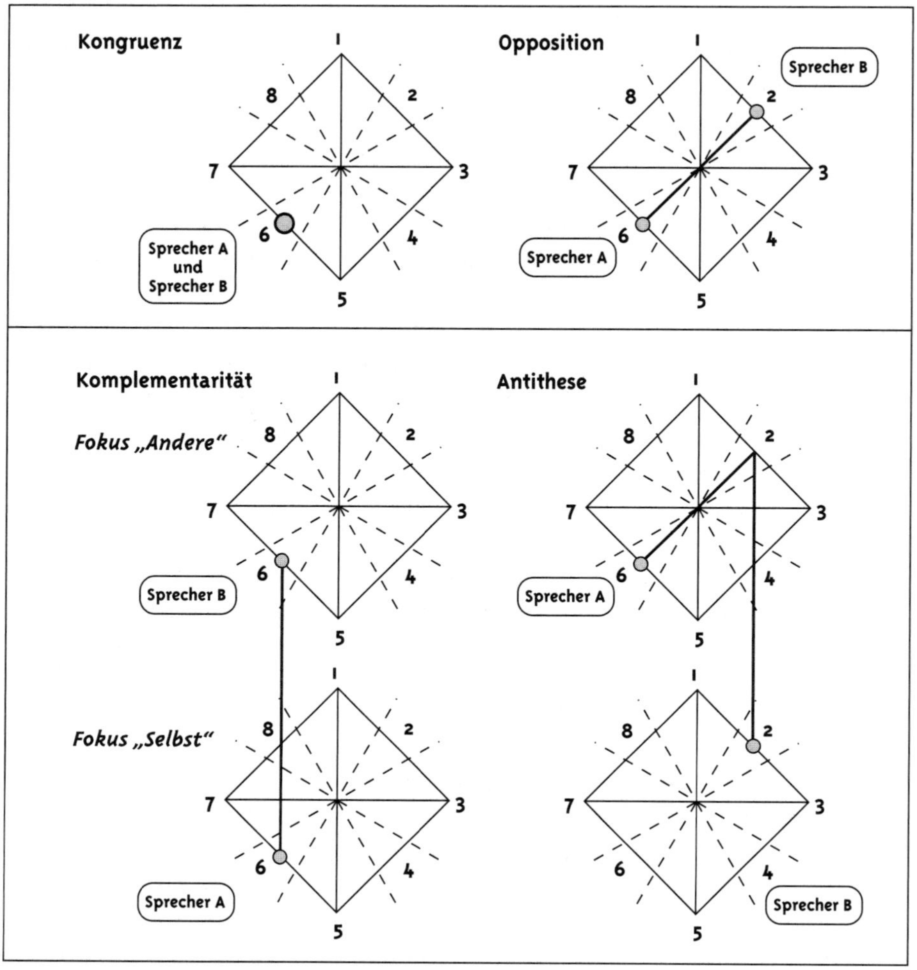

Abbildung 4.7. Beispiele für die Rekonstruktionsmöglichkeiten typischer interpersoneller Strukturmerkmale zwischenmenschlicher Beziehungen mittels SASB (sensu Benjamin et al., 1986); hier die interpersonellen Aspekte einer sog. „Komplementarität" (interpersoneller Fokuswechsel, Aufmerksamkeit beider Sprecher liegt gemeinsam auf einer Person), der sog. „Kongruenz" (beide Sprecher sind mit ihrer interpersonellen Aufmerksamkeit im gleichen Fokus und im gleichen Cluster, also gleichartig bei sich selbst *oder* beim anderen), der sog. „Opposition" (ebenfalls gleicher Fokus, jedoch mit im 180° gegenüberliegenden oppositionellen Cluster) sowie schließlich der sog. „Antithese" als Opposition im komplementen Fokus; Erläuterungen im Text.

- **Komplementarität:** Die Komplementarität drückt sich in einer Entsprechung der Verhaltensweisen zweier Personen auf den beiden interpersonellen Fokusbereichen aus. Das Komplementaritätsprinzip besagt: Fokussiert ein Sprecher sein Gegenüber (Fokus: „Andere"), so lenkt er damit die Aufmerksamkeit des Interaktionspartners auf dessen eigene Person. Jener reagiert dann komplementär, wenn er dieser Erwartung entspricht (nämlich mit einer Fokussierung auf das „Selbst"). Genau „komplementär" wäre die Reaktion, wenn sie dem gleichen Punkt im interpersonellen Raum entspräche – nunmehr lediglich mit jeweils anderem Fokus als der Interaktionspartner. So wären z.B. eine empathische Therapeutenhandlung (Fokus „Andere", Cluster 2 „bestätigen, verstehen") und eine Selbstöffnung des Patienten (Fokus „Selbst", Cluster 2 „sich öffnen, offenbaren") komplementär. In → Abbildung 4.6 ist die Interaktionsfolge einer Person A (Fokus „Selbst", Cluster 6 „schmollen, beschwichtigen") eingezeichnet, der Person B mit Fokus „Andere" (Cluster 6 „herabsetzen, beschuldigen") komplementär entspricht. Konkret z.B. könnte Person A gerade versuchen, ihren Ärger und Unmut zu verbergen, um B zu beschwichtigen und Missbilligung zu vermeiden. Dieses Interaktionsmuster beantwortet B herabsetzend und tadelnd mit der Intention, dass Person A ihr Fehlverhalten zugäbe.
- **Kongruenz:** Die interpersonelle Kongruenz drückt sich demgegenüber in einer (nur scheinbaren) Entsprechung der Verhaltensweisen zweier Personen durch ein Interagieren im gleichen Fokusbereich aus, stellt in der Realität jedoch zumeist ein „Aneinander-Vorbeireden" dar: Beide Sprecher sprechen gleichzeitig entweder über sich selbst (bzw. haben die interaktionelle Aufmerksamkeit auf sich selbst gerichtet) und sind mit ihrer Aufmerksamkeit gleichzeitig beim anderen und versuchen ihn gleichartig zu beeinflussen; denn die Kongruenz verlangt im SASB-Modell neben der Fokusentsprechung das Verweilen im gleichen Cluster. Wären beide Sprecher in dem Beispiel der → Abbildung 4.7 im Fokus „Selbst", würden sie gleichzeitig „schmollen" und/oder sich wechselseitig „beschwichtigen". Wären beide im Fokus „Andere", käme es zu einer wechselseitigen Herabsetzung und Beschuldigung.
- **Opposition:** Die interpersonelle Opposition ist im SASB-Modell definiert als diagonal entgegengesetztes Punktepaar innerhalb *eines* Fokusbereiches, und zwar als Wechsel in einer Interaktionssequenz durch den zweiten Sprecher um 180° in den im gleichen Fokus (Selbst oder Andere) gegenüberliegenden oppositionellen Cluster. Im Fokus „Andere" würde also (im Beispiel der → Abbildung 4.7) das herabsetzende Beschuldigen des Sprechers A von Sprecher B mit einem bestätigenden Verstehen beantwortet, und wären beide Sprecher im Fokus „Selbst", würde Sprecher B auf ein schmollendes Beschwichtigen mit vermehrter Selbstöffnung reagieren.
- **Antithese:** Ein hier abschließend darzustellendes strukturelles Interaktionsprinzip des SASB-Modells ist das Konzept der Antithese, das in natürlichen

Interaktionen eher seltener zu beobachten sein dürfte, das jedoch ein interessantes Muster für die Auflösung therapeutischer Krisen enthält. Antithetisches Verhalten ist definiert als die Opposition des Komplements, d.h., es ist ein oppositionelles Verhalten, das die Fokusebene wechselt und dort dem Partnerverhalten diagonal entgegengesetzt ist. Die therapeutische Akzentsetzung des Antitheseprinzips erschließt sich gut am Beispiel in → Abbildung 4.7: Auf ein therapeutisch möglicherweise ungünstiges Herabsetzen und Beschuldigen durch den Patienten (Sprecher A; Fokus „Andere", Cluster 6) würde der Therapeut auf dieses ihn betreffende Interaktionsmuster antithetisch mit einer affektiv positiv gestimmten Selbstöffnung reagieren, indem er beispielsweise Transparenz über sich selbst und seine Intentionen herstellte (Fokus „Selbst", Cluster 2).

Inhaltlich impliziert dieser „Interaktionssprung" nun überhaupt nicht, dass er die Gründe der Herabsetzung des Patienten akzeptiert. Wichtig an dem Prinzip ist vielmehr der Wechsel in den gefühlsmäßig positiven Interaktionsmodus bei gleichzeitiger Selbstöffnung. Das Prinzip der Antithese liegt auch dem sog. „therapeutischen Dreisatz" zugrunde, den wir in → Kapitel 25 als eine Möglichkeit zur Auflösung therapeutischer Krisen vorschlagen werden (vgl. ausführlich auch Fiedler, 2000a).

Persönlichkeitsstörungen

Benjamin hat nun in einer aktuellen Buchpublikation (1995) auf der Grundlage der dazu inzwischen vorliegenden empirischen Befunde und konzeptuellen Überlegungen zu den Persönlichkeitsstörungen des DSM-III-R den anspruchsvollen Versuch unternommen, die für diese Störungen zentralen Interaktionstypiken in das SASB-Modell zu übersetzen und als hypothetische Vorgabe für die weitere Erforschung bereitzustellen. Nachfolgend sollen diese hypothetischen interpersonellen Rekonstruktionsversuche der DSM-Persönlichkeitsstörungen mittels SASB kurz dargestellt werden. Zwei von diesen – den Borderline- und narzisstischen Persönlichkeitsstörungen – hat Benjamin in den vergangenen Jahren selbst eigene Forschungsarbeiten gewidmet (Benjamin, 1987, 1992). Auf ihre Beschreibungen und Analysen werden wir mehrfach auch in den Störungskapiteln zurückkommen. Die nachfolgenden Störungskennzeichnungen entsprechen den Zusammenfassungen der Autorin im Anhang ihres Buches über Persönlichkeitsstörungen (Benjamin, 1995; S. 393–416; eingefügt wurden von uns einige beispielhafte Rückübersetzungen in das SASB-Modell der → Abbildung 4.5, wobei die erste Zahl für den Fokus und die zweite Zahl für das gemeinte Cluster steht).

Borderline-Persönlichkeitsstörung. Beobachtbar ist eine fast krankhafte Angst vor dem Verlassenwerden und ein interpersonelles Bedürfnis nach protektiver Behütung, das vorzugsweise durch konstante physische Nähe befriedigt wird (zum Liebhaber oder zum Lebenspartner). Das grundlegende interpersonelle

Muster ist eine freundliche Abhängigkeit (2/4), die jedoch (antithetisch negativ) in beschuldigende Feindseligkeit umschlägt (1/6), wenn ihr nicht in ausreichendem Maße vom Liebhaber oder Lebenspartner entsprochen wird (und es kann ihr nie in ausreichendem Maße entsprochen werden). Die Betreffenden sind fest davon überzeugt, dass der Lebenspartner diese Abhängigkeit und Bedürftigkeit mag – wenn nicht offen bekundet, dann doch wenigstens heimlich. Und ein „hinterhältiges" Introjekt (3/7) attackiert das eigene Selbst, wenn es Anzeichen für Glück und Erfolg gibt.

Narzisstische Persönlichkeitsstörung. Es liegt eine extreme Verletzlichkeit gegenüber Kritik und Zurückweisung vor und zugleich besteht ein interpersoneller Wunsch nach Liebe, Unterstützung und bewundernder Rücksichtnahme durch andere. Dieses zwischenmenschliche Grundmuster beinhaltet uneingeschränkte Selbstliebe (3/3) wie zugleich die Kontrolle anderer Personen (1/5). Wenn andere die Unterstützung versagen oder wenn eigene Schwächen offenkundig werden, kippt das Selbstkonzept in Richtung massiver Selbstvorwürfe (3/6). Fehlt ihnen Empathie (ohne 1/2), dann strafen die Betroffenen andere mit Verachtung (1/8) und betrachten sich selbst als überlegen und ohne Fehl und Tadel.

Histrionische Persönlichkeitsstörung. Es liegt eine extreme Angst vor, nicht beachtet zu werden. Diese Angst ist gepaart mit dem interpersonellen Wunsch, von einer starken Person geliebt und umsorgt zu werden, die zugleich jedoch dennoch durch die eigenen charmanten und unterhaltsamen Eigenarten kontrollierbar bleibt. Das interpersonelle Grundmuster ist ein freundschaftliches Vertrauen (2/4), das eher versteckt von einem Verlangen nach strikter Einhaltung von Umsorgung und Liebe gesteuert wird. Unangemessenes verführerisches Verhalten (2/3) und parasuizidale Handlungen (3/7) sind Beispiele für die Zwanghaftigkeit solcher Interaktionsmuster.

Antisoziale Persönlichkeitsstörung. Es findet sich ein unangemessenes und nicht angepasstes interpersonelles Bedürfnis, andere zu kontrollieren (1/5), das in insgesamt distanzierte Personeigenarten integriert ist (2/8). Es gibt ein starkes interpersonelles Verlangen nach Unabhängigkeit (2/1) und einen Widerstand gegenüber jedweder Art von Kontrolle durch andere, die gewöhnlich mit Verachtung gestraft wird (1/8). Es besteht eine Neigung zu ungezügelter Aggression (1/7), um das Kontrollbedürfnis oder die Unabhängigkeit zu sichern. Dennoch verfügt die antisoziale Persönlichkeit über ausgesprochen freundliche und sozial akzeptable Eigenarten, aber die Freundlichkeit wird ständig begleitet durch ein interpersonelles Grundmuster der Aufrechterhaltung zwischenmenschlicher Distanz (2/8). Die Betreffenden interessiert nicht, was mit ihnen oder anderen geschieht.

Dependente Persönlichkeitsstörung. Das interpersonelle Grundmuster ist eine extreme Nachgiebigkeit (2/5) gegenüber dominierenden anderen Personen (diese zeigen 1/5), die unverbrüchlich mit der Hoffnung auf nicht endende Umsorgung und Unterstützung verknüpft ist. Der Wunsch nach Aufrechterhaltung einer solchen Beziehung bleibt auch auf die Gefahr hin unverändert, Missbrauchserfahrungen tolerieren zu müssen. Menschen mit dependenter Persönlichkeitsstörung halten sich selbst für unfähig und inkompetent (3/6) mit der Konsequenz, dass sie der Auffassung sind, nicht allein und ohne eine dominierende Bezugsperson überleben zu können.

Zwanghafte Persönlichkeitsstörung. Die Betroffenen befürchten, etwas falsch zu machen oder wegen eigener Unzulänglichkeiten angeschuldigt zu werden. Die Orientierung an allgemeinen Ordnungsvorgaben führt zu einem zwischenmenschlichen Interaktionsmuster der Beschuldigung (1/6) und der rücksichtslosen Kontrolle anderer (1/5). Dieses interpersonelle Kontrollbedürfnis zwanghafter Persönlichkeiten geht zumeist einher mit einem blinden Gehorsam gegenüber Autoritäten oder Prinzipien (2/5). So findet sich eine exzessive Selbstdisziplin bei gleichzeitiger Unterdrückung eigener Gefühle, strenge Selbstkritik und eine Vernachlässigung eigener Bedürfnisse (3/5 bis 3/6).

Negativistische (passiv-aggressive) Persönlichkeitsstörung. Es zeigt sich eine durchgängige Neigung, jede Form der Macht als rücksichtslos und verachtenswert zu betrachten. Diese Neigung tritt zusammen mit dem Glauben auf, dass Autoritäten oder Bezugspersonen inkompetent, unfair oder grausam sind. Eine negativistische Person stimmt den Wünschen oder Vorschlägen anderer grundsätzlich zu (2/5), scheitert jedoch, ihnen wirklich zu entsprechen (2/7). Die Betreffenden beschweren sich häufig über eine ungerechte Behandlung, und sie beneiden andere oder nehmen es diesen übel, wenn diese besser zurechtkommen (1/6). Mit ihrem Leiden klagen sie die angebliche Nachlässigkeit einer Bezugsperson oder einer Autorität an. Die negativistische Persönlichkeit fürchtet Kontrolle jeder Art und verlangt grundsätzlich eine fürsorgliche Wiedergutmachung für vermeintlich zugefügtes Leiden.

Ängstlich-vermeidende (selbstunsichere) Persönlichkeitsstörung. Die Betreffenden haben eine intensive Furcht vor Demütigung und Zurückweisung. Um eine befürchtete Verlegenheit zu vermeiden, zieht und hält sich die selbstunsichere Person grundsätzlich und überall zurück (2/6). Die Betreffenden haben ein tiefes Bedürfnis nach Liebe und Akzeptiertwerden, und sie gehen sehr intime Beziehungen mit jenen wenigen Personen ein, die den sehr strengen Maßstäben an eine erwartete Sicherheit entsprechen (2/4). Gelegentlich kommt es vor, dass selbstunsichere Personen die Kontrolle verlieren und in wütender Entrüstung explodieren können.

Paranoide Persönlichkeitsstörung. Die Betreffenden fürchten, von anderen angegriffen oder beschuldigt zu werden. Ihr interpersonelles Bedürfnis ist darauf ausgerichtet, bestätigt und verstanden zu werden. Wenn diese Erwartung nicht erfüllt wird, hoffen die Betreffenden, dass die anderen sie entweder verlassen oder dass sie sich unterwerfen. Das vorrangig gezeigte interpersonelle Muster besteht in einem sich Verschließen (2/8), einem Abseitsstehen und in einer sorgsamen Selbstkontrolle (2/1). Wenn sie angegriffen werden, neigen paranoide Persönlichkeiten (in einer Art „Doppelbindung", Fokus 1) entweder dazu, in einer feindseligen Art zurückzuschrecken oder mit einer Art Gegenkontrolle anzugreifen oder aber auf Distanz zu gehen.

Schizoide Persönlichkeitsstörung. Die Betreffenden zeigen keinerlei Furcht oder Bedürfnisse gegenüber anderen Personen. Das interpersonelle Grundmuster besteht in aktiver oder passiver Unabhängigkeit (2/1; 2/8). Da die Betreffenden gewöhnlich einen beträchtlichen Entwicklungsrückstand in der sozialen Wahrnehmung und in sozialen Fertigkeiten haben, verfügen schizoide Personen auch kaum über hinreichende Kompetenzen, die den Erwartungen an formale soziale Rollenfertigkeiten entsprechen (also auch nicht den Erwartungen ihrer Eltern, Vorgesetzten oder Kollegen). Die Betreffenden können durchaus verheiratet sein, entwickeln jedoch keine Intimität. Gelegentlich kann durchaus ein aktives, jedoch nicht notwendigerweise bizarres Ausleben interaktioneller Kompetenz in der Fantasie beobachtet werden.

Schizotype Persönlichkeitsstörung. Die Betreffenden haben eine Angst vor verletzender, demütigender Kontrolle. Es besteht ein interpersonelles Bedürfnis, von anderen in Ruhe gelassen zu werden (3/4). Das interpersonelle Grundmuster schizotyper Persönlichkeiten besteht aus einem feindselig gestimmten sozialen Rückzug (2/7) und in einer Vernachlässigung ihrer selbst (3/8). Die schizotype Persönlichkeit glaubt, eine Fähigkeit zur magischen Einflussnahme zu besitzen, die sie entweder direkt einzusetzen vermag (z.B. durch telepathische Fähigkeiten) oder indirekt (z.B. durch rituelle Kontrolle). Gewöhnlich setzt die schizotype Persönlichkeit diese „Kräfte" aus sicherer Distanz ein. Die Betreffenden sind sich ihrer aggressiven Gefühle bewusst und können sie gewöhnlich gut beherrschen.

4.10.4 Bewertung

Circumplex-Modelle sind in besonderer Weise geeignet, die in den meisten Theorien zur interaktionellen Entstehung und Aufrechterhaltung der Persönlichkeitsstörungen unterstellten Reziprozitätsbeziehungen zu untersuchen und zu bewerten. Die gerade beginnende Forschung in diesem Bereich dürfte in den nächsten Jahren sicherlich erheblich dazu beitragen, nachdrücklich auch der in diesem Buch vertretenen Auffassung weiteren Auftrieb zu geben, dass es sich bei den Persönlichkeitsstörungen um komplexe Störungen des zwischenmenschlichen Beziehungsverhaltens handelt, die entsprechend konzeptualisiert, untersucht und auch als solche therapeutisch behandelt werden sollten.

5 Persönlichkeitspsychologie und Klinische Psychologie: Die Perspektive biopsychosozialer Erklärungsmodelle

Künstler trennen experimentell, Wissenschaftler trennen systematisch die im Alltag immer schon vorgegebene Einheit von Anschauung und Begriff, von Vorstellung und Name, um zu neuen Unterscheidungen zu kommen und damit zu neuen Bedeutungen.
Bazon Brock

Auf dem Weg der Psychologie zur eigenständigen Wissenschaft Ende des letzten und zu Beginn dieses Jahrhunderts wurden vor allem in der sog. „Deutschen Charakterkunde" Möglichkeiten für ein psychologisches Verständnis von Charakterstörungen diskutiert. Die vor allem hermeneutisch-verstehend ausgearbeitete Charakterkunde hatte zeitweilig beträchtliche Wirkungen auf das psychopathologische Verständnis und auf die Systematisierungsversuche der Persönlichkeitsstörungen (Psychopathien) in der Psychiatrie. Im Unterschied zur Psychiatrie jedoch, wo sich die Psychopathologie bis in die Gegenwart hinein immer auch eine verstehend-hermeneutische und phänomenologische Konzeptualisierung psychischer Störungen und Persönlichkeitsstörungen als *einen* Zugang bewahrt hat, wurde die philosophisch inspirierte Charakterkunde in der Psychologie schon bald nach dem 2. Weltkrieg fast vollständig aufgegeben. Die erste Nachkriegsgeneration der deutschsprachigen Persönlichkeitsforscher wurde nachhaltig durch die empirisch-experimentelle Ausrichtung der Persönlichkeitspsychologie in England (vor allem durch Eysenck) und in den Vereinigten Staaten (vor allem durch Cattell) beeinflusst. Mithilfe psychometrischer Verfahren der Eigenschaftserfassung sowie mittels faktorenanalytischer Designs sollten zentrale Grunddimensionen der Persönlichkeit empirisch-objektivierend aufgefunden und begründet werden (vgl. Amelang & Bartussek, 1990).

Wegen dieser zeitweilig unterschiedlichen Zugänge im Bereich der deskriptiv-klassifizierenden Psychopathologie in der Psychiatrie und der psychometrisch ausgerichteten Persönlichkeitspsychologie liefen deren Forschungsbemühungen – vor allem im deutschsprachigen Raum – jahrelang recht unverbunden nebeneinander her. Erst nachdem auch in der psychiatrischen Psychopathologie (ebenfalls von den USA ausgehend) zunehmend empirisch-psychologische Forschungsarbeiten akzeptierbar wurden, kam es erneut zu einer Annäherung beider Disziplinen. Und seit der Einführung des weitgehend theoriefrei und deskriptiv gehaltenen Klassifikationssystems DSM-III (APA, 1980) und mehr noch seit Einführung der ähnlich strukturierten ICD-10 (WHO, 1991) wurden in der Klinischen Psychologie zunehmend Vorbehalte gegenüber einer Diagnose und Klassifikation von Persönlichkeitsstörungen aufgegeben.

Dies geht inzwischen sogar so weit, dass selbst jene klinischen Psychologen, die vor Jahren noch in ausdrücklicher Konkurrenz und Distanz zur psychiatrischen Klassifikation von Persönlichkeitsstörungen standen, nunmehr mit eigenen Ätiologieansätzen und deren Erforschung neue Impulse für deren konzeptuelle Fortentwicklung zu geben versuchen. Diese Entwicklung soll im Folgenden grob nachgezeichnet werden. Es kann uns im Rahmen dieses Buches natürlich nicht um einen überblicksartigen Abriss der differenziellen und Persönlichkeitspsychologie gehen (vgl. hierzu Amelang & Bartussek, 1990; Asendorpf, 1999; Kuhl, 2001). Folglich bleibt die Darstellung erheblich auf jene Perspektiven eingeschränkt, die mit der Entwicklung von Verstehensansätzen bei Persönlichkeitsstörungen in einem Zusammenhang stehen. Es kann jedoch festgestellt werden, dass die klinische Konzeption von Persönlichkeit und Persönlichkeitsstörungen inzwischen auch Eingang in einige (der zitierten) Lehrbücher und damit in die Konzepte der differenziellen Persönlichkeitspsychologie findet, wenngleich – etwas unverständlich – mit beträchtlicher Verzögerung (vgl. Fiedler, 1999b).

5.1 Deutsche Charakterkunde

Wesentliche Wirkungen auf die psychiatrischen Konzeptualisierungsversuche von Persönlichkeitsstörungen gingen von der sog. „deutschen Charakterkunde" aus (vgl. Angleitner & Borkenau, 1985).

Bei der deutschen Charakterkunde handelt es sich um einen hermeneutisch-verstehenden Zugang philosophischer Prägung, in dem die besondere Befähigung und Unvoreingenommenheit des Forschers als Vorbedingung für eine Erkenntnisfindung galt. Für diese geisteswissenschaftliche Herangehensweise war es typisch, dass Belege für die Ausarbeitungen charakterologischer Systematiken der Alltagserfahrung, Gesprächen mit Patienten, der Selbstbeobachtung, Charakterschilderungen in Biographien und Autobiographien bedeutender Persönlichkeiten oder den Charakterbeschreibungen in der schöngeistigen Literatur entnommen wurden.

Dies entsprach in vielem – wie angedeutet – auch der Vorgehensweise, die in der deutschsprachigen Psychiatrie zur Ausarbeitung psychopathologischer Systematiken gepflegt wurde – weshalb es hierzulande über viele Jahrzehnte hinweg zu einem fruchtbaren Austausch zwischen beiden Disziplinen kam (vgl. etwa die Dokumentation wichtiger Beiträge der Charakterkunde aus

Psychologie und Psychiatrie bei Petrilowitsch, 1967). Als bevorzugte methodische Arbeitsweisen galten auch noch die Nutzung dokumentierter Fallbeschreibungen sowie die Ausdeutung und das Verstehen von Körperausdruck, Körperhaltung, Mimik, Sprechweisen, Sprachgebrauch, Graphologie usw. von Patienten.

Schichtenmodelle

Die Charakterkunde schließt an Vorarbeiten des Philosophen und Psychologen Ludwig Klages (1920, 1926) an. Dieser gliederte Charakter nach Eigenschaften und Fähigkeiten (wie Intelligenz, Gedächtnis, Wille), nach Strebungs- und Artungseigenarten (wie Güte, Mitleid, Ergeiz) und nach sog. Gefügeeigenschaften, in denen sich ein Mehr oder Weniger an Antrieb oder Hemmung manifestieren kann (wie Ablenkbarkeit, Wortkargheit, Temperament, Gehemmtheit). Zur theoretischen Begründung dienten in der an Klages anschließenden Charakterkunde vor allem sog. „Schichtenmodelle" der Persönlichkeit, welche in der Psychologie (und zeitgleich auch in der Psychiatrie) noch bis in die 60er-Jahre hinein entwickelt wurden und die sich (in der Psychologie) u.a. mit Namen wie Rothacker, (z.B. 1938/1969), Lersch (z.B. 1938) und Wellek (z.B. 1966) verbinden und die (in der Psychiatrie) zu einer Vielzahl ausgearbeiteter Typologien von Charakterstörungen führten (u.a. von Homburger, 1929; Kahn, 1929; Schultz, 1928; zusammenfassend: Kurt Schneider, 1950; → 2.1.2).

Der (schon alte) Schichten-Begriff gewann vor allem nach dem 1. Weltkrieg in vielen Wissenschaftskontexten, insbesondere aber in den Wissenschaften über den Menschen, als geeignetes Veranschaulichungsmittel für das Gefüge und die Abweichungen psychischen Geschehens eine weite Verbreitung und Attraktion. Freuds topographische wie strukturtheoretische Überlegungen (zum „Es", „Ich", „Überich"; → 3.1) sind ebenso „schichttheoretisch" inspiriert wie damalige Versuche einiger Neurologen, höhere bzw. tiefere Schichten des Gehirns mit höheren bzw. tieferen psychischen und psychologischen Funktionen in einen Zusammenhang zu stellen (vgl. Hehlmann, 1967). So sprach beispielsweise der Internist Kraus (1926) von einer Tiefenperson und von einer Kortikalperson, die eben diesen beiden Schichten, dem Tiefenhirn bzw. der Hirnrinde, zugeordnet seien.

Diese Ideen wurden von den Charakterologen jener Zeit aufgegriffen, boten sie sich doch als treffliche Möglichkeit an, Persönlichkeitsentwicklung und Störungsphänomene zu beschreiben und zu differenzieren. Ein vielfältig benutztes Grundmuster war genau jene Zweischichtenannahme, in der die psychische Entwicklung prinzipiell als allmähliche Überschichtung einer emotional-primitiven Grundschicht durch eine rationale Schicht angesehen werden konnte. So spricht Rothacker (1938/1969) von einer Tiefenperson, die die vegetativen und emotionalen Bestandteile enthalte und aus der heraus das Ich sich über Lernen, Gewohnheiten und Haltungen in eine höhere Personschicht hineinentwickle. Auch Lersch (1938) unterschied zwischen einem endothymen Grund und dem geistigen Oberbau. Wellek (1966) postulierte schließlich sieben Vertikalschichtungen, die von der tiefsten, der Vitalität, über die Schichtungen Triebe, Empfindungen, Gefühle, Fantasie, Verstand bis zur höchsten, dem Willen, reichten. Später fügt er diesem („vertikalen") Funktionszusammenhang noch einen („horizontalen") Funktionskreis hinzu, bestehend aus den drei Polaritäten von

- Intensität versus Tiefe,
- Extraversion versus Introversion und
- Es-Haftigkeit versus Ich-Haftigkeit.

Charakterstörungen

In Entsprechung dieser Charaktermodelle wurden insbesondere im Bereich der Psychiatrie verschiedene Typologien von Charakterstörungen entwickelt (z.B. Homburger, 1929; Kahn, 1928). So lassen sich etwa mit Birnbaum (1926) bestimmte Persönlichkeitsmängel (Haltlosigkeit, Impulsivität, Hemmungslosigkeit) im Sinne des Zweischichtenmodells aus einem Nichterreichen des Oberbaus der Persönlichkeit oder auch aus einem Absinken aus dem Oberbau in die Wirksphäre der biologisch älteren Schichten, die „das primitive Trieb-, Instinkt und Affektleben" umfassen, erklären. Eine der komplexeren Schichtentypologien wurde von Schultz (1928) entwickelt, der in sein Schichtenmodell die gesamte Erscheinungsbreite psychischer und charakterlicher Störungen einzuordnen versuchte. Die tiefste seiner vier Schichten enthält Merk- und Aufmerksamkeitsstörungen, Begabungsstörungen, periodische Verstimmungen, paranoide Haltungen, die zweite beinhaltet vitale Erscheinungen wie die Depression, Zwangszustände und sexuelle Störungen, die dritte seelische Gefühlsprobleme wie Situationsreaktionen (reaktive Störungen) und Abulie (Willensschwäche). In der höchsten Schicht ergaben sich (rationalisierbare) Selbstwertprobleme, Schuldgefühle und Konfliktspannungen. Weitere Beispiele für eine schichttheoretische Ausdeutung von Charakter- bzw. Persönlichkeitsstörungen finden sich bei Petrilowitsch (1967).

Wandel

Vor allem die ausdrücklich geisteswissenschaftlich-hermeneutische Ausrichtung der Charakterkunde, wohl nicht zuletzt aber auch einige unklare ideologische und politische Verwicklungen ihrer Protagonisten während der Zeit des Nationalsozialismus sind vor allem der Grund dafür, weshalb die verstehende Charakterforschung nach dem 2. Weltkrieg durch die nachwachsende Generation junger Forscher zunehmend ad acta gelegt wurde (vgl. Metraux, 1985). Dies geschah in der Psychologie sicherlich radikaler als in der Psychiatrie. Der Wechsel zur empirisch-experimentellen Persönlichkeitsforschung vollzog sich endgültig (für einige Zeitgenossen in recht markanter Erinnerung) nach einer heftigen Auseinandersetzung zwischen Wellek und Eysenck auf dem 14. Internationalen Kongress für Psychologie in Montreal 1954, wo Eysenck die Charaktertheorien als „Ausschmückungen persönlicher Erfahrung mit höchstens hypothesengenerierendem Charakter" abqualifizierte und für die weitere Ausarbeitung der Persönlichkeitspsychologie fürderhin Experimente und deren Repräsentativität, Reproduzierbarkeit und Vergleichbarkeit forderte (vgl. Wellek, 1959; Eysenck, 1959; Bracken & David, 1959).

5.2 Begründung dimensionaler Systematiken

Wir haben schon mehrfach darauf hingewiesen, dass sich die Ordnungsversuche der Persönlichkeitsstörungen in der Psychiatrie und in der Psychologie deutlich voneinander unterschieden. Dies liegt vor allem daran, dass das Klassifikationsinteresse in der Psychiatrie sehr stark darauf ausgerichtet war und ist, qualitative Unterschiede zwischen psychischen Störungen und dem normalen Verhaltensspektrum zu finden und zu begründen (sog. *Nosologiehypothese*). Die (klinisch-) psychologische Persönlichkeitsforschung ging und geht zumeist von der Annahme aus, dass sich psychisch und persönlichkeitsgestörte Menschen nur in quantitativer Weise vom Durchschnitt unterscheiden (sog. *Kontinuitätshypothese*). Beide Wissenschaftsdisziplinen benutzen zur Festlegung der Abweichung vielfach gleichzeitig den „Typus"-Begriff.

Persönlichkeitstypologien

In der *Psychiatrie* wird „Typus" als Ordnungsprinzip wesentlicher diskreter Grundmerkmale oder Eigenschaften benutzt, auf deren Grundlage die eindeutige diagnostische Feststellung einer psychiatrischen Erkrankung vorgenommen werden kann. Und bei der Entwicklung kategorialer Klassifikationssystematiken kommt es entsprechend darauf an, die den Kategorialtypen zugeordneten Eigenschaften eindeutig zu halten, sodass einerseits qualitative Unterschiede gegenüber nicht erkrankten Personen distinkt bleiben und damit zugleich Überlappungen zwischen den unterschiedlichen Störungstypen ausgeschlossen werden können.

In der *Psychologie* wird „Typus" ebenfalls über eine Gruppe zusammenhängender Eigenschaften definiert, mit dem Unterschied, dass man sie zu dimensionieren versucht. Dies hängt damit zusammen, dass das Hauptinteresse der Persönlichkeitspsychologie vorrangig auf die Differenzierung nicht psychisch gestörter, normaler Populationen ausgerichtet ist. Andererseits werden aber auch dort, wo sich das Interesse der Psychologen auf klinische Gruppen ausrichtet, die dimensionale Perspektive beibehalten und psychisch gestörte Menschen als das Extrem auf ansonsten kontinuierlich und (je nach untersuchter Population) normal verteilten Persönlichkeitsdimensionen betrachtet.

Natürlich lässt sich dieser Funktionsunterschied zwischen psychiatrischer und psychologischer (Persönlichkeits-)Forschung wohl zu keiner Zeit in dieser Eindeutigkeit behaupten. Spätestens seit Ende des 1. Weltkrieges rückt auch in der psychiatrischen Forschung zunehmend die Frage der Übergänge zwischen Normalität und Abweichung in den Vordergrund und damit die Notwendigkeit zur dimensionalen Konzeptualisierung psychischer Störungen, insbesondere auch der Persönlichkeitsstörungen. Ein recht frühes Beispiel für die Dimensionierung von Persönlichkeitsstörungen ist die bereits besprochene Typologie von Kretschmer (→ 2.1.2).

Auch das Typenkonzept der Extraversion versus Introversion bei Jung (1921), das zeitweilig erheblich auf die psychologische Theoriebildung in der Persönlichkeitspsychologie Einfluss gewann, ist eindeutig dimensional gedacht (→ 4.2). Nach Jungs Auffassung entsteht erst, wenn die extravierte bzw. introvertierte Grundorientierung „in irgendeiner Weise chronisch [wird], . . . daraus ein Typus, nämlich eine habituelle Einstellung, in welcher der eine Mechanismus dauernd vorherrscht, allerdings ohne den anderen je völlig unterdrücken zu können, denn er gehört unbedingt zur psychischen Lebenstätigkeit" (Jung, 1921, S. 12f).

Es soll jedoch nicht unerwähnt bleiben, dass es bis Mitte dieses Jahrhunderts auch in der Psychologie vielfältige Bestrebungen gab, qualitativ-kategorial orientierte Typologien zu entwickeln – wohl nicht von ungefähr mit einem bemerkenswerten Höhepunkt während der Zeit des Dritten Reiches. Als ein Beispiel sei die in Studien an Eidetikern entwickelte „Integrationstypologie" von E. R. Jaensch (1929) erwähnt, der schließlich im Nationalsozialismus mit der Aufstellung eines *„Gegentypus der deutschen Bewegung"* (1938) zum Protagonisten einer politisch gefärbten psychologischen „Rassenkunde" und „Erbcharakterologie" (Pfahler, 1932) avancierte.

Persönlichkeitsdimensionen

Die Versuche qualitativ orientierter Typologisierung der Persönlichkeit sind in der Psychologie immer umstritten gewesen und heftigst kritisiert worden. Zumindest während der ersten Hälfte der NS-Periode finden unter den „Typologen" auch noch heftige Flügelkämpfe statt, die zum Teil auch gegen die Infiltration nationalsozialistischen Rassendenkens gerichtet waren (vgl. Scheerer, 1985).

Insbesondere unter den experimentell orientierten Typologieforschern in der Psychologie griff man gern auf die Überlegungen Kretschmers und Jungs zurück. Und von diesen wurde ausdrücklich die Notwendigkeit zur Dimensionierung betont. Eine solche Sichtweise war übrigens bereits um die Jahrhundertwende von Wilhelm Wundt (1903) vorgeschlagen worden (→ Abbildung 5.1).

Wundt hatte seinerzeit die von Immanuel Kant aktualisierten Beschreibungstypen der klassischen Temperamentenlehre (1798; ausführlich: → 2.1.2 mit den kategorialen Typisierungen von Kant) durch ein dimensionales System zu ersetzen versucht. Wundt postulierte, dass zwei der vier Typen (Choleriker und Melancholiker) durch eine ausgeprägte „Emotionalität" und die zwei übrigen (Sanguiniker und Phlegmatiker) durch eine geringe „Emotionalität" gekennzeichnet seien. Von dieser Emotionalitätsdimension unterschied er eine zweite Dimension der „Wandelbarkeit" als unabhängig: Choleriker und Sanguiniker betrachtete Wundt als wandelbar, Melancholiker und Phlegmatiker als unwandelbar.

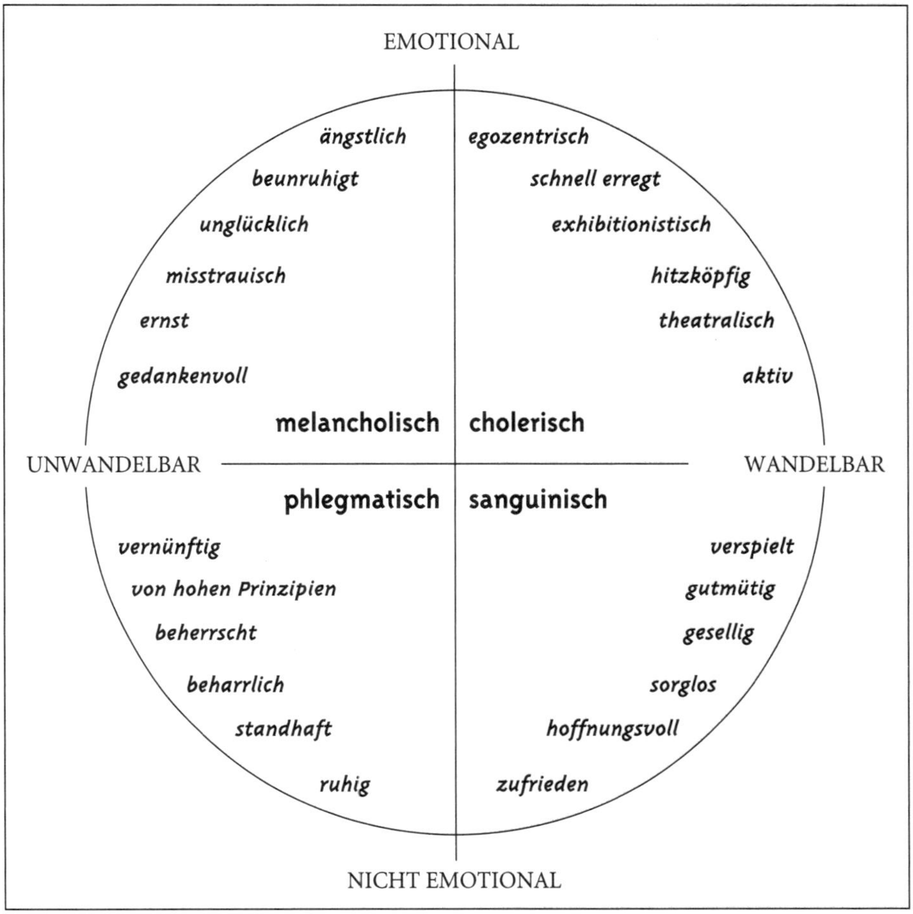

Abbildung 5.1. Schematische Darstellung der klassischen Viertemperamentenlehre nach einer Dimensionierung der aktualisierten Beschreibung I. Kants durch W. Wundt (in Anlehnung an eine Grafik bei Eysenck & Eysenck 1987, S. 49).

Eysenck (1980) hat diese Denkfigur in eine grafische Darstellung übertragen, um zu verdeutlichen, wie es Wundt gelungen sei, durch diese Anordnung die Kategorialüberlegungen Kants aufzuheben (→ Abbildung 5.1). Wilhelm Wundt (1903) hatte die dimensionale Einordnung der vier Temperamente mit folgender Beschreibung begründet:

„Die Vierteilung lässt sich rechtfertigen, insofern wir in dem individuellen Verhalten der Affecte zweierlei Gegensätze unterscheiden können: einen ersten, der sich auf die *Stärke*, und einen zweiten, der sich auf die *Schnelligkeit des Wechsels* der Gemütsbewegungen bezieht. Zu starken Affecten neigt der Choleriker und Melankoliker, zu schwachen der Sanguiniker und Phlegmatiker. Zu raschem Wechsel ist der Sanguiniker und Choleriker, zu langsamem der

Melankoliker und Phlegmatiker disponiert ... Bekanntlich geben sich die starken Temperamente ... mit Vorliebe den Unluststimmungen hin, während die Schwachen als eine glücklichere Begabung für die Genüsse des Lebens gelten ... Die beiden raschen Temperamente ... geben sich ferner mit Vorliebe den Eindrücken der Gegenwart hin; ihre schnelle Beweglichkeit macht sie bestimmbar durch jede neue Vorstellung." (Wundt, 1903; S. 637f; Hervorhebungen im Original)

Wundt ging es mit seiner Dimensionstypologie um die genaue Deskription. Das jedoch öffnete fast zwangsläufig alternativen Überlegungen Tür und Tor. In der Folgezeit wurden deshalb viele unterschiedliche dimensionale Typologien entwickelt und erforscht, ohne dass eine wesentliche theoretische Grundlegung erkennbar wurde – ganz im Unterschied zum „Alternativprogramm" der philosophisch orientierten Charakterkunde. Und noch bis in die 40er-Jahre hinein waren die meisten Autoren bemüht, für die eigenen Modelle fasst beliebig Ideen aus anderen Ordnungsversuchen auszuwählen und in eigene Überlegungen einzubeziehen. Die häufigsten Bezugnahmen erfolgten auf Kretschmers Temperamentenlehre und auf Jungs Extraversion-Introversions-Konzept. Schließlich war fast jeder Autor fleißig bemüht, die Typologien der anderen auf seine eigene zu reduzieren (vgl. Rohracher, 1965).

Zwischenbilanz

Etwa zeitgleich wurden – insbesondere in Amerika – die ersten Fragebögen entwickelt, mit denen vor allem das jungsche Gegensatzpaar Extraversion versus Introversion erfasst werden sollte. Im Rückblick hierzu kann gesagt werden, dass die Versuche der frühen dimensionalen Typendiagnostik mittels Fragebogenerhebung (später zunehmend auch mittels Fremdratings) außerordentlich widersprüchliche Ergebnisse erbrachten, was nicht zuletzt auf der Uneinheitlichkeit der den Tests und Rating-Verfahren zugrunde liegenden Konstrukte und Operationalisierung beruhen dürfte (im Überblick: Eysenck & Eysenck, 1985).

Wie Scheerer (1985) zu den vielen Typologiesierungsversuchen aus der ersten Hälfte dieses Jahrhunderts anmerkt, blieb dabei immerhin in etwa eine „Durchschnittsauffassung" übrig, nämlich ein „eindimensionales" Schema, das sich zwischen folgenden beiden Polen aufspannen ließ:

Extraversion/Zyklothymie/Desintegration/Einzelheitlichkeit
versus
Introversion/Schizothymie/Integration/Ganzheitlichkeit

Diese Dimensionierung entsprach grob der von Wundt angenommenen Polarität zwischen „Wandelbarkeit" und „Unwandelbarkeit". Als mögliche Ursache für die Neigung der Menschen, jeweils mehr oder weniger in die eine oder andere Richtung zu vereinseitigen, wurde konsensuell eine Vererblichkeit unterstellt.

Ein wirklicher Fortschritt im Sinne einer theoretischen Begründung dimensionaler Systematiken sollte sich jedoch erst mit einer zunehmenden Verbesserung statistischer, vor allem faktorenanalytischer Auswertungsmethoden in der Persönlichkeitsforschung einstellen. Diese ermöglichten es zugleich, erste methodische Zugänge zur Bewertung der differenziellen Bedeutung von Vererbungs- und Umweltfaktoren für die Persönlichkeitsentwicklung zu finden.

5.3 Introversion, Neurotizismus, Psychotizismus

Im Rahmen der seit den 50er-Jahren in der Psychologie expandierenden empirisch-experimentellen Persönlichkeitsforschung war man zunehmend bemüht, Persönlichkeitsfaktoren und ihre Zusammenhänge mit psychischer Gestörtheit bzw. Gesundheit mithilfe faktorenanalytischer Untersuchungsansätze zu rekonstruieren (vgl. zusammenfassend Herrmann, 1976; Amelang & Bartussek, 1990). In der Differenziellen Psychologie werden Persönlichkeitseigenarten neben inhaltlichen auch nach formalen Gesichtspunkten unterschieden. In formaler Hinsicht können Eigenschaften in ihrer Breite differenziert werden. Enge Eigenschaften (z.B. einzelne Intelligenzmerkmale wie das Rechnenkönnen) beziehen sich auf ein relativ schmales Spektrum homogener Verhaltensweisen-in-spezifischen-Situationen, während weite Eigenschaften (z.B. die Intelligenz in ihrer Gesamtheit) ein eher heterogenes Muster von Verhaltensweisen umfassen, die in unterschiedlichsten Situationen wichtig sind (vgl. Becker, 1996).

Die Untersuchung „enger" und „weiter" Persönlichkeitseigenschaften ist Gegenstand der differenziellen persönlichkeitspsychologischen Forschung, in der die *Faktorenanalyse* eine besondere Rolle spielt. Mit ihr lassen sich nun genau jene weiten bzw. engen Verhaltensmuster der Persönlichkeit statistisch validieren. „Weite" Eigenschaften werden mit diesem statistischen Ordnungsverfahren ermittelt, indem man ein breites Spektrum von Verhaltensweisen und Personeigenarten erfasst und nur den ersten, besonders varianzstarken Faktor extrahiert. „Enge" Eigenschaftsmuster lassen sich hingegen in einer größeren Anzahl enger, sog. obliquer Faktoren erster, zweiter oder noch höherer Ordnung bestimmen.

Im Kontext dieser Versuche hat insbesondere Eysenck (1952, 1970) mit der Entwicklung seines dimensionalen Persönlichkeitsmodells weite Beachtung gefunden. Er versuchte zentrale Persönlichkeitsmuster faktorenanalytisch durch die Rekonstruktion zweier bzw. dreier (also eher breiter) Hauptfaktoren (Dimensionen) zu begründen. Eysenck schließt mit seinen Arbeiten unmittelbar an die frühen Versuche von Wundt und Jung zur dimensionalen Typenbestimmung an.

DEFINITION

Persönlichkeit ist nach Eysencks Auffassung definiert als „die mehr oder weniger stabile und dauerhafte Organisation des Charakters, Temperaments, Intellekts und Körperbaus eines Menschen, die seine einzigartige Anpassung an die Umwelt bestimmt. Der *Charakter* eines Menschen bezeichnet das mehr oder weniger stabile und dauerhafte System seines konativen Verhaltens (des *Willens*); sein *Temperament* das mehr oder weniger stabile und dauerhafte System seines affektiven Verhaltens (der *Emotion* oder des *Gefühls*); sein *Intellekt* das mehr oder weniger stabile und dauerhafte System seines kognitiven Verhaltens (der *Intelligenz*); sein *Körperbau* das mehr oder weniger stabile System seiner physischen Gestalt und neuroendokrinen (hormonalen) Ausstattung." (Eysenck, 1970, S. 2)

Persönlichkeitseigenschaften werden von Eysenck zunächst auf den Dimensionen Neurotizismus und Extraversion-Introversion eingeordnet, die grob denen der Emotionalität und Wandelbarkeit bei Wilhelm Wundt (1903) entsprechen und die er als zwei Grundtypen der Persönlichkeit betrachtet. Auch Eysenck benutzt den Typusbegriff. Mit „Typus" werden von ihm Persönlichkeitseigenschaften als konkret beobachtbare und abfragbare Merkmale auf einem übergeordneten Faktor zusammengefasst. In diesem Sinne sind die Typenbegriffe „Extraversion" (Gegenpol: „Introversion") oder „Neurotizismus" (Gegenpol: „Stabilität") ein Resultat der statistischen, d.h. faktorenanalytischen Behandlung von (Inter-)Korrelationen zwischen Merkmalen auf dem Eigenschaftsniveau (Eysenck & Eysenck, 1985).

Neurotizismus. Ein von der (emotionalen) Stabilität abweichender Neurotizismus wird theoretisch mit einer weitgehend vererbten Labilität des autonomen Nervensystems (vor allem des limbischen Systems) in Verbindung gebracht (emotionale Labilität). Personen mit erhöhtem Neurotizismus zeigen bereits bei geringer Stimulation ausgeprägtere, emotional getönte autonome Reaktionen.

Introversion. Die Extremisierungsneigung zwischen Extraversion und Introversion wird von Eysenck theoretisch mit Funktionseigentümlichkeiten der Retikulärformation (Verschiebung im Erregungs-Hemmungs-Gleichgewicht) erklärt. Letzteres soll eine leichtere Konditionierbarkeit (Wandelbarkeit) der Introvertierten gegenüber den Extravertierten bewirken, die ihrerseits schnellere und stärkere Hemmungsprozesse ausbilden.

Psychotizismus. Seit längerem überprüfte Eysenck (1980b) mit dem Psychotizismus versus Impuls- oder Antriebskontrolle auch noch eine weitere (wesentlich über Vererbung bestimmte) Persönlichkeitsdimension, die vor allem bei zur Psychose (Schizophrenie) neigenden Menschen, aber auch bei Personen mit Psychopathie (gemeint vor allem als gewohnheitsmäßige Kriminalität; dissoziale Persönlichkeit) stark ausgeprägt sein soll.

Diese Persönlichkeitstypen in der Persönlichkeitsdefinition Eysencks sind auf der Temperamentenebene angesiedelt, und sie kennzeichnen zusammengenommen

Grund- oder Basiseigenschaften eines Menschen, die relativ überdauernd die Art seines Handelns, Fühlens und Denkens beeinflussen. Entsprechend postuliert Eysenck, dass vor allem genetische Faktoren und die von ihnen abhängig betrachtete psychophysische Konstitution für die Persönlichkeitsentwicklung und in der Ätiologie psychischer Störungen eine wichtige Rolle spielen. Auch wenn er mit dieser Festlegung die Bedeutsamkeit der Diathese (Vererbung und Konstitution) für die Persönlichkeit eines Menschen sehr in den Mittelpunkt stellt, wollte er damit keinesfalls die Relevanz psychosozialer Faktoren in Abrede stellen (vgl. Eysenck, & Eysenck, 1985). Im Gegenteil: Die Beachtung psychosozialer und interpersoneller Bedingungen sei zwingend erforderlich, wolle man sich die Schwankungen und Fluktuationen im konkreten Handeln erklären, insbesondere aber auch die individuell gegebene Möglichkeit zur Extremisierung des Verhaltens in Richtung psychische Störung und soziale Devianz (situative, kontextuelle Variabilität der Temperamententypik).

Persönlichkeitsinventare. Zur Feststellung von Persönlichkeitseinschränkungen bzw. Persönlichkeitseinseitigkeiten wurden von Eysenck und seinen Mitarbeitern verschiedene Fragebögen entwickelt. Mit dem *Maudsley Personality Questionnaire* (MPQ) lassen sich die drei Hauptdimensionen des eysenckschen Persönlichkeitsmodells erfassen. Das *Maudsley Personality Inventory* (MPI) erfragt die beiden Dimensionen Extraversion und Neurotizismus, das *Eysenck Personality Inventory* (EPI) enthält eine zusätzliche L-Skala (zur Erfassung der Lügen- bzw. Dissimulationsneigung der Befragten). Im *Eysenck Personality Questionnaire* (EPQ) wurde dem EPI noch eine Psychotizismusskala hinzugefügt. In allen Fragebögen werden nun die genannten Persönlichkeitsmerkmale erfragt. Der schließlich ermittelte Gesamtwert soll als „Disposition“ oder „Vulnerabilität“ der Person und nicht als Zeichen einer akuten psychopathologischen Gestörtheit interpretiert werden (Eysenck & Eysenck, 1968).

Empirie

Was nun die vielfältigen und ehrgeizigen Versuche angeht, die Persönlichkeitsdimensionen Eysencks mit der psychiatrischen Klassifikation zu verbinden, so war diesen nur teilweise Erfolg beschieden. Im Bereich der Persönlichkeitsstörungen stammt der wichtigste Beitrag aus zahlreichen Untersuchungen, in denen ein Zusammenhang von Psychotizismus und gewohnheitsmäßiger Kriminalität hergestellt werden konnte (→ 10). Ansonsten finden sich zwischen psychiatrisch als „neurotisch“ klassifizierte Personen und normalen Kontrollprobanden eher selten signifikante Unterschiede in den mittels Fragebögen erhobenen Neurotizismuswerten. Das Gleiche gilt für psychotisch-schizophren Erkrankte und Normalpersonen mit Blick auf die Befunde zum Psychotizismus.

Eysenck selbst äußerte sich – angesichts der unterschiedlichen Funktionen, die die Persönlichkeitsdiagnostik und die psychiatrische Klassifikation aus seiner Sicht zu erfüllen haben – gegen Ende seines regen Forscherlebens denn auch recht skeptisch gegenüber dem Erfolg solcher Integrationsbemühungen. Für ihn ermöglichen Extraversions-, Neurotizismus- und Psychotizismuswerte vor allem Hinweise auf eine bestimmte Prädisposition (Diathese; prämorbide Persönlichkeit). Prädisposition oder Vulnerabilität bestimmten nurmehr die spezifische Risikoneigung einer Person zur Entwicklung psychischer Störungen.

Konkret ergäben sich aus erhöhten *Psychotizismuswerten* Hinweise für die prädispositionelle Neigung zur Entwicklung psychopathischer oder schizotypisch-schizophrener Persönlichkeitsmuster. Erhöhte *Neurotizismuswerte* seien Merkmale einer erhöhten Prädisposition zu emotionaler Labilität mit der Möglichkeit der Entwicklung neurotischer (für Eysenck vor allem „dysthymer") Störungen – Letzteres übrigens mit dem „Leitsymptom" Angst oder Ängstlichkeit als grundlegende Persönlichkeitseigenart. Erhöhte *Introversionswerte* ergäben Hinweise auf die mögliche „Wandelbarkeit" (Konditionierbarkeit) einer Person mit einer nicht unbedeutenden Möglichkeit zur Ursachenbeurteilung psychischer Störungen (psychosoziale Konditionierungsgenese) sowie zur Prognoseabschätzung für Therapie- und Störungsverläufe.

Weiter ist bedeutsam, dass die drei Persönlichkeitsdimensionen ausgesprochen prägnante Wechselwirkungsbeziehungen eingehen könnten. So mag die einseitige Extremisierung auf der Introversion-Extraversions-Dimension erheblich mit dafür verantwortlich sein, ob bei gleichzeitig erhöhten Psychotizismuswerten entweder eher psychopathische und sozial-deviante Persönlichkeitseigenarten dominieren (erhöhte Extraversion) oder ob eine Neigung zu schizophren-psychotischen Eigenarten hervortrete (erhöhte Introversion).

Typologie

Aus diesen vielfältigen Gründen und Perspektiven ist es für Eysenck unzweifelhaft, dass die dimensionale Persönlichkeitsdiagnostik zusätzlich zur psychiatrischen Diagnostik wesentliche weitere Funktionen erfüllen kann. Eysenck selbst äußerte sich zur (verbliebenen bzw. neuen) Funktion der dimensionalen Persönlichkeitsdiagnostik bei psychiatrischen Störungen folgendermaßen:

> „Es gibt nämlich viele Menschen, deren *P*-, *N*- und *E*-Werte denen des durchschnittlichen Manisch-Depressiven oder Schizophrenen ähneln und die doch ein recht zufriedenes Leben führen. Vielleicht sollte man die individuelle Ortszuweisung im eysenckschen 3-d-Raum sinnvollerweise als ein Maß der Anfälligkeit (vulnerability) für verschiedene Formen psychischer (menschlicher) Krankheiten betrachten. Das heißt, das *psychiatrische* und das *persönlichkeitspsychologische* System erfüllen sehr verschiedene Funktionen, weshalb sie eher als *komplementär* denn als antagonistisch anzusehen sind." (Eysenck & Eysenck, 1985, S. 346; Hervorhebungen im Original)

Unverkennbar ist, dass Eysenck in wohlwollender Kenntnisnahme der Neuentwicklungen im DSM-III (1980) einen moderateren Standpunkt gegenüber der psychiatrischen Klassifikation einnimmt. Andererseits ergeben sich für ihn daraus wichtige neue Perspektiven der dimensionalen Persönlichkeitsdiagnostik –

für die ätiologische Erforschung psychischer Störungen wie für deren Nutzanwendung in der therapeutischen Praxis (vgl. Eysenck & Eysenck, 1985; dort vor allem Kapitel 11). Aus seiner Sicht sind dies u.a.:

- die Möglichkeit zur Feststellung einer ätiologisch bedeutsamen Vulnerabilität oder Prädisposition (Diathese) in der ätiologischen Forschung psychischer Störungen;
- die Feststellung der spezifischen Temperamentseigenarten (auffällige Einseitigkeit der Neurotizismus-, Extraversions- und Psychotizismusneigung oder spezifische Muster ihrer Kombination) könnte z.B. den selektiven und differenziellen Psychotherapieindikationen zugrunde gelegt werden;
- die Erlangung von Hinweisen auf die mögliche therapeutische Beeinflussbarkeit (Konditionierung, Lernen, Erregbarkeit, Irritierbarkeit, Widerständigkeit) und damit deren Nutzung beispielsweise im Bereich selektiver und adaptiver Therapieentscheidungen sowie
- ihre Nutzanwendung als prognostische Indikatoren (in der Erforschung von Therapie- und Störungsverläufen sowie zur Risikoabschätzung und Begründung von Maßnahmen zur Rückfallprophylaxe).

Für alle drei Anwendungsbereiche liegen inzwischen eine Reihe von Studien vor (vgl. Eysenck & Eysenck, 1985). Auf einige dieser Studien werden wir im Zusammenhang mit der Beschreibung einzelner Persönlichkeitsstörungen sowie im Behandlungsteil erneut zu sprechen kommen.

5.4 Das Fünf-Faktoren-Modell der Persönlichkeit

Eysencks Versuche, die Persönlichkeitsstruktur mittels faktorenanalytischer Forschung auf möglichst wenige (nur zwei oder drei) robuste Persönlichkeitsfaktoren (Dimensionen) zu beschränken, sind in der differenziellen Psychologie umstritten. Es gibt eine Vielzahl alternativer Zugänge, die gänzlich unterschiedliche faktorielle Beschreibungssysteme individueller Unterschiede postulieren (z.B. Guilford, 1975; Cattell, 1965). Die Vielfalt der faktorenanalytischen Ordnungsversuche hat jedoch über die Jahre hinweg zu einer gewissen Stagnation geführt, weil sich die Forscher nicht darauf einigen konnten, wie viele „möglichst robuste" Faktoren der Persönlichkeit es gibt. Und schon gar nicht waren sie sich darin einig, wie man konvergent gefundene Faktoren interpretieren und bezeichnen sollte. Mitte der 70er-Jahre wurde in der Persönlichkeitspsychologie allgemein eine „konfuse Situation" (Guilford, 1975, S. 802) konstatiert und eine neuerliche Bewertung der bis dahin vorliegenden unterschiedlichen Forschungsansätze hinsichtlich ihrer substanziellen Konvergenz gefordert.

Diese Neubesinnung scheint – von heute aus gesehen – offensichtlich zu einem Erfolg zu führen. Viele Hoffnungen richten sich gegenwärtig auf das sog. Fünf-Faktoren-Modell der Persönlichkeit, das bereits eine sehr lange und eher im Stillen wirkende Tradition besitzt (vgl. McCrae & Costa, 1990; Ostendorf, 1990; Digman, 1994; Becker, 1996). Offensichtlich ergeben sich sogar viel versprechende Perspektiven, die faktorenanalytisch begründete (dimensionale) Persönlichkeitspsychologie erneut mit der psychiatrischen Klassifikation von psychischen und Persönlichkeitsstörungen in einen neuen Zusammenhang zu stellen (vgl. die Arbeiten in Costa & Widiger, 1993).

Die Geschichte der Großen Fünf

Immer wieder hatten Forschergruppen behauptet, dass es fünf grundlegende Faktoren der Persönlichkeit geben müsse, da sich diese konvergent aus der Faktorisierung unterschiedlicher Variablensätze rekonstruieren ließen (vgl. Borkenau & Ostendorf, 1989).

Diese Forschungstradition geht auf Fiske (1949) zurück, der Selbst- und Peer-(also: Bekannten-)Beurteilungen analysierte und dabei wiederholt einander ähnliche Faktorenstrukturen aufdeckte. Diese fünf Faktoren bezeichnete er mit „social adaptability", „emotional control", „conformity", „inquiring intellect" und „confident self-expression". Ebenfalls Peer-Beurteilungen benutzten Tupes und Christal (1961) sowie Norman (1963), die eine von Cattell entwickelte Liste mit Persönlichkeitseigenarten von verschiedensten Personengruppen einschätzen ließen. Auch sie fanden fünf Faktoren, für die sie die Bezeichnungen „surgency" (bzw. „extraversion"), „agreeableness", „dependability" (bzw. „conscientiousness"), „emotional stability" und „culture" einsetzten. In einer Reanalyse der Datensätze aus sechs einschlägigen Studien, die teilweise den genannten Studien entstammen, kamen Digman und Takemoto-Chock (1981) ebenfalls zu fünf Faktoren. Sie interpretierten diese jedoch etwas abweichend mit „extraversion", „friendly compliance", „will to achieve", „emotional stability" und „intellect".

Amelang und Borkenau (1982) untersuchten eine Liste von 32 deutschsprachigen Traitratings, die sich von denen der zuvor genannten Studien unterschieden. Zu dieser ließen sie Selbst- und Bekannten-Einschätzungen vornehmen. Außerdem wurden verschiedene Persönlichkeitsinventare einbezogen, u.a. das *Eysenck Personality Inventory* (EPI), das *Freiburger Persönlichkeitsinventar* (FPI-R) sowie einige Cattell- und Guilford-Skalen. Auch sie konnten fünf Faktoren etablieren, die mit den oben genannten vergleichbar waren. Amelang und Borkenau setzten folgende Bezeichnungen ein: „Soziabilität" (korrespondiert mit Normans „surgency"); „Neurotizismus" (korrespondiert mit „emotional stability" als „lability"); „Unabhängigkeit der Meinungsbildung" (korrespondiert mit „culture"); „Dominanz" (korrespondiert mit „agreeableness"), schließlich „Selbstkontrolle" (korrespondiert mit „conscientiousness").

Das Verbindende dieser fünffaktoriellen Zugänge besteht darin, dass sich die Suche und Rekonstruktion von Persönlichkeitsdimensionen auf einen lexikalischen Ansatz stützt (Borkenau, 1990; Goldberg, 1993). Das Bemühen ist dabei vorrangig auf eine Vereinheitlichung des Sprachgebrauchs ausgerichtet, also darauf, wie Persönlichkeitseigenarten beschrieben werden.

Als Fernziel wird die konsensuelle Erarbeitung einer möglichst umfassenden und vollständigen Merkmalsliste zur Beurteilung und Klassifikation individueller Unterschiede angesehen, die in Fremd- und Selbstbeurteilungen zu jeweils ähnlichen Dimensionierungen (Faktoren) führen (Ostendorf, 1990). Mit dem so generierten Fünf-Faktoren-Modell (das im angelsächsischen Raum inzwischen griffig als „Big Five"-Modell bezeichnet wird) scheint sich eine solche Möglichkeit der Vereinheitlichung anzudeuten.

Aktueller Stand der Entwicklung

Mitte der 80er-Jahre legten Costa und McCrae (1985) einen Fragebogen vor, welcher direkt auf die Erfassung der „Big-Five" abzielte (das sog. *NEO Personality Inventory* [NEO-PI]). Die NEO-Bezeichnung geht auf frühere Versionen zurück, in denen zunächst noch drei Faktoren (N*euroticism*, E*xtraversion*, O*peness to experience*) angestrebt wurden. Im dann gefundenen Fünf-Faktoren-Modell wurden dem NEO-PI die beiden Dimensionen „Agreeableness" und „Conscientiousness" hinzugefügt. Inzwischen liegt eine Überarbeitung vor (als NEO-FFI; Costa & McCrae, 1989), zu dem Borkenau und Ostendorf (1994) eine deutschen Übersetzung vorgelegt haben. Costas und McCraes Fragebogenveröffentlichung löste inzwischen einen wahren Boom von Nachfolgeuntersuchungen aus, und seither wurden wiederholt in Faktorenanalysen umfangreicher Listen mit Persönlichkeitseigenschaften Konstrukte ermittelt, die den „Big Five" weitgehend entsprachen (vgl. die Übersichten bei Wiggins & Pincus, 1992; Goldberg, 1993).

Es muss jedoch gesehen werden, dass die Forschungsbemühungen zum Fünf-Faktoren-Modell noch sehr am Anfang stehen und dass es nach wie vor gewisse Unterschiede in der inhaltlichen Festlegung auf Merkmalsbeschreibungen, Faktoreninterpretationen und Dimensionsbenennungen gibt (→ Tabelle 5.1 informiert über einige zentrale inhaltliche Aspekte der „Big Five", indem dort die Beschreibungen, Faktoreninterpretationen bzw. Dimensionsbenennungen zusammengestellt wurden; vgl. auch Becker, 1996).

In jüngster Zeit konnte v. Zerssen (1988, 1993; Zerssen et al., 1988) in Ausweitung seiner Untersuchungen zur prämorbiden Persönlichkeit depressiver Patienten (dazu ausführlich: → 19.3) faktorenanalytisch ebenfalls ein fünfdimensionales Persönlichkeitsmodell generieren. Die Dimensionierung basiert auf dem von v. Zerssen entwickelten Münchener Persönlichkeitstest (MPT), wobei drei der durch dieses Verfahren repräsentierten Dimensionen („Neurotizismus", „Extraversion" und „Rigidität") recht genau drei der oben genannten Dimensionen des Fünf-Faktoren-Ansatzes entsprechen. Zwei weitere Faktoren des MPT („Isolationstendenzen" und „Esoterische Tendenzen") sind jüngst als besser akzeptierbare Lösung aus ursprünglich einer sog. „Schizoidie"-Dimension hervorgegangen (v. Zerssen, 1988). Diese Neuaufteilung dürfte zugleich weitgehend der aktuellen Differenzierung von Persönlichkeitsmerkmalen der schizoiden Persönlichkeitsstörung („Isolationstendenzen"; → 8) bzw. der schizotypen Persönlichkeitsstörung („esoterische Tendenzen"; → 9) entsprechen. Von Zerssen selbst vermutet zugleich strukturelle Ähnlichkeiten mit den zwei weiteren „Big-Five"-

Tabelle 5.1. Überblick über die Bezeichnungen der sog. „Big Five" in unterschiedlichen Fünf-Faktoren-Modellen der Persönlichkeit.

*Bisherige Benennungsversuche der fünf Faktoren**				
Extraversion (E)	**Verträglichkeit (V)**	**Gewissenhaftigkeit (G)**	**Neurotizismus (N)**	**Offenheit für Erfahrung (O)**
Surgency	Agreeableness	Conscientiousness	Neuroticism	Openess
Sociability	Friendly complient	Will to achieve	Emotional lability	Intellect
Ambition	Likability Dominanz (–)	Prudence Selbstkontrolle	Adjustment	Culture Unabhängigkeit in der Meinungsbildung
confident self-expression	social adaptability	conformity	emotional control (–)	inquiring intellect
*Person- und Verhaltensmerkmale (Dimensionierungsaspekte)***				
gesprächig–schweigsam	gutmütig–reizbar	gewissenhaft–nachlässig	robust–verletzlich	kreativ–unkreativ
kontaktfreudig–zurückhaltend	nachsichtig–barsch	gründlich–unsorgfältig	entspannt–überempfindlich	fantasievoll–fantasielos
gesellig–zurückgezogen	friedfertig–streitsüchtig	ordentlich–unachtsam	ruhig–ängstlich	künstlerisch–unkünstlerisch
offen–zugeknöpft	weichherzig–rücksichtslos	übergenau–ungenau	selbstvertrauend–hilflos	originell–konventionell

* vgl. die im Text genannten Studien
** nach Ostendorf (1990)

Dimensionen „Verträglichkeit" (als Positivaspekt der MPT-Dimension „Isolationstendenz") und „Offenheit für Erfahrung" („esoterische Tendenzen" im MPT). Von Zerssen gelingt es mithilfe seines Fünf-Faktoren-Modells, die Persönlichkeitsstörungen des DSM-III-R (bis auf die paranoide und narzisstische Persönlichkeitsstörung) hypothetisch zu beschreiben. In den vergangenen Jahren hat der Autor dazu weitere empirische Belege publiziert (z.B. v. Zerssen, 2000).

Persönlichkeitsstörungen

Inzwischen liegen erste Untersuchungen vor, in denen versucht wurde, die seit 1980 im DSM-III(-R) definierten Persönlichkeitsstörungen (→ 2.4) mit dem Fünf-Faktoren-Modell des NOE-FFI auf ihre Dimensionierung hin zu untersuchen (vgl. auch die Arbeiten in Costa & Widiger, 1993). In → Tabelle 5.2 sind die Befunde aus fünf uns vorliegenden Studien zusammengefasst worden.

Tabelle 5.2. Überblick über die mögliche Dimensionierung (+/–) der DSM-III-R-Persönlichkeitsstörungen mithilfe des Fünf-Faktoren-Modells der Persönlichkeit (signifikante Zusammenhänge in fünf Studien*).

	Extraversion					**Verträglichkeit**					**Gewissenhaftigkeit**					**Neurotizismus**					**Offenheit für Erfahrung**				
Persönlichkeitsstörung	Studie*) 1	2	3	4	5	1	2	3	4	5	1	2	3	4	5	1	2	3	4	5	1	2	3	4	5
paranoid		–				–	–	–	–	–		–					+	+	+						
schizoid	–	–	–	–	–		–		–	–		+					+				–	–	–		
schizotypisch	–	–	–		–		–	–	–	–							+	+	+						
antisozial						–	–	–	–	–	–	–	–	–	–			+			+				
Borderline		+					–	–	–	–		–			–	+	+	+	+	+			+		
histrionisch	+	+	+	+								–					–		+	+	+	+			
narzisstisch		+	+			–	–		–	–				–		–	–	–	+	+		+			
selbstunsicher	–		–	–	–											+	+	+	+						
dependent		–				+	+					–	–	–		+	+	+	+	+					
zwanghaft		–	–		–		–		–	–	+						+	+	+	+					
passiv-aggressiv		–					–	–	–	–	–	–	–	–		+	+	+	+						

* 1 = Wiggins & Pincus (1989; MMPI-PD); 2 = Costa & McCrae (1990; MMPI-PD); 3 = Trull (1992; MMPI-PD); 4 = Trull (1992; PDQ-R); 5 = Trull (1992; SIDP-R)

Eine erste Studie führten Wiggins und Pincus (1989) mit einer Stichprobe von 581 nicht psychisch gestörter Probanden durch. Einerseits konnten sie mit den von ihnen eingesetzten Persönlichkeitsfragebögen die Fünf-Faktoren-Struktur erneut bestätigen. Für die Bestimmung der Persönlichkeitsstörungen verwendeten sie Selbstratings, die mit DSM-III-adaptierten Persönlichkeitsstörungsskalen des MMPI (MMPI-PS; Morey et al., 1985; → 21.1) sowie mit einer von Strack (1987) entwickelten *Personality Adjective Checklist* (PACL) durchgeführt wurden. Die von den beiden Autoren gefundenen Ergebnisse wurden in einer neueren Studie an ebenfalls nicht klinisch auffälligen Personen weitgehend repliziert. In dieser Arbeit von Costa und McCrae (1990) wurden die Zusammenhänge zwischen der NEO-FFI und den Persönlichkeitsstörungen mitgeteilt. Sie hatten verschiedene Untersuchungsgruppen mit unterschiedlichen Verfahren zur Bestimmung der Persönlichkeitsstörungen untersucht: 274 Erwachsene mit dem MMPI-PD, 207 Erwachsene mit dem *Millon Clinical Multiaxial Inventory-I* (MCMI-I; Millon, 1983; → 21) und eine Gruppe von 62 Studenten mit dem *Millon Clinical Multiaxial Inventory-II* (MCMI-II; Millon, 1987; → 21.1). Die Ergebnisse fielen, was die signifikanten Korrelationen betrifft, in allen drei Teilstudien konvergent aus, weshalb wir in die Tabellierung nur die MMPI-PD aufnehmen. Neuere Studien kommen wiederholt zu ähnlichen Ergebnissen (z.B. Dyce & O'Conner, 1998).

Inzwischen liegt eine erste klinische Studie vor, die mit 54 psychiatrischen Patienten durchgeführt wurde, die sich mit unterschiedlichen psychischen Störungen in ambulanter Betreuung befanden (Trull, 1990). Dabei handelte es sich um eine Bestimmung von Persönlichkeitsstörungen, die zugleich mit Selbst- und Fremdratings vorgenommen wurde: als Selbstratings mit dem MMPI-PD sowie mit dem *Personality Disorders Questionnaire* (PDQ-R; Hyler et al., 1983, 1987; → 21.1) sowie als Fremdratings mit dem *Structured Interview for DSM-III(-R) Personality Disorders* (SIDP[-R]; Pfohl et al., 1982, 1989; Stangl et al., 1985; → 21.1). Eine weitere klinische Studie kommt zu ähnlichen Ergebnissen (vgl. Soldz et al., 1993; ergänzend auch Trull & McCrae, 1993).

Wichtige Befunde

Eines der bemerkenswerten Ergebnisse dieser ersten Studien ist, dass ein Mensch, auf den die Diagnose „Persönlichkeitsstörung" zutrifft (d.h. wenn man über die Persönlichkeitsstörungen hinweg generalisiert), offensichtlich „neurotische" Eigenarten besitzt. Im Sinne der „Big Five"-Konstruktionen meint dies, dass er sehr verletzbar ist, überempfindlich auf Anforderungen und Stress reagiert, in sozialen Kontexten Angst empfindet und sich schnell hilflos fühlt (→ Tabelle 5.2).

Ein weiterer bemerkenswerter Befund dieser Zusammenschau ist, dass jeweils einer der beiden Pole der fünf Faktoren häufiger für eine Persönlichkeitsstörung zutrifft als für andere. Und zudem lässt sich dies recht plausibel mit den diagnostischen Kriterien dieser Persönlichkeitsstörungen in einen Zusammenhang bringen (vgl. dazu die Kriterien in den Störungskapiteln).

Danach erscheinen schizoide, selbstunsichere und zwanghafte Menschen eher introvertiert und histrionische Menschen eher extravertiert zu sein. Menschen mit antisozialer, paranoider, schizotypischer, passiv-aggressiver, zwanghafter und Borderline-Persönlichkeitsstörung scheinen für andere Menschen weniger erträglich zu sein. Als wenig gewissenhaft und eher nachlässig stellen sich vor allem die dissozialen wie die passiv-aggressiven Persönlichkeitsstörungen dar, während sich das erwartbare Gegenteil (nämlich die übergenaue und sorgfältige Gewissenhaftigkeit bei zwanghafter Persönlichkeitsstörung) bisher nur in einer Studie finden ließ. Etwas unerwartet erscheint auch die geringe Gewissenhaftigkeit dependenter Persönlichkeitsstörungen. Dass es den schizoiden Persönlichkeitsstörungen an Offenheit für Erfahrung mangelt, ist wiederum recht einleuchtend.

Weiter finden sich einige interessante Befunde, die die Unterschiede zwischen gesunden Erwachsenen (Studien 1 und 2) und psychisch gestörten Personen (Studien 3 bis 5) betreffen. Es ergeben sich daraus einige Fragen, die für die weitere Forschung von großem Interesse sein könnten. Drei Beispiele hierzu:

- Könnte es sein, dass der „Neurotizismus" der narzisstischen (und auch der histrionischen) im Übergang von der „Normalität" in die „psychischen Störungen" von der einen Extremseite (robust, ruhig, selbstvertrauend, emotional stabil [negative Korrelation]) in die andere Extremseite (emotional instabil, verletzlich, überempfindlich [positive Korrelation]) „umkippt“? – oder:

- Könnte es sein, dass die histrionischen Menschen erst mit diesem Übergang ihre möglicherweise vorhandene adaptive Offenheit gegenüber Erfahrungen einbüßen?
- Verlieren schizoide Personen erst bei dem Wechsel in Richtung auf ein klinisch auffällig schizoides Verhaltensmuster ihre Offenheit gegenüber Erfahrungen – und: werden sie dabei möglicherweise zugleich selbstkontrollierender (keine Neurotizismuswerte mehr, die in Studie 2 beobachtet wurden)?

Wie sich insgesamt andeutet, scheint das Fünf-Faktoren-Modell für eine Klinische Psychologie der Persönlichkeitsstörungen von außerordentlichem Wert. Mit seiner Hilfe lässt sich ein relativ umfassendes und globales Bild der Persönlichkeit entwerfen, das eine Referenzstruktur für differenzierte dimensionale Beurteilungen abgibt (vgl. ergänzend die aktuell vorliegenden empirischen und konzeptuellen Ausarbeitungen zu den Zusammenhängen der „Big-Five“ mit den Persönlichkeitsstörungen im DSM-III-R bei Wiggins & Pincus, 1993; Clark et al., 1993; Widiger et al., 1993; Schroeder et al., 1993).

Kritik

Andererseits bleiben einige kritische Probleme, die bei allem Optimismus, der von den Vertretern des „Big Five“-Konzepts verbreitet wird, beachtenswert sind (vgl. Becker, 1996; selbstkritisch auch: Widiger & Costa, 1994):

- Als wohl wesentlicher Aspekt bleibt zunächst zu bedenken, dass es sich beim Fünf-Faktoren-Modell um ein zwar lexikalisch und faktorenanalytisch begründetes, damit dennoch bislang nur deskriptives Modell handelt. Die Versuche der Entwicklung oder Bezugnahme zu einer integrierenden Theorie stehen noch am Anfang, wenngleich dazu bereits erste Ansätze vorliegen. So haben z.B. Wiggins und Pincus (1992, 1993) Vorschläge zu einer interaktionstheoretischen Begründung unterbreitet, zu der auch bereits erste empirische Stützungsversuche von Soldz et al., (1993) durchgeführt wurden. Und in einer Ausarbeitung von Buss (1991) findet sich der Versuch einer evolutionstheoretischen Perspektive vorbereitet.
- Die Interpretationen der fünf Faktoren, die in den verschiedenen Studien bis heute faktorenanalytisch rekonstruiert wurden, sind noch nicht einheitlich, was darauf verweist, dass die mögliche Binnenstruktur der „Großen Fünf“ nach wie vor divergiert (Widiger & Costa, 1994; Becker, 1999).
- Da sich schließlich zeigt, dass die fünf Faktoren nicht voneinander unabhängig sind (Borkenau & Ostendorf, 1991), wurde gelegentlich die Vermutung geäußert, dass es möglicherweise übergeordnete Faktoren gäbe, z.B. dass bei entsprechender Negativausdeutung die Faktoren „Verträglichkeit“ und „Gewissenhaftigkeit“ den Faktor „Psychotizismus“ bilden könnten, womit sich eine neue Verbindung zu Eysencks Drei-Faktoren-Modell auftun könnte (Baumann, 1993).

5.5 Weitere Versuche der Dimensionierung

Insgesamt lässt sich neben den aktuellen Theorieausarbeitungen und Forschungsaktivitäten um eine Begründung des Fünf-Faktoren-Modells auch eine Renaissance der Überprüfung und Fortentwicklung anderer dimensionaler Persönlichkeitsmodelle der differenziellen Psychologie und ihrer empirischen Bezugnahme zur psychiatrischen Typologie der Persönlichkeitsstörungen beobachten (vgl. Carey & DiLalla, 1994; Watson et al., 1994; Widiger & Costa, 1994). Bemerkenswert ist, dass sich diese Neusetzungen in gewissen Grenzen von den Restriktionen einer primär faktorenanalytischen Verfahrensbegründung freimachen (ohne sie natürlich aufzugeben). Sie wählen hingegen zunächst den Weg der Vorordnung theoretischer Überlegungen bzw. inhaltliche Leitorientierungen, die den späteren Anforderungen bei der praktischen Anwendung persönlichkeitspsychologischer Untersuchungsmethoden möglichst nahe kommen sollen.

Zugleich ist beobachtbar, dass die Benennung der fokussierten Persönlichkeitseigenarten im Unterschied zu früher nicht mehr in Richtung Persönlichkeitsabweichung, sondern zunehmend häufiger in Richtung „Normalität“ bzw. „psychischer Gesundheit“ erfolgt (als Beschreibung und Begründung „günstiger“, „wünschenswerter“ oder „normaler“ Persönlichkeitsvarianten), wie dies auch bereits im Fünf-Faktoren-Modell sichtbar wird. Die klinisch orientierte differenzielle Psychologie und Persönlichkeitspsychologie entspricht damit u.a. den Forderungen der Gesundheitspsychologie, die einseitige Pathopsychologisierung psychischer Störungen bzw. Persönlichkeitsstörungen stärker um gesundheitspsychologisch begründete Perspektiven (Becker, 1982) oder auch um eine ihr entsprechende sog. „Normatologie“ (Offer & Sabshin, 1991) psychischer Störungen zu ergänzen (→ Epilog).

5.5.1 Freiburger Persönlichkeitsinventar (FPI-R)

Diese Entwicklungen sind u.a. sehr gut an der revidierten Fassung des Freiburger Persönlichkeitsinventars (FPI-R); Fahrenberg et al., 1989) erkennbar, das von Anfang an nicht allein nach der faktorenanalytischen Methode erstellt, sondern deren Itemanalyse sehr stark von inhaltlichen Überlegungen und dem Ergebnis unterschiedlicher Item- bzw. Fragebogenanalysen mitbestimmt wurde.

Mit der revidierten Fassung lassen sich folgende (z.T. „normatologisch“ bezeichnete) Persönlichkeitsmerkmale beurteilen: (1) Lebenszufriedenheit, (2) soziale Orientierung, (3) Leistungsorientierung, (4) Gehemmtheit, (5) Erregbarkeit, (6) Aggressivität, (7) Beanspruchung, (8) Körperliche Beschwerden, (9) Gesundheitssorgen, (10) Offenheit, (E) Extraversion, (N) Emotionalität. Für diese zehn Grund- und zwei Erweiterungsskalen ließen sich in unterschiedlichen Studien faktorenanalytisch immer nur erheblich weniger Dimensionen finden (z.B. Borkenau & Ostendorf, 1994). Zugleich finden letztgenannte Autoren bei einem simultanfaktoriellen Vergleich bei einigen Skalen interessante Beziehungen zum Fünf-Faktoren-Modell: So laden die FPI-Skalen Lebenszufriedenheit (–), Erregbarkeit (+) und Beanspruchung (+) hoch auf der „Big Five“-Dimension „Neurotizismus“, die FPI-Skalen soziale Orientierung (+) und Aggressivität (–) hoch auf der „Big Five“-Dimension „Verträglichkeit“, die Skalen Gehemmtheit (–) und Leistungsorientierung (+) hoch auf der Dimension „Gewissenhaftigkeit“.

Das Freiburger Persönlichkeitsinventar gilt im deutschsprachigen Raum sicherlich nach wie vor als eines der am gründlichsten untersuchten und fortentwickelten Verfahren und damit wichtigsten Instrumente zur Untersuchung individueller Eigenarten und Unterschiede. Die Nutzanwendung des FPI wurde mit der ursprünglichen Fassung insbesondere zur Beurteilung von Extraversion, Emotionalität (emotionale Labilität), Erregbarkeit und Aggressivität nachgewiesen. Untersuchungen mit der revidierten Fassung stehen noch am Anfang.

5.5.2 Tridimensional Personality Questionnaire (TPQ)

Als ein weiteres Beispiel für aktuelle Entwicklungen sei hier das explizit theoretisch begründete (zunächst dreidimensionale, später siebendimensionale) psychobiologische Modell der Persönlichkeit von Cloninger (1987a) vorgestellt. Cloninger postulierte zunächst drei wesentlich über Vererbung vorbestimmte zentrale Hirnfunktionssysteme, die er konzeptuell eng mit zentralen Monoamin-Neurotransmitterfunktionen in einen Zusammenhang bringt:

- **Verhaltensaktivierung:** Das erste ist ein System der Verhaltensaktivierung, das er auf den Neurotransmitter Dopamin bezieht. Dieses System moduliert Verhaltenstendenzen in Richtung Erregung/Aufhellung einschließlich eines aktiven Strebens nach Belohnung sowie einer aktiven Vermeidung von Bestrafung und Langeweile. Und das mit diesem System eng verknüpfte Persönlichkeitstemperament bezeichnet Cloninger als „Offenheit für bzw. Suche nach neue(n) Erfahrungen“ („novelty seeking“).
- **Verletzungsvermeidung:** Eine zweite Temperamentsdimensionen der „Verletzungsvermeidung“ („harm avoidance“) steht in enger Verbindung mit einem System der Verhaltenshemmung, wesentlich gesteuert durch den Neurotransmitter Serotonin. Diese Hirnfunktion ist empfänglich für passive Lernprozesse und sie hemmt entsprechend Verhaltensweisen mit potenziell bestrafenden Konsequenzen, mit Neuigkeitswert bzw. jene ohne Belohnung.
- **Belohnungsabhängigkeit:** Das letzte Hirnfunktionssystem ist eines der Verhaltensbeibehaltung und es wird vornehmlich durch den Neurotransmitter Norepinephrin gesteuert. Es fördert die Kontinuität von Verhaltenstendenzen, die auf unmittelbare Belohnung ausgerichtet sind, und wirkt so Tendenzen der Verhaltenslöschung entgegen. Cloninger vermutet in diesem System die Grundlagen für eine von ihm als „Belohnungsabhängigkeit“ („reward depencence“) bezeichnete Temperamentseigenart.

Cloninger et al. (1991) untersuchten mit dem auf der Grundlage dieses Modells entwickelten *Tridimensional Personality Questionnaire* (TPQ) in einer Feldstudie

1.019 Personen und fanden die interne Konsistenz und faktorenanalytisch die dreidimensionale Struktur weitgehend bestätigt. Lediglich die Dimension der „Belohnungsabhängigkeit" entsprach nicht ganz der theoretischen Erwartung. Inzwischen liegen verschiedene Anwendungsversuche dieses theoretischen Modells bei Alkoholabhängigkeit (Cloninger, 1987b; Cannon et al., 1993) und bei Persönlichkeitsstörungen (Cloninger 1987c; Kilzieh & Cloninger, 1993; Starcevic et al., 1995) vor.

Weil sich nun insbesondere im Bereich der Persönlichkeitsstörungen (bzw. bei Personen mit einer geringen sozialen Anpassung) Schwierigkeiten bei deren Abgrenzung gegenüber Personen mit hoher sozialer Anpassung mit zugleich extremen Persönlichkeitsprofilen ergaben, schlägt Cloninger neuerlich eine Erweiterung seines Persönlichkeitsmodells hin zu einer jetzt so bezeichneten psychobiologischen Persönlichkeitstheorie vor (vgl. Cloninger et al., 1993). Das neue Modell enthält nunmehr sieben Dimensionen, die letztgenannte Autoren erstmalig in einer ersten Untersuchung an 300 Personen mittels Faktorenanalyse empirisch zu stützen versuchten. Es sind dies

- *vier* („genetisch" prädisponierte) *Temperamentsdimensionen* (zusätzlich zur „Belohnungsabhängigkeit", „Verletzungsvermeidung" und „Offenheit gegenüber neuen Erfahrungen" nunmehr weiter eine Dimension der „Beharrlichkeit" [„persistence"]) sowie weiter
- *drei* („epigenetische", d.h. stärker entwicklungspsychologisch und sozial beeinflusste) *Persönlichkeitsdimensionen* („Selbstbezogenheit" [„self directedness"; kennzeichnet die interpersonelle Autonomie einer Person], „Kooperativität" [„cooperativness"; beschreibt die zwischenmenschliche Integriertheit einer Person] und „Selbsttranszendenz" [„self-transcendence"; als Kennzeichen für eine gesellschaftlich universelle Personintegration]).

Interessant an der TPQ-Entwicklung ist die theoretische Grundlegung des Verfahrens und seine „normatologische" Orientierung. Andererseits ist bis heute weder konzeptuell noch empirisch eindeutig genug geklärt, ob die jetzt postulierten drei Persönlichkeitsdimensionen von den vier Temperamentsdimensionen unabhängig sind oder ob und wie sie aus jenen hervorgehen (können).

5.5.3 Trierer Persönlichkeitsfragebogen (TPF)

Als drittes Beispiel soll hier noch eine weitere deutschsprachige Entwicklung zur dimensionalen Erfassung von Persönlichkeitsmerkmalen Erwähnung finden, die zugleich der oben genannten Anspruchsetzung einer theoretischen Grundlegung und gesundheitspsychologischen Perspektivierung bereits sehr weit entgegenkommt: der Trierer Persönlichkeitsfragebogen (TPF; Becker, 1989). Auch beim TPF handelt es sich um ein Verfahren, das in eine elaborierte (gesundheitspsychologisch orientierte) Persönlichkeitstheorie eingebettet ist (Becker, 1982) und das sehr sorgfältig entwickelt wurde. Mit der Entwicklung seines Persönlichkeitsinventars verfolgte Becker zwei Ziele: Zum einen sollten zwei unabhängige (d.h.

möglichst varianzstarke) „Superfaktoren" mit den Bezeichnungen „Verhaltenskontrolle" und „seelische Gesundheit" generierbar sein. Andererseits sollten, den theoretischen Vorgaben entsprechend, sieben, das Konzept „seelische Gesundheit" konstituierende Komponenten differenzierbar werden. Diese sieben Komponenten ließen sich faktorenanalytisch drei Bereichen zuordnen. So setzt sich der TPF schließlich aus folgenden Bereichen und Subskalen zusammen:

- Superfaktoren (Verhaltenskontrolle, seelische Gesundheit),
- seelisch-körperliches Wohlbefinden (Sinnerfülltheit versus Depressivität, Selbstvergessenheit versus Selbstzentrierung, Beschwerdefreiheit versus Nervosität),
- Selbstaktualisierung (Expansivität, Autonomie),
- selbst- und fremdbezogene Wertschätzung (Selbstwertgefühl, Liebesfähigkeit).

Das Verfahren weist eine hohe interne Konsistenz auf und es liegen erste Versuche der Konstruktvalidierung vor. Daraus wird u.a. deutlich, dass „seelische Gesundheit" hoch negativ mit der FPI-Emotionalität (– .66) wie auch mit dem E(ysenck)PQ-Neurotizismus (– .56) korreliert ist, sowie weiter, dass „Verhaltenskontrolle" ebenfalls jeweils negativ mit der FPI-Extraversion (– .38) und mit der EPQ-Extraversion (– .63) zusammenhängt. Deshalb wurde von einigen Autoren (z.B. Borkenau, 1992; Amelang & Zielinski, 1994) kritisch angemerkt, dass es sich bei den beiden Superfaktoren möglicherweise um eine Neuauflage der bereits in den dreidimensionalen Persönlichkeitsmodellen findbaren Faktoren „Neurotizismus" und „Extraversion" handeln könne, nunmehr lediglich mit neuer Kennzeichnung und Positivkonotation.

Unbeschadet dieser Einwände kann angesichts der kurzen Erprobungszeit dieses Verfahrens festgehalten werden, dass der TPF interessante neue Möglichkeiten zur individuellen und differenzierten Erfassung zahlreicher persönlichkeitsspezifischer Aspekte von seelischer Gesundheit ermöglicht. Zugleich erweist sich das Verfahren offensichtlich als außerordentlich sensitiv für zeitliche Veränderungen, was seine Anwendung insbesondere in therapeutischen Kontexten nahe legt.

5.5.4 Circumplex-Modelle interpersoneller Persönlichkeitsmerkmale

Schließlich gehören zu den neuerlichen Versuchen, dimensionale Konzepte zur Diagnostik und Beurteilung von Persönlichkeitsvarianten zu entwickeln, natürlich ausdrücklich auch die zahlreichen Entwicklungen sog. interpersoneller Circumplex-Modelle der interaktionell orientierten Persönlichkeitsforscher dazu, auf die hier – da sie bereits in → Kapitel 4.10 beschrieben wurden – nicht erneut ausführlicher eingegangen werden soll. Sie werden nurmehr kurz nochmals erwähnt, weil sich im letztgenannten Trierer Persönlichkeitsfragebogen die beiden Orthogonalfaktoren der Circumplex-Modelle („Status/Autonomie" sowie

„Affiliation/Zuneigung") ebenfalls wieder finden. Sie sind dort durch die beiden Bereiche „Selbstaktualisierung" und „selbst- bzw. fremdbezogene Wertschätzung" repräsentiert. Es findet sich im TPF also eine interessante Perspektive angelegt, die bislang häufig noch unabhängig voneinander fortentwickelten Bereiche der eher theoretisch orientierten interpersonellen Persönlichkeitsforschung und der eher methodisch orientierten differenziellen Psychologie miteinander zu verbinden.

5.6 Biopsychosoziale Erklärungsmodelle der Klinischen Psychologie

Eysencks Persönlichkeitsmodell hat sich in der Klinischen Psychologie und der dort verankerten Verhaltenstherapie nur sehr zögerlich durchsetzen können (trotz Eysencks zeitgleicher Bemühungen um die Fortentwicklung der Verhaltenstherapie selbst). Dies erklärt sich unter anderem aus der bei Verhaltenstherapeuten und klinischen Psychologen vorhandenen Vorbehalte gegenüber einer stigmatisierenden Persönlichkeitsbeurteilung (→ 1.1) und durch die nach wie vor gegebene Zurückhaltung gegenüber der eysenckschen Annahme biologischer Ursachen der Persönlichkeitsstörungen (vor allem der Psychopathien; → 10). Die theoretische Grundlegung jedoch – nämlich zur Erklärung psychischer Störungen eine Verbindung zwischen individueller Prädisposition und individueller Lerngeschichte herzustellen – erfuhr spätestens in den 70er-Jahren eine wichtige Renaissance.

Diathese, Vulnerabilität und Stress

Sie wurde wieder angeregt durch Forschungsarbeiten über die Grundstörungen der Schizophrenie (vor allem durch Zubin & Spring, 1977) sowie durch Untersuchungen über die psychosozialen Ursachen der Depression (vor allem durch Brown und Harris, 1978). Seither gelten sog. biopsychosoziale Erklärungsmodelle (wie auch das eysenckschе Vulnerabilitätsmodell) in der klinisch-psychologischen und damit auch in der Verhaltenstherapieforschung als einer der wichtigsten Ansätze u.a. zur Erklärung schizophrener, affektiv-depressiver und psychosomatischer Erkrankungen sowie zur Grundlegung verhaltenstherapeutischer Behandlungsmethoden für diese Störungen (vgl. Bastine, 1990).

Nicht zuletzt wegen der weiten Verbreitung und Akzeptanz, die biopsychosoziale Störungsmodelle inzwischen – übrigens zunehmend auch in der Psychiatrie – gefunden haben, war es nur eine Frage der Zeit, bis die allgemeinen Rahmensetzungen dieses Denkansatzes auch auf den Bereich der Persönlichkeitsstörungen übertragen wurden. So sind in den letzten 15 Jahren eine Reihe recht unterschiedlicher Erklärungsperspektiven ausgearbeitet worden, die als „Diathese-Stress-Modell", „Vulnerabilitätsmodell", „biosoziale Lerntheorien" oder Ähnliches bezeichnet werden. Sie wurden bisher für einzelne spezifische Persönlichkeitsstörungen so ausgearbeitet, dass sie konkrete Hypothesen über die Entstehung, den Verlauf und die Aufrechterhaltung beinhalten, die der aktuellen Forschung brauchbare Leitorientierungen anbieten. Wir werden darauf in den Kapiteln zu den einzelnen Persönlichkeitsstörungen ausführlicher zurückkommen.

Biopsychosoziale Erklärungsmodelle allgemeinerer Art, die über einzelne Störungsbilder hinaus, somit also für mehrere oder gar für alle Persönlichkeitsstörungen Geltung beanspruchen, sind bis heute eher selten zu finden (vgl. Siever & Davis, 1991). Zwei dieser Ansätze, die im Bereich der Klinischen Psychologie entwickelt wurden, sollen nachfolgend vorgestellt werden (einige weitere Erklärungsmodelle, die auf der Grundlage von Ergebnissen der empirischen Komorbiditätsforschung vorgeschlagen werden, finden sich in → Kapitel 21.4 zur konzeptuellen Komorbidität).

5.6.1 Die biosoziale Lerntheorie: Grundmuster früher Beziehungsstörungen als Entwicklungsperspektive

In den Kontext der biopsychosozialen Erklärungsmodelle gehört die biosoziale Lerntheorie der Persönlichkeitsstörungen von Millon (1981, 1990, 1996; Millon & Everly, 1985). Sie ist zugleich der wohl erste umfassende Versuch eines klinischen Psychologen (und seiner Mitarbeiter), sich nach vielen Jahren der Abstinenz erneut konzeptuell (und empirisch) mit den Persönlichkeitsstörungen zu befassen.

Zugleich wird von Millon erstmals angestrebt, sich mit den Ausarbeitungen der verschiedenen Störungsbilder an die Vorgaben und Kriterien der veränderten Klassifikationssysteme DSM-III bzw. DSM-III-R (APA, 1980, 1987) anzulehnen und sie kritisch im Lichte der eigenen Theorieüberlegungen fortzuentwickeln. Millon selbst war übrigens einige Zeit an den Ausarbeitungen zur Persönlichkeitsstörungs-Achse-II des DSM-III (von 1980) maßgeblich beteiligt, dann aber zeitweilig aus der Task-Force ausgetreten, weil er einige seiner zentralen Grundauffassungen in diesem Bereich, die im Wesentlichen die Komorbiditätsproblematik der Persönlichkeitsstörungen betrafen, nicht durchsetzen konnte (→ Kapitel zu den einzelnen Störungsbildern).

Millons Ansatz weist vielfältige Parallelen mit den Grundannahmen des eysenckschen Vulnerabilitätsmodells auf, auch wenn er selbst nicht ausdrücklich auf Eysenck Bezug nimmt. Millon geht insofern beträchtlich über Eysenck hinaus, als er nicht nur versucht, den Bereich der diathetisch-biologischen Prädisposition weiter zu differenzieren. Er betont vor allem die differenziellen Wirkungen interpersoneller Lernprozesse für die Persönlichkeitsentwicklung. In ihrer Diktion bewegt sich Millons biosoziale Lerntheorie streng im Rahmen der lerntheoretischen Grundlegung von Klinischer Psychologie und Verhaltenstherapie, obwohl sie zahlreiche Anleihen bei (empirisch begründeten) psychoanalytischen Konzepten macht. Für die Entwicklung der gesunden wie gestörten Persönlichkeit spielen nach seiner Auffassung die Einflüsse aus drei Faktorenbündeln eine wesentliche Rolle (vgl. Millon, 1990, 1996; Millon & Everly, 1985).

(1) Grundlegende biologische Faktoren

Sie bestimmen sich aus zwei Faktorenbereichen: aus den hereditären Voraussetzungen und aus Einflüssen der pränatalen Entwicklung. Obwohl die spezifischen und differenziellen Wirkungen beider Bereiche auf die Persönlichkeitsentwicklung noch relativ unklar sind, sprechen insbesondere einige High-Risk-Studien für ihre prädispositionelle Bedeutsamkeit bei den paranoiden, schizoiden, schizotypischen und antisozialen Persönlichkeitsstörungen (→ 7, → 8, → 9, → 10).

(2) Biologische Umgebungsfaktoren

Dieser Aspekt betont die frühkindlichen, vor allem zwischenmenschlichen Erfahrungen und Lernbedingungen auf die weitere neuropsychologische Entwicklung. Millon unterscheidet grob drei neuropsychologische Entwicklungsstufen, die er einerseits mit Ergebnissen der neuro- und psychophysiologischen Erforschung der Kleinkindentwicklung (z.B. Brown & Wallace, 1980) begründet, andererseits mit Bezug auf die entwicklungspsychologischen Ausarbeitungen von Piaget (1956), Erikson (1950) sowie Rapaport (1958).

Wohlbefinden versus Schmerz

Pleasure: Life-Enhancement – versus – *Pain:* Life-Preservation
Diese als „sensory-attachment stage" bezeichnete Entwicklungsphase spannt sich für Millon von Geburt an bis zum 18. Lebensmonat und darüber hinaus. Für Millon (1996) liegt diese Dimension zwischen den Polen Wohlbefinden und Schmerz. Sie kennzeichnet im Bereich seelischer Gesundheit Personen, deren Leben durch Streben nach Bereicherung bestimmt ist. Ihnen stehen auf der anderen Seite der Polarität Menschen gegenüber, deren bisherige vorrangige Schmerzerfahrungen Anlass waren, Möglichkeiten der Bewahrung und Sicherung als wertvolles Lebensziel zu betrachten.

Diese Entwicklungsstufe besteht von Geburt an, und zwar insbesondere im ersten Lebensjahr – wie auch darüber hinaus. In ihr wird die neurologische Entwicklung des Kleinkindes entscheidend von einer ungestörten Eltern-Kind-Beziehung abhängig gesehen (Fox et al., 1991).

Entwicklungsaufgaben des Kleinkindes bestehen darin, eine altersentsprechende Kompetenz zur Balancierung primärer Erfahrungen zwischen den zwei Polaritäten Schmerz-Erfahrungen bzw. Freude-Erfahrungen zu entwickeln und auszuformen. Risikofaktoren für eine gestörte Persönlichkeitsentwicklung liegen in einer unterstimulierenden wie auch überstimulierenden Bindungserfahrung. Frühe Bindungserfahrungen können zu erheblichen, teilweise schmerzhaft erlebten Unsicherheiten hinsichtlich einer späteren Bindungsbereitschaft bzw. Bindungsverweigerung führen: übermäßige Dependenz oder Anklammerungstendenzen bzw. schizoide Zurückgezogenheit, Angst vor Intimität und Nähe bis hin zur Verweigerung zwischenmenschlicher Erfahrungen (Bretherton & Waters, 1985).

Aktivität versus Passivität

Passive: Ecological Accommodating – versus – *Active:* Ecological Modifying
Millon (1996) versucht mit dieser Polarität die in Persönlichkeitstests vielfältig untersuchte Temperamentsausstattung des Menschen zu erfassen, die sich entsprechend gut als Dimension zwischen Aktivität und Passivität aufspannen lässt. Passive Personen werden vorrangig als angepasst (passiv) charakterisiert, mit geringer Bereitschaft, dies zu verändern – während bei aktiven Personen das Bemühen im Vordergrund steht, kontinuierlich auf Kontexte einzuwirken, um diese aktiv zu verändern.

Diese Entwicklungsphase, die Millon als „sensorimotor-autonomy stage" bezeichnet, ist in wesentlichen Anteilen zwischen dem zwölften Lebensmonat und dem sechsten Lebensjahr für die Entwicklung des Kleinkindes bestimmend – wie natürlich auch darüber hinaus. In ihr liegen u.a. Lernübergänge von der grobmotorischen zur feinmotorischen Handlungsregulation.

Millon (1996) postuliert evolutionäre Entwicklungsaufgaben des heranwachsenden Kindes im Umgang mit einer bedeutsamer werdenden Polarität zwischen Aktivität und Passivität, die zur innerpsychischen Akkommodation von Erfahrungen wie zur ökologischen Anpassung wichtig werden: Dinge für sich alleine unternehmen, aktiv die Umwelt beeinflussen und verändern, sich von äußeren Vorgaben freimachen und Anforderungen von außen sowie Versuchungen widerstehen.

Ein balanciertes Lernen zwischen diesen Polaritäten wird als grundlegend für eine spätere selbstsichere wie sozial bezogene Bewältigung alltäglicher Anforderungen und Belastungen angesehen. Erzieherische Unterforderungen und zu geringe Anregungen begünstigen Selbstunsicherheiten, Passivität, Widerständigkeiten oder Unterwürfigkeit. In der Folge wiederholter Überforderungen oder eines übermäßigen Gewährenlassens andererseits können sich Verhaltensmuster wie übersteigerte Selbstdarstellung, soziale Unangepasstheit, narzisstische Neigungen oder auch negativistisch-pessimistische Grundhaltungen ausformen.

Bindung versus Autonomie

Other: Progeny Nurturance – versus – *Self:* Individual Propagation
Die Entwicklungsphase einer Selbst-Anderen-Polarisierung, die Millon als „pubertal-gender identity stage" bezeichnet, hat nach seiner Auffassung u.a. wegen grundlegender hormoneller Veränderungen ihren Höhepunkt während der Pubertät zwischen dem 11. und 15. Lebensjahr. Sie kann jedoch bereits in frühen Erfahrungen grundlegend vorbereitet sein und reicht in ihrer Konflikthaltigkeit weit über die Adoleszenz hinaus. Millon begründet diese zeitliche Festlegung mit zahlreichen konzeptuellen Überlegungen und empirischen Ergebnissen, ähnlich wie sie bereits von Sullivan (1953) hinsichtlich der Bedeutsamkeit

der Pubertät für die interaktionelle Persönlichkeitsentwicklung vorgebracht wurden. In der Adoleszenz kommt es zu bedeutsamen eigenen Reifungsschritten, deren zentrale Bedeutung in der Ausformung einer geschlechtlichen Identität zu sehen ist.

Wesentlicher Entwicklungsschritt der Adoleszenz ist mit Millon (1996) jedenfalls eine fortschreitende Differenzierung von subjektiven Sichten oder Ansichten über sich selbst wie von subjektiven Sichten oder Ansichten über andere Personen, die gewisse intellektuelle Fähigkeiten voraussetzen. Und dieser Prozess wird gerade in der Pubertät, gegenüber der die psychoanalytische Theoriebildung nach wie vor „beachtenswert blinde Flecken“ (Sullivan, 1953, S. 168) besitzt, durch Ansichten und Stereotypien der sozial-gesellschaftlichen Umwelt bedeutsam beeinflusst (Bartholomew & Horowitz, 1991).

Ohne geeignete Erziehungsvorbilder kann diese Entwicklungsphase zahlreiche Unterforderungsaspekte oder Überforderungsaspekte beinhalten, wie z.B. fehlende geeignete Identifikationsmöglichkeiten oder Rollenvorbilder einerseits oder z.B. Gruppen- und Bandenbildung, Subkulturstereotype, provokative Demonstration sich sozial ausgrenzender Besonderheit andererseits. Orientierungslosigkeit angesichts heterogener Wertvorstellungen, fehlende Geschlechtsorientierung und schmerzliche erste sexuelle Erfahrungen können die emotionalen Reifungsprozesse dieser Phase erheblich beeinträchtigen. Eine grundlegende Diffusion der eigenen Geschlechtlichkeit oder auch die radikale Übernahme stereotyper maskuliner bzw. femininer Rollen kann die Folge sein (dissozial, narzisstisch, paranoid, histrionisch).

Vernunft versus Gefühl

Thinking: Intellective Reasoning – versus – *Feeling:* Affective Resonance

Den Beginn der Entwicklungsphase, die Millon als „intracortical-integrative stage“ bezeichnet, sieht er auf der Grundlage bisheriger Forschungsergebnisse zeitlich ab dem Alter von etwa vier Jahren verortet (Beginn der sprachgebundenen Dynamik innerhalb dieser Polarität durch ein Anwachsen der Vernunftaspekte menschlichen Handelns). Die Phase reicht jedoch in ihrer Entwicklung wie Störanfälligkeit deutlich weiter, mit wechselnden Höhepunkten bis zur späten Adoleszenz. Sie durchzieht in ihrer Ambivalenz das ganze Leben. Grundlegend vorbereitet oder irritiert werden kann sie andererseits durch hereditäre und konstitutionelle Voraussetzungen und durch prä-/peri-/postnatale Traumen.

In der Kernphase zwischen vier Jahren und der Jugend liegt der enorme Zuwachs an höher gelegenen kortikalen Hirnfunktionen: die Verbesserung des abstrakten Denkens mit sich ausweitenden Möglichkeiten der Planung und Bewertung eigener und fremder Handlungen sowie der Lösung individueller und interindividueller Problemstellungen und Krisen. Evolutionäres Ziel dieser Entwicklungsphase liegt in der kompetenten Balancierung und gleichwertigen Nutzung von Vernunft und Gefühl.

Unterforderungen und zu geringe Anregungen können die Entwicklung eigener Lebensziele verhindern und einen Mangel an Selbstdisziplin sowie eine Neigung zu impulsiven Handlungen begünstigen (dissozial, Borderline). Überforderungen oder übermäßiges Gewährenlassen können eine gesunde Entwicklung von Spontaneität, Flexibilität und Kreativität einschränken und ein eher rigides, selbstbeschränkendes und zwanghaftes Persönlichkeitsmuster bewirken.

(3) Umgebungsfaktoren

Die biologischen Voraussetzungen und frühen neuropsychologischen Entwicklungsmöglichkeiten werden entscheidend durch kontextuelle Einflüsse, vor allem durch die jeweilige Ausgestaltung der zwischenmenschlichen Erfahrungsausbildung überformt und verändert. Für Millon sind es drei lerntheoretische Konzepte, mit denen sich diese weiteren Wirkungen auf die Persönlichkeitsentwicklung hinreichend rekonstruieren lassen:

- das Gleichzeitigkeitslernen (ist im Sinne des klassischen Konditionierens gemeint),
- das instrumentelle Lernen über positiv und negativ erlebte Kontingenzen (operantes Konditionieren) sowie
- das Modelllernen („vicarious learning").

Umgebungsfaktoren sind letztendlich entscheidend, ob es langfristig zu Persönlichkeitsstörungen kommt. Dabei sind drei pathogene Lernprozesse wesentlich:

- sich wiederholende positive Bekräftigung maladaptiven, selbst-schützenden Verhaltens,
- sich wiederholende negative Bekräftigung maladaptiven, selbst-schützenden Verhaltens (Vermeidungslernen; z.B. als interpersonell erfolgreiches Einsetzen von Vermeidungsmustern),
- das Entstehen von Verhaltenslücken durch Nichtlernen („underlearning").

Bewertung

Die Entwicklungsperspektive Millons zeigt übrigens einige interessante Gemeinsamkeiten mit den tiefenpsychologischen Annahmen über die zeitliche Verortung der von den Psychoanalytikern so bezeichneten „frühen Störungen" (→ 3.1). So postuliert Millon ebenfalls eine zeitliche Abfolge, ausgehend von einem früh grundgelegten Narzissmus, sozialer Unsicherheit und Dependenz bis hin zu einer erst später verursachten Zwanghaftigkeit. Im Unterschied zur psychoanalytischen Auffassung werden Unsicherheiten im Konflikt zwischen Autonomie und Bindung in Millons Konzept Störungen in der frühesten Phase (der „sensory-attachment"-Phase) zugesprochen, während sich dieser Konflikt im Sinne psychoanalytischer Konzeptbildungen aus dem nicht erfolgreichen Bewältigen der Gesamtentwicklungszeit zwischen Symbiose und Individuation (einschließlich der „Ödipus"-Phase) ergibt – obwohl hier die Ansichten unter den Psychoanalytikern selbst gelegentlich divergieren (→ 3.4). Mit der letztgenannten Annahme entspricht Millon eher den Vorstellungen von Schultz-Hencke, der die Entstehung von Grundproblemen in der Bindungsfähigkeit ebenfalls in der Anfangszeit der kindlichen Frühentwicklung vermutet (→ 4.4).

5.6.2 Das Diathese-Stress-Modell: die Erklärung von Variabilität und Permanenz im Verlauf

In verhaltenstherapeutischen Versuchen der ätiologietheoretischen Grundlegung von Persönlichkeitsstörungen wird in jüngster Zeit zunehmend das Diathese-Stress-Modell als eine Möglichkeit betrachtet, sich die zwischenmenschlichen Schwierigkeiten und Normabweichungen persönlichkeitsgestörter Personen zu erklären – und zwar aus nahe liegenden Gründen: Immerhin werden einige der Persönlichkeitsstörungen (wie die paranoide, die schizoide, die schizotypische oder auch die Borderline-Persönlichkeitsstörung) als mögliche Risikoträger schizophrener, wahnhafter und affektiv-depressiver Störungen diskutiert und untersucht (Süllwold, 1983; vgl. die Kapitel zu den Konzeptualisierungsversuchen dieser Störungsbilder).

Fiedler (1993a, 1994b, 1996) hat den Vorschlag unterbreitet, eine besondere Möglichkeit des Diathese-Stress-Modells zu beachten, mit der sich die aktuellen Fluktuationen oder aber auch die zeitliche Permanenz von Persönlichkeitsstörungen verständlich machen ließe. In diesem Sinn stellt es besondere Möglichkeiten bereit, die biosoziale Lerntheorie Millons zu ergänzen. Millons Ansatz beschränkt sich vorrangig auf eine Erklärung der möglichen Verursachungs- und Entstehungsbedingungen. Das nachfolgend dargestellte Diathese-Stress-Modell bezieht sich stärker auf den weiteren Verlauf und auf die Bedingungen, die für die aktuelle Auslösung und Aufrechterhaltung von Persönlichkeitsstörungen verantwortlich zeichnen.

Vulnerabilität

Dem allgemeinen Diathese-Stress-Konzept entsprechend, werden die Persönlichkeitsstörungen von einer sog. Vulnerabilität abhängig gesehen, mit der eine besondere dispositionelle Empfindlichkeit, Labilität oder Verletzlichkeit der Person gegenüber sozialen Anforderungen und Stress gemeint ist (→ Abbildung 5.2).

Vulnerabilität lässt sich nicht direkt „messen" oder beobachten. Innerhalb des hier gemeinten Modells ist Vulnerabilität immer als hypothetisches Konstrukt gedacht, das sich durch Wahrscheinlichkeitsaussagen über beobachtbare oder rekonstruierbare Person- und Lebensdaten feststellen und dann näherungsweise quantifizieren lässt. Die Vulnerabilitätsausstattung eines Menschen bestimmt sich u.a. durch die nachfolgend beschriebenen Variablenbereiche.

Diathetische Prädisposition

So ist die Vulnerabilität einerseits abhängig von einer diathetischen Prädisposition. Unter Diathese wird das ungünstige Zusammenwirken von Erbeinflüssen

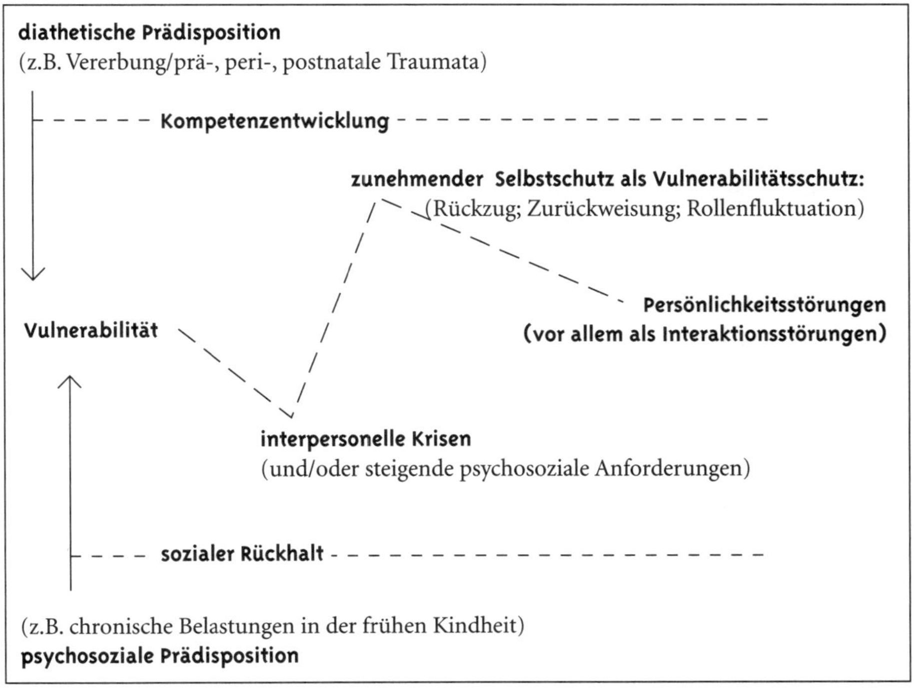

Abbildung 5.2. Diathese-Stress-Modell zur Erklärung von Persönlichkeitsstörungen.

und/oder von prä-, peri-, postnatalen Traumata verstanden, die dann als diathetische Vulnerabilität die weitere Persönlichkeitsentwicklung präformieren. Bei den meisten Persönlichkeitsstörungen ist die Risikowirkung solcher diathetischer Einflüsse inzwischen nachgewiesen (vgl. Millon, 1981; Siever & Davis, 1991).

Psychosoziale Prädisposition

Andererseits wird die Vulnerabilität bestimmt durch eine psychosoziale Überformung der Diathese. Als Bedingungen einer solchen psychosozialen Prädisposition werden – wie dies insbesondere Millons Ansatz postuliert – ungünstige familiäre und erzieherische Einflüsse auf die frühkindliche Persönlichkeitsentwicklung beschrieben und untersucht. Markante Ereignisse, die regelmäßig im Zusammenhang mit Persönlichkeitsstörungen gefunden wurden, sind Kindesmisshandlungen, frühe Inzesterfahrungen oder miterlebte kriminelle Gewalttätigkeit eines Elternteils (z.B. Robins, 1978; Marziali, 1992; Links, 1992).

Kompetenzen

Das Diathese-Stress-Modell legt es nun nahe, die Persönlichkeitsstörungen vorrangig als Störungen des zwischenmenschlichen Beziehungsverhaltens aufzufassen und sie mit sozialen Konflikten, Krisen und deren Entwicklungen und Extremisierungen in einen Zusammenhang zu stellen (vgl. Fiedler, 1994d): Die persönlichen (Problem-)Verhaltensweisen der Betroffenen werden unter dieser Perspektive als individuelle Eigenarten oder sogar als Kompetenzen verstehbar, auf psychosoziale Anforderungen, einschneidende Lebensereignisse oder zwischenmenschliche Krisen sich selbst schützend zu reagieren. Sie lassen sich damit auch als Teil eines Bemühens begreifen, gegenüber diesen Belastungen und Krisen zu bestehen und/oder die eigene Vulnerabilität zu schützen. Auf der anderen Seite hängt das mögliche Ausmaß der Störungen natürlich auch davon ab, ob und wie die Betroffenen bei ihren Angehörigen oder Mitmenschen Verständnis, Akzeptanz und sozialen Rückhalt finden.

Krisen

Im Vulnerabilitäts-Stress-Modell erklärt sich die krisenhafte Zuspitzung der Persönlichkeitsstörungen aus einer Eskalation interpersoneller (gelegentlich psychosozial-gesellschaftlich bedingter) Konflikte und Krisen. Diese haben ihre Ursache häufig auch oder ausschließlich darin, dass viele der von den Betroffenen als Selbstschutz gewählten zwischenmenschlichen Verhaltensweisen (wie Rückzug aus sozialen Beziehungen, fehlendes Einfühlungsvermögen, spontane Rollenfluktuation oder aggressive Abwehr sozialer Anforderungen) für die Bezugspersonen gar nicht als Vulnerabilitätsschutz verstehbar sind, vielmehr als Verletzung interpersoneller Umgangsformen interpretiert werden und deshalb geradezu vermehrt jene Ablehnung, Kritik und Feindseligkeit herausfordern, vor denen sich die Betroffenen gerade zu schützen versuchten.

5.6.3 Bewertung

Millons Theorie erklärt die Entwicklung von Persönlichkeitsstörungen aus einer möglichen hereditären und/oder neuropsychologischen Prädisposition, die im Verlauf sich wiederholender ungünstiger Lernprozesse in ein Muster relativ zeitstabiler, konsistenter und wenig flexibler Verhaltensauffälligkeiten und Verhaltensabweichungen übergeht. Im Unterschied zur dargestellten Diathese-Stress-Konzeption vernachlässigt die biosoziale Lerntheorie den Aspekt der aktuellen, situativ bedingten Verhaltensvariabilität, deren Schwankungen besser unter der Vulnerabilitätsperspektive mit wechselnden psychosozialen Anforderungen und Krisen in einen Zusammenhang gestellt werden können.

5.7 Kognitionstheoretische Erklärungsansätze

Eine umfassende kognitionstheoretische Analyse der Persönlichkeitsstörungen wurde kürzlich von einer Arbeitsgruppe um Beck vorgelegt (Beck et al., 1990). Die Autorengruppe betrachtet die Persönlichkeitsstörungen zugleich als grundlegend für die meisten spezifischen (symptomatischen) psychischen Störungen und damit als wesentliche Orientierungsmöglichkeit für die Ableitung therapeutischer Strategien in unterschiedlichen Behandlungskontexten. Auch sie unterstellen eine genetisch, biologisch und erzieherisch prädisponierte Vulnerabilität der Betroffenen. Die Persönlichkeitsstörungen selbst entstehen in ihrer Sicht jedoch durch die Art, wie Menschen ihre Vulnerabilität in zwischenmenschliche Erfahrungen einbeziehen und wie sie die dabei möglichen Erfahrungen kognitiv strukturieren und verarbeiten. Dieser Ansatz ähnelt in vielen Aspekten der psychoanalytischen Ausarbeitung von Shapiro (1965, 1981; → 3.5), auf den sich die Autoren gelegentlich beziehen.

Krisen

Viele prädisponiert vulnerable Menschen neigen im Laufe ihrer Entwicklung vermehrt dazu, zwischenmenschliche Gefahrensituationen und Krisen als bedrohlich und gefahrvoll zu konzeptualisieren, und sie scheuen – zum Schutz ihrer Vulnerabilität – zunehmend, Risiken einzugehen oder sich überhaupt auf neue Erfahrungen einzulassen. Im weiteren Verlauf werden Erfahrungen durch die bis dahin angelegte kognitive Struktur möglichst „geschützt" wahrgenommen, d.h. kognitiv nurmehr voreingestellt und damit voreingenommen evaluiert. Neue und vor allem alternative zwischenmenschliche Erfahrungen werden vermieden. Dies führt – im Sinne eines Circulus vitiosus – dazu, dass die sich wandelnden, sozial und gesellschaftlich angemessenen Umgangsformen nicht oder nur sehr verzögert mitgelernt werden. Persönlichkeitsstörungen sind in diesem Sinne immer auch Ausdruck eines persönlichen Entwicklungsrückstandes im Umgang mit sozial-gesellschaftlichen Anforderungen. Hinzu kommt, dass die ursprüngliche Vulnerabilität selbst schließlich gar nicht mehr als Richtschnur für das persönliche Interaktionsmuster zum Schutz der Verletzlichkeit dient, sondern möglicherweise eine realitätsfern konstruierte vermeintliche Empfindsamkeit („kognitive Vulnerabilität").

Kognitive Schemata

Grundlage der (fehleranfälligen) Wirklichkeitsbewertungen sind mehr oder weniger starr oder flexibel nutzbare kognitive „Schemata", mit denen Erfahrungen selektiv oder synthetisierend strukturiert und – im Falle der Persönlichkeitsstörungen – verzerrt werden können. Beck und Kollegen benutzen den Schema-Begriff in Anlehnung an kognitiv orientierte, allgemein-psychologische Ansätze (Neisser, 1976; Schanck & Abelson, 1977), so wie er von Beck bereits in seinen Arbeiten über Depression und Depressionsbehandlung eingeführt wurde (vgl. Beck et al., 1979). Persönlichkeitseigenarten („traits"), die üblicherweise mit Adjektiven wie „dependent", „arrogant" oder „extravertiert" belegt werden, sind in diesem Sinne äußerlich sichtbare Anzeichen einer darunter liegenden, die jeweilige Person typisierenden „kognitiv-schematischen" Struktur. Generelle persönliche Verhaltensmuster wie die interpersonelle Abhängigkeit oder Unabhängigkeit eines Menschen lassen sich so als Funktion eines Konglomerats basaler Schemata rekonstruieren. Und die Vielfältigkeit einzeln wie komorbid auftretender Persönlichkeitsstörungen belegt, dass das persönliche Bemühen der Betroffenen um Vulnerabilitätsschutz in vielgestaltige Richtungen gehen kann. Nur in seiner prinzipiellen Ausrichtung ist es grob determiniert durch Wechselwirkungen aus der je gegebenen spezifischen biosozialen Prädisposition. Für ein Verständnis der idiosynkratischen Ausgestaltung von Persönlichkeitsstörungen bleibt jedoch zu beachten, dass die Entwicklung und die Anwendung kognitiver Schemata entscheidend – (weil sie ich-synton sind) – unter der Mitverantwortung der betroffenen Menschen geschehe, weshalb die Persönlichkeitsstörungen auch als schwer zu behandeln gelten.

Analyse

Beck et al. (1989) schlagen für eine kognitive Analyse der Persönlichkeitsstörungen vor, bei der Rekonstruktion der spezifischen zwischenmenschlichen Interaktionsmuster („basic strategies") persönlichkeitsgestörter Menschen drei kognitive Perspektiven (als Schemata-Muster) zu unterscheiden:

- die kognitive Sicht der Person über sich selbst („view of self"),
- die kognitive Sicht relevanter anderer Personen („view of others") und
- damit jeweils zusammenhängende negative Wertungen („negative beliefs").

Für die spezifischen Persönlichkeitsstörungen (gemäß DSM-III-R) werden von den Autoren typische kognitive Schemata und die von ihnen abhängigen Interaktionsstrategien beschrieben und anhand bisher vorliegender empirischer und konzeptueller Arbeiten begründet. Auf die Spezifika dieser Ausarbeitungen werden wir in den Kapiteln zu den spezifischen Störungen verschiedentlich zurückkommen, weshalb sich hier eine vertiefende Darstellung zunächst erübrigt.

Teil II
Die Persönlichkeitsstörungen

6 Persönlichkeitsstörungen: Extremvarianten menschlicher Besonderheit und Vielfalt. Zweiter Versuch einer Einführung

Der Hauptvorzug der Wissenschaft ist es, dass sie ein Abkürzungsverfahren ist, das eben deshalb aber die Wirklichkeit gewissermaßen vergewaltigen muss.
Franz Alexander

In den nachfolgenden 12 Kapiteln über die spezifischen Persönlichkeitsstörungen wird die Ebene der übergreifenden Konzeptualisierung und Begründung verlassen. Auswahl und Anzahl der verschiedenen Störungen orientiert sich nunmehr an den aktuellen Versionen der Klassifikationssysteme ICD-10 (2. Auflage, 1993) und DSM-IV (1994). Gelegentlich wird auf die Kriterien des DSM-III-R (1987) rückverwiesen, um besonders markante Innovationen in der Kriteriensetzung und deren konzeptuelle und perspektivische Bedeutung zu diskutieren. Da nach wie vor eine gewisse Uneinigkeit darüber besteht, welche spezifischen Störungen in die Klassifikationsystematiken aufgenommen werden sollen und wie diese operational zu definieren seien, wird es notwendig sein, über das DSM und die ICD hinauszublicken. So sind einige Kapitel eingefügt, in denen auf die aktuelle Diskussion um eine Erweiterung und Differenzierung der Störungskategorien eingegangen wird. Eine dieser Diskussionen betrifft die passiv-aggressiven bzw. negativistischen Persönlichkeitsstörungen (→ 17) und eng damit zusammenhängend die über eine Einordnung und Handhabung der schizotypischen (→ 9) und depressiven Persönlichkeitsstörung (→ 18).

Insbesondere bei den beiden Letzteren herrscht Uneinigkeit darüber, ob sie wegen ihrer teilweise ich-dystonen Symptomatik nicht besser als spezifische psychische Störungen einer der übrigen Syndromgruppen außerhalb der Persönlichkeitsstörungen zugeordnet werden sollten. So ist beispielsweise die schizotypische Persönlichkeitsstörung im Unterschied zum DSM-IV in der ICD-10 als schizotype Störung dem Syndrombereich der Schizophrenie zugeordnet worden (→ 9.2). Im Bereich der Depression ist diese Zuordnung der früheren dysthymen wie zyklothymen Persönlichkeitsstörungen als Dysthymie bzw. Zyklothymie zum Syndrombereich der Depression bereits in beiden Systemen vorgenommen worden. Seither ist jedoch die Diskussion nicht verstummt, die um die Forderung kreist, erneut eine sog. „depressive Persönlichkeitsstörung" einzuführen. Diese

Diskussion ist nach wie vor hochaktuell, sodass wir den affektiv-depressiven Persönlichkeitseigenarten ebenfalls ein eigenes Kapitel widmen werden (→ 18).

Zwei Kapitel zur Differenzialdiagnostik und Komorbidität sowie zu den bisherigen Erträgen der epidemiologischen Forschung werden den zweiten Hauptteil dieses Buches abschließen (→ 19, → 20).

Persönlichkeitsstörung: ja oder nein?
Ein Problem soll in dieser Einleitung kurz erneut angesprochen werden, weil es innerhalb der nachfolgenden Kapitel kontinuierlich thematisch sein wird. Dies Problem hängt eng mit den Gepflogenheiten, Funktionen und Zielen der Diagnostik und Differenzialdiagnostik von Persönlichkeitsstörungen zusammen.

Persönlichkkeitsstörungen und Beziehungsstörungen. Einerseits geht es um spezifische Konsequenzen, die sich daraus ergeben, dass es sich bei Persönlichkeitsstörungen im Kern immer auch um Interaktionsstörungen handelt. Dieses Einführungskapitel zu Teil II dieses Buches führt die in Kapitel 1 eröffnete Diskussion um das Problem der diagnostischen Personperspektivierung von Interaktionsstörungen fort.

Persönlichkeitsstörung versus prämorbide Persönlichkeit. Des Weiteren geht es um das Problem, dass Persönlichkeitsstörungen in der psychiatrischen Praxis und Forschung gern als „prämorbide" Persönlichkeit bezeichnet und untersucht werden. Gemeint und impliziert ist damit die Annahme, dass bestimmte Persönlichkeitseigenarten und Persönlichkeitsstörungen als persontypische Risikofaktoren für die Entstehung und Aufrechterhaltung symptomatischer psychischer Störungen (wie z.B. der Depression oder Schizophrenie) in Betracht gezogen werden müssen. Diese Nomenklatur wird inzwischen jedoch fast schon routinemäßig auf nahezu alle Persönlichkeitsauffälligkeiten angewandt, die bei psychiatrischen Patienten vorfindbar sind, sodass dieser Beurteilerbias hier nochmals kritisch beleuchtet werden sollte.

Variabilität und Stabilität. Ein dritter Aspekt betrifft die in den allgemeinen Kriterien der Diagnosesysteme findbare Festlegung, dass es sich bei den Person- und Interaktionsmerkmalen, die Persönlichkeitsstörungen ausmachen, um wenig variable, kontextübergreifend beobachtbare und zeitstabile Eigenarten handelt. Auch dem ist in dieser Allgemeinheit entschieden zu widersprechen, und wir werden Argumente dafür anführen, warum es der Wirklichkeit besser entsprechen würde, bei Persönlichkeitsstörungen von variablen, situationsspezifisch schwankenden und sich im zeitlichen Verlauf kontinuierlich verändernden Personeigenarten auszugehen (auch → Epilog).

6.1 Das Diagnostikproblem der Personperspektivierung

Es wurde bereits mehrfach darauf aufmerksam gemacht, dass der Diagnose von Persönlichkeitsstörungen immer ein besonderer Beurteilungsfehler unterliegen kann, den wir als Personperspektivierung einer Interaktionsstörung bezeichnet haben (→ 1.2). Es ist nun in den vorausgehenden Kapiteln aber auch wiederholt darauf hingewiesen worden, dass der Beobachterbias vermieden werden kann, wenn sich der Diagnostiker sehr strikt darum bemüht, Persönlichkeitsstörungen als wiederholt beobachtbare Interaktionsbesonderheiten der Betroffenen zu betrachten. Persönlichkeitsstörungen werden nämlich in praxi als diagnostische Kategorie – von der epidemiologischen und konzeptprüfenden Forschung einmal abgesehen – fast ausschließlich dort in Betracht gezogen, wo die zwischenmenschliche Interaktion der Betroffenen mit allgemeinen, kontextuellen oder rechtlichen Normvorstellungen in Konflikt gerät (in Familie und im Beruf, aber auch in der Psychotherapie, schließlich möglicherweise gegenüber Recht und Gesetz). Die Diagnose „Persönlichkeitsstörungen" kann und sollte – mit Ausnahmen – vernünftigerweise (und ganz im Sinne der Diagnosesysteme) also erst dann erwogen und gestellt werden, wenn zwischenmenschliche Beziehungskonflikte in einer Weise so weit extremisieren, dass die private und berufliche Leistungsfähigkeit und/oder die Lebensqualität der Betroffenen erheblich beeinträchtigt ist und/oder wenn diese Beeinträchtigungen bei den Beteiligten zu erheblichen subjektiven Beschwernissen führen.

Genaue Beachtung des Kontextes

Genau dieser Aspekt verlangt vom Diagnostiker jedoch, über die Beurteilung von individuellen Personaspekten hinaus eine Bewertung ihrer interaktionellen Eingebundenheit und möglichen Voraussetzungen vorzunehmen. Und um der Gefahr der Willkür zu entgehen, können das Festsetzen von Grenzen und eine klare Einigung über die Eigenarten dessen, was in legitimer Weise als „abnorme Persönlichkeit" bezeichnet werden könnte, immer nur in Abhängigkeit von den interpersonellen, sozialen, kulturellen und gesellschaftlichen Kontexten, in denen der Betroffene lebt, getroffen werden.

Die diagnostische Berücksichtigung der interaktionellen Eingebundenheit von Persönlichkeitsstörungen verringert zwar die Gefahr des Beurteilerbias. Gleichzeitig tritt der Diagnostiker qua Autorität und Kompetenz immer auch selbst in das betroffene Interaktionssystem mit ein. Er gerät damit fast zwangsläufig in ein zumeist hochkompliziertes Netz persönlich gefärbter, zwischenmenschlicher, gesellschaftlicher und zumeist auch noch juristischer und wissenschaftlicher Streitfragen und Konfliktzonen. Genau das bleibt zu beachten: Diagnostiker und Therapeuten stehen nämlich kontinuierlich in der Gefahr, aus den Augen zu verlieren, wer in diesem verstrickten Gefüge der Auftraggeber oder Empfänger diagnostischer und therapeutischer Dienstleistungen ist (vgl. die Arbeiten in Fink & Tasman, 1992; auch → 22 zur differenziellen Indikation).

6.2 Die Metapher „prämorbide Persönlichkeit"

Die Klassifikation und Beurteilung der Persönlichkeitsstörungen ist – wie wir dies in → Kapitel 1 und 2 dargelegt haben – immer Diagnostik im Wandel und Übergang. Es gilt also zwingend, lieb gewordene Diagnosegepflogenheiten stets kritisch neu zu hinterfragen und verändernd weiterzuentwickeln. Wie schwer das ist, zeigt sich in der Neigung vieler Psychiater, vielfach wider besseres (ätiologisches) Wissen von einer „prämorbiden Persönlichkeitsstruktur" zu sprechen. Sie tun dies zumeist, wenn sie (in personperspektivierender Verengung) meinen, dass die schon längere Zeit, möglicherweise lebenslang beobachtbaren persönlichkeitsbedingten Verhaltensmuster die Diagnose nahe legen, es handele sich bei diesen um prädisponierende Bedingungen einer zum Zeitpunkt der Diagnose feststellbaren spezifischen psychischen Störung, z.B. der Depression oder Schizophrenie.

Dilemma der Forschung

Diese hier vorgenommene Verschränkung von Persönlichkeit und psychischer Krankheit ist nun wissenschaftlich eine höchst komplizierte Angelegenheit und selbst im Lichte der empirischen Forschung über einzelne Fälle hinaus nur sehr schwer verallgemeinerbar. Selbst von den meisten empirisch arbeitenden Forschern wird gern übersehen, dass die von ihnen gefundenen Signifikanzen immer *nur die Möglichkeit* beinhalten, dass die je untersuchte Hypothese auf eine vom Zufall mehr oder zumeist weniger unterscheidbare Untergruppe von Personen zutreffen könnte – nicht mehr und nicht weniger. Die erheblich deutlicher ausgeprägten Signifikanzen im Bereich der situationsspezifischen und kontextabhängigen Variabilität der Persönlichkeitsstörungen und zu deren adaptiver Funktion geben eher jenen Recht, die – wie bereits zu ihrer Zeit unter erheblich schwierigen wissenschaftspolitischen Bedingungen: Karl Jaspers (1913) und Kurt Schneider (1923) – eine morbusbezogene Lehre der Persönlichkeitsstörungen konsequent abgelehnt haben (hierzu auch Tölle, 1988, 1990; → Epilog).

Das Gesagte gilt auch für jene Persönlichkeitsstörungen, die sich in den letzten Jahren zunehmend als mögliche Risikoeigenarten der Betroffenen für die spätere Entwicklung einer psychischen Störung erwiesen haben. Auch bei Vorliegen solcher spezifischen Persönlichkeitsstörungen (wie etwa der schizotypen oder einer der Varianten der affektiv-depressiven Persönlichkeitsstörungen) ist die spätere Entwicklung einer psychischen Störung, etwa der Schizophrenie oder Depression, immer nur bei einer zumeist kleineren Untergruppe von Patienten beobachtbar (→ 9, → 18). Bereits kleinere Untergruppen führen in Studien zu „signifikant von Null unterschiedlichen" Ergebnissen.

Ausreichend valide Aussagen über die Verallgemeinerung signifikanter Ergebnisse liegen bis heute nur sehr spärlich vor, da es kaum Prospektivstudien zur Klärung der „Prämorbidität" gibt. Außerdem treten die meisten Persönlichkeitsstörungen in den bisher vorliegenden Komorbiditätsstudien oftmals auch im

Zusammenhang mit ganz anderen als den vermuteten Risikostörungen auf (so wird etwa die schizotype Persönlichkeitsstörung häufig zusammen mit den Zwangsstörungen diagnostiziert; → 19).

„Persönlichkeitsänderung" als vorläufige Diagnose in Zweifelsfällen

Auf jeden Fall sollte nicht von „prämorbider Persönlichkeit" gesprochen werden, wenn in praxi bei einem Patienten eine Persönlichkeitsstörung etwa zeitgleich zur akuten psychischen Störung diagnostizierbar ist oder vermutet wird. In den Diagnosesystemen selbst jedenfalls – und das wird häufig übersehen – ist dem Diagnostiker explizit auferlegt, mit der Diagnose einer Persönlichkeitsstörung zuzuwarten, bis die akuten psychischen Störungen abgeklungen sind, um eine Kontamination der häufig mit dem spezifischen Symptombild einhergehenden Interaktions- und Personmerkmale mit Persönlichkeitsstörungen zu vermeiden. Dies gilt zum Beispiel für eine erhöhte Dependenz, die im Zusammenhang mit spezifischen Störungen beobachtbar ist (z.B. bei Phobien). Nach erfolgreicher Behandlung mittels verhaltenstherapeutischer Exposition erweisen sich die meisten bei Behandlungsbeginn noch „dependent" erscheinenden Phobiepatienten jedenfalls als ausgesprochen autonom (vgl. Fiedler, 2000a).

Doch selbst das Bestehenbleiben besonderer Persönlichkeitsmerkmale nach Abklingen spezifischer psychischer Störungen rechtfertigt ebenfalls kaum, auf entsprechende Persönlichkeitseigenarten vor der psychischen Erkrankung rückzuschließen. Es kann sich ebenso gut um Persönlichkeitsänderungen handeln, die infolge der spezifischen psychischen Störungen bestehen bleiben und/oder auch auf Wirkungen und Einflüsse der medizinisch-medikamentösen Behandlung bzw. der Hospitalisierung zurückgeführt werden müssen. Dies ist gerade im Bereich der schizophrenen oder affektiv-psychotischen Störungen zwingend zu beachten (→ 9, → 18).

6.3 Situative und zeitinstabile Merkmalsvariabilität

Die meisten der in den vorausgehenden und nachfolgenden Kapiteln dargestellten allgemeinen und speziellen Ätiologiekonzepte machen mehr oder weniger explizit darauf aufmerksam, dass es falsch wäre, eine in den Diagnosesystemen nach wie vor findbare Leitorientierung allzu eng auszulegen. Es handelt sich dabei um die Annahme der Zeitstabilität der Persönlichkeitsstörungen. Diese Leitorientierung ist (jedenfalls, solange von „Persönlichkeitsstörungen" gesprochen wird) geradezu ein Prototyp für die Personperspektivierung einer Interaktionsstörung, die fälschlicherweise beinhaltet, dass sich die den Persönlichkeitsstörungen zugrunde liegenden Verhaltensmuster über längere Zeit hinweg, relativ kontextunabhängig und wenig variabel „abnorm" darstellen – so legen es (leider) die Operationalisierungen im DSM-IV wie in der ICD-10 nahe.

Variabilität

Die meisten ätiologischen Konzepte hingegen und viele der nachfolgend zu referierenden empirischen Befunde verweisen zwar auf einen lebensgeschichtlichen Verstehenshintergrund. Sie betonen andererseits jedoch immer auch situative Fluktuationen und Schwankungen im Wechselspiel mit interpersonellen Krisen und Konflikten und damit zugleich ihre aktuelle Kontextabhängigkeit. Persönlichkeitsstörungen sind unter dieser Maßgabe zeit- und situationsvariable Extremisierungen von Persönlichkeitszügen oder Persönlichkeitseigenarten (Traits) im aktuellen interpersonellen Erleben und Handeln unter aktuell (noch) vorliegender krisenhafter Zuspitzung zwischenmenschlicher Beziehungsverwicklungen. Sie stellen sich dem Betrachter und im Unterschied zu vielen anderen psychischen Störungen möglicherweise nur „langwelliger" dar (Clark, 1992; Loranger, 1992). Und sie tragen lediglich wegen dieser „Trägheit" bzw. „Zögerlichkeit" ihrer Änderungen bzw. Variationen zu dem Beurteilerbias der scheinbaren Zeitstabilität und Kontextunabhängigkeit bei (Loranger et al., 1991). Letztlich hängt die Feststellung von „Stabilität" oder „Schwankung" von Persönlichkeitsmerkmalen wohl entscheidend von der Veränderungssensitivität des jeweils verwendeten Beobachtungsverfahrens ab, weshalb natürlich die Veränderungssensitivität des jeweiligen Diagnoseverfahrens zwingend und selbstkritisch bei einer Stabilitätsaussage Berücksichtigung finden sollte (→ 5.3 bis 5.5; → Epilog).

Kompetenz

In einigen Ätiologiekonzepten wird deshalb vorgeschlagen, dass es – wenn es denn schon notwendig sein könnte, die Interaktionsstörung auf eine Person zu perspektivieren – besser wäre, auch bei vorliegenden ich-syntonen Normabweichungen nicht von „Störung", sondern

- entweder (und so befremdlich das zunächst anmuten mag) von *vorhandener Kompetenz* zu sprechen, die als solche unter ungünstigen Kontext- oder Lebensbedingungen lediglich exzessiv normabweichend erscheint,
- oder aber von *fehlender Kompetenz* auszugehen, die das Handeln der Betroffenen im Umgang mit persönlichen und zwischenmenschlichen Krisen und Konflikten als defizitär ausweist.

Aus einer solchen Sichtweisenveränderung lassen sich zugleich erheblich bessere diagnostische und therapeutische Schlussfolgerungen ableiten. Schließlich kann aber auch noch folgendes Problem klarer gesehen werden: Sind Persönlichkeitsstörungen Interaktionsstörungen – und davon gehen die meisten Forscher inzwischen mehr oder weniger explizit aus –, dann handelt es sich bei ihnen zugleich immer um ein Komplement von Interaktionsstörungen, möglicherweise gar von Persönlichkeitsstörungen anderer Personen – und zwar von jenen Personen, die an den interpersonellen Krisen und Konflikten jeweils beteiligt sind und deren möglicherweise ebenfalls extremisiert vorhandene oder defizitär-fehlende Kompetenz im Umgang mit zwischenmenschlichen Beziehungsverwicklungen diagnostisch und therapeutisch in Rechnung zu stellen wäre.

6.4 Übersicht über die nachfolgenden Kapitel

In den nachfolgenden Kapiteln werden die spezifischen Persönlichkeitsstörungen vorgestellt. Es wird dabei zunächst in die jeweilige Konzeptentwicklung der einzelnen Störungsbilder eingeführt und dabei nochmals eine historische Perspektive – nunmehr störungsbezogen – nachgezeichnet. Es kommt uns wesentlich darauf an, am Beispiel des Bedeutungswandels, den die einzelnen Störungskonzepte bisher durchgemacht haben, zugleich jene diagnostischen und ätiologietheoretischen Perspektiven herauszuarbeiten, die für eine zukünftige Fortschreibung der Störungsbilder besondere Relevanz besitzen.

Fehlende übergreifende Theorie

Ganz im Unterschied zu den spezifischen (symptomatischen) psychischen Störungen, für die in den vergangenen Jahren die Bereitschaft zur Entwicklung multimodaler und integrativer Ätiologiemodelle enorm angestiegen ist, ist der Bereich der ätiologietheoretischen Begründung von Persönlichkeitsstörungen immer noch fast ausschließlich therapieschulenspezifisch orientiert. Das liegt einerseits daran, dass sich erst seit Anfang der 80er-Jahre mit den Neusetzungen im DSM-III(-R) wesentlich verbesserte Voraussetzungen für eine störungsdifferenzierende Ätiologieforschung ergeben haben. Die weltweite Akzeptanz des DSM-III-Konzeptes der Persönlichkeitsstörungen sowie die weitgehende Angleichung der ICD-10 an die amerikanische Konzeption hat inzwischen zu einem enormen Anstieg empirischer Arbeiten geführt. Dennoch muss man nach wie vor kritisch festhalten, dass der Stand der Erforschung von Persönlichkeitsstörungen erheblich (mit einem Zeitrückstand von 10 bis 20 Jahren) gegenüber den meisten anderen symptomatischen psychischen Störungen zurückliegt. Die meisten Ausführungen zur Ätiologie der spezifischen Persönlichkeitsstörungen sind und bleiben deshalb zunächst vorläufig und spekulativ, eben weil es an empirischer Evidenz nach wie vor mangelt.

Unterschiede zwischen DSM und ICD

Des Weiteren werden die in den aktuell gültigen Klassifikationssystemen angegebenen Kriterien der einzelnen Störungsbilder – also sowohl des DSM-IV wie der ICD-10 – wiedergegeben und miteinander verglichen. Beide Systematiken unterscheiden sich in ihrer Deskription teils erheblich. Was nun die inhaltliche Kriterienausdeutung der jeweiligen Störungsbilder betrifft, so ergänzen sich beide Konzepte mehr, als dass sie in Konkurrenz zueinander stehen. Für die Praxis könnte es deshalb von großer Wichtigkeit sein, die Deskriptionsversuche sowohl des DSM wie der ICD bei der Diagnosefindung zugrunde zu legen. Diese Empfehlung wird auch durch die Ergebnisse von Studien gestützt, in denen beide Diagnosesysteme miteinander verglichen und auf ihre Konkordanz hin überprüft wurden (→ 20.1).

Komorbidität

Eine der wichtigsten Eigenarten der Persönlichkeitsstörungen betrifft die Tatsache, dass es sich bei ihnen nicht um eindeutig voneinander abgrenzbare Entitäten handelt. Üblicherweise lassen sich bei ein und derselben Person mehrere Persönlichkeitsstörungen finden, wenngleich zumeist bei hervorstechender Dominanz eines Störungsbereiches. Und es ist auch nicht weiter ungewöhnlich, dass Personen, die an einer spezifischen psychischen Störung erkranken (z.B. an einer Depression, Schizophrenie oder Angststörung), zusätzlich die Kriterien einer oder mehrerer Persönlichkeitsstörungen erfüllen. Dieses sog. Komorbiditätsphänomen ist – wegen seiner Bedeutsamkeit für die ätiologische und therapeutische Forschung – in den letzten Jahren zu einem zentralen Forschungsfeld im Bereich psychischer Störungen ausgewachsen (→ 19).

Differenzialdiagnostik

Die mögliche Komorbidität der Persönlichkeitsstörungen untereinander und die mit anderen spezifischen psychischen Störungen hat die Frage der Differenzialdiagnostik in einem völlig neuen Licht erscheinen lassen. Zukünftig geht es dabei nicht mehr so sehr um die Frage der Abgrenzung unterschiedlicher Störungsbilder gegeneinander, sondern zunehmend darum,

- welche ätiologischen Besonderheiten das gemeinsame Auftreten unterschiedlicher Störungen bei einer Person bewirken und
- welche ätiologischen Unterschiede für das spätere Auftreten unterschiedlicher Störungen verantwortlich sein könnten oder
- welche ätiologischen Gemeinsamkeiten die Komorbidität begünstigt haben könnten, schließlich
- welche Besonderheiten sich aus einer spezifischen Komorbidität für die therapeutische Behandlung und Prognose ergeben.

Auf diese Fragen der Differenzialdiagnose und Komorbidität wird in → Kapitel 19 ausführlich eingegangen, bevor in Teil III des Buches die Bedeutung der Komorbiditätsforschung für die psychologisch-psychotherapeutische Behandlung von Persönlichkeitsstörungen ein zentrales Thema sein wird (→ 22).

7 Paranoide Persönlichkeitsstörung

Kognitive Konstruktionen werden ziemlich logisch aus idiosynkratischen Deutungen realer Fakten aufgebaut, daher können sie zuweilen auf so unangenehme Weise überzeugend wirken.
David Shapiro

Das Attribut „paranoid“ steht in den Diagnosesystemen neben der Kennzeichnung einer Persönlichkeitsstörung zur Charakterisierung von zwei weiteren unterschiedlichen Störungsbildern:

- **Paranoide Schizophrenie:** Bei der paranoiden Schizophrenie werden die Patienten während der Erkrankung außer von anderen sog. Grundstörungen der Schizophrenie zugleich von andauernden Wahnvorstellungen beherrscht.
- **Wahnhafte bzw. paranoide Störung (Paranoia):** In der wahnhaften (paranoiden) Störung ist – unter Ausschluss einer Schizophrenie – ein über längere Zeit hinweg, gelegentlich lebenslang andauernder, zumeist eng umschriebener Wahn das einzige oder auffälligste klinische Charakteristikum.

Beide Störungsbereiche sind detailliert beschrieben und wissenschaftlich extensiv untersucht worden (vgl. z.B. Maher & Ross, 1984; Maher & Spitzer, 1993; Carson, 1984; Carson & Sanilow, 1993; Rey & Thurm, 1994; auch → 9.1 zur Schizophrenie).

Paranoide Persönlichkeitsstörung

Genau das Gegenteil – ein ausgesprochener Mangel an Forschungsarbeiten – ist für den Bereich der paranoiden Persönlichkeitsstörung zu konstatieren, zu der vor allem konzeptuelle Überlegungen, kaum jedoch empirische Befunde vorliegen (vgl. Turkat & Banks, 1987; Thompson-Pope & Turkat, 1993). Dennoch bestanden über die Sinnhaftigkeit der Diagnose „paranoide Persönlichkeitsstörung“ offensichtlich nie größere Meinungsunterschiede. So gibt es diese Klassifikationsmöglichkeit in den beiden Diagnosesystemen ICD und DSM von Anfang an. In den Neuauflagen sind lediglich Präzisierungen vorgenommen worden, die weniger neue empirische Erkenntnisse reflektieren, als vielmehr unakzeptierbare Überlappungen mit anderen Störungen reduzieren helfen sollten (vgl. Siever, 1992; Bernstein et al., 1993, 1996).

7.1 Konzeptentwicklung

DEFINITION

Hauptmerkmal der paranoiden Persönlichkeitsstörung ist ein in verschiedenen Situationen auftretendes durchgängiges Misstrauen und eine Neigung, neutrale oder gar freundliche Handlungen anderer als feindselig oder kränkend (fehl-) zu interpretieren. Zentrale Ursache für Misstrauen und Feindseligkeit ist die, vor allem auf eine hohe Empfindsamkeit gegenüber Kritik und Kränkung rückführbare Fehlwahrnehmung zwischenmenschlicher Konflikte oder Ereignisse – ein Charakterzug, der gelegentlich durchaus an ein Wahnerleben erinnern mag. Dieses ist jedoch in der paranoiden Persönlichkeitsstörung bei weitem nicht so ausgeprägt, wie es die Bezeichnung „paranoid" suggeriert – oder wie es bei Vorliegen der paranoiden Schizophrenie oder paranoiden Störung beobachtbar ist.

Die insofern etwas unglückliche Bezeichnung „paranoide Persönlichkeitsstörung" hat sich jedoch ab der Mitte letzten Jahrhunderts gegenüber einer Reihe unterschiedlicher Begriffssetzungen allgemein durchgesetzt.

Frühe Bezeichnungen betonen jeweils besondere Einsichten in das mögliche Gemeinsame des Phänomens: Mit „expansiver Persönlichkeit" versuchte Kretschmer (1921) Temperamentseigenschaften wie empfindsam, misstrauisch, streitsüchtig, rechthaberisch, unbeweglich und kämpferisch-wahnhaft zusammenzufassen. Kraepelins „Pseudoquerulanten" (1903–1904) und „Streitsüchtige" (1909–1915) finden sich als „querulatorische Persönlichkeiten" noch bei Schulte und Tölle (1977). Letztere beschreiben die Betroffenen als „rechthaberische, halsstarrige, fanatische, unbelehrbare, zugleich verwundbare und auf geringfügiges oder auch nur vermeintliches Unrecht empfindlich reagierende Naturen, die stets zum Kampf gestimmt und für den Kampf gut ausgerüstet sind" (Schulte & Tölle, 1977, S. 96). Die Bezeichnung „Fanatische Persönlichkeiten" (Kurt Schneider, 1923) betont den Aspekt der Überwertigkeit von Ideen, die sich auf verschiedene Lebensbereiche beziehen können (Politik, Weltanschauung, Religion, Gesundheit etc.) sowie die scheinbare Rücksichtslosigkeit der Ideendurchsetzung, die Vernachlässigung berechtigter Anliegen anderer, bis hin zum Verlust des Überblicks über das Ganze.

DIAGNOSTISCHE KRITERIEN

Diagnostische Kriterien der paranoiden Persönlichkeitsstörung gemäß DSM-IV

A. Tief greifendes Misstrauen und Argwohn gegenüber anderen, sodass deren Motive als böswillig ausgelegt werden. Der Beginn liegt im frühen Erwachsenenalter und zeigt sich in verschiedenen Situationen. Mindestens vier der folgenden Kriterien müssen erfüllt sein:
   (1) verdächtigt andere ohne ausreichenden Grund, ihn/sie auszunutzen, zu schädigen oder zu täuschen,

(2) ist stark eingenommen von ungerechtfertigten Zweifeln an der Loyalität und Vertrauenswürdigkeit von Freunden oder Partnern,
(3) vertraut sich nur zögernd anderen Menschen an aus ungerechtfertigter Angst, die Informationen könnten in böswilliger Weise gegen ihn/sie verwandt werden,
(4) liest in harmlose Bemerkungen oder Vorkommnisse eine versteckte, abwertende oder bedrohliche Bedeutung hinein,
(5) ist lange nachtragend, d.h. verzeiht Kränkungen, Verletzungen oder Herabsetzungen nicht,
(6) nimmt Angriffe auf die eigene Person oder das Ansehen wahr, die anderen nicht so vorkommen, und reagiert schnell zornig oder startet einen Gegenangriff,
(7) verdächtigt wiederholt ohne jeden Berechtigung den Ehe- oder Sexualpartner der Untreue.

B. Tritt nicht ausschließlich im Verlauf einer Schizophrenie, einer Affektiven Störung mit Psychotischen Eigenarten oder einer anderen Psychotischen Störung auf und geht nicht auf die direkte Wirkung eines medizinischen Krankheitsfaktors zurück.

Beachte: Wenn die Kriterien vor dem Auftreten einer Schizophrenie erfüllt waren, ist „prämorbid" hinzuzufügen. Beispiel: „Paranoide Persönlichkeitsstörung (Prämorbid)".

Zitiert gemäß DSM-IV der APA (1994); Saß et al. (1996, S. 720f).

7.2 Diagnostik

Beide Diagnosesysteme geben – weitgehend übereinstimmend – folgende Erlebens- und Verhaltensweisen als zentrale Merkmale der paranoiden Persönlichkeitsstörung aus (→ DSM-/ICD-Kriterien):

- ein überstarkes interpersonelles Misstrauen z.B. in der Erwartung persönlicher Kränkung oder Verletzung;
- eine Überempfindlichkeit z.B. gegenüber Zurückweisung und Zurücksetzung sowie
- eine situationsunangemessene Neigung zu einem streitsüchtigen bis zu feindselig vorgetragenen Beharren auf eigenen Ansichten oder Rechten.

Mitmenschen beschreiben die Betroffenen häufig auch als scharfsinnige Beobachter und als energisch und ehrgeizig. Da Menschen mit paranoider Persönlichkeitsstörung ihren Mitmenschen gegenüber jedoch häufig in einer kritisierenden und anklagenden Weise auftreten, ist nicht selten eine zunehmende soziale Ausgrenzung und Isolierung die Folge. Diese Ausgrenzung geht zumeist mit einer zunehmenden Fantasietätigkeit der Betroffenen einher, in der sie ihre kritische Position gegenüber anderen als bedeutsam und wichtig ausmalen. Auf längere Sicht haben Menschen mit paranoider Persönlichkeitsstörung wegen ihrer abnehmenden Bereitschaft, anderen zu vertrauen und/oder bei Konflikten Kompromisse einzugehen, zugleich zunehmende Schwierigkeiten, befriedigende zwischenmenschliche Beziehungen aufzubauen und aufrechtzuerhalten (vgl. Benjamin, 1995).

DIAGNOSTISCHE KRITERIEN

ICD-10-Kriterien der paranoiden Persönlichkeitsstörung

[Mindestens drei der folgenden Merkmale:]

1. Übertriebene Empfindlichkeit bei Rückschlägen und Zurücksetzung.
2. Neigung zu ständigem Groll wegen der Weigerung, Beleidigungen, Verletzungen oder Missachtungen zu verzeihen.
3. Misstrauen und eine starke Neigung, Erlebtes zu verdrehen, indem neutrale oder freundliche Handlungen anderer als feindlich oder verächtlich missgedeutet werden.
4. Streitsüchtiges und beharrliches, situationsunangemessenes Bestehen auf eigenen Rechten.
5. Häufiges ungerechtfertigtes Misstrauen gegenüber der sexuellen Treue des Ehe- oder Sexualpartners.
6. Tendenz zu überhöhtem Selbstwertgefühl in Verbindung mit ständiger Selbstbezogenheit.
7. Inanspruchnahme durch ungerechtfertigte Gedanken an Verschwörungen als Erklärungen für Ereignisse in der näheren Umgebung und in aller Welt.

Dazugehörende Begriffe:

- expansiv paranoide Persönlichkeit(sstörung)
- fanatische Persönlichkeit(sstörung)
- querulatorische Persönlichkeit(sstörung)
- sensitiv paranoide Persönlichkeit(sstörung)

Ausschluss:

- paranoide Schizophrenie (F20.x)
- wahnhafte Störung (F22.x)

Aus der ICD-10 Kapitel V (F) der WHO (1993; 2. Aufl., S. 227–228).

Prävalenz

Aktuelle Felduntersuchungen mit nichtpsychiatrischen Patienten zeigen ein Vorkommen der paranoiden Persönlichkeitsstörung von durchschnittlich 1,4 Prozent (*Range* = 0,5 bis 2,3 Prozent; vgl. Bernstein et al., 1993). Klinische Studien zur behandelten Prävalenz der paranoiden Persönlichkeitsstörung lassen bisher nur vorläufige Schätzungen zu. So wurde sie bei Zugrundelegen der DSM-III(-R)-Kriterien bei 1,7 bis 2,6 Prozent von Patienten diagnostiziert, die sich in psychiatrischer Behandlung befanden (vgl. Kass et al., 1983). Innerhalb der Gesamtgruppe der Persönlichkeitsstörungen erreichen die paranoiden Persönlichkeitsstörungen einen Anteil zwischen 4 und 5,2 Prozent (→ 20). Die Diagnose wird häufiger bei Männern gestellt (z.B. Reich, 1987b), wenngleich die Unterschiede gegenüber den Frauen nicht in allen Stichproben ein Signifikanzniveau erreichen.

Einige Autoren vermuten ein erheblich höheres Vorkommen der Störung in der Bevölkerung (z.B. Thompson-Pope & Turkat, 1993) und führen vor allem folgende Gründe für die Gefahr einer möglichen Unterschätzung in epidemiologischen Studien an:

- Menschen mit paranoider Persönlichkeitsstörung suchen von sich aus selten um Behandlung nach und kommen deshalb in Prävalenzstudien eher seltener vor, und
- in Untersuchungen zur wahren Prävalenz dürften sie ebenfalls unterrepräsentiert bleiben, weil sie sich diagnostischen Untersuchungen mit psychologischer Zielsetzung, die persönliche Aspekte der eigenen Person betreffen, eher widersetzen (auch: Turkat & Banks, 1987).

7.3 Differenzialdiagnostik

Von der paranoiden Schizophrenie und der wahnhaften (paranoiden) Störung grenzt sich die paranoide Persönlichkeitsstörung gewöhnlich durch das Fehlen psychotischer Symptome ab (wie Wahnphänomene und Halluzinationen). Die paranoide Persönlichkeitsstörung kann früheren Fallschilderungen zufolge bei Menschen mit einer der beiden spezifisch-paranoiden Störungen jedoch bereits vor der Erkrankung vorliegen. Sie wird gewöhnlich dann zusätzlich diagnostiziert, wenn die oben genannten Kriterien außerhalb der psychotischen Episoden bzw. Krankheitsphasen bestehen bleiben. Andererseits fehlt es nach wie vor an Prävalenzstudien, die ein gemeinsames Vorliegen dieser Störungen dokumentieren.

Kein einziger Fall einer solchen Komorbidität zwischen paranoider Schizophrenie oder wahnhafter Störung einerseits und der paranoiden Persönlichkeitsstörung andererseits findet sich in einer von Alnaes und Torgersen (1988) durchgeführten Studie, die den Zusammenhängen von DSM-III-Achse-I-Störungen mit den DSM-III-Achse-II-Störungen gewidmet war. Kodiagnosen der paranoiden Persönlichkeitsstörung in signifikant vom Zufall abweichender Anzahl fanden sich lediglich zur Agoraphobie ohne Panik.

Paranoide Personeigenarten können sich gelegentlich nach längerer medizinischer Behandlung körperlicher wie psychischer Störungen als Persönlichkeitsänderungen (ICD-10: F 62.1; → 2.5) zeigen; häufiger beobachtet werden sie als solche auch in der Folge eines chronischen Substanzmissbrauchs (Alkohol-, Medikamentenabhängigkeit). Schließlich sind sie abzugrenzen von paranoiden Persönlichkeitszügen, die sich im Zusammenhang mit lebenslangen Behinderungen einstellen können (z.B. bei Schwerhörigkeit).

Persönlichkeitsstörungen

In den bisher durchgeführten Komorbiditätsstudien der Persönlichkeitsstörungen untereinander schwanken die Häufigkeitsangaben zur Zusammenhangsdiagnose der paranoiden mit anderen Persönlichkeitsstörungen beträchtlich (vgl. die Zusammenstellung bei Bernstein et al., 1993; → 19). Zugleich weist diese Persönlichkeitsstörung im Vergleich zu anderen jeweils die höchsten Komorbiditätsraten auf.

Nur jeweils weniger als ein Viertel der Patienten mit paranoider Persönlichkeitsstörung lässt sich ohne weitere Persönlichkeitsstörungsdiagnose finden. Über alle Studien hinweg ist es so, dass die paranoide Persönlichkeitsstörung Komorbiditätsbeziehungen offensichtlich mit allen anderen Persönlichkeitsstörungen einnehmen kann. Die höchsten Kodiagnosen finden sich jeweils mit der schizotypischen Persönlichkeitsstörung (zwischen 17 und 71 Prozent in klinischen Stichproben mit persönlichkeitsgestörten Patienten, in mehr als der Hälfte dieser Studien über 40 Prozent).

Dies hat gelegentlich zu Überlegungen geführt, die paranoide und schizotype Persönlichkeitsstörung in eine breiter ausgelegte Störungsgruppe des Schizophrenierisikospektrums zusammenzuführen. Dagegen sprechen jedoch vielfältige weitere Komorbiditäten, die sich zwischen paranoider und anderen Persönlichkeitsstörungen finden lassen. Am häufigsten sind Gleichzeitigkeitsdiagnosen mit der narzisstischen (zwischen 2 und 75 Prozent), Borderline- (zwischen 0 und 100 Prozent), selbstunsicheren (zwischen 8 und 86 Prozent) und passiv-aggressiven Persönlichkeitsstörung (zwischen 17 und 53 Prozent; vgl. Bernstein et al., 1993).

Millon (1981, 1996a) hat sich genau aus diesem Grund recht ausführlich mit dem besonderen Aspekt der Komorbidität der paranoiden mit anderen Persönlichkeitsstörungen beschäftigt. Er hatte bereits Anfang der 80er-Jahre aufgrund konzeptueller Überlegungen erhebliche Komorbiditäten der paranoiden mit anderen Persönlichkeitsstörungen erwartet. Er unterscheidet in seiner „konzeptuellen Komorbidität“ fünf Typen, die sich auch hinsichtlich ihrer Ätiologie unterscheiden sollen:

- **Paranoid-narzisstische Persönlichkeitsstörung:** Diese zeichnet sich vor allem durch eine Unfähigkeit interpersoneller Teilnahme und Kooperation aus. Grandiose Fantasien sind für diese Störungsvariante prototypisch und dienen den Betroffenen vor allem als Schutz gegenüber zwischenmenschlicher Zurückweisung, weil sie sich mit ihnen gegenüber einer kritischen Rückmeldung und dem kritischen Feedback durch andere unabhängig halten können.
- **Paranoid-antisoziale Persönlichkeitsstörung:** Sie stützt ihre normverletzenden Handlungen auf paranoide Überwertigkeitsfantasien, um sich einer konfliktreichen Auseinandersetzung über die Dissozialität gezeigter Interaktionsmuster zu entziehen.
- **Zwanghaft-paranoide Persönlichkeitsstörung:** Sie zeigt eine besonders übertriebene Sorgfalt und Genauigkeit, weil sie unter wahnhaft anmutenden Angst- und Schuldgefühlen leidet und sich durch andere Menschen steter Verfolgung ausgesetzt sieht.
- **Paranoid-negativistische Persönlichkeitsstörung:** Eine Komorbidität zwischen paranoider und passiv-aggressiver (negativistischer) Persönlichkeitsstörung führt zu besonderen Beziehungsschwierigkeiten, die – angesichts des eigenen Versagens gegenüber sozialen Anforderungen – insbesondere aus Gefühlen der Eifersucht herrühren oder aus dem Erleben, von anderen verraten oder betrogen worden zu sein.

- **Dekompensierte paranoide Persönlichkeitsstörung:** Sie stellt für Millon die extremisierte Form des Risikoübergangs zur wahnhaften Schizophrenie oder wahnhaften Störung dar.

Millons Überlegungen stimmen teilweise recht gut mit bisherigen Komorbiditätsbefunden überein. Lediglich Letztere leitet sich vor allem aus klinischer Beobachtung her und bedarf deshalb noch der genaueren empirischen Validierung.

7.4 Erklärungsansätze

Psychoanalyse

In psychoanalytischen Erklärungsversuchen wird – seit Freuds Arbeiten über die Paranoia (Fall „Schreber"; 1911, 1922) – vor allem die Auffassung vertreten, dass es sich bei der psychotischen Paranoia und bei der paranoiden Charakterstörung um einander ähnelnde Äußerungsformen einer Abwehrneurose handelt, deren hauptsächlicher Abwehrmechanismus die „Projektion" sei. Freuds Ansicht, dass zwischen Paranoia und verdrängter Homosexualität eine Verbindung bestehe, wird heute nicht mehr vertreten. Im Falle der Projektion nimmt die psychoanalytische Theorie an, dass aus dem Hineinprojizieren eigener, insbesondere aggressiver Impulse in den anderen eine Entlastung resultiere und dass deshalb die projektive Wahnbildung eine wesentliche Form der Konfliktabwehr und des Selbst-Schutzes im psychotischen Erleben darstelle (z.B. Mentzos, 1984). Bei den weniger extrem ausgeprägten Formen (nicht-psychotischer) projektiv-paranoider Abwehr handelt es sich hingegen um allgemein-menschliche Versuche der Selbstversicherung und des Selbstschutzes gegenüber zwischenmenschlichen Unsicherheiten und Konflikten, die bei der paranoiden Persönlichkeitsstörung lediglich graduell hinsichtlich Permanenz und geringerer Beeinflussbarkeit extremisierten (als „Stabilisierungsversuche eines recht brüchigen Selbstbildes und Selbstwertgefühls"; Mentzos, 1984, S. 195; auch Shapiro, 1965).

High-Risk-Studien

Insbesondere einige High-Risk-Studien zur Schizophrenie (z.B. Rosenthal et al., 1971; Kety et al., 1971; Parnas et al., 1990) haben darauf aufmerksam gemacht, dass die paranoiden Persönlichkeitsstörungen – wie im Übrigen auch die schizoiden, schizotypischen und Borderline-Persönlichkeitsstörungen (→ 8, → 9 und → 11) – bei biologischen Verwandten von schizophrenen Menschen deutlich häufiger als bei Kontrollpersonen vorkommen. Diese vier Persönlichkeitsstörungen zählen deshalb zum Risikospektrum schizophrener, wahnhafter und affektiv-psychotischer Störungen.

Eine Studie neueren Datums von Kendler (Kendler et al., 1985) zeigt, dass sich bei Verwandten ersten Grades von Patienten mit paranoider Persönlichkeitsstörung in 4,8 Prozent der Fälle Personen finden lassen, die an einer wahnhaften (paranoiden Störung) erkrankt waren; nur in 0,8 Prozent der Verwandten ersten

Grades ließ sich eine schizophrene Erkrankung finden. In klinisch-psychiatrischen Falldokumentationen werden regelmäßig Patienten mit paranoider Persönlichkeitsstörung beschrieben, die unter besonders belastenden Lebensumständen in Richtung einer Schizophrenie oder der wahnhaft (paranoiden) Störung dekompensieren (Vaillant & Perry, 1988; vgl. jedoch → 6.2 zu den Schwierigkeiten, dies in Prävalenzstudien nachzuweisen).

Verhaltenstherapie

Für ein Verständnis der paranoiden Persönlichkeitsstörung ist es nahe liegend, sie (wie die anderen zum Schizophreniespektrum zählenden Persönlichkeitsstörungen) im Rahmen der sog. Vulnerabilitätsperspektive, die vor allem in der Verhaltenstherapie Verwendung findet, zu rekonzeptualisieren. Das *Vulnerabilitäts-Stress-Modell* impliziert, die Persönlichkeitsstörungen als Störungen des zwischenmenschlichen Beziehungsverhaltens aufzufassen (→ 5.5.2): Die persönlichen (Problem-)Verhaltensweisen der Betroffenen werden danach als individuelle Eigenarten oder sogar als Kompetenzen verstehbar, auf psychosoziale Anforderungen, einschneidende Lebensereignisse oder zwischenmenschliche Konflikte und Krisen sich selbst schützend zu reagieren. Sie lassen sich damit auch als Teil eines Bemühens begreifen, gegenüber diesen Belastungen und Krisen zu bestehen und/oder die eigene Vulnerabilität zu schützen.

Krisen. Nicht gerade selten dürften Menschen wegen der Typik ihrer (paranoiden) Persönlichkeitsstörung und bei gleichzeitiger Akzeptanz (wenn nicht gar gelegentlich sogar bei Bewunderung oder sogar bei Ablehnung ihrer Eigenarten durch ihre Gegner) in bestimmten beruflichen und politischen Funktionen ausgesprochen erfolgreich sein. Dies dürfte in besonderer Weise für jene Gruppe der Betroffenen gelten, denen in beiden Klassifikationssystemen ein ausgesprochenes Rechtsbewusstsein und eine scharfe Beobachtungsgabe zugesprochen wird. Und nicht gerade wenige dürften zu einer Untergruppe paranoider Charaktere zählen, die tagaus, tagein die Petitionsausschüsse der Parlamente beschäftigen oder die für eine gute Bestückung der Leserbriefspalten in Tageszeitungen Sorge tragen. Schließlich gibt es kaum einen Autor, der in seiner Beschäftigung mit der paranoiden Persönlichkeitsstörung nicht auf irgendeine mehr oder weniger berühmte Führerpersönlichkeit verweist, deren Erfolg vermeintlich auch auf ein paranoides Persönlichkeitsmuster rückführbar sei (z.B. Vaillant & Perry, 1988; Weintraub, 1981).

Mittels Vulnerabilitäts-Stress-Modell erklärt sich nun eine Extremisierung der akzentuierten Persönlichkeitsmuster in Richtung paranoide Persönlichkeit unter anderem aus einer Eskalation interpersoneller Konflikte und Krisen. Diese selbst haben ihre Ursache häufig darin, dass viele der von den Betroffenen als Selbstschutz gewählten zwischenmenschlichen Verhaltensweisen (wie Rückzug aus sozialen Beziehungen, aggressive Abwehr sozialer Kritik als Projektion, beharrliches Bestehen auf Rechtspositionen) für die Bezugspersonen gar nicht als Vulnerabilitätsschutz verstehbar sind. Sie werden zumeist als Verletzung interpersoneller Umgangsformen interpretiert und fordern deshalb – im Sinne eines Circulus vitiosus – geradezu vermehrt jene Ablehnung, Kritik und Feindseligkeit heraus, vor denen sich die Betroffenen gerade noch zu schützen versuchten.

Entwicklung. Turkat hat den verhaltenstherapeutischen Ätiologieansatz um eine Entwicklungsperspektive zu erweitern versucht (vgl. Turkat & Maisto, 1985; Thompson-Pope & Turkat, 1993). Turkat unterscheidet in seiner sog. „Bewertungs-Einzigartigkeits-Theorie" („evaluative-uniqueness theory") der paranoiden Persönlichkeitsstörung fünf aufeinander folgende Entwicklungsstufen:

- **Positivierung:** Die elterliche Erziehung später betroffener Personen sei vor allem darauf ausgerichtet, Fehlverhalten aufseiten der Kinder zu unterbinden, damit sie sich später zu „einzigartigen" Menschen entwickeln könnten. Die Eltern fördern eine (aus ihrer Sicht „positive") Einstellung des Kindes, dass andere besonders eifersüchtig sein werden, wenn es besondere Talente und Fertigkeiten entfalte. Gleichzeitig seien die Eltern um einen engen und nach außen abgeschirmten Familienzusammenhalt bemüht.
- **Bekräftigung:** Dieser früh einsetzende elterliche Erziehungsstil führe zu behütet aufwachsenden und zugleich dennoch besonders ängstlichen Kindern, die sich Gleichaltrigen gegenüber als sehr unterschiedlich wahrnehmen. Dies führe bereits früh zu der interpersonellen Erfahrung, wegen der eigenen Besonderheit von anderen Kindern zunehmend abgelehnt zu werden. Dies wiederum bekräftige den elterlichen Erziehungsstil, verhindere zugleich jedoch, dass ein altersentsprechendes Sozialverhalten gelernt werden könne.
- **Betonung der Besonderheit:** Nehmen Ablehnung und Ausgrenzung durch andere zu, werden Lösungen im Umgang mit zunehmender zwischenmenschlicher Angst vornehmlich in der (weil gekonnten) Fortentwicklung einer Besonderheit im Denken und Handeln gesucht.
- **Rationalisierung:** Es werden zunehmend rationale Erklärungen gesucht, um zwischenmenschliche Ängste zu reduzieren und um mit dem Erleben der Ausgrenzung fertig zu werden (z.B. „Andere sind gegen mich, weil sie eifersüchtig auf meine Talente sind"). Mit diesem rationalen Erklärungsmuster ist der Eintritt in die Entwicklung einer paranoiden Persönlichkeitsstörung gegeben, die im Kern aus positiven und negativen Überbewertungen sozialer Bedrohungssignale besteht.

Schließlich kommt es zum Eintritt in den oben beschriebenen Circulus vitiosus der zunehmenden Fehlbewertung sozialer Ausgrenzung, die zwischenmenschlich nurmehr die soziale Ausgrenzung befördert.

7.5 Zusammenfassende Bewertung

Die meisten Erklärungsversuche wurden aus diagnostisch-therapeutischen Kontakten und dokumentierten Einzelfallschilderungen heraus entwickelt (vgl.

Thompson-Pope & Turkat, 1993). Bis auf die dargestellten Ergebnisse zu den High-Risk-Studien sind die psychoanalytischen und verhaltenstherapeutischen Ätiologieperspektiven zur paranoiden Persönlichkeitsstörung bisher kaum systematisch untersucht worden und bedürfen deshalb noch einer empirischen Stützung.

Wenn man einige konsensuelle Beobachtungen und Ergebnisse zusammenfasst, dann handelt es sich bei paranoiden Persönlichkeiten um Personen mit wechselnden Stimmungslagen und zahlreichen Konflikten, auf die diese vor allem mit Abwehr und Ärger reagieren. Bei extremer Kränkung finden sich gelegentlich tiefer Groll und eine Unfähigkeit zu verzeihen – was Bezugspersonen mit der Schwierigkeit konfrontiert, vergangene Beziehungskrisen nicht beilegen zu können. Auch die gegenwärtigen Beziehungen zeichnen sich häufig durch provokantes Verhalten und die beständige Befürchtung aus, übervorteilt zu werden. Paranoide Persönlichkeiten sehen sich zumeist in Konkurrenz zu gleich- oder höher gestellten Kollegen. Fremde Leistungen anzuerkennen fällt ihnen ausgesprochen schwer (vgl. Bohus et al., 1999).

ZUSAMMENFASSUNG

Paranoide Persönlichkeitsstörung

Störungsbild: fanatisch, querulatorisch, rechthaberisch. Es finden sich eine Überempfindlichkeit gegenüber Kritik der Normorientierung eigenen Handelns sowie ein tief greifendes Misstrauen und Argwohn gegenüber anderen, sodass Motive dieser anderen als böswillig ausgelegt werden. Paranoide Persönlichkeiten fühlen sich von anderen extrem ausgenutzt oder benachteiligt. Einige neigen zum Querulantentum und zum Fanatismus und sie liegen häufig im (Rechts-)Streit mit anderen Menschen. In beruflich superiorer oder gleichrangiger Position kommt hinzu, dass die Loyalität anderer in Zweifel gezogen wird.

Übergänge zur Normalität: misstrauisch, scharfsinnig. Auch für Übergänge zur Normalität ist noch eine Neigung kennzeichnend, die Absichten anderer zu verzerren und sich abzugrenzen. Eigene Absichten hingegen werden deutlich erlebt und dargestellt, die Intentionen anderer werden ausgiebig zu ergründen versucht, um sich bei Nichtpassung mit eigenen Vorstellungen gegen sie abzugrenzen. Berufe, die gewählt werden, erfordern scharfsinniges Denken und Begeisterung (z.B. Jurisprudenz, Kriminalistik oder Engagement für die Ideologie in Parteien und Vereinen).

Funktion und Dynamik. Auffälligkeiten dieses persönlichen Stils werden aus einer übermäßigen Selbstrepräsentation und aus einem kognitiven Verarbeitungsstil erklärt, der durch analytisches Denken, Planen und Rechtfertigen bestimmt ist: Wer aufgrund der deutlichen Selbstrepräsentationen ständig seine vermeintlich guten Intentionen spürt oder sich ihnen auf der Ebene des sprachnahen Denkens sehr bewusst ist, sich mit vielen dieser Absichten bei anderen jedoch schwer durchsetzen kann, macht auf kurz oder lang andere für Missgeschicke verantwortlich oder er versucht ihnen die Schuld an Interaktionsstörungen zuzuweisen. Es entsteht ein durchaus realer Teufelskreis selbsterfüllender Prophezeiungen, denn das anhaltende Misstrauen führt leicht dazu, dass den Betroffenen tatsächlich Informationen von anderen vorenthalten werden oder dass sie tatsächlich abgelehnt werden, was ihren Argwohn nur noch bestätigt und verstärkt.

8 Schizoide Persönlichkeitsstörung

Unfähig, mit Menschen zu leben, zu reden. Vollständiges Versinken in mich. Stumpf, gedankenlos, ängstlich. Ich habe nichts mitzuteilen, niemals, niemandem.
Franz Kafka

Diese Störung wird bei Patienten diagnostiziert, die bis dahin bereits längere Zeit, möglicherweise bereits ihr ganzes Leben lang von anderen sehr zurückgezogen leben. In der Gesellschaft anderer fühlen sie sich unwohl. Und andere Menschen erleben die Betroffenen als sehr isoliert und einsam.

8.1 Konzeptentwicklung

Die ersten Bemühungen um eine systematische Ausarbeitung einer „schizoiden Persönlichkeit" Anfang dieses Jahrhunderts sind eng mit der Erfassung und Erforschung der Schizophrenie verknüpft (Exkurs über Schizophrenie: → 9.1). Im Kontext der Vermutung einer möglichen hereditären Verursachung einer schizophrenen Erkrankung war das Interesse an Persönlichkeitsauffälligkeiten bei den nahen Angehörigen schizophrener Patienten gewachsen. In der Ärztegruppe um Eugen Bleuler in der Züricher Burghölzli-Klinik wurde schon früh die Beobachtung diskutiert, dass viele der nichtpsychotisch erkrankten Angehörigen schizophrener Patienten eine Reihe von Verhaltensauffälligkeiten aufwiesen, die in Familien nichtpsychotischer Patienten gar nicht oder nur selten beobachtet wurden: vor allem die Neigung zur sozialen Isolation und ein exzentrischer Kommunikationsstil.

Frühe Hypothesen

Es handelte sich dabei um Interaktionseigenarten, die auch bei schizophrenen Patienten beobachtet wurden, deren Erkrankung sich teilweise gebessert hatte. Man glaubte also, eine mit der Schizophrenie assoziierte Charaktereigenschaft gefunden zu haben, die bei Patienten deutlicher hervortrete, wenn die floriden Symptome der Schizophrenie nicht mehr vorhanden oder vermindert seien. Da das Ausmaß dieser wegen ihrer scheinbaren Verknüpfung mit der Schizophrenie als „schizoid" bezeichneten Charaktereigenarten offensichtlich erheblich variierte und Angehörige unterschiedlich oder auch gar nicht beeinträchtigt schienen, vermutete Bleuler ein Kontinuum, in dem sich die Grenzen zwischen schizoidem Charakter (innerhalb normaler Grenzen) und einer latenten Schizophrenie mit ihren typischen Denkstörungen und sozialen Dysfunktionen nicht eindeutig festlegen ließen (Bleuler, 1922, 1937, 1972).

Die Auffassung, dass zwischen gesunden („schizothymen") Persönlichkeiten, persönlichkeitsgestörten („schizoiden") Personen und manifest schizophrenen Patienten fließende Übergänge vorhanden sein müssten, wurde von Kretschmer in dessen Konstitutionstypologie aufgegriffen (Kretschmer, 1921, 1967; → 2.1.2).

Kretschmers anschauliche Darstellung der schizoiden Persönlichkeit war bis in die jüngste Gegenwart hinein eine der wichtigsten Grundlagen für psychiatrische Beschreibungsversuche der Schizoidie. Als wesentlichste Merkmale der schizoiden Persönlichkeiten beschreibt er ihre Neigung zu sozialer Isolation und zu einem autistischen In-sich-Hineinleben. Überempfindliche, reizbare („hyperaesthetische") Züge stünden neben einer ausgeprägten Kühle und passiven („anaesthetischen") Gleichmütigkeit der Betroffenen. Es wird das Bild von Personen entworfen, die sich bis in das Interaktionsverhalten hinein äußerst zwiespältig darstellen: zurückgezogen, kühl, schroff und ablehnend auf der einen Seite, empfindsam, leicht verletzbar, launisch und sprunghaft auf der anderen.

High-Risk-Studien

Die Vermutung des Zusammenhangs von schizoider Persönlichkeit(sstörung) und Schizophrenie ist seit den 40er-Jahren kontinuierlich Gegenstand konzeptueller Überlegungen und empirischer Studien gewesen. Erste, methodisch teilweise kritisierenswerte Untersuchungen (zumeist Analysen von Krankenakten, Befragungs- und Retrospektivstudien) liefern noch recht widersprüchliche Befunde. Etwas mehr Klarheit bringen vor allem Adoptionsstudien zur Differenzierung der genetischen Einflüsse auf die Schizophrenie und der ätiologischen Bedeutung von Erziehungseinflüssen. Vor allem in den Kopenhagener High-Risk-Studien zur Schizophrenie wurde zunehmend deutlich, dass es viele Kinder schizophrener Eltern gab, die sich bereits im Kindes- und Jugendalter in ihrer Psychopathologie und sonstigen Verhaltensmerkmalen deutlich von gesunden Probanden unterschieden (z.B. Rosenthal, 1975; Kety et al., 1971, 1976).

Der im Zusammenhang mit diesen Studien von Kety et al. gesetzte Begriff des Schizophreniespektrums sollte ein Kontinuum von Übergängen kennzeichnen, auf deren einer Seite eine voll ausgeprägte, chronische Schizophrenie einzuordnen sei, in der Mitte eine von den Autoren sog. Borderline-Schizophrenie und auf deren anderer Seite des Spektrums die schizoide Persönlichkeitsstörung vermutet wurde. Für dieses Schizophreniespektrum wurde eine biologische Prädisposition unterstellt. Und es wurde ein Unterschied zu jenen schizophrenen Erkrankungen gemacht, für die zumeist einmalige schizophrene Episoden ohne Residualfolgen typisch seien und bei denen deshalb keine persönlichkeitsbedingte Risikoprädisposition im Sinne der Borderline- oder Schizoidie-Eigenarten unterstellt werden könne.

Es bleibt zu beachten, dass hier der Begriff „Borderline" im Zusammenhang mit der frühen Erforschung der familiär-genetischen Verursachung der Schizophrenie zur Kennzeichnung der unsicheren Übergänge zwischen Persönlichkeitsauffälligkeit und manifester Schizophrenie benutzt wurde – ganz im Unterschied zu seiner jetzigen Verwendung zur Kennzeichnung einer „Borderline-Persönlichkeitsstörung“ (→ 11.1). Kety et al. (1971) beschrieben als markante Eigenarten der von ihnen so bezeichneten „Borderline-States“ fremdartige Denkgewohnheiten, kognitive Verzerrungen im Wahrnehmungsbereich, Anhedonie, eine fluktuierend-chaotische sexuelle Anpassung und multiple, häufig wechselnde neurotische Symptome. Die Eigenschaften der Borderline-Schizophrenie mit geringem Ausprägungsgrad wurden als schizoide Persönlichkeitsstörungen (auch „inadequate personality“) bezeichnet und klassifiziert.

Heutige Diagnose: keine Beziehung zur Schizophrenie!

In der Folge dieser und anderer Studien (z.B. Mellsop 1972, 1973) wurde jedoch auch deutlich, dass die im Vorfeld schizophrener Erkrankungen beobachtbaren Verhaltensauffälligkeiten nur begrenzt mit den Vorstellungen einer Schizoidie in Übereinstimmung zu bringen waren, wie sie seit Kretschmer als allgemeine Diagnostikkonvention in der psychiatrischen Klassifikation galten.

> **!** Insbesondere die für die schizoide Persönlichkeit als wesentlich betrachteten („anaesthetischen“) Eigenarten wie abweisende Scheu, stilles Verhalten und soziale Zurückgezogenheit haben bis heute keine sichere Beziehung zur Schizophrenie erkennen lassen (Parnas et al., 1982).

Hingegen scheinen einige andere Verhaltensmerkmale der ursprünglichen Schizoidiekonzeption (vor allem die „hyperaesthetischen“ im Sinne Kretschmers) sehr wohl eine prädiktive Validität als Risikomarker für Schizophrenie zu besitzen: Überempfindlichkeit gegenüber Kritik, Denk- und Kommunikationsstörungen (wenngleich weniger ausgeprägt als die Grundstörungen der Schizophrenie), exzentrisches, launenhaftes Verhalten (Spitzer et al., 1979; Parnas et al., 1990). Zu einem ähnlichen Ergebnis kam Rieder (1979), der Daten eigener Untersuchungen mit denen der Studien von Kety et al. verglichen, teils reanalysiert hatte.

Schizoid versus schizotypisch

Etwa zeitgleich schlugen Spitzer et al. (1979) sowie Rieder (1979) schließlich vor, die Persönlichkeitsmerkmale der Spektrumschizophrenie von der bisherigen Schizoidiediagnose abzukoppeln und dafür den Begriff „schizotypical“ zu verwenden (anstelle der bis dahin gebräuchlichen Kennzeichnung „Borderline-Schizophrenie“; → 9.2). Die Vorschläge Rieders und Spitzers machte sich schließlich auch die Arbeitsgruppe zur Entwicklung des DSM-III zu Eigen. Der Begriff „schizoide Persönlichkeitsstörung“ sollte künftig *eingeschränkt* für Persönlichkeitsabweichungen benutzt werden, in denen die „anaesthetischen“ Verhaltensmerkmale im Sinne Kretschmers im Vordergrund stehen: Gleichgültigkeit in sozialen Beziehungen und eine geringe emotionale Erlebnis- und Ausdrucksfähigkeit.

Die konzeptuelle Beschränkung kam zugleich dem psychoanalytischen Schizoidieverständnis entgegen, in dem schon immer die distanziert-schroffen, ungeselligen und introvertierten Verhaltensweisen als Anzeichen einer schizoiden Charakter- und Abwehrstruktur beschrieben worden waren (vgl. Mentzos, 1984).

8.2 Diagnostik

Die jetzige Diagnose „schizoide Persönlichkeitsstörung" nimmt also – wenn man so will – der bei Kretschmer beschriebenen Schizoidie ihre Zwiespältigkeit: Die eine Charakterseite, die Kretschmer beschrieb (nämlich: empfindsam, leicht verletzbar, launisch und sprunghaft), gilt nurmehr als möglicher Anteil der schizotypen Persönlichkeitsstörungen (→ 9.2). Verblieben ist der schizoiden Persönlichkeitsstörung die Seite des zurückgezogenen Menschen, der sich in interpersonellen Situationen vorrangig kühl, schroff und ablehnend verhält (→ Kriterien). Die Reliabilität der Diagnosestellung hat nach dieser Vereinfachung deutlich zugenommen (Mellsop et al., 1982; Widiger et al., 1988; Kalus et al., 1996). Andererseits ist beobachtbar, dass die Diagnose im klinischen Kontext nurmehr äußerst selten gestellt wird: Die Prävalenzraten liegen gewöhnlich weit unter einem Prozent (vgl. Kass et al., 1985; Pfohl et al., 1986; Widiger et al., 1987; → 20 zur allgemeinen Epidemiologie).

Die sehr niedrige Prävalenz erklärt sich vorrangig aus dieser Vereinfachung. Wie Widiger et al. (1988) dies ausdrücken, scheint es schwierig, Patienten zu finden, die unmittelbar und zuverlässig den Eindruck vermitteln, dass ihr Gefühlsleben eingeschränkt ist und dass ihnen Kritik und Lob oder die Gefühle anderer gleichgültig seien. Hinzu kam, dass das DSM-III (von 1980), nach dessen Kriterien die oben genannten Untersuchungen durchgeführt wurden, auch auf der Achse II Ausschlussdiagnosen forderte – ganz im Unterschied zum DSM-III-R (seit 1987), in dem Mehrfachdiagnosen bei der Persönlichkeitsbeurteilung wieder ausdrücklich zugelassen sind. Diese ursprüngliche Restriktion hat in vielen Fällen offensichtlich dazu geführt, dass statt der schizoiden vor allem die selbstunsichere Persönlichkeitsstörung diagnostiziert wurde (Widiger et al., 1988; → 14.2).

DIAGNOSTISCHE KRITERIEN

Diagnostische Kriterien der schizoiden Persönlichkeitsstörung gemäß DSM-IV

A. Ein tief greifendes Muster, das durch Distanziertheit in sozialen Beziehungen und eine eingeschränkte Bandbreite des Gefühlsausdrucks im zwischenmenschlichen Bereich gekennzeichnet ist. Die Störung beginnt im frühen Erwachsenenalter und tritt in den verschiedensten Situationen auf. Mindestens vier der folgenden Kriterien müssen erfüllt sein:

(1) hat weder den Wunsch nach engen Beziehungen noch Freude daran, einschließlich der Tatsache, Teil einer Familie zu sein,

(2) wählt fast immer einzelgängerische Unternehmungen,
(3) hat, wenn überhaupt, wenig Interesse an sexuellen Erfahrungen mit einem anderen Menschen,
(4) wenn überhaupt, dann bereiten nur wenige Tätigkeiten Freude,
(5) hat keine engen Freunde oder Vertraute außer Verwandten ersten Grades,
(6) erscheint gleichgültig gegenüber Lob und Kritik vonseiten anderer,
(7) zeigt emotionale Kälte, Distanziertheit oder eingeschränkte Affektivität.

B. Tritt nicht ausschließlich im Verlauf einer Schizophrenie, einer Affektiven Störung mit Psychotischen Merkmalen, einer anderen Psychotischen Störung oder einer tief greifenden Entwicklungsstörung auf und geht nicht auf die direkte körperliche Wirkung eines medizinischen Krankheitsfaktors zurück.

Beachte: Falls die Kriterien vor dem Beginn einer Schizophrenie erfüllt waren, ist „Prämorbid" hinzuzufügen, z.B. „Schizoide Persönlichkeitsstörung (Prämorbid)".

Zitiert gemäß DSM-IV der APA (1994); Saß et al. (1996, S. 724).

In jedem Fall machen es die Neusetzungen der schizoiden und der selbstunsicheren Persönlichkeitsstörungen in die Diagnosesysteme notwendig, Untersuchungen, die vor Einführung des DSM-III (also vor 1980) zur schizoiden Persönlichkeitsstörung durchgeführt wurden, nicht einfach im Sinne der heutigen Schizoidie-Auffassung zu interpretieren (vgl. hierzu auch die Ausführungen zur Differenzialdiagnose: → 8.3).

DIAGNOSTISCHE KRITERIEN

ICD-10 – Kriterien der schizoiden Persönlichkeitsstörung

[Mindestens drei der folgenden Merkmale:]

1. Wenige oder überhaupt keine Tätigkeiten bereiten Vergnügen.
2. Emotionale Kühle, Distanziertheit oder flache Affektivität.
3. Geringe Fähigkeit, warme, zärtliche Gefühle oder auch Ärger anderen gegenüber zu zeigen.
4. Anscheinende Gleichgültigkeit gegenüber Lob oder Kritik.
5. Wenig Interesse an sexuellen Erfahrungen mit einer anderen Person (unter Berücksichtigung des Alters).
6. Übermäßige Vorliebe für einzelgängerische Beschäftigungen.
7. Übermäßige Inanspruchnahme durch Fantasie und Introspektion.
8. Mangel an engen Freunden oder vertrauensvollen Beziehungen (oder höchstens zu einer Person) und fehlender Wunsch nach solchen Beziehungen.
9. Deutlich mangelnde Sensibilität im Erkennen und Befolgen gesellschaftlicher Regeln.

Ausschluss:

- Asperger-Syndrom (schizoide Störung in der Kindheit) (F84.5)
- Schizophrenie (F20.x)
- Schizotype Störung (F21)
- wahnhafte Störung (F22)

Aus der ICD-10 Kapitel V (F) der WHO (1993; 2. Aufl., S. 228f).

DEFINITION

Fasst man die Diagnosekriterien der schizoiden Persönlichkeitsstörung zusammen, dann sind die Betroffenen vor allem in ihren sozialen Beziehungen erheblich eingeschränkt. Ihre sozialen und beruflichen Leistungen können insbesondere dann deutlich absinken, wenn von ihnen ein besonderes Engagement in zwischenmenschlichen Beziehungen gefordert wird. Die ICD-10 betont noch zusätzlich einen deutlichen Mangel im Erkennen und Befolgen gesellschaftlicher Regeln. Trotz dieser Negativfacetten interpersoneller und emotionaler Distanzierung darf nicht übersehen werden, dass schizoide Persönlichkeiten zu beachtlichen beruflichen Leistungen fähig sein können, wenn sie ihre Tätigkeit allein und isoliert ausführen können (so z.B. das DSM-IV in seinen Kriterienerläuterungen).

8.3 Differenzialdiagnostik

Die Differenzialdiagnostik konzentriert sich im Bereich der schizoiden Persönlichkeitsstörung auf eine genaue Abgrenzung gegenüber der schizotypischen, der selbstunsicheren und der paranoiden Persönlichkeitsstörungen. Bei der *schizotypischen Persönlichkeitsstörung* (→ 9.3) werden die Unterschiede einerseits im Bereich der Kommunikation deutlich (stärkeres Unbehagen, ungewöhnliches Auftreten, Argwohn, Zurückhaltung gegenüber interpersonellen Festlegungen), andererseits in besonderen Verhaltensauffälligkeiten wie Mitteilungen über seltsam anmutende Glaubensinhalte und magisches Denken, über Illusionen und das Spüren besonderer Kräfte, eigenartige Sprachgepflogenheiten. Bei der *selbstunsicheren Persönlichkeitsstörung* (→ 14.2) ist eine eventuelle soziale Isolierung eher durch eine soziale Unsicherheit und Überempfindlichkeit gegenüber Ablehnung bedingt. Auch im Unterschied zur *paranoiden Persönlichkeitsstörung* (→ 7) neigt die schizoide Persönlichkeit eher zu schroffem Rückzug als zu Empfindsamkeit oder zu offener Feindseligkeit gegenüber Kritik.

Andererseits sind auch Abgrenzungen gegenüber einigen spezifischen psychischen Störungen und Persönlichkeitsänderungen notwendig. Diese betreffen insbesondere die milderen Verlaufsformen des Autismus und des Asperger-Syndroms – beides seit der frühen Kindheit bestehende Entwicklungsstörungen, die sich durch extreme (schizoide) Gestörtheiten der sozialen Interaktion und (im Falle des Autismus) durch auffällige Verhaltens- und Interaktionsstereotypien auszeichnen. Eine solche Abgrenzung gegenüber Entwicklungsstörungen wird im DSM-IV-Kriterium B und in der ICD-10 (gegenüber dem Asperger-Syndrom) ausdrücklich gefordert.

Schizoide Personeigenarten können sich auch in der Folge von Extrembelastungen (ICD-10: F 62.0) oder nach längerer medizinischer Behandlung körperlicher wie psychischer Störungen als Persönlichkeitsänderungen (ICD-10: F 62.1) zeigen, schließlich auch zunehmend mit einem chronischen Substanzmissbrauch (Alkohol-, Medikamentenabhängigkeit) einhergehen (→ 2.5).

Weitere Komorbiditätsaspekte

Menschen mit diesem Persönlichkeitsstil kommen zumeist nicht primär wegen Leidens an ihrer Zurückgezogenheit in eine psychotherapeutische Behandlung. In der aktuellen Epidemiologie zählt dieses Störungsbild wohl aus diesem Grund zu jenen mit den geringsten Raten. Wenn Betroffene in therapeutischer Behandlung sind, war zumeist nicht der schizoide Persönlichkeitsstil Anlass für eine Therapie. Hierin liegt das besondere Problem wie zugleich die wichtigste Herausforderung für Therapeuten. Die Patienten beginnen eine Psychotherapie zumeist wegen einer anderen psychischen Störung – und erst während der Behandlung wird offensichtlich, dass mit der jeweiligen spezifischen psychischen Störung eine schizoide Persönlichkeitsstörung komorbid zusammenhängt (hierzu ausführlich: Fiedler, 2000a).

Obwohl sie für gewöhnlich gern ein abgesondertes Leben führen, können schizoide Menschen z.B. *depressiv* werden, sobald ihnen bewusst wird, dass sie Sonderlinge sind, die nicht in die Gesellschaft passen. Auch wenn sie nicht wirklich den Wunsch nach der Nähe anderer verspüren, glauben sie möglicherweise, eine konventionelle Partnerschaft eingehen zu müssen; scheitert diese, kann dieser Zusammenbruch eigener Erwartungen durchaus eine Depression zur Folge haben. Schließlich kann eine zunehmende Grundüberzeugung, dass das Leben sinnlos und öde sei, eine depressive Verfassung bis hin zur manifesten Depression bewirken.

Schizoide Persönlichkeiten neigen gelegentlich zu *sozialer Angst* oder zu *Phobien*, sobald sie privat oder beruflich gezwungen sind, zwischenmenschliche Tätigkeiten aufzunehmen. Ihnen mangelt es häufig eindrücklich an interaktionellen Kompetenzen, um bei bestimmten interaktionellen Verpflichtungen erfolgreich zu bestehen. Sind die Anforderungen existenzieller Natur, kann eine soziale Phobie die Folge sein.

Auch *Depersonalisationsstörungen* werden gelegentlich bei Einzelgängern beschrieben. Ein Leben am Rande der Gesellschaft kann bei zunehmender Isolation in ein Gefühl der Entfremdung und zu zunehmender Derealisation führen. Symptomatisch kann sich dies als konkrete Losgelösheitserfahrung und in einer verzerrten Wahrnehmung der Umwelt äußern, ähnlich wie dies als Traumastörung z.B. in der Folge von Isolationsfolter beobachtbar ist (Fiedler, 2001a). Ein exzessiver Rückzug kann durch Fantasietätigkeit teilweise ausgeglichen werden. In seltenen Fällen kann dies jedoch dazu führen, dass schizoide Personen psychotische Episoden durchleben.

8.4 Erklärungsansätze

Psychoanalyse

Die jetzigen Kriterien der schizoiden Persönlichkeitsstörung entsprechen weitgehend Beschreibungen, wie sie schon länger von psychoanalytisch orientierten

Autoren vorgelegt wurden. Diese interpretieren die Neigung zu sozialer Selbstisolation als Form der Abwehr gegen zwischenmenschlich nahe und intime Beziehungen. Hinter einer solchen Abwehr durch Kontaktvermeidung verberge sich zugleich eine Empfindsamkeit, die nun ihrerseits eben genau für den „nichtpsychotisch schizoiden Modus“ verantwortlich sei (Mentzos, 1986; bleibt jedoch zu beachten, dass die „Empfindsamkeit“ neuerlich eher als Hinweis für das Vorliegen einer schizotypen bzw. selbstunsicheren Persönlichkeitsstörung angesehen wird; → 8.3).

Andere psychoanalytische Autoren vermuten eine spezifische Schwierigkeit schizoider Personen, Ärger und Feindseligkeit auszudrücken, obwohl Angst und Wut sehr wohl vorhanden seien und subjektiv erlebt würden. Diese „Sperre im Ärgerausdruck“ führe nun ihrerseits zur beobachtbaren Vagheit und Unbestimmtheit im interpersonellen Interagieren der Betroffenen. Dieses Fehlen oder Ausbleiben ärgertypischer Übertragungsmuster wurde von Khan (1983) als „Pseudocompliance“ bezeichnet. Zurückgeführt werden diese Formen interpersoneller Abwehr – der Pseudocompliance wie der Interaktionsfixierung – auf mögliche Störungen der sehr frühen (symbiotischen) Mutter-Kind-Interaktion, durch die dem Kind sehr nahe Erfahrungen von Intimität, Zuneigung und Liebe nicht oder nicht vollständig ermöglicht wurden (Fairbairn, 1940, 1955; Guntrip, 1969).

Verhaltenstherapie

Verhaltens- und lerntheoretische Erklärungsversuche betonen vor allem den Aspekt eines möglichen Kompetenzdefizits im Umgang mit zwischenmenschlichen gefühlvollen Beziehungen (Turkat, 1990). Dieses Kompetenzdefizit muss sich (im Unterschied zur psychodynamischen Auffassung) jedoch nicht nur auf den Aspekt der Angst vor intimer Beziehung einschränken. So vermutet Millon (1981), dass ein dem Kind übermäßig gewährter Schonraum (Verwöhnsituation) die Grundhaltung begünstigen kann, interpersonelle Stress- und Belastungserfahrung grundsätzlich zu meiden. Auch eine früh gelernte Neigung zur Vermeidung interpersoneller Konflikte könne langfristig dazu führen, dass differenzierte Interaktionserfahrungen nicht gemacht und entsprechend keine differenzierten Kompetenzen im Umgang mit gefühlsmäßig negativen wie positiven zwischenmenschlichen Beziehungen erworben werden.

Insofern gelten ganz ähnliche Circulus-vitiosus–Bedingungen, wie sie im Zusammenhang mit der Vulnerabilitäts-Stress-Hypothese beschrieben wurden (→ 5.5.2): Die schroff-distanzierenden Verhaltensmuster schizoider Persönlichkeiten provozieren möglicherweise entweder Kritik und bis feindselige Ablehnung oder führen zu Ausgrenzung und Distanz der Bezugspersonen. Beide Bedingungen erschweren – wegen der dann ausbleibenden Kompetenzdifferenzierung und Lernmöglichkeit – langfristig zunehmend die Möglichkeiten der Betroffenen, ihrerseits Schritte aus der Selbstisolierung und Vereinsamung heraus zu unternehmen (ähnlich auch: Beck et al., 1989).

8.5 Zusammenfassende Bewertung

Die erst seit Beginn der 80er-Jahre gegebene Unterscheidung von schizoider und schizotypischer Persönlichkeitsstörung führt dazu, dass bisher nur wenige empirische Untersuchungen zur Entstehung und Aufrechterhaltung beider Störungsbereiche vorliegen. Immerhin sind die aktuellen klassifikatorischen Neufestlegungen seit dem DSM-III und in der ICD-10 insofern ätiologisch orientiert, als sie eine persönlichkeitsspezifische Prädisposition zur Schizophrenie nunmehr vor allem in den Bereich der im nächsten Kapitel beschriebenen *schizotypischen* Persönlichkeitsstörung verankern, wenngleich schizoide Persönlichkeitsmerkmale vereinzelt durchaus prämorbid, begleitend oder folgend zur Schizophrenie beobachtet werden.

Dennoch weist beispielsweise Siever (1981) im Rahmen der Neubewertung von Daten aus einigen retrospektiv wie prospektiv durchgeführten Studien zum Zusammenhang von Schizoidie und Schizophrenie darauf hin, dass schizoide Personmerkmale (den heutigen Kriterien entsprechend) keine Voraussage auf eine spätere Schizophrenie erlaubten (O'Neale & Robbins, 1958; Mellsop, 1972, 1973). Käme zur schizophrenen Störung ein schizoides Persönlichkeitsmuster hinzu, sei zwar die Verlaufsprognose der Schizophrenie eindeutig ungünstiger (Gittelman-Klein & Klein, 1969; Roff et al., 1976). Letzteres erkläre jedoch nicht zwingend einen (biologischen) Zusammenhang beider Störungen, sondern entspräche vielmehr der allgemeinen Beobachtung, dass Persönlichkeitsstörungen die Entwicklung und den Verlauf psychischer Störungen ungünstig beeinflussen könnten.

Es lässt sich also festhalten, dass zwei Merkmale bei der schizoiden Persönlichkeitsstörung in den Vordergrund treten: ein Mangel an zwischenmenschlichen Beziehungen und der nicht vorhandene Wunsch nach solchen Beziehungen. Zusammensein mit anderen und gemeinsame Aktivitäten werden als nicht befriedigend erlebt. Andere werden als aufdringlich oder lästig angesehen, sollten diese versuchen, mit schizoiden Menschen Kontakte herzustellen oder zu pflegen. Die bisherigen Forschungsbefunde zu diesem Persönlichkeitsstil führen zur Einschätzung, dass die Betroffenen kaum Emotionen empfinden, weder schmerzhafte Erfahrungen noch Wohlbefinden mitteilen, gleichgültig sind und damit hochgradig passiv erscheinen und in ihrer unauffälligen Selbstbezogenheit kaum auf positives wie negatives Feedback reagieren.

> **!** Als Diagnostiker lasse man sich jedoch nicht täuschen: Im Übergang zur Normalität sind zurückgezogene und das Single-Dasein liebende Menschen durchaus zu vielfältigen Aktivitäten im Privatbereich wie Beruf fähig – mit dem besonderen Merkmal jedoch, dass sie anderen dabei möglichst aus dem Weg gehen und am liebsten für sich alleine tätig sind.

Kommt hinzu, dass in unserer heutigen Gesellschaft ein Leben als Single mit einer ausgesprochen hohen Wertigkeit belegt ist, sodass es für Einzelgänger möglich ist, mit guten Gründen für ihren Persönlichkeitsstil Anerkennung und Wertschätzung zu finden. Vielleicht liegt denn auch in der „Temperamentsdimension" die wichtigste Möglichkeit, zwischen „Störung" (= passiv) und „Normalität" (= aktiv) zu unterscheiden. Entsprechend gut lassen sich mithilfe dieser Polarität, etwa mit zunehmender Aktivität und Produktivität, Therapiefortschritte beurteilen.

ZUSAMMENFASSUNG

Schizoide Persönlichkeitsstörung

Störungsbild: soziale Isolation, Einsamkeit. Zentral ist eine Distanziertheit in sozialen Beziehungen und eine eingeschränkte Bandbreite des Gefühlsausdrucks im zwischenmenschlichen Erleben. Die Betroffenen haben keine engen Freunde und Bekannte, erscheinen scheu und verschlossen und persönliches Feedback durch andere ist ihnen egal. Werden sie in ihrer Neigung zur Zurückgezogenheit heftig kritisiert oder angegriffen, kann es zu Zornesausbrüchen und Gegenangriffen kommen.

Übergänge zur Normalität: zurückhaltend, einzelgängerisch. Im Übergang zur Normalität findet sich nüchterne Sachlichkeit, Gleichgültigkeit gegenüber Lob und Kritik sowie eine Vorliebe für Unternehmungen, die sie allein ausführen können. Viele leben als Single und haben Berufe, die sie, zum Teil sehr erfolgreich, selbstständig und allein ausüben können (Schichtarbeit, Taxifahrer, Computerarbeiten). Weil sie wegen nicht vorhandener Bindungen beruflich flexibel einsetzbar sind, genießen viele ein hohes Ansehen.

Funktion und Dynamik. Die Hauptmerkmale dieses Stils (Sachlichkeit, geringe Äußerung positiver Emotionalität und soziale Zurückhaltung) werden aus einem verminderten Ansprechen auf positive Gefühle, Anerkennung und Zustimmung erklärlich. Spontaneität und von Erfahrung unabhängiges intuitives Erleben und Verhalten sind entsprechend verlangsamt und Offenheit gegenüber neuen Erfahrungen wird nur selten beobachtet.

9 Schizotypische Persönlichkeitsstörung

Letzten Endes können die Grenzen der Schizophrenie nur konventionell und außerdem nur sehr ungenau gezogen werden.
Giovanni Jervis

Bis weit in die 70er-Jahre hinein lief die Konzeptentwicklung zu den als schizophrenienah angesehenen (schizoiden, schizotypischen und Borderline-) Persönlichkeitsstörungen in der Psychiatrie und in der Psychoanalyse recht unverbunden nebeneinander her, begleitet von zum Teil heftigen Kontroversen über Begriffssetzungen und den damit zusammenhängenden Konzepten. Zum besseren Verständnis dieser Auseinandersetzung sollen zunächst einige Ausführungen über die Schizophrenie eingefügt werden.

9.1 Exkurs über die Schizophrenie

Die Schizophrenie ist durch eine Reihe von Auffälligkeiten gekennzeichnet, die interindividuell sehr heterogene Eigenarten aufweisen können, sich intraindividuell jedoch zumeist recht spezifisch erweisen und sich über mehrere Krankheitsphasen hinweg recht stabil ausnehmen können. Diese Kernsymptomatik ist gekennzeichnet „durch das Erleben der Eingebung von Gedanken, der Gedankenübertragung und des Gedankenentzugs, durch Stimmen, die der Betreffende in der dritten Person über sich sprechen hört oder die seine Handlungen und Gedanken begleiten, überhaupt durch Wahrnehmungen in seiner physischen und sozialen Umgebung, die auf verschiedene, charakteristische Weise verzerrt sind“ (so beschrieben bei Wing, 1984, S. 22).

Primärsymptomatik

Heute werden üblicherweise sog. Grund- oder Basisstörungen der Schizophrenie von sog. Sekundärstörungen unterschieden. Die Grundstörungen der schizophrenen Erkrankung sind eher unauffällig und einer beobachtend-objektivierenden Diagnostik weniger gut zugänglich. Ohne ihr Vorhandensein kann jedoch nicht vom Vorliegen einer Schizophrenie gesprochen werden. Bei diesen Primärsymptomen handelt es sich vor allem um kognitive Störungen der Informationsverarbeitung und Handlungsregulation (vgl. Süllwold, 1983): Es sind dies u.a. Störungen der expressiven und rezeptiven Sprache, weiter sensorische Wahrnehmungsstörungen, Gedankeninterferenzen und motorische Reaktionsinterferenzen. Diese führen die Betroffenen in eine große subjektive Hilflosigkeit und können einen Verlust der Wirklichkeitskontrolle bewirken. Viele dieser Störungen sind – vor allem außerhalb der Krankheitsepisoden – einsichtsfähig. Dies ermöglichte es, in den letzten Jahren ein psychologisches Verständnis der Primärerfahrungen in der Schizophrenie sowie ihrer Bewältigungsversuche zu entwickeln.

Sekundärsymptomatik

Die Erfahrungen der Primärstörungen werden von Patienten sehr unterschiedlich verarbeitet. Es ist leicht nachzuvollziehen, dass viele Betroffene nach Möglichkeiten suchen, sich diese Phänomene zu erklären. Oft sind diese Erklärungsversuche wahnhafter Natur. Dies wird umso eher der Fall sein, wenn die Grundstörungen selbst im Kern eine Störung des Urteilsvermögens mit einschließen. Der dabei beobachtbaren existenziellen Verunsicherung folgen fast zwangsläufig Angst, Panik und Niedergeschlagenheit. Alle in diesem Sinne sekundären Störungen repräsentieren die zunächst von außen besser beobachtbare, auffällige Seite der Schizophrenie: In den Wahnäußerungen begegnen uns Interpretationsversuche der kognitiven Störungen. Erregung, Angst und Aggressivität sind Ausdruck der Hilflosigkeit, wenn Bezugspersonen den Realitäts-, ja Offenbarungscharakter der vom Schizophrenen primär gemachten Erfahrungen nicht mitzuvollziehen vermögen. Viele Sekundärstörungen dienen schlicht der Kompensation primärer Erfahrungen und lassen sich oft als verzweifelte Versuche der Erkrankten verstehen, sich selbst zu helfen.

Diagnostik

Seit Kraepelin unterscheidet man verschiedene Untergruppen der Schizophrenie, die vorrangig eine Störung im Affekterleben, im Denken und Wahrnehmen, in der Bewegung und in der Körpersprache, schließlich in der Aktivierung und im Antrieb zeigen. Die beobachtbaren Syndrome sind nicht immer stabil, lösen sich gelegentlich im zeitlichen Verlauf ab oder mischen sich untereinander. In der ICD-10 werden folgende zentrale Möglichkeiten im Erscheinungsbild unterschieden (vgl. Dilling et al., 1991):

- **Paranoide Schizophrenie:** Diese wird von ziemlich dauerhaften Wahnvorstellungen beherrscht, meist begleitet von Halluzinationen, besonders akustischer Art. Letztere werden auch als *produktive* oder als *Plus-Symptomatik* bezeichnet.
- **Hebephrene Schizophrenie:** Es herrschen Affekt- und Denkstörungen vor, gefolgt von einem unsteten, ziellosen oder auch distanzlosen Verhalten, wobei Sprache, Mimik und Gestik häufig als nicht zur Situation passend und verschroben beschrieben werden.
- **Katatone Schizophrenie:** Dieses Störungsbild wird heute eher selten beobachtet, da es vor allem erst später im Verlauf oder nach ausbleibender medikamentöser Behandlung beobachtbar ist. Wesentliche Merkmale sind psychomotorische Störungen, die im Extrem eine hohe Erregung und einen

Stupor bewirken. Die zwanghaft-stuporösen Körperstellungen können von Patienten lange Zeit eingenommen und durchgehalten werden.

- **Undifferenzierte Schizophrenie:** Diese Kategorie beinhaltet Zustandsbilder, die zwar die Grundsymptomatik der Schizophrenie zeigen, andererseits jedoch keine der drei zuerst genannten Untergruppen in deren Kriterienvorgaben eindeutig erfüllen.
- **Postschizophrene Depression:** Diese Kategorie bezeichnet eine länger anhaltende depressive Episode, die gelegentlich im Anschluss an eine schizophrene Episode auftritt. In der Regel sind noch einige Grundstörungen der Schizophrenie beobachtbar. Sind diese nicht mehr vorhanden, sollte eine depressive Episode diagnostiziert werden (Exkurs über affektive Störungen: → 18.1).
- **Schizophrenia simplex:** Diese ist durch das Fehlen eindeutiger produktiver Symptome gekennzeichnet. Typisch sind zumeist auffällige Wesensveränderungen der Person, Antriebsstörungen, Autismus und Affektverflachung. Diese Auffälligkeiten, die auch im Zusammenhang im (chronischen) Verlauf der anderen Störungsbilder auftreten können, werden häufig mit den Begriffen *Negativ-* bzw. *Minus-Symptomatik* belegt. Die Bezeichnung Schizophrenia simplex impliziert in der Regel das Vorliegen einer allmählichen Krankheitsentwicklung und eine langsame progrediente Entwicklung. Es ist noch unklar, ob viele Patienten, die heute die Diagnose der in diesem Kapitel ausgearbeiteten schizotypischen Persönlichkeitsstörung erhalten (könnten), früher mit der Simplex-Diagnose belegt wurden (→ 9.3 zur Diagnostik).
- **Schizophrenes Residuum:** Dieser etwas unglückliche Begriff bezeichnet Auffälligkeiten im chronischen Verlauf schizophrener Erkrankungen, also lang andauernde, jedoch eben nicht notwendigerweise irreversible *Negativ-Symptome* und Beeinträchtigungen. Zusätzliche Voraussetzung für die Diagnosestellung ist das vorherige Auftreten einer oder mehrerer psychotischer Episode(n).

Erkrankungsrisiko

Die empirischen Ergebnisse zu den Krankheitsverläufen und Ursachen der Schizophrenie legen ein Ätiologieverständnis nahe, das deren Entstehen und Entwicklung multikausal einzufangen versucht (vgl. Häfner et al., 1987). Nicht mehr umstritten ist, dass bei vielen schizophrenen Erkrankungen erbliche Faktoren ätiologierelevant sind. Das Risiko, an Schizophrenie zu erkranken, liegt in der Gesamtbevölkerung bei etwa 1 bis 2 Prozent – und zwar offensichtlich über unterschiedliche Kulturkreise hinweg. Es steigt an, wenn in der Verwandtschaft eine schizophrene Erkrankung vorliegt, wobei die Wahrscheinlichkeitsangaben schwanken: bei eineiigen Zwillingen zwischen 14 und 42 Prozent, bei zweieiigen Zwillingen zwischen 7 und 15 Prozent. Zwischen 10 und 14 Prozent liegt das Risiko zu erkranken, wenn ein Elternteil an einer Schizophrenie erkrankt ist, und es steigt auf 38 bis über 60 Prozent, wenn beide Elternteile betroffen sind. Mit abnehmendem Verwandtschaftsgrad sinkt es erheblich. Schon das Risiko bei Enkeln eines schizophrenen Großelternteils liegt mit 1 bis 2 Prozent nicht mehr über dem allgemeinen Erkrankungsrisiko. Die Ergebnisse zeigen deutlich, dass selbst eine genetische Disposition nicht zwangsläufig auch zur Erkrankung führen muss (vgl. Gottesman & Shields, 1976).

Ätiologie

Eine multikausale Erklärung der Schizophrenie wird heute vor allem über das sog. Vulnerabilitäts- oder Diathese-Stress-Modell angestrebt (vgl. Süllwold, 1983; → 5.5.2). Grundlegende Annahme dieses Modells ist, dass nicht die Schizophrenie, sondern eine für den betroffenen Menschen spezifische Art der Vulnerabilität diathetisch (d.h. genetisch und evtl. zusätzlich in der Folge frühkindlicher Traumata, vor allem in der Folge von Geburtstraumen) vermittelt wird. Die Diathese kann durch weitere Einflüsse (Krankheiten, kritische Lebensereignisse usw.) verstärkt oder durch eine günstig protektiv verlaufende Entwicklung (Kompetenzerwerb, soziale Einbindung und Unterstützung) gemindert werden. Zum Ausbruch einer schizophrenen Episode kann es kommen, wenn intrapsychische oder externale Stressoren die individuell vorhandenen Verarbeitungsmöglichkeiten (Kompetenz, Coping) überfordern. Diese Überforderung äußert sich bei den Betroffenen in der Art der oben beschriebenen primären kognitiven Störungen. Folgt daraus ein Hilflosigkeitserleben bis Krankheitsgefühl, kann dies die angesichts der vorhandenen Krisensituationen ohnehin bereits erlebte Anspannung und Angst verschärfen, ja schließlich im Sinne eines Circulus vitiosus derart intensivieren, dass die Wirklichkeitskontrolle verloren geht und ein Abgleiten in die manifeste Schizophrenie erfolgt.

9.2 Konzept und Konzeptentwicklung der schizotypischen Persönlichkeitsstörung

Die Begriffssetzung „Schizotypie“ hat bereits eine längere Geschichte. Sie geht ursprünglich auf Rado (1953) zurück, der die Bezeichnung als griffige Kennzeichnung für „schizophrener Genotyp“ vorschlug. Nach seiner Auffassung müssen Menschen mit diesem Genotyp im späteren Leben nicht zwingend an einer klinisch bedeutsamen Schizophrenie erkranken, aber sie würden dennoch stets ein Ensemble psychodynamisch auffälliger Persönlichkeitsmerkmale zeigen, die er als „schizotype Organisation“ beschrieb (vgl. auch die Entwicklung der Schizotaxia-Schizotypie-Konzeption durch Meehl; seit 1962; zusammenfassend: 1990).

Schizotypische Organisation

Die Eigenarten der von Rado (1953) gemeinten „schizotypen Organisation“ hängen eng mit dem zusammen, was dieser unter Schizophrenie verstand, nämlich einerseits – als besondere *affektive Störung* – die Schwierigkeit, tiefe Freude zu empfinden, und andererseits eine *propriozeptive Störung*, die für eine gestörte Wahrnehmung der eigenen Körperlichkeit verantwortlich zeichnete. Beide Merkmale stünden für eine besondere Vulnerabilität, zu deren Schutz die Betroffenen eine Reihe von Verhaltens- und Interaktionsmustern als schizotypische Charaktermerkmale entwickelten: z.B. bei fehlender emotionaler Spontaneität eine Neigung zur Äußerung negativer Affekte, das Leiden an einem geringen Selbstbewusstsein bei gleichzeitiger großer Abhängigkeit von anderen, insbesondere den Eltern oder Personen mit Elternfunktion (vgl. auch Rado, 1956).

Rado unterstellte – ähnlich wie Bleuler bei der Schizoidie (→ 8.1) – ein Kontinuum der möglichen Störungsentwicklung bzw. Störungsausprägung:

- von einem Bereich angepasster und stabiler Persönlichkeitsmerkmale (unter Einschluss der Schizoidie) als „compensated schizo-adaption“ über
- einen Bereich der (proto)schizotypischen Organisation mit auffälligen Persönlichkeitsveränderungen als „decompensated schizo-adaption“ bis hin zur
- offenen Schizophrenie.

Pseudoneurotische Schizophrenie

Den schizoadaptiven Zwischenbereich, der im Kern das Konzept der schizotypischen Persönlichkeitsstörung vorwegnimmt, nennt Rado (1953) pseudoneurotische Schizophrenie – u.a. mit Bezug auf Forschungsarbeiten von Hoch und Polatin (1949). Letztgenannte Autoren hatten sich bereits seit Mitte der 40er-Jahre mit Patienten befasst, deren psychopathologische Auffälligkeiten zwar eine Ähnlichkeit mit den Grundstörungen der Schizophrenie besaßen, auf die jedoch die Diagnose „Schizophrenie“ selbst nicht zutraf. Die Autoren schlugen vor, das Störungsbild dieser, von ihnen selbst auch noch als „Borderline Cases“ (Hoch & Polatin, 1949, S. 276) benannten Fälle künftig als „Pseudoneurotische Schizophrenie“ zu bezeichnen (vgl. auch Hoch & Catell, 1959, 1962).

Die Autoren beschrieben vor allem eine Reihe von Denk- und Assoziationsstörungen, z.B. Störungen der Gedankenkontinuität, der Aufmerksamkeit und Konzentration als „formale“ Störungen, sowie – als „inhaltliche“ Störungen – rigide und verzerrte Vorstellungen über die Bedeutung von Intellekt, Gefühl und Verhalten sowie eigenwillige Annahmen über Sexualität.

Borderline-Schizophrenie

Es war dann Knigth (1953), der für diese Gruppe von Auffälligkeiten im *Bulletin of the Menninger Clinics* im Rückgriff auf eine Arbeit von Stern aus dem Jahre 1938 erneut den Begriff „Borderline-Störungen“ in die psychoanalytische Konzeptbildung einführte und damit popularisierte. Diese Begriffssetzung wurde für psychoanalytische Forscher in kurzer Zeit Arbeitstitel für ein „neues“ Persönlichkeitskonzept, für das dann 1967 von Kernberg eine genaue Beschreibung vorgelegt wurde (→ 11.1).

Aber auch in der psychiatrischen Erforschung der Übergänge zwischen Normalität und Schizophrenie wurde der Begriff „Borderline" aufgegriffen (→ 8.1). Vor allem in den dort erwähnten Adoptivstudien wurde die Bezeichnung „Borderline-Schizophrenie" zur Kennzeichnung von Verhaltensauffälligkeiten bei Personen verwendet, bei denen eine genetische Prädisposition zur Schizophrenie vorlag. Später wurde der Begriff erneut durch den – bereits früher von Bleuler benutzten – der „latenten Schizophrenie" ersetzt (im deutschen Sprachraum zeitweilig auch: „larvierte Schizophrenie"; vgl. Gross et al., 1982).

Insbesondere bei Vergleichen der bis Mitte der 70er-Jahre vorliegenden Beschreibungen und Erklärungskonzepte zur Borderline-Problematik drängte sich der Eindruck auf, dass es sich bei den untersuchten „Borderline-Patienten" möglicherweise um zwei unterschiedliche Persongruppen handeln könnte (vgl. Siever & Gunderson, 1983).

- Einerseits stammten die Ergebnisse und Konzepte aus den psychiatrischen Adoptivstudien und aus empirischen Untersuchungen *mit Kindern* schizophrener Eltern.
- Andererseits beruhten sie vor allem auf Therapieerfahrungen *mit erwachsenen Patienten* innerhalb der Psychoanalyse.

Die Klärung dieses Problems wurde insbesondere im Zusammenhang mit der Vorbereitung des DSM-III immer dringlicher, zumal Kernbergs frühe Arbeiten über die Borderline-Persönlichkeit und ihre Behandlung (1967, 1968) in der Psychoanalyse inzwischen einen wahren Boom vor allem konzeptueller Überlegungen und Publikationen ausgelöst hatten.

Schizotypisch versus emotional-instabil

Spitzer et al. (1979, 1979) nahmen sich als Erste der Notwendigkeit der empirischen Grundlegung einer Differenzialdiagnose an. Sie entwickelten eine Liste mit den Merkmalen, die in der ihnen vorliegenden Literatur zur Kennzeichnung von „Borderline"-Eigenschaften und Übergangsphänomenen zur Schizophrenie benannt und untersucht worden waren. Mit dieser Liste wurden dann USA-weit 808 Patienten, die von den Diagnostikern als „Borderline"-Patienten ausgewählt worden waren, und 808 von ihnen ausgewählte Kontrollpatienten beurteilt. In mehreren Diskriminanz- und Faktorenanalysen bestätigen sich schließlich die zwei erwarteten Hauptdimensionen, die relativ unabhängig voneinander erscheinen. Die Items der einen Hauptdimension repräsentieren Merkmale einer von den Autoren als „instabil" bezeichneten Borderline-Persönlichkeit, die der anderen Merkmale einer „schizotypischen" Persönlichkeitsstörung (→ Tabelle 9.1).

Diese empirisch gefundenen Zuteilungen scheinen dahingehend interpretierbar, dass die sog. „schizotypischen" Merkmale erhebliche Ähnlichkeiten mit den Eigenarten schizophrener Störungen besitzen. Die sog. „instabilen" Merkmale hingegen entsprechen weitgehend den Beschreibungen und Konzepten psychoanalytisch orientierter Autoren und Forscher. Es bleibt jedoch zu beachten, dass eine geringe Mehrheit der in der Arbeit von Spitzer et al. (1979) diagnostizier-

Tabelle 9.1. Merkmale einer schizotypischen versus instabilen Persönlichkeitsstörung nach Spitzer (Spitzer et al., 1979). Auflistung in Anlehnung an eine Übersetzung bei Süllwold (1983, S. 81f). Die fett gekennzeichneten Merkmale hatten jeweils die höchsten Zuordnungswerte zu Faktoren bzw. zu Clustern.

Schizotypische Persönlichkeitsstörung	Instabile Persönlichkeitsstörung
→ Kommunikationsstörungen; keine groben Denkstörungen, jedoch vage, umständliche, metaphorische Sprache	→ Identitätsstörungen (Selbstbild unsicher, keine langfristigen Ziele und Werteinstellungen usw.)
→ **Beziehungsideen, selbstbezogenes Denken**	→ **instabile intensive persönliche Beziehungen (rasche Einstellungsänderung)**
→ **Argwohn und paranoide Ideen**	→ inadäquater intensiver Ärger
→ wiederholte Illusionen (außerpersönliche Kräfte, Einflüsse von Personen, die nicht anwesend sind, Depersonalisation und Derealisation)	→ **Impulsivität mit Selbstbeschädigung als Folge (Spielsucht, Drogen, sexuelle Entgleisung)**
→ **magisches Denken (Glaube an Telepathie usw.)**	→ physische Selbstbeschädigungen (ohne Suizidgefahr)
→ inadäquater Rapport (distanziert, kühl, unecht)	→ **affektive Instabilität (Stimmungswechsel; Irritierbarkeit, Angst)**
→ dauernde soziale Angst, hypersensitiv gegenüber echter oder vermeintlicher Kritik	→ chronisches Empfinden von Leere und Langeweile
→ soziale Isolierung (keine engen Freunde, Kontakte auf alltägliche Gespräche eingeschränkt)	→ toleriert kein Alleinsein

ten „Borderline-Patienten" die Kriterien sowohl der instabilen wie der schizotypischen Persönlichkeitsstörung erfüllte (nämlich 54 Prozent). Dennoch schlugen die Autoren für das DSM-III (1980) zwei neue Persönlichkeitsstörungen vor.

Einerseits sollte der Begriff „Borderline-Schizophrenie" nicht mehr benutzt, vielmehr durch die Bezeichnung „schizotypische Persönlichkeitsstörung" ersetzt werden. Anderseits sollte der Begriff „Borderline-Persönlichkeitsstörung" auf Personen angewendet werden, die Merkmale der von Spitzer et al. gefundenen „instabilen" Verhaltensmuster zeigten. Dieser Anregung wurde dann im DSM-III entsprochen. Das sich andeutende Überlappungsproblem sollte später durch die Möglichkeit, Doppeldiagnosen im Bereich der Persönlichkeitsstörungen zuzulassen, gelöst werden. Diese Komorbiditätsdiagnostik wurde schließlich im DSM-III-R (1987) eingeführt.

Inzwischen liegen Studien vor, die die Befunde und konzeptuelle Aufteilung von Spitzer et al. weitgehend bestätigen (Khouri et al., 1980; Perry & Klerman, 1980; Sheehy et al., 1980; Saß & Koehler, 1982a, b; Gunderson et al., 1983; McGlashan & Fenton, 1990). Zwar findet sich nach wie vor das Phänomen der häufigen Kodiagnosen (bzw. Komorbiditäten) von schizotypischer und Borderline-Persönlichkeitsstörung. Für Siever und Gunderson (1983) ist dies jedoch nicht weiter überraschend, da sich hier durch die Empirie lediglich bestätige, was sowohl in der psychoanalytischen Borderline-Konzeption wie in der psychiatrischen Spektrumdiagnose zur Kennzeichnung des jeweiligen Störungsbildes als wesentlich beschrieben wurde.

In letzter Zeit mehren sich schließlich auch noch Stimmen, die eine Herauslösung der schizotypischen Störung aus der Achse II im DSM und ihre Zuordnung zu den schizophrenen Störungen auf der Achse I vorschlagen, ähnlich wie dies im Bereich der affektiv-depressiven Störungen mit den dysthymen bzw. zyklothymen Persönlichkeitsauffälligkeiten geschehen ist (z.B. Frances, 1980; Kety, 1985). Dieser Vorschlag findet nach wie vor keine ungeteilte Zustimmung: In der ICD-10 wurde zwar jüngst diesem Vorschlag entsprochen, im DSM-IV ist die schizotypische Störung weiterhin im Bereich der Persönlichkeitsstörungen angesiedelt (APA, 1994; vgl. hierzu auch Kalus et al., 1993; Perspektiven zur Lösung dieses Problems: → Epilog).

9.3 Diagnostik

In beiden Diagnosesystemen geht man inzwischen davon aus, dass die schizotype (Persönlichkeits-)Störung einen Teil des „genetischen Spektrums" (ICD) der Schizophrenie verkörpert. In der ICD-10 wurde sie deshalb als schizotype Störung dem Syndrombereich der Schizophrenie direkt zugeordnet.

DSM-IV

Von neun Kriterien der schizotypischen Persönlichkeitsstörung müssen fünf erfüllt sein, um diese Diagnose gemäß DSM-IV zu rechtfertigen (→ DSM-Kriterien). Fünf der neun Kriterien reflektieren eine Störung der kognitiven Wirklichkeitserfassung und ihrer Verarbeitung – orientiert an den formalen und inhaltlichen Denkstörungen der Schizophrenie, wenngleich sie jedoch weniger ausgeprägt gedacht sind. Die übrigen (soziale Ängstlichkeit, exzentrisches Verhalten, soziale Isolierung, verminderter interpersoneller Rapport) betreffen die soziale Anpassung und zwischenmenschliche Eigenarten. Mithilfe strukturierter Interviews kann die Diagnose einer schizotypischen Persönlichkeitsstörung inzwischen recht zuverlässig gestellt werden (→ 19.1; Zimmerman, 1994), wobei zur spezifischen Diagnosestellung das speziell für die DSM-Konzeption der Schizotypie entwickelte *Structured Interview for Schizotypy* (SIS; Kendler et al., 1989) bevorzugt eingesetzt wird.

DIAGNOSTISCHE KRITERIEN

Diagnostische Kriterien der schizotypischen Persönlichkeitsstörung gemäß DSM-IV

A. Ein tief greifendes Muster sozialer und zwischenmenschlicher Defizite, die jeweils durch akutes Unbehagen in und mangelnde Fähigkeit zu engen Beziehungen gekennzeichnet ist. Weiterhin treten Verzerrungen der Wahrnehmung oder des Denkens und eigentümliches Verhalten auf. Die Störung beginnt im frühen Erwachsenenalter und zeigt sich in verschiedenen Situationen. Mindestens fünf der folgenden Kriterien müssen erfüllt sein:
   (1) Beziehungsideen (jedoch kein Beziehungswahn);
   (2) seltsame Überzeugungen oder magische Denkinhalte, die das Verhalten beeinflussen und nicht mit Normen der jeweiligen subkulturellen Gruppe übereinstimmen (wie z.B. Aberglaube, Glaube an Hellseherei, Telepathie oder den „sechsten Sinn"; bei Kindern und Heranwachsenden bizarre Fantasien und Beschäftigungen);
   (3) ungewöhnliche Wahrnehmungserfahrungen einschließlich körperbezogener Illusionen;
   (4) seltsame Denk- und Sprechweise (vage, umständlich, metaphorisch, übergenau, stereotyp);
   (5) Argwohn und paranoide Vorstellungen;
   (6) inadäquater oder eingeschränkter Affekt;
   (7) Verhalten oder äußere Erscheinung sind seltsam, exzentrisch oder merkwürdig;
   (8) Mangel an engen Freunden oder Vertrauten außer Verwandten ersten Grades;
   (9) ausgeprägte soziale Angst, die nicht mit zunehmender Vertrautheit abnimmt und die eher mit paranoiden Befürchtungen als mit negativer Selbstbeurteilung zusammenhängt.

B. Tritt nicht ausschließlich im Verlauf einer Schizophrenie, einer Affektiven Störung mit Psychotischen Merkmalen, einer anderen Psychotischen Störung oder einer tief greifenden Entwicklungsstörung auf.

Beachte: Falls die Kriterien vor dem Beginn einer Schizophrenie erfüllt waren, ist „Prämorbid" hinzuzufügen, z.B. „Schizotypische Persönlichkeitsstörung (Prämorbid)".

Zitiert gemäß DSM-IV der APA (1994); Saß et al. (1996, S. 729).

Besonderheiten in der ICD-10

In der ICD-10 wird die diagnostische Kategorie der „schizotypen Störung" (F21; dort im Bereich F2: Schizophrenie und wahnhafte Störungen) noch nicht zum allgemeinen Gebrauch empfohlen, da in diesem Diagnosesystem (auch im Unterschied zum DSM-IV) noch eine weitere Diagnosekategorie vorhanden ist, zu der die schizotype Störung eine Reihe von Kriterienüberlappungen aufweist: die sog. Schizophrenia simplex (→ 9.1).

Diese vor allem in der deutschsprachigen Psychiatrie gebräuchliche Bezeichnung „Schizophrenia simplex" wird für ein schizophrenienahes Zustandsbild mit schleichender Progredienz eingesetzt, dessen Hauptmerkmale durch Eigenarten bestimmt sind, die der schizotypen Persönlichkeitsstörung sehr nahe kommen (wie z.B. die Schwierigkeit, soziale Anforderungen zu erfüllen, sowie eine – auch bei dieser Charakterstörung mögliche – progrediente Verschlechterung der allgemeinen Leistungsfähigkeit). Der weitere Verlauf der Störungsentwicklung der Simplex-Schizophrenie ist häufig mit einem sozialen Abstieg und Nichtsesshaftigkeit verbunden und die Betroffenen werden im sozialen Handeln zunehmend selbstversunken, untätig und ziellos.

DIAGNOSTISCHE KRITERIEN

ICD-10-Kriterien der schizotypen Störung

(F21; dort im Bereich F2: Schizophrenie)

Eine Störung mit exzentrischem Verhalten und Anomalien des Denkens und der Stimmung, die schizophren wirken, obwohl nie eindeutige und charakteristische Symptome aufgetreten sind. Es gibt kein beherrschendes oder typisches Merkmal; jedes der folgenden kann vorhanden sein:

1. Inadäquater oder eingeschränkter Affekt (der Patient erscheint kalt und unnahbar).
2. Seltsames, exzentrisches und eigentümliches Verhalten und Erscheinung.
3. Wenig soziale Bezüge und Tendenz zu sozialem Rückzug.
4. Seltsame Glaubensinhalte und magisches Denken, die das Verhalten beeinflussen und im Widerspruch zu (sub)kulturellen Normen stehen.
5. Misstrauen oder paranoide Ideen.
6. Zwanghaftes Grübeln ohne inneren Widerstand, oft mit dysmorphophoben, sexuellen oder aggressiven Inhalten.
7. Ungewöhnliche Wahrnehmungsinhalte mit Körpergefühlsstörungen oder anderen Illusionen, Depersonalisations- oder Derealisationserleben.
8. Denken und Sprache vage, umständlich, metaphorisch, gekünstelt, stereotyp oder anders seltsam, ohne ausgeprägte Zerfahrenheit.
9. Gelegentliche vorübergehende quasipsychotische Episoden mit intensiven Illusionen, akustischen oder anderen Halluzinationen und wahnähnlichen Ideen; diese Episoden treten im Allgemeinen ohne äußere Veranlassung auf.

Die Störung zeigt einen chronischen Verlauf mit unterschiedlicher Intensität. Gelegentlich entwickelt sich eine eindeutige Schizophrenie. Es lässt sich kein exakter Beginn feststellen; Entwicklung und Verlauf entsprechen gewöhnlich einer Persönlichkeitsstörung. Sie findet sich häufiger bei Personen mit manifest schizophren Erkrankten in der Familie. Man nimmt an, dass sie einen Teil des genetischen „Spektrums" der Schizophrenie verkörpert.

Diese diagnostische Kategorie wird nicht zum allgemeinen Gebrauch empfohlen, da keine klaren Grenzen zur Schizophrenia simplex oder zu den schizoiden oder paranoiden Persönlichkeitsstörungen vorhanden sind.

Dazugehörende Begriffe:

- Borderline-Schizophrenie
- Grenzschizophrenie
- Grenzpsychose
- latente schizophrene Reaktion
- latente Schizophrenie
- präpsychotische Schizophrenie
- prodromale Schizophrenie
- pseudoneurotische Schizophrenie
- pseudopsychopathische Schizophrenie
- Schizotypie
- schizotype (schizotypische) Persönlichkeitsstörung

Ausschluss:
- schizoide Persönlichkeitsstörung (F60.1)
- Asperger-Syndrom (schizoide Störung in der Kindheit) (F84.5)

Aus der ICD-10 Kapitel V (F) der WHO (1993; 2. Auflage, S. 113f).

Schizophrenietypisch sind vor allem sog. „negative“ (bei der Schizophrenie vor allem sekundär beobachtbare) Merkmale der sog. Minussymptomatik (wie Affektverflachung und Antriebsminderung), die sich im Kontext einer Simplex-Schizophrenie und im Unterschied zur manifesten und chronischen Schizophrenie ohne vorhergehende floride psychotische Symptome entwickeln sollen. Auch dieses Ausschlusskriterium ist für eine Diagnosestellung der schizotypen Persönlichkeitsstörung gefordert.

9.4 Differenzialdiagnostik

Im Vergleich mit den schizophrenen Störungen, deren Kriterien inzwischen als recht reliabel gelten (Vorhandensein charakteristischer psychotischer Symptome während einer mindestens einwöchigen, sog. floriden Episode im Kontext einer sechsmonatigen Krankheitsphase mit deutlicher Leistungsminderung), ergeben sich möglicherweise Probleme in der Symptomabgrenzung zur Schizophrenie des residualen Typus. Bei Letzterer findet sich in der Anamnese jedoch mindestens eine floride Phase (→ 9.1).

Andererseits sind jedoch Abgrenzungen gegenüber einigen anderen spezifischen psychischen Störungen und Persönlichkeitsänderungen eher schwieriger möglich. Diese betreffen insbesondere die milderen Verlaufsformen des *Autismus* und des *Asperger-Syndroms* – beides seit der frühen Kindheit bestehende Entwicklungsstörungen, die sich durch extreme („schizoide“) Gestörtheiten der sozialen Interaktion und (im Falle des Autismus) durch auffällige Verhaltens- und Interaktionsstereotypien auszeichnen. Eine solche Abgrenzung gegenüber Entwicklungsstörungen wird im DSM-IV-Kriterium B und in der ICD-10 (gegenüber dem Asperger-Syndrom) ausdrücklich gefordert. So können – als weiteres Beispiel – auch bereits seit der Kindheit bestehende *Sprachentwicklungsstörungen* (Störungen des expressiven bzw. rezeptiven Sprachverhaltens) wegen der sprachgebundenen Schizotypiekriterien ebenfalls zu einer Fehldiagnose führen. Im DSM-IV wird darauf verwiesen, dass sich die Sprachentwicklungsstörungen recht gut durch die mit ihnen häufig verbundenen kompensatorischen Mitbewegungen (übertriebene Gestik) sowie durch den (ebenfalls kompensatorischen) Gebrauch stereotyper Redewendungen von der schizotypen Persönlichkeitsstörung abgrenzen lassen (vgl. auch Fiedler & Standop, 1994).

Schizotypische Personeigenarten können sich auch nach längerer medizinischer Behandlung körperlicher wie psychischer Störungen als *Persönlichkeitsänderungen* (ICD-10: F 62.1; → 2.5) zeigen, insbesondere als Verlaufswirkung bzw. in der Folge neurologischer Veränderungen bei einem chronischen Substanzmissbrauch (Alkohol-, Medikamentenabhängigkeit).

Persönlichkeitsstörungen

Was nun die Ebene der Persönlichkeitsstörungen und ihrer möglichen Komorbiditäten betrifft, so ist die schizotypische Persönlichkeitsstörung bei den gegenwärtigen Kriterien nach wie vor eher weniger gut abzugrenzen von der Borderline-Persönlichkeitsstörung, mit der nach wie vor die meisten Kodiagnosen aufgestellt werden (→ 11.3). Bei den Borderline-Persönlichkeitsstörungen sind jedoch – und dies gilt als wesentliches Unterscheidungsmerkmal – ein sozialer Rückzug und das Vermeiden enger Freundschaften eher selten zu beobachten.

Einige zur Komorbidität und Abgrenzung von schizotypischen und Borderline-Persönlichkeitsstörungen durchgeführte Studien machen auf weitere mögliche Unterscheidungskriterien aufmerksam (vgl. auch Thompson-Pope & Turkat, 1993): Widiger et al. (1986) fanden in ihrer Studie bei 52,5 Prozent Kodiagnosen beider Patientengruppen. Kriterien, mit denen sich die schizotypischen Patienten am besten abgrenzen ließen, waren magisches Denken und das Vorliegen kognitiver Störungen sowie das Fehlen selbstverletzender Stimulationen, die sehr häufig im Zusammenhang mit der Borderline-Störung beobachtet werden. McGlashan (1987a) stellte 16,5 Prozent Kodiagnosen zwischen beiden Störungsgruppen und fand folgende besondere Abgrenzungsmerkmale für die schizotypen Patienten: magisches Denken, seltsam anmutende Kommunikationseigenarten, misstrauisch-paranoide Vorstellungen und soziale Ängste (in dieser Reihenfolge), und als besondere Eigenart der Borderline-Patienten ebenfalls eine Neigung zu selbstverletzendem Verhalten. Gleichzeitig hatten Menschen mit schizotyper Persönlichkeitsstörung weniger häufig Alkoholprobleme, hatten früher als Borderline-Patienten geheiratet und zeigten insgesamt eine geringere soziale Anpassung im Berufsleben.

Weiter gibt es gewisse Überlappungen und Abgrenzungsprobleme zur schizoiden und zur selbstunsicheren Persönlichkeitsstörung (→ 8.3, → 14.3). Als Unterschiedsmerkmale zu diesen beiden Störungen dürften insbesondere die formalen und inhaltlichen kognitiven Störungen gelten: Besonderheiten der Gedankengänge, Wahrnehmungsmitteilungen und sprachliche Eigenwilligkeiten finden sich vor allem bei schizotypischen Persönlichkeitsstörungen. Letztere gelten auch als wesentliche Abgrenzungshilfe gegenüber den paranoiden Persönlichkeitsstörungen (→ 7.3).

9.5 Erklärungsansätze

High-Risk-Studien

Zunächst waren die oben genannten High-Risk- und Familienstudien Anlass, eine genetische Verwandtschaft zwischen der Schizophrenie und der (früher schizoiden, jetzigen) schizotypen Persönlichkeitsstörung zu postulieren und zu begründen (eine Synopse dieser Bemühungen findet sich bei Nigg & Goldsmith, 1994). Zusammenfassend kann hierzu festgehalten werden, dass es übereinstimmend gefundene Hinweise dafür gibt, dass es – ähnlich wie bei der Schizophrenie – ein erhöhtes genetisches Risiko für die schizotype Persönlichkeitsstörung gibt, nicht jedoch für die paranoide und (neu konzeptualisierte) schizoide Persönlichkeitsstörung, die häufig mit der schizotypen Persönlichkeit zusammen untersucht werden (→ 7.3, → 8.3). In den vergangenen Jahren sind ergänzend eine Reihe von Untersuchungen durchgeführt worden, mit denen zusätzlich abgesichert werden sollte, ob es sich bei den (bei beiden Störungen [Schizophrenie und Schizotypie] unterstellten schizophrenietypischen bzw. -ähnlichen) Grundstörungen ebenfalls um gleichartige Phänomene handelt, die bei der schizotypen Störung möglicherweise eher unterschwellig und damit durch die Betroffenen kontrollierbar blieben.

Unterschwellige Schizophrenie

So hat die Einführung der schizotypischen Persönlichkeitsstörung zwischenzeitlich einen Boom experimenteller Studien ausgelöst, in denen die im Bereich der Schizophrenieforschung bewährten experimentellen Designs zur Untersuchung von Patienten mit dieser Persönlichkeitsstörung Anwendung fanden. Auf diese Weise konnten erwartungsgemäß auch bei Patienten mit schizotyper Störung kognitive Störungen, Aufmerksamkeits- bzw. Informationsverarbeitungsabweichungen bestätigt werden, die denen der Patienten mit schizophrenen Störungen weitgehend gleichen (vgl. Braff, 1981; Cornblatt & Erlenmeyer-Kimling, 1985; Peters et al., 1994; Coleman et al., 1996; Siever, 1985, 1992; Siever et al., 1990, 1991, 1996).

Auch ließen sich „schizotypische Grundstörungen“ bei Untergruppen von Angehörigen schizophrener Patienten nachweisen (z.B. Franke et al., 1994). In einer Studie zur differenziellen Untersuchung der DSM-III-R-Kriterien bei Angehörigen schizophrener Patienten zeigte sich, dass bei den untersuchten Angehörigen vor allem interaktionell auffällige Merkmale der Schizotypie beobachtbar waren (soziale Ängstlichkeit, Auffälligkeiten in der Sprache, im Affekt und in der äußeren Erscheinung; vgl. Torgersen et al., 1993). Die Autoren fanden jedoch gegenüber einer Kontrollgruppe von Angehörigen depressiver Patienten keine signifikanten Unterschiede bezüglich der von ihnen als „true-schizotypal“ bezeichneten, schizophrenienahen Grundstörungen (Beziehungsideen, magisches Denken, ungewöhnliche Wahrnehmungen).

Diathese-Stress-Modell

Sollten sich die möglichen Zusammenhänge von Schizotypie und Schizophrenie weiter erhärten lassen, scheint es nahe liegend, die schizotypen Störungen in einen ähnlichen Erklärungszusammenhang zu stellen wie die schizophrenen Störungen. Von verschiedenen Seiten wird deshalb eine biopsychologische Erklärungsstruktur nahe gelegt (vgl. Siever & Davis, 1991) – etwa im Sinne des Diathese-Stress-Modells (→ 5.5.2, → 9.1), das zurzeit auch im Bereich klinisch-psychologischer und psychiatrischer Forschungsarbeiten zur Schizophrenie als allgemeiner Orientierungsrahmen dient (Süllwold, 1983; Nuechterlein, 1987).

Im Sinne dieses Erklärungskontextes wäre zu erwarten, dass die subschizophrenen kognitiven Störungen – ähnlich wie bei der Schizophrenie – mit subjektiver Belastung zunehmen, d.h., dass sie bei steigenden sozialen Leistungsanforderungen und bei zwischenmenschlichen Konflikten virulent werden. Entsprechend ließen sich die interpersonellen Eigenarten der schizotypen Persönlichkeitsstörung teils als Reaktion auf diese Belastungen (soziale Angst, extremes Unbehagen), teils als persönlichkeitsspezifischer Bewältigungsversuch zum Schutz vor Belastung (sozialer Rückzug, verringerter Rapport) auffassen. Erste Studien zu kontextabhängigen Variationen der schizotypen Interaktionsmerkmale scheinen diese Interpretationsmöglichkeit zu unterstützen (vgl. Siever & Gunderson, 1983; Süllwold, 1983).

Entwicklung

Eine entwicklungsbezogene Ätiologievorstellung der schizotypen Persönlichkeitsstörung hat Millon (1981) entwickelt. Nach seiner Auffassung lassen sich zwei unterschiedliche Formen schizotyper Persönlichkeitsentwicklung unterscheiden: eine Form, in der soziale Angst und, damit zusammenhängend, aktive Vermeidung dominieren (Kodiagnose mit der selbstunsicheren Persönlichkeitsstörung; → 14.3), und eine Form, die durch einen schizoiden Rückzug und passive Vermeidung charakterisierbar ist (Kodiagnose mit der schizoiden Persönlichkeitsstörung; → 8.3).

Schizoid-schizotypische Persönlichkeit. Nach Millon ist die schizoid-schizotypische Persönlichkeitsvariante durch eine besondere Fantasietätigkeit und durch pseudohalluzinatorische Erfahrungen bereits in der Kindheit auffällig, um sich so vor unangenehmen und indifferenten kognitiven und affektiven Erfahrungen abzuschirmen. Seine Vermutung geht dahin, dass bei diesen Kindern ein besonderes Defizit in der erzieherischen Anregung vorliegt, das besonders bei Eltern zu erwarten sei, die sich selbst kühl, zurückhaltend und uneindeutig in der Erziehung verhalten.

Selbstunsicher-schizotypische Persönlichkeit. Eine Entwicklung zur selbstunsicher-schizotypischen Persönlichkeitsvariante vermutet Millon bei übersensiblen und überängstlichen Kindern, die schon früh gezwungen seien, sich gegenüber persistent herabsetzenden und gering schätzenden Eltern durch selbstisolierenden Rückzug zu schützen.

9.6 Zusammenfassende Bewertung

Insbesondere die von Millon angedeutete Zweiteilung der schizotypen Persönlichkeitsstörung beinhaltet sicherlich (vor allem weil sie sich gut mit Ergebnissen aus vorliegenden Studien zur Komorbidität abstützen lässt) eine interessante Perspektive. Sie bedarf jedoch (wie auch seine Spekulation zur möglichen Entwicklungsperspektive) weiterer empirischer Absicherung. Insgesamt hat die empirische Forschungsarbeit der vergangenen Jahre die Nähe der schizotypischen Persönlichkeitsstörung zur Schizophrenie beeindruckend aufzeigen können. Da dieser Forschungsbereich gegenwärtig eine enorme Attraktivität besitzt, dürften hierzu in den nächsten Jahren im Unterschied zu vielen anderen Persönlichkeitsstörungen wohl weitere wichtige Erkenntnisse zu erwarten sein. Ätiologieperspektiven psychoanalytischer Autoren zur schizotypischen Persönlichkeitsstörung liegen erst in Ansätzen vor. Da auf sie u.a. im Zusammenhang mit den Ätiologiemodellen zur Borderline-Persönlichkeit ausführlicher eingegangen wird, bleiben sie hier ausgespart (→ 11.4).

Insgesamt bleiben diagnostisch und therapeutisch drei Aspekte beachtenswert, die abschließend betont werden sollen. Es sind dies insbesondere die nachfolgend aufgeführten Symptombereiche, die im Extrem in der Gefahr stehen, psychotische Episoden auszulösen (vgl. Fiedler, 2000a):

- **Depersonalisationsangst:** Einerseits werden von Betroffenen zwischenmenschliche Situationen vermieden, in denen starke Affekte vermutet werden. Gleichzeitig sind sie bemüht, affektiv aufwühlende Erfahrungen zu vermeiden. Diese „Affekt-Vermeidung" ist auch bei schizophrenen Patienten beobachtbar und sie wird (aus der Außenperspektive) gelegentlich etwas ungünstig als „Affektverflachung" bezeichnet. Es handelt sich vielmehr um eine eingeübte „Sicherheitsoperation" (Sullivan, 1953) zum Schutz vor gefühlsmäßiger Verunsicherung. Paradoxerweise führt die aktive Vermeidung affektiver Erfahrungen auf längere Sicht zu einer kognitiven Unsicherheit, Erfahrungen und Erlebnisse „gefühlsmäßig" richtig einschätzen und beurteilen zu können. Mit dieser strukturbedingten Verunsicherung lassen sich eine Reihe eigentümlicher Verhaltensweisen schizotypischer Menschen erklären: Beziehungsideen, seltsame Glaubensinhalte bis hin zu magischem Denken.
- **Kognitive und körperliche Irritationen:** Viele subjektiv erlebte Störungen betreffen die kognitive Aufmerksamkeits- und Informationsverarbeitung. Insbesondere in zwischenmenschlichen Krisen scheinen die Betroffenen nur schwer in der Lage, ihrem Denken eine logische Ordnung zu geben, um relevante von weniger relevanten Informationen trennen zu können. Nicht sel-

ten werden von den Betroffenen somatoforme Auffälligkeiten berichtet. Auch hier findet sich die beschriebene schizotypische Reaktionsweise: Für eigene körperliche Beschwernisse werden Gründe gesucht, für die äußere Auslöser oder andere Menschen verantwortlich zeichnen. Letzteres gilt übrigens als gutes differenzielles Abgrenzungskriterium gegenüber somatoformen Störungen: Bei somatoformen Störungen dominiert üblicherweise eine subjektive Angst vor Erkrankung.

- **Verhaltensdefizite und sozialer Rückzug:** Auf andere wirkt der Ursachen suchende Argwohn der Patienten zumeist als befremdlich, sonderbar oder exzentrisch – zumal er sich gelegentlich mit offenen oder versteckten Vorwürfen gepaart findet. Dies führt nicht selten dazu, dass die Bezugspersonen ihrerseits zunehmend den Kontakt mit schizotypischen Personen meiden. Das nun wiederum erhöht die soziale Ängstlichkeit und den Argwohn gegenüber anderen. Innerhalb dieser Spirale finden Betroffene nur selten Möglichkeiten, die Ursachen eigener Beschwernisse in der eigenen Verletzlichkeit und einem wenig kontrollierten Gefühlsleben zu sehen.

Eine fast schon paranoid anmutende Ausdeutung der Depersonalisationsangst und der körperlichen Irritationen gelten als gute Möglichkeit der Abgrenzung zur Borderline-Persönlichkeitsstörung. Stress und Belastungserleben werden interessanterweise von den Betroffenen nicht mit eigenen Unsicherheiten begründet, sondern argwöhnisch in externen Ursachen vermutet, was gelegentlich zu verstärktem Misstrauen gegenüber anderen und zu abergläubisch anmutenden oder gar paranoiden Vorstellungen führt. Unter extremer Belastung können innere Unsicherheiten zu Depersonalisationserfahrungen und Bewusstheitsfragmentierungen führen, die einer psychotischen Dekompensation sehr ähneln oder in diese Richtung entgleiten können.

In der häufig folgenden und zunehmenden Vermeidung sozialer Kontakte liegen viele Ursachen für die Entwicklung zahlreicher sozialer Defizite, die später nur sehr schwer aufgeholt werden können. Diese können gelegentlich deutliche Entwicklungsrückstände im Bereich zwischenmenschlicher Kompetenzen nach sich ziehen. Auch aus dieser Sicht folgt die Störungsentwicklung einem Circulus vitiosus, in dem affektive, soziale und zwischenmenschliche Umgangsformen wegen einer Verletzlichkeitsvermeidung nicht oder nur verzögert mitgelernt werden. Dies hat zur Folge, dass sich Affektverarmung und Verhaltensdefizite ständig vergrößern und dass das Vulnerabilitätsrisiko ansteigt, eine substanzielle psychotische Störung zu entwickeln.

ZUSAMMENFASSUNG

Schizotypische Persönlichkeitsstörung

Störungsbild: soziales Unbehagen, Verzerrungen im Wahrnehmen und Denken. Im Vordergrund stehen soziale Defizite, die durch akutes Unbehagen in und durch mangelnde Fähigkeit zu engen Beziehungen gekennzeichnet sind. Es treten Verzerrungen der Wahrnehmung und des Denkens sowie eigentümliches Verhalten auf. Familienuntersuchungen haben die genetische Verwandtschaft zur sog. Kernschizophrenie aufgezeigt (Siever, 1985). Und bei einigen (wenigen) Betroffenen besteht das Risiko, unter extremer Belastung eine manifeste Schizophrenie zu entwickeln. Wenn schizotypische Persönlichkeiten sich in Behandlung begeben, dann zumeist wegen sozialer Angst oder wegen depressiver Verstimmung.

Übergänge zur Normalität: ahnungsvoll und sensibel. Selbst wenn kein Schizophrenierisiko besteht, finden sich den schizophrenen Grundstörungen entsprechende Wahrnehmungsveränderungen. Auch im Normalbereich des Persönlichkeitsstils erhalten viele Ereignisse, Gegenstände und Personen eine emotionale Bedeutung, die über ihren rational begründbaren Gehalt hinausgeht. Schizotypische Personen reagieren insbesondere in zwischenmenschlichen Beziehungen hochgradig empfindsam. Entsprechend häufig sind sie einzelgängerisch und fühlen sich in Gesellschaft anderer eher unwohl. Vielfach finden sich künstlerische Begabungen und Berufe (vor allem im Bereich der Malerei oder Schriftstellerei).

Funktion und Dynamik. Eine erhöhte Aktivierung von positiven wie negativen Affekten stört den Zugriff auf sachliches Nachdenken und Planen. Vielmehr werden ungewöhnliche oder gar irrational anmutende kognitiv-affektive Schemaverbindungen entwickelt und später (unbewusst) aktiviert. Die hohe Bereitschaft, positive und negative Emotionen zu erleben, erklärt die Neigung, auch solche Wahrnehmungs- und Denkinhalte als bedeutungsvoll zu erleben, die für Außenstehende keine emotionale Bedeutung haben.

10 Dissoziale und antisoziale Persönlichkeitsstörung

Trotz ihres begrenzten oder rein ausbeuterischen Interesses an anderen Menschen sind sie dennoch recht geübt in den sozialen Manipulationen, die ihren Interessen dienlich sind.
David Shapiro

Es hat wohl weit mehr als einhundert Jahre gedauert, bis das festgefügte psychiatrische Lehrgebäude von den psychopathischen oder soziopathischen Persönlichkeiten als angeborene Abnormitäten ins Wanken geriet und durch eine zunehmend differenziertere Konzeptualisierung der Persönlichkeitsstörungen ersetzt wurde. Zurückgeblieben ist allerdings die Neigung, bei ausgesprochen delinquenten und kriminellen Handlungen auf eine sog. „psychopathische" oder „soziopathische" Persönlichkeit zurückzuschließen. Selbst die Tatsache, dass die Begriffe „Psychopathie" und „Soziopathie" als diagnostische Kategorien inzwischen aus den Diagnosesystemen entfernt wurden (seit dem DSM-III und der ICD-10), hat nur wenig daran geändert, dass diese theoriediffusen Sammelbegriffe weiter im Sinne der Kennzeichnung gewohnheitsmäßiger Delinquenz und Kriminalität benutzt werden.

Auch über die Brauchbarkeit der in den beiden Diagnosesystemen neu eingesetzten Begriffe dissoziale bzw. antisoziale Persönlichkeitsstörungen wird heftig gestritten, da ebenfalls bezweifelt wird, dass sie geeignet seien, die sie einschließenden Persönlichkeitseigenarten wirklich angemessen zu kennzeichnen (vor allem, weil diese eben nicht nur in delinquenten und kriminellen Handlungen ihren Ausdruck finden). Dissozialität oder Delinquenz können zwar Indikatoren für das Vorliegen einer Persönlichkeitsstörung sein. Sie betreffen jedoch nicht nur die dissoziale Persönlichkeitsstörung, sondern sie spielen im Kontext auch der meisten anderen Persönlichkeitsstörungen eine mehr oder weniger markante Rolle. Im Bereich der spezifischen Persönlichkeitsmerkmale, die heute als „dissozial" bzw. „antisozial" gekennzeichnet werden, sind inzwischen auch Verhaltens-, Erlebens- und Interaktionsmuster subsumiert worden und subsumierbar, die in bestimmten sozialen und gesellschaftlichen Kontexten als ausgesprochene Kompetenz angesehen werden können und gelten (→ 10.2).

Schon dieser letzte Satz wird bei jenen, die seit vielen Jahren in Psychiatrie und Jurisprudenz mit „psychopathischen" und „soziopathischen" Persönlichkeiten gutachterlich und therapeutisch zu tun haben, Widerstand und möglicherweise Verwunderung auslösen. Zu sehr sind sie tagtäglich mit der Beurteilung und Behandlung höchst krimineller Gewalttäter befasst, denen es zugleich völlig egal ist, wie ihre Handlungen ethisch, juristisch oder klinisch bewertet und behandelt werden (sollen). Es wird hier überhaupt nicht angezweifelt, dass die antisozialen Gewalttaten vieler, die sich in den Gefängnissen und in der forensischen Psychiatrie befinden, auf jene spezifische Persönlichkeitsstörung zurückgeführt werden können, für die bis heute die Begriffe „Psychopathie" oder „Soziopathie" benutzt wurden. Angezweifelt wird, dass diese Begriffe zur Kennzeichnung einer Persönlichkeitsstörung taugen, wenn ihre Einsetzung andererseits nurmehr (je nach Standpunkt: eingeengt spezifisch für Handlungen oder inflationär mehrdeutig mit Blick auf die Personentwicklung) zur Klassifikation von gewohnheitsmäßiger Delinquenz und Kriminalität benutzt wird. Ein solcher Gebrauch (oder besser: Missbrauch) hat im Verlauf der Psychiatriegeschichte aus den diagnostischen zunehmend juristische Kategorien werden lassen.

Genau aus diesem Grund wurden „Psychopathie" und „Soziopathie" aus den Diagnosesystemen gestrichen. Und genau deshalb wird nach wie vor darüber nachgedacht und gestritten, ob die neuen Bezeichnungen *dissoziale* bzw. *antisoziale Persönlichkeitsstörung* wirklich geeignet sind, eine Kontamination der psychiatrischen Funktion der Diagnosestellung mit juristischen und kriminologischen Funktionen der Urteilsbildung zu verhindern. Dieses Problem wird deshalb in der nachfolgenden Übersicht eine wichtige Rolle spielen. „Antisoziale Persönlichkeitsstörung" ist die Bezeichnung im DSM, „dissoziale Persönlichkeitsstörung" die in der ICD-10.

10.1 Konzeptentwicklung

Die Ausführungen zur Konzeptentwicklung der dissozialen Persönlichkeitsstörung können hier mit gutem Grund kurz gehalten werden. Sie deckt sich weitgehend mit der Entwicklungsgeschichte der psychiatrischen Konzepte der Persönlichkeitsstörungen (→ 2.1; Saß, 1987; Berrios, 1993).

Pinel (1809) beschrieb diese Persönlichkeitsstörung wohl als Erster. Seine „Manie sans délire" war gekennzeichnet durch eine beeinträchtigte Affektivität und eine spontane Neigung zu impulsiven Handlungen. Der Amerikaner Rush betonte kurze Zeit später (1812) den Aspekt eines nicht vorhandenen Moralempfindens, das in einer Verwahrlosung, Aggressivität und mangelnden Rücksichtnahme auf andere ihren Ausdruck finde („Moral Alienation of Mind"). Und der Engländer Prichard (1835) fügte mit der Kennzeichnung „Moral Insanity" den Aspekt der möglichen organischen oder konstitutionellen Verursachung hinzu. Diese drei Begriffssetzungen haben in der Folgezeit eine Vielzahl von konzeptuellen Ausarbeitungen zur persönlichkeitsbedingten sozialen Devianz angeregt, die mit Kochs Ausarbeitung über „psychopathische Minderwertigkeiten" (1891) zur weltweiten Einsetzung des „Psychopathie"-Begriffs führte, wenngleich sich Kochs Konzept, das dieser in der Tradition der französischen Degenerationstheorien entwickelte, nicht durchsetzen konnte.

Schon früh wurde das Problem gesehen, dass unter dem allgemeinen Label „Psychopathie“ zu viele unterschiedliche Persönlichkeitsstörungen zusammengefasst wurden und dass eine Differenzierung zwingend notwendig war. Kurt Schneiders Ausarbeitungen über die „psychopathischen Persönlichkeiten“ haben dazu die wichtigsten Impulse und Perspektiven gegeben (1923). Im Bereich der möglichen Extremisierung zu dissozialen und antisozialen Handlungen unterschied er (mindestens) drei Persönlichkeitsvarianten: die Stimmungslabilen, die Explosiblen und die Gemütlosen. Der Amerikaner Partridge (1930) schlug vor, die „Psychopathy“ von den Extremvarianten einer „Soziopathy“ (für die er genetische Ursachen vermutete) zu trennen. Seinem Vorschlag folgend, wurde die soziopathische Persönlichkeitsstörung als eigene Kategorie in das DSM-I (APA, 1952) eingefügt.

ÜBERSICHT

The Mask of Sanity

Eine wichtige Ausgangsbasis für die heutige wissenschaftliche Erforschung der antisozialen Persönlichkeitsstörungen war zweifellos die Beschreibung der „Psychopathie“ durch Cleckley.

Cleckley (1941) machte auf einige Personeigenarten aufmerksam, die das psychopathische Handeln von „normalen Gesetzesbrechern“ unterscheiden könnten. Diese waren z.B.: das Fehlen planvoller Zielerreichung, das Nicht-in-Rechnung-Stellen negativer Konsequenzen des Tuns sowie fehlende Loyalität gegenüber Gruppen, denen man angehört. Er betonte weiter substanzielle Defizite im Erfahren und Ausleben zwischenmenschlicher Gefühle und sozialer Einbindung. Den Begriff „semantic dementia“ benutzte er zur Kennzeichnung eines Unvermögens der Betroffenen, sozial angemessen auf inhaltliche und normierte Anforderungen zu reagieren. Und die über allem zumeist gegebene, normale äußere Erscheinung der „Psychopathen“ bezeichnete Cleckley mit dem programmatischen Titel seines Buch als „Mask of Sanity“. Es waren vor allem Cleckleys Ausarbeitungen, die später den Grundstock für eine Merkmalsausarbeitung im DSM-II (APA, 1968) abgaben, die in diesem Manual zugleich erstmals als „antisoziale Persönlichkeit“ bezeichnet wurde.

Seine 16 Kriterien waren:

- oberflächlicher Charme und durchschnittliche bis überdurchschnittliche Intelligenz,
- keine Wahnvorstellungen oder andere Anzeichen irrationalen Denkens,
- weder Angst noch andere „neurotische“ Symptome; auffallende Gelassenheit, Ruhe und Wortgewandtheit,
- unzuverlässig, keinerlei Pflichtgefühl; weder in großen noch in kleinen Dingen Verantwortungsgefühl,
- falsch und unaufrichtig,
- kennt weder Reue noch Schamgefühl,
- antisoziales Verhalten, das weder angemessen motiviert noch geplant ist und dessen Ursache eine unerklärliche Impulsivität zu sein scheint,
- geringe Urteilskraft und unfähig, aus Erfahrung zu lernen,
- pathologisch egozentrisch, vollkommen selbstzentriert; unfähig zu wirklicher Liebe und Bindung,
- genereller Mangel an tiefen und dauerhaften Emotionen,
- Fehlen jeglicher Einsicht; unfähig, sich selbst mit den Augen anderer zu sehen,

- keine Anerkennung anderer für besonderes Bemühen, für Freundlichkeit und entgegengebrachtes Vertrauen,
- launisches und anstößiges Verhalten; unter Alkoholeinfluss und manchmal sogar auch nüchtern: Pöbelhaftigkeit, Grobheit, schneller Stimmungswechsel, üble Streiche,
- keine ernsthaften Suizidversuche,
- ein unpersönliches, triviales und kaum integriertes Sexualleben,
- unfähig, sein Leben zu planen oder seinem Leben irgendeine Ordnung zu geben, höchstens eine, die ihm hilft, seine Selbsttäuschung aufrechtzuerhalten.

Cleckley war schließlich der Auffassung, dass die antisoziale „Psychopathie" eine maskierte Psychose sei, die zwar nicht manifest werde, die jedoch die Persönlichkeit der Betroffenen grundlegend verändere. Diesen Gedanken versuchte vor allem Eysenck durch seine testpsychologischen Studien und Untersuchungen zur Persönlichkeitsdimension „Psychotizismus" weiter zu erhärten (Eysenck, 1980; Eysenck, & Eysenck, 1978; → 5.3).

Entscheidenden Einfluss auf die Grundlegung der „antisozialen Persönlichkeit" im DSM-III(-R) und in der ICD-9 hatten einige groß angelegte Langzeitstudien (Glueck & Glueck, 1959; McCord & McCord, 1964; Robins 1966, 1978). In diesen Studien wurden Personen mit antisozialer Persönlichkeit als asoziale, aggressive, höchst impulsive Menschen beschrieben, denen hemmende Einflüsse aus interpersoneller Angst und aus Schuldgefühl fehlen und die kaum in der Lage scheinen, dauerhafte Bindungen mit anderen Menschen einzugehen. Vor allem Robins Monographie „Deviant Children Grown up" (1966) gilt als Wegbereiter einer unvoreingenommeneren Auseinandersetzung mit den persönlichkeitsspezifischen und psychosozialen Vorläufern einer „Sociopathic Personality" im Erwachsenenalter.

Robins brachte die in der Forschung wohl einmalige, beinahe unglaubliche Meisterleistung zustande, 90 Prozent einer ursprünglich 594 Problemkinder umfassenden Stichprobe 30 Jahre später erneut zu untersuchen und mit 100 Kontrollprobanden (ebenfalls für beide Zeitpunkte) zu vergleichen. In ihrer Studie wird als bester Prädiktor für eine spätere soziopathische Persönlichkeitsauffälligkeit das Ausmaß antisozialen und aggressiven Verhaltens in der Kindheit und Jugend herausgearbeitet (→ 10.4). Auch Robins Auffassung, dass die „Soziopathie" immer bereits vor dem 15. Lebensjahr beginne, wurde schließlich in die Kriterien des DSM-III aufgenommen.

10.2 Diagnostik

Nicht alle Kriminellen sind antisoziale Persönlichkeiten. Folglich wurde es schon immer als wichtig angesehen, zwischen dissozialer Persönlichkeit und kriminellen Handlungen zu unterscheiden. Dennoch wurde diese Unterscheidung weder in der Erforschung kriminellen und sozial abweichenden Verhaltens (Amelang, 1986) noch in der Erforschung dissozialer Persönlichkeitsstörungen (Saß, 1987) ausreichend stringent durchgehalten und sie lässt sich deshalb nach wie vor nicht angemessen sicher vornehmen (vgl. die Arbeiten in Buikhuisen & Mednick, 1988). So werden auch noch in den Kriterien des DSM-III(-R) beide Aspekte in fast erschreckender Weise miteinander vermengt, weshalb diese Merkmalsauflistung heftigste Kritik erfahren hat (vgl. Frances, 1980; Millon, 1981).

DSM-III-R

Obwohl die DSM-III-(R)-Kriterien nurmehr historische Bedeutung haben (denn im DSM-IV sind sie so nicht mehr vorhanden [vgl. unten]), haben wir sie hier dennoch (als gemahnendes Beispiel) auch in diese Auflage nochmals erneut in Gänze aufgenommen, weil sich an ihnen die Problematik, im Bereich der Persönlichkeitsstörungen zu möglichst „reliablen" Kriterien zu gelangen, eindrucksvoll darstellen lässt (→ DSM-III-R-Kriterien). Außerdem wurden sie hier nochmals aufgelistet, weil viele der vor allem angloamerikanischen Studien der letzten Jahre auf sie Bezug nehmen. Die Kategorie der antisozialen Persönlichkeitsstörungen im DSM-III-R zählte zu jenen mit den zweifelsfrei höchsten Reliabilitätswerten (Spitzer et al., 1979; Mellsop et al., 1982; Hare, 1983). Andererseits kann ihre Validität eindeutig angezweifelt werden, weil sie in dieser Form zur differenzialdiagnostischen Differenzierung von persönlichkeitsbedingter und nicht-persönlichkeitsbedingter Dissozialität nicht tauglich ist.

DIAGNOSTISCHE KRITERIEN

Diagnostische Kriterien der antisozialen Persönlichkeitsstörung gemäß DSM-III-R

A) Derzeitiges Alter mindestens 18 Jahre

B) Anzeichen einer Störung des Sozialverhaltens schon vor Vollendung des 15. Lebensjahres. Mindestens *drei* der folgenden Kriterien müssen erfüllt sein:
Der Betroffene
(1) hat oft die Schule geschwänzt;
(2) lief mindestens zweimal über Nacht von zu Hause fort, während er noch bei den Eltern oder Pflegeeltern wohnte (oder nur einmal ohne Rückkehr);
(3) zettelte häufig Schlägereien an;
(4) benutzte in mehr als einer Schlägerei eine Waffe;
(5) zwang eine andere Person zu sexuellem Kontakt;
(6) quälte Tiere;
(7) quälte andere Personen;
(8) zerstörte vorsätzlich fremdes Eigentum (nicht durch Brandstiftung);
(9) legte Feuer;
(10) log häufig (außer zur Verhinderung körperlicher Misshandlung oder sexuellen Missbrauchs);
(11) hat mehr als einmal gestohlen, ohne dem Bestohlenen gegenüberzustehen (einschließlich Fälschung);
(12) hat in Gegenwart des Bestohlenen gestohlen (z.B. Überfall, Taschendiebstahl, Erpressung, bewaffneter Überfall)

C) Ein Muster von verantwortungslosem und antisozialem Verhalten seit dem 15. Lebensjahr. Mindestens *vier* der folgenden Kriterien müssen hierbei erfüllt sein:
Der Betroffene
  (1) ist unfähig, eine dauerhafte Tätigkeit auszuüben, angezeigt durch eines der folgenden Merkmale (mit ähnlichen Verhaltensweisen in einem akademischen Umfeld im Fall von Studenten):
    (a) war innerhalb eines Zeitraums von fünf Jahren sechs Monate oder länger arbeitslos, obwohl er arbeitsfähig und Arbeit verfügbar war;
    (b) fehlte wiederholt am Arbeitsplatz, ohne dass dies durch eigene Krankheit oder durch Krankheit in der Familie begründet war;
    (c) löste mehrere Arbeitsverhältnisse auf, ohne eine neue Arbeit im Auge zu haben;
  (2) kann sich nicht an rechtliche Normen der Gesellschaft anpassen, begeht wiederholt antisoziale Handlungen, die einen Grund für eine Festnahme darstellen (egal ob mit oder ohne Festnahme), z.B. Zerstörung fremden Eigentums, Belästigung anderer Personen, Diebstahl oder Ausüben einer illegalen Tätigkeit;
  (3) ist reizbar und aggressiv, was sich in wiederholten Schlägereien oder Überfällen ausdrückt (nicht bedingt durch die ausgeübte Tätigkeit, Selbstverteidigung oder Verteidigung einer anderen Person) einschließlich Verprügeln der Ehefrau oder des Kindes;
  (4) erfüllt wiederholt nicht seine finanziellen Verpflichtungen, kann z.B. seine Schulden nicht bezahlen oder Zahlungen für das Kind oder andere abhängige Personen nicht regelmäßig leisten;
  (5) kann nicht vorausschauend planen oder ist impulsiv, angezeigt durch eines oder beide der folgenden Kriterien:
    (a) reist planlos durch die Gegend, ohne vorherige Arbeitsplanung und ohne eine klare Vorstellung über die Dauer der Reise;
    (b) hat mindestens einen Monat keine feste Adresse;
  (6) hat kein Wahrheitsempfinden, was gekennzeichnet ist durch wiederholtes Lügen, Ausflüchte oder „Betrügen" anderer Personen zum persönlichen Vorteil oder Vergnügen;
  (7) ist rücksichtslos gegenüber sich selbst und anderen, was gekennzeichnet ist durch Trunkenheit am Steuer oder wiederholte Raserei;
  (8) kann als Elternteil oder Erziehungsberechtigter nicht verantwortungsvoll handeln. Eines oder mehrere der folgenden Kriterien müssen hier erfüllt sein:
    (a) Unterernährung des Kindes;
    (b) Erkrankung des Kindes aufgrund unzureichender Hygiene;
    (c) Unfähigkeit, bei einem ernsthaft erkrankten Kind für medizinische Hilfe zu sorgen;
    (d) Abhängigkeit des Kindes von Nachbarn und weiter entfernt wohnenden Verwandten in Bezug auf Nahrung und Unterkunft;
    (e) Unfähigkeit, einen Babysitter für ein Kleinkind zu finden, wenn der Elternteil nicht zu Hause ist;
    (f) wiederholte Verschwendung des Haushaltsgeldes für persönliche Zwecke;
  (9) hatte nie länger als ein Jahr eine monogame Beziehung;
  (10) verspürt keine Gewissensbisse (Kränkungen, Misshandlungen oder Diebstähle werden als gerechtfertigt angesehen).

D) Das antisoziale Verhalten tritt nicht ausschließlich im Verlauf einer Schizophrenie oder von manischen Episoden auf.

Zitiert gemäß DSM-III-R (1989, S. 416f).

Psychopathy Checklist (PCL)

Auf der Grundlage seiner Studien zur Kriterienverbesserung und Konstruktvalidierung der Merkmale der antisozialen Persönlichkeitsstörungen des DSM-III hat vor allem Hare (1980, 1985) wiederholt darauf aufmerksam gemacht, dass es durchaus einige reliabel einschätzbare Indikatoren der persönlichkeitsabhängigen Dissozialität mit deutlich verbesserter Validität gibt. Diese könnten es zugleich erlauben, das Übergewicht persönlichkeitsunabhängiger dissozialer Verhaltensmuster in der DSM-Diagnostik zurückzunehmen (vgl. → Tabelle 10.1).

Tabelle 10.1. Items einer Checkliste persönlichkeitsspezifischer Merkmale der antisozialen Persönlichkeitsstörungen: *Psychopathy Checklist* (PCL); Hare (1985).

1. glatter, oberflächlicher Charme	11. promiskuitives Sexualverhalten
2. übermäßiges Selbstwertgefühl	12. frühkindliche Verhaltensprobleme
3. Reizhunger/Neigung zur Langeweile	13. Fehlen realistischer, langfristiger Pläne
4. pathologisches Lügen	14. Impulsivität
5. lenkend/beeinflussend	15. sorglos-unverantwortliches Handeln
6. Mangel an Gewissen und Schuldgefühl	16. Verweigerung der Verantwortung für eigenes Handeln
7. oberflächlicher Affekt	17. viele kurze eheliche Beziehungen
8. gefühllos/fehlende Empathie	18. Jugendkriminalität
9. parasitärer Lebensstil	19. Verletzung von Bewährungsauflagen
10. geringe Verhaltenskontrolle	20. kriminelle Flexibilität

Die Checkliste Hares nimmt erneut Bezug auf die ursprünglich von Cleckley vorgelegten „psychologischeren" (d.h. „Trait"-bezogeneren) Kriterien. Neben „fehlendem Verantwortungsgefühl" und „fehlendem Schamgefühl" sind dies nach Hares Untersuchungen insbesondere „fehlende Empathie", „fehlende Sorge um andere" sowie ein „glatter und oberflächlicher Charme".

Hares (1980, 1985) Forderung nach stärkerer „Psychologisierung" und Rückbindung der Kriterien an Merkmale der Person, die zugleich die besonderen zwischenmenschlichen Schwierigkeiten im Kontext antisozialer Persönlichkeitsstörungen beinhalten sollten, fand inzwischen weite Zustimmung (vgl. Sutker et al., 1993; Widiger & Corbitt, 1993, 1996; Lilienfeld, 1994; vgl. insbesondere: Lykken, 1995). Eine solche Forderung war auch bereits von Millon (1981) im Vorfeld der DSM-III-Entwicklung erhoben worden, der ebenfalls eigene Vorschläge für die Revision des DSM vorlegte.

Im DSM-III-R (von 1987) wurde schließlich von diesen Eigenschaften, die der Kommission offenkundig nicht verhaltensnah genug formulierbar schienen, lediglich der Aspekt „verspürt keine Gewissensbisse" als Item neu aufgenommen und die Berücksichtigung weiterer Vorschläge bis zum Vorliegen weiterer Forschungen zurückgestellt (vgl. Widiger et al., 1988, 1996).

Schon 1980 hatte Hare Daten vorgelegt, die verdeutlichen, dass es mit seiner *Psychopathy Checklist* (PCL) möglich ist, Kriminalität und dissoziale Persönlichkeitseigenarten deutlich voneinander zu trennen. Diese belegt er vor allem mit Untersuchungen, die er mit dem DSM-III und der PCL im Strafvollzug an Inhaftierten durchgeführt hatte. So konnte er zeigen, dass in Interviews mit den DSM-III-Kriterien 76 Prozent der 146 Untersuchten als antisoziale Persönlichkeiten zu diagnostizieren gewesen wären, mit der PCL jedoch nur 33 Prozent. In einer weiteren Studie von 1985 erhielten 49 Prozent von 274 Inhaftierten die DSM-Diagnose und nur 33 Prozent die mit der PCL.

Nach Einführung des DSM-III-R führte Hare mit einer zugleich ebenfalls revidierten Fassung seiner *Psychopathy Checklist* (PCL-R) eine weitere Untersuchung durch (Hart & Hare, 1989). Dabei erhielten 50 Prozent von 80 diagnostizierten männlichen Inhaftierten die DSM-Diagnose der antisozialen Persönlichkeit und nurmehr 12,5 Prozent die PCL-R-Diagnose. Vergleichbare Befunde finden sich in einer Studie zur Differenzierung von Kriminalität, Delinquenz und Persönlichkeitsmerkmalen von Robins et al. (1991), die mit dem von Robins et al. entwickelten *Diagnostic Interview Schedule* (SID; Robins et al., 1981) durchgeführt wurde. Die Autoren schätzen, dass nur 50 Prozent derjenigen, die den DSM-Kriterien entsprechen, tatsächlich auch über persönlichkeitsspezifische Eigenarten einer antisozialen Persönlichkeitsstörung verfügen.

DSM-IV

Ganz im Unterschied zum DSM-III-R ist in der Neufassung der ICD-10 den Vorschlägen Hares (angesichts der sich mehrenden kritischen Stellungnahmen zum DSM-Konzept) inzwischen weitgehend entsprochen worden (vgl. Dilling et al., 1991; vgl. → ICD-10-Kriterien). Und wegen dieser radikalen Kriterien-Neusetzung in der ICD-10 sind entsprechende Kriterienänderungen auch im aktuellen DSM-IV vorgenommen worden (→ DSM-IV-Kriterien), wenngleich dort ein stärkerer Akzent in Richtung gewohnheitsmäßiger Kriminalität und Delinquenz durch eine Beibehaltung zentraler Kriterien des DSM-III-R erhalten geblieben ist (vgl. zu den Veränderungsgründen: Widiger & Corbitt, 1993).

DIAGNOSTISCHE KRITERIEN

Diagnostische Kriterien der antisozialen Persönlichkeitsstörung gemäß DSM-IV

A) Es besteht ein tief greifendes Muster von Missachtung und Verletzung der Rechte anderer, das seit dem 15. Lebensjahr auftritt. Mindestens drei der folgenden Kriterien müssen erfüllt sein:
   (1) Versagen, sich in Bezug auf gesetzmäßiges Verhalten gesellschaftlichen Normen anzupassen, was sich in wiederholtem Begehen von Handlungen äußert, die einen Grund für eine Festnahme darstellen,
   (2) Falschheit, die sich in wiederholtem Lügen, dem Gebrauch von Decknamen oder dem Betrügen anderer zum persönlichen Vorteil oder Vergnügen äußert,

(3) Impulsivität oder Versagen, vorausschauend zu planen,
(4) Reizbarkeit und Aggressivität, die sich in wiederholten Schlägereien oder Überfällen äußert,
(5) rücksichtslose Missachtung der eigenen Sicherheit bzw. der Sicherheit anderer,
(6) durchgängige Verantwortungslosigkeit, die sich im wiederholten Versagen zeigt, eine dauerhafte Tätigkeit auszuüben oder finanziellen Verpflichtungen nachzukommen,
(7) fehlende Reue, die sich in Gleichgültigkeit oder Rationalisierungen äußert, wenn die Person andere Menschen gekränkt, misshandelt oder bestohlen hat.

B) Die Person ist mindestens 18 Jahre alt.
C) Eine Störung des Sozialverhaltens war bereits vor Vollendung des 15. Lebensjahres erkennbar.
D) Das antisoziale Verhalten tritt nicht ausschließlich im Verlauf einer Schizophrenie oder einer manischen Episode auf.

Zitiert gemäß DSM-IV der APA (1994); Saß et al. (1996, S. 734).

Diese Akzentsetzung in Richtung gewohnheitsmäßiger Delinquenz zeigt sich auch im Voraussetzungskriterium (C), nach dem bereits in der Kindheit eine Störung des Sozialverhaltens („Conduct Disorder"; DSM-IV 312.8) beobachtbar gewesen sein muss, die vorrangig bereits früh sichtbare, gewohnheitsmäßige Verletzungen sozialer Regeln beinhaltet und die sich als solche bis ins Erwachsenenalter zur antisozialen Persönlichkeitsstörung ausformen kann. Die vier Hauptkriterien der Störung des Sozialverhaltens in Kindheit und Jugend sind:

- feindselige Aggressionen gegenüber Menschen und Tieren,
- Zerstörung fremden Eigentums,
- Unehrlichkeit und Diebstähle sowie
- schwerwiegende Verletzungen sozialer Normen.

ICD-10

Im Vergleich beider Systeme dürfte also gegenwärtig die ICD-10 über Kriterien verfügen, die der Forderung einer stärkeren Berücksichtigung von Persönlichkeits-Traits bzw. nach Formulierung interaktioneller Merkmale am weitesten entgegenkommen.

Als Hauptkriterien zur Beurteilung der dort so genannten „dissozialen Persönlichkeitsstörungen" führt die ICD-10 nämlich unter anderem zusätzlich und im Unterschied zum DSM-IV an: Unbeteiligtsein gegenüber Gefühlen anderer; Mangel an Empathie; sehr geringe Frustrationstoleranz; Unfähigkeit zum Erleben von Schuldbewusstsein und zum Lernen aus Erfahrung, besonders aus Bestrafung. Diese Persönlichkeitszüge werden im DSM-IV lediglich als assoziierte weitere Eigenarten beschrieben, die bei der Störung auftreten können, jedoch nicht zwingend auftreten müssten (APA, 1994, S. 647). Dies mag damit zusammenhängen, dass sich die ICD-10 in ihren Beschreibung sehr weit von dem „klassischen" Konzept der US-amerikanischen Psychopathie-/Soziopathiediagnostik entfernt (→ 2.1, → 10.1), wenn nicht gar radikal mit ihm bricht. Denn interessanterweise beinhalten die ICD-Beschreibungen zur dissozialen Persönlichkeitsstörung nur Kriterien, die zwar eine soziale Devianz kennzeichnen können, andererseits delinquente und kriminelle Handlungen überhaupt nicht mehr zwingend voraussetzen!

Mit Blick auf das Konzept von Persönlichkeitsstörungen, wie es in diesem Buch auch vertreten wird, beinhalten die ICD-Kriterien vielmehr zugleich die Möglichkeit einer spezifischen (damit auch: vereinseitigten) „Kompetenz". Sollte diese Trait-Perspektive zutreffen und konsensfähiger werden, dann wäre bei Beachtung dieses Sachverhaltes möglicherweise eine besondere Perspektive für präventive Maßnahmen (bei beginnender Delinquenz im Jugendalter) und für therapeutische Maßnahmen der psychoedukativen Resozialisierung im Erwachsenenalter gegeben (vgl. die Ausführungen zur Ätiologie in → 10.4.2, dort insbesondere die → Kognitive Perspektive; zur Behandlung: → 23.2).

DIAGNOSTISCHE KRITERIEN

ICD-10-Kriterien der dissozialen Persönlichkeitsstörung

Diese Persönlichkeitsstörung fällt durch eine große Diskrepanz zwischen dem Verhalten und den geltenden Normen auf und ist charakterisiert durch (mindestens drei der folgenden Kriterien):

1. Herzloses Unbeteiligtsein gegenüber den Gefühlen anderer.
2. Deutliche und überdauernde Verantwortungslosigkeit und Missachtung sozialer Normen, Regeln und Verpflichtungen.
3. Unvermögen zur Beibehaltung längerfristiger Beziehungen, aber keine Schwierigkeiten, Beziehungen einzugehen.
4. Sehr geringe Frustrationstoleranz und niedrige Schwelle für aggressives, auch gewalttätiges Verhalten.
5. Unfähigkeit zum Erleben von Schuldbewusstsein und zum Lernen aus Erfahrung, besonders aus Bestrafung.
6. Neigung, andere zu beschuldigen oder vordergründige Rationalisierungen für das eigene Verhalten anzubieten, durch welches die Person in einen Konflikt mit der Gesellschaft geraten ist.

Andauernde Reizbarkeit kann ein zusätzliches Merkmal sein. Eine Störung des Sozialverhaltens in der Kindheit und Jugend stützt die Diagnose, muss aber nicht vorgelegen haben.

Dazugehörige Begriffe:
- amoralische Persönlichkeit(sstörung)
- antisoziale Persönlichkeit(sstörung)
- asoziale Persönlichkeit(sstörung)
- psychopathische Persönlichkeit(sstörung)
- soziopathische Persönlichkeit(sstörung)

Ausschluss:
- emotional instabile Persönlichkeit(sstörung) (F60.3)
- Störungen des Sozialverhaltens (F91)

Aus der ICD-10 Kapitel V (F) der WHO (1993; 2. Auflage, S. 229).

Fehlende Angst und der zwiespältige Aspekt „interaktioneller Kompetenz"
Der möglicherweise zunächst fremdartig anmutende Aspekt der Kompetenz begründet sich im Wesentlichen aus der Beobachtung, dass bei vielen (wenn auch bei weitem nicht bei allen) Menschen mit dissozialer Persönlichkeitsstörung nicht nur ein Mangel an Empathie, sondern auch ein eigentümlicher Mangel an Angst beobachtbar ist (Lykken, 1957, 1984, 1995; Saß, 1988; Lilienfeld, 1994; → 10.4 zu den psychophysiologischen Untersuchungen). Nimmt man die unstete Lebensführung, das ständige Suchen nach neuen Reizen und Herausforderungen, nach Sensationen und Risiken hinzu und denkt man in diesem Zusammenhang einmal über die Merkmale der Devianz und Kriminalität hinaus, dann lässt sich feststellen, dass diese Merkmale nicht nur für sozial deviante Menschen kennzeichnend sind, sondern dass sie sich gelegentlich auch bei besonders erfolgreichen Sportlern, Entdeckern, Abenteurern und Hasardeuren finden lassen, wenn es ihnen nur gelingt, die gefährlichsten Situationen zu meiden. Oder – wie Saß (1988) dazu mit Verweis auf Lykken (1982/1983) aphorismisch formuliert: Es ist genau diese Furchtlosigkeit ein „besonderer Stoff, aus dem die Helden und die antisozialen Persönlichkeiten sind".

So dürften – nur als ein weiteres Beispiel – auch auf eine Reihe von zumeist höchst angesehenen Politikern einzelne, wenn nicht gar die meisten der angegebenen ICD-10-Kriterien der „dissozialen Persönlichkeitsstörung" zutreffen, und zwar als Kompetenzen, die sie benötigen, um sich gegenüber ihren ebenfalls „dickfelligen", „vordergründig rationalisierenden", „andauernd reizbaren" und „wenig empathischen" Kollegen mit „geringer Frustrationstoleranz" angemessen („aggressiv") durchsetzen zu können. Und bei Offenbarwerden einer von ihnen gezeigten „Missachtung sozialer Normen, Regeln und Verpflichtungen" ist im Politikermilieu auch die „Unfähigkeit zum Erleben von Schuldbewusstsein" nicht gerade selten beobachtbar (vgl. Fiedler, 1999a).

Aus den gerade beginnenden Forschungsbemühungen um die Eigenarten einer solchen „adaptiven Dissozialität" (oder „adaptiven Soziopathie"; so bei Sutker & Allain, 1983) ließen sich langfristig möglicherweise entscheidende Hinweise und neue Einsichten für die Entwicklung therapeutischer Ansätze bei dissozialen Persönlichkeitsstörungen gewinnen (Vaillant, 1975; → 24.2 und → Epilog).

In diesem Zusammenhang ist weiter bemerkenswert, dass es offensichtlich eine weitere Untergruppe von Personen mit dissozialer Persönlichkeitsstörung gibt, die im Verlauf ein ausgeprägtes ich-dystones dysphorisches Erleben zeigen, zugleich vielfach eine sie selbst belastende Unfähigkeit, Langeweile zu ertragen, sowie eine Neigung zu Stimmungsstörungen. Bei ihnen finden sich häufig zusätzlich komorbide psychische Störungen aus den Bereichen der Angst-, depressiv-affektiven Stimmungs- und Somatisierungsstörungen sowie Abhängigkeits- und Suchtprobleme. Das Risiko für diese spezifische Komorbiditätsproblematik scheint erhöht, wenn in der Kindheit neben einer ausgeprägten Störung des Sozialverhaltens zugleich Hyperaktivitäts- und Aufmerksamkeitsstörungen beobachtet wurden (APA, 1994, S. 647). Diese Untergruppe unterscheidet sich möglicherweise von jener zuvor beschriebenen Gruppierung der Personen mit mangelndem Angsterleben. Sie ist in den vergangenen Jahren zunehmend in den Mittelpunkt der differenzialdiagnostischen Forschung gerückt, weil dissoziale Persönlichkeiten mit dysphorischen bzw. Stimmungsstörungen ganz offensichtlich eine günstigere Prognose bei psychologisch-psychoedukativen bzw. psychotherapeutischen Behandlungen aufweisen (→ 10.4.2 zur Ätiologie; → 24.2 zur Behandlung).

Prävalenz und Verlauf

In epidemiologischen Studien findet sich die dissoziale Persönlichkeitsstörung neuerlich mit einer relativen Häufigkeit von ungefähr 1 bis 3 Prozent (nur etwa ein Viertel der Betroffenen sind Frauen; siehe jedoch die nachfolgenden Ausführungen zur Differenzialdiagnose gegenüber der histrionischen Persönlichkeitsstörung). In verschiedenen Kliniken liegt die Rate der behandelten Prävalenz erheblich höher und erreicht in der forensischen Psychiatrie gelegentlich 30 Prozent (vgl. Epidemiologie: → 20.1). Trotz des gewöhnlich als „chronisch“ beschriebenen Verlaufs der dissozialen Persönlichkeitsstörung lässt sich ein deutlicher Rückgang der Prävalenzraten im späteren Lebensalter beobachten, die bei jenen, bei denen im späteren Leben trotz vorhergehender Feststellung keine antisoziale Persönlichkeitsstörung mehr diagnostizierbar ist, gewöhnlich mit günstigen Veränderungen in der allgemeinen Lebensführung einhergeht (vgl. Verlauf von Persönlichkeitsstörungen: → 20.2).

10.3 Differenzialdiagnostik

In der DSM-III-R-Diagnostik ermöglicht das Überwiegen von Delinquenzmerkmalen vor allem eine Beurteilung der Dissozialität. Da delinquente Handlungen auch bei anderen Persönlichkeitsstörungen beobachtet werden und gelegentlich explizit zu den Kriterien dazugehören (wie z.B. bei der Borderline-Persönlichkeitsstörung das Bild fluktuierender Symptome; → 11.2), nimmt es nicht weiter Wunder, dass in den bis heute vorliegenden Studien, die sich ja v.a. noch auf die DSM-III(-R)-Diagnostik stützen, die Zahl der gefundenen Überlappungen zwischen antisozialer und anderen Persönlichkeitsstörungen beträchtlich ist. Dies dürfte sich jedoch mit Einführung des DSM-IV und der ICD-10 möglicherweise ändern.

Komorbidität mit anderen Persönlichkeitsstörungen

In den vorliegenden Komorbiditätsstudien gemäß DSM-III(-R) jedenfalls finden sich konsistent beträchtliche Überlappungen oder Kodiagnosen vor allem zwischen antisozialer, Borderline-, narzisstischer, histrionischer und passiv-aggressiver Persönlichkeitsstörung (z.B. Morey, 1988; Widiger et al., 1986, 1987, 1993). Das liegt daran, dass die Kriterien dieser Störungskategorien jeweils impulsive

Handlungen, unvorhersehbare Verhaltensweisen und eine dramatisierende Präsentation interaktioneller Eigenarten beinhalten. Pope et al. (1983) berichten von besonderen Schwierigkeiten, mithilfe der DSM-III-Kriterien antisoziale und Borderline-Persönlichkeitsstörungen bei Männern sowie Borderline- und histrionische Persönlichkeitsstörungen bei Frauen zu differenzieren, und sie vermuten, dass die Kriterien dieser drei Störungsbilder bis heute noch nicht ausreichend auf trennende Kernsymptome hin konzeptualisiert worden seien (etwa im Sinne der Prototypenanforderungen; → 2.3).

Anlass zu besonderen Spekulationen darüber, dass es sich bei der antisozialen bzw. histrionischen Persönlichkeitsstörung um geschlechtsspezifische Varianten ein und derselben, vor allem genetisch vermittelten Prädisposition handeln könnte, gaben einige Studien zur Untersuchung des Briquet-Syndroms innerhalb der empirischen Erforschung des Hysterie-Komplexes (vor allem stimuliert durch Forschungsarbeiten der Arbeitsgruppe um Guze seit 1963).

Bereits 1975 hatten Cloninger, Reich und Guze auf der Grundlage multifaktorieller Datenmodelle zur Differenzierung von Persönlichkeitseigenarten wegen auffällig großer Zusammenhänge im Bereich der Somatisierungsstörung vermutet, dass die drei differenzierbaren Persönlichkeitsvarianten „weibliche Hysterie", „weibliche Soziopathie" und „männliche Soziopathie" eine gemeinsame, möglicherweise genetisch bedingte Grunddisposition haben. Mithilfe der seit 1980 möglichen DSM-III-Diagnostik der histrionischen und der antisozialen Persönlichkeitsstörungen haben Lilienfeld et al. (1986) diese Hypothese erneut zu überprüfen versucht. Sie fanden in ihrer Interviewstudie mit 250 psychiatrischen Patienten einerseits die Zusammenhänge zwischen antisozialer Persönlichkeitsstörung und Somatisierungsstörung bestätigt, und zwar in Gruppen beiderlei Geschlechts. Ebenfalls fanden sie die auffällig häufigen Kodiagnosen von antisozialer und histrionischer Persönlichkeitsstörung bestätigt. Dies sollte bei der zukünftigen Ausarbeitung beider Störungen zwingend beachtet werden (Hamburger et al., 1996).

Komorbidität mit anderen psychischen Störungen

Innerhalb des dreidimensionalen Persönlichkeitsmodells von Eysenck wird sowohl die Psychopathie wie die Schizophrenie als Ausdruck einer erhöhten Temperamentseigenart „Psychotizismus" konzeptualisiert (vgl. Eysenck, 1980b; → 5.3). Erste Studien dazu scheinen diese Hypothese zu bestätigen und verdeutlichen weiter, dass sich beide Störungsgruppen vor allem durch Unterschiede auf der weiteren Dimension Extraversion/Introversion unterscheiden lassen (Psychopathie: erhöhte Extraversion; Schizophrenie: ausgeprägte Introversion; vgl. Eysenck & Eysenck, 1985). Andererseits hat sich eine Komorbidität zwischen „Schizophrenie" und „Psychopathie" in Studien, die auf der Grundlage des DSM-III-(R) durchgeführt wurden, bislang kaum nachweisen lassen. Dies mag u.a. daran liegen, dass entweder bei Vorliegen einer Schizophrenie das Ausschlusskriterium gegenüber einer Persönlichkeitsstörungsdiagnose strikt gesetzt wird und/oder dass antisoziale Persönlichkeitseigenarten außerhalb der Schizophrenie-Episoden nur bei sehr wenigen schizophrenen Patienten beobachtbar sind.

Diese Einzelfälle lassen sich jedoch durchaus finden. Zumeist wird bei Betroffenen ein Zusammenhang zwischen Schizophrenie und antisozialer Persönlichkeitsstörung möglicherweise durch weitere Auffälligkeiten und psychische Störungen moderiert (vgl. Westermeyer, 1992). Es sind dies vor allem Alkohol und Drogenmissbrauch, eine intermittierend explosible Störung (→ 11.2) und vorgetäuschte Störungen (Fiedler, 2001). Auch manische Episoden können mit dissozialen Verhaltensweisen verbunden sein (→ 17.1). Sowohl bei der Schizophrenie wie der Manie wird für die Zusatzdiagnose einer antisozialen Persönlichkeitsstörung gefordert, dass die für die Persönlichkeitsstörung typischen Interaktionsmuster bereits seit der Kindheit beobachtbar sind und außerhalb der Krankheitsepisoden bestehen bleiben.

Eine wichtige Rolle im Bereich der Differenzialdiagnostik spielen die besonderen Zusammenhänge zwischen Alkoholmissbrauch bzw. Drogenmissbrauch und dissozialer Persönlichkeitsstörung (z.B. Lewis et al., 1983, 1985; Cadoret et al., 1985; Sher & Trull, 1994). Es lässt sich im Einzelfall gelegentlich schwer entscheiden, ob die im Zusammenhang mit Substanzmissbrauch auftretende Dissozialität als Teil einer Persönlichkeitsstörung oder als Folge eines längeren Alkohol- bzw. Drogenkonsums angesehen werden kann. Wichtiges Kriterium für die Persönlichkeitsstörungsdiagnose sind Anzeichen für eine dissoziale Persönlichkeitsstörung bereits seit dem frühen Kindesalter.

Dissoziale Persönlichkeitsstörung versus „normale Kriminalität"

Die Diagnose dissoziale bzw. antisoziale Persönlichkeitsstörung erlaubt für sich keine Beurteilung der psychischen Eingeschränktheit und Gestörtheit der Person, und damit auch keine Aussage über die Frage der möglichen Schuldunfähigkeit bzw. der psychischen Unzurechnungsfähigkeit bei Vorliegen delinquenter oder krimineller Handlungen. Saß (1987) gelangt in der Folge einer Untersuchung an 144 Probanden, die er forensisch untersuchte, zu dem Schluss, dass es im Einzelfall zwingend notwendig sei, bei Vorliegen der Diagnose „antisoziale Persönlichkeitsstörung“ einerseits sorgsam die Möglichkeiten einer Komorbidität mit anderen psychischen Störungen aufzuklären, andererseits eine Abgrenzung zur Dissozialität (ohne Bezug zu psychischen Störungen) vorzunehmen. Nach seiner Auffassung ergeben sich vier grobe Typologien mit jeweils unterschiedlichen therapeutischen und forensischen Implikationen (Saß, 1987, S. 82ff):

- **Persönlichkeitsstörung ist Hauptdiagnose:** Eine der „Persönlichkeitsstörungen“ ist Hauptdiagnose, die nicht unbedingt „antisoziale Persönlichkeitsstörung“ lauten muss. Vorfindbare antisoziale Verhaltensmuster der betroffenen Person stehen in einem deutlichen Zusammenhang mit dieser Störung und – bei Vorliegen weiterer Komorbiditäten – zusätzlich mit anderen psychischen und Persönlichkeitsstörungen. Die gefundene Devianz beinhaltet

Verhaltensauffälligkeiten, unter denen die Betroffenen selbst subjektiv leiden und/oder die Ausdruck einer Beeinträchtigung ihrer sozialen Kompetenz sind. Wichtiges Merkmal dieser Persongruppe, die Saß „psychopathische Persönlichkeit" nennt und damit Persönlichkeitsstörungen im Allgemeinen meint, ist das Fehlen aktiv intendierter Devianz.

- **Soziopathische Persönlichkeit:** Liegt zusätzlich ein aktiv intendiertes sozialdeviantes oder delinquentes Verhalten vor, das erkennbar eine Komorbidität mit psychischen oder psychopathischen Persönlichkeitsstörungen aufweist, so spricht Saß von „soziopathischer Persönlichkeitsstörung". Damit ist keine zufällige Koinzidenz gemeint, sondern dass die Komorbidität einen wesentlichen Begünstigungsfaktor für die soziale Devianz bereitstellt.
- **Dissozialität:** Daneben gibt es eine Dissozialität bei Menschen, die aus den unterschiedlichsten Gründen wichtige soziale Regeln nicht einhalten und bei denen die Tendenz zur sozialen Abweichung nicht mit psychischen und Persönlichkeitsstörungen in einen Zusammenhang gestellt werden kann. Gemeint sind von Saß u.a. „berufskriminelle" Personen oder gewalttätige Mitglieder anarchistischer Gruppen, bei denen die Dissozialität zum Teil als eine Form bewusster Lebensgestaltung betrachtet werden kann.
- **Antisoziale Persönlichkeitsstörung:** Eine weitere Untergruppe ist jene mit Menschen, die eine „antisoziale Persönlichkeitsstörung" im engeren Sinne vorweisen. Diese Personen sind nach Saß genau jene, die der konzeptuellen Intention der Diagnose innerhalb der Diagnosesysteme entsprechen. Es handelt sich um diejenigen, die eine hartnäckige, im gesamten Lebensverlauf erkennbare Disposition zu devianten und delinquenten Verhaltensweisen zeigen.

Die antisozialen Persönlichkeitsstörungen stehen im Sinne dieser Einteilung also in einem Spannungsverhältnis zwischen („krankheitsnaher", möglicherweise die Schuldfähigkeit beeinträchtigender) psychischer Gestörtheit und (strafrechtlich zu verfolgender) Dissozialität und Kriminalität. Vor allem Spezifität, Ausmaß und Schwere einer möglichen Komorbidität (auf der Ebene einsichts- und handlungseinschränkender psychischer Störungen und Erkrankungen [DSM-IV: Achse I] wie auf der Ebene der weiteren Persönlichkeitsstörungen [DSM-IV: Achse II]) liefern wichtige Beurteilungshilfen zur Abschätzung der psychischen Beeinträchtigung einer Person und damit schließlich auch für die möglicherweise geforderte Behandlungsindikation.

Beeinträchtigung der Schuldfähigkeit

Zur Beurteilung der Beeinträchtigung der Schuldfähigkeit einer Person hat Saß (1987a) auf der Grundlage seiner Untersuchungen und im Rekurs auf Überlegungen anderer zu dieser Frage (z.B. Maisch, 1983; Mundt, 1985) zwei Kriteriengruppen zusammengestellt, die für bzw. gegen die Annahme einer erheblich verminderten oder aufgehobenen Einsichts- und Handlungsfähigkeit sprechen (→ Tabelle 10.2). Saß weist darauf hin, dass die Merkmale lediglich indiziellen

Charakter besitzen. Vorgeordnet sei der diagnostische Schritt einer sorgsamen Abschätzung der psychischen Gestörtheit (Saß spricht von „schwerer anderer seelischer Abartigkeit"; 1987, S. 118). Und das Abwägen der Schuldunfähigkeit müsse vor dem Hintergrund des Persönlichkeitsbildes, der Lebensumstände und der Tatkonstellationen gewichtet werden. „Einer festen, skalierbaren Regelung allerdings muss sich die Beurteilung der Schuldfähigkeit bei Persönlichkeitsstörungen wegen der fließenden Übergänge zwischen Normalität sowie allen Schweregraden und Konstellationen abnormer Persönlichkeitsstörungen auch weiterhin entziehen." (Saß, 1987, S. 119) Ergänzend sei hier jedoch auf eine aktuelle Synopse zur Beurteilung von Straftätern verwiesen, in der die – immer Sachverstand und Expertise erfordernde Frage der Schuldfähigkeitsbeeinträchtigung – in hochgradig differenzierter Weise anhand unterschiedlicher Problemkonstellationen und Beispielfällen aufgearbeitet wird (Marneros et al., 2000).

Tabelle 10.2. Kriterien zur Beurteilung der möglichen Schuldfähigkeit bei antisozialen Persönlichkeitsstörungen (nach Saß, 1987, S. 119a).

a) Gesichtspunkte, die *für die Beeinträchtigung der Schuldfähigkeit* beim Vorliegen einer schwerwiegenden psychischen Gestörtheit sprechen

1. Psychopathologische Disposition der Persönlichkeit
2. Chronische konstellative Faktoren, z.B. Abusus, deprivierende Lebensumstände
3. Schwäche der Abwehr- und Realitätsprüfungsmechanismen
4. Einengung der Lebensführung
5. Stereotypisierung des Verhaltens
6. Häufig soziale Konflikte auch außerhalb des Delinquenzbereiches
7. Emotionale Labilisierung in der Zeit vor dem Delikt
8. Aktuelle konstellative Faktoren, z.B. Alkohol, Ermüdung, affektive Erregung
9. Hervorgehen der Tat aus neurotischen Konflikten bzw. neurotischer Primordialsymptomatik
10. Bei sexuellen Deviationen Einengung, Fixierung und Progredienzphänomen

b) Gesichtspunkte, die *gegen eine erhebliche Beeinträchtigung der Schuldfähigkeit* sprechen

1. Tatvorbereitung
2. Planmäßiges Vorgehen bei der Tat
3. Fähigkeit zu warten
4. Lang hingezogenes Tatgeschehen
5. Komplexer Handlungsablauf in Etappen
6. Vorsorge gegen Entdeckung
7. Möglichkeit anderen Verhaltens unter vergleichbaren Umständen
8. Hervorgehen des Deliktes aus dissozialen Charakterzügen

10.4 Erklärungsansätze

Die Spätfolgen der psychiatrischen Degenerations- und Konstitutionslehren aus dem Frankreich des vorigen Jahrhunderts in ihrer problematischen, teils verhängnisvollen Verquickung mit den sozialdarwinistischen und rassentheoretischen Leitorientierungen im „Dritten Reich" hatten nach dem 2. Weltkrieg – als Gegenreaktion – zunächst die Erforschung der psychosozialen Faktoren devianten Verhaltens beflügelt. Erst in den 70er-Jahren steigt die Bereitschaft, erneut die möglichen hereditären Bedingungen antisozialen und kriminellen Verhaltens zu untersuchen und zugleich unvoreingenommen die Wechselwirkungen zwischen (psycho)genetischer Prädisposition und psychosozialer Entwicklung aufzuklären.

10.4.1 Stand der ätiologischen Forschung

Adoptionsstudien

So legen inzwischen eine Reihe von Zwillings- und Adoptionsstudien recht übereinstimmend eine Beteiligung hereditärer Faktoren an der Entwicklung dissozialer Persönlichkeitsstörungen nahe (vgl. u.a. Crowe, 1975; Cadoret, 1978; Mednick et al., 1983; Dusen et al., 1983; Eysenck & Eysenck, 1978; Amelang, 1986; Nigg & Goldsmith, 1994). Eysenck und Eysenck (1978) fassen den bis dahin vorliegenden Forschungsstand mit einer Einschätzung zusammen, nach der etwa 50 bis 60 Prozent monozygoter Zwillinge und 10 bis 20 Prozent dizygoter Zwillinge mit einem „soziopathischen" Elternteil in ihrem Leben ebenfalls eine antisoziale Persönlichkeitsstörung entwickeln. Andererseits können die gleichen Studien zumeist selbst als Beleg für eine vermutlich größere Bedeutsamkeit entwicklungspsychologischer und psychosozial-gesellschaftlicher Faktoren gewertet werden (vgl. unten: Erziehungseinflüsse).

Cadoret und Cain (1980, 1981) versuchten mittels multipler Regressionsanalysen die Anzahl antisozialer Persönlichkeitsstörungen bei 246 wegadoptierten Kindern psychiatrischer Patienten vorauszusagen. Ihre Ergebnisse zeigen einerseits eine genetische Prädisposition zur antisozialen Persönlichkeitsstörung insbesondere in den Fällen, wo bei einem Elternteil gleichzeitig eine dissoziale Persönlichkeitsstörung und eine Alkoholabhängigkeit diagnostiziert worden waren (ohne die Möglichkeit, etwa geschlechtsspezifische Abhängigkeiten oder Zusammenhänge zu finden). Frauen und Männer unter den Adoptierten unterschieden sich jedoch beträchtlich darin, welche möglichen Einflüsse auf spezifische Erziehungs- und Sozialisationsbedingungen zurückgeführt werden können: Spezifische familiäre Bedingungen (wie z.B. Ehescheidung der Adoptiveltern; Unterbrechungen in der Kontinuität der frühen Mutter-Kind-Beziehung) hatten erheblich befördernden Einfluss auf die Entwicklung einer antisozialen Persönlichkeitsstörung bei Männern, kaum jedoch bei Frauen.

Zusammenfassend lassen sich die Fragen, wie groß der jeweilige Anteil von Erb- und Umwelteinflüssen auf eine spätere Dissozialitätsentwicklung ist oder ob sie additiv oder interaktiv wirken, nicht beantworten (Amelang, 1986).

Alkohol- und Drogenmissbrauch

Eine besondere Beachtung verdient die Wechselwirkung von Dissozialität und Alkoholabhängigkeit. In Untersuchungen findet sich konsistent, dass die Prävalenz des Alkoholismus bei Menschen mit antisozialen Persönlichkeitsstörungen erhöht ist (Robins, 1978; Cloninger et al., 1981). In der Adoptivstudie von Bohman und Cloninger wurde eine größere Stichprobe der inzwischen erwachsenen Adoptivkinder danach klassifiziert, ob sie vorbestraft waren, Alkoholprobleme hatten oder ob beides bzw. keines von beidem der Fall war (Bohman et al., 1982; Cloninger et al., 1981). Vorbestrafte Alkoholiker hatten wiederholt Gewaltdelikte begangen und dieses hing eindeutiger mit dem Alkoholismus als mit dem kriminellen Verhalten der biologischen Eltern zusammen. Zwischen den Eigenarten der kriminellen Handlungen der biologischen Eltern und ihren wegadoptierten Kindern trat ein Zusammenhang umso deutlicher hervor, je weniger Alkoholprobleme die adoptierten Kinder aufwiesen. Und die Alkoholabhängigkeit selbst ging vor allem von Vätern auf ihre Söhne über, wenn die Väter zugleich zur Gewalttätigkeit und zu massiver Kriminalität neigten. Überdies bestand ein Zusammenhang zwischen Kriminalitätsrisiko und häufigem Hin- und Hergeschobenwerden vor der endgültigen Adoption.

Psychophysiologische Korrelate

Mit einer Reihe psychophysiologischer Studien wurde die Möglichkeit biologischer Vorläufer der dissozialen Persönlichkeitsstörung abzusichern versucht.

Eine Anzahl von EEG-Untersuchungen zu einer auffällig erniedrigten Hirnaktivität antisozialer Persönlichkeiten weist zwar einige methodische und konzeptuelle Schwächen auf (vgl. Syndulko, 1978). Dennoch ist die aus den recht konvergenten Befunden abgeleitete Hypothese, dass antisoziale Persönlichkeitsmerkmale mit einem allgemein erniedrigten Aktivationsniveau in einem Zusammenhang stehen könnten, bis heute Gegenstand zahlreicher Studien (vgl. Brantley & Sutker, 1984). So scheinen die Betroffenen eine auffällig niedrige elektrodermale Erregung und Labilität aufzuweisen (Hare, 1978) und sie scheinen weniger ansprechbar auf schwache Reizung (Hare 1968) und toleranter (d.h. weniger elektrodermal reagierend) gegenüber starker Reizung als Kontrollprobanden (Hare, 1978; zusammenfassend: Hare, 1970; Hare & Cox, 1978).

Auf der Grundlage dieser Befunde wird nun verschiedentlich vermutet, dass Menschen mit antisozialer Persönlichkeitsstörung möglicherweise genetisch prädisponiert dazu neigen, in Situationen, die eher anreizarm und ermüdend sind, ein Handlungsbedürfnis und eine Suche nach (möglicherweise selbst initiierten) Anreizen zu entwickeln – Anreizen, die neu, verschiedenartig und nicht voraussagbar (Skrzypek, 1969) oder die mit Aktivitäten verbunden sind, die andere als gefährlich, tollkühn und schreckerregend betrachten würden, die schließlich aber auch als „antisozial“ bzw. „psychopathisch“ bewertet werden müssten (vgl. Eysenck, 1977, 1980; Hare 1987). Für das auffällig lebhafte, risikobereite Verhalten antisozialer Persönlichkeiten hat Zuckerman (1979) eine sog. „Sensation Seeking Scale“ entwickelt, die verschiedentlich in Studien zur Untersuchung der bereits erwähnten, ebenfalls immer wieder gefundenen besonderen Angstfreiheit der Betroffenen eingesetzt wurde (vgl. Scheurer, 1993). So konnte u.a. in Familienstudien gezeigt werden, dass dieses Persönlichkeitsmerkmal vermehrter Reiz- bzw. Risikosuche möglicherweise genetisch mitbedingt ist (Fulker et al., 1980).

Erziehungseinflüsse

In den bereits erwähnten Langzeitstudien von Cadoret (1978) und Robins (1978) erweisen sich einige Aspekte des Familienlebens als besonders folgenträchtig: Sowohl inkonsistente oder fehlende Orientierung bis hin zu strenger Disziplinierung, wie auch das Vorliegen antisozialen Verhaltens beim Vater scheinen die bedeutsamsten Prädiktoren für dissoziales Verhalten im Erwachsenenalter zu sein. Allerdings bleibt zu beachten, dass diese ungünstigen Sozialisationsaspekte auch als Prädiktoren für eine ganze Anzahl klinischer Syndrome ohne ausgeprägte Dissozialität gelten (vgl. Wiggins, 1968). Und es gibt offensichtlich Unterschiede zwischen Männern und Frauen.

In einer schwedischen Adoptivstudie konnten Cloninger et al. (1978) zeigen, dass ein Zusammenhang der Kriminalität von adoptierten Kindern in deren Erwachsenenalter und der früheren Dissozialität der biologischen Eltern vor allem bei adoptierten Männern nachzuweisen ist. Die adoptiert aufgewachsenen Frauen zeigten im Unterschied dazu eher Somatisierungssyndrome und andere Persönlichkeitsstörungen (mit vor allem hysterisch-histrionischen Merkmalen; Cloninger & Guze, 1970; Cloniger et al., 1975; Lilienfeld et al., 1986; → 12.4).

Dumas und Wahler (1985) untersuchten die Erziehungsstile von Müttern dissozialer Kinder und fanden, dass diese auf Fehlverhalten ihrer Kinder in einer aversiven, zugleich jedoch völlig uneindeutig normierenden Weise reagieren; prosoziales Verhalten wurde von ihnen kaum oder überhaupt nicht beachtet. In der bereits erwähnten Langzeitstudie von Robins (1966, 1978) konnte die Autorin beeindruckend nachweisen, dass der beste Prädiktor für Dissozialität im Erwachsenenalter das bereits in der Kindheit vorhandene auffällige antisoziale Verhalten selbst war.

In einer kürzlich durchgeführten Prospektivstudie von Farrington und West (1990) wurden die Erziehungseinflüsse auf Delinquenz und Kriminalität von 411 männlichen Jugendlichen untersucht, die in einer Arbeiterwohngegend in London aufgewachsen waren. Diese wurden erstmals im Alter von 8, 10 und 14 Jahren untersucht sowie erneut mit 16, 18 und 21 und nochmals mit 25 und 32. Interviews wurden auch mit relevanten Bezugspersonen wie den Eltern und Lehrern durchgeführt. Folgende Faktoren, die bis zum Alter von 10 Jahren bei den Kindern festgestellt wurden, hatten die höchsten prädiktiven Werte für das Auftreten von Delinquenz und Kriminalität in später Jugend und im Erwachsenenalter: Lehrerbeurteilungen der Kinder als besonders verhaltensauffällige und zugleich unehrliche Schüler; das Aufwachsen in einer Großfamilie auf engem Raum; strenge und uneindeutige Erziehungsstile der Eltern; kriminelle Eltern und delinquente ältere Geschwister; Beziehungsschwierigkeiten und Konflikte der Eltern untereinander. Der beste Prädiktor für das im Erwachsenenalter feststellbare antisoziale Verhalten war auch in dieser Studie das Vorhandensein dissozialer Verhaltensauffälligkeiten im Kindesalter.

10.4.2 Erklärungsmodelle

Persönlichkeitstheorie

Zunächst versuchte Eysenck die einseitigen biologischen Sichtweisen im medizinischen Krankheitsmodell und die bisher vielfach ebenfalls einseitigen Sichtweisen ausschließlich psychosozialer Verstehensansätze in Klinischer Soziologie und Psychologie im Rahmen seiner Persönlichkeitsforschungen miteinander zu verbinden (vgl. Eysenck & Eysenck, 1985; → 5.3). Nach seiner Auffassung erkläre vor allem das Vorliegen personspezifischer biologischer Prädispositionen und aus ihnen resultierende Temperamentseigenarten die Unterschiede, warum Menschen im späteren Leben ebenso unterschiedliche psychische Störungen entwickeln. Er versuchte diese Unterschiede in der je spezifischen Konditionierbarkeit von Personen mit seinen Persönlichkeitsdimensionen Extraversion/Introversion, Neurotizismus und Psychotizismus aufzuklären.

Primäre Psychopathie sollte danach in der Hauptsache auf einen genetisch prädisponierten „Psychotizismus“ und erhöhte „Extraversion“ bezogen sein, *sekundäre Psychopathie* vor allem auf hohen „Neurotizismus“ und hohe „Extraversion“. Erstere Konstellation der „primären Psychopathie“ erkläre vor allem genetische Einflüsse auf eine spätere Entwicklung antisozialer Persönlichkeitsmuster; die Betroffenen haben typischerweise ein niedriges Angstniveau und sind unempfänglich für Drohungen und Bestrafungen. Bei der letzteren, sekundären Psychopathievariante zeigt sich – wegen einer konzeptuell erwartbaren geringeren Konditionierbarkeit – zugleich eine weniger ausgeprägte Lernfähigkeit; die Betroffenen leiden jedoch zugleich unter schweren Frustrationen und inneren Konflikten (vgl. Eysenck, 1980; Eysenck & Eysenck, 1985).

Insbesondere Eysencks Hypothese der geringen Lernfähigkeit „psychopathischer Persönlichkeiten“ hat seit Mitte der 50er-Jahre geradezu einen wahren Boom von Untersuchungen ausgelöst, in denen Personen mit antisozialer Persönlichkeit mit Kontrollgruppen in Experimenten vielfältigen und unterschiedlichsten Lernbedingungen ausgesetzt wurden. Die Ergebnisse dieser Studien sind keineswegs einheitlich und haben letztlich mehr Fragen als Antworten aufgeworfen.

Eine Bestätigung der geringen Lernfähigkeit zeigten beispielsweise Studien zum verbalen Konditionieren (Quay & Hunt, 1965), beim klassischen Konditionieren und zur Generalisierung autonomer Reaktionen (Hare & Quinn, 1971) und zum passiven Vermeidungslernen (Gorenstein & Newman, 1980; Waid & Orne, 1982). Andererseits gibt es eine Reihe von Studien, in denen Menschen mit antisozialer Persönlichkeitsstörung keineswegs schlechter als die Kontrollgruppenteilnehmer abschnitten, zum Beispiel beim Erlernen von sozialen Fertigkeiten (Kadlub, 1956), beim Erlernen komplizierter Sätze (McCollough & Adams, 1970) wie beim verbalen Konditionieren, wenn soziale Verstärker eingesetzt wurden (Bryan & Kapche, 1967). Auch lernten sie sehr wohl unter verschiedenen Bedingungen, wenn Bestrafungskonsequenzen angedroht wurden (z.B. Siegel, 1978). Insgesamt scheinen sie sich dennoch in bestimmten Eigenarten von Lernmustern der „normalen" Kontrollpersonen zu unterscheiden: Ihre Reaktionsmuster weisen eine beträchtlich höhere Verhaltensvariabilität auf und sie neigen zur leichteren Abgelenktheit durch zum Teil nur unterschwellig wirkende Störbedingungen (vgl. zusammenfassend: Sutker et al., 1993).

Aus bis heute vorliegenden Studien kann insgesamt dennoch abgeleitet werden, dass einige Kovariationen zwischen Persönlichkeit und antisozialem Verhalten recht verlässlich replizierbar sind (Scheurer, 1993). Auf der Grundlage der vorliegenden Ergebnisse hat Eysenck seine Persönlichkeitstheorie der Kriminalität weiter ausgearbeitet und geht nunmehr von folgenden Prämissen aus:

Kindheit. Kinder lernen normalerweise im Laufe ihrer Gewissensbildung antisoziale Reaktionen zurückzuhalten (zu hemmen), wobei das Gewissen als aus einer Reihe konditionierter Reaktionen auf Reize bestehend, die mit antisozialem Handeln verknüpft sind, aufgefasst wird (vgl. Eysenck & Eysenck, 1985). Diese Gewissensbildung beruhe auf einer geglückten Interaktion der individuellen Persönlichkeitsvoraussetzungen (Prädisposition) mit der sozialen Umwelt (Milieufaktoren). Für den Prozess des Misslingens steht nun vorrangig die Beobachtung im Vordergrund, dass zur primären bzw. sekundären Psychopathie veranlagte Menschen schlechter zu konditionieren sind.

- **Geringe Konditionierbarkeit:** Die schlechte Konditionierbarkeit ist der zentrale Mechanismus zur Entwicklung dissozialer Neigungen. Der „primären Psychopathie" entsprechen zugleich eine niedrige Angst, fehlende Schuldgefühle und hohe Risikobereitschaft. Der „sekundären Psychopathie" fehlt ebenfalls eine Gewissenshemmung wegen hoher Extraversion, andererseits kommt es (bei deutlich erhöhtem Neurotizismus) zu Ängstlichkeit, Schuldgefühlen und inneren Konflikten mit jedoch zugleich wenig hemmenden Einflüssen auf delinquentes und antisoziales Handeln.
- **Antisozialisation:** Für jene Menschen, die delinquente und kriminelle Neigungen entwickeln und gleichzeitig gut konditionierbar sind (niedrige Extraversionswerte), schlägt Eysenck eine dritte Erklärungsvariante vor, die er als „Antisozialisation" (1977) bezeichnet. Damit bezeichnet er Kinder, die ihre dissozialen Handlungen schlicht von dissozialen Eltern lernen, ohne dass eine entsprechende Temperamentsausstattung im Sinne antisozialer Persönlichkeitsstörungen vorliegen muss.

Jugend. Eine ganz ähnlich strukturierte Dreiteilung zur Klassifizierung dissozialer und krimineller Handlungen hatten etwa zeitgleich Jurkovic und Prentice (1977) auf der Grundlage eigener Studien vorgeschlagen. Sie weisen jedoch darauf hin, dass nicht nur die Eltern als Sozialisationsagenten in Betracht kommen. Sie postulieren eine besondere Gruppe der „subkulturellen Delinquenten", die vor allem durch Gleichaltrige und Freunde in der Ausübung strafbarer Handlungen sozialisiert würden. Gegenüber dieser Gruppe unterscheiden sie dann (ganz im Sinne der eysenckschen Theorie) die zwei weiteren der sog. „psychopathischen Delinquenten" (die nur wenig Gewissensbisse zeigen) und der sog. „neurotischen Delinquenten" (die unter Angst, Schuldgefühlen und Depression leiden). Letzte Gruppe erweist sich inzwischen als erzieherisch und therapeutisch gut beeinflussbar (→ 24.4 Behandlung).

Biosoziale Lerntheorie

In der biosozialen Lerntheorie Millons (1981; Millon & Everly, 1985; → 5) wird auf den Einfluss psychosozialer Umgebungsfaktoren in der Entwicklungspsychologie antisozialer Persönlichkeitsstörungen als wesentlicher zusätzlicher Faktor hingewiesen, der bei einer vorliegenden Temperamentsausstattung eine Fehlentwicklung in Richtung gewohnheitsgemäßer Devianz begünstigen kann. Die biologischen Voraussetzungen und frühen neuropsychologischen Entwicklungsmöglichkeiten werden danach durch kontextuelle Bedingungen, insbesondere durch die jeweilige Ausgestaltung der zwischenmenschlichen Erfahrungsausbildung weiter überformt und verunsichert. Im Bereich antisozialer Persönlichkeitsentwicklung spielen nach Millons Auffassung, die sich vor allem aus den Ergebnissen der oben erwähnten Langzeitstudien begründet, vor allem drei Umgebungsfaktoren eine herausragende Rolle:

- selbst erlebte elterliche Gewalt und Grausamkeit, die im Wesentlichen als Modell für spätere gewalttätige Durchsetzung eigener, zumeist spontaner Bedürfnisbefriedigung dient;
- fehlende elterliche Modelle für das Erlernen einer sozial akzeptierbaren Normorientierung;
- ein wenig normkonstant strukturiertes Erziehungsumfeld für das Erlernen eines grundlegenden zwischenmenschlichen Misstrauens, das nach Millon für viele antisoziale Handlungen hohen zusätzlichen Erklärungswert bekomme.

Diese Hypothesen haben sich zwischenzeitlich durch eine Vielzahl von Studien belegen lassen (→ oben zur Persönlichkeitstheorie; auch: Marshall & Cooke, 1999).

Psychoanalyse

Von psychoanalytischer Seite ist die Begründung einer dissozialen Persönlichkeitsstörung aus der gewohnheitsmäßigen Neigung zu Delinquenz und Kriminalität, möglicherweise gar ihrer Gleichsetzung mit dieser ebenfalls immer schon kritisiert worden. Sigmund Freud selbst hatte bereits zwischen charakterlich-narzisstischer Begründetheit und ödipal-konflikthafter (neurotischer) Dynamik krimineller Handlungen unterschieden. Die letztere Möglichkeit unterstellt bei kriminellen Handlungen in der Vorgeschichte und damit ein bereits vor dem Delikt bestehendes unbewusstes, aus dem Ödipuskonflikt stammendes Schuldgefühl. Die Hypothese des präexistenten Schuldgefühls setzt die kriminelle Handlung mit einem Symptom gleich, womit sie sich selbst zugleich der nach Maßgabe ihrer unbewussten Einstellung verdienten Strafe zuführe (vgl. Mundt, 1985). Die Perspektive der sozialen Devianz als neurotisches Verhalten beinhaltet nun die Möglichkeit ihrer psychotherapeutischen Behandelbarkeit, ganz im Unterschied zur ebenfalls seit Freud transferierten Auffassung der Unbehandelbarkeit von Personen, bei denen die Kriminalität als Ausdruck einer (narzisstischen) Charakterstörung anzusehen ist.

In seiner Beschreibung der narzisstischen Typen (→ 3.4) nimmt Freud übrigens interessanterweise eine Denkfigur vorweg, die sich später abgewandelt im eysenckschen Persönlichkeitsmodell zur Doppelbedeutung des Psychotizismus-Temperamentes für Psychose und Psychopathie wieder findet:

„Die narzisstischen Typen, die bei ihrer sonstigen Unabhängigkeit der Versagung vonseiten der Außenwelt ausgesetzt sind, enthalten eine besondere Disposition zur Psychose, wie sie auch wesentliche Bedingungen des Verbrechertums bereitstellen." (Freud, 1931, S. 316) Freud hat auch bereits auf das Doppelgesicht von „Abweichung" und „Kompetenz" der narzisstischen Charakterbildung aufmerksam gemacht. Das Hauptinteresse des narzisstischen Typus ist „auf die Selbsterhaltung gerichtet", er erscheine „unabhängig und wenig eingeschüchtert" und in seinem Ich „ist ein großes Maß an Aggression verfügbar ... Menschen dieses Typus imponieren den anderen als ‚Persönlichkeiten', sind besonders geeignet ... der Kulturentwicklung neue Anregungen zu geben oder das Bestehende zu schädigen." (Freud, 1931, S. 314f)

Diese freudsche Grundlegung beinhaltete nun jedoch zugleich die Annahme der schwierigen oder gar Nicht-Behandelbarkeit der narzisstischen Charaktereigenarten. Die gewohnheitsmäßige kriminelle Abweichung entstehe aus einer übermächtigen Vereinseitigung narzisstischer Ich-Bezogenheit bei zugleich fehlenden Überich-Ressourcen, die die für die Psychoanalyse notwendige Herstellung einer therapeutischen Übertragungsbeziehung verunmögliche. Ohne Internalisierung eines guten Objektes, um dessen willen sich Triebverzicht erst lohnt, bleiben die Betroffenen nämlich behindert, Triebaufschub, Bedürfnisbefriedigung und Sublimierung zu lernen.

Bis in die Gegenwart hinein dient diese Denkfigur wohl vorrangig der psychoanalytischen Erklärung dissozialer Charakter- bzw. Persönlichkeitseigenarten, wenngleich sich inzwischen ein gewisser Wandel abzeichnet. Dieser findet sich vor allem in den Ausarbeitungen zur Objekt-Beziehungs-Theorie (→ 3.4), in der nicht mehr das „Fehlen" ausreichender Überich-Funktionen, sondern die Entwicklung einer spezifischen „Überich-Pathologie" bei antisozialen Persönlichkeitsstörungen unterstellt wird (Kernberg, 1984). Geblieben ist jedoch das Diktum ihrer prinzipiellen Unbehandelbarkeit. Begründet wird dieses nunmehr mit vor allem zwei zentralen überich-gesteuerten Charaktereigenarten: der Leugnung moralischer Verantwortung und der Unehrlichkeit in der Übertragungsbeziehung. Kernberg beschreibt dieses Problem folgendermaßen (ergänzend → 3.4):

„Die (antisozialen; P.F.) Patienten belügen den Therapeuten, wobei ihnen voll bewusst ist, dass sie lügen. Sie verstehen die ‚moralischen' Forderungen der äußeren Realität, denen sie Lippendienst erweisen müssen, aber sie verstehen nicht, dass diese Forderungen ein authentisches Moralsystem repräsentieren, das andere Menschen internalisiert haben. Stattdessen empfinden sie die moralischen Forderungen, die die Umwelt stellt, als konventionell akzeptiertes ‚Warnsystem', das dazu da ist, dass die Korrupten (wie sie selbst) es ausbeuten und die Naiven und die Schlauen sich ihm unterwerfen ... In ihrer Fähigkeit, wirkungsvoll zu lügen, spiegelt sich eine gewisse Integration des Selbst, aber diese Integration basiert auf dem pathologischen Größen-Selbst der narzisstischen Persönlichkeit und folgt ausschließlich dem Lustprinzip. Manche dieser Patienten präsentieren ein von Aggression durchdrungenes Größen-Selbst und eine daraus folgende ich-syntone Suche nach der Befriedigung sadistischer Zwänge. Es gibt eine durchgehende Linie vom passiven, ausbeuterischen, parasitären Psychopathen bis zum offen sadistischen Kriminellen. Soziale Umstände, die die Manifestation primitiver Aggression und Grausamkeit erleichtern, schaffen einen natürlichen Unterschlupf für diese Persönlichkeitsstrukturen. Bestehen keine außergewöhnlichen Umstände, dann ist eine psychotherapeutische Behandlung in diesen Fällen kontraindiziert." (Kernberg, 1991, S. 400f)

In dieser Sicht entsteht die Persönlichkeitsentwicklung normalerweise aus einem Einfluss äußerer Autoritäten und Sanktionen auf das Kind, wobei als Resultat dieses Entwicklungsprozesses eine Internalisierung der besagten Autoritäten und Sanktionen (Introjektion) entsteht. Und die pathologischen Überich-Bildungen werden dabei vor allem auf die Abwesenheit, Inkonsistenz oder extreme Härte elterlicher Autorität zurückgeführt.

Daraus ergibt sich jedoch ein in der Psychoanalyse kaum diskutiertes Problem: Durch die Gepflogenheit der Psychoanalytiker, die psychoanalytische Theoriebildung auf der Grundlage von Fallbeschreibungen retrospektiv-finalistisch anzulegen, vereinseitigt das psychoanalytische Ätiologieverständnis fast zwangsläufig auf eine deterministische Sichtweise der Entstehung der dissozialen Persönlichkeitsstörungen aus frühen Bedingungen der Eltern-Kind-Beziehung unter weitgehender Vernachlässigung kontextuell gesellschaftlicher Ursachen (vgl. Mundt, 1985).

Einmal abgesehen davon, dass von Kernberg an keiner Stelle ausgeführt wird, worin die von ihm angedeuteten „außergewöhnlichen Umstände" liegen, die eine Behandlung bei Vorliegen antisozialer Persönlichkeitsstörungen eventuell rechtfertigen könnten, und vor allem wie diese Behandlung dann aussehen könnte, wird von ihm das Unbehandelbarkeitsdiktum Freuds sogar noch in Richtung „Kontraindikation" verschärft.

Eine solche Auffassung kann man jedoch nur entwickeln, wenn man Psychoanalyse schlicht und vor allem fälschlicherweise mit Psychotherapie gleichsetzt

(→ 23.1). Möglicherweise liegt in dieser Selbstimmunisierungsneigung des psychoanalytischen Missverständnisses über „Psychoanalyse-ist-gleich-Psychotherapie" (und als solche ist sie möglicherweise in der Tat für eine psychotherapeutische Behandlung dissozialer Persönlichkeitsstörungen kontraindiziert) begründet, dass in der Psychoanalyse bisher kaum substanzielle Fortschritte in der ätiologischen Konzeptbildung dissozialer Persönlichkeitsstörungen gemacht wurden. Diese können bei Therapieabstinenz in diesem Bereich auch nicht erfolgen, weil diese nämlich – dem wissenschaftlichen Vorgehen der Psychoanalyse entsprechend – nurmehr in der tiefenhermeneutisch-therapeutischen Auseinandersetzung mit den Patienten möglich wären (→ 3). So finden sich denn – wenn überhaupt – nicht von ungefähr zumeist nur Lippenbekenntnisse, wie etwa die in der folgenden Textstelle, die in dieser Kürze mehr als ein Drittel (!) des Kapitels über die Soziopathie in dem Lehrbuch von Mentzos (1982) füllt:

„Dies soll nicht dahingehend missverstanden werden, dass Soziopathie, antisoziales Verhalten, Delinquenz, Verwahrlosung usw. keine ‚Angelegenheit' der Psychoanalyse seien. Es besteht im Gegenteil eine große Aufgabe der Psychoanalyse als Wissenschaft darin, den sich mit dieser Menschengruppe beschäftigenden Wissenschaftszweigen und Institutionen zu einem besseren Verständnis der psychologischen Aspekte und Behandlungsmöglichkeiten zu verhelfen." (Mentzos, 1982, S. 236).

Kognitive Perspektive

In kritischer Distanz zur Perspektive der Objekt-Beziehungs-Theorie, nach der sich dissoziales Handeln als moralisches Problem einer pathologischen Überich-Ausbildung darstellt, weist der Psychoanalytiker Shapiro (1965, 1991; → 3.5) ich-psychologisch gut begründet darauf hin, dass die „psychopathische Unehrlichkeit und Lüge" schlicht auch das Ergebnis der Entwicklung eines devianten kognitiven Stils, eines eingefahren-routinisierten kognitiven Verarbeitungs- und Funktionsmodus darstellen könnten. Die Tatsache, dass „psychopathische Menschen" in der Lage seien, unehrlich zu sein oder zu lügen, unterscheide sie keineswegs von anderen. Der „Psychopath" unterscheide sich vor allem darin, dass er so leichtherzig und ungebrochen lügen könne, oder präziser: Er habe auf alles eine passende Antwort.

Diese Promptheit und selbstunkritische Unmittelbarkeit des „psychopathischen Denkens" und Assoziierens seien nun jedoch nicht per se schon Lüge und Unehrlichkeit, vielmehr verwischten und reduzierten sie die subjektive Distanz zwischen Ehrlichkeit und Unehrlichkeit. Für Shapiro ist denn auch die Impulsivität des kognitiven Stils das wichtigere Merkmal antisozialer Persönlichkeitsstörungen. Eine einseitig in dissozialen sozialen Kontexten erfolgende Einübung in diesen kognitiven Funktionsmodus sei letztlich für die Entwicklung dissozialer Gewohnheiten verantwortlich.

„Wahrscheinlich ist das ‚antisoziale Verhalten' des Psychopathen nicht als Resultat mangelhafter Moral- und Gewissensbildung zu verstehen, sondern so, dass Letztere zusammen mit Ersterem (dem kognitiven Funktionsmodus; P.F.) aus bestimmten spezifischen und extremen

Ausprägungen verschiedener Eigenarten des impulsiven Stils folgen: egozentrisch, konkretistischer Blickwinkel, Fehlen von Zielen und Werten, die über den schnellen Erfolg hinausweisen, und rasches, ungeplantes Handeln." (Shapiro, 1991, S. 167f) „Der aktive, prüfende und kritische Prozess, den wir Urteilsbildung nennen, ... ist bei impulsiven Menschen abgekürzt oder gar nicht vorhanden." (Shapiro, 1991, S. 149) „Interesse und Aufmerksamkeit ... werden tendenziell immer vom Unmittelbaren, Konkreten und persönlich Relevanten dominiert ... Ständig ist er innerlich damit beschäftigt, in jeder Situation einen unmittelbaren praktischen Gewinn oder Vorteil herauszuschlagen, und seine Aufmerksamkeit richtet sich auf jene Aspekte der Situation, die dafür relevant sind. Er ist ganz befangen in den Möglichkeiten und Erfordernissen seiner momentanen Situation, und Dinge wie ‚gut durchkommen', den anderen für sich einnehmen, ihn beeindrucken oder entwaffnen sind für ihn nicht etwa periphere oder passagere Ziele, sondern zentrale und gänzlich dominierende." (Shapiro, 1991, S. 166)

Die Sichtweise Shapiros ist von nicht unerheblicher Wichtigkeit für mögliche therapeutische Perspektiven, die bei dissozialen Persönlichkeiten vielfach vorschnell auf eine Behebung von Defiziten nicht oder nur schwach vorhandener Moral- und Normvorstellungen abzielen. Sie macht darauf aufmerksam, dass schlichte Versuche einer Normneuorientierung und Gewissensbildung zum Scheitern verurteilt sind, wenn sie nicht die besonderen Defizite im Bereich der kognitiven Integrationsleistungen, die für Shapiro vor allem Intentionalitätsstörungen mit Blick auf langfristige Zielstellungen sind, in Rechnung stellen. Angesichts der dissozialen und kriminellen Handlungen, die fast zwangsläufig die Perspektive auf inhaltliche Aspekte wie Moral- und Normverletzungen vereinseitigen lassen, sei es zwingend erforderlich, die positiven und vorteilhaften Aspekte des, wenn auch sicherlich defizitären kognitiven Funktionsmodus nicht aus den Augen zu verlieren. Denn der beschriebene kognitive Stil sei – als Kompetenz – in bestimmten Lebensbereichen durchaus adäquat ...

„... und zwar anscheinend dort, wo ganz allgemein schnelles Handeln und Sprechen oder gerade die Fähigkeiten nützlich sein können, die beim Verfolgen unmittelbarer, egozentrischer Interessen vonnöten sind. So ist bekannt, dass viele impulsive Menschen eine beachtliche soziale Geschicklichkeit haben und in Gesellschaft oft sehr charmant und anziehend wirken. Sie können, etwa im Gegensatz zum schwerfälligen, überbedachten und irgendwie farblosen Auftreten zwanghafter Menschen, auch eine gewisse spielerische Leichtigkeit ausstrahlen, und bei guter intellektueller Begabung sind sie unter Umständen recht geistreich, witzig und unterhaltsam." (Shapiro, 1991, S. 147)

10.5 Zusammenfassende Bewertung

Typische Merkmale einer dissozialen Persönlichkeitsstörung sind eine geringe Frustrationstoleranz und ein ungestümes, manchmal planlos erscheinendes Handeln, das von kurzfristig zu erreichenden Vorteilen oder Vergnügungen gesteuert wird. Das impulsive Verhalten wirkt auf andere häufig ruhelos und unvorsichtig, dabei wenig um langfristige Konsequenzen oder Alternativen bedacht. Da alltägliche Routine im Beruf oder in der Partnerschaft leicht Langeweile und damit ein

Gefühl des Unbehagens auslöst, wird ihre Sprunghaftigkeit, die Suche nach Aufregung, Abenteuer und Gefahr verständlich (hohe Aktivität). Und im zwischenmenschlichen Bereich dominiert eine auffällige Selbstbezogenheit und – damit einhergehend – eine ausgeprägte Unzuverlässigkeit. Dies betrifft Partnerschaften, die Rolle als Eltern und finanzielle Belange (vgl. Bohus et al., 1999).

Davon überzeugt, lediglich sich selbst vertrauen zu können, ist vielen Betroffenen das Gefühl der Loyalität gegenüber Autoritäten oder Gesetzen fremd. Die Anpassung an soziale Normen wird vielmehr als individuelle Schwäche gesehen. Dennoch sind viele in der Lage, sich zumeist zeitweilig oder vordergründig an soziale Normen anzupassen. Viele Autoren sprechen in solchen Fällen jedoch von „sozialen Masken", da die Stabilität sozialer Normorientierung vielfach brüchig ist (scheinbare Kompetenz).

ZUSAMMENFASSUNG

Dissoziale Persönlichkeitsstörung

Störungsbild: fehlende Schuldgefühle, Störungen der Impulskontrolle. Hauptaspekte sind rücksichtsloses Durchsetzen eigener Ziele, Mitgerissenwerden von momentanen Eindrücken sowie spontanes Verhalten, durch das andere sich verletzt und erniedrigt fühlen. Mangel an Introspektionsfähigkeit führt zu fehlenden Schuldgefühlen, und Normverletzungen gehen im Extrem so weit, dass die Betroffenen nicht in der Lage scheinen, vorausschauend zu planen und zu handeln. Eine hohe Risikobereitschaft korrespondiert mit einem Mangel an Angst. Ferner finden sich Unzuverlässigkeit, Bindungsschwäche und ein Mangel an Empathie. Häufig sind zusätzliche gesundheitliche und soziale Probleme durch Missbrauch von Alkohol und Drogen vorhanden. Es kann zu schweren Gewaltdelikten und Rechtsverletzungen kommen. Auch depressive Störungen können auftreten, zumeist weil innere Leere und Langeweile schwer ertragen werden. Das Suizidrisiko ist deutlich erhöht.

Übergänge zur Normalität: abenteuerlich und risikofreudig. Hauptmerkmale im Übergangsbereich zur Normalität liegen in einem selbstbestimmten Verhalten. In Interaktionen wirken sie gelegentlich sehr kompetent, und zwar anscheinend dort, wo ganz allgemein schnelles Handeln und Sprechen oder Fähigkeiten nützlich sein können, die beim Verfolgen unmittelbarer, egozentrischer Interessen vonnöten sind. Im beruflichen Bereich können viele sehr erfolgreich sein, und zwar überall dort, wo Risikobereitschaft und Angstfreiheit erforderlich sind (Sportler, Artisten, Tätigkeiten im Hochbau). Dabei handelt es sich um Tätigkeiten, die zu unmittelbarer Bekräftigung und hoher Anerkennung führen können.

Funktion und Dynamik. Die Temperamentsausstattung der Betroffenen wird gelegentlich und recht treffend beschrieben als ein „Stoff, aus dem die Helden und dissozialen Persönlichkeiten sind" (Saß, 1988). Viele persönliche Eigenarten lassen sich auf eine Dämpfung bis hin zur chronischen Unterfunktion einer negativen Emotionalität (Mangel an Angst) zurückführen. Auch die gesteigerte Selbstbewusstheit bzw. Selbstbezogenheit kann durch die gedämpfte Emotionalität erklärt werden. Dadurch wird die verhaltenshemmende Funktion konditionierter Furchtreaktionen reduziert, was empirisch gut untersucht ist (Eysenck, 1980). Rücksichtslosigkeit und Gewalttätigkeit können die Folge sein, die hohe Risikobereitschaft andererseits durchaus zur Wahl gefahrvoller Berufe führen, die im Ergebnis eine soziale Integration sichern.

11 Borderline-Persönlichkeitsstörung

Offen bleibt beispielsweise die Frage, ob es sich bei der allseits konstatierten Zunahme von Borderline-Störungen tatsächlich um eine Folgeerscheinung gesamtgesellschaftlich veränderter Lebensbedingungen handelt oder eher um einen diagnostischen Modetrend, um eine theoriebedingte Veränderung der Untersucherperspektive oder um subtile Labelingprozesse.
Christa Rohde-Dachser

Ursprünglich wurde das Konzept der Borderline-Störung eingesetzt, um Randphänomene im Grenzbereich zu den schizophrenen Störungen genauer zu fassen (so vor allem in der psychiatrischen Forschung) oder um eine eigene Störungsgruppe im Übergang zwischen Neurose und Schizophrenie zu konzeptualisieren (so vor allem in Ausarbeitungen der Psychoanalyse). In beiden Forschungstraditionen war jedoch schon früh übereinstimmend die Vermutung geäußert worden, dass es sich bei den gemeinten Phänomenen nicht nur um eine spezifische Symptomatik oder um ein spezifisches Syndrom handelt, sondern dass es sich dabei um die Eigenarten einer überdauernden Charakter- bzw. Persönlichkeitsstörung handeln könnte.

Im Rahmen der zunehmend differenzierter und auch präziser werdenden Beschreibungs- und Begründungsversuche wurde nun der Begriff „Borderline" in beiden Diagnosesystemen (zunächst im DSM-III, schließlich auch in der ICD-10) eindeutiger für die zuletzt genannte Möglichkeit eingesetzt – nämlich zur Kennzeichnung einer Persönlichkeitsstörung. Zugleich wurde für die Phänomene im Übergang und Grenzbereich zur Schizophrenie eine neue Bezeichnung eingeführt: die „Schizotypie" (→ 9). Damit hat der Begriff „Borderline" die inhaltliche Bedeutung zur primären Kennzeichnung von „Grenzfällen" im Übergang von Neurose zur Psychose weitgehend verloren. Jedoch nicht nur dies hat den „Grenz"-Begriff inhaltlich seines ursprünglichen Sinnes entleert, sondern auch von seiner konzeptuellen Struktur her hat sich das mit „Borderline" gemeinte Erscheinungsbild zunehmend mehr in Richtung einer eher „affektiv-depressiven Persönlichkeitsstörung" (bzw. affektiven Störung/Depression) verändert (ergänzend → 18).

> **!** Als zentrales Merkmal der Borderline-Persönlichkeitsstörung wird gegenwärtig ein durchgängiges Muster einer besonders auffälligen Instabilität im Bereich der Stimmung und Affektivität betrachtet, die einerseits zu einer Identitätsproblematik und zu Impulskontrollstörungen, andererseits in den zwischenmenschlichen Beziehungen der Betroffenen zu erheblichen Schwierigkeiten und Konflikten führen kann.

Da auf die Konzeptentwicklung der „Borderline“-Störungen teilweise bereits in den Kapiteln zur schizoiden und zur schizotypischen Persönlichkeitsstörung eingegangen wurde, werden sich die nachfolgenden Ausführungen auf die Darstellung der Entwicklung des Konzeptes der Borderline-Persönlichkeitsstörungen beschränken können. Vorausgesetzt werden also die Ausführungen zur Konzeptentwicklung der beiden anderen „schizophrenienahen“ Persönlichkeitsstörungen in den → Kapiteln 8 (zur schizoiden) und 9 (zur schizotypischen Persönlichkeitsstörung).

In diesen beiden Kapiteln wurde schon darauf hingewiesen, dass zum heutigen Verständnis und zur Differenzierung der schizotypischen wie der Borderline-Persönlichkeitsstörungen der erst in den vergangenen Jahren erfolgte systematische und differenzierende Vergleich der über lange Zeit recht unverbunden nebeneinander herlaufenden Forschungsstränge in der Psychiatrie und in der Psychoanalyse beigetragen hat. Die psychoanalytischen Konzeptualisierungsversuche stützen sich auf Beobachtungen und Beschreibungen therapeutischer Prozesse (in der Behandlung erwachsener Menschen), die in der Psychiatrie vor allem auf Ergebnisse der High-Risk-Studien (also der prospektiven Erforschung der Entwicklung von Kindern schizophrener Eltern).

Diese „doppelte Elternschaft von Psychiatrie *und* Psychoanalyse“ (Rohde-Dachser, 1986, S. 127) prägt die Borderline-Diskussion bis heute. Es ist deshalb wichtig, die unterschiedlichen Forschungshintergründe bei der Rezeption von Ausarbeitungen zur Borderline-Persönlichkeitsstörung, vor allem der historischen, im Auge zu behalten. Beide Konzepte haben und hatten ihren je spezifischen Einfluss auf die aktuellen Diagnosesysteme DSM und ICD. Und so bleibt zu beachten, dass die psychiatrischen Forschungsarbeiten zur Borderline-Störung als Grenzphänomen zur Schizophrenie heute ihren Niederschlag vor allem im Klassifikationskonzept der schizotypischen (Persönlichkeits-)Störung gefunden haben und dass sich das psychoanalytische Borderline-Verständnis vom Grenzbereich zwischen Neurose und Psychose vorrangig in der emotional-instabilen Persönlichkeitsstörung des Borderline-Typus (so in der ICD-10) bzw. in der Borderline-Persönlichkeitsstörung (seit dem DSM-III) wieder findet.

11.1 Konzeptentwicklung

Der Begriff „Borderline“ war schon 1938 durch Stern in die psychoanalytische Diskussion zur Beschreibung von Phänomenen im „Übergangsbereich“ von Neurose und Psychose eingeführt worden. Knight greift 1953 darauf zurück. Er stützt seine Begriffsneusetzung auf eine Arbeit von Hoch und Polatin (1949), die von ihnen untersuchte Auffälligkeiten im Grenzbereich zur Schizophrenie als „pseudoneurotische Schizophrenie“ bezeichnet hatten.

„Borderline" zwischen Neurose und Psychose?

Knights Arbeit gilt als „Trendsetter" in diesem Bereich, da sie eine unvorhersehbare Flut an Nachfolgepublikationen auslöste, die nach wie vor ihren Höhepunkt nicht überschritten hat (vgl. die neueren Buchpublikationen von Kernberg et al., 1989, 2000; auch die aktuelleren Handbücher von Silver & Rosenbluth, 1992; Clarkin et al., 1992, 2001). Schätzungen gehen dahin, dass nach dem 2. Weltkrieg der Borderline-Persönlichkeitsstörung etwa 40 Prozent aller Publikationen über Persönlichkeitsstörungen gewidmet wurden, gefolgt von den dissozialen und antisozialen Persönlichkeitsstörungen, die etwa 25 Prozent aller Veröffentlichungen auf sich vereinigen können (vgl. Widiger & Trull, 1993).

Die sich an Knights Wiedereinführung anschließenden Folgearbeiten von Hoch et al. (1959, 1962) gelten als grundlegend für die spätere Ausarbeitung des Borderline-Syndroms. Die Autoren unterteilen die von ihnen gefundenen Merkmale in „Panneurosis", „Pananxiety" und „Pansexuality". Es handelt sich dabei um Merkmalsgruppierungen, die noch heute als wesentlich für eine psychoanalytisch orientierte Diagnose der Borderline-Störungen betrachtet werden.

Pan-Neurosis. Mit „Pan-Neurosis" versuchten Hoch et al. zu kennzeichnen, dass die betroffenen Patienten alle möglichen neurotischen Symptome aufweisen, dies zumeist in einer Vielfaltskombination und -fluktuation, die der üblichen nosologischen Auffassung von Neurose – nämlich als der Präsentation zumeist nur eines zentralen, deutlich hervortretenden Symptoms – widerspräche.

Pan-Anxiety. Mit „Pan-Anxiety" meinten sie eine generalisiert auftretende Grundängstlichkeit, die relativ kontextunabhängig und zeitüberdauernd auftrete.

Pan-Sexuality. Damit bezeichneten die Autoren ein stark gehemmtes Sexualverhalten, das durch übermäßige sexuelle Fantasien kompensiert werde, welche selbst als sehr belastend von den Betroffenen erlebt würden; je perverser und chaotischer die Sexualfantasien wurden, umso instabiler erwiesen sich die zwischenmenschlichen Beziehungsmuster.

Zeitweilige Inflation der Borderline-Konzepte

In dem Maße, wie sich der Begriff „Borderline" in der Psychoanalyse durchsetzte, wuchs die Vielgestaltigkeit und Vieldeutigkeit der Konzepte, die mit ihm verbunden wurden. Viele, die den Begriff akzeptierten, waren sich schnell sehr uneinig darin, ob und wie sie ihn am besten einsetzen sollten, etwa

- zur nosologischen Kennzeichnung einer bestimmten Gruppe von Patienten (z.B. Zetzel, 1971) oder
- zur Benennung eines strukturellen Modus der Psychodynamik („condition"; z.B. Cary, 1972),
- zur Bezeichnung einer Charakterstörung (z.B. Giovacchini, 1973) oder nur
- zur Beschreibung eines akuten Zustands („Borderline-state"; z.B. Weinshel, 1968).

Wieder andere schlugen vor, mit ihm – vor allem zur diagnostischen Abgrenzung – zunächst ein Syndrom von Verhaltensauffälligkeiten zusammenzufassen (z.B. Grinker et al., 1968). Auf die spätere DSM-Konzeptualisierung hatten Letztere einen wesentlichen Einfluss. Grinker et al. (1968) hoben folgende interpersonelle Aspekte der Borderline-Störung hervor:

- eine wenig differenzierte Wut, die sich spontan gegen verschiedene Personen richten könnte;
- eine grundlegende Gestörtheit der zwischenmenschlichen Beziehungen, die sich vor allem in auffälliger Abhängigkeit oder Opposition der Betroffenen, selten in einer kontinuierlich reziproken oder komplementären Beziehung manifestiere;
- das Fehlen einer in sich geschlossenen Identität;
- eine auffällige Neigung zu Depressivität, die sich – im Unterschied zu den manifesten affektiv-depressiven Störungen – weniger auf Schuldgefühlen gründet, vielmehr auf Gefühlen der Einsamkeit und auf das Erlebnis der Unfähigkeit, sich in einer Welt von aufeinander bezogenen Individuen zu engagieren.

Persönlichkeitsstörung

Es ist vor allem der Konstanz und Gründlichkeit zu verdanken, mit der Otto Kernberg von Anfang an Einfluss auf die Entwicklung des Borderline-Konzeptes nahm, sodass schließlich der inflationäre Boom spekulativer Pionierleistungen in den 70er-Jahren etwas zurückging. In der Folge seiner Arbeiten wurde zunehmend von einer „Borderline-Personality-Organization" und von „Persönlichkeits-Störungen" gesprochen (Kernberg, 1975). Es handelte sich dabei zunächst weniger um eine Konsenssuche über die Borderline-Dynamik und -Ätiologie, sondern vor allem um den Versuch einer Vereinheitlichung der psychoanalytischen Deskription des Borderline-Störungsbildes. Diese Deskription bereitete schließlich auch die Aufnahme der „Borderline-Persönlichkeitsstörungen" in das DSM-III (von 1980) maßgeblich vor.

Mit der Akzentuierung in Richtung Persönlichkeitsstörung hatte Kernberg jedoch durchaus auch den Vorschlag für eine psychodynamische Erklärung im Auge. Er wollte dem Missverständnis vorbeugen, die sog. „Grenzfälle" schwankten zwischen neurotischer und psychotischer Symptomatik. Vielmehr handelt es sich nach seiner Auffassung um stabile Strukturmerkmale der Persönlichkeit, die psychotische Episoden nur unter extremer Belastung oder unter regressionsfördernden Bedingungen (wie Drogeneinnahme oder ungünstige therapeutische Prozesse) zuließen. Ansonsten bliebe jedoch in der Regel die Fähigkeit zur Realitätskontrolle erhalten (Kernberg, 1967, 1971, 1975).

Abgrenzung gegenüber Psychosen. Durch den Erhalt eines Realitätsbezuges sei die Abgrenzung zur Psychose eindeutig gegeben. Andererseits imponierten nach seiner Auffassung eine Reihe von Symptomen und Verhaltensauffälligkeiten, die an psychoneurotische Störungen denken ließen: Ängste, Phobien und Zwänge sowie paranoide, schizoide und hypochondrische Störungen.

Abgrenzung gegenüber Neurosen. Der Unterschied zur Neurose läge jedoch darin, dass die Symptomatik erheblichen Intensitätsschwankungen unterliege und auch in ihrer qualitativen Ausgestaltung auf vielfältige Weise fluktuieren könne.

Abgrenzung zur Schizophrenie

Schon früh war die Frage einer Abgrenzung der Borderline-Störungen gegenüber den schizophrenen Störungen Gegenstand zweier Prospektivstudien, in denen man auch die Frage zu beantworten versuchte, ob die Borderline-Störung als Vorläufer der Schizophrenie in Betracht gezogen werden könne oder ob es sich um ein eigenes Störungsbild handele (Hoch & Catell, 1959, 1962; Grinker et al., 1968; Werble, 1970).

Diese Arbeitsgruppen vertraten die Arbeitshypothese distinkter Störungsgruppen und selektierten schizophrene Patienten (mit eindeutigen Wahnstörungen und Halluzinationen sowie die mit hereditärer Belastung) aus ihren Stichproben. In der Studie von Hoch und Catell zum Verlauf der „pseudoneurotischen Schizophrenie" wurde die Stichprobe weiter begrenzt auf Patienten mit variierender psychoneurotischer Symptomatik. In den Studien von Grinker/Werble andererseits wurde die Stichprobenauswahl auf Patienten mit guter prämorbider psychosozialer Anpassung außerhalb der Hospitalisierung homogenisiert. Vielleicht ist es deshalb nicht weiter verwunderlich, dass sich in den Untersuchungen der Arbeitsgruppe um Werble zum Follow-up nach fünf Jahren keine Exazerbation in Richtung Schizophrenie finden ließ, während in der Studie von Hoch und Catell gut ein Viertel der (Psychiatrie-)Patienten manifeste schizophrene Störungen entwickelten.

Für die DSM-III-Typologie wegbereitend waren Versuche, das in der Psychoanalyse entwickelte Borderline-Konzept psychometrisch aufzuklären und es von den schizoiden, später auch schizotypischen Persönlichkeitsstörungen abzugrenzen. Die wichtigsten Anstöße hierzu stammen von Gunderson et al. (1975, 1978), wobei das von Gunderson und Kolb (1978) entwickelte „Diagnostische Interview für Borderline-Patienten" (DIB; deutsch: Pütterich, 1985) inzwischen testtheoretisch gut überprüft ist (vgl. Kolb & Gunderson, 1980; Gunderson et al., 1981; Eckert et al., 1987). Gunderson und Kolb unterscheiden sieben für die Borderline-Diagnose wichtige Bereiche:

- niedriger sozialer Erfolg,
- Impulsivität,
- manipulative Suizidhandlungen,
- gesteigerte Affektivität,
- dezente psychotische Erlebnisse,
- gesteigerte Kontaktbedürftigkeit,
- gestörte enge zwischenmenschliche Beziehungen.

Eine Konstruktvalidierung des DIB mit dem zeitgleich von Kernberg (1977) entwickelten „Strukturellen Interview für Borderline-Patienten“ (SIB) erbrachte weitgehend übereinstimmende Befunde und zeigte eine konzeptuelle Nähe beider Ansätze (Carr et al., 1979).

Für die Aufnahme der Borderline-Persönlichkeitsstörung in das DSM-III ausschlaggebend waren die bereits im Zusammenhang mit der schizoiden und schizotypischen Persönlichkeitsstörung dargestellten Analysen durch Spitzer et al. (1979a, b), in deren Folge eine Verbesserung der differenzialdiagnostischen Unterscheidung von schizotypischen und Borderline-Persönlichkeitsstörung möglich erschien (→ 8, → 9).

EXKURS

Leitsymptome im psychoanalytischen Konzept der Borderline-Persönlichkeitsstörung

Rohde-Dachser (1982, 1986) hat die von Kernberg und Gunderson sowie die in der Folgezeit von anderen psychoanalytisch orientierten Autoren vorgelegten Beschreibungen der Borderline-Störungen systematisiert und zusammengefasst. Nach Auffassung der Autorin sollte die Borderline-Diagnose erwogen werden, wenn mindestens zwei der folgenden Symptome gleichzeitig auftreten (Rohde-Dachser, 1986, S. 127f):

- chronische, frei flottierende Angst in Kombination mit anderen Symptomen, die offenbar nicht ausreichen, um die Angst zu binden;
- polymorph-perverse Sexualität (also keine stabile Devianz!);
- multiple Phobien und/oder leibbezogene Befürchtungen und Wahrnehmungsveränderungen (z.B. Dysmorphophobie; ausgeprägte hypochondrische Befürchtungen);
- bizarre Konversionssymptome;
- dissoziative Reaktionen aller Art (hysterische Dämmerzustände; Fugue-Zustände; Amnesien mit Bewusstseinsstörungen; „multiple Persönlichkeit“);
- chronische Depersonalisation oder auch wiederkehrende akute, aber wenig angstgetönte Depersonalisationserlebnisse (panikartige Angst im Zusammenhang mit Depersonalisationserlebnissen weist differenzialdiagnostisch oft auf eine bevorstehende psychotische Dekompensation hin);
- episodischer, nach stets gleichem Muster verlaufender Verlust der Impulskontrolle;
- selbstschädigende Handlungen, insbesondere Selbstverletzungen ohne suizidale Absicht;
- Zwangssymptome (ich-dyston!) mit fließendem Übergang hin zu (ich-syntonen) wahnhaften Ausgestaltungen;
- ausgestanzte (nicht ausdifferenzierte!) Wahnbildungen;
- auf den Konfliktbereich beschränkte dezente (nicht-psychotische) Denk- und Wahrnehmungsstörungen;
- pseudohalluzinatorische Erlebnisse (bevorzugt visueller Natur);
- Depression, in der Schuldgefühle weitgehend fehlen und sich stattdessen ohnmächtige Wut wechselnd gegen andere oder die eigene Person entlädt.

Einige Typisierungen in der Auflistung von Rohde-Dachser lassen sich wegen ihrer besonderen Betonung der Innenperspektive zumeist erst nach längeren (therapeutischen) Gesprächskontakten mit den Patienten erschließen und dürften deshalb nicht den Anforderungen einer zuverlässig-reliablen Status-Interviewdiagnostik genügen (wie z.B. „Konfliktbereich", „fließende Übergänge von Ichsyntonie zu Ichdystonie", „Symptome, die Angst binden" usw.). Der Einfluss der in dieser Auflistung zusammengefassten psychoanalytischen Beschreibungsversuche auf die Kriterien der DSM-Typologie ist dennoch unverkennbar (→ Übersicht mit den Kriterien des DSM-IV).

11.2 Diagnostik

Zu der Symptomauflistung von Rohde-Dachser (1986) weisen die DSM-IV-Kriterien dennoch eine Reihe von Unterschieden auf, an denen wesentliche Vor- und Nachteile verdeutlicht werden können, die mit einigen konzeptuellen Restriktionen des DSM zusammenhängen, nämlich einerseits mit der multiaxialen Struktur des Systems und andererseits mit der Reliabilität erhöhenden, möglichst verhaltensnahen Syndrombeschreibung (→ Übersicht der DSM-IV-Kriterien).

Überlappung versus Differenzierung

Die multiaxiale Struktur des DSM-IV verlangt eine strikte Trennung der Symptomdiagnostik der Achse I von einer Bestimmung der Persönlichkeitsstörungen. Danach wären beispielsweise die von Rohde-Dachser beschriebenen Depersonalisationssymptome, Amnesie- und Fugue-Zustände auf der Achse I in der Sektion „Dissoziative Störungen" zu registrieren.

Vorteil. Der Vorteil einer solchen Trennung liegt darin, dass das solitäre Auftreten dieser spezifischen Störungen nicht unmittelbar mit einer Persönlichkeitsdiagnose (in diesem Fall mit der Borderline-Diagnose) in einen Zusammenhang gestellt wird, der zugleich konzeptuell-theoretische Verbindungen suggerieren könnte.

Nachteil. Andererseits ergibt sich ein Nachteil, da genau diese Symptome zum individuellen Gesamtbild der Borderline-Störung dazugehören, diese als solche aber als diagnostische Information zur Absicherung der Diagnose mittels DSM-IV nicht unmittelbar Berücksichtigung finden können – mit möglicherweise divergierenden therapeutischen Implikationen.

Insbesondere Gunderson (1984) fordert seit Jahren den (prototypisch-gewichteten) Einschluss der Depersonalisations- und Derealisationsphänomene sowie der kurzen psychotischen Episoden in die Kriterienliste, dies vor allem weil auch die im Zusammenhang mit der fluktuierenden Borderline-Problematik auftretenden Störungen der Impulskontrolle (die ebenfalls eine eigene Sektion auf der DSM-Achse I darstellen) bereits in die Liste der Verhaltensdeskriptoren aufgenommen wurden.

DIAGNOSTISCHE KRITERIEN

Diagnostische Kriterien der Borderline-Persönlichkeitsstörung gemäß DSM-IV

Ein tief greifendes Muster von Instabilität in den zwischenmenschlichen Beziehungen, im Selbstbild und in den Affekten sowie deutliche Impulsivität. Der Beginn liegt im frühen Erwachsenenalter und manifestiert sich in verschiedenen Lebensbereichen. Mindestens fünf der folgenden Kriterien müssen erfüllt sein:

(1) Verzweifeltes Bemühen, tatsächliches oder vermutetes Alleinsein zu vermeiden. *Beachte:* Hier werden keine suizidalen oder selbstverletzenden Handlungen berücksichtigt, die in Kriterium 5 enthalten sind.
(2) Ein Muster instabiler, aber intensiver zwischenmenschlicher Beziehungen, das durch einen Wechsel zwischen den Extremen der Idealisierung und Entwertung gekennzeichnet ist.
(3) Identitätsstörung: ausgeprägte und andauernde Instabilität des Selbstbildes oder der Selbstwahrnehmung.
(4) Impulsivität bei mindestens zwei potenziell selbstschädigenden Bereichen (z.B. Geldausgeben, Sexualität, Substanzmissbrauch, rücksichtsloses Fahren, „Fressanfälle"). *Beachte:* Hier werden keine suizidalen oder selbstverletzenden Handlungen berücksichtigt, die in Kriterium 5 enthalten sind.
(5) Wiederholte suizidale Handlungen, Selbstmordandeutungen oder -drohungen oder Selbstverletzungsverhalten.
(6) Affektive Instabilität infolge einer ausgeprägten Reaktivität der Stimmung (z.B. hochgradige episodische Dysphorie, Reizbarkeit oder Angst, wobei diese Verstimmungen gewöhnlich einige Stunden und nur selten mehr als einige Tage andauern).
(7) Chronisches Gefühl der Leere.
(8) Unangemessene, heftige Wut oder Schwierigkeiten, die Wut zu kontrollieren (z.B. häufige Wutausbrüche, andauernde Wut, wiederholte körperliche Auseinandersetzungen).
(9) Vorübergehende, durch Belastungen ausgelöste paranoide Vorstellungen oder schwere dissoziative Symptome.

Zitiert gemäß DSM-IV der APA (1994); Saß et al. (1996, S. 739).

Implikation versus Reliabilität

Nun berühren gerade die Persönlichkeitsstörungen das grundsätzliche Problem, ob sie sich in einmaligen diagnostischen Kontakten überhaupt zuverlässig feststellen lassen. Wie angedeutet, liegt ein wesentliches Merkmal der Persönlichkeitsstörungen darin, dass es sich um zwischenmenschlich auffällige, weitgehend routinierte Interaktionsprobleme handelt, die den Betroffenen selbst nicht unmittelbar einsichtig (ich-synton), von ihnen also nurmehr schwer verbalisierbar sind. Ich-dyston erlebt werden vor allem die fluktuierenden Symptome. Erst in dem Maße, wie wiederholte und länger dauernde Kontakte möglich sind, gewinnt damit die diagnostische Feststellung der ich-syntonen Persönlichkeitsstörung ein höheres Maß an Zuverlässigkeit.

Diagnostische Untersuchungen, die in aller Regel mittels strukturierter Interviews durchgeführt wurden, zeigen nun jedoch, dass die Borderline-Diagnose inzwischen im Vergleich zu anderen Persönlichkeitsstörungen bereits in einmaligen Gesprächen recht zuverlässig gestellt werden kann (Gunderson & Kolb 1978; Kolb & Gunderson, 1980; Widiger et al., 1992; Reich, 1992). Schwierigkeiten ergeben sich vor allem in eher unstrukturierten Interviewsituationen (etwa zur Diagnostik mittels projektiver Verfahren), die durch die für diese Patienten typische Interaktionseigenarten kontaminiert werden (Singer & Larson, 1981; Kernberg et al., 1981) und gelegentlich zu Fehldiagnosen einer schizotypischen Persönlichkeitsstörung führen. Bewirkt wird dies insbesondere durch ein für beide Diagnosegruppen typisches Verhalten: fabulierendes und konfabulatorisches Denken; Verbindung getrennter Begriffe aufgrund ihrer räumlichen oder zeitlichen Nähe anstelle einer logischen Zuordnung; schwer einsichtige affektive Assoziationsmuster; von der aktuellen Stimmung abhängige Interaktions-, Handlungs- und Denkmuster (vgl. auch Rohde-Dachser, 1989; Rauchfleisch, 1991).

In den Untersuchungen von Gunderson et al. mit dem „Diagnostischen Interview für Borderline-Patienten“ (DIB, 1978) waren es vor allem folgende sieben Items, mit denen Borderline-Patienten von anderen Vergleichsgruppen mit einer Genauigkeit von 85,4 Prozent zu unterscheiden waren (Zahlen in eckigen Klammern entsprechen der Itemnummer im DIB): [147] Beklagt sich ... (Ihr Mann, Ihre Frau oder andere wichtige Bezugsperson) ... darüber, dass sie gemein sind? In welcher Weise? (z.B. quälen, schlagen [auch im übertragenen Sinne], verweigern). [25] Haben Sie sich jemals selbst absichtlich verletzt (nicht durch Suizidversuch)? [106] (Nach der Exploration von Wahnideen: Beurteilung der Qualität als) ich-dystone Wahnideen. [107] (Nach der Beurteilung der Wahnideen) Wahnerlebnisse beeinflussen viele Lebensbereiche (umfassende Verzweigung). [78, 78′, 78″] Fühlen Sie sich dauernd leer, einsam, gelangweilt? [33] Sind Sie schon einmal tabletten-/drogenabhängig gewesen? [157] Haben Sie irgendwelche besonderen Beziehungen zu dem einen oder anderen Mitarbeiter (der Station) oder zu einem Therapeuten entwickelt, mit dem Sie es zu tun hatten? (Vgl. auch Gunderson, 1984)

Besonderheiten in der ICD-10

In der ICD-10 ist die Borderline-Störung eine von zwei Unterformen der dort so bezeichneten „Emotional instabilen Persönlichkeitsstörung“ (→ Übersicht mit ICD-10-Kriterien):

- **Emotional instabile Persönlichkeitsstörung, Borderline-Typus:** Der Teilaspekt der „Emotional instabilen Persönlichkeitsstörung, Borderline-Typus“ wird ähnlich wie die Borderline-Persönlichkeitsstörung im DSM-III-R beschrieben und konzeptualisiert.
- **Emotional instabile Persönlichkeitsstörung, impulsiver Typus:** Die zweite Störungsvariante wird als „Emotional instabile Persönlichkeitsstörung, *im-*

pulsiver Typus" bezeichnet und kennzeichnet Personen, deren mangelnde Impulskontrolle zu gewalttätigem und bedrohlichem Verhalten führt. Diese Kategorie entspricht der sog. „Intermittierend explosiblen Störung", die im DSM-IV auf der Achse I der Syndromgruppe der Störungen der Impulskontrolle zugerechnet wird (Störungsbeschreibung: → Exkurs unten).

Die Zuordnung der vor allem bei Männern beobachtbaren episodenhaft und spontan auftretenden Aggressivität und Gewalt zum Bereich der Persönlichkeitsstörungen, geht auf Einflüsse der europäischen Psychiatrie auf die Entwicklung der ICD zurück. Vor allem in deutscher Psychiatrietradition war der persontypische, explosible Impulskontrollverlust immer schon als Persönlichkeitsstörung aufgefasst und mit Begriffen wie reizbare, explosible und aggressive Persönlichkeit(sstörung) belegt worden (→ 2.1.2).

DIAGNOSTISCHE KRITERIEN

ICD-10-Kriterien der Emotional instabilen Persönlichkeitsstörung

Eine Persönlichkeitsstörung mit deutlicher Tendenz, impulsiv zu handeln ohne Berücksichtigung von Konsequenzen und wechselnder, instabiler Stimmung. Die Fähigkeit vorauszuplanen ist gering und Ausbrüche intensiven Ärgers können zu oft gewalttätigem und explosiblem Verhalten führen; dieses Verhalten wird leicht ausgelöst, wenn impulsive Handlungen von anderen kritisiert oder behindert werden. Zwei Erscheinungsformen dieser Persönlichkeitsstörung können näher beschrieben werden, bei beiden finden sich Impulsivität und mangelnde Selbstkontrolle.

F60.30: Impulsiver Typus. Die wesentlichen Charakterzüge sind emotionale Instabilität und mangelnde Impulskontrolle. Ausbrüche von gewalttätigem und bedrohlichem Verhalten sind häufig, vor allem bei Kritik durch andere.

Dazugehörige Begriffe:

- aggressive Persönlichkeit(sstörung)
- reizbare (explosible) Persönlichkeit(sstörung)

Ausschluss:

- dissoziale Persönlichkeit(sstörung) (F60.2)

F60.31: Borderline Typus. Einige Kennzeichen emotionaler Instabilität sind vorhanden, zusätzlich sind oft das eigene Selbstbild, Ziele und „innere Präferenzen" (einschließlich der sexuellen) unklar und gestört. Meist besteht ein chronisches Gefühl innerer Leere. Die Neigung zu intensiven, aber unbeständigen Beziehungen kann zu wiederholten emotionalen Krisen führen mit übermäßigen Anstrengungen, nicht verlassen zu werden, und mit Suiziddrohungen oder selbstbeschädigenden Handlungen (diese können auch ohne deutliche Auslöser vorkommen).

Dazugehöriger Begriff:

- Borderline Persönlichkeit(sstörung)

Aus der ICD-10 Kapitel V (F) der WHO (1993; 2. Auflage, S. 239–240).

Möglicher Geschlechtsbias

Sowohl die Benennung wie die Differenzierung im Bereich einer emotional instabilen Persönlichkeitsstörung gehen u.a. auf die Versuche von Spitzer et al. (1979a; 1979b) zurück, zwischen der schizophrenienahen und für die Schizophrenie untypischeren Persönlichkeitsstörungen zu differenzieren (→ 9.2). Sie hatten die Gruppe der heute im DSM unter den Kriterien der Borderline-Persönlichkeitsstörung subsumierten Auffälligkeiten ursprünglich ebenfalls als „instabile Persönlichkeitsstörung" bezeichnet. In der jetzt vorgeschlagenen Zweiteilung versuchte die Arbeitsgruppe, die die Persönlichkeitsstörungen in der ICD-10 ausarbeitete, offensichtlich auch, dem nach wie vor gegebenen Geschlechtsbias in der Diagnostik der Borderline-Persönlichkeitsstörungen entgegenzuwirken.

Immerhin sind gegenwärtig etwa drei Viertel aller Patienten mit Borderline-Diagnose gemäß DSM-III(-R) weiblichen Geschlechts (vgl. Akhtar et al., 1986). Impulsive Aggressivität und Gewalttätigkeit lässt sich hingegen vor allem bei Männern beobachten (vgl. Fiedler & Mundt, 1995). Andererseits ist dieser in der ICD-10 unterstellte Zusammenhang einer einheitlichen (emotional-impulsiven) Persönlichkeitsstörung mit recht unterschiedlichen, eher geschlechtstypischen Varianten bisher kaum in dieser Form systematisch untersucht worden. Dennoch stellt die vorgeschlagene Neusetzung in der ICD-10 durchaus eine interessante Herausforderung für die zukünftige Forschung dar.

Weitere Aspekte

Für das Zusammenfassen beider Aspekte in der ICD-10 sprechen weitere Forschungsarbeiten, in denen ebenfalls über Aggressivität und Gewalt bei Borderline-Patienten selbst berichtet wird sowie über eine Komorbidität mit der antisozialen Persönlichkeitsstörung (z.B. McGlashan, 1992; → 10).

Bach-y-Rita et al. (1971) berichten in einer Studie mit 130 zur spontanen Gewalttätigkeit neigenden Männern über eine auch bei diesen überzufällig häufig findbare unterschwellige Suizidneigung, die in dieser Form auch bei Borderline-Patienten beobachtbar ist.

Auch bei der sog. multiplen Persönlichkeitsstörung ist das Auftreten spontaner Aggressivität beobachtbar („Dr.-Jekyll-Mr.-Hyde-Duality"; Lion, 1989, S. 2475), und die multiple Persönlichkeitsstörung (im DSM-IV: „dissoziative Identitätsstörung") gilt für eine Reihe von Forschern inzwischen als *ein* prototypisches Symptombild (oder auch als Grundstörung) der Borderline-Persönlichkeitsstörungen (vgl. Horevitz & Braun, 1984; Fiedler, 2001).

Schließlich bleibt zu beachten, dass sich spontane Aggressivität und Gewalttätigkeit auch noch bei anderen Persönlichkeitsstörungen beobachten lässt, vor allem bei der paranoiden (Lion, 1987), zwanghaften (Lion, 1989) und passiv-aggressiven Persönlichkeitsstörung (Malinow, 1981b).

EXKURS

Intermittierend explosible Störung im DSM-IV

Der Grund, warum die impulsive Aggressivität und Gewalt im DSM-IV nicht als Persönlichkeitsstörung angeführt wird (und als solche, wenn sie solitär auftritt auch nicht als „antisoziale Persönlichkeitsstörung" zu klassifizieren ist), liegt darin begründet, dass die Betroffenen unmittelbar echte Reue und Betroffenheit über die anderen zugefügten Verletzungen und angerichteten Schäden zeigen. Reue, Schamgefühl und Selbstvorwürfe gelten als Indikatoren für eine ich-dystone Störungsmarkierung und damit als wichtigste Abgrenzung zu spontaner Gewalt bei den anderen Persönlichkeitsstörungen. Wir geben hier eine Beschreibung des Störungsbildes, wie es im DSM-IV dem Bereich der sog. Störungen der Impulskontrolle zugeordnet wurde (vgl. Fiedler & Mundt, 1995):

Die Diagnose intermittierend explosible Störung findet Anwendung bei Personen, die in umschriebenen Episoden und spontan mit einem Verlust der Kontrolle über ihre aggressiven Impulse reagieren. Das Ausmaß der gezeigten Aggressivität steht üblicherweise in keinem Verhältnis zu den jeweils findbaren Anlässen und kann bis zu schweren Gewalttätigkeiten oder bis zur Zerstörung von Eigentum ausarten.

Die Kennzeichnungen „intermittierend" und „explosibel" sollen verdeutlichen, dass die spontane Aggressivität „anfallsartig" anlässlich eines scheinbar nichtigen Anlasses aus einer bis dahin gegebenen ruhigen und unauffälligen Interaktionsfolge heraus „explodieren" kann und dass die Kontrolle über die Aggressivität mit zumeist auffälliger Beruhigung gleichfalls innerhalb kurzer Zeit wiederhergestellt scheint – und zwar unabhängig von der Dauer der Aggressionsepisoden.

Die psychosozialen Folgen explosibler Gewaltanwendung können beträchtlich sein. Es können Haftstrafen drohen oder Zwangseinweisungen in eine psychiatrische Klinik angeordnet werden. Bei Gewaltanwendung in der Familie kann der Fortbestand der Ehe gefährdet sein oder ein sicheres Arbeitsverhältnis bei gewalttätiger Auseinandersetzung am Arbeitsplatz. Monopolis und Lion (1983) fanden in einer ersten epidemiologischen Interviewstudie mit dem DSM-III (1980) unter 830 Patienten in Allgemeinkrankenhäusern immerhin 2,3 Prozent, auf die die Diagnose der intermittierend explosiblen Störung hätte zutreffen können.

Prävalenz

Die vorliegenden Studien dokumentieren vor allem Angaben zur behandelten Prävalenz der Borderline-Persönlichkeitsstörungen. Die wenigen Felduntersuchungen beinhalten zeitpunktgebundene Prävalenzangaben. Diese schwanken zwischen 1,1 und 1,8 Prozent (Weissman, 1993; → 20.1). Die Prävalenzangaben zu Patienten, die sich wegen unterschiedlicher psychischer Störungen in Behandlung befanden, schwanken zwischen 8 und 15 Prozent. Innerhalb der Gruppe der Patienten mit einer oder mehrerer Persönlichkeitsstörung(en) schwankt der Anteil der Patienten mit Borderline-Persönlichkeitsstörung zwischen 27 und 51 Prozent (vgl. Widiger et al., 1989, 1993; → 20.3). Die jeweils niedrigeren Werte stammen aus Untersuchungen, die zu Beginn der 80er-Jahre durchgeführt wurden, die höheren Werte aus Studien gegen Ende der 80er-Jahre. Es bleibt also zu beachten, dass in diesem Jahrzehnt offensichtlich die Bereitschaft zugenommen hat, die Borderline-Diagnose zu vergeben, und dass sich dieser Sachverhalt wohl auch in der entsprechend ansteigenden Anzahl von Patienten niedergeschlagen hat, welche die Diagnose in diesem Jahrzehnt erhielten.

11.3 Differenzialdiagnostik

Schizophrenie. Die Diagnosekriterien sind gegenwärtig offensichtlich noch nicht hinreichend geeignet, etwa eine prognostisch valide Differenzialdiagnose der kurzzeitig psychotischen Episoden gegenüber (reaktiven) schizophrenen Störungen vorzunehmen. Angesichts der gegebenen Unsicherheiten empfiehlt sich bei Auftreten kurzzeitiger psychotischer Episoden eine längere (mehrmonatige) Verlaufsbeobachtung, um das Vorhandensein oder die Entwicklung schizophrener Störungen auszuschließen (→ 9.1). Andererseits sind beim gegenwärtigen Kenntnisstand in einzelnen Fällen durchaus Komorbiditätsüberlegungen sinnvoll, sodass das Vorliegen schizophrener Störungen eine Borderline-Persönlichkeitsstörung nicht zwingend ausschließen muss.

Auch von den Autoren, die im Sinne Kernbergs die Borderline-Symptomatik als Ausdruck einer von der Schizophrenie unabhängigen Persönlichkeitsstörung begreifen, wird immer wieder auch das Auftreten kurzzeitiger psychotischer Episoden berichtet (Knight, 1953; Hoch & Catell, 1959; Rohde-Dachser, 1989). Ihr Auftreten scheint an folgende Bedingungen geknüpft (Gunderson & Singer, 1975):

- Kurzzeitig psychotische Episoden treten bei Borderline-Patienten in der Folge psychischer Erregung (Stress) auf.
- Sie sind auch ohne Behandlung voll reversibel.
- Sie gehen schnell vorüber (innerhalb weniger Stunden und Tage).
- Sie werden als ich-fremd (ich-dyston) erlebt.
- Sie folgen keiner Regelhaftigkeit.

Schizotypische Persönlichkeitsstörung. Zurückhaltung und Behutsamkeit in der Diagnosefestlegung empfehlen sich auch bei Unsicherheiten einer differenziellen Abgrenzung gegenüber der *schizotypischen Persönlichkeitsstörung*, da die Diagnosekriterien beider Typologien nach wie vor nur in wenig mehr als der Hälfte der Fälle eine eindeutige Zuordnung zur schizotypischen bzw. Borderline-Persönlichkeitsstörung erlauben (Khouri et al., 1980; Perry & Klerman, 1980; Sheehy et al., 1980; Saß & Koehler, 1982a, b; Gunderson et al., 1983; Fiedler, 2001). Besonders häufig sind paranoide Gedanken und Fantasien bei beiden Persönlichkeitsstörungen beobachtbar, jedoch sind diese Symptome bei Vorliegen einer Borderline-Persönlichkeitsstörung in der Regel zeitstabiler und häufiger eng verbunden mit kritischen interaktionellen Erfahrungen und Konflikten.

Affektive Störungen. Inzwischen wird vermehrt die Ansicht vertreten, bei der Borderline-Persönlichkeitsstörung handele es sich möglicherweise um *eine* mögliche prämorbide Persönlichkeitsvariante der affektiv-depressiven Stimmungsstörungen (→ 11.4: Ätiologie/Familien- und Genetikstudien), wodurch der „Grenzbegriff" zugleich eine neue Qualität bekommt (vgl. Gunderson & Zanarini, 1987; → 19). Obwohl die Forschungen zur Risikobedeutsamkeit einer Borderline-Persönlichkeitsstruktur für eine spätere Entwicklung depressiver Störungen noch weit am Anfang stehen, kann jetzt schon als gesichert gelten, dass Borderline-Persönlichkeitsstörungen häufig gemeinsam mit affektiven Störungen diagnostizierbar sind. Die Persönlichkeitsstörungsdiagnose sollte jedoch erst dann beibehalten werden, wenn die Kriterien auch außerhalb affektiv-depressiver Störungsepisoden weiterhin erfüllt bleiben.

Narzisstische Persönlichkeitsstörung. Besondere Probleme stellen sich auch bei einer Differenzialdiagnose gegenüber der narzisstischen Persönlichkeitsstörung, mit der es konzeptuelle Gemeinsamkeiten gibt und die deshalb häufig zusammen mit der Borderline-Störung festgestellt wird (vgl. Ronningstam & Gunderson, 1991): Im Falle diagnostischer Unsicherheiten wird die Komorbiditätsdiagnose nahe gelegt. Zur möglichen Abgrenzung findet sich der Hinweis, dass Personen mit narzisstischer Persönlichkeitsstörung gewöhnlich eine stabiler ausgebildete Persönlichkeitsstruktur haben und im Unterschied zu den Borderline-Patienten weniger impulsiv und emotional sind (vgl. die Verstehensansätze beider Störungen in den → Kapiteln 11.4 und 13.4).

Dissoziative Identitätsstörung. Schließlich sei hier noch auf eine in jüngster Zeit häufiger vertretene Hypothese verwiesen, nach der es sich bei der multiplen Persönlichkeitsstörung (so in ICD-10/DSM-III-R) bzw. der dissoziativen Identitätsstörung (so neu bezeichnet im DSM-IV) zugleich auch um eine Grundsymptomatik bzw. Grundstörung der Borderline-Persönlichkeit handeln könne (vgl. die umfangreiche Ausarbeitung zur Differenzialdiagnostik bei einer „dissoziativen Identitätsstörung" in Fiedler, 2001).

11.4 Erklärungsansätze

Die Entwicklung des Konzeptes der Borderline-Störungen ist eng mit einigen modernen Weiterentwicklungen der psychoanalytischen Theorie verknüpft, die zumeist unter der Bezeichnung „Objekt-Beziehungs-Theorien" zusammengefasst werden (vgl. Leichsenring, 1996; → 3.4).

11.4.1 Psychoanalyse

Im Mittelpunkt psychoanalytischer Arbeiten zur Objekt-Beziehungs-Theorie steht die Beschreibung und Untersuchung sog. internalisierter Objektbeziehungen (d.h. die intrapsychische Repräsentation der gefühlsmäßigen Beziehungen von Patienten zu ihren Bezugspersonen). Gefragt wird nach der Bedeutung frühkindlich vermittelter zwischenmenschlicher Erfahrungen für die weitere Persönlichkeitsentwicklung – oder konkreter: nach ihrer überdauernden Repräsentation im Ich bzw. im Selbst. Diese beinhalten:

- als „Selbst-Repräsentanzen" die affektiv-kognitive Struktur von Erfahrungen der eigenen Person in Beziehungen und
- als „Objekt-Repräsentanzen" die kognitiv-affektiven Beziehungserfahrungen mit relevanten Bezugspersonen.

Wichtig für ein allgemeines Verständnis der Persönlichkeitsstörungen ist dabei die Hypothese, dass sich die Selbst- und Objektrepräsentanzen in der Folge einer sozialisatorisch bedingten Verzögerung oder Behinderung in der Entwicklung eines intrapsychischen Selbstwertsystems nur unzureichend oder einseitig ausbilden könnten.

Wesentliche Impulse für ein objektbeziehungstheoretisches Verständnis von Borderline-Persönlichkeitsstörungen gingen von Kernberg (1975, 1976) aus. Kernberg nahm an, dass Borderline-Patienten eine konstitutionsbedingte Unfähigkeit zur Affektregulation in zwischenmenschlichen Beziehungen aufweisen würden, die sie für die Entwicklung psychischer Störungen bei Auftreten ungünstiger Lernerfahrungen in der Eltern-Kind-Beziehung prädisponieren könnten. Nach seiner Auffassung seien – bei Vorliegen einer solchen Prädisposition (als Vulnerabilität) – insbesondere frühe (traumatisierende) Objektbeziehungen dafür verantwortlich, wenn aus dieser Zeit verschiedenste, vor allem affektiv-diffuse oder konflikthafte Selbst-Objektrepräsentanzen erhalten blieben. Für ihren künftigen Umgang mit Beziehungsambivalenzen entwickelten die Betroffenen alsbald eine für die Borderline-Störung typische Form des Selbstschutzes (oder des Vulnerabilitätsschutzes; Rhode-Dachser, 1986). Dieser bleibe für das weitere Leben als persönliches Grundmuster der Beziehungsregulierung bestimmend.

Kernberg bezeichnet diese besondere Form innerpsychischer „Abwehr" oder „Abschirmung" gegenüber interpersonell diffusen und aversiven Erfahrungen als Spaltung. Und er erklärt damit die bei Borderline-Patienten persistierenden affektiven Instabilitäten, die fluktuierenden Symptombildungen, die abrupten Einstellungsverschiebungen und den episodischen Verlust der Impulskontrolle. Die interpersonell auffälligen Besonderheiten der Betroffenen werden so als Selbstschutzmöglichkeit durch Abspaltung potenziell verletzender Beziehungserfahrungen begreifbar, für die sie selbst kein ausdifferenziertes Selbstwertsystem als Reaktionsbasis besitzen.

Was nun die Übergänge der Borderline-Persönlichkeitsstörungen zur Schizophrenie betrifft, so liegen dazu von psychoanalytischer Seite ebenfalls einige weiter reichende Überlegungen vor. Diese sollen am Beispiel eines Modells der Störungsentwicklung im Sinne der Objekt-Beziehungs-Theorie etwas detaillierter besprochen werden, wie es kürzlich von Rohde-Dachser (1986) im Rückgriff auf Überlegungen von Ciompi (1982) vorgelegt wurde (→ Abbildung 11.1).

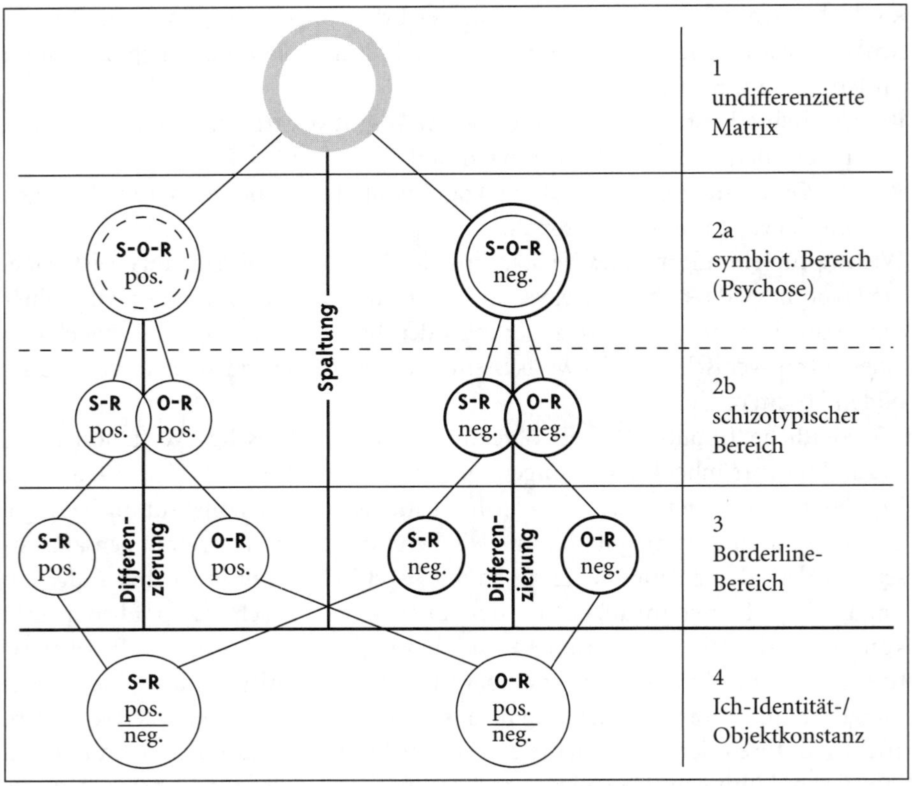

Abbildung 11.1. Schematische Darstellung der Entwicklung der Objektbeziehungen (nach Kernberg, 1976, und Ciompi, 1982; in Anlehnung an eine Grafik von Rohde-Dachser, 1986, S. 137).

S-R = Selbst-Repräsentanzen; O-R = Objekt-Repräsentanzen. Zeitliche Zuordnung der Entwicklungsstufen (sensu Mahler et al., 1975): (1) erste Lebenswochen; (2a) 2. bis 6. Lebensmonat; (2b) 6. bis 18. Lebensmonat; (3) 18. bis 36. Lebensmonat; (4) ab 36. Lebensmonat

Im Sinne dieser anschaulichen Abbildung lassen sich die unterschiedlichen Störungen (zugleich: Objektbeziehungsmodi der Betroffenen) bestimmten Stufen der frühkindlichen Entwicklung von Selbst- und Objekt-Repräsentanzen zuordnen. Entsprechend dem Entwicklungsmodell von Mahler et al. (1975; → 3.4) lernt das Kind in den ersten Lebensjahren allmählich, sich als autonomes Individuum in einer Welt voneinander separierter Objekte zu begreifen (von einer undifferenzierten symbiotischen Mutter-Kind-Einheit seit Geburt bis zur nach und nach vollzogenen „Loslösung und Individuation" gegen Ende des dritten Lebensjahres). Rohde-Dachser erklärt den Entwicklungsablauf und seine möglichen Störungsquellen folgendermaßen (1986, S. 136–138):

„Die Abbildung [→ Abbildung 11.1] soll verdeutlichen, wie aus der anfänglich *undifferenzierten Matrix (1)* des Neugeborenen sich in der Interaktion mit dem primären Objekt, in der Regel durch die Mutter, erste Selbst-Objekt-Repräsentanzen herausbilden. Dabei sind in diesem *symbiotischen Bereich (2a)* die inneren Bilder vom Selbst und vom Objekt noch nicht voneinander geschieden. Mit anderen Worten: Es hat noch keine *Differenzierung* zwischen Selbst- und Objekt-Repräsentanzen stattgefunden. Die beiden Selbst-Objekt-Bilder auf Stufe 2a unterscheiden sich jedoch durch die *polaren Affektqualitäten*, mit denen sie ausgestattet sind [in → Abbildung 11.1 links: positiv; rechts: negativ; P.F.]. Das Kind ordnet in diesem Stadium seine Erfahrungen mit den Objekten primär nach den Qualitäten ‚lustvoll' oder ‚unlustvoll' bzw. ‚gut' oder ‚böse' und weniger nach den Kategorien ‚drinnen' oder ‚draußen'.
Mit beiden ... Erfahrungskomplexen verbindet es jeweils unterschiedliche Selbst-Objekt-Bilder, die voneinander separiert, ‚gespalten' bleiben und erst in einer wesentlich späteren Phase der Ich-Reifung (dem Bereich 4 in unserem Schema) *einem*, nunmehr realistisch wahrgenommenen mütterlichen Objekt zugeordnet werden. Die Spaltung ist also – wenn man so will – der erste und urtümliche Versuch des Menschen, seine widersprüchlichen Erfahrungen innerlich abzubilden und gleichzeitig zu ordnen, dem Chaos eine Struktur zu geben." (Rohde-Dachser, 1986, S. 136f; Hervorhebungen im Original)

Die Schematik verdeutlicht zugleich ein konzeptuelles Verständnis der Ereignisse bei einem späteren Eintritt in eine psychotische Episode (z.B. in der Schizophrenie). So wird von psychoanalytischen Autoren immer schon eine frühe Störung im symbiotischen Bereich als eine mögliche Ursache schizophrener Störungen vermutet. Und der spätere Eintritt in eine psychotische Episode wird in diesem Sinne verstanden als Regression in den frühen Bereich gespaltener, aber noch völlig undifferenzierter Selbst-Objekt-Bilder. Erst in einem späteren Entwicklungsschritt (ungefähr zwischen dem 6. und 18. Lebensmonat) beginnen sich dann die Selbst- und Objektrepräsentanzen allmählich zu differenzieren (im Bereich 2b der → Abbildung 11.1).

„Dabei wird die Spaltung zwischen positiv und negativ aufrechterhalten. Das ‚gute' Selbstbild, welches sich in diesem Prozess allmählich herausbildet, bleibt scharf von dem ‚bösen' Selbstbild separiert ... Gleichzeitig schreitet die Differenzierung fort, bis hin zur klaren Trennung der (nach wie vor erhaltenen) Selbst- und Objektrepräsentanzen in der hier als ‚Borderline-Bereich' apostrophierten *Phase 3* (ca. 18. bis 36. Lebensmonat). Bei normal fortschreitender Entwicklung gelingt dann etwa mit Ende des dritten Lebensjahres die Zusammenführung der ‚guten' und ‚bösen' Teileinheiten in ein einigermaßen realistisches Selbstbild, dem ein ebenso realistisch wahrgenommenes Objekt gegenübertritt." (Rohde-Dachser, 1986, S. 137)

Interessant an dieser Denkfigur ist zugleich die Einfügung eines *schizotypischen Bereiches* als Störungsentwicklungs- und Regressionsort zwischen Borderline-Störung und Psychose, mit der die in Forschungsarbeiten vielfältig beobachteten und dokumentierten Überlappungen, Übergänge und Komorbiditäten zwischen Borderline und schizotypischer Persönlichkeitsstörung einerseits und zwischen schizotyper Störung und Schizophrenie andererseits konzeptuell eingefangen werden und eine theoretische Perspektive erhalten.

„Borderline" als Begriff für „Grenze" bekommt zugleich einen neuen Sinn als *Übergangsort zur Autonomie*, die ja eine zuvor gelernte sichere Differenzierung im Bereich der positiven versus negativen Anteile des Selbst wie der Objekte voraussetzt. Weiter wird deutlich, dass der wesentliche Unterschied zwischen Borderline- und schizotypischer Persönlichkeitsstörung darin gesehen werden kann, dass Letztere vor allem durch eine weniger ausgearbeitete Differenzierung zwischen Selbst und Objekten bestimmt ist, über die Borderline-Patienten bereits verfügen sollen.

Bei Borderline-Patienten kann vor allem das dominierende „Schwarz-Weiß-“ bzw. „Gut-Böse“-Denken in zwischenmenschlichen Beziehungen immer wieder zu einem abrupten Wechsel zwischen „Zuneigung“ und „Ablehnung“, zwischen „Liebe“ und „Hass“ Anlass geben. Dieser Stimmungswechsel ist funktional gedacht, da er von den Betroffenen zu Zwecken der Abwehr (als Spaltung im Sinne Kernbergs, 1976) eingeübt oder festgeschrieben wurde, um einer vitalen, mit dem Erlebnis von Ambivalenz in Beziehungen verbundenen Bedrohlichkeit auszuweichen.

11.4.2 Entwicklungspsychologische Studien

Inzwischen liegen einige Studien vor, in denen versucht wurde, die Entwicklungs- und Erziehungsbedingungen von Borderline-Patienten in der frühen Kindheit unter Bezugnahme auf die dargestellten psychoanalytischen Hypothesen zu rekonstruieren (also unter besonderer Beachtung der Loslösungs-/Individuationsphase bis etwa zum vierten Lebensjahr; vgl. Marziali, 1992; Links, 1992).

Frühe Trennungserfahrungen

So untersuchte Bradley (1979), ob es in den ersten Lebensjahren zu einer Trennung von der Mutter oder zu einem plötzlichen Abbruch der Mutter-Kind-Erziehung gekommen war, und zwar bei 14 Jugendlichen mit Borderline-Störungen im Vergleich mit drei Kontrollgruppen (bestehend aus altersgleichen 12 schizophrenen, 33 nichtschizophrenen psychiatrischen Patienten sowie 23 nichtpsychiatrischen delinquenten Jugendlichen). Die Ergebnisse erbrachten deutlich erhöhte Trennungserfahrungen (mehr als vier Wochen) bei der Gruppe der Borderline-Jugendlichen. Soloff und Millward (1983) fanden in einer ähnlich retrospektiv angelegten Studie bei Borderline-Patienten (im Vergleich mit schizophrenen und monopolar-depressiven Patienten) ebenfalls eine beträchtlich höhere Zahl früher Trennungserfahrungen, vor allem bedingt durch den frühen Tod der Mutter wie durch Scheidung der Eltern.

Erziehungsverhalten

Einige weitere Retrospektivstudien versuchten das besondere Erziehungsverhalten der Eltern von Borderline-Patienten zu rekonstruieren (z.B. Bindungsverhalten; emotionale Vernachlässigung; aber auch: diffuse und unklare Erziehungsstile; Neigung zur Überkontrolle). Auch in diesen Studien ergaben sich zunächst regelhaft ungünstigere Entwicklungsbedingungen für die Borderline-Patienten im Unterschied zumeist zu nichtklinischen Kontrollpersonen (z.B. Goldberg et al., 1985; Paris & Frank, 1989).

Andererseits wird, seitdem in die Untersuchungen klinische Kontrollgruppen eingeschlossen werden, zunehmend fraglich, ob es sich bei den genannten Erziehungsstilen um für Borderline-Störungen typische Entwicklungsbedingungen handelt. Insbesondere diffuse, indifferente und emotional vernachlässigende Erziehungsstile, die bisher als besonders risikoreich gelten, ließen sich auch bei anderen Persönlichkeitsstörungen nachweisen, dies in durchschnittlich gleichem Ausmaß bei paranoid, ängstlich-vermeidend, depressiv und dissozial (Parker et al. 1999), der spezifische Missbrauchsaspekt emotionaler Vernachlässigung zusätzlich zu den Genannten aber auch noch bei schizotypisch, narzisstisch und passiv-aggressiv (Johnson et al., 2000).

! Besonders ins Gewicht fällt, dass sich bei Borderline-Störungen immer nur einzelne Symptome/Kriterien voraussagen lassen, hingegen bei schizotypischer und ängstlich-vermeidender Persönlichkeitsstörung das Störungsbild. Es stellt sich also die Frage, inwieweit die genannten Erziehungsstile und das Bindungsverhalten der Eltern überhaupt als Borderline-typisch gelten dürfen.

Dies gilt zunehmend auch für die allgemeine Ätiologiehypothese früher Missbrauchserfahrungen bei Borderline-Patienten, auf die wir jetzt eingehen werden.

Missbrauchserfahrungen

Besondere Aufmerksamkeit haben in den vergangenen Jahren Berichte und Studien gefunden, in denen jeweils über eine beträchtliche Anzahl von Borderline-Patienten berichtet wird, die in ihrer Kindheit extremer physischer Gewalttätigkeit und sexuellem Missbrauch ausgesetzt waren (vgl. Marziali, 1992; Links, 1992). Die dazu durchgeführten Retrospektivstudien bei Borderline-Patienten entstanden in der Folge einer Reihe von Arbeiten, in denen zunächst ganz allgemein über die psychischen Folge(schäden) bei Gewalt und Missbrauch berichtet worden war (vgl. Nietzel & Susman, 1990).

Erste Hinweise auf die mögliche ätiologietheoretische Relevanz der Missbrauchserfahrungen in der Kindheit für Borderline-Persönlichkeitsstörungen fand sich in einer Studie von Bryer et al. (1987). Von den dazu befragten 68 Patientinnen einer psychiatrischen Klinik berichteten 72 Prozent über physischen und sexuellen Missbrauch in ihrer Kindheit. Die meisten hatten die Diagnose bzw. Zusatzdiagnose einer Borderline-Persönlichkeitsstörung erhalten. Seither ist eine Vielzahl weiterer Studien zur Häufigkeit und Bedeutung von Missbrauchserfahrungen bei Borderline-Patienten durchgeführt und publiziert worden (z.B. Zanarini et al., 1989; Herman et al., 1989; Shearer et al., 1990; Ogata et al., 1990; Westen et al., 1990; Nigg et al., 1991; Goldman et al., 1992).

Andererseits schwanken die Zahlenangaben und Schätzungen zur Häufigkeit sexueller und physischer Gewaltanwendung bei Borderline-Patienten durch ihre Bezugspersonen beträchtlich: zwischen nur etwa 20 Prozent (so Stone, 1989) bis über 50 Prozent (so Kutcher & Korenblum, 1992). Das heißt im Umkehrschluss: Bei 50 bis 80 Prozent der Betroffenen lassen sich bisher keine Traumatisierungen in der Primärfamilie nachweisen!

Die Befunde der vorliegenden Studien zeigen jedoch in einigen Punkten auch etliche Übereinstimmungen. Im Unterschied zu jeweiligen klinischen bzw. nichtklinischen Vergleichsgruppen zeigte sich bei den Borderline-Patienten häufiger eine wiederholte Erfahrung mit physischer Gewalt wie sexuellem Missbrauch. Ausmaß und zeitliche Erstreckung der Missbrauchserfahrung scheint, wenn sie nachweisbar ist, mit der Schwere der Borderline-Störungen zu kovariieren. Vor allem bei ausgeprägten Gewalterfahrungen zeigten sich besondere Zusammenhänge mit feindseligen Einstellungen gegenüber anderen Menschen. Und sexuelle Missbrauchserfahrungen standen überzufällig häufig mit einer vorhandenen unterschwelligen Suizidneigung in einem Zusammenhang. Im Vergleich zu den Kontrollgruppen reichen die (verbalen, physischen und sexuellen) Missbrauchserfahrungen, wo sie beobachtet wurden, bei Borderline-Patienten häufig bis in der frühe Kindheit – dies im Unterschied etwa zu Patienten mit depressiven, dysthymen oder auch antisozialen Persönlichkeitsstörungen, bei denen Missbrauchserfahrungen vor allem in der späteren Kindheit und Jugend häufiger beobachtet wurden.

Beachtenswert: Empirie versus Theorie?

Andererseits steht eine ganze Reihe der Befunde zu Missbrauchserfahrungen in gewissem Widerspruch zu den oben dargestellten Modellannahmen von Kernberg:

> **!** Es erscheint zunehmend als fraglich, ob sich die Entwicklung der Borderline-Störung tatsächlich so problemlos, wie von den Objekt-Beziehungs-Theoretikern angenommen wird, auf die ersten drei Lebensjahre zurückprojizieren lässt.

Dies hat in jüngster Zeit zu einigen kontroversen Auseinandersetzungen über das Borderline-Konzept der Psychoanalytiker geführt (vgl. Van der Kolk, 1999; Fiedler, 2001). Obwohl nämlich die oben genannten Studien recht genau den Kern der familiären Atmosphäre in den ersten Lebensjahren erfasst haben, haben die Autoren sowohl emotionalen wie auch physischen und/oder sexuellen Missbrauch nur immer bei weniger als der Hälfte (!) der Patienten tatsächlich in der Primärfamilie als interindividuell bedeutsamen Prädiktor auf die spätere Entwicklung der Borderline-Störung dingfest machen können (z.B. Bradley, 1979; Walsh, 1983; Ogata et al., 1990).

Nach diesen Befunden ist zwar die Bedeutung von Missbrauchserfahrungen in der Familie „statistisch signifikant von null verschieden“, auf weit mehr als der Hälfte der Betroffenen kann man diesen statistisch bedeutsamen Nachweis jedoch nicht generalisieren! Schließlich kommen Missbrauchserfahrungen in nennenswertem Umfang auch bei allen anderen Persönlichkeitsstörungen vor (Laporte & Guttman, 1996; Shea et al., 1999). Und besonders wichtig: Aus sexuellen Missbrauchserfahrungen lassen sich Borderline-Persönlichkeitsstörungen in keinem Fall spezifisch voraussagen (Fossati et al., 1999) – was nicht bedeutet, dass sexueller Missbrauch nicht als eine wichtige Mitbedingung zur Störungsentwicklung infrage kommen kann.

Der zweite Ansatzpunkt der Kritiker nimmt seinen Ausgang in der komplementären Beobachtung, dass auch traumatische Erfahrung außerhalb der Primärfamilie eine Prädiktionsbedeutung für die Borderline-Störungen haben könnten, und zwar vor allem dann, wenn man sich von der oben erwähnten psychoanalytischen Idee freimacht, dass diese Traumata unbedingt in den ersten Lebensjahren zu verorten seien. Auch in dieser Frage werden aktuelle Forschungsergebnisse zunehmend eindeutiger (→ 11.5).

! Traumabedingungen, die zur Borderline-Störung prädisponieren können, liegen offensichtlich zumeist erst *jenseits* des fünften Lebensjahres – und damit *nicht* in den ersten drei Lebensjahren, wie dies in der Objektbeziehungstheorie unterstellt wird.

Es ist nun offensichtlich so, dass sich erst aus diesen späteren, bis in die Jugend reichenden Traumaerfahrungen die Entwicklung einer Borderline-Störung eindeutiger voraussagen lässt als aus Variablen der frühkindlichen familiären Situation (Laporte & Guttman, 1996). Schließlich lässt sich beobachten, dass für die Störungsentwicklung relevante Traumata auch noch recht häufig jenseits gewalttätiger Familienbeziehungen vorkommen: wie z.B. das Leben in gewalttätigen Nachbarschaftsbeziehungen, das Miterleben des gewaltsamen Todes anderer Menschen, todesnahe Erfahrungen, die Teilnahme an Kriegswirren und Naturkatastrophen – bis hin zu dem überraschenden Befund, dass selbst Vietnamveteranen bereits wenige Jahre nach ihrem Fronteinsatz das Symptombild der Borderline-Störung präsentieren, ohne jemals in der Kindheit misshandelt worden zu sein (Figley, bereits: 1978; neuerlich: Shea et al., 1999). Ganz ähnliche Beobachtungen finden sich bei Frauen, die erst in der Jugend oder im frühen Erwachsenenalter Opfer mehrfacher Vergewaltigung (z.B. in Kriegszeiten) waren (Burges & Holmstrom, ebenfalls bereits: 1974).

! Mit Blick auf die Hypothese der „frühkindlichen Traumatisierung“ von Borderline-Patienten bleibt kritisch zu bedenken, dass sich bei bis zu 40 Prozent (!) der Betroffenen in bisherigen Studien überhaupt keine Hinweise auf Traumaerfahrungen in der Kindheit und Jugend finden lassen.

Es muss mit Blick auf die (zukünftige) Ätiologiebildung also zwingend geklärt werden, wie sich auch noch in solchen, nicht traumatisierten Fällen eine Borderline-Persönlichkeitsstörung entwickeln kann. Auf diese für die Behandlung wichtigen Befunde werden wir weiter unten unter „Aktuelle Perspektiven" nochmals näher eingehen (→ 11.5).

Familien- und Genetikstudien

In den vergangenen Jahren wurden zahlreiche Untersuchungen zur möglichen familiären und genetischen Transmission der Borderline-Persönlichkeitsstörungen durchgeführt (vgl. Auswertung dieser Arbeiten bei Widiger & Trull, 1993). Die gerade erst beginnende Familien- und Genetikforschung führt noch zu recht widersprüchlichen Befunden. So zeigt sich einerseits eine mögliche Verbindung der Borderline-Persönlichkeitsstörung mit den sog. Störungen der Impulskontrolle sowie andererseits mit den affektiven Störungen (z.B. Baron et al., 1985; Links, 1992; Loranger et al., 1982; Silverman et al., 1991; Nigg & Goldsmith, 1994). Einige besonders auffällige Impulskontrollstörungen (wie z.B. die Neigung zu spontaner Aggressivität und Wut) gehören zum Kriterienkatalog der Borderline-Störung im DSM-IV dazu.

11.4.3 Borderline: Risikopersönlichkeit für spezifische psychische Störungen?

Wichtig für die Frage der Ätiologie und des Verlaufs erscheint auch die in der Folge der Familienstudien zunehmend häufiger aufgestellte Hypothese, dass es sich bei der Borderline-Problematik möglicherweise um eine „prämorbide" Persönlichkeitsstruktur für die affektiven Störungen handeln könne. In der Annahme deutet sich ein Perspektivenwechsel von der ursprünglichen Idee, bei der Borderline-Störung handele es sich um ein prämorbides Risikomerkmal zur Schizophrenie, hin zur Auffassung einer prämorbiden Risikopersönlichkeit für monopolar- und bipolar-depressive Störungen an (vgl. Gunderson & Zanarini, 1987; → 19).

Einige Autoren gehen in diesem Zusammenhang inzwischen sogar so weit zu fordern, langfristig den Begriff „Borderline" aufzugeben (z.B. Akiskal, 1992). Nach Ansicht von Akiskal sei es möglicherweise so, dass sich die Gruppe der bisherigen Borderline-Patienten besser in zwei Untergruppen aufteilen ließ. Die eine ließe sich – wegen der gegebenen Komorbidität von bis zu 50 Prozent – durch eine Verbesserung und Erweiterung der Kriteriensammlung der *schizotypischen Persönlichkeitsstörung* auffangen, die andere durch die (affektive) *zyklothymen* Störung oder einer ihr entsprechenden Persönlichkeitsstörung mit zyklothymer Temperamentsausstattung (→ 18.5.1).

Andere Autoren (wie beispielsweise Siever et al., 1985) schlagen vor, die Borderline-Störungen schlicht als prämorbide Persönlichkeitsstruktur oder charakterliche Varianten der affektiven Stimmungsstörungen und der Störungen der

Impulskontrolle aufzufassen. Insgesamt ist die in dieser Hinsicht perspektivische Interpretation der bisher dazu vorliegenden Befunde noch außerordentlich schwierig und problematisch (vgl. Nigg & Goldsmith, 1994).

11.4.4 Verhaltenstherapie

Angesichts der beträchtlichen Zeitverzögerung, mit der das Interesse der klinischen Psychologen und Verhaltenstherapeuten für die Persönlichkeitsstörungen nach langjähriger Abstinenz erneut einsetzte, ist es nicht weiter verwunderlich, dass sie mit ihren Konzeptualisierungsversuchen an die Syndromausarbeitungen der Psychoanalytiker anschließen. Dennoch finden sich im Bereich der verhaltenstherapeutischen Ätiologiemodelle völlig anders geartete Überlegungen zur Entstehung und Aufrechterhaltung des Störungsbildes.

Diese beinhalten zugleich interessante Alternativen für ein Verständnis und Konzept der Psychodynamik jener Abwehr- und Selbstschutzprozesse, die von den Psychoanalytikern als „Spaltung" beschrieben wurden. „Spaltungsprozesse" lassen sich aus der Perspektive kognitiv-verhaltenstherapeutischer Theorieansätze ebenso gut als „dysfunktionaler kognitiver Funktionsmodus" verstehen oder als Ausdruck „irrationaler kognitiver Schemata", die ein „Alles-oder-Nichts"-Denken beinhalten oder als „unrealistische Übergeneralisierungen" oder „Überwertigkeits- bzw. Selbstabwertungs-Normierungen", wie dies so z.B. in der Kognitiven Theorie von Beck et al. (1989) vorgeschlagen wird.

Eines der bekannteren verhaltenstherapeutischen Erklärungsmodelle der Borderline-Persönlichkeitsstörungen stammt von Marsha Linehan (1987, 1989a, b, 1992, 1993a, b, 1994; Linehan & Heard, 1992), die mit ihrem Ansatz einer *dialektischen Verhaltenstherapie* auch bei psychoanalytisch orientierten Autoren Anerkennung und Rezeption gefunden hat. Sie vertritt ein „affektives Vulnerabilitätskonzept" und rückt die Borderline-Persönlichkeitsstörungen explizit in die Nähe der affektiv-depressiven Störungen. Linehan (1989b) betrachtet die selbstdestruktive Impulsivität der Borderline-Patienten als das zentrale Symptom: Dieses ist für sie Ausdruck einer spezifischen gelernten Problemlösungsstrategie zur Reduktion einer subjektiv als unakzeptierbar erlebten Dysphorie.

Ganz im Sinne der biosozialen Lerntheorie von Millon (1981; → 5.1) und im Rekurs auf vorliegende Entwicklungs- und Familienstudien geht Linehan davon aus, dass die primäre Dysfunktion der Borderline-Persönlichkeitsstörung in einer unangemessenen Affektregulation besteht:

> „Zu den typischen Merkmalen dieser Affektdysregulation bei Borderline-Störungen gehören eine hohe Sensitivität gegenüber emotionalen Stimuli, heftige Reaktionen schon auf schwache Reize und eine nur langsame Rückkehr zum Ausgangsniveau." (Linehan, 1989a, S. 221)

Die für den Interaktionspartner häufig uneinsichtigen Gefühlsschwankungen der Borderline-Persönlichkeit ergäben sich danach vor allem daraus, dass die Betroffenen nicht die rational-inhaltlichen Strukturen interaktioneller Beziehungen zum Orientierungspunkt wählen, sondern sich ausgesprochen unmittelbar an den jeweils aktuell evozierten eigenen Stimmungen und Affekten ausrichten bzw. an den gelernten Möglichkeiten, diese zu kontrollieren.

„Der für die Entwicklung von Borderline-Merkmalen bei vulnerablen Individuen verantwortliche soziale oder Umgebungsfaktor liegt in ihrer *invalidierenden Umgebung*. Sie wird von Personen geprägt, die dazu neigen, emotionale und hierbei besonders negative Erfahrungen zu missachten, die Schwierigkeiten bei der Lösung größerer Probleme herunterspielen und viel Wert auf positives Denken legen . . . Invalidierende Ursprungsfamilien, vor allem Familien mit physischem und sexuellem Missbrauch, tragen zum einen zur Entwicklung der emotionalen Fehlregulation bei, zum anderen versäumen sie es, dem Kind beizubringen, wie es Erregungen richtig benennen und regulieren und emotionale Belastungen aushalten kann und wann es sich auf seine emotionalen Reaktionen als Ausdruck gültiger Ereignisinterpretationen verlassen kann." (Linehan, 1989a, S. 222)

Invalidierende Umgebung. Ein hochgradig wichtiger Aspekt dieser Invalidierungsannahmen besteht darin, dass genau diese es möglich machen könnten, die Borderline-Störung mit Traumatisierung wie auch jene ohne Traumatisierung zu erklären. Zentrales Entwicklungsmoment ist das Vorliegen einer invalidierenden Umgebung, die ein gefühlsmäßiges Erlernen von Identität erschwert oder behindert. Linehan begreift die in der psychoanalytischen Konzeption als „Spaltung" beschriebene Neigung der Borderline-Persönlichkeit zu dichotomem Denken und Handeln als interaktionelle Unsicherheit oder Bestreben an inneren Ambivalenzen oder Gegensätzlichkeiten festzuhalten. Diese Ambivalenz spannt sich nach der Autorin zwischen vier Polen auf, zwischen denen sich die Borderline-Patienten bewegen und zwischen denen es ihnen nicht gelingt, sich auf eine mögliche Synthese hinzubewegen. Diese vier Pole bezeichnet Linehan (1989, S. 222f) als:

- **Aktive Passivität:** Aktive Passivität bezieht sich auf die bei Borderline-Individuen vorhandene Tendenz, an Probleme passiv und hilflos heranzugehen und unter extremen Belastungen aktiv von der Umwelt (von den Bezugspersonen) Lösungen für die Lebensprobleme einzufordern.
- **Scheinbare Kompetenz:** Scheinbare Kompetenz kennzeichnet den Gegenpol zur „aktiven Passivität" und bedeutet, dass Borderline-Persönlichkeiten leicht einen täuschend kompetenten Eindruck vermitteln. Die Täuschung beruht darauf, dass die tatsächlich vorhandene Kompetenz der Betroffenen nicht über alle relevanten Situationen und insbesondere nicht über die verschiedenen Stimmungslagen hinweg generalisiert wird, sondern im Gegenteil extremen Schwankungen unterworfen ist.
- **Permanente Krise:** Permanente Krise kennzeichnet eine anscheinend niemals endende persönliche Krise der Borderline-Patienten, wegen der beobachtbaren, eben weil persönlichkeitstypischen Unfähigkeit, auf ein stabiles Grundniveau des „neutralen emotionalen Funktionierens" zurückkehren zu können. Diese Krisen sind das Resultat des Misslingens eines synthetisierenden

Überwindens innerer Ambivalenzen und Widersprüche. Das Krisenerleben und Krisenhandeln der Betroffenen läuft damit zumeist jeder erwartbaren bzw. erwarteten Konstanz zuwider. So kann sich durch Klärung und Beruhigung interpersoneller Konflikte durchaus zeitweilig zwar Beruhigung einstellen, die jedoch jäh und unerwartet wieder in sich zusammenbricht.

- **Gehemmte Trauer:** Gehemmte Trauer schließlich kennzeichnet die Spannungen, die ihren Ursprung in bisher stets misslungenen und damit fehlenden Lernerfahrungen im Umgang mit Krisen, traumatischen Erfahrungen und insbesondere mit Verlusterlebnissen habe. Die Betroffenen seien sozusagen permanent mit interpersonellen Krisen und Verlusten überfordert. In der Aufrechterhaltung von Ambivalenz vermutet Linehan eine Sperre im Mechanismus der Trauerarbeit, der es verhindert, Krisenereignisse und Krisenerfahrungen tatsächlich vollständig zu durchleben und persönlich zu integrieren.

Die Identitätskonfusion der Borderline-Patienten und ihr Bemühen, die Umwelt nach Richtlinien für ihr Fühlen und Denken abzusuchen, entstehen also im Sinne der Autorin aus einem Versagen, ihre grundsätzliche Einbettung in aktuelle zwischenmenschliche Beziehungen und ihre Gewordenheit aus geschichtlichen Bezügen wahrzunehmen, und – paradoxerweise – aus ihrer gleichzeitigen Unfähigkeit, Beziehungen im Hier und Jetzt anzunehmen und sich auf diese angemessen zu beziehen.

„Mit ihrer Neigung, Gefühle und Affektsignale der rationalen Verarbeitung vorzuordnen, befinden sie sich sozusagen ständig am Rande des Abgrundes. Ohne solche (integrierten; P.F.) Beziehungserfahrungen wird Identität über jeden aktuellen Zeitpunkt und jede isoliert erfahrene Interaktion definiert und ist daher nicht stabil und vorhersagbar, sondern variabel. Eben diese Unvorhersagbarkeit lässt die großen Schwierigkeiten des Borderline-Individuums bei Veränderungen aufkommen . . . und gerade in dieser Polarisierung liegt die Wurzel vieler therapeutischer Misserfolge." (Linehan, 1989a, S. 221).

11.5 Aktuelle Perspektiven

Die Forschung der vergangenen zehn Jahre hat – wie angedeutet – immer deutlicher werden lassen, dass die bis hier dargestellten Verstehenskonzepte noch nicht hinreichend sind, ein vollständiges Bild der Borderline-Persönlichkeitsstörung zu liefern. Vor allem die gegenwärtig expandierende *Traumaforschung* macht darauf aufmerksam, dass es sinnvoll ist, noch nicht von einem einheitlichen Störungsbild auszugehen. Insbesondere wegen der möglichen therapeutischen Implikationen erscheint es zahlreichen Autoren zunehmend sinnvoller, mindestens zwei Störungsbilder innerhalb der jetzigen Borderline-Diagnostik zu unterscheiden: eine Patientengruppe mit und eine ohne ätiologierelevante Extremtraumatisierung in der Entwicklungsgeschichte (vgl. Van der Kolk, 1999; Fiedler, 2001; Renneberg, 2001).

Dabei wird weiter deutlich, dass eine vorrangige oder ausschließliche Verlagerung der Ursprungsprobleme von Borderline-Patienten in die Primärfamilie, wie es in den oben dargestellten Konzepten häufig unterstellt wird, inzwischen deutlich infrage gestellt werden muss (vgl. auch das Sonderheft des *Journal of Personality Disorders* [Heft 1, 1997], das ausschließlich dieser Thematik gewidmet war).

Einige Autoren gehen sogar so weit, das Borderline-Konzept einer Persönlichkeitsstörung anzuzweifeln: Sollte nämlich eine erst in später Kindheit und Jugend stattfindende Traumatisierung die Borderline-Problematik bewirken, könnte höchstens von Persönlichkeitsänderung gesprochen werden. Darauf wollen wir kurz abschließend eingehen (ausführlicher dargestellt in Fiedler, 2001).

Traumatisierung

Heute kann davon ausgegangen werden, dass es sich bei Patienten mit Borderline-Persönlichkeitsstörung in ihrer überwiegenden Zahl um Menschen handelt, die schwere emotionale, physische und/oder sexuelle Traumatisierungen erfahren haben. Diese Traumatisierungen müssen – wie oben angedeutet – nicht bereits in den ersten drei Lebensjahren erfolgen und keinesfalls erfolgen sie ausschließlich in der Primärfamilie (vgl. Van der Kolk, 1999). Viele Traumaerfahrungen lassen sich erst in der späteren Kindheit oder Jugend verorten. Und jenseits der Familie ergeben sich bedeutsame Einflüsse durch ein Leben in gewalttätigen Nachbarschaftsbeziehungen, durch Miterleben des gewaltsamen Todes anderer Menschen, todesnahe Erfahrungen, die Teilnahme an Kriegswirren und Naturkatastrophen. Kommt hinzu, dass Traumatisierungen offensichtlich bei allen Persönlichkeitsstörungen beobachtbar sind und dass die Gefahr besteht, bei beobachtbaren Traumastörungen einschließlich Identitätsproblemen vorschnell die Borderline-Diagnose zu erwägen (Shea et al., 1999). Traumabedingte dissoziative und Identitätsstörungen sind nicht immer gleich „Borderline“, und „Borderline“ selbst ist nicht immer gleich „Borderline“! Und deshalb gilt auch noch nachfolgender Punkt als bedenkenswert.

Keine Traumatisierung

Je nach Studie weisen immerhin etwa 20 bis 40 Prozent der Borderline-Patienten keine eindeutige Traumagenese auf. Bei Letzteren handelt es sich in der Regel um Personen, die seit ihrer Kindheit als hochgradig ängstlich und schüchtern beschrieben werden. Auch bei diesen kann deshalb davon ausgegangen werden, dass in ihrem früheren Leben angstvolle Erfahrungen eine große Rolle gespielt haben (zusammenfassend ebenfalls: Fiedler, 2001). Die wichtigsten Ursachenbündel dieser Art sind:

- extreme emotionale Vernachlässigung der Kinder durch Eltern und relevante Bezugspersonen,
- außerordentlich strikte Erziehungssituation mit erheblichem Anpassungsdruck auf die Kinder,
- kontinuierlich invalidierende Erziehungsumwelt mit Neigung zur emotionalen Polarisierung.

11.5.1 Zwei unterschiedliche Patientengruppen

Es gibt also zwei möglicherweise hochgradig unterschiedliche Patientengruppen mit Borderline-Persönlichkeitsstörungen: jene mit und jene ohne Extremtraumatisierung im bisherigen Leben. Diese können mit den bisherigen Kriterien der Diagnosesysteme nur sehr schwer voneinander getrennt werden. Dennoch ist die Symptomatik beider Untergruppen gewöhnlich deutlich verschieden.

Es ist nun leider noch so, dass sich mithilfe der Diagnosesysteme ICD-10 und DSM-IV zurzeit keine Differenzierung zwischen beiden Formen der Borderline-Störungen vornehmen lässt. Auffällig für Borderline-Patienten mit Traumagenese ist jedoch in der Regel das Vorliegen posttraumatischer und/oder dissoziativer Störungen (bei mehr als 60 Prozent der Betroffenen). Zu den traumabedingten Störungen zählen vor allem Amnesien, Depersonalisation, Derealisation, Konversion und spontane Identitätswechsel (Fiedler, 2001).

Borderline: Gar keine Borderline-Störung?

Angesichts der zunehmenden empirischen Befunde zum Vorliegen kumulierter Traumaerfahrungen bei der Mehrzahl der Borderline-Patienten ist in den letzten Jahren eine Kontroverse darüber entbrannt, ob es überhaupt sinnvoll ist, bei traumatisierten Borderline-Problemen noch von „Persönlichkeitsstörungen" zu sprechen. Vorschläge gehen vielmehr dahin, für diese Hauptgruppe der Betroffenen – die je nach Behandlungskontext etwa 60 bis 80 Prozent (!) der Patienten umfasst – in den Diagnosesystemen eine neue Störungsgruppe vorzusehen, nämlich die einer *chronifizierten Belastungsstörung*. Diese sollte ähnlich der posttraumatischen Belastungsstörung als Symptomstörung aufgefasst und behandelt werden (also im Sinne einer Achse-I-Störung des DSM; hierzu ausführlich Fiedler, 2001).

11.5.2 Borderline-Persönlichkeitsstörung im Wandel

Jedenfalls sollte heute beachtet werden, ob bei Borderline-Patienten eine Traumagenese mit vorhandenen Traumastörungen unterstellt werden kann (wie z.B. dissoziative und Konversionsstörungen, Tranceverfassungen oder regelhaftes Wiedererleben traumatischer Erfahrungen als Flashbacks, in Alpträumen oder aber auch in der Reinszenierung des Traumas). Ist dies der Fall, sind nämlich die beobachtbaren Traumastörungen zwingend in den Mittelpunkt der Behandlung zu stellen (*Trauma first!* – wie dies treffend von Reddemann und Sachsse, 1999, gefordert wird). Eine solche Perspektive wird erneut im Behandlungskapitel aufgegriffen; → 24).

Emotionale Krisen und fehlende Struktur

Als übergreifendes Merkmal weist die Mehrzahl der Borderline-Patienten große Schwierigkeiten in der Modulation von Erregungen und in der Regulation von

Gefühlen sowie eine damit zusammenhängende geringe Affekttoleranz auf (Linehan, 1996a). Je jünger die Betroffenen zu der Zeit waren, als sie erste traumatisierende Erfahrungen machten, umso umfangreicher ist offensichtlich ihre psychische Gestörtheit im Bereich des gefühlsmäßigen Handelns und Erlebens. Dies betrifft auch die Neigung zu Impulshandlungen, weshalb einige Autoren die durch Gefühle modulierten Impulskontrollstörungen inzwischen als Zentralsymptombereich betrachten (Links et al., 1999).

Traumatisierung scheint eine erhebliche Fehlregulation emotionalen Erlebens und Handelns zu bewirken. Und viele Traumatisierte weisen hochgradig auffällige dissoziative Störungen auf. Es gibt inzwischen sehr gute neurobiologische Erklärungen, warum Traumatisierte gravierende Gedächtnisstörungen haben, abrupte Identitätswechsel aufweisen oder das Trauma nur in der Form einer Reinszenierung wieder erleben – gelegentlich ohne bewusste kognitive Verbindung zum gegenwärtigen Verhalten oder zu vergangenen Erfahrungen (Van der Kolk, 1994; Fiedler, 2001).

Identitätsstörungen

Bei den meisten Betroffenen sind wegen der genannten Auffälligkeiten im emotionalen Erleben deutliche Störungen in der Wahrnehmung ihres Selbst und anderer sowie Störungen in der Identitätsfindung vorhanden. Wegen der affektiven Dysregulation sind eine gesteigerte Feindseligkeit gegen sich selbst und andere (selbst- und fremddestruktive Tendenzen), dissoziative Störungen und Amnesien sowie Konversionsstörungen beobachtbar.

Die Probleme der Identitätsstörungen sind vielfältig: Unvermittelt auftauchende Nahziele und kurzfristige Bedürfnisbefriedigung können nicht zugunsten weiter gespannter Zielvorstellungen oder zugunsten der Etablierung stabiler Beziehungsformen und einer Kongruenz mit tragfähigen Wertvorstellungen aufgegeben bzw. zurückgestellt werden (Herpertz, 1999). Die Folge sind: sich häufig ändernde Ausbildungsziele und Anstellungen, wechselnde Bezugsgruppen und Intimpartner. Spontane und fluktuierende Gefühlsorientierung interferiert auf diese Weise mit dem Aufbau einer stabilen Selbstidentität und dauerhafter Wertbestände, von denen aus Verhalten verlässlicher gesteuert werden könnte.

Selbstschädigendes Verhalten und Störungen der Impulskontrolle

Wenn Traumatisierung für das bisherige Leben von Borderline-Patienten eine Verantwortlichkeit trägt, bleibt aus lernpsychologischer Sicht zu beachten, dass das Trauma „reinszeniert“ werden kann. Da Patienten gelernt haben, sich an traumatische Situationen anzupassen, tendieren viele dazu, misstrauisch zu sein, keine klaren Signale zu geben und in Momenten, in denen die Realität der therapeutischen Beziehung ihnen keine Sicherheit bietet, aggressiv zu reagieren – dies vor allem dann, wenn z.B. heikle oder bedrohliche Themen angesprochen werden oder wenn es zu Kränkungen kommt (Benjamin, 1995).

Eines der großen Geheimnisse bei der Verarbeitung traumatischer Erfahrungen besteht darin, dass so lange, wie das Trauma als sprachloser Stressor erfahren wird, der Körper fortfährt, die Erfahrungen festzuhalten und auf konditionierte Stimuli so zu reagieren, als kehre das Trauma wieder (Van der Kolk, 1999). Insbesondere Patienten, die auf sexuelle Missbrauchserfahrungen zurückblicken, sind nicht selten jene, die am ehesten in der Gefahr stehen, von unerfahrenen Therapeuten erneut missbraucht zu werden.

Dissoziationen. Es scheint sogar so, dass Dissoziationen (ähnlich einer konditionierten Reaktion) recht leicht gelernt werden können. Sind sie einmal konditioniert, kann Stress automatisch bzw. autoregulativ zu Dissoziationsphänomenen führen, z.B. zu Trance-ähnlichem Verhalten, zu Depersonalisation und zu Erinnerungsverlust (Fiedler, 2001). In diesem Zustand fühlt sich die Person abgestumpft und beziehungslos. Bezugspersonen (gelegentlich sogar die Therapeuten) tendieren in solchen Situationen vorschnell dazu, erheblich frustriert darüber zu sein, wenn ein Patient plötzlich (willentlich oder unwillentlich) unfähig erscheint, angemessen zu reagieren und „verantwortlich“ zu handeln.

Selbstverletzendes Verhalten. Für einige Patienten sind die erlebten Dissoziationen (z.B. Trance, Gefühlsverlust, Depersonalisation) so unangenehm, dass selbstverletzendes Verhalten ihnen dazu verhilft, aus diesem mentalen Zustand wieder herauszukommen (Van der Kolk et al., 1991). Bemerkenswert ist, dass die Betroffenen während selbstverletzender Handlungen offensichtlich kaum Schmerzen verspüren, während sie außerhalb dieser dissoziativen Verfassungen außerordentlich schmerzempfindlich reagieren können (Bohus et al., 2000).

Störungen der Impulskontrolle. Ganz ähnliche Funktionen (nämlich Herstellung oder Bewahrung subjektiver Selbstkontrolle bei Affektirritationen) erfüllen noch eine Reihe weiterer Auffälligkeiten und Verhaltensprobleme, mit denen Borderline-Patienten eine scheinbare „Kontrolle“ gegenüber affektiv schwer zu ertragenden Zuständen erreichen können, wie z.B. Tablettenintoxikation, bulimische Ess-/Brechattacken, episodische Alkoholexzesse oder Drogenmissbrauch. In Wirklichkeit stehen diese zumeist selbstschädigenden Auffälligkeiten jedoch für einen Verlust der Impulskontrolle, der mit schwer erträglichen inneren Spannungen zusammenhängt (Herpertz, 1999; Herpertz et al., 1998).

Adaptives Verhalten. Bei diesen komorbid beobachtbaren Störungsmustern sollte also stets daran gedacht werden, dass sie zwar dysfunktional sind, dennoch aktuell entweder konditionierte Reaktionen darstellen oder adaptive Funktionen im Umgang mit den Traumastörungen implizieren. Hinzu kommt nämlich, dass diese Impulshandlungen subjektiv eine unmittelbare Entlastung und Entspannung bewirken können, da zumeist eine Aufhebung eines zuvor bestandenen Spannungszustandes eintritt! An Schmerzen durch Selbstverletzungen können die Betroffenen offensichtlicher leicht habituieren, sodass der folgende Spannungsabfall im Sinne negativer Verstärkung eine Stabilisierung vieler Impulskontrollstörungen bewirkt. Für Therapeuten bleibt zu beachten: Quälende Affekte können prompt und wirkungsvoll mit Impulshandlungen abgebaut werden. Diese vermeintlichen Impulsstörungen dienen funktional also nicht etwa der „Manipulation der therapeutischen Beziehung", wie dies gelegentlich und in Verkennung der tatsächlich ablaufenden Prozesse behauptet wird (etwa immer noch von Kernberg, 1999).

Beziehungsstörungen

Dass diagnostisch bisher nicht sehr eindeutig zwischen Borderline-Störungen mit versus ohne Traumastörungen differenziert wurde, liegt daran, dass sich die ins Auge fallenden Interaktionsprobleme und Beziehungsstörungen beider Untergruppen sehr ähnlich sind. Beide genannten Ätiologieaspekte – traumatische Erfahrungen einerseits wie eine vernachlässigende, starr normierende oder invalidierende Erziehungsumgebung andererseits – können offensichtlich gleichermaßen zu einem hochgradig auffälligen Interaktionsverhalten führen, sodass die Traumastörungen zunächst nicht entdeckt werden. Deshalb ist Vorsicht geboten und eine sorgsame Differenzialdiagnostik notwendig: Wichtiges Unterscheidungskriterium sind vor allem die oben genannten dissoziativen Traumastörungen.

Im Interaktionsverhalten beider Untergruppen hingegen gibt es viele Gemeinsamkeiten. Auch bei den nicht traumatisierten Patienten sind insbesondere Probleme der Emotionsregulierung für die meisten Beziehungsstörungen verantwortlich. Vernachlässigende oder invalidierende Erziehungspersonen versäumen es, dem Kind beizubringen, wie es Emotionen richtig benennen und regulieren und emotionale Belastungen aushalten kann oder wann es sich auf seine emotionalen Reaktionen als Ausdruck gültiger Ereignisinterpretation verlassen kann.

Rollenfluktuation

Störungen in der Modulation von Gefühlen wie das Nichtvorhandensein eines differenzierten emotionalen Beurteilungssystems führen die meisten Borderline-Patienten zum einfachen dichotomen Schwarzweißdenken. Ergebnis sind interaktionelle Rollenunsicherheiten oder Schwanken zwischen Rollen, in denen vorrangig *ein* emotionales Grundmuster Sicherheit bietet. Betroffene können einerseits für eine gewisse Zeit an einem affektiven Interaktionsmuster starr festhalten, jedoch unvermittelt in einen anderen Gefühlszustand wechseln. Diese für die Interaktionspartner häufig uneinsichtigen und überraschenden Gefühlsschwankungen ergeben sich (z.B. nach Linehan, 1993; Renneberg, 2001) daraus, dass die Betroffenen nicht die rational-inhaltlichen Strukturen zwischenmenschlicher Beziehungen zum Orientierungspunkt wählen. Vielmehr richten sie sich ausgesprochen unmittelbar an ihren jeweils vorhandenen aktuellen Stimmungen und Affekten aus oder an den ihnen verbleibenden Möglichkeiten, diese zu kontrollieren.

Dies ist einer der Gründe, warum viele Borderline-Patienten angstvoll bemüht sind, nicht allein zu sein oder nicht verlassen zu werden. Sie benötigen ein

Gegenüber, weil ihnen Interaktion mit anderen „Gefühl" zurückgibt. Das jeweils vorhandene Gefühl (Feeling) erleichtert die Wahl einer emotionalen Rolle. In der unmittelbaren emotional positiven wie auch emotional negativ getönten Interaktion wirken Borderline-Patienten häufig scheinbar hochgradig selbstsicher: Sie haben offensichtlich ein gutes Gespür, die Umwelt nach Richtlinien für die Einnahme einer vermeintlich legitimierbaren Rolle abzusuchen – einer Rolle, die dann zumeist recht kompetent, weil zuvor gut eingeübt, eingenommen werden kann („scheinbare Kompetenz" sensu Linehan, 1996).

Starre affektiv-kognitive Schemata

Spontan eintretende Rollenwechsel stehen häufig mit kontextuellen Bedingungen in einem engen Zusammenhang. Spezifische Kontextbedingungen wie bestimmte Themen oder Personen können automatisch (gelernt, konditioniert) einen Wechsel in der Stimmungslage der Betroffenen auslösen. Gefühlsmäßige Rollen werden deshalb nicht immer bewusst eingenommen. Sind die Rollen etabliert, können sie nur sehr schwer oder für eine gewisse Zeit gar nicht aufgegeben werden. Offensichtlich sind festgefügte kognitiv-affektive Schemata für die zeitweilige Stabilität eines Rollenzustands verantwortlich. Diese rollengebundenen Schemata geben den Betroffenen zumindest zeitweilig das subjektive Gefühl kognitiver Sicherheit (Renneberg, 2001).

Dies jedoch hat für die Interaktionspartner eine zumeist nicht ganz leicht erträgliche Konsequenz, die insbesondere für die Therapiearbeit zu beachten bleibt. In positiver Stimmung besteht seitens der Betroffenen ein scheinbares Desinteresse, negative Erfahrungen und Erinnerungen zu besprechen oder diese (therapeutisch) bearbeiten zu wollen. Und in negativer Stimmung besteht ein scheinbares Desinteresse gegenüber positiven Erfahrungen und Erinnerungen. Jeder Rollenwechsel führt nicht nur zu einer Veränderung von Gefühlen in der Beziehung, sondern auch zu jeweils deutlich veränderten kognitiven Stilen, Ansichten, Meinungen, Werthaltungen usw. (Fiedler, 2001).

Für den Beobachter ergibt sich der Eindruck einer in sich „gespaltenen" Person – was sie jedoch nicht ist. Vielmehr handelt es sich um Wechsel in der Stimmungslage mit einem jeweiligen Wechsel der aktivierten affektiv-kognitiven Schemata. Die gefühlsmäßige Präsentation der jeweiligen Rolle fällt dabei zumeist recht eindeutig und kongruent aus. Bestimmte Themen bleiben nur mangels emotionaler Aktivierung alternativer Stimmungslagen ausgeklammert.

Nur deshalb erscheinen die Betroffenen den Bezugspersonen oder Therapeuten als schwer zugänglich. Die Betroffenen selbst verhalten und erleben sich jedoch als recht eindeutig! Die Person ist dabei also nicht in sich „gespalten". Vielmehr befindet sie sich in einer spezifischen Stimmung und damit in einer hochgradig spezifischen kognitiven Verfassung (vgl. Deneke, 1999).

! Von „Spaltung“ sollte bei Borderline-Patienten zukünftig nur mit großer Zurückhaltung gesprochen werden, auch wenn dies vielen Therapeuten bereits zur Gewohnheit geworden ist.

ZUSAMMENFASSUNG

Borderline-Persönlichkeitsstörung

Störungsbild: Identitätsstörungen, Störungen der Affektkontrolle. Besonders auffällig sind eine tief greifende Instabilität in zwischenmenschlichen Beziehungen, im Selbstbild und in den Affekten sowie deutliche Impulsivität. Dominant ist häufig eine grundlegende Störung in der Modulation des Affekterlebens. Viele Betroffene zeigen zugleich ein verzweifeltes Bemühen, tatsächliches oder vermutetes Verlassenwerden zu vermeiden. An typischen Verhaltensmerkmalen sind neben unangemessener Wut und aggressiven Durchbrüchen unter emotionaler Belastung auch autoaggressive Impulse und Handlungen bis hin zu teils drastischen Selbstverletzungen oder parasuizidale Gesten zu nennen. Im extremen Störungsbild können affektive Störungen koexistieren und unter psychischer Belastung werden nicht selten dissoziative Störungen beobachtet.

Übergänge zur Normalität: spontan, sprunghaft und emotional. Noch im Übergang zur Normalität findet sich eine relativ intensive Emotionalität, die sich äußert in einer spontanen Begeisterungsfähigkeit für positive Wahrnehmungen sowie in einer damit wechselnden impulsiven Ablehnung von Dingen und Personen, die negative Eigenschaften zeigen. Menschen mit spontanem Persönlichkeitsstil sind üblicherweise wenig nachtragend: Selbst starke negative Reaktionen gegenüber anderen Menschen können nach kurzer Zeit bei veränderter Stimmungslage vergessen sein. Im Normalbereich zeigt die spontan-sprunghafte Person gelegentlich ein hohes Maß an Flexibilität, sich – vor allem gefühlsmäßig geleitet – gut an unterschiedliche Situationen anpassen zu können, weshalb sie sich selbst in Krisenzeiten erfolgreich „durchzuschlagen“ vermag.

Funktion und Dynamik. Die meisten Eigenarten und Störungen lassen sich auf eine Unterfunktion einer Kohärenz stiftenden Gefühlsmodulation zurückführen. Als ursächlich für diese Störungen der Gefühlsregulation können bei vielen Borderline-Patienten traumatische und Missbrauchserfahrungen in Kindheit und Jugend angesehen werden. Später fehlen vor allem die Integration und das ganzheitliche Erleben widersprüchlicher Affekte, gelegentlich ist eine Dissoziation/Separation körperlicher Erfahrungen von kognitiver Verarbeitung beobachtbar. Es kann zu spontanen Gefühlsveränderungen in Primäraffektzustände mit zumeist positiver oder negativer Valenz kommen. Die damit zusammenhängenden Identitätsstörungen (z.B. Schwarzweißdenken; fehlende Lebensziele; Schwanken zwischen Idealisierung und Abwertung) und Impulskontrollstörungen können sich auf die unterschiedlichsten Lebensbereiche beziehen, wie z.B. auf die sexuelle Orientierung, auf langfristige Planungen, Berufswünsche oder persönliche Wertvorstellungen. Gefühlsschwankungen führen in extremen Fällen zu Wutausbrüchen oder Suizidversuchen.

12 Histrionische Persönlichkeitsstörung

Alles ist Laune, sie lieben diejenigen übermäßig,
die sie kurze Zeit darauf ohne jeden Grund hassen.
Thomas Sydenham

In den Vorläufern der heutigen Diagnosesysteme war diese Störungsgruppe noch unter der Bezeichnung „Hysterie" zu finden und dort als „hysterische Persönlichkeitsstörung" den davon zu differenzierenden „hysterischen Neurosen" nebengeordnet worden (bis 1980 im DSM-II; noch bis 1991 in der ICD-9). Was nun „hysterisch" jeweils bedeuten sollte, war bis dahin immer noch nicht hinreichend operationalisiert. Dem Diagnostiker war weitgehend freigestellt, beide Diagnosen im Sinne eigener Hysterie-Vorstellungen zu vergeben.

Jede psychologische, psychiatrische und psychosomatische Forschungsgruppe und Therapieschule benutzte und benutzt nach wie vor den Hysterie-Begriff auf ihre Weise. Über die unterschiedlichen Konzepte hinweg lässt sich praktisch jeder Patient als „hysterisch" bezeichnen, dessen Symptome ungeklärt sind und bei dem deshalb eine psychologische Dynamik unterstellbar ist (vgl. Micale, 1995; Fiedler, 2001). Von Anbeginn an besteht weiter ein unschöner und völlig unbegründeter Geschlechtsbias, der bis heute unverkennbar hartnäckig Bestand behalten hat. Die allermeisten Hysterie-Autoren sind Männer, und es wurde wiederholt die berechtigte Frage gestellt, ob diese Ärzte und Psychologen möglicherweise besondere Probleme mit den Frauen unter ihren Patienten hatten und haben (Braun, 1985; Kämmerer, 2001).

Seit mindestens zweihundert Jahren gehört der in dieser Hinsicht höchst praktikable, wenngleich völlig undifferenzierte Hysterie-Begriff auch zur alltäglichen Umgangssprache. Als solcher dient er nicht mehr nur zur Deskription unerklärlicher Phänomene. Er dient der vermeintlichen „Verrücktheit" unserer Zeitgenossen oder Mitmenschen als Erklärung. Selbst die Sozialpsychologen, Soziologen und in ihrem Gefolge die Publizisten und Politiker haben sich die Hysterie zu Eigen gemacht, u.a. um Massenphänomene zu typisieren.

Schon 1845 beschreibt der Psychiater Ernst Freiherr von Feuchtersleben in seinem Psychiatrie-Lehrbuch eine Vielzahl „epidemischer Hysterien", wie die Veitstänze bestimmter Volksgruppen im Mittelalter. Die öffentliche Verfolgung dieser Phänomene als Teufelsbesessenheit hatte zum Teil erschreckende Folgen. Das hat sich – so scheint es gelegentlich – bis heute nur unbedeutend geändert. Der Scheiterhaufen wurde lediglich durch die moderne Art publizistischer „Brandmarkung" ersetzt. So lässt sich gelegentlich schwer entscheiden, inwieweit nicht auch die gegenwärtig übliche, multimediale Zurschaustellung „hysterischer" Auffälligkeiten einem mittelalterlichen Kesseltreiben gleichkommt – ja, ob sie nicht gelegentlich gar für einige jener unerklärlichen „hysterischen" Massensuizide in Sektengruppen mitverantwortlich ist.

Wegen der Vielgestaltigkeit des Hysterie-Begriffs, vor allem wegen der damit gegebenen heterogenen Ätiologie-Implikationen, letztlich auch wegen des in den bisherigen Kapiteln dieses Buches wiederholt angedeuteten alltäglich gegebenen Stigmatisierungsproblems wurden die Begriffe „Hysterie", „hysterische Neurose" und „hysterische Persönlichkeit" sowohl seit dem DSM-III (1980) wie auch in der ICD-10 (1991) gestrichen. Und die Bezeichnung „hysterische Persönlichkeitsstörung" wurde durch *histrionische Persönlichkeitsstörung* ersetzt.

„Histrione" war die griechische Bezeichnung für einen Schauspieler im antiken Rom. Entsprechend betont „histrionische Persönlichkeitsstörung" nun eindeutiger als zuvor den bei Betroffenen beobachtbaren interaktionellen Aspekt eines theatralischen und emotional aufdringlichen Verhaltens. Da wir die Konzeptentwicklung dieser Persönlichkeitsstörung andernorts ausführlich dargestellt und diese dort mit der historischen Veränderung des Hysteriekonzeptes einschließlich der hysterischen Neurosen in einen Zusammenhang gestellt haben (Fiedler, 2001), werden wir nachfolgend nurmehr kursorisch darauf eingehen und uns ansonsten auf Fragen der Diagnostik und Ätiologie des Störungsbildes beschränken.

12.1 Diagnostik

Persönlichkeitspsychologische Untersuchungen histrionischer Persönlichkeiten mit dem testtheoretisch gut überprüften und zur Diagnoseprüfung geeigneten *Hypochondrie-Hysterie-Inventar* (HHI; Süllwold, 1990, 1994) führen in der Regel zu einigen auffälligen interaktionellen Besonderheiten. Die Betreffenden sind meisten extravertiert, sozial ungezwungen und kontaktfreudig, haben aber nicht selten auch einen Hang zur Aggressivität. In Stresssituationen reagieren sie oft mit Schuldabwehr und Selbstbemitleidung, aber auch mit aggressivem Verhalten. Nicht selten suchen sie in derartigen Situationen zudem nach Selbstbestätigung und zeigen deutlich ein Bedürfnis nach sozialer Unterstützung (vgl. Süllwold, 1990).

DSM-IV

Als Hauptmerkmale der histrionischen Persönlichkeitsstörung gelten im DSM-IV ganz entsprechend solcher und ähnlicher Befunde die Interaktionsmerkmale eines eindeutig lebhaften, in den Mittelpunkt drängenden Verhaltens mit übertriebener Neigung zur Emotionalisierung zwischenmenschlicher Beziehungen. Typische Verhaltensweisen sind die übermäßige Beschäftigung mit der äußeren Erscheinung und der Wunsch, im Mittelpunkt der Aufmerksamkeit zu stehen (→ Übersicht mit DSM-IV-Kriterien).

DIAGNOSTISCHE KRITERIEN

Diagnostische Kriterien der histrionischen Persönlichkeitsstörung gemäß DSM-IV

Ein tief greifendes Muster übermäßiger Emotionalität oder Strebens nach Aufmerksamkeit. Der Beginn liegt im frühen Erwachsenenalter und die Störung zeigt sich in den verschiedenen Situationen. Mindestens fünf der folgenden Kriterien müssen erfüllt sein:

(1) fühlt sich unwohl in Situationen, in denen er/sie nicht im Mittelpunkt der Aufmerksamkeit steht,
(2) die Interaktion mit anderen ist oft durch ein unangemessen sexuell-verführerisches oder provokantes Verhalten charakterisiert,
(3) zeigt rasch wechselnden und oberflächlichen Gefühlsausdruck,
(4) setzt durchweg seine körperliche Erscheinung ein, um die Aufmerksamkeit auf sich zu lenken,
(5) hat einen übertrieben impressionistischen, wenig detaillierten Sprachstil,
(6) zeigt Selbstdramatisierung, Theatralik und übertriebenen Gefühlsausdruck,
(7) ist suggestibel, d.h. leicht beeinflussbar durch andere Personen oder Umstände,
(8) fasst Beziehungen enger auf, als sie tatsächlich sind.

Zitiert gemäß DSM-IV der APA (1994); Saß et al. (1996, S. 743).

In den Fallschilderungen histrionischer Personen wird immer wieder auf die unerwartet wechselnden und oberflächlich erscheinenden Gefühlspräsentationen in Interaktionskontexten hingewiesen, die mit einem auffälligen Wechsel des bewussten Erlebens der Betroffenen einhergehen können. Diese Affektwechsel treten plötzlich und unbewusst ein und sind zunächst schwer zu beeinflussen. So können Gesprächssituationen von jetzt auf gleich völlig neue Wertigkeiten bekommen, die für die Interaktionspartner nur schwer nachvollziehbar sind (Horowitz, 1991b).

Diese „Interaktionsrollen-Wechsel" scheinen mit einer geringen Frustrationstoleranz der Betroffenen zusammenzuhängen und vordergründig auf die Suche nach einer unmittelbareren Bedürfnisbefriedigung ausgerichtet zu sein. Grundlegende Wertorientierungen und Ziele sind für die Menschen mit histrionischer Persönlichkeitsstörung kein sicherer Orientierungspunkt für Aufnahme und Konstanz zwischenmenschlicher Beziehungen. So zeigen sich fluktuierende Interaktionsmuster, die scheinbar dem Aspekt der Zeitbeständigkeit und Situationsunabhängigkeit von Persönlichkeitsmerkmalen widersprechen – wären diese Fluktuationen nicht selbst in ihrer situationsübergreifenden Wiederholung als solche konzeptualisierbar.

Der Unterschied zum möglicherweise situationsangemessenen, ebenfalls abrupt möglichen, für die Initiatoren jedoch sinnvollen Rollenwechsel normaler Ausprägung (interaktionelle Kompetenz) liegt vor allem darin, dass sich den betroffenen Histrionikern der emotionale Wechsel im Interaktionsmodus einer bewussten Kontrolle und Einflussnahme entzieht. Vielmehr scheint er durch enge Situations- und Affektverknüpfungen bestimmt. Geringfügige Anlässe führen zu extrem anmutenden Gefühlsveränderungen, die ihrerseits eine Veränderung des affektiven Erlebens, kognitiven Urteilens und Handelns anderer in der Situation bewirken (Shapiro, 1965; Horowitz & Zilberg, 1983; Horowitz, 1991; Sigmund, 1994).

Prävalenz

Da diese Persönlichkeitsstörung seit dem DSM-III(-R) völlig neu eingesetzt und im DSM-IV nochmals gründlich revidiert wurde, liegen nur wenige substanzielle Forschungsarbeiten vor. Prävalenzraten beziehen sich zumeist noch auf das DSM-III (von 1980) und schwanken zwischen 6 Prozent (epidemiologische Erhebungen zur unbehandelten Prävalenz; z.B. Kass et al., 1985) und 45 Prozent (administrativ-institutionelle Erhebung zur behandelten Prävalenz; Widiger et al., 1987). Eine der wenigen Studien zum DSM-III-R (Morey, 1988) ist eine Untersuchung von 291 Patienten, in der Therapeuten gebeten worden waren, Persönlichkeitsstörungsdiagnosen zu stellen; bei 22 Prozent ihrer Patienten wurde die Diagnose der histrionischen Persönlichkeitsstörung vergeben (siehe ergänzend → 20.1).

Geschlechtsbias

Konsistent wird in den genannten Studien die Diagnose der histrionischen Persönlichkeitsstörung weit häufiger bei Frauen als bei Männern gestellt. Dieser Geschlechtsbias wird einerseits damit begründet, dass die jetzigen Merkmale – wie schon bei der „Hysterie" – zu sehr auf typisch weibliche Verhaltensstereotype abgestellt seien, obwohl es durchaus männliche Entsprechungen gäbe (etwa im Sinne eines „dandy"- bzw. „machohaften" Verhaltensmusters; Widiger et al., 1988). Andererseits wird vermutet, dass allein die Tatsache der Hysterie-Nähe der histrionischen Persönlichkeitsstörung mit all ihren Negativimplikationen hinreiche, den Geschlechtsbias zu begründen. Die einfache Umbenennung von „hysterisch" in „histrionisch" stelle überhaupt nicht ausreichend sicher, eine geschlechtsspezifische Vereinseitigung in der Diagnosestellung zu verhindern. Zur Frage, inwieweit diese Kritik berechtigt ist, wurden inzwischen einige Studien durchgeführt.

Fünf empirische Arbeiten zum Geschlechtsbias der DSM-Diagnose der histrionischen Persönlichkeitsstörung liegen uns vor. Üblicherweise werden dabei geschulten Diagnostikern unterschiedliche Persönlichkeitsstörungen in Fallbeschreibungen wiederholt vorgelegt, wobei jeweils lediglich das Geschlecht der Patienten vertauscht wurde, ohne ansonsten inhaltliche Veränderungen vorzunehmen. Prototypisch für diese Studien ist zugleich die Gegenüberstellung von antisozialer versus histrionischer Fallbeschreibung. Während sich in zwei Arbeiten (Hamilton et al., 1986; Ford & Widiger, 1989) deutliche Hinweise für den erwarteten Beurteilerbias finden ließen, konnte ein solcher in drei weiteren Studien nicht nachgewiesen werden (Slavney & Chase, 1985; Fuller & Blashfield, 1989; Morey & Ochoa, 1989). Es muss jedoch angemerkt werden, dass in der Slavney/Chase-Studie Videoaufzeichnungen mit gespielten Patienten benutzt wurden; und in der Morey/Ochoa-Studie neigten die männlichen im Unterschied zu den weiblichen Diagnostikern durchaus zu mehr Fehldiagnosen im Sinne der erwarteten Mehrzuweisung von Frauen zur Histrionie-Diagnose.

Eine Synopse zur Geschlechtsbias-Diskussion klassifikatorischer Diagnostik, die weltweit insbesondere im Zusammenhang mit der histrionischen Persönlichkeitsstörung geführt wird, und zur empirischen Evidenz dieser Debatte wurde von Herpertz und Saß (2000) vorgelegt. Sie kommen einerseits zu dem wichtigen Ergebnis, dass sich in Studien keine eindeutige Dominanz dieser Störung bei Frauen nachweisen lässt, obgleich die Kritik, dass nicht nur „dysfunktionale", sondern auch „geschlechtsrollenstereotype" Interaktionsmuster in die Kriterien der Diagnosesysteme Eingang gefunden haben, bei der Fortentwicklung von Diagnoseinstrumenten zwingend beachtet werden sollte. Ähnliches vermuten sie für eher „männliche" Rollenstereotype versus „dysfunktionaler" Stile bei der narzisstischen Persönlichkeitsstörung. Für beide Vermutungen ließen sich inzwischen ebenfalls empirische Belege finden (→ 19.1.3).

ICD-10

Ohne dass hierzu bis heute Untersuchungen vorliegen, scheint bereits bei einem groben Vergleich der DSM-IV-Kriterien mit denen in der ICD-10 jedoch deutlich zu werden, dass die WHO-Kommission dem möglichen Geschlechtsbias eine besondere Aufmerksamkeit hat zuteil werden lassen. Die Kriterien sind in der ICD-10 deutlich weniger geschlechtstypisch ausformuliert worden (→ Übersicht mit ICD-10-Kriterien). Insgesamt bleibt aber zu beachten, dass sich in zwei neueren epidemiologischen Studien zur Verteilung der Persönlichkeitsstörungen die Zahlen der männlichen Patienten von denen der Patientinnen mit histrionischer Persönlichkeitsstörung nicht signifikant unterschieden (Zimmerman & Coryell, 1989; Nestad et al., 1990).

DIAGNOSTISCHE KRITERIEN

ICD-10-Kriterien der histrionischen Persönlichkeitsstörung

[Mindestens drei der folgenden Merkmale müssen erfüllt sein:]

1. Dramatisierung bezüglich der eigenen Person, theatralisches Verhalten, übertriebener Ausdruck von Gefühlen.
2. Suggestibilität, leichte Beeinflussbarkeit durch andere Personen oder Umstände.
3. Oberflächliche und labile Affektivität.
4. Andauerndes Verlangen nach Aufregung, Anerkennung durch andere und Aktivitäten, bei denen die betreffende Person im Mittelpunkt der Aufmerksamkeit steht.
5. Unangemessen verführerisch in Erscheinung und Verhalten.
6. Übermäßiges Interesse an körperlicher Attraktivität.

Egozentrik, Selbstbezogenheit, anhaltendes Verlangen nach Anerkennung, erhöhte Kränkbarkeit und andauernd manipulatives Verhalten zur Befriedigung eigener Bedürfnisse können zusätzliche Merkmale sein.

Dazugehörige Begriffe:
- hysterische Persönlichkeit(sstörung)
- infantile Persönlichkeit(sstörung)

Aus der ICD-10 Kapitel V (F) der WHO (1993; 2. Auflage, S. 230f).

12.2 Differenzialdiagnostik

Persönlichkeitsstörungen. Möglicherweise wegen der besonderen „Anfälligkeit" dieser Störungsgruppe für einen Geschlechtsbias ist den Diagnostikern in manchen Fällen eine Unterscheidung und Abgrenzung zur *Borderline-Persönlichkeitsstörung* nur schwer möglich, obwohl bei der histrionischen Persönlichkeitsstörung Identitätsstörungen und psychotisch anmutende Episoden eher seltener vorkommen dürften.

Pfohl et al. kritisieren denn auch auf der Grundlage ihrer Befunde einer Studie zur Kriterienüberlappung der DSM-III-Persönlichkeitsstörungen, dass die Überschneidungen beider Störungen so groß seien, dass von einer sicheren Abgrenzung kaum gesprochen werden könne (Pfohl et al., 1986). Da die Ergebnisse dieser Studie mit zur Veränderung der Kriterienbildung im DSM-III-R beigetragen haben, ist nicht ganz sicher, ob diese Aussage weiter Bestand hat. Sicher ist, dass die Überlappungen der histrionischen mit der Borderline-Persönlichkeitsstörung auch in Untersuchungen mit dem DSM-III-R (von 1987) nach wie vor beträchtlich sind. So erhielten beispielsweise 56 Prozent der von Morey (1988) untersuchten Patienten beide Diagnosen.

Gleichfalls ausgesprochen hoch fallen in dieser Studie die Überlappungen mit der *narzisstischen Persönlichkeitsstörung* (54 Prozent) aus. Es bleibt wohl erst der genaueren Nach-Forschung in diesem Bereich überlassen abzuklären, ob es sich dabei um ein Kriterienproblem der Trennschärfe oder um eine mögliche Komorbidität handelt (vgl. Pfohl, 1991, 1996a).

Ganz ähnliche Probleme ergeben sich in der Abgrenzung zu *dissozialen Persönlichkeitsstörungen*, auch wenn bei Letzteren ausgesprochen deviante Verhaltensmuster dominieren (→ 12.3: Erklärungsansätze). Beide Diagnosesysteme betonen den häufig zu findenden Aspekt der erhöhten Suggestibilität histrionischer Patienten, der eine besondere Differenzialdiagnose bzw. Komorbiditätsbestimmung zur *dependenten Persönlichkeitsstörung* sinnvoll erscheinen lässt. Dependente Patienten dürften insgesamt weniger theatralische und aufmerksamkeitsheischende Interaktionsmuster zeigen.

Spezifische psychische Störungen. Eine Abgrenzung zu den *dissoziativen Störungen* und zu den *somatoformen* (insbesondere Konversions-)*Störungen* sollte – zur Vermeidung einer vorschnellen „Hysterie"-Konfundierung – ebenfalls sehr genau erwogen werden, obwohl Komorbiditäten nur bei höchsten 10 Prozent der Patienten zu finden sich (Iezzi & Adams, 1993; → 12.4). Die interaktionellen Merkmale der histrionischen Persönlichkeitsstörungen lassen sich deutlich häufiger im Zusammenhang mit anderen psychischen Störungen beobachten, vor allem bei den *affektiven Störungen* (vgl. Frances & Katz, 1986), bei den *Phobien und Ängsten* (insbesondere Agoraphobien mit Panikattacken; Mavissakalian & Hamman, 1988) und bei den (seltener diagnostizierbaren) *vorgetäuschten Störungen* (Fiedler, 2001).

12.3 Erklärungsansätze

Familie und Genetik

In Forschungsarbeiten über familiäre Zusammenhänge und Ursachen der Persönlichkeitsstörungen wird wiederholt die Vermutung geäußert, dass es sich bei der (eher weiblichen) histrionischen Persönlichkeitsstörung und der (eher männlichen) antisozialen Persönlichkeitsstörung um geschlechtstypische Ausformungen ein und derselben Grundstruktur (Prädisposition) handeln könne (vgl. Cloninger et al., 1975; Kaplan, 1983; Lilienfeld et al., 1986). Histrionische Patientinnen entstammen überzufällig häufig Familien, in denen aufseiten der Väter eine antisoziale Persönlichkeitsstörung (Psychopathie) festgestellt werden konnte. Entsprechend häufig wird bei den Betroffenen über frühkindliche Erfahrungen familiärer Gewalt und des Missbrauchs berichtet.

Bei den untersuchten histrionischen Patientinnen ließ sich zudem überzufällig häufig eine ausgeprägte Somatisierungsstörung finden, was im Sinne der Forschungstradition in der St.-Louis-Gruppe um Cloninger/Guze als Beleg für die „Hysterie" als Grundstruktur angesehen wurde. Als stützende Indikatoren für die Nähe der histrionischen zur antisozialen Persönlichkeitsstörung werden die beobachtbare geringe Impulskontrolle, ein mit inszenierten Übertreibungen häufig verbundenes „ausweichendes Verhalten", weiter die Unfähigkeit, enge Beziehungen aufrechtzuerhalten sowie schließlich eine mangelnde Schuld- und Schamfähigkeit als wesentlich angeführt. Auch die oben zitierten Arbeiten zur Geschlechtsspezifität der Diagnostik von antisozialen versus histrionischen Persönlichkeitsstörungen könnten in Grenzen als Hinweis angesehen werden, dass es möglicherweise weiter reichende Zusammenhänge zwischen beiden Störungsbildern gibt, als bisher (unter der selektiv-vereinseitigten Hysterie-Perspektive) vermutet wurde.

Diese Hypothese wurde in einer Studie von Hamburger et al. (1996) mit einer Reihe von Untersuchungsinstrumenten zu erhärten versucht. Drei Fragen wurden untersucht:

- Lassen sich bei Personen mit antisozialer oder histrionischer Persönlichkeitsstörung in gleicher Weise Merkmale identifizieren, die für eine zugrunde liegende Psychopathie als Gemeinsamkeit sprechen?
- Bei Bestätigung der ersten Hypothese wurde erwartet, dass sich die zugrunde liegende Psychopathie vor allem in unterschiedlichen Persönlichkeitssti-

len niederschlage: Männer sollten eher die Kriterien der antisozialen Persönlichkeitsstörung erfüllen, Frauen eher die der histrionischen Variante.
- Schließlich wurde vermutet, dass diese möglichen Unterschiede eng mit Geschlechtsrollenstereotypen zusammenhängen.

Während sich die letzte Hypothese nicht eindeutig beantworten ließ, konnten jedoch eindeutige Hinweise für die ersten beiden Vermutungen gefunden werden.

Verhaltenstherapie

Für Millon und Everly (1985) ist die trotz möglicher gemeinsamer Prädisposition vorfindbare Verhaltensunterschiedlichkeit zwischen (männlicher) antisozialer und (weiblicher) histrionischer Persönlichkeitsentwicklung ein wichtiger Beleg dafür, welch erhebliche Bedeutung den kindlichen Sozialisationsbedingungen bei der Ausformung dieser Persönlichkeitsstörungen zukommt. Im Kontext ihrer biosozialen Lerntheorie spielen für die Entwicklung der histrionischen Persönlichkeitsstörung folgende Umgebungsfaktoren eine wichtige Rolle:
- häufige Bekräftigung eines aufmerksamkeitssuchenden Verhaltens,
- mögliche elterliche Modelle für histrionisches Verhalten,
- kurzfristiges (selten langfristiges) Erfüllen interpersoneller Bedürfnisse nach Nähe, Zuwendung und Unterstützung.

Das schließlich resultierende histrionische Rollenverhalten verhindere gleichzeitig die Entwicklung eines stabilen sozial-bezogenen Selbstkonzeptes. Die Folge sei, dass den Betroffenen angesichts einer bedrohlichen Zuspitzung zwischenmenschlicher Konflikte und Krisen nur die scheinbar selbst-sichere Inszenierung gelernter Rollen als Selbstschutz verbleibe – eben (weil allein diese gekonnt wird) als einzig Sicherheit versprechende interaktionelle Kompetenz.

Psychoanalytische Konzepte

Die psychoanalytischen Erklärungsansätze unterstellen nach wie vor der Konversion, der Dissoziation und den histrionischen Charaktereigenschaften eine gemeinsame Psychodynamik als „Hysterie“ (vgl. die Arbeiten in Horowitz, 1991a; Mentzos, 2000). Was die histrionischen Persönlichkeitseigenarten betrifft, wird die ihnen inhärente Theatralik zumeist als Inszenierung aufgefasst, die es den Betroffenen erlaube, eine nicht vollständig ausgebildete Selbstrepräsentanz zu verbergen: Sie diene als Möglichkeit einer Konfliktlösung (zumeist als unbewusste Inszenierung) dem Ziel, nicht nur für die anderen, sondern auch für sich selbst anders zu erscheinen, als man (nicht) ist (Mentzos, 1980, 1982; vgl. auch die Überlegungen zu den histrionischen Facetten einer interaktionellen „Als-ob“- oder Pseudopräsentation von Persönlichkeitsmustern bei Horowitz, 1991b, sowie bei Blaker & Tupin, 1991).

Andererseits wird von Psychoanalytikern die Meinung vertreten, es bei der Erklärung dieser Persönlichkeitsstörung nicht ausschließlich im Bereich tiefenpsychologischer Sinn- und Symptomdeutungen zu belassen. Ohne andererseits auf diese verzichten zu müssen, könnte eine integrative Betrachtung von Abwehr/Emotionalität (Psychoanalyse), Kognition (Psychologie) und Dissoziation (Psychopathologie) zu einer stimmigeren Klärung des Bildes der histrionischen Persönlichkeitsstörung beitragen und damit zugleich die Sicht der ausschließlich beschreibenden Glossare der Klassifikation substanziell verbessern helfen (Hoffmann & Eckhardt-Henn, 2000).

Kognitive und rollentheoretische Perspektiven
Einander sehr ähnlich fallen nämlich die Überlegungen der kognitiv-orientierten Verhaltenstherapeuten (Beck et al., 1989) wie der kognitiv-orientierten Psychoanalytiker (Shapiro, 1965; Horowitz, 1991) aus. Beide beschäftigen sich vor allem mit der Frage, welche Bedeutung den Kognitionen bzw. Affekten bzw. deren Wechselwirkungen im Zusammenhang mit den histrionischen Interaktionsmustern zukommt. Die Autoren unterstellen

- entweder eine Abhängigkeit des Gesamterlebens und -handelns von der zugrunde liegenden kognitiven Struktur (Situation → *Kognition* → Affekt → Handlung-Verknüpfung; so bei Beck et al., 1989;→ 5.6) oder
- andererseits eine Abhängigkeit der kognitiven Struktur von einer lebenslang gelernten Interaktionsroutine (Situation → *Affekt* → Kognition → Handlung-Verknüpfung; so bei Shapiro, 1965, und Horowitz, 1991; → 3.5).

Kognition. Beck et al. (1989) postulieren eine Vorordnung tief greifender kognitiver Schemata, die das Rollenverhalten und die Interaktionsstereotypik der Betroffenen bestimmen. Histrioniker seien durch ihre frühkindliche Erziehung dazu angeleitet worden, interaktionell ängstigende und bedrohliche Situationen vor allem durch ihre äußere Erscheinung und exzellentes Rollenverhalten zu verändern, zu vermeiden oder ihnen zu entfliehen. Sie würden ihre Beziehungen also vorrangig auf der Grundlage einer kontinuierlichen Suche und Anpassung ihres Rollenverhaltens organisieren. Bei Beziehungsschwierigkeiten und interaktionellen Konflikten stünde ihnen unter einem kognitiven Primat der Rollenanpassung („möglichst gut erscheinen", „möglichst von allen geliebt werden") nurmehr die Präsentation einer jeweils neuen Rolle zur Verfügung. Mit dieser Rollenpräsentation würden sie jedoch im späteren Leben zunehmend scheitern, weil in bedeutsamen Konfliktsituationen die schlichte Präsentation eines (oberflächlichen) Rollenverhaltens nicht hinreiche.

Affekt. Shapiro (1965) wie neuerlich Horowitz (1991) betonen ebenfalls die Insuffizienz integrativer Prozesse und Entwicklungsmöglichkeiten. Sie sehen die Ursachen jedoch eher in einem Eingeordnetsein der Kognitionen in (d.h. ihre Zugehörigkeit zu) einer insgesamt routinierten Theatralik, die sich vorrangig über eine situationsabhängige Affektivität steuert und sich so der bewussten Kontrolle entzieht. Das Rollenverhalten ist ein lebenslang gelernter Versuch, sich in zwischenmenschliche Interaktionen möglichst affektiv einzubringen. Entsprechend entspringt die handlungsleitende kognitive Schematik genau wie der Affekt aus einer scheinbar passenden Interaktionsroutine als Antwort. Das die interaktionellen Konflikte verschärfende Problem ist dann letztendlich ganz ähnlich wie bei Beck verstehbar: Der präsentierten Rolle fehlt ein situationsspezifisch begründeter, begründbarer oder ausformulierter mentaler Inhalt und (entsprechend) eine gut differenzierende Wahrnehmung. Die Rolle (und nur nebengeordnet die Kognition) dominiert und beansprucht global und unvermittelt das interpersonale wie intrapsychische Geschehen.

„Wenn wir solche hysterischen Auftritte erleben, stellt sich leicht der Eindruck ein, dass der Betreffende von seiner eigenen Darstellung ‚mitgerissen' wird ... Er scheint gewissermaßen nicht in seinem faktischen Sein und seiner eigentlichen Geschichte verwurzelt zu sein, ebenso wenig in festen Überzeugungen und einem Gefühl für die tatsächliche objektive Welt. Stattdessen wird er in der Tat ‚mitgerissen' durch die Unmittelbarkeit, mit der er auf lebhafte Eindrücke, romantische Herausforderungen, vorübergehende eigene Stimmungen oder fantastische, ihn beeindruckende Charaktere reagiert, und durch die Leichtigkeit, mit der seine gesamte Wahrnehmung und Aufmerksamkeit durch sie gefesselt wird. Man könnte sagen, dass er dann auf ein Gefühl ‚abfährt', das keinen Tiefgang besitzt." (Shapiro, 1991, S. 122)

Ganz ähnlich beschreibt schließlich Kraus (1991b, c) das Problem histrionischer Personen in seinem Hypernomie-Konzept (vgl. ergänzend → Kapitel 19.3 zur Typus-melancholicus-Konzeption). Für ihn kennzeichnet das hysterische Rollenverhalten die grundlegende Unfähigkeit der Betroffenen, sich mit sich selbst und mit der ihnen möglichen sozial-gesellschaftlichen Rolle zu identifizieren. Anstatt sich mit sich und der ihnen zugewiesenen Lebenssituation zu arrangieren, möchten die histrionischen Personen mehr erscheinen, als sie sind, oder auch mehr erleben und darstellen, als sie zu erleben und darzustellen in der Lage sind. Für Kraus beinhaltet die histrionische Persönlichkeitsstörung deshalb im Kern ein existenzielles Problem, das sich als rollengebundener Zwang darstellt, in Wirklichkeit aber ein Bruch mit der Möglichkeit ist, wahrhaftig und sinngestaltend zu handeln und zu kommunizieren.

12.4 Zusammenfassende Bewertung

Die Unterscheidung zwischen beiden letztgenannten (kognitiven) Perspektiven ist von besonderem ätiologietheoretischen Interesse, leiten sich doch möglicherweise aus beiden Perspektiven recht unterschiedliche psychotherapeutische Zugänge ab. Für die kognitiven Verhaltenstherapeuten (sensu Beck et al.) stehen entsprechend der Vorordnung kognitiver Schemata deren rational-situationale Überprüfung und Veränderung im Vordergrund; Therapie setzt also eine Reflexion der eigenen Handlungsprämissen voraus. Dagegen stellt sich im Falle der kognitiv-psychoanalytischen oder existenziellen Sichtweise (sensu Horowitz, Shapiro und Kraus) ein viel grundlegenderes therapeutisches Problem, nämlich die Frage, wie es erreichbar ist, eine durch die Rollenroutine bedingte aktive Negation von Bewusstheit zu thematisieren und zu überwinden.

Wegen der völligen Neusetzung dieser Diagnosekategorie seit dem DSM-III und in der ICD-10 bewegen sich sämtliche der dargestellten ätiologischen Überlegungen – zumal sie die diagnostische Trennung von neurotischen und persönlichkeitsbedingten Anteilen der „Hysterie" nur teilweise mitvollzogen haben – nach wie vor im Bereich der Spekulation. Empirische Arbeiten zur Ätiologie der histrionischen Persönlichkeitsstörung liegen bis auf die erwähnten Familienstudien kaum vor.

Insbesondere bleibt zu beachten, dass sich vielfältige Komorbiditätsbeziehungen zu anderen Persönlichkeitsstörungen finden lassen: Insbesondere bei Behandlungsbeginn klagen Patienten mit histrionischer Persönlichkeitsstörung zumeist über innere Leere, Einsamkeit und Depressivität (Liebowitz et al., 1986). In den weniger schwer betroffenen Fällen mögen vor allem unbeständige Reizsuche (mögliche Komorbidität: dissozial), Emotionalisierung von Beziehungen (Borderline), Verlangen nach Anerkennung und leichte Kränkbarkeit beobachtbar sein (narzisstisch), in den schwerer betroffenen Fällen zusätzlich eher weitere narzisstische Merkmale (wie übertriebene Eitelkeit, Egozentrik, Oberflächlichkeit) und Impulsivitätsstörungen (selbstschädigende Neigungen bis hin zu Parasuiziden und Wutausbrüchen, Borderline, dissozial).

Im Unterschied zu dependenten Persönlichkeiten, die sich primär passiv verhalten, verfügen histrionische Persönlichkeiten über ein weites Repertoire, ihr Bedürfnis nach Zuneigung und Aufmerksamkeit aktiv umzusetzen. Frauen wirken häufig charmant, bisweilen kokett und sexuell aufreizend, Männer großzügig, eloquent und verführerisch. Zwischenmenschliche Signale, die Unzufriedenheit oder Enttäuschung des Gegenübers andeuten, lösen rasch Reaktionen aus, die darauf zielen, die Bedürfnisse des anderen zu befriedigen. Als „Meister des ersten Eindrucks" verstehen sie es häufig ausgezeichnet, „sich zu verkaufen", haben aber enorme Schwierigkeiten, tiefer gehende und dauerhafte Beziehungen zu gestalten (vgl. Bohus et al., 1999).

ZUSAMMENFASSUNG

Histrionische Persönlichkeitsstörung

Störungsbild: oberflächlich und emotionalisierend. Sehr häufig finden sich eine übertriebene Emotionalität und ein übermäßiges Verlangen nach Aufmerksamkeit. Personen mit dieser Persönlichkeitsstörung fordern ständig Bestätigung, Anerkennung und Lob. Die Betroffenen fühlen sich unwohl, wenn sie nicht im Mittelpunkt der Aufmerksamkeit stehen, erscheinen als übertrieben attraktiv oder verführerisch und drücken sich sprachlich vage aus.

Übergänge zur Normalität: expressive Selbstdarstellung. Kuhl und Kazén (1997) bezeichnen die Normalvariante auch als liebenswürdigen Stil, der eher durch intuitiv-spontanes Handeln und weniger durch analytisch zielorientiertes Planen bestimmt ist. In solchen Fällen kann eine impressionistische Seite dominieren. Gelegentlich wirken sie liebevoll und warmherzig, zumal sie durch andere Personen oder Umstände leicht beeinflussbar sind. Gleichzeitig haben viele ein gutes Gespür für Atmosphäre, bevorzugen Gefühl und Intuition als Orientierungshilfen für eigenes Handeln, jedoch mit dem Risiko von Unbeständigkeit. Dass manche Schauspieler einen zu ihrer Persönlichkeit passenden Beruf gewählt haben, ist ebenfalls plausibel (*histrio*, lat. = Schauspieler).

Funktion und Dynamik. Der Befund, dass histrionische Merkmale im Durchschnitt bei Frauen stärker ausgeprägt sind als bei Männern, kann dadurch erklärt werden, dass Bedürfnisse nach warmherzigem und spontanem emotionalen Austausch mit anderen Menschen bei Frauen kulturell bedingt höher ausgeprägt sind. Es bleibt jedoch zu beachten, dass bei einigen Betroffenen eine genetische Verwandtschaft zur dissozialen Persönlichkeit besteht und dass dissoziale Männer häufig ebenfalls über histrionische Züge verfügen. Hier ergibt sich ein möglicher geschlechtsabhängiger Diagnosebias. Die positive Emotionalität beider Persönlichkeitstypen kann mit einem Mangel an negativer Emotionalität einhergehen, wie z.B. geringe Sensibilität gegenüber Strafreizen, wodurch sich die auch bei histrionischen Personen beobachtbare Neigung zu Risikohandlungen und Impulskontrollstörungen erklärt.

13 Narzisstische Persönlichkeitsstörung

... haben sie die zarteste Empfindlichkeit gegen jedes, was auch nur auf die entfernteste und indirekte Weise ihre kleinliche Eitelkeit verletzen oder irgendwie nachteilig auf ihr höchst pretioses Selbst reflektieren könnte.
Arthur Schopenhauer

„Narzissmus“ gehört zu den zentralen Begriffen der Psychoanalyse. Er bezeichnet in seiner allgemeinen (positiven) Form die interaktionelle Fähigkeit eines Menschen, relativ konstante positive wie negative zwischenmenschliche Beziehungen auszubilden. In seiner (negativen) Variante zur Kennzeichnung einer Persönlichkeitsstörung bezeichnet er zumeist das Gegenteil: nämlich eine Störung der Beziehungsfähigkeit, die durch Selbstbezogenheit, eine hohe Empfindlichkeit gegenüber der Einschätzung durch andere und durch einen Mangel an Einfühlungsvermögen bestimmt ist.

13.1 Konzeptentwicklung

In der Psychoanalyse freudscher Prägung wurde der Narzissmusbegriff vorrangig zur Beschreibung von sog. frühen (auch: „präödipalen“) Störungen der Ich-Entwicklung und damit auch von Charakterstörungen eingesetzt (→ 3.4). Beginnend mit den Arbeiten von Hartmann (zusammenfassend: 1972) sind im Kontext einer sich verändernden Narzissmusbewertung zugleich einige entscheidende theoretische Weiterungen der psychoanalytischen Theorie vorgenommen worden, die bis heute unter den Überschriften „Objekt-Beziehungs-Theorien“ oder „Narzissmus-Theorien“ fortgeschrieben werden. Und insbesondere unter der Narzissmusperspektive sind von psychoanalytischer Seite wichtige Versuche unternommen worden, Rahmensetzungen für ein allgemeines Verständnis von Persönlichkeitsstörungen zu entwickeln (ebenfalls: → 3.4).

Für die Kriterienentwicklung zur narzisstischen Persönlichkeitsstörung im DSM-III-(R) wegbereitend waren vor allem die Auffassungen, die im Kontext der Objekt-Beziehungs-Theorie Kernbergs (1975, 1976) und seiner Nachfolger entwickelt wurden und die eng mit einem Verständnis der Borderline-Persönlichkeitsstörung verknüpft sind (vgl. Rohde-Dachser, 1986).

Die narzisstische Persönlichkeitsstörung ist nach Kernbergs Auffassung eine besondere Form der im weiteren Reifungsprozess erworbenen, wenngleich vereinseitigten Fähigkeit zur persönlichen Bewältigung einer Borderline-Störung, und zwar in Richtung auf eine Überidealisierung des eigenen Selbst. Aus diesem

Grund seien die für die Borderline-Störung typischen Selbstwertdiffusitäten bei der narzisstischen Persönlichkeitsstörung nicht gegeben, weil eine überhöhte Selbsteinschätzung („pathologisches Größen-Selbst") eine darunter liegende Borderline-Struktur verdecke. Diese Betrachtung der narzisstischen Persönlichkeitsstörung als Spezialfall der Borderline-Persönlichkeitsstörung ist jedoch in der Psychoanalyse nicht unumstritten. Insbesondere Kohut (1971, 1977) hat von Anfang an ein erheblich weiter gefasstes Narzissmuskonzept vertreten (→ 13.4 zur Ätiologie). Dennoch ist die aktuelle DSM-Kriteriensetzung vor allem von der kernbergschen Theorieperspektive deutlich beeinflusst worden.

EXKURS

Grundlegung der narzisstischen Persönlichkeitsstörung

Die narzisstische Persönlichkeitsstörung wurde mit dem DSM-III (von 1980) erstmals in ein psychiatrisches Klassifikationssystem übernommen. Da bis dahin kaum substanzielle Forschungsarbeiten zu diesem Störungsbereich vorlagen, ist die Einführung von Anfang an auf heftige Kritik gestoßen.

Die *Task-Force on DSM-III* der American Psychiatric Association (1980) musste sich bei der Kriterienbestimmung fast ausschließlich auf Beschreibungsversuche stützen, die dazu von psychoanalytischen Autoren auf der Grundlage therapeutischer Kontakte mit Patienten vorgelegt worden waren. Diese psychoanalytischen Beschreibungen der narzisstischen Persönlichkeitsstörung beinhalteten eine Vielzahl heterogener Phänomene.

Cooper und Ronningstam haben die zumeist intuitiv generierten Störungscharakterisierungen zu systematisieren versucht und dabei sechs Phänomenbereiche unterschieden (1992, S. 80f):

- **Verhaltensweisen, die eng mit fragilen Selbstwertrepräsentanzen zusammenhängen**
  - hypochondrische Störungen als somatisierter Ausdruck der zentralen Unsicherheit im Bereich des Selbst
  - Scham, Verlegenheit und Gefühle der Demütigung, wenn eigene Bedürfnisse oder Defizite durch andere festgestellt werden
- **Verhaltensweisen, die eng mit der kompensatorischen Grandiosität zusammenhängen**
  - Fantasien über oder eine Sehnsucht nach Besonderheit und Vollkommenheit
  - das Bedürfnis nach unkritischer und fortdauernder Bewunderung
  - exhibitionistische Neigungen (ein „Sich-zur-Schau-Stellen")
  - ein gewisser Perfektionismus in dem Bemühen, alles selbst können zu wollen, auch das, was andere können
  - affektierte Darstellung seiner selbst in den Eigenarten, in der Kleidung und in der Sprache
- **Besonderheiten der zwischenmenschlichen Interaktion**
  - ein Unvermögen zu liebevoller Zuwendung und Empathie mit der Folge, dass keine stabilen Objektbeziehungen eingegangen werden können
  - exzessive Selbstdarstellung und das durchgängige Gefühl, im Recht zu sein, sowie eine gewisse Unfähigkeit, anderen zuzustimmen oder die Bedürfnisse anderer zu respektieren
  - fehlende Konsensfähigkeit, verbunden häufig mit einem anfänglichen Enthusiasmus und einer später gewöhnlich nachfolgenden Enttäuschung
  - Neid auf die erbrachten Leistungen anderer Menschen und deren Abwertung bis Verunglimpfung

- ein „Don-Juan"-Gebaren (z.B. als zwanghafte sexuelle Eroberungslust ohne Beachtung der Bedürfnisse des gewählten Partners)
- rachsüchtige Wut als Reaktion auf erfahrene Kränkungen und persönliche Verletzungen

▶ **Arbeitsverhalten**
- einem frühen Leistungserfolg folgt zumeist auffällige Mittelmäßigkeit, nur gelegentlich durchsetzt mit kurz aufleuchtender Brillanz
- chronische oder intermittierend auftretende Gefühle der Langeweile und Leere, wenn die eigenen Leistungen hinter den eigenen Erwartungen zurückbleiben; nur geringes Interesse gegenüber der Tätigkeit selbst
- Befriedigung wird nur aus äußerer Anerkennung und Belobigungen gezogen und nicht aus einer inneren Zufriedenheit über die erbrachte Leistung

▶ **Stimmungsstörungen**
- auffällige Stimmungswechsel zwischen Depressivität und Euphorie, die eng mit den Schwankungen in der Selbstwertschätzung zusammenhängen
- unverhältnismäßige Ärger- und Neidgefühle, wenn die von anderen gezeigte Bewunderung nicht den Erwartungen entspricht

▶ **Überich-Störungen**
- keine Anzeichen von schlechtem Gewissen, was seinen besonderen Ausdruck in der rücksichtslosen Neigung der Betroffenen findet, sich selbst mit den intellektuellen und materiellen Leistungen anderer zu schmücken
- strenge und perfektionistische Ansprüche gegenüber dem eigenen Selbst
- selbstdestruktive Verhaltensmuster
- starke Ängste bei dem Erleben und Durchführen eigener „betrügerischer" Handlungen wie auch beim Erleben, im Mittelpunkt der Aufmerksamkeit zu stehen

Dem Wunsch der Psychoanalytiker nach Einführung einer narzisstischen Persönlichkeitsstörung in das DSM-III wurde vor allem deshalb entsprochen, weil über die hier zusammengefassten Persönlichkeitsmerkmale weitgehend Einigkeit herrschte.

13.2 Diagnostik

Wie angedeutet, sind die im Exkurs findbaren Kriterien von außerhalb der Psychoanalyse auf deutliche Kritik gestoßen, insbesondere weil sich die valide Zuordnung einer Person zu diesem Störungsbild nach wie vor nur über eine genaue Kenntnis der Innenperspektive vornehmen lässt, die sich möglicherweise erst im Verlauf einer therapeutischen Behandlung erschließt (Widiger et al., 1988).

So finden sich in Studien, in denen (psychoanalytische [!]) Experten gebeten wurden, Patienten mit narzisstischer Persönlichkeitsstörung aus einer größeren Gruppe von Patienten zu identifizieren, bei nachträglichen Versuchen, diese von unabhängigen Beurteilern im Sinne der aus ihnen abgeleiteten DSM-III-Kriterien erneut zuzuordnen, stets erhebliche Diskrepanzen (Morey & Ochoa, 1989; vgl. Gunderson et al., 1991). In der Morey/Ochoa-Untersuchung beispielsweise ließen sich nur 10 von 24 vorab durch Experten bestimmte Patienten (also 42 Prozent) erneut mit den DSM-III-Kriterien der narzisstischen Persönlichkeitsstörung reidentifizieren.

Die später im DSM-IV ausgearbeiteten Verbesserungen beinhalten mit Blick auf die Kritik vorerst nur wenig substanzielle Änderungen. Dennoch setzen einige besondere eigene Akzente. Obwohl die Begriffssetzung vordergründig die Neigung der Betroffenen zur Überidealisierung von Selbst- und Wirklichkeitskonzepten betont, liegen die Hauptmerkmale der narzisstischen Persönlichkeitsstörung im zwischenmenschlichen Bereich (→ Übersicht über DSM-IV-Kriterien). Diese beinhalten grob zusammengefasst:

- einen Mangel an Empathie,
- ein durchgängiges Muster von sozialem Unbehagen und
- die Angst vor negativer Beurteilung durch andere.

DIAGNOSTISCHE KRITERIEN

Diagnostische Kriterien der narzisstischen Persönlichkeitsstörung gemäß DSM-IV

Ein tief greifendes Muster von Großartigkeit (in Fantasie oder Verhalten), Bedürfnis nach Bewunderung und Mangel an Empathie. Der Beginn liegt im frühen Ewachsenenalter und zeigt sich in verschiedenen Situationen. Mindestens fünf der folgenden Kriterien müssen erfüllt sein:

(1) hat ein grandioses Gefühl der eigenen Wichtigkeit (übertreibt z.B. die eigenen Leistungen und Talente; erwartet, ohne entsprechende Leistungen als überlegen anerkannt zu werden),
(2) ist stark eingenommen von Fantasien grenzenlosen Erfolgs, Macht, Glanz, Schönheit oder idealer Liebe,
(3) glaubt von sich, „besonders" und einzigartig zu sein und nur von anderen besonderen Personen (oder Institutionen) verstanden werden oder nur mit diesen verkehren zu können,
(4) verlangt nach übermäßiger Bewunderung,
(5) legt ein Anspruchsdenken an den Tag, d.h. übertriebene Erwartungen an eine besonders bevorzugte Behandlung oder automatisches Eingehen auf die eigenen Erwartungen,
(6) ist in zwischenmenschlichen Beziehungen ausbeuterisch, d.h. zieht Nutzen aus anderen, um die eigenen Ziele zu erreichen,
(7) zeigt einen Mangel an Empathie: ist nicht willens, die Gefühle und Bedürfnisse anderer zu erkennen oder sich mit ihnen zu identifizieren,
(8) ist häufig neidisch auf andere oder glaubt, andere seien neidisch auf ihn/sie,
(9) zeigt arrogante, überhebliche Verhaltensweisen oder Haltungen.

Zitiert gemäß DSM-IV der APA (1994); Saß et al. (1996, S. 747).

ICD-10: vorläufiger Verzicht

Aus den genannten Kritikgründen wurde die Typologie noch nicht in die ICD-10 übernommen worden. Sie findet dort – in einem Anhang – neben einigen anderen lediglich kurze Erwähnung. Andererseits hat die DSM-Einführung der narzisstischen Persönlichkeitsstörung eine beachtliche Forschungsaktivität stimuliert. Mithilfe einiger standardisierter Interviewmethoden ließ sich die Diagnose an Patienten mit unterschiedlichen Persönlichkeitsstörungen als recht zuverlässig absichern, weshalb sie auch erneut in das DSM-IV aufgenommen wurde (vgl. Gunderson et al., 1990; Ronningstam & Gunderson, 1990; Cooper & Ronningstam, 1992; Widiger & Trull, 1993). Bei diesen Untersuchungen wurde u.a. das (im Sinne der DSM-Konzeption) speziell für eine Diagnostik der narzisstischen Persönlichkeitsstörungen entwickelte *Diagnostic Interview for Narcissistic Patients* von Gundersen et al. (1990) eingesetzt.

Prävalenz

Bei den Angaben zum Vorkommen der narzisstischen Persönlichkeitsstörung bleibt zu beachten, dass diese Störungsgruppe erst seit dem DSM-III (1980; und zwar nur in diesem Diagnosesystem) als Beurteilungsmöglichkeit vorhanden ist. Unter der Perspektive der spezifischen Persönlichkeitseigenarten ist weiterhin wichtig, dass es sich um Merkmale von Personen handelt, die eher selten ausschließlich wegen dieser Störung um psychotherapeutische Hilfe nachsuchen werden. In den inzwischen vorliegenden Studien zur Prävalenz von Persönlichkeitsstörungen fällt die Anzahl der Personen mit narzisstischer Persönlichkeitsstörung (noch) entsprechend gering aus.

Zimmerman und Coryell (1989) fanden in einer Felduntersuchung einer (nichtklinischen) Gruppe von 797 Personen keinen einzigen Fall, auf den die DSM-III(-R)-Diagnose zutraf. Und Kass, Skodol, Charles, Spitzer und Williams (1985) finden in ihrer epidemiologischen Untersuchung bei 609 Patienten nur 3 Prozent mit einer narzisstischen Persönlichkeitsstörung. In Untersuchungen, die der Verteilung persönlichkeitsgestörter Personen auf die unterschiedlichen Störungsbilder gewidmet waren, schwanken die Angaben zum Vorkommen der narzisstischen Persönlichkeitsstörung zwischen 1,6 Prozent (bei Dahl, 1986) und 16,2 Prozent (bei Zanarini et al. 1987; → 19.3, → 20). Dies deutet darauf hin, dass die Diagnose in Einrichtungen, in denen psychoanalytisch gearbeitet wird, häufiger als in anderen Institutionen vergeben wird.

Geschlechtsbias. Dies ist auch einer der gegenwärtig zunehmend häufiger geäußerten Kritikpunkte, den wir hier vorsichtig in eine Frage kleiden wollen: Scheinen Psychoanalytiker die Diagnose „narzisstische Persönlichkeitsstörung" anhand subjektiver Evidenzen zu vergeben, ohne dass die Betreffenden objektiven Kriterien standhalten? Wenn ja, dann fragt sich weiter, warum? Von Kritikern wird vermutet, dass diese Diagnose gelegentlich (zu vorschnell) bei jenen Patienten vergeben wird, die sich sehr selbstbewusst und kritisch mit der Psychotherapie, den Psychotherapeuten und den Erwartungen seitens der Therapeuten an „angemessenes" Therapieverhalten auseinander setzen. Zumeist handelt es sich bei den „Narzissten" offensichtlich um männliche Patienten, während Frauen in solchen Fällen „selbstbewusst präsentierter Nichtcompliance" (ebenfalls vorschnell) die Diagnose „histrionisch" erhalten (zu diesem Geschlechtsbiasproblem ausführlich: Fiedler, 2000b, 2001; vgl. aber auch das → Stichwortverzeichnis: „Geschlechtsbias", mit Hinweisen, wo auch in diesem Buch empirische Hinweise verstreut sind, die diese Hypothese einer in der Tat unhaltbaren, weil stigmatisierenden Diagnosepraxis erhärten).

Man sollte diesen Kritikpunkt jedoch nicht ausschließlich den Psychoanalytikern vorhalten. Auch von Therapeuten anderer Therapieschulen wird die Diagnose „narzisstisch" oft recht leichtfertig vergeben. Wie schon mehrfach angedeutet, wird nämlich von den „Diagnostikern" einer narzisstischen Persönlichkeitsstörung häufig übersehen, dass sie die Diagnose „Persönlichkeitsstörung" erst vergeben dürfen, wenn allgemeine Voraussetzungen zur Vergabe einer Persönlichkeitsstörungsdiagnose erfüllt sind, und das heißt

- wenn die Person unter sich selbst leidet,
- wenn das persönlichkeitsbedingte Risiko der Entwicklung einer substanziellen psychischen Störung gegeben ist oder
- wenn die betreffende Person mit Ethik und Recht in Konflikt geraten ist (→ 2).

„Nichtcompliance", „Widerstand" in der Psychotherapie oder „offene Kritik am therapeutischen Vorgehen" rechtfertigen in aller Regel also nicht die Diagnose einer Persönlichkeitsstörung. „Nichtcompliance" sowie „Widerstand" und eine kritische Position zur Psychotherapie gehören vielmehr zu den verbrieften Rechten eines Patienten, der in der überwiegenden Zahl aller Fälle auch noch als der Dienstauftraggeber in eine Psychotherapie eintritt.

13.3 Differenzialdiagnostik

Aufgrund vorliegender Fallbeschreibungen psychoanalytischer Autoren lässt sich vermuten, dass Patienten mit narzisstischer Persönlichkeitsstörung primär wegen depressiver Verstimmungen oder einer Depression um Behandlung und psychiatrische Hilfe nachsuchen werden (Cooper & Ronningstam, 1992; Rudolf, 1999). Narzisstische Eigenarten können auch das Symptombild manischer oder hypomanischer Episoden einer affektiven bzw. Stimmungsstörung mitgestalten. Die Diagnose der narzisstischen Persönlichkeitsstörung sollte in solchen Fällen erst vergeben werden, wenn die zumeist beobachtbare Neigung zu Großartigkeit in Fantasie und Verhalten auch außerhalb der Krankheitsepisoden bestehen bleibt.

Persönlichkeitsstörungen. Die inzwischen vorliegenden Komorbiditätsstudien zeigen vor allem erhebliche Überschneidungen mit anderen Persönlichkeitsstörungen. Relativ häufig finden sich Kodiagnosen mit der *histrionischen*, der *Borderline-* und der *antisozialen Persönlichkeitsstörung* (Dahl, 1986; Morey, 1988; Zimmerman & Coryell, 1989), mit denen die narzisstische Persönlichkeit das gemeinsame DSM-III-Cluster B „dramatisch, emotional, launisch" bildet (→ 2.7, → 19.3). Dennoch dürften es gerade nicht diese drei Charakterisierungen (dramatisch, emotional, launisch) sein, die die Überschneidungen oder Gemeinsamkeiten der histrionischen, Borderline- und dissozialen mit der narzisstischen Persönlichkeitsstörung bewirken. Die Gemeinsamkeiten liegen wohl einerseits eher in interpersonellen Merkmalen wie in dem Mangel an Empathie (zugleich Kriterium der dissozialen Persönlichkeit; → 10.2), in dem Ausnutzen zwischenmenschlicher Beziehungen (Kriterium der histrionischen Persönlichkeit; → 13.1) sowie in Selbstwertproblemen (Kriterien der Borderline-Persönlichkeit; → 11.2).

Im Unterschied zu den drei genannten Persönlichkeitsstörungen dürfte die narzisstische Person in ihren Handlungen jedoch deutlich weniger impulsiv sein und weniger emotional überbetont wirken, ihre zwischenmenschlichen Beziehungen weniger intensiv oder dependent gestalten und gewöhnlich eine fester gefügte Persönlichkeitsstruktur aufweisen. Trotz der konzeptuellen Nähe lässt sich die Differenzialdiagnose gegenüber der Borderline-Persönlichkeitsstörung recht zuverlässig stellen; das vorrangig diskriminierende Merkmal ist die Grandiosität der narzisstisch gestörten Personen (Ronningstam & Gunderson, 1991).

Eine Differenzialdiagnose ist gelegentlich auch gegenüber der *zwanghaften Persönlichkeitsstörung* notwendig (wegen der beiden Störungen eigenen Neigung zum Perfektionismus; → 17.2). Im Unterschied zur zwanghaften Persönlichkeit fehlt den narzisstisch gestörten Personen in aller Regel jedoch die Möglichkeit der Selbstkritik oder der Selbstanklage. Von der *schizotypen* oder auch *paranoiden Persönlichkeitsstörung* lässt sich die narzisstische Persönlichkeitsstörung gewöhnlich durch den fehlenden sozialen Rückzug und durch einen Mangel an Misstrauen abgrenzen (→ 7.2, → 9.3). Sind letztgenannte Merkmale bei der narzisstischen Persönlichkeit beobachtbar, lassen diese sich häufig auf die Befürchtung zurückführen, andere könnten die eigenen Schwächen enthüllen.

13.4 Erklärungsansätze

Psychoanalyse

Die psychoanalytische Konzeptbildung zur narzisstischen Persönlichkeitsstörung ist seit Jahren durch eine Kontroverse geprägt, die sich eng mit den theoretischen Auffassungen Kohuts und Kernbergs verbindet (vgl. Rudolf, 1987, 1996).

Nach Kohut (1971, 1976) differenziert sich der (biologisch vorgegebene) primäre Narzissmus zunächst in zwei Richtungen: einmal in Richtung auf eine vorübergehende Idealisierung seiner selbst, zum anderen in Richtung auf eine vorübergehende Idealisierung der intimen Bezugspersonen (Eltern). Misslingt die entwicklungsnotwendige Auflösung der Narzissmusabkömmlinge „Selbstidealisierung“ und „Elternidealisierung“, so können die grandiosen Selbstvorstellungen in verdrängter Form wirksam bleiben. Sie prägen in Gestalt von nicht befriedigten Größenansprüchen und entsprechend beschämenden Minderwertigkeitsgefühlen das Erleben narzisstisch gestörter Patienten (als sekundärer Narzissmus). Zur pathologischen Charakterentwicklung kommt es vor allem in der

Folge einer unempathischen, vernachlässigenden und/oder abwertenden Erziehung des Kindes. Das Ergebnis liegt im fortwährenden Misslingen, über primitiv-kindliche Grandiositätsgefühle hinauszuwachsen. Im späteren Leben kann dabei die sehnsüchtige Suche nach einem idealen Selbstobjekt so dominierend werden, dass daraus eine Neigung zur Abwertung anderer oder deren neidvolle und kränkende Ablehnung erwächst.

Kernberg (1975, 1976) hingegen hebt zwei klinische Erscheinungsbilder voneinander ab, die *narzisstische Persönlichkeitsstörung* und die *Borderline-Persönlichkeitsstörung* (→ 11). Nach seiner Auffassung handelt es sich bei der Borderline-Persönlichkeitsstörung lediglich um die schwerere von zwei ähnlichen Störungsbildern in der Entwicklung eines zum Menschen üblicherweise zugehörigen gesunden Narzissmus (Selbstwertgefühls), die sich zugleich durch zwei unterschiedliche Formen der Abwehr zwischenmenschlich bedrohlicher Erfahrungen auszeichnen. In der Borderline-Störung dominiert die von ihm so bezeichnete „Spaltung", deren Hauptmerkmal das der Dissoziation in eine multiple Symptombildung ist. Die in der besser entwickelten narzisstischen Persönlichkeitsstörung vorherrschende sog. „narzisstische Abwehrstruktur" trägt hingegen weniger psychopathologische Züge, (keine Symptomfluktuation, bessere Impulskontrolle, höhere soziale Anpassungsfähigkeit).

Ein Mensch mit narzisstischer Persönlichkeitsstörung hat also im Sinne dieser Auffassung mit seinen narzisstischen Größen- und Unabhängigkeitsfantasien eine spezifische Kompetenz der Bewältigung einer dennoch zugrunde liegenden Borderline-Struktur ausgebildet (vgl. auch Adler, 1981). Die narzisstischen Patienten zeichnen sich nach Kernberg deshalb durch einen ausgeprägten Eigenbezug aus, der ihnen hilft, eine dahinter liegende zwischenmenschliche Unsicherheit zu tarnen. Letztere sei jedoch durchaus sichtbar; denn die emotionalen Beziehungen seien durch ein ständiges Misstrauen, eine Angst vor Abhängigkeit und durch mangelndes Einfühlungsvermögen gekennzeichnet.

Verhaltenstherapie

Kognitiv-behaviorale Konzepte betonen eher direkte Wirkungen aus einem narzissmusförderlichen Erziehungsstil der Eltern, die über eigenes Modellverhalten oder besondere Beachtung und Bekräftigung kindlicher Verhaltensweisen die Selbstwertschätzung (und damit möglicherweise: die Selbstwertüberschätzung) in den Mittelpunkt einer insgesamt „überwertigen" Erziehung rücken. Für diese Eltern wären (so beispielsweise Millon, 1981, S. 175) ihre Kinder von Anfang an „besser als andere" und deshalb durchgängig in der Lage, alles nur Wünschenswerte in ihrem Leben zu erreichen, und zwar mit einem Minimaleinsatz an eigener Leistung und Investition. So findet in der kindlichen Erziehung vor allem ein Verhalten Beachtung und Verstärkung, das in gewisser Intoleranz gegenüber anderen die eigenen Fähigkeiten und Wertigkeiten betont und diese auch nach außen gut darstellen kann, und zwar ohne dass das tatsächlich gezeigte Verhalten dieser Selbstpräsentation auch nur annähernd entsprechen muss.

Andererseits spielen in den kognitiv-behavioralen Ansätzen vor allem die zirkulären interpersonellen Konsequenzen dieses selbstbezogenen, zunehmend zur Gewohnheit werdenden Verhaltensmusters eine zentrale Rolle. Das interpersonelle Problem der Ich-Syntonie kann deshalb in geradezu paradigmatischer Weise am Beispiel der narzisstischen Persönlichkeitsstörung deutlich gemacht werden (vgl. Beck et al., 1990).

Obwohl zwar die Bezeichnung „narzisstisch" das Überwiegen einer übermäßigen Selbstwertschätzung betont, liegen die Hauptmerkmale dieser Störung im interpersonellen Bereich: fehlende Empathie, soziales Unbehagen, Angst vor Kritik, Schüchternheit. Und für die genannten Autoren ist die narzisstische Persönlichkeitsstörung im Kern ein Feedback-Problem. Dies liegt in der Natur der auch öffentlich präsentierten Überhöhung des Selbstkonzeptes begründet. Es besteht in der Folge eine dauernde Bedrohung durch Infragestellen der Selbstpräsentation durch andere, die diese Überwertigkeit nicht zu teilen vermögen und eine realistischere Sichtweise der Wirklichkeit vom Betroffenen einfordern. Genau diese Bedrohung führt wiederum und fast zwangsläufig in einen erneuten Rechtfertigungszwang und zu einer Aufrechterhaltung überwertiger kognitiver Konstruktionen. Die Folge sind eskalierende Beziehungsstörungen, die durch die Betroffenen selbst im Bemühen um Aufrechterhaltung der Glaubwürdigkeit ihrer Wirklichkeitsauffassungen kaum auflösbar scheinen.

13.5 Zusammenfassende Bewertung

Allen Ätiologieperspektiven liegen ausschließlich Fallbeschreibungen und Fallanalysen zugrunde. Wegen der Wiedereinsetzung in das DSM-IV dürften systematische empirische Studien in Zukunft erwartbar sein. Deshalb ist nicht ganz nachvollziehbar, aus welchen Gründen die narzisstische Persönlichkeitsstörung nicht in die ICD-10 aufgenommen wurde. Im DSM-IV beschreibt sie Menschen, die ein brüchiges Selbstwertgefühl mit einem Selbstbild von eigener Großartigkeit, Überlegenheit und Verachtung gegenüber anderen zu kompensieren versuchen. Viele Betroffene sind stark eingenommen von Fantasien grenzenlosen Erfolgs, Macht, Glanz, Schönheit und idealer Liebe. Andere glauben von sich, etwas Besonderes und in vielerlei Hinsicht einzigartig zu sein und nur von anderen „besonderen" oder angesehenen Personen oder Institutionen verstanden zu werden oder nur mit diesen verkehren zu können.

Ein für die therapeutische Arbeit besonders beachtenswerter Punkt betrifft die in Komorbiditätsstudien findbare hohe Gleichzeitigkeitsdiagnostik mit fast allen anderen Persönlichkeitsstörungen. Die höchsten Raten finden sich mit der histrionischen, die geringsten Raten mit der schizoiden und selbstunsicheren Persönlichkeitsstörung, wenngleich Letztere ebenfalls vorkommen (→ 19, → 20).

Es besteht also immer die Möglichkeit, dass sich narzisstische Eigenarten bei allen anderen Persönlichkeitsstörungen finden lassen – was leicht nachvollziehbar ist, wenn man bedenkt, dass eines der Zentralsymptome die „Kränkbarkeit" ist, und wenn man weiter beachtet, wie Personen mit heterogen Persönlichkeitsstilen funktional ähnlich auf erfahrene Kränkung reagieren: histrionische Schauspieler auf Verrisse im Feuilleton; zwanghafte Persönlichkeiten auf Kritik an ihren stundenlange Detailarbeit erfordernden Leistungen; oder negativistische Persönlichkeiten bei Zurückweisung der Plausibilität ihres vermeintlich gut durchdachten Skeptizismus. Depressivität bis hin zu Suizidalität kann die Folge sein. Lässt sich also bei anderen Persönlichkeitsstörungen eine Neigung zu Kränkung einschließlich depressiver Krisen beobachten, kann dies als Hinweis für eine etwaige Komorbidität mit der narzisstischen Persönlichkeitsstörung gewertet werden.

ZUSAMMENFASSUNG

Narzisstische Persönlichkeitsstörung

Störungsbild: Mangel an Empathie und überempfindlich bei Kritik. Die Persönlichkeitsstörung ist gekennzeichnet durch ein Muster von Großartigkeit in der Fantasie oder im Verhalten, einem Mangel an Einfühlungsvermögen und einer Überempfindlichkeit gegenüber Kritik und Einschätzung durch andere. Narzisstische Persönlichkeiten sind in übertriebenem Maße von ihrer Bedeutung überzeugt. Sie übertreiben eigene Fähigkeiten, auch wenn keine besonderen Leistungen beobachtbar sind. Häufig stehen diese Störungseigenarten mit einem brüchigen Selbstwertgefühl in einem engen Zusammenhang. Eine ausgeprägte Kränkbarkeit trägt zu einem erhöhten Suizidrisiko bei und kann zu depressiven Krisen führen, die das Ausmaß einer Episode mit Major Depression erreichen können.

Übergänge zur Normalität: ehrgeizig und sich selbst bewusst. Im Normalbereich findet sich ein Persönlichkeitsstil, der wesentlich gekennzeichnet ist durch einen Sinn für das Besondere, wie z.B. durch besondere Leistungsorientierung, Bevorzugung ausgefallener Kleidung, elitäres Kunstempfinden, besonders gepflegte Umgangsformen, statusbewusstes Auftreten, besondere Leistungen in der Schule, im Beruf, im Sport, bei Hobbytätigkeiten. Entsprechend häufig ergibt sich eine hohe Anspruchshaltung, die mit Kränkungs- und Neidgefühlen einhergehen kann.

Funktion und Dynamik. Bemerkenswert ist eine starke Sensibilität für negative Affekte, woraus eine depressive Grundstimmung erwachsen kann. Belastungssituationen und depressiogene Selbstunsicherheit können andererseits durch eine Aktivierung positiv getönter Selbstrepräsentanzen bewältigt werden. Dies führt möglicherweise zu einer spiralförmigen Entwicklung der narzisstischen Neigungen, in der eine übertriebene Selbstdarstellung zwischenmenschlich wenig Akzeptanz findet und genau dadurch bei den Betroffenen zum Behalt der eigenen Selbstsicherheit erneute Übersteigerung und Selbstdarstellung herausfordert. Im Normalbereich finden sich erhöhte Leistungen und ehrgeizige Anstrengungen im Bereich einseitiger Fähigkeiten und Kompetenzen.

14 Selbstunsichere und ängstlich-vermeidende Persönlichkeitsstörung

Wir kamen nie auf den Gedanken, uns auch nur einen Augenblick zu fragen, ob die äußeren Bedingungen, die Gesellschaft, in der wir lebten, etwas mit der Sache zu tun haben könnte.
Lars Gustafsson

Der Begriff „vermeidend“ als Störungsbezeichnung repräsentiert die zentrale Besonderheit der Merkmale, die Menschen mit dieser Persönlichkeitsstörung zugeschrieben werden, deutlich besser als die in der deutschen DSM-Übersetzung eingeführte Bezeichnung „selbstunsicher“. Letztere dürfte jedoch der Gesamtheit aller möglichen Merkmale sehr treffend entsprechen. Seit 1980 jedenfalls wird im DSM-Original die Bezeichnung „Avoidant Personality Disorder“ benutzt. Die ICD-10 betont in ihrer Kennzeichnung „ängstlich (vermeidende) Persönlichkeitsstörung“ mit der „Sozialen Angst“ eine weitere im Vordergrund stehende Auffälligkeit fast aller Betroffenen.

14.1 Konzeptentwicklung

Soziale Unsicherheiten, soziale Phobien und soziale Ängste gehören mit dem zugehörigen Forschungsbereich der sozialen Kompetenz zu den bestuntersuchten Störungsbereichen in der Klinischen Psychologie und Verhaltenstherapie (vgl. Clark & Arkowitz, 1975; Eisler, 1976; Bellack, 1979; Reinecker, 1993a; Juster et al., 1999). Es muss jedoch kritisch gesehen werden, dass bis in die 80er-Jahre hinein – u.a. wegen der in → Kapitel 5.5 erwähnten Vorbehalte der klinischen Psychologen gegenüber der Diagnostik von Persönlichkeitsstörungen – nur selten zwischen sozialer Phobie und selbstunsicherer Persönlichkeit differenziert wurde. Dies hat sich deutlich geändert, nachdem – einem Vorschlag von Millon (1981) folgend – im DSM-III von 1980 erstmals diese diagnostische Kategorie eingeführt wurde.

Millon hatte in der damaligen Diskussion um die Neubewertung der Diagnose „schizoide Persönlichkeitsstörung“ (→ 8.1) deutlich machen können, dass es neben dem eher passiven sozialen Rückzug bei schizoiden Persönlichkeitsstörungen eine Form des aktiven und bewussten Vermeidens sozialer Beziehungen und Bindungen gebe, die durch Angst und extreme Unsicherheit motiviert sei. Menschen, die ein „aktiv-distanzierendes“ Vermeidungsmuster zeigten, seien ständig bemüht, eine Wiederholung schmerzhafter interpersoneller Erfahrungen zu vermeiden, die ihnen wiederholt durch andere zugefügt worden seien (Millon, 1981).

DIAGNOSTISCHE KRITERIEN

Diagnostische Kriterien der vermeidend-selbstunsicheren Persönlichkeitsstörung gemäß DSM-IV

Ein tief greifendes Muster von sozialer Gehemmtheit, Insuffizienzgefühlen und Überempfindlichkeit gegenüber negativer Beurteilung. Der Beginn liegt im frühen Erwachsenenalter und die Störung manifestiert sich in verschiedenen Situationen. Mindestens vier der folgenden Kriterien müssen erfüllt sein:

(1) vermeidet aus Angst vor Kritik, Missbilligung oder Zurückweisung berufliche Aktivitäten, die engere zwischenmenschliche Kontakte mit sich bringen,
(2) lässt sich nur widerwillig mit Menschen ein, sofern er/sie sich nicht sicher ist, dass er/sie gemocht wird,
(3) zeigt Zurückhaltung in intimen Beziehungen, aus Angst beschämt oder lächerlich gemacht zu werden;
(4) ist stark davon eingenommen, in sozialen Situationen kritisiert oder abgelehnt zu werden,
(5) ist aufgrund von Gefühlen der eigenen Unzulänglichkeit in neuen zwischenmenschlichen Situationen gehemmt,
(6) hält sich für gesellschaftlich unbeholfen, persönlich unattraktiv und anderen gegenüber unterlegen;
(7) nimmt außergewöhnlich ungern persönliche Risiken auf sich oder irgendwelche neuen Unternehmungen in Angriff, weil dies sich als beschämend erweisen könnte.

Zitiert gemäß DSM-IV der APA (1994); Saß et al. (1996, S. 751).

Vorläufer der Störungskategorie der selbstunsicheren Persönlichkeitsstörung finden sich jedoch bereits seit Beginn dieses Jahrhunderts in der psychiatrischen Klassifikation, dort vor allem in den Beschreibungen eines „sensitiven Charakters“ bei Kretschmer (1921) und in denen der „selbstunsicheren Persönlichkeit“ bei Schneider (1923). In epidemiologischen Studien findet die Kategorie neuerlich in dem Maße Zuspruch und Verwendung, wie gleichzeitig die Bereitschaft zurückgeht, eine schizoide Persönlichkeitsstörung zu diagnostizieren, die bis dahin in vielen Fällen zur Charakterisierung ängstlich-vermeidender Persönlichkeiten benutzt wurde (vgl. Widiger et al., 1988).

14.2 Diagnostik

Eines der Hauptcharakteristika dieser Persönlichkeitsstörung ist die übergroße Empfindsamkeit gegenüber der Ablehnung durch andere. Als prototypisches Merkmal erscheint das Verharren in einem Konflikt zwischen Bindungs- und Autonomiebedürfnis (Vaillant & Perry, 1988): Die Betroffenen sehnen sich nach zwischenmenschlicher Nähe und Sicherheit, vermeiden jedoch enge Beziehungen, um nicht zurückgewiesen zu werden. Dem entspricht ein mangelndes Selbstvertrauen zu unabhängigen Entscheidungen, um sich nicht der Möglichkeit einer Lächerlichkeit preiszugeben (→ Übersicht mit DSM-IV-Kriterien).

Die ICD-10 setzt noch einen etwas anders gelagerten Akzent (→ Übersicht mit ICD-10-Kriterien): Die Kriterien dort betonen stärker die (trotz der sozialen Vermeidung) unvermindert stark bleibenden persönlichen Bedürfnisse nach Zuneigung und Akzeptiertwerden durch andere. Die Betroffenen würden anderen gern näher kommen oder nahe sein, haben dennoch zugleich extreme Angst und ein Misstrauen, diese Bedürfnisse tatsächlich zu realisieren. Es ist vor allem dieser ungelöste Konflikt zwischen „Bindungsangst" und „Bindungssehnsucht", der von vielen Autoren als weiteres zentrales Merkmal der vermeidenden Persönlichkeitsstörung herausgestellt wird (vgl. Pilkonis, 1984; Thompson-Pope & Turkat, 1993).

DIAGNOSTISCHE KRITERIEN

ICD-10-Kriterien der ängstlich (vermeidenden) Persönlichkeitsstörung

[Mindestens drei der folgenden Merkmale müssen erfüllt sein:]

1. Andauernde und umfassende Gefühle von Anspannung und Besorgtheit.
2. Überzeugung, selbst sozial unbeholfen, unattraktiv und minderwertig im Vergleich zu anderen zu sein.
3. Ausgeprägte Sorge, in sozialen Situationen kritisiert oder abgelehnt zu werden.
4. Abneigung, sich auf persönliche Kontakte einzulassen, außer man ist sicher, gemocht zu werden.
5. Eingeschränkter Lebensstil wegen des Bedürfnisses nach körperlicher Sicherheit.
6. Vermeidung sozialer und beruflicher Aktivitäten, die zwischenmenschliche Kontakte voraussetzen, aus Furcht vor Kritik, Missbilligung oder Ablehnung.

Überempfindlichkeit gegenüber Ablehnung und Kritik können zusätzliche Merkmale sein.

Dazugehöriger Begriff:

– selbstunsichere Persönlichkeit(sstörung)

Aus der ICD-10 Kapitel V (F) der WHO (1993; 2. Auflage, S. 231f).

Alden und Capreol (1993) haben in einer Untersuchung der interpersonellen Eigenarten bei 76 Personen mit ängstlich-vermeidender Persönlichkeitsstörung mit dem *Inventory of Interpersonal Problems* (IIP-C; Horowitz et al., 1988; → 4.10) zwei unterschiedliche Typisierungen dieser Störung rekonstruieren können, die ungefähr je die Hälfte der Untersuchungsgruppe umfassten:

- **Kühl-distanziert:** Die eine Gruppe von Personen ließ sich als „kühl-distanziert *und* sozial-vermeidend" („cold-avoidant") beschreiben; die Betreffenden berichteten über größere Probleme im Zusammenhang mit einer gewissen Unfähigkeit, warme Gefühle auszudrücken und enge intime Beziehungen einzugehen, sowie über ein Misstrauen gegenüber anderen Menschen.
- **Nachgiebig-ausnutzbar:** Die zweite Gruppe umfasste Personen mit „nachgiebig-ausnutzbarer Vermeidung" sozialer Situationen („exploitable-avoid-

ant“), die sich selbst eher durch andere ausgenutzt fühlen und denen es scheinbar Mühe macht, anderen Freude zu bereiten, ohne sich diesen eindeutig entziehen zu können.

Dieser Befund macht darauf aufmerksam, dass es innerhalb des oben angegebenen Konfliktspektrums zwischen Bindungs- versus Unabhängigkeitsangst möglicherweise gewohnheitsbedingte Vereinseitigungen geben kann.

14.3 Differenzialdiagnostik

Nach wie vor gibt es eine rege Diskussion über die Unterschiede und Gemeinsamkeiten der selbstunsicher-vermeidenden Persönlichkeitsstörung und der schizoiden Persönlichkeitsstörung.

Abgrenzung zur schizoiden Persönlichkeitsstörung

So gibt es eine Reihe von Autoren, die seit der Neusetzung der Persönlichkeitsstörungen im DSM-III (von 1980) die konzeptuell und teilweise empirisch mit der Zahl der Kodiagnosen in den Komorbiditätsstudien begründete Meinung vertreten, dass es sich bei der schizoiden Persönlichkeit lediglich um eine Variante einer umfassenderen selbstunsicher-vermeidenden Persönlichkeitsstörung handelt (z.B. Reich & Noyes, 1986) bzw. dass die schizoide und die ängstlich-vermeidende Persönlichkeit lediglich unterschiedliche Varianten ein und derselben Persönlichkeitsstörung darstellen (z.B. Livesley et al., 1985, 1986). Auf der anderen Seite findet sich eine Reihe von Autoren, die in gleicher Weise vehement für die Beibehaltung zweier distinkter Störungsgruppen eintreten und die für ihre Ansicht ebenfalls konzeptuelle Überlegungen (z.B. Akhtar, 1986; Millon, 1986) und empirische Befunde anführen, wie z.B. geringe Korrelationen zwischen Merkmalen beider Störungen – ebenfalls aus Komorbiditätsstudien (so z.B. Trull et al., 1987).

Obwohl hierzu einschlägige Studien spärlich sind, besteht inzwischen weitgehend Konsens, dass die interpersonelle Angst der selbstunsicheren Persönlichkeiten als das wichtigste differenzialdiagnostische Kriterium gegenüber schizoiden Menschen angesehen werden kann (Benjamin, 1995; Thompson-Pope & Turkat, 1993). Dabei spielt – im Sinne der Kriterien beider Diagnosesysteme – offensichtlich die Angst vor öffentlicher Kritik und Zurückweisung die größte Rolle. Mit den inzwischen vorliegenden Kriterien im revidierten DSM-IV lässt sich offensichtlich eine Abgrenzung zur schizoiden Persönlichkeitsstörung recht gut vornehmen (Baillie et al., 1998).

Abgrenzung gegenüber sozialer Phobie

Ein weiteres Hauptproblem der Differenzialdiagnostik liegt in der erheblichen Kriterienüberlappung von selbstunsicherer Persönlichkeitsstörung und sozialer Phobie, weshalb einige Autoren die Differenzierung dieser beiden Störungsbilder zunächst ablehnten (z.B. Liebowitz et al., 1985). Dieses Überlappungsproblem hat in den letzten Jahren eine Reihe von Forschungsarbeiten stimuliert (Turner et al., 1986, 1989, 1991, 1992; Herbert et al., 1992; Holt et al., 1992; Jansen et al., 1994).

Obwohl es offensichtlich eine beträchtliche Anzahl von Menschen gibt, die beide Diagnosen auf sich vereinigen (im Sinne einer Komorbiditätsannahme), finden sich zugleich auch Unterschiede, die die Sinnhaftigkeit der Unterscheidung beider Störungsgruppen zu belegen scheinen. Danach haben Sozialphobiker zumeist eng umschriebene Phobien (beispielsweise vor Prüfungen, in Gruppen oder vor öffentlichen Reden), während die Zahl der ängstigenden Sozialsituationen bei Vorliegen einer selbstunsicheren Persönlichkeitsstörung erheblich größer ist, die zugleich die unterschiedlichsten privaten und beruflichen Bereiche betreffen. Das jetzige DSM-IV-Kriterium 3 („zeigt Zurückhaltung gegenüber engen Beziehungen aus Angst, beschämt zu werden oder sich lächerlich zu machen“) scheint offensichtlich die Gruppe der ängstlich-vermeidenden Personen von denen der Sozialphobiker am besten zu trennen (vgl. Jansen et al., 1994).

Aus den Ergebnissen dieser Studien ergibt sich noch ein weiteres Problem. Es ist nämlich nach wie vor offen, ob es sich bei der selbstunsicheren Persönlichkeitsstörung möglicherweise um eine erst im späteren Leben erworbene generalisierte Sozialphobie handeln könnte und deshalb nicht zwingend um eine seit der frühen Kindheit bestehende, persönlichkeitsbedingte Sozialängstlichkeit. Widiger (1992) hat deshalb die Ergebnisse aus drei Studien (Herbert et al., 1992; Holt et al., 1992; Turner et al., 1992) zur Komorbidität von „selbstunsicherer Persönlichkeitsstörung“ und „generalisierter Sozialphobie“ miteinander verglichen und folgende Schlussfolgerungen daraus gezogen:

In allen Studien finden sich zwar deutliche Unterschiede zwischen beiden Störungsbereichen, markiert insbesondere durch die Kriterien „allgemeines Unbehagen in den meisten sozialen Situationen“, „Angst vor Kritik und Zurückweisung“ und „Schüchternheit“, die sich vor allem bei den selbstunsicheren Persönlichkeiten finden ließen. Andererseits sind die Angaben zu den gefundenen Komorbiditäten beträchtlich. Diese ergeben sich zumeist daraus, dass die meisten Personen mit ängstlich-vermeidender Persönlichkeitsstörung zugleich die Diagnose der generalisierten Sozialphobie erhielten. Aus diesen Ergebnissen ließe sich schließen, dass es sich möglicherweise nicht nur um fließende Übergänge zwischen beiden Störungsbildern handelt, sondern, dass sie auf einer Dimension der sozialen Ängstlichkeit liegen könnten, deren Extrem die selbstunsichere Persönlichkeitsstörung ist. Die differenzialdiagnostische Unterscheidung lässt sich – von der Möglichkeit der Komorbidität einmal abgesehen – am besten über folgende Merkmale vornehmen (Fiedler, 1993e):

Die soziale Phobie bezieht sich zumeist auf eng umschriebene Situationen, während die ängstlich-vermeidende Persönlichkeitsstörung auf unterschiedlichste soziale Bereiche und Anforderungen ausgedehnt ist. Im Unterschied zur generalisierten Sozialphobie reicht die Störungsentwicklung der selbstunsicheren Persönlichkeit bis in die Kindheit zurück, während die Entwicklung der sozialen Phobien zumeist aus erinnerbaren traumatisierenden Erlebnissen in Kindheit, Jugend oder Erwachsenenalter hervorgehen können. Die (generalisierte) soziale Phobie dürfte eindeutiger ich-dyston erlebt werden, während sich viele mit Angst und Vermeidung verknüpfte Verhaltensmuster der selbstunsicheren Persönlichkeit eher als ich-synton darstellen. Die Personen mit ängstlich-vermeidender Persönlichkeitsstörung verharren zumeist in einem ungelösten interpersonell bestimmten intrapsychischen Konflikt, nämlich sich einerseits nicht zu sehr auf vertrauensvolle, möglicherweise intime Beziehungen einzulassen, um „sich selbst" nicht zu verlieren, und sich andererseits nicht allzu selbstsicher und unabhängig zu geben, um andere Personen wegen der eigenen Selbstunsicherheit (möglicherweise wegen der Kenntnis um die eigene „zwischenmenschliche Ungeschicklichkeit") nicht zu verletzen, was ihnen ausgesprochen peinlich wäre (→ Übersicht über DSM-IV-Kriterien oben; auch nachfolgend: → Interpersonelle Ansätze).

14.4 Erklärungsansätze

Autoren aller Therapieschulen verweisen gern auf Überlegungen von Horney und Sullivan als frühe Referenz für die Ausarbeitung eigener Ätiologiemodelle (vgl. Thompson-Pope & Turkat, 1993; Benjamin, 1995).

Interpersonelle Ansätze

Nach Horney (1939, 1945; → 4.3) beeinflusst in erster Linie ein ursprüngliches Angstgefühl, das Ausdruck von Hilflosigkeit den elterlichen Erziehungspraktiken gegenüber ist, die Entwicklung einer von ihr seinerzeit bereits als „interpersonally avoidant" bezeichneten Persönlichkeitseigenart. Eine solche Entwicklung ist gekennzeichnet durch eine zunehmende interpersonelle Entfremdung und Feindseligkeit als natürliche Reaktionsformen auf erlebte Hilflosigkeit und Angst. Das von anderen der interpersonellen Vermeidung entgegengebrachte Unverständnis und eine vielfach kritische Aufforderung zur Aufgabe sozialer Isolation verstärke nurmehr den vermeidenden Rückzug, da Gefühle der Hilflosigkeit und Feindseligkeit nicht angstfrei artikuliert werden dürften oder könnten.

Sullivan (1953; → 4.6) hatte als Ursache für selbstunsicheres Verhalten eine besondere Form des Bemühens der Betroffenen um Erhalt der eigenen Selbstsicherheit angedeutet. Sozialer Rückzug und Vermeidung sind Selbstschutzreaktionen gegenüber zwischenmenschlicher Angst, die aus unbefriedigten fundamentalen Bedürfnissen nach Liebe (Bindung) und Selbstintegrität (Autonomie) resultiert. Da in der Folge interpersoneller Enthaltsamkeit kein sinnvolles Selbstkonzept ausgebildet werden könne, komme es über kurz oder lang zu einer Selbstentfremdung, die zugleich mit einer sich verstärkenden Entfremdung gegenüber anderen einhergeht. Auch in dieser Sicht folgt die Störungsentwicklung einem spiralförmigen Wechselprozess, in dem sich wandelnde soziale und gesellschaftliche Umgangsformen nicht oder nur verzögert mitgelernt werden, weil man sich ihnen wegen eines bereits vorhandenen Entwicklungsrückstandes nicht angemessen aussetzen kann oder mag.

Jervis (1975; → 4.8) hat den oben beschriebenen spezifischen Konflikt zwischen Bindungsverlangen und Bindungsangst noch breiter gefasst, indem er das sich daraus ergebende persönliche Unbehagen als ungelösten Konflikt widerstreitender innerer Bedürfnisse und Ängste in Bezug auf soziale Einbindung und Geborgenheit (einerseits) und Autonomie und Freiheitsbestrebungen (andererseits) erklärt. Nach seiner Auffassung handelt es sich dabei um einen Konflikt der Ansprüche zwischen Anforderungsakzeptanz und Anforderungsverweigerung. Für Jervis sind soziale Angst und Unsicherheit weder klar begrenzbare noch in sich homogene Realitäten. Sozial extrem verunsichernde Faktoren wirken auf das gesamte Individuum ein. Selbstunsicherheit und soziale Angst seien nicht nur auf einzelne Episoden beschränkt, also sporadische Kompensationsstörungen, sondern immer . . .

„. . . Momente einer Existenz, Knoten im Gewirr menschlicher Beziehungen, deren Grenzen man – außer künstlich – nicht festsetzen kann . . . Da sie von der gesamten Lebensgeschichte des Einzelnen nicht zu trennen sind, sind sie auch Teile der kollektiven Probleme, in die sich der Einzelne verstrickt findet . . . Es kann sich dabei um kindliche, familiäre und soziale Leidens- und Angstsituationen handeln, um die Schwierigkeit, eine persönliche Identifizierung und ideale Entscheidung zu erreichen, um Misshelligkeiten in der Familie oder bei einem Paar (wobei die Familie oder das Paar immer von präzisen historischen Umständen beherrscht oder definiert sind) usw. Es kann sich aber auch, und oft vorherrschend, um die ideologischen und weltanschaulichen Widersprüche derer handeln, die sich mit den täglichen Problemen der eigenen Arbeit und des gesellschaftlichen und politischen Kampfes herumschlagen." (Jervis, 1978, S. 323)

Biosoziale Lerntheorie

Von einigen Autoren wurde wiederholt darauf hingewiesen, dass es angesichts der beobachtbaren Sensibilität und Erregbarkeit selbstunsicherer Menschen sinnvoll sei, bei der ängstlich-vermeidenden Persönlichkeitsstörung an eine biogenetische Vermittlung zu denken (z.B. Pilkonis, 1977, 1984; Millon, 1981, 1986; → 5.5). Im Sinne dieser Auffassung lassen sich Entstehung und Aufrechterhaltung der selbstunsicheren Persönlichkeitsstörung am besten innerhalb des allgemeinen Diathese-Stress-Modells oder im Rahmen einer biosozialen Lerntheorie rekonstruieren. So beschreibt beispielsweise Millon (1981) die gelegentlich irreführend selbstsicher aufscheinende soziale Vermeidung der Betroffenen als „äußere Maske" einer darunter liegenden chronischen Anspannung und zwischenmenschlich leicht aktivierbaren Vulnerabilität. Diese biophysiologisch bestimmten Spannungszustände könnten für eine genetische Prädisposition sprechen und bereits bei zum Teil schwierig erziehbaren Kindern beobachtbar sein.

Diese Kinder fallen nach seiner Auffassung entweder durch ein in höchstem Maße reizbares und überdrehtes („cranky") Interaktionsmuster oder auch durch ein verschlossenes und in sich gekehrtes Verhalten auf. Diese Verhaltensmuster seien (so Millon) möglicherweise dafür verantwortlich, dass die betroffenen Kinder von den Eltern zurückgewiesen und abgewertet würden. Unter diesen und ähnlichen Erziehungsbedingungen würde sich die Persönlichkeitsentwicklung des Kindes fast zwangsläufig in Richtung Ängstlichkeit und sozialer Vermeidung sozialer Herausforderungen vereinseitigen.

Millon vermutet, dass angesichts einer fortwährenden elterlichen (aktiven wie unabsichtlichen) Zurückweisung die natürlichen Energien und Möglichkeiten des Kindes bald erschöpft seien. Dies könnte zur Folge haben, dass sich die zunächst nur von außen erfahrenen Zurückweisungen und Abwertungen zunehmend in eine Selbstabwertung und Selbstentfremdung des Kindes verkehrten. Selbstentfremdung und Selbstabwertung führten schließlich dazu, dass Freundschaften und soziale Bindungen kontinuierlich gemieden würden und/oder notwendige Kontakte und Beziehungen zunehmend angstbesetzt seien.

Unterschiedliche Studien haben gezeigt, dass Personen mit stark ausgeprägten sozialen Ängsten ihre eigenen interpersonellen Fähigkeiten unterschätzen, sich eher an negative soziale Interaktionen erinnern und in Stresssituationen häufig ungünstige, negative selbstbezogene Gedanken haben (Clark & Wells, 1995; Stopa & Clark, 1993). Das allgemeine physiologische Erregungsniveau der Personen mit selbstunsicherer Persönlichkeitsstörung ist vor allem in sozialen Situationen stark erhöht. Daher wird für die Behandlung häufig empfohlen, als erste Schritte auf eine Reduzierung dieses körperlichen Anspannungsniveaus hinzuarbeiten.

Kognitionstheoretische Perspektiven

Ganz im Sinne dieser Vorläufer erklären beispielsweise Beck et al. (1990) mit ihrem kognitionstheoretischen Ansatz die Entwicklung zur selbstunsicheren Persönlichkeitsstörung einerseits aus einer möglicherweise biologisch, vor allem aber erzieherisch beeinflussten zwischenmenschlichen Empfindsamkeit (Vulnerabilität). Nach ihrer Auffassung neigen die Betroffenen im Laufe ihrer Entwicklung vermehrt dazu, zwischenmenschliche Gefahrensituationen und Krisen kognitiv als bedrohlich und gefahrvoll zu konzeptualisieren. Und sie scheuen – zum Schutz ihrer Vulnerabilität – zunehmend, Risiken einzugehen oder sich überhaupt auf neue Erfahrungen einzulassen.

Im weiteren Verlauf werden Erfahrungen durch die bis dahin angelegte kognitive Struktur möglichst „geschützt" wahrgenommen, d.h. kognitiv nurmehr voreingestellt und damit voreingenommen evaluiert. Neue und vor allem alternative Erfahrungen werden vermieden. Schließlich kommt hinzu, dass die ursprüngliche Vulnerabilität selbst gar nicht mehr als Richtschnur für das persönliche Interaktionsverhalten zum Schutz der Verletzlichkeit dient, sondern möglicherweise bereits als eine realitätsfern konstruierte vermeintliche Empfindsamkeit

(„kognitive Vulnerabilität“). Diese sei im Wesentlichen durch fünf Bedingungen charakterisierbar, die mit Blick auf die von den Autoren präferierte Kognitive Therapie von besonderem Belang seien:

- einer zentralen Angst vor Ablehnung vermeintlicher Mängel,
- einer übermäßigen Neigung zur Selbstkritik,
- einer zu hohen Erwartung oder zu weit reichender Ansprüche an die Möglichkeiten und Perspektiven zwischenmenschlicher Beziehungen,
- einer durchgängigen Fehleinschätzung der Bedrohlichkeit der Reaktionen anderer sowie
- einer gewohnheitsmäßigen Abwertung positiver Informationen.

14.5 Zusammenfassende Bewertung

Da die Störungskategorie der selbstunsicheren Persönlichkeitsstörung erst seit wenigen Jahren offiziell eingeführt ist, liegen verständlicherweise kaum Forschungsarbeiten zu diesen Entwicklungshypothesen vor. Die in den dargestellten Ansätzen zumeist unterstellte ätiologische Bedeutsamkeit des elterlichen Erziehungsstils wurde unseres Wissens bisher nur in einer Pilotstudie von 15 Personen mit selbstunsicherer Persönlichkeitsstörung untersucht (Stravynski et al., 1989). Die Befragten erinnerten das elterliche Verhalten im Unterschied zu einer Kontrollgruppe konvergent als eher unterdrückend, feindselig-einengend und nur wenig einfühlend. Insgesamt bleiben die vorgeschlagenen Erklärungsmuster jedoch vorläufig und spekulativ und müssen durch die gerade beginnende Erforschung dieses Störungsbildes erst noch bestätigt werden. Andererseits lassen sich eine Reihe von persontypischen Eigenarten bereits heute zusammenfassen:

Ängstlich vermeidende Persönlichkeitsstörungen bestehen als Auffälligkeiten, für die sich erste Hinweise bereits in der späten Kindheit, der Adoleszenz oder im frühen Erwachsenenalter finden lassen. Diese betreffen zumeist grundlegende Unsicherheiten im Sozialkontakt, Angst vor negativer Bewertung und vor Ablehnung oder Zurückweisung durch andere. Mit zunehmender Störung besteht – ähnlich der Dependenz – eine zunehmende Unfähigkeit, autonome Entscheidungen zu fällen.

Für die zunehmende Tendenz, soziale Situationen zu meiden, haben die Betroffenen eine Reihe einsichtiger (rationaler) Gründe: Sie möchten keine unabhängigen Entscheidungen fällen, um andere nicht zu verletzen. Und bei abnehmender Kompetenz haben sie Angst, sich auf enge Beziehungen einzulassen oder aber neue emotionale Erfahrungen zu machen. Beides folgt der subjektiven Befürchtung, dass sie bei einem Eingehen von Bindungen oder beim Eintreten von risikoreichen Erfahrungen den ihnen verbliebenen „Rest an Selbstsicherheit“ auch noch einbüßen könnten.

Im sozialen Kontakt wirken die Betroffenen häufig unzufrieden, gequält und distanziert, auf Außenstehende bisweilen als zäh und stockend (Bohus et al.,

1999). Potenzielle Partner durchlaufen oft jahrelang subtile „Prüfungen", bis wirklich Intimität zugelassen werden kann. Beziehungen gestalten sich daher häufig konfliktbeladen. Gebunden im Spannungsfeld zwischen einem Bedürfnis nach Zuneigung und misstrauischer Vorsicht lösen gerade Wahrnehmungen von Verbundenheit und möglicher Abhängigkeit starke Angst vor Enttäuschung und Zurückweisung bei den Patienten aus. Die aktiv eingeleiteten Rückzugsmanöver provozieren nicht selten Beziehungszusammenbrüche und damit eine Wiederholung der Befürchtungen.

ZUSAMMENFASSUNG

Ängstlich-vermeidende Persönlichkeitsstörung

Störungsbild: Schüchternheit und fehlende soziale Kompetenz. Die ängstlich vermeidende Persönlichkeitsstörung wird in der deutschsprachigen Übersetzung des DSM auch als *selbstunsichere Persönlichkeitsstörung* bezeichnet. Sie ist durch grundlegende Ängste vor negativer Beurteilung, durch Schüchternheit und ein durchgängiges soziales Unbehagen bestimmt, was sich in Verlegenheit, leichtem Erröten, Vermeiden sozialer und beruflicher Herausforderungen zeigt. Ausgeprägte Minderwertigkeitsgefühle und Vermeidung im sozialen Kontakt führen über längere Zeit zu gravierenden Einschränkungen der sozialen Kompetenz. Diagnostisch bestehen Schwierigkeiten in der Abgrenzung zur sozialen Phobie, die zumeist Folge sozialer Traumatisierung ist, während die persönlichkeitsbedingte Selbstunsicherheit bereits seit der Jugend oder Kindheit als auffällig erscheint. Diese differenzialdiagnostische Schwierigkeit ist mit Blick auf die Behandlung nicht sehr bedeutsam, da sich das therapeutische Vorgehen in beiden Fällen kaum unterscheidet.

Übergänge zur Normalität: selbstkritisch und zurückhaltend-vorsichtig. Diese Sensibilität vor Kritik und Zurückweisung findet sich auch beim selbstkritischen Persönlichkeitsstil, was sehr häufig dazu führt, dass die Betroffenen eigene Erwartungen und Vorstellungen über ihre Umwelt infrage stellen und revidieren, sobald widersprüchliche Informationen auftauchen. Der persönliche Stil kann genau deshalb durchaus positive Beachtung finden, zumal sich selbstkritisch-sensible Personen dadurch auszeichnen, dass sie sich nicht in den Vordergrund drängen, anderen gern den Vortritt lassen und eher um Ausgleich bei Konflikten bemüht sind. Die Bezugspersonen wissen zumeist, dass man sich auf die Betreffenden gut verlassen kann.

Funktion und Dynamik. Eine hohe Angst vor negativer Beurteilung und Bestrafung erklärt einerseits die Verletzlichkeit und die Vermeidung sozial-autonomer Handlungen und Aktivitäten. Die Betroffenen werden häufig von sozial hochgradig akzeptierbaren Werthaltungen geleitet, die andererseits für eine Stabilisierung des Vermeidungsverhaltens verantwortlich zeichnen: Sie möchten keine unbedachten oder gar autonomen Handlungen ausführen, die andere verletzen könnten. Weiter vermeiden sie enge Bindungen oder risikoreiche Aktivitäten aus Angst vor Misserfolgen, durch die der subjektiv erlebte „Rest an Selbstsicherheit" grundlegend erschüttert oder gar „zerstört" werden könnte. Eine tief sitzende Scham vor Versagen in sozialen Situationen schließlich kann die vermeidende Persönlichkeitsstörung aufrechterhalten.

15 Dependente Persönlichkeitsstörung

Meinem eigenen Leben gegenüber kann mich zuweilen eine solche Verwirrung überkommen, dass ich mir keinen anderen Ausweg weiß, als ein anderes Leben auszuleihen und es anstelle meines eigenen zu erzählen.
Lars Gustafsson

Das Hauptmerkmal dieser Persönlichkeitsstörung besteht in einer übermäßigen Abhängigkeit von relevanten Bezugspersonen, die zugleich jegliche Eigeninitiative erschwert. Es resultiert eine starke Hilflosigkeit, wenn unabhängige Entscheidungen getroffen werden müssen. Plötzliches Verlassenwerden durch Trennung und Tod eines Partners können gelegentlich in suizidale Handlungen einmünden.

15.1 Konzeptentwicklung

Konzeptüberlegungen zur dependenten Persönlichkeitsstörung greifen noch heute auf frühe Ausarbeitungen psychoanalytischer Autoren zurück. Sie beziehen sich zumeist auf Beschreibungen, wie sie in den 20er-Jahren von Karl Abraham (1925) vorgelegt wurden, der seinerzeit versucht hatte, typische Charaktereigenarten und -störungen mit den freudschen Phasenüberlegungen zur Ich-Entwicklung („oral", „anal", „genital") in einen Zusammenhang zu stellen (vgl. Greenberg & Bornstein, 1988). Die seither von psychoanalytisch orientierten Autoren vielfach wiederholten und erweiterten Konzeptüberlegungen zu den Charaktereigenarten einer „oral-dependenten" Persönlichkeitsstruktur wurden von Lazare et al. (1966) zusammengefasst und erstmals empirisch überprüft.

Ihre Auflistung umfasste folgende Hauptmerkmale: Pessimismus, Passivität, oral-passive Aggressivität, gelegentlich offene Aggressivität, Unterwürfigkeit, Abhängigkeit und Sparsamkeit. Als solche fanden sie unter der Bezeichnung „passiv-dependente Persönlichkeit" bereits Eingang in das DSM-I (von 1952). Lazare et al. untersuchte diese Merkmale im Vergleich mit den zwei anderen psychoanalytisch konzeptualisierten Charakterstrukturen „anal-zwanghaft" und „frühgenital-hysterisch". Während die Autoren in ihren Faktorenanalysen der Daten einer Befragungsstudie für die zwanghaften und hysterischen Charaktereigenarten gute Faktorenentsprechungen fanden, luden nur jeweils drei der oben genannten sieben „oral-dependenten" Merkmale (nämlich Abhängigkeit, Pessimismus und Passivität) akzeptierbar hoch auf dem erhofften Dependenzfaktor.

Insbesondere diese Befunde und eine zunehmend kritischere Auseinandersetzung mit dem frühen psychoanalytischen Phasenkonzept waren Anlass, die Kategorie der dependenten Persönlichkeit nicht erneut in das DSM-II (1968) aufzunehmen. Auch in Replikationsversuchen (vgl. Lazare et al., 1970) sowie in zwei weiteren Studien (Van den Berg & Helstone, 1975; Torgersen, 1980) erwiesen sich die psychoanalytischen Beschreibungen der „oral-dependenten" Persönlichkeit jeweils im Vergleich zu anderen Charaktereigenarten als am wenigsten eindeutig rekonstruierbar.

Immerhin hatte sich in den erwähnten Studien konvergent bestätigen lassen, dass wenigstens drei Merkmalsbereiche für eine dependente Persönlichkeitsstörung als prototypisch angesehen werden könnten (Passivität, Unterwürfigkeit, geringes bzw. eher hilflos-pessimistisch getöntes Selbstvertrauen). Diese drei Merkmale wurden als Kriterien einer „dependenten Persönlichkeitsstörung" erneut in das DSM-III (von 1980) aufgenommen, was zugleich von einer Reihe von Autoren als zu einseitig – vor allem als zu geschlechtsspezifisch „weiblich" – vehement kritisiert wurde.

Insbesondere Kaplan (1983) hatte die Kategorie der dependenten Persönlichkeitsstörung als „typisches Hausfrauen-Syndrom" grundlegend kritisiert. Und sie schlug in ironischer Vertiefung ihrer Überlegungen zugleich, und zwar sehr gut begründet, die Einrichtung einer neuen Störungsgruppe vor, nämlich die einer „unabhängigen Persönlichkeitsstörung" („independent personality disorder", die von ihr scherzhaft auch noch als „Clint-Eastwood-Syndrom" bezeichnet wurde). Doch – Ironie beiseite – handelt es sich bei den von Kaplan für eine „unabhängige Persönlichkeitsstörung" ausgearbeiteten Kriterien um eine Zusammenfassung von Aspekten der schizoiden und paranoiden Persönlichkeitsstörung. Für die mögliche Plausibilität eines solchen Konstruktes sprechen in der Tat zahlreiche konzeptuelle Überlegungen sowie inzwischen vorliegende empirische Befunde der Komorbiditätsforschung (→ 19; vgl. Fiedler, 2000a).

15.2 Diagnostik

Dependente Persönlichkeitsstörung im DSM-IV

Der berechtigten Kritik des möglichen Geschlechtsbias wurde durch weitere Merkmalspräzisierungen im DSM-III-R (von 1987) und erneut im DSM-IV nunmehr teilweise entsprochen (→ Übersicht mit den DSM-IV-Kriterien). Versuche nämlich, typisch männliche Merkmale der Dependenz zu entwickeln (wie z.B. das scheinbar männlich-selbstsicher vorgetragene, kontinuierliche Einfordern von Unterstützung), haben bislang nur ansatzweise Akzeptanz finden können – zumeist mit dem Hinweis darauf, dass geschlechtsspezifische Persönlichkeitsstörungen durchaus Sinn machten (Kass et al., 1983).

Andererseits zeigen Studien mit bereits überarbeiteten DSM-III-R-Kriterien, dass die zahlenmäßige Ungleichverteilung von Männern und Frauen, die diese

Diagnose erhalten, bei weitem nicht so krass ausfällt, wie dies ursprünglich erwartet wurde. In aller Regel entsprechen die zahlenmäßigen Anteile von Männern und Frauen mit dieser Persönlichkeitsstörung nämlich denjenigen der Geschlechtsverteilung in den Institutionen, in denen die Störung untersucht wurde (Reich, 1987b; Morey & Ochoa, 1989; Sprock et al., 1990; zusammenfassend: Hirschfeld et al., 1991; Blashfield & Davis, 1993).

DIAGNOSTISCHE KRITERIEN

Diagnostische Kriterien der dependenten Persönlichkeitsstörung gemäß DSM-IV

Ein tief greifendes und überstarkes Bedürfnis, versorgt zu werden, das zu unterwürfigem und anklammerndem Verhalten und Trennungsängsten führt. Der Beginn liegt im frühen Erwachsenenalter und die Störung zeigt sich in verschiedenen Situationen. Mindestens fünf der folgenden Kriterien müssen erfüllt sein:

(1) hat Schwierigkeiten, alltägliche Entscheidungen zu treffen, ohne ausgiebig den Rat und die Bestätigung anderer einzuholen,
(2) benötigt andere, damit diese die Verantwortung für seine/ihre Lebensbereiche übernehmen,
(3) hat Schwierigkeiten, anderen Menschen gegenüber eine eigene Meinung zu vertreten, aus Angst, Unterstützung oder Zustimmung zu verlieren. *Beachte:* hier bleiben realistische Ängste vor Bestrafung unberücksichtigt,
(4) hat Schwierigkeiten, Unternehmungen selbst zu beginnen oder Dinge unabhängig durchzuführen (eher aufgrund von mangelndem Vertrauen in die eigene Urteilskraft oder die eigenen Fähigkeiten als aus mangelnder Motivation oder Tatkraft),
(5) tut alles Erdenkliche, um die Versorgung und Zuwendung anderer zu erhalten bis hin zur freiwilligen Übernahme unangenehmer Tätigkeiten,
(6) fühlt sich alleine unwohl und hilflos aus übertriebener Angst, nicht für sich selbst sorgen zu können,
(7) sucht dringend eine andere Beziehung als Quelle der Fürsorge und Unterstützung, wenn eine enge Beziehung endet,
(8) ist in unrealistischer Weise von Ängsten eingenommen, verlassen zu werden und für sich selbst sorgen zu müssen.

Zitiert gemäß DSM-IV der APA (1994); Saß et al. (1996, S. 755).

Prävalenz

In den bisher vorliegenden Untersuchungen zur Prävalenz von Persönlichkeitsstörungen nach den DSM-III-Kriterien (von 1980), die an größeren Patientengruppen in klinischen Einrichtungen durchgeführt wurden, schwanken die Angaben zur dependenten Persönlichkeitsstörung (behandelte Prävalenz) zwischen 2 Prozent (so bei Dahl, 1986) und 48 Prozent (so bei Widiger et al., 1987) mit einem Durchschnittswert bei etwa 20 Prozent (vgl. Blashfield & Davis, 1993). Die großen Unterschiede ergeben sich einerseits aus der Unterschiedlichkeit der Untersuchungsmethode (Selbstbefragung oder Fremdratings, Kriterienanforderungen) sowie aus Zusammenhängen mit den spezifischen psychischen Störungen, wegen derer die Patienten in klinischen Einrichtungen um Behandlung nachgesucht hatten.

Insgesamt findet sich konvergent eine recht hohe Häufigkeitszuordnung in Untersuchungen, die ausschließlich zu den Persönlichkeitsstörungen durchgeführt wurden. Danach gehört die dependente Persönlichkeitsstörung nach der Borderline-Persönlichkeitsstörung (mit den jeweils höchsten Prävalenzraten) zusammen mit der histrionischen und selbstunsicheren Persönlichkeitsstörung zu den häufiger auftretenden Störungsbildern (vgl. Blashfield & Davis, 1993). In einer neueren Untersuchung fand Morey (1988) unter den 291 von ihm berücksichtigten Patienten mit Persönlichkeitsstörungen eine (im Sinne der von ihm benutzten DSM-III-R-Diagnostik zugleich auch: komorbide) Prävalenzrate von 22 Prozent. Etwa gleich häufig findet sich die histrionische Persönlichkeitsstörung. Höhere Werte erreichten in dieser Studie wiederum die Borderline-Störungen (mit 33 Prozent) sowie die selbstunsichere Persönlichkeitsstörung (mit 27 Prozent).

Abhängige Persönlichkeitsstörung in der ICD-10

„Dependente Persönlichkeitsstörung" ist die Bezeichnung des DSM-IV. In der ICD-10 wird von „abhängiger Persönlichkeitsstörung" gesprochen. Diese entspricht jedoch nunmehr weitgehend den Vorgaben der dependenten Persönlichkeit im DSM-IV (→ Übersicht mit ICD-10-Kriterien). Wie im DSM-IV ist die „Dependenz" in der ICD-10 das Hauptmerkmal, konzeptualisiert jeweils als mangelnde Kompetenz oder als fehlende Bereitschaft zur Übernahme autonomer Verantwortlichkeit bzw. zur Durchsetzung angemessener Ansprüche gegenüber Personen, zu denen eine Abhängigkeit besteht.

DIAGNOSTISCHE KRITERIEN

ICD-10-Kriterien der abhängigen Persönlichkeitsstörung

[Mindestens drei der folgenden Merkmale müssen erfüllt sein:]

1. Bei den meisten Lebensentscheidungen wird an die Hilfe anderer appelliert oder die Entscheidung wird anderen überlassen.
2. Unterordnung eigener Bedürfnisse unter die anderer Personen, zu denen eine Abhängigkeit besteht, und unverhältnismäßige Nachgiebigkeit gegenüber den Wünschen anderer.
3. Mangelnde Bereitschaft zur Äußerung angemessener Ansprüche gegenüber Personen, zu denen eine Abhängigkeit besteht.
4. Unbehagliches Gefühl beim Alleinsein aus übertriebener Angst, nicht für sich allein sorgen zu können.
5. Häufige Angst, von einer Person verlassen zu werden, zu der eine enge Beziehung besteht, und auf sich selbst angewiesen zu sein.
6. Eingeschränkte Fähigkeit, Alltagsentscheidungen zu treffen ohne ein hohes Maß an Ratschlägen und Bestätigung von anderen.

Zugleich können sich die Betreffenden selbst hilflos, inkompetent und nicht leistungsfähig fühlen.

Dazugehörige Begriffe:
- asthenische Persönlichkeit(sstörung)
- inadäquate Persönlichkeit(sstörung)
- passive Persönlichkeit(sstörung)
- selbstschädigende (behindernde) Persönlichkeit(sstörung)

Aus der ICD-10 Kapitel V (F) der WHO (1993; 2. Auflage, S. 232).

Asthenie, Neurasthenie

In früheren ICD-Versionen wurde die Dependenz als ein Merkmal der sog. „asthenischen Persönlichkeitsstörung" untergeordnet. Noch in der ersten Auflage der ICD-10 (1991) fand sich eine Nebenordnung in der Kennzeichnung „abhängige (asthenische) Persönlichkeitsstörung". Inzwischen – in der zweiten ICD-10-Auflage (1993) – wurde die Bezeichnung auf „abhängige Persönlichkeitsstörung" eingeschränkt und damit jener im DSM angeglichen (→ Übersicht mit ICD-10-Kriterien).

„Asthenische Persönlichkeitsstörung" wird jetzt nurmehr in der begrifflichen Zugehörigkeit vermerkt. Da den Bezeichnungen neurasthenische oder asthenische (Persönlichkeits-)Störung in der deutschen und europäischen Psychiatrietradition gelegentlich noch heute der Vorrang gegeben wird, soll hier kurz auf diese Bezeichnungen eingegangen werden (vgl. Tölle, 1991).

Asthenische Menschen leiden unter einem Mangel an Spannkraft, sind nur mäßig belastbar, haben eine geringe Ausdauer und ein vorherrschendes Gefühl der psychisch-körperlichen Schwäche. Besonderes Merkmal ist die leichte Erschöpfbarkeit. In der ICD-10 wurde für dieses Störungsbild die Kategorie der Neurasthenie (F.48.0) beibehalten, obwohl es weithin als antiquiert gilt und deshalb auch im DSM-IV nicht geführt wird.

Viele neurasthenische und asthenische Merkmale fanden sich im DSM-I (von 1952) in den Kriterien der damals vielfach kritisierten „Inadäquaten Persönlichkeitsstörung" (→ Kapitel 2.6; ebenfalls „zugehöriger Begriff" in der ICD-10). Diese Störungsgruppe enthielt vor allem negativ definierte Kriterien: Patienten mussten über das „Nichtvorhandensein" oder „Fehlen" bestimmter interaktioneller Kompetenzen eingeordnet werden. Im DSM-II (von 1968) wurde diese Leerfelderdiagnostik aufgegeben. Seit dem DSM-III (von 1980) finden sich die asthenischen Beschwernisse in den unterschiedlichsten Störungsgruppen wieder; die meisten von ihnen befinden sich im Bereich der „Somatoformen Störungen". Typische asthenische Persönlichkeitseigenarten gibt es weiter in den DSM-IV-Kriterien der selbstunsicheren, der passiv-aggressiven (negativistischen), der depressiven wie der hier beschriebenen dependenten Persönlichkeitsstörung.

Die Unklarheiten im Asthenie-/Neurastheniebereich hängen auch noch mit den verschiedenen Forschungs- und Denktraditionen in den unterschiedlichen Ländern zusammen, auf die in der ICD-10 Rücksicht genommen wurde. So werden in einigen Ländern (z.B. in Italien oder Frankreich) psychische Zustandsbilder nach wie vor als neurasthenisch bezeichnet, die in anderen Ländern, vor allem im Sinne des USA-DSM die Kriterien einer depressiven Störung oder Angststörung erfüllen würden (vgl. Abbey & Garfinkel, 1991).

Es zeigen sich jedoch nicht nur nomenklatorische Unklarheiten und Differenzen. Das neurasthenische bzw. asthenische Erscheinungsbild selbst unterliegt möglicherweise tatsächlich beträchtlichen kulturellen Unterschieden. In der ICD-10 werden zwei unterschiedlich ausgeprägte Formen geistiger und körperlicher Schwächezustände der Neurasthenie unterschieden. Erstere sind gekennzeichnet durch vermehrt berichtete Müdigkeit nach geistigen Anstrengungen, die häufig verbunden ist mit Konzentrationsschwierigkeiten sowie einer abnehmenden Arbeitsleistung oder Effektivität bei der Bewältigung täglicher Aufgaben. Bei der zweiten Form kommt es zum Schwäche-Erleben bereits nach den geringsten Anstrengungen, das begleitet wird von einer Reihe weiterer körperlicher Beschwerden, vor allem muskuläre und andere Schmerzen.

15.3 Differenzialdiagnostik

Persönlichkeitsstörungen

Da Merkmale der Abhängigkeit bei den meisten Persönlichkeitsstörungen auftreten, bereitet die Differenzialdiagnose besondere Schwierigkeiten (vgl. Blashfield & Davis, 1993). Es macht – etwa mit Blick auf die Therapie – durchaus Sinn, genau herauszuarbeiten, ob die Dependenz Nebenmerkmal einer anderen Persönlichkeitsstörung ist und dort lediglich eine spezifische Funktion erfüllt. Dies gilt insbesondere für die passiv-aggressiven (negativistischen) und für die Borderline-Persönlichkeitsstörungen (vgl. Morey, 1988; Spitzer et al., 1989). Mit der Borderline-Persönlichkeitsstörung finden sich die höchsten Komorbiditätsangaben (zwischen 34 Prozent bei Morey und 51 Prozent in der Untersuchung von Spitzer et al.). Interpersonelle Dependenz lässt sich jedoch auch bei vielen Patienten mit selbstunsicherer, histrionischer, schizotypischer und sogar bei paranoider Persönlichkeitsstörung feststellen. Von den genannten sechs Persönlichkeitsstörungen dürften sich die solitär dependenten Personen insbesondere durch ihr ausgesprochen submissives, reaktives und anklammerndes Verhalten abgrenzen lassen.

Spezifische psychische Störungen

Auch bei zahlreichen spezifischen psychischen Störungen gehören Merkmale dieser Persönlichkeitsstörung zum jeweiligen Symptombild dazu, z.B. bei den Angststörungen, insbesondere bei den sozialen Phobien und Agoraphobien, aber auch bei der Depression (vgl. Thompson et al., 1988; Pilkonis & Frank, 1988; Mavissakalian & Hamman, 1988). Bei den depressiven Störungen findet sich die Dependenz vor allem bei den älteren Patienten. Aus einigen Studien ergibt sich die interessante Beobachtung, dass Patienten mit Depression oder Angststörungen dann, wenn bei ihnen zusätzlich Persönlichkeitsstörungen diagnostizierbar sind, zumeist eine Kombination von dependenter und selbstunsicherer Persönlichkeitsstörung zeigen. Besonders hoch waren diese Zusammenhänge bei Patienten mit Panikstörungen sowie bei Patienten mit panikbestimmten Agoraphobien (Reich et al., 1987; Mavissakalian & Hamman, 1988).

Da die interpersonelle Abhängigkeit in ihrem Ausmaß zumeist deutlich mit der Schwere der jeweiligen Störung schwankt, ist eine Persönlichkeitsdiagnose natürlich nur bei Permanenz der Dependenz über die Zeit der spezifischen psychischen Erkrankung hinaus sinnvoll. Ansonsten sollte davon ausgegangen werden, dass die abhängige Interaktionsstruktur der Patienten episodenspezifisches Merkmal einer Depression oder Angststörung ist.

In vielen der bis hier genannten Studien wurde übrigens neben den psychiatrischen Klassifikationssystemen zur Diagnostik der dependenten Persönlichkeitseigenarten das von Hirschfeld et al. (bereits 1977) entwickelte *Interpersonal Dependency Inventory* (IDI) eingesetzt, zu dem inzwischen eine Vielzahl testtheoretischer Überprüfungen vorliegt, die dem Verfahren insgesamt eine hinreichende Reliabilität, interne wie exterene (Konstrukt-)Validität bescheinigen (vgl. auch Bornstein, 1994).

15.4 Erklärungsansätze

Psychoanalyse

Die dependente Persönlichkeitsstörung dürfte sehr gut einer Interaktionstypik entsprechen, wie sie seit über 30 Jahren in der Psychoanalyse im Kontext der Objekt-Beziehungs-Theorien als Folge der Entwicklung eines sog. „falschen Selbst" (oder auch „lost self") beschrieben und untersucht wird (Winnicott, 1965; Khan, 1971; Mertens, 1992; Miller, 1979).

Es bleibt jedoch zu beachten, dass das Konzept des „verlorenen Selbst" innerhalb der Psychoanalyse inzwischen eine beachtliche Attraktion und Verbreitung gefunden hat. Viele Autoren benutzen diese Metapher, um damit die unterschiedlichsten Persönlichkeitsstörungen (objekt-beziehungs-theoretisch) zu erklären – vor allem auch die Borderline-, narzisstischen und die histrionischen Persönlichkeitseigenarten (vgl. etwa Masterson, 1988; Kernberg, 1984). Natürlich kann auch bei anderen Persönlichkeitsstörungen davon ausgegangen werden, dass sich in der Folge einer Vereinseitigung in der Personentwicklung immer auch kognitive Aspekte eines fehlenden, falschen oder verlorenen Selbstkonzeptes (oder eines nicht voll entwickelten Selbstwertgefühls) beobachten und beschreiben lassen. Wir sind jedoch der Ansicht, dass sich die interpersonellen Konsequenzen, die sich aus einem Mangel an Selbstwertgefühl auf der Grundlage einer fehlenden oder einseitig ausgebildeten Selbstkonzeptstruktur ergeben, besonders gut – fast prototypisch – am Beispiel der dependenten Persönlichkeitsstörung aufzeigen lassen (vgl. Fiedler, 1994d).

Besonders anschaulich finden sich die psychodynamischen und interaktionellen Aspekte und Folgen der dependenten Persönlichkeit in einer populärwissenschaftlichen Abhandlung von Miller (1979) über das „Drama des begabten Kindes“ beschrieben. Aufgrund einer hohen und kompetenten Anpassungsleistung an elterliche Bedürfnisse und Reaktionen können die betroffenen Kinder kein sicheres Gefühl für ein eigenes Selbst ausbilden. Sie entwickeln vielmehr eine besondere Fähigkeit, die Erwartung der Eltern (und später die anderer Menschen) mit einer seismographischen Sicherheit zu erspüren und sich danach auszurichten. Da es diese Menschen kaum gelernt haben, ihre Gefühle und Bedürfnisse autonom und selbstsicher auszuleben, verbleiben sie im späteren Leben gleichsam in einer unterwürfigen Abhängigkeitshaltung, da sich ihre Interaktions- und Lebensgewohnheiten vor allem über die Selbst- und Wirklichkeitskonstruktionen anderer, wichtiger Bezugspersonen bestimmen.

Ein für dieses Störungsbild typisches hohes Empathievermögen wirkt auf die Interaktionspartner vielfach ausgesprochen angenehm. Es wird zunächst überhaupt nicht erwartet, dass die Betroffenen möglicherweise nur eine „Rolle“ einnehmen, aus der sie sich selbst nicht befreien können, weil dazu notwendige Autonomie- und Selbstkonzepte fehlen. So wird verständlich, warum die Betroffenen zu Hilflosigkeitsdepressionen und Suizid neigen, wenn ein bis dahin Sicherheit und Orientierung bietender Lebenspartner stirbt oder mit Trennung droht (vgl. auch Mertens, 1992).

Kognitive Verhaltenstherapie

Ganz ähnlich wird die dependente Persönlichkeitsstörung auch innerhalb der kognitiv-behavioralen Erklärungsversuche konzeptualisiert (Beck et al., 1990; Turkat, 1990; Fiedler, 1994d). Im Vordergrund der Störung steht nach dieser Auffassung eine Angst vor unabhängigen Entscheidungen, die aus einer früh gelernten, übermäßigen Neigung zur Anpassung und einem Zutrauen in die Richtigkeit der Verantwortungsübernahme durch andere resultiert. Dies wiederum führt langfristig dazu, dass Selbstvertrauen und Selbstsicherheit zunehmend weniger gelernt werden, während und weil die interpersonelle Kompetenz in Richtung Dependenz vereinseitigt. Der zunehmenden Selbstunsicherheit folgt ein allgemeiner Entwicklungsrückstand im Bereich der Entfaltung und Differenzierung eigener Bedürfnisse und Interessen und erhöht – im Sinne eines Circulus vitiosus – bei zunehmender Angst vor autonomen Entscheidungen nurmehr die Notwendigkeit der Dependenz in Beziehungen.

Im Sinne dieser Annahmen betrachten viele Verhaltenstherapeuten die dependenten Persönlichkeitsstörungen als einen Spezialaspekt oder auch als Extremfall persönlichkeitsbedingter Selbstunsicherheit oder sozialer Ängstlichkeit (z.B. Beck et al., 1990). Dafür sprechen u.a. die häufigen Kodiagnosen der dependenten mit der selbstunsicheren Persönlichkeitsstörung, wie sie sich insbesondere bei Patienten mit sozialer und Agoraphobie, vor allem bei jenen mit Panikanfällen finden lassen. Beck et al. vermuten, dass es möglicherweise einen engen Zusammenhang mit den für dependente Persönlichkeiten typischen Trennungsängsten und der Entwicklung von Panikstörungen gäbe. Zur Panikentwicklung komme es möglicherweise dann, wenn sich abzeichne, dass die Betroffenen durch (Ehe-) Partner verlassen werden könnten und sie sich um sich selbst kümmern müssten. Das Risiko der Entwicklung von Panikstörungen sei insbesondere dann gegeben, wenn sie neuen Verantwortungen gegenüberstehen, die sie nach ihrer eigenen Auffassung nicht bewältigen könnten. Mit der Phobie entstehe so möglicherweise ein „sekundärer Krankheitsgewinn", der mit einer dependenten Grundorientierung eng übereinstimme (so auch Millon, 1996a).

Da dependente Persönlichkeitsmerkmale häufig auch bei depressiven Patienten zu finden sind, halten es Millon und Everly (1985) für sinnvoll, zwischen zwei unterschiedlichen Interaktionsmustern der Dependenz zu unterscheiden:

- **Aktiv-dependent:** Die stärker mit Angststörungen verknüpfte Variante bezeichnen sie als „aktiv-dependent". Diese sei vor allem durch eher lebhaftes Verhalten, gute interpersonelle Anpassung, Neigung zu einer charmanten bis dramatisierenden Gefühlsbetonung charakterisierbar, die vordergründig auf eine erhöhte interpersonelle Selbstsicherheit rückschließen lassen.
- **Passiv-dependent:** Die zweite Variante bezeichnen sie als „passiv-dependent". Letztere zeige sich in einer ausgesprochen unterwürfigen Haltung, in einer eher gefügigen Anpassung, in einer Betonung von Zärtlichkeitsbedürfnis und im Erleben von Selbstunsicherheit.

Erste Studien machen deutlich, dass sich die dependente Persönlichkeitsstörung vor allem in einer spezifischen, zugleich angstbeladenen Vereinseitigung im Bindungsverhalten der Betroffenen manifestiert (sensu Bowlby, 1969, 1973, 1979, 1980; vgl. West & Sheldon, 1988). So versuchte beispielsweise Pilkonis (1988; Pilkonis & Frank, 1988) dieses spezifische abhängige Bindungsmuster mit einer Prototypenanalyse zu rekonstruieren, in der er die beiden Konstrukte „Dependenz" versus „Autonomie" benutzte. Pilkonis unterschied dabei zwei Formen der Dependenz, die er als Persönlichkeitsmerkmale bei depressiven Patienten untersuchte. Die eine entsprach einem spezifischen Dependenzverhalten von Borderline-Patienten (vor allem dem extrem stimmungsabhängigen, verzweifelten Bemühen, ein reales oder imaginäres Alleinsein zu verhindern; → 11.2). Die andere kennzeichnete einen Merkmalsbereich, den Pilkonis in Anlehnung an Bowlby mit „angstbeladener Bindung" bezeichnete. Die Merkmale dieses Dependenzprototypus beinhalteten u.a. die „Neigung zu übermäßiger Abhängigkeit von anderen Menschen", den „Verlust von Selbstvertrauen aufgrund der Ablehnung durch andere Personen" und „Hilflosigkeitsgefühle", die weitgehend der Diagnosegruppe der dependenten Persönlichkeitsstörung entsprechen.

15.5 Integration und Zusammenfassung

Für die oben dargestellten psychoanalytischen wie verhaltenstherapeutischen Erklärungsmodelle gilt, dass sie insbesondere auf der Grundlage von Einzelfallbeschreibungen und durch wertende Rückschlüsse aus den Ergebnissen bisher vorliegender Komorbiditätsstudien vor allem intuitiv entwickelt wurden. Da empirische Überprüfungen bislang fehlen, wird sich ihre Tragfähigkeit erst noch erweisen müssen. Außerdem hat sich die Aufmerksamkeit der klinisch orientierten Forscher bislang sehr einseitig auf die Ausarbeitungen zur (oral-)dependenten Persönlichkeitsstörung in den eigenen Reihen verengt. Nur sehr selten wird registriert, dass es auch außerhalb der Klinischen Psychologie, Psychiatrie oder Psychotherapie bereits eine lange Tradition in der psychologischen Erforschung der Dependenz gibt. Leider haben diese vor allem in der Entwicklungs- und Sozialpsychologie vorhandenen Bemühungen zur Konzeptualisierung und Untersuchung persönlichkeitsbedingter Dependenz bisher wenig Resonanz in der klinisch-psychologischen und psychiatrischen Erforschung der dependenten Persönlichkeitsstörung gefunden.

In den vergangenen Jahren hat insbesondere Bornstein mehrfach versucht, das vorhandene Wissen der Entwicklungs-, Sozial- und Klinischen Psychologie für die Diagnostik- und Ätiologieforschung der dependenten Persönlichkeitsstörung zu erschließen (1992; Buchpublikation: 1993; Greenberg & Bornstein, 1988a, b; O'Neill & Bornstein, 1991; Bornstein & Kennedy, 1994). In seiner Synopse kommt Bornstein zu dem wichtigen Schluss, dass es höchst problematisch wäre, die Dependenz ausschließlich unter den pathopsychologischen Aspekten der „Abweichung" und „Störung" zu betrachten. Vielmehr seien dependente Menschen in aller Regel ausgesprochen gut sozial integriert und zu beachtenswerten beruflichen und akademischen Leistungen in der Lage (hierzu auch Caspi et al., 1989).

Entwicklung. Was nun die Entwicklung einer dependenten Persönlichkeits-Störung und weiterer mit ihr möglicherweise assoziierbarer psychischer und somatischer Störungen betrifft, so zeigen u.a. entwicklungspsychologische Langzeitstudien wie auch Retrospektivuntersuchungen recht konvergent, dass es vor allem spezifische Erziehungseinflüsse sind, die nicht nur der persönlichkeitsbedingten Dependenz, sondern auch einer späteren ungünstigen Entwicklung in Richtung „psychischer Gestörtheit" oder psychosozialer Auffälligkeit Vorschub leisten könnten. Zu solchen „ungünstig" zu wertenden Prädiktoren zählten u.a. autoritäre oder auch „überbehütend" angelegte Erziehungsstile der Eltern, die sich zugleich strikt an tradierten Geschlechtsrollenstereotypen ausrichteten (vgl. auch Maccoby, 1980; Greenberg & Bornstein, 1988a, b). In der weiteren Entwicklung würden nun spezifische differenzielle Wirkungen der Erziehungssituation dazu führen, dass sich die Dependenz schließlich

- entweder zu einer (adaptiven, gelegentlich hohen) gesellschaftlich-sozialen Kompetenz entfalte

- oder aber das Risiko für psychische oder auch körperliche Störungen vergrößere.

Bornstein (1993) hat versucht diese differenziellen Wirkungen und Ausgänge in ein Entwicklungsmodell zu integrieren (→ Abbildung 15.1). Für eine Störungsentwicklung können danach insbesondere fehlende oder nur gering entwickelte soziale Fertigkeiten und ein bleibender oder sich auch verstärkender Mangel einer zwischenmenschlichen Sensibilität mitverantwortlich werden für interpersonell ungünstige Konsequenzen, wie z.B. das Abgelehntwerden durch Gleichaltrige und das Scheitern supportiver Beziehungen. Dies wiederum führe langfristig zur Entwicklung andauernder zwischenmenschlicher Ängste und Belastungen – Bedingungen, die sich insgesamt gemeinsam wie auch jeweils getrennt in verschiedenen Studien als mögliche Prädiktoren für die spätere Entwicklung

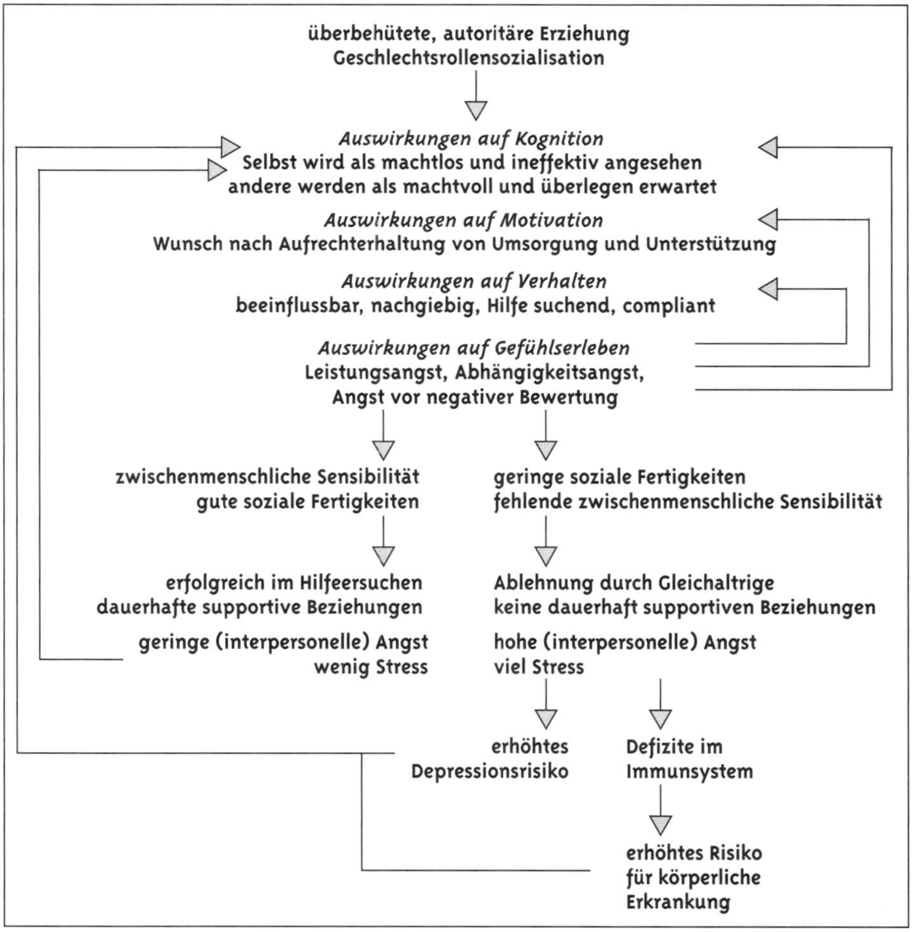

Abbildung 15.1. Vorschlag für eine integratives theoretisches Modell der Dependenzentwicklung (sensu Bornstein, 1993, S. 162).

einer psychischen, körperlichen oder auch dependenten Persönlichkeitsstörung finden ließen.

Dependente Menschen mit gut entwickelten sozialen Fertigkeiten und mit einer erhöhten interpersonellen Sensibilität lebten andererseits zumeist in ausgesprochen tragfähigen, häufig wechselseitig supportiven Partnerschaften. Bei diesen Personen fänden sich vielfach nur wenig angstvolle Belastungserfahrungen mit einem entsprechend geringen Risikowert für die Entwicklung persönlichkeitsbedingter, psychischer oder somatischer Störungen.

Scheideweg. Eine Schlüsselrolle auf dem in Borsteins Modell angelegten „Scheideweg" zwischen günstiger versus ungünstiger Dependenzentwicklung spielen kognitive und eng mit diesen assoziierte motivationale Prozesse. Und diese werden entscheidend durch gefühlsmäßige Erfahrungen in zwischenmenschlichen Kontexten moduliert (vgl. auch Barnes et al., 1979; Jones & Pittman, 1982). Es hängt offensichtlich davon ab,

- ob eine dependente Person eher „motiviert-aktive" Handlungsstrategien einer interpersonell nutzbringenden (allgemein sehr akzeptierten) Umsetzung dependenter Kompetenzen wählt und ausformt (wie z.B. die mit der Dependenz zugleich findbare hohe Empathie- und Kooperationsfähigkeit) oder aber
- ob sie eher „motiviert-passive" Alternativen der Schutzsuche, Behütung und Anforderungsvermeidung wählt.

Passivität und Angst. Diese Annahmen entsprechend weitgehend der bereits oben erwähnten Unterscheidung bei Millon (1996a). Passive Vermeidung und ein entsprechendes Schutzfinden (Behütetwerden) führt – so Bornstein (1993) in seiner Bewertung entsprechender Forschungsergebnisse – zur aktiven versus passiven Dependenz. Und Letztere kann vor allem auf längere Sicht in einen Entwicklungsrückstand hinsichtlich der Ausformung und Erweiterung sozialer Kompetenzen einmünden. Dieser Entwicklungsrückstand wiederum verstärkt seinerseits (im Sinne eines Circulus vitiosus) die Notwendigkeit der passivdependenten Schutzsuche und Anforderungsvermeidung. Über kurz oder lang tritt angesichts zunehmender Selbstwertverringerung zwischenmenschliche Angst hinzu. Es ist dies vor allem eine Angst oder Befürchtung, mit der häufig durch die Betroffenen selbst gesehenen geringen eigenen Bewältigungskompetenz unangenehm aufzufallen und in Anforderungssituationen zu scheitern.

ZUSAMMENFASSUNG

Dependente Persönlichkeitsstörung

Störungsbild: unterwürfig und entscheidungsunfähig. In der Persönlichkeitsstörung mündet eine anhänglich-loyale und zumeist aufopfernde Haltung nicht selten in ein extrem unterwürfiges Verhalten ein. Im Bereich der Störung findet sich schließlich die völlige Unfähigkeit, eigene Entscheidungen zu treffen und umzusetzen. Kennzeichnend sind unterschiedliche Ängste, die mit dem Verlust von Einbindung, Angst vor Versagen in Leistungssituationen und der Möglichkeit negativer Bewertung zusammenhängen. Sind die Betreffenden ökonomisch oder sozial von anderen abhängig, findet sich häufig eine geringe Selbstsicherheit, die dazu führt, dass sie schamlos ausgenutzt werden können. Das Risiko für die Entwicklung einer Depression oder einer somatoformen Störung ist beachtenswert. Abhängige Personen – das kennzeichnet den Übergang zur Persönlichkeitsstörung – haben häufig und zunehmend Angst, verlassen zu werden.

Übergänge zur Normalität: anhänglich und loyal. Im Normalbereich dominiert ein loyales Verhalten gegenüber anderen Menschen bis hin zur Hintanstellung eigener Wünsche, wenn diese mit den Interessen relevanter Bezugspersonen kollidieren. Loyale Persönlichkeiten haben häufig einen großen Freundes- und Bekanntenkreis, der sich bei Menschen mit dependenter Persönlichkeitsstörung selten findet (Bornstein, 1993). Anhänglich-loyale Personen verfügen über eine hohe Empathie- und Kooperationsfähigkeit, die mit hoher Akzeptanz und Belohnung verbunden sind. Aus einem positiv gelebten Persönlichkeitsstil können dauerhaft supportive Freundschaften und Partnerschaften hervorgehen. Nicht selten haben die Betroffenen hochgradig anerkannte Berufe, die Altruismus und Selbstlosigkeit als Positivmerkmale besitzen (z.B. Helfer, Pfleger, Therapeuten).

Funktion und Dynamik. Ein wichtiges Unterscheidungsmerkmal der dependenten zur selbstunsicher-vermeidenden Persönlichkeit besteht in einer weniger aktiven, sondern eher motiviert passiven Alternative, nämlich der Schutzsuche, Behütung und Anforderungsvermeidung zum Erhalt bestehender Bindungen. Auch passive Vermeidung und Willfährigkeit führt auf längere Sicht in einen Entwicklungsrückstand hinsichtlich der Ausformung und Erweiterung sozialer Kompetenzen. Dieser Entwicklungsrückstand verstärkt seinerseits im Sinne eines Circulus vitiosus zunehmende Angst und damit die Notwendigkeit der passiv-eingefügten Schutzsuche und Abhängigkeit.

16 Zwanghafte Persönlichkeitsstörung

Befriedigung bedeutet für sie nicht, entscheiden zu können und sich frei zu fühlen, sondern einen Auftrag in der vorgegebenen Zeit zu erfüllen, die Autorität vorübergehend erfreut zu haben und, oft, die Befriedigung, die in einer hoch entwickelten Virtuosität und Erfindungsgabe liegt.
David Shapiro

Die Hauptmerkmale der zwanghaften Persönlichkeitsstörung sind Ordnungsliebe und Ausdauer – mit einem übertriebenen Interesse der Betroffenen für Details. Dies sind Charaktereigenschaften, die gewöhnlich mit einer hohen gesellschaftlichen Wertigkeit belegt sind. Folglich gehören Menschen mit zwanghafter Persönlichkeitsstörung zu jener Personengruppe, die eher selten allein wegen Schwierigkeiten mit ihrer Persönlichkeitseigenart um psychotherapeutische Hilfe nachsuchen dürfte. Dies wird wohl erst dann der Fall sein, wenn sie wegen ihrer übertriebenen Sorgfalt und Ordnungsliebe, vor allem in beruflichen Kontexten, nicht mehr zurechtkommen, etwa weil sie zeitgebundene Aufgaben und Aufträge nicht rechtzeitig erfüllen. So können zwanghafte Persönlichkeitseigenarten im Falle der Extremisierung eine störende Arbeitsverzögerung bewirken, die sich gewöhnlich durch eine auffällige Unentschlossenheit der Betroffenen beim Abschluss übernommener Aufgaben und Tätigkeiten einstellt.

16.1 Konzeptentwicklung

Zwanghafte Persönlichkeitseigenarten wurden bereits zu Beginn des vorigen Jahrhunderts von Esquirol beschrieben (1839). Seither herrschte in der Psychiatrie, wo die Störung auch als anankastische Persönlichkeitsstörung bezeichnet wird, weitgehend Einigkeit über die Eigenarten, die gewohnheitsbedingte Zwanghaftigkeit im Kern ausmachen. Die sorgsamsten psychopathologischen Darstellungen finden sich in der deutschsprachigen Psychiatrie. Die meisten empirischen Studien stammen von englischen und amerikanischen Forschergruppen. In beiden Forschungstraditionen wird dabei unterschiedlich und teils ungenau zwischen Zwangssymptomen der Zwangsstörung und Zwanghaftigkeit als Persönlichkeitsstörung unterschieden oder auch nicht unterschieden (was übrigens auch der Begriff „Anankasmus" – ursprünglich und wie nachfolgend dargelegt wird: – fälschlicherweise suggeriert; → 16.3 zur Differenzialdiagnose; → 23.2.10 zu den völlig verschiedenen Therapieansätzen).

Zwangsstörung und Zwangscharakter

Was die Beziehung zwischen Zwangsstörung und anankastischer Persönlichkeit angeht, so wurde in der deutschsprachigen Psychiatrie zumeist die Ansicht vertreten, dass es sich bei der persontypischen Zwanghaftigkeit um eine (prämorbide) Persönlichkeitsstruktur handelt, aus der heraus sich die symptomatische Zwangsstörung („Zwangskrankheit") entwickeln könne (Weitbrecht, 1963; Scharfetter, 1976). Verschiedentlich wurde aber auch die zwanghaft-anankastische Persönlichkeit als Unterform einer ängstlich-vermeidenden Persönlichkeit betrachtet, so z.B. von Kurt Schneider (1923), der sie als spezifischen Teilaspekt der selbstunsicheren Persönlichkeitsstörung zurechnet.

Ganz ähnlich stellt sich die Sichtweise in der klassischen Psychoanalyse dar. Auch psychoanalytische Autoren gingen seit Freuds grundlegender Arbeit über „Charakter und Analerotik" (1908) von Zusammenhängen zwischen Zwangscharakter und Zwangsstörungen bzw. von einer charakterlich präformierten „Zwangsneurose" aus, in der sich zwanghafte Symptome und anankastische Charaktereigenarten zusammenfügen können.

Inzwischen sind sich psychoanalytische Autoren jedoch weitgehend einig, dass zwischen der Zwangsneurose (als Zwangsstörungen) und dem sog. „Analcharakter", wie Freud ihn beschrieb (Ordnungsliebe, Sparsamkeit und Eigensinn), kein zwingender Zusammenhang bestehen muss (vgl. Hoffmann, 1984). Andererseits blieb die Sicht einer ich-syntonen zwanghaften Charakterstruktur erhalten, aus der die (neurotisch-symptomatischen) Zwangsstörungen in belastenden Situationen im Sinne einer Charakterdekompensation (als ich-dystone Erlebens- und Verhaltensweisen) hervorgehen können (Fenichel, 1945; Quint, 1970; Mentzos, 1984).

Zwangssymptomatik versus Persönlichkeit

Im Unterschied dazu wurde von klinisch psychologischer und verhaltenstherapeutischer Seite wie in der neueren amerikanischen Psychiatrieforschung vor allem die mögliche Nähe der symptomatischen Zwangsstörungen zu den Angststörungen betont und empirisch untersucht (vgl. Reinecker, 1991; Sturgis, 1993). Diese Ansicht geht auf Ergebnisse angelsächsischer Forschungsarbeiten der 50er- und 60er-Jahre zurück, in denen mehrfach mittels Faktorenanalysen zwei unabhängige (orthogonale) Faktoren gefunden wurden, mit denen sich Zwangssymptome und zwanghafte Persönlichkeitsmerkmale eindeutig trennen ließen (z.B. Sandler & Hazari, 1960; Foulds et al., 1965; Kline, 1967; Meares, 1971; zusammenfassend: Süllwold, 1978; kritisch: Zaworka & Hand, 1981).

Die Ergebnisse dieser Studien sprechen für die Sinnhaftigkeit der getrennten Betrachtung von Persönlichkeitsmerkmalen und Zwangssymptomen. Aus den Studien kann jedoch nicht gefolgert werden, dass es zwischen den beiden Aspekten keine störungsübergreifenden oder ätiologierelevanten Zusammenhänge gäbe (Cawley, 1974; Slade, 1974; Coursey, 1984). Die psychiatrischen Diagnosesysteme haben sich die Perspektive der diagnostischen Trennung von symptomatischer Zwangsstörung und persönlichkeitstypischer Zwanghaftigkeit inzwischen zu Eigen gemacht und die Zwangsstörungen jeweils im Bereich der Angststörungen verortet.

16.2 Diagnostik

DSM-IV. Prototypisches Kernsymptom der zwanghaften Persönlichkeitsstörung ist das gewissenhafte Streben nach Sorgfalt und Perfektion, das störend vor allem durch eine nicht angemessene Erfüllung beruflicher Aufgaben und Verpflichtungen auffällt. Dieses hängt zumeist mit einer großen Unentschlossenheit der Betroffenen, ihrem inneren Zweifel und einer übermäßigen Vorsicht als Ausdruck einer tief greifenden persönlichen Unsicherheit zusammen (→ Übersicht mit DSM-IV-Kriterien).

DIAGNOSTISCHE KRITERIEN

Diagnostische Kriterien der zwanghaften Persönlichkeitsstörung gemäß DSM-IV

Ein tief greifendes Muster von starker Beschäftigung mit Ordnung, Perfektionismus und psychischer sowie zwischenmenschlicher Kontrolle auf Kosten von Flexibilität, Aufgeschlossenheit und Effizienz. Der Beginn liegt im frühen Erwachsenenalter und zeigt sich in verschiedenen Situationen. Mindestens fünf der folgenden Kriterien müssen zutreffen:

(1) beschäftigt sich übermäßig mit Details, Regeln, Listen, Ordnung, Organisation oder Plänen, sodass der wesentliche Gesichtspunkt der Aktivität dabei verloren geht,
(2) zeigt einen Perfektionismus, der Aufgabenerfüllung behindert (z.B. kann ein Vorhaben nicht beendet werden, da die eigenen überstrengen Normen nicht erfüllt werden),
(3) verschreibt sich übermäßig der Arbeit und Produktivität unter Ausschluss von Freizeitaktivitäten und Freundschaften (nicht auf offensichtliche finanzielle Notwendigkeit zurückzuführen),
(4) ist übermäßig gewissenhaft, skrupulös und rigide in Fragen der Moral, Ethik und Werten (nicht auf kulturelle oder religiöse Orientierung zurückzuführen),
(5) ist nicht in der Lage, verschlissene oder wertlose Dinge wegzuwerfen, selbst wenn diese nicht einmal Gefühlswert besitzen,
(6) delegiert nur widerwillig Aufgaben an andere oder arbeitet nur ungern mit anderen zusammen, wenn diese nicht genau die eigene Arbeitsweise übernehmen,
(7) ist geizig sich selbst und anderen gegenüber; Geld muss im Hinblick auf befürchtete künftige Katastrophen gehortet werden,
(8) zeigt Rigidität und Halsstarrigkeit.

Zitiert gemäß DSM-IV der APA (1994); Saß et al., 1996, S. 755).

Die DSM-Erläuterungen zu den Kriterien verweisen noch auf einige Nebenaspekte der Störung (z.B. APA, 1994): So treten im Zusammenhang mit der zwanghaften Persönlichkeitsstörung häufig depressive Verstimmungen auf. Diese hängen vielfach damit zusammen, dass sich die Betroffenen häufig übermäßig lange in Aufgaben und Verpflichtungen vertiefen, wenn es ihnen nicht möglich ist, über andere Menschen, Situationen oder über ihre Umgebung zu bestimmen. Auch Ärgererleben ist dann häufig beobachtbar, wenngleich dieser Ärger nur selten direkten Ausdruck findet. Die Betroffenen reagieren häufig äußerst sensibel auf Kritik, insbesondere wenn sie von höher gestellten Personen oder Autoritäten geäußert wird.

ICD-10. Die Kriterien der anankastischen Persönlichkeitsstörung in der ICD-10 unterscheiden sich nicht erheblich von denen im DSM-IV (→ Übersicht mit ICD-10-Kriterien). Lediglich im dortigen Kriterium 8 finden sich Hinweise, dass es sich bei den Verhaltens- und Erlebensmustern der Betroffenen um Eigenarten handeln kann, die an eine Zwangsstörung denken lassen, die jedoch in ihrem Ausmaß nicht hinreichen, um die Diagnose symptomatischer Zwänge zu rechtfertigen.

DIAGNOSTISCHE KRITERIEN

ICD-10-Kriterien der anankastischen Persönlichkeitsstörung

[Mindestens drei der folgenden Merkmale müssen erfüllt sein:]

1. Übermäßiger Zweifel und Vorsicht.
2. Ständige Beschäftigung mit Details, Regeln, Listen, Ordnung, Organisation oder Plänen.
3. Perfektionismus, der die Fertigstellung von Aufgaben behindert.
4. Übermäßige Gewissenhaftigkeit, Skrupelhaftigkeit und unverhältnismäßige Leistungsbezogenheit unter Vernachlässigung von Vergnügen und zwischenmenschlichen Beziehungen.
5. Übermäßige Pedanterie und Befolgung von Konventionen.
6. Rigidität und Eigensinn.
7. Unbegründetes Bestehen auf der Unterordnung anderer unter eigene Gewohnheiten oder unbegründetes Zögern, Aufgaben zu delegieren.
8. Andrängen beharrlicher und unerwünschter Gedanken oder Impulse.

Dazugehörige Begriffe:

- zwanghafte Persönlichkeit(sstörung)
- Zwangspersönlichkeit(sstörung)

Ausschluss:

- Zwangsstörung (F42)

Aus der ICD-10 Kapitel V (F) der WHO (1993; 2. Auflage, S. 231).

16.3 Differenzialdiagnostik

Ein Problem der Differenzialdiagnose stellt die, wie angedeutet, notwendige Abgrenzung der zwanghaften Persönlichkeit von den Zwangsstörungen dar, auf die zunächst kurz eingegangen werden soll.

Abgrenzung zur Zwangsstörung

Wesentliche Kennzeichen der Zwangsstörung sind zwei unterscheidbare Symptomgruppen, die gelegentlich bei einer Person gemeinsam auftreten können (vgl. Reinecker, 1991):

- **Zwangsgedanken:** Wiederkehrende Ideen, Vorstellungen und Impulse, die den Betroffenen immer wieder stereotyp und quälend beschäftigen.
- **Zwangshandlungen:** Zumeist sinnlos erscheinende Handlungswiederholungen und Rituale, unter denen die Betroffenen ebenfalls extrem leiden, ohne dass es ihnen erfolgreich gelingt, sie zu unterlassen.

In den einleitend erwähnten Faktorenanalysen zur Differenzierung von persontypischer Zwanghaftigkeit und symptomatischer Zwangsstörung hatte sich bereits angedeutet, dass in der Zwangsstörung ängstliche und phobische Reaktionsweisen eine besondere Rolle spielen. In neueren klinisch-psychologischen und psychiatrischen Forschungsarbeiten wurde dieser Zusammenhang von symptomatischer Zwangsstörung und Phobie in den Mittelpunkt gerückt (vgl. Reinecker, 1993).

In diesen Arbeiten wurde zumeist die Bedeutung der Angst als Steuerungsimpuls für symptomatische Zwangsstörungen vermutet und untersucht. Dabei wurde deutlich, dass es sich bei den die Zwangsstörungen begleitenden emotionalen Zuständen weniger um Angst als vielmehr um Erregung, Unruhe und – psychologisiert: – um phobophobische Tendenzen handelt („anxiety/discomfort" bei Rachman & Hodgson, 1980). Zugleich finden sich idiosynkratische Bewertungs- und Erwartungsängste als mögliche Steuerungssymptome von Zwangsgedanken, -handlungen und -impulsen (so bei Salkovskis, 1985; Salkovskis & Kirk, 1996).

Im Unterschied dazu sind die Merkmale der zwanghaften Persönlichkeitsstörung eher symptomlos und äußern sich vorrangig in den (interpersonellen) Handlungsmustern einer übertriebenen Sorgfalt und Ordentlichkeit, die von den Betroffenen selbst nicht als störend und damit ich-synton erlebt werden. Dennoch ist es möglicherweise nurmehr in wenigen Einzelfällen sinnvoll, beide Diagnosen zu vergeben. Dies ist schon deshalb beachtenswert, weil sich für beide Störungsbilder völlig unterschiedliche therapeutische Zugänge als sinnvoll und effektiv erwiesen haben (→ 23.2.10).

Der mögliche Zusammenhang zwischen Zwangsstörung und Zwangscharakter dürfte angesichts der Fülle inzwischen vorliegender Fallberichte und intuitiver Fallanalysen zumindest für eine Untergruppe von Patienten auch als belegt angesehen werden. Empirische Studien in den 50er- und 60er-Jahren haben zwanghafte Persönlichkeitseigenarten vor allem bei Patienten retrospektiv untersucht, die wegen einer Zwangsstörung in Behandlung waren. Black (1974) berichtet bei 383 Zwangspatienten einen Anteil von 71 Prozent mit einer möglichen prämorbiden Zwanghaftigkeit. Die höchste Rate gibt Ingram (1961) an, der bei 84 Prozent der von ihm untersuchten 65 Zwangspatienten Hinweise auf eine prämorbide zwanghafte Persönlichkeit fand. Allerdings bleibt zu beachten, dass sich in diesen frühen empirischen Untersuchungen die Hypothese des Zusammenhangs von Zwangscharakter und Zwangsstörung vor allem dort eher sicher finden ließ, wo in Studien klinische Interviews und projektive Tests durchgeführt wurden, die zumeist methodisch kritisierbare intuitive Test- oder Interviewinterpretationen zur Psychodynamik beinhalteten (vgl. Pollak, 1979, 1987a).

Im Unterschied zu früher lässt sich in empirischen Studien neueren Datums zur Frage der möglichen Komorbidität oder Differenzierbarkeit von symptomatischer Zwangsstörung und zwanghafter Persönlichkeit nur noch bei einem geringeren Anteil der Untersuchten ein Zusammenhang finden (vgl. Sturgis, 1993). Dies mag u.a. an den genaueren Kriterienausarbeitungen in den aktuell gültigen Diagnosesystemen liegen. Aktuelle Komorbiditätsstudien liefern Kodiagnosen zwischen Zwangsstörung und zwanghafter Persönlichkeit bei höchstens 30 Prozent, in der Regel jedoch bei weit unter 10 Prozent der Patienten (vgl. Pfohl et al., 1991). Joffee et al. (1988) z.B. finden nur bei 4 Prozent eine komorbide Zwangsstörung/zwanghafte Persönlichkeitsstruktur. Etwa gleich niedrig fällt der Anteil von Patienten aus, bei denen sich mittels aktueller DSM-III-Kriterien retrospektiv eine „prämorbide" Zwangspersönlichkeit bei Patienten mit Zwangsstörungen vermuten ließ – wenngleich gelegentlich mittels methodisch sehr kritisierbarer Retrospektivbefragung auch höhere Werte mitgeteilt werden. Die bisher nicht replizierte höchste Angabe liegt bei 35 Prozent in einer mehr als zwanzig Jahre alten Retrospektivstudie von Insel (1982).

Symptomatische Zwänge bei anderen Persönlichkeitsstörungen

Andererseits scheinen Untergruppen von Patienten mit symptomatischer Zwangsstörung über eine auffällige Komorbidität mit anderen Persönlichkeitsstörungen zu verfügen, am häufigsten die mit einer dependenten, histrionischen, schizotypischen und/oder Borderline-Persönlichkeitsstörung (Black et al., 1989; Baer et al., 1990; Stanley et al., 1990). Häufig wird gar das komorbide Vorhandensein zweier oder mehrerer Persönlichkeitsstörungen bei symptomatischen Zwangsstörungen berichtet, zumeist eine „Mischung" aus dependenter und selbstunsicherer bzw. dependenter, selbstunsicherer und passiv-aggressiver Persönlichkeitsstörung (Joffee et al. 1988; Baer et al., 1990; zusammenfassend: Stein et al., 1993).

Zwanghafte Persönlichkeit bei anderen psychischen und Persönlichkeitsstörungen

Letztere Zusammenhänge lassen sich auch in den Komorbiditätsstudien zum gleichzeitigen Auftreten der zwanghaften Persönlichkeit mit anderen Persönlichkeitsstörungen finden. Neben den Kodiagnosen mit der dependenten, der selbstunsicheren und der passiv-aggressiven finden sich auch noch Komorbiditäten mit der paranoiden und narzisstischen Persönlichkeitsstörung (vgl. Pfohl et al., 1991). Als differenzialdiagnostisches Abgrenzungskriterium dürfte in allen Fällen die überhöhte normorientierte Bereitschaft zur Erfüllung privater und beruflicher Anforderungen gelten.

Zugleich mehren sich Untersuchungen, in denen über Komorbiditäten zwischen zwanghafter Persönlichkeitsstörung und anderen symptomatischen psychischen Störungen und Syndromen berichtet wird, insbesondere mit Ängsten, Phobien und Panikstörungen (Scuito et al., 1991; Mavissakalian et al., 1990), hypochondrischen Störungen (Starcevic, 1990; → 12.4) und affektiven Störungen (Insel, 1984; → 19.3).

Angesichts der Bestrebungen, in die psychiatrische Klassifikation erneut eine Kategorie der depressiven Persönlichkeitsstörung einzuführen, verdient ein Vergleich der dort vorgeschlagenen Kriterien mit denen der zwanghaften Persönlichkeitsstörung besondere Aufmerksamkeit. Denn die meisten Kriterien der zwanghaften Persönlichkeitsstörung haben nicht nur eine große Ähnlichkeit mit Beschreibungen der prämorbiden Persönlichkeitsstruktur depressiver Patienten, sondern sie stimmen sogar weitgehend mit ihnen überein (vgl. z.B. das Typus-melancholicus-Konzept in → Kapitel 18) – wenngleich Vertreter dieses Konzepts diesen Zusammenhang prinzipiell bestreiten (z.B. Kraus, 1991a), was möglicherweise in der von einigen Autoren noch nicht strikt genug durchgehaltenen Trennung symptomatischer Zwänge versus zwanghafter Persönlichkeitsstörung seine Erklärung findet.

Wegen der sehr beträchtlichen Zahl unterschiedlicher Kodiagnosen, die in den oben genannten Komorbiditätsstudien zur zwanghaften Persönlichkeit gefunden wurden, ist jüngst die Frage der Angemessenheit und Validität von Konzept und Kriterien der zwanghaften Persönlichkeitsstörung in den Mittelpunkt einer Diskussion um die Möglichkeit oder gar Notwendigkeit einer Revision dieser Störungskategorie geraten (vgl. Pfohl & Blum, 1991; Pfohl, 1996b). Diese hat jedoch im DSM-IV noch zu keiner eindrücklichen Änderung der Kriterien geführt.

16.4 Erklärungsansätze

Psychoanalyse

Die Psychoanalyse ging in der Folge von Freud (1908) lange Zeit davon aus, dass zwanghafte Charaktereigenarten aus einer fixierten Abwehr von Impulsen aus sog. „analen Konflikten" entstehen. Insbesondere Freuds Annahme, dass sich die (symptomatisch und charakterlich sichtbare) „Zwangsneurose" auf eine misslungene oder zu frühzeitig einsetzende Sauberkeitserziehung zurückführen lasse (als Problem der „analen" Entwicklungsphase; → 3.1), hat bis in die 60er-Jahre hinein eine Vielzahl von empirischen Untersuchungen stimuliert, die diesen Zusammenhang vor allem in Interviewstudien mit Eltern zu rekonstruieren versuchten (vgl. Pollak, 1979).

Insgesamt gesehen, überwiegen in diesen Studien die Befunde, die die Zusammenhangshypothese der (zu) frühen Sauberkeitserziehung und der späteren Zwanghaftigkeit einer Person nicht bestätigen. Eher ließen sich Hinweise darauf finden, dass die Eltern der Betroffenen ihrerseits überzufällig häufig über „zwangsneurotische" Personeigenarten und Symptome verfügten. Wenngleich in den meisten dieser Studien noch nicht zwischen symptomatischer und charakterlich bedingter Zwanghaftigkeit unterschieden wurde, lässt sich folgern, dass es sich bei der „zwangsneurotischen" Störungsentwicklung möglicherweise um eine (irgendwie geartete) Transmission handelt. Dabei ist nicht klar entscheidbar, ob die Zwanghaftigkeit der Kinder auf genetische und/oder erzieherische Einflüsse zurückgeführt werden kann (Templer, 1972; Carr, 1974).

Die ursprünglich einseitige Betonung der Triebproblematik wurde in den letzten Jahrzehnten auch in der Psychoanalyse weitgehend aufgegeben, und zwar zugunsten einer interpersonellen Konflikthypothese. In dieser wird eine Vereinseitigung der Auflösung des allgemeineren Konfliktes „Anpassung versus Auflehnung" in Richtung „Anpassung" – z.B. durch strikte, übergenaue Norm- und Überich-Orientierung – postuliert (Mentzos, 1984; Hoffmann, 1984). Die von Freud in den Mittelpunkt gerückten Schwierigkeiten in der Sauberkeitserziehung des Kindes decken dabei nurmehr *einen* möglichen Entwicklungsaspekt zur Ausbildung eines zwangsneurotischen Erlebens- und Handlungsspektrums im späteren Erwachsenenleben ab.

Im Konflikt zwischen Gehorsam (Fremdbestimmung) und Autonomie (Selbstbestimmung) lässt sich die Neigung zu zwanghafter Genauigkeit und Sorgfalt in einem viel umfassenderen Sinne zugleich als wichtige adaptive Überlebensstrategie des Kindes gegenüber elterlichen Restriktionen und moralisierenden Schuldzuweisungen rekonstruieren. Im Kontext gesellschaftlich-kultureller Anforderungen können ausdauernde Leistung und Genauigkeit sogar große Wertschätzung erfahren, die es Menschen mit zwanghafter Persönlichkeit in bestimmten Berufen, Kulturen oder sozialen Schichten ermöglicht, „eine mehr oder weniger geglückte Überkompensation oder Sublimierung analer Tendenzen" zu erreichen (Mentzos, 1984, S. 165).

Kognitive Perspektive

Über diese Perspektive hinaus reichen die theoretischen Ausarbeitungen des Psychoanalytikers Shapiro über die „Autonomiebestrebungen des rigiden Charakters" (1981). Ihn interessieren insbesondere die intra- und interpersonalen Konsequenzen eines bei Personen mit zwanghafter Persönlichkeitsstörung dominierenden, detailorientiert-dysfunktionalen Denkstils. Er sieht das Hauptproblem der Störung vor allem in einer „aktiven Unaufmerksamkeit" gegenüber neuen Informationen oder externalen Einflüssen, die eine Verunsicherung der eigenen Kompetenz beinhalten könnten. Diese Betrachtung macht darauf aufmerksam, dass es sich bei der zwanghaften Persönlichkeit im Kern um eine Intentionsstörung handeln könnte. Sämtliche Bestrebungen der Betroffenen zur zwanghaften Aufrechterhaltung einer scheinbar autonomen Handlungsfreiheit stehen selektiv verengt (d.h. kognitiv gesteuert) unter dem Regime moralischer, logischer, sozial angemessen erscheinender Regeln und Maximen.

Interpersonelle Perspektive

Mit dieser Perspektivenänderung zur Auffassung der Zwangsdynamik als soziale Anpassungsleistung holen Psychoanalytiker gegenwärtig eine Theorieperspektive ein, die bereits von einigen namhaften Neoanalytikern vorgedacht worden war. Insbesondere Sullivan (1953) hatte in seiner interpersonellen Theorie eine grundlegende interaktionelle Unsicherheit und Hilflosigkeit der Menschen mit zwanghafter Persönlichkeitsstörung in den Mittelpunkt seiner Überlegungen gerückt. Die Überwindung dieser zwischenmenschlichen Unsicherheit wird nach Sullivans Auffassung in einem extremen Bemühen um Genauigkeit und Sorgfalt und – da die unmittelbaren Interaktionserfahrungen nicht durchgängig und ausreichend Selbstsicherheit versprechen – vor allem in einer Entsprechung allgemeiner Regel- und Normvorgaben zu erreichen versucht.

Auch Shapiros Idee der „selektiven Unaufmerksamkeit" gegenüber (das Selbstkonzept verunsichernden) neuen Anforderungen und Unwägbarkeiten ist bereits zentraler Bestandteil der sullivanschen Theorie. Letztlich führt nach Sullivans Auffassung auch eine interpersonelle Kritik (etwa des störenden Verzögerungsaspektes der Übersorgfalt) die Betroffenen zumeist verstärkt zur selbstversichernden, selektiven Rückbindung des Handelns an allgemeine Sorgfaltsregeln. Es folgt damit jedoch fast zwangsläufig eine Extremisierung zwanghafter Handlungsmuster, die schließlich bei einigen Menschen in Richtung symptomatischer Zwangsstörungen zu exazerbieren vermögen. Ähnliche Überlegungen finden sich bei den Neoanalytikern Angyal (1965) und Salzman (1973; auch Salzman & Thaler, 1981), die mit ihren Konzepten auf die interpersonelle Theorie Sullivans aufbauen.

Verhaltenstherapeutische Ansätze

Kognitiv-behavioral orientierte klinische Psychologen haben sich bis in die jüngste Gegenwart hinein vor allem mit den ätiologischen Bedingungen von Zwangsstörungen befasst (Reinecker, 1993b; vgl. oben). Erst mit ihrem neuerlich zunehmenden Interesse an Persönlichkeitsstörungen (seit Einführung des DSM-III, 1980) liegen erste Überlegungen auch zur Ätiologie der zwanghaften Persönlichkeitsentwicklung vor. Interessanterweise (und aus nahe liegenden Gründen) schließt sich z.B. die Kognitive Theorie von Beck et al. (1989) eng an die Überlegungen Sullivans und Shapiros an. Sie rückt ebenfalls die Analyse der intra- und interpersonellen Wirkungen des auf perfektionistische Problemlösung ausgerichteten (automatisiert-routinierten) Denkstils der Betroffenen in den Vordergrund. Danach lassen sich zwanghafte Handlungsmuster funktional auf ein Konglomerat basaler kognitiver Schemata mit dem Ziel des zwanghaften Bemühens um Autonomiebehalt zurückführen.

16.5 Zusammenfassende Bewertung

Über die Beschreibung des Störungsbildes und die Ausarbeitung von Kriterien bestand und besteht heute weitgehend Konsens (Pfohl, 1996b). Andererseits liegen zu sämtlichen Ätiologieüberlegungen bis heute kaum substanzielle empirische Arbeiten vor (vgl. auch die Übersicht bei Pollak, 1987b). So muss sich erst zukünftig noch erweisen, ob die Annahmen zur Entstehung und Aufrechterhaltung der zwanghaften Persönlichkeitsstörung, die bislang jeweils intuitiv aus Einzelfallanalysen gewonnen wurden, weiterhin Geltung beanspruchen können.

Von Vorgesetzten geschätzt, von Kollegen häufig isoliert, von Untergebenen gefürchtet, widmen sie ihre Leben der Arbeit und der Pflege von Struktur und Ordnung. Andererseits kommen sie nur so lange im sozialen Gefüge zurecht, wie die eigene Position klar eingefügt ist. Persönliche Probleme ergeben sich zumeist in Phasen der Veränderung und Umstrukturierung oder wenn man von Kollegen wegen seiner Eigenarten zunehmend ausgegrenzt wird. Angesichts zunehmender Anforderungen verlieren die Betroffenen häufig den Überblick, können kaum mehr Entscheidungen treffen und Wichtiges nicht mehr von Unwichtigem unterscheiden, wodurch ihre zögerliche Gewissenhaftigkeit zum wahren Verhängnis werden kann. In solchen Situationen wird deutlich, wie sehr viele Betroffene vom anerkennenden Urteil anderer abhängig sind: Tiefe narzisstische Kränkungen können die Folge sein bei gleichzeitig gegebenem Risiko einer Depression, gelegentlich steigender Suizidneigung.

ZUSAMMENFASSUNG

Zwanghafte Persönlichkeitsstörung

Störungsbild: Rigidität und starrer Perfektionismus. Die dieser Persönlichkeitsstruktur zugrunde liegende Sorgfalt ist durch Gründlichkeit und Genauigkeit in der Ausführung aller Tätigkeiten gekennzeichnet. Ein solcher Stil wäre erst im Übergang zum rigiden Bemühen um Perfektionismus bis zur Erstarrung als Persönlichkeitsstörung zu kennzeichnen, wenn beides dazu führt, dass z.B. berufliche Vorhaben nicht mehr realisiert werden. Arbeit wird dann zwanghaft jedem Vergnügen bzw. zwischenmenschlichen Kontakten übergeordnet, sodass persönliche Beziehungen häufig darunter leiden. Die eigenen starren, moralisch anspruchsvollen und prinzipientreuen Verhaltensmuster werden eigensinnig vertreten und vor allem untergebenen Personen aufgenötigt. In Abhängigkeitsbeziehungen findet sich eher ein Aspekt übergründlicher Pflichterfüllung.

Übergänge zur Normalität: sorgfältig und gewissenhaft. Ein markanter Unterschied des persönlichen Stils liegt darin, dass das Leben und die Welt durchaus positiv gesehen und beurteilt werden, auch wenn der Sinn des Daseins mit Mühe, Anstrengung und Pflichterfüllung angefüllt ist. Der gewissenhafte Stil entspricht einer Beschreibung des sog. „Typus melancolicus" durch Tellenbach (1961), wie er sich bei ca. 50 Prozent endogen depressiver Patienten finden lässt (beachtenswertes Risiko unauffälliger Persönlichkeitsstile; → 18). Beide Stile, der gewissenhafte wie der Typus melancholicus, werden charakterisiert durch Pflichtbewusstsein und Streben nach Vollkommenheit. Die zwischenmenschlichen Beziehungen zeichnen sich durch Harmoniestreben und Sich-Einordnen aus und zeigen gelegentlich dependente Züge.

Funktion und Dynamik. In diesem Fall bleibt also zu beachten: Beide Persönlichkeitseigenarten (Störung und Stil) sind mit dem Risiko der Entwicklung einer Depression verbunden, die u.a. aus einem Scheitern in der Erfüllung hoch gesetzter Ansprüche und aus einer Armut an Lebensfreude resultieren mag. Das gewissenhafte Streben nach Perfektion und Sorgfalt hängt nämlich häufig mit einer großen Unentschlossenheit der Betroffenen, ihrem inneren Zweifel und einer übermäßigen Vorsicht als Ausdruck einer tief greifenden persönlichen Unsicherheit zusammen. Die Betroffenen reagieren äußerst sensibel auf Kritik, insbesondere wenn sie von höher gestellten Personen oder Autoritäten geäußert wird. Den zwanghaft-gewissenhaften Persönlichkeitsmerkmalen liegt im Kern eine Intentionsstörung zugrunde: Sämtliche Bestrebungen der Betroffenen zur Aufrechterhaltung subjektiver Autonomie stehen selektiv hochgradig eingeengt unter dem Regime moralischer, logischer oder sozialer Regeln und Maximen.

17 Passiv-aggressive und negativistische Persönlichkeitsstörungen

Ich habe mein ganzes Leben auf eine einzige Karte gesetzt,
die keine Chance hatte herauszukommen.
Aber es wäre schön, wenn sie doch ausgespielt werden würde.
Inzwischen muss man warten und dabei andere leiden machen.
Ferdinand Charles Ramuz

Für das Störungsbild wird ein durchgängiges Muster passiven Widerstands gegenüber Forderungen nach angemessenen Leistungen im sozialen und beruflichen Bereich als typisch angesehen. Die passiv-aggressive Persönlichkeitsstörung findet sich bis heute nur im Klassifikationssystem der American Psychiatric Association, dort jedoch durchgängig seit dem DSM-I (von 1952). In der ICD-10 und ihren Vorläuferinnen gibt es sie nicht, und es ist auch nach wie vor weitgehend unüblich, die passiv-aggressive Persönlichkeitsstörung außerhalb der USA zu diagnostizieren, wenngleich sich dies seit Einführung des DSM-III etwas geändert hat. Seit 1980 wurden nämlich auch außerhalb der USA epidemiologische und klinische Studien unter den Maßgaben des DSM-III(-R) durchgeführt und dabei die passiv-aggressive Persönlichkeitsstörungen gelegentlich einbezogen (→ 20).

17.1 Konzeptentwicklung

Die passiv-aggressive Persönlichkeitsstörung gehört nun seit einigen Jahren auch in den USA (erneut) zur Gruppe der eher umstrittenen Störungsbilder. Einige Forscher halten sie konzeptuell für zu einseitig und zu ätiologielastig (vor allem wegen ihrer Konzeptbindung an das frühe psychoanalytische Phasenmodell der Ich-Entwicklung; vgl. Blashfield et al., 1990). Andere halten sie für zu eng gefasst und plädieren seit Jahren für eine Konzeptweiterung in Richtung einer so bezeichneten negativistischen Persönlichkeitsstörung (Millon, 1981, 1993; Frances & Widiger, 1986).

Neurotische Reaktion auf Stress

Die passiv-aggressive Persönlichkeitsstörung wurde in der Folge der Beschreibungen psychischer Störungen eingeführt, die bei amerikanischen Soldaten während der Kriegseinsätze im 2. Weltkrieg beobachtet wurden. Damals war in Fallbeschreibungen von einer besonders auffälligen Form des „Versagens“ und „Verweigerns“ von Frontsoldaten berichtet worden. Diese Störungen wurden zunächst als „neurotische Reaktion auf militärischen Stress“ bezeichnet, für die eine besondere Hilflosigkeit, Passivität oder aber auch spontane Wutausbrüche und unterschwellige Aggressivität als typisch galten (vgl. Malinow, 1981b).

Wenige Jahre nach dem Krieg wurde nun die Beobachtung gemacht, dass eine Reihe jener Kriegsveteranen, die während ihres Kriegsdienstes die Diagnose der „neurotischen Reaktion auf militärischen Stress“ erhalten hatten oder über die in Lazarettakten ähnlich lautende Diagnosen zu finden waren, nach dem Krieg auffällig häufig erneut um psychiatrische und psychotherapeutische Hilfe nachsuchten. Überraschend war, dass viele Aspekte der aktuellen psychischen Beschwerden den Merkmalsbeschreibungen in den Krankengeschichten während des Kriegseinsatzes der Betroffenen ähnelten: Es waren dies eine auffällige situationsunangemessene Passivität oder ein Versagen bei Aufgaben, offener Widerstand und spontan-aggressive Ausbrüche bei bereits geringfügigen sozial-beruflichen Anforderungen. Die Vermutung lag nahe, dass diese Eigenarten nicht nur „reaktiv“-neurotische Reaktionen auf Anforderungen oder Überforderungen darstellten, sondern dass es sich möglicherweise um Aspekte und Merkmale einer besonderen Art von Persönlichkeitsstörung handeln könne.

Passivität, Widerstand, Wut

Diese Persönlichkeitsauffälligkeiten der passiven, teils aggressiv-getönten Verweigerung gegenüber sozialer Anforderung und Belastung als „Psychopathie“ (oder gar als „Soziopathie“) zu bezeichnen und zu klassifizieren wurde jedoch wegen der vielfach gleichzeitig beobachtbaren Hilflosigkeit der Betroffenen als zu weit reichend bzw. als unangemessen betrachtet. So kam es in den USA u.a. auch an diesem Punkt zu einer Ausdifferenzierung des bisherigen Psychopathiekonzeptes in Richtung eines größeren Syndrombereiches der „pathological personality, addiction and immaturity reactions“ (so im DSM-I der APA, 1952). Die in diesem Bereich zusammengefassten Störungen wurden definiert als persontypische Reaktionsmuster gegenüber Belastungen und Anforderungen (militärischer oder beruflicher Art), das sich in einer besonderen Hilflosigkeit manifestieren könne oder auch in situationsunangemessenen Verhaltensweisen, etwa als Passivität, offener Widerstand oder durch aggressive Wutausbrüche (vgl. Malinow, 1981b).

Die letztgenannten Reaktionsformen wurden in einer Störungsgruppe mit der Bezeichnung „passiv-aggressive Persönlichkeit“ zusammengefasst. Innerhalb dieser Persönlichkeitsstörung wurden damals drei Typen unterschieden (→ Abbildung 17.1):

- passiv-dependent,
- passiv-aggressiv,
- aggressiv-impulsiv.

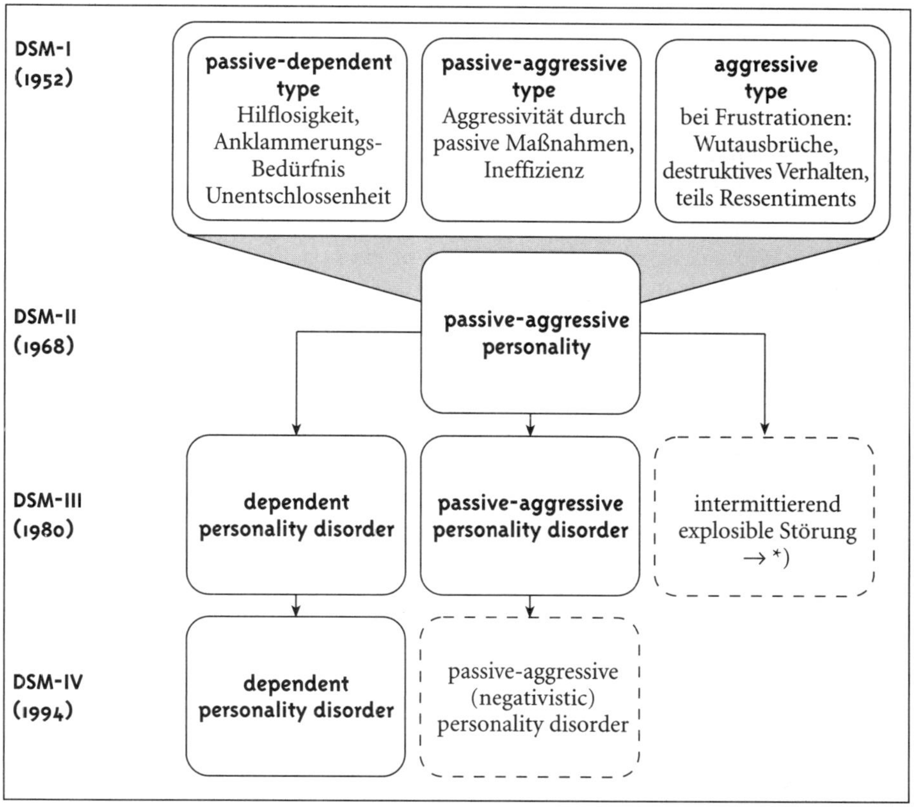

Abbildung 17.1. Entwicklung der Diagnosetypologie der „passiv-aggressiven Persönlichkeitsstörung" in den bisherigen Fassungen des DSM.

→ *) Der frühere „aggressive type" kann im DSM-IV bei symptomatischer Aggressivität als spezifische „Intermittierend Explosible Störung" unter den Störungen der Impulskontrolle auf der Achse I kodiert werden; in der ICD-10 findet sich die Diagnosemöglichkeit einer zeitstabil fluktuierenden Aggressivität als Unterkategorie der „emotioal instabilen Persönlichkeitsstörung, explosibler Typus" (vgl. →11.2).

Diese Störungsgruppe fand in den Vereinigten Staaten unmittelbar großen Zuspruch, hatte man doch offenkundig (endlich) eine Möglichkeit gefunden, vielfältige Widerstände und Abwehrhaltungen von Patienten den „normalen" gesellschaftlichen und beruflichen Anforderungen gegenüber auf eine Persönlichkeitsstruktur bzw. Persongewordenheit hin zu erklären und zu diagnostizieren (vgl. Tölle, 1986).

In den Folgejahren wurde diese Diagnose deshalb ganz allgemein häufiger gestellt. Mitte der 50er-Jahre machten die als passiv-aggressiv, passiv-abhängig und impulsiv-aggressiv typisierten Personen bei klinisch untersuchten amerikanischen Soldaten bereits 6 Prozent aller Lazaretteinweisungen aus. Im DSM-II (von 1968) wurde die Typenunterteilung aufgegeben und eine umfassendere, als passiv-aggressiv bezeichnete Kategorie eingeführt. Diese neue Störungsgruppe fand so großen Anklang, dass die „Passive-Aggressive Personality" zeitweilig gar zur meistdiagnostizierten Persönlichkeitsstörung überhaupt avancierte: So erhielten 9,1 Prozent aller Patienten einer Validierungsstudie zum DSM-II diese Diagnose (Pasternack, 1974). Bezogen auf alle Diagnosen in einem psychiatrischen Krankenhaus wurde bei etwa 3 Prozent eine passiv-aggressive Persönlichkeitsstörung festgestellt (Small et al., 1970), während eine weitere Feldstudie die unbehandelte Prävalenz dieses Störungsbildes mit 0,9 Prozent angibt (Leighton et al., 1963).

Im DSM-II wurden also die drei Störungsfassetten (passiv-dependent, passiv-aggressiv, aggressiv) zu einer Störungsgruppe der passiv-aggressiven Persönlichkeit zusammengefasst. Das Aufgeben der (passiv-)dependenten Persönlichkeitsstörung als eigene Störungskategorie im DSM-II war jedoch durchgängig von einer größeren Gruppe von Forschern kritisiert worden (→ 16.1). Von der Task-Force zur Entwicklung des DSM-III (1980) wurde deshalb auf der Grundlage der bis dahin vorliegenden Studien zur Validität der abhängigen Persönlichkeitsstörung erneut eine Aufteilung in eine dependente und eine passiv-aggressive Persönlichkeitsstörung vorgenommen. Der Aspekt der offen gezeigten Aggressivität wurde in eine neue Störungsgruppe der sog. „Intermittierend explosiblen Störung" überführt, die im Bereich der „Störungen der Impulskontrolle" auf der DSM-III-Achse I verortet wurde. In der ICD-10 findet sich diese Störung als „Impulsiver Typ" der emotional instabilen Persönlichkeitsstörung als zweite Unterform neben der „Borderline-Störung" (→ 11.2).

17.2 Diagnostik der passiv-aggressiven Persönlichkeitsstörung im DSM-III-R (1987)

Die Diagnosekriterien zur passiv-aggressiven Persönlichkeitsstörung im DSM-III-R (von 1987) – auf die wir jetzt zunächst nochmals eingehen wollen, weil mit ihnen die meisten bisherigen Forschungsarbeiten durchgeführt wurden – rücken den passiven Widerstand der Betroffenen in den Mittelpunkt, sich nämlich grundsätzlich wesentlichen Anforderungen in persönlichen, sozialen und beruflichen Bereichen zumeist indirekt und mit passiven Mitteln zu widersetzen. In sinngemäßer Auslegung des psychoanalytischen Verstehenshintergrundes, der in der Kriterienbeschreibung implizit vorhanden ist, wird durch diese Passivität zumeist zugleich eine latente Aggressivität zum Ausdruck gebracht. Sie kann sich gelegentlich auch durch spontane Kritik und Impulsivität Bahn brechen, die häufig von den Interaktionspartnern als situationsunangemessen erlebt wird (→ Übersicht mit DSM-III-R-Kriterien).

DIAGNOSTISCHE KRITERIEN

Kriterien der passiv-aggressiven Persönlichkeitsstörung gemäß DSM-III-R

Ein durchgängiges Muster passiven Widerstands gegenüber Forderungen nach angemessenen Leistungen im sozialen und beruflichen Bereich. Der Beginn liegt im frühen Erwachsenenalter und die Störung manifestiert sich in den verschiedensten Lebensbereichen. Mindestens fünf der folgenden Kriterien müssen erfüllt sein:

Der Betroffene

(1) startet Verzögerungsmanöver, d.h., Sachen werden so lange aufgeschoben, dass Fristen nicht mehr eingehalten werden können;
(2) wird mürrisch, reizbar oder streitsüchtig, wenn von ihm etwas verlangt wird, was er nicht tun möchte;
(3) arbeitet scheinbar vorsätzlich langsam oder macht die Arbeit schlecht, die er nicht tun möchte;
(4) beschwert sich ohne Grund, dass andere unsinnige Forderungen an ihn stellen;
(5) vermeidet die Erfüllung von Pflichten mit der Behauptung, sie „vergessen" zu haben;
(6) glaubt seine Tätigkeit besser auszuüben, als andere es glauben;
(7) nimmt anderen nützliche Vorschläge zur Steigerung seiner Produktivität übel;
(8) behindert Bemühungen anderer, indem er seinen Arbeitsbeitrag nicht leistet;
(9) reagiert mit unmäßiger Kritik oder Verachtung auf Autoritätspersonen.

Zitiert gemäß DSM-III-R (deutsche Version: 1989, S. 432).

Komorbidität und Prävalenz

Das diagnostische Problem dieser Typisierung liegt in seiner sehr engen Bezugnahme auf den Aspekt der Widerständigkeit gegenüber Anforderungen. Aufgrund dieser extremen Beschränkung mag es nicht weiter überraschen, dass die passiv-aggressive Persönlichkeitsstörung nur selten solitär diagnostiziert wurde (Millon, 1993). Widerständiges, oppositionelles oder auch obstruktives Verhalten finden sich auch bei fast allen anderen Persönlichkeitsstörungen – und zwar als zentrales Merkmal. Dies ergibt sich aus der Besonderheit der Ich-Syntonie und der gewohnheitsmäßigen Reaktanz gegenüber Veränderung und Kritik der Personeigenarten, die ja den meisten Persönlichkeitsstörungen unterstellt werden. Dies mögen auch die Gründe dafür sein, dass die passiv-aggressive Persönlichkeitsstörung als eigene Störungsgruppe bei Forschern in den vergangenen zehn bis zwanzig Jahren kaum mehr sonderliche Beachtung gefunden hat. Ausnahmen sind die epidemiologischen und Komorbiditätsstudien, in denen sich wiederum teils beträchtlich Kodiagnosen mit anderen Persönlichkeitsstörungen finden ließen.

Die höchsten Kodiagnosen finden sich mit der selbstunsicheren und histrionischen Persönlichkeitsstörung (ca. 20 Prozent), mit der dissozialen und Borderline-Persönlichkeitsstörung (ca. 18 Prozent), mit der abhängigen Persönlichkeitsstörung (15 Prozent), mit der paranoiden und zwanghaften Persönlichkeitsstörung (zwischen 10 und 12 Prozent). Geringe Komorbiditätsangaben gibt es auch noch zur schizoiden und schizotypischen Persönlichkeitsstörung (1 bis 2 Prozent; vgl. Widiger et al., 1991).

In epidemiologischen Studien zur behandelten Prävalenz, in denen sich Prävalenzraten der passiv-aggressiven Persönlichkeitsstörung in einer ungewöhnlichen Spannbreite zwischen 0 (!) und 52 Prozent (!) ergeben (vgl. die Übersicht bei Widiger, 1991), ist vielfach nicht genau spezifiziert, wie hoch die Anzahl der gleichzeitigen Kodiagnosen mit anderen Persönlichkeitsstörungen ausfällt, die bei den Prävalenzangaben zumeist nicht abgezogen oder getrennt wurden.

17.3 Die passiv-aggressive (negativistische) Persönlichkeitsstörung im DSM-IV (1994)

Angesichts dieser Ergebnisse nimmt es nicht weiter Wunder, dass es im Vorfeld zu den Ausarbeitungen zum DSM-IV (1994) zu einer ausführlichen Diskussion um Abschaffung (so Blashfield et al., 1990), modifizierte Beibehaltung (so McCann, 1988) oder Erweiterung bzw. Überführung der passiv-aggressiven Persönlichkeitsstörung in eine neue Kategorie (so Millon, 1993) gekommen ist. Hinzu kommt, dass die passiv-aggressive Persönlichkeitsstörung in der neuen ICD-10 (1991) aus den oben genannten Gründen gar nicht erst aufgenommen wurde. In der Arbeitsgruppe zur Ausarbeitung der Persönlichkeitsstörungen für das DSM-IV wurde schließlich ein Mittelweg beschlossen, der einerseits eine Überarbeitung und damit Beibehaltung der passiv-aggressiven Persönlichkeitsstörung beinhaltet. Andererseits wurde die Störungsgruppe in den Anhang des DSM-IV verschoben und zugleich eine neue Bezeichnung („negativistische Persönlichkeitsstörung“) hinzugefügt. Letztere soll möglicherweise langfristig, nach einer längeren Phase erneuter Forschung die der „passiv-aggressiven Persönlichkeitsstörung“ ablösen (vgl. zu dieser Entwicklung detaillierter: Millon, 1993, 1996c).

Das Konzept der neu diskutierten negativistischen Persönlichkeitsstörung stellt eine deutliche Erweiterung des passiv-aggressiven Störungsbildes dar (→ Übersicht mit DSM-IV-Kriterien). Die Widerständigkeit gegenüber Anforderungen bleibt zwar das Leitkriterium. Es kommen jedoch weitere kognitive, affektive und interpersonelle Aspekte hinzu, die zugleich stärker als bisher auf überdauernde Persönlichkeitsmerkmale und Interaktionsstörungen verweisen. Ein zentraler Aspekt ist, dass die Widerständigkeit gegenüber Anforderung mit einer durchgängig negativistischen, angstgetönten und abwertenden Grundeinstellung der Betroffenen dem Leben gegenüber in einen Zusammenhang gestellt wird.

DIAGNOSTISCHE KRITERIEN

Forschungs-Kriterien der passiv-aggressiven (negativistischen) Persönlichkeitsstörung im DSM-IV (Anhang)

Ein tief greifendes Muster negativistischer Einstellungen und passiven Widerstands gegenüber Forderungen nach angemessener Leistung, das im frühen Erwachsenenalter beginnt und in einer Vielzahl von Zusammenhängen auftritt, angezeigt durch mindestens vier der folgenden Kriterien:

(1) widersetzt sich passiv der Erfüllung sozialer und beruflicher Routineaufgaben,
(2) beklagt sich, von anderen missverstanden und missachtet zu werden,
(3) ist mürrisch und streitsüchtig,
(4) übt unangemessene Kritik an Autoritäten und verachtet sie,
(5) bringt denen gegenüber Neid und Groll zum Ausdruck, die offensichtlich mehr Glück haben,
(6) beklagt sich übertrieben und anhaltend über persönliches Unglück,
(7) wechselt zwischen feindseligem Trotz und Reue.

Zitiert gemäß DSM-IV der APA (1994); Saß et al. (1996, S. 824f).

Historisch sind Aspekte auch dieser Störungskonzeption schon seit Beginn des Jahrhunderts unter den verschiedensten Bezeichnungen diskutiert worden. Kurt Schneider (1928) beschreibt wesentliche der hier gemeinten Merkmale (wie: grob, Jähzorn, Unstetigkeit, Fortlaufen, bigott, egozentrisch) in der von ihm so bezeichneten „stimmungslabilen Persönlichkeit" (→ 2.1.2). Relativ genau vorweggenommen wird diese Störungsgruppe von Sullivan, der die Betroffenen bereits 1940 als „negativistische Persönlichkeiten" bezeichnet (→ 4.6). Nach Sullivans Auffassung handelt es sich um Personen, die einerseits die Ansichten anderer Menschen unterstützen, jedoch gleichzeitig gegenüber jeder Anforderung passiven Widerstand leisten; zur zwischenmenschlichen Problemlösung und Aussöhnung seien sie nur in einer zynisch-pessimistischen Weise in der Lage. Diese besondere Ambivalenz von gleichzeitig beobachtbarer interpersoneller Zustimmung und Verweigerung ist auch in neueren Forschungsarbeiten zur passiv-aggressiven Persönlichkeitsstörung konsistent berichtet worden (vgl. McCann, 1988; Millon, 1993).

17.4 Differenzialdiagnostik

Wegen der gegebenen Komorbiditätsvielfalt bleibt bei Anwendung der Typologie der passiv-aggressiven (negativistischen) Persönlichkeitsstörung und ihrer bisherigen Kriterien zwingend zu beachten, dass oppositionelles, negativistisches und obstruktives Verhalten auch bei anderen Persönlichkeitsstörungen und darüber hinaus auch noch bei einer ganzen Reihe anderer spezifischer psychischer Störungen zum jeweiligen Störungsbild dazugehören können. Vor allem Letztere sollten zwingend im Rahmen der Differenzialdiagnostik ausgeschlossen werden. Denn je nach Schwere psychischer Störungen (Angst, Depression, Schizophrenie usw.) werden sich die Betroffenen störungsbedingt anderweitigen Anforderungen gegenüber verständlicherweise mehr oder weniger deutlich verschließen. Dies wird insbesondere im Bereich der Dysthymie und der Depression zu erwarten sein (vgl. Millon, 1993). Bei der Depression sollte die negativistische Persönlichkeitsstörung erst dann gestellt werden, wenn sie außerhalb der Störungsepisoden bestehen bleibt; die Diagnose der Dysthymie sollte wegen ihrer Zeitbeständigkeit im Fall einer Komorbidität präferiert werden (vgl. die Ausführungen hierzu in → Kapitel 18).

Schließlich können auch körperliche Behinderungen der unterschiedlichsten Art, wie beispielsweise teilweise Erblindung oder weit gehende Taubheit, Anlass für eine ganze Reihe zwischenmenschlich frustrierender, ineffektiver und störender Erfahrungen und Widerständigkeiten sein, die nur selten zugleich die Diagnosestellung einer passiv-aggressiven (negativistischen) Persönlichkeitsstörung erlauben.

17.5 Erklärungsansätze

Psychoanalyse

Neben der dependenten Persönlichkeitsstörung werden im Sinne der klassisch psychoanalytischen Auffassung von Phasen der Ich-Entwicklung („oral", „anal", „genital") auch die Ursprünge der passiv-aggressiven Persönlichkeitsstörung in der „oralen Phase" verortet. In den 20er-Jahren hatte Karl Abraham (1925) neben der oral-dependenten eine oral-sadistische Charaktereigenart konzeptualisiert, in der eine besondere Ambivalenz des Strebens nach Bedürfnisbefriedigung und der Bedürfnisunterdrückung als Folge strafend-abweisend erfahrener Versagung zum Ausdruck komme, die sich gelegentlich in Wut und Aggression Bahn brechen kann (→ 3.2). Und genau diese Beschreibungen lagen der ursprünglichen DSM-Konzeptualisierung vor allem zugrunde.

In der aktuellen Diskussion um die Sinnhaftigkeit dieser Störungskategorie wird nun auch von Psychoanalytikern kritisch eingewendet, dass es sich bei dem passiv-aggressiven Handlungsmuster eher um einen speziellen, situations- und bedürfnisgebundenen Abwehrmechanismus handele, der bei unterschiedlichen psychischen wie Persönlichkeitsstörungen zum Tragen käme und der deshalb nicht als eigenständige Charakterstörung betrachtet werden sollte (Vaillant, 1976; Kernberg, 1984).

Nach heutiger psychoanalytischer Auffassung besteht dieser Abwehrmechanismus in einer Unterdrückung eigener Bedürfnisse aus Furcht vor interpersoneller Zurückweisung oder Bestrafung. Diese Form der Abwehr komme in besonderer Weise in zwischenmenschlichen Beziehungen zum Tragen, in denen eine große Abhängigkeit bestehe und in denen Ärger und Wut über erfahrene Frustrationen nicht direkt gezeigt werden könne. Ärger und feindselige Gefühle würden deshalb eher indirekt und durch eine passive Verweigerung bei gemeinsamen Aufgabenstellungen zum Ausdruck gebracht (vgl. McCann, 1988).

Kognitiv-behaviorale Perspektive

Aktuelle kognitiv-behaviorale Verstehensansätze sehen in der passiv-aggressiven Persönlichkeitsstörung „ein spezifisches Muster, Ärger in sozialen Beziehungen auszudrücken, und zwar in einer maladaptiven verbalen und nichtverbalen Art, die zugleich selten oder nie zu befriedigenden Problemlösungen führt" (Perry & Flannery, 1982, S. 166). Der wesentliche ätiologische Faktor für die Ausbildung passiv-aggressiven Interagierens ist also nicht gelernte soziale Kompetenz oder ein Kompetenzdefizit im Umgang mit Ärger. Dieses Verhaltensdefizit kann dann – wie bei den meisten anderen Persönlichkeitsstörungen auch – durch einen sich selbst aufrechterhaltenden Regelkreis fortgeschrieben und verstärkt werden: Die vermeintlich sozial angemessene Form des Ausdrucks von Ärger und Wut ist nur sehr schwer korrigierbar, weil sie bereits ich-synton fehlerhaft ausgedrückt werde und dadurch nurmehr jene Anlässe provoziere, für deren Auflösung sie eingesetzt wurde.

Perry und Flannery (1982) geben drei mögliche Ursachen für den Erwerb der maladaptiven Selbstsicherheit bei passiv-aggressiver Persönlichkeitsstörung an:

- die Betroffenen haben niemals sozial angemessene Kompetenz im Umgang mit Ärger und Wut gelernt;
- extreme Angst hat die angemessene Durchsetzung eigener Bedürfnisse gehemmt oder behindert;
- die Antizipation von Bestrafung hat die Wahrscheinlichkeit für angemessene Ärgerreaktionen zunehmend vermindert.

17.6 Bewertung

Historisch sind Aspekte dieser Störungskonzeption schon seit Beginn des Jahrhunderts unter den verschiedensten Bezeichnungen diskutiert worden. Relativ genau vorweggenommen wird die im DSM-IV neu ausgearbeitete Störungsgruppe von Sullivan (bereits 1940), der die Betroffenen bereits als „negativistische Persönlichkeiten" bezeichnet. Nach Sullivans Auffassung handelt es sich um Personen, die einerseits die Ansichten anderer Menschen unterstützen, jedoch gleichzeitig gegenüber jeder Anforderung passiven Widerstand leisten. Zur zwischenmenschlichen Problemlösung und Aussöhnung seien sie nur in einer zynisch-pessimistischen Weise in der Lage. Diese besondere Ambivalenz von gleichzeitig beobachtbarer (Dennoch-)Zustimmung und (Dennoch-)Verweigerung ist auch in neueren Forschungsarbeiten zur passiv-aggressiven Persönlichkeitsstörung konsistent berichtet worden (vgl. McCann, 1988; Millon, 1993). Kennzeichnend ist eine hohe Aktivität, mit der das Vermeidungsverhalten nach außen rational begründet und durchgesetzt wird.

Leider liegen zu den Ätiologiekonzepten der passiv-aggressiven (negativistischen) Persönlichkeitsstörung bis heute fast ausschließlich konzeptuelle und keine empirischen Forschungsarbeiten vor. Angesichts der aktuell laufenden Diskussion um die Konzeptinnovation dürften diese zukünftig eher für die negativistische als für die frühere passiv-aggressive Persönlichkeitsstörung zu erwarten sein.

ZUSAMMENFASSUNG

Negativistische Persönlichkeitsstörung

Störungsbild: passiv, widerständig und aggressiv. Für die negativistische Persönlichkeitsstörung ist auch noch die Bezeichnung „passiv-aggressiv" gebräuchlich. Es dominiert eine passiv-kritische Grundhaltung gegenüber Anregungen und Anforderungen, die von anderen Menschen kommen. Die negativistische Persönlichkeitsstörung fällt insbesondere durch passive Widerstände gegenüber Leistungsanforderungen im sozialen und beruflichen Bereich auf und durch die häufig ungerechtfertigte Annahme, missverstanden, ungerecht behandelt oder übermäßig in die Pflicht genommen zu werden.

Übergänge zur Normalität: skeptisch, kritisch und zögerlich. Im Normalbereich kann der persönliche Stil einer „gesunden Skepsis" gegenüber allem Neuen durchaus Anerkennung finden. Es handelt sich um Personen, die einerseits die Ansichten anderer Menschen unterstützen, jedoch vor allem dann, wenn damit Anforderung gegenüber der eigenen Person verbunden sind, Skepsis oder Kritik äußern. Diese pessimistische Grundeinstellung wird häufig mit rationalen Argumenten gut begründet, weshalb diese „vorausdenkende" Haltung nicht grundsätzlich abgelehnt werden kann.

Funktion und Dynamik. Der negativistischen Grundhaltung wird eine Schwierigkeit oder ein Kompetenzdefizit im Umgang mit Ärger zugeschrieben, woraus zumeist die zögerliche und rational begründete Skepsis gegenüber allem Neuen erwächst. Ärger und Wut können nur indirekt ausgedrückt oder durch eine passive Verweigerung oder durch rationale Vorbehalte bei gemeinsamen Aufgabenstellungen zum Ausdruck gebracht werden. Die Störungskategorie ist nach wie vor umstritten. Bei fast allen Persönlichkeitsstörungen sind Widerstände zu erwarten und auch bei vielen psychischen Störungen treten diese störungsbedingt auf (z.B. bei Depressionen; und es bestehen Überlappungen mit der depressiven Persönlichkeitsstörung). Die Diagnose sollte nur sehr zurückhaltend vergeben werden.

18 Affektiv-depressive Persönlichkeitsstörungen

So zerflattern uns die besten Tage, indem wir zwischen Hoffnung und Furcht, Argwohn und Ärger, Begeisterung und Enttäuschung hin- und herpendeln, und wir verschwenden unsere Zeit.
Robert Burton

Ganz im Unterschied zu den mit der Schizophrenie in einen Zusammenhang gestellten Persönlichkeitsstörungen (paranoid, schizoid, schizotypisch) werden die mit der Depression und den affektiven Störungen assoziierten Persönlichkeitseigenarten (z.B. hyperthym, thymopathisch, zyklothym [noch in der ICD-9] sowie zyklothym [auch im DSM-II]) in den beiden aktuellen Fassungen der Diagnosesysteme in den jeweiligen Syndromsektionen der affektiven Störungen (so in der ICD-10 und im DSM-III[-R]) bzw. der Stimmungsstörungen („mood disorders"; so neuerlich im DSM-IV) registriert; die deutsche Übersetzung bleibt bei der Begriffsetzung „affektive Störungen".

Damit folgen ICD-10 und DSM (seit dem DSM-III) einer durch eine Reihe von Studien gestützten Auffassung, der zufolge im Bereich der affektiv-depressiven Erkrankungen enge Verbindungen zwischen den episodenhaft verlaufenden affektiven Störungen und den weniger schweren, jedoch chronischen Verläufen bestehen, die auf „subaffektiv" wirkende Persönlichkeitsmerkmale zurückgeführt werden (vgl. Saß et al., 1993). In jüngster Zeit wird aber auch genau aus diesem Grund von verschiedenen Autoren (ebenfalls unter Bezug auf aktuelle empirische Studien) gefordert, in der Gruppe der Persönlichkeitsstörungen erneut eine oder mehrere „subaffektive" oder „affektiv-depressive Persönlichkeitsstörungen" vorzusehen. Dieses Kapitel will über den aktuellen Stand dieser Diskussion informieren. Zum besseren Verständnis der Entwicklungen soll nachfolgend zunächst exkursartig auf die Diagnostik und Klassifikation der affektiven bzw. Stimmungsstörungen eingegangen werden.

18.1 Exkurs über die affektiven Störungen

Die *Traurigkeit* stellt ein Ungleichgewicht oder den Verlust einer Balance in der Stimmungslage oder Stimmungsbefindlichkeit einer Person in Richtung Bedrücktheit, Niedergeschlagenheit oder Depressivität dar. Die Extremisierung der depressiven Verstimmung in Richtung psychische Stimmungsstörung oder affektiv-depressive Erkrankung wird außer mit dem Begriff *Depression* häufig noch als *Melancholie* (als deren besonders schwerwiegende Ausprägungsform) bezeichnet. Die der Traurigkeit entgegengesetzte und deutlich gehobene Stimmung ist die *Euphorie*. Und für die in Richtung psychische Störung extremisierte Form der euphorischen Stimmung ist der Begriff *Manie* gebräuchlich. Gelegentlich findet sich für eine weniger ausgeprägte Form manischer Befindlichkeit auch noch die Bezeichnung *Hypomanie*. Für die psychische Störung, in der es zu extremen Schwankungen zwischen melancholischen und manischen Phasen kommt, ist heute die Bezeichnung *bipolare Störung* gebräuchlich (früher auch: Zyklothymie).

Die Gesamtheit der in Richtung psychische Störungen extremisierten Stimmungsveränderungen wird im DSM-III(-R) und in der ICD-10 als affektive Störung bezeichnet. Im Angelsächsischen wurde in den vergangenen Jahren jedoch zunehmend häufiger auch der Begriff „Mood Disorder" (also: Stimmungsstörung) benutzt, der jetzt zur Störungskennzeichnung in das DSM-IV übernommen wurde (APA, 1994). Das DSM-IV verzeichnet zwei große Klassen der affektiven bzw. Stimmungsstörungen: die depressiven Störungen und die bipolaren Störungen.

- **Majore Depression:** Die zentralen Symptome der typischen Depression (dort als Major Depression und als unipolare Störung bezeichnet) sind eine Lähmung des Denkens, tieftraurige Verstimmungen, Schuldgefühle, innere Unruhe sowie eine Veränderung von Appetit, Gewicht, Schlaf und Aktivitätsniveau. Etwa 8 bis 11 Prozent der Männer und 18 bis 23 Prozent der Frauen sind wenigstens einmal in ihrem Leben klinisch depressiv.
- **Bipolare Störung:** Hauptmerkmal der bipolaren Störung ist das entweder zu einer Depression später hinzutretende oder das solitär auftretende Erscheinungsbild der Manie, als deren kritische Symptome eine gehobene oder reizbare Stimmungsveränderung, Redseligkeit und Hyperaktivität gelten. Euphorisch-manische Stimmungsstörungen sind deutlich weniger häufig beobachtbar als Stimmungsverschiebungen in Richtung Depression: Die bipolare Störung ist nur bei etwa 1 Prozent der Bevölkerung (Lebenszeitprävalenz) zu beobachten.

Den nach wie vor akzeptierbaren Stand der Ätiologiediskussion der vergangenen einhundert Jahre fassen unterschiedliche Autoren recht prägnant im Herausgeberwerk von Mundt et al. (1991) zusammen; das aktuelle Wissen um Definitionsversuche, Ätiologie, Epidemiologie und Behandlung findet sich beachtenswert differenziert ausgearbeitet in dem „Handbuch der unipolaren und bipolaren Erkrankungen", das von einer Autorengruppe um Marneros (1999a) verfasst wurde.

Affektive Psychose

In besonders schweren Fällen können die affektiven Störungen psychotische Extremisierungen erfahren oder spontan in eine psychotische Episode übergehen. Die Symptombilder können dann im Falle der Depression Wahnideen, Halluzinationen oder einen depressiven Stupor beinhalten. Und bei Vorliegen einer psychotischen Manie können Größenideen oder religiöse Wahnvorstellungen auftreten. In den psychotischen Erscheinungsbildern geht den Betroffenen in aller Regel die Möglichkeit der Selbst- oder Wirklichkeitskontrolle verloren, sodass eine Fremdhilfe notwendig wird. Für die schweren, psychotischen affektiven Störungen ist (vor allem in der deutschsprachigen Psychiatrie) nach wie vor auch noch die zugleich umstrittene Bezeichnung endogene Psychose gebräuchlich (hier: des „manisch-depressiven Formenkreises"; auch noch: affektive Psychose). Die symptomatisch psychotischen Auffälligkeiten können gelegentlich auch eindeutig organischen Ursprungs sein.

Bipolar-I und Bipolar-II

Die Wichtigkeit der Unipolar-versus-bipolar-Unterscheidung wurde zwischenzeitlich vielfach belegt. Beide Störungen unterscheiden sich über das Kriterium des Auftretens oder des Nichtauftretens manischer Episoden hinaus auch noch durch weitere wichtige Merkmale: So tritt die unipolare Depression gewöhnlich später (im Durchschnitt mit 36 Jahren) auf, während das Durchschnittsalter bei Erstmanifestation der bipolaren Störung bei 28 Jahren liegt. Auch ist die familiäre Häufung bei der bipolaren Störung größer und eindeutiger als bei der unipolaren Depression. Insgesamt ergeben sich dennoch vielfältige Übergänge zwischen beiden Störungen und eine große Heterogenität innerhalb jeder Störungsgruppe.

Manche bipolaren Patienten weisen die Symptome von Manie und Depression in ihrer gesamten Bandbreite innerhalb weniger Stunden oder Tage in schnellem Wechsel auf. Andere haben während einer Störungsepisode nur depressive oder nur manische Stimmungs- und Symptomeigenarten. So genannte Bipolar-II-Patienten haben Episoden der typisch Majoren Depression und nur leichtere hypomanische Phasen, was einige Autoren zur Empfehlung veranlasste, diese Patienten einer eigenen Störungsgruppe zuzuordnen, sie also diagnostisch von einer Gruppe der sog. Bipolar-I-Patienten zu unterscheiden, bei denen manische Episoden im Vordergrund stehen (vgl. Depue & Monroe, 1978). Aufgrund der zunehmenden empirischen Evidenz wurde diese Unterscheidung von Bipolar-I- und Bipolar-II-Patienten jetzt erstmals auch in das DSM-IV übernommen.

18.2 Lang anhaltende affektive Verstimmungen

Die Stimmungslage, d.h. eine ausgewogene Balance zwischen Traurigkeit und Euphorie erscheint als die Zerbrechlichste und Schwankendste aller psychischen Erlebensweisen. Schon bei Kindern in den ersten Lebensjahren stellt der schwankende Wechsel von Freude und Glücklichsein versus Traurigkeit oder Unglück eine grundlegende Seinsweise dar, auf die sich nach und nach das ganze psychische Erleben aufbaut – und die natürlich auch kontext- und erfahrungsabhängig über die Jahre hinweg vereinseitigen kann. Aus den Schilderungen von Menschen, die in ihrem späteren Leben an affektiven Störungen erkrankten (wie auch aus den Berichten ihrer Angehörigen) ist nun jedoch immer wieder rückschließbar, dass die für Depression, solitäre Manie oder bipolare Störung stimmungstypischen Eigenarten auch schon weit vor einer Störungsextremisierung vorhanden oder beobachtbar gewesen sein sollen – soweit man aus Sicht der Patienten überhaupt von Störung sprechen kann.

Persönlichkeit

Es lag und liegt nahe, in einer möglicherweise persönlichkeitsbedingten Vereinseitigung (also in einer affektiven Persönlichkeitsstruktur oder Persönlichkeitsstörung) ein besonderes Risikomerkmal für die Entstehung monopolarer oder bipolarer Störungen zu vermuten. So werden schon seit Beginn der neuzeitlichen psychiatrischen Forschung (also seit Anfang des 19. Jahrhunderts) Beziehungen zwischen der Persönlichkeitsentwicklung und dem späteren Auftreten affektiver Störungen vermutet (vgl. v. Zerssen, 1982). Und in den früheren Ausgaben der Diagnosesysteme (bis zum DSM-II und bis zur ICD-9) fanden sich in Entsprechung dieser Auffassung auch noch einige Persönlichkeitsstörungen als Klassifizierungsmöglichkeit. Sie waren zugleich zur Kennzeichnung möglicher charakterlicher „Vorläufer" der späteren Exazerbation in Richtung Depression, Manie oder bipolare Störungen gedacht und konzeptualisiert worden (→ 2.1): Es handelte sich dabei um die sog. dysthymen, hypomanisch-hyperthymen bzw. zyklothymen Persönlichkeitsstörungen.

Eine besondere Schwierigkeit der Feststellung depressiver (dysthymer) bzw. euphorischer (hypomanisch-hyperthymer) bzw. schwankender (zyklothymer) Persönlichkeitsmerkmale liegt nun jedoch darin, dass sich damit bei den Betroffenen zumeist Erlebens- und Stimmungsmerkmale finden lassen, die von diesen selbst als ich-dyston geschildert werden. Es fehlt also ganz offensichtlich eines der zentralen Kriterien, das von den meisten Autoren als wichtiges Merkmal zur Bestimmung von Persönlichkeitsstörungen betrachtet wird: nämlich die sog. Ich-Syntonie. Insbesondere die Ausschwankungen der Stimmungslage in Richtung Depression wird von den Betroffenen selbst als störend und behindernd erlebt, sodass sie nicht selten – ohne die Kriterien einer schweren Depression zu erfüllen – bereits von sich aus um therapeutische Behandlung nachsuchen. Es lässt sich also schwer entscheiden, ob es sich bei den depressiven bzw. euphorischen Persönlichkeitsmerkmalen tatsächlich um Persönlichkeitsvarianten oder nicht vielmehr um Signale für den „einschleichenden" Beginn oder um eine früh sichtbare Prodromalsymptomatik der Depression oder bipolaren Störung handelt.

Weiter ließen sich solche in Fallschilderungen berichteten prämorbiden depressiven Persönlichkeitsmerkmale in Forschungsarbeiten nicht sehr eindeutig nachweisen. Es sind hier vor allem vier Langzeitstudien jüngeren Datums zu nennen, in denen versucht wurde, die Zusammenhänge zwischen Persönlichkeitseigenarten und dem Auftreten affektiver Störungsepisoden aufzuklären

(Angst & Clayton, 1986; Hirschfeld et al., 1989; Lewinsohn et al., 1988; Nystrom & Lindegard, 1975). In diesen Studien konnten nun entweder keine eindeutigen Persönlichkeitsmerkmale extrahiert werden, die in der Lage wären, jene Patienten, die innerhalb des Beobachtungszeitraumes eine klinisch bedeutsame affektive Episode entwickelten, von jenen Personen ohne Störungsmanifestation zu unterscheiden, oder es gelang nicht eindeutig genug, „subaffektive" Persönlichkeitsmerkmale von einer beginnenden Prodromalsymptomatik zu trennen.

Insbesondere wegen der bislang sehr dürftigen Befundlage wurde in beiden aktuellen Diagnosesystemen (ab DSM-III und ICD-10) vorläufig der oben beschriebenen Auffassung entsprochen, indem dort die früheren affektiven Persönlichkeitsstörungen (hyperthym, thymopathisch, zyklothym) als solche gestrichen und als chronisch affektive Störungen dem Gesamtbereich der affektiven Störungen zugeordnet wurden.

Chronische Stimmungsstörungen

Die Symptome der chronisch affektiven Störungen müssen vor Diagnosestellung bereits anhaltend (mindestens zwei Jahre lang) aufgetreten sein. Sie dürfen – so die Diagnostikvorgabe – jedoch insgesamt nicht so schwer ausfallen, dass sie die Diagnose einer Majoren Depression oder bipolaren Störung rechtfertigen.

Zyklothyme Störung. Ein Patient mit sog. zyklothymer Störung hat danach bereits über einen langen Beobachtungszeitraum hinweg immer wiederkehrende Phasen einer depressiven Verstimmung; diese kann gelegentlich oder häufig mit einer Hypomanie abwechseln oder auch mit kurzen hypomanischen Phasen.

Dysthyme Störung. Eine Person mit sog. dysthymer Störung leidet unter einer chronisch depressiven Verstimmung. Wie bei der zyklothymen Störung kann die Stimmung dysthymer Patienten in Richtung normaler Stimmungslage schwanken. Diese „normalen" Stimmungsphasen dürfen definitionsgemäß jedoch immer nur wenige Tage, aber nicht länger als einen Monat andauern.

Die beiden chronischen Stimmungsstörungen treten auch bei Menschen mit gelegentlichen und klinisch bedeutsamen depressiven oder bipolaren Störungsepisoden auf.

Double Depression. Für eine inzwischen besser untersuchte Untergruppe jener Patienten, bei denen Phasen einer Majoren Depression und (in den episodenfreien Intervallen) eine chronische Dysthymie diagnostizierbar waren, wird inzwischen der Begriff „Double Depression" zur Charakterisierung einer besonders schweren monopolaren Depression mit offensichtlich ungünstigerer Prognose benutzt (vgl. Keller et al., 1982; Keller & Lavori, 1984; Zimmer, 1991). Im Fall der „Double Depression" liegt also eine chronisch depressive Verstimmung vor, die gelegentlich in eine episodenhafte Majore Depression übergeht.

Seit Einführung der chronischen Stimmungsstörungen ist jedoch die Diskussion nicht verstummt, ob diese Neuordnung in den Diagnosesystemen so akzeptierbar ist oder ob es nicht hilfreicher wäre, dem Bereich der Persönlichkeitsstörungen erneut eine oder mehrere der unterschiedlichen affektiven Persönlichkeitsstörungen zuzuordnen (Kocsis & Frances, 1987; Klein, 1990; Saß et al., 1992; Phillips et al., 1993; Saß et al., 1993; Marneros, 1999b).

Diese Forderung hat nicht zuletzt mit Blick auf eine differenzielle Ätiologieforschung besondere Relevanz, aus der sich langfristig besondere Möglichkeiten für die Risiko- und Präventionsforschung, eine verbesserte Störungserklärung und Behandlungskonzeptualisierung in diesem Bereich ergeben könnten. Da schon heute als Folge dieser Diskussion über kurz oder lang die Wiedereinführung von Kategorien mit spezifischen affektiven Persönlichkeitsstörungen abzusehen ist, soll auf den aktuellen Stand der Konzeptualisierungs- und Forschungsbemühungen kurz eingegangen werden.

18.3 Aktuelle Fortschreibungen

Spezifische Beziehungen oder fließende Übergänge zwischen prämorbid oder zeitgleich zu affektiven Störungen beobachtbaren Persönlichkeitseigenarten waren in der deutschsprachigen Psychiatrie immer schon vermutet worden. Entscheidend befördert wurde diese Sicht vor allem durch Kraepelins Ausarbeitungen zum „manisch-depressiven Irresein“ (z.B. 1913 in der 8. Auflage seines Lehrbuches), in der die monopolaren und bipolaren Verlaufsformen zu einer Störungsgruppe zusammengefasst wurden. Seit Kretschmer (1921) bezeichnet man die Temperamentseigenarten affektiv gestörter Patienten mit Zyklothymie und in der schweizerischen Psychiatrie war lange Zeit Bleulers Konzept (1922) der persönlichkeitstypischen Syntonie gebräuchlich (→ 2.1.2).

In beiden Konzepten, die anhand von Patientenbefragungen und Fallschilderungen entwickelt worden waren, wurden jedoch noch keine engen Voraussetzungsbeziehungen zwischen den Persönlichkeitseigenarten und den manisch-depressiven Störungsformen angenommen, eher eine Verteilung in der Population, die bei einer Mehrzahl von Personen die Persönlichkeitseigenarten und bei anderen die (genetisch-konstitutionelle) Veranlagung zur depressiven bzw. manisch-depressiven Erkrankung unterstellte. Diese Sicht war jedoch immer umstritten. Nur einige deutschsprachige Psychiatrieschulen vertraten durchgängig das Konzept der spezifischen prämorbiden Persönlichkeitseigenarten als besondere und vor allem auch spezifische Risikofaktoren für eine spätere manisch-depressive, monopolar-depressive versus monopolar-manische Erkrankung, dies insbesondere dort, wo die Störungsbilder bis ins Psychotische reichende Extremisierungen zeigten (z.B. Leonhard, 1963).

Anankastischer Charakter

Die Sicht der prämorbiden Persönlichkeitsstörungen wurde nicht unerheblich durch die psychoanalytischen Ausarbeitungen zu den Charakterstörungen befördert, da auch sie die Voraussetzungshypothese in den Mittelpunkt stellten. So fand die Vermutung, dass der sog. „orale Charakter" (Abraham, 1925; → 3.2; dependente Persönlichkeit; → 16) zur depressiven Verstimmung prädisponiere, in der psychiatrischen Konzeptbildung weite Verbreitung.

Die Beobachtung, dass bei vielen Patienten mit psychotischer (endogener) Depression außerhalb der Störungsepisoden eine besondere Rigidität, Leistungsorientiertheit und hohe moralische Standards feststellbar waren, hat in der psychiatrischen Konzeptbildung andererseits aber auch eine auf Abrahams Beschreibungen des „analen Charakters" (1925; → 3.2) zurückgehende Annahme hervorgebracht, dass eine anankastische Charakterstruktur (zwanghafte Persönlichkeit; → 16) die Entwicklung einer endogenen Depression prädisponieren könne.

Melancholie

Das Problem dieser frühen, auf klinisch-intuitiver Basis gewonnenen Konzepte lag vor allem in der Unsicherheit, ob es sich dabei tatsächlich um primäre, störungsprädisponierende Persönlichkeitsmerkmale oder um sekundäre Begleit- oder Folgeauffälligkeiten (also Persönlichkeitsänderungen) durch die monopolaren oder bipolaren affektiven Störungen handelte (vgl. Möller, 1992).

Es waren insbesondere die Ausarbeitungen von Tellenbach (1961) und – unabhängig von ihm – die von Dietrich (1961), die konzeptuelle Voraussetzungen dafür bereitstellten, mögliche Persönlichkeitseigenarten bei Patienten mit unipolar depressiven Störungen empirisch zu untersuchen (vgl. v. Zerssen, 1988). Diese Autoren hatten ihre Vorschläge einerseits aus persönlichen Befragungen der Patienten im symptomfreien Intervall zwischen den Episoden und von nahen Angehörigen abgeleitet (so Tellenbach) bzw. aus einer Auswertung von Krankengeschichten gewonnen (so Dietrich).

Insbesondere Tellenbachs Konzept des Typus melancholicus sowie das von v. Zerssen (seit 1977) hinzugefügte Konzept des Typus manicus sind seither in mehreren empirischen Studien daraufhin untersucht worden, ob sie empirisch zuverlässig und valide bestimmbar sind und ob ihnen eine prädisponierende Funktion mit Blick auf eine spätere depressive bzw. manische Störung zugesprochen werden kann. Nachfolgend soll kurz auf diese beiden Konzepte und auf die Versuche ihrer empirischen Absicherung eingegangen werden (vgl. auch Marneros, 1999b).

18.3.1 Typus melancholicus

Mit seiner Ausarbeitung von Persönlichkeitsmerkmalen bei Menschen, die an einer schweren Melancholie erkranken, schließt Tellenbach (1961) u.a. an Beschreibungen psychoanalytischer Autoren an, die wiederholt auf zwanghafte

Züge in der Charakterstruktur solcher Patienten hingewiesen hatten. Das Typus-melancholicus-Konzept stellt denn auch einen persönlichkeitsbedingten Charakterzug der „Festgelegtheit auf Ordentlichkeit" in den Mittelpunkt (→ Tabelle 18.1 mit einer Systematisierung der wichtigsten Typus-melancholicus-Merkmale):

„Im Arbeitsleben der Betroffenen herrschen Fleiß, Gewissenhaftigkeit, Pflichtbewusstsein und Solidität. Die persönlichen Beziehungen werden ordentlich, d.h. frei von Störungen, Reibungen, Konflikten, insbesondere von Schuldhaftem in jeglicher Form gehalten. In den Beziehungen zu Vorgesetzten und Kollegen herrschen Treue, Dienstwilligkeit und Hilfsbereitschaft. Es besteht ein überdurchschnittlich hoher Anspruch an das eigene Leisten in Quantität und Qualität und eine überdurchschnittliche Empfindlichkeit des Gewissens, das auf Vermeidung von Schuld bedacht ist." (So zusammengefasst bei Peters, 1977, S. 542)

Diese auf Ordnung und soziale Einfügung ausgerichteten Charaktereigenarten lassen sich einerseits danach differenzieren, ob ein Sich-Einordnen und Sich-Einschließen in Grenzen sozialer Ordnungsvorgaben dominiert (dies bezeichnet Tellenbach als Inkludenz) oder ob es andererseits zu einem Darin-Zurückbleiben gekommen ist (als so bezeichnete Remanenz), was zugleich ein Zurückbleiben hinter den eigenen Selbstansprüchen beinhaltet. Im Zustand der Remanenz ergibt sich eine stets als schmerzlich empfundene Leistungslücke gegenüber den Forderungen an die eigene Leistungskraft und damit ein Schuldverhältnis zum Dasein überhaupt. Der Betroffene vermag auch bei starker Willensanstrengung kaum oder nur sehr schwer, aus den sein Handeln bestimmenden, vermeintlichen Ordnungsvorgaben auszubrechen.

Ätiologietheoretische Überlegungen

Von Zerssen (1982, 1991) hat die Persönlichkeitsmerkmale des Typus melancholicus in einem psychodynamischen Sinne als Abwehrstruktur (einer besonderen depressiven Vulnerabilität gegenüber) interpretiert. Danach gäbe es bei den Betroffenen eine konstitutionelle Prädisposition zur schweren Depression, die durch eine schon von Kindheit an bestehende Tendenz zur Entmutigung und Selbstentwertung subjektiv als ausgesprochen negativ erlebt wird. Diese führe zum Aufbau einer Abwehrstruktur oder trage (vorsichtiger ausgedrückt) zumindest dazu bei, das Selbstwertgefühl durch Leistung und durch ein geordnetes Aufgehen in zwischenmenschlichen Beziehungen und Verpflichtungen zu stabilisieren und damit – prämorbid – eine leidlich ausgeglichene Gemütsverfassung zu gewährleisten. Durch ein „subjektives Scheitern der Selbstverwirklichung" (v. Zerssen, 1991, S. 77) im Erbringen von Leistung und im Dasein für andere könne es zu einem Zusammenbruch dieser Abwehrstruktur (und zu dem Hinüberwechseln in eine depressive Episode) kommen.

„Als ein ... Kennzeichen des melancholischen Typus gilt, dass es sich zumeist um traditionelle Rollen handelt. Eine Frau dieses Typus verwirklicht sich – dem traditionellen Rollenverständnis entsprechend – als Ehefrau und Mutter ihrer Kinder, ein Mann hingegen als grundsolider Mitarbeiter eines Betriebs und/oder als unentbehrlicher Funktionär eines Verbandes – jedenfalls in der Berufswelt bzw. im organisierten Gemeinschaftsleben, also jenen Lebensbereichen, die immer noch weitgehend das Rollenverständnis des Mannes bestimmen. Daraus ergeben sich geschlechtstypische Gefährdungen für das Scheitern der Selbstverwirklichung in diesen Rollen und damit ein Abgleiten in Depressivität." (v. Zerssen, 1991, S. 76f)

Tabelle 18.1. Typische Konstellationen der Persönlichkeitszüge in den Extremvarianten des Typus melancholicus und des Typus manicus (in Anlehnung an eine Tabellierung bei v. Zerssen, 1992).

„Typus melancholicus"		*„Typus manicus"*
– beharrlich		– unstet
– auf Sicherheit bedacht		– risikofreudig
– besonnen		– begeisterungsfähig
– pedantisch		– großzügig
– wenig vital		– vital
– autoritätsgebunden		– eigenständig
– unoriginell		– originell
– konventionell		– unkonventionell
– einseitig interessiert		– vielseitig interessiert
– fantasiearm		– fantasievoll
	beide	
	– aktiv	
	– tüchtig	
	– gefühlsbetont	
	– warmherzig	

Hypernomie

Wie Kraus (1977) in Untersuchungen zu einem rollentheoretischen Verständnis der Typus-melancholicus-Persönlichkeit Depressiver zeigen konnte, sind die Betroffenen in besonders rigider Weise auf ihre sozialen Rollen fixiert und können sich auch dann nur sehr schwer aus dem Rollenverhalten lösen, wenn die Situation dies erfordert. Zugleich kritisiert er mit seinem sog. Hypernomie-Konzept (vgl. Kraus, 1991a, b) die vorschnelle Gleichsetzung des Strebens nach Ordnung und perfektionistisch anmutender Genauigkeit im Typus melancholicus mit einem zwanghaften (anankastischen) Verhalten, wie es etwa bei einer Zwangsstörung (im engeren Sinne) zu finden ist.

Mit seinem Hypernomie-Konzept setzt Kraus sich zugleich von der tellenbachschen Konzeption ab, die den Ursprung der Persönlichkeitsentwicklung in einer (krankheitsentsprechenden) „Endogenität" der Depression unterstellt, indem er Sinn und Bedeutung der Störung, mögliche Entstehung und Ausformung der damit gemeinten Verhaltensweisen im zwischenmenschlichen Bereich und in weiteren sozial-gesellschaftlichen Bezügen verortet. Nach seiner Auffassung unterscheidet sich das Verhalten im Typus melancholicus vom zwanghaft-anankastischen Verhalten (in der Zwangsstörung) vor allem in dem Bemühen um Erfüllung normativer Erwartungen und gesellschaftlicher Standards.

Kraus trennt damit interaktionelle Muster des Ordnungsstrebens von Zwangsstörungen und beschreibt Verhaltensmuster, wie sie in den aktuellen Diagnosesystemen der zwanghaften Persönlichkeitsstörung zugeschrieben werden (→ 17.1). Ob und wie die Gemeinsamkeiten und möglichen Unterschiede zwischen beiden Persönlichkeitsvarianten (des Hypernomen im Typus melancholicus versus in der zwanghaften Persönlichkeitsstörung) aussehen, ist bis heute nicht untersucht worden.

18.3.2 Typus manicus

Aufgrund der Beobachtung, dass sich die Typus-melancholicus-Merkmale nur in sehr einzelnen Fällen bei bipolar manisch-depressiven Patienten finden ließen, lag es nahe, bei den zur Manie neigenden Patienten eine eigene, deutlich anders geartete Persönlichkeitsstruktur zu vermuten. Da es sich im Stimmungserleben und Verhalten manisch versus depressiver Störungen um extreme Gegensätze handelt, wurde durch v. Zerssen zunächst auf der Grundlage sorgsamer Analysen von Krankengeschichten mit dem Typus-manicus-Konzept – auch in der Wortwahl – ein „Gegenstück" zum Typus melancholicus konzipiert (vgl. v. Zerssen, 1988, 1992). Im Sinne der Typus-manicus-Konzeption kommt es ebenfalls auf der möglichen Grundlage einer konstitutionell bedingten Tendenz zur Stimmungsvereinseitigung (hier nun in Richtung Euphorie, erhöhte Aktivierung, Stimmung und Selbstwerterleben) – eine Stimmungslage, die von den Betroffenen eher als positiv erlebt wird und keine Abwehr herausfordert (→ Tabelle 18.1).

Die Betroffenen bzw. manisch Erkrankten erweisen sich in ihrer bisherigen Lebensgeschichte (vor und auch noch außerhalb der Krankheitsepisoden) als Personen, die sehr gute Leistungen bereits mit geringfügigen Einsätzen erbringen können und schnell in Anführer- und Leitungsfunktionen aufsteigen, wenngleich sie häufig – u.a. wegen vielfältigster Interessen – keine klare Linie in Ausbildung und Beruf erkennen lassen. Es findet sich oft eine frühe und abrupte Loslösung vom Elternhaus. Menschen mit diesem Persönlichkeitsmuster verfolgen ausgefallene Interessen und Neigungen, haben vielfältige, aber oberflächliche Kontakte, leben vielfach über die eigenen Verhältnisse und zeigen zugleich eine gewisse Neigung, soziale Normen und Regeln zu ignorieren (Zerssen & Pössl, 1990).

Ätiologietheoretische Überlegungen

Ähnlich wie beim Typus melancholicus gilt nach v. Zerssen (1991) die Feststellung, dass aus dem schlichten Vorhandensein der Persönlichkeitseigenschaften des Typus manicus nicht automatisch rückgeschlossen werden dürfe, dass es sich dabei jeweils um frühe Anzeichen einer späteren bipolaren oder monopolar-manischen Störung handelt, wenngleich sie durchaus der gleichen Disposition entstammen könnten. Im Unterschied zur Typus-melancholicus-Struktur fehle der Typus-manicus-Persönlichkeit die typische Form der Abwehr gegenüber der depressiven Verstimmung oder Depression.

In einem weiteren Unterschied zur depressiven Variante scheint sie zudem ich-synton integriert und entspricht damit eher dem Muster einer Persönlichkeitsstörung. Die typische Tendenz zu gesteigerter Aktivität und Expansivität lasse sich von außen, also etwa durch soziale Restriktionsversuche, nurmehr schwerlich unterbinden. Unausweichliche psychosoziale Restriktionen oder die psychosoziale Aktivität einschränkende zwischenmenschliche Krisen würden sich zumindest in einem gesteigerten Fantasieerleben Bahn brechen. Und genau dieses sei im Übergang zur manischen Episode beobachtbar, in der als Ergebnis einer starken inneren, fantasiehaften Auseinandersetzung das manische Erleben schließlich im agierenden Handeln einer Manie übermäßig und durch die Betroffenen selbst nicht mehr kontrollierbar Raum gewinne.

18.3.3 Empirische Untersuchungen

In verschiedenen Untersuchungen wurde schon bald nach Tellenbachs Ausarbeitungen insbesondere von der Arbeitsgruppe um v. Zerssen (seit 1969; z.B. v. Zerssen et al., 1970) versucht, das Typus-melancholicus-Konzept auf empirischem Wege abzusichern. Es wurden dazu u.a. Fragebögen eingesetzt, deren Items dezidiert auf die Merkmale des Typus melancholicus bezogen und entsprechend ausformuliert waren. Insgesamt erwiesen sich diese frühen Befunde konsistent im Hinblick auf das infrage stehende Typenbild, nicht jedoch im Sinne einer statistischen (homogenen, etwa „faktorenreinen“) Itemgruppierung. Auch in nachfolgenden Studien konnten mit den zur Erfassung eines Typus melancholicus entwickelten Erhebungsinstrumenten jeweils bei monopolar depressiven Patienten Normabweichungen nachgewiesen werden, die zum tellenbachschen Typuskonzept passten.

Dies wurde außer in der Arbeitsgruppe bei v. Zerssen auch noch in Untersuchungen anderer Autoren jeweils bei remittierten Melancholikern bestätigt. Die Typus-melancholicus-Merkmale finden sich dabei in aller Regel bei etwa bis zur Hälfte der jeweils untersuchten endogen-depressiven Patienten (36 Prozent bei Tölle et al., 1987; 52 Prozent bei Sauer et al., 1989; 46 Prozent bei v. Zerssen & Pössl, 1990; 50 Prozent bei Mundt et al., 1993).

Andererseits zeigten sich bei bipolar manisch-depressiven Patienten in sämtlichen Studien, in denen sie zur Kontrolle einbezogen wurden, keinerlei Befunde, die in konsistenter Weise von den Werten entsprechender Kontrollgruppen abwichen. Die im Typus-melancholicus-Konzept beschriebenen Persönlichkeitsmerkmale sind also vorrangig auf den Bereich der monopolaren (endogenen) Depression einzuschränken (vgl. z.B. v. Zerssen, 1982, 1991; Möller & v. Zerssen, 1987; v. Zerssen & Pössl, 1990; Schäfer, 1991).

Mundt et al. (1993) haben in ihrer Untersuchung zum ehelichen bzw. partnerschaftlichen Interaktionsverhalten endogen depressiver Patienten einige der im Hypernomie-Konzept von Kraus (1991) beschriebenen Interaktionsmuster bei Patienten, die eine Typus-melancholicus-Struktur aufwiesen, bestätigen können. Im Vergleich zu depressiven Patienten, die dem Typus melancholicus nicht zugeordnet werden konnten, fanden sich im direkten Interaktionsverhalten der identifizierten Patienten mit ihren Partnern die Merkmale einer eher dependent-anklammernden, weniger kontrollierend-lenkenden und auf Sicherheit bedachten Kommunikationsstruktur. Sie erwiesen sich im Unterschied zu den Nicht-Typus-melancholicus-Patienten interaktionell als eher unauffällig („normaler") und angepasst. Dem entsprach insgesamt ein weitgehend komplementäres, eher helfend-stützendes Partnerverhalten. Im Unterschied dazu zeigten die Nicht-Typus-Patienten einen Interaktionsstil, der sich als erheblich strukturierender und Einfluss nehmender erwies, zugleich Feindseligkeiten beinhaltete und durch weniger Vertrauen dem Partner gegenüber geprägt war (Mundt et al., 1994, 1996).

Zwischenzeitlich konnte die Validität des Typus-melancholicus-Konzeptes als mögliche prämorbide Struktur unipolar depressiv erkrankter Patienten weiter abgesichert werden (Mundt et al. 1997, 1998; Kronmüller et al., 2001). Hingegen stehen Untersuchungen der Typus-manicus-Konzeption noch sehr weit am Anfang (zusammenfassend: v. Zerssen, 1992). Das liegt u.a. daran, dass die Anzahl untersuchbarer manischer Patienten weitaus seltener zu finden ist.

Eine dieser Untersuchungen wurde auf der Grundlage von Auszügen aus Krankengeschichten mit bis in die Kindheit zurückreichenden Lebensdaten zur sozialen Anpassung von 42 Patienten durchgeführt (jeweils 10 Patienten mit monopolar-depressiver bzw. monopolar-manischer Störung sowie jeweils 11 Patienten mit manisch-depressiver Bipolar-I-Diagnose bzw. hypomanisch-depressiver Bipolar-II-Diagnose; v. Zerssen & Pössl, 1990). Ein gegenüber den Diagnosen „blinder" Rater musste anhand von Beschreibungen der Typus-melancholicus- bzw. Typus-manicus-Persönlichkeit die Patienten den beiden Gruppen zuordnen. Dabei konnte die Hypothese des Überwiegens der monopolar-depressiven Fälle in der Typus-melancholicus-Zuordnung bzw. des Überwiegens der monopolar-manischen Fälle in der Typus-manicus-Zuordnung signifikant und in den beiden Zwischengruppen tendenziell bestätigt werden (vgl. auch v. Zerssen, 1991; neuerlich zusammengefasst: v. Zerssen, 1996, 2001).

18.4 Prämorbide Persönlichkeit oder Persönlichkeitsstörungen?

Sowohl in den Ausarbeitungen zur Typus-melancholicus- wie zur Typus-manicus-Konzeption wird von den Autoren bestritten, dass es sich bei den beschriebenen Persönlichkeitsvarianten um Persönlichkeitsstörungen handelt. Dies wird damit begründet, dass beide Persönlichkeitstypen als mögliche Varianten einer im Normalbereich liegenden Vereinseitigung der Persönlichkeitsentwicklung betrachtet werden. Diese Sichtweise unterscheidet sich jedoch nicht von jener, die in diesem Buch auch für die übrigen Persönlichkeitsstörungen vertreten wird, als jeweils implizit unterstellt und mitgedacht ist, dass es sich bei den (noch) nicht normabweichenden Interaktionsmustern persönlichkeitsgestörter Menschen im Kern um persönliche Kompetenzen (also um weitere mögliche Varianten im Normalbereich möglicher Vereinseitigung der Persönlichkeit) handelt, die nur im Kontext bestimmter zwischenmenschlicher und sozialer Erschwernisse, in denen sie als Kompetenzen versagen oder nicht mehr hinreichen, als „Sicherheitsoperationen", „Selbstschutztendenzen", „Abwehrstrategien" usw. extremisieren. Insofern kann durchaus die Hypothese vertreten und untersucht werden, ob es sich bei der Depression oder Manie nicht sehr wohl um das Ergebnis einer dekompensierten Persönlichkeitsvariante oder Persönlichkeitsstörung handelt.

Ganz ähnlich wird dies auch bei anderen Persönlichkeitsstörungen immer dort unterstellt und untersucht, wo eine prämorbide Risikowirkung der Persönlichkeitsstörung vermutet wird (wie dies beispielsweise bei der schizotypischen Persönlichkeitsstörung mit Blick auf eine Exazerbation in Richtung Schizophrenie der Fall ist bzw. im Bereich der zwanghaften Persönlichkeitsstörung mit dem Risiko zur Exazerbation in Richtung Zwangsstörung). Ähnliches ist auch ein Forschungsziel der empirischen Komorbiditätsstudien, in denen sich u.a. Hinweise auf die prämorbide Bedeutung der histrionischen Persönlichkeitsstörung für die Entwicklung somatoformer Störungen finden lassen; und/oder jene Hinweise auf die prämorbide Bedeutung der Borderline-Persönlichkeitsstörung für die Entwicklung affektiver Störungen – wobei Letztere, die Borderline-Störung, neben Typus melancholicus und Typus manicus beachtenswerte weitere, möglicherweise völlig anders geartete Voraussetzungen für depressive und manische Störungen bereitstellt.

18.5 Konstitutionsbedingte affektive Temperamente?

In einem aktuelleren Rekurs auf die frühen Konzepte, Persönlichkeitseigenarten und Persönlichkeitsstörungen auf einer „mittleren Ebene" der konstitutionsnahen Temperamente zu beschreiben, wurden in den letzten Jahren vor allem von Akiskal et al. verschiedene Versuche unternommen, persönlichkeitsspezifische Risikomerkmale der affektiven Störungen genauer zu fassen und zu konzeptualisieren (vgl. insbesondere Akiskal, 1989, 1990; Akiskal et al., 1992, 1983; → 2.1.2, → 5.3). Wir führen hier sein Konzept als ein Beispiel an, da es einen deutlichen Einfluss auf die gegenwärtige Diskussion um die Wiedereinführung einer depressiven Persönlichkeitsstörung genommen hat. Es bleibt jedoch zu beachten, dass es alternative konzeptuelle und empirische Ansätze gibt (vgl. Hirschfeld, 1990; Klein et al., 1993; → Epilog).

Akiskal postuliert für die Temperamentsentwicklung einerseits genetisch-konstitutionelle Faktoren, die jedoch andererseits unter dem lebenslangen Einfluss psychosozialer und interpersoneller Ausformungsbedingungen personspezifisch vereinseitigen können und die somit (unter den Extremwirkungen von Prädisposition und/oder psychosozialen Risikobedingungen) zur Entstehung psychischer Störungen, (unter der Perspektive der affektnahen Temperamente:) insbesondere der affektiven Störung beitragen. Die von Akiskal vorgeschlagene Aufteilung in drei von ihm als Risikofaktoren für die affektiven Störungen als wesentlich betrachtete Temperamentsausprägungen soll nachfolgend kurz dargestellt werden (vgl. Akiskal & Akiskal, 1992).

18.5.1 Das zyklothyme Temperament

Mit einer zyklothymen Temperamentsausprägung kennzeichnet Akiskal eine nach seiner Meinung in klinischen Kontexten häufiger beobachtbare Gruppe von Patienten mit launischen, impulsiven und unberechenbaren Verhaltensmustern, die die Kriterien einer bipolar manisch-depressiven Störung jedoch nicht erfüllten (Akiskal & Akiskal, 1992). Die hauptsächlichen Beschwerden dieser Patienten lägen nicht so sehr im Bereich der Stimmungsstörungen, sondern sie seien Ausdruck eines Versagens vor allem in partnerschaftlichen und freundschaftlich-intimen Beziehungen, seien also vorderhand komplexere Störungen der zwischenmenschlichen Interaktion. Die Betroffenen verliebten sich genauso schnell wie sie intime Freundschaften wieder abbrächen, hätten episodenhafte Neigungen zur Promiskuität, hätten in ihrer Vergangenheit überzufällig häufig Wohnorte oder Wohnungen gewechselt, würden nur sehr unregelhaft ihren beruflichen Verpflichtungen nachkommen, ließen sich leicht zu esoterischen Kulthandlungen verführen und neigten ebenfalls episodenhaft zu übermäßigem Alkohol- oder Drogenmissbrauch. Vielfach würden sie – wegen der noch gegebenen Unvollständigkeit der Diagnosesysteme – zumeist eine Diagnose aus dem Bereich der Persönlichkeitsstörungen erhalten, dort die einer passiv-aggressiven, histrionischen, antisozialen oder, dies vor allem, die einer Borderline-Persönlichkeitsstörung.

In der Folge klinischer Interviews und erster prospektiver Untersuchungen glauben Akiskal et al., die Hypothese erhärten zu können, dass es sich bei den Patienten mit den beschriebenen Interaktionsauffälligkeiten um eine besondere Risikogruppe für die Entwicklung depressiver und manischer Störungen handelt, bei denen auch bereits vor Eintritt in manifeste Störungsepisoden deutlich auffällige Ausschwankungen in Richtung Depression und/oder Manie beobachtbar seien. Diese könnten häufig sogar über eine längere Zeit manifest werden, sodass sich die Diagnose einer „zyklothymen Störung“ rechtfertigen ließ (hier gemeint im Sinne einer chronischen Stimmungsstörung; Akiskal et al., 1977). Die wesentlichen Merkmale der bereits „prämorbid“ feststellbaren Eigenarten eines zyklothymen Temperamentes seien spontan und plötzlich auftretende Wechsel von einer geistigen und körperlichen Lethargie hin zu einem ungewöhnlich auffälligen körperlichen Durchhaltevermögen (*stamina*) und zu scharfsinnig-klarem Denkvermögen (→ Tabelle 18.2).

Tabelle 18.2. Typische interpersonelle Merkmale von Patienten mit zyklothymer Temperamentsausstattung (nach Akiskal & Akiskal, 1992, S. 47).

- Launisch, mit einem Überwiegen irritierender und cholerischer Perioden
- Intensive Emotionalität, und zwar in einem solchen Ausmaß, dass üblicherweise zwischenmenschlich Freude bereitende Aktivitäten nicht weiter fortgeführt werden können
- Eine durchgängige Neigung, negative Aspekte zu sehen und zu betonen
- Dysphorische Ruhelosigkeit
- Intermittierend: Schlaflosigkeit
- Überkritisch und anklagend
- Neigung zu bösartigem, teils „krankhaft“ anmutendem Scherzen
- Aufdringlich

Akiskal selbst ist sich durchaus der Problematik bewusst, dass seine Beschreibungen der zyklothymen Temperamentsstörung sehr viel Ähnlichkeit und Überschneidungen mit dem Konzept der Borderline-Persönlichkeitsstörung aufweist (Akiskal & Akiskal, 1992, S. 48; → 11). Er sieht entsprechend die Notwendigkeit einer genaueren Erforschung des Überlappungsproblems. Gegenwärtig vermutet er, dass die wesentlichen Unterschiede in der deutlicheren Ausprägung von Stimmungsstörungen und Stimmungsschwankungen (zwischen ausgeprägter Depressivität und auffälliger Euphorie) bei zyklothymen Patienten zu finden sind sowie in einem guten Ansprechen der Patienten dieser Gruppe auf eine stimmungsstabilisierende Medikation.

Ätiologietheoretische Überlegungen

Akiskal und Akiskal (1992) bezeichnen die phasischen Stimmungsschwankungen der zyklothymen Temperamentsstörung – wohl in Anlehnung an das Konzept der „endoreaktiven Dysthymie“ von Weitbrecht (1963) – als „endoreaktiv“, indem sie vermuten, dass bei einem genetisch-konstitutionell (endogen) gegebenen Basistemperament bestimmte, die Vulnerabilität der Betroffenen ansprechende Lebenskrisen oder zwischenmenschlich gravierende Konfliktsituationen die extremisierend und irritierend wechselnden Interaktionsmuster bedingen könnten. Schließlich könnten die provokanten Verhaltensweisen der Betroffenen selbst die Interaktionskrisen verschärfen, indem die Bezugspersonen versuchten, die unangenehmen Verhaltensweisen zu behindern oder zu unterbinden, was schließlich im Sinne eines Circulus vitiosus die irritierenden, jedoch ich-syntonen Interaktionsmuster der Betroffenen erst recht provoziere.

18.5.2 Das hyperthyme Temperament

Die hyperthyme Temperamentsausprägung wurde von der Arbeitsgruppe um Akiskal bis heute bei weitem nicht so gründlich erforscht wie die beiden anderen Persönlichkeitsvarianten. Da die Betroffenen zugleich eher selten in klinischen Kontexten zu finden sind, handelt es sich bislang mehr um einen phänomenologischen Konzeptualisierungsversuch, als um eine valide Typisierung, der jedoch bereits eine lange Tradition hat. Eine hyperthyme Persönlichkeit wurde bereits von K. Schneider in die Psychopathiedifferenzierung eingeführt, der den Begriff der Konstitutionslehre Ziehens (1905–1912) entlehnte. Akiskal übernimmt die meisten seiner Deskriptionen den Ausarbeitungen des Typus-manicus-Konzeptes, wie es von Zerssen vorlegte (vgl. oben).

Ätiologietheoretische Überlegungen

Bei Menschen mit hyperthymer Temperamentsausstattung handelt es sich um ausgesprochen erfolgreiche, nicht selten recht bedeutsame Persönlichkeiten, die entsprechend selten um ärztliche oder psychotherapeutische Hilfe nachsuchen (vgl. die wesentlichen Persönlichkeitsmerkmale in → Tabelle 18.3). Nach Akiskals Meinung habe „jeder von uns" entsprechende „Typen" in seinem Kollegen- und Bekanntenkreis, zumeist in herausgehobenen Positionen. Deren Stimmungslage sei vor allem durch intermittierend auftretende hypomanische Phasen geprägt, in denen sie besonders wenig Schlaf in einem ansonsten durch die existenzielle, vor allem berufliche Aufgabe bestimmten und voll ausgefüllten Leben benötigen. Akiskal beschreibt die Betroffenen als beruflich sehr gut angepasste Personen, die interpersonell dort am besten akzeptiert sind, wo sie ihre ständige Getriebenheit und Geschäftigkeit voll ausleben könnten. Sie kommen immer dann mit psychiatrischen Kontexten in Berührung, wenn ihre Hypomanie in eine manifeste Manie oder Depression umschlage und sie deshalb die Unterstützung und Hilfe anderer Personen zwingend benötigten.

Tabelle 18.3. Typische interpersonelle Merkmale von Menschen mit hyperthymer Temperamentsausstattung (nach Akiskal & Akiskal, 1992, S. 49).

- fröhlich, überoptimistisch, ausgelassen
- warm, menschliche Kontakte pflegend, extravertiert
- redselig und immer zu Scherzen aufgelegt
- selbstsicher, großspurig
- benötigt gewohnheitsmäßig wenig Schlaf (<6 Stunden), selbst an Wochenenden
- immer hoch aktiviert, voller Pläne und ständige Neigung zur Improvisation
- überengagiert, mischt ständig mit („meddlesome")
- ungehemmte Risikosuche und Neigung zur Promiskuität

18.5.3 Das depressive Temperament

Insbesondere zur dritten, der depressiven Temperamentsvariante kann Akiskal auf eine Vielzahl empirischer Arbeiten verweisen und zurückgreifen, die sämtlich mit dem Ziel durchgeführt wurden, um in beiden Diagnosesystemen DSM und ICD dem Bereich der Persönlichkeitsstörungen erneut eine depressive Persönlichkeitsvariante hinzuzufügen. Akiskals Beschreibungen basieren auf einer Reihe von Prospektivstudien, in denen jeweils solitäre und recht spezifische Risikomarker für das spätere Auftreten vor allem der monopolaren (Majoren) Depression gefunden wurden.

So konnten u.a. Nystrom und Lindegard (1975) die Depressionsentwicklung aus einer 10 Jahre zuvor diagnostizierten Asthenie vorhersagen (eine Beschreibung der Asthenie findet sich in → 15.3). Angst und Clayton (1986) berichten über eine prämorbid feststellbare Aggressivität und psychische Labilität depressiv erkrankter Personen. Akiskal selbst hat in verschiedenen Studien Hinweise dafür gefunden, dass eine depressive Grundstimmung bei einer Untergruppe späterhin monopolar erkrankter Depressiver bereits seit der Pubertät berichtet wurde und dass es sich bei dieser Untergruppe um Patienten handelt, die auf verschiedene (medikamentöse) Behandlungsversuche kaum oder nicht ansprachen (sog. Nonresponder; Akiskal et al., 1980; Rosenthal et al., 1981).

Insbesondere Untersuchungen zu den offensichtlich bereits lange Zeit währenden depressiven Temperamentseigenarten der letztgenannten Gruppe (der sog. Nonresponder gegenüber unterschiedlicher Medikation) haben zur Beschreibung von Akiskals depressivem Persönlichkeitstypus geführt (→ Tabelle 18.4). Es handelt sich dabei vor allem um humorlose, pessimistische und introvertierte Menschen mit anhedonischer und lethargischer Grundgestimmtheit, die zugleich durch ein Übermaß an Schlafbedürfnis auffallen. Sie unterscheiden sich von der Gruppe der zyklothymen Temperamente vor allem dadurch, dass bei

Tabelle 18.4. Typische interpersonelle Merkmale von Menschen mit depressiver Temperamentsausstattung (nach Akiskal & Akiskal, 1992, S. 49).

- düster, humorlos, keinerlei Freude
- vorrangig selbstverunsichernde und pessimistische Kognitionen und Grübeleien
- introvertiert, passiv oder lethargisch
- benötigen gewohnheitsgemäß viel Schlaf (>9 Stunden) und leiden unter gelegentlicher Schlaflosigkeit
- fühlen sich häufig unpässlich, machen leicht Fehler und lassen sich leicht durch negative Erfahrungen irritieren
- skeptisch, überkritisch, anklagend
- selbst-kritisch, selbst-anklagend, werfen sich selbst schuldhaftes Versagen vor
- zuverlässig, abhängig und unterwürfig

ihnen größere Stimmungsschankungen zwischen Niedergeschlagenheit und Euphorie fehlen. Für die Betroffenen sind eher einseitige Ausschwankungen in Richtung unterschwelliger („subaffektiver") Depression typisch.

Ätiologietheoretische Überlegungen

Ganz ähnlich, wie dies im Rahmen des Typus-melancholicus-Konzeptes durch v. Zerssen (1991) konzeptualisiert wurde, sehen Akiskal und Akiskal (1992) in den temperamentsbedingten Interaktionsmustern der „subaffektiv"-depressiven Personen ein besonderes Anpassungsverhalten gegenüber einer genetisch-konstitutionell bedingten Vulnerabilität. Sollten die interaktionellen Anpassungsbemühungen nicht mehr hinreichen oder zusammenbrechen, könne es zum Abgleiten in eine schwere (monopolare) Depression kommen. Akiskal ist sich zwar angesichts des bisherigen Forschungsstandes weitgehend unsicher, ob es sich bei der (in den Diagnosesystemen als chronische Stimmungsstörung) eingesetzten Dysthymie um eine eigene (etwa distinkte) Störung oder nur um die Extremisierung der von ihnen vorgeschlagenen depressiven Temperamentsausprägung handelt. Mit seiner ätiologietheoretischen Formulierung vertritt er selbst – ähnlich wie dies in der deutschsprachigen Psychiatrie zum Typus melancholicus geschieht – die Auffassung, dass es sich bei der depressiven „Temperamentsstörung" um eine prämorbide Persönlichkeitsvariante einer Untergruppe später monopolar depressiv Erkrankter handelt, die angesichts gravierender, möglicherweise andauernder psychosozialer Erschwernisse und Konflikte in Richtung Dysthymie und/oder bis hin zur monopolaren Depression exazerbieren kann und die damit als besondere Risikobedingung für beide Störungsvarianten anzusehen ist. Empirische Untersuchungen hierzu stehen noch aus.

18.6 Die depressive Persönlichkeitsstörung im DSM-IV

Die Unklarheiten um die Bewertung und Konzeptualisierung „subdepressiver" bzw. „subaffektiver" (Persönlichkeits-)Störungen als grundlegende Persönlichkeitszüge, Persönlichkeitsstörungen oder als chronische Stimmungsstörungen haben in den vergangenen Jahren eine Reihe von Diskussionen wie auch Forschungsaktivitäten stimuliert (vgl. Phillips et al., 1993; Saß et al., 1995; Marneros, 1999a). Im Rahmen der Entwicklungsarbeiten am DSM-IV (APA, 1994) hat nun die für die Persönlichkeitsstörungen zuständige Arbeitsgruppe empfohlen, zumindest eine „neue" Störungsgruppe als sog. „depressive Persönlichkeitsstörung" in das Diagnosemanual aufzunehmen. Diese depressive Persönlichkeitsstörung wurde mit vorläufig ausgearbeiteten Diagnosekriterien inzwischen in den DSM-IV-Anhang eingefügt, um sie der weiteren Forschung als Grundlage zugänglich zu machen.

Für die Kriterienfestlegung der depressiven Persönlichkeitsstörung wurden Konzepte und Forschungsergebnisse unterschiedlicher Autoren und Forschergruppen mit berücksichtigt, neben anderen vor allem Konzeptaspekte der Ausarbeitungen von Kurt Schneider (1950), Tellenbach (1961), v. Zerssen (1991), Kernberg (1984) und Akiskal und Akiskal (1992). Die vorgeschlagene Störungstypologie der depressiven Persönlichkeitsstörung findet sich in der → Kriterienübersicht (zur Begründung der Kriterien vgl. Phillips et al., 1993):

DIAGNOSTISCHE KRITERIEN

Forschungskriterien der depressiven Persönlichkeitsstörung im DSM-IV (Anhang)

Ein durchgängiges Muster depressiogener Kognitionen und Verhaltensweisen; der Beginn liegt im frühen Erwachsenenalter und die Störung manifestiert sich in den verschiedensten Lebensbereichen; fünf (oder mehr) der folgenden Kriterien müssen erfüllt sein:

(1) die Stimmungslage lässt sich als überwiegend niedergeschlagen, düster, traurig, freudlos und unglücklich charakterisieren;
(2) das Selbstkonzept beinhaltet im Kern grundlegende Annahmen über die eigene Unzulänglichkeit, Wertlosigkeit und eine geringe Selbstwertschätzung;
(3) ist selbstkritisch, selbstabwertend bis selbstbestrafend;
(4) neigt zu pessimistischen Grübeleien und sorgenvollen Gedanken;
(5) verhält sich anderen gegenüber negativistisch, kritisch und abwertend;
(6) ist pessimistisch;
(7) neigt zu Schamgefühlen und Reumütigkeit.

Ausschluss:
Diese Merkmale sind nicht ausschließlich während einer Episode der Majoren Depression beobachtbar und die Störung ist nicht besser als dysthyme Störung zu charakterisieren.

Zitiert gemäß DSM-IV der APA (1994); Saß et al. (1996, S. 823).

Neben den genannten sieben Kriterien befinden sich noch eine ganze Reihe weiterer (assoziierte) Kriterien in der Diskussion, von denen insbesondere folgende drei für weitere Forschungsarbeiten als besonders beachtenswert vorgeschlagen werden (vgl. Phillips et al., 1993, S. 39):

- Die Betroffenen zeigen sich überwiegend ruhig, introvertiert, passiv und wenig selbstsicher.
- Sie sind gewissenhaft, normorientiert und selbstdiszipliniert.
- Die Betroffenen können ihre negativistischen Einstellungen schwer ausdrücken und behalten sie vielfach für sich selbst.

Die mögliche Neu- oder auch Wiedereinführung einer depressiven Persönlichkeitsstörung rechtfertigt sich nicht nur wegen der langen Tradition, mit der dieses Konzept in der Forschung und in klinischen Kontexten diskutiert und ausgearbeitet wurde. Sie rechtfertigt sich auch mit der nach wie vor gegebenen Unklarheit im Bereich der Übergänge zu den klinisch bedeutsamen affektiven Störungen und mit der Frage, ob bestimmten Persönlichkeits- oder Temperamentseigenarten in diesem Zusammenhang eine besondere prämorbide Risikowirkung für affektive Erkrankungen zugeschrieben werden kann oder nicht.

Möglicherweise kann ihre weitere Erforschung auch erheblich zur differenziellen Indikation therapeutischer Maßnahmen beitragen helfen (→ Epilog).

Dennoch bedürfen im Zusammenhang mit der weiteren Entwicklung dieses Störungsbildes drei wichtige Probleme der weiteren sorgsamen Klärung.

- Nach bisherigen Kenntnissen ist es einerseits so, dass offensichtlich alle Persönlichkeitsstörungen ein mehr oder weniger großes Risiko in sich tragen, in Richtung Depression zu exarzerbieren (vgl. z.B. Daley et al., 1999).
- Und gegensinnig betrachtet, liegt die Wahrscheinlichkeit, mit der depressive Patienten komorbid eine oder mehr Persönlichkeitsstörung(en) aufweisen, mit zum Teil weit über 60 Prozent zumeist deutlich über dem Risiko der Achse-I-/Achse-II-Komorbidität anderer psychischer Störungen (Kool et al., 2000).
- Andererseits bestehen nach wie vor völlig ungeklärte Fragen im Zusammenhang mit einer differenzialdiagnostischen Unterscheidung von depressiver Persönlichkeit und Dysthymie bzw. der Double Depression (bei denen Phasen einer Majoren Depression mit Phasen der Dysthymie wechseln). Immer wieder finden sich in Studien beträchtliche Überlappungen beider Diagnosen (Lyoo et al., 1988; Kool et al., 2000).

Auch bei Beachtung dieser drei Aspekte erscheint es nur zu verständlich, dass und warum sich bis heute keine rechte Einigkeit darüber erzielen ließ, welche Kriterien denn nun für eine vorrangig als „depressiv" zu bezeichnende Persönlichkeitsstörung ausgewählt werden sollten (hierzu detalliert: Marneros, 1999b).

ZUSAMMENFASSUNG

Depressive Persönlichkeitsstörung

Störungsbild: hoffnungslos und selbst abwertend. Die Persönlichkeitsstörung wird bisher gekennzeichnet durch häufige Niedergeschlagenheit, Gefühle der Wertlosigkeit und Unzulänglichkeit sowie durch eine depressiogen-pessimistische Lebenseinstellung. Die Betroffenen leiden häufig unter Schuldgefühlen und sind nur selten in der Lage, positive Emotionen zu empfinden, weshalb Selbstbeschuldigungen und ein sich selbst herabsetzendes Selbstbild vorhanden sein können. Es ist fraglich, ob die depressive Persönlichkeitsstörung nicht bereits mit der dysthymen Störung (im Bereich affektiver Störungen) hinreichend beschrieben ist, zumal die Störung von Betroffenen als ich-dyston erlebt wird und nicht wie die meisten anderen Persönlichkeitsstörungen ich-synton ist.

Übergänge zur Normalität: pessimistisch, gewissenhaft und kontemplativ. Dieser Persönlichkeitsvariante entspricht im Übergang zur Normalität eine passive Grundhaltung, ein gedämpftes Erleben positiver Anreize und eine eher kontemplative Lebenseinstellung. Es bestehen Übergänge zum gewissenhaft-sorgfältigen Persönlichkeitsstil (→ oben: Typus melancholicus), andererseits gibt es Kriterienüberlappungen mit der negativistischen Persönlichkeit(sstörung; → 17). Aus beiden Gründen befinden sich Störung wie Stil zurzeit noch in der Erforschung.

Funktion und Dynamik. Die Stimmungslage, d.h. eine ausgewogene Balance zwischen Traurigkeit und Euphorie, erscheint als die zerbrechlichste und schwankendste aller psychischen Erlebensweisen. Schon bei Kindern in den ersten Lebensjahren stellt der schwankende Wechsel von Freude und Glücklichsein versus Traurigkeit und Unglück eine grundlegende Seinsweise dar. Es wird vermutet, dass dieses Wechselspiel bei einigen Menschen in Richtung Dysphorie verschoben ist (Klein, 1990). Dies führt zu vermehrter Notwendigkeit, dieser Negativstimmung aktiv etwas kompensatorisch entgegenzusetzen, was die Persönlichkeitsentwicklung nachhaltig beeinflusst. Gegenwärtig werden depressionshemmende Kompetenzen vor allem in einer gewissenhaften und pflichtbewussten Tätigkeit vermutet (→ oben: Typus melancholicus). Wird ein kompensatorischer Lebensstil nicht gepflegt oder lässt sich dieser nicht weiter durchhalten, kann eine depressive Persönlichkeitsstörung resultieren (mit dem Risiko zur manifesten Depression).

19 Differenzialdiagnostik und Komorbidität

Typen sind grobe Bilder der Persönlichkeit.
Was Wunder, dass sie so leicht zu zeichnen sind, sich ständig überlappen,
und es so leicht ist, ein entsprechendes Schema von Wechselbeziehungen
aufzustellen, zugleich aber so schwer, es zu beweisen oder zu widerlegen;
denn nur das, was präzise formuliert ist, lässt sich prüfen.
D. W. MacKinnon

Trotz der erheblichen Anzahl von Veränderungen und Präzisierungen, die die Klassifikation von Persönlichkeitsstörungen seit und mit ihrer Neusetzung im DSM-III (1980) erfahren hat, ist es nicht weiter verwunderlich, dass es nach wie vor erhebliche Probleme gibt, die eng mit einer genauen Diagnostik und Abgrenzung der Persönlichkeitsstörungen untereinander und gegenüber anderen psychischen Störungen verknüpft sind. Weitgehend ungelöst sind bis heute u.a. folgende Fragen:

Abgrenzung zur Normalität. Lassen sich brauchbare Kriterien oder Abgrenzungsargumente finden, die es ermöglichen, Persönlichkeitsstörungen von Personeigenarten zu unterscheiden, die noch innerhalb der Grenzen „normaler" Interaktionsbesonderheit tolerierbar wären? Diese Frage ist nicht zuletzt für die Begründung therapeutischer, psychoedukativer oder auch juristischer Entscheidungen und Bewertungen von großem Belang. Die Grenzen zur Normalität sind von Bedeutung, weil im Zusammenhang mit einigen spezifischen psychischen Störungen (der Schizophrenie und der Depression beispielsweise) immer wieder betont wird, dass es bestimmte prämorbide Persönlichkeitseigenarten mit Risikorelevanz für die Entwicklung dieser Störungen gäbe, die ihrerseits jedoch vor Exazerbation der psychischen Störung noch im Bereich der Normalität lägen. Die Sichtweise einer prämorbiden Persönlichkeitsstruktur als normale, nicht in Richtung Persönlichkeitsstörung gehende Abweichung oder Besonderheit wird vor allem von den Autoren vertreten, die um die Ausarbeitung prämorbider Persönlichkeitsmerkmale im Bereich der affektiven Störungen bemüht sind (→ 19.4, → Epilog).

Kriterienüberlappungen. Wie weit sind die zwischen unterschiedlichen Persönlichkeitsstörungen gegebenen Kriterienüberlappungen tolerierbar? Bestimmte Interaktionstypiken und Persönlichkeitsmerkmale gehören zwingend zum Bild unterschiedlicher Persönlichkeitsstörungen, die sich dem Diagnostiker erst aus einem Muster unterschiedlicher Störungskomponenten sinnvoll erschließen.

Eine zu strikte Vermeidung der Kriterienüberlappung könnte die Diagnose spezifischer Persönlichkeitsstörungen möglicherweise erschweren. Andererseits gibt es Persönlichkeitsstörungen (wie die passiv-aggressive Persönlichkeitsstörung) die lediglich spezifische Anteile und Aspekte anderer Persönlichkeitsstörungen repräsentieren. In solchen Fällen wäre es möglicherweise sinnvoll, gänzlich auf diese Störungen zu verzichten oder ihnen eine neue Gesamtqualität zu geben, wie dies ja gegenwärtig in der Veränderung der passiv-aggressiven hin zur negativistischen Persönlichkeitsstörung versucht wird (→ 18.3).

Komorbidität. Mit dem Problem der Kriterienüberlappung komplementär verknüpft ist die Frage nach der Bedeutsamkeit der hohen Komorbidität der Persönlichkeitsstörungen untereinander und gegenüber den spezifischen psychischen Störungen: Soll die zukünftige Kriterienpräzisierung eher darauf ausgerichtet sein, die Anzahl der Komorbiditätsdiagnosen zu verringern oder nicht? Eng verbunden mit diesem Problem ist die Frage: *Wie viele Persönlichkeitsstörungen gibt es überhaupt?* (→ Epilog) Die bisherigen Konzeptualisierungsversuche sind erheblich durch die pragmatische Maßgabe der Beschränkung auf jene Persönlichkeitsstörungen erfolgt, dass diese Störungen innerhalb der psychiatrischen oder psychotherapeutischen Kontexte und Institutionen in größerer Anzahl auftreten. Lohnte es sich nicht dennoch, Wege der allmählichen Vervollständigung zu suchen, auch wenn die Zahl der klinisch substanziell Betroffenen eher gering ausfällt und keine ansehnlichen Prävalenzraten auffindbar sind? Es gibt nicht wenige Autoren, die dafür eintreten, schon wegen der Sinnhaftigkeit der Entwicklung professioneller Hilfsangebote für Ausnahmefälle.

19.1 Diagnostik

In den vergangenen zehn Jahren sind erhebliche Anstrengungen unternommen worden, Diagnostik und Differenzialdiagnostik im Bereich der Persönlichkeitsstörungen vor allem durch die Entwicklung objektiver Erhebungsinstrumente zu verbessern. Auf die wichtigsten dieser Verfahren und Inventare soll jetzt genauer eingegangen werden.

19.1.1 Diagnostik spezifischer Persönlichkeitsstörungen

Eine erste Reihe dieser Verfahren ist zur diagnostischen Feststellung spezifischer Störungsbilder entwickelt worden. Bereits gut untersuchte Verfahren gibt es beispielsweise für die Borderline-, narzisstischen, histrionischen, schizotypischen, dependenten, depressiven und antisozialen Persönlichkeitsstörungen. Da wir auf diese Erhebungsinstrumente bereits im Zusammenhang mit der Darstellung der spezifischen Persönlichkeitsstörungen eingegangen sind, sollen sie hier nurmehr kurz aufgelistet werden (vgl. u.a. die Abschnitte zur Diagnostik in den unten erneut angegebenen Kapiteln). Genannt werden sollen hier vor allem folgende Inventare und Fragebögen, die inzwischen über akzeptable testtheoretisch begründete Voraussetzungen verfügen:

Diagnostisches Interview für Borderline-Patienten (DIB). Das *Diagnostic Interview for Borderlines* gilt als eines der bestuntersuchten Interviewverfahren zur Diagnose der Borderline-Störungen (Gunderson et al., 1981; deutsch: Pütterich, 1985; → 11).

Borderline-Persönlichkeits-Inventar (BPI). Dieser Fragebogen wurde in enger Anlehnung an das Borderline-Konzept von Kernberg entwickelt und ermöglicht die Risikoabgrenzung zu neurotischen und psychotischen Störungen (Leichsenring, 1997; → 11).

Diagnostic Interview for Depressive Personality (DID). Dieses Verfahren wurde von Gunderson et al. zeitgleich zum DSM-IV entwickelt und evaluiert (Gunderson et al., 1994). Es unterscheidet vier Dimensionen „negativistisch", „introvertiert", „passiv/nicht durchsetzungsfähig" und „selbstverleugnend" und unterstellt damit Übergänge der depressiven zur negativistischen Persönlichkeitsstörung (→ 18).

Depressive Personality Inventory (DPI). Hierbei handelt es sich um einen Fragebogen mit 41 Einzelitems, der von Huprich et al. (1996) auf der Grundlage der DSM-IV-Kriterien entwickelt wurde und gute Konstruktübereinstimmungen mit anderen Depressionsfragebögen und dem SKID-II (depressive Persönlichkeitsstörung) aufweist (→ 18).

Das DID-Interview (als *Diagnostisches Interview zur Depressiven Persönlichkeitsstörung* [DID]) und der DPI-Fragebogen (als *Inventar Depressive Persönlichkeitsstörung* [DPSI]) wurden in der Heidelberger Universitätspsychiatrie ins Deutsche übertragen und an Stichproben mit Patienten und Gesunden evaluiert (Herdtle, 1999). Sie wurden dort sowohl miteinander verglichen und anhand weiterer Persönlichkeitsmerkmale (SKID-II; Typus melancholicus; auch BDI) mit guten Übereinstimmungswerten konstrukt-validiert (Herdtle et al., 1998; → 18).

Diagnostic Interview for Narcissistic Patients (DIN). Es wurde Ende der 80er-Jahre und von Gunderson et al. 1990 publiziert (→ 13).

Hypochondrie-Hysterie-Inventar (HHI). Bei diesem Fragebogen handelt es sich um eine deutschsprachige Entwicklung des Psychologen Süllwold (1994), die sich gut zur dimensionalen Bestimmung histrionischer Persönlichkeitsmerkmale eignet (→ 12).

Psychopathy Checklist (PCL). Vor allem wegen seiner psychologischen Grundlegung von Persönlichkeitsmerkmalen der dissozialen Persönlichkeitsstörung, die eine Vermischung mit dissozialen Handlungen weitgehend vermeidet, ist es heute eines der weltweit am häufigsten verwendeten Erhebungsinstrumente für dissoziale bzw. antisoziale Persönlichkeitsstörungen (Hare, 1985; → 10). Untersuchungen zur Reliabilität (Interrater, interne Konsistenz) ergaben durchweg gute bis sehr gute Ergebnisse, Gleiches gilt auch für unterschiedliche Validitätsüberprüfungen (Cooke et al., 1999).

Structured Interview for Schizotypy (SIS). Das von Kendler et al. (1989) publizierte strukturierte Interview findet zunehmend häufiger in Untersuchungen und Forschungsarbeiten zur schizotypen Persönlichkeitsstörung Verwendung (→ 9).

Interpersonal Dependency Inventory (IDI). Das von Hirschfeld et al. (1977) entwickelte Inventar wird seit mehr als 20 Jahren innerhalb und außerhalb klinischer Kontexte zur Einschätzung dependenter Persönlichkeitsmerkmale verwendet (vgl. Bornstein, 1994; → 15).

19.1.2 Strukturierte Interviewverfahren

Immerhin gibt es inzwischen eine Reihe von Untersuchungsinstrumenten, die es ermöglichen sollen, das gesamte Spektrum der Persönlichkeitsstörungen im DSM bzw. in der ICD differenzialdiagnostisch zu erfassen. Auffällig ist, dass zwei wichtige störungsübergreifende Interviews zur Diagnostik psychischer Störungen nach wie vor keine Persönlichkeitsstörungen enthalten, nämlich einerseits das *Composite International Diagnostic Interview* (CIDI) und die *Schedules for Clinical Assessment in Neuropsychiatry* (SCAN). Persönlichkeitsstörungen müssen bis heute also zumeist mit seperaten Verfahren erfasst werden. Die wichtigsten dieser übergreifend einsetzbaren Erhebungsverfahren seien hier kurz erwähnt (vgl. ergänzend die ausführlichere Darstellung und Bewertung einzelner Verfahren bei Reich, 1987a; Bronisch, 1992; Merinkangas & Weissman, 1992; Zimmerman, 1994; Dittmann et al., 1994, 2001):

Standardisierte Interviews

Die bisher am häufigsten eingesetzten und am besten akzeptierten Verfahren sind strukturierte Interviews und beinhalten eine Diagnosestellung über Fremdratings. In enger Anlehnung an das DSM-III-(R) konstruiert wurden u.a.:

SKID-II. Für die Persönlichkeitsstörungen der Achse II des DSM wurde seit dem DSM-III-R (APA, 1987) wie bereits zuvor für die Achse I ein eigenes strukturiertes Interview entwickelt, dass inzwischen für das DSM-IV aktualisiert wurde und sowohl in englischer Version wie in deutschsprachiger Adaptation vorliegt: *Structured Clinical Interview for DSM-IV Disorders, Axis II* (SCID-II; First et al., 1995; für das DSM-III-R: Spitzer & Williams, 1984; Spitzer et al., 1990a, b); deutsche Version als *Strukturiertes Klinisches Interview für DSM-IV, Achse II: Persönlichkeitsstörungen* (SKID-II; Fydrich et al., 1997; für das DSM-III-R: Wittchen et al., 1993).

Der diagnostische Prozess im SKID vollzieht sich in Anlehnung an das SKID-I, das für die spezifische Achse-I-Störung des DSM entwickelt wurde, meist in zwei Schritten: Zunächst dient ein Screeninng dazu, diejenigen Merkmale herauszufiltern, die auf das Vorliegen einer Persönlichkeitsstörung schließen lassen, um diese dann mittels Interviewteil genauer zu explorieren. Bisher vorliegende Reliabilitätssstudien lassen das SKID-II als hinreichend reliables Instrument erscheinen (Fydrich et al., 1997; Maffei et al., 1997; Dreessen & Arntz, 1998).

Zum SKID-II gab es zu Zeiten des DSM-III(-R) einige Vorläufer und Parallelformen, die vor allem in der (epidemiologischen) Forschung Anwendung fanden, inzwischen aber kaum mehr eingesetzt werden. Die Erfahrungen wurden vielmehr in das SKID-II integriert. Dazu gehörten u.a. das:

Structured Interview for DSM-III(-R) Personality Disorders (SIDP[-R]). Entwickelt und eingesetzt in den Arbeitsgruppen um Pfohl (Pfohl et al., 1982, 1989) sowie um Stangl (Stangl et al., 1985); inzwischen ist eine Version für DSM-IV vorhanden (**SIDP-IV**; Pfohl et al., 1995).

Diagnostic Interview for Personality Disorders (DIPD). Entwickelt von Zanarini et al. (1987).

Personality Disorders Examination (PDE). Entwickelt von einer Forschergruppe um Loranger (Loranger et al., 1985, 1987), das ebenfalls in epidemiologischen Studien verwendet wurde (vgl. Loranger, 1988). Insbesondere das letztgenannte semistrukturierte Interview wurde zwischenzeitlich im Sinne der DSM-Entwicklungen verbessert und neuerlich auch noch um die Kriterien der ICD-10-Persönlichkeitsstörungen angereichert. Dabei handelt es sich um den

International Personality Disorder Examination (IPDE). Dieses Interviewverfahren befindet sich in internationalen Feldstudien in Erprobung, auf deren erste Ergebnisse wir im nächsten Kapitel näher eingehen werden (Loranger et al., 1994). Das IPDE ist das offizielle Instrument der WHO mit dem ICD-10-Modul. Im Unterschied zum SKID-II werden im IPDE nicht einzelne Störungsgruppen abgeprüft, sondern alle in der ICD-10 aufgeführten Kriterien werden in sechs Bereichen zusammengefasst (Arbeit; Selbst/Selbsteinschätzung; zwischenmenschliche Beziehungen; Affekte; Realitätskontrolle; Impulskontrolle). Üblicherweise werden Patienten interviewt, es besteht die Möglichkeit, Informationen Dritter zu berücksichtigen. Der IPDE ist ins Deutsche übersetzt und besitzt eine gute bis sehr gute Reliabilität (Mombour et al., 1996).

Screening-Verfahren

Schließlich gibt es noch einige beachtenswerte Ergänzungen zur ausführlichen Interviewmethodik, die sog. Kriterien- oder Checklisten zur klassifikatorischen Diagnostik. Drei der nachfolgend genannten vier Verfahren wurden im deutschen Sprachraum entwickelt:

Internationale Diagnosen Checkliste für die DSM-IV/ICD 10 Persönlichkeitsstörungen (IDCL-P). Sie wurde von einer Münchener Arbeitsgruppe entwickelt und überprüft (Bronisch et al., 1995).

ICD-10 Merkmalsliste (ICDML). Sie ist seit Anfang der 90er-Jahre in Entwicklung (Dittmann et al., 1992).

Aachener integrierte Merkmalsliste zur Erfassung von Persönlichkeitsstörungen (AMPS). Sie wurde in einer Arbeitsgruppe um Saß (Saß et al., 1990, 1995) ausgearbeitet und testpsychologisch überprüft.

Bei diesen drei deutschsprachigen Checklisten sind alle zur Diagnosestellung relevanten Kriterien nach Störungsgruppen zusammengefasst und hintereinander aufgeführt. Dem Interviewer bleibt weitgehend überlassen, welche Störungsgruppen er in welcher Reihenfolge erhebt. Bei der AMPS handelt es sich um ein Fremdbeurteilungsinventar, das eine eingehende Kenntnis der Biographie von Patienten voraussetzt und möglichst auch Verhaltensbeobachtung und fremdanamnestische Angaben berücksichtigt. Die Merkmalsliste deckt wie die IPDE den gesamten Bereich der in beiden Klassifikationssystem von DSM-IV und ICD-10 enthaltenen Merkmale der Persönlichkeitsstörungen ab, erweitert zusätzlich durch die Merkmale für die (sub-)affektiven Persönlichkeitsstörungen (→ 19). Für die umfangreicheren AMPS und ICDML bietet sich eine computerisierte Auswertung an, während bei dem ICDL-P für jede Störung getrennt die Merkmale auf einem Bogen enthalten sind und dort abschließend verrechnet werden.

Iowa Personality Disorder Screen (IPDS). Dieses mit elf Items (nebst jeweils ein bis zwei Vertiefungsfragen bei Item-Bejahung) ausgesprochen kurze Verfahren wurde von einer Arbeitsgruppe in Iowa in Kooperation mit anderen entwickelt, die gemeinsam über viele Jahre Forschungserfahrungen mit Persönlichkeitsstörungen verfügen (Langbehn et al., 1999). Das Screening lässt sich in fünf Minuten durchführen und dient vor allem dazu, Personen zu identifizieren, bei denen das Risiko einer „Persönlichkeitsstörung" vermutet werden kann und die dann genauer untersucht werden können. Es verfügt inzwischen über eine sehr gute Voraussagekraft mit einer Sensitivität von 79 Prozent und einer Spezifität von 86 Prozent (validiert am oben beschriebenen SIDP-IV; Pfohl et al., 1995).

Alle Checklisten erfordern klinische Kenntnisse und damit Erfahrung mit dem Einsatz und Training. Mit entsprechender Voraussetzung der Interviewer lassen sich die einzelnen Persönlichkeitsstörungen (in AMPS; ICDML und IDCL-P) bzw. das allgemeine Risiko (mittels IPDS) sehr zuverlässig bestimmen.

19.1.3 Fragebögen zur Selbstbeurteilung

Seit einigen Jahren befinden sich auch eine Reihe von Selbstbeurteilungsfragebögen in der Erprobung und Entwicklung, von denen uns insbesondere folgende, besser untersuchte Fragebögen als beachtenswert erscheinen:

Personality Disorders Questionnaire (PDQ[-R]). Dieses Verfahren wird inzwischen vor allem in den angelsächsischen Ländern recht häufig verwendet und wurde auch bereits in einigen Feldstudien eingesetzt, auf die wir im nächsten Kapitel eingehen (Hyler et al., 1983, 1987); Konstruktvalidierung durch Hyler et al. (1990; auch: Skodol et al., 1992). Inzwischen liegt eine überarbeitete Version mit Adaptation an das DSM-IV vor (PDQ-4+; Hyler, 1994) Eine erste Validierungsstudie wurde von Fossati et al. (1998) publiziert. Wie bereits bei den Vorfassungen finden sich gute bis sehr gute Reliabilitätswerte (interne Konsistenz), andererseits nach wie vor nur eine mäßige konvergente Validität im Vergleich zu direkten SCID-II-Interviews. Befriedigende Übereinstimmungen zwischen Selbst- und Fremdrating ergeben sich nur für die Skalen „dependent" und „dissozial".

Dennoch gilt der PDQ wegen seiner guten testtheoretischen Absicherung als das gegenwärtig am besten evaluierte Selbstbeurteilungsverfahren, auch wenn mit ihm eindeutige Diagnosen der Persönlichkeitsstörungen im Sinne der Klassifikationssysteme nicht möglich sind. (Wir werden weiter unten auf gegebene Differenzen zwischen Selbst- und Fremdbeurteilung genauer eingehen.) Gleiches gilt auch für eine deutschsprachige Entwicklung, für das

Persönlichkeits-Stil und Störungs-Inventar (PSSI). Dieses von Kuhl und Kazén (1997) entwickelte Verfahren orientiert sich in den Persönlichkeitsstörungsbezeichnungen wie der PDQ an den ICD-/DSM-Vorgaben. Weiter ist das Verfahren inzwischen sowohl testtheoretisch wie konzeptuell persönlichkeitspsychologisch gut begründet (zu den Grundlagen: Kuhl, 2001). Andererseits weisen die Autoren darauf hin, dass selbst hohe Werte in den einzelnen Skalen nicht automatisch das Vorliegen einer Persönlichkeitsstörung bedeuten.

Verschiedene Studien unter Einbeziehung von Fragebögen weisen jedoch wiederholt auf ihre sehr gute Screening-Funktion von Selbstratings hin (Neal et al. 1997; Ottoson et al., 1998). Ähnliches gilt für die nachfolgenden Instrumente.

Schedule for Normal and Abnormal Personality (SNAP). Mit diesem von Clark (1990) publizierten Verfahren legt der Autor ein Instrument vor, mit dem akzentuierte Persönlichkeitsstile und Persönlichkeitsstörungen differenziert werden können. Es ist im Unterschied zum PDQ und PSSI, die ähnliche Möglichkeiten beinhalten, bisher kaum verbreitet. Außerdem liegen zur Diagnosefunktion dieses Instruments keine hinreichenden Validierungen vor.

MMPI Scales for DSM-III Personality Disorders (MMPI-PD). Bei diesem Fragebogen handelt es sich um eine Adaption von Persönlichkeitsstörungsskalen des

MMPI an das DSM-III(-R) durch Morey et al. (1985) und O'Maille et al. (1995). Die Skalen wurden bisher eher selten in Studien eingesetzt.

Fragebogen zu kognitiven Schemata (FKS). Dieses Selbstbeurteilungsinstrument für Persönlichkeitsstörungen beinhaltet eine Auflistung von störungstypischen kognitiven Schemata, die auf einer *Scale of Cognitive Schemas in Personality Disorders* im Anhang des Buches über die Kognitive Therapie bei Persönlichkeitsstörungen von Beck et al. (1990) beruht. Der FKS wurde von Fydrich et al. (1995) entwickelt und inzwischen in Studien vor allem im deutschsprachigen Raum erprobt und fortentwickelt. Mit der FKS lassen sich alle DSM-Persönlichkeitsstörungen erfassen mit Ausnahme der Borderline-Persönlichkeitsstörungen. Für Letztere ist jedoch zurzeit eine FKS-Ergänzung in der Entwicklung (Renneberg, i.V.).

Wisconsin Personality Inventory (WISPI). Dieses von Klein et al. (1993) publizierte Selbstbeurteilungsverfahren ist ausdrücklich darauf abgestellt, eine Diagnosestellung und mögliche Komorbiditäten über die interpersonellen Kriterienaspekte der Persönlichkeitsstörungen zu erfassen, so wie sie u.a. von Benjamin in ihrer Monographie über die interpersonelle Diagnose und Behandlung der Persönlichkeitsstörungen ausgearbeitet wurden (Benjamin, 1995; → 4.10). Dieser Fragebogen bietet übrigens gute Möglichkeiten einer Überprüfung der (Konstrukt-)Validität der sonstigen, eher eng an Diagnosesysteme angelehnten Fragebögen und Interviewverfahren.

Millon Clinical Multiaxial Inventory (MCMI). Schließlich bedarf hier noch das Fragebogeninventar MCMI (Millon, 1983, 1987) einer kurzen Erwähnung. Es basiert auf Millons Theorie der Persönlichkeitsstörung, die zwar von den Störungsbildern des DSM-III her ihren Ausgang nimmt, andererseits jedoch eigene Störungsausarbeitungen und Störungstypologisierungen beinhaltet und theoretisch-konzeptuelle Zusammenhänge zwischen den DSM-III-Kategorien und unterschiedliche Schweregrade der Störungen postuliert (→ 19.3; → 5.5).

Millon begann seine Inventarausarbeitungen kurz nach Erscheinen des DSM-III mit dem MCMI-I (Millon, 1983) und veränderte die Ursprungsfassung nach Revision des DSM-III-R (MCMI-II; Millon, 1987). Zugleich versuchte er der Kritik zu entsprechen, dass einige seiner Skalen zu hohe Interkorrelationen aufwiesen. Das MCMI-I erlaubt eine Zuordnung von Testprobanden und Patienten zu den elf Hauptstörungen des DSM-III, das MCMI-II zusätzlich eine Zuordnung zu zwei weiteren, inzwischen aus dem DSM-IV gestrichenen Persönlichkeitsstörungen, und zwar zur sadistischen und zur selbstschädigenden Persönlichkeitsstörung (vgl. hierzu die früheren Auflagen dieses Buches). Das MCM-I weist (wohl Millons Konzeptüberlegungen entsprechend) bei einer Reihe von Persönlichkeitsstörungen niedrige Übereinstimmungen mit den übrigen Störungsinventaren auf, die – wie etwa das SCID oder SIDP – in enger Übereinstimmung mit dem DSM entwickelt wurden (vgl. z.B. Reich, 1987a; Renneberg et al., 1992).

Andererseits werden testtheoretische Voraussetzungen (Retest-Reliabilitäten, interne Konsistenz, Stabilitätswerte) gut bis sehr gut erfüllt (vgl. Millon, 1987).

Bis auf das DIPD und WISPI, die SNAP und das MCMI sind inzwischen alle der hier erwähnten Verfahren ins Deutsche übersetzt und befinden sich auch im deutschen Sprachraum in der Erprobung (vgl. u.a. Bronisch, 1992; Fydrich et al., 1996; Wittchen et al., 1993). Eine Anpassung der Verfahren an das DSM-IV ist entweder bereits erfolgt oder dürfte in Kürze zu erwarten sein.

Objektivität, Zuverlässigkeit und interne Konsistenz der angegebenen Verfahren können inzwischen als durchaus vergleichbar mit denen strukturierter Interviewdiagnosen für die spezifischen (symptomatischen) psychischen Störungen/Syndrome angesehen werden. So schwanken die Kappa-Werte der Test-Retest-Reliabilitäten für die einzelnen Störungen beispielsweise für den PDQ-Fragebogen zwar noch zwischen .17 und .85 (i.d.R. jedoch >.50); die Interrater-Reliabilitäten der strukturierten Interviews erreichen jedoch inzwischen Kappa-Werte zwischen .60 und .96 (so im SCID, SIDP, PDE und IPDE); für einzelne Persönlichkeitsstörungen werden in diesen störungsübergreifenden Instrumenten jedoch auch geringere Werte mitgeteilt (Bronisch & Mombour, 1998).

Fragebogen-Screening

Ein Fragebogeninstrument soll hier zum Schluss noch erwähnt werden, mit dem sich – ähnlich wie bei den Screening-Interviews mittels Checklisten – die Möglichkeit des Vorhandenseins einer Persönlichkeitsstörung zeitökonomisch und grob voraussagen lässt.

Inventory of Interpersonal Problems – Personality Disorders Screening (IIP-PD). Dieses Verfahren enthält eine Reduktion des umfänglichen und weltweit häufig eingesetzten Inventars zur Erfassung interpersoneller Probleme (IIP-C/-D) von L.M. Horowitz (Horowitz et al., 1988; deutsche Version seit 1994). Dieses Verfahren wurde in → Kapitel 4.10.2 bereits ausführlicher beschrieben. Als Ergebnis erster Studien wurden drei Subskalen aus dem Itempool des IIP extrahiert, mit denen sich das Risiko des Vorhandenseins von Persönlichkeitsstörungen im Sinne eines Screenings recht gut voraussagen lässt (Pilkonis et al., 1996). Sie wurden von den Autoren als „Interpersonelle Empfindsamkeit", „Interpersonelle Ambivalenz" und „Aggressionsneigung" bezeichnet. Mit zwei weiteren Subskalen „Bedürfnis nach Anerkennung" und „Fehlender Sozialbezug" lassen sich insbesondere die Persönlichkeitsstörungen des DSM-Clusters C (ängstlich, furchtsam) gut identifizieren (hierzu wurde inzwischen eine besondere Kurzform, die sog. IIP-C entwickelt; Scarpa et al., 1999). Besonders sensitive Einzelitems des IIP wurden in einer späteren Publikation mitgeteilt (Yookyung & Pilkonis, 1999). Inzwischen liegt eine umfängliche testtheoretische Validierung vor, die das Verfahren als reliabel und valide zur Risikobestimmung des möglichen Vorliegens einer Persönlichkeitsstörung ausweist (Scarpa et al., 1999).

Fragebögen versus Interviews

Alle bisher vorliegenden Vergleiche zum Einsatz von Fragebögen versus Interviews weisen immer noch das Problem unzureichender Konstruktvalidierung und eher geringer Konkordanzen insbesondere bei einzelnen Störungsbildern auf (Zusammenfassung unterschiedlicher Studien zu dieser Frage bei Clark et al., 1997; vgl. auch Dittmann et al., 2001). Wiederholt wurde in diesem Zusammenhang bedauert, dass es für die Persönlichkeitsstörungen nach wie vor keinen „Standard" gibt, auf den sich Forschergruppen hätten einigen können. So lange ein „Urmeter" fehlt, verbleibt trotz aller damit verbundenen Nachteile fast nur die Möglichkeit, die Kriterien der Klassifikationssysteme als Vergleichsstandard zu nehmen.

> **!** Da die Fragebogenerhebungen in aller Regel keine hohen Konkordanzen mit den SCID-II oder IPDE aufweisen, gilt die Regel, dass Persönlichkeitsstörungsdiagnosen nicht auf der Grundlage von Selbstratings vergeben werden sollten.

Verschiedene Studien unter Einbeziehung von Fragebögen und Interviews weisen jedoch, wie oben angedeutet, wiederholt auf die sehr gute Screening-Funktion der Selbstratings hin (Ottoson et al., 1998). Wichtige Ausnahme für diese Screening-Funktion von Fragebögen scheinen lediglich Patienten mit schweren psychiatrischen Störungen und forensisch betreute Patienten zu sein, bei denen die Persönlichkeitsstörungen in komplexe Komorbiditätsbeziehungen eingebunden sind bzw. bei denen Täuschungsabsichten unterstellt werden können (hierzu die Studie von Ruiter & Greeven, 2000).

Dennoch darf allgemein von einer guten bis sehr guten Screening-Funktion der Fragebogenerhebung ausgegangen werden. Diese Aussage findet sich u.a. gut begründet aus Vergleichen von Daten, die mit Fragebögen versus mit strukturierten Interviews erhoben wurden. In den in → Kapitel 20 dargestellten epidemiologischen Untersuchungen, in denen beide Diagnostikstrategien gleichzeitig eingesetzt wurden (z.B. bei Reich et al., 1989, sowie bei Zimmerman & Coryell, 1990), zeigen sich nämlich – alle Persönlichkeitsstörungen als eine Gruppe betrachtet – überraschend gute Übereinstimmungen zwischen den Selbsteinschätzungen mittels Fragebogen (PDQ) und den Fremdratings der Interviews (SIDP). Dies zeigt auch die Zusammenfasssung unterschiedlicher Studien bei Clark et al. (1997).

Die in Vergleichsstudien zwischen Interviews und Selbstratings bei einzelnen Persönlichkeitsstörungen findbaren größeren Diskrepanzen lassen sich im Übrigen recht plausibel erklären. So mögen die deutlich höheren Angaben zur Borderline-Persönlichkeitsstörung in der Selbsteinschätzung der Zimmerman/Coryell-Studie dadurch kontaminiert sein, dass es sich dabei um Selbstratings von Angehörigen schizophrener Patienten handelt. Andererseits konnten die höheren Selbsteinschätzungen gegenüber Interviewverfahren inzwischen bei Patienten mit Borderline-Störungen bestätigt werden (Trull et al., 1998).

Dass die Dependenz in den Befragungsstudien subjektiv zumeist höher eingeschätzt wird, als sie im Fremdrating feststellbar ist, mag auf einen interessanten Aspekt verweisen, der in einem Beurteilerbias begründet sein kann. Möglicherweise stellen sich dependente Personen im Interview kompetenter (weniger abhängig; möglicherweise empathisch zugewandter) dar, als sie sich selbst beschreiben würden. Fast gleichsinnig lässt sich dies am Beispiel der zwanghaften Persönlichkeitsstörung zeigen. Auch hier deuten die Befunde auf einen Beurteilerbias, der die zwanghaften Personen aus der Außenperspektive akzeptierbar gewissenhaft und ordentlich erscheinen lässt, während die Selbsteinschätzung ein Mehr an Ich-Dystonie dieser Störung signalisieren könnte (Störungseinsicht). Beide Abweichungen machen darauf aufmerksam, dass es zukünftig bedeutsam sein könnte, genau herauszuarbeiten, bei welchen Störungen das Selbstrating eine sinnvolle wichtige Ergänzung zum Interview darstellt.

Geschlechtsbias

Eine schon längere Zeit ausgetragene Kontroverse betrifft die Frage, ob die Kriterien der Persönlichkeitsstörungen in den Diagnosessystemen nicht verdeckte Einseitigkeiten in sich tragen, geschlechtstypische Abweichungen mehr zu repräsentieren als dysfunktionale persönliche Stile. Diese Kontroverse nimmt ihren Ausgangspunkt mit einer grundlegenden Kritik durch Kaplan (1983) am DSM-Konzept der dependenten Persönlichkeitsstörung. Die inzwischen vorliegenden Forschungsarbeiten haben denn auch eine Reihe von Mängeln in der Kriterienbildung nachweisen können, wie wir diese in den Störungskapiteln gelegentlich angedeutet haben: So werden die histrionische sowie Borderline-Persönlichkeitsstörung eher bei Frauen und die narzisstische sowie dissoziale Persönlichkeitsstörung eher bei Männern diagnostiziert (Lindsey et al., 2000). Der vermutete Geschlechtsbias bei dependenter Persönlichkeitsstörung hingegen hat sich nicht bestätigen lassen (→ 15).

Während einige Autoren die Ansicht vertreten, dass es durchaus geschlechtstypische Persönlichkeitsstörungen geben könnte, sind andere der Ansicht, dass eine Vermischung von persönlichkeitsbedingten Dysfunktionen und Geschlechtsrollenmustern grundsätzlich vermieden werden sollte (Ross et al., 1995; Widiger, 1998). Kürzlich wurde nun eine erste Studie zu der Frage durchgeführt, ob sich ein möglicher Geschlechtsbias auch in Fragebogenerhebungen finden lässt (Lindsey et al., 2000). Dies konnte weitgehend bestätigt werden. So finden sich in mit drei der oben genannten Verfahren (PDQ, MCMI und MMPI-PD) durchgeführten Erhebungen deutliche Vereinseitigungen. Danach lassen sich die histrionischen Merkmale mehr mit Frauenrollenstereotypen als mit dysfunktionalen persönlichen Stilen in Verbindung bringen. Ein weiteres Problem betraf Männerrollensterotype der narzisstischen Persönlichkeitsstörung. Insgesamt waren diese im DSM-nahen konzipierten PDQ weniger ausgeprägt als in den beiden anderen Instrumenten.

19.1.4 Validierung der Statusdiagnostik

Ein weiteres Problem stellt gegenwärtig das weitgehende Fehlen einer Validierung der Verfahren an externen Kriterien als „Standard" dar. Vorschläge gehen insbesondere dahin, zur externen Validierung u.a. direkte Interaktionsbeobachtungen durchzuführen. Die Praktikabilität dieser Möglichkeit wurde bisher vor allem konzeptuell vorgedacht bzw. erst ansatzweise am Beispiel einzelner Störungsbilder erprobt (McLemore & Brokaw, 1987; Benjamin, 1987, 1992, 1995; Kohlhoff, 1992). Für die praktische Anwendung der Fragebogen- oder Interviewverfahren bedeutet der noch vorhandene Mangel an externer Verfahrensüberprüfung, dass sich die Diagnostiker nicht auf eine einmalige Statusdiagnostik verlassen sollten.

Es muss nach wie vor klar gesehen werden, dass sich die Validierung bei Persönlichkeitsstörungen schwieriger gestaltet als bei anderen psychischen Störungen, da die oben genannten Diagnoseverfahren lediglich die Umsetzungen von in den Klassifikationssystemen festgelegten Kriterien darstellen. Und diese annähernd 120 Kriterien für Persönlichkeitsstörungen bewegen sich nach wie vor auf sehr unterschiedlichem Abstraktionsniveau (vgl. Dittmann et al., 2001). Außer diesen gibt es bisher jedoch keine Standardvorgabe, da kein allgemein akzeptiertes Instrument existiert, an dem eine Validierung vorgenommen werden könnte.

Vorschläge zur praktischen Umgangsweise mit dem Problem der fehlenden externen Validität der Verfahren sind deshalb nur sehr vorläufig brauchbar. Sie zielen aktuell in drei Richtungen:

Individuelle Entwicklungshypothese. Praktiker sollten über die Statusdiagnostik hinaus eine ausführliche Störungs- und Ätiologieanalyse vornehmen, die der Ausarbeitung einer individuellen Entwicklungshypothese zur jeweils diagnostizierten Persönlichkeitsstörung dient. Diese ätiologische Entwicklungshypothese wird dann mit den vorliegenden (konzeptuellen oder empirisch generierten) Ätiologiemodellen der diagnostizierten Störung verglichen. Ergeben sich gravierende Unstimmigkeiten zwischen individueller und allgemeiner Ätiologieperspektive der diagnostizierten Persönlichkeitsstörung, ist die Notwendigkeit zum Überdenken der Statusdiagnostik gegeben! Dieses Vorgehen wird in Kapitel → 22.3 ausführlich beschrieben und begründet.

Expertenrating. Der zweite Vorschlag stammt von Spitzer (1983), der zur Validierung der Statusdiagnostik eine unabhängige Longitudinalbeobachtung durch wiederholte Expertenratings unter Einschluss aller Kriterien aller Persönlichkeitsstörungen (z.B. im Verlauf der Gesamtbehandlung oder während des gesamten Klinikaufenthaltes) empfiehlt (von ihm so bezeichnete *Longitudinal Expert Evaluation Using All Data* [LEAD]). Eine systematische Überprüfung dieses Vorgehens wurde kürzlich von Skodol et al. (1988) mit einer Prognose der SCID-Diagnostik auf die wiederholte LEAD-Diagnostik durchgeführt, wobei sich insgesamt die Sinnhaftigkeit dieses Vorgehens zeigte. Die Statusdiagnostik der Persönlichkeitsstörungen führte in dieser Studie insbesondere bei der narzisstischen (mit den niedrigsten Prognosewerten und dann ansteigend bei der) ängstlich-vermeidenden, passiv-aggressiven, paranoiden und histrionischen Persönlichkeitsstörungen zu Fehlbeurteilungen. Hingegen erlaubt die einmalige Diagnostik mit den gegenwärtigen Kriterien eine recht gute Prognose auf die dissoziale (höchste Prognosewerte, dann absteigend auf die) schizotypische, schizoide, Borderline- und dependente Persönlichkeitsstörung in der Langzeitbeurteilung mittels LEAD.

Befragung von Angehörigen. Es wurden einige Untersuchungen zur konvergenten Validität durchgeführt, indem zusätzlich zu Patienten deren Angehörige befragt wurden. Diese Untersuchungen wurden zumeist mit dem SCID-II durchgeführt (frühere Ergebnisse zusammengefasst und erneut geprüft durch Dreessen et al., 1998). In allen vorliegenden Studien zeigten sich immer nur mäßige bis kaum nennenswerte Übereinstimmungen. Die höchsten Übereinstimmungen zwischen Patienteninterview und Angehörigeninterview fanden sich bei den Borderline- und dissozialen Persönlichkeitsstörungen, obgleich selbst diese keine akzeptable Güte erreichten. Kurz: Die direkte Untersuchung von Patienten durch geschulte Interviewer führt nach wie vor zu den validesten Ergebnissen in der Diagnostik von Persönlichkeitsstörungen.

19.2 Das Problem der Kriterienüberlappung

Das angesprochene Problem der in beiden Diagnosesystemen bei den meisten Persönlichkeitsstörungen noch gegebenen Kriterienüberlappungen ist nicht einfach zu lösen.

Einerseits ist es nicht dadurch zu beheben, dass man sich um akzentuiert unterschiedliche Formulierungen bei den einzelnen Störungsbildern bemüht. Dies ist beipielsweise im ICD-10 konsequent versucht worden. Unterschiedliche Deskriptionen ähnlicher Erlebens- und Handlungsmuster führen jedoch nicht per se zur besseren Abgrenzung. Auch können ähnliche Verhaltensmuster zu den prototypischen Merkmalen unterschiedlicher Störungsbilder durchaus dazugehören, wenngleich sie innerhalb der verschiedenen Störungen jeweils unterschiedlich gewichtig sein werden. Letztlich fordert gerade die Prototypenperspektive, dass erst das Vorhandensein eines bestimmten Ensembles von Haupt- und Nebenmerkmalen sowie deren jeweils gegebene Prägnanz eine Diagnosevergabe rechtfertigt (→ 2.3).

Andererseits könnten unreflektierte Kriterienüberlappungen mögliche Komorbiditäten (als quasi natürliche Übergänge zwischen den Persönlichkeitsstörungen) verwischen. Die genaue Feststellung von Komorbiditäten wäre beispielsweise für eine differenzielle Aufklärung unterschiedlicher Störungsursachen von Belang. Die genaue Kenntnis und eine präzise Feststellung von Komorbiditäten hat nämlich erhebliche Bedeutung für differenzielle und selektive Behandlungsentscheidungen (→ 22).

19.2.1 Dimensionale Diagnostik

Für die Reduzierung des Überlappungsproblems ist in den letzten Jahren eine Reihe von Möglichkeiten vorgeschlagen und diskutiert worden.

Einerseits wird – zumeist vonseiten der Klinischen und Differenziellen Psychologie im Rekurs auf die persönlichkeitspsychologischen Testinventare (MPI; EPI; MMPI, MMCI usw.; → 5.3, → 5.4) – gefordert, die Persönlichkeitsstörungen erneut stärker unter dem Gesichtspunkt ihrer Dimensionalität zu konzeptualisieren. Es steht außer Frage, dass eine dimensionale Betrachtung von Persönlichkeitsstörungen eine ausgesprochene „face validity" besitzt (vgl. Gunderson, 1992). Wohl alle der bis hier vorgestellten Persönlichkeitsstörungen lassen sich isoliert oder in weniger extremisierter Form bei einer größeren Anzahl von Menschen finden, die die jeweiligen Kriteriengrenzen nicht (ganz) erreichen. Und dies ist so, obwohl die einzelnen Störungskonzepte ganz unterschiedlichen theoretischen Positionen und Denktraditionen entstammen und einige zugleich mit der Zielperspektive eindeutig vorfindbarer und voneinander abgrenzbarer Entitäten entwickelt wurden.

Andererseits haben sich die bis heute vorliegenden dimensionalen Persönlichkeitsmodelle und die daraus entwickelten Testinventare außerhalb der empirischen Forschung vor allem in der Praxis nicht so recht durchsetzen können. Gegenwärtig scheint sich dies mit Etablierung des Fünf-Faktoren-Modells der Persönlichkeit in der Differenziellen und Klinischen Psychologie jedoch erheblich zu ändern („Big-Five": → 5.4; vgl. Widiger & Frances, 1993; Trull & McCrae, 1993). Bei allen Nachteilen, die sich aus der Orientierung an einer kategorialen Klassifikation von Persönlichkeitsstörungen ergeben, scheint es gegenwärtig erneut sinnvoll, die Frage der Praktikabilität einer dimensionalen Persönlichkeitsdiagnostik durchaus als eine Leitorientierung im Auge zu behalten (vgl. die Arbeiten in Costa & Widiger, 1993).

19.2.2 Prototypendiagnostik

Auch wenn die dimensionalen Modelle langfristig vor allem unter methodologischen Aspekten die besseren Alternativen bereitstellen mögen, wird von zahlreichen Forschern gegenwärtig die Fortentwicklung der Klassifikationssysteme in Richtung Prototypenperspektive favorisiert. Innerhalb der Prototypenperspektive wird ja ebenfalls eine Gewichtung (oder Dimensionierung) von Störungskriterien gefordert (Widiger & Frances, 1985; → 2.3). Weder im DSM-III-R noch in der ICD-10 ist einer solchen Forderung bisher vollständig entsprochen worden. Auch im DSM-IV wurden die Vorschläge für eine Gewichtung und mögliche

Dimensionierung der Persönlichkeitsstörungen noch nicht in ausreichend befriedigendem Ausmaß umgesetzt. Es wird lediglich empfohlen, ergänzend zur psychiatrisch-klassifizierenden Diagnose dimensionale Persönlichkeitsuntersuchungen durchzuführen.

Ein zweiter Weg zur Reduzierung ungünstiger Überlappungen wird in der Entwicklung von Standards gesehen, nach denen eine Entscheidung für Einschluss versus Ausschluss von Störungsbildern und -kriterien in die Diagnosesysteme vorgenommen werden könnte. So haben beispielsweise Blashfield et al. (1990) einen auf den ersten Blick etwas radikal anmutenden Vorschlag zur Exklusion bzw. Inklusion ganzer Störungsbilder unterbreitet:

Exklusionsprinzip

Nach ihrer Auffassung sollten einzelne Störungsbilder aus den Klassifikationssystemen ausgeschlossen werden/bleiben,

- wenn sie innerhalb der wissenschaftlichen Literatur kaum Resonanz finden,
- wenn sie extrem selten auftreten und
- wenn sie sich als anfällig für einen Diagnosebias erweisen.

Nach Ansicht der Autoren ermöglichte eine solche Standardsetzung, z.B. folgende Störungskategorien der DSM-Achse II aus dem DSM auszuschließen:

- die passiv-aggressive Persönlichkeitsstörung, weil sie in der Forschungsliteratur der vergangenen Jahre kaum nennenswerte Resonanz gefunden habe;
- die schizoide Persönlichkeitsstörung, weil sie nach ihrer Neusetzung 1980 mit einer Prävalenz von unter einem Prozent aller diagnostizierten Patienten in kaum nennenswerter Häufigkeit vorkomme;
- die histrionische bzw. narzisstische Persönlichkeitsstörung, weil beide Diagnosen nachweislich mit einem eindeutigen Geschlechtsbias gestellt werde (histrionisch = weiblich; narzisstisch = männlich).

Inklusionsprinzip

Für eine Beibehaltung von Störungstypologien schlagen Blashfield et al. (1990) folgende Standards vor, die ebenfalls höher liegen dürften als jene, nach denen bisherige Entscheidungen für die Aufnahme einer Störungsgruppe in frühere DSM-Fassungen getroffen wurden. Es sind dies

- das Vorliegen angemessener Forschungsliteratur,
- spezifische diagnostische Kriterien mit einer zugleich akzeptierbar hohen Interraterreliabilität,
- ausreichende Evidenz, dass diese Kriterien insgesamt ein Syndrom oder eine prototypische Störungsgruppe repräsentieren, sowie
- ausreichend deutliche Unterscheidbarkeit des Störungsbildes von anderen (geringe Kriterienüberlappung).

In Anwendung dieser Standards an die aktuell in der Diskussion befindlichen Störungsbilder (den negativistischen und affektiv-depressiven Persönlichkeitsstörungen) dürften sie vor allem für eine Hinzufügung der depressiven Persönlichkeitsstörung zur DSM-Achse II sprechen, zu der inzwischen ein erhebliches Mehr an substanzieller Forschung und Literaturrezeption als zu vielen anderen Persönlichkeitsstörungen vorliegt (vgl. Gunderson, 1992). Gleichzeitig wird ja auch über eine Neukonzeptualisierung der negativistischen (bisher: passiv-aggressiven) Persönlichkeitsstörung gearbeitet. Andererseits wurde in der Kapiteleinleitung auf die Probleme der Nichtberücksichtigung eher selten beobachtbarer Persönlichkeitsstörungen hingewiesen.

19.3 Empirische Komorbidität

Eine der wichtigsten Eigenarten der Persönlichkeitsstörungen betrifft die Tatsache, dass es sich bei ihnen nicht um eindeutig voneinander abgrenzbare Entitäten handelt. Wie wir bereits in den Kapiteln zur Differenzialdiagnostik der spezifischen Persönlichkeitsstörungen jeweils dargelegt haben, lassen sich bei ein und derselben betroffenen Person vielfach immer auch ein oder mehrere weitere Persönlichkeitsstörungen finden, wenngleich zumeist bei hervorstechender Dominanz eines Störungsbereiches (sog. Komorbidität der Persönlichkeitsstörungen untereinander). Und es ist auch weiter nicht ungewöhnlich, dass Personen, die an einer anderen psychischen Störung erkranken (z.B. an einer Depression, Schizophrenie oder Angststörung), zusätzlich die Merkmale einer oder mehrerer Persönlichkeitsstörungen besitzen können (sog. Komorbidität der Persönlichkeitsstörungen gegenüber anderen spezifischen psychischen Störungen und Syndromen).

Das Komorbiditätsproblem ist in den letzten Jahren zu einem zentralen Forschungsfeld im Bereich psychischer Störungen ausgewachsen. Denn das Vorliegen einer Komorbidität ist von beträchtlicher Bedeutung für das jeweilige Verständnis, die Behandlung und den Verlauf der psychischen Gestörtheit eines Menschen. So ist in den vergangenen Jahren eine Vielzahl von Studien zum Komorbiditätsproblem der Persönlichkeitsstörungen durchgeführt worden:

- Zur Komorbidität der Persönlichkeitsstörungen untereinander liegen Studien vor u.a. von Morey (1988), Widiger et al. (1991), Oldham et al. (1992) sowie neuerlich eine wichtige Zusammenfassung bisheriger Studien durch Stuart et al. (1998).
- Zur Komorbidität von spezifischen psychischen Störungen/Syndromen und Persönlichkeitsstörungen liegen Forschungsarbeiten vor u.a. von Tyrer et al. (1983), Pfohl et al. (1984, 1991), Docherty et al. (1986), Turner et al. (1991), Widiger & Shea (1991), Fydrich et al. (1996).

Nachfolgend soll die Substanz der bisherigen Komorbiditätsforschung an einigen Ergebnissen beispielhaft zusammengefasst sowie weiter angedeutet werden, welche Konsequenzen sich daraus für die zukünftige Konzeptualisierung von Persönlichkeitsstörungen ergeben könnten (→ 19.4).

19.3.1 Komorbidität mit anderen psychischen Störungen

Persönlichkeitsstörungen treten sehr häufig im Zusammenhang mit spezifischen (symptomatischen) psychischen Störungen auf (→ Tabelle 19.1). Im DSM-III-R ist diesem Phänomen insofern Rechnung getragen worden, als innerhalb dieses multiaxialen Diagnosesystems für die Persönlichkeitsstörungen die Achse II reserviert wurde. Durch die Achsenanordnung wird nahe gelegt, im Zusammenhang mit der Diagnose einer spezifischen psychischen Störung auf der Achse I (z.B. bei einer Phobie, Depression, Schizophrenie usw.) zugleich immer die Zusatzdiagnose einer Persönlichkeitsstörung mit in Betracht zu ziehen. In der ICD-Klassifikation gilt seit der ICD-10 (1991) ein ähnliches Komorbiditätsprinzip der multiplen Störungsdiagnostik (→ 2.4).

Tabelle 19.1. Übersicht über einige Gleichzeitigkeitsdiagnosen von Persönlichkeitsstörungen mit spezifischen psychischen Störungen, grob zusammengefasst nach vorliegenden Übersichtsarbeiten (vor allem orientiert an Übersichten bei Tyrer et al., 1997; Pfohl et al., 1991).

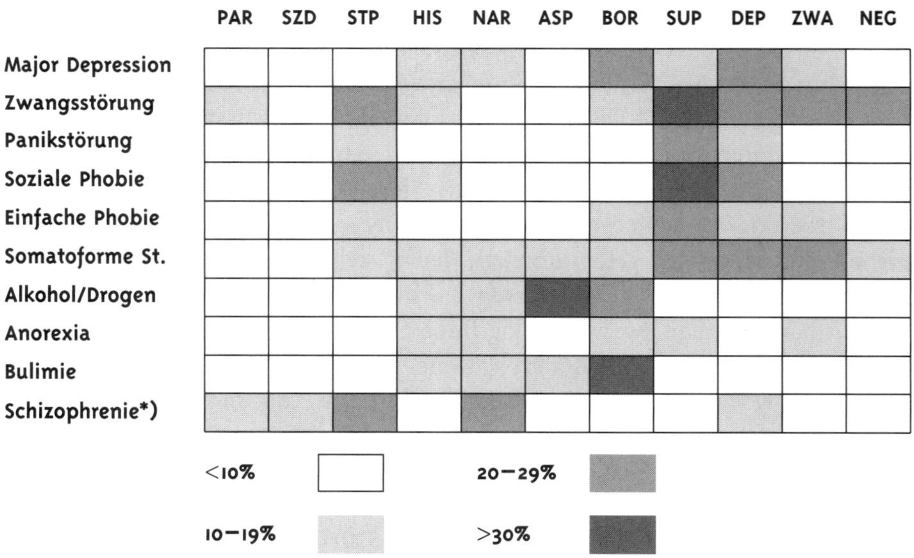

*) Nur in einigen Studien, da bei vorliegender Schizophrenie wegen bestehender Restriktionen in den Diagnosesystemen nur selten Komorbiditätsdiagnosen vergeben werden.

PAR = paranoid; SZD = schizoid; STP = schizotypisch; ASP = antisozial; BOR = Borderline; HIS = histrionisch; NAR = narzisstisch; SUP = selbstunsicher; DEP = dependent; ZWA = zwanghaft; NEG = negativistisch (in den Studien noch gemäß DSM-III[-R] als passiv-aggressiv).

So finden sich in den Angaben der erwähnten Übersichtsstudien über Patienten, die mit spezifischen psychischen Störungen in Kliniken behandelt werden, nur als einige Beispiele folgende Komorbiditätsraten (→ Tabelle 3.1): Bei schizophrenen Patienten lassen sich in mehr als der Hälfte der Fälle Mehrfachdiagnosen finden, vorrangig schizotypische, narzisstische oder dependente Persönlichkeitsstörungen; oder bei depressiven Patienten ebenfalls in etwa 50 Prozent der Fälle, dort vorrangig dependente, histrionische, zwanghafte, selbstunsicher-vermeidende oder Borderline-Persönlichkeitsstörungen. Nicht weniger häufig finden sich, als letztes Beispiel, Persönlichkeitsstörungen im Bereich der Ängste, Phobien oder Zwangsstörungen. Dort weisen Betroffene vorrangig selbstunsicher-vermeidende und dependente Persönlichkeitszüge auf.

Aus diesen Ergebnissen lässt sich nun weiter die Hypothese ableiten, dass eine Reihe von Persönlichkeitsstörungen als Risikomerkmale für die später mögliche Entwicklung spezifischer psychischer Störungen gelten könne. Dieser Bereich ist jedoch erst in Ansätzen erforscht. Bisherige Befunde lassen jedoch bereits heute folgende Risikoverbindungen erkennen, auf die wir bereits in den Störungskapiteln eingegangen sind: So kann z.B. eine schizotypische Persönlichkeitsstörung unter bestimmten, wenngleich eher seltenen Umständen in eine manifeste Schizophrenie übergehen (→ 9). Die dependente, zwanghafte wie die narzisstische Persönlichkeitsstörung ist offensichtlich ein unterschwelliger Nährboden für die Entwicklung affektiver Störungen, insbesondere der Majoren Depression (→ 13, → 15, → 16). Weiter gehören dependente und selbstunsichere Interaktionseigenarten zu den Störungsbeschreibungen von Angst- und Panikstörungen dazu (vgl. Reich et al., 1987). Und die Borderline-Persönlichkeitsstörung scheint bei einigen Patienten eine Voraussetzung dafür zu sein, dass sich im späteren Leben eine Depression oder bipolare Störung entwickelt (→ 11, → 18). Dass Patienten mit Borderline-Persönlichkeitsstörungen als besondere Risikogruppe für depressive Erkrankungen gelten können, deutet sich in einigen Untersuchungen jüngeren Datums an (vgl. Gunderson & Phillips, 1991). Und das sich im Zusammenhang mit der Zwangsstörung findbare Spektrum unterschiedlicher Persönlichkeitsstörungen ist aus der Schwere und Symptomvielgestaltigkeit, die diese Störung einnehmen kann, ebenfalls durchaus verständlich (Pfohl et al., 1991).

19.3.2 Komorbidität der Persönlichkeitsstörungen untereinander

Wenn man bedenkt, dass in Einzelfallberichten bei Patienten zumeist nur eine einzige Persönlichkeitsstörungsdiagnose diagnostiziert wird, erscheinen die nachfolgend dargestellten Befunde als besonders überraschend. Denn konvergent werden, seitdem das Komorbiditätsprinzip in den Diagnosesystemen gilt, in den dazu vorliegenden Studien ausgesprochen hohe Komorbiditäten der Persönlichkeitsstörungen untereinander mitgeteilt. Nachdem wir in früheren Auflagen dieses Buches wesentlich auf erste Befunde von Widiger et al. (1991) zurückgegriffen haben, hat sich dieser Sachverhalt in neueren Studien weiter bestätigt.

Unschwer lässt sich heute Folgendes konstatieren: Bekommt ein Patient die Diagnose einer Persönlichkeitsstörung, ist die Wahrscheinlichkeit außerordentlich hoch, dass auch noch eine zweite Persönlichkeitsstörungsdiagnose vergeben werden kann. In → Tabelle 19.2 findet sich eine aktuelle Zusammenfassung mit Prozentangaben zu Gleichzeitigkeitsdiagnosen aus vier Studien über insgesamt 1116 Personen mit Persönlichkeitsstörungen durch Stuart et al. (1998).

Tabelle 19.2. Prozentangaben zu den Gleichzeitigkeitsdiagnosen von DSM-III-R-Persönlichkeitsstörungen bei 1116 Personen in vier Studien (Stuart et al., 1998).

	PAR	SZD	STP	HIS	NAR	ASP	BOR	SUP	DEP	ZWA	NEG
gesamt	**13,9**	**3,9**	**3,0**	**21,3**	**8,3**	**4,2**	**15,3**	**24,8**	**18,0**	**16,4**	**14,4**
davon:											
solitär*)	11,0	12,5	9,1	19,3	1,1	17,0	9,4	17,0	6,5	15,8	8,1
paranoid		34,4	66,7	27,3	38,7	21,3	28,7	26,7	23,9	33,3	32,3
schizoid	7,1		24,2	3,4	5,4	4,3	4,7	7,2	4,5	7,7	6,2
schizotyp	14,2	25,0		5,0	8,6	8,5	9,4	8,7	8,0	6,6	7,5
histrionisch	41,9	25,0	36,4		73,1	36,2	50,9	28,5	44,8	27,3	46,0
narzisstisch	23,2	15,6	24,2	28,6		17,0	21,1	13,0	21,9	16,4	20,5
antisozial	6,5	6,3	12,1	7,1	8,6		14,0	6,5	5,0	5,5	9,3
Borderline	31,6	25,0	48,5	36,6	38,7	51,1		28,2	41,8	24,0	36,6
selbstunsicher	47,7	62,5	72,7	33,2	38,7	38,3	45,6		59,2	53,0	51,6
dependent	31,0	28,1	48,5	37,8	47,3	21,3	49,1	43,0		33,9	42,9
zwanghaft	39,4	43,8	36,4	21,0	32,3	21,3	25,7	35,0	30,8		32,3
negativistisch	33,5	31,3	36,4	31,1	35,5	31,9	34,5	30,0	34,3	28,4	

Die Daten in den Zeilen sind Prozentwerte, mit denen bei gegebener Hauptdiagnose der ersten Spalte weitere Persönlichkeitsstörungen diagnostiziert wurden.

*) solitär = Zeile enthält Prozentangaben zu Personen, die nur eine einzige Störungsdiagnose erhalten haben.

PAR = paranoid; SZD = schizoid; STP = schizotypisch; ASP = antisozial; BOR = Borderline; HIS = histrionisch; NAR = narzisstisch; SUP = selbstunsicher; DEP = dependent; ZWA = zwanghaft; NEG = negativistisch (in den Studien noch gemäß DSM-III[-R] als passiv-aggressiv).

Diese mit anderen Untersuchungen weitgehend konvergenten Ergebnisse erscheinen auf den ersten Blick völlig konträr zu den bisher in praxi üblichen Diagnosegepflogenheiten. Besonders in Fallausarbeitungen finden sich nämlich – wie angedeutet – üblicherweise nur Angaben zu einem Störungsbild. Angesichts der Häufigkeit von Gleichzeitigkeitsdiagnosen in → Tabelle 19.2 ist es nicht weiter erstaunlich, dass – je nach Persönlichkeitsstörung – bestimmte Formen der Komorbiditäten überwiegen, andere eher seltener beobachtbar sind. Erstaunlich ist dennoch, dass prinzipiell jede Kombination der Persönlichkeitsstörungen untereinander möglich ist, sodass es also immer Personen gibt, die auf den ersten Blick scheinbar völlig „untypische" Kombinationen prototypischer Persönlichkeitsmuster besitzen.

Risiko

Prozentangaben sind nur begrenzt geeignet, Aussagen über die Wahrscheinlichkeit des Zusammentreffens zweier oder mehrerer Persönlichkeitsstörungen bei ein und derselben Person zu machen. Je nach Studie schwanken die Komorbiditätsraten beträchtlich. Und es hängt entscheidend von den Institutionen ab, in denen Gleichzeitigkeitsdiagnosen ermittelt wurden, sodass Angaben aus Psychiatrischen Kliniken sich erheblich von Angaben aus Psychosomatischen Kliniken unterscheiden.

In den letzten Jahren wurde entsprechend (zur statistischen Korrektur dieser Diskrepanzen) nicht nur die Zusammenfassung von Daten unterschiedlicher Untersuchungen als eine Lösung dieses Problems angestrebt. Eine weitere Möglichkeit zur Präzisierung von Komorbiditätsangaben besteht darin, eine Balancierung bzw. eine Gewichtung zwischen folgenden Aspekten vorzunehmen:

- von Wahrscheinlichkeiten, mit denen sich Gleichzeitigkeitsdiagnosen finden, *versus*
- von Wahrscheinlichkeiten, mit denen Gleichzeitigkeitsdiagnosen eher nicht zu erwarten sind.

Odds Ratios. Eine solche Möglichkeit der statistischen Gewichtung bietet die Berechnung sog. Odds Ratios. In die Odds Ratios gehen einerseits die Wahrscheinlichkeiten ein, mit denen Komorbiditäten eher zu erwarten bzw. eher nicht zu erwarten sind. Und die Angaben berücksichtigen weiter die studienabhängige Unterschiedlichkeit, mit der Persönlichkeitsstörungen in den zugrunde liegenden Stichproben überhaupt auftreten. Odds Ratios gelten entsprechend als erheblich differenzierter als schlichte Prozentangaben, weil sie unterschiedliche Dateninformationen integrieren.

In → Tabelle 19.3 finden sich die Odds Ratios zu den oben dargestellten Prozentangaben der Studie von Stuart et al. (1998; aus → Tabelle 19.2). Die Wahrscheinlichkeitsangaben kennzeichnen das empirisch gegebene Risiko, dass bei gegebener Hauptdiagnose eine oder mehrere weitere Persönlichkeitsstörungsdiagnosen vergeben werden. Odds Ratios mit Werten größer als vier gelten üblicherweise als klinisch relevante Zusammenhänge und Werte größer als acht als hoch bedeutsam. Dennoch sind für konzeptuelle Überlegungen im Bereich möglicher Persönlichkeitsstile auch bereits Odds Ratios von Interesse, deren Werte von der Zufallswahrscheinlichkeit signifikant abweichen (in der → Tabelle 19.3 mit * gekennzeichnet).

Tabelle 19.3. Odds Ratios zu den Gleichzeitigkeitsdiagnosen von DSM-III-R-Persönlichkeitsstörungen bei 1116 Personen in vier Studien (Stuart, Pfohl, Battaglia, Bellodi, Grove & Cadoret, 1998).

	PAR	SZD	STP	HIS	NAR	ASP	BOR	SUP	DEP	ZWA	NEG
paranoid											
schizoid	3,42*										
schizotyp	14,29*	14,12*									
histrionisch	3,29*	1,24	2,17								
narzisstisch	4,80*	2,10	3,76*	13,65*							
antisozial	1,72	1,54	3,34	2,17	2,37						
Borderline	3,18*	1,88	5,63*	5,45*	4,15*	6,54*					
selbstunsicher	3,41*	5,36*	8,75*	1,71*	2,05	1,94	3,14*				
dependent	2,37*	1,82	4,57*	4,20*	4,95*	1,24	6,83*	6,95*			
zwanghaft	4,46*	4,21*	3,05	1,49	2,71*	1,40	2,01*	4,72*	2,93*		
negativistisch	3,95*	2,81	3,58*	4,10*	3,85*	2,96*	4,35*	4,17*	4,68*	3,00*	*)

* $p < 0.0005$ (korrigiert für multiple Vergleiche mit Bonferroni-Korrektur bei $p < 0,05$).
*) NEG = negativistisch: Störungsdiagnosen erfolgten mit DSM-III-R-Kriterien der passiv-aggressiven Persönlichkeitsstörung.

Fortschreibung der Diagnosekriterien

Die Persönlichkeitsstörungen in den Diagnosesystemen sind bisher noch sehr vorläufig operationalisiert. Entsprechend häufig werden Überlappungsprobleme nicht nur vermutet, sondern tatsächlich gefunden. Die Odds Ratios machen eindrücklich auf mögliche Problemfelder aufmerksam. Drei Aspekte sind dabei von Bedeutung:

Kriterienüberlappung. Erstens ist es nach wie vor so, dass einige Persönlichkeitsstörungen gleich lautende oder ähnlich Kriterien haben, wie z.B. „hat keine engen Freunde oder Bekannte“ – ein Kriterium, das die schizoide, schizotypische und vermeidend-selbstunsichere Persönlichkeitsstörung im DSM-III-R (mit dem oben genannte Untersuchungen durchgeführt wurden) gemeinsam haben. Dies führt zu erhöhten Zusammenhängen.

Die den Störungen zugrunde liegenden Konstrukte verbinden mit diesen Kriterien jedoch unterschiedliche Perspektiven: Schizoide Personen vermeiden enge Freundschaften, weil sie kein Interesse an Beziehungen haben. Schizotypische und selbstunsicher-vermeidende Menschen gehen wegen ihrer zwischenmenschlichen Unsicherheiten und Ängste keine engen Beziehungen ein.

Die Komorbiditätsforschung könnte also aufzeigen, wo Kriterien verändert oder präzisiert werden sollten, um konzeptuell voneinander unterschiedliche Störungsbilder deutlicher zu trennen. Inzwischen wurden im DSM-IV (APA, 1994) wegen der mittlerweile vorliegenden Komorbiditätsbefunde einige Veränderungen vorgenommen, obwohl natürlich nach wie vor offen ist, ob solche Präzisierungen zur Veränderung von Gleichzeitigkeitsdiagnosen führen werden.

Diagnosebias. Zweitens könnte es sein, dass hohe solitäre Störungsraten und geringe Komorbiditäten eine Unabhängigkeit der Störungsbilder suggerieren, die konzeptuell nicht in dieser Weise zu erwarten wären. Dies trifft in der dargestellten Studie möglicherweise für die geringeren Gleichzeitigkeitsdiagnosen von histrionischer und antisozialer Persönlichkeitsstörung zu. Hier könnte zum Beispiel ein nach wie vor gegebener Diagnosebias offensichtlich werden, für den es in anderen Studien deutliche Belege gibt: Zum Beispiel werden bei inhaltlich gleicher Fallbeschreibung Frauen häufiger als histrionisch und Männer häufiger als dissozial diagnostiziert (in den Fallbeschreibung wurden lediglich Namen und Geschlecht der Patienten verändert; → 10, → 12). Auch hier könnte langfristig nur eine Verbesserung der Kriterienausarbeitungen weiterhelfen.

Komorbiditätsplausibilität. Drittens kann es sein, dass die prototypischen Störungskategorien scheinbar diskrete Persönlichkeitsstörungen vorgeben, während die den Störungen zugrunde liegenden Konstrukte keine distinkten Einheiten repräsentieren. Dies trifft möglicherweise für die schizotypische und vermeidend-selbstunsichere Persönlichkeitsstörung zu, bei der konzeptuell Ähnlichkeiten vermutet werden. Erhöhte Komorbiditätsraten könnten als „Face-valide" Hinweise dafür angesehen werden, dass sich die konzeptuell vermuteten Zusammenhänge auch in der Realität widerspiegeln.

Insgesamt dürfen die empirischen Befunde zur Komorbidität als wesentlicher Hinweis genommen werden, die Persönlichkeitsstörungen nicht als distinkte Größen zu betrachten – mit durchaus herausfordernden Implikationen für die zukünftige ätiologische und therapeutische Forschung. Das gemeinsame Auftreten kann beispielsweise auf Gemeinsamkeiten in der Entwicklung der diagnostizierten Störungen verweisen (Ätiologie; vgl. die konzeptuelle Komorbidität: → 19.4). Und die üblicherweise angezielte Behandlung einer spezifischen Störung (einer Phobie beispielsweise) muss bei Vorliegen einer bestimmten Persönlichkeitsstörung möglicherweise erheblich abgewandelt werden (→ 22.1.1).

19.4 Konzeptuelle Komorbidität

Nachdem in beiden Diagnosesystemen das Prinzip der Komorbidität (zwischen spezifischen psychischen Störungen und Syndromen und Persönlichkeitsstörungen sowie zwischen den Persönlichkeitsstörungen untereinander) eingeführt wurde, hat sich die Komorbiditätsforschung zu einem der in den vergangenen Jahren wohl am stärksten expandierenden Forschungsfelder entwickelt. Es ist – wie sich andeutet – heute so, dass kaum ein Patient, der mit einer psychischen oder Persönlichkeitsstörung multiaxial (mit dem DSM-IV) oder auf mögliche

Komorbiditäten hin (so in der ICD-10) untersucht wird, immer dann, wenn er die Diagnose einer Persönlichkeitsstörung bekommt, nicht zugleich auch die Kriterien einer anderen Persönlichkeitsstörung erfüllt. Dabei ist es nicht weiter erstaunlich, dass – je nach Persönlichkeitsstörung – bestimmte Formen der Komorbiditäten überwiegen, andere jeweils kaum beobachtbar sind. Andererseits bleibt zu beachten, dass in epidemiologischen Studien, die das Komorbiditätsprinzip anwenden, eindeutige Aussagen zur Prävalenz einzelner Persönlichkeitsstörungen kaum mehr sicher möglich sind, da Komorbiditäten zu Doppel- und Dreifachzählungen führen.

So erfüllen beispielsweise in einer Prävalenzstudie zu Persönlichkeitsstörungen bei Personen, die wegen spezifischer psychischer Störungen hospitalisiert waren, 39 Prozent der Patienten dieser klinischen Stichprobe mit Majorer Depression, Patienten mit Panik- und Zwangsstörung erhalten in 10 bis zu 18 Prozent der Fälle gleichzeitig die Diagnose der histrionischen Persönlichkeitsstörung (Pfohl et al., 1991), in einer anderen Studie bei psychiatrischen Patienten gar 57 Prozent die Kriterien der schizotypischen Persönlichkeitsstörung (Widiger et al., 1986). Demgegenüber werden beide Kodiagnosen im klinischen Alltag, das heißt, wo üblicherweise nicht ausdrücklich nach Komorbiditätsgesichtspunkten beurteilt wird, kaum gestellt.

Ätiologie-Hypothesen. Die Komorbiditätsforschung eröffnet nun jedoch in besonderer Weise vielfältige neue Perspektiven. Sie könnte langfristig z.B. erheblich zur Verbesserung der ätiologischen Forschung beitragen. So dürfte z.B. die weitgehend ungeklärte Frage, ob und wie bestimmte Persönlichkeitseigenarten eine spezifische psychische Störung prädisponieren können, sorgsamer untersuchbar sein. Letzteres ist beispielsweise im Bereich der Schizophrenie durch die sorgfältige Differenzierung von paranoider, schizoider, schizotypischer, selbstunsicherer und Borderline-Persönlichkeitsstörung möglich geworden (→ 7, → 8, → 9, → 11, → 14). Auch im Bereich der affektiven Störungen hat eine Reihe der bereits konzeptuell ausgearbeiteten und prämorbid untersuchbaren Temperaments- bzw. Persönlichkeitseigenarten – wie z.B. die zyklothymen und hyperthymen Temperamente, Typus melancholicus und Typus manicus sowie die Borderline-Persönlichkeitsstörungen – erheblich zur differenziellen Ätiologiebeurteilung beigetragen (→ 18; Perspektiven: → Epilog).

Prognose-Hypothesen. Weiter hat die Komorbiditätsforschung zur Untersuchung des gleichzeitigen Vorhandenseins von Persönlichkeitsstörungen bei spezifischen psychischen Störungen erheblich die Verlaufs- und Prognoseforschung beeinflusst. Die weiteren Verläufe psychischer Störungen sowie die Erfolge ihrer Behandlung hängen offensichtlich entscheidend damit zusammen, ob bei den Betroffenen neben spezifischen Störungen (wie Schizophrenie, Depression oder Phobien) noch weitere, jeweils spezifische Persönlichkeitsstörungen diagnostizierbar waren (Reich et al., 1991, 1993; → 22.1.1).

Langfristig dürfte diese Art der Komorbiditäts- oder Prospektiverforschung also einerseits die mögliche Risikowirkung prämorbider Persönlichkeitseigenarten und Persönlichkeitsstörungen weiter aufklären helfen (Ätiologieaspekt der Komorbiditätsforschung) und andererseits die Konzepte der störungsspezifischen oder differenziellen Therapieindikationen maßgeblich beeinflussen (Behandlungs- und Prognoseaspekt der Komorbiditätsforschung). Erste konzeptuelle Schlussfolgerungen aus der empirischen Komorbiditätsforschung zu den möglichen Ätiologie- bzw. Verlaufsbeziehungen zwischen Persönlichkeitsstörungen und spezifischen psychischen Störungen sowie den Persönlichkeitsstörungen untereinander gibt es schon heute. Nachfolgend sollen drei dieser Beispiele kurz vorgestellt werden.

19.4.1 Strukturmodell

Überlegungen zur impliziten Struktur und Vernetzung der Persönlichkeitsstörungen untereinander sowie zu möglichen Beziehungen zwischen Persönlichkeitsstörungen und einigen spezifischen psychischen Störungen wurden beispielsweise von Gunderson (1992) vorgelegt. Er hatte in seinem Korrelationsmodell versucht, Übergänge und Überlappungen relevanter Persönlichkeits-

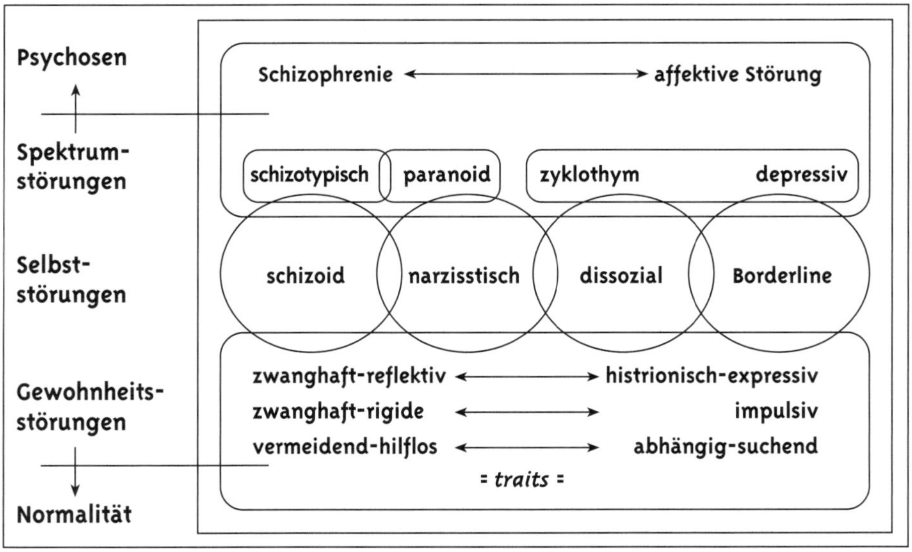

Abbildung 19.1. Hierachische Anordnung der Persönlichkeitsstörungen zwischen normalen Persönlichkeitseigenarten und den psychotischen (schizophrenen und affektiven) Störungen; in Anlehung an zwei Vorschläge zur konzeptuellen Komorbidität von Gunderson (1992, S. 20; auch Gunderson et al., 1991, S. 65).

störungen zu nutzen, um hierarchische Beziehungen einerseits zwischen den psychotischen Störungen (Schizophrenie und affektive Störungen) und andererseits zwischen normalen, unauffälligeren Persönlichkeitseigenarten zu bestimmen (vgl. auch Gunderson et al., 1991).

Gundersons Schematik bezieht vor allem jene Persönlichkeitsstörungen mit ein, deren Komorbiditätsbeziehungen unter- und zueinander inzwischen gut untersucht sind. Sie sieht die konzeptuelle Verbindung der affektiv-depressiven Persönlichkeits- oder Temperamentsausprägungen mit den affektiven Störungen und gleichzeitig Übergänge zu den paranoid-schizotypischen Persönlichkeitsstörungen vor. Letztere stehen in engerer Verbindung zu den schizophrenen Psychosen. Schizoide, dissoziale und Borderline-Persönlichkeitsstörungen sind auf einer mittleren Ebene der Selbst- bzw. Identitätsstörungen verortet. Sie stellen jeweils für sich Übergänge zu den schizophrenienahen Persönlichkeitsstörungen (schizoid, [paranoid] narzisstisch) und zu den affektiv-depressiven Persönlichkeitsstörungen (dissozial, Borderline) dar. Andererseits können sie als Extremisierungen der im Sinne dieses Konzeptes weniger schweren Persönlichkeitsstörungen verstanden werden (zwanghaft, selbstunsicher versus histrionisch, impulsiv, dependent [Gewohnheitsstörungen; Traits]).

19.4.2 Polaritätenmodell

Millon (1981, 1990; auch Millon und Everly, 1985) vertritt die Konzeption, dass sich die Persönlichkeitsstörungen innerhalb bestimmter Polaritäten (oder innerhalb dimensionaler Raumbezüge) einordnen lassen. Im Unterschied zu Gunderson versucht Millon sämtliche Persönlichkeitsstörungen des DSM-III(-R) zu berücksichtigen (→ Abbildung 19.2).

Das von Millon und Everly (1985) vorgestellte Polaritätenmodell sieht einen zweidimensionalen Raum vor, der sich einerseits durch das Ausmaß der inter- und intrapsychischen Anpassung, andererseits durch die intra- bzw. interpsychische Auflösung oder Vereinseitigung innerhalb zwischenmenschlicher Beziehungen darstellen lässt. Der Anpassungsmodus einzelner Persönlichkeitsstörungen lässt sich durch die Art bestimmen, ob die Persönlichkeitsmerkmale der Betroffenen eher durch aktiv-verändernde oder eher durch passiv-akzeptierende oder durch pathopsychologisch-dysfunktionale Eigenarten und Qualitäten charakterisierbar sind. Der Beziehungsmodus bestimmt sich durch vier mehr oder weniger voneinander unabhängige Qualitäten und reicht von

- „unabhängig-selbstbezogen“ über
- „ambivalent gegenüber sich selbst und anderen“,
- „dependent-abhängig“ bis hin zu
- sozialer Isolierung und „Alleinsein“.

Auch Millons Ansatz unterscheidet „leichtere“ (aktive und passive Persönlichkeitsvarianten) und „schwerere“ (dysfunktionale) Störungen, wobei Überlap-

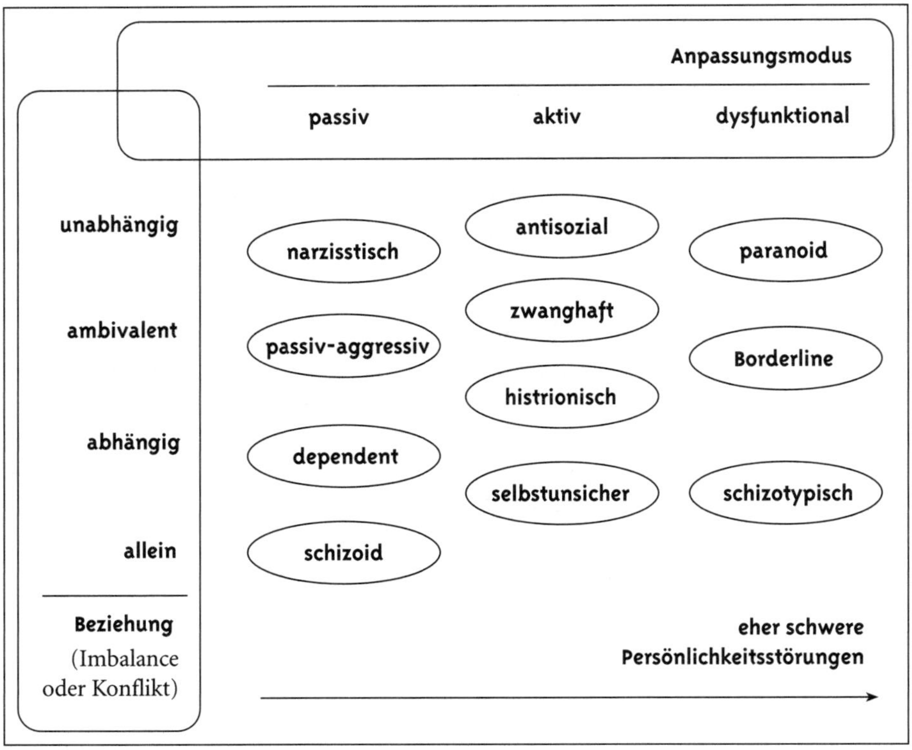

Abbildung 19.2. Das Polaritätenmodell der Persönlichkeitsstörungen von Millon (1981); hier in einer eigenen Übertragung unterschiedlicher Darstellungen bei Millon und Everly (1985).

pungen und Komorbiditäten zwischen den jeweils benachbarten Persönlichkeitsstörungen und denen auf einer Ebene des Beziehungsmodus bestehen können.

Kürzlich hat Millon (1990, 1996) noch eine Erweiterung seines Polaritätenmodells vorgenommen. Geblieben ist der Anpassungsmodus mit den Ausprägungen „aktiv-verändernd", „passiv-akzeptierend" und „dysfunktional". Der Beziehungsmodus wird von Millon jetzt als „Wiederholungsstrategie" bezeichnet und ist – wohl vor allem auf der Grundlage objektbeziehungstheoretischer Überlegungen (→ 3.4) bzw. der Ausarbeitungen eines Circumplexmodelles innerhalb der interpersonellen Ansätze (→ 4.10) – auf die drei Aspekte reduziert worden, und zwar

- auf die interpersonelle Vereinseitigung in Richtung auf sich selbst,
- auf die interpersonelle Vereinseitigung in Richtung auf andere und
- auf eine Ambivalenz zwischen sich selbst und anderen.

Selbstbezogene Persönlichkeitsstörungen sind die narzisstische (passiv), antisoziale (aktiv) und paranoide (dysfunktional). Objekt- bzw. auf andere bezogene

Persönlichkeitsvereinseitigungen sind die dependente (passiv), histrionische (aktiv) und die Borderline-Störung (dysfunktional). Ambivalent-konflikthaft zwischen einer Anderen- und Selbstorientierung zeigen sich die zwanghafte (passiv-akzeptierend), die passiv-aggressive (aktiv-verändernd) und eine „Mischung" aus Borderline-paranoider Persönlichkeitsstörung (dysfunktional). Neu hinzugefügt wurde eine Polarität bzw. Dimension (zwischen Lebensbejahung und Lebensverneinung), die Millon allgemein als existenzielle Zielorientierung bezeichnet.

Auf Letzterer lassen sich einerseits ambivalent-schmerzvermeidende Persönlichkeitsstörungen einordnen, zu denen Millon die schizoide (passiv), ängstlich-vermeidende bzw. selbstunsichere (aktiv) und die schizotypische (dysfunktional) Persönlichkeitsstörung rechnet. In einem Konflikt zwischen Lebensfreude („Pleasure") und Lebensschmerz („Pain") hin und her schwankend, sieht er die Borderline-paranoide Persönlichkeitsstörung (zugleich dysfunktional) sowie die beiden noch im Anhang des DSM-III-R geführten sog. selbstverletzenden (passiv) und sadistischen (aktiv) Persönlichkeitsstörungen, die im DSM-IV jedoch nicht mehr vorhanden sind.

Für die meisten von Millon konzeptuell unterstellten Überlappungen hat die Komorbiditätsforschung zwischenzeitlich eine Reihe von empirischen Belegen erbracht (mit Ausnahme von schizoid, deren Einordnung von Millon jedoch selbst kritisch gesehen wird). Das Schema kann insofern zugleich als eine Synopse des gegenwärtigen Wissensstandes der Zusammenhangsmöglichkeiten zwischen den einzelnen Störungsbereichen angesehen werden, so wie sie in den vorausgehenden Kapiteln dargestellt und ausgearbeitet wurden.

Andererseits wird zunehmend deutlich, dass die ursprüngliche Cluster-Aufteilung im DSM (→ 2.6) nur bedingt tragfähig ist und sich empirisch nicht gut bestätigen lässt. Dies betrifft insbesondere Cluster A: Schizotypische Eigenarten stehen sowohl konzeptuell wie zunehmend empirisch belegt kaum mehr in engen Komorbiditätsbeziehungen zu paranoid und schizoid, wie dies ursprünglich vermutet wurde. Vielmehr lassen sich Letztere (paranoid und schizoid) deutlich häufiger bei Personen mit anderen Persönlichkeitsstörungen gleichzeitig finden, wie z.B. bei dissozialer Persönlichkeitsstörung als Erstdiagnose (z.B. Blackburn & Coid, 1999).

19.4.3 Dimensionale Einordnung

Eine weitere aktuelle Bezugnahme zur Komorbiditätsforschung der Persönlichkeitsstörungen untereinander findet sich in einem Konzeptvorschlag bei Fiedler (2000a). Dieses Modell versucht eine Störungseinordnung mit Bezugnahme zur dimensionalen Persönlichkeitspsychologie. Zwei dort bisher gut untersuchte Persönlichkeitsdimensionen dienen als Orientierungsmöglichkeit.

Struktur

Die Stukturdimension entspricht einerseits der Vernunft-Gefühl-Polarität im Persönlichkeitsmodell von Millon (1996; → 5.6.1). Eine weitere weitgehende Entsprechung findet sich in der Persönlichkeitsdimension „Verhaltenskontrolle" im Persönlichkeitsmodell von Becker (1989, 1996), das dem *Trierer Persönlichkeitsfragebogen* (TPF) zugrunde liegt. Schließlich gilt die Strukturbeurteilung in der jüngst entwickelten *Operationalisierten Psychodynamischen Diagnostik* als eine der wesentlichen Dimensionen (Arbeitskreis OPD, 1996).

Die Strukturdimension spannt sich zwischen zwei subjektiv häufig als gegensätzlich oder widersprüchlich erlebten menschlichen Grundbedürfnissen auf – einerseits dem nach Sinnstabilität und Selbstsicherheit und andererseits dem nach Sinnfindung, Spontaneität und gefühlsmäßiger Orientierung. Als solche findet sich so auch noch eine vielfach in den Therapieschulen vorgedachte Polarität repräsentiert, nämlich z.B. als eine Dimension zwischen Selbstkontrolle (z.B. Verhaltenstherapie, Interpersonelle Psychotherapie) und Selbstaktualisierung (z.B. Gesprächspsychotherapie), zwischen „Überich-Normierung" und teils biologisch organisierter „Triebhaftigkeit" (Psychoanalyse). Hierauf werden wir im Kapitel über die therapeutischen Grundkonzepte näher eingehen (→ 23).

Beziehung

Die Beziehungsdimension entspricht einerseits der Bindung-Autonomie-Polarität im Persönlichkeitsmodell von Millon (1996; → 5.6.1). In der Forschung ist diese vertikale Dimension in der nachfolgenden Abbildung ebenfalls ausgiebig empirisch untersucht und validiert worden. Die angegebene Polarisierung findet sich genau so in den meisten interpersonell orientierten Persönlichkeitstheorien – inzwischen gut untersucht auch mittels Fragebögen, wie z.B. im *Inventar zur Erfassung interpersoneller Probleme* (IIP-D) von Horowitz et al. (1994) oder mit Beobachtungsinventaren zur Analyse zwischenmenschlicher Beziehungen, wie z.B. mit der *Struktur-Analyse sozialer Beziehungen* (SASB) von Benjamin (1995); beide Verfahren haben wir ausführlich in → Kapitel 5 dargestellt. Diese Polarität entspricht zugleich recht gut Grundannahmen der psychoanalytischen Objekt-Beziehungs-Theorie, die eine entwicklungspsychologische Konfliktdimension zwischen „Symbioseverlangen" und „Individuation" postuliert (vgl. Rudolf, 1987, 1996; → 3).

Diese zwischenmenschliche bzw. interaktionelle Dimension des Modells repräsentiert als einen Pol das menschliche Bindungsbedürfnis nach sozialer Geborgenheit (Bindung) und als gegenüberliegenden Pol das menschliche Autonomiebedürfnis nach sozialer Unabhängigkeit (Autonomie). Im Sinne der genannten Vorbilder bleibt beachtenswert, dass „Autonomie" hier nicht in ihrer alltäglichen Bedeutung eingesetzt und benutzt wird. Ein Zuviel an Autonomie bedeutet im Sinne der hier gemeinten Bedürfnispolarität immer ein Zuwenig an Bindung. Diese operationale Definition bezieht sich sowohl auf persönlichkeitsbedingte überdauernde Neigungen wie auch auf aktuelle Handlungen einer Person. Wird einer Person also eine persönlichkeitsbedingte einseitige Neigung zur sozialen Geborgenheit unterstellt, impliziert dies zumeist, dass ihre persönliche Neigung zu sozialer Unabhängigkeit weniger stark ausgeprägt ist.

Ausgeschlossen ist damit nicht, dass es Menschen gibt, die für beide Bedürfnisbereiche hinreichende Kompetenzen mitbringen und sich – je nach Situation – sozial einbinden bzw. sozial unabhängig verhalten können. Gleiches gilt für die Bedürfnisbereiche Selbstkontrolle und Selbstaktualisierung.

Komorbiditäten-Modell

Die in → Abbildung 19.3 vorgenommene Einordnung wurde zwar zunächst anhand von Plausibilitätserwägungen auf der Grundlage der Konzepte und der vorliegenden Beschreibung einzelner Störungsbilder vorgenommen. Gleichzeitig wurden zu jeder Persönlichkeitsstörung diesen entsprechende Bezeichnungen für markante Persönlichkeitsstile eingefügt. Es scheint wohl mehr als ein Zufallsergebnis, sondern eher für die hochgradige Stimmigkeit der Persönlichkeitsdimensionierung zu sprechen, dass diese Einordnung der Persönlichkeitsstörungen inzwischen in der zuvor dargestellten empirischen Komorbiditätsforschung eine eindrückliche Bestätigung findet (und damit eine erste Face-Validierung; vgl. Fiedler, 2000a).

Legt man nämlich die Daten der in den → Tabelle 19.2 und 19.3 aufgeführten Prozentangaben bzw. Odds Ratios zu den Gleichzeitigkeitsdiagnosen der Per-

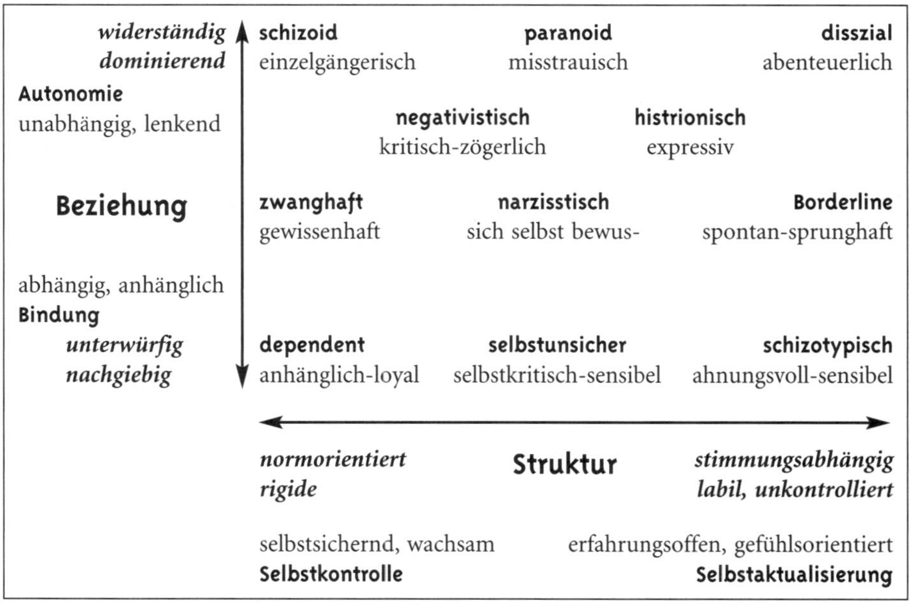

Abbildung 19.3. Verortung markanter Persönlichkeitsstile und Persönlichkeitsstörungen als sog. Komorbiditäten-Chart im Polaritätenraum zwischen „Struktur" und „Beziehung" (Erläuterungen im Text).

sönlichkeitsstörungen untereinander zugrunde, kann man – bis auf wenige Ausnahmen – in der vorgenommenen Störungseinordnung unschwer einen sog. Komorbiditäts-Chart erkennen, der folgende Aussagen erlaubt:

- *Je näher* die einzelnen Persönlichkeitsstörungen im Bedürfnisraum beieinander liegen, umso größer ist die Wahrscheinlichkeit, dass sie bei ein und derselben Person komorbid auftreten und damit gleichzeitig diagnostiziert werden können.
- *Je weiter* sie auseinander liegen, umso seltener lassen sich die Persönlichkeitsstörungen komorbid finden oder sind Gleichzeitigkeitsdiagnosen zu erwarten.
- Empirisch ist jedoch jede Kombination von zwei oder sogar mehr Persönlichkeitsstörungen bei ein und derselben Person möglich. Dieser Punkt macht darauf aufmerksam, dass unser Modell selbstverständlich eine konzeptuelle Reduktion der Wirklichkeit zugunsten von Übersichtlichkeit und Praktikabilität beinhaltet.

Empirisch findbare Ausnahmen und Bestätigungen

Die wenigen möglichen Ausnahmen von den ersten beiden Aussagen betreffen mit Blick auf die empirischen Befunde der bisherigen Komorbiditätsforschung eigentlich nur zwei Diagnosekombinationen:

- die Komorbidität von schizotypischer und schizoider Persönlichkeitsstörung sowie
- die Komorbidität von schizotypischer und paranoider Persönlichkeitsstörung.

Beide Kombinationen kommen in der bisherigen Komorbiditätsforschung häufiger als Gleichzeitigkeitsdiagnosen vor, als dies durch → Abbildung 19.3 nahe gelegt wird.

Wir haben aber bereits oben im Zusammenhang mit → Tabelle 19.3 darauf hingewiesen, dass es sich in beiden Fällen möglicherweise um einen Diagnosebias handelt, der durch eine bislang noch ungünstige Kriterienüberlappung und durch das frühere psychiatrische Konzept einer Nähe aller drei Persönlichkeitsmuster mit der Schizophrenie begünstigt wird. Die zu den drei Diagnosen (schizotypisch, paranoid, schizoid) findbaren sonstigen Komorbiditätsraten mit anderen Persönlichkeitsstörungen bestätigen nämlich bereits heute die hier erfolgte und damit sinnvollere Einordnung der drei Störungen im zweidimensionalen Raum (vgl. auch Blackburn & Coid, 1999).

Insbesondere der postulierte enge Zusammenhang zwischen Borderline, narzisstisch, histrionisch, antisozial und paranoid und die zunehmend größere „Distanz" zur schizotypischen Persönlichkeitsstörung in der angegebenen Reihenfolge hat sich in unterschiedlichen Studien gut bestätigen lassen (z.B. Blais et al., 1997a, b). In der letztgenannten Studie, die noch mit dem DSM-III-R durchgeführt wurde, finden sich jedoch noch größere Zusammenhänge zwischen schizotypisch und schizoid. Wegen deutlicher Kriterienänderungen bei der schizoiden Persönlichkeit im DSM-IV dürfte sich dies zukünftig ändern.

Schließlich kann aus den Ergebnissen der in → Kapitel 9 dargestellten Studien zur Differenzialdiagnostik rückgeschlossen werden, dass sich in dem Maße, wie sich eine Nähe der schizotypischen Persönlichkeitsstörung zur Schizophrenie empirisch absichern lässt, sich zugleich deutlichere Unterschiede zur paranoiden und zur (im DSM-IV neu konzeptualisierten) schizoiden Persönlichkeitsstörung ergeben, die z.B. auch in den High-Risk-Studien häufig mit der schizotypen Persönlichkeit zusammen untersucht wurden und inzwischen gut differenziert werden konnten (auch → 7.3, → 8.3, → 9.3; Siever et al., 1990, 1991, 1996).

Einige neuere Arbeiten verweisen ebenfalls auf die Plausibilität der im Modell vorhandenen Komorbiditätsbeziehungen. So besitzt beispielsweise die (passiv-aggressive) negativistische Persönlichkeitsstörung in einer ersten DSM-IV-Studie die höchsten Komorbiditätsraten mit der narzisstischen, paranoiden, histrionischen, antisozialen und schizoiden Persönlichkeitsstörungen, während schizotypisch, vermeidend und dependent kaum zu Buche schlagen (Fossati et al., 2000).

Wir können also bei der vorgenommenen Einordnung gegenwärtig davon ausgehen, dass die postulierten Komorbiditätsannahmen konzeptuell wie empirisch als weitgehend gesichert angesehen werden können. Genau das führt jedoch dazu, dass sich Diagnostiker wie Therapeuten eingehend mit den möglichen Komorbiditäten auseinander setzen sollten. Denn wie in → Kapitel 19.3.2 dargestellt, sind in Einzelfällen Kombinationen der unterschiedlichsten Art möglich (ausführlicher nochmals Fiedler, 2000a).

19.5 Differenzialdiagnostik

Die bisherige Komorbiditätsforschung hat zwar einerseits erheblich zu neuen Problemen und Fragen im Bereich der Zusammenhänge, Gemeinsamkeiten und Unterschiede zwischen den einzelnen Persönlichkeitsstörungen geführt. Andererseits hat sie aber auch erkennbar zur Verbesserung der Differenzialdiagnose zwischen spezifischen psychischen Störungen und Persönlichkeitsstörungen einerseits sowie zwischen den Persönlichkeitsstörungen untereinander beigetragen. Die nachfolgende Übersicht fasst die wichtigsten vorliegenden Befunde nochmals zusammen (vgl. zu den inhaltlichen Aspekten dieser Zusammenstellung die jeweiligen Störungskapitel). Diese Zusammenfassung gibt zugleich einen systematisierten Überblick darüber,

- zwischen welchen Persönlichkeitsstörungen (interaktionelle) Ähnlichkeiten und Kriterienüberlappungen vorliegen, die mögliche Komorbiditäten (empirisch und konzeptuell) eher wahrscheinlich machen,
- bei welchen spezifischen psychischen Störungen aufgrund vorliegender Studien Komorbiditäten erwartet werden können, die dann differenzialdiagnostisch auszuschließen sind, wenn sie lediglich in Episoden der Exazerbation symptomatischer psychischer Störungen auftreten, sowie

- welche Personmerkmale zur Differenzialdiagnose als besonders kennzeichnend und prototypisch für die jeweilige Persönlichkeitsstörung angesehen werden.

ZUSAMMENFASSUNG

Paranoide Persönlichkeitsstörung

Prototypische Merkmale: Überempfindlichkeit gegenüber Kritik der Normorientierung eigenen Handelns sowie ein durchgängiges Misstrauen und eine Neigung, anderen bösartige Motive gegen die eigene Person zu unterstellen.

Komorbidität: (teils Kriterienüberlappung) mit narzisstischer, Borderline-, dissozialer, schizotyper, passiv-aggressiver (negativistischer) und zwanghafter Persönlichkeitsstörung.

Differenzialdiagnose: notwendig gegenüber Persönlichkeitsänderungen, der paranoiden Schizophrenie, der wahnhaften Störung sowie den zuvor genannten Persönlichkeitsstörungen.

Schizoide Persönlichkeitsstörung

Prototypische Merkmale: Gleichgültigkeit gegenüber sozialen Situationen und sozialer Rückzug und eine eingeschränkte emotionale Ausdrucksfähigkeit in zwischenmenschlichen Kontexten.

Komorbidität: (teils Kriterienüberlappung) mit schizotypischer, paranoider und ängstlich-vermeidender Persönlichkeitsstörung.

Differenzialdiagnose: notwendig gegenüber einer schizophrenen Störung, dem Autismus, den Persönlichkeitsänderungen sowie den zuvor genannten Persönlichkeitsstörungen.

Schizotypische Persönlichkeitsstörung

Prototypische Merkmale: soziale und zwischenmenschliche Defizite, die jeweils von einem akut erlebten Unbehagen und von Mängeln in der Beziehungsfähigkeit begleitet werden, sowie kognitive oder Wahrnehmungsstörungen und ein exzentrisches Verhalten.

Komorbidität: (teils Kriterienüberlappung) mit schizoider, paranoider, ängstlich-vermeidender, zwanghafter und Borderline-Persönlichkeitsstörung.

Differenzialdiagnose: notwendig gegenüber den Depersonalisationsstörungen, den schizophrenen Störungen (insbesondere des residualen Typus), weiter gegenüber dem Autismus, den Sprachentwicklungsstörungen, den Persönlichkeitsänderungen sowie den zuvor genannten Persönlichkeitsstörungen.

Dissoziale Persönlichkeitsstörung

Prototypische Merkmale: kontinuierliche Missachtung und Verletzung der Rechte anderer bei fehlender Scham, fehlendemVerantwortungsgefühl und Mangel an Empathie (seit Kindheit und Jugend beobachtbar).

Komorbidität: (teils Kriterienüberlappung) mit narzisstischer, histrionischer, passiv-aggressiver (negativistischer) und Borderline-Persönlichkeitsstörung sowie mit den somatoformen Störungen.

Differenzialdiagnose: notwendig gegenüber den affektiven Stimmungsstörungen (vor allem mit manischen Episoden), einem Substanzmissbrauch, intendierter Dissozialität oder Kriminalität, Störungen der Impulskontrolle sowie den zuvor genannten Persönlichkeitsstörungen.

Borderline-Persönlichkeitsstörung

Prototypische Merkmale: intensive und zugleich instabile zwischenmenschliche Beziehungen, impulsives und teils selbstdestruktives Verhalten, deutliche Wechsel in der Stimmungslage und im Selbstbild.

Komorbidität: (teils Kriterienüberlappung) mit dissozialer, histrionischer und narzisstischer Persönlichkeitsstörung, weiter mit Störungen der Impulskontrolle, somatoformen und dissoziativen Störungen.

Differenzialdiagnose: notwendig gegenüber schizophrenen und affektiven Störungen, kurzzeitig reaktiven schizophrenen Episoden, Substanzmissbrauch, dissoziativen (insbesondere den dissoziativen Identitäts-)Störungen, Störungen der Impulskontrolle sowie den zuvor genannten Persönlichkeitsstörungen.

Histrionische Persönlichkeitsstörung

Prototypische Merkmale: Neigung zur Emotionalisierung und Inszenierung zwischenmenschlicher Beziehungen und ein übermäßiges Verlangen nach Aufmerksamkeit.

Komorbidität: (teils Kriterienüberlappung) mit dissozialer, narzisstischer, dependenter und Borderline-Persönlichkeitsstörung.

Differenzialdiagnose: notwendig gegenüber affektiven, (insbesondere dysthymen) Störungen, somatoformen (insbesondere Konversions-)Störungen, dissoziativen (insbesondere dissoziativen Identitäts-)Störungen, Phobien und Ängsten, bei vorgetäuschten Störungen sowie gegenüber den zuvor genannten Persönlichkeitsstörungen.

Narzisstische Persönlichkeitsstörung

Prototypische Merkmale: Neigung zur Selbstwertüberhöhung bei gleichzeitiger Überempfindlichkeit gegenüber Kritik.

Komorbidität: (teils Kriterienüberlappung) mit zwanghafter, histrionischer, dissozialer, paranoider, schizotyper und Borderline-Persönlichkeitsstörung.

Differenzialdiagnose: notwendig gegenüber den depressiven (insbesondere dysthymen) Stimmungsstörungen, gegenüber manischen und hypomanischen Episoden sowie den zuvor genannten Persönlichkeitsstörungen.

Ängstlich-vermeidende (selbstunsichere) Persönlichkeitsstörung

Prototypisches Merkmale: soziale Gehemmtheit, Gefühle persönlicher Unzulänglichkeit und eine Überempfindlichkeit vor negativer Beurteilung durch andere.

Komorbidität: (teils Kriterienüberlappung) mit schizoider, schizotypischer und dependenter Persönlichkeitsstörung sowie mit multiplen sozialen Phobien.

Differenzialdiagnose: notwendig gegenüber (generalisierter) sozialer Phobie, Agoraphobie sowie den zuvor genannten Persönlichkeitsstörungen.

Dependente Persönlichkeitsstörung

Prototypische Merkmale: abhängiges, unterwürfiges Beziehungsverhalten und Angst vor dem Verlassenwerden.

Komorbidität: (teils Kriterienüberlappung) mit ängstlich-vermeidender, depressiver, Borderline-, histrionischer und passiv-aggressiver (negativistischer) Persönlichkeitsstörung.

Differenzialdiagnose: notwendig gegenüber affektiven Stimmungsstörungen (Depression) sowie Angststörungen, dort insbesondere gegenüber der Agoraphobie, schließlich gegenüber den zuvor genannten Persönlichkeitsstörungen.

Zwanghafte Persönlichkeitsstörung

Prototypische Merkmale: detailorientierter Perfektionismus und übertriebene Sorgfalt auf Kosten persönlicher Flexibilität, Aufgeschlossenheit und Effizienz.

Komorbidität: (teils Kriterienüberlappung) mit schizoider, narzisstischer, schizotypischer, paranoider, ängstlich-vermeidender, dependenter und depressiver Persönlichkeitsstörung.

Differenzialdiagnose: notwendig gegenüber Zwangsstörungen, Ängsten und Phobien, hypochondrischen Störungen, Essstörungen, depressiven Stimmungsstörungen sowie den zuvor genannten Persönlichkeitsstörungen.

Depressive Persönlichkeitsstörung

Prototypische Merkmale: depressionstypische Gedanken und Verhaltensweisen und eine pessimistische Lebenseinstellung sowie eine Neigung zu sozialer Anpassung.

Komorbidität: (teils Kriterienüberlappung) mit zwanghafter, dependenter, passiv-aggressiver, narzisstischer und passiv-aggressiver (negativistischer) Persönlichkeitsstörung.

Differenzialdiagnose: notwendig gegenüber den affektiven Stimmungs-, Angst- und Zwangsstörungen sowie zu den zuvor genannten Persönlichkeitsstörungen.

Passiv-aggressive (negativistische) Persönlichkeitsstörung

Prototypische Merkmale: passiver Widerstand gegenüber sozialen Anforderungen sowie eine ausgesprochen negativistische Sicht gegenüber vielfältigen Aspekten des Lebens.

Komorbidität: (teils Kriterienüberlappung) mit ängstlich-vermeidender, histrionischer, dependenter, dissozialer, zwanghafter und depressiver Persönlichkeitsstörung.

Differenzialdiagnose: notwendig gegenüber anderen psychischen Störungen (insbesondere im Bereich der Dysthymie/Depression) vor allem zur Abgrenzung störungsspezifischer Aspekte der Vermeidung sozialer Anforderungen; weiter bei körperlichen Behinderungen sowie gegenüber den zuvor genannten Persönlichkeitsstörungen.

20 Allgemeine Epidemiologie

Science provides only interim knowledge.
Toksoz Byram Karasu

Es ist natürlich verständlich, wenn die üblicherweise recht aufwendigen Untersuchungen zur Häufigkeit und Verteilung der Persönlichkeitsstörungen im Sinne moderner Diagnosesysteme nur in sehr geringer Zahl vorliegen. Denn diese sind erst seit 1980 mit dem DSM-III, in dem genaue Kriterien für die Persönlichkeitsstörungen erarbeitet wurden, substanziell möglich. Bleibt zu bedenken, dass bis 1987 (bis zum DSM-III-R) Ausschlussdiagnosen im Bereich der Persönlichkeitsstörungen gefordert waren und dass ab 1987 Persönlichkeitsstörungen-Komorbiditätsdiagnosen möglich sind. Dadurch hat sich erst kürzlich die Situation nochmals entscheidend geändert. Schließlich hat das DSM-III(-R) außerhalb der Vereinigten Staaten erst nach und nach Akzeptanz gefunden. Die jüngst publizierte ICD-10 von 1991 konvergiert in ihrer Kriteriensetzung zumeist mit den Störungskennzeichnungen im DSM-III-R. Andererseits gibt es Unterschiede in Störungskriterien, sodass epidemiologische Studien, die im Sinne der Setzungen im DSM-III-R durchgeführt wurden, möglicherweise andere Ergebnisse erbringen, als diejenigen, die der ICD-10-Kennzeichnung folgen.

Nun bieten insbesondere epidemiologische Studien, die beide Instrumente einsetzen, günstige Ansatzpunkte dafür, die Unterschiede und Gemeinsamkeiten beider Inventare und damit auch die Störungskonzepte genauer herauszuarbeiten und möglicherweise zu vereinheitlichen. Auf diese Probleme (z.B. der Komorbiditätsepidemiologie), Möglichkeiten (z.B. der Vergleich von behandelter und unbehandelter Prävalenz) und Perspektiven (z.B. der Vereinheitlichung der Diagnosesysteme) der epidemiologischen Forschung im Bereich der Persönlichkeitsstörungen soll nachfolgend im Rahmen einer kurzen Darstellung der bis heute vorliegenden Forschungssubstanz genauer eingegangen werden.

20.1 Häufigkeit und Verteilung

Epidemiologische Studien, in denen die unterschiedlichen Störungsbilder insgesamt und differenziell erfasst werden, liegen bis heute nur in einer geringen Anzahl vor, wenngleich sich diese Situation gegenwärtig deutlich verbessert.

20.1.1 Frühe Studien

Wegen der bis zur Einführung des DSM-III (1980) gegebenen Uneinheitlichkeit in der Klassifikation wurden die Persönlichkeitsstörungen früher zumeist als eine Gruppe untersucht oder Erhebungen nur zu einzelnen Störungsbereichen, vor allem zur „Psychopathie“ (also zur antisozialen Persönlichkeitsstörung) durchgeführt (vgl. Merikangas & Weissman, 1986). Diese Studien kommen – mit wenigen Ausnahmen – recht übereinstimmend zu Prävalenzraten zwischen 5 und 10 Prozent für das Vorhandensein von Persönlichkeitsstörungen in unterschiedlichen Bevölkerungsgruppen und Kulturkreisen: Bremer (1951) fand in Norwegen 9,4%; Essen-Möller (1956) in Schweden 6,4%; Langner und Michael (1963) in den USA 9,8%; Ausnahme: Nielsen und Nielsen (1977) in Dänemark 2,4% (die Erhebungen wurden jeweils an mehr als 1000 Personen durchgeführt).

In einer Zusammenschau der Ergebnisse aus epidemiologischen Studien, die in den Vereinigten Staaten nach dem 2. Weltkrieg bis Mitte der 70er-Jahre durchgeführt wurden, ziehen Neugebauer et al. (1980) folgende Schlussfolgerungen: Sie schätzen die durchschnittliche Prävalenzrate für Persönlichkeitsstörungen auf etwa 7 Prozent, indem sie berücksichtigen, dass die in den Ursprungsstudien beträchtlich höher liegenden Werte zum Teil durch einen Einschluss von Patienten mit Drogen- und Alkoholabusus zustande gekommen waren. Die Verteilung unter den Geschlechtern scheint etwa gleich hoch zu sein. Im höheren Alter finden sich eher weniger hohe Prävalenzraten. Es gibt ein Stadt-Land-Gefälle. Und es finden sich jeweils höhere Angaben bei Personen mit niedrigerem Sozialstatus und Einkommen.

20.1.2 Aktuellere Studien

In neueren Studien, die seit Beginn der 80er-Jahre durchgeführt wurden, scheinen sich die frühen allgemeinen Prävalenzraten weitgehend zu bestätigen (vgl. Weissman, 1993). So wurde beispielsweise für die Großstadtbevölkerung von Mannheim eine Prävalenz für Persönlichkeitsstörungen von 5,5 Prozent gefunden (ermittelt noch in Orientierung an der recht groben ICD-8-Diagnostik, weshalb wir nachfolgend nicht weiter auf sie eingehen werden; vgl. Schepank et al., 1984).

Für das Zentrum einer etwas kleineren Stadt im Mittelwesten der USA (Iowa-City) finden Reich et al. (1989) eine (unbehandelte) Prävalenz von 11,1 Prozent. Die Untersuchung wurde mit dem DSM-III-orientierten Selbstrating *Personality Diagnostic Questionnaire* (PDQ; → 19.1) durchgeführt, und die briefliche Befragung führte mit 235 Antworten zu einer Rücklaufquote von immerhin 62,1 Prozent.

Personen, bei denen in dieser Untersuchung die Diagnose der Persönlichkeitsstörung gemäß DSM-III-R eindeutig vergeben werden konnte, waren durch eine Reihe weiterer Merkmale auffällig (Reich et al., 1989): Sie hatten in der Regel ein niedrigeres Bildungsniveau und es wurde häufiger eine Alkoholabhängigkeit (bei 19% versus 0,6%) festgestellt. Die Verheirateten unter ihnen berichteten öfter über erhebliche Eheschwierigkeiten (29% versus 3,5%).

Zimmerman und Coryell (1990) benutzten in einer Untersuchung von 697 Angehörigen schizophrener Patienten ebenfalls das PDQ, führten zusätzlich jedoch auch noch strukturierte Interviews bei den gleichen Personen mit dem *Structured Interview for DSM-III Personality Disorders* (SIDP; → 19.1) durch. Die insgesamt gefundenen Prävalenzraten für Persönlichkeitsstörungen schwanken in dieser Studie zwischen 10,3 (PDQ) und 13,1 Prozent (SIDP), fallen also etwa gleich hoch aus wie die Raten in der oben genannten Iowa-Studie.

Im deutschen Sprachraum wurde eine erste Interviewstudie zur Verteilung der Persönlichkeitsstörungen vorgelegt, die mit freiwillig teilnehmenden Probanden der Main-Rhein-Region um Mainz herum durchgeführt wurde (Maier et al., 1992). Die 452 erwachsenen Personen wurden mit dem *Structured Clinical Interview for DSM-III(-R) Disorders, Axis II* beurteilt (SCID-III-R; Spitzer et al., 1990a, b).

In dieser gemischten Gruppe ließen sich bei 10 Prozent der untersuchten Personen Persönlichkeitsstörungen feststellen – also ähnlich hoch wie in den USA. Mit 9,6 Prozent der 219 Männer und 10,3 Prozent der 233 Frauen kann die Verteilung unter den Geschlechtern als in etwa gleich angesehen werden. Ältere Probanden hatten in der Regel weniger Persönlichkeitsstörungen. 2,4 Prozent der Personen der Gesamtstichprobe hatte eine zweite komorbide Persönlichkeitsstörung; lediglich bei einer Frau konnten drei Persönlichkeitsstörungen komorbid diagnostiziert werden. Auch bei den Komorbiditätsdiagnosen waren die jüngeren Probanden überrepräsentiert.

Diese letzten Befunde weichen sowohl von den im vorausgehenden Kapitel vorgestellten aktuelleren Komorbiditätsstudien wie auch von den übrigen hier vorgestellten epidemiologischen Studien insofern ab, als in jenen deutlich höhere Komorbiditätsraten mitgeteilt werden. Nur mit großer Zurückhaltung darf hier jedoch auf mögliche Unterschiede bei US-Amerikanern und Deutschen zurückgeschlossen werden. Die Ergebnisunterschiede verweisen vielmehr darauf, dass die Interviewer der Mainzer Studie offensichtlich „strenger" geurteilt haben. Dass dies so sein kann, zeigt sich auch in den jeweils geringeren Prävalenzraten zu den einzelnen Störungen, die in dieser Untersuchung im Unterschied zu den anderen Studien gefunden wurden (→ Tabellen 20.1 bis 20.4).

In der Mainzer Studie bestätigten sich zudem zwei auffällige Komorbiditätsbeziehungen zwischen Persönlichkeitsstörungen und anderen psychischen Störungen (der DSM-Achse I). Diese bestanden zwischen der Borderline-Persönlichkeitsstörung und den affektiven Störungen sowie zwischen der selbstunsicheren Persönlichkeitsstörung und den Angststörungen (→ 19.3).

Die bis hier vorgestellten Studien waren an den Störungskonzepten des DSM-III(-R) orientiert. Nach den Kriterien der neuen ICD-10 (von 1991) wurde inzwischen eine erste Pilotstudie von Loranger und weltweit eingesetzten Mitarbeitern

(1994) vorgelegt, die zugleich eine Einschätzung der sog. behandelten Prävalenz der Persönlichkeitsstörungen ermöglicht (vgl. auch Girolamo & Reich, 1993).

Diese Pilotstudie wurde im Auftrag der WHO weltweit in 11 Ländern an psychiatrischen Patienten durchgeführt. Es handelt sich dabei um klinische Stichproben (behandelte Prävalenzen) mit insgesamt 716 Patienten (364 Männern und 352 Frauen), die sich wegen unterschiedlicher psychischer Störungen (67,2 Prozent) oder ausschließlich wegen Persönlichkeitsstörungen (32,8 Prozent) in ambulanter oder stationärer Behandlung befanden. An der Erhebung beteiligten sich Forscher aus Indien (47 Patienten), Holland (65), Großbritannien (102), Luxemburg (52), Deutschland (113), Kenia (50), Norwegen (48), Japan (57), Österreich (50), den USA (100) und der Schweiz (32).

Die Erhebung wurde mit der *International Personality Disorder Examination* (IPDE; → 19.1) durchgeführt. Dieses semistrukturierte Interviewverfahren enthält die Kriterien beider Klassifikationssysteme und erlaubt damit neben der ICD-10-Diagnostik eine zusätzliche Feststellung der Persönlichkeitsstörungen gemäß DSM-III-R. Mithilfe dieses Instrumentes sind also erstmals Vergleiche zwischen beiden Diagnosesystemen möglich. Insgesamt fanden die Autoren unter den psychiatrischen Patienten eine Prävalenzrate zwischen 39,5 Prozent (nach den ICD-10-Kriterien) und 51,1 Prozent (nach den DSM-III-R-Kriterien). Die Unterschiede kommen vor allem dadurch zustande, dass gemäß DSM-III-R gegenüber der ICD-10 fünf Persönlichkeitsstörungen mehr diagnostizierbar sind: Diese fünf zusätzlichen DSM-III-R-Diagnosen (schizotypisch, narzisstisch und passiv-aggressiv sowie die Anhang-Diagnosen selbstschädigend und sadistisch) konnten immerhin in 11,2 Prozent der Fälle vergeben werden.

Eine der ersten deutschen Studien zur behandelten Prävalenz von Persönlichkeitsstörungen wurde kürzlich in einer Psychosomatischen Fachklinik durchgeführt (Fydrich et al., 1996). Die Autoren benutzten dazu das *Structured Clinical Interview for DSM-III(-R) Disorders, Axis II* (SCID-III-R; Spitzer et al., 1990a, b). Von den untersuchten 435 Patienten (mit vorrangigen Angst-, Ess-, affektiven und somatoformen Störungen) erhielten 118 (27,1 Prozent) eine Persönlichkeitsstörungsdiagnose.

20.1.3 Zusammenschau und Differenzierung

Die erwähnten DSM-III(-R)/ICD-10-Studien erlauben eine erste differenzielle Einschätzung und Bewertung zur behandelten und unbehandelten Prävalenz der unterschiedlichen Persönlichkeitsstörungen (die → Tabellen 20.1 bis 20.4 enthalten die Prävalenzraten aus den vier Studien). Einige augenfällige Ergebnisse dieser Zusammenschau lassen sich folgendermaßen zusammenfassen:

Unbehandelte Prävalenz

In den Studien von Reich et al. (1989) und Zimmerman & Coryell (1990) sind die Störungsbilder mit den höchsten Prävalenzraten die schizotypische, die dependente und die zwanghafte Persönlichkeitsstörung. In der Untersuchung von Maier et al. (1992) sind es diese ebenfalls, wenngleich aus den oben angesprochenen Gründen insgesamt geringe Prävalenzraten resultieren. Zusätzlich gibt es dort auch noch eine relativ hohe Prävalenz der passiv-aggressiven Persönlichkeitsstörung. Insgesamt finden sich überraschend gute Übereinstimmungen zwischen den Selbsteinschätzungen mittels Fragebogen (PDQ) und den Fremdratings der Interviews (SIDP). Die größeren Abweichungen hiervon lassen sich recht plausibel erklären. So mögen die deutlich höheren Angaben zur Borderline-Persönlichkeitsstörung in der Selbsteinschätzung dadurch kontaminiert sein, dass es sich dabei um Angehörige schizophrener Patienten handelt.

Tabelle 20.1. Prävalenz von Persönlichkeitsstörungen in Bevölkerungsstichproben mit 235 Probanden (Reich et al. 1989), mit 452 Probanden (Maier et al., 1992) sowie in einer Untersuchung von 697 Angehörigen schizophrener Patienten (Zimmerman & Coryell, 1990). Weiter sind die Raten der behandelten Prävalenz von 118 persönlichkeitsgestörten Patienten einer Psychosomatischen Fachklinik (Fydrich et al., 1996) sowie die von 716 psychiatrischen Patienten einer weltweit durchgeführten WHO-Pilotstudie enthalten (Loranger et al., 1994).

Persönlichkeitsstörung	Autor (Jahr)	Methode	%-Rate
paranoid	Reich et al. (1989)	PDQ	0,8
	Zimmerman & Coryell (1990)	PDQ	0,4
		SIDP	0,4
	Maier et al. (1992)	SCID	1,8
	Fydrich et al. (1996)	*SCID*	*3,4*
	Loranger et al. (1994)	*IPDE-DSM*	*5,9*
		IPDE-ICD	*2,4*
schizoid	Reich et al. (1989)	PDQ	0,8
	Zimmerman & Coryell (1990)	PDQ	0,9
		SIDP	0,7
	Maier et al. (1992)	SCID	0,4
	Fydrich et al. (1996)	*SCID*	*1,8*
	Loranger et al. (1994)	*IPDE-DSM*	*2,8*
		IPDE-ICD	*1,8*
schizotypisch*)	Reich et al. (1989)	PDQ	5,1
	Zimmerman & Coryell (1990)	PDQ	5,6
		SIDP	3,0
	Maier et al. (1992)	SCID	0,7
	Fydrich et al. (1996)	*SCID*	*1,1*
	Loranger et al. (1994)	*IPDE-DSM*	*3,5*

Unbehandelte Prävalenz: Reich et al. (1989); Zimmermann & Coryell (1990); Maier et al. (1992); *behandelte Prävalenz: Fydrich et al. (1996); Loranger et al. (1994).*
*) Nicht in der ICD-10.

Dass die Dependenz in den beiden Befragungsstudien subjektiv höher eingeschätzt wird, als sie im Fremdrating feststellbar ist, mag auf einen interessanten Aspekt verweisen, der in einem Beurteilerbias begründet sein kann. Möglicherweise stellen sich dependente Personen im Interview kompetenter (weniger abhängig; möglicherweise empathisch zugewandter) dar, als sie sich selbst beschreiben würden. Fast gleichsinnig lässt sich dies am Beispiel der zwanghaften Persönlichkeitsstörung zeigen. Auch hier deuten die Befunde auf einen Beurteilerbias, der die zwanghaften Personen aus der Außenperspektive akzeptierbar gewissenhaft und ordentlich erscheinen lässt, während die Selbsteinschätzung ein Mehr an *Ich-Dystonie* dieser Störung signalisieren könnte (Störungseinsicht). Beide Abweichungen machen darauf aufmerksam, dass es zukünftig bedeutsam sein könnte, genau herauszuarbeiten, bei welchen Störungen das Selbstrating eine sinnvolle wichtige Ergänzung zum Interview darstellt.

Behandelte Prävalenz

In der von Loranger et al. (1994) durchgeführten Studie zum Vorkommen der Persönlichkeitsstörungen bei ambulant und stationär behandelten psychiatrischen Patienten zeigen folgende Störungsbilder die höchsten Prävalenzraten (in absteigender Reihenfolge; → Tabelle 20.2): die Borderline- (14,5–14,9%), die selbstunsicher-vermeidenden (11–15,2%), die histrionische (4,3–7,1%) und die dependente Persönlichkeitsstörung (4,5–4,6%). In der Studie von Fydrich et al. (1996) sind dies vor allem die selbstunsicheren und die dependenten Persönlichkeitsstörungen. Diese Unterschiede zwischen den psychiatrisch bzw. psychosomatisch behandelten Patientengruppen erklären sich gut mit der Unterschiedlichkeit der Störungsgruppen, die in beiden Behandlungskontexten vorkommen.

Die jeweils höheren Raten mögen damit zusammenhängen, dass es sich dabei um Persönlichkeitsstörungen handelt, die einerseits im Zusammenhang mit anderen psychischen Störungen besonders häufig komorbid auftreten (dies gilt vor allem für die selbstunsicher-vermeidende Persönlichkeitsstörung) und die andererseits selbst häufig Anlass sind, psychiatrische und psychotherapeutische Hilfe zu suchen (hierzu zählen vor allem die Borderline-Persönlichkeitsstörungen).

Insgesamt gibt es in der WHO-Studie beträchtliche kulturelle Unterschiede, die in der vorliegenden Publikation jedoch nicht en detail mitgeteilt wurden. Dennoch wurde die überwiegende Zahl der Persönlichkeitsstörungen in allen teilnehmenden Ländern diagnostiziert. Nur in Indien wurden weder die Borderline- noch die selbstunsicher-vermeidende Persönlichkeitsstörung diagnostiziert, die in anderen Ländern fast durchgängig die höchsten Prävalenzraten aufweisen. Selbst die in kritischer Diskussion befindliche passiv-aggressive Persönlichkeitsstörung war mit Ausnahme eines Landes in den übrigen Teilnehmerländern diagnostizierbar (Gesamtprävalenz: 5 Prozent).

Tabelle 20.2. Prävalenz von Persönlichkeitsstörungen (Fortsetzung; Erläuterungen in → Tabelle 20.1).

Persönlichkeitsstörung	Autor (Jahr)	Methode	%-Rate
antisozial/dissozial	Reich et al. (1989)	PDQ	0,4
	Zimmerman & Coryell (1990)	PDQ	0,9
		SIDP	3,0
	Maier et al. (1992)	SCID	0,2
	Fydrich et al. (1996)	*SCID*	*0,2*
	Loranger et al. (1994)	*IPDE-DSM*	*2,8*
		IPDE-ICD	*1,8*
Borderline	Reich et al. (1989)	PDQ	1,3
	Zimmerman & Coryell (1990)	PDQ	4,6
		SIDP	1,7
	Maier et al. (1992)	SCID	1,1
	Fydrich et al. (1996)	*SCID*	*3,0*
	Loranger et al. (1994)	*IPDE-DSM*	*14,5*
emotional instabil (ICD-10)			
Borderline	*Loranger et al. (1994)*	*IPDE-ICD*	*14,9*
*impulsiv**)	*Loranger et al. (1994)*	*IPDE-ICD*	*4,5*
histrionisch	Reich et al. (1989)	PDQ	2,1
	Zimmerman & Coryell (1990)	PDQ	2,7
		SIDP	3,0
	Maier et al. (1992)	SCID	1,3
	Fydrich et al. (1996)	*SCID*	*1,6*
	Loranger et al. (1994)	*IPDE-DSM*	*7,1*
		IPDE-ICD	*4,3*

Unbehandelte Prävalenz: Reich et al. (1989); Zimmermann & Coryell (1990); Maier et al. (1992); *behandelte Prävalenz: Fydrich et al. (1996); Loranger et al. (1994).*
*) Nicht im DSM-III-R.

Vergleich von DSM-III-R und ICD-10

Die IPDE-Studie ermöglicht zugleich erstmals einen Vergleich der Konvergenz bzw. Divergenz der ICD-10- und DSM-III-R-Kriterien.

Beide Systeme unterscheiden sich geringfügig in der Bezeichnung einzelner Persönlichkeitsstörungen (zwanghaft im DSM-III-R versus anankastisch in der ICD-10; entsprechend: [selbstunsicher-]vermeidend versus ängstlich-vermeidend; antisozial versus dissozial). In der ICD-10 werden Borderline- und impulsive Typisierungen als Untergruppen einer emotional instabilen Persönlichkeitsstörung registriert. Die schizotype Störung befindet sich in der ICD-10 als Störungsgruppe den Schizophrenien zugeordnet (wird also nur mittels DSM-III-R registriert). Narzisstische und passiv-aggressive Persönlichkeitsstörungen finden sich ebenfalls nur im DSM-III-R, ebenso die selbstverletzenden und sadisti-

Tabelle 20.3. Prävalenz von Persönlichkeitsstörungen (Fortsetzung; Erläuterungen in → Tabelle 20.1).

Persönlichkeitsstörung	Autor (Jahr)	Methode	%-Rate
narzisstisch*)	Reich et al. (1989)	PDQ	0,4
	Zimmerman & Coryell (1990)	PDQ	0,4
		SIDP	0,0
	Maier et al. (1992)	SCID	0
	Fydrich et al. (1996)	*SCID*	*0,2*
	Loranger et al. (1994)	*IPDE-DSM*	*1,3*
selbstunsicher/ ängstlich-vermeidend	Reich et al. (1989)	PDQ	0,0
	Zimmerman & Coryell (1990)	PDQ	0,4
		SIDP	1,3
	Maier et al. (1992)	SCID	1,1
	Fydrich et al. (1996)	*SCID*	*16,3*
	Loranger et al. (1994)	*IPDE-DSM*	*11,0*
		IPDE-ICD	*15,2*
dependent	Reich et al. (1989)	PDQ	5,1
	Zimmerman & Coryell (1990)	PDQ	6,7
		SIDP	1,7
	Maier et al. (1992)	SCID	1,5
	Fydrich et al. (1996)	*SCID*	*8,7*
	Loranger et al. (1994)	*IPDE-DSM*	*4,5*
		IPDE-ICD	*4,6*

Unbehandelte Prävalenz: Reich et al. (1989); Zimmermann und Coryell (1990); Maier et al. (1992); *behandelte Prävalenz: Fydrich et al. (1996); Loranger et al. (1994).*
*) Nicht in der ICD-10.

schen Persönlichkeitsstörungen des DSM-III-R-Anhangs. Die übrigen Störungen sind relativ konvergent beschrieben, wobei sich die ICD-10 stärker durch eine Vermeidung von Kriterienüberlappungen auszeichnet. Hierin mögen auch die Gründe zu suchen sein, die die tendenziellen Unterschiede zwischen den Prävalenzraten mittels IPDE-DSM- und IPDE-ICD-Diagnostik ausmachen.

In den statistischen Vergleichen der beiden Einschätzungen finden sich interessanterweise keine statistisch bedeutsamen Unterschiede zwischen ICD- und DSM-Diagnosen (jeweils $p > .05$; vgl. Loranger et al., 1994). Im Allgemeinen scheinen beide Systeme also weitgehend vergleichbar. Die dennoch deutlichen Unterschiedstrends in den Prävalenzangaben zur dissozialen, paranoiden und histrionischen Persönlichkeitsstörung, die das Signifikanzniveau zwar nicht erreichen, sollten dennoch zwingend in der weiteren Forschung Beachtung finden – schon wegen der (bei der hohen Zahl teilnehmender Länder) insgesamt

Tabelle 20.4. Prävalenz von Persönlichkeitsstörungen (Fortsetzung; Erläuterungen in Tabelle 20.1).

Persönlichkeitsstörung	Autor (Jahr)	Methode	%-Rate
zwanghaft/ anankastisch	Reich et al. (1989)	PDQ	6,4
	Zimmerman & Coryell (1990)	PDQ	4,0
		SIDP	1,7
	Maier et al. (1992)	SCID	2,2
	Fydrich et al. (1996)	*SCID*	*4,4*
	Loranger et al. (1994)	*IPDE-DSM*	*2,8*
		IPDE-ICD	*1,8*
passiv-aggressiv**)	Reich et al. (1989)	PDQ	0,0
	Zimmerman & Coryell (1990)	PDQ	0,4
		SIDP	3,0
	Maier et al. (1992)	SCID	1,8
	Fydrich et al. (1996)	*SCID*	*0,2*
	Loranger et al. (1994)	IPDE-DSM	5,0
*selbstschädigend**)	*Fydrich et al. (1996)*	*SCID*	*0,9*
	Loranger et al. (1994)	*IPDE-DSM*	*1,3*
*sadistisch**)	*Fydrich et al. (1996)*	*SCID*	*0,0*
	Loranger et al. (1994)	*IPDE-DSM*	*0,3*
*ICD-10: sonstige**)	*Loranger et al. (1994)*	*IPDE-ICD*	*6,8*

Unbehandelte Prävalenz: Reich et al. (1989); Zimmermann & Coryell (1990); Maier et al. (1992); *behandelte Prävalenz: Fydrich et al. (1996); Loranger et al. (1994).*

*) Im Anhang der jeweiligen Klassifikationssysteme angegebene weitere Möglichkeiten; „selbstschädigend" und „sadistisch" nicht mehr im DSM-IV.

**) Nicht in der ICD-10.

niedrigen Probandenzahl. Dies gilt insbesondere für die Beurteilung der dissozialen Persönlichkeitsstörung, der in beiden Systemen zurzeit noch völlig unterschiedliche Kriterien zugrunde liegen (→ 10.2).

20.2 Persönlichkeitsstörungen im hohen Alter

Untersuchungen zum Vorkommen der Persönlichkeitsstörungen im höheren Lebensalter sind eher selten. Frühere Schätzungen auf Grundlage von Daten in klinischen Einrichtungen gingen fast immer davon aus, dass die Häufigkeit jenseits des 50. Lebensjahres deutlich geringer ausfällt als in Zeit davor. Inzwischen liegen einige Datenbestände vor, die genauere Angaben ermöglichen – und die die früheren Schätzungen weitgehend bestätigen.

Eine Metaanalyse von Forschungsarbeiten aus der Zeit von 1980 bis 1994 wurde dazu von Abrams und Horowitz (1996) vorgelegt. Die Autoren haben in ihre Untersuchung nur Forschungsarbeiten einbezogen, die folgende strenge Kriterien erfüllten:

- Sie mussten das gesamte Spektrum der DSM-III-(R)-Kriterien einschließen.
- Es mussten Original-Daten enthalten sein.
- Die Informationen mussten hinreichend genaue Angaben zur Datenbasis enthalten.
- Die Untersuchungen mussten ausdrücklich mit dem Ziel der Prävalenzschätzung von Persönlichkeitsstörungen im höheren Lebensalter durchgeführt worden sein.

Insgesamt finden Abrams und Horowitz (1996) in elf von ihnen eingeschlossenen Studien eine Prävalenzrate von 10 Prozent diagnostizierbarer Persönlichkeitsstörungen bei insgesamt 2185 untersuchten Patienten jenseits des 50. Lebensjahres. Eine Vergleichsgruppe mit Personen unter dem 50. Lebensjahr umfasste insgesamt 6235 Patienten; in dieser lag die Prävalenz für Persönlichkeitsstörungen bei durchschnittlich 21 Prozent.

Die Häufigkeit von Persönlichkeitsstörungen im hohen Alter schwankt in den Studien zwischen 6 und 33 Prozent. Für die einzelnen Störungsbilder fanden sich folgende Durchschnittswerte: zwanghaft (3,0%); dependent (2,3%); ängstlich-vermeidend (1,4%), narzisstisch und passiv-aggressiv (jeweils 1,0%); histrionisch (0,9%); paranoid (0,8%); Borderline (0,7%); schizoid (0,5%); antisozial und schizotypisch (jeweils 0,3%) und nicht eindeutig zuzuordnen (2,5%).

Da es sich bei den untersuchten Personen zumeist um geriatrische Patienten handelt, wird von den Autoren vermutet, dass es möglicherweise zu einer Unterschätzung gekommen ist, da sich Persönlichkeitsmerkmale nicht gut genug von den teilweise schweren psychischen Störungen der Betroffenen hätten differenzieren lassen. Diese Vermutung wird auch in einer kritischen Übersicht zur Frage der Persönlichkeitsstörungen im hohen Alter vermutet (Segal et al., 1996). Andererseits sprechen die Ergebnisse der wenigen bis ins hohe Lebensalter reichenden Longitudinaluntersuchungen dafür, dass es durchaus möglich sein kann, dass die Prävalenz der Persönlichkeitsstörungen im höheren Alter zurückgeht. Darauf wird jetzt abschließend eingegangen.

20.3 Verlauf und Prognose

Prospektive Langzeitstudien, die als solche genaue Angaben über Verläufe ermöglichen könnten, liegen zumeist – das betrifft vor allem frühere Studien – in globaler Beurteilung einer zusammengefassten Gruppe der „Persönlichkeitsstörungen" vor. Neuere Studien, die eine Differenzierung möglichst vieler unterschiedlicher Persönlichkeitsstörungen beinhalten, sind nach wie vor selten zu finden. Uns liegen zurzeit lediglich zwei Studien vor: eine retrospektive Interviewstudie zu den möglichen Entwicklungsbedingungen der psychischen Störungen von 456 Männern, davon 84 mit primärer Diagnose einer Persönlichkeitsstörung (Drake et al., 1988) und eine Prospektivstudie zur psychosozialen Anpassung von 78 Patienten im Verlauf von zwei Jahren nach Klinikaufenthalt, davon 27 mit diagnostizierten primären Persönlichkeitsstörungen (Andreoli et al., 1989).

Die meisten anderen aktuellen Studien wurden zumeist zu einzelnen oder einer spezifischen Untergruppe von Persönlichkeitsstörungen durchgeführt. Fast zwei Drittel dieser prospektiv bzw. retrospektiv durchgeführten Studien sind den Verläufen der Borderline-Persönlichkeitsstörung gewidmet (vgl. Stone, 1992a). Im Folgenden sollen einige wichtige Befunde älterer und neuerer Studien referiert werden. Für die älteren Studien bleibt jedoch zu beachten, dass vor dem DSM-III (von 1980) keine klar definierten Kriterien für Persönlichkeitsstörungen vorlagen. Die damals generierten Befunde sind also nur sehr beschränkt verallgemeinerbar (vgl. Abrams & Horowitz, 1996).

20.3.1 Frühe Studien

Als Beispiele mögen hier zunächst zwei Katamnesestudien dienen, die im deutschsprachigen Raum durchgeführt wurden:

- zu Krankheits- und Lebensverläufen psychiatrischer Patienten in der Bundesrepublik (Tölle, 1966); die Nachuntersuchung erfolgte durchschnittlich 28 Jahre nach Erstuntersuchung;
- zu Krankheits- und Lebensverläufen von Patienten mit Medikamenten-/Alkoholabhängigkeit bzw. mit forensisch-psychiatrischer Problematik (Müller, 1981); die Nachuntersuchung erfolgte durchschnittlich 30 Jahre nach Erstuntersuchung.

Beide Studien führten zu weitgehend übereinstimmenden Befunden. Die untersuchten Persönlichkeitsstörungen blieben in ihrer jeweiligen Störungsspezifität relativ unverändert, waren im Verlauf der Zeit insgesamt jedoch in ihrer Schwere rückläufig und im hohen Alter der Betroffenen nur sehr abgeschwächt zu finden. Es fanden sich sehr unterschiedliche Verlaufseigenarten. Suizide kamen bei Patienten mit Persönlichkeitsstörungen auffallend häufig vor. Ungünstige Einflüsse der Persönlichkeitseigenarten auf die Lebensführung zeigten sich insbesondere im Zusammenhang mit extremen Lebensanforderungen und Lebenskrisen.

Tölle (1986) zieht aus den Befunden beider Studien den Schluss, dass die einmal diagnostizierten spezifischen Persönlichkeitsmerkmale zwar bemerkenswert persontypisierend blieben. Andererseits hänge das Ausmaß der Auswirkungen der Persönlichkeitsstörungen auf das Befinden und Erleben der Betroffenen sowie auf die Qualität sozialer Beziehungen deutlich mit den jeweiligen Lebensumständen und mit dem erreichten Lebensalter zusammen.

In Norwegen führte Sund (1973) eine Nachuntersuchung an 203 Männern durch, die während ihrer Militärzeit wegen unterschiedlicher psychischer Störungen psychiatrisch behandelt worden waren, und verglich die Ergebnisse mit 101 Kontrollpersonen. Die Studie wirft ein besonderes Licht auf die weitere psychosoziale Anpassung derjenigen, die zum Zeitpunkt der psychiatrischen Behandlung während des Krieges die Diagnose einer Persönlichkeitsstörung erhalten hatten. In jeweils signifikantem Unterschied zur Kontrollgruppe wiesen zum Zeitpunkt der Nachuntersuchung die persönlichkeitsgestörten Personen eine sehr unbeständige Berufsentwicklung auf (häufiger Stellenwechsel; wiederholte Phasen der Arbeitslosigkeit). Bei zwischenzeitlich Verheirateten fanden sich Hinweise auf eine unbefriedigende, konfliktreiche Ehebeziehung. Jeweils mehr als zwei Drittel hatten Probleme mit dem Alkohol und gerieten im Laufe der Jahre irgendwie mit dem Gesetz in Konflikt.

Die von Tölle und Müller gefundene Verminderung des Einflusses der Persönlichkeitsstörungen auf die Lebensführung der nachuntersuchten Patienten im späteren Leben entspricht der Beobachtung, dass Persönlichkeitsstörungen im hohen Alter allgemein seltener diagnostiziert werden (vgl. Solomon, 1981). Dennoch dürfte eine sorgsame Abklärung persönlichkeitsspezifischer Eigenarten bei älteren Patienten vor allem mit Blick auf psychotherapeutische Vorhaben auch weiterhin unverzichtbar bleiben.

20.3.2 Aktuelle Studien

Wie angedeutet, sind neuere Prospektivstudien, die das Gesamt der Persönlichkeitsstörungen gemäß DSM-III-R erfassen, nach wie vor eher selten zu finden. Studien mit der ICD-10 (von 1991) dürften sowieso erst in den nächsten Jahren möglich werden. Die meisten DSM-III(-R) orientierten Verlaufsstudien sind bislang vorrangig einzelnen Persönlichkeitsstörungen, vor allem der Borderline-Persönlichkeitsstörung gewidmet (vgl. die Zusammenfassung wichtiger Studien und Ergebnisse bei Perry, 1993, sowie bei McDavid & Pilkonis, 1996). Besonderes Augenmerk wurde in diesen Studien zwei Problembereichen gewidmet: Einerseits wurde die Bedeutsamkeit der Diagnose einer Persönlichkeitsstörung für das Suizidrisiko der Betroffenen untersucht. Andererseits wurde die Frage verfolgt, wie sich die weitere Entwicklung der psychosozialen, privaten und beruflichen Anpassung und Wiedereingliederung der zumeist psychiatrischen Patienten nach Abschluss eines Klinikaufenthaltes gestaltet.

Suizidrisiko. Das Suizidrisiko wurde vor allem bei Borderline-Patienten untersucht. Der Synopse von Perry (1993) zufolge nahmen sich durchschnittlich 6,1 Prozent (Range 3 bis 9 Prozent) der Borderline-Patienten nach Behandlungsabschluss in Beobachtungszeiträumen von durchschnittlich 7;3 Jahren (Range 2 bis 16 Jahre) das Leben. Durchschnittlich 4 Prozent suizidierten sich bereits in den ersten beiden Jahren, die der Klinikbehandlung folgten. Die vergleichbare Suizidrate aus Prospektivstudien über Patienten mit unterschiedlichen psychiatrischen

Diagnosen und ähnlich langen Beobachtungszeiträumen nach Klinikaustritt schwankt zwischen 0,5 und 2 Prozent mit ebenfalls der höchsten Risikozeit im ersten Jahr nach Klinikentlassung (vgl. Finzen, 1988; Bronisch, 1996a, b).

Permanenz bzw. Remission. Ähnlich wie in den oben genannten frühen Studien findet sich in aller Regel, dass die einmal diagnostizierten Persönlichkeitsstörungen relativ persongebunden bestehen bleiben können, wenngleich die Anzahl der später untersuchten Fälle mit gleicher Diagnose teilweise deutlich zurückgeht. Dennoch scheint die häufig vertretene allgemeine Annahme falsch zu sein, dass sich Persönlichkeitsstörungen nicht ändern bzw. nicht therapeutisch beeinflussen lassen.

In den fünf von Perry (1993) einbezogenen Studien zur Permanenz bzw. Remission der Borderline-Persönlichkeitsstörung erhielten durchschnittlich 57 Prozent (Range 25 bis 90 Prozent) bei Nachuntersuchungen durchschnittlich 8;8 Jahre später (Range 3 bis 15 Jahre) die gleiche Diagnose. Ein Nebenergebnis dieser Nachuntersuchungen ist die Beobachtung, dass Patienten jenseits des 40. Lebensjahres kaum mehr die Diagnose einer Borderline-Störung erhalten; vgl. jedoch die oben unter → 20.2 erwähnten Prävalenzraten).

Borderline. Weiter bleibt beachtenswert, dass die Zahl der bereits sehr früh (in der Jugend) gestellten Borderline-Diagnosen, bei den gleichen Personen später erneut erhoben, sehr deutlich zurückgeht. Garnett et al. (1994) finden bei von ihnen in der Kinder- und Jugendpsychiatrie untersuchten 17-jährigen Borderline-Patienten zwei Jahre später nur in 33 Prozent der Fälle hinreichende Anzeichen dafür, dass die Diagnose erneut gestellt werden kann. In einer Studie von Meier et al. (1998) waren es nur 14 Prozent der ursprünglich Betroffenen. Sehr wohl konnten in beiden Studien Hinweise gefunden werden, dass zwar nicht das Störungsbild insgesamt, einzelne Symptome sehr wohl persistieren. Diese betrafen vor allem affektive Schwierigkeiten der Regulation von negativen Affekten wie Wut und Depressivität. Stabile Verbesserungen zeigten sich dennoch in Impulskontrollstörungen, wie z.B. hinsichtlich der vorbestehenden Neigung zu selbstverletzenden Handlungen einschließlich Suizidalität. Ein unreflektierter Therapiepessimismus selbst bei schwerer gestörten Patienten erscheint angesichts dieser Befunde außerordentlich problematisch.

Resümee. Unabhängig von der spezifischen Persönlichkeitsstörungsdiagnose zeigt sich in allen bisher vorliegenden Prospektivstudien konvergent, dass die persönlichkeitsgestörten Patienten im Vergleich mit Patienten ohne Persönlichkeitsstörungen erheblich größere Anpassungsschwierigkeiten in Familie und Beruf aufweisen, sich deutlich häufiger erneut einer psychotherapeutischen oder psychiatrischen Behandlung unterzogen, häufigere Ehescheidungen oder längere Zeiten ohne feste Partnerschaft aufwiesen sowie deutlich häufiger wegen unterschiedlicher körperlicher Krankheiten ärztliche Hilfe in Anspruch genommen hatten (Drake et al., 1988; Andreoli et al., 1989).

Teil III

Behandlung

21 Über die Schwierigkeiten der Psychotherapeuten im Umgang mit den Persönlichkeitsstörungen. Dritter Versuch einer Einführung

Der Sitz der Fantasie ist zugleich der Sitz der Furcht.
Leo Perutz

Die meisten Arbeiten zur psychologisch-psychotherapeutischen Behandlung von Persönlichkeitsstörungen beginnen mit einer für den Leser gut eingängigen Behauptung: Persönlichkeitsstörungen gelten als schwer zu behandeln. Diese Ansicht ist jedoch in dieser undifferenzierten Verallgemeinerung genauso falsch, wie die gelegentlich ebenfalls vertretene Meinung, dass einige schwer persönlichkeitsgestörte Menschen (gemeint sind zumeist Personen mit dissozialen Persönlichkeitsstörungen) therapeutisch gar nicht beeinflussbar seien. Mit diesem weit verbreiteten und von den meisten Autoren immer wieder neu „nachgebeteten" Therapiepessimismus gegenüber den Persönlichkeitsstörungen gilt es als Erstes und vor allem aufzuräumen. Kaum jemand hat bis heute gefragt, ob es nicht vielleicht nur dieser unreflektierte Therapiepessimismus ist, der hauptsächlich dafür verantwortlich zeichnet, wenn Therapieerfolge in sich selbst erfüllender Prophezeihung ausbleiben.

Selbst Sigmund Freud würde sich sicherlich „im Grabe umdrehen" (pardon), wenn er mitbekommen hätte, was aus seiner Ansicht – dass nämlich die Psychoanalyse bei „narzisstischen Störungen" wenig ausrichten könne – vielleicht nur in sträflicher Unkenntnis seiner Originaltexte alles so zusammenzitiert wurde und wird. Gemeint hatte Freud mit „narzisstischen Störungen" die besonderen („frühen") Ich-Störungen einerseits in der Psychopathie (also in der dissozialen Persönlichkeitsstörung) und andererseits in der Dementia praecox (also in der Schizophrenie). Und er hat nur behauptet, dass bei der Psychopathie und bei der Schizophrenie (mit ihren narzisstisch getönten Durchbrüchen aus dem Triebgeschehen des Es in das Ich) das heute gern als „klassisch" bezeichnete Konzept der Psychoanalyse nicht indiziert sei – nicht mehr und nicht weniger!

Einmal abgesehen vom freudschen Konzept der triebgesteuerten Grundstörungen und Symptome würden der Ansicht, Psychoanalyse sei bei dissozialen Persönlichkeitsstörungen und bei schizophrenen Störungen nicht indiziert, sicherlich auch heute noch die meisten (nicht nur psychoanalytisch orientierten) Psychotherapieforscher genauso zustimmen. Tun sie dies nicht, dann kennen sie die Forschungsergebnisse zum Erfolg, besser: zum Nicht-Erfolg psychoanalytischer Behandlung bei dissozial-persönlichkeitsgestörten und schizophrenen Patienten nicht, die nämlich Freuds frühe Ansichten grundsätzlich bestätigen (vgl. z.B. Gunderson & Carroll, 1985).

21.1 Sich selbst erfüllende Prophezeihungen

> **!** Wenn man glaubt, Persönlichkeitsstörungen seien schwer zu behandeln, dann sind sie dies auch!

Natürlich kann man bei Freud auch nachlesen, dass Menschen mit Charakterstörungen weniger gut oder nicht in der Lage seien, eine ausreichend stabile Übertragungsbeziehung zum Therapeuten auszubilden. Und ohne Frage gilt auch noch heute, dass das regressionsfördernde klassisch-psychoanalytische Vorgehen (Patient liegend und der Therapeut sitzend hinter ihm) bei Patienten kontraindiziert ist, die diese Voraussetzung nicht erfüllen. Vielleicht ist die klassische Form der Psychoanalyse wegen der besonderen Übertragungsprobleme persönlichkeitsgestörter Menschen (wir würden sagen: wegen der besonderen Ich-Syntonie oder Interaktionsprobleme) in der Tat nur bei recht wenigen Betroffenen die geeignete Vorgehensweise.

Freud selbst hat nie behauptet, dass das klassisch psychoanalytische Vorgehen die einzig empfehlenswerte Behandlungsform für alle psychischen Störungen darstelle. Genau das Gegenteil trifft wohl eher zu, auch wenn er selbst mit den Abweichlern in den eigenen Reihen nicht gerade zimperlich umgegangen ist. Die Ansicht „Psychoanalyse ist gleich Psychotherapie und sonst nichts!“ ist zumeist erst bei vielen seiner Nachfolger zu finden, für die es im blind machenden berufspolitischen Kampf der Therapieschulen gegeneinander sowieso nur die Psychoanalyse gab und gibt.

Genau dieser Blindheit gegenüber Alternativen ist es unter anderem zu verdanken, dass sich die Psychoanalytiker – von Ausnahmen abgesehen – erst seit den 60er-Jahren erneut ernsthaft mit den Persönlichkeitsstörungen befassen. Und dies ausgesprochen erfolgreich, wie die nachfolgenden Kapitel zeigen werden. Insbesondere für die Borderline- und narzisstischen Persönlichkeitsstörungen (wenn auch leider vor allem nur dort) wurden in der modernen Psychoanalyse inzwischen wegweisende Fortschritte gemacht. Trotzdem hält sich bei den meisten Psychoanalytikern nach wie vor hartnäckig die Ansicht, einige, vor allem die dissozialen Persönlichkeitsstörungen, seien mit Psychotherapie nicht zu behandeln, weshalb sie zumeist stillschweigend ignoriert werden. Selbst Otto Kernberg hat in seinem Buch über „schwere Persönlichkeitsstörungen“ seine Ausführungen zu den antisozialen Persönlichkeitsstörungen vor allem dazu genutzt, die Unbehandelbarkeit der Betroffenen objektbeziehungstheoretisch zu begründen (1984, 1991; → 10.4.2).

Die Ansicht der Unbehandelbarkeit dissozialer Persönlichkeiten kann man nun entweder nur vertreten, wenn man diese Ansicht unreflektiert übernimmt, und/oder nur, wenn man Psychotherapie mit Psychoanalyse gleichsetzt und alle anderen psychologischen Behandlungsansätze nicht dem Bereich der Psychotherapie zurechnet (was völliger Unsinn ist), und/oder nur, wenn man in Unkenntnis wirksamer Alternativen meint, man müsse alle Wege zur erfolgreichen Therapie selbst und nur innerhalb der eigenen Therapietradition neu entwickeln (das zeugt von intendiert selektiver Unaufmerksamkeit und kostet zudem unnötige Zeit). Für alle drei Perspektiven jedoch gibt es reichlich Beispiele.

Leider ist es so, dass dieser in der Psychoanalyse vertretene Therapiepessimismus inzwischen und vielfach völlig undifferenziert auf die Persönlichkeitsstörungen schlechthin generalisiert wird. Kommt ein Psychotherapeut in der Psychotherapie sonstiger psychischer Störungen nicht weiter oder kommt es zu gravierenden Krisen in der Therapeut-Patient-Beziehung, so ist es schon zur alltäglichen Routine geworden, an „frühe" Ich-Störungen und Persönlichkeitsstörungen zu denken. Das wäre nicht weiter tragisch, wenn diese Sichtweisenveränderung (also die Diagnose oder Zusatzdiagnose von Persönlichkeitsstörungen) nicht jedes Mal und zumeist unbemerkt auf die weiteren Wert- und Zielimplikationen der Therapie so erheblich und folgenschwer Einfluss nähme.

Diese Sichtweisenveränderung impliziert nämlich immer das Problem der Personperspektivierung eines an sich interaktionellen Problems, von dem jetzt schon vielfach die Rede war (z.B. → 1.2, → 6.1). Im hier konkret angesprochenen Fall der *Krisen in der therapeutischen Beziehung* heißt dies: Eine Erklärung psychotherapeutischer Krisen durch die besonderen Persönlichkeitsstörungen von Patienten macht aus einem Problem der Therapeut-Patient-Beziehung ein Problem des Patienten. Dem Psychotherapeuten mag diese Perspektivenänderung ganz fraglos neue Sicherheit bieten, ist er selbst doch zugleich nicht mehr zwingend Verursacher der eingetretenen therapeutischen Krise, sondern die „Persönlichkeitsstörung" des Patienten.

Das Problem reicht jedoch weiter. Aus dieser Perspektivenänderung ergibt sich für den Therapeuten, dass der weitere Verlauf der Behandlung „schwieriger" wird. Denn in unkritischer Akzeptanz des Vorurteils über die „schwierigen Persönlichkeitsstörungen" bekommt völlig unbemerkt jener Therapiepessimismus zunehmend Raum, der u.a. die für jede Therapie wichtige Hoffnung auf Änderung weit in den Hintergrund treten lässt. Glauben Therapeuten, dass Menschen mit komplexen Persönlichkeitsstörungen nicht oder nur sehr schwer behandelbar seien, dann glauben dies über kurz oder lang auch ihre Patienten. Für die daraus folgenden, nämlich erfolgsverhindernden Negativkonsequenzen des Therapiepessimismus bei Persönlichkeitsstörungen gibt es inzwischen eine Vielzahl empirischer Belege (Palmer, 1992; Dolan & Coid, 1993; → 23.2.4). Schließlich kommt Folgendes noch hinzu: Dass etwa gar das bisher ausgeübte therapeutische Verfahren oder das konkret gewählte therapeutische Vorgehen selbst für die entstandenen Krisen verantwortlich zeichnen könnte, wird nach einer solchen Perspektivenänderung auch nurmehr selten ins Kalkül einbezogen.

21.2 Von der Hoffnungslosigkeit der Helfer

> **!** Wenn Therapeuten am Erfolg der Behandlung zu zweifeln beginnen, tun dies auch die Patienten!

Das Vorurteil, Persönlichkeitsstörungen seien schwer oder nicht zu behandeln, ist inzwischen weit über die Psychoanalyse hinaus verbreitet, und die bis hier geäußerte Kritik ist entsprechend gut auf viele, therapeutisch anderweitig orientierte Psychiater und Psychologen verallgemeinerbar. Zudem sind die Folgen dieser Ansicht außerhalb der Psychoanalyse noch weit gravierender und schwerwiegender. Psychoanalytiker können sich wegen ihrer Indikationsregeln glücklicherweise (oder leider) nur zu leicht darauf berufen, sie könnten bestimmte Patienten (mit besagten persönlichkeitsbedingten Übertragungsproblemen) nicht lege artis behandeln und deshalb eine Behandlung verweigern. Andere professionelle Helfer im Netz psychosozialer Versorgung können das (ob sie nun Psychoanalytiker sind oder nicht) eben nicht, da die Institutionen, in denen sie arbeiten, vielfach einen gesellschaftlich vorgegebenen Behandlungsauftrag haben. Das ist einer der guten Gründe, warum sich immer wieder auch Psychoanalytiker (institutionsbedingt und sehr erfolgreich) mit der Frage auseinander gesetzt haben, ob es nicht Alternativen innerhalb ihres eigenen Denkansatzes gäbe (→ 22, → 24).

Patienten mit wirklich schwerwiegenden Persönlichkeitsstörungen finden sich vor allem in der (forensischen) Psychiatrie und im Strafvollzug wieder. Und wenn diese Menschen noch jung sind, dann kann man ihre spätere Entwicklung bereits in der Heimerziehung voraussehen. Die in der Forensik, im Strafvollzug und in der Heimerziehung lebenden „Klienten" richteten und richten teils erheblichen Schaden an. Sie stellen also ein bedeutsames gesellschaftliches und ökonomisches Problem dar und sind, das wird auch hier nicht bestritten, wegen ihrer besonderen Persönlichkeitseigenarten – in der Tat – schwer zu behandeln.

Worauf hier jedoch gleichfalls aufmerksam gemacht werden muss, ist, dass diese Schwierigkeiten der Psychotherapeuten im Umgang mit schwerst persönlichkeitsgestörten Menschen nicht nur an den „schwer beeinflussbaren Persönlichkeitsstörungen" liegen. In keinem anderen Bereich der Persönlichkeitsstörungen ist inzwischen das empirische Wissen so umfangreich, dass jedem nur halbwegs gut belesenen Therapeuten klar sein müsste, dass dissoziale Persönlichkeitsstörungen wie alle anderen Persönlichkeitsstörungen auch – bei aller Evidenz der Hereditätsstudien – nur im Kontext spezifischer ungünstiger psychosozialer und gesellschaftlicher Faktoren und Entwicklungen ihre Extremisierung erfahren.

Es ist nun leider oder glücklicherweise so: Wenn es psychosoziale Bedingungen sind, die zu gewohnheitsmäßiger Delinquenz und Kriminalität führen, gilt es zwingend – will man in der Psychotherapie auch nur in bescheidenem Maß erfolgreich sein –, neben der individuell ausgerichteten Behandlung in möglichst mehreren zeitgleichen Parallelaktionen auch auf diese anderen Bedingungen Einfluss zu nehmen, die für die Exazerbation und Permanenz der Störungen mitverantwortlich zeichnen. Das jedoch widerspricht offensichtlich dem Psychotherapieverständnis vieler Therapeuten, die ihr Handwerkszeug zumeist für eine „Psychotherapie in der Zweierbeziehung" gelernt haben. Auch aus einem solchen Missverständnis speist sich die Annahme, schwere Persönlichkeitsstörungen seien psychotherapeutisch kaum oder nicht zu behandeln.

Wenn es richtig ist, dass Persönlichkeitsstörungen Ausdruck komplexer psychosozialer und zwischenmenschlicher Krisen sind, sollten sie auch als solche behandelt werden (→ 22). Hier stößt man nun unversehens auf die beschränkten Arbeitsmöglichkeiten der Therapeuten in jenen Institutionen, in denen schwerst persönlichkeitsgestörte Menschen gerichtlich verurteilt einsitzen, resozialisiert und/oder behandelt werden sollen. Es ist ganz unzweifelhaft so, dass die Arbeitsbedingungen für Psychotherapeuten sowohl in der Forensik wie im Strafvollzug wie gelegentlich noch in der Heimerziehung als katastrophal bezeichnet werden müssen. Jedoch: Wenn es schon die Arbeitsbedingungen sind, die eine erfolgreiche Behandlung verhindern, dann sind es nicht nur die Dissozialität der Patienten oder ihre schweren Persönlichkeitsstörungen. Auch das bleibt mit Blick auf die psychotherapeutische Behandlung beachtenswert.

Wenn also in den folgenden Kapiteln eine Reihe Erfolg versprechender Therapiekonzepte auch für die schweren (auch: dissozialen) Persönlichkeitsstörungen vorgestellt werden, so bleibt zwar zu beachten, dass diese vielfach unter den idealeren Bedingungen einer zeitweilig gegebenen besonderen finanziellen Förderung entwickelt und erprobt wurden und werden. Sie sind und bleiben jedoch zugleich immer auch Perspektive und Beleg für die Behandelbarkeit von Persönlichkeitsstörungen. Sie sollten deshalb nicht einfach als unrealisierbares Ideal abgetan werden, sondern Ansporn sein für eine Veränderung der Arbeitsbedingungen.

21.3 Mythos „Psychotherapie"

> **!** Von der Macht der Gewohnheit zur Hilflosigkeit der Helfer sind es nur wenige Schritte.

In den Supervisionsstunden der Therapeuten ist die Möglichkeit des Scheiterns an den Persönlichkeitsstörungen der Patienten eines der Dauerthemen. Geht man als Supervisor die in Supervisionssitzungen von Psychotherapeuten bearbeiteten Problemfälle und ihre Lösungsversuche noch einmal durch, dann drängt sich unvermittelt und wiederholt noch ein weiterer Gedanke auf: Vielleicht liegt das Problem der scheinbar geringen therapeutischen Beeinflussbarkeit persönlichkeitsgestörter Menschen nur am Therapeuten; oder genauer: an der „Institution Psychotherapie"; und noch genauer: an dem, was einzelne Therapeuten aus dem machen, was sie für „Psychotherapie" halten.

In fast jedem Nachdenken von Psychotherapeuten über die eigene alltägliche Arbeit scheint zumeist ein unausgesprochener, schier unausrottbarer Mythos durch, der fast schon ein generationsvermittelter Archetyp geworden ist. Er wird bestimmt durch eine Art Verzauberung und stiller Hoffnung, mit der gelernten Psychotherapiemethode so etwas wie einen geheimnisvollen Schlüssel zur Beeinflussung von Leid und Elend in der Hand zu haben.

Fast unmerklich über die Jahre hinweg lässt dieser Mythos das therapeutische Handeln zur Alltagsroutine eines schlichten Helfersyndroms erstarren, ohne natürlich seine (unbewusste) Hoffnung vermittelnde Funktion einzubüßen. Dieser im „Burnout" von Therapeuten letztlich krank machend sichtbare Mythos ist so schlicht und zugleich so vielschichtig, dass er sich in seinen Eigenarten und Wirkungen nicht einfach als „Helfersyndrom" abtun lässt – schon deshalb nicht, weil dies genauso personperspektivierend und stigmatisierend wäre wie die Diagnose „Psychopathie". Hier einige vorsichtige Versuche seiner differenzierteren Bestimmung sowie die seiner möglichen Wirkungen im Bereich der Behandlung von Persönlichkeitsstörungen:

Einerseits beinhaltet dieser hier gemeinte Mythos die grundlegende Hoffnung vieler Therapeuten auf „das vielleicht doch noch irgendwo versteckte Vorhandensein einer Selbstbehandlungskompetenz der Patienten", oder auch das grundlegende oder zumindest konzeptionell geforderte Vertrauen von Therapeuten auf das „Selbstregulativ-Gute" im Patienten – der Glaube an einen Patienten also, der ansonsten nur einen geschult-geduldigen, neuen Sinn setzenden und vor allem empathischen Therapeuten als Zuhörer bräuchte und der dann irgendwann im Verlauf der Behandlung ganz von selbst sämtliche notwendig werdenden Änderungen in seinem Leben vornimmt. Diese Hoffnung, die in der klientenzentrierten Gesprächspsychotherapie von Carl Rogers zum allein hinreichenden Therapieprinzip erklärt wurde, muss den Therapeuten spätestens dann in ein fast unlösbares Dilemma führen, wenn er es mit festgefügten Suizidabsichten oder mit der Gewalttätigkeit und Kriminalität seiner Patienten zu tun bekommt. Suizid, Gewalt und Kriminalität sind nun aber gerade im Bereich der extremisierten Persönlichkeitsstörungen an der Tagesordnung.

Weiter gibt es den Psychotherapiemythos vom guten Therapeuten, der sein Geschäft nur in einem sicher abgeschirmten Therapieraum möglichst ungestört von äußeren Einflüssen mit dem Patienten allein und weit entfernt von der Wirklichkeit absolviert. Dort, in aller Abgeschiedenheit von der Welt wird dieser Prototyp-Therapeut letztlich doch immer wieder von der abgeschirmten Wirklichkeit eingeholt. Angesichts beständiger Wehklagen und nicht nachlassender

Suizidfantasien seiner Patienten wird er erst nach und nach erahnen (wegen der selbst auferlegten Isolation jedoch nie vollständig erfassen), dass ihm aus Scham und vielen anderen Beweggründen und trotz aller Patientenbereitschaft zur Offenheit vielleicht doch wichtige Anteile der Wirklichkeit vorenthalten werden oder verborgen bleiben. Wird er jedoch deshalb den Therapieraum verlassen, um im Lebensumfeld der Patienten die im Therapieraum präsentierten Wirklichkeitsauffassungen der Patienten zu validieren?

Schließlich liegt der heimlich wirkende Therapiemythos in der Dialogstruktur von Psychotherapie selbst begründet, die auf der einen Seite einen Helfer und auf der anderen Seite denjenigen vorsieht, dem als Patient zu helfen ist. Das hier durchscheinende Dilemma des Therapeuten findet sich besonders treffend in einem Satz wiedergegeben, mit dem Eva Jaeggi (1981) den Rollenmythos in therapeutischen Beziehungen über eine Rollendefinition des Patienten in knapper Form zu entlarven versuchte. Sie überschrieb eine Arbeit über den Patientenmythos in den humanistischen Therapieformen mit dem Titel: „Lauter Opfer – keine Täter!“ Eva Jaeggi wollte mit ihrer Arbeit die Therapeuten gemahnen, bei aller notwendigen Personzentriertheit und Helferstruktur von Psychotherapie die mögliche Mitverantwortlichkeit des Patienten an seiner Misere nicht vorschnell aus den Augen zu verlieren.

Wie ist nun jedoch mit Patienten zu verfahren, bei denen von vornherein klar ist, dass sie Mitverantwortliche, teils gewalttätige und kriminelle „Täter“ sind? Wie ist mit Patienten zu verfahren, die von Beginn der Therapie an deutlich machen, dass sie nicht freiwillig kommen, sondern „geschickt“ wurden, und dass sie deshalb eigentlich keinen rechten Sinn in der Behandlung sähen? Wie ist bei mehr oder weniger aktivem Widerstand von Patienten und bei intendierter Nicht-Compliance zu verfahren, wo doch in der Psychotherapiekonzeption alles auf kooperative Hilfestellung bei der Bewältigung von präsentierten Lebensproblemen der „Opfer“ abgestellt ist?

Was das hier aufscheinende Dilemma letztlich noch weiter verschärft, ist die Tatsache, dass der Therapeut selbst – nämlich durch die personperspektivierende Diagnose „Persönlichkeitsstörung“ – und zumeist, ohne es zu bemerken, entscheidend an der Täterrollenzuweisung mitgearbeitet hat (→ 1.2). Diese Täterperspektive der Diagnose „Persönlichkeitsstörung“ lässt sich auch dadurch nicht verändern oder rückgängig machen, dass die normabweichenden Handlungen der Betroffenen durch ihre lebensgeschichtliche Gewordenheit begreifbar werden und dann in dem milderen Licht der „Rollenverfangenheit“ oder der „nicht vollen Zurechnungsfähigkeit“ erscheinen mögen. Die diagnostische Feststellung von Persönlichkeitsstörungen ist und bleibt die Person- und damit Täterperspektivierung eines interaktionellen Problems:

Plötzlich lauter Täter und keine Opfer mehr!

21.4 Langer Abschied vom Traum therapeutischer Abstinenz

Plädoyer für ein zielgerichtetes Engagement in der Psychotherapie bei Persönlichkeitsstörungen

Mehr erstaunt und beiläufig nimmt der Prototyp-Therapeut den Hinweis seines Supervisors zur Kenntnis, dass es inzwischen Therapeuten gäbe, die es in ähnlich gelagerten Fällen schon seit Jahren vorziehen, bei ihren Patienten zu Hause, also im Kontext sozialer Verstrickungen zu arbeiten (vgl. als ein solches Beispiel die „home-based"-Familientherapie von Falloon & Marshall, 1983). Diese Therapeuten – erzählt der Supervisor weiter – hat oft nur ein einziger schlichter Hausbesuch zur grundlegenden Neuausrichtung ihres therapeutischen Handelns bewogen. Vor allem aber hätten sie aufgehört, über komplexe zwischenmenschliche Beziehungsprobleme (z.B. bei den Partner- und Familienkonflikten schwer persönlichkeitsgestörter Patienten) im Therapiezimmer zu sprechen und zu arbeiten, weil sie sich, ohne dies selbst nachgeprüft zu haben, inzwischen überhaupt nicht mehr sicher sein könnten, welches Elend sich wirklich in einer Dreizimmerwohnung im vierten Stock einschließlich eines verschwiegenen alkoholabhängigen Angehörigen verberge. – Erste Frage aus dem Auditorium einer Fortbildungsveranstaltung: „Ja, wird denn das von der Krankenkasse bezahlt?" – Zweite Frage aus dem Zuhörerkreis: „Ist denn das noch Psychotherapie? Sollten wir das nicht besser den Sozialarbeitern überlassen?" – Dritte Frage: „Dringen wir damit nicht zu sehr in die Privatsphäre der Betroffenen ein?"

Komisch – einem Hausarzt würden solche Fragen nie gestellt werden. Es ist schon makaber, wie sehr wir uns inzwischen an therapieschulenspezifische und methodenbedingte Therapie- und Professionsstereotype gewöhnt haben. In der Lebenswirklichkeit mit Menschen, die am Rande ihrer Möglichkeiten angekommen sind, geht gelegentlich gar nichts mehr mit dem Versuch, in zweisamen Gesprächen Lösungen und Perspektiven zu entwickeln. Dialogische Psychotherapie, die nur im Therapieraum stattfindet, ist in vielen dieser Extremfälle nämlich schlicht Unsinn. Dass der Psychotherapeut auf seine Helferrolle im Lehnstuhl festgelegt ist, ergibt sich nur aus dem tradierten und möglicherweise völlig unsinnigen 45-Minuten-Rhythmus einer Privatpraxis mit „Come"-Struktur. Insbesondere diese Praxis gilt es bei Menschen, die in ihrem Leben gescheitert sind, allmählich zu überwinden!

Die jeweils dem Handeln zugrunde gelegte Ätiologietheorie steht einem aus dem Therapieraum herausreichenden Engagement überhaupt nicht entgegen. Es wird in den Therapieschulen sowieso viel zu viel über die Entwicklungs- und Störungsdynamik von Persönlichkeitsstörungen spekuliert, ohne dass sich dadurch die Bereitschaft ändert, für das konkrete therapeutische Handeln die sich genau aus der Theorie ergebende, sinnvollere Perspektive zu entwickeln und zu nutzen. Denn: Nicht die stereotype Anwendung einer Methode zur Fortentwicklung einer Störungs- oder Meta-(Störungs-)Theorie ist gefragt, sondern der flexible Rekurs auf diese Theorie als Begründungskontext für das Handeln.

Dies bedeutet übrigens kein eklektisches Vorgehen. Das Problem ist, dass die meisten Therapeuten, die ihren Therapieraum als einzigen und ausschließlich richtigen Ort therapeutischer Tätigkeit betrachten, die Übertragung und den Transfer des dort gemeinsam Erarbeiteten in den Alltag dem Patienten überlassen. Scheitert dieser, wird dies entweder als Compliance-Problem, als Notwendigkeit zur Verlangsamung in der Therapie, als Problem der Persönlichkeitsstörung oder als noch vorhandener Mangel der Therapiemethodik betrachtet. Dass möglicherweise und von vornherein der Grundansatz der Therapiemethode selbst falsch sein könnte, wird kaum reflektiert.

Die zu erbringende Transferleistung in die Hände der Patienten zu legen ist gerade im Bereich der extremen Persönlichkeitsstörungen gelegentlich ungemein unverantwortlich. Wenn etwas Neues gepflanzt werden muss (sprich: wenn Patienten konkrete, bisher nicht vorhandene Kompetenz erwerben und erproben müssen), kann und darf der Betroffene mit der Einübung dieser Kompetenz nicht allein gelassen werden, insbesondere dann nicht, wenn absehbar ist, dass ihn dies überfordert. Und dies darf schon gar nicht dort so geschehen, wo an den Einübungsversuchen der Patienten erneut all jene Personen beteiligt sind, die möglicherweise erhebliche Mitverantwortung für die Entstehung und Aufrechterhaltung der jeweiligen Störungen tragen. Hier liegt einer der Gründe, warum Patienten mit mehrfacher Therapieerfahrung mit psychologisierenden Therapiegesprächen in gemütlichen Therapieräumen zunehmend mehr und möglicherweise völlig zu Unrecht ihr Vertrauen in die Möglichkeiten psychotherapeutischer und psychiatrischer Hilfe verlieren.

Psychotherapeuten sind per definitionem Experten für ein psychosoziales Problemmanagement. Sie werden ihren Beruf umso besser ausfüllen können, je mehr Wissen sie über die Möglichkeiten und Grenzen eines solchen psychosozialen Problemmanagements erworben haben. Die Lehranalyse oder Selbsterfahrungstherapie eines Therapeuten reicht dazu als Grundlage in aller Regel nicht aus. Diese ermöglicht nämlich kein Vertrautwerden mit den Lebensbedingungen der Menschen, die am Rande der Gesellschaft stehen und mit denen sie es später in ihrer psychotherapeutischen Praxis eben auch zu tun bekommen. Wenn ein Therapeut das, was er an methodischem Rüstzeug in Lehranalyse und Selbsterfahrungstherapie gelernt hat, „methodenblind" auf eine Psychotherapie der schweren Persönlichkeitsstörungen überträgt, muss er zwangsläufig scheitern.

Das wirft ein kritisches Licht auf die Therapieausbildungen. Therapeuten sollten für die schwierigsten Fälle und kompliziertesten Problemlagen ausgebildet werden. Und um ihr Metier zu beherrschen, haben sie die Verpflichtung, sich vorurteilsfrei auch über die Grenzen der eigenen Therapieschule hinweg kundig zu machen. Dies wenigstens ansatzweise und wenigstens überblicksartig zu ermöglichen ist eine der Zielstellungen der nachfolgenden Kapitel.

22 Allgemeine Überlegungen zur Behandlung von Persönlichkeitsstörungen

Nein, der Mensch ist zu breit angelegt, gar zu weit.
Ich würde ihn enger machen.
Fjodor M. Dostojewski

Persönlichkeitsstörungen sind komplexe Störungen des zwischenmenschlichen Beziehungsverhaltens. Wenn Diagnostiker und Therapeuten die Möglichkeit einer persönlichkeitsbedingten Verursachung der Patientenprobleme in Betracht ziehen und wenn sie nur entfernt an der Lösung dieser Probleme beteiligt werden, dann stehen sie unversehens selbst mitten in diesem komplexen Gefüge zwischenmenschlicher bis gesellschaftlicher Konfliktzonen. Die Folgen, die sich mit dieser Diagnosestellung für die weitere Behandlung ergeben, sind vielfältig und gelegentlich schwierig berechenbar. Therapeuten sind in jedem Fall gut beraten, sich innerhalb der vorfindbaren Konfliktzonen einen eigenen Standpunkt zu erarbeiten. Vielfältige Aspekte sind zu erwägen. Zum Beispiel: Kann die Behandlung nur von einem Therapeuten allein oder sollte sie von einem Therapeutenteam mit heterogener Kompetenz oder Professionalität durchgeführt werden? Oder etwa: Ist angesichts angedrohter Gewalt oder Suizidneigung des Patienten eine zeitweilige Zwangsunterbringung zu erwägen? Oder etwa auch: Sollte die Behandlung nicht doch besser vor Ort, bei den Patienten zu Hause und unter Einschluss der Personen, die an den gegebenen Konfliktlagen beteiligt sind, durchgeführt werden?

Wir werden nachfolgend einige Dimensionen angeben, auf denen die Standpunktsuche des Therapeuten stattfinden könnte. Es handelt sich dabei zumeist um Gesichtspunkte, die den Therapeuten in die Lage versetzen könnten, zu Beginn oder im Verlauf einer Therapie zunächst weitgehend unabhängig von den je gegebenen spezifischen Störungsbildern zu entscheiden, wie die Behandlung prinzipiell begonnen oder fortgeführt werden sollte. Zugleich sind diese störungsübergreifenden Überlegungen weitgehend unabhängig vom Denken in Therapieschulen angelegt, da sie vor allem allgemeine Aspekte der Organisation und Durchführung der Behandlung betreffen. Konkret handelt es sich um Entscheidungen im Rahmen der so genannten differenziellen Indikation, also um allgemeine Rahmensetzungen und kontextuelle Durchführungssettings einer Psychotherapie (vgl. Bastine, 1992a; Fiedler, 1994a, 2000a).

Bei den dargestellten Leitlinien bleibt zu bedenken, dass diese nur als grobe Orientierungshilfen gedacht sind, die stets erneut infrage gestellt werden können. Psychotherapie ist immer nur ein grob strukturierbarer Prozess. Dieser sollte – insbesondere dort, wo bei vorliegender Delinquenz und Kriminalität bereits Polizei und Gerichte involviert sind – sowieso stets zieloffen angelegt sein. Bleibt weiter zu bedenken, dass das, was in dem einen Lebens- und Kulturkontext als Persönlichkeitsstörung Leid und Konflikte heraufbeschwört (wie z.B. die scheinbar unemanzipierte oder durch Unterdrückung eingeforderte Dependenz), in anderen Lebens- und Kulturkontexten für das familiäre oder gesellschaftliche Überleben zwingende Voraussetzung sein mag. Und selbst innerhalb des Verlaufs einer einzigen Therapiesitzung kann, muss oder wird sich gelegentlich sehr schnell und spontan die Problemperspektive ändern, zum Beispiel dann, wenn sich das, was sich uns in dem einen Moment als Persönlichkeitsstörung darstellt, im nächsten Moment als unverzichtbare Kompetenz erweist (→ Epilog).

22.1 Was soll behandelt werden?

Wegen der zumeist gegebenen Ich-Syntonie der Persönlichkeitsstörungen dürften sie (die Persönlichkeitsstörungen) für die Patienten selbst eher selten Anlass sein, von sich aus um eine psychotherapeutische Behandlung nachzusuchen. Die Ausgangsfrage ist also: Wie kommen persönlichkeitsgestörte Patienten in die Therapie und welche Ziele und Wünsche verfolgen sie, wenn sie einen Therapeuten aufsuchen? Grob betrachtet, gibt es vier Anlässe oder Bedingungskomplexe, um deretwillen persönlichkeitsgestörte Patienten von sich aus eine psychotherapeutische Behandlung aufsuchen und beginnen werden:

Es liegen symptomatisch-ichdystone psychische Störungen vor
Dies dürfte der „klassisch" zu nennende Zugang zu einer Psychotherapie sein. Symptomatisch-ichdystone psychische Störungen werden von den Betroffenen selbst als störend erlebt, und Patienten kommen zum Therapeuten, um sich wegen dieser psychischen Störungen behandeln zu lassen. Die „präsentierten" Störungen oder Symptome lassen sich mehr oder weniger eindeutig im Sinne der Klassifikationssysteme diagnostizieren und kennzeichnen. Sie sind im DSM-IV etwa einem der Störungsbereiche der Achse I wie „Agoraphobie", „Majore Depression", „Zwangsstörung" usw. zuordenbar bzw. in der ICD-10 den Syndrombereichen F0 bis F5 (→ 2.4).

Ist in der Eingangsdiagnostik eine spezifische psychische Störung feststellbar, dürfte in den meisten Fällen auch die Grundentscheidung für das weitere therapeutische Vorgehen festliegen. Sie erfolgt in Form einer sog. „selektiven Indikation" für ein psychologisch-psychotherapeutisches Verfahren, das für eine Behandlung der jeweils diagnostizierten spezifischen Störung infrage kommt, eventuell ergänzt durch eine (zusätzliche) medizinische, z.B. psychopharmakologische Behandlung.

Es liegen symptomatisch-ichdystone psychische Störungen vor und es lassen sich gleichzeitige („komorbide") Persönlichkeitsstörungen diagnostizieren

In den vergangenen Jahren mehren sich die Befunde aus der prognostischen Komorbiditätsforschung, die eindeutig signalisieren, dass der spätere Erfolg psychotherapeutischer Maßnahmen entscheidend mit davon abhängt, ob bei den Patienten zusätzlich zur symptomatischen psychischen Störung eine Persönlichkeitsstörung diagnostiziert wurde oder nicht. Entsprechend scheint es inzwischen empfehlenswert, die mögliche Komorbidität mit Persönlichkeitsstörungen grundsätzlich abzuklären, da sie die Behandlung in eine unerwünschte, aber auch günstige Richtung beeinflussen können (vgl. Reich & Green, 1991; Shea et al., 1992; → 22.1.1).

Ist die Komorbidität von psychischer Störung und Persönlichkeitsstörung auszuschließen, kann die Behandlung der spezifischen psychischen Störung im Sinne der Behandlungskonzeption unverändert begonnen und durchgeführt werden. Bei Vorliegen einer Komorbidität von symptomatischer Störung und Persönlichkeitsstörung ist es sinnvoll, gelegentlich notwendig, die Psychotherapieplanung auf die Besonderheiten, die sich aus dem Vorliegen der jeweils spezifischen Komorbidität ergeben, auszurichten und eventuell sogar die üblichen Verfahrenseigenarten abzuändern (→ 22.1.2).

Das subjektive Leiden der Betroffenen oder die Einschränkung ihrer aktuellen psychosozialen Funktionsfähigkeit beruht vorrangig auf Persönlichkeitseigenarten und Persönlichkeitsstörungen

Dies ist möglicherweise der Fall, wenn es in der Vorgeschichte bereits längere Zeit Beziehungsstörungen, unlösbare zwischenmenschliche Konflikte im Privatleben und im Beruf, Sinnfindungskrisen nach einschneidenden Lebensereignissen, wie z.B. Arbeitslosigkeit, Berentung, Tod eines Partners usw., gibt. Sollte sich die Diagnose einer Persönlichkeitsstörung erhärten lassen, wird sie selbst in den Mittelpunkt einer Behandlung rücken, die sich an den Vorschlägen ausrichten kann, die wir in diesem Kapitel erarbeiten werden.

Juristische Behandlungsauflagen, fehlende Eigenmotivation

Eine weitere Eingangsbedingung in die Therapie von Persönlichkeitsstörungen stellt die (nicht in jedem Fall gänzlich freiwillige) Nutzung der Betroffenen von Therapieangeboten in Institutionen bereit, in denen sie sich in aller Regel ebenfalls nicht freiwillig, sondern in der Folge richterlicher Entscheidungen und Verfügungen aufhalten. Es sind dies vor allem Personen, die sich im Strafvollzug, in therapeutischen Gemeinschaften (etwa der Drogenhilfe) oder in der forensischen Psychiatrie befinden. Zumeist liegen dann der richterlichen Einweisungsentscheidung delinquente und kriminelle Handlungen zugrunde.

Auch in solchen Fällen institutioneller Therapieangebote werden möglicherweise Persönlichkeitsstörungen in den Behandlungsmittelpunkt treten können, wenngleich die therapeutischen Konzepte und Rahmenbedingungen, die in den jeweiligen Institutionen gegeben sind, sowie die Spezifika der jeweiligen Persönlichkeitsstörungen selbst erheblich das therapeutische Vorgehen bestimmen.

22.1.1 Prädiktive Indikation

In jedem Kapitel über die spezifischen Persönlichkeitsstörungen wurde auf mögliche Komorbiditätsprobleme hingewiesen, die für die einzelnen Persönlichkeitsstörungen konzeptuell und empirisch bedeutsam sind (in den jeweiligen Abschnitten zur Differenzialdiagnostik; auch → Kapitel 19 zur störungsübergreifenden Komorbidität).

Es ist heute unzweifelhaft, dass eine sorgfältige Differenzialdiagnostik sowie eine genaue Komorbiditätsbestimmung erheblich zur Verbesserung der Therapieplanung beitragen werden. Dies zeigt sich insbesondere in den deutlich an Zahl zunehmenden Studien, die die differenzielle Bedeutsamkeit komorbider Persönlichkeitsstörungen für den Verlauf und Erfolg der Behandlung spezifischer Störungen aufzuhellen versuchen. Diese Forschungsbemühungen haben zwar gerade erst begonnen und die verallgemeinerbare Substanz der bisher vorliegenden Befunde ist noch sehr dürftig (vgl. Reich & Green, 1991; Shea et al., 1992; Reich & Vasile, 1993; Fiedler, 1996; Shea, 1996). Dennoch sollen wenigstens einige der bisher vorliegenden Ergebnisse kurz dargestellt werden, um anzudeuten, für welche Ziel- und Fragestellungen sich die therapiebezogene Komorbiditätsforschung in besonderer Weise anbietet.

Die meisten Studien zur Komorbidität spezifischer psychischer Störungen und Persönlichkeitsstörungen wurden bis heute ebenfalls mit depressiven Patienten durchgeführt (vgl. Shea et al., 1992). Die jeweils untersuchten Patienten wurden dabei zumeist in zwei Vergleichsgruppen eingeteilt, in jeweils eine Patientengruppe mit und in eine ohne diagnostizierte komorbide Persönlichkeitsstörung. Es ließen sich einige Hinweise auf eine differenzielle Prädiktivität insofern finden, als unterschiedliche Persönlichkeitsstörungen durchaus heterogene (ungünstige wie günstige) Wirkungen auf den Langzeiterfolg der Depressionsbehandlung zeigten.

Psychopharmakabehandlung depressiver Patienten

In jenen Studien, die zur Komorbiditätswirkung von Depression und Persönlichkeitsstörung auf eine pharmakologische Behandlung (vorrangig: trizyklische Antidepressiva) durchgeführt wurden, zeigte sich konvergent, dass die Medikationsbehandlung bei Vorliegen komorbider Persönlichkeitsstörungen bei weitem weniger günstige Langzeitprognosen (im Sinne längerer Zeiträume ohne Rückfall) erlaubt als bei Patienten, bei denen keine zusätzliche Persönlichkeitsstörung diagnostiziert worden war. Dies wurde insbesondere bei Komorbidität der

Depression mit der Borderline- und der histrionischen Persönlichkeitsstörung beobachtet. Die persönlichkeitsgestörten depressiven Patienten zeigten neben dem Bestehenbleiben des Depressionsrisikos eine geringere soziale Einbindung und eine höhere Rate an partnerschaftlicher Trennung und Scheidung (Pfohl et al., 1984; Shea et al., 1987).

In einer ersten Pilotstudie (Liebowitz & Klein, 1979) zeigten sich positive Langzeiteffekte einer kombinierten Psychotherapie- und Pharmakobehandlung (mit Monoamine-Oxidase-[MAO-]Hemmern) bei einer Untergruppe depressiver Patienten, die von den Autoren seinerzeit als „hysteroid-dysphorisch" beschrieben wurden und deren Symptomatik nach Einführung des DSM-III(-R) den Kriterien der Borderline-Persönlichkeitsstörung entsprechen dürften: Die Patienten hatten auffällig instabile und chaotische Partnerbeziehungen, Schwierigkeiten mit dem Alleinsein, chronische Gefühle der inneren Leere und zeigten selbstdestruktive Tendenzen. Aktuelle Nachfolgestudien zur Pilotstudie scheinen die früheren Befunde zu bestätigen (über ähnliche Ergebnisse zur spezifisch-günstigen Medikamentenwirkung der MAO-Hemmer bei Komorbidität von Depression und Borderline-Persönlichkeitsstörung berichten beispielsweise Liebowitz et al., 1988, sowie Parsons et al., 1988).

Auf die Psychopharmakabehandlung bei solitär vorliegenden Persönlichkeitsstörungen wird weiter unten gesondert eingegangen (→ 22.5).

Psychotherapie bei depressiven Patienten

Auch bei depressiven Patienten, die mit unterschiedlichen psychotherapeutischen Behandlungsansätzen behandelt wurden, zeigten sich bei jenen, die zusätzlich zur Depression Persönlichkeitsstörungen aufwiesen, signifikant ungünstigere Langzeitwirkungen auf die depressive Symptomatik und auf Eigenarten der psychosozialen Wiedereinpassung in private und berufliche Lebensanforderungen. In einigen Studien war es dabei unerheblich, welche spezifische Persönlichkeitsstörung komorbid diagnostiziert worden war (z.B. Shea et al., 1990). In einigen anderen Studien zeigten vor allem ältere depressive Patienten mit zwanghafter und/oder passiv-aggressiver Persönlichkeitsstörung die ungünstigsten Verläufe (z.B. Thompson et al., 1988; Fiorot et al., 1990).

Aus diesen Befunden lässt sich jedoch nicht zwanglos rückschließen, dass depressive Patienten mit komorbider Persönlichkeitsstörung weniger gut behandelbar seien. Patienten mit Komorbiditätsdiagnose haben in den Prä-post-Messung jeweils die schwereren psychiatrischen Störungen. Betrachtet man also die Differenzwerte zwischen Vor- und Nachuntersuchungen, scheinen jene Patienten mit komorbider Persönlichkeit etwa gleich gut wie jene ohne Komorbiditätsdiagnose zu profitieren (vgl. Diguer et al., 1993).

Interessanterweise ließen sich aber auch erstmals differenziell-günstige Einflüsse auf den weiteren Verlauf aus der spezifischen Komorbidität voraussagen. In den beiden erstgenannten Studien hatten depressive Patienten mit abhängig-dependenten (verglichen mit anderen) Persönlichkeitsstörungen auf längere Sicht die besseren Behandlungserfolge, wenngleich diese Erfolge nicht über die der Kontrollpatienten ohne Persönlichkeitsstörungen hinausreichten (vgl. Fiedler, 2001b).

Komorbidität mit Angst- und Zwangsstörungen

Zwischenzeitlich wurden erstmals auch die differenziellen Behandlungseinflüsse von Persönlichkeitsstörungen auf Patienten mit Agoraphobie und Panikstörungen (Mavissakalian & Hamman, 1987), auf Patienten mit Panikstörungen und sozialer Phobie (Turner, 1987) und auf Patienten nur mit Panikstörungen (Green & Curtis, 1988) untersucht. In den Studien zeigt sich konvergent, dass die Patientengruppe mit zusätzlicher Persönlichkeitsstörung die ungünstigeren Langzeiterfolge aufwiesen (sowohl in der Medikations- wie in der psychotherapeutischen Behandlung). In der erstgenannten Studie war insbesondere das zusätzlich zur Persönlichkeitsstörung beobachtbare Vorhandensein von Impulskontrollstörungen ein deutlich negativer Prädiktor. Zwei Studien zur prädiktiven Komorbidität in der Behandlung von Zwangsstörungen erbrachten einerseits den signifikanten Befund, dass (psychiatrische) Patienten mit komorbider schizotypischer Persönlichkeitsstörung die geringsten langfristigen Behandlungserfolge zeigten (Jenike et al., 1986), in der zweiten Studie mit Patienten einer psychosomatischen Klinik waren dies jene mit narzisstischer Persönlichkeitsstörung (Ecker & Dehmlow, 1994).

Behandlungswirkungen bei komorbider Depression

Auch die in umgekehrte Richtung zielende Frage, ob nämlich die primäre Behandlung von Persönlichkeitsstörungen durch das Vorliegen einer zusätzlichen psychischen Störung erschwert oder erleichtert wird, ist von außerordentlichem Interesse für differenzielle Therapieentscheidungen. Dazu liegen u.a. Studien vor, die mit Borderline-Patienten durchgeführt wurden (Pope et al., 1983; McGlashan, 1987b). In beiden Studien zeigten sich günstigere (!) Langzeitverläufe nach Behandlungsabschluss, wenn zusätzlich zur Borderline-Persönlichkeitsstörung eine affektive Störung diagnostiziert worden war, und zwar sowohl störungsbezogen wie auch mit Blick auf soziale Anpassungswerte.

In einer Therapiestudie opiatabhängiger Männer mit dissozialer Persönlichkeitsstörung erwies sich eine komorbid gefundene Depression ebenfalls als prognostisch günstig, und zwar ebenfalls sowohl mit Blick auf die untersuchte und behandelte psychiatrische Symptomatik (Depression, Drogenmissbrauch) wie auf die soziale berufliche und private Anpassung sowie hinsichtlich der Verringerung des delinquenten Verhaltens (Woody et al., 1985; Gerstley et al., 1989). Im Unterschied dazu zeigten Patienten ohne Depressionskomorbidität nur unerhebliche Verbesserungen.

Ein Problem bei der differenzialdiagnostischen Bestimmung von Komorbiditäten liegt darin, dass die Persönlichkeitsstörungen lege artis erst diagnostiziert werden sollten, wenn sie außerhalb der störungsspezifischen Episoden weiter bestehen bleiben, weil sie erst dann sinnvoll nicht als Ausdruck oder Teil der

Symptomatik der jeweiligen psychischen Störung gelten können. Aus pragmatischen Erwägungen wird man jedoch in praxi (wie in der aktuellen Komorbiditätsforschung) nicht ganz umhin kommen, die Persönlichkeitsaspekte bereits zu Beginn der Behandlung zu beurteilen (vgl. Fiedler, 2001b).

Neurotizismus und Extraversion

Einige Studien jüngeren Datums berichten über die prädiktive Bedeutsamkeit von Persönlichkeitsmerkmalen für den weiteren Verlauf, die während Behandlungsbeginn oder während des Klinikaufenthaltes von Patienten vor allem mit dem dimensional angelegten *Maudsley Personality Inventory* (MPI; → 5.3) erhoben wurden. Drei uns vorliegende Studien wurden mit depressiven Patienten durchgeführt, die sich zeitweilig in ambulanter Behandlung befanden (Faravelli et al. 1986; Weissman et al., 1978; Zuckerman et al., 1980), eine weitere Studie mit Patienten mit Panikstörungen und Agoraphobien (Faravelli & Albanesi, 1987). In allen Studien erwies sich ein deutlich erhöhter Neurotizismusscore als wesentlicher Prädiktor für eher ungünstige Entwicklungen nach Behandlungsabschluss. Frühzeitige Rückfälle depressiver Patienten konnten ebenfalls mit einem erhöhten Neurotizismus vorausgesagt werden. In der Studie von Zuckerman et al. zeigten Patienten mit erhöhten Neurotizismuswerten zugleich deutlich weniger günstige Möglichkeiten der privaten und sozial-beruflichen Wiederanpassung. Zur Extraversion/Introversion fanden sich keine konvergent interpretierbaren Befunde.

22.1.2 Selektive Indikation

Leider ist das bisher vorliegende Wissen zur differenziellen Bedeutsamkeit der komorbiden Persönlichkeitsstörungen für die Behandlung spezifischer Störungen (und umgekehrt) noch sehr spärlich. Im Moment lässt sich wohl nur die Empfehlung geben, bei gegebenen Komorbiditäten die Behandlung auf beide Aspekte hin abzustimmen. Die Frage, ob in einer zu beginnenden Behandlung die Persönlichkeitsstörungen zentraler Behandlungsfokus werden, entscheidet also sinnvollerweise darüber, ob eine spezifische psychische Störung diagnostizierbar ist oder nicht. Zusammengenommen ergeben sich die drei nachfolgend genannten Zielperspektiven (vgl. auch Clarkin & Kendall, 1992):

Psychische Störung

Bei solitärem Vorliegen einer symptomatischen psychischen Störung (Phobie, Depression, Zwangsstörung usw.; im DSM-III-R: Achse I bzw. in der ICD-10: Syndrombereiche F0 bis F5) wird die Behandlung störungsspezifisch ausgerichtet. Eine eventuell komorbid vorhandene Persönlichkeitsstörung führt so lange nicht zwingend zu einer Strategieüberprüfung, wie aus den besonderen Interaktionseigenarten oder Persönlichkeitseigenarten keine besonderen Erschwernisse und Widerstände gegenüber der therapeutischen Strategie zu erwarten sind.

Psychische Störung und Persönlichkeitsstörung

Auch bei gegebener Komorbidität von symptomatischer psychischer Störung und Persönlichkeitsstörung bleibt die Grundstrategie erhalten, die jeweils gegebene(n) symptomatische(n) Störung(en) zum Behandlungsgegenstand und -Ziel zu machen. Dies dürfte umso notwendiger sein, je ausdrücklicher die spezifische (ich-dystone) Störung selbst Anlass für die Psychotherapie war. In den meisten Fällen dürfte jedoch die komorbid zu einer symptomatischen Störung diagnostizierte Persönlichkeitsstörung zu einer Überprüfung der störungsspezifisch indizierten Therapiestrategie führen.

Dies wird insbesondere dann der Fall sein, wenn die Persönlichkeitsstörung nachträglich im Verlauf einer Therapie spezifischer psychischer Störungen (etwa aufgrund zunehmender Beziehungsschwierigkeiten und/oder einer stagnierenden Therapieentwicklung) in Betracht gezogen und diagnostisch abgeklärt wurde. Schon um Krisen und ungünstige Entwicklungen in der Psychotherapie zu vermeiden, wird es günstig sein, die persönlichkeitsbedingten Interaktionseigenarten von Patienten möglichst frühzeitig bzw. bereits vor Therapiebeginn mit zu beurteilen (→ 24 zu den Möglichkeiten der Beurteilung und Auflösung therapeutischer Krisen, die aus den persönlichkeitsbedingten Interaktionseigenarten der Patienten erwachsen könnten).

Persönlichkeitsstörung als Hauptdiagnose

Die Persönlichkeitsstörung ist Hauptdiagnose und bestimmte spezifische Symptome und Beschwerden gehören zum Erscheinungsbild der Persönlichkeitsstörung dazu (z.B. die bei Patienten mit Borderline-Störungen beobachtbaren Symptomfluktuationen). In diesem Fall führt die selektive Indikation zur Auswahl eines Behandlungsansatzes, der sich bei der gegebenen Persönlichkeitsstörung bewährt hat (vgl. hierzu die Beschreibung spezifischer Behandlungsansätze bei den verschiedenen Persönlichkeitsstörungen in → Kapitel 23).

Bei Vorliegen von zwei oder mehreren (komorbiden) Persönlichkeitsstörungen bei ein und derselben Person lässt sich diese Entscheidung für einen störungsspezifischen Behandlungsansatz gegenwärtig nurmehr sehr pragmatisch entscheiden, entweder indem eine Gewichtung der Störungen nach Dominanz oder Bedeutsamkeit für das allgemeine Problemverhalten der Betroffenen vorgenommen wird oder indem das therapeutische Vorgehen anhand sinnvoller Zielstellungen entwickelt wird, die sich aus den ja zumeist gegebenen komplexen Störungen des Beziehungsverhaltens der Betroffenen ergeben oder ableiten lassen (z.B. kann bei extremen Partnerschaftsproblemen eine Paartherapie erwogen werden).

Bewertung

Sind bereits zu Behandlungsbeginn spezifische Persönlichkeitsstörungen diagnostizierbar, dann lohnt eine Orientierung des Vorgehens an den Aspekten, wie sie in den nächsten Kapiteln zur Behandlung einzelner Störungen dargestellt werden. Bei sehr auffällig vorhandenen Persönlichkeitsstörungen kann es schließlich sinnvoll sein, zusätzlich oder ergänzend zur Behandlung der spezifischen psychischen Störungen die Persönlichkeitsstörungen selbst mehr und mehr zum Thema zu machen. Dies scheint insbesondere dann notwendig zu werden, wenn sich – etwa bei zunehmenden Widerständen oder Compliance-Problemen – im Verlauf der Behandlung die Hinweise mehren, dass die spezifischen psychischen Störungen in einer besonderen Wechselwirkung mit den Persönlichkeitsstörungen stehen, etwa gar durch diese mitbedingt sein können oder verstärkt werden.

Eine solche besondere Wechselbeziehung scheint nach den oben dargestellten Forschungsergebnissen beispielsweise bei den Angst-, Zwangs- und affektiven Störungen zu bestehen. Die bisherigen Ergebnisse der prädiktiven Komorbiditätsforschung sollten jedoch den Blick nicht verengen. Persönlichkeitsstörungen werden auch im Zusammenhang mit anderen, bisher weniger auf die Komorbidität mit Persönlichkeitsstörungen untersuchten psychischen Störungen eine besondere Rolle spielen. Ein besonderes Augenmerk ist bei vorliegender Komorbidität dem Problem zu widmen, dass es Patienten mit Persönlichkeitsstörungen ganz offensichtlich erheblich schwerer haben, sich nach Behandlungsabschluss erneut mit den alltäglich gegebenen privaten wie beruflichen Anforderungen ausreichend sicher zu arrangieren.

22.1.3 Adaptive Indikation

Gelegentlich ist also im Verlauf der Behandlung (d.h. adaptiv) ein Fokuswechsel von der spezifischen psychischen Störung hin zur Persönlichkeitsstörung selbst sinnvoll oder erforderlich. Diese Aussage gilt in dieser Form natürlich etwas eingeschränkt insbesondere für jene Therapieansätze, die von ihrem Grundansatz stärker auf eine Symptombehandlung abzielen (wie dies vor allem in der Kognitiven Therapie und Verhaltenstherapie der Fall ist). Andere Therapieformen heben grundsätzlich, d.h. bereits von Anfang der Behandlung an stärker auf die Gesamtpersönlichkeit und die Interaktionsstörungen von Patienten ab – und zwar relativ unabhängig von der spezifischen psychischen Störung der Betroffenen. Dies ist z.B. bei den tiefenpsychologisch-psychoanalytischen und interpersonellen Ansätzen der Fall (→ 23).

Ein solcher Perspektivenwechsel ist also vorrangig in symptom- bzw. syndromorientierten Behandlungskontexten (einschließlich der Psychopharmakabehandlung) in Betracht zu ziehen. Und er scheint insbesondere dort indiziert, wo bereits gravierende emotionale Probleme (einschließlich Suizidneigung), extreme zwischenmenschliche Probleme und Konflikte bis hin zu dissozialen Tendenzen in der Folge der Persönlichkeitsstörung bestehen oder zu erwarten sind.

Prinzipiell scheint es dabei günstig, auf den geeigneten Zeitpunkt für einen solchen Perspektivenwechsel von der symptomnahen Behandlung hin zu den Persönlichkeitsstörungen etwas zuzuwarten, um nicht vorschnell das Problem ich-synton bedingter Widerstände zu provozieren. Ein solches Zuwarten ist beispielsweise bei komorbid vorhandenen paranoiden, schizoiden, histrionischen, passiv-aggressiven und zwanghaften Persönlichkeitsstörungen sinnvoll. Bei einigen anderen Persönlichkeitsstörungen ist das Problem der Widerstand provozierenden Ich-Syntonie nach aller Erfahrung weniger gravierend ausgeprägt. So ist beispielsweise bei der dependenten, ängstlich-vermeidenden oder schizotypischen Persönlichkeitsstörung die Wahrscheinlichkeit größer, dass die Patienten selbst ihre Persönlichkeitseigenarten bereits als (ich-dyston) störend erleben und reflektiert haben. Dies findet zumeist darin seinen Ausdruck, dass ein subjektiver, wenn auch zumeist diffus benennbarer Leidensdruck besteht.

22.2 Die Fokusbildung

Angesichts der fließenden Übergänge und des situativ- und kontextbedingten Wechsels von Persönlichkeitseigenarten zu Persönlichkeitsstörungen sind sich die meisten Therapeuten und Therapieforscher darin einig, dass die Persönlichkeitsstörungen der Betroffenen selbst nicht unmittelbar oder direkt zum Gegenstand und Ziel einer psychologisch-psychotherapeutischen Behandlung gemacht werden sollten. Vielmehr wird ihre Veränderung, wenn überhaupt, nur mittelbar angestrebt. Dies hat seinen Grund darin, dass die den Persönlichkeitsstörungen zugrunde liegenden Persönlichkeitseigenarten in weniger extremisierter Form und unter bestimmten anderen Lebens- und Interaktionsbedingungen auch als besondere Kompetenzen der Betroffenen angesehen werden können und müssen. Wir haben auf diesen Aspekt wiederholt im Zusammenhang mit den allgemeinen Ätiologiemodellen wie bei der Darstellung der einzelnen Störungsbilder hingewiesen.

Im Sinne der meisten allgemeinen Ätiologiemodelle verändern sich die ursprünglichen, wenngleich persontypisch vereinseitigten Eigenarten und Kompetenzen im Umgang mit zwischenmenschlichen Krisen und Konflikten zumeist erst in der Folge sozialer Kritik und Restriktion in eine sozial störende Richtung. Dies geschieht vor allem, weil den Betroffenen zur Konfliktlösung zumeist eben nur die ihnen bekannten und vertrauten Interaktionskompetenzen zur Verfügung stehen. Gerade in der Folge einer die Person extrem verunsichernden Kritik und Zurückweisung ist nicht zu erwarten, dass die Betreffenden flexibel oder gar kreativ neue Interaktionsmuster (oder gar Persönlichkeitseigenarten) entwickeln und einsetzen werden. Schon gar nicht werden sie dies unmittelbar tun, um einer Kritik an ihren persönlichen, lebenslang begründet eingesetzten Verhaltensroutinen zu entsprechen.

Genau das Gegenteil dürfte zumeist der Fall sein: Um Sicherheit und Kontrolle zu behalten, werden die allermeisten Menschen bei interaktionellen Konflikten und bei zunehmendem Krisenerleben aus nur zu verständlichen Gründen auf die ihnen vertrauten Gewohnheiten, Eigenarten und Interaktionsroutinen zurückgreifen (müssen). Waren nun genau diese Interaktionsgewohnheiten Anlass zur Kritik und Zurückweisung, so wird durch die jetzt zu erwartende Erneuerung der kritischen Zurückweisung ein unglücklicher Kreislauf provoziert, in dem die Betroffenen nurmehr extremisiert auf ihre sanktionierten Verhaltensgewohnheiten zurückgreifen und damit erneut und zugleich verstärkt Kritik und Zurückweisung auslösen (vgl. dazu die Beschreibungen der interaktionellen Circulus-vitiosus-Bedingungen in den Ätiologiemodellen in → Kapitel 1, 3 bis 5 sowie in den Störungskapiteln).

Allgemeine Therapieziele

Eine psychologisch-psychotherapeutische Behandlung stellt also sinnvollerweise nicht die (über unterschiedliche situationsspezifische Verhaltensweisen) generalisierten Personeigenarten, d.h. die Persönlichkeitsstörungen selbst in den Mittelpunkt. Denn diesen Gewohnheiten liegt in aller Regel (mit Ausnahmen) das verständliche und einsichtige Motiv des Selbstschutzes und des Behaltens der Kontrolle bei zwischenmenschlichen Problemen und Konflikten zugrunde. Die Verhaltensgewohnheiten werden ich-synton eingesetzt und sind offensichtlich – eben weil sie Gewohnheiten darstellen – nicht so ohne weiteres einer Metakommunikation zugänglich.

Der (ja erwünschten) Metakommunikation leichter zugänglich sind die interaktionellen Krisen, unter denen die Betroffenen leiden. Es ist ja auch nicht in jedem Fall zwingend notwendig, bereits zu Beginn der Therapie die mögliche Mitverantwortung des Patienten für zwischenmenschliche Beziehungskonflikte zu thematisieren. Sehr wohl thematisierbar ist jedoch das Ziel, nämlich gemeinsam an der Auflösung zwischenmenschlicher Konflikte zu arbeiten (vgl. Fallbeispiel weiter unten).

Die Behandlung zielt entsprechend und allgemein also zunächst darauf ab, mit den Betroffenen unter Behalt und Nutzung ihrer Personeigenarten nach Handlungsalternativen für die Auflösung zwischenmenschlicher Konflikte und Krisen zu suchen – unter Behalt und Akzeptanz der Verhaltensgewohnheiten deshalb, weil es für die konfliktträchtigen Interaktionsmuster möglicherweise akzeptierbare Motive (nämlich: Selbstschutz und Kontrollbehalt) gibt.

Ausnahmen. Ausnahmen von dieser Regel sind Gewalt gegen sich selbst und Gewalt gegen andere. Auf diese Ausnahmen wird nachfolgend genauer eingegangen (→ 22.3).

Die Behandlung von Persönlichkeitsstörungen geht also in aller Regel davon aus, dass die Begründung und ein Verständnis der störenden Interaktionsmuster von den Betroffenen einerseits und von den Interaktionsteilnehmern andererseits unterschiedlich dekodiert werden. Die Motive, die dem Störverhalten zugrunde liegen, sind bei den Betroffenen andere als wie diese von den Bezugspersonen wahrgenommen und unterstellt werden. Für die Behandlung ergibt sich aus einer solchen Perspektive möglicherweise ein (zusammen mit dem Patienten) gangbarer Weg, aus der unglückseligen Verfangenheit der Negativkonnotation von Persönlichkeitsstörungen auszubrechen.

Viele Interaktionsbesonderheiten persönlichkeitsgestörter Menschen lassen sich nämlich zumeist sinnvoller als „Überlebensstrategien" verstehen, die – obgleich sie durchaus als defizitär, dysfunktional und insuffizient betrachtet werden können – den Betroffenen zugleich erhebliche Anstrengungen um den Behalt einer Selbstsicherheit abverlangen. Diese Perspektivenänderung ermöglicht es weiter, den Interaktionsstörungen einen Sinn (zurück) zu geben. Nur wenn dies, nämlich die Sinnsetzung interpersoneller Konflikte, zusammen mit dem Patienten gelingt, scheint eine wichtige Voraussetzung für eine Durchführung der Therapie mit dem Patienten gegeben.

Vielleicht gelingt es auf diese Weise sogar, etwas mit dem Patienten zusammen gegen seine persönlichen Unzulänglichkeiten zu unternehmen. Voraussetzung ist, dass die Motivstruktur und Sinnhaftigkeit klar und akzeptierbar ist. Neue (alte) Sinnsetzung und Sinnorientierung können letztlich bedeuten, auch aus dem möglicherweise vorherrschenden Gefühl der Sinnentleerung herauszukommen (vgl. hierzu nochmals und ausführlicher die Ausführungen in → Kapitel 24).

FALLBEISPIEL

Histrionisch und negativistisch

Eine 28-jährige Patientin mit komorbid histrionischer sowie passiv-aggressiver (negativistischer) Persönlichkeitsstörung hatte einen Suizidversuch unternommen, nachdem ihr jetziger Lebenspartner ihr mit Trennung gedroht hatte, weil sie ihn nach sechs Monaten Bekanntschaft immer noch nicht heiraten wollte, einen Geschlechtsverkehr häufig verweigerte oder nach wie vor darauf bestand, dass der Partner Kondome benutzt.

In zwei vorausgehenden Partnerschaften hatten sie jeweils die Männer verlassen, als sie schwanger geworden war. Sie hatte unter massivem Druck der eigenen Familie Abtreibungen vornehmen lassen. Sie hatte sich daraufhin „heimlich" geschworen, sich nicht wieder so schnell und unbedacht auf eine Partnerschaft einzulassen und wollte sich entsprechend mit dem jetzigen Partner viel Zeit zum Kennenlernen nehmen.

Von ihren Motiven für ihre Zurückhaltung und auch von den Abtreibungen hatte sie ihrem jetzigen Lebensgefährten nichts erzählt, Letzteres aus Scham und um ihn nicht zu verlieren. Begründet hatte sie ihm gegenüber ihre bisherige Zurückhaltung vor allem damit, dass sie wegen seiner Streitlust nicht so recht glaube, dass er der richtige Partner sei. Denn es kam in jüngster Zeit zu zunehmend heftigeren Auseinandersetzungen, aus denen sie sich jeweils zurückzog und tagelang nicht mehr mit dem Lebensgefährten sprach. So war sich die Patientin selbst zunehmend unsicher, ob die Beziehung mit ihrem Partner (obwohl sie ihn nach wie vor liebe) überhaupt sinnvoll sei, da er sich als völlig unsensibel erweise und sehr laute und aggressive Streitgespräche anzettele. Das kenne sie von ihren Eltern, die seit vielen Jahren einen „Dauerkrieg" miteinander führten, den sie selbst nicht in ihrer Partnerschaft wiederholen möchte.

In diesem Fall gibt es vielfältige („gute") Gründe (Motive) für die Patientin, sich gegenüber den Forderungen des Partners nach schneller Eheschließung zurückhaltend und abwartend gegenüber zu verhalten (frühere Erfahrungen mit Verlassenwerden; aggressionsfreie Partnerbeziehung). Ziel der Therapie könnte es sein, ihr – unter Behalt der Motive – neue Möglichkeiten zu vermitteln, von sich aus mit den konkret gegebenen Beziehungskonflikten auf eine partnerbezogene Weise umgehen zu lernen (Vermittlung einer sach- und partnerbezogenen Handlungskompetenz; u.a. Ermutigung zu mehr Transparenz gegenüber dem Partner). Die passiv-aggressiven Persönlichkeitseigenarten selbst müssen in der Therapie überhaupt nicht unmittelbar thematisiert werden.

22.3 Ein Schema zur Diagnose und Therapieplanung

Ein solches Behandlungsverständnis der Persönlichkeitsstörungen setzt problemanalytisch voraus, genau zwischen sinnvollen persönlichen Grundmotiven versus den konkreten dysfunktionalen und/oder störenden Interaktionseigenarten und Interaktionsmustern der Betroffenen zu unterscheiden. Die Anfangsstrategie der Therapie ist also eine Problem- oder Ätiologie-Analyse, die im Kern eine Analyse der Motiv-Handlung-Kontext-Passung über zwischenmenschliche Beziehungsstörungen beinhaltet (→ Abbildung 22.1).

22.3.1 Motiv/Handlung/Kontext versus Diagnose

Diese Analyse der „Motiv-Handlung-Kontext-Passung“ könnte u.a. Informationen zur Beantwortung folgender Fragen herausarbeiten (Fiedler, 1995b):

Motivanalyse. Welche (positive) Motivationsstruktur liegt dem konfliktträchtigen Handeln der Betroffenen zugrunde? Ist eine realistische, kontextspezifische Sinnorientierung vorhanden oder verloren gegangen? Und eventuell: Warum ist das so?

Kontextanalyse. Welche spezifischen Kontextvariablen sind für eventuelle dysfunktionale Handlungen und Interaktionsmuster der Patienten mitverantwortlich (aktuelle Konflikte und Krisen; zugleich: Krisenanalyse)?

Handlung-Defizit-Analyse. Wie sehen die konkreten dysfunktionalen Handlungs- und Interaktionsmuster aus (kontextspezifische Analyse der Kompetenz-Defizite)?

Handlung-Kompetenz-Analyse. Über welche weiteren Kompetenzen verfügt der Betroffene bereits selbst, um seine bisherigen dysfunktionalen und störenden Interaktionsmuster zu ersetzen (kontextspezifische Analyse vorhandener persönlicher, aber auch sozialer Ressourcen)?

Handlung-Ziel-Analyse. Wie lassen sich die aktuellen Handlungen bei fehlender bzw. nicht mehr rekonstruierbarer Motivstruktur kognitiv-rational neu (möglichst: positiv) begründen oder ausdeuten (Sinnorientierung; Perspektive)? Oder:

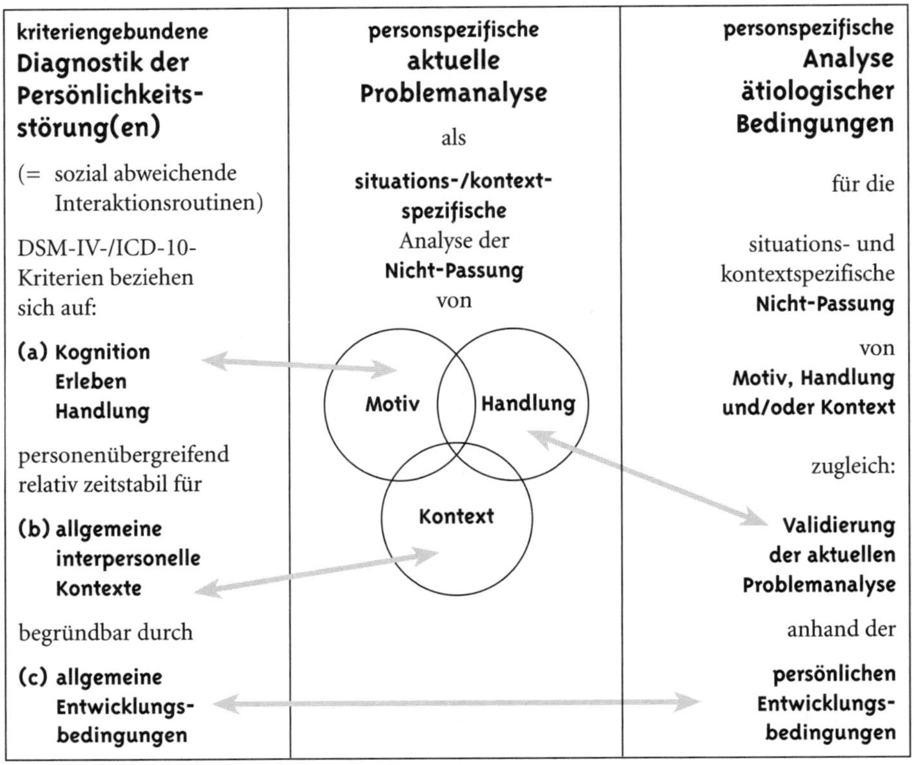

Abbildung 22.1. Personspezifische Problem- und Ätiologie-Analyse und Konvergenzprüfung der kriteriengebundenen Diagnose der Persönlichkeitsstörung/en (Erläuterungen im Text).

Wie lassen sich die bisherigen insuffizienten, dysfunktionalen und störenden Interaktionsgewohnheiten unter Behalt einer vielleicht doch noch vorhandenen, durchaus sinnvollen Motivstruktur durch konkrete alternative Interaktionsmuster ersetzen (sog. Reframing)?

Entwicklungsanalyse. Aus welchen Gründen (aufgrund welcher Motive) hat der Patient bisher auf eine Nutzung dieser Kompetenzen/Ressourcen verzichtet (Validierung der problemanalytischen Hypothesen anhand persönlicher ätiologischer Entwicklungsbedingungen)?

Konvergenzprüfungen

Das in → Abbildung 22.1 schematisierte Vorgehen verlangt einerseits die Überprüfung der Konvergenz der in den Diagnosekriterien allgemein und übergreifend dargelegten Person- und Interaktionsauffälligkeiten mit den je gegebenen konkreten Person- und Interaktionseigenarten des Patienten sowie eine Bezugnahme auf aktuelle Störungsbedingungen (konkrete aktuell bedeutsame Kontexte bzw. aktuell bestehende interaktionelle Krisen).

Sie fügt andererseits den beobachtbaren sozial auffälligen oder gar störend-devianten Personeigenarten (Außenperspektive) die Perspektive einer möglicherweise gegebenen subjektiven Sinnhaftigkeit oder auch die eines möglichen Sinnverlustes hinzu (Innenperspektive).

Impliziert ist zugleich eine Perspektivänderung weg von der stigmatisierenden Diagnose der Persönlichkeitsstörung hin zu einer expliziten Bestimmung und Bewertung vorhandener wie fehlender Kompetenzen und persönlicher wie sozialer Ressourcen.

Von der Diagnostik zur Therapieplanung

Eine solche erste Annäherung an die individuell gegebenen Problem- und Ätiologiebedingungen der jeweils vermuteten/diagnostizierten Persönlichkeitsstörung dient einerseits der Grobauswahl therapeutischer Ansatzpunkte, auf die wir nachfolgend genauer eingehen werden. Sie verfolgt jedoch noch einen weiteren Zweck, der hier zunächst angesprochen werden soll: Sie eignet sich nämlich auch noch für eine erste Validierung der kriteriengebundenen Diagnostik spezifischer Persönlichkeitseigenarten bzw. -störungen.

Die → Abbildung 22.1 beschreibt in den angegebenen Pfeilen mehrere Möglichkeiten, mit der die Konvergenz von Persönlichkeitsdiagnostik und Problemanalyse gesichert werden sollte. Einerseits müssen die Aspekte der aktuellen Motiv-/Handlungsanalyse ihre Repräsentanz in den zeitstabil gedachten Diagnosekriterien bewahren (insbesondere jener Kriterien, die in der Regel person- und kontextübergreifende Aspekte von Kognition, Erleben und Handlung betreffen).

Weiter sollten die in den Kriterien angegebenen allgemeinen kontextuellen Bedingungen für die beobachtbaren Persönlichkeitsmuster einen Zusammenhang mit den aktuellen Kontext-, Krisen- und Konfliktbedingungen erlauben. Schließlich sollten die für den Patienten rekonstruierbaren Entwicklungsbedingungen nicht von den kriteriengebundenen allgemeinen Ätiologiemerkmalen abweichen. Größere Diskrepanzen zwischen individueller Problem-/Ätiologieanalyse und den allgemeinen Kriterienvorgaben im DSM-IV bzw. in der ICD-10 sollten in jedem Fall Anlass sein, die ursprüngliche Diagnose der spezifischen Persönlichkeitsstörung zu überdenken und gegebenenfalls zu revidieren.

Aktuelle versus ätiologische Perspektiven

Schließlich erlaubt die in der → Abbildung 22.1 vorgeschlagene Trennung von aktueller Problemanalyse und Analyse ätiologischer Bedingungen eine weitere Validierung, nämlich die der Stimmigkeit der problemanalytischen mit der ätiologieanalytischen Modellbildung (z.B. über die Bedingungen der Nichtpassung von Motiv, Handlung und Kontext). Die aktuelle Problemanalyse sollte aus der jeweiligen Entwicklungsgeschichte des Patienten möglichst überzeugend herleitbar und begründbar sein.

Eine fehlende Stringenz in der Herleitung aktueller persönlicher Interaktionsschwierigkeiten aus einer lebenslang währenden Entwicklungskontinuität könnte nicht nur die Plausibilität der aktuellen Problemanalyse anzweifeln lassen. Sie wäre möglicherweise ebenfalls Grund genug, die Angemessenheit der Diagnose der Persönlichkeitsstörung selbst anzuzweifeln.

Es könnte nämlich sein, dass die aktuell dominierenden Personeigenarten nicht das langfristige Ergebnis einer persönlichen Lebensgestaltung darstellen, sondern z.B. Folge akut wirkender oder nachwirkender traumatischer oder sonstiger Lebenskrisen sind. Letztere werden in beiden Diagnosesystemen üblicherweise als *Persönlichkeitsänderungen* diagnostiziert (→ 2.5) – auch wenn die therapeutische Behandlung der Persönlichkeitsänderungen vielfach ganz ähnlichen Leitlinien folgt, wie wir sie hier für die Persönlichkeitsstörungen darstellen.

22.3.2 Schema zur Problemanalyse und Therapieplanung

Das nachfolgende Schema zur Problemanalyse und Therapieplanung könnte die Entscheidungsfindung des Therapeuten im Übergangsbereich von der Diagnose zur Therapiedurchführung unterstützen und steuern (→ nachfolgend in der Übersicht). Sie ist in einige sequenzielle Schritte aufgeteilt, die die Willkürlichkeit und Beliebigkeit bei der Therapiestrategiesuche sinnvoll einschränken helfen (vgl. Schulte, 1976, 1996; Fiedler, 2000a).

Ein Schema zur Problemanalyse und Therapieplanung in der Behandlung von Persönlichkeitsstörungen

1 Allgemeine Angaben (kurz und knapp)

1.1 Angaben zur Person.

1.2 Kurzbeschreibung der Schwierigkeiten.

1.3 Vom Patienten gewünschte Therapieziele.

1.4 Allgemeine Entwicklungsdaten.

1.5 Diagnose und Komorbiditäten (mit anderen psychischen Störungen; körperliche oder geistige Behinderungen; vorläufig; differenzierter in Punkt 3.1).

1.6 Bisherige Behandlungen.

1.7 Weitere Besonderheiten und Anmerkungen.

2 Beschreibung einzelner Problembereiche (aus der Sicht des Patienten)

2.1 Zentrale Probleme und ihre psychosozialen Kontexte:
Motive, Handlungen, Kontexte, Interaktionspartner; Problemeigenarten, -frequenz, -stabilität usw.

2.2 Problementwicklung:
Ätiologiesicht des Patienten; welche Lebensdaten und Entwicklungen stellt er selbst in einen Zusammenhang mit seinen aktuellen Problemen?

2.3 Fokusbildung durch den Patienten:
Typische konkrete Beispiele für seine Probleme und deren genaue zeitliche Abfolgen, z.B. in Partnerschaft, Familie, Freundeskreis, Beruf.

2.4 Persönliche Kompetenzen und Ressourcen:
Zusätzlich auch: mögliche, bisher nicht genutzte Kompetenzen und Ressourcen – wann und warum diese unter welchen Voraussetzungen genutzt werden und wann und warum unter welchen Voraussetzungen nicht; Motive, Handlungen, Kontexte, Interaktionspartner.

2.5 Die subjektive Theorie des Patienten:
über Problementstehung, Problemaufrechterhaltung und Prognose (auch: Therapieerfolgserwartungen).

2.6 Therapieziele des Patienten:
ergänzend auch: Ansprüche, Grundwerteorientierung.

3 Störungsdiagnose, allgemeines Ätiologiemodell

3.1 Differenzialdiagnostische Eingrenzung:
Diagnose der Persönlichkeitsstörung(en); auch: Bestimmung ihrer störungsspezifischen Prototypik(en) anhand diagnostischer Kriterien, z.B. des DSM-IV oder der ICD-10.

3.2 Allgemeines Ätiologiemodell:
Die auf die Diagnose gründende Entscheidung für ein störungs- bzw. phänomenspezifisches Ätiologiemodell (vgl. z.B. die einzelnen → Störungskapitel); bei Vorliegen mehrerer Störungen (z.B. bei Komorbidität mit spezifischer psychischer Störung oder Vorliegen mehrerer Persönlichkeitsstörungen) eignen sich möglicherweise zwei oder (jedoch seltener) weitere verschiedene Ätiologiemodelle!

3.3 Zusatzdiagnostik:
Plan für eine notwendige zusätzliche Diagnostik (z.B. zur weiteren Validierung der Diagnosestellung bzw. des Ätiologiemodells).

4 Problemanalyse, individuelles Ätiologiemodell (aus Sicht des Therapeuten)

[Orientierung erfolgt am gewählten Ätiologiemodell! Liegen unterschiedliche psychische oder Persönlichkeitsstörungen bzw. sehr heterogene Problemkontexte vor, ist die Problemanalyse für jeden deutlich differenzierbaren Problembereich getrennt durchzuführen.]

4.1 Aktuelle Bedingungsanalyse:
Ätiologietheoretische Schlussfolgerungen über die mögliche Aufrechterhaltung der Störungen und Probleme.

4.2 Analyse der Problementwicklung:
Absicherung/Validierung der aktuellen Bedingungsanalyse anhand ätiologietheoretischer Hypothesen über die Entstehung der Störungen und Probleme.

4.3 Zusammenfassende Bewertung:
Ergeben sich Zusammenhänge zwischen den evtl. für unterschiedliche Bereiche getrennt vorgenommen Analysen? Ergeben sich Widersprüche zwischen den Hypothesen zur Auf-

rechterhaltung [4.1] bzw. Entstehung [4.2] der Störungen oder Probleme (Validierung des Ätiologiemodells)?

5 Prognosebewertung

[Auch wenn psychosoziale Aspekte in der Problemanalyse bereits abgehandelt wurden, sollte hier nochmals explizit auf folgende Fragen zu den möglichen psychosozialen Folgewirkungen einer Behandlung eingegangen werden.]

5.1 Problemprognose:
Welche aktuelle (positive wie negative) prognostische Bedeutung haben die analysierten Probleme im privaten, beruflichen und sozial-gesellschaftlichen Lebenskontext des Patienten?

5.2 Änderungsprognose:
Welche aktuelle (positive wie negative) prognostische Bedeutung haben die gewünschten bzw. angezielten Problemänderungen im privaten, beruflichen und sozial-gesellschaftlichen Lebenskontext des Patienten?

6 Zielanalyse

6.1 Konsequenzen:
Konsequenzen *der* Prognosebewertung [5] für die Behandlung.

6.2 Subjektive versus objektive Theorie:
Vergleich der subjektiven Theorie des Patienten [2.6] mit den ätiologietheoretischen Hypothesen der Problem- und Ätiologieanalyse [4] sowie Möglichkeiten einer Verbindung beider Perspektiven bzw. Konsensfindung mit dem Patienten.

6.3 Zielbestimmung:
Auswahl eines Behandlungsfokus (vgl. die Überlegungen zur therapeutischen Fokusbildung in der Behandlung von Persönlichkeitsstörungen in den folgenden zwei Abschnitten → 22.3.3 und → 22.3.4).

6.4 Expertiseprüfung:
Ist möglicherweise die Hinzuziehung eines oder mehrerer Spezialisten zur Therapie oder gar eine Überweisung sinnvoll (→ 22.4)?

6.5 Medikationsadjuvanz:
Sollte bei gegebener Symptomatik die psychologisch-psychotherapeutische Behandlung um eine pharmakologische Therapie ergänzt werden (→ 22.5)?

7 Therapieplanung und Therapieevaluation

7.1 Prinzipieller Therapieplan:
Festlegung möglicher therapeutischer Ansatzpunkte, zeitliche Struktur der Therapie, Reihenfolge therapeutischer Maßnahmen.

7.2 Konkreter Therapieplan:
methodisches Vorgehen, Auswahl therapeutischer Techniken.

7.3 Therapiebeziehung:
Überlegungen zur Gestaltung der Therapeut-Patient-Interaktion (→ 24).

7.4 Therapieevaluation:
Verfahren zur Prozessevaluation und zur Evaluation der Therapieeffekte, Festlegung der Reihenfolge.

Eine wichtige Eigenart der beschriebenen Schematik besteht in einer – zumindest anfänglich gebotenen – strikten Trennung der Problem- und Verstehensperspektive des Patienten (*Pkt. 2* im Schema) von der Problem- und Verstehensperspektive des Therapeuten (*Pkt. 4*).

Die Verstehensperspektive des Therapeuten sollte nämlich vorrangig und zunächst weitgehend unabhängig von der Sicht des Patienten durch die Auswahl eines wissenschaftlich-empirisch begründeten Ätiologiemodells vorbereitet werden. Die Suche nach einem solchen Verstehensansatz folgt in der Regel über den Zwischenschritt einer genauen Störungsdiagnose und ihrer Modellvalidierung (*Pkt. 3*).

Nachdem der Therapeut eine solchermaßen begründete Verstehensperspektive – als Rekonstruktion der jeweiligen individuellen Problementwicklung anhand einer allgemeinen, diagnosebegründeten Ätiologietheorie – vorbereitet hat, kann der Versuch einer Konsenssuche mit dem Patienten sinnvoll unternommen werden (*Pkt. 6*).

Ein möglicherweise komplexes Problem eines Patienten wird aufgeteilt in mehrere Teilbereiche, für die jeweils eigene Interpretationen als ätiologische Bedingungsmodelle erarbeitet werden (*Pkt. 3* und *4*).

Und erst nach einer sorgsamen Beurteilung der prognostischen Bedeutung der Patientenprobleme wie ihrer möglichen therapeutischen Änderungen für die sozial-gesellschaftlichen bzw. privaten Lebenseigenarten des Patienten (*Pkt. 5*) können eine Zielanalyse (*Pkt. 6*) und Therapieplanung (*Pkt. 7*) erfolgen.

Insbesondere die Fragen der möglichen prognostizierbaren Folgewirkungen einer Behandlung sowie die Eigenarten und Perspektiven einer therapeutischen Fokusbildung sollen im Folgenden zunächst ausführlicher besprochen werden.

22.3.3 Fokusbildung I: die Auswahl therapeutischer Ansatzpunkte (Konfliktepisoden)

Diagnostik, Problem- und Ätiologieanalyse sowie die Analyse der Motiv-Handlung-Kontext-Passung (→ Abbildung 22.1) werden sich sinnvollerweise auf prototypische soziale Situationen oder Episoden des Lebensalltags beziehen, in denen lebenslang oder vermehrt im Vorfeld vor der Therapie – persönlichkeitsbedingte – Interaktionsschwierigkeiten und Interaktionskonflikte aufgetreten sind (z.B. Konflikte in Partnerschaft, Familie oder am Arbeitsplatz). Es könnte sich auch um Situationen oder Episoden handeln, die für die Betroffenen in Zukunft besondere Interaktionsschwierigkeiten mit sich bringen könnten (z.B. anstehende Prüfungen oder Bewerbungsgespräche).

In den meisten psychologisch-psychotherapeutischen Ansätzen zur Behandlung von Persönlichkeitsstörungen wird inzwischen weitgehend konsensuell vorgeschlagen, für die Behandlung der gewohnheitsmäßigen Interaktionsprobleme eine solche episodenbezogene Fokusbildung vorzunehmen (so z.B. in der Kognitiven Therapie von Beck et al., 1989, im verhaltenstherapeutischen Ansatz von Turkat, 1990, sowie auch in der psychoanalytischen Borderline-Therapie von Kernberg et al., 1989, oder bei Rohde-Dachser, 1989).

Mit dem Patienten zusammen oder im Rahmen von Teamsitzungen der Therapeuten wird jeweils festgelegt, welche für die Persönlichkeitsstörung prototypischen Interaktionskonflikte oder -episoden im Mittelpunkt der Behandlung stehen könnten. Genau diese werden dann nach und nach in den Mittelpunkt der Behandlung gerückt. Unterschiede im therapeutischen Vorgehen ergeben sich letztlich nurmehr durch die konzeptbedingten Verstehensansätze und die daraus ableitbaren Vorgaben der einzelnen therapeutischen Verfahren (→ 23.1).

> **!** Eine fokusbildende Therapiestrategie zielt nicht unmittelbar auf eine Veränderung der Persönlichkeitsstörungen. Gegenstand der Behandlung sind konkrete Interaktionsprobleme und deren Interaktionsdynamik. Ziel ist die Verbesserung der interpersonellen und/oder intrapsychischen Selbst-Einsicht und Kompetenz im Umgang mit interaktionellen Konflikten bzw. des Erwerbs eines alternativen Bewältigungsverhaltens (Coping).

Nurmehr zusätzlich (mittelbar) wird erwartet, dass sich mit veränderten Interaktionsmustern möglicherweise auch die Persönlichkeitseigenarten der Betroffenen ändern könnten. Ob und wie weit dies tatsächlich gelingt, ist nicht zuletzt auch eine Frage der Zeit, die in einer Psychotherapie zum Erwerb und zur ausreichenden Reflexion neuer Bewältigungskompetenz und Selbstsicherheit zur Verfügung steht. Dies ist im Sinne der obigen Überlegungen aber auch gar nicht in jedem Fall notwendig und erstrebenswert. Vielmehr geht es vorrangig darum, die ja ebenfalls persönlichkeitsbedingten und möglicherweise eng mit den Persönlichkeitsstörungen verbundenen Kompetenzen und Ressourcen der Betroffenen neu zu nutzen.

Es sollte in den meisten Fällen sogar davon ausgegangen werden, dass die persönlichkeitsbedingten Interaktionsstörungen immer beachtenswerte Kompetenzaspekte beinhalten. Aus ihnen sollten naheliegenderweise die therapeutisch angezielten, möglicherweise kompetenteren Konfliktlösungsstrategien für zwischenmenschliche Beziehungsprobleme zumindest teilweise entstammen.

22.3.4 Fokusbildung II: die Beachtung kontextueller Bedingungen

Aus dem Gesagten ergibt sich zwingend die Notwendigkeit, über die Einzelperson hinauszublicken. Es könnte nämlich durchaus sein, dass es die Betroffenen im Privatleben oder Beruf mit Menschen zu tun haben, die ihrerseits persönlichkeitsgestört sind. Die Interaktionsschwierigkeiten der Patienten könnten also durch extreme Interaktionsschwierigkeiten ihrer Bezugspersonen bedingt sein. Es lohnt sogar, über den unmittelbaren Interaktionskontext hinauszublicken: Die persönlichkeitsbedingten Interaktionsstörungen könnten Ausdruck der Hilflosigkeit der Betroffenen im Umgang mit einer aktuell gegebenen, allgemeinen als insuffizient zu betrachtenden Lebenssituation sein.

Auch auf diesen Aspekt wurde in den Ätiologiemodellen immer wieder hingewiesen (vgl. insbesondere → Kapitel 4 zu den interpersonellen Perspektiven). Es ist zunächst überhaupt nicht sicher, ob die Interaktionsprobleme von den Betroffenen nicht lediglich als Mittel mit dem Ziel produziert werden, anderen Menschen gegenüber ein psychisches Unbehagen auszudrücken, das sie nicht anders auszudrücken vermögen. Die mit den Persönlichkeitsstörungen verbundenen Erlebens- und Verhaltensprobleme könnten ein persönliches Unvermögen oder Gelähmtsein angesichts schier unlösbarer existenzieller Probleme signalisieren, einen grundlegenden Bruch in der Möglichkeit zu handeln oder zu kommunizieren (Sullivan, 1953; Jervis, 1975).

In privaten und beruflichen Situationen können es sich viele Menschen nicht erlauben, eigene Bedürfnisse auszudrücken, weil sie schlicht wissen, dass diese Bedürfnisse zensiert werden – oft verknüpft mit zum Teil erheblichen Konsequenzen für das weitere eigene Leben. Das Ergebnis solcher Konfliktsituationen ist, dass eigene Bedürfnisse zunehmend entstellt oder maskiert werden müssen, sodass sich die im Verlauf dieser Mitteilungsvermeidung einstellenden Interaktionseigenarten zunehmend selbst als Interaktionsstörung darstellen.

So kann z.B. aus dem gewohnheitsmäßigen Bemühen, andere nicht zu verletzten oder zu enttäuschen, über kurz oder lang eine Dependenz, Selbstunsicherheit oder Zwanghaftigkeit erwachsen, der sich die Betroffenen selbst nicht mehr entziehen können, weil sie Alternativen nicht erprobt und gelernt haben – oder sogar, weil sie selbst auf die mit den Persönlichkeitseigenarten verbundenen Kompetenzen stolz sind.

> **!** Störendes Interaktionsverhalten persönlichkeitsgestörter Menschen darf nicht vorschnell moralistisch interpretiert werden. Der Betroffene könnte Opfer einer Situation sein, die für ihn selbst eine Falle bedeutet, weshalb er als Ausweg eine persönlichkeitsbedingte Grundhaltung einnimmt, die bei genauer Betrachtung lediglich das Resultat einer kontinuierlichen und mühevollen Kompromisssuche darstellt.

FALLBEISPIEL

Zwanghaft oder gewissenhaft?

Zur der Zeit, als Computer noch nicht routinisierbare Rechenaufgaben übernahmen, kam ein 40-jähriger Mann in die Behandlung. Er war Bankangestellter, und ihm war mit Kündigung gedroht worden, da er wegen einer unzweifelhaft zwanghaft-sorgsamen Persönlichkeitsstörung zu einer erheblichen Belastung in seiner Bank geworden war. Besonders unangenehm wurde seine Mitarbeit jeweils zum Jahresende hin erlebt, wo er mit anderen zusammen für die Erstellung der Jahresschlussabrechnung zuständig war. Angesichts der dauernden, zunehmend heftiger werdenden Beschwerden seiner Kollegen und nach der Kündigungsandrohung durch seine Vorgesetzten war er in eine extreme Krise geraten. Nach einem Hauskauf hatte er sich stark verschuldet und sah jetzt keine Möglichkeit mehr für sich, wie er nach einer Kündigung hätte weiterleben sollen. Er hatte einen Suizidversuch unternommen, der ihn in die Psychotherapie führte.

Der behandelnde Verhaltenstherapeut arrangierte ein Gespräch in der Bankdirektion, an dem er (der Therapeut), der Bankangestellte und zwei seiner Vorgesetzten teilnahmen. Das Gespräch hatte zum Ergebnis, dass der Bankangestellte in die Revisionsabteilung versetzt wurde. Dort wurde er mit der Überprüfung der Berechnungen anderer Kollegen (auch der Jahresschlussabrechnungen) beauftragt. Inzwischen gehört der Bankangestellte zu den wichtigeren Mitarbeitern in der Bank und wird wegen seiner (zwanghaften) Sorgfalt sehr geschätzt. Diese Krisenintervention dauerte einschließlich des Gesprächs in der Bankdirektion vier Sitzungen. Man kann sich (natürlich unter verschiedenen Perspektiven) mit Recht fragen, wie lange eine Therapie der zwanghaften Interaktionsstörungen dieses Menschen gedauert hätte und mit welchem Erfolg sie beendet worden wäre.

Dieses Beispiel wurde gewählt, um deutlich zu machen, dass es in der Behandlung von Interaktionsstörungen zwingend notwendig ist, über die Person und Persönlichkeitsstörung selbst hinauszublicken. Vielfach ergeben sich bessere Lösungen, wenn jene Menschen (nicht nur in der Familie, sondern auch im Freizeitengagement der Betroffenen wie in ihrem Beruf) in der Therapie zusammengeführt werden, die an der Krisenentwicklung oder an den bestehenden Lebensproblemen beteiligt sind.

Schließlich lohnt es sich, dabei auch an jene zu denken, die längerfristig eine Gewähr für soziale Unterstützung und Sicherung bieten können. Mit dieser Aufgabe mag ein einzelner Therapeut überfordert sein, weshalb die „Überweisung" von Patienten eine bessere Perspektive eröffnen könnte. Kriseninterventionszentren und Kliniken sind in der Regel eher auf ein komplexes Krisen- und Konfliktmanagement vorbereitet als ein niedergelassener Therapeut, der seine Patienten im Stundenrhythmus behandelt.

22.4 Verfahrensspezifische Indikation

Die meisten Psychotherapiekonzepte gehen von einem sog. Defizitkonzept psychischer Störungen aus. Sie haben sich konzeptuell oder vom Anspruch her vorrangig auf die Veränderung oder gar „Heilung" von psychischen Störungen konzentriert. Diese Zielstellung lässt sich mit Blick auf die bisherigen Ausführungen nur sehr bedingt auf die Behandlung von Persönlichkeitsstörungen übertragen. Es geht nicht primär um Symptomänderung. Vielmehr wird zumeist eine zwischenmenschliche Neuorientierung angestrebt. Es geht darum, dem Patienten Strategien für den Umgang mit bisher unlösbar scheinenden zwischenmenschlichen Alltagsproblemen zu vermitteln. Als über- oder nebengeordnetes Ziel bekommt die Behandlung persönlichkeitsbedingter Interaktionsprobleme die Funktion, möglichst unmittelbar Selbsthilfestrategien zu vermitteln, die den Patienten in die Lage versetzen, zukünftige Krisen- und Konfliktepisoden erfolgreicher als bisher beurteilen und selbstständig auflösen zu können.

Selbst- bzw. Fremdgefährdung. Andererseits ist es unzweifelhaft so, dass in den meisten Fällen und zu Beginn der Therapie Defizite (als personbedingte Dysfunktionalitäten und Unangemessenheit lebenspraktischer Problemlösungen) überwiegen werden. Ganz besonders eindringlich wird dies offensichtlich, wenn extreme Normabweichungen, Delinquenz und Kriminalität, wenn selbstschädigendes Verhalten, Suizidabsichten oder Suizidversuche in den Vordergrund rücken.

Für einige Therapeuten (insbesondere für jene, die in der [forensischen] Psychiatrie oder im Strafvollzug arbeiten) steht folgerichtig eine Einschätzung des möglichen Ausmaßes oder der Wahrscheinlichkeit für eine Selbstgefährdung oder für eine Gefährdung bzw. Bedrohung anderer Menschen an der vordersten Stelle aller Indikationsüberlegungen (Bronisch et al., 2000). Gemeint sind hier folgende zwei nur grob zu klassifizierende Bereiche:

- **Gewalt gegen sich selbst:** Diese schließt z.B. Suizidfantasien ein; im Extrem: Suizidversuch; aber auch: Drogenmissbrauch oder die Vernachlässigung einer alltäglich notwendigen Selbstversorgung.
- **Gewalt gegen andere:** Diese schließt z.B. Schlägereien ein; Tötungsfantasien; im Extrem: Tötungsversuch oder Mord; weiter: gewohnheitsmäßige Delinquenz und Kriminalität; oder auch nur der regelmäßige und weniger gravierende Verlust der Impulskontrolle.

Beide Phänomenbereiche stellen besonders hohe Anforderungen an Therapieüberlegungen und die weiteren Planungen im Vorgehen. Angesichts der Heterogenität der Erlebens- und Verhaltensauffälligkeiten persönlichkeitsgestörter Menschen steht zu Beginn jeder Therapie die Grundsatzentscheidung,

- ob mit einem eher personzentrierten, einsichtsorientierten Therapievorgehen unmittelbar an der Selbstbehandlungskompetenz des Patienten angeknüpft werden kann oder
- ob angesichts extremer Kompetenzdefizite und Selbstunsicherheiten des Patienten eher eine psychoedukative Therapiestrategie indiziert ist oder aber
- ob es eventuell gar für unverzichtbar betrachtet werden muss – etwa bei akuter Neigung des Patienten zu Gewalt gegen andere oder Gewalt gegen sich selbst –, Entscheidungen gegen oder stellvertretend für den Patienten zu treffen (etwa um ihn vor sich selbst oder andere vor ihm zu schützen).

Dringlichkeit versus Freiwilligkeit. Gerade der letztgenannte Aspekt des Grenzbereiches zur Gewalt gegen sich und Gewalt gegen andere darf bei der Besprechung der Behandlung von Persönlichkeitsstörungen nicht ausgeklammert werden. Das Problem der Therapie ergibt sich hier aus einem schwierig handhabbaren Spannungsverhältnis zwischen Dringlichkeit einer Therapiemaßnahme und dem Aspekt der Freiwilligkeit, mit dem der Patient eine Behandlung akzeptiert (vgl. Bronisch et al., 2000).

Grundgesetze und Grundrechte (z.B. Art. 2 Absatz 1 des bundesdeutschen Grundgesetzes) formulieren in der Regel das Recht auf freie Entfaltung der Persönlichkeit und verbieten damit üblicherweise einen Behandlungszwang. Die Grenzen sind jedoch schwer bestimmbar und fließend. So mag bei eingetretener Bewusstlosigkeit eines Suizidenten die Intervention keiner Rechtfertigung bedürfen. In Entscheidungszwängen der Helfer und Therapeuten (wie nach Suizid- oder Gewaltandrohung) erfordert die Intervention gegen den Willen der Betroffenen jedoch besondere Rechtfertigungen. Unversehens rückt die Zielstellung „psychotherapeutische Hilfe bei persönlichen Problemen" in die Nähe von häufig als unvereinbar mit ihr betrachteten Zwecken, wie z.B. Schutz, Gefahrenabwehr, Erziehung, Strafe (vgl. Herzog, 1988; Fiedler, 1992; Dose, 2000).

Krisenintervention. Im Extremfall der Entscheidung für eine Zwangsunterbringung (z.B. wegen Seuchengefahr, Verwahrlosung, Suizidgefahr und psychischer Verwirrtheit mit dem Risiko der Fremdgefährdung) gelten die Betroffenen als „eingeschränkte Rechtssubjekte". Entscheidungshilfen geben in solchen Fällen sog. „Gesetze über Hilfen und Schutzmaßnahmen bei psychischen Krankheiten", die in der Bundesrepublik für die einzelnen Länder recht unterschiedlich formuliert sind (dort hat sich die Abkürzung „PsychKG" eingebürgert). Üblicherweise werden diese Gesetze durch allgemeine Rechtsvorschriften in den Grundgesetzen abgesichert, die die Grundlagen der richterlichen Gewalt beinhalten (in der Bundesrepublik ist dies Art. 104 des Grundgesetzes). Die Zwangseinweisung in eine psychiatrische Klinik kann polizeilich verfügt oder von Ärzten angeordnet werden, bedarf jedoch grundsätzlich der richterlichen Entscheidung, für die in den PsychKGs enge Fristen gesetzt sind. Bei diesen Entscheidungen spielt u.a. die Frage der Zurechnungsfähigkeit der Betroffenen eine erhebliche Rolle, auf die wir in → Kapitel 10 über die dissozialen Persönlichkeitsstörungen bereits eingegangenen sind.

Die Unterbringung oder gar Behandlung gegen den Willen des Patienten stellt grundsätzlich eine Ultima Ratio im Umgang mit dem Betroffenen dar. Sie sollte nur erwogen werden, wenn wirklich alle Möglichkeiten privater und professioneller Hilfe ausgeschöpft wurden. Denn für den Betroffenen kann ein solcher Vorgang zu einer dauerhaften Belastung in seiner Beziehung zu professionellen Helfern, Psychotherapeuten und psychiatrischen Einrichtungen führen, auf die er möglicherweise angewiesen bleibt.

Indikationshilfen. Der Spielraum zwischen einsichtsorientierter Psychotherapie und Zwangsmaßnahmen gegen die Betroffenen ist nicht auf diese Extreme beschränkt, sondern breit ausgelegt. Die Möglichkeiten der verfahrensspezifischen Indikation orientieren sich zumeist an zwei dimensionierbaren Einschätzungen, die zu Behandlungsbeginn vorgenommen werden können (→ Abbildung 22.2):

- Wie groß ist die Gefahr der akut gegebenen Selbstgefährdung (z.B. Kontrollverluste in Richtung Suizidneigung oder Selbstschädigung im weitesten Sinne) bzw. wie hoch ist das Ausmaß der Fremdgefährdung des Patienten (z.B. Neigung zu spontaner Gewalt oder Impulskontrollverlusten im weitesten Sinn)? Anhand der Beantwortung dieser Frage wird sich beispielsweise entscheiden können, ob die Behandlungsmaßnahmen zum Schutz des Patienten zeitweilig stellvertretend oder gar gegen ihn entschieden werden müssen.
- Wie hoch ist das Vermögen des Patienten zur Selbstkontrolle bzw. Selbstbehandlung? Diese Dimension ermöglicht zumeist die Beantwortung der Frage, wie weit die Therapie durch psychoedukative Vorgaben mitbestimmt sein sollte, die den Patienten eindrücklich mit den möglichen Konsequenzen seiner Interaktionseigenarten konfrontieren. Oder komplementär ausgedrückt ist zu entscheiden, ob die Therapiestrategie darauf ausgerichtet wer-

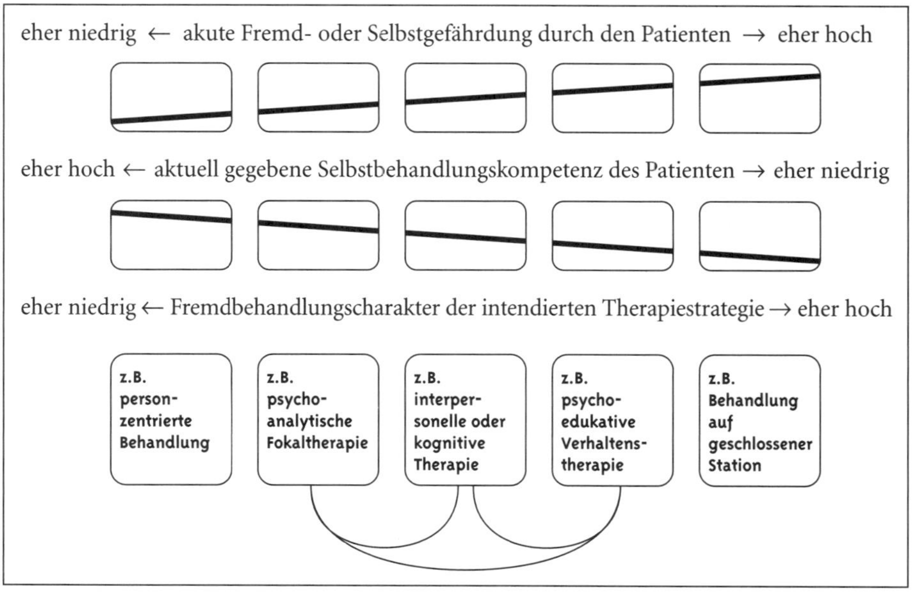

Abbildung 22.2. Die Auswahl eher psychoedukativer versus eher selbst bestimmter Psychotherapiemaßnahmen in Abhängigkeit von der akuten Selbst- bzw. Fremdgefährdung und/oder von der aktuellen Selbstbehandlungskompetenz des Patienten.

den sollte, (mittel- oder längerfristig) auf die Einsichtsfähigkeit und Selbstentfaltungsmöglichkeiten des Patienten zu bauen.

Die Entscheidungsfindung wird einerseits erheblich durch die Spezifika der jeweiligen Persönlichkeitsstörung beeinflusst. Sie kann weiter nicht losgelöst diskutiert werden von den konzeptuellen Vorgaben, die in den unterschiedlichen Therapieschulen (insbesondere im vorgesehenen Therapieverfahren) für die Behandlung der spezifischen Persönlichkeitsstörungen entwickelt wurden. Insofern sind die in der Abbildung beispielhaft eingefügten Indikationen zu spezifischen Therapieverfahren – insbesondere im Mittelbereich der → Abbildung 22.2 – möglicherweise gegeneinander austauschbar (ausführlicher: Limbacher & Schmitz, 1996; Senf & Jezussek, 1996; Bronisch et al., 2000; Fiedler, 2000a).

Es besteht wohl über die Therapieschulgrenzen hinweg weitgehend Konsens, dass es mittel- oder wenigstens langfristig darum gehen wird, einen Weg zur eigenständigen Fortführung der Behandlung durch die Patienten zu finden. Jede Psychotherapiestrategie wird darauf hinauslaufen, es dem persönlichkeitsgestörten Menschen zu ermöglichen, Einsicht in die eigenen Interaktionsgewohnheiten und damit eine neue Selbstsicherheit und Selbstbehandlungskompetenz im Umgang mit seinen gewohnheitsbedingten Interaktionsstörungen zu erlangen.

22.5 Differenzielle Indikation

Es gibt sehr unterschiedliche Anlässe, warum Menschen mit Persönlichkeitsstörungen in eine psychotherapeutische Behandlung kommen. Leider ist es bis heute so, dass diese Anlässe selbst selten direkt zur Grundlage von Indikationsentscheidungen gemacht werden. Zumeist wird ein Patient, ist er einmal bei einem Therapeuten vorstellig geworden, die Art der Psychotherapie absolvieren (müssen), die dieser Therapeut beherrscht.

Von den meisten Therapeuten wird leider zu selten genau erwogen, ob nicht die Überweisung in einen anderen Behandlungskontext die besseren Behandlungsperspektiven eröffnen könnte. Dieses Zuständigkeitsgebaren hängt mit einigen Eigentümlichkeiten unseres Gesundheitssystems und mit der Ausschließlichkeit einer vielfach lebenslang bindenden Therapieschulorientierung zusammen (vgl. Fiedler, 1994a, 2000a). Nur höchst selten geht der Blick der Therapeuten über den engen Zaun der eigenen Therapieschule hinaus. Nun ist es – wie nachfolgend gezeigt werden soll – gerade im Fall der Persönlichkeitsstörungen sinnvoll und nahe liegend, die genauen Anlässe, die Patienten in die Therapie führen, in die Überlegungen zur differenziellen Indikation einfließen zu lassen.

Diese sog. differenzielle Indikation betrifft die Frage, welcher Behandlungskontext die besten Behandlungsperspektiven eröffnen kann. Sie berührt damit einige allgemeine versorgungstechnische und organisatorische Aspekte des Indikationsproblems. Vor allem die folgenden Kriterien können Leitlinien für die

Suche nach einem geeigneten Behandlungskontext abgeben (vgl. auch Fiedler, 1993d, 2000a).

Einschneidende Lebensereignisse und Traumaerfahrungen

Die persönlichkeitsbedingten subjektiven und zwischenmenschlichen Probleme der Patienten extremisieren in der Folge akuter und traumatischer Erfahrungen. Solche akuten Belastungen stehen zumeist in engem Zusammenhang mit unerwarteten und einschneidenden Lebensereignissen – wie z.B. Vergewaltigung, plötzlicher Tod eines Partners oder plötzliche Invalidität nach einem Unfall. Häufig sind die Betroffenen nach solchen Krisenerfahrungen unfähig, die ihnen vertrauten Handlungsmöglichkeiten einzusetzen und zu nutzen, eben weil sie durch die Krise übermäßig stark emotional betroffen sind. Und: Vielfach setzt die Notwendigkeit einer psychotherapeutischen Behandlung ein, weil ein Selbsttötungsversuch erfolgte oder ein Suizidversuch zu erwarten ist. Für die Psychotherapeuten bedeutet dies:

In solchen Fällen werden zumeist sehr direkte, vor allem die Person stützende und kontinuierliche Krisengespräche notwendig. In diesen Krisengesprächen (als Krisenintervention) wird auf pragmatische Weise versucht, eine emotionale Entlastung zu erreichen und wichtige Weichen für die Zukunft zu stellen (Bronisch et al., 2000; vgl. auch Fiedler, 1988).

Was die möglicherweise zeitgleich diagnostizierten Persönlichkeitsstörungen betrifft, so kann in vielen Fällen erwartet werden, dass die Störungseigenarten im Verlauf der Behandlung wieder zurückgehen, wenn nicht gar völlig verschwinden. Es ist also sinnvoll, Persönlichkeitsstörungen nicht primär in den Mittelpunkt der Behandlungsplanung zu rücken. Andererseits können die Persönlichkeitseigenarten sehr wohl Leitlinien für die Beziehungsgestaltung der Therapie abgeben (→ 24).

Sinnfindungskrisen im Lebenslauf

Die psychischen und zwischenmenschlichen Probleme der Betroffenen resultieren aus natürlichen Veränderungen und Krisen im Lebenslauf und können möglicherweise auf Persönlichkeitsstörungen beruhen. Ursachen- und Entwicklungsbedingungen der Lebenslaufkrisen sind zumeist kritische Phasen der Lebensentwicklung – wie das Verlassen des Elternhauses, Elternwerden, Ausscheiden aus dem Beruf, Arbeitslosigkeit, Berentung oder lang dauernde Erkrankungen. Kommen Menschen mit solchen Reifungs- oder Lebenslaufkrisen nicht mehr zurecht, kann dies an persönlichkeitsbedingten Vereinseitigungen der Lebensbewältigungsstile liegen.

Ganz allgemein wird im Falle psychischer Störungen, die sich mit Lebenslaufkrisen in einen Zusammenhang bringen lassen, zumeist in der Einzelfallbehandlung eine sachlich-nüchterne Bestandsaufnahme der jeweiligen Lebensentwicklungen und Lebensumstände als sinnvoll erachtet (Baldwin, 1979; Fiedler, 2000a).

Hierzu könnte an eine länger dauernde, einsichtsorientierte Psychotherapie (Psychoanalyse oder Gesprächspsychotherapie) gedacht werden. Gute Möglichkeiten bietet die Zusammenstellung von Gruppen mit ähnlich betroffenen Personen. Wertvolle Hilfen stellen Selbsthilfegruppen dar, die von professioneller Seite initiiert und begleitet werden können. Je stärker das Krisenverhalten der Betroffenen als Persönlichkeitsstörungen diagnostizierbar ist, umso eher ist jedoch an eine professionell geleitete Psychotherapie zu denken, in der auch die Persönlichkeitsstörungen (als Kompetenzdefizite) selbst Ziel der Behandlung sein können.

Psychische und Persönlichkeitsstörungen

Die psychischen Probleme lassen sich eindeutig als psychische Störungen oder Persönlichkeitsstörungen oder als Komorbidität aus beiden Störungsbereichen definieren. In diesem Fall wird eine Indikation im Sinne der eingangs diskutierten Bewertungskriterien gesucht (→ 22.1, → 22.3).

Psychiatrische Erkrankungen

Die psychischen Störungen oder Persönlichkeitsstörungen oder die vorliegenden Komorbiditäten von psychischen Störungen und Persönlichkeitsstörungen sind so gravierend, dass eine stationäre Behandlung zwingend erwogen werden muss. Gemeint sind in aller Regel schwere psychische Störungen und psychiatrische Erkrankungen, bei denen die Betroffenen vielfach eine Einsicht in die eigene Notlage verloren haben. Kommt es, wie beispielsweise bei der Schizophrenie oder bei der psychotischen Depression, zum zeitweiligen Verlust der Selbst- oder Wirklichkeitskontrolle, so ist gewöhnlich eine stationäre Unterbringung, manchmal sogar gegen den Willen der Betroffenen, unumgänglich.

In solchen Fällen ist eine einsichtsorientierte Therapie (wie etwa die psychoanalytische oder klientenzentriert-gesprächspsychotherapeutische Behandlung) als erste therapeutische Maßnahme kontraindiziert. Notwendig ist vielfach zunächst eine medizinisch-medikamentöse Therapie, um erst einmal die Grundlagen für eine psychotherapeutische Behandlung herzustellen.

Wenn Psychotherapie dann möglich ist, ist diese zumeist stützend und helfend ausgerichtet. Sie zielt darauf ab, die psychische Befindlichkeit der Betroffenen zu reorganisieren, um ihnen ein Wiedererlernen der Selbstkontrolle in lebenspraktischen Zusammenhängen zu ermöglichen. Für diese Art psychoedukativer Psychotherapie gelten die Verhaltenstherapeuten als Spezialisten (vgl. Margraf, 1999).

Aber auch von psychoanalytischer Seite sind in den letzten Jahren einige Konzeptvorschläge unterbreitet worden, wie etwa bei einer Schizophrenie, Depression und schweren Persönlichkeitsstörungen frühzeitig interveniert werden könnte, auch wenn die Vorschläge in aller Regel sehr von einer psychoanalytischen Standardbehandlung in Richtung psychoedukativer (Verhaltenstherapie-)Strategie abweichen (Scharfetter, 1983; Lang, 1990).

Bei den meisten schweren psychiatrischen Störungen kann zumeist erst nach vollständigem Abklingen der Störungssymptomatik an eine längerfristige einsichtsorientierte Therapie, z.B. Psychoanalyse, gedacht werden (vgl. Gunderson & Carroll, 1985).

Möglichkeiten psychosozialer Hilfeleistung über die Psychotherapie hinaus
In vielen Fällen ist die psychologische Therapie nur eine von mehreren Möglichkeiten. Eine Reihe von Problemen erfordert zwingend die Hinzuziehung weiterer Spezialisten und Fachberater. In der Bundesrepublik steht inzwischen ein weit gefächertes System der psychosozialen Beratung zur Verfügung, deren Hilfe die Betroffenen zumeist kostenlos in Anspruch nehmen können, weil ihr Beratungsanspruch gesetzlich verankert ist (vgl. Fiedler, 1992): Dies betrifft insbesondere die Beratung in Fragen der Erziehung, bei Familienproblemen, bei Problemen in Ehe und Partnerschaft wie Trennung und Scheidung, weiter zur schulischen und beruflichen Laufbahnplanung und bei der ungewollten Schwangerschaft; sie umfasst die Beratung von Pflegern und Vormündern, die Beratung bei Behinderung sowie zu Fragen der persönlichen Hilfeleistung im Rahmen der Sozialhilfe.

Auch hier gilt es – wie bei den akuten Krisen – abzuschätzen, ob die mit Persönlichkeitsstörungen assoziierten psychischen und zwischenmenschlichen Probleme auch ohne weiter reichende Therapie zurückgehen, wenn die Lösung der existenziellen Lebensprobleme – etwa durch schlichte Überweisung an einen Fachberater und durch dessen Hilfestellung – erneut eine Perspektive erhalten hat.

Alternativen. Spezielle Berater können und sollten auch zur ganz gewöhnlichen Psychotherapie selbst immer wieder hinzugezogen werden, was viel zu selten geschieht. Auch sind vielfache Alternativen zur Psychotherapie bedenkenswert. Drei Beispiele:

- Bei zwanghafter Spielsucht, die sehr häufig bei persönlichkeitsgestörten Menschen beobachtbar ist, ist es vielfach sinnvoll, an die Hinzuziehung eines Fachberaters zu denken, wenn das pathologische Spielen in eine extreme Verschuldungslage geführt hat. Psychotherapeuten sind gut beraten, die komplizierte Frage der Entschuldung nicht selbst zu bearbeiten, sondern diese dem fachkundigen Juristen zu überlassen (vgl. Fiedler & Mundt, 1996).
- Schwere psychische Störungen und Persönlichkeitsstörungen betreffen zumeist die gesamte Familie, sodass es sinnvoll und notwendig sein könnte, Angehörige an der Therapie zu beteiligen oder ähnlich betroffene Angehörige in sog. Angehörigengruppen zusammenzufassen, insbesondere, wenn die Betroffenen für längere Zeit hospitalisiert sind (Fiedler, 1993c).
- Im Bereich der Alkohol- und Drogenabhängigkeit, die im Zusammenhang mit vielen Persönlichkeitsstörungen eine extrem erschwerende Bedingung für therapeutische Maßnahmen bedeutet, wird inzwischen allgemein eine

frühzeitige Integration der Patienten und ihrer Familienmitglieder in bestehende Selbsthilfegruppen (z.B. Anonyme Alkoholiker) als unverzichtbare Ergänzung der psychotherapeutischen Maßnahmen betrachtet.

22.6 Psychopharmakologische Behandlung

Der wesentliche Behandlungszugang bei Persönlichkeitsstörungen ist die Psychotherapie und das psychosoziale Konfliktmanagement. Die in einigen Institutionen (u.a. der forensischen Psychiatrie) dominierende oder fast ausschließliche Behandlung mit Psychopharmaka ist Ausdruck einer ungenügenden Kenntnis der Verantwortlichen über alternative Behandlungsmöglichkeiten, zumeist auch des Fehlens geeigneter Therapeuten, überhaupt des Fehlens vielfältiger weiterer notwendiger Ressourcen, die eine effektive psychotherapeutische Behandlung bei Persönlichkeitsstörungen erfordert. Sie ist leider auch Ausdruck des inzwischen gegebenen Machteinflusses der Pharmaindustrie, die einfache Behandlungswege in Tablettenform suggeriert.

Andererseits wird hier nicht bestritten, dass eine (psycho)pharmakologische Behandlung auch im Bereich der Behandlung persönlichkeitsgestörter Menschen durchaus Sinn macht – und zwar zumeist in Adjuvanz einer psychotherapeutischen Behandlung, nicht jedoch als einzige oder vorrangige (Dauer-)Maßnahme. Psychopharmakologische Behandlungsmaßnahmen bei solitär oder komorbid diagnostizierten Persönlichkeitsstörungen sind vor allem sinnvoll, wenn bestimmte psychische, psychosomatische oder körperliche Symptome das Störungsbild (mit)bestimmen (vgl. Dulz & Makowski, 1999).

Dies kann beispielsweise bei Angstzuständen, im Depressionserleben oder bei weiteren psychischen Irritationen (wie Aufmerksamkeitsstörungen, Konzentrationsschwierigkeiten, Panikattacken, Unruhezuständen, Schlafstörungen usw.) zeitweilig der Fall sein, wie sie regelmäßig bei Patienten mit Borderline-, histrionischer, zwanghafter, selbstunsicher-ängstlicher oder dependenter Persönlichkeitsstörung beobachtbar sind. Auch kann die Möglichkeit neuroleptischer Medikation in Betracht kommen, wenn es bei Vorliegen schizotypischer oder paranoider Persönlichkeitsstörungen zu (kurzzeitigen) psychotischen Episoden kommt. Genaue Indikationsvorschläge zur medikamentösen Symptombehandlung bei Persönlichkeitsstörungen finden sich beispielsweise in einer umfangreichen Übersicht von Liebowitz et al. (1986), wobei jedoch angesichts der wenig kritischen Darstellung in dieser ansonsten sehr lesenswerten Arbeit angemerkt werden muss, dass die dort unterbreiteten Vorschläge vorrangig aus der klinischen Praxis und nicht aus empirischen Wirksamkeitsstudien abgeleitet wurden.

Inzwischen mehren sich jedoch Forschungsarbeiten, in denen die symptomorientierte psychopharmakologische Behandlung systematischer untersucht wurde. Dies ist vor allem im Bereich der schizotypischen und Borderline-Persönlichkeitsstörung der Fall (vgl. in der Übersicht auch: Coccaro, 1993; Stein, 1993; Kapfhammer & Hippius, 1998). Einige Neuroleptika-Studien lassen den Schluss zu, dass Untergruppen von Patienten mit schwereren Borderline- oder schizotypischen Persönlichkeitsstörungen von einer neuroleptischen, zumeist niederdosierten Symptombehandlung profitieren können (Cowdry & Gardner, 1988; Goldberg et al., 1986; Soloff et al., 1989).

Der kontrollierte Einsatz trizyklischer Antidepressiva bei Borderline-Patienten führte bisher zu sehr widersprüchlichen Befunden, wobei sich Befunde mehren, dass die meisten dieser Patientengruppe wohl eher nicht von dieser Medikation profitieren, bei einigen Borderline-Patienten sogar negative Wirkungen beobachtbar waren (Links et al., 1990; Soloff et al., 1986).

Schließlich gibt es verschiedene Hinweise, dass Patienten mit Persönlichkeitsstörungen, deren Symptomatik durch Impulskontrollverluste, insbesondere durch spontane, unkontrollierbare Aggressivität und Gewaltausbrüche gekennzeichnet ist, von einer Lithium-, Carbamazepin- oder Fluoxetin-Behandlung profitieren können (Links et al., 1990; Cowdry & Gardner, 1988; Sheard et al., 1976; Coccaro et al., 1990; Norden, 1989; Cornelius et al., 1990).

Kurz zusammengefasst gilt weitgehend konsensuell Folgendes: Fehlen eindeutige Zielsymptome oder komorbide symptomdominierte psychische Störungen, sollten pharmakologische Behandlungsmaßnahmen im Bereich der Persönlichkeitsstörungen eher die Ausnahme bleiben (vgl. Liebowitz et al., 1986; Stone, 1992a; Coccaro, 1993; Stein, 1993; Kapfhammer & Hippius, 1998).

23 Psychotherapeutische Grundkonzepte

Es gibt immer mehrere gleichwertige Wege,
therapeutische Fortschritte zu erzielen.
Otto F. Kernberg

Im nachfolgenden Kapitel werden wir den Versuch unternehmen, Behandlungsvorschläge und Behandlungskonzepte für die spezifische Behandlung einzelner Persönlichkeitsstörungen übersichtsartig vorzustellen. Dazu ist es sinnvoll, zunächst einleitend einige allgemeine und störungsübergreifend angelegte Behandlungsansätze vorzustellen. Dies ist schon deshalb angebracht, weil diese letztlich die Grundlagen für die Entwicklung störungsbezogener Therapievorschläge bereitstellen.

Bei den allgemeinen Behandlungskonzepten bleibt jedoch nach wie vor kritisch zu beachten, dass sie sich nicht immer ausdrücklich auf Ätiologieüberlegungen zu Persönlichkeitsstörungen beziehen. Vielmehr wurde in den meisten Fällen das ursprünglich für die Behandlung sonstiger psychischer Störungen entwickelte Grundmuster schlicht auf die Persönlichkeitsstörungen übertragen. Dies ist beispielsweise in der Kognitiven Therapie von Beck et al. (1989) wie in einer Reihe tiefenpsychologisch und psychoanalytisch orientierter Verfahren der Fall. Ob sich diese einfache Übertragung der Grundkonzepte auf Persönlichkeitsstörungen als sinnvollste aller Möglichkeiten erweist, das muss die Therapieforschung der kommenden Jahre erst noch belegen. Denn:

Als wohl größtes Problem bleibt schließlich vorab und kritisch festzustellen, dass die empirische Therapieforschung in diesem Bereich noch am Anfang steht. Dies bedeutet nicht nur, dass der Beleg für die Wirksamkeit der nachfolgend dargestellten Konzepte zumeist erst noch erbracht werden muss. Es bedeutet schlicht auch, dass bis heute keine brauchbaren Indikationskriterien für eine Zuweisung der Patienten zu spezifischen Behandlungsverfahren vorhanden sind.

Die meisten Behandlungsansätze beruhen auf einer Erprobung an Einzelfällen. Und die dabei entwickelten Behandlungsvorschläge orientieren sich zumeist eng an den Konzeptvorgaben *einer* Therapieschule. Da in publizierten Fallbeschreibungen die individuelle Behandlungsform dominiert, gibt es fast nur therapieschulspezifische Vorschläge für die Einzelfalltherapie (zumeist als Verhaltenstherapie, als Kognitive Therapie, als interpersonelle Psychotherapie oder als psychoanalytische Behandlung; vgl. Liebowitz et al., 1986; Gunderson 1989a; Stone, 1992). Über Erfahrungen mit familien- und paartherapeutischen Behandlungen wurde bisher nur sehr vereinzelt berichtet (z.B. Shapiro, 1989). Das Gleiche gilt für gruppentherapeutische Ansätze (z.B. Lescz, 1989).

All diese Probleme werden verständlich, wenn man bedenkt, dass aus dem früheren psychoanalytischen Verständnis heraus Persönlichkeitsstörungen als nicht oder als nur besonders schwer mittels Psychotherapie beeinflussbar angesehen wurden (→ 3). Auch die Kontroversen über die stigmatisierende Wirkung der psychiatrischen Klassifikation von (psychopathischen) Persönlichkeitsstörungen (→ 1, → 2) liefern weitere Gründe dafür, weshalb die Persönlichkeitsstörungen in der bisherigen Psychotherapieforschung eher am Rande der Aufmerksamkeit standen. Dass sich dies in den kommenden Jahren jedoch grundlegend ändern dürfte, ist heute bereits abzusehen (vgl. Shea, 1993; Fiedler, 2000a).

In dem fast unübersehbaren Nebeneinander psychotherapeutischer Ansätze sind es bis heute vor allem vier therapeutische Grundrichtungen, in denen man inzwischen eine gewisse Tradition der Entwicklung und Fortschreibung allgemeiner Therapiekonzepte zur Behandlung von Persönlichkeitsstörungen vorfindet: Es sind dies die Psychoanalyse, die interpersonelle Psychotherapie, die Verhaltenstherapie und die Kognitive Psychotherapie. Die Spezifika dieser vier Therapieschulen sollen in den nachfolgenden Abschnitten unter der Perspektive ihrer Besonderheiten für die Behandlung von Persönlichkeitsstörungen übersichtsartig vorgestellt werden (vgl. auch Fiedler; 1996, 2000a). Den Schluss nehmen Hinweise auf einzelne Autoren ein, die aus der Sicht anderer Therapietraditionen eigene Beiträge zur Behandlung von Persönlichkeitsstörungen verfasst haben.

23.1 Psychoanalyse

Das klassisch psychoanalytische Behandlungssetting (Langzeitbehandlung; Patienten liegen auf der Couch) setzt in aller Regel ein Vermögen zu ich-dystoner Reflexion und Bearbeitung der Psychodynamik psychischer Störungen voraus (Introspektionsfähigkeit und freie Assoziation). Patienten sollten wenigstens mittelfristig in der Lage sein, die mit ihrer Störung zusammenhängenden intrapsychischen und interpersonellen Widerstände und Übertragungsmuster zu erkennen und durchzuarbeiten.

Verständlicherweise gilt das klassische Vorgehen für eine Behandlung schwerer Persönlichkeitsstörungen dann als kontraindiziert, wenn diese durch ich-syntone Persönlichkeitsmerkmale (u.a. durch ein fehlendes Störungsbewusstsein) dominiert werden. Hingegen gelten Patienten mit einer Dezentrierungsfähigkeit gegenüber einer Ichbeteiligung an interpersonellen Konflikten als durchaus mit psychoanalytischer Langzeittherapie behandelbar. Dies wird vor allem bei Patienten mit passiv-dependenter und zwanghafter Persönlichkeitsstörung, aber auch noch bei selbstunsicherer und passiv-aggressiver (negativistischer) Persönlichkeitsstörung als möglich angesehen (Übersicht bei Liebowitz et al., 1986).

Das seit Freud bestehende Diktum der prinzipiellen Unbehandelbarkeit von Charakterstörungen wurde nun in dem Maße fallen gelassen, als – etwa seit Beginn der 50er-Jahre – die Bereitschaft psychoanalytischer Forscher zunahm, das klassische Behandlungssetting selbst infrage zu stellen und zu verändern, um es störungsspezifischen Anforderungen anzupassen (→ 3.4). Es wurde u.a. kritisch gesehen, dass das klassische (regressionsfördernde) Couch-Setting die Wünsche, Fantasien und Frustrationserfahrungen persönlichkeitsgestörter Menschen sowie ihre zwischenmenschliche Verletzlichkeit zu direkt ansprechen könnte. Auf diese Weise wird die ich-syntone Abwehr (d.h. der Selbstschutz) methodenbedingt und nur mittelbar störungsbedingt provoziert und verstärkt. Nachfolgend beschriebene Veränderungen wurden aufgrund dieser Erkenntnisse gegenüber dem klassischen Vorgehen vorgenommen.

23.1.1 Kurztherapie, Fokaltherapie, psychodynamische Behandlung

Einerseits wurde zunehmend versucht, das regressionsfördernde Couch-Setting durch eine Vis-à-vis-Gesprächssituation zu ersetzen. Ziel war gleichzeitig, therapieverlängernde Faktoren auszuschalten, was durch eine zeitliche Begrenzung der Therapie auf durchschnittlich 25 bis 30 Sitzungen erreicht werden sollte. Eine der aus diesem Veränderungsbemühen resultierende Variante psychoanalytischer Kurzzeittherapie wird als Fokaltherapie bzw. psychodynamische Therapie bezeichnet (Malan, 1963; Balint et al., 1972).

Ein wesentlicher Unterschied der Fokaltherapie zur klassischen Analyse besteht darin, dass die Verkürzung der Therapie zugleich entscheidend durch eine thematische Fokusbildung abgesichert werden soll. Therapeut und Patient (oder ein Therapeutenteam in der Supervision) einigen sich auf zentrale Themen (intrapsychische oder interpersonelle Konfliktbereiche des Patienten), die über eine gewisse Zeit hinweg eingehalten werden und damit die inhaltliche Arbeit der Therapie bestimmen.

Nach Einführung der psychodynamischen Therapieansätze zeigte sich bald (für viele klassisch arbeitende Analytiker etwas überraschend und entsprechend skeptisch betrachtet), dass insbesondere Patienten mit schwereren Störungen (und v.a. auch Persönlichkeitsstörungen) von dieser Art fokalen Vorgehens profitierten und somit nicht von vornherein von der Behandlung auszuschließen waren.

Zugleich wurden die psychodynamischen Therapieansätze (wie die weiteren psychodynamischen Kurzzeittherapiekonzepte) leichter der Forschung zugänglich. Es ist kein Zufall, dass zu den psychodynamischen Kurzzeit- und Fokaltherapieansätzen inzwischen die überzeugendsten empirischen Nachweise zur Wirksamkeit psychoanalytischer Therapie vorliegen (vgl. Koss & Butcher, 1986; Grawe et al., 1994).

23.1.2 Therapie der Objekt-Beziehungen

Andererseits führten insbesondere die (im Kontext der psychoanalytischen Theorie der Objekt-Beziehungen entwickelten Therapieansätze) schließlich zu einer radikalen Ausdifferenzierung der Settingvorschriften für die Durchführung der psychoanalytischen Therapie bei Persönlichkeitsstörungen. Im Rahmen dieser Ansätze wird von psychoanalytischer Seite der Aufbau einer engen, gut funktionierenden kooperativen Arbeitsbeziehung, die persönlichkeitsbedingte Widerstände und Verweigerungen der Patienten nicht durch sich selbst provoziert, als Voraussetzung dafür angesehen, die tief greifende Beziehungsdiffusion persönlichkeitsgestörter Menschen aufzuklären und zu behandeln.

Das Gros psychoanalytischer Arbeiten über eine objekt-beziehungs-theoretisch begründete Therapie der Persönlichkeitsstörungen war und ist in den vergangenen Jahren eindeutig der Behandlung von Borderline-Störungen gewidmet. Nur sehr vereinzelt liegen bis heute Versuche vor, die Grundgedanken der Objekt-Beziehungs-Theorie auf die anderen Persönlichkeitsstörungen zu übertragen und entsprechende Schlussfolgerungen für eine störungsspezifische (oder diagnoseorientierte) psychodynamische Behandlung zu entwickeln (→ 24). Die therapeutisch-technischen Empfehlungen zur Behandlung von Persönlichkeitsstörungen konvergieren – abgesehen von störungsspezifischen Besonderheiten – in ihren zentralen Annahmen (vgl. Liebowitz et al., 1986; Stone, 1992; Akhtar, 1992; Rudolf, 1996; Hoffmann & Eckhardt-Henn, 1999):

- eine – im Unterschied zur klassischen Abstinenzregel – klare, zieltransparente und zugleich hoffnungsvermittelnde Grundhaltung des Therapeuten;
- längere, gegenwarts- und realitätsorientierte Anfangsphasen als stützend-direktive Therapie, die darauf abzielen, geeignete Themen- und Zielbereiche einer Kurzzeit- bzw. Fokaltherapie festzulegen;
- Vermeidung regressionsfördernder, Selbstschutz, Abwehr und Widerstand provozierender Interventionen durch Behalt des Realitäts- und Gegenwartbezugs;
- Förderung der Akzeptanz des Patienten an seiner reziproken Mitverantwortung an zwischenmenschlichen Konflikten und Beziehungsstörungen mit dem Ziel, ich-syntone Störungsanteile in therapeutisch zugängliche ich-dystone Störungsmuster zu verwandeln;
- wo immer sinnvoll und notwendig: eine psychoedukative Konfrontation der Patienten mit den möglichen Negativfolgen impulsiv-gefahrvoller, aggressiver und potenziell selbstschädigender Intentionen und Handlungen.

23.2 Interpersonelle Psychotherapie

Die Interpersonelle Psychotherapie steht in der Tradition Sullivans (1953) und seiner neoanalytischen Kollegen (→ 4). Zu Beginn einer interpersonellen Psychotherapie von Persönlichkeitsstörungen erfolgt in aller Regel eine sorgsame Abklärung der gegenwärtigen und früheren zwischenmenschlichen Beziehungsmuster und Konfliktsituationen (vgl. Benjamin, 1995, 1996). Dabei werden die aktuellen Schwierigkeiten als kontinuierliche Wiederholung früherer Interaktionsmuster mit den Eltern, Geschwistern, Schulkameraden, Arbeitskollegen oder Ehepartnern betrachtet. Erst die über verschiedene Personen und Kontexte hin validierbare Eigenart lässt auf die Spezifika von persönlichkeitsbedingten Interaktionsroutinen rückschließen, die als solche eine genaue Diagnose der spezifisch dominierenden Persönlichkeitsstörung zulassen. Letztere wird zumeist im Sinne der DSM-Klassifikation vorgenommen. Gewöhnlich wird bei dieser Analyse nach Interaktionsaspekten differenziert,

- die auf andere Menschen ausgerichtet sind (Subjekt-Subjekt-Relationen),
- die die interaktionelle Teilhabe (das Einbringen oder Enthalten) der eigenen Person in Interaktionen betreffen (Selbst-Aspekte) sowie
- nach den kognitiven Aspekten der Interaktionsstrukturierung (Introjektionen oder Internalisierung von Interaktionsnormen).

Die meisten Interaktionsstörungen sind nach dieser Auffassung als sich beständig wiederholende Transaktionen begreifbar, also nicht einfach des persönlichen Verhaltens, sondern nur unter Einschluss der regelhaft ablaufenden Wechselbeziehungen mit ebenso routinisierten Verhaltensmustern anderer Menschen (Sullivan, 1953; Kiesler, 1982; → 4).

23.2.1 Transaktionsanalysen

In der Interpersonellen Therapie der Persönlichkeitsstörungen stehen entsprechend diese Interaktionstransaktionen mit anderen Menschen im Mittelpunkt ihrer Bewertung und Modifikation (vgl. die Arbeiten in Anchin & Kiesler, 1982). Es geht einerseits um die detaillierte Besprechung und Analyse zwischenmenschlicher Beziehungsstörungen mit relevanten Bezugspersonen in den unterschiedlichsten, jeweils existenziell bedeutsamen Lebenszusammenhängen. Andererseits benutzt die interpersonelle Psychotherapie die therapeutische Beziehung selbst als Gegenstand der Analyse und Erfahrungsbildung.

Dabei richtet der Therapeut seine Aufmerksamkeit empathisch und sinndeutend zunehmend auf die in der Therapiebeziehung sichtbar werdenden typischen (oftmals selbstschädigenden) Interaktionsstile der Patienten, identifiziert und beschreibt sie so, wie sie sich sinnhaft für den Fortgang oder für die Stagnation des Therapieprozesses entfalten.

Das Ziel der Interpersonellen Psychotherapie besteht im Erkennen der Transaktionsmuster und im Erlernen von Alternativen zu rigiden und selbstschädigenden Interaktionsstilen. Von den Interaktionen zwischen Therapeut und Patient ausgehend, werden zunehmend Parallelen zu Transaktionen mit anderen Bezugspersonen gesucht, Veränderungswünsche identifiziert und in der Therapie Möglichkeiten zur konkreten Neugestaltung alltäglicher Beziehungen erarbeitet und erprobt.

23.2.2 Therapeutische Ziele

Empirische Studien zur Überprüfung der Wirksamkeit der Interpersonellen Psychotherapie bei Persönlichkeitsstörungen liegen bis heute nicht vor. Es gibt jedoch zahlreiche Fallbeschreibungen (vgl. die Übersicht bei Benjamin, 1995). Die meisten Therapeuten orientieren sich jedoch an einem Vorgehen, wie es von Strupp und Binder (1984) konzeptuell zur Behandlung komplexer Beziehungsstörungen ausgearbeitet und an verschiedenen Patientengruppen empirisch untersucht wurde. Danach sollten interpersonell arbeitende Therapeuten folgende fünf Zielbereiche beachten:

- Die therapeutischen Maßnahmen sollten kontinuierlich eine sachbezogene Zusammenarbeit stimulieren und fördern.
- Die Therapie sollte den Patienten dazu verhelfen, frühere und aktuelle Interaktionsmuster und Beziehungsschwierigkeiten in einem Zusammenhang zu sehen.
- Maladaptives Patientenverhalten sollte durch Therapeuten unmittelbar beachtet, unterbrochen und konstruktiv aufgelöst werden.
- Therapeutische Interventionen sollten darauf ausgerichtet sein, den Patienten darin zu bestärken, destruktive Wünsche und Ängste aufzugeben.
- Die Therapie sollte dem Patienten sinnreiche Alternativen für ein befriedigendes Zusammenleben mit anderen Menschen eröffnen.

23.2.3 Therapeutische Maximen

Im Unterschied zur psychodynamischen Behandlung ist es für die interpersonellen Therapeuten nicht ungewöhnlich, über Therapiegespräche hinaus weitere Therapietechniken zur Erreichung dieser Zielbereiche einzusetzen. Benjamin hat ein solch integriertes Vorgehen in einer Programmatik therapeutischer Regeln zusammengefasst, die folgende Teilaspekte und Grundregeln enthält (zur inhaltlichen Vertiefung: Benjamin, 1995; → 4):

Entwicklung einer tragfähigen Arbeitsbeziehung

Dabei ist zu beachten:

- Patient und Therapeut sollten gemeinsam „auf einer Seite“ zusammenarbeiten.
- Ein „falsches Patienten-Syndrom“ lässt sich nicht behandeln.
- Gerichtliche Therapieauflagen können die Zusammenarbeit erschweren.
- Der Therapeut sollte trotz gemeinsamer Therapieziele unabhängig bleiben.
- Patienten sollten aufgefordert werden, ohne Scheu mehrere Therapeuten „zu erproben“, bevor sie sich endgültig für eine spezifische Therapie entscheiden.
- Negative Übertragungsmuster sind destruktiv und sollten möglichst unmittelbar unterbunden werden.

Die Bereitschaft des Patienten fördern, eigene Interaktionsmuster erkennen und analysieren zu wollen

Dabei ist u.a. Folgendes beachtenswert:

- Einsicht ist eine Zwischenstufe und kein Ziel der Therapie.
- Therapeuten betonen das Recht von Patienten, sich zu ändern oder auch nicht, ohne Bewertung der maladaptativen Interaktionsmuster.
- Psychoedukative Aufklärung (z.B. zu Fragen der Kindererziehung, der Umgangsweise mit anderen Menschen) kann mediär die Einsicht in das eigene Verhalten verbessern.
- Eine diagnostisch-therapeutische „Familienkonferenz" kann die Validität der Probleme entscheidend verbessern.

Unterbrechung maladaptativer Interaktionsmuster

Dabei ist u.a. zu beachten:

- Der Therapeut muss durchgängig bereit sein, selbstdestruktive und fremdschädigende Aktivitäten anzusprechen und zu unterbinden. Das bedeutet, dass er gelegentlich die laufende „interpersonelle Therapiestratefikation" in Richtung Krisenintervention (innerhalb der Sitzungen) und gelegentlich Krisenmanagement (außerhalb der Therapieabsprachen) abändern muss.
- Technisch stellen insbesondere existenzielle paradoxe Methoden eine wertvolle Hilfe bereit, selbstdestruktive Episoden in der Therapie aufzulösen (vgl. ergänzend hier unsere Ausführung in → Kapitel 24, die sich u.a. auch auf Benjamins Überlegungen stützen).

Unterschwellige interpersonelle Befürchtungen und Bedürfnisse thematisieren

Dabei ist u.a. zu beachten:

- „Jede Psychopathologie ist ein Geschenk der Liebe" (den maladaptiven Interaktionsmustern liegen positive Erwartungen oder Motive zugrunde; → 22.2).
- Therapeuten, die Inkompetenzen und Entwicklungsgrenzen anerkennen, sind erfolgreicher.
- Die Prototypik störungsspezifischer interpersoneller Bedürfnisse zu kennen ist günstig für ein produktives Arbeiten in der Therapie (ergänzend hier Benjamins Beschreibungen interpersoneller Bedürfnisse, die in → Kapitel 4.10 zusammengefasst sind); denn:
- Patienten sollten insbesondere darin unterstützt werden, destruktive interpersonelle Bedürfnisse aufzugeben und zu ändern.

Zusammengefasst mit den Worten von Benjamin (1995):

> **!** Interpersonelle Therapie ist Anregung und Unterstützung beim Neuerwerb interaktioneller Möglichkeiten und befriedigender zwischenmenschlicher Erfahrungen. „Einsicht" in die eigenen Unzulänglichkeiten stellt in diesem Zusammenhang nur eine Zwischenstufe der Behandlung dar.

23.3 Verhaltenstherapie

Verhaltenstherapeuten haben sich – wegen ihrer in → Kapitel 5.5 erwähnten Vorbehalte gegenüber der psychiatrischen Klassifikation – erst in den vergangenen Jahren vermehrt um die Entwicklung spezifischer Programme zur Behandlung von Persönlichkeitsstörungen bemüht (Übersichten bei Perry & Flannery, 1989; Turkat, 1990; Liebowitz et al., 1986; Schmitz, 1996; Fiedler, 2000c). In einer Verhaltenstherapie rücken üblicherweise nicht die Persönlichkeit und Persönlichkeitsstörungen als solche in den Mittelpunkt der Behandlung. Therapeuten bevorzugen es, in ihren Verhaltensanalysen die spezifischen Interaktionsstörungen und vor allem Interaktionsdefizite zu erfassen sowie deren Abhängigkeiten möglichst detailliert herauszuarbeiten (interpersonelle Auslöser, Folgen und Wechselwirkungen).

Was die Behandlung spezifischer Persönlichkeitsstörungen angeht, sind in den vergangenen Jahren vor allem zu drei Persönlichkeitsstörungen konkrete Behandlungsprogramme ausgearbeitet und evaluiert worden, auf die wir im nächsten Kapitel ausführlicher eingehen werden: zur dissozialen Persönlichkeitsstörung (→ 24.4), zur Borderline-Persönlichkeitsstörung (→ 24.5) und zur selbstunsicher-vermeidenden Persönlichkeitsstörung (→ 24.8). Es handelt sich dabei um Ansätze, die ausdrücklich für einen Einsatz im institutionellen Kontext entwickelt wurden (psychosomatische und psychiatrische Kliniken; forensische Psychiatrie; sozialtherapeutischer Strafvollzug). Insbesondere die Verhaltenstherapieprogramme für dissoziale und Borderline-Persönlichkeitsstörungen beinhalten zumeist unterschiedliche Formen des systematischen Einübens neuer und zur Symptomfluktuation, Impulsivität, Autoaggression wie spontaner Aggressivität alternativer Handlungs- und Problemlösungsmuster, die in aller Regel ein hochgradig kooperierendes Team gut ausgebildeter Therapeuten voraussetzen.

Ansonsten spielen neben Vorschlägen für die Strukturierung des einzeltherapeutischen Vorgehens (→ 23.3.1) vor allem zwei Gruppentherapieansätze inzwischen eine wichtige Rolle:

- das Training sozialer Kompetenzen (→ 23.3.2),
- die zieloffenen Verhaltenstherapiegruppen (→ 23.3.3).

Einige verhaltenstherapeutische Kliniken sind inzwischen dazu übergegangen, die Klinikpatienten in Vortragsreihen über die Bedeutsamkeit von Persönlichkeit und Persönlichkeitsstörungen bei psychischen Störungen und Belastungen zu informieren, um ihnen auf diese Weise die Gründe für die Vielfalt unterschiedlicher Therapieangebote der Klinik näher zu bringen (→ 23.3.4).

23.3.1 Hypothesenprüfende Therapie

Angesichts der geringen Zahl akzeptabler Therapiestudien und des als eher spärlich zu bezeichnenden Wissens, das bis heute zur Wirksamkeit der Verhaltenstherapie bei Persönlichkeitsstörungen vorliegt, schlagen die meisten Autoren allgemein eine hypothesenprüfende Therapiearbeit vor, die eng an ein Einzelfallstudiendesign anzulehnen sei. Mit diesem Vorgehen soll die differenzielle Wirksamkeit der eingesetzten Therapieverfahren wenigstens ansatzweise einer empirischen Prüfung und Validierung zugänglich gemacht werden.

Als prototypisch für dieses Vorgehen können die Vorschläge von Turkat (1990) für eine dreistufige empirische Therapieplanung gelten. Eine weitere Alternative hierzu wurde von uns im vorausgehenden Kapitel dargestellt (→ 22.3). Turkat hat für die systematische Planung und Durchführung einer Verhaltenstherapie bei Persönlichkeitsstörungen folgende drei Schritte vorgeschlagen:

- **Stufe 1:** In der Eingangsphase der Behandlung wird die psychiatrische Eingangsdiagnose (gemäß DSM-III-R) durch eine weiter reichende und differenzierende Verhaltensanalyse ergänzt. Es folgt eine Überprüfung der verhaltensanalytischen Bewertung anhand ihrer Stimmigkeit mit den möglichen lebensgeschichtlich und aktuell nachwirkenden Entstehungsbedingungen (Hypothesenprüfung der Diagnose „Persönlichkeitsstörung" durch Validierung an der Genese; sog. Diathese- bzw. Lebenslaufanalyse; → 22.3).
- **Stufe 2:** Sie dient der Überprüfung der diagnostischen Vorarbeiten durch eine sog. Phase des klinischen, quasi-experimentellen Experimentierens, mit der günstige therapeutische Ansatzpunkte und Zugangsweisen ausgelotet werden sollen. Zumeist handelt es sich um die Anlage und Erhebung von Basislinien zu den individuellen und interpersonellen Eigenarten, die das jeweilige Bild der individuellen Persönlichkeitsstörung ausmachen (Hypothesenüberprüfung der Diagnose „Persönlichkeitsstörung" durch Dokumentation und Analyse prototypischer Störungsmerkmale unter Alltagsbedingungen).
- **Stufe 3:** Die Vorschläge Turkats zu dieser Stufe 3 beinhalten Möglichkeiten und Wege der konkreten Therapiedurchführung bei spezifischen Störungen (→ 23.2) und ihrer systematischen, an Einzelfallstudien orientierten Evaluation.

Verhaltenstherapie ist in aller Regel als Kurzzeittherapie zu konzipieren (20 bis 25 Sitzungen). Die „Persönlichkeit" eines Menschen wird sich jedoch in einer solchen Kurzzeittherapie möglicherweise nur sehr schwer grundlegend ändern. Entsprechend gibt es einige weitere konzeptuelle Gemeinsamkeiten in den inzwischen vorliegenden Verhaltenstherapiekonzepten: Eine Verhaltenstherapie der Persönlichkeitsstörungen sollte, insbesondere wenn sie als Kurzzeittherapie geplant ist, möglichst realitätsorientiert und gegenwartsbezogen sein und sie sollte sich auf konkrete Änderungen in der unmittelbaren Zukunft konzentrieren. Und Therapeuten sollten dazu insbesondere den häufig gegebenen weiteren spezifischen Störungen, insbesondere den Störungen der Impulskontrolle, der Gewaltneigung oder Suizidalität oder dem Substanzmissbrauch der Patienten besondere Beachtung schenken.

23.3.2 Training sozialer Kompetenzen

Da es sich bei den Persönlichkeitsstörungen wohl immer zugleich um komplexe Störungen des zwischenmenschlichen Beziehungsverhaltens handelt, steht denn auch das für die Behandlung komplexer zwischenmenschlicher Beziehungsstörungen inzwischen am besten untersuchte Verfahren im Vordergrund vieler Behandlungsvorschläge: das sog. Training sozialer Fertigkeiten („Social Skills Training"; vgl. u.a. L'Abate & Milan, 1985; Fiedler, 1986).

Das Training sozialer Fertigkeiten zielt darauf ab, spezifische soziale Kompetenzen und Handlungsmöglichkeiten zu vermitteln, die auf der Grundlage individueller Verhaltensanalysen als defizitär eingeschätzt werden müssen. Dazu gehören u.a.,

- eigene Bedürfnisse auf sozial akzeptierbare Weise auszudrücken sowie
- die damit zusammenhängenden negativen wie positiven Gefühle;
- für berechtigte Bedürfnisse (öffentlich) einzutreten und
- diese schließlich partnerbezogen durchzusetzen.

Als zentrale therapeutische Medien zum Erwerb und zur Evaluation sozialer Kompetenzen dienen dem Verhaltenstherapeuten vor allem: helfende Instruktionen, die Unterstützung durch geeignete Vorbilder und Modelle, Rollenspiele als wesentliches Agens zur Einübung alternativer Verhaltensweisen und Rollen, das Videofeedback zur direkten Bewertung und Korrektur neu erprobter Verhaltensweisen sowie der Einsatz gezielter Hausaufgaben zur Übertragung neu gelernter Interaktionsmuster in alltägliche Kontexte. Zur Optimierung der Mediennutzung wird das Training sozialer Fertigkeiten üblicherweise in Therapiegruppen durchgeführt (vgl. Fiedler, 1995a, 1998).

Im Bereich der bisherigen Entwicklung und therapeutischen Erprobung des „Social Skills Trainings" wurde von Verhaltenstherapeuten bis Mitte der 80er-Jahre kaum darauf geachtet, ob bei den jeweils behandelten Patienten auch eine Diagnose der spezifischen Persönlichkeitsstörungen gestellt werden könnte. Hauptindikationsbereich war das Vorliegen komplexer Störungen im zwischenmenschlichen Beziehungsverhalten, das als solches im Zusammenhang mit vielen spezifischen psychischen Störungen auftritt. Da soziale Angst und Unsicherheit auch bei den Persönlichkeitsstörungen als ein Leitsymptom gelten kann, wurde das Sozialtraining inzwischen als ein Baustein in der verhaltenstherapeutischen Behandlung insbesondere der paranoiden, schizoiden, schizotypischen, dependenten, selbstunsicheren und passiv-aggressiven Persönlichkeitsstörung empfohlen und eingesetzt (Perry & Flannery, 1989; Meissner, 1989; Stone, 1989a, b; Liebowitz et al., 1986; Renneberg, 1996).

23.3.3 Zieloffene Verhaltenstherapiegruppen

Die meisten störungsspezifischen Gruppenansätze setzen voraus, dass sich jeweils hinreichend Patienten finden lassen, die eine ähnliche psychische Störung, Krankheit, Behinderung oder sonstige Problematik haben. Weiter setzen die störungsspezifischen Konzepte zumeist voraus, dass alle Gruppenteilnehmer möglichst zum gleichen Zeitpunkt beginnen. Die Möglichkeit sog. „offener Gruppen", in die mit dem Ausscheiden eines Patienten jeweils ein neuer Patient nachrücken könnte, sind in diesem Konzept sehr eingeschränkt. Hinzu kommt, dass bei den meisten persönlichkeitsgestörten Menschen hochkomplexe Lebensprobleme im Vordergrund stehen, die sich nur schwer in gestuften Manualtherapien behandeln lassen

Diese Schwierigkeiten wurden ebenfalls bereits früh erkannt und diskutiert, weshalb sich bei den meisten Persönlichkeitsstörungen eine Erweiterung der eher standardisierten Programme und Trainings zur sozialen Kompetenz um Gruppenformen anbietet, die mehr Flexibilität ermöglichen. Die dabei entwickelte Alternative für Gruppentherapeuten wird allgemein als „Zieloffene Verhaltenstherapie in Gruppen" bezeichnet (Fiedler, 1995a).

Die zieloffenen Verhaltenstherapiegruppen unterscheiden sich von den eher störungsspezifischen Gruppenkonzepten durch eine weitgehende bis grundsätzliche Offenheit hinsichtlich der Patientenzusammensetzung und damit hinsichtlich Methodenauswahl und Therapiezielbestimmung. Wichtig ist jedoch, dass dabei auf Phänomen-, Ziel- und Übungsorientierung als zentrale Merkmale nicht verzichtet wird. Was zumeist fehlt, ist ein bereits vorab inhaltlich vorstrukturiertes Therapieprogramm.

Prototypisches Merkmal für das zieloffene Vorgehen ist die Maximierung des Prinzips der Einzeltherapie in der Gruppe. Dieses beinhaltet u.a., dass ein Großteil der Aufgaben, die in der Einzelfallbehandlung üblicherweise vom Verhaltenstherapeuten durchzuführen sind (wie Problemanalyse, Zielanalyse, Therapieplanung), sukzessive und zunehmend auf die Gruppe übertragen wird. Dazu rücken die Teilnehmerinnen und Teilnehmer im Therapieverlauf nach und nach mit ihren Problemen jeweils für längere Zeit (eine oder mehrere Sitzungen) in den Mittelpunkt der Gruppenarbeit, um in Gesprächen und Übungseinheiten für ihre spezifischen Problemstellungen persönliche Lösungen zu erarbeiten (ausführlich in Fiedler, 2001a).

23.3.4 Gruppenseminar über Persönlichkeitsstörungen in der Klinik

Schmitz (1999) berichtet über den erfolgreichen Versuch der Verhaltenstherapeuten einer Klinik, die Patienten mit einer Seminarreihe über Persönlichkeitsstörungen für eine Thematisierung ihrer persönlichen Schwierigkeiten in den verschiedenen Therapieangeboten des Klinikums zu motivieren.

Ausgehend von aktuellen Versuchen, die Persönlichkeitsstörungen zu dimensionieren, werden ausgewählte Persönlichkeitsstile, die sich im Extrem als dysfunktionale Stile oder sogar Störungen darstellen können, in ihren Merkmalen, Stärken und Risiken bzw. Schwächen und ihren bekannten Entwicklungsbedingungen beschrieben und erarbeitet. Weiter werden funktionale Zusammenhänge zwischen akzentuierten Persönlichkeitsstilen und symptomatischen psychischen Störungen aufgezeigt.

Die Themen der Seminarreihe, die in der oben genannten Arbeit ausführlich dargestellt werden, werden anhand anschaulicher Fallbeispiele und durch vorbereitete szenische Darstellungen konkretisiert. Öffentlich in der Klinik angekündigt wird das Seminar mit folgenden Themen:

- Merkmale, Stärken und Risiken/Schwächen des Persönlichkeits- und Kommunikationsstils in verschiedenen Lebensbereichen.
- Wenn der Persönlichkeitsstil zum Problem wird.
- Profile unflexibler Persönlichkeitsstile.
- Entwicklung von unflexiblen Persönlichkeitsstilen.
- Aufrechterhaltung unflexibler Persönlichkeitsstile.
- Welchen Einfluss haben unflexible Persönlichkeitsstile auf die Entwicklung psychischer und psychosomatischer Störungen?
- Anregungen für neue Erfahrungen und Kompetenzen.

In den zumeist lebhaften Diskussion dieser Seminargruppen werden vielfältige Anregungen gegeben für die individuelle Weiterentwicklung und – schließlich als ihr wichtiger Zweck – Hinweise für eine vertiefende Nachbearbeitung in konkreten gruppentherapeutischen Angeboten der Klinik.

So wurde zum Beispiel eine Gruppenverhaltenstherapie zum Thema „Persönlichkeits- und Kommunikationsstile" eingerichtet, die seither auch bei jenen Patienten große Akzeptanz findet, die sich gerade wegen vorhandener Persönlichkeitsstörungen eher weniger gern auf Gruppenangebote einlassen, in denen die eigene Person und persönliche Interaktionsstile Gegenstand therapeutischer Bearbeitung wären.

23.4 Kognitive Therapie

Im Unterschied zur (Gruppen-)Verhaltenstherapie sind die heute vorliegenden Beiträge der Kognitiven Therapie zur Behandlung von Persönlichkeitsstörungen bislang vor allem in Einzelfalldarstellungen dokumentiert oder konzeptueller Art. Wie die Verhaltenstherapeuten betonen die Kognitiven Therapeuten die Notwendigkeit sog. *mehrdimensionaler* Therapieansätze (Schmitz, 1996). Wichtige Eckpfeiler einer solchen Breitspektrumtherapie sind neben den von ihnen bevorzugten kognitiven Verfahren und Techniken vor allem die (oben besprochenen) Verhaltens- und Kompetenztrainings der klassischen Verhaltenstherapie wie die dort ebenfalls integrierten therapeutischen Schwerpunktsetzungen in der Familien- und Angehörigenarbeit sowie in der beruflichen Reintegration und Rehabilitation.

23.4.1 Therapiebeziehung

Ganz ähnlich wie in den zuvor besprochenen Therapieansätzen werden der Aufbau und Behalt einer funktionierenden Therapeut-Patient-Beziehung für den Erfolg der Behandlung von Persönlichkeitsstörungen als wesentliche Voraussetzung betrachtet. So wird beispielsweise im Behandlungskonzept von Beck et al. (1989) zur prophylaktischen Vermeidung therapeutischer Krisen eine sensible Beachtung der ich-syntonen Vulnerabilitäts- und Selbstschutzeigenarten von Patienten vorgeschlagen (vgl. Pretzer, 1996).

Ein weiterer Grund für eine sorgsame Analyse der therapeutischen Beziehung wird in ihrer Bedeutsamkeit für die kognitiv-behaviorale Analyse gesehen: Offene oder verdeckte Widerstände der Patienten gegenüber Veränderung, fehlende oder unzureichende Compliance oder ungünstige Übertragungsmuster gelten für die Autoren als prototypische Merkmale der Persönlichkeitsstörungen. Therapeuten hätten jeweils genau zu differenzieren, ob beobachtbare Erschwernisse im Aufbau einer tragfähigen Arbeitsbeziehung mit dem Patienten wirklich vorrangig in dessen persönlichkeitsbedingten Kooperationsstörungen zu suchen seien. Therapeutische Krisen könnten gänzlich anders erklärt werden, wie beispielsweise durch ein ungünstiges oder wenig passendes Setting oder auch durch Schwierigkeiten der Therapeuten selbst im interaktionellen Umgang mit den jeweiligen Beziehungsstörungen ihrer Patienten.

23.4.2 Therapieprinzipien

Die Interventionstechniken der Kognitiven Therapie begründen sich in aller Regel aus prototypischen kognitiven Schemata, wie sie von Beck et al. (1989) für die einzelnen Störungsbilder herausgearbeitet wurden. Es handelt sich dabei zumeist um dysfunktionale kognitive Bewertungen, die die eigene Person, die Bezugspersonen und die daraus resultierenden zwischenmenschlichen Konflikte betreffen (vgl. auch Young, 1990). Dabei ergeben sich für die konkrete Therapieplanung und Therapiedurchführung ausdrücklich störungsspezifische Handlungsanweisungen für die Therapeuten. Sie lassen sich grob zu den folgenden Schwerpunkten zusammenfassen, können jedoch in der Behandlung unterschiedlicher Störungsbilder jeweils mehr oder weniger in den Vordergrund treten:

Affektorientierter Zugang
Dieser knüpft am Affekterleben der Patienten in zwischenmenschlichen Krisen- und Konfliktsituationen an und versucht, vor allem die Realitätsangemessenheit emotionaler Impulsivität, Feindseligkeit, Aggressivität, Selbstunsicherheit etc. zu überprüfen und zu differenzieren.

Kognitionsorientierter Zugang

Im Kernelement des Vorgehens wird das Ziel der Korrektur und Abschwächung dysfunktionaler Denkroutinen (Schemata) verfolgt. Diese sollen durch flexiblere, d.h. weniger automatisiert-schematische, möglichst funktional-realistische Denk- und (daraus folgend:) Handlungsmuster ersetzt werden. Zur logischen Analyse und empirischen Überprüfung tief verankerter Überzeugungen und Annahmen über zwischenmenschliche Beziehungen kann sich der Therapeut spezieller Diskursstrategien bedienen. Es handelt sich dabei in aller Regel um sog. „sokratische" Befragungen der Patienten (keinesfalls um Indoktrinationsversuche), die sich wiederum mit der Realitätsangemessenheit festliegender Wirklichkeitsauffassungen der Patienten auseinander setzen. In einem weiteren Sinn zielen solche sokratischen Diskurse darauf ab, Lebensorientierung und Prinzipien der Weltanschauung neu zu diskutieren, indem diese auf die aktuelle Lebensrealität bezogen werden. Die Besprechung, Analyse und Neubewertung affektiver und kognitiver Interaktionsanteile wird in der Regel unterstützt durch ein handlungsorientiertes Vorgehen.

Handlungsorientierter Zugang

Vor allem durch gezielte Hausaufgaben wird der Patient angeregt, Hypothesen und Vorstellungen über sich selbst und andere im Lebensalltag einerseits zu überprüfen oder aber auch – mit ihnen zu experimentieren.

Absicherung eines Transfers

Vielfältige weitere Maßnahmen dienen diesem Aspekt, der auch für die oben genannte Verhaltenstherapie unverzichtbar ist. Dazu zählen u.a. eine besondere Beschäftigung mit der möglichen Suizidalität der Patienten, das Kennenlernen und die Berücksichtigung spezifischer Merkmale des häuslichen oder beruflichen Milieus (möglichst vor Ort, u.a. durch Hausbesuche) sowie – falls sinnvoll und möglich – die Einbeziehung von Bezugspersonen in die Therapie.

23.5 Weitere allgemeine Konzepte

Zwei Autorengruppen sollen hier abschließend nicht unerwähnt bleiben, die aus der Sicht zweier anderer Therapietraditionen eigene Beiträge zur Behandlung von Persönlichkeitsstörungen verfasst haben.

23.5.1 Gesprächspsychotherapie

Erstens handelt es sich dabei Ausarbeitungen von Swildens (1988, 1991) zu einer prozessorientierten Gesprächspsychotherapie bei Borderline-, narzisstischen und dissozialen Persönlichkeitsstörungen (vgl. Fiedler, 1996). Swildens Beitrag kann als gutes Beispiel für aktuelle Entwicklungen in der Gesprächspsychotherapie gelten, auch dort stärker phänomen- bzw. störungsbezogene Behandlungskonzepte zu entwickeln. Innerhalb dieser Weiterentwicklungen des rogerschen Therapieansatzes, die im deutschsprachigen Raum auch als „differenzielle Gesprächspsychotherapie" bezeichnet werden (vgl. Tscheulin, 1983), werden die ursprünglich als weitgehend hinreichend für therapeutische Änderungsprozesse betrachteten Therapeutenvariablen „Empathie", „Kongruenz" und „unbedingte Wertschätzung" zunehmend um weitere Techniken und Gesprächsstrategien ergänzt. Mit ihnen kann den jeweiligen Sonderheiten spezifischer psychischer Störungen (bei Swildens den genannten Persönlichkeitsstörungen) in der klientzentrierten Behandlung natürlich erheblich besser entsprochen werden. Entsprechende Neuentwicklungen innerhalb der Gesprächspsychotherapie sind gegenwärtig international zu beobachten (vgl. z.B. Sachse et al., 1992; Sachse, 1997; Lietaer et al., 1990; Biermann-Ratjen & Eckert, 1999; letztere beide Autorengruppen auch mit Überlegungen für eine klientzentrierte Behandlung von Borderline-Störungen, bei Lietaer auch zur dissozialen Persönlichkeitsstörung).

23.5.2 Existenzielle Therapie

Zweitens handelt es sich um den Ansatz einer sog. pragmatisch-existenziellen Psychotherapie bei Persönlichkeitsstörungen (Potach, 1994). Die existenziell orientierten Therapeuten haben bereits eine sehr lange Tradition (mit Ursprüngen im deutschsprachigen Raum und fortentwickelt vor allem in den USA) – und sie verstehen ihre Beiträge zumeist eher als Ergänzung der Konzepte in den fest etablierten Therapieschulen, als dass sie eine eigene Psychotherapieschule repräsentieren wollen. Sie setzen sich in ihren Arbeiten zumeist sehr ernsthaft mit der Begrenztheit therapeutischen Tuns und den damit gegebenen (beschränkten) veränderungswirksamen Einflussmöglichkeiten auf Patienten auseinander (vgl. May, 1979; Yalom, 1980; Frankl, 1981; vgl. Fiedler, 1996). Für sie war und ist Psychotherapie immer Ort der Erfahrungsbildung und des praktischen Lernens sowie zugleich Situation bewusster und reflektierter Bewusstseinsbildung, die das jeweilige existenzielle Gesamt von Patient und komplexer Lebenssituation einschließen muss.

Potach (1994) hat nun kürzlich eine sehr praxisbezogene Ausarbeitung zur existenziellen Behandlung der Persönlichkeitsstörungen vorgelegt. Viele seiner Gedanken und Überlegungen entsprechen auch der in diesem Buch dargestellten Probleme (z.B. zur personperspektivierenden Verengung der Diagnose von Persönlichkeitsstörungen und wie diese vermieden werden kann). Und wesentliche Aspekte seines therapeutischen Vorgehens stimmen weitgehend mit den Vorschlägen überein, die wir in → Kapitel 25 zur Auflösung therapeutischer Krisen darlegen werden, weshalb sein Ansatz hier zunächst nicht weiter vertieft wird.

24 Die Behandlung der spezifischen Persönlichkeitsstörungen

Selbstverständlich besteht der eigentliche Sinn der störungsbezogenen Forschung darin, dass das zu den einzelnen Störungen akkumulierte Wissen den Menschen zugute kommt, die von solchen Störungen betroffen sind, indem sie auf der Basis des vorhandenen Wissens zu ihrer Störung wirksamer behandelt werden.
Klaus Grawe

Ein Hauptproblem, das bei allen Indikationsentscheidungen einen zentralen Stellenwert einnehmen wird, soll hier einleitend nochmals kurz angesprochen werden. Es handelt sich dabei um die beträchtliche Komorbidität der Persönlichkeitsstörungen untereinander. Auch wenn die störungsorientierte Gliederung des Buchteiles II und die in diesem Kapitel das Vorhandensein distinkter Persönlichkeitsstörungen suggerieren könnte, das Kapitel über die Komorbidität sollte diese Sichtweise revidieren helfen (→ 19.3). Überschneidungen und Mischungstypen mehrerer Persönlichkeitsstörungen sind die Regel und die in „Reinform" solitär auftretende Persönlichkeitsstörung ist wohl eher eine Arbeitshypothese.

Die üblicherweise vorhandene Komorbidität macht es erforderlich, störungsübergreifende Aspekte nicht aus den Augen zu verlieren. Insofern sind auch sämtliche der nachfolgenden Ausführungen (zur störungsspezifischen Behandlung) immer kritisch in dem Sinne zu lesen, dass sie grobe Entscheidungshilfen darstellen und nicht nur einen Weg vorgeben wollen. Angesichts der (glücklicherweise) gegebenen menschlichen Verschiedenheit von Patienten lohnt es in jedem Fall, über die enge Perspektive eines Ansatzes hinauszublicken.

Die nachfolgend dargestellten Vorschläge für die Behandlung spezifischer Persönlichkeitsstörungen machen also jeweils eine individuelle Anpassung an den gegebenen Einzelfall zwingend erforderlich. Ob und wie die Konzepte einsetzbar sind, hängt u.a. vom psychosozialen Funktionsniveau der Patienten ab, vom Ausmaß der sozialen Einbindung und des sozialen Rückhalts zur Zeit der Therapie. Weiter hängt es davon ab, ob eine beruflich-existenzielle Grundsicherung vorhanden ist oder nicht, ob die Therapie ambulant oder stationär durchgeführt werden soll, von der Vertrautheit des Therapeuten mit dem vorliegenden Störungsbild sowie von vielen anderen Aspekten mehr, auf die in den vorhergehenden Kapiteln eingegangen wurde (vgl. auch die Vorschläge zur Behandlungskonzeption bei spezifischen Persönlichkeitsstörungen im DSM-III-Casebook: Perry, 1985).

Es wurde angesichts des Komorbiditätsproblems auch darauf hingewiesen, dass es günstig ist, störungsübergreifende Aspekte nicht zu vernachlässigen. Dennoch bleibt aus unterschiedlichen Erwägungen auch eine störungsspezifische Konzeptualisierung therapeutischer Ansätze durchaus sinnvoll und notwendig.

So zeigen die bisherigen Forschungsarbeiten zum Verlauf und zur Prognose der unterschiedlichen Störungen beispielsweise, dass es beträchtliche Unterschiede gibt, wie Patienten auf die bis heute vorhandenen und eingesetzten Behandlungsangebote ansprechen (vgl. Shea, 1993). Allgemein ließen sich bisher wiederholt größere Untergruppen von Patienten mit bestimmten Störungen recht erfolgreich psychotherapeutisch behandeln. Dazu zählen vor allem die histrionischen, zwanghaften, dependenten und passiv-aggressiven Persönlichkeitsstörungen.

Bei anderen Störungen finden sich immer wieder größere Untergruppen von Patienten, die bei den jeweils absolvierten Therapieangeboten nicht sehr überzeugend profitierten. Dies gilt insbesondere für die narzisstischen, paranoiden, schizotypischen und Borderline-Persönlichkeitsstörungen. Und besonders geringe Erfolgsraten werden nach wie vor für die antisozialen bzw. dissozialen Persönlichkeitsstörungen berichtet.

Es ist schließlich unzweifelhaft so, dass es selbst innerhalb der einzelnen Störungsgruppen beträchtliche Unterschiede gibt. So konnten etwa bei Patienten mit dissozialer Persönlichkeitsstörung erhebliche Therapiefortschritte immer dann erreicht werden, wenn bei diesen komorbide Ängste, Phobien oder affektive Störungen diagnostizierbar waren und/oder wenn Schuldeinsicht oder starke Schuldgefühle ein Anlass für die Therapie waren.

Insgesamt ist es also lohnend, die spezifischen Bedingungen genau zu erforschen und zu beachten, die sich durch die Besonderheiten nicht oder wenig erfolgreicher Therapieangebote ergeben. Vor allem Forschungsprojekte sollten zukünftig sehr genau auf die Belange spezifischer, möglichst homogen ausgewählter Patientengruppen zugeschnitten sein.

24.1 Paranoide Persönlichkeitsstörung

Psychoanalyse

Psychoanalytisch orientierte Autoren haben sich bis heute immer leichter damit getan, die der paranoiden Persönlichkeitsstörung zugrunde liegende Dynamik zu beschreiben, als diese Bedingungen erfolgreich zu verändern. Entsprechend häufig werden die Betroffenen als schwierig oder gar als nicht behandelbar charakterisiert (vgl. Stone in Liebowitz et al., 1986). Die Störung wird zumeist als das Ergebnis einer gewohnheitsmäßigen „Projektion" unzulässiger Gefühle und Impulse auf andere Menschen angesehen. Durch diesen Abwehr- oder Übertragungsmechanismus werden vor allem Schuldgefühle bezüglich der eigenen Impulse und Bedürfnisse reduziert oder vermieden.

Meissner (1979) hat angesichts der nach seiner Meinung kontinuierlich zu erwartenden „projektiven Übertragung auf den Therapeuten" vorgeschlagen, ein vorrangiges Augenmerk auf die Entwicklung und den Behalt einer vertrauensvollen Beziehung zu legen. Der Therapeut solle sich kontinuierlich bemühen, die „fragile Autonomie“ des Patienten nicht zu irritieren. Extreme Konfrontationen des Patienten sollten entsprechend vermieden werden.

Um den projektiven Selbstschutz nicht unnötig zu provozieren, sei der Patient durchgängig an allen Entscheidungen, die den Therapieprozess betreffen, voll zu beteiligen. Das könne am besten durch eine Maximierung der Transparenz in der Therapie erreicht werden. Dies gelte für alle Deutungen, Interpretationen und empathischen Einlassungen, deren Sinnhaftigkeit dem Patienten durchgängig klar werden müssen, solle er diese akzeptieren.

Freeman und Gunderson (1989) empfehlen, (Übertragungs-)Deutungen nicht primär auf die Inhalte des therapeutischen Diskurses, sondern auf spezifische Beziehungsgefühle wie Schuld, Scham und Ängste des Patienten zu beziehen. Das Sprechen über Beziehungsgefühle (Interaktionsschwierigkeiten) ermöglicht es dem Patienten, sich zu öffnen und sich selbst mitzuteilen, was dem Therapeuten erleichtert, einen vertrauensvollen, empathisch bestimmten Rahmen für Prozesse der Einsicht in die Beziehungsstörungen zu ermöglichen.

Interpersonelle Therapie

In der Interpersonellen Therapie wird ebenfalls die günstige Ausgestaltung der Therapiebeziehung als durchgängiges Ziel therapeutischer Arbeit angesehen (Salzman, 1960). Anstelle einer Exploration paranoider kognitiver Konstruktionen sollte der Therapeut sich eher als vertrauenswürdiger, sachlich arbeitender und freundlicher Begleiter in eine Therapie der zwischenmenschlichen Beziehungsstörungen einbringen. Als ein Weg zur dezentrierenden Einsichtnahme in die durch die paranoiden Ansichten provozierten alltäglichen Interaktionsschwierigkeiten wird die konkrete Suche nach Alternativen zur Erreichung persönlicher Ziele und Wünsche, die gegenüber den Konfliktpartnern bestehen, angesehen.

Therapeuten sollten beachten, dass selbst in bizarr und wahnhaft anmutenden kognitiven Konstruktionen zumeist „wahre Kerne“ enthalten seien, die die Sinnhaftigkeit vielfältiger Interaktionseigenarten begründen. Auch seien real gegebene Stress- und Konfliktsituationen im Alltag der Betroffenen wesentliche Anknüpfungspunkte, die prinzipielle Sinnhaftigkeit des projektiven Selbstschutzes zu verstehen und zu akzeptieren.

Verhaltenstherapie

Ähnlich wie psychoanalytische Autoren sind einige Verhaltenstherapeuten der Auffassung, dass paranoide Persönlichkeitsstörungen, wenn überhaupt, dann nur in wenigen Fällen erfolgreich zu behandeln seien (so beispielsweise Millon, 1981, S. 398). Diese Ansicht findet jedoch keine ungeteilte Zustimmung. Insbesondere Turkat hat wiederholt in Fallausarbeitungen zu belegen versucht, dass es durchaus Erfolg versprechende Zugänge zur verhaltenstherapeutischen Behandlung der Betroffenen gäbe (Turkat, 1985, 1990; Turkat & Maisto, 1985).

Turkat schlägt vor, eine vertrauensvolle therapeutische Arbeitsbeziehung aufzubauen, die durch eine ruhig-sachliche, formale und respektvolle Art der Kooperation bestimmt werde. Ziel sei es prinzipiell, für maladaptive Interaktionseigenarten alternative Perspektiven zu finden, die zunächst überhaupt nicht zugleich den Zielen und Wunschvorstellungen der Patienten zuwiderlaufen müssten. Vielmehr seien deren Überempfindlichkeit und das Misslingen bisheriger Problemlösungsversuche zum Behandlungsthema zu machen. Eine daran anknüpfende, sachliche Suche nach alternativen Lösungen für zwischenmenschliche Probleme beinhalte nämlich überhaupt keine direkte Kritik der vorhandenen (paranoiden) Einstellungen. Sie sei deshalb für die meisten Patienten eher erwünschtes Therapieziel.

Die angestrebte Suche nach Handlungsalternativen selbst ließe sich nun natürlich nicht ohne inhaltliche Bezugnahme auf Wunschvorstellungen, Einschränkungen, zu erwartende Kritik und Normierung der Bezugspersonen und Konfliktpartner entwickeln. Die paranoiden Konstruktionen der Betroffenen – und das bleibe durchgängig zu beachten – würden aber auch dabei meistens nur en passant thematisch, da es vorrangig um die Entwicklung sozial erfolgreicher (d.h. angemessener) Problemlösungsversuche gehe.

Kognitive Therapie

In der Kognitiven Therapie von Beck et al. (1989) wird empfohlen, zunächst das Gefühl der Eigeneffizienz und Selbstsicherheit der Patienten im Umgang mit zwischenmenschlichen Konfliktsituationen zu erhöhen, bevor dann in einem zweiten Schritt versucht wird, die Aspekte des automatischen Denkens und der paranoiden Grundannahmen zu modifizieren.

Auch in diesem Ansatz folgt der Versuch erst sekundär, die kognitiven Konstruktionen paranoiden Denkens selbst zum Gegenstand therapeutischer Analysen werden zu lassen, und zwar zeitlich nachgeordnet einer Erkundung und Erprobung alternativer Interaktionsformen für die Lösung zwischenmenschlicher Probleme. Erst langfristig seien die kognitiven Dysfunktionen, da sie für die meisten Interaktionsprobleme ursächlich seien, in den Mittelpunkt therapeutischer Diskurse zu rücken.

Perspektive: Konfliktmanagement

Wenn man sich die obigen Therapievorschläge vergleichend ansieht, dann fällt als eine Gemeinsamkeit auf, dass keine einsichtsorientierte Therapiestrategie als vorrangige vorgeschlagen wird. Vielmehr wird empfohlen, auch die psychodynamische Therapie um Beratungselemente anzureichern oder verhaltenstherapeutisch die Behandlung unmittelbar auf eine konkrete Beratung bei Konflikten auszurichten. Eine solche Strategie haben wir anderorts als psychosoziales Konfliktmanagement bezeichnet (Fiedler, 2000a).

Ein psychosoziales Konfliktmanagement empfiehlt sich insbesondere dann, wenn die Ursache für eigenes Missbefinden von den Betroffenen bei anderen vermutet wird. Die Suche von Schuld bei anderen und die Zurückweisung jeglicher Mitverantwortung an zwischenmenschlichen Krisen bedeutet nun offensichtlich für eine Vielzahl von Therapeuten eine besondere Schwierigkeit, vorbehaltlos eine Therapie zu beginnen. Dies scheint insbesondere dann der Fall zu sein, wenn sie direkt mit rechthaberischen, querulatorischen oder gar fanatisch vorgetragenen Ansichten konfrontiert werden, die unmittelbar auf die charakterlichen Eigenarten und Störungen der Patienten rückschließen lassen.

Die von den vielen Autoren in dieser Situation vorgeschlagene Strategie lautet: Annahme eines Dienstauftrags des Patienten, wenn dieser im weitesten Sinne eine Beeinflussung oder Beseitigung psychosozialer Konflikte und Stressoren beinhaltet. Das gilt entsprechend, wenn spezifische psychische Störungen vorliegen, für die zwischenmenschlichen Stress- und Konfliktbedingungen mitverantwortlich zeichnen. In solchen Fällen können diese Wechselwirkungen zumeist recht problemlos direkt angesprochen werden.

> **!** Psychosoziales Konfliktmanagement rückt die Stress- und Konfliktbedingungen in den Behandlungsfokus und *nicht* die Persönlichkeitsstörung der Betroffenen. Der Therapeut berät und unterstützt den Patienten, wie Krisen und Konflikte im Alltag mithilfe psychologisch gut begründeter Strategien auf eine möglicherweise neue und befriedigende Art gelöst werden können.

Eine solche Strategie zielt also vordergründig nicht auf eine Veränderung des Patienten. Einer solchen Veränderungsintention der Therapeuten würden sich viele Betroffene sowieso widersetzen. Eine solche Strategie zielt auf Beratung und Supervision bei dem Versuch, widrige Lebensumstände und die mit ihnen zusammenhängenden persönlichen Missbefindlichkeiten zu behandeln und zu verändern. Einsicht in die eigenen Unzulänglichkeiten wird dazu nicht als Voraussetzung erwartet, sondern kann sich eher nebenher einstellen.

Interventionsstrategie: Beratung in der Psychotherapie

Mithilfe des psychosozialen Konfliktmanagements wird also indirekt auf eine Verbesserung zwischenmenschlicher Interaktionseigenarten und Kompetenzen hingewirkt. Mit einer solchen Strategie werden selbstverständlich die allgemeinen Therapieziele in keinem Fall aufgegeben: Auch wenn die Therapeuten mit ihrer Tätigkeit sehr in die Nähe eines sachlich arbeitenden Beraters des Patienten rücken, geht es im Rahmen einer sachlich bezogenen Konfliktlösung im Alltag immer auch um eine Erhöhung von Vertrauen und selbstkritischer Zurückhaltung des Patienten in zwischenmenschlichen Beziehungen (ausführlich: Fiedler, 2000b).

Hier wird natürlich unterstellt, dass diese Patientenberatung durch die Therapeuten keine konfliktverschärfenden oder sogar gegen-soziale Strategien beinhaltet. Jedoch, wie bereits angedeutet: „Einsicht" des Patienten in seine eigenen psychischen Unzulänglichkeiten ist nicht das erste und zentrale Anliegen. Auch auf

Fragen der bisherigen Mitschuld an Krisen und Konflikten muss nicht unmittelbar eingegangen werden. Diese Fragen können später behandelt werden, wenn sich das Vertrauen in die therapeutische Beziehung grundlegend gefestigt hat.

Weitere Aspekte

Bleibt anzumerken, dass natürlich nicht immer klar zu erkennen ist, ob sich in den paranoiden Überzeugungen der Betroffenen lediglich fehlerhafte Einsichten in die Realität ausdrücken oder ob sie gelegentlich nicht besser als Signal für einen „Hilferuf“ besonderer Art betrachtet werden sollten. Denn zumeist stellt die paranoide Überzeugung angesichts existenziell extremer Belastungen eine zumindest zeitweilig akzeptierbare Schutz- und Abwehrmöglichkeit bereit: Intrapsychisch kann diese Abwehr z.B. Sicherheit gegenüber einem möglichen Abgleiten in eine Psychose (Schizophrenie/Depression) bieten. Andererseits ermöglicht sie es, Lebensbedingungen eine Ordnung zu geben, etwa, um in einer unerträglichen Situation zu bestehen.

In beiden Fällen wäre es möglicherweise ein Fehler, die Behandlung auf eine Veränderung der paranoiden Beziehungsideen der Betroffenen oder auf eine Verbesserung ihrer interaktionellen Kompetenz abzustellen. Die sinnvollere Behandlung könnte zumindest zeitweilig darin bestehen, den Betreffenden in eine Situation zu bringen, in der er die paranoiden Konstruktionen nicht mehr nötig hat (Jervis, 1975). So könnte (etwa bei drohender Schizophrenie) die zeitweilige Überweisung in eine Klinik durchaus die sinnvollere Perspektive eröffnen, um quasi von außerhalb eine Neuorientierung auf den Lebensalltag hin vorzubereiten. Es könnte aber auch bedacht werden, Möglichkeiten der grundsätzlichen Veränderung im Privatleben (z.B. ein Wegzug von zu Hause) oder im Beruf (Wechsel der Arbeitsstelle) zu erkunden.

24.2 Schizoide Persönlichkeitsstörung

Seit der Neukonzeptualisierung der schizoiden Persönlichkeitsstörung im DSM-III (1980) hat die Schizoidie nur sehr am Rande die Aufmerksamkeit von Therapieforschern gefunden. Andererseits entspricht die Neusetzung wesentlichen Vorstellungen, wie sie zu diesem Störungsbild durchgängig in der Psychoanalyse vertreten wurden.

Psychoanalyse

Psychoanalytiker interpretieren die Neigung der Betroffenen zu sozialer Selbstisolation und Kontaktvermeidung als Form der Abwehr gegen zwischenmenschlich nahe und intime Beziehungen. Genau aus diesem Grund sind die Patienten auch gegenüber jeder Art enger Therapiebeziehung zunächst sehr misstrauisch und distanziert eingestellt. Der Therapieprozess selbst dürfte, wenn überhaupt, nur sehr zögerlich und entsprechend mühselig in Gang kommen.

Allgemein wird eine Veränderung der Patienten nur dann erwartbar sein, wenn eine gewisse Motivation zur Mitarbeit z.B. durch einen unerträglich erlebten Leidensdruck gegeben ist. Dieser ist für eine psychoanalytische Therapiearbeit Voraussetzung, die dann auf zwei Zielstellungen hin angelegt sein kann:

- auf eine therapeutische Fokussierung auf zwischenmenschliche Beziehungsstörungen, um Stabilität und Wohlbefinden wiederzuerlangen, oder
- auf eine Stützung der Tendenz, sich aus unseligen Beziehungen zurückzuziehen, indem Möglichkeiten ausgelotet werden, sich mit dem Alleinsein und der Einsamkeit auf eine zufrieden stellende Weise zu arrangieren (so z.B. Stone, 1989a; auch: Battegay, 1981).

Interpersonelle Therapie

Von einigen psychoanalytischen Autoren wie auch von den meisten interpersonell orientierten Psychotherapeuten wird angesichts der zu erwartenden Zurückhaltung und Distanz schizoider Patienten in der Therapie eine stärkere Aktivität und Stützung seitens des Therapeuten vorgeschlagen (Freeman & Gunderson, 1989). Gemeint ist damit eine sachliche Stützung durch konkrete Vorschläge zum weiteren Vorgehen, auf keinen Fall jedoch eine Forcierung der inhaltlichen Therapiearbeit.

Im Gegenteil gehen die meisten Vorschläge interpersoneller Therapeuten dahin, dem Patienten seiner spezifischen interpersonellen Eigenart entsprechend eher „Brücken zu bauen" (Stone, 1989a, S. 2714), womit gemeint ist, an die Distanzierungs- und Selbstschutzbemühungen anzuknüpfen. So wird vorgeschlagen, Formen der Kooperation zu suchen, die mehr den Isolationstendenzen der Patienten entsprechen könnten, wie Tagesprotokolle oder Tagebuchaufzeichnungen anfertigen zu lassen und diese zu besprechen, briefliche Kontakte zu akzeptieren und Ähnliches mehr (Abel, 1960; Oberkirch, 1983).

Verhaltenstherapie, Kognitive Therapie

Von Verhaltenstherapeuten und Kognitiven Therapeuten liegen bis heute vor allem konzeptuelle Überlegungen vor, die ebenfalls den zuletzt genannten Aspekt betonen, nämlich insbesondere über technische Veränderungen im Therapievorgehen einen sehr auf die Patienteneigenarten abgestimmten Zugang zu suchen (z.B. mit Rollenspielen, Videofeedback oder aber auch mit Gruppenarbeit; vgl. Thompson-Pope & Turkat, 1993). Ob sich der Vorschlag von Beck et al. (1989) als allgemein empfehlenswerte Strategie anbietet, nämlich in der Therapie direkt und psychoedukativ eine Aufarbeitung und Veränderung der kognitiven Konstruktionen der Betroffenen anzustreben, muss sich erst noch erweisen.

Ist die Isolation der Betreffenden extrem und dysfunktional, so besteht eines der vorrangigen Therapieziele darin, die Einsamkeit der Betroffenen aufzubrechen und ein Vertrauen in zwischenmenschliche Beziehungen aufzubauen (Fiedler, 2000a). Dieses Therapieziel überschneidet sich zunehmend mit einem zweiten, das denn auch im Verlauf der weiteren Behandlung mit in den Vordergrund rücken sollte: Patienten sollten kontinuierlich darin unterstützt werden, ganz allmählich Mut und Offenheit gegenüber neuen emotionalen Erfahrungen zu entwickeln. Zudem kann es – etwa bei Brüchen in der Lebensentwicklung – notwendig werden, dass die Betroffenen eine grundlegende Bilanz ihres bisherigen Lebens ziehen, um von da ausgehend neue Lebensperspektiven zu entfalten.

Einübung von Beziehungskompetenzen in Gruppen

Ist der Betroffene einverstanden, an Beziehungen mit anderen zu arbeiten und neue Möglichkeiten einer Offenheit gegenüber emotionalen Erfahrungen zu erproben, kann eine Gruppentherapie von besonderem Nutzen sein (Bohus et al., 1999). Gruppentherapie sollte jedoch – zumindest zeitweilig – möglichst als Parallelbehandlung zur Einzeltherapie eingesetzt werden, weil sich so für Patienten ungewohnte Beziehungserfahrungen in der Therapiegruppe therapeutisch vertiefend in der Einzelfallbehandlung bearbeiten lassen. Gleichzeitig könnte dadurch das mögliche Risiko des vorzeitigen Therapieabbruchs aufgefangen werden.

Welches Verfahren? Bei der Wahl des Gruppenverfahrens muss nicht unbedingt an ein psychoedukatives Setting (wie z.B. ein Sozialtraining) als Vorgehen der ersten Wahl gedacht werden. Vielmehr kann aus verschiedenen Gründen entweder einem interaktionell-psychodynamischen Gruppenkonzept der Vorzug gegeben werden oder einem ausdrücklich zieloffenen Gruppenkonzept der Verhaltenstherapie (→ 23): In beiden Gruppenansätzen ermöglichen die für diese Konzepte typischen Interaktionen eine laufende Einübung in eine Offenheit gegenüber gefühlsmäßigen Erfahrungen. Auch das Erlernen eines Umgangs mit Feedback, auf das schizoide Patienten bisher unzureichend ansprechen, kann kontinuierlich erprobt werden. Üblicherweise führen Therapiegruppen in die Situation, dass die Teilnehmer zunehmend ein wechselseitiges Interesse aneinander entwickeln – eine wichtige Haltefunktion, die für schizoide Menschen von großer Bedeutung ist.

Welche Ziele? Psychodynamisch orientierte bzw. zieloffene Verhaltenstherapiegruppen ermöglichen als Übungsfeld die kontinuierliche Einübung zwischenmenschlicher Kompetenzen und Konfliktlösungsstrategien. In dieser Funktion als Beziehungsfeld wird die interaktionelle Gruppe als sozialer Mikrokosmos betrachtet, in dem durchgängig Interaktionsformen stattfinden, die der alltäglichen Beziehungsgestaltung sehr nahe kommen. Konflikte und Konfliktlösungsversuche können durch Therapeuten in stützender Form gesteuert werden, wobei natürlich insbesondere bei schizoiden Patienten an die Wichtigkeit der therapeutischen Haltefunktionen gedacht werden sollte. Die Idee der Gruppe als lernender sozialer Mikrokosmos dürfte die wesentliche therapeutische Funktion der meisten Gruppentherapieformen darstellen (vgl. Yalom, 1989; Fiedler, 1998).

Schließlich kommt ein weiterer wichtiger Aspekt hinzu: Zieloffene und psychodynamisch orientierte Gruppen ermöglichen in besonderer Weise die Möglichkeit der Reflexion persönlicher Probleme und Entwicklungsmöglichkeiten. In ihr lassen sich wiederholt besondere Formen der existenziellen Einsicht in unabgeschlossene Erfahrungen beobachten und behandeln, die gerade in der Gruppe als soziale Situation in besonderer Weise angereichert und bereichert werden können, z.B. durch Feedback und Rückmeldungen anderer Gruppenteilnehmer, durch Modelle, die andere Gruppenmitglieder für ähnliche Probleme und Entwicklungen abgeben, oder auch durch die Möglichkeit, in der Gruppe therapeutisch eine wechselseitige Hilfe und Unterstützung anzuregen.

24.3 Schizotypische Persönlichkeitsstörung

Psychoanalyse, Interpersonelle Therapie

Vonseiten der Psychoanalyse und der Interpersonellen Psychotherapie liegen zu diesem, ebenfalls erst seit 1980 im DSM-III geführten Störungsbild nurmehr konzeptuelle Überlegungen und nur wenige Fallberichte vor. Im psychoanalytischen Verständnis der Störung handelt es sich um eine frühe Störung im Erlernen von Objektbeziehungen, in dem – ähnlich wie bei der paranoiden Persönlichkeitsstörungen – projektive Abwehrmechanismen dominieren (→ 11.4).

Als vorrangiges Thema einer objekt-beziehungs-theoretisch begründeten Therapie wird deshalb die Entzerrung der weitgehend ungeschiedenen Vorstellungen des Patienten von sich selbst und den Objekten angesehen, wobei allmählich real wahrnehmbare Personen an die Stelle der durch Projektion geschaffenen Fantasien über Personen treten sollen (so Rohde-Dachser, 1986). Es wird eine sehr klare, transparente und stützende Therapiestrategie empfohlen, in der der Therapeut dieses Ziel dadurch zu erreichen versucht, dass er dem Patienten kontinuierlich ...

„... *die Wirklichkeit erklärt*, während er sich selbst als *reale Person* zur Verfügung stellt ... Die ständige Konfrontation mit einem realen Objekt in der Therapie, in welcher projektive Übertragungs-Verzerrungen vom Therapeuten aktiv erfragt und dann sofort korrigiert werden, verhilft dem Patienten zusammen mit einem besseren Verständnis seines übrigen sozialen Umfeldes allmählich zu einer Revision seiner projektiven Verarbeitungen. Gleichzeitig macht er im Schutz einer verlässlichen therapeutischen Beziehung die korrigierende Erfahrung, dass auch die Beziehung zu einem eigenständigen Objekt nicht unbedingt bedrohlich, vielleicht sogar lohnend ist. Dies macht es ihm leichter, symbiotische Fantasien aufzugeben, die bei diesen Patienten oft als Ersatz für reale Kontakte fungieren.“ (Rohde-Dachser, 1986, S. 141; Hervorhebungen im Original)

Verhaltenstherapie, Kognitive Therapie

Die prämorbide Nähe der schizotypischen Persönlichkeitsstörung zur Schizophrenie (mit der Möglichkeit einer Exazerbation in die endogene Psychose) hat die Verhaltenstherapeuten und Kognitiven Therapeuten veranlasst, Grundgedanken der psychoedukativen Verhaltenstherapie bei weniger schwer gestörten schizophrenen Patienten als Modell für die Behandlung schizotypischer Persönlichkeitsstörungen zu nehmen. In ersten Einzelfallberichten wurden entsprechende Konzepte vorgestellt. Zentral ist in diesen Konzepten die Überlegung, dass die unterschwellig vorhandenen schizophrenen Grundstörungen die Betroffenen in Abhängigkeit von ihrer Schwere zu einem verminderten Selbstvertrauen in die eigene Person und in die eigenen Handlungsmöglichkeiten geführt haben (Turkat, 1990; Thompson-Pope & Turkat, 1993).

Entsprechend zielt die Behandlung auf eine Wiederherstellung oder Verbesserung von Selbstsicherheit und Selbstvertrauen, für die das Training sozialer Kompetenz und grundlegende Übungen zum Selbstmanagement sozialer Unsicherheit und Angst als die wesentlichen Therapiestrategien gelten. In weitgehender Entsprechung beschreiben Beck et al. (1989) ein vierstufiges Vorgehen, das sie in ersten Fallstudien erprobt haben:

- Aufbau einer tragfähigen therapeutischen Beziehung, die positive Kontrasterfahrungen zur möglichen sozialen Isolierung des Patienten ermöglichen soll;
- die Verbesserung sozialer Interaktionsfertigkeiten durch ein Training sozialer Kompetenzen, das sich zugleich des Modelllernens und intensiver Gespräche über die Sinnhaftigkeit sozialer Interaktionsstrategien bedient;
- sehr strukturierte und transparent durchgeplante Therapiesitzungen und Therapiephasen, die dem Patienten auf ihre Weise als Modell für die Entwicklung von Selbstsicherheit und Selbststruktur dienen können;
- die psychoedukative Vermittlung kognitiver Fertigkeiten zur Beurteilung der objektiven Wirkung eigenen interaktiven Handelns und zur Beeinflussung zwischenmenschlicher Konflikte.

Information und Aufklärung

Insbesondere bei schwerer gestörten Patienten, bei denen ein Risiko zur Entwicklung psychotischer Episoden gegeben ist (z.B. wenn Betroffene über risikobedeutsame Erfahrungen wie Derealisationen oder unerklärliche körperliche Störungen berichten), wird von Verhaltenstherapeuten empfohlen, die Patienten über dieses Risiko klar und unmissverständlich aufzuklären. Nicht zuletzt wegen sehr guter Erfahrungen in der Aufklärung schizophrener Patienten (über schizophrene Störungen) ist weitgehend unbestritten, dass Aufklärung und Information auch bei schizotypischen Personen über schizotype Störungen immens viel bewirken kann, um den vielen diffusen Erfahrungen einen inneren Bezugsrahmen zu geben. Es wird sachlich darüber informiert, was schizotypische (schizophrenieähnliche) Grundstörungen sind und wie sie Erleben und Handeln beeinflussen.

Bisher wurden Erklärungen für subjektive Irritationen durch die Betroffenen zumeist bei anderen vermutet, die natürlich ihrerseits ungerechtfertigte Unterstellungen ärgerlich zurückweisen. Oder sie blieben den Betroffenen unerklärlich.

Ursächlich sind nun jedoch – darauf verweist die Vulnerabilitätsforschung der Schizophrenie – in den allermeisten Fällen grundlegende existenzielle Probleme. Diese wirken eher im Hintergrund und können die Vulnerabilitätsschwelle ungünstig beeinflussen. Das Risiko des Symptomerlebens nimmt zu. Häufig sind die hier gemeinten existenziellen Probleme mit deutlichen neuen Anforderungen im jeweiligen Lebensabschnitt der Patienten verbunden, wie z.B. Wechsel in neue Berufe, Auszug von zu Hause, Prüfungen, Eintritt in eine Ehe, materieller Verlust usw.

Die bei existenziellem Stress zunehmenden schizotypischen Phänomene treten nun jedoch in beliebigen alltäglichen Interaktionen auf. Hinzu kommt, dass diese aktuellen Interaktionen natürlich ihrerseits gefühlsmäßig bedeutsam sind. Sie erzeugen ebenfalls Stress, auch wenn sie für die bereits durch „Hintergrundbelastungen" vergrößerte Empfindsamkeit selbst nicht primär verantwortlich sind. Treten dann die Symptome deutlicher hervor, werden von den Betroffenen selbst und in nahe liegender Weise die „Ursachen" für Symptome in diesen aktuellen Interaktionen vermutet und gedeutet. Der Blick für den „ursächlich" wesentlicheren existenziellen Stress im Hintergrund scheint ihnen kognitiv schwer zugänglich oder versperrt.

Die Beachtung kontextueller Bedingungen

Gerade der letztgenannte Aspekt scheint von besonderer Relevanz, um die gewohnheitsmäßige Neigung der Patienten zur argwöhnischen und misstrauischen Beurteilung aktueller Interaktionsbeziehung zu verändern. Patienten könnten angeregt werden, nach objektiven Beweisen für Unsicherheiten und Symptome in ihrer Umgebung zu suchen – und „objektiv" heißt, über die einzelne konkrete Erfahrung hinausblicken zu lernen: Welche allgemeinen, übergreifend wichtigen oder langwelliger wirkenden Stressoren wirken im Hintergrund? Und kann es sein, dass der akute Stressor in der unmittelbaren Beziehung eine nur nachgeordnete Rolle spielt? Dabei kann es ergänzend wichtig und vorteilhaft werden, wenn der Therapeut den Patienten auf die Möglichkeit hinweist, selber nach Gegenbeweisen für Vermutungen zu suchen, dass die jeweils aktuell vorhandenen Interaktionspartner für subjektive Missbefindlichkeiten die Verantwortung tragen.

Das gerade Dargestellte macht unmissverständlich deutlich, über die Therapie und die Therapiebeziehung als Ort der Veränderung hinauszublicken. Vielmehr sind die allgemeinen Lebensanforderungen stärker in Augenschein zu nehmen. So gilt es bei vielen Patienten, das Leben in praktischer Hinsicht zu verändern. Häufig haben es Patienten mit schizotypischer Persönlichkeit schwer, einen Arbeitsplatz zu bekommen oder zu halten, sich auf eine Prüfung vorzubereiten oder diese zu bestehen, eine Wohnung zu finden, Leute kennen zu lernen, längerfristige Freundschaften aufzubauen oder Konflikte mit Menschen zu ertragen oder zu lösen, von denen sie existenziell abhängig sind. Jegliche konkrete Intervention, Beratung und Unterstützung vonseiten des Therapeuten kann sehr nützlich sein, um die Lebensweise einer schizotypischen Persönlichkeit zu verbessern (z.B. in Bezug auf Fertigkeiten der Selbsthilfe, Erziehung zur persönlichen Hygiene oder das Regeln sozialer Verpflichtungen).

24.4 Dissoziale Persönlichkeitsstörung

Die vielfache Gleichsetzung der dissozialen Persönlichkeitsstörung mit gewohnheitsmäßiger Kriminalität hat dazu geführt, dass nach wie vor ein therapeutischer Pessimismus vorherrscht und eine Ambivalenz gegenüber therapeutischen Erfolgsaussichten (vgl. Dolan & Coid, 1993). Dass in den vorliegenden Therapiekonzepten die Frage der therapeutischen Beeinflussung von Gewalt, Delinquenz und Kriminalität vorherrschend ist und nicht so sehr die Beeinflussung prototypischer Persönlichkeitseigenarten, darf angesichts dieser bisher üblichen Verschränkung auch nicht weiter verwundern. Eine Veränderung dürfte jedoch zu erwarten sein, nachdem zunächst in der ICD-10 (von 1990) wie nun auch im DSM-IV (1994) eine grundlegende Überarbeitung der diagnostischen Kriterien in Richtung einer Beschreibung von Persönlichkeits-Traits vorgenommen wurde (→ 10.2).

Dies ist deshalb bedeutsam, weil diese Persönlichkeitsmerkmale zweifellos bei einer Reihe anderer Persönlichkeitsstörungen komorbid auftreten dürften. So könnten gerade aus der Behandlung solcher Komorbiditätsfälle neue Einsichten für die Behandlung dissozialer Persönlichkeitsstörungen erwachsen. Schließlich hatten wir bereits bei der Darstellung des Forschungsstandes zur Diagnose und Ätiologie darauf hingewiesen, dass viele Menschen mit „dissozialen" Persönlichkeitszügen in unserer Gesellschaft höchst angesehene Funktionen ausfüllen (→ 10.2). Zukünftig könnten sich also auch aus den hierzu beginnenden Forschungsarbeiten zur „adaptiven Dissozialität" (Sutker & Allain, 1983) weitere Perspektiven auch für die Behandlung der dissozialen Persönlichkeitsstörung eröffnen.

24.4.1 Prädiktoren für Behandlungserfolg und Prognose

Aussagen über Behandlungserfolge bei dissozialen Persönlichkeitsstörungen sind bis in die Gegenwart hinein kaum möglich, da substanzielle Forschungsarbeiten, die zugleich Anforderungen an eine aussagekräftige Forschungsmethodologie erfüllen, außerordentlich spärlich sind. Die meisten Autoren belassen es schlicht bei einer detaillierten Beschreibung ihrer Therapieangebote. Und wenn Ergebnisse mitgeteilt werden, gibt es kaum Untergruppendifferenzierungen. Nimmt man die Aussagen zum globalen Behandlungserfolg, so findet sich bis heute recht konvergent, dass etwa die Hälfte aller in Gefängnissen oder in der forensischen Psychiatrie zumeist wegen ihrer Gewalttätigkeit institutionalisierten Menschen (zumeist untersucht: Männer) mit dissozialer Persönlichkeitsstörung nach sozialtherapeutischer Behandlung innerhalb von drei Jahren wegen ihrer Gewalttätigkeit wieder rückfällig werden und erneut eingewiesen bzw. verurteilt werden (vgl. Dolan & Coid, 1993).

Diese pessimistische Feststellung ist jedoch nur mit außerordentlicher Vorsicht etwa dahingehend zu interpretieren, dass eine Behandlung dissozialer Persönlichkeitsstörungen nicht erfolgreich verläuft. Nur als Vergleichsbeispiel: Heute erleidet auch die Hälfte aller schwer depressiv erkrankten Patienten, nachdem sie psychiatrisch behandelt wurden, innerhalb einer Zweijahresfrist einen Rückfall (Mundt & Fiedler, 1996).

Weiter gibt es inzwischen recht plausible Belege dafür, dass die berichteten Erfolgszahlen bei dissozialen Persönlichkeiten über Zeitperioden hinweg und regional außerordentlich schwanken. Zugleich finden sich empirische Belege dafür, dass diese Schwankungen nicht nur mit den gern zitierten „gesellschaftlichen Rahmenbedingungen" zusammenhängen könnten. Sie scheinen vielmehr in erheblichem Ausmaß auch davon abhängig zu sein, wie sehr ein Therapiepessimismus in den sozialtherapeutischen und forensischen Kontexten selbst nach Innen und Außen vertreten wird (Palmer, 1992; Dolan & Coid, 1993). Als nach wie vor Besorgnis erregend ist weiter die – ebenfalls durch diesen Therapiepessimismus mitbedingte – geringe Bereitschaft der Therapieforscher zu werten, sich gründlicher für eine Entwicklung und Evaluation gezielter Behandlungsprogramme bei dissozialen Persönlichkeitsstörungen zu engagieren.

Kümmern sich nämlich Therapieforscher um ihr „Stiefkind Psychopathie", dann lassen sich durchaus differenzielle Angaben über Untergruppen von Betroffenen mit prognostisch günstigen Eigenarten und Voraussetzungen finden: So sind inzwischen einige Bedingungen bekannt, die mit einem günstigeren Ausgang (d.h. keine erneuten Gerichtsverfahren über jenen häufig gewählten Zeitraum von drei Jahren hinaus) in Beziehung stehen. Diese betreffen vor allem folgende Merkmale (zusammenfassend: Dolan & Coid, 1993; Meloy, 1995):

- eine geringere Zahl vorausgehender Hospitalisierungen (Norris, 1984),
- eine geringere Anzahl früherer krimineller Vergehen und fehlende Institutionalisierung in Kindheit und Jugend (z.B. Heimunterbringung, Jugendarrest; Tennent & Way, 1984) sowie und wohl vor allem wichtig:
- eine gezielte Betreuung und Nachsorge durch professionelle (Bewährungs-) Helfer und/oder Therapeuten (Walker & McCabe, 1973; Norris, 1984).

24.4.2 Psychodynamische Therapie

Es gibt nun offensichtlich einige weitere Patientenmerkmale, die vor allem im Bereich der psychodynamisch orientierten Behandlung dissozialer Persönlichkeitsstörungen auf eine günstige Prognose schließen lassen: Es sind dies insbesondere vorhandene Stimmungsstörungen (im Bereich der Ängste und Depressionen) wie auch (beginnendes) Schuldbewusstsein und die Möglichkeit zur Reflexion der sozialen Konsequenzen des eigenen Handelns (Gerstley et al., 1989; → 22.1.1).

Es sind nun gerade solche „Komorbiditätsfälle", die in einzelnen Fallberichten der Psychoanalytiker als behandelbar angesehen werden (Deutsch, 1955; Frosch, 1983) – dies offensichtlich insbesondere dann, wenn die Psychotherapie psychoedukativ-stützende Komponenten und Struktursetzungen beinhaltet (Lion, 1970; Lobos-Wild, 1990). Auch wurde gelegentlich über prognostisch günstige Verläufe in der Folge einer psychoanalytisch orientierten Gruppentherapie berichtet (Schmideberg, 1960; Lion & Bach-y-Rita, 1972).

Insgesamt stellen die Autoren fest, dass es in den erfolgreichen psychodynamisch orientierten Therapien jeweils gelungen sei, eine ernsthafte Metadiskussion mit den Betroffenen über ihre Neigung zur Dissozialität zu erreichen. Ansätze, wie eine Metakommunikation bei ich-syntonen Interaktionsstörungen angeregt werden kann, werden in → Kapitel 25 angesprochen.

Dennoch bleibt mit Blick auf den psychodynamischen Konfliktfokus zu beachten, dass psychoanalytisch-psychodynamische Therapieansätze nicht den vorrangigen Therapieansatz bei Menschen mit gewohnheitsbedingter Devianz und Kriminalität darstellen sollten (Fiedler, 2000a). Denn bei den Grundstörungen der dissozialen Persönlichkeitsstörung handelt es sich nicht primär um psychodynamisch zu behandelnde „Übertragungsprobleme". Beziehungsstörungen sind sekundärer Natur und zumeist aus grundlegenden kognitiven Defiziten hervorgegangen (→ 10). Bei diesen kognitiven Auffälligkeiten handelt es sich zuvorderst um eine Störung der Intentionalität und um ein strukturelles Versagen der Impulskontrolle (oder psychoanalytisch gesprochen: um Ich-Störungen).

Aufgrund dieser Störungsbedingungen ergibt sich, dass möglicherweise die häufig in psychiatrischen Kliniken und in der Forensik eingesetzten, tiefenpsychologisch inspirierten Einzel- oder Gruppentherapieansätze für eine erfolgreiche Behandlung dissozialer Persönlichkeitsstörungen wenig geeignet sind. Dies gilt insbesondere dann, wenn die Einzel- oder Gruppenarbeit – etwa als psychodynamische „Beziehungstherapie" – darauf abzielt, fast ausschließlich Einsichten in das zwischenmenschliche Funktionieren der Betroffenen zu generieren.

Die Ausführungen zum Störungsbild sollten verdeutlichen, dass es sich bei dissozialer Persönlichkeitsstruktur *nicht* primär um ein Übertragungsproblem mit Über-Ich-Pathologie handelt (wie dies etwa Kernberg, 1984/1991, vermutet). Vielmehr handelt es sich um kognitive Integrations- und Intentionalitätsstörungen, die zugleich mit erheblichen existenziellen Problemen verknüpft sind (→ 10). Psychodynamische Therapieangebote ergeben möglicherweise erst dann einen Sinn (und zwar als eindeutig nachgeordnetes Therapieangebot), wenn zuvor die kognitiven Stukturdefizite der Betroffenen erfolgreich ausgeglichen wurden.

24.4.3 Verhaltenstherapie

Entsprechend wären alle psychotherapeutischen und rehabilitativen Maßnahmen nach heutigem Wissen vorrangig verhaltenstherapeutisch auszurichten (Fiedler, 2000a). Sie wären so zu gestalten, dass auf diese persönlichen wie kontextuellen

Bedingungen in unterschiedlichen Parallelaktionen direkt und zielorientiert Einfluss genommen wird. Die Berücksichtigung kontextueller Perspektiven ist schon deshalb zwingend notwendig, weil sie in fast allen Erklärungskonfigurationen für ungünstige Verläufe und Rückfälle eine herausragende Rolle spielen.

Genau das, nämlich die kontinuierliche Erarbeitung tragfähiger Lebensperspektiven und eine therapeutische Arbeit im Lebenskontext der Patienten noch als „Psychotherapie“ zu bezeichnen oder gar umzusetzen, widerstrebt nun offensichtlich dem Therapieverständnis einiger Psychotherapeuten, deren vorrangige Therapiestrategie eine Arbeit an Übertragungsproblemen in der therapeutischen Zweierbeziehung darstellt. Auch hier sollte die inzwischen vorliegende Empirie zwingend zum differenzierteren Umdenken Anlass geben.

Es ist nämlich so, dass sich psychotherapeutische Erfolge bei dissozialer Persönlichkeitsstörung unter anderem auch noch durch folgende Maßnahmen deutlich steigern lassen (Dolan & Coid, 1993):

- **Beteiligung von Angehörigen und Bezugspersonen:** Dies sollte bereits möglichst frühzeitig in der Therapie geschehen, nicht zuletzt, weil zwischen den Betreffenden vielfältige klare Absprachen getroffen werden können.
- **Verlagerung therapeutischer Initiativen in den Lebenskontext:** Dies wird spätestens gegen Ende stationärer oder institutioneller Behandlung oder Unterbringung notwendig sein, und zwar möglichst in zukünftige Lebensumwelten der Betroffenen (in deren Familien oder zukünftige Wohnkontexte), um vor Ort auf nur dort sichtbar werdende Missstände prophylaktisch Einfluss zu nehmen.
- **Die Sicherstellung einer gezielten Nachbetreuung und Nachsorge** durch professionelle Therapeuten oder (Bewährungs-)Helfer, und zwar möglichst durch solche, die mit dem jeweiligen Lebensmilieu der Betroffenen gut vertraut sind.

24.4.4 Einübung von Impulskontrolle und sozialen Fertigkeiten

Was den therapeutischen Umgang mit Impulskontrollstörungen und den Intentionalitätsstörungen dissozialer Persönlichkeiten angeht (und damit die hier gemeinte Psychotherapie im engeren Sinne), so sind hierzu insbesondere vonseiten der Verhaltenstherapie in den vergangenen Jahren erste wichtige Versuche einer Neuorientierung vorgelegt worden (vgl. die Arbeiten in Roth, 1987a, und in Reid, 1981). Es handelt sich dabei um Ansätze, die ausdrücklich für einen Einsatz im institutionellen Kontext entwickelt wurden (forensische Psychiatrie; sozialtherapeutischer Strafvollzug; Feldman, 1993; Dolan & Coid, 1993; vgl. Fiedler, 2000a).

Bei diesen Verhaltenstherapieprogrammen handelt es sich um unterschiedliche Formen des systematischen Einübens neuer und zur Impulsivität und spontanen Aggressivität alternativer Handlungs- und Problemlösungsmuster. Diese setzen in aller Regel ein gut kooperierendes Team speziell ausgebildeter Therapeuten voraus (Wong et al., 1987; Romoff, 1987; Roth, 1987b): Die unterschiedlichen

Programme setzen recht übereinstimmend Behandlungsschwerpunkte in folgenden Bereichen:

- **Identifikation von Risikobedingungen:** Herausarbeiten der für die jeweilige Person typischen Auslöser für Impulskontrollverlust, Intentionsstörungen und Aggressivität (interpersonelle Risikomerkmale).
- **Wahrnehmungstraining:** Verbesserung der Wahrnehmung interpersoneller Risikomerkmale und der eigenen gefühlsmäßigen Reaktionen auf diese Risikofaktoren (persönliche Risikomerkmale).
- **Training sozialer Kompetenzen:** direkte Einübung alternativer Fertigkeiten im Umgang mit Aggression stimulierenden Bedingungen, vor allem das Erlernen neuer Formen, Ärger und Wut situationsangemessen auszudrücken, eigene Interessen und Bedürfnisse aggressionsfrei zu artikulieren etc.
- **Beteiligung von Bezugspersonen:** frühzeitige Beteiligung von Angehörigen und Bezugspersonen (evtl. auch des weiteren Stationspersonals) an der Erarbeitung und Erprobung neuer zwischenmenschlicher Konfliktlösungsmuster.
- **Einzel-Verhaltenstherapie:** die Entwicklung und genaue Planung einer tragfähigen Lebensperspektive für die Zeit nach Entlassung aus der Institution; dabei sind gelegentlich vielfältige kontextuelle Überlegungen notwendig, wie z.B. Betroffene aus rechtlich problematischen und Probleme stabilisierenden kulturellen Subgruppen herauskommen können.
- **Transfersicherung:** eine detaillierte, d.h. schriftliche Ausarbeitung der weiteren Lebensplanung der Betroffenen, einschließlich konkreter Pläne für Situationen, die für die Betroffenen das Risiko eines Rückfalls in dissoziale Handlungen in sich tragen; und nicht zu vergessen schließlich: die Institutionalisierung längerfristiger Kontakte nach Therapieabschluss und eine Nachbetreuung der Patienten durch professionelle Helfer.

Trotz aller Strukturiertheit der stationären Behandlungsprogramme werden die konkreten Therapiemaßnahmen auf einzelne Personen ausgerichtet und setzen deshalb höchst individuelle Problem-, Defizit- und Kompetenzanalysen voraus (vgl. auch Reid & Burke, 1989; Meloy, 1995). Und in diesem Zusammenhang sollte nicht übersehen werden, dass Erfolge in der Behandlung entscheidend davon abhängen werden, ob und wie es tatsächlich gelingt, tragfähige Perspektiven zu entwickeln.

24.5 Borderline-Persönlichkeitsstörung

Die Therapie der Borderline-Persönlichkeitsstörung zielt auf Reorganisation und Festigung der fragilen und teilweise erheblich gestörten Identität der Patienten, auf eine positive Beeinflussung der fluktuierenden und höchst gegensätzlichen Einschätzung der eigenen und der ihnen nahe stehenden Person(en) sowie auf eine Veränderung der in höchstem Maße konfliktträchtigen und Angst provozierenden Art, sich unberechenbar emotional entweder extrem zugeneigt („liebend“) oder extrem abweisend („hassend“) in enge Beziehungen einzubringen (vgl. die Arbeiten in Clarkin et al., 1992).

24.5.1 Konzepte der Psychotherapieschulen

Über die fraglos längste Tradition in der Entwicklung spezifischer Behandlungsansätze verfügt die Psychoanalyse, die mit ihren Ausarbeitungen zur Erklärung und Behandlung nur dieses Störungsbildes annähernd 40 Prozent aller Arbeiten ausmacht, die zu den Persönlichkeitsstörungen insgesamt vorliegen (→ 11.1), wenngleich nach wie vor gut kontrollierte Therapiestudien fehlen. Wir können hier nachfolgend diesen Konzeptüberlegungen, die zumeist aus der Einzelfallarbeit hervorgegangen sind, mit unserer Übersicht nur sehr unzureichend gerecht werden (vgl. hierzu ausführlicher insbesondere Rohde-Dachser, 1986, 1989; Kernberg, 1984; Kernberg et al., 1989; Clarkin et al., 1992; Buchheim et al., 1999). Ziele und technische Besonderheiten des therapeutischen Vorgehens lassen sich grob folgendermaßen zusammenfassen:

Psychoanalyse

Die psychodynamische Behandlung bei Borderline-Persönlichkeitsstörungen wird wöchentlich ein-, höchstens zweimal vis-à-vis sitzend durchgeführt. Anstelle der klassischen Aufforderung zur freien Assoziation bestimmt der Therapeut mit dem Patienten oder im Team, z.B. auf der Grundlage anamnestischer Daten, zentrale Gesprächsthemen, weshalb dieses Vorgehen gelegentlich auch als Fokaltherapie bezeichnet wird. Es findet also eine die Gespräche strukturierende Themenselektion statt mit Fokusbildung vor allem auf jene Bereiche, in denen die besondere Form der Borderline-Abwehr (die Spaltung als aktiver Vulnerabilitätsschutz) gewöhnlich durch zwischenmenschliche Konflikte und Schwierigkeiten provoziert wird.

Ziele. Innerhalb der Gesprächsbereiche lenkt der Therapeut die inhaltlichen Mitteilungen des Patienten in Richtung eines verbesserten Realitätsbezuges (Kontrastierung fantasierter Interaktionserwartungen und -befürchtungen mit realen Interaktionserfahrungen). Der Therapeut regt dabei eine (Neu-)Bewertung und Integration separierter, voneinander abgespaltener Erfahrungen und Erfahrungsmöglichkeiten an, indem er seine Interventionen darauf ausrichtet:

- den Patienten mit konflikthaften Anteilen und Widersprüchen seiner selbst (als gegebene menschliche Schwächen und Stärken) zu konfrontieren,
- Schwächen und Vorzüge anderer Personen als menschlich zu ihnen zugehörig sehen zu lernen und
- den Patienten so wiederholt das integrierende Erlebnis von Ambivalenz zu ermöglichen.

Der kognitiv-affektiven Integration zwischenmenschlicher Beziehungsvielfalt stellen die meisten Autoren ein weiteres Therapieziel als gleichwertig bedeutsam gegenüber, das Rohde-Dachser als „Suche nach den Ressourcen der Borderline-Patienten“ bezeichnet (1989, S. 144f). Sie versteht darunter, dass die angestrebte Integration abgespaltener Erfahrungsbereiche angemessen nur unter Nutzung und Förderung bereits vorhandener Ich-Anteile und Selbstschutzfähigkeiten des Patienten gelingen kann. Die therapeutische Arbeit bei Borderline-Störungen sei „weniger auf die Pathologie als auf die *Coping*-Möglichkeiten der Patienten“ auszurichten (Rohde-Dachser, 1989, S. 145). Die hier sichtbar werdende Akzentverschiebung psychoanalytischer Therapie impliziert also ausgesprochen stützende Strategien und rückt das Vorgehen prinzipiell weit in die Nähe der Interpersonellen Psychotherapie (vgl. auch die Vorschläge psychoanalytisch orientierter Autoren zur stationären Behandlung von Borderline-Patienten bei Lohmer, 1990; Pfitzer et al., 1990; Stevenson & Meares, 1992).

Ergebnisse. Inzwischen liegen einige Studien vor, in denen die Behandlungswirkungen der psychoanalytischen Borderline-Behandlung (zumeist in natürlich anfallender zeitlicher Konsekution) untersucht wurde. Die bekannteste und älteste Studie stammt aus dem sog. Menninger-Projekt (Kernberg, 1973), in dem damals unterschiedliche Zugangsweisen zur Borderline-Behandlung erprobt wurden. Als wichtigster Befund dieser Untersuchung zeigte sich, dass der Behandlungserfolg deutlich von der Ich-Stärke (also vom allgemeinen psychosozialen Funktionsniveau) der Patienten abhängig scheint. Patienten mit niedriger Ich-Stärke hatten durchweg die ungünstigsten Behandlungsergebnisse.

Waldinger und Gunderson (1984) berichten über die Therapiewirkungen zweier Therapieansätze bei insgesamt 78 sozial gut angepassten Borderline-Patienten, die entweder mit dem „klassischen Setting“ der Psychoanalyse oder mit einer psychoanalytischen Therapie vis-à-vis sitzend behandelt wurden. Die Behandlungen fanden durchschnittlich dreimal wöchentlich über durchschnittlich viereinhalb Jahre Gesamtbehandlungszeit statt. 60 Prozent der Patienten brachen die Therapie gegen den Rat ihrer Therapeuten vorzeitig ab, den Selbstschilderungen der Patienten zufolge jedoch, weil sie sich ausreichend behandelt und subjektiv besser fühlten. Es zeigten sich keine grundlegenden Unterschiede zwischen beiden Gruppen hinsichtlich des Gewinns an Ich-Stärke und bezogen auf einige mittels Fragebögen geprüfte Verhaltensmerkmale. Die Gruppe der „klassisch“ psychoanalytisch behandelten Patienten berichtete nach Behandlungsabschluss zwar über deutlich verbesserte Sozialbeziehungen; diese Patienten waren im Durchschnitt jedoch auch erheblich länger in der Behandlung geblieben.

Ein besonderes Problem in der Behandlung von Borderline-Patienten stellen offensichtlich die immer wieder berichteten Dropout-Raten dar. In Untersuchungen zu diesem Problem bei psychoanalytisch orientierten Behandlungen ließen sich beispielsweise im Zeitraum von sechs Monaten nach Behandlungsbeginn Abbruchraten zwischen 23 und 60 Prozent finden (so Gunderson et al.,

1989). Skodol et al. (1983) berichten gar von 67 Prozent Therapieabbrechern in den ersten drei Monaten. Deshalb sind Psychoanalytiker in klinischen Kontexten zumindest bei schweren Borderline-Persönlichkeitsstörungen dazu übergegangen, für die behandelnden Therapeuten zeitgleich eine kontinuierliche und enge Supervision anzubieten (zum Teil als Therapie der Therapeuten). Mithilfe der Begleittherapie von Therapeuten wird versucht, die Zahl der nach wie vor hohen Dropout-Raten vor allem der Borderline-Behandlungen zu verringern. Das Problem der Dropout-Raten in ambulanter und das der Verschlechterung von Borderline-Patienten während stationärer Behandlung ist jedoch auch in den anderen Therapieformen nach wie vor ein grundlegendes Problem.

Verhaltenstherapie, Kognitive Therapie

Auch im Bereich der Verhaltenstherapie und der Kognitiven Therapie sind in den vergangenen Jahren erste Vorschläge zur Behandlung von Borderline-Persönlichkeitsstörungen unterbreitet worden (Beck et al., 1989; Arntz, 1994). Als Beispiel einer zugleich mehrdimensional strukturierten Verhaltenstherapie kann das bereits in Manualform vorliegende und empirisch untersuchte Programm einer kognitiv orientierten Verhaltenstherapie für Borderline-Patienten von Linehan (1987, 1989, 1993a, b, 1994; Linehan & Heard, 1992) gelten.

Der Behandlungsansatz, den Linehan (1993) als „kognitiv-dialektische Verhaltenstherapie“ bezeichnet, besteht aus einer zeitgleichen Anwendung von Einzel- und Gruppentherapie. Mit „dialektisch“ wird eine Grundhaltung des Therapeuten beschrieben, die betont, dass die treibende Kraft für Veränderungen aus Widersprüchen im Erleben von Borderline-Patienten erwachsen kann. Entsprechend ist die Behandlung ressourcenaktivierend und kompetenzfördernd angelegt. Prototypische Borderline-Störungsmuster stehen entweder funktionell in Zusammenhang mit einer grundlegenden Störung der Emotionsregulation oder sind Konsequenzen dysfunktionaler emotionaler Prozesse, die bei ihrer Entstehung durchaus überlebensbedeutsame Funktionen haben konnten (z.B. im Kontext körperlicher oder sexueller Missbrauchserfahrungen). Der Behandlungsansatz sieht gewöhnlich eine Parallelisierung von Einzel- und Gruppensitzungen vor (vgl. auch Bohus & Bathruff, 2000).

Gruppentherapie. Die wöchentlich stattfindende Gruppentherapie ist als psychoedukatives Sozialtraining konzipiert und vermittelt neue Möglichkeiten der zwischenmenschlichen Interaktion, des persönlichen Umgangs mit Stresserfahrungen und Selbstkontrolltechniken. Weiter lernen die Patienten Fertigkeiten zur Verbesserung der Spannungstoleranz, zur Emotionsregulierung sowie die Fokussierung der Aufmerksamkeit auf das momentane innere Erleben.

Einzeltherapie. Die üblicherweise parallel laufende Einzeltherapie kann bis zu zweimal wöchentlich stattfinden und ermöglicht den Patienten die Bearbeitung von vor allem persönlichen Problemen, die sich aus den Spezifika des Störungsbildes ergeben. Dazu gehören

- Thematisierung der für Borderline-Patienten typischen Suizidneigung,
- die Besprechung und (dialektisch-paradoxe) Auflösung spezifischer Widerstände der Patienten gegenüber der Therapie,
- die Möglichkeit der Konfrontation der Patienten mit den selbst- und fremdschädigenden Konsequenzen eines Verlusts der Impulskontrolle,
- Behandlung einer möglichen Wirklichkeitsflucht in Abhängigkeiten (z.B. exzessives Trinken),
- die Einübung spezifischer Verhaltensmuster im Umgang mit den fluktuierenden affektiven Instabilitäten (z.B. Emotionsregulierung durch alternative, vor allem bedürfnisentsprechendere und bedürfnisfördernde Tätigkeiten, Erhöhung von Stresstoleranz, Emotionsexposition und Habituationstraining) sowie
- weitere Zielstellungen, die die Patienten selbst einbringen.

Transfer. Um zu gewährleisten, dass die dysfunktionalen Verhaltensmuster auch im sozialen Alltag aufgegeben und durch adäquate Kompetenzen ersetzt werden, stehen die Therapeuten auch für Telefonberatung zur Verfügung. Weiter fördern sie jede Art möglicher Transferübungen und Hausaufgaben zwischen den Sitzungen (Wochenprotokolle und Tagebuchaufzeichnungen). Zur Strukturierung des sozialen Umfeldes stehen Sozialarbeiter beratend zur Seite. Wöchentliche Supervisionsgruppen sollen den Therapeuten notwendigen emotionalen und fachlichen Rückhalt bieten, der für eine effektive Therapie unumgänglich ist (Video-Supervision; Micro-Teaching).

Ergebnisse. Linehan selbst hat die Ergebnisse einer Therapiestudie über die einjährige Durchführung dieses Behandlungsprogramms bei 44 als parasuizidal diagnostizierten Frauen mit „schweren dysfunktionalen" Borderline-Persönlichkeitsstörungen berichtet, die sich zu Beginn der Behandlung noch zeitweilig in stationärer Behandlung befanden (mit einer Vergleichsgruppe gleich diagnostizierter Frauen, die eine übliche Standardbehandlung im Klinikkontext und teilweise danach in ärztlicher oder psychotherapeutischer Betreuung absolvierten; vgl. Linehan et al., 1992, 1993). Die Dropout-Raten lagen für die Gruppe der mit Linehans-Programm behandelten Borderline-Patienten bei 16,7 Prozent, die der Kontrollgruppe in Standardsettings bei 58,3 Prozent. Im Unterschied zur Vergleichsgruppe zeigten die Patienten, die das Behandlungsprogramm absolvierten, eine signifikante Verringerung des parasuizidalen Verhaltens und sie waren während der Behandlungsphase eine deutlich geringere Anzahl von Tagen in stationärer Behandlung. Nur geringe Veränderungsunterschiede ließen sich zwischen beiden Gruppen bezüglich der subjektiv erlebten Depressivität, Hoffnungslosigkeit, Suizidfantasien und in der Lebenszufriedenheit feststellen.

Inzwischen liegen Erfahrungsberichte und Untersuchungsergebnisse über die Anwendung dieses Therapieansatzes im deutschsprachigen Raum vor (vgl. Bohus et al., 1996, 2000). Die Autoren können bei stationär behandelten Patienten über deutliche Verbesserungen in mehreren Symptombereichen berichten, wie z.B. von Stressreaktionen, Ängsten, Depressivität und dissoziativen Störungen, sowie – ähnlich der von Linehan mitgeteilten Befunde – über einen bemerkenswert deutlichen Rückgang parasuizidaler Handlungen. Auch die sich bereits in den Linehan-Studien andeutende Verringerung von Zeiten, die eine stationäre Behandlung erforderlich macht, konnte erneut belegt werden. Im Mittel reduzierten sich diese von bis dahin üblichen 65 auf nurmehr durchschnittlich 12 stationäre Behandlungstage pro Jahr (Bohus & Bathruff, 2000).

Interpersonelle Therapie

Die Borderline-Störungen werden im Sinne des Transaktionsmodells der interpersonellen Psychotherapie (→ 23) nicht als Zusammenbruch, sondern als eine Anpassungsleistung verstanden: „Wenn eine Therapie wirksam sein soll, so muss sie eine andere, attraktivere Form der Anpassung bieten.“ (Benjamin, 1996, S. 139)

Für die Behandlung heißt dies, die Situationsangemessenheit bisheriger Interaktionsmuster zu überprüfen, zu verändern und um sozial angemessenere Bewältigungsstile anzureichern. Dies gilt insbesondere für selbstdestruktive Tendenzen, auf die beispielhaft eingegangen wird.

Zum Beispiel wären häufig beobachtbare Auffälligkeiten von Patienten mit Borderline-Persönlichkeitsstörungen wie „Unterwerfung“ (als selbstdestruktive Dependenz) durch sozialbezogene neue Bindungsstile zu erweitern oder „Aggression“ (als häufig fremd-destruktive Abgrenzung) durch Möglichkeiten einer sozial verträglicheren Abgrenzung, Selbstsicherheit und sozial-bezogenen Autonomie zu ergänzen. Andererseits bleibe zu beachten, dass selbst „Unterwerfung“ und „Aggression“ unter ganz bestimmten Bedingungen auch weiterhin wichtige Ressourcen darstellen können (z.B. bei erneuter Missbrauchserfahrung als überlebenswichtiger „Verzicht auf Gegenwehr“ oder als ebenfalls überlebenswichtige „Notwehr“).

Wichtig ist, die Destruktivität bzw. Unkontrollierbarkeit vieler Handlungen von Borderline-Patienten zu unterbrechen und die bewusste Verantwortung für das eigene Handeln insgesamt zu stärken. Benjamin (1996) schlägt dazu vor, dass Therapeuten die Patienten wiederholt ermuntern, gemeinsam auf einer Seite z.B. „gegen“ destruktive Tendenzen und Symptome, „gegen“ widrige Lebensumstände oder „gegen“ zwischenmenschliche Krisen zusammenzuarbeiten. Genau über einen solchen Zwischenschritt der Ausdifferenzierung von akzeptierbarer versus destruktiver Bewältigungskompetenz sollten Patienten direkt darin unterstützt werden, destruktive interpersonelle Bedürfnisse zu erkennen, aufzugeben und zu ändern.

Als weiteres Beispiel soll der interpersonell-therapeutische Umgang mit Missbrauchserfahrungen erwähnt werden: Der Körper von Patienten mit Borderline-Störungen war häufig Gegenstand von Verletzung und Schmerz durch physischen und sexuellen Missbrauch. Biologisch oder auch normativ verfrühte sexuelle Erfahrungen finden sich gepaart mit Angst und konflikthaften Beziehungen.

Mit Blick auf körperlich erlebte Missbrauchserfahrungen stellt die „Paralyse“ emotionaler und körperlicher Erfahrungen ebenfalls eine wichtige adaptive Überlebensstrategie dar.

Für Interpersonelle Therapeuten ist es maßgeblich, dass bei Beobachtung solcher Phänomene nicht konfrontativ oder gar provokativ gearbeitet werden darf. Die dissoziative Separation körperlicher und kognitiver Prozesse als „Sicherheitsoperation“ (Sullivan, 1953) sollte so lange durch Patienten beibehalten werden dürfen, bis alternative Bewältigungsformen etabliert sind.

Gesprächspsychotherapie

Gerade mit Blick auf die Behandlung der Borderline-Persönlichkeitsstörungen kann man aktuell einen Wandel in der Grundkonzeption der Gesprächspsychotherapie erkennen, weshalb sie an dieser Stelle auch Erwähnung finden soll. Ein Beispiel für den Bereich der Persönlichkeitsstörungen sind die Ausarbeitungen von Swildens (1991) zu einer von ihm so bezeichneten prozessorientierten Gesprächspsychotherapie. Swildens (1991) schlägt (ähnlich einiger Vorgaben in den bisher dargestellten Behandlungsansätzen) vor, angesichts der dissoziativen und fluktuierenden Identitäts- und Beziehungsstörungen der Patienten mit Borderline-Persönlichkeitsstörung der Therapeut-Patient-Beziehung einen vorrangig Sicherheit und Struktur bietenden Rahmen zu geben. Dies erfordere nicht mehr nur eine durchgängig emotional positiv-akzeptierende Grundhaltung des Therapeuten, sondern verlange ein gewisses Maß an Strukturierung der Gegenwartsorientierung. Es betrifft dies die Arbeit im „Hier und Jetzt“, die für die rogersche Therapie wesentlicher Wirkmechanismus ist. Gerade persönlichkeitsgestörte Menschen erfordern offensichtlich ein gewisses Mehr an therapeutischer Stützung und Lenkung, um dieses Prinzip in der Therapie zu realisieren.

Swildens (1991) macht weiter darauf aufmerksam, dass viele Symptome und Interaktionsmuster persönlichkeitsgestörter Menschen eine eigenwillige Ambivalenz beinhalten, auf die therapeutisch nur sehr bedingt angemessen reagiert werden könne. Symptom- und Rollenfluktuationen signalisierten nämlich einerseits Bedrohung und schirmten zugleich gegen Bedrohung ab. Zielte nun die Therapie etwa auf eine zu direkte Veränderung des auffälligen Person- bzw. Beziehungsmusters, dann entstehe natürlich die Gefahr, dass der Patient die selbstsichernde Schutzfunktion verlöre. Swildens schlägt entsprechend vor, das vordergründige „Störverhalten“ genau in diesem Sinne (nämlich als notwendigen Selbstschutz) positiv zu konnotieren – andererseits dennoch gleichzeitig den Wunsch von Patienten nach Änderung zu bekräftigen – aber für den Behalt des Selbstschutzes alternative, weniger symptomatische oder interaktionell störende Handlungsmuster zu suchen.

Swildens sieht schließlich die Gefahr, dass insbesondere die Therapie von Borderline-Patienten zu früh beendet werden könne, wenn diese sich nach bereits länger andauernder Therapie erneut (scheinbar) sicher fühlten. Damit spricht auch er das Problem der Dropouts an, das wir schon bei den Psychoanalytikern als eines der zentralen Probleme einsichtsorientierter Therapiearbeit mit Borderline-Patienten kennen gelernt haben. Swildens schlägt vor, in jedem Fall darauf hinzuarbeiten, in der Therapie eine zusätzliche Zeit über die Rückgewinnung subjektiver Selbstsicherheit hinaus zu reservieren. In dieser Transferphase könnte vom Therapeuten angeregt werden, Fragen nach dem Sinn eines Lebens zu besprechen, da das Leben der Borderline-Patienten sowieso mit dem Handicap ständiger Sinninstabilität belastet sei.

Dieses Thema werde von Borderline-Patienten in der Sicherheit bietenden Interaktion mit dem Therapeuten häufig ausgeklammert. Sinninstabilität sei jedoch immer dann gegenwärtig und für viele selbstverletzende Tendenzen verantwortlich, wenn Patienten mit sich allein seien und Depression und Anhedonie das Erleben dominierten. Für ihn ist diese sog. „existenzielle Transferphase" einer Therapie bei Persönlichkeitsstörungen (nicht nur der Borderline-Störungen) der mögliche Schlüssel zum Therapieerfolg.

24.5.2 Integrative Konzepte

Insgesamt bleibt bei der Eingangsdiagnostik zu beachten, dass Borderline-Patienten mit ausgeprägten Identitäts- und Interaktionsstörungen in einigen Studien und Fallschilderungen als jene gelten, die bislang weniger gut auf eine psychotherapeutische Behandlung ansprechen (vgl. Kernberg, 1984; Linehan et al., 1991). Diese Aussage wird gestützt durch eine Modellierung stationärer Behandlungsverläufe von Borderline-Patienten (Hull et al., 1993). Die über sechs Monate hinweg untersuchten Patienten mit jenen schweren Kernsymptomen der Borderline-Störung (Identitätsdiffusion, Gefühle der inneren Leere, instabile zwischenmenschliche Beziehungen mit extremen Schwankungen zwischen Idealisierung und Abwertung, Angst vor realem und imaginiertem Alleinsein) berichteten während der gesamten Behandlungszeit über bleibende Symptome, ja sogar über eine ansteigende Symptomatik. Ganz im Unterschied dazu fand sich bei Patienten mit weniger ausgeprägter Kernsymptomatik eine über die Behandlung hinweg beobachtbare Symptombesserung.

Offensichtlich sollte jenen Patienten mit schweren Identitäts- und Interaktionsstörungen bei der Therapieplanung mit besonderer Sorgfalt entsprochen werden. Auch müsste sich die Fortentwicklung allgemeiner Behandlungskonzepte sicherlich vorrangig auf spezifische Behandlungsmöglichkeiten dieser Kernstörungen ausrichten, um die insgesamt recht bescheidenen Therapieerfolgszahlen in diesem Bereich weiter zu erhöhen (vgl. Horwitz et al., 1996). Bei den letztgenannten Patienten handelt es sich nun zumeist um Menschen, die in ihrem bisherigen Leben vielfältigen traumatischen Erfahrungen einschließlich körperlichen und sexuellen Misshandlungen ausgesetzt waren. Da für diese Personengruppe in den letzten Jahren deutliche Fortschritte in der Entwicklung effektiver Behandlungskonzepte erzielt wurden, wollen wir darauf abschließend etwas detaillierter eingehen (ausführlich dargestellt in Fiedler, 2000a, 2001; Bohus, 2000).

Trauma und Traumabehandlung

Da Traumatisierung für das bisherige Leben vieler Borderline-Patienten eine Verantwortlichkeit trägt, bleibt aus lernpsychologischer Sicht zu beachten, dass das Trauma „reinszeniert“ werden kann. Da Patienten gelernt haben, sich an traumatische Situationen anzupassen, tendieren viele dazu, misstrauisch zu sein, keine klaren Signale zu geben und in Momenten, in denen die Realität der therapeutischen Beziehung ihnen keine Sicherheit bietet, aggressiv zu reagieren – dies vor allem dann, wenn z.B. heikle oder bedrohliche Themen angesprochen werden oder wenn es zu Kränkungen kommt (Benjamin, 1995).

Es scheint sogar so, dass Traumabewältigungsmuster (vor allem Dissoziationen) ähnlich einer konditionierten Reaktion recht leicht gelernt werden können. Sind sie einmal konditioniert, kann Stress automatisch bzw. autoregulativ zu Dissoziationsphänomenen führen, z.B. zu Trance-ähnlichem Verhalten, zu Depersonalisation und zu Erinnerungsverlust (Fiedler, 2001). In diesem Zustand fühlt sich die Person abgestumpft und beziehungslos. Bezugspersonen (gelegentlich sogar die Therapeuten) tendieren in solchen Situationen vorschnell dazu, erheblich frustriert darüber zu sein, wenn ein Patient plötzlich (willentlich oder unwillentlich) unfähig erscheint, angemessen zu reagieren und „verantwortlich“ zu handeln.

Therapeutische Grundhaltung

Wenn Borderline-Patienten dazu tendieren, gegenwärtige Interaktionen auch mit den Möglichkeiten anzugehen, die ihnen als überlebenswichtige Kompetenz in traumatischen Situationen oder in konflikthaltigen Beziehungen zur Verfügung standen, besteht die wesentliche Voraussetzung der Therapie in der Herstellung eines grundlegenden Gefühls von zwischenmenschlicher Sicherheit. Es geht darum, eine tragfähige therapeutische Beziehung aufzubauen.

Die Qualität der therapeutischen Beziehung wird von den Patienten aus verständlichen Gründen wiederholte Male auf ihre Tragfähigkeit geprüft. Besonders zu Beginn steht deshalb die Beziehungsgestaltung im Mittelpunkt der Therapie, d.h., die therapeutische Beziehung muss sich immer wieder aufs Neue bewähren. Bei der Behandlung von Borderline-Störungen kommt der therapeutischen Beziehung mehr Gewicht zu als in Therapieansätzen bei anderen Störungsbildern.

Krisenmanagement

Ein zweites wichtiges Therapieelement zum Aufbau einer tragfähigen Therapiebeziehung ist das Krisenmanagement. Krisen treten ein, weil die gelernten Rollen nicht mehr tragfähig sind und zusammenbrechen – oder weil Traumastörungen auftreten. Das häufig zu verfolgende Ziel ist hierbei einerseits die möglichst unmittelbare Bewältigung einer akuten Krise. Andererseits könnten Krisen in der Therapeut-Patient-Beziehung genutzt werden, um die Verbindung zu überdauernden Themen, zum Erkennen von automatisch ablaufenden Verhaltensmustern und zu den aktuell wirkenden kognitiv-affektiven Schemata herzustellen.

Thema Missbrauch

Gerade mit Blick auf körperlich erlebte Missbrauchserfahrungen stellt die „Paralyse" emotionaler und körperlicher Erfahrungen eine wichtige adaptive Überlebensstrategie dar. Deshalb bleibt zu beachten, dass bei Beobachtung solcher Phänomene nicht konfrontativ oder gar provokativ gearbeitet werden darf. Die dissoziative Separation körperlicher und kognitiver Prozesse als „Sicherheitsoperation" (Sullivan, 1953) sollte so lange durch Patienten beibehalten werden, bis alternative Bewältigungsformen etabliert sind.

Scham- und Schuldgefühle im Zusammenhang mit dem Verlust eigener Körperlichkeit erweisen sich häufig als Schlüssel zur Besprechung von Schwierigkeiten im Bereich intimer zwischenmenschlicher Erfahrungen. Sie sollten deshalb immer, wenn sie thematisch werden, besprochen und sachlich geklärt werden. Wo immer sinnvoll, sollten die Patienten lernen, sich mit sachlichen Argumenten „freizusprechen" von Schuldgefühlen, die im Zusammenhang mit Gewalt gegen sie fälschlicherweise ihnen zugeschrieben wurden oder anderweitig entstanden und manifest geblieben sind.

Habituation

Treten dissoziative Phänomene und weitere konditionierte Traumastörungen spontan auf oder berichten Patienten über solche Erfahrungen, sollte der Therapeut sachlich und beruhigend in eine Detailexploration der Erfahrungen eintreten: sachlich fragend, verstehend und akzeptierend, in keinem Fall das affektive Erleben forcierend! Auf die gleiche Weise sollten auch Berichte über frühere traumatische Erfahrungen rekonstruiert werden. Eine Detailbesprechung früherer Erfahrungen dient nicht nur der Rekonstruktion mit dem Ziel der Integration von Gedächtnisprozessen. Sie dient – vorrangig – der Habituation. Habituation an konditionierte emotionale Verfassungen kann sich bereits durch wiederholtes Erzählen ein und derselben Geschichte einstellen.

Selbstkontrolle und Selbstmanagement

Insbesondere in einer Hinsicht sollte sich im Rahmen der Fortentwicklung integrativer Therapieansätze zukünftig ein Konsens herstellen lassen, nämlich über die große Bedeutung, die dem realen sozialen Umfeld für eine Generalisierung therapeutischer Änderungen zugemessen werden sollte. Eine ausschließliche Fokussierung auf Entwicklungen in der therapeutischen Beziehung sollten als nicht mehr hinreichend betrachtet werden! Insbesondere der gezielte Einsatz von Übungen und Hausaufgaben zwischen den Therapiesitzungen kann entscheidend zu einem Wiedergewinn von Selbstsicherheit und Selbstvertrauen beitragen. Dies gilt insbesondere für Patienten mit Borderline-Persönlichkeitsstörungen.

24.5.3 Transfer

In der Behandlung der Borderline-Persönlichkeitsstörungen sieht sich der Therapeut immer wieder mit einer Vielzahl psychosozialer Problemstellungen konfrontiert, wie Arbeitslosigkeit, Obdachlosigkeit, Kontakt der Patienten zur Drogenszene, misshandelnde Partner. Alle diese Bedingungen stellen nicht nur Folge der maladaptiven Verhaltensweisen der Patienten dar. Sie müssen in der Behandlung zwingend als mögliche aufrechterhaltende Faktoren Beachtung finden (vgl. Waltz & Trautmann-Sponsel, 1999).

Strukturierung des sozialen Umfeldes

In vielen Fällen ist die psychologische Therapie nur eine von mehreren Möglichkeiten. Eine Reihe von Problemen erfordern zwingend die Hinzuziehung weiterer Spezialisten und Fachberater. Dies betrifft insbesondere die Beratung in Fragen der Erziehung, bei Familienproblemen, bei Krisen in Ehe und Partnerschaft wie Trennung und Scheidung, weiter zur schulischen und beruflichen Laufbahnplanung und bei der ungewollten Schwangerschaft. Sie umfasst die Beratung von Pflegern und Vormündern, die Beratung bei Behinderung sowie zu Fragen der persönlichen Hilfeleistung im Rahmen der Sozialhilfe. Spezielle Berater können und sollten auch zur ganz gewöhnlichen Psychotherapie selbst immer wieder hinzugezogen werden, was viel zu selten geschieht. Nicht für alle diese Bereiche sollte sich ein Psychotherapeut für zuständig halten. Fachlich ausgebildete Spezialisten sind gelegentlich die besseren Berater.

Dennoch gilt es, bei Patienten mit Borderline-Persönlichkeitsstörungen sorgsam abzuschätzen, ob die erhofften Wirkungen durch zusätzliche Beratung erreicht werden können. Das ist durchaus nicht immer der Fall, weshalb Therapeuten gelegentlich nicht darum herumkommen, bei bestimmten Problemen selbst zum Berater oder gar zum Anwalt des Patienten zu werden.

24.6 Histrionische Persönlichkeitsstörung

Kennzeichnung und Kriterien der histrionischen Persönlichkeitsstörung wurden erst mit dem DSM-III (von 1980) neu festgelegt und damit – zumindest in den Diagnosesystemen – der bis dahin gültige „Hysteriekomplex", der eine konzeptuelle Verbindung zwischen hysterischen Neurosen und hysterischen Persönlichkeitsstörungen implizierte, aufgelöst. Diese Auflösung findet nach wie vor keine ungeteilte Zustimmung. Insbesondere im Rahmen psychoanalytischer Konzeptionen wird nach wie vor – zumindest bei einer größeren Untergruppe – ein gemeinsamer Funktionsmodus unterstellt, der seinen Ausdruck in einer Komorbidität dissoziativer, somatoformer und interpersonell-histrionischer Symptome finden soll. In der Tat ist es so, dass Menschen mit histrionischer Persönlichkeitsstörung eher selten ausschließlich ihrer interpersonellen Eigenarten oder Schwierigkeiten wegen einen Psychotherapeuten aufsuchen (Blashfield & Davis, 1993).

24.6.1 Herkömmliche Perspektiven

In den meisten Fällen dürfte die Störung deshalb komorbid zu anderen psychischen Störungen diagnostiziert werden und als solche in der Therapieplanung eine besondere Rolle spielen (→ 22.1). Andererseits findet sich in der aktuellen Forschung bei weitem nicht so häufig jene Komorbiditätsverbindung, die Psychoanalytiker in ihrer Hysteriekonzeption unterstellen. Deutlich häufiger beobachtbar sind Komorbiditäten der histrionischen Persönlichkeitsstörung mit Ängsten und Phobien sowie mit den affektiven Störungen. Es gibt zugleich beträchtliche Komorbiditäten mit den Borderline- und narzisstischen Persönlichkeitsstörungen (vermutlich in weit über 50 Prozent; → 19.2).

Wenn Patienten mit solitärer histrionischer Störung in die Therapie kommen, klagen sie zumeist über innere Leere, Einsamkeit und Depressivität. In den weniger schwer betroffenen Fällen mögen vor allem unbeständige Reizsuche, Emotionalisierung von Beziehungen, Verlangen nach Anerkennung und leichte Kränkbarkeit beobachtbar sein, in den schwerer betroffenen Fällen zusätzlich eher narzisstische Merkmale (übertriebene Eitelkeit, Egozentrik, Oberflächlichkeit) und Impulsivitätsstörungen (selbstschädigende Neigungen bis hin zu Parasuiziden und Wutausbrüche; Stone in Liebowitz et al., 1986).

Psychoanalyse

Wegen der klassifikatorischen Neusetzung ist es so, dass es zur Therapie der histrionischen Persönlichkeitsstörung (im Sinne aktueller Diagnosesysteme) bisher vor allem konzeptuelle Vorschläge, kaum Therapiestudien und nurmehr wenige substanzielle Fallanalysen gibt. Psychoanalytiker orientieren sich zumeist nach wie vor an den tradierten Konzepten – etwas verständlich, müssten sie sich doch mit der „Hysterie" von einem Konzept trennen, mit dem die Ursprünge der Psychoanalyse unverbrüchlich verbunden sind. Nur wenige Autoren nehmen (wenngleich sehr halbherzig) ausdrücklicher auf die Neuorientierung in der Diagnostik bezug (z.B. Chodoff, 1989, sowie die Arbeiten in Horowitz, 1991a; neuerlich jedoch ausdrücklicher z.B. bei Eckhardt-Henn & Hoffmann, 2000).

Die dort entwickelten Therapievorschläge gehen zumeist in die Richtung, das psychoanalytische Vorgehen durch ausgesprochen stützend-psychoedukative und konfrontative Elemente anzureichern. Es werden übereinstimmend längerfristig angelegte Therapien empfohlen, die darauf abzielen, die fantasiebestimmten histrionischen Eigenarten (Selbstbezogenheit, unmittelbare Bedürfnisbefriedigung und das dependent anmutende, ständige Verlangen nach Aufmerksamkeit) mit der Interaktionswirklichkeit zu konfrontieren. Es sollte dem Patienten ermöglicht werden, eine kontextgebundene Unterscheidungsfähigkeit hinsichtlich sozial erfüllbarer und sozial nicht erfüllbarer Wünsche und Bedürfnisse zu erarbeiten. Therapeuten sollten dabei ständig ein Modell für Sicherheit, Ehrlichkeit und Respekt im Umgang mit anderen Menschen abgeben und diese Eigenarten dem Patienten gegenüber durchgängig vorleben, um auf diese Weise die Emotionalisierungsneigung der Patienten zu modulieren (so Chodoff, 1989).

Kognitive Therapie

Auch in den Fallbeschreibungen zur Kognitiven Therapie von Beck et al. (1989) wird von einer langfristigen Therapieperspektive (zwischen ein und drei Jahren) ausgegangen. Die kognitiven Therapeuten sehen es als entscheidende Therapiestrategie an, die Bedürfnisse der Patienten auf ein real erfüllbares Maß zurückzunehmen (vgl. Fleming, 1996). Sie empfehlen dazu die Vermittlung konkreter Problemlösestrategien, mithilfe derer die Patienten eine realistische Sicht von den gegebenen Möglichkeiten der Bewältigung alltäglicher Anforderungen und Aufgaben erhalten sollen. Über den wiederholten Erfolg der konkreten Einübung neuer Problemlösungsstrategien wird auf längere Sicht hin erhofft, die bei Patienten mit histrionischer Persönlichkeitsstörung unterstellten Grundannahmen (vor allem über die eigene Unzulänglichkeit) grundlegend zu ändern.

24.6.2 Integrative Perspektiven

Inzwischen deuten sich einige therapeutische Möglichkeiten an, die jenseits therapieschulenspezifischer Überlegungen zu einem Behandlungskonzept bei histrionischen Persönlichkeitsstörungen zusammengefügt werden könnten (vgl. Fiedler, 2000a). Darauf soll kurz eingegangen werden.

Viele histrionische Patienten neigen insbesondere zu Behandlungsbeginn dazu, ihre Therapeuten zu glorifizieren und ihnen die Rolle eines omnipotenten Helfers zuzuweisen. Übernimmt der Therapeut, den Wünschen der Patienten entsprechend, weitgehend die Verantwortung für Entscheidungen oder Planungen, wird er wegen der ebenfalls erwartbaren Sprunghaftigkeit vieler Patienten bereits kurze Zeit später mit einem möglichen Compliance-Problem konfrontiert. Hält er sich diesbezüglich zu stark zurück, so werden sich möglicherweise histrionisch-Hilfe suchende Verhaltensmuster verstärken und auf diese Weise den erfolgreichen Fortgang der Therapie bedrohen.

Die besondere Kunst der Behandlung histrionischer Patienten liegt darin, eine gute komplementäre Balance zwischen den bisher vom Patienten vernachlässigten Bedürfnissen nach Selbstkontrolle und Bindung zu finden. Aus letzteren Aspekten lassen sich auch die wichtigsten therapeutischen Ziele für die Behandlung ableiten.

Stabilisierung des Selbstwertgefühls und Verhaltenskontrolle

Hierzu könnte es hilfreich sein, Rahmensetzungen zu beachten, wie sie in den Abschnitten über dissoziale und Borderline-Persönlichkeitsstörungen angesprochen wurden. Das therapeutische Vorgehen sollte klar strukturiert sein und von Anfang an möglichst viele Möglichkeiten zum Erproben einer Selbstkontrolle beinhalten (Hausaufgaben, Selbstbeobachtung, Selbstevaluation, Selbstmanagement). Für die Strukturentwicklung bei Patienten mit histrionischer Persönlichkeitsstörung sind Hausaufgaben zur Einübung in vermehrte Selbstkontrolle unverzichtbar.

Aufbau dauerhafter Beziehung im Privatleben und Beruf

An diese Stelle rücken jene Strategien, die wir oben (im Zusammenhang mit der paranoiden Persönlichkeitsstörung; → 24.1) als psychosoziales Konfliktmanagement beschrieben haben. Nicht gerade selten kommt es im Privatleben und Beruf der Betroffenen wegen ihrer schauspielerischen Fluktuation zu Krisen, die möglicherweise sogar Anlass für die Behandlung waren. Sinnvollerweise werden für die Behandlung prototypische Situationen ausgewählt, in denen im Vorfeld der Behandlung oder auch bereits lebenslang Interaktionsschwierigkeiten aufgetreten sind. Es könnte sich auch um Situationen oder Episoden handeln, die für die Betroffenen in Zukunft besondere Schwierigkeiten darstellen könnten. Diese werden dann nach und nach in den Mittelpunkt der Behandlung gerückt und sollten mit einer gewissen Konstanz möglichst vollständig behandelt werden. Histrionische Patienten sollten lernen, jeweils ein Thema zu fokussieren. Erst dann können Details von Handlungen, Gedanken und Gefühlen identifiziert und beeinflusst werden.

Erproben von Möglichkeiten, etwas allein zu unternehmen oder allein zu leben

Diese Zielperspektive ist überhaupt nicht alternativ zum vorhergehenden Punkt zu betrachten. Sie setzt eigene Schwerpunkte und zielt auf eine Beeinflussung der Sprunghaftigkeit und Inkohärenz. Wichtige Übungen könnten darauf ausgerichtet werden, Langeweile zu tolerieren, angefangene Projekte, die nur allein ausgeführt werden können, endlich zu Ende zu bringen – oder auch den Verlockungen und Reizen spontaner Ideen zu widerstehen. Dieser Aspekt zielt zugleich auf eine differenziertere Emotionswahrnehmung. Diffuse Gefühle der Leere können durch eingeübte Affekte histrionischer Rollen zumindest zeitweilig überlagert und vermeintlich kontrolliert werden. Die Therapie sollte Möglichkeiten beinhalten, dass Patienten lernen, das Erleben „stimmiger“, d.h. situationsangemessener Emotionen genau von jenen Emotionen unterscheiden zu können, die in inszenierten Rollen ausgelebt werden. Das Unternehmen von Aktivitäten, die allein ausgeführt werden, kann hierzu eine wichtige Voraussetzung darstellen.

Angesichts der beschriebenen Eingangsbedingungen ist natürlich nicht in jedem Fall der histrionische Persönlichkeitsstil von Patienten in den Mittelpunkt der Behandlung zu rücken. In den meisten Fällen wird zunächst zu prüfen sein, ob es die Gründe für eine Therapieaufnahme (etwa das Vorliegen psychischer Störungen wie Ängste, Phobien oder eine Depression) sinnvoll erscheinen lassen, von ursächlichen Wechselwirkungen zwischen Persönlichkeit und psychischer

Symptomatik auszugehen. Erst wenn dies zwingend erforderlich ist, sollten mit dem Patienten Überlegungen dahingehend angestellt werden, Persönlichkeit und persönliche Stile als einen weiteren oder sogar als den zentralen Behandlungsschwerpunkt zu betrachten. Letzteres wird z.B. häufiger der Fall sein, wenn Depressivität oder eine Depression Anlass für die Behandlung waren.

24.7 Narzisstische Persönlichkeitsstörung

Psychoanalyse

In der Psychoanalyse gibt es nach wie vor eine Diskussion darüber, was die narzisstische Persönlichkeitsstörung im Kern ausmacht und wie diese behandelt werden sollte. Einerseits wird sie in einem weiter gefassten Sinne verstanden, etwa als Prototyp einer „frühen Störung", so wie es in der Tradition Kohuts üblich ist (→ 13.4). Oder es gibt Auffassungen in einem viel engeren Sinne, die zumeist den Ansichten Kernbergs folgen, welche im Übrigen ihren Niederschlag in den Kriterienausarbeitungen des DSM-III(-R) gefunden haben (→ 13.1).

Im Sinne Kohuts wäre die Narzissmusstörung als subjektiv nicht lösbarer Konflikt zwischen Selbstüberschätzung und der gleichzeitigen Annahme einer Grandiosität anderer Personen verstehbar (bzw. aus deren ständiger Fluktuation), die aus dem Kindheitserleben eines grandiosen Selbst bzw. der Grandiosität der Eltern auf aktuelle Beziehungen übertragen wird. Im Sinne Kernbergs wäre die Narzissmusstörung bereits eine konkrete Form der Lösung dieses Konfliktes, und zwar in Richtung auf eine Überwertigkeitssicht der eigenen Person. Der Konflikt selbst bleibe vielmehr in anderen Störungen sichtbar, z.B. der Borderline-Störung, die im Narzissmus-Verständnis sensu Kohut nicht weiter differenziert werden.

Dieser konzeptuelle Unterschied hat natürlich insofern therapeutische Implikationen, als die Narzissmusstörung im Sinne Kernbergs zwar eine Borderline-Störung maskieren kann, in der Regel jedoch die „leichtere" Störungsvariante darstellt. Entsprechend gehen die Therapievorschläge Kernbergs (1975, 1984) in die Richtung, den Patienten mit seiner narzisstischen Abwehr (die Selbstüberschätzung als Abwehrmöglichkeit von Wut, Aggression und Neidgefühlen) zu konfrontieren und diese therapeutisch direkt zu bearbeiten. Kohut (1971) argumentiert, dass diese Konfrontation vom Patienten als Empathiefehler angesehen würde und nurmehr umso deutlicher die fragilen Abwehrmechanismen (Ambivalenzen und fluktuierende Interaktionsmuster zwischen den Grandiositätsextremen) provozieren würden. Entsprechend konsequent wird von Kohut eine von Empathie und Verständnis bestimmte Psychoanalyse der Narzissmusstörungen gefordert (vgl. Adler, 1986; Russel, 1985; konkrete Therapieüberlegungen: Groopman, & Cooper, 1995; Lang, 1996; Deneke, 1996).

Verhaltenstherapie, Kognitive Therapie

Narzisstische Persönlichkeitsstörungen dürften im klinischen Alltag zumeist als Komorbiditätsproblem zu spezifischen psychischen Störungen auftreten, zumeist im Zusammenhang mit den affektiven Störungen. Vonseiten der Verhaltenstherapie wie auch der Kognitiven Therapie liegen wohl vor allem deshalb nur Fallberichte vor, in denen die narzisstische Persönlichkeitsstörung nicht direkt im Vordergrund der Behandlung stand (Turkat & Maisto, 1985; Turkat, 1990). Sehr wohl gibt es bereits einige konzeptuelle Vorstellungen über die als sinnvoll erachteten allgemeinen Therapieschwerpunkte (Beck et al., 1989; Fiedler, 2000a).

Im Mittelpunkt dieser Überlegungen stehen die Störungskriterien des DSM-IV, die darauf aufmerksam machen, dass es sich bei der narzisstischen Persönlichkeitsstörung – trotz der vorherrschenden Präsentation von Selbstaspekten – um ein Interaktionsproblem handelt, festmachbar an der fehlenden Empathie, an der Schüchternheit, am sozialen Unbehagen und an der Angst vor negativer Bewertung durch andere.

Für Verhaltenstherapeuten und kognitive Therapeuten ist die Narzissmusstörung im Kern ein Feedback-Problem. Empfohlen wird entsprechend eine zweigleisige Strategie (z.B. Seipel, 1996). Die erste betrifft die Therapeut-Patient-Beziehung, in der – ähnlich wie bei der paranoiden Persönlichkeitsstörung – darauf geachtet werden sollte, die narzisstisch getönten kognitiven Konstruktionen der Patienten nicht moralistisch zu interpretieren. Entsprechend sollten nicht allgemeine Aspekte des zwischenmenschlichen Zusammenlebens thematisiert werden, sondern konkrete Erfahrungen und Probleme in konkret bestimmbaren Situationen mit konkret zu benennenden Menschen (Fiedler, 1994a).

Die zweite Strategie sucht Zugänge zur Behandlung des Empathie- und Feedback-Problems. Feedback geben und Feedback annehmen setzt Empathie voraus. Vorschläge, wie dies mit dem Patienten erarbeitet werden könnte, reichen von der Nutzung von Rollenspielen unter Einsatz von Video-Feedback (so Beck et al., 1989; Fiedler, 2000a) bis zum Einsatz von Trainingsmaterialien, wie sie in der klientzentrierten Therapie zum Empathietraining von Therapeuten benutzt werden (so Turkat, 1990).

24.8 Ängstlich-vermeidende (selbstunsichere) Persönlichkeitsstörung

Auch wenn dieses Störungsbild erst mit dem DSM-III (von 1980) offiziell in die Klassifikationssysteme übernommen wurde, dürften Patienten, auf die die Kriterien der selbstunsicher-ängstlichen Vermeidung zwischenmenschlicher Beziehungen zutreffen, immer schon einen Großteil der Patienten ausgemacht haben, die von den unterschiedlichsten Psychotherapieangeboten profitieren konnten.

Psychoanalyse, Interpersonelle Therapie

Entsprechend werden beispielsweise vonseiten der Psychoanalyse keine spezifischen Einschränkungen hinsichtlich der besonderen Anlage oder Struktur des psychotherapeutischen Angebots formuliert. Die Wahl der spezifischen Therapieform (Fokaltherapie, psychoanalytische Kurzzeittherapie oder die Langzeitbehandlung mit dem Couchsetting) sollte vom Wunsch des Patienten abhängig gemacht werden (so Frances & Widiger, 1989). In jedem Fall wird ein entscheidender Gewinn für die Patienten aus Therapieangeboten erwartet, in der die Übertragungssituation zum Therapeuten selbst Raum und Möglichkeiten zur Reflexion zwischenmenschlicher Unsicherheiten und Beziehungsstörungen bereitstellt.

Entsprechend gelten auch die Vorgehensweisen der Interpersonellen Psychotherapie grundsätzlich als indiziert. Im Unterschied zur psychoanalytischen Strategie wird bei letzterem Vorgehen gelegentlich zur Intensivierung der Lernerfahrung psychoedukativ dazu angeregt, assertiveres Verhalten direkt in der Therapie oder übend im Lebensumfeld zwischen den Sitzungen auszuprobieren (McLemore & Benjamin, 1979; Benjamin, 1995).

Verhaltenstherapie

Soziale Unsicherheiten, soziale Phobien und soziale Ängste gehören mit dem zugehörigen Forschungsbereich der sozialen Kompetenz zu den bestuntersuchten Störungsbereichen der Verhaltenstherapie (vgl. Clark & Arkowitz, 1975; Eisler, 1976; Bellack, 1979; Reinecker, 1993a). Entsprechend liegen hierzu die wohl am weitesten ausgearbeiteten Therapiekonzepte vor, die inzwischen auch an Patientengruppen mit selbstunsicherer Persönlichkeitsstörung überprüft wurden. Prototypisches Verfahren in der Behandlung ängstlich-vermeidender Patienten stellt das Training sozialer Fertigkeiten dar, das zumeist in Therapiegruppen durchgeführt wird (Fiedler, 1998; → 23.1.3). Im Social-Skills-Training wird eine Vielzahl von Techniken zusammengestellt, die in unterschiedlichen Kombinationen je nach wünschenswerter Zielsetzung zur Anwendung kommen können. Die wichtigsten Techniken sind u.a. Verhaltenseinübung, Modellvorgabe, direkte Instruktionen, gezielte Hilfestellungen, Verhaltensrückmeldungen, Rollenspiele, Video-Feedback, direkte Übungen in Alltagssituationen.

Zur Durchführung der Verhaltenstherapie bei selbstunsicheren Persönlichkeitsstörungen liegen eine Reihe empirischer Studien vor. Zwei Studien (Cappe & Alden, 1986; Alden, 1989) berichten von deutlichen Unterschieden einer behandelten Gruppe ängstlich-vermeidender Patienten gegenüber einer Warte-Kontrollgruppe. Diese betrafen vor allem die Zahl zunehmender Sozialkontakte, Abnahme des Vermeidungsverhaltens und Zufriedenheit mit sozialen Unternehmungen. Die Behandlung bestand aus den drei Therapiebausteinen Training sozialer Fertigkeiten, graduierte Exposition in Sozialangstbedingungen und systematische Desensibilisierung. Alden und Capreol (1993) berichten in einer neuerlichen Durchführung dieses Trainings bei 97 ängstlich-vermeidenden Patienten über differenzielle Therapieeffekte bei zwei Untergruppen von Patienten: Eine Untergruppe von Patienten mit vorrangigen Schwierigkeiten im Intimitäts- und Freundschaftsverhalten profitierte stärker durch direkte In-vivo-Übungen (Exposition zur Kontaktaufnahme und Gesprächsübungen). Eine zweite Gruppe eher aktiv Selbstsicherheit vermeidender Patienten konnte durch ein Selbstsicherheitstraining (mit Übungen zur Durchsetzung eigener Interessen) besondere Erfolge verzeichnen.

Renneberg et al. (1990) führten mit 17 Patienten, die die Kriterien der ängstlich-vermeidenden Persönlichkeitsstörung erfüllten, ein verhaltenstherapeutisches Intensivtraining durch. Dieses wurde kompakt in Kleingruppen jeweils über vier ganze Tage hinweg durchgeführt und bestand in einer systematischen Desensibilisierung, einem Verhaltenstraining unter Alltagsbedingungen und einer Phase der Selbsterprobung des Gelernten ohne therapeutische Begleitung. Die meisten Patienten zeigten Veränderungen in den wesentlichen Kontrollmaßen (soziale Angst, Depressivitätswerte, soziale Anpassung; vgl. auch Renneberg, 1996).

Im Unterschied zu nicht beobachtbaren Veränderungen während einer Warteperiode verbesserten sich Patienten einer dritten Studie von Stravynski (Stravynski et al. 1982) in einem anschließend durchgeführten Social-Skills-Training in fast allen erhobenen Sozialparametern.

Bei Bewertung dieser durchaus ermutigenden Befunde bleibt jedoch zu bedenken, dass in den Studien nicht alle Patienten im erhofften Sinne und zum Teil recht unterschiedlich von den eingesetzten Techniken profitierten. So berichten Cappe und Alden (1986), dass sich Gefühle der Einsamkeit und des Alleingelassenseins durch das Sozialtraining nicht beeinflussen ließen. In der Studie von Alden (1989) zeigte sich, dass trotz deutlicher Änderungen nicht davon gesprochen werden könne, dass die Patienten etwa ein Funktionsniveau erreicht hätten, das als „normal“ zu bezeichnen sei.

Parallelisierung von Gruppen- und Einzeltherapie

Gerade die letzten Befunde verweisen darauf, dass es sich lohnen könnte, bei der selbstunsicheren Persönlichkeitsstörung nicht nur an ein Gruppentraining sozialer Fertigkeiten zu denken. Dennoch bleibt es unserer Meinung nach unverzichtbar. Vorgeschlagen wird hier vielmehr, an die Möglichkeit der Einrichtung einer zeitgleichen Einzeltherapie zu denken. Diese muss nun nicht unbedingt nur verhaltenstherapeutisch orientiert sein, sondern kann durchaus einem anderen Grundansatz folgen.

Der Vorteil einer ergänzenden Einzelbehandlung liegt darin, dass sie einerseits längerfristiger geplant werden könnte und dass damit für die Reflexion allgemeiner Lebensprobleme und Lebensziele der Patienten erheblich mehr Raum gegeben wird (Sutherland & Frances, 1995). Aufgrund der zumeist bereits lebenslang bestehenden Unsicherheiten bleibt nämlich zu beachten, dass den Patienten über eine längere Zeit hinweg ausreichend Möglichkeiten eingeräumt werden, sich über die Realität der eigenen Unsicherheiten und Widersprüche, in denen sie leben, klarer zu werden. Genau dies lässt sich nun vermutlich besonders gut in einzeltherapeutischen Gesprächen realisieren.

Die Patienten sollten stützend dazu angeregt und ermutigt werden, eine Reihe unterlassener existenzieller Entscheidungen und Lebensbeschlüsse zu klären und notwendige Verantwortlichkeiten endlich auf sich zu nehmen. Zeit ist deshalb erforderlich, weil diese Ziele und Handlungskorrekturen gegenüber anderen Menschen möglicherweise bis hin zum Antikonformismus und zum interpersonellen Dissens reichen können und entsprechend sorgfältig durchdacht werden sollten.

Nochmals: Der Mut zu existenziellen Entscheidungen wird sich leichter einstellen, wenn zuvor ein grundlegendes Vertrauen in soziale Fertigkeiten und Kompetenzen aufgebaut wurde. Genau aus diesem Grund gilt in vielen Kliniken das verhaltenstherapeutische Training sozialer Fertigkeiten inzwischen als unverzichtbarer Behandlungsschwerpunkt und fest etabliertes Therapieangebot. Denn die vergleichende Therapieforschung lässt unzweifelhaft schlussfolgern, dass die direkte Einübung prosozialer Autonomie jeder einsichtsorientierten Therapie nicht nur gleichwertig, sondern zumeist überlegen ist (vgl. Grawe et al., 1994). Psychotherapeuten sollten also nicht „einsichtsorientiert" zuwarten, bis prosoziale Autonomie sich entfaltet. Und es ist völlig unerklärlich, warum bis heute fast ausschließlich in verhaltenstherapeutisch arbeitenden Kliniken und Ambulanzen von dieser wirkungsvollen Möglichkeit Gebrauch gemacht wird.

Hier gilt es wirklich einmal, festgefahrene Behandlungsgewohnheiten zugunsten einer hochgradig wirkungsvollen Behandlungsform zu reformieren oder zu ergänzen. Denn die selbstunsichere Persönlichkeitsstörung ist ein schönes Beispiel für Möglichkeit, unterschiedliche therapeutische Strategien und Methoden gut begründet in Sukzession oder zeitgleich zu planen und durchzuführen.

24.9 Dependente Persönlichkeitsstörung

Patienten mit dependenter Persönlichkeitsstörung kommen häufig in die Therapie, wenn sie – beispielsweise nach Trennung vom Partner oder nach dessen Ableben – plötzlich mit Anforderungen, autonomen Entscheidungen und Aufgaben konfrontiert sind, denen sie nicht gewachsen sind, weil ihnen diese bisher von relevanten Bezugspersonen abgenommen wurden. In aller Regel übertragen die Patienten ihre Abhängigkeitswünsche sehr bald auf die Therapie und den Therapeuten. Diese Typik stellt eine besondere Eingangsbedingung dar, auf die sich wohl alle Therapeuten zunächst spezifisch einstellen müssen, und zwar in Abhängigkeit vom jeweils ausgeübten Verfahren recht unterschiedlich.

Beginn der Behandlung

Einerseits kann es zu einem unmittelbaren Steckenbleiben in der Therapie kommen, wenn Therapeuten nicht unmittelbar den Dependenzwünschen der Patienten entsprechen und diese dann in eine gewohnheitsbedingte, extreme Passivität verfallen. In dieser Situation – die gelegentlich durch die Settingvorgaben einer einsichtsorientierten bzw. personzentrierten Therapiestrategie etwa durch Enthaltsamkeit und Zuwarten der Therapeuten provoziert werden kann (z.B. – wenn auch nicht nur – in gesprächspsychotherapeutisch bzw. tiefenpsychologisch orientierten sowie psychoanalytischen Behandlungen) – fühlen sich viele Therapeuten zumeist in einen scheinbar unlösbaren Konflikt verstrickt, da ihre professionell bedingte Helferintention durch die präsentierte Hilflosigkeit in extremer Weise eingefordert wird, zumal wenn Patienten unterschwellig mit dem möglichen Abbruch der Therapie drohen.

Andererseits – und dies betrifft vor allem das eher direkte und aktive Handeln des Therapeuten in den psychoedukativen (kognitiv-verhaltenstherapeutischen) Therapieformen – stößt der Therapeut unmittelbar auf eine hohe Bereitschaft der Patienten zur Kooperation (und Compliance). Über eine längere Therapiephase hinweg könnte der fälschliche Eindruck entstehen, als profitiere der Patient. Es wird dabei gleichzeitig übersehen, dass der Patient seine gewohnheitsmäßige Dependenz lediglich wiederholt, indem er den Instruktionen des Therapeuten folgt, ohne jedoch auch nur ansatzweise in Richtung Autonomie zu profitieren.

Zielen die psychoedukativ-verhaltenstherapeutischen Strategien zugleich – möglicherweise zu forciert – auf die Einübung einer autonomen Entscheidungsfindung und Aufgabenbewältigung, kann zudem das Problem entstehen, dass sich die Patienten angesichts einer fehlenden grundlegenden Selbstsicherheit schnell überfordert sehen und aus Angst vor den Therapieübungen möglicherweise die Therapie abbrechen.

Behandlungsverlauf

Für den Umgang mit dieser ambivalenten Eingangsbedingung der Therapie dependenter Personen wird (und zwar über die Therapieschulunterschiede hinweg) allgemein als Vorgehen empfohlen, dem Patienten ausgesprochen personzentriert und behutsam zunächst eine Einsicht in seine Dependenz zu ermöglichen, um dann allmählich eine Veränderung der Dependenz in Richtung auf eine zunehmende Autonomie anzustreben – mit einer eher langfristigen Therapieperspektive (für die Psychoanalyse: Freeman & Gunderson, 1989; für die Verhaltenstherapie: Perry, 1989a, 1995).

Ebenfalls über die unterschiedlichen Therapieansätze hinweg besteht weitgehend Konsens, dieses Ziel möglichst frühzeitig im Therapieverlauf dadurch zu erreichen, dass anhand von Beispielen aus den Schilderungen der Patienten die Diagnose der dependenten Persönlichkeitsstörung transparent gemacht und ein aus ihr ableitbares Therapieziel vorgeschlagen wird, nämlich: in der weiteren Therapie auf eine Verbesserung der persönlichen Möglichkeiten, Ressourcen oder Kompetenzen hinzuarbeiten, die dem Patienten langfristig von anderen Menschen weitgehend unabhängige Entscheidungen ermöglichen und zunehmend selbstbestimmt-autonome Handlungsperspektiven eröffnen (für die Interpersonelle Psychotherapie: Benjamin, 1995; für die Kognitive Verhaltenstherapie: Fiedler, 1994d).

In aller Regel führt eine solche Aufklärungsphase dazu, dass sich die Patienten viele ihrer früher gegebenen Interaktionsschwierigkeiten und Hilflosigkeiten besser erklären können und dass die Motivation zur aktiven Therapiemitarbeit ansteigt (mit zugleich zunehmender Selbstkontrolle der gewohnheitsbedingten Dependenzneigung).

Die spezifischen Therapieempfehlungen folgen ansonsten grob den Vorschlägen, wie sie im Zusammenhang mit der selbstunsicheren Persönlichkeitsstörung vorgestellt wurden, weshalb sie hier nicht erneut besprochen werden (auch: Overholser, 1987; für Verhaltenstherapiegruppen: Vogelsang, 1996; allgemein: Fiedler, 2000a).

Weitere Aspekte

Eines muss hier dennoch eindringlich angemahnt werden: Patienten mit spezifischen psychischen Störungen (z.B. mit Phobien oder posttraumatischen Belastungsstörungen) erscheinen auf den ersten Blick gelegentlich hochgradig dependent. Therapeuten sollten beachten, dass die bisherige Forschung eindrücklich belegt, dass die Dependenz ein Nebeneffekt des Hilflosigkeitserlebens gegenüber der psychischen Störung sein kann. Ist die psychische Störung erfolgreich behandelt, geht in vielen Fällen die Dependenz zurück. In der Behandlung spezifischer psychischer Störungen sollte bei beobachtbarer Dependenz von Patienten also nicht unmittelbar auf eine persönlichkeitsbedingte Symptomatik rückgeschlossen werden.

Auch die Hypothese eines sekundären Krankheitsgewinns sollte nicht vorschnell erwogen werden. Erst wenn die Dependenz nach einer gewissen Zeit der Behandlung bestehen bleibt, sollten Überlegungen zur Komorbidität angestellt werden. Die frühere Vermutung, dass etwa Phobien in Dependenzbeziehungen durch Partnerzuwendung stabilisiert werden, hat sich – von wenigen Ausnahmen abgesehen – als nicht haltbar erwiesen. Erfolgreich verhaltenstherapeutisch behandelte Phobiepatienten erweisen sich nach Therapieende üblicherweise als hochgradig autonom.

24.10 Zwanghafte Persönlichkeitsstörung

Psychoanalyse

Ganz im Unterschied zur Behandlung der symptomatischen Zwangsstörungen (Zwangshandlungen, Zwangsgedanken, Zwangsrituale), die mit einer einsichtsorientierten Psychotherapie immer schon als schwierig zu behandeln galten und die heute recht erfolgreich durch eine psychoedukativ-orientierte Verhaltenstherapie modifiziert werden können (vgl. Reinecker, 1991), wird für die zwanghaften Persönlichkeitsstörungen von den einsichtsorientierten Verfahren vor allem die „klassische“ Psychoanalyse als eine geeignete Behandlungsform betrachtet (Salzman, 1989). Empfohlen wird in der Regel also eine langfristige Therapie, da die Betroffenen nach aller Erfahrung in kurzzeitigen Psychoanalysen kaum profitieren (Horowitz, 1980; McCullough & Maltsberger, 1995). Von einigen Autoren wurden nach Kriteriensetzung im DSM-III (1980) jedoch einige Voraussetzungen und Grundlagen ausgearbeitet, die bei der psychoanalytischen Therapiearbeit mit Blick auf die Persönlichkeitseigenarten der Betroffenen Beachtung finden sollten.

Der Therapiearbeit sollten klare Absprachen über die Regelmäßigkeit der Therapiesitzungen zugrunde liegen sowie die übliche Bereitschaftserklärung des Patienten, über Gefühle und Gedanken frei und möglichst unzensiert zu sprechen. Letzteres dürfte insbesondere zwanghaften Patienten besonders schwer fallen, weshalb ihnen der Sinn der freien Assoziation wiederholt transparent gemacht werden sollte (Salzman, 1980). Andererseits könnten die Therapeuten durch eine gewisse Flexibilität durchaus der rigiden und auf Sicherheit bedachten Persönlichkeitsstruktur der Patienten entsprechen. In der Regel präferieren die Betroffenen, ihrer Persönlichkeitseigenart entsprechend, eine klar strukturierte und gegenwartsbezogene Therapiearbeit (Juni & Semel, 1982).

Wenn sich die Betroffenen häufig in weitschweifigen Detailanalysen vergangener Erfahrungen ergehen, könnte eine klar strukturierte Hinführung auf die aktuelle Bedeutsamkeit neue Gesprächs- und Sinnfindungsperspektiven eröffnen (Freeman & Gunderson, 1989). Die therapeutische Konfrontation der Patienten mit ihren zwanghaften Persönlichkeitseigenarten sollte hingegen vermieden werden. Vielmehr sollte die Neigung der Patienten, sich in Details zu verlieren, durch eine aktivere Gesprächsbeteiligung des Therapeuten beeinflusst werden, ohne dabei jedoch dem teils intellektualisierenden Gesprächsstil der Betroffenen zu entsprechen (Salzman, 1989).

Insgesamt wird die psychoanalytische Behandlung bei zwanghaften Persönlichkeitsstörungen zwar als schwierig bezeichnet. Angesichts der zumeist hohen Bereitschaft der Patienten, die Therapie erfolgreich abschließen zu wollen, und wegen des persönlichkeitsbedingten Durchhaltevermögens der Patienten wird jedoch zugleich von geringen Therapieabbrüchen und immer wieder auch von erheblichen Besserungen berichtet, die sich im Verlauf einer Langzeittherapie ergeben (Stone in Liebowitz et al., 1986).

Verhaltenstherapie

Turkat und Maisto (1985) berichten von einigen (gescheiterten) Versuchen, mit Patienten mit zwanghafter Persönlichkeitsstörung ein verhaltenstherapeutisches Training sozialer Kompetenz durchführen zu wollen. Die Therapierationale erschien zunächst einleuchtend. Im Therapieplan war angesichts der besonderen

Verletzlichkeit zwanghaft strukturierter Personen vorgesehen, (a) die Kompetenz der Betroffenen im Umgang mit den eigenen Gefühlen und den Gefühlen anderer zu verbessern und (b) in einer ergänzenden kognitiv-orientierten Phase die störungstypischen, zu rational, logisch und eng ausgelegten Problemlösestrategien der Betroffenen zu reflektieren. Interessanterweise fanden alle Patienten, denen der Vorschlag für dieses Vorgehen unterbreitet wurde, die Zielrichtung der Therapie angemessen und sinnvoll. Andererseits fand sich keiner der Patienten bereit, eine solche Therapie selbst zu absolvieren. Turkat (1990) zieht aus seinen bisherigen Erfahrungen den Schluss, dass für eine Verhaltenstherapie der zwanghaften Persönlichkeitsstörungen die geeigneten Behandlungsformen erst noch gefunden werden müssten.

Kognitive Therapie

Beck et al. (1989) zeigen an einem Fallbeispiel die Möglichkeiten der Kognitiven Therapie bei zwanghaften Persönlichkeitsstörungen. Nach ihrer Auffassung kommt die kognitive Therapie der zwanghaften Struktur dann in besonderer Weise entgegen, wenn ihr eine klare und systematisch eingesetzte Problemlösestruktur zugrunde liege. Auch sollten die einzelnen Sitzungen klar strukturiert sein und von der Möglichkeit zu Hausaufgaben sollte ausgiebig Gebrauch gemacht werden. „Struktur" entspreche den Patienten und zwinge sie zugleich, spezifische Probleme auszuwählen und an diesen konsequent zu arbeiten.

Entsprechend lehnen Beck et al. andere Verhaltenstherapietechniken (wie Entspannungsverfahren oder Rollenspieltechniken) bei zwanghaft strukturierten Menschen immer dann ab, wenn diese auch nur ansatzweise andeuten, dass diese Zusatztechniken „Zeitverschwendung" seien und nicht der sachlichen Lösung von Problemen dienten. Empfohlen wird ein pragmatischer Einsatz der kognitiven Therapiestrategie mit dem Ziel der Korrektur und Abschwächung dysfunktionaler Denkroutinen (Schemata), um diese durch flexiblere, d.h. weniger automatisiert-schematische, möglichst funktional-realistische Denk- und (erst daraus folgend) Handlungsmuster zu ersetzen. Vor allem durch gezielte Hausaufgaben wird der Patient angeregt, Hypothesen und Vorstellungen über sich selbst und andere im Lebensalltag einerseits zu überprüfen oder aber auch – andererseits – mit ihnen zu experimentieren.

Weitere Aspekte

Es kann nicht deutlich genug betont werden, dass es gerade in der Behandlung zwanghafter Persönlichkeitsstörungen nur sehr begrenzt darum gehen wird, den persönlichen Stil der Betroffenen grundlegend zu ändern. Sorgfalt und Gewissenhaftigkeit haben große Vorteile und sie stellen in besonderem Maße adaptive Lebensstile dar. Deshalb kommt der Beachtung kontextueller Rahmenbedingungen eine besondere Funktion zu. Möglicherweise sind durch genaue Analysen der Lebens- und Arbeitsbedingungen bereits entscheidende Weichenstellungen in Richtung Veränderung möglich.

Ein wesentliches Prinzip der dazu erforderlichen Vorgehensweise besteht in der Fokusbildung mit dem Ziel eines psychosozialen Konfliktmanagements, auf das wir oben bereits eingegangen sind (→ 24.1). Mit dem Patienten zusammen wird jeweils festgelegt, welche prototypischen Interaktionskonflikte oder Konfliktepisoden mit anderen Menschen, im Privatleben oder im Beruf bestehen. Genau diese werden dann nach und nach in den Mittelpunkt der Behandlung gerückt.

Auch ein fokusbildendes Konfliktmanagement zielt nicht unmittelbar auf eine Veränderung der Persönlichkeitsstörungen. Gegenstand der Behandlung sind konkrete Interaktionsprobleme und deren Interaktionsdynamik. Ziel ist die Verbesserung der interpersonellen und/oder intrapsychischen Selbst-Einsicht und Kompetenz im Umgang mit interaktionellen Konflikten bzw. der Erwerb eines alternativen Bewältigungsverhaltens (Coping). Eher zusätzlich (mittelbar) wird erwartet, dass sich mit veränderten Interaktionsmustern möglicherweise auch die Persönlichkeitseigenarten der Betroffenen ändern.

Ob und wie weit dies tatsächlich gelingt, ist nicht zuletzt eine Frage der Zeit, die zum Erwerb und zur ausreichenden Reflexion neuer Bewältigungskompetenz und Selbstsicherheit zur Verfügung steht. Persönlichkeitsänderung ist aber auch gar nicht in jedem Fall notwendig und erstrebenswert. Vielmehr geht es vorrangig darum, die ja ebenfalls persönlichkeitsbedingten und möglicherweise eng mit den Persönlichkeitsstörungen verbundenen Kompetenzen und Ressourcen der Betroffenen neu zu nutzen. Bereits leichte Veränderungen im Lebensumfeld können entscheidend zum Gelingen einer Therapie beitragen.

24.11 Passiv-aggressive (negativistische) Persönlichkeitsstörung

Psychoanalyse

Vonseiten der Psychoanalyse werden zumeist ähnliche Schwierigkeiten und Voraussetzungen diskutiert, wie wir sie im Zusammenhang mit der dependenten Persönlichkeitsstörung angesprochen haben. Entsprechend werden vor allem die Eingangsbedingungen der Therapie als entscheidende Weichenstellung für das weitere Vorgehen betrachtet. Als hauptsächliches Problem wird gesehen, dass die Patienten in Erwartung einer stützenden Intervention seitens des Therapeuten – durch die Settingvorgaben einer einsichtsorientierten bzw. personzentrierten Therapiestrategie (etwa durch therapeutische Enthaltsamkeit und Zuwarten) provoziert – in die gewohnheitsbedingte extreme Passivität und Abwehr verfallen, die im Unterschied zur dependenten Persönlichkeitsstörung nurmehr stärker durch unterschwellige oder offen gezeigte Aggressivität bestimmt sein kann. Insgesamt wird jedoch nach Erreichen einer stabilen Therapiebeziehung sowohl das klassisch psychoanalytische Vorgehen sowie eine der Varianten der psychoanalytischen Kurzzeittherapie oder Fokaltherapie für möglich gehalten (Perry, 1989b; Malinow, 1981b).

Verhaltenstherapie, Kognitive Therapie

Vorliegende Konzeptüberlegungen und Fallbeschreibungen in der Verhaltenstherapie wie in der Kognitiven Therapie widmen sich ebenfalls ausführlich dem Problem der gewohnheitsbedingten (passiv-aggressiven und negativistischen) Widerständigkeit der Patienten, da diese gerade in psychoedukativen Therapien besondere Schwierigkeiten darstellen (hierzu insbesondere: Perry & Flannery, 1982, die passiv-aggressiv strukturierte Patienten mit einem Training sozialer Kompetenz behandelten; Beck et al., 1989, mit der Fallschilderung einer depressiven Patientin mit komorbider passiv-aggressiver Persönlichkeitsstörung; Fiedler, 1994b, mit einer Fallbeschreibung einer Patientin mit panikbestimmter Agoraphobie und komorbider passiv-aggressiver Persönlichkeitsstörung). Nach weitgehend übereinstimmender Meinung der Autoren kommt es gerade bei dem Einsatz lenkend-direktiver Therapiestrategien darauf an, den Patienten das unbedingte Gefühl zu vermitteln, in ihrer Behandlung grundsätzlich und aktiv entscheiden zu können und nicht vom Therapeuten angeleitet oder manipuliert zu werden.

Zur Vermeidung mittel- oder langfristiger therapeutischer Krisen sei bereits zu Beginn der Behandlung besonderer Wert darauf zu legen, Wege zu bedenken und auszuloten, die es den Patienten weitgehend unmöglich machten, ihre passiv-aggressive Interaktionsroutine zu entfalten. Das Dilemma psychoedukativer Therapiestrategien bestehe nämlich darin, dass Patienten von einer Therapie profitieren sollen, die ausgesprochen lenkende und anspruchsetzende Komponenten beinhalte, denen gegenüber die Patienten sehr schnell ihre gewohnheitsbedingte, widerständige und negativistische Haltung aufbauen könnten.

Um diesem Dilemma vorzubeugen, wird versucht, dem Patienten wiederholt in der Therapie mehrere Themen und Wege vorzuschlagen, auf die er sich für eine gemeinsam bestimmte Zeit festlegen soll (etwa im Sinne der paradoxen Strategie der „Illusion von Alternativen"). Die therapeutische Relevanz der Themen und Interventionsabschnitte muss dabei natürlich gegeben sein. Unter Beachtung der Selbstbestimmungsregel wird von den Autoren eine Therapie für sinnvoll durchführbar angesehen. Diese kann ansonsten den allgemeinen Vorgaben der Kognitiven oder Verhaltenstherapie folgen – auch wenn die Behandlung insgesamt länger dauern könnte, als dies bei Patienten ohne negativistische Persönlichkeitsstörung erwartbar wäre.

Allgemeine weitere Aspekte

Im Übrigen besteht in den Ausarbeitungen der erwähnten Autoren und unabhängig von ihrer Zugehörigkeit zu einer Therapieschule weitgehend Einigkeit, dass im Umgang mit negativistischen Persönlichkeiten die folgenden drei Ziele als wichtige therapeutische Leitlinien gelten sollten (vgl. Fiedler, 2000a):

- **Vertrauen in zwischenmenschliche Beziehungen:** Widerständigkeit, Skeptizismus und Ablehnung neuer Anforderungen begründen die Betroffenen selbst zuvorderst mit einem geringen Vertrauen in die Sinnhaftigkeit neuer

Aufgaben, in der Folge häufig mit einem geringen Vertrauen in die Beziehungen selbst. Genau dieses Vertrauen in positiv zu sehende partnerschaftliche oder kollegiale Möglichkeiten gilt es, zu thematisieren und auf eine neue Grundlage zu stellen. In gleicher Weise sind jedoch die mit Partnerschaft und Beruf verbundenen Pflichten anzusprechen, insbesondere wenn im bisherigen Interaktionsverhalten der Betroffenen ethische oder rechtliche Probleme sichtbar werden. Loyalität, die vielen dieser Patienten fremd geworden ist, gilt es dabei langfristig aufzubauen und zu festigen.

- **Offenheit gegenüber neuen Erfahrungen:** Werden ein Leben lang Leistungsanforderungen gemieden, kann daraus ein bedeutsamer Entwicklungsrückstand mit erheblichen Kompetenzdefiziten erwachsen. In der Folge zunehmender Angst vor Versagen sinkt die Bereitschaft, sich auf neue Erfahrungen einzulassen. Da die Betroffenen über eine gewisse Autonomie wie zugleich über eine rational begründete Selbstsicherheit verfügen, können sie ihr Angsterleben gut kontrollieren. Die Therapie sollte also einen Rahmen bieten, in dem die Bereitschaft angeregt und gestützt werden könnte, das vorhandene Abwehrverhalten durch ein allmähliches Einlassen auf gefühlsmäßige Erfahrungen behutsam aufzugeben.
- **Anregung von Risikofreude und Spontaneität:** Der öffentlich vertretene Skeptizismus führt die Betroffenen selbst in eine subjektive Falle. Die Vermeidung von neuen Erfahrungen führt zu einem generellen Verlust an Risikofreude und Spontaneität. Es lohnt sich also, die Therapie als Möglichkeit zu sehen, einmal von eigenen Grundsätzen und Vermeidungsregeln abzuweichen und Alternativen zu erkunden, zumindest jedoch mit diesen zu experimentieren. Die Rückgewinnung von Spontaneität kann als wichtiger Maßstab für einen therapeutischen Fortschritt angesehen werden.

Auf besondere Möglichkeiten des therapeutischen Umgangs mit persönlichkeitsbedingten Widerständen, die für eine negativistische Persönlichkeit geradezu prototypisch sind, werden wir übrigens nochmals in → Kapitel 25 zurückkommen, weshalb hier weitere Überlegungen dazu ausgespart bleiben.

24.12 Affektiv-depressive Persönlichkeitsstörungen

Bei Patienten mit subaffektiven Persönlichkeitsstörungen, die unterschwellige Eigenarten eines hyperthymen, depressiven oder zyklothymen Temperaments aufweisen, wird ganz allgemein empfohlen, solange keine unstrukturierte (psychoanalytische oder andere tiefenpsychologisch-einsichtsorientierte) Behandlung vorzusehen, wie die Stimmungs- bzw. Temperamentseigenarten von den Patienten oder ihren Bezugspersonen als extrem belastend erlebt bzw. beschrieben werden (Liebowitz et al., 1986). Als Orientierungshilfe für eine Behandlung affektiv-depressiver Persönlichkeitsstörungen können u.a. Behandlungsansätze dienen, die ursprünglich für die Behandlung depressiver Patienten entwickelt wurden und die zwischenzeitlich zumeist in weit ausgearbeiteter Manualform vorliegen. Sie fanden teilweise auch in der amerikanischen NIMH-Studie zur Depressionstherapie Verwendung.

Solche strukturierten, manualgeleiteten Behandlungsprogramme liegen inzwischen von allen Psychotherapieschulen vor, die wir in dieses Kapitel einbezogen haben: so z.B. mit verhaltenstherapeutischer Ausrichtung (Hautzinger et al., 1989; Beck et al., 1979), als psychoanalytisch orientierte Kurzzeittherapie (Luborsky, 1984), als psychodynamisch-interpersonelle Therapie (Strupp & Binder, 1984) wie schließlich auch die inzwischen weithin bekannte Interpersonelle Therapie von Klerman et al. (1984; vgl. auch Mason et al., 1993; Schramm, 1996). Detaillierte Informationen zur differenziellen Indikation bei depressiven Patienten mit unterschiedlichen Persönlichkeitsstörungen finden sich in einer Arbeit von Fiedler (2001b).

25 Perspektiven für die Auflösung therapeutischer Krisen

Die Wahrheit ist dem Menschen zumutbar.
Ingeborg Bachmann

In diesem Kapitel soll vor allem eine Perspektive angesprochen werden: Es geht etwas eingeschränkt um das Problem der Ich-Syntonie der Persönlichkeitsstörungen und um die Möglichkeit ihrer Auflösung. Diese Perspektive beschäftigt sich mit der Frage, wie gewohnheitsbedingte Einseitigkeiten und interpersonell störende Personeigenarten des Patienten vom Therapeuten in einer Weise angesprochen werden können, dass sich daraus im weiteren Behandlungsverlauf sozial verantwortliche Handlungsalternativen entwickeln lassen, die dem persönlichkeitsgestörten Menschen eine Neugestaltung seiner zwischenmenschlichen Perspektiven eröffnen. Viele Autoren sind sich einig, dass dies die Kernfrage für viele kritische therapeutische Situationen und für die Auflösung therapeutischer Krisen ist, die in der Behandlung von Persönlichkeitsstörungen auftreten können.

25.1 Die Ich-Syntonie der Persönlichkeitsstörungen

Die zwischenmenschlichen Probleme persönlichkeitsgestörter Menschen stehen nicht außerhalb ihrer psychischen (also etwa außerhalb ihrer persönlichen) Probleme. Im Gegenteil: Die interpersonellen Beziehungen der Betroffenen sind Bestandteil ihrer persönlichen Probleme. In den meisten Fällen besteht das Leiden der Patienten einzig in der Schwierigkeit der zwischenmenschlichen Beziehungen. Wegen der vielfach fehlenden Einsicht in die Sinnhaftigkeit gewohnheitsbedingter und damit ich-syntoner Interaktionseigenarten (→ 1.1) ist die wohl typischste und verbreitetste Situation, in der sich persönlichkeitsgestörte Menschen befinden, die, dass es ihnen subjektiv „zunehmend schlechter" geht – eben weil sie nicht wissen, warum es ihnen nicht gelingt, befriedigende interpersonelle Beziehungen zu haben.

Nun bleibt zu beachten, dass die Ich-Syntonie störungs- und vor allem situationsabhängig erheblich variiert (→ 6.3). Eine mögliche Einsicht in die eigene Mitverantwortung an Interaktionskonflikten (also Ich-Dystonie) dürfte – wegen der erfahrenen Kritik und Zurückweisungen durch andere – umso mehr bereits vorliegen, je länger die Leidensgeschichte der Betroffenen („unter der Last ihrer

Gewordenheit") schon andauert. Man muss zugleich sehen, dass nur unter einer solchen Perspektive der „Wandelbarkeit der Ich-Syntonie" Versuche der therapeutischen Beeinflussung und Behandlung von Persönlichkeitsstörungen überhaupt einen Sinn ergeben.

Es stellt sich jedoch die Frage, wie diese Wandelbarkeit angesprochen werden kann. Wie kann eine Einsicht der Patienten in die mögliche Mitverantwortlichkeit an der Entstehung und Extremisierung zwischenmenschlicher Krisen erreicht werden? Diese Fragen implizieren, dass die Betroffenen an ihren zwischenmenschlichen Krisen (schon wegen ihrer Teilhabe) immer irgendeine Art Mitverantwortung tragen. Die Frage der möglichen Mitschuld an diesen Krisen ist hier nicht gemeint und zunächst sekundär.

Zur therapeutischen Bearbeitung persönlichkeitsbedingter Interaktionsstörungen bedarf es der Bereitschaft des Patienten zur Metakommunikation. Voraussetzung für eine therapeutische Anregung der Metakommunikation ist eine genaue Kenntnis und ein präzises Verständnis der psychischen Situation und Befindlichkeit der Patienten und weiter eine genaue Kenntnis der psychologischen Dynamik ihrer zwischenmenschlichen Beziehungsstörungen. Diese sollen der therapeutischen Kommunikation zugänglich gemacht werden. Es werden deshalb nachfolgend nochmals die zentralen Gesichtspunkte angesprochen, auf die hin sich die prozessdiagnostische Aufmerksamkeit des Therapeuten zunächst ausrichten sollte, um die Psycho- und Soziodynamik der Persönlichkeitsstörungen möglichst präzise bestimmen zu können. In der weiteren Kapitelausarbeitung wird dann beispielhaft ein Weg vorgeschlagen, der eine mögliche Perspektive zur Auflösung der Ich-Syntonie der Betroffenen bietet und der zugleich Möglichkeiten zur Erhöhung ihrer Mitverantwortung an ihrer Therapie impliziert.

25.2 Diagnostische Fokusbildung

Eines der psychologischen, in diesem Buch wiederholt ätiologietheoretisch begründeten Hauptmerkmale der Persönlichkeitsstörungen ist der zeitweilige oder bereits über längere Zeit währende „Verlust einer sozial bezogenen Autonomie". Bei der sozial-bezogenen Autonomie handelt es sich um ein Persönlichkeitsmerkmal, das man landläufig einer sozial integriert handelnden Person unterstellt. (Dieses Konstrukt bildet im Übrigen den „positiven Kern" des Fünf-Faktoren-Modells der Persönlichkeit, wie es in → Kapitel 5 vorgestellt wurde; ausführlich beschrieben erneut in Fiedler, 2000a). Zusammen mit anderen psychologischen Parametern kann die sozial-bezogene Autonomie als grundlegend für eine psychische Verfassung des inneren Gleichgewichts und der zwischenmenschlichen Ausgeglichenheit angesehen werden.

Sozial-bezogene Autonomie meint nicht, dass die betreffende Person in ihrer Entscheidungs- und Handlungsfreiheit von anderen abhängig sein muss. Bezeichnend ist, dass sie fähig ist, persönliche Urteile über die Realität zu erarbeiten und auszudrücken, dass sie weiß, woran sie glauben soll, und dass sie sehr klar mitteilen kann, welche stabilen Grundüberzeugungen ihrem sozial-integrierten Handeln zugrunde liegen und warum sie sich gelegentlich für diese Grundüberzeugungen kämpferisch einsetzen wird.

Persönlichkeitsstörungen und das Fehlen sozial bezogener Autonomie

Menschen ohne sozial-bezogene Autonomie stehen in zweierlei Hinsicht außerhalb dieser Möglichkeiten. Entweder brauchen sie andere Menschen, weil sie (scheinbar oder real) von deren Zuneigung, Zustimmung oder Bewunderung abhängig sind (Beispiele finden sich bei den dependenten, narzisstischen, passiv-aggressiven und histrionischen Persönlichkeitsstörungen). Oder es mangelt ihnen an sozialer Bezogenheit, weil sie (scheinbar oder real) engstirnig und egoistisch eigene oder allgemeine Interessen und Ziele voranstellen und durchzusetzen versuchen (Beispiele finden sich bei den paranoiden, schizoiden und zwanghaften Persönlichkeitsstörungen). Die zwischen diesen beiden Extremen liegenden Ausdrucksformen sind häufig durch extreme Unsicherheiten in Bezug auf Anpassung und Egoismus bestimmt (z.B. die selbstunsicheren, depressiven und schizotypischen Persönlichkeitsstörungen) oder durch ein extremes Schwanken zwischen Zuneigung und Ablehnung (z.B. die Borderline-Persönlichkeitsstörung). Auch im Falle des (real oder scheinbar) völlig norm- oder orientierungslosen, devianten und antisozialen Handelns bei Vorliegen dissozialer Persönlichkeitsstörungen dürfte nur schwerlich von sozialer Bezogenheit gesprochen werden können.

Noch ein anderer Unterschied zwischen sozial-bezogener Autonomie und den Interaktionsgewohnheiten persönlichkeitsgestörter Menschen ist beachtenswert, weil dieser die Psychodynamik zu verstehen hilft. Sozial-bezogene Autonomie bedeutet die Fähigkeit, klar zwischen sich (den eigenen Bedürfnissen) und anderen (und deren separat vorhandenen Bedürfnissen) zu unterscheiden. Sie bedeutet eine Sicherheit, auf elementare, intuitive und grundlegende Weise unterscheiden zu können, dass bestimmte Gedanken, Bedürfnisse, Lebensgrundsätze und Handlungsintentionen nur ihnen selbst zu eigen sind und nicht von anderen stammen. Und sie bedeutet zugleich, genau diese Sicherheit auch umgekehrt aus der Sicht der anderen Personen heraus verstehen zu können, als deren Gedanken, Bedürfnisse, Lebensperspektiven und Handlungsintentionen (vgl. Jervis, 1975).

Personen, denen die Fähigkeit zu sozial-bezogener Autonomie fehlt, sind entweder grundsätzlich unsicher in Bezug auf sich selbst oder andere oder sie können nicht klar erkennen, bis zu welchem Grad sie selbst nicht autonom und sozial bezogen interagieren.

Persönlichkeitsstörungen, soziale Rollen und Rollenverfangenheit

Als Ausweg haben persönlichkeitsgestörte Menschen die Präsentation einer Rolle und damit eine höchst persönliche Art von Lebensgewohnheiten gewählt. Diese Rolle bietet ihnen scheinbar Sicherheit und Autonomie, wenngleich sie zugleich fragil und brüchig ist und zumeist nur mit großer Anstrengung gelebt werden kann. Die Rollenträger verbergen damit ein unvollständiges oder nicht in jeder Situation nutzbringendes Bild über sich selbst und über ihre Wirklichkeitssicht. Oder sie maskieren damit das Fehlen von sozial integrierten Grundleitlinien und Handlungsmaximen. Verblieben ist ihnen nurmehr eine Fassade (Häfner, 1961), hinter der sie krampfhaft bemüht sind, Autonomie und Unabhängigkeit zu wahren. Die lebenslange Einübung in scheinbar Selbstsicherheit ausstrahlende Interaktionsmuster kann ihnen schließlich so sehr „in Fleisch und Blut" übergehen, dass sie als selbstkontrolliert, unabhängig oder keinerlei Kritik mehr zugänglich erscheinen. Wenn dennoch eine Ich-Dystonie (also die Einsicht in die eigene interpersonelle Unzulänglichkeit) findbar ist, führt diese gelegentlich sogar zur weiteren Festigung der eigenen Rolle, indem man sich hilflos oder selbstsicher mit ihr abfindet („mein Charakter: mein Schicksal!").

Persönlichkeitsstörungen und die Einübung in Täuschung

Aus dem Gesagten wird deutlich, dass die zum eigenen Schutz gewählten Interaktions- und Rollenmuster eine unzureichende Möglichkeit darstellen, in interpersonellen Krisen und Konflikten erfolgreich zu bestehen. Persönlichkeitsbedingte Interaktionsmuster, die zur Tarnung einer nicht vorhandenen sozialbezogenen Autonomie eingesetzt werden, werden von anderen wegen einer fehlenden Authentizität nicht akzeptiert und verschlimmern in aller Regel die interpersonellen Schwierigkeiten. Die eingenommenen Haltungen des scheinbaren Stolzes, des Sich-selbst-Genügens, der aggressiven Abwehr, der anklammernden Dependenz, der Verschlossenheit oder des Misstrauens lösen bei anderen Abgrenzung, Ablehnung, Kritik und Feindseligkeit aus.

Die häufig folgende soziale Ausgrenzung und Isolation verschärft „privat" die Angst und „offiziell" die Zweifel an einer gesellschaftlichen Vertragswürdigkeit. Die persönliche Würde der Betroffenen schwindet. Denn möglicherweise entfällt in diesem Prozess selbst die interaktionelle Rolle als Gerüst der Kompensation grundlegender Selbstunsicherheiten. Schließlich wird die betroffene Person als „persönlichkeitsgestört" stigmatisiert und ihr damit die Fähigkeit zur freien Entscheidung und Selbstverantwortung abgesprochen (→ 1.2).

Häfner (1961) hat eine präzise und ausgesprochen lesenswerte Analyse dieses schicksalhaften Verfangens in der eigenen Rolle und „des Zwangs zum Weiterleben mit einer Fassade" vorgelegt. Seine Fallbeispiele verdeutlichen in eindrücklicher Weise, dass es für viele Betroffene ab einem bestimmten Punkt des Lebens und trotz vieler Versuche der therapeutischen Einflussnahme und Hilfe kaum mehr möglich wird, sich aus der einmal verfestigten Präsentation ihrer selbst zu befreien oder aus dem einmal gewählten Lebensstil auszubrechen. Gelegentlich wird die Fassade, weil sie als einzige Möglichkeit der Selbstachtung und des Selbsterlebens verblieben ist, bis zum „bitteren Ende" gelebt – zumal ihr Aufgeben ja auch nicht zwingend in jedem Fall die Chance einer Veränderung, Umkehr oder eines Neubeginns impliziert.

Es handelt sich um eine lebenslange „Einübung in Selbsttäuschung“ (oder „excercise in deception“ wie Aldridge-Morris, 1989, dies nennt). Es handelt sich um ein beständig neues Erzählen, Darstellen und Wiederholen von Geschichten und Mythen, mit denen das eigene Selbst überzeugt und gesichert werden soll („stories we live by“; McAdams, 1993). Diese Rollenentwicklung und Rollenverfestigung ist eindrücklich auch in den Analysen und Fallbeschreibungen zur Entstehung neurotischer Stile bei Shapiro (1965, 1981) nachzuvollziehen.

Die scheinbar Erfolg versprechende, letztlich selbsttäuschende Einübung eines einseitigen Lebensstils verhindert die Entwicklung die eines ausgereiften Selbstsystems (Sullivan, 1953). Die damit einhergehende, zunehmende Inkompetenz zur sozial integrierten Entscheidungsfindung verschließt sich in einer Reihe von Abschirmungen und unnatürlichen Verhaltensweisen, von Masken und Fassaden. Selbst der möglicherweise vorhandene Wille zur ehrlichen Kommunikation paart sich durchgängig mehr und mehr mit einer Angst vor eben dieser Kommunikation und bringt als Konsequenz all jene unnatürlichen Haltungen, unsicheren, widersprüchlichen und verstiegenen Verhaltensweisen hervor, von denen in den vielen Kapiteln dieses Buches die Rede war.

Ohne dass dies zugleich einen antipsychiatrischen Standpunkt impliziert, muss von Therapeuten klar zur Kenntnis genommen werden, dass eine oder mehrere Einweisungen in die Psychiatrie auch heute noch den beschriebenen Prozess beschleunigen oder verfestigen werden (Glatzel, 1977). Dies wird jedenfalls so lange noch beachtenswert bleiben, wie sich in der Gesellschaft selbst keine größere Akzeptanz der Psychiatrie durchzusetzen vermag. Auch dieser Problematik sollte über ein Verständnis der Alltagsprobleme hinaus in den Gesprächen mit psychiatrischen Patienten sehr viel Aufmerksamkeit zukommen.

25.3 Therapeutische Fokusbildung

Was erneut deutlich werden sollte, ist: Die Psychotherapie der Persönlichkeitsstörungen zielt nicht auf die Lösung individueller, sondern auf die Lösung zwischenmenschlicher Probleme. Persönlichkeitsgestörte Patienten könnten in einer Psychotherapie lernen, wie sie die ihnen ureigenen Persönlichkeitseigenarten erneut und zusammen mit jenen Faktoren, die ihre Lebenswelt ausmachen, auf eine sozial-bezogene und autonome Art handhaben können. Die Betroffenen befinden sich zu Beginn der Therapie üblicherweise in einer Situation, in der sie sich selbst neu bestimmen müssen – und in der sie lernen könnten, zwischen verschiedenen Alternativen zu entscheiden, die von widersprüchlichen äußeren wie inneren Ansprüchen und Bedürfnissen ausgehen.

Gefangenendilemma

Bevor sich jemand frei zwischen inneren und äußeren Anforderungen entscheiden kann, muss er sich zuerst einmal wieder selbst als mitverantwortlicher Teil jener Situation empfinden, aus der er zunehmend ausgegrenzt und isoliert wurde. Die Falle, in der die Betroffenen gewöhnlich stecken, ist, dass sie zur Änderung von Personeigenarten aufgefordert sind, aus denen sie ihre Sicherheit und Beständigkeit beziehen. Die Frage ist: Gibt es Möglichkeiten, unter Behalt der eigenen, wenngleich brüchigen Selbstsicherheit einen Ansatzpunkt für eine Änderung zu finden – und dies zudem möglichst unter Nutzung der (wegen des Fehlens von alternativen Selbstbestimmungen) noch benötigten Rolleneigenarten und Fassaden (sprich: unter Nutzung der vorhandenen Kompetenzen!)?

Der von uns in den folgenden Abschnitten entfaltete Ausweg aus diesem „Gefangenendilemma" liegt in einigen entscheidenden Vorarbeiten oder in einer um nichts weniger therapeutischen Hinführung zur mitverantwortlichen Therapiearbeit. Die zwei wesentlichen Zielaspekte dieser therapeutischen Initiative sollen kurz vorab umrissen werden:

> **!** **Sinnsetzung.** Einerseits bestehen diese Vorarbeiten in einer sinnsetzenden Neudefinition der Situation, in der sich die Betroffenen befinden. Dieser notwendige erste Schritt in der Therapie geht dahin, den Patienten zu einem Verständnis ihrer Selbstverfangenheit in einem rollenbedingten Interaktionsverhalten zu verhelfen. Dazu müsste ein (neuer) kognitiver Bezugsrahmen gefunden werden, der den Personen die Sicherheit zurückgibt, dass sie nach wie vor mitverantwortliche Teilnehmer ihrer Interaktionen sind. Ziel ist also die Wiedererlangung von Mitverantwortlichkeit und Beeinflussbarkeit gegenwärtig bestehender und zukünftig zu erwartender interaktioneller Konflikte, die sich scheinbar unabhängig von jeder Möglichkeit aktiver Einflussnahme verselbstständigt haben.

> **!** **Transparenz.** Andererseits wird eine Maximierung der Transparenz hinsichtlich der Zielstellungen und Möglichkeiten der Therapie sowie hinsichtlich der zu erwartenden negativen wie positiven Konsequenzen durch die weitere (konstruktive wie nicht konstruktive) Mitarbeit des Patienten notwendig. Dem Patienten sollte deutlich werden, dass er sich der Mitverantwortung für sein Handeln nicht entziehen kann. Es darf ihm gegenüber nicht verschwiegen werden, dass möglicherweise eine Reihe unliebsamer Neu- und Umentscheidungen notwendig wird, die in jedem Fall implizieren, dass damit die Übernahme von Verantwortung für das eigene Tun verbunden ist. Es wird hier also unterstellt, dass dem Patienten die Wahrheit zumutbar ist. Als zu beantwortende Frage bleibt, wie dies mit dem Patienten erreicht werden kann.

Nachfolgend soll ein Vorschlag unterbreitet werden, an dem beispielhaft deutlich werden kann, wie die Motivierung von Patienten zur konstruktiven Mitarbeit in ihrer Therapie gestaltbar ist. Es handelt sich dabei einerseits um die Definition und Erläuterung von drei Basisvariablen des Therapeutenverhaltens („Zieltransparenz"; „Ermöglichen von Widerspruch"; „Verbindlichkeit"). Andererseits handelt es sich um die Übersetzung dieser Grundbedingungen in eine konkrete Gesprächsstrategie (die „personzentrierte Verantwortungszuweisung"). Diese

Gesprächsstrategie wird wegen der Möglichkeit ihrer didaktischen Aufgliederung und Lernbarkeit auch als „therapeutischer Dreisatz" bezeichnet.

Basisvariablen und Gesprächsstrategie wurden bereits andernorts ausführlich als Grundlegung für die Herstellung einer kooperativen Therapeut-Patient-Beziehung vorgestellt und dort sprachtheoretisch begründet (vgl. Maiwald & Fiedler, 1981). Diese Therapeutenmerkmale sind in den vergangenen Jahren in der Behandlung von Patienten mit unterschiedlichen psychischen Störungen (dort zumeist zur Überwindung therapeutischer Widerstände und von Compliance-Problemen) und mit Persönlichkeitsstörungen vielfach eingesetzt und erprobt worden. Auf der Grundlage dieser Erfahrungen wurden sie in die jetzige Form gebracht (ausführlich auch nochmals in Fiedler, 2000a).

25.4 Therapeutische Basisvariablen

In der Behandlung von Patienten, die ihre Möglichkeiten einer sozial-bezogenen Autonomie mehr oder weniger verloren haben, übernimmt der Therapeut zunächst immer auf irgendeine Weise einen Teil der Verantwortung für die (weitere) Gestaltung der therapeutischen Beziehung. Seine Versuche der Einflussnahme auf die Beziehungsgestaltung sind und bleiben Ausdruck eines natürlich gegebenen Machtgefälles, auch wenn oder gerade weil es um die Wiederherstellung von Selbstbestimmung und verantwortlicher Mitentscheidung des Patienten in dessen Therapie geht. Diese „Macht" des Therapeuten speist sich aus seiner therapeutisch notwendigen Unabhängigkeit, die er benötigt, um die Möglichkeit der Unabhängigkeit des Patienten zu gewährleisten. Genau dieses Ziel wird durch die folgenden Basisvariablen zu erreichen versucht. Es handelt sich um Interaktionsmerkmale, die jene für beide Interaktionsteilnehmer wichtige Autonomienahme partnerschaftlich oder kooperativ ermöglichen sollen: Sie beinhalten das scheinbare Paradox der gleichzeitigen Zielkontrolle und Kontrollabgabe durch den Therapeuten.

Die vorgestellten Basisvariablen gelten natürlich nicht nur in der Psychotherapie von Persönlichkeitsstörungen. Sie sind dort jedoch besonders bedeutsam, weil sie wichtige Voraussetzungen für die Wiedereinsetzung von sozial bezogener Autonomie, die in einer zunehmenden Mitverantwortung des Patienten an seiner Therapie ihren ersten Ausdruck finden kann, darstellen.

25.4.1 Zieltransparenz

Bei dem Beziehungsmerkmal der Zieltransparenz geht es um den Grad der Offenlegung der Absichten und Ziele bzw. der Reflexion des Zielbestimmungsprozesses des bzw. durch den Therapeuten. Es geht um eine Verdeutlichung und Begründung seiner Interventionen, seiner therapeutischen Absichten, Pläne, Ziele – kurz:

Es geht um die Offenheit des Therapeuten dem Patienten gegenüber. Weiter geht es um Begründung und damit Sinnsetzung für das angezielte Vorgehen. Wichtige Elemente sind: eine möglichst realistische Abschätzung der Hoffnungen und Erwartungen, die sich Patienten nach aller Erfahrung bei dem jeweils angewandten therapeutischen Vorgehen machen dürfen, und eine Abwägung der Konsequenzen, die sich aus einem Abbruch oder aus der Nichtteilnahme an der Therapie ergeben könnten. Übertriebene Erwartungen der Patienten wären in diesem Sinne zu reduzieren, negativistische und feindselige Einstellungen in ihren möglichen Auswirkungen auf die angestrebte Kooperation anzusprechen. Nur durch Maximierung der Zieltransparenz werden Patienten Kriterien an die Hand gegeben, selbst eindeutiger zur Verlaufsstrukturierung der Therapie Stellung zu beziehen. Insofern wirkt Zieltransparenz unmittelbar therapeutisch.

Im Falle geringer Zieltransparenz fehlen dem Patienten wichtige Anhaltspunkte dafür, weshalb Therapeuten gerade genau so und nicht anders vorgehen. Der Patient muss in solchen Fällen schlicht glauben bzw. darauf vertrauen, dass das, was der Therapeut tut, richtig sein wird. Erst bei gegebener Transparenz wird der Patient wirklich gefordert sein, selbst zu den Möglichkeiten des weiteren Therapieverlaufs Stellung zu nehmen. Selbst wenn er nicht Stellung nimmt, erhöht Zieltransparenz seine Mitverantwortung (als Ausdruck sozial bezogener Autonomie) – vorausgesetzt die Mitteilungen des Therapeuten haben den Zweck der Prozessklärung erfüllt, d.h., der Patient hat die Mitteilungen des Therapeuten verstanden.

Zieltransparenz ist nicht als gebündelte Aufklärung des Patienten zu einem Zeitpunkt gemeint. Sie stellt eine Möglichkeit dar, von der der Therapeut immer wieder und kontinuierlich im Verlauf der beginnenden Behandlung Gebrauch machen sollte. Insgesamt betrachtet, gilt die kontinuierliche Zieltransparenz als ein Indikator für das Ausmaß an Bereitschaft des Therapeuten zur seinerseitigen Übernahme von Verantwortung für die Therapie und in einem weiteren Sinne als Bestimmung des Geltungsbereiches seiner Handlungsmöglichkeiten.

25.4.2 Das Ermöglichen von Widerspruch

Die Basisvariable „Ermöglichen von Widerspruch" verpflichtet den Therapeuten dazu, im Rahmen der Prozesssteuerung dem Patienten kontinuierlich die Möglichkeit einzuräumen, das therapeutische Vorgehen von sich aus zu kritisieren – und zu korrigieren! Ermöglichen von Widerspruch regt zur Metakommunikation an. Sie ermöglicht die aktive Teilhabe und Einflussnahme des Patienten auf den Therapieverlauf und auf seine Therapie.

Andererseits wird in der Kontinuität der Gewährung von Einflussnahme und Widerspruch deutlich, in welchem Ausmaß der Therapeut sein eigenes Vorgehen von sich aus kritisch betrachtet. Insofern ergänzt sie die Zieltransparenz, indem sie die explizit mitgeteilten Überlegungen zur Prozesssteuerung in Richtung auf die Zielüberlegungen des Patienten selbstkritisch ausdeutet.

Die Ermöglichung von Widerspruch könnte somit funktional als Indikator für die Abgabe von Kontrolle über den Zielbestimmungsverlauf in Richtung auf eine Erhöhung der Mitverantwortlichkeit (in Richtung sozial bezogener Autonomie) des Patienten gelten. Ermöglichung von Widerspruch erlaubt Rückschlüsse über die vom Therapeuten selbst vorausgesetzte Angemessenheit seiner Zielvorgaben und über die subjektive Sicherheit, mit der er diese vertritt. In einem weiter reichenden Sinn kann das Ermöglichen von Widerspruch als Indikator für die Vorläufigkeit einer Strategie angesehen werden. Sie ist damit ein Angebot zur gemeinsamen Verständigung und Verantwortung.

Geringes Ermöglichen von Widerspruch beschreibt hingegen die relative Unangreifbarkeit (bis Absolutheit) therapeutischer Vorgaben, die zugleich festschreibenden Charakter besitzen. Der Therapeut setzt in solchen Fällen voraus, dass der Patient die inhaltlich angesprochenen Voraussetzungen akzeptiert oder dass es keiner weiteren Verständigung darüber bedarf. Die Verringerung Widerspruch ermöglichender Gesprächsanteile kann im weiteren Verlauf durchaus sinnvoll sein, etwa zur Abschätzung, ob Patienten die Möglichkeit zum Widerspruch als interaktionelle Norm in der Therapie bereits akzeptiert haben und anwenden. Es bleibt jedoch zu bedenken, dass sich der Therapeut, der wenig Widerspruch ermöglichend formuliert, unangreifbarer macht als derjenige, der abwägt, infrage stellt, offen lässt und sich rückversichert. Es muss klar gesehen werden, dass die Entscheidung und Verantwortung für die Richtigkeit der Therapieinitiative eher jene Therapeuten übernehmen, die sich wenig Widerspruch ermöglichend verhalten.

25.4.3 Verbindlichkeit

Das Ermöglichen von Widerspruch entbindet den Therapeuten nicht von der Verantwortlichkeit für die Therapie und den Therapieprozess, für deren Lege-artis-Durchführung er weiterhin all seine Kompetenz einbringen muss. Die Basisvariable „Verbindlichkeit" kennzeichnet entsprechend, dass der Therapeut zu dem steht, was er sagt, inhaltlich oder emotional beiträgt und warum er etwas – zieltransparent und Widerspruch ermöglichend – tut. Verbindlichkeit kennzeichnet also gleichzeitig das Ausmaß an Verpflichtung, das der Therapeut dem Patienten zur Mitverantwortung und Mitbestimmung in der Therapie auferlegt.

Die Einflussnahme des Therapeuten auf die Beziehungsgestaltung in der Therapie beinhaltet die Notwendigkeit zur Unabhängigkeit vom Patienten – dies schon deshalb, weil sie eine Voraussetzung der Eigenverantwortung des Patienten darstellt. Der Therapeut selbst muss ständig und unabhängig vom Patienten an der Analyse des fortschreitenden Prozesses und an den eigenen Einsichten in den aktuellen Verlauf arbeiten, um Klarheit darüber zu behalten, was beim Austausch gesprochener und vor allem auch nicht gesprochener (affektiver) Botschaften zwischen ihm und dem Patienten vorgeht und wie seine eigenen Gefühle und Befindlichkeiten dazu momentan aussehen.

Diese inneren Klärungsversuche und Vorausentscheidungen sind etwas, wovon der Patient – bei allem Anspruch um Realisierung der Zieltransparenz – nicht immer in Kenntnis gesetzt werden kann. Dies nun bedeutet überhaupt keine Einschränkung der kontinuierlich geforderten Zieltransparenz. Gemeint ist damit lediglich, dass sich die Therapie nicht auf kontinuierliche Zieldiskussionen reduzieren lässt. Die inneren Bemühungen des Therapeuten um Klarheit, Bewusstheit und Prozessanalyse eröffnen jedoch zwangsläufig einen „Superioritätsspielraum" (Jervis, 1975, S. 377), der eben damit das nicht gänzlich aufhebbare Machtgefälle zwischen Therapeut und Patient konstituiert.

Die Verbindlichkeit des Therapeuten ist Ausdruck seines Bemühens um das Vorhandensein eigener Klarheit und Sicherheit, mit der er den therapeutischen Prozess begleitet. Diese Verbindlichkeit in der Prozesssteuerung durch den Therapeuten dürfte jeweils den Spielraum der Handlungsmöglichkeiten in der Therapie einschränken, weil sie die Aufmerksamkeitsrichtung auf aktuell zentrale Themenstellungen bündelt und Kontinuität sicherstellt. Implizit gibt der Therapeut damit aber auch ein Versprechen ab, dass diese durch seine Verbindlichkeit vollzogene Einschränkung für den weiteren Prozessverlauf angemessen ist. Er unterstreicht damit, dass er als Person hinter seinen Einlassungen steht. Und er betont zugleich seine Absicht, die von ihm damit selbst eingegangenen Verpflichtungen (seine Verbindlichkeiten) auf ihre Erfüllbarkeit hin zu kontrollieren bzw. sie im Falle der Unangemessenheit zieltransparent zurückzunehmen.

Zusammenfassend hat ein hohes Maß an Verbindlichkeit für den Zielbestimmungsprozess vor allem die kommunikativ-therapeutische Funktion der Unabhängigkeitssicherung von Patient und Therapeut, wobei selbstkritisch gesehen und beachtet werden muss, dass sich der mögliche Bezugspunkt in der Therapeut-Patient-Beziehung zeitweilig auf die Absichten des Therapeuten verlagert.

25.5 Der therapeutische Dreisatz

Die im Folgenden beschriebene Gesprächsstrategie ist zur Auflösung therapeutischer Krisen gedacht. Sie setzt also voraus, dass (um hier nur einige prototypische Beispiele zu nennen) die fortschreitende Therapie und der therapeutische Prozess ins Stocken geraten ist oder sich bereits längere Zeit im Kreis dreht, dass die Mitarbeitsbereitschaft des Patienten deutlich zurückgeht oder dass die therapeutische Beziehung gar durch den Therapieabbruch des Patienten bedroht ist. Gedacht ist auch an jene Situationen, in denen die Patienten bereits für längere Zeit erneut in die für ihre Persönlichkeitsstörung typische Interaktionsroutine verfallen sind oder sich widerständig hinter der Fassade ihres Selbstschutzes oder ihrer Selbstgefälligkeit verbergen und sich offensichtlich nicht allein aus dieser Rolle befreien können. Voraussetzung ist also in aller Regel eine bereits längere Zeit im Therapieverlauf kontinuierlich oder wiederholt beobachtbare Stagnation. Wir betonen dies deshalb, weil wir die nachfolgende Gesprächsstrategie nicht als grundsätzliche für sinnvoll betrachten. Sie ist eigens zu dem Zweck der Auflösung therapeutischer Krisen entwickelt worden. In diesem Sinne stellt sie gleichzeitig natürlich immer nur eine von mehreren Möglichkeiten dar.

25.5.1 Zielstellungen einer personzentrierten Verantwortungszuweisung

Die hier vorgestellte Gesprächsstrategie wird als personzentrierte Verantwortungszuweisung bezeichnet. Mehrere, voneinander abhängige Zielstellungen werden mit dieser Gesprächsstrategie angestrebt, von denen die folgenden vier als zentral gelten können:

- Personzentrierte Verantwortungszuweisung sollte dem Patienten neue Sicherheit geben, sich selbst frei entscheiden zu können. Dazu gehört einerseits die Möglichkeit, (neue) Handlungen von sich aus selbstverantwortlich auszuführen, wie andererseits auch, dass der Patient frei ist, sich für die Beibehaltung der Interaktionsrolle zu entscheiden, die er gerade gewählt hat.
- Personzentrierte Verantwortungszuweisung sollte verdeutlichen, dass Verantwortlichkeit für das eigene Tun immer gegeben ist (mit Ausnahme des Kontrollverlustes, etwa im psychotischen Erleben) und dass deshalb auch die durch das eigene Handeln erwartbaren Konsequenzen selbst mit angeregt wurden und deshalb mit zu verantworten sind.
- Personzentrierte Verantwortungszuweisung sollte die Unabhängigkeit des Therapeutenhandelns vom Patientenhandeln betonen, was zugleich beinhaltet, dass der Therapeut damit sowohl die Entscheidungsfreiheit des Patienten und damit dessen Mitverantwortung für die Therapie hervorhebt wie er damit gleichzeitig seine eigene, professionell gegebene Mitverantwortung und damit auch seine Entscheidungsfreiheit für die Durchführung der Therapie unterstreicht.
- Die erneute Übertragung von Selbst- und Mitverantwortlichkeit sollte vom Patienten verstehbar sein. Oder noch weiter reichend wäre es wünschenswert, wenn sie implizit oder explizit unmittelbar zwischen Therapeut und Patient konsensfähig ist. Das jedenfalls ist mit der Attribuierung „personzentriert" gemeint. „Personzentriert" besagt, dass der Therapeut die Sinnhaftigkeit der therapeutischen Krise und deren Funktion über ein Verständnis und eine Akzeptanz der jeweils gegebenen Patientenrolle zu entschlüsseln und transparent zu machen versucht.

Oder präziser ausgedrückt: Therapeutische Krise und Stagnation erhalten Sinn, wenn für deren Zustandekommen die möglicherweise unterschiedlichen sinnhaften Zielvorstellung und Rollenauffassungen, die Therapeut und Patient getrennt in die Therapie einbringen, transparent werden und konsensuell als verantwortlich angesehen werden könnten.

25.5.2 Der therapeutische Dreisatz im Einzelnen

Die auf der Grundlage dieser Zielstellungen entwickelte Gesprächsstrategie bemüht sich um eine Realisierung von drei zentralen Einzelaspekten. Sie werden hier als solche aus didaktischen Gründen formal getrennt und nacheinander vorgestellt werden, obwohl diese Reihenfolge in der Therapiewirklichkeit nicht immer zwingend so eingehalten werden muss. Wichtig ist jedoch, dass die Intervention möglichst mit Schritt 1 des therapeutischen Dreisatzes beginnt und dass sämtliche drei Aspekte in diesem Gesprächsbeitrag des Therapeuten enthalten sind (→ Abbildung 25.1).

Die drei einzelnen Schritte des therapeutischen Dreisatzes beinhalten:

Schritt 1:
Sinnsetzende Zieltransparenz aufseiten des Patienten
Der Therapeut unternimmt eine empathische Sinndeutung des aktuellen Problems, Problemverhaltens und/oder der eingenommenen Interaktionsrolle des Patienten, die im Kern für die entstandene Stagnation des Therapieprozesses mitverantwortlich sind oder sein könnten. Zugleich wird herausgearbeitet, welchen Zweck oder welche Ziele der Patient möglicherweise mit der Problempräsentation oder der eingenommenen Haltung verfolgt oder welchen Einfluss er

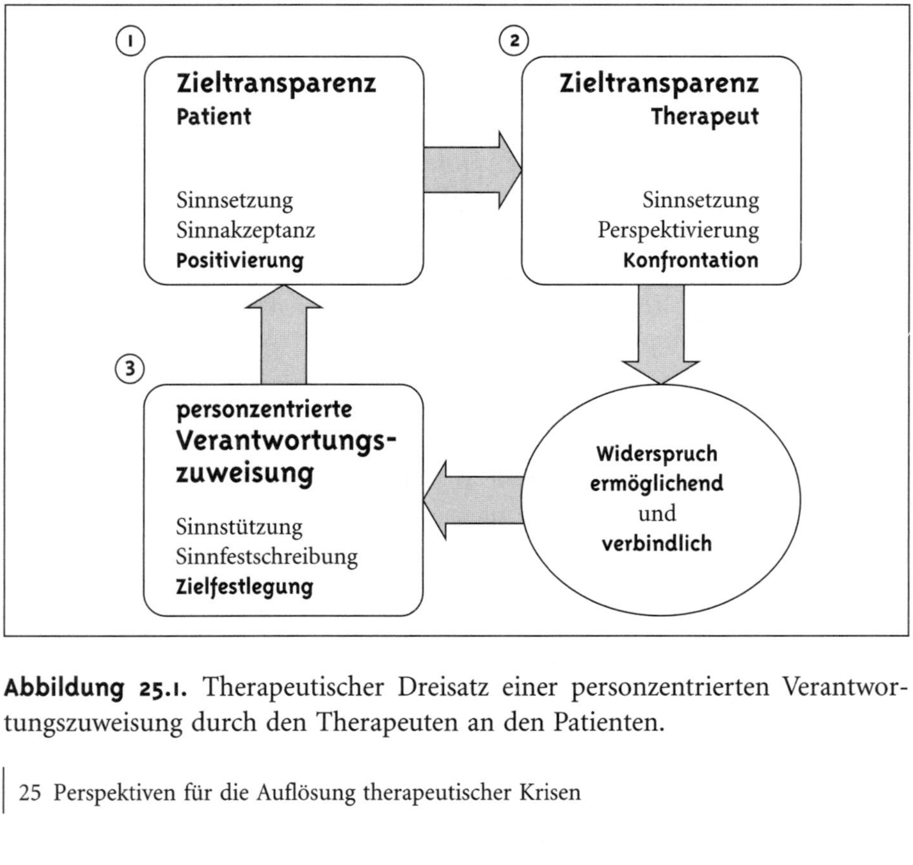

Abbildung 25.1. Therapeutischer Dreisatz einer personzentrierten Verantwortungszuweisung durch den Therapeuten an den Patienten.

damit auf den Verlauf der Therapie zu nehmen versucht. Die Sinndeutung muss die aus der Sicht des Patienten gegebenen positiven Motive seiner Handlungen oder Einstellungen enthalten, ansonsten kann der Therapeut keine Sinndeutung vornehmen. Dies impliziert nicht, dass der Therapeut diese Sinnsetzungen inhaltlich teilt. Dies impliziert jedoch, dass der Therapeut die momentan gegebenen Erwartungen und Grundhaltungen des Patienten versteht und sie für ihn eben aus dessen Sicht (stellvertretend für ihn) plausibel und akzeptierbar darstellt. Letzteres ist mit Positivierung gemeint. Diese Sinnsetzung impliziert eine positive Konnotation von Zielstellungen des Patienten durch den Therapeuten.

FALLBEISPIELE

Teil 1: Fallvorstellung

Fall 1. Zum Beispiel wird die fortwährend und jammernd vorgetragene Dependenz eines Patienten von der behandelnden Therapeutin so verstanden, dass sie – die Therapeutin – von sich aus weitere Vorschläge unterbreiten solle, um dem Patienten (wie schon so oft zuvor wieder einmal) eine weitere Perspektive zu eröffnen. Es ist jedoch inzwischen klarer absehbar, dass das neuerliche Eingehen auf die Dependenz die Interaktionsroutine des Patienten nur erneut fortschreiben würde. Diese Wiederholung des dependenten Hilfeersuchens findet natürlicherweise ihren Sinn in der weiterhin bestehenden, durch mehrfache Erfahrung validierten Hoffnung des Patienten, dass der Therapeutin erneut etwas einfallen werde. Und diese Hoffnung ist natürlich berechtigt, da die Therapeutin den Gegenbeweis (des Nichtmehrvorhandenseins oder der möglichen Insuffizienz einer psychoedukativen Therapiestrategie zur Lösung des Autonomieproblems) noch nicht geliefert bzw. angesprochen hatte. Genau mit dieser positiven Sinnsetzung der Dependenz als erneute Hoffnung eröffnet die Therapeutin den Dreisatz zur personzentrierten Verantwortungszuweisung (also mit einem aus Sicht des Patienten durchaus verständlichen und auch nicht anders zu erwartenden erneuten Einfordern neuer Perspektiven und Vorschläge). Dass der Patient neue Vorschläge erwartet, ist „okay"!

Fall 2. Als ein weiteres Beispiel mag hier der wiederholt geäußerte und unterschwellig fortbestehende Ärger eines narzisstisch gestörten Patienten gelten, der auf die vermeintliche oder reale „Inkompetenz" des Therapeuten ausgerichtet ist. Dieser hatte („bisher jedenfalls") die erhofften Erwartungen für ein „tiefes Verständnis" der dargestellten Probleme nicht erfüllt, die der Patient mit seiner Lebensgefährtin hat. Diese Einstellung des Patienten ist aus dessen Perspektive nur zu verständlich, da er es – nach eigenen Schilderungen – schon mehrfach mit Therapeuten zu tun hatte, „die ihr Handwerk nicht verstanden". Der Ärger ist begründet, da auch der jetzige Therapeut den eigenen Idealvorstellungen nicht zu entsprechen scheint. Dieser Ärger wird zur Dreisatzeröffnung vom Therapeuten als aus der Sicht des Patienten durchaus akzeptierbar dargestellt: Schon wieder einmal ist er an einen Psychotherapeuten geraten, dem sich ein tiefes Verständnis seiner Beziehungsprobleme verschließt.

Fall 3. Und in einem dritten Beispiel, an dem wir den Ablauf des therapeutischen Dreisatzes darstellen möchten, haben wir es mit einer histrionisch strukturierten Patientin zu tun, die zum wiederholten Mal beim Nachdenken über die Einstellungen der eigenen Mutter ihr gegenüber in ein tiefes Schweigen versinkt und aus dieser autistischen Haltung nicht herauszukommen vermag. In einer früheren Sitzung hat sie einmal laut schluchzend den Therapieraum verlassen. Das Verweigern des Weitersprechens der Patientin wird der Therapeutin zunehmend verständlich, da die Patientin häufig in Nebensätzen die Vermutung entwickelt, dass die Mutter ihr gegenüber wohl doch nicht durchgängig jene liebevolle Haltung eingenommen hat, von der sie von Beginn der Therapie an immer schwärmerisch berichtet hat. Das weitere Nachdenken über die wahren Einstellungen der Mutter der Patientin gegenüber hätte möglicherweise bedrohliche und nicht ganz abschätzbare Auswirkungen auf die bisherigen Annahmen der Patientin über die Mutter. Und die Konsequenzen, die diese Erkenntnis für die weitere Gestaltung der Tochter-Mutter-Beziehung hätte, sind für die Patientin schon gar nicht abschätzbar. Genau diese Vermutung (oder Sinndeutung) der Therapeutin über die Sinnhaftigkeit der Vermeidung des weiteren Nachdenkens über die Mutter wird der Patientin zu Beginn des Dreisatzes mitgeteilt und zugleich auch die Patientin-Sicht akzeptiert, dass weiteres Nachdenken natürlich schwer einschätzbare Konsequenzen hätte.

Schritt 2:
Sinnsetzende Zieltransparenz aufseiten des Therapeuten

Der Therapeut unternimmt den Versuch, seine eigenen (aus der hier und jetzt gegebenen Stagnation resultierenden) kurz- oder mittelfristigen Zielstellungen offen zu legen. Dabei sollte er sinnsetzend eine möglichst plausible und klare Begründung für (s)einen Vorschlag zur Überwindung der Stagnation liefern. Es sollte also eine positive, d.h. konstruktive Lösung des Stagnationsproblems vorgeschlagen werden. Was das in der Abbildung hervorgehobene Stichwort der „Konfrontation" betrifft, so gibt es hierzu in der Regel zwei Alternativen:

- **Entweder:** Die Zielperspektiven des Therapeuten unterscheiden sich von denen des Patienten. In diesen Fällen meint Konfrontation die klare und wahrhaftig vorgetragene Begründung einer Alternative, die der Therapeut in Abweichung von den verstehbaren Zielstellungen des Patienten dennoch für sinnvoller erachtet.
- **Oder:** Zielvorstellungen des Therapeuten und des Patienten konvergieren, d.h., der Therapeut macht sich die Sinnperspektive des Patienten für das weitere Vorgehen zu Eigen. Diese Lösung wird nach allen Erfahrungen, die inzwischen mit dem therapeutischen Dreisatz vorliegen, von erfahrenen Therapeuten eher bevorzugt. In diesem Fall kann die Konfrontation des Patienten mit einer alternativen Zielperspektive natürlich entfallen. Die sinnsetzende Perspektivierung beschränkt sich in diesem Fall schlicht auf eine empathische Akzeptanz der Zielvorgaben des Patienten.

FALLBEISPIELE

Teil 2: Zieltransparenz

Fall 1. Im ersten Beispielfall entscheidet sich die Therapeutin, (a) dem Patienten zu verdeutlichen, dass es (aus therapeutischer Sicht) gute Gründe gäbe, von der bisherigen Psychotherapiestrategie, nämlich auf das konkret gegebene inhaltliche Hilfeersuchen des Patienten erneut einzugehen, abzuweichen. Zugleich will sie (b) mit einer psychoedukativ-instruktiven Therapiestrategie dem Beziehungswunsch des Patienten nach Struktur und Hilfe dennoch entsprechen. Sie beschließt, dem Patienten zu verdeutlichen, dass weitere Vorschläge ihrerseits nurmehr die jetzt mehrfach in der Therapie beobachtbare Dependenz weiter verstärken würden (Zieltransparenz 1: Aufklärung des Patienten über die inzwischen aufgestellte Diagnose der dependenten Persönlichkeitsstruktur). Zugleich schlägt sie für den weiteren Therapieverlauf eine längere Phase therapeutischer Gespräche vor, die dem Ziel der Entwicklung von Perspektiven und Ansatzpunkten für eine allmähliche Überwindung der dependenten Abhängigkeitsmuster in Richtung vermehrte Autonomieübernahme in zwischenmenschlichen Beziehungen dienen sollen (Zieltransparenz 2: Konfrontation des Patienten mit einer Zielalternative).

Fall 2. Im zweiten Beispielfall entscheidet der Therapeut, (a) sich die Sinnstruktur des Patienten zu Eigen zu machen, da er in der Tat nicht den Idealvorstellungen des Patienten zu entsprechen vermag (Zieltransparenz 1: Konfrontation des Patienten mit einer grundsätzlichen Akzeptanz seiner bisherigen Einschätzung der möglichen Therapeuteninkompetenz im Sinne seiner Erwartungen). (b) Der Therapeut erahnt, dass das Eingeständnis der eigenen Inkompetenz die Konsequenz eines Therapieabbruches implizieren könnte. Er möchte deshalb den Patienten gern darauf hinweisen, dass er selbst den Erfolg einer Behandlung gewöhnlich erst gegen Ende der Therapie abschätzen könne. So gäbe es auch immer wieder Patienten, die sich zu Beginn der Behandlung eher skeptisch gegenüber seinem therapeutischen Vorgehen geäußert, dann im Verlauf der Therapie dennoch erhebliche Fortschritte gemacht hätten (Zieltransparenz 2: sinnsetzende Perspektivierung).

Fall 3. Auch im dritten Beispielfall entscheidet sich die Therapeutin (a) für eine Übernahme der Sinn- und Prozessstruktur, die dem autistischen Innehalten der Patientin zugrunde liegt. Sie teilt und akzeptiert das angstvoll-autistische Zögern der Patientin (Zieltransparenz 1: empathische Akzeptanz der aktuellen Befindlichkeit und des daraus verstehbaren wiederholten Stehenbleibens der Patientin in der Therapie). Zugleich (b) möchte die Therapeutin verdeutlichen, dass nicht sie – die Therapeutin – zu entscheiden habe, worüber in der Therapie gesprochen werde, sondern dass die Patientin selbst für den weiteren Fortgang der Gespräche zuständig bleibe. Unter dieser Perspektive ergäben sich mehrere Möglichkeiten für die Patientin: Wenn sie wolle, könne sie still sitzen bleiben oder aber ein anderes Thema anschneiden oder aber auch die Therapiesitzung von sich aus an dieser Stelle abbrechen (Zieltransparenz 2: sinnsetzende Perspektivierung; zugleich paradoxe Strategie der sog. „Illusion von therapeutisch sinnvollen Alternativen"). Schließlich (c) möchte sie verdeutlichen, dass aus dem Zögern der Patientin deutlich werde, dass sie bei einem wichtigen und damit wünschenswert zu besprechenden Problem innehalte, über das aus guten Gründen schwierig zu sprechen sei, weshalb die Therapeutin die Patientin in keinem Fall drängen werde, darüber zu sprechen (Zieltransparenz 3: perspektivierende Konfrontation mit der Problemrelevanz).

Schritt 3: Personzentrierte Verantwortungszuweisung

Dieser dritte, im eigentlichen Sinne verantwortungszuweisende Schritt des Dreisatzes lenkt die interpersonelle Aufmerksamkeit voll und ganz auf eine Betonung der (Mit-)Verantwortlichkeit des Patienten für das weitere Vorgehen. Diese ergibt sich einerseits aus der Sinnhaftigkeit seiner Probleme oder Interaktionsgewohnheiten, die zur Stagnation und Krisenentwicklung in der Therapie beigetragen haben. Es gilt, den Patienten ausdrücklich auf das zu verpflichten, was dieser selbst zu tun beabsichtigt. Nur durch eine interpersonell stützende Festlegung und Akzeptanz der Entscheidungsfreiheit des Patienten kann Autonomie und Mitverantwortung erreicht werden.

Die beiden zuvor absolvierten Schritte eröffnen zugleich einen Raum, in dem sich die Entscheidungsfreiheit des Patienten bewegen kann, aber keinesfalls muss. Weitere Lösungen seinerseits sind durchaus denkbar. Erreicht werden soll mit diesem Interventionsschritt lediglich, dass wenigstens zeitweilig eine Übernahme von Mitverantwortlichkeit für den weiteren Therapieprozess erfolgt. Dies ist erreicht, wenn der Patient sich für eine der gegebenen – oder aber auch – für eine weitere, andersartige Möglichkeit selbst entscheidet.

Jedwede Entscheidung seitens des Patienten bringt den Therapieprozess erneut in Gang. Wesentlich ist, dass dem Patienten dadurch die Mitverantwortung für sein weiteres Handeln zurückgegeben wird und dass ihm klar werden kann, wie die möglichen Konsequenzen seiner Entscheidungen aussehen. Genau deshalb sind die beiden zuvor erläuterten Schritte zwingend notwendige Voraussetzungen, da diese offen legen,

- welche *persönlichen Konsequenzen* aus der möglichen Beibehaltung der aktuellen Probleme und Interaktionsgewohnheiten zu erwarten sind (sinnsetzende Zieltransparenz aufseiten des Patienten; Empathie des Therapeuten),
- welche *konstruktiven Alternativen* der Therapeut zu den aktuellen Problemen und Interaktionsgewohnheiten sieht (sinnsetzende Zieltransparenz des Therapeuten durch konstruktive Perspektivierung) und
- welche *interpersonellen Konsequenzen* auf eine Beibehaltung oder Veränderung der Probleme oder Interaktionsgewohnheiten vom Therapeuten zu erwarten sind (sinnsetzende Zieltransparenz des Therapeuten durch Konfrontation des Patienten mit einer alternativen Sinnstruktur der Therapie).

FALLBEISPIELE

Teil 3: Verantwortungszuweisung

Es erfolgt hier in aller Kürze die Darstellung der direkt von den Therapeuten geäußerten personzentrierten Verantwortungszuweisungen. Auf deren unmittelbare und längerfristige Wirkungen in den Beispielfällen kommen wir weiter unten nochmals zurück.

Fall 1. Im ersten Beispielfall erklärt sich die Therapeutin – nach Erläuterung des Psychoedukation-Autonomie-Widerspruchs – im dritten Schritt des Dreisatzes jedoch grundsätzlich damit einverstanden, sich bis zur nächsten Sitzung trotzdem eine weitere mögliche Perspektive für das weitere Vorgehen mit dem Patienten zu erarbeiten. Der Patient müsse sich also keinesfalls unbedingt auf die Alternativvorschläge (in Schritt 2) einlassen.

Fall 2. Der Therapeut des zweiten Patienten erklärt, dass sich aus der sehr kritischen Haltung des Patienten zwingend ergäbe, dass es nicht sinnvoll sei, die Therapie unter den gegebenen Umständen weiter fortzuführen, was konkret heiße, sie mit dieser Sitzung zu beenden. Wenn der Patient dies wolle, sei der Therapeut bereit, mit ihm auch noch über die Möglichkeit der Fortführung der Therapie bei einem anderen Therapeuten zu sprechen, der eventuell auch ein anderes Therapieverfahren anwende.

Fall 3. Die Therapeutin der dritten Patientin kann es bei der empathischen Akzeptanz und der Darstellung der drei entwickelten Perspektiven (weiter zuwarten, ein anderes Thema beginnen, Sitzung beenden) belassen, da sie die Instruktion zur Verantwortungsübernahme implizieren. Sie ist sich zudem recht sicher, dass die Patientin die drei Perspektiven wegen der gemeinsam akzeptierten Sinnstruktur der therapeutischen Krise klar verstanden hat.

25.6 Unmittelbare Wirkungen therapeutischer Transparenz

Natürlich sollte sich der Therapeut bei Anwendung des therapeutischen Dreisatzes über die Sinnstruktur und die Ziele des Patienten möglichst weit reichend im Klaren sein, wenngleich dies nicht zwingend in jedem Fall Voraussetzung ist.

Direkt beobachtbare Wirkungen

Auch personzentrierte Sinn-Deutungen, Sinn-Aus-Deutungen oder (was gelegentlich gar nicht anders möglich) Mutmaßungen über Sinnzusammenhänge können bedeutsame Schlüsselfunktionen übernehmen. Selbst „fehlerhafte" (also extrem „danebenliegende") Verantwortungszuweisungen dürften keine ungünstigen Folgewirkungen zeigen, wenn sie auf der „Beziehungsebene" das Bemühen des Therapeuten um Verständnis und Akzeptanz zum Ausdruck bringen. Ungenaue oder vom Patienten nicht akzeptierbare Zieltransparenz wird günstigstenfalls seinen Widerspruch provozieren. Es bleibt nämlich zu bedenken, dass „Widerspruch" auch ein mögliches Ziel der „passenden" Verantwortungszuweisung sein kann, nämlich dann, wenn der Patient über die vorgeschlagenen Alternativen hinaus noch eine weitere Möglichkeit oder Zielvariante ins Spiel bringt.

! Widerspruch und Eigeninitiative des Patienten sind wesentliche Indikatoren für die Übernahme von Mitverantwortung für den weiteren Verlauf seiner Therapie.

Und genau das (die Übernahme von Mitverantwortung für den Therapieprozess) war und ist primäres Ziel der personzentrierten Verantwortungszuschreibung – nicht mehr, aber auch nicht weniger. Durch Kritik, Widerspruch und Perspektivenerweiterung seitens des Patienten kommt der Therapieprozess erneut und wünschenswert in Gang, auch wenn die Richtung der Patienteninitiative auf den ersten Blick unklar oder risikoreich erscheint.

Der zweite, von den Therapeuten wohl zumeist gewünschte (nicht in jedem Fall zwingend wünschenswerte) Ausgang des therapeutischen Dreisatzes besteht in der mitverantwortlichen Übernahme der vom Therapeuten vorgeschlagenen Zielperspektive durch den Patienten. Da sich auf diese Weise ebenfalls zunächst ein Ausweg aus der aktuell bestehenden therapeutischen Krise andeutet – und zwar derjenige, der unter einer Sinnperspektivierung der jeweiligen therapeutischen Rationale vom Therapeuten vorgeschlagen wurde –, braucht dieser hier nicht weiter gehend thematisiert werden. Das Prozessziel der Übernahme der Mitverantwortung ist auch hier zunächst erreicht. Beachtenswert bleibt jedoch, dass sich durch das Ausmaß der Verpflichtungen, die der Therapeut durch seine Perspektivensetzungen mit übernommen hat, natürlich zugleich ein Mehr an Mitverantwortung für den weiteren Verlauf auf seine Person überträgt.

Implizite Wirkungen

Der dritte, von Therapeuten wohl zunächst weniger gewünschte, im Sinne der Zielperspektive des therapeutischen Dreisatzes jedoch gleichwertig wünschbare Ausgang besteht in der Beibehaltung der präsentierten Probleme oder Interaktionsgewohnheiten durch den Patienten. Nur auf den ersten Blick mag es befremdlich klingen, wenn hier von „gleichwertig wünschbar“ gesprochen wird. Bei genauem Hinsehen hat sich jedoch – und dies wird auch dem Patienten zunehmend klarer werden – die Beziehung zwischen Therapeut und Patient fast unmerklich und grundlegend geändert. Um dies einigermaßen zu verstehen, sollte man sich folgende Änderungsbedingungen, die im therapeutischen Dreisatz eher implizit oder versteckt enthalten sind, genau vor Augen führen:

- Die personzentrierte Handlungszuweisung beinhaltet als günstige Prozessvariable ein hohes Maß an Empathie des Therapeuten. Ohne Empathie ist personzentrierte Sinndeutung nicht möglich. Nur wenn die Sinndeutung des Therapeuten der Sinnstruktur des Patienten weitestgehend entspricht, wird sich dieser verstanden fühlen.
- Die empathische Sinnsetzung beinhaltet nun jedoch zugleich, dass es aus der Sicht des Patienten gute (d.h. sinnvolle) Gründe für jenes Verhalten gibt, mit dem er selbst zur Krisenentwicklung beigetragen hat. Etwas überspitzt ausgedrückt: Die Krise oder Stagnation in der therapeutischen Beziehung ist durch ihn mitzuverantworten!
- Nur wenn sich der Patient verstanden fühlt, kann er die Sinnsetzung des Therapeuten akzeptieren. Um das zu erreichen, muss der Therapeut die dem Patientenhandeln zugrunde liegende Sinnstruktur möglichst empathisch rekonstruieren und schließlich unbedingt positivieren!
- Akzeptiert der Patient die Sinndeutung, weil sie zutrifft oder weil sie ihm neue Einsichten in sein Verhalten ermöglicht, dann kommt dies – für ihn zunächst nicht ganz einsichtig und hier etwas überspitzt formuliert – einem „Schuldeingeständnis“ gleich. Um es nochmals zu wiederholen: Gibt es gute (sinnvolle) Gründe für seinen Interaktionsbeitrag zur therapeutischen Krise, ist er zugleich auch motivgeleitet für die Krisenentwicklung mitverantwortlich.
- Kurz: Fühlt er sich durch den Therapeuten richtig verstanden, hat sich genau zu diesem Zeitpunkt seine Mitverantwortung für den laufenden Therapieprozess wieder eingestellt!
- Und die Mitverantwortung des Patienten wird endgültig wiederhergestellt, wenn ihn der Therapeut zudem noch auffordert, angesichts plausibler Grün-

de für sein Verhalten dieses nicht aufzugeben (dies meint genau: „personzentrierte Verantwortungszuweisung"!). Jedenfalls sollte er es sich angesichts seiner Sinnstruktur gut überlegen, ob er sich auf die Sinnperspektiven und Alternativvorschläge des Therapeuten einlässt. Mitverantwortlich für das weitere Vorgehen ist er in jedem Fall.

Die therapeutische Macht ehrlich gemeinter Transparenz

Dies ist das, was wir in unserer ersten Publikation zu diesem Vorgehen als „die therapeutische Macht kooperativer Sprachformen" bezeichnet haben (Maiwald & Fiedler 1981, S. 121). Der Therapeut gewinnt Einfluss auf die Überwindung von Hilflosigkeit, scheinbarem Autonomieverlust oder persönlichkeitsbedingter Rollenverfangenheit des Patienten, indem er dem Handeln des Patienten bereits vorhandenen oder neuen Sinn gibt. Erreichbar wird dies (um es noch einmal etwas anders auszudrücken:) durch eine Maximierung der Transparenz, kurz: indem mehr Ehrlichkeit und Offenheit in die Therapiebeziehung gebracht wird und indem der Therapeut ehrlich bemüht ist, die gemeinsamen wie divergierenden Zielvorstellungen des Patienten und seine eigenen offen zu legen, und – was nach aller Erfahrung bei der bisherigen Erprobung des Dreisatzes vielen Therapeuten ausgesprochen schwer fällt – diese Divergenzen selbst zur Kenntnis zu nehmen. Die personzentrierte Verantwortungszuweisung muss misslingen, wenn der Therapeut nicht wenigstens ansatzweise in der Lage ist, die Sinnhaftigkeit des Patientenhandelns aus dessen innerer Welt heraus zu verstehen und sie aus dieser Perspektive heraus als *eine* Möglichkeit der Therapie-Prozess-Steuerung zu akzeptieren.

Um nicht missverstanden zu werden: Mit dem therapeutischen Dreisatz ist dem Therapeuten ein möglicher Schlüssel für die Auflösung einer aktuell beurteilbaren therapeutischen Krise an die Hand gegeben. Erst im weiteren Verlauf der Therapie dürfte einschätzbar sein, ob und wie lange die Mitverantwortung der Patienten anhält. Es kann und sollte nicht erwartet werden, dass aus dem hier vorgeschlagenen, einmaligen (metakommunikativen) Gesprächsbeitrag grundsätzlich eine Kontinuität der Mitverantwortung der Patienten für ihre Therapie erwächst, auch wenn dies gelegentlich beobachtbar ist. Gerade bei persönlichkeitsgestörten Menschen dürfte eher zu erwarten sein, dass sie über kurz oder lang erneut in ihre interaktionellen Stile und Gewohnheiten zurückfallen. Es bietet sich also an, den therapeutischen Dreisatz wiederholt als *eine* Möglichkeit der Auflösung therapeutischer Krisen in Betracht zu ziehen.

FALLBEISPIELE

Teil 4: Wirkungen

Fall 1. Im Beispielfall des dependenten Patienten entsprach dieser (man könnte sagen: seiner dependenten Haltung entsprechend) dem Vorschlag der Therapeutin, in eine längere Phase therapeutischer Gespräche über das Dependenzproblem einzutreten. Die Therapeutin empfahl dem Patienten noch in der gleichen Sitzung die Lektüre des Buches „Das Drama des begabten Kindes“ (Miller, 1979), dem sie selbst hilfreiche Einsichten in die Beurteilung der Abhängigkeitseigenarten des Patienten entnommen hatte. Im Verlauf der weiteren therapeutischen Gespräche nahm die Orientierung an den in diesem Buch entwickelten ätiologischen Vorstellungen einen breiten Raum ein.

Fall 2. Der Patient des zweiten Beispielfalls reagierte auf den Vorschlag des Therapeuten, die Therapie zu beenden, mit einer Mischung aus Wut und Betroffenheit. Er sah sich angesichts eines solchen Vorschlags erst recht in seiner Ansicht bestärkt, dass wohl auch dieser Therapeut ausgesprochen inkompetent sei. Diese Therapie hatte ein Nachspiel. Etwa ein Jahr nach Behandlungsabbruch bat der Patient erneut um einen Termin. Er kam in der festen Absicht, erneut eine Behandlung bei diesem Therapeuten zu beginnen. Er hätte in der Zwischenzeit eine weitere Therapie begonnen und diese nach 15 Sitzungen von sich aus beendet, weil sie zunehmend weniger effektiv verlaufen sei. Langes Nachdenken in der Zwischenzeit habe jedoch zu der Einsicht geführt, dass ihn wohl noch nie zuvor ein Therapeut so gut verstanden habe wie jener, der mit ihm von sich aus die Behandlung nicht durchführen wollte. Außerdem habe ihn die Ehrlichkeit des Therapeuten nachhaltig beeindruckt. Die 25 Sitzungen umfassende Therapie erwies sich als ausgesprochen schwierig und war ständig von einem neuen Abbruch bedroht.

Fall 3. Im dritten Beispielfall zeigte die Patientin in der Folge der personzentrierten Handlungszuweisung eine Konversionsstörung: Sie „erblindete“ spontan und bekam panische Angst, das Augenlicht verloren zu haben. Im Verlauf der folgenden zwei (Zeit-)Stunden, in denen die Therapeutin auf eine möglichst beruhigende Art kontinuierlich mit der Patientin weitersprach, stellte sich die Sehfähigkeit der Patientin nach und nach wieder ein. Dies geschah im Zusammenhang mit dem erneuten Ansprechen der Mutter-Tochter-Beziehung. In dieser Gesprächsphase berichtete die Patientin darüber, dass ihr eigentlich schon immer mehr oder weniger klar gewesen sei, dass sie von ihrer Mutter abgelehnt werde. Einmal habe ihr die Mutter eher nebenher erzählt, dass sie im Zusammenhang mit ihrer Schwangerschaft an eine Abtreibung gedacht habe, dann aber gesagt: „Aber das ist ja nicht passiert, und viel wichtiger ist, dass du da bist!“ Ein anderes Mal, so erinnerte sie sich in diesem Gespräch, habe die Mutter gesagt, dass sie sich immer einen Jungen, nie jedoch ein Mädchen als Kind gewünscht habe.

25.7 Paradoxe Intervention: Unterschiede und Gemeinsamkeiten

Der therapeutische Dreisatz ist nicht als Technik gemeint und auch nicht einfach durchzuführen. Er ist möglicherweise dem Bereich der Paradoxen Psychotherapie zuzuordnen. Dies ist jedoch nur unter der Voraussetzung statthaft, wenn akzeptierbar ist, dass paradoxe Interventionen nicht auf Veränderungen in einem vordergründigen Sinne abzielen – etwa im Sinne des weit verbreiteten Irrglaubens vieler Autoren, Patienten mittels schlichter „paradoxer“ Verhaltensverschreibung zur Aufgabe der gerade noch verschriebenen Verhaltensmuster bewegen zu können (vgl. Blankenburg, 1990).

Dies geht möglicherweise nur, wenn sich der Sinn der Verhaltenszuschreibung (als simple Aufforderung zur Wiederholung problematischer Handlungen) für den Patienten entweder zugleich ungemein reduziert aus der (scheinbaren) Glaubwürdigkeit des Therapeuten erschließt. Schon die (inzwischen weit verbreitete) Kenntnis von Patienten, dass es so etwas wie „paradoxe Methoden“ gibt, kann dieses Vorgehen „aushebeln“, indem Patienten auf die „Metaebene“ gehen und – mit Verweis auf die Kenntnis paradoxer Techniken – feststellen, dass die Therapeuten sie wohl nur „paradox“ überlisten wollten.

Aus den gleichen Gründen dürfte es kaum gelingen, den Patienten zu einer Änderung zu bewegen, wenn Therapeuten ihre paradoxe Verschreibung ironisch und humorvoll vortragen (Lamb, 1980; Farrelly & Brandsma, 1986). In einzelnen Fällen mag dies funktionieren, aber die Strategie verkennt grundlegend, welche existenziell sinnstiftende Relevanz Psychotherapie gerade im Zusammenhang mit therapeutischen Krisen einnehmen muss und dass dies zumeist nur mit großem Ernst und in wahrhaftiger Auseinandersetzung geschehen kann.

Auch das in vielen familientherapeutischen Ansätzen zur Paradoxen Psychotherapie vertretene Vorgehen, einen kritischen Diskurs über die Verhaltensverschreibung zu unterbinden, zeugt von einer gewissen Unkenntnis über die eigentlichen Wirkmechanismen paradoxer Interventionen (vgl. z.B. die völlig intransparent erarbeiteten Lösungen eines sog. „Gegenparadoxon“ durch die Therapeuten hinter der Einwegscheibe bei Selvini-Palazzoli et al., 1981, oder in der „Systemarbeit“ von Stierlin, 1981).

Paradoxe Verschreibung zielt immer (nur) auf die Wiederherstellung von mitverantwortlicher Autonomie. Und es lässt sich nicht nachvollziehen, warum dann nicht auch ein kritischer Diskurs zwischen Patienten und Therapeuten über Sinn und Wirkung der paradoxen Intervention möglich sein soll. Denn ein solcher Diskurs kann und muss als erste Erprobung der wiedergewonnenen Autonomie angesehen werden. Wenn die Paradoxie selbst dabei ihre Wirkung verliert, liegt dies möglicherweise daran, dass die Sinndeutungen der Therapeuten nicht stimmen oder dass den Patienten eigene, möglicherweise bessere Lösungen eingefallen sind.

Die vielfach nach paradoxer Intervention geforderte Abstinenzregel begründet sich wohl eher mit der unreflektierten Angst der Therapeuten, dass ein solcher kritischer Diskurs in Gang kommen und dass damit die Superioritätsrolle des Therapeuten infrage gestellt werden könnte. Dass man den Patienten mit einer Diskursverweigerung möglicherweise in eine pathologische (weil sinnentleerte) Doppelbindung entlässt, haben viele paradoxe Therapeuten noch nicht reflektiert (vgl. hierzu kritisch etwa Seltzer, 1986).

Vorsicht: Bitte keine Sei-spontan-Paradoxien!

Ein Kritikpunkt, der aus dem Nachdenken über die möglichen Paradoxien des vorgeschlagenen Vorgehens erwachsen kann, muss hier jedoch etwas grundlegender diskutiert werden. Die personzentrierte Verantwortungszuweisung scheint auf den ersten Blick nämlich jenen (eher ungünstigen) Paradoxien recht ähnlich zu sein, die von Watzlawick et al. (1969) als „Sei-spontan“-Aufforderungen beschrieben wurden (auch: Weeks & L'Abate, 1985).

Das mögliche „Gefangenendilemma“ einer „Sei-spontan-Paradoxie“ (das in mancherlei Hinsicht auch für einfache paradoxe Handlungsaufforderungen gilt, deren Sinnhaftigkeit dem Patienten nicht klar ist und die deshalb tunlichst vermieden werden sollten) ergibt sich aus dem Folgendem (vgl. Maiwald & Fiedler, 1981):

- Die Forderung beinhaltet, dass der Therapeut Handlung „X“ vom Patienten erwartet und nichts anderes.
- Es ist für den Patienten offensichtlich, dass der Therapeut Handlung „X“ von ihm erwartet und nichts anderes.
- Durch seine Forderung belegt der Therapeut den Patienten mit Pflichten.
- Der Patient hat keine Möglichkeit, sich für eine Handlung „Y“ zu entscheiden, es sei denn, er kommt der Verpflichtung des Therapeuten nicht nach.
- Der Patient kann nur widersprechen, indem er der Verpflichtung, die der Therapeut ihm aufzuerlegen versucht, widerspricht.
- Handlungen „X“ und „Y“ schließen sich aus und sind echte Alternativen.
- Durch die Forderung nach Handlung „X“ und die Verpflichtung, Handlung „X“ auch auszuführen, hat der Therapeut dem Patienten die Entscheidung abgenommen, auch Handlung „Y“ nicht zu tun.
- Der Therapeut hat zugleich den Patienten auf Handlung „X“ festgelegt.
- Der Patient kann sich nicht selbst entscheiden, Handlung „X“ zu tun. Diese Handlung von sich aus auszuführen ist ihm unmöglich aufgrund der Forderung des Therapeuten an ihn.

Sinnsetzung und Transparenz

Diese Analyse der möglicherweise deautonomisierenden Wirkweise von für den Patienten ohne Sinneinsicht vorgetragenen oder auch „Sei-spontan“-Paradoxien verdeutlicht zugleich einen gravierenden Unterschied zur personzentrierten Verantwortungszuweisung. Der entscheidende Unterschied liegt in der Sinnsetzung der Handlungsaufforderungen, die durch eine Maximierung der Zieltransparenz zu erreichen versucht wird. Der Patient wird personzentriert zur Verantwortungsübernahme für Handlungen aufgefordert, die er sinnstrukturiert sowieso bereits tut oder in sein Kalkül einbezogen hatte. Der entscheidende therapeutische Wirkmechanismus ist die Rückgabe von Sinn und Bedeutung für das eigene Handeln und die Rückbindung des rollenverfangenen Handelns an eine kognitive Struktur.

Es ergibt sich auf natürliche Weise, dass der Patient in dieser therapeutischen (zieloffenen) Doppelbindung der therapeutischen Intention nicht so ohne weiteres widersprechen kann (in unserem Vorgehen ist jedoch selbst das noch als ein weiterer Ausgang möglich). Beides – Akzeptanz oder Widerspruch – ist erwünscht, da es sich um die Wiedererlangung von Mitverantwortung für das eigene Tun handelt. Dies ist zugleich ein ethisch wertvolles Ziel, das jedweder lege artis durchgeführten therapeutischen Strategie und nicht nur der paradoxen Strategie zugrunde liegt bzw. zugrunde liegen sollte.

Zugleich werden durch eine Maximierung der Transparenz über die vom Therapeuten intendierten und von den Zielvorstellungen des Patienten abweichenden Zielvorstellungen ausdrücklich die Möglichkeiten der „subjektiven Wahl" oder der „persönlichen Entscheidungsfreiheit" erweitert. Der Patient kann sich – durch den Therapeuten jeweils akzeptiert – verantwortungsbewusst für die Beibehaltung der bisherigen Interaktionsmuster entscheiden oder aber auf die Zielvorstellung des Therapeuten eingehen oder aber auch eigene neue Ziele entwickeln.

Natürlich setzt die personzentrierte Verantwortungszuweisung voraus, dass der Patient die inhaltlichen Einlassungen des Therapeuten versteht und/oder zur eigenen Entscheidung in einem ethisch vertretbaren Sinne fähig ist. Es ist hier deshalb abschließend notwendig, auf die Grenzen und möglichen Kontraindikationen für das empfohlene Vorgehen zu sprechen zu kommen.

25.8 Kontraindikationen

Unseres Erachtens können die Bedingungen, unter denen die personzentrierte Verantwortungszuweisung nicht durchgeführt werden sollte, klar gezogen werden. Andererseits sind die Grenzen dieser Anlässe nicht ganz so eindeutig bestimmbar. Bei Vorliegen folgender Bedingungen sollte der therapeutische Dreisatz nicht angewandt werden:

- bei vorliegender oder unterschwellig vorhandener Suizidneigung und bei Neigung zu selbstschädigendem Verhalten, wenn die Suizidalität oder das selbstschädigende Handeln aktuell in die Sinnstruktur der therapeutischen Krise eingebunden ist;
- bei offen zu erwartender oder unterschwellig vorhandener Neigung zu Aggressivität, Gewalttätigkeit oder zu kriminellen Handlungen, wenn diese Bedingungen aktuell in die Sinnstruktur der therapeutischen Krise eingebunden sind;
- bei akutem Verlust der Einsichtsfähigkeit in den aktuell laufenden therapeutischen Prozess (beispielsweise bei akutem psychotischem oder pseudopsychotischem Erleben, bei Auftreten dissoziativer Zustände, unter Drogeneinfluss usw.);
- wenn durch die Sinnstruktur allgemeine ethische Grundsätze und Rechtsauffassungen verletzt werden.

In diesen hier pointiert und prototypisch angesprochenen Fällen dürfte es recht klar sein, dass andere Wege zur Auflösung psychotherapeutischer Krisen gesucht werden müssen als die personzentrierte Aufforderung der Patienten, im Sinne aktueller Intentionen zu handeln.

Konkret: Schritt 3 des Dreisatzes, die „personzentrierte Handlungszuweisung“ wäre kontraindiziert!

Die Alternativen dazu werden – je nach psychotherapeutischem Vorgehen – verfahrensspezifisch sehr unterschiedlich ausfallen und jeweils irgendwo in dem bereits angesprochenen Spektrum adaptiver Entscheidungen zwischen empathischem Verstehen und psychoedukativ-restriktiver Strukturvorgabe angesiedelt sein (→ Kapitel 22.3).

Wir sind jedoch der Auffassung, dass es sich immer zugleich lohnt, eine Maximierung der Transparenz bezüglich der (in diesen kontraindizierten Fällen zumeist gegebenen) diskrepanten Zielstellungen von Therapeut und Patient anzustreben, schon um Klarheit und Eindeutigkeit in die therapeutische Beziehung zu bringen. Kurz: Schritt 1 (Zieltransparenz aufseiten des Patienten) und Schritt 2 des Dreisatzes (Zieltransparenz aufseiten des Therapeuten) bleiben also durchaus als Möglichkeiten erhalten (vgl. Räcker & Jäger, 1981)!

Wo die Grenzen und Übergänge für die vier genannten Kontraindikationen der personzentrierten Handlungszuweisung liegen, muss natürlich von der Problemstruktur des Einzelfalls und vom bisherigen Verlauf der Therapie, insbesondere dem aktuellen Prozess, jeweils abhängig gesehen werden. Die Bedingungen beziehen sich also auf konkrete und vor allem aktuelle Prozessbedingungen (Verarbeitungsstörungen der Patienten, auf ihre aktuellen Erlebensstörungen, auf selbstschädigende Verhaltensfluktuationen oder auf inhaltliche Themenstellungen in der fortschreitenden Therapie).

Das heißt, dass etwa die hypothetische Möglichkeit der oben genannten Störungen, weil sie zum allgemeinen Störungsbild dazugehören (wie etwa Gewaltneigung im Zusammenhang mit dissozialen Persönlichkeitsstörungen oder das gelegentliche Auftreten dissoziativer Störungen bei einem Patienten mit histrionischer Persönlichkeitsstörung oder die Suizidneigung eines Patienten mit selbstunsicherer Persönlichkeitsstörung), nicht als prinzipiell gültige Gegenindikation gemeint ist. Erst der unmittelbare Sinnzusammenhang der genannten Bedingungen mit der aktuell gegebenen therapeutischen Krise sollte an Alternativen zur personzentrierten Verantwortungszuschreibung denken lassen.

Teil IV

Epilog

26 Die schwierig bestimmbaren Grenzen der Normalität

Er möchte ganz von vorn beginnen.
Wo ist vorn?
Elias Canetti

Für denjenigen, der sich heute intensiv und kritisch in die vorhandene Literatur über Persönlichkeitsstörungen einzuarbeiten versucht, drängt sich zwangsläufig der Eindruck auf, dass es sich dabei um jenen Bereich der psychischen Störungen zu handeln scheint, zu dem die meisten Publikationen verfasst wurden und zu dem zugleich das geringste Wissen vorliegt – und schließlich: als habe eine ernsthafte empirische Forschung gerade damit begonnen, erste Lichtungen in den „Urwald" teils hundert und mehr Jahre alter Annahmen und Spekulationen zu schlagen. Betrachtet man die ständig steigende Flut empirischer Arbeiten, so scheinen mit der weitgehenden Enttheoretisierung des DSM (seit dem DSM-III) und der ICD-10 tatsächlich erste sichere Pfade angelegt worden zu sein.

Die nach dem DSM-III von 1980 einsetzende Publikationslust zunächst einiger weniger, dann immer neuer Forscher, schließlich auch namhafter Kollegen, machte in den letzten Jahren selbst jene neugierig, die lange Zeit von allem Abstand gehalten hatten oder sogar vehement gegen alles eingetreten waren, was in der Forschung mit Begriffen wie „Soziopathie", „Psychopathie", „Charakterstörung" belegt wurde. Sie beteiligen sich inzwischen so tatkräftig, das eigens neue Zeitschriften gegründet wurden: z.B. das „Journal of Personality Disorders" und – im deutschen Sprachraum – die „Persönlichkeitsstörungen: Theorie und Therapie".

Andererseits bekunden einige der Protagonisten im Feld inzwischen erneut ihre Skepsis und Zurückhaltung. Sie fragen sich ernsthaft, ob sie wirklich am weiteren Ausbau der inzwischen bestehenden Pfade zu festeren Straßen mitmachen sollen. Fest ausgebaute Straßen lassen sich (schon des Gewohnheitsrechts wegen) nur sehr selten neu verlegen. Müssten – eingedenk der früheren und nach wie vor geltenden Vorbehalte – nicht möglicherweise doch erst neue Lichtungen geschlagen, vielleicht sogar gänzlich andere Pfade gesucht werden?

26.1 Wie viele Persönlichkeitsstörungen gibt es?

Beim Durchblättern dieses Buches dürfte unschwer erkennbar sein, dass es trügerisch wäre, wollte man sich im Bereich der Persönlichkeitsstörungen auf die gegenwärtigen Klassifikationsmöglichkeiten beschränken. So ist etwa die schlichte Frage danach, wie viele Persönlichkeitsstörungen es denn nun gibt, selbst mit der inzwischen erreichten Annäherung an eine zuverlässig einsetzbare Prototypendiagnostik nicht zu beantworten.

In diesem Buch wurden mindestens 175 Bezeichnungen und Konzeptualisierungsversuche von Persönlichkeitsstörungen jeweils wenigstens grob vorgestellt. Man sichte den Bestand, so man Zeit und Muße finden, über eine sicherlich längere Zeit beanspruchende „Wanderung" durch das → Sachwortverzeichnis. Dort fehlen jedoch die 28 Bezeichnungen, die wir in → Kapitel 2.1.2 von Koch zitiert haben, sowie viele weitere, die sich in diesem Buch auch noch verstreut wieder finden. Die Begrenzung auf 175 Bezeichnungen, die es mir Wert waren, ins Sachwortverzeichnis aufgenommen zu werden, ist willkürlich und auf „relevant" erscheinende Literaturbezüge hin erfolgt. Meine Intention dabei war die Verdeutlichung der Vielfalt und Breite möglicher Betrachtungsweisen.

Die meisten anderen Autoren, die in den letzten einhundert Jahren Begrenzungen vorgenommen haben, kommen immer nur auf 5 bis 15 Kennzeichnungen (insbesondere → 2 und → 4). Deren Systematisierungsversuche sind jeweils unter einer pragmatischen Anspruchssetzung beschränkt worden: nämlich jeweils nur jene Persönlichkeitsstörungen zu erfassen, die in klinischen Kontexten vorrangig vorzufinden sind. Dennoch würde eine sorgsamere Recherche unschwer auf weit mehr als zweihundert Bezeichnungen kommen. Uns selbst liegt inzwischen eine Liste mit 246 „Persönlichkeitsstörungen" vor.

Die Komorbiditätsstudien zeigen, dass es kaum jemanden gibt, der – wenn er denn die Kriterien einer der „offiziell" in der ICD-10 oder im DSM-IV geführten Persönlichkeitsstörung erfüllt – nicht auch zugleich die Kriterien mindestens einer weiteren der 11 bis 14 „offiziell" geführten Persönlichkeitsstörungen auf sich vereinigt. Dies kann als gut abgesicherte Validierung dafür angesehen werden, dass wir mit den Persönlichkeitsextremisierungen, als mögliche Grenzüberschreitung von der „Normalität" weg, nichts anderes vorfinden als einen schwer systematisierbaren Bereich individueller Verschiedenheit, der zugleich verdeutlicht, dass Menschen in ihrer Entwicklung einzigartig und voneinander unterscheidbar bleiben – und dass sie sich deshalb selbst aus der Störungsperspektive leider nur sehr unvollkommen in prototypisch angelegte Klassifikationsmuster einordnen lassen. Glücklicherweise sind wir Menschen untereinander doch tatsächlich sehr verschieden!

Kommt hinzu, dass selbst relativ theoriefrei (zeitlos) gehaltenene Systematiken, wie die von Kurt Schneider (→ 2.1.2) oder die von Harry S. Sullivan (→ 4.6) ständigen Veränderungen unterzogen werden oder zeitweilig aus der Mode kommen, um dann später wieder entdeckt zu werden. Das hängt mit vielen Faktoren zusammen. Einer dieser Faktoren ist die jeweils dominierende Wissenschaftsauffassung oder die sich fortentwickelnde „Theorie-Sicht" in jener Epoche, in der die Systematiken jeweils entstanden („Zeitgeist").

So sind die hyperthymen, stimmungslabilen und depressiven Persönlichkeiten (Kurt Schneiders) lange Zeit in den Diagnosesystemen vorhanden gewesen, dann jedoch – vor etwa 15 Jahren – auf der Grundlage wissenschaftlicher Studien weiter ausdifferenziert und schließlich als „chronische Stimmungsstörungen" dem Bereich der affektiven Störungen zugeordnet worden (→ 18). Die Diskussion darüber, ob diese Neuverortung akzeptierbar ist, hält nach wie vor an. Und so entspricht die in das DSM-IV erneut eingeführte depressive Persönlichkeitsstörung weitgehend den Beschreibungen, wie sie bei Kurt Schneider vorgegeben sind.

Etwas Ähnliches ist mit Sullivans Konzept der negativistischen Persönlichkeitsstörung geschehen. Es wurde zunächst – unter dem zunehmenden Einfluss der Psychoanalyse – in das Konzept der passiv-aggressiven Persönlichkeitsstörung verwandelt. Gegenwärtig – im Bemühen um deskriptive Ordnungsversuche – besinnt man sich erneut auf Sullivans Beschreibungen, und im DSM-IV gibt es bereits die „Neueinsetzung" der negativistischen Persönlichkeitsstörung, die Sullivans Beschreibungen weitgehend nahe kommt.

Der „Zeitgeist" in der Forschung ist nicht unabhängig von den allgemeinen Auffassungen über Normalität und Abweichung in unserer Gesellschaft. Diese Wechselwirkungen sind besonderer Art und – mit Ausnahme der Zeit der weltweiten Psychiatriekritik in den 60er- und 70er-Jahren (→ 2.2) – bis heute leider nur höchst selten Gegenstand kritischer Analysen. Die damaligen kritischen Auseinandersetzungen um die Stigmatisierungs-, Etikettierungs- oder Labeling-Wirkungen der psychiatrischen Klassifikation hatten erhebliche Auswirkungen und einen beträchtlichen Einfluss auf die Verbesserung der Diagnosesysteme, wenngleich sie nicht vom psychiatrischen Ansatz der Klassifikation psychischer Störungen wegführten. Diese Diskussionen sind zwar seit Ende der 70er-Jahre etwas in den Hintergrund getreten, erleben gegenwärtig jedoch eine erneute Renaissance (vgl. Offer & Sabshin, 1991; Pfuhl & Henry, 1993) – u.a. weil zunehmend deutlicher wird, dass gerade im Bereich der Persönlichkeitsstörungen das Stigmatisierungsproblem nach wie vor ungelöst ist (→ 1.1, → 1.2).

26.2 Was „stört" eigentlich an einer Persönlichkeitsstörung?

In diesem Band wurde eine Konsequenz dahingehend gezogen, die Persönlichkeitsstörungen vorrangig als komplexe Störungen des zwischenmenschlichen Beziehungsverhaltens aufzufassen.

Komplexe Störungen des Interaktionsverhaltens. Dieses ist die bedeutsamste der übergreifend beobachtbaren Auffälligkeiten. Persönlichkeitsstörungen können sich entscheidend auf die Qualität von persönlichen Beziehungen zu anderen

Menschen auswirken. Sie können Freundschaften und Partnerschaften sowie das Familienleben ungünstig beeinflussen. Ein zweiter großer Bereich, in dem persönlichkeitsgestörte Menschen auffällig werden, betrifft ihre beruflichen Bezüge und ihre Einstellungen zur beruflichen Arbeit – also die Art, wie jemand Aufgaben ausführt, Entscheidungen trifft, wie er oder sie auf Kritik reagiert, Regeln befolgt oder mit anderen zusammenarbeitet.

Die Betonung der Interaktionsprobleme bei Persönlichkeitsstörungen erfolgte mit Bedacht, ist dennoch etwas pointiert vorgenommen worden, denn sie stimmt in dieser Einseitigkeit nicht ganz. Neben den allseits auffälligen Interaktionsstörungen beinhalten Persönlichkeitsstörungen nämlich auch noch folgende Störungsaspekte (vgl. Fiedler 2000a):

Störungen der Emotionalität. Häufig sind vorrangig bestimmte Gefühlsqualitäten betroffen. So dominieren z.B. Angst und Unsicherheit bei selbstunsicheren Personen, Traurigkeit und Dysphorie bei depressiven Menschen. Oder es werden von wiederum anderen Menschen die Emotionen einseitig übertrieben dargestellt, wie dies häufig bei histrionischen Persönlichkeiten der Fall ist. Letztere, histrionische Persönlichkeiten neigen zur Emotionalisierung von Beziehungen. Bei Borderline-Persönlichkeitsstörungen ist häufig die Fähigkeit zur Modulation des Gefühlserlebens gestört, was unter psychischer Belastung zu einem Zusammenbruch der Möglichkeit führt, sich an Gefühlen als wichtigste Referenz für die Beurteilung zwischenmenschlicher Beziehungen zu orientieren. Es kommt zu plötzlich und schnell wechselnden Gefühlsäußerungen. Bei schizotypischen Personen erhalten viele Ereignisse, Gegenstände und Personen eine hochgradig emotionale Bedeutung, die über ihren rational begründbaren Gehalt hinausgeht.

Störungen der Realitätswahrnehmung. Bei einigen Persönlichkeitsstörungen kann die Möglichkeit zur Realitätsprüfung beeinträchtigt sein. Die äußeren Umstände und Beziehungserfahrungen werden verzerrt wahrgenommen oder falsch bewertet. So können sich beispielsweise extrem misstrauische Personen, die in den Diagnosesystemen etwas unglücklich als paranoide Persönlichkeiten bezeichnet werden, schon durch harmlose Bemerkungen und Vorfälle bedroht fühlen. Sie erwarten ständig, von anderen gekränkt oder herabgesetzt zu werden. Bei der zwanghaften Persönlichkeitsstörung stehen sämtliche Bestrebungen der Betroffenen selektiv eingeengt unter dem Regime moralischer, logischer oder sozialer Regeln und Maximen. Bei narzisstischen Personen findet sich eine hohe Anspruchshaltung gegenüber sich selbst wie gegenüber anderen, die häufig mit Kränkungs- und Neidgefühlen einhergehen kann.

Störungen der Selbstwahrnehmung und Selbstdarstellung. Persönlichkeitsstörungen können sich auch auf die Art und Weise auswirken, wie jemand sich selbst sieht, wie er oder sie über sich denkt und welche gefühlsmäßigen Einstellungen jemand zu sich selbst hat. Zum Beispiel übertreiben Menschen mit narzisstischer Persönlichkeit häufig ihre eigenen Leistungen und Fähigkeiten. Ganz im Unterschied dazu fehlt es Menschen mit dependenter Persönlichkeit an Selbstvertrauen. Dependent-abhängige Personen lassen andere Menschen Entscheidungen für sich treffen und spielen ihre eigenen Fähigkeiten herunter. Histrionische Personen fühlen sich unwohl, wenn sie nicht im Mittelpunkt der Aufmerksamkeit stehen, legen sehr viel Wert auf die äußere Erscheinung, gelten häufig als übertrieben attraktiv und verführerisch. Die selbstkritische Haltung selbstunsicher-vermeidender Personen führt sehr häufig dazu, dass die Betroffenen Erwartungen an sich selbst und andere infrage stellen und sogar öffentlich revidieren, sobald widersprüchliche Informationen auftauchen.

Störungen der Impuls- und Selbstkontrolle. Besondere gravierende soziale Folgen verursachen Personen, die persönlichkeitsbedingt häufig und sehr spontan ihre Selbstbeherrschung verlieren oder eigene Triebregungen nur schwer regulieren und kontrollieren können. So weisen beispielsweise Personen mit einer Borderline-Persönlichkeitsstörung oft eine gravierende Neigung zu impulsiver Verschwendung, zu sexueller Promiskuität oder zu Substanzmissbrauch auf, wie bei ihnen ebenfalls häufig suizidale oder parasuizidale Handlungen beobachtbar sind. Oder Personen mit dissozialer Persönlichkeit: Diese neigen zu abenteuerlichen Eskapaden bis hin zu leichtfertigen Gesetzesübertretungen wie Vandalismus, Diebstahl oder körperlicher Gewaltanwendung. Viele Menschen mit dissozialer Persönlichkeit bringen sich wiederholt durch extrem impulsives Verhalten in Schwierigkeiten, weil sie zu Schlägereien und körperlichen Übergriffen neigen, im Extremfall einschließlich Partner- oder Kindesmisshandlung. Es bleibt jedoch zu beachten, dass Impulskontrollstörungen unter psychischer Belastung bei fast allen Persönlichkeitsstörungen vorkommen können.

Dennoch: Vorrangig Interaktionsstörungen! Wenn wir Persönlichkeitsstörungen in diesem Buch übergreifend als komplexe Störungen des zwischenmenschlichen Beziehungsverhaltens aufgefasst haben, so liegt das u.a. daran, dass sie als solche strikter und vor allem eindeutiger als mithilfe der anderen Merkmale von den übrigen psychischen Störungen diagnostisch trennen lassen. Das wird gelegentlich bei Betonung der anderen Störungsaspekte oder bei der Suche nach einem eventuellen „Krankheitswert“ allzu leicht übersehen.

Was deshalb und genau dazu nachfolgend erneut gesagt wird, mag auf den ersten Blick befremden, aus einer anderen Sicht vielleicht Zustimmung, möglicherweise aber auch Ablehnung erfahren.

26.2.1 Übergänge zu den symptomatischen psychischen Störungen

Unter der Bezeichnung „prämorbide Persönlichkeit“ werden üblicherweise die besonderen Risikomerkmale einer Person zusammengefasst, die die Möglichkeit der Entwicklung einer spezifischen psychischen Störung beinhalten. Andererseits sind diese jedoch zumeist erst beurteilbar und bewertbar, wenn sie in den zwischenmenschlichen Beziehungen sichtbar und auffällig werden. Bei den prämorbiden („depressiven", „hyperthymen", „zyklothymen" oder „schizotypischen") Personeigenarten handelt es sich zumeist um sog. „morbusnahe" Grundstörungen (der Depression oder Schizophrenie).

Interaktion. Es darf nicht verkannt werden, dass die aus diesen Grundstörungen erwachsenden „sichtbaren" sekundären Eigenarten, die die Betroffenen entwickeln, um ihre spezifische Vulnerabilität zu schützen, immer zugleich interpersoneller Natur sind. Letztlich jedoch sind es nur diese interpersonellen Eigenarten, die für mögliche zwischenmenschliche Konflikte mitverantwortlich zeichnen. Und das, was wir schließlich als deutlich hervortretende „prämorbide Persönlichkeit" oder „Persönlichkeitsstörung" bezeichnen, hat eine ihrer möglichen Ursachen in zwischenmenschlichen Bewertungs- und Ausgrenzungsprozessen, an denen die Betroffenen selbst und die Interaktionspartner beteiligt sind.

Dies wird auch von jenen Autoren so vertreten, die wie von Zerssen (1991) der Ansicht sind, die prämorbid zur Depression beobachtbaren Persönlichkeitseigenarten (z.B. des Typus melancholicus) lägen bis zum Zeitpunkt der Exazerbation in Richtung affektive bzw. Stimmungsstörung noch im Bereich der „Normalität". Ätiologietheoretisch unterstellt von Zerssen jedoch „fließende Übergänge" und einen interpersonell provozierten Zusammenbruch der persönlichkeitsbedingten Abwehrstruktur der für den Typus melancholicus typischen hypernomen Angepasstheit („subjektives Scheitern der Selbstverwirklichung"; → 19.3.1).

Bis heute ist nicht bewiesen, ob dieser Zusammenbruch des im sozialen Rollenverhalten liegenden Selbst- und Vulnerabilitätsschutzes spontan und abrupt erfolgt. Wahrscheinlicher ist, dass die soziale Überangepasstheit der Typus-melancholicus-Patienten Schwankungen unterliegt und dass diese möglicherweise zusammenbricht, weil sie sich gegenüber den von anderen zunehmend geäußerten Kritiken und Veränderungseinforderungen nicht länger aufrechterhalten lässt. Das prämorbide Rollenverhalten selbst jedoch dürfte wie die Interaktions- und Rolleneigenarten der übrigen Persönlichkeitsstörungen ich-synton gelebt werden.

Ich-Syntonie. Die „Ich-Syntonie" ist eines der zentralen Unterscheidungsmerkmale zwischen den spezifischen psychischen Störungen (DSM-Achse I) und den Persönlichkeitsstörungen (DSM-Achse II). Auch dies wird von vielen Autoren zu wenig genau beachtet. Nur deshalb wird vielfach darüber gestritten, ob symptomatische Störungsanteile (wie z.B. dissoziative oder somatoforme Störungen oder die Depressivität) als Kriterien der Persönlichkeitsstörungen gelten können oder ob bestimmte (wie z.B. die Borderline-)Persönlichkeitsstörungen nicht besser als symptomatische psychische Störungen in den Diagnosesystemen geführt werden sollten.

Aktuelles weiteres Beispiel ist die Diskussion darüber, ob z.B. die sog. „subaffektiven Störungen" chronifizierte Stimmungsstörungen oder Persönlichkeitsstörungen sind (→ 19.2; → 19.5). Auch die Auseinandersetzung über die Frage, ob die „schizotype Störung" eine symptomatische psychische Störung ist (so in der ICD-10) oder besser als interaktionelle Persönlichkeitsstörung aufgefasst werden soll (so im DSM bis zum neuen DSM-IV), ist für dieses Kontaminationsproblem kennzeichnend (→ 9.3).

Könnte es nicht sein, dass beide Auffassungen richtig sind? Dazu bräuchten jeweils nur die symptomatischen Anteile von den interaktionellen Merkmalen einer Persönlichkeitsstörung konzeptuell und diagnostisch getrennt werden. Eine solche Merkmalstrennung, d.h. die stärkere Differenzierung der ich-syntonen von den ich-dystonen Verhaltensdeskriptoren könnte in der Tat die Frage entscheidend voranbringen, ob es nun eine depressive und/oder schizotypische Persönlichkeitsstörung geben sollte oder nicht.

Depressive Persönlichkeitsstörung – Dysthymie – Depression

Natürlich sind die depressiven Verstimmungen in der depressiven Persönlichkeitsstörung „ich-dyston". Die Betroffenen leiden unter ihrer (chronischen) Depressivität (Dysthymie: Achse I, affektive Störungen). Andererseits macht eine chronische Grundverstimmung in Richtung Depressivität in zwischenmenschlichen Kontexten fast zwangsläufig eine Art „Selbstschutz" durch die Betroffenen erforderlich.

Dieser Selbstschutz wird einerseits notwendig gegenüber der eigenen depressiogenen Vulnerabilität, um ein mögliches Abgleiten in die schwere Depression zu verhindern. Schließlich wird sich die betreffende Person immer zugleich gegen überhöht erscheinende Anforderungen und Einschränkungen durch die relevanten Bezugspersonen richten oder diesen zu entsprechen versuchen (vgl. z.B. das Hypernomiekonzept von Kraus, 1977, 1991; → 19, → 19.3.1).

Die dabei – möglicherweise lebenslang – entwickelten interpersonellen Selbstschutzverhaltensgewohnheiten machen nun genau die prämorbide Persönlichkeitsstruktur (Typus melancholicus) oder ihre (depressive) Persönlichkeitsstörung aus. Und dies macht es sinnvoll, getrennt und zusätzlich zur dysthymen Stimmungsstörung eine Persönlichkeitsstörung vorzusehen (DSM-Achse II: depressive Persönlichkeitsstörung; vgl. die ähnlich lautenden Argumente der Arbeiten in Klein et al., 1993).

Schizotypische Persönlichkeitsstörung – Schizotype Störung – Schizophrenie

In gleicher Weise könnte im Bereich der schizotypen (Persönlichkeits-)Störung vorangedacht werden. Die Autoren des DSM-IV und der ICD-10 sind sich nach wie vor uneinig, ob die schizotype Störung als unterschwellige Schizophrenie (so die ICD-10-Zuordnung im Bereich der schizophrenen Störungen) oder als Persönlichkeitsstörung (so nach wie vor die Auffassung im DSM[-IV]) betrachtet werden soll.

Auch hier könnte die strikte Trennung der subschizophrenen (gelegentlich ich-dystonen, „schizotypen") Grundstörungen von den sich – möglicherweise lebenslang – daraus ergebenden Selbstschutz- und Interaktionsgewohnheiten als ich-syntone „schizotypische Persönlichkeitsstörung“ wichtige neue Perspektiven im Bereich der empirischen und konzeptuellen Komorbiditätsforschung im Übergangsbereich zur Schizophrenie eröffnen (so die gleich lautende Argumentationsfigur bei Siever et al., 1991; → 19.4).

26.2.2 Übergänge zur Normalität

Um dieses Problem nun jedoch grundlegend zu ändern, soll hier noch eine andere Variante vorgeschlagen werden. Sie geht als Extremforderung dahin, die „Persönlichkeitsstörungen“ als Klassifikationsbereich gänzlich zu streichen. Dies würde zugleich und endlich wirklich neuartige Möglichkeiten eröffnen, das Stigmatisierungsproblem der Personperspektivierung einer Interaktionsstörung zu beseitigen.

Unsere hierzu gelegentlich in dieses Buch „eingestreute“ Forderung, den ICD-10-Bereich F.60 und die DSM-Achse II der „Persönlichkeitsstörungen“ durch einen entsprechenden Bereich oder eine Achse II der „zwischenmenschlichen Beziehungsstörungen“ bzw. „Störungen des Beziehungsverhaltens“ zu ersetzen, wird sicherlich von vielen, die eine interpersonelle Verstehensperspektive der Persönlichkeitsstörungen einnehmen und diese auch als solche erforschen, unmittelbar verstanden werden und Zustimmung erfahren. Eine andere, näher an der jetzigen Diagnostik orientierte Möglichkeit wäre es, nicht mehr von „Persönlichkeitsstörungen“ zu sprechen, sondern auf der Achse II die Beurteilung von „Persönlichkeitseigenarten“ oder „Persönlichkeitsstilen“ vorzusehen.

Die Vorteile liegen klar auf der Hand: Diagnostiker und Therapeuten wären unmittelbar gezwungen, über die Person hinauszublicken. Störungskennzeichnungen beträfen Störungsmuster der zwischenmenschlichen Transaktionen. Und für Diagnosestellung und Behandlungsplanung wären explizit jene privaten, beruflichen und gesellschaftlichen Faktoren mit in Rechnung zu stellen, die an der Entwicklung interpersoneller oder transaktionaler Störungen und Probleme des für diese Faktoren stellvertretend anwesenden Patienten beteiligt sind.

Nicht gemeint ist, dass die Betroffenen etwa keine Probleme, Kompetenzdefizite oder Interaktionsstörungen mit Behandlungswert hätten. Nur: Würde die Klassifikation der „Persönlichkeitsstörungen“ durch „Störungen des Beziehungsverhaltens“ oder durch „Persönlichkeitsstile“ ersetzt, dann genau wären die Störungsbezeichnungen zwangsläufig von der Personstigmatisierung weg und ausdrücklicher in Richtung Kompetenzextremisierung oder Kompetenzdefizit neu festzulegen.

Gemeint ist weiter, dass auch die Bezugspersonen in Familie und Beruf gleichfalls große Schwierigkeiten, Kompetenzdefizite oder persönlichkeitsbedingte Störungen des Beziehungsverhaltens mit Behandlungswert haben (können) oder dass die allgemeinen oder spezifischen Lebensbedingungen der Betroffenen lebenslang bis aktuell wirken. Auch diese (diagnostische und problemanalytische) Betrachtung wäre zwingend bereits in den Diagnosevoraussetzungen zu verankern. Unter einer solchen Perspektivenänderung könnte sich herausstellen, dass das, was wie eine „Persönlichkeitsstörung" aussieht, möglicherweise eine hohe Überlebenskompetenz darstellt. Denn nur eine konsequente Kontext- oder Interaktionsanalyse kann die hier gemeinte Fehleinschätzung verhindern helfen, es handele sich solitär um ein persönlichkeitsbedingtes Problem (Lebensschicksal, Gewordenheit) der – mehr oder weniger zufällig – im Blickfeld stehenden Person (→ 24, → 26).

Einigen anderen wird die hier aufgestellte Forderung erheblich zu weit gehen. Dem steht nämlich eine bereits zweihundert Jahre währende Tradition der Betrachtung, Erforschung und Behandlungsversuche von personperspektivierten Störungen gegenüber. Das größte Problem für diese „radikale Lösung" des Ersetzens der „Persönlichkeitsstörungen" durch „komplexe Störungen des zwischenmenschlichen Beziehungsverhaltens" besteht jedoch darin, dass die Persönlichkeitsstörungen selbst inzwischen auch bei all jenen Forschern und Therapeuten auf größte Resonanz und größtes Interesse stoßen, die jahrelang gegenüber der psychiatrischen Klassifikation eher größere Distanz hergestellt hatten – ohne dass von den meisten gesehen wird, dass ihre damaligen Vorbehalte, die den hier aufgezeigten Problemen entsprechen, weiter Bestand haben.

26.3 Lassen sich die Grenzen zwischen Normalität und Abweichung überhaupt eindeutig festlegen?

Nicht nur die Anzahl der Persönlichkeitsstörungen ist unklar. Unklar ist gegenwärtig auch, ob jemand, der die in den Diagnosesystemen angegebenen Mindestzahlen der Kriterien für eine Persönlichkeitsstörung erfüllt (jeweils 4 oder 5 oder 6 oder 7 usw.), tatsächlich „persönlichkeitsgestört" ist.

Klinische Erfahrung. Zum einen sind die meisten Persönlichkeitsstörungen, obwohl die Forschung in diesem Bereich enorm expandiert, nach wie vor eher ein Produkt der „klinischen Erfahrung", als dass etwa wissenschaftlich belegt wäre, dass es sich dabei wirklich um „prototypische Störungen" handelte. Deshalb wird von Diagnoseforschern immer wieder bedauert, dass es nach wie vor keinen „Goldenen Standard" bzw. kein „Urmeter" für die bisherigen Störungen gebe (→ 19). Als Ausnahmen mögen vielleicht die dissozialen, schizotypischen oder Borderline-Persönlichkeitsstörungen gelten, zu denen inzwischen auch die meisten Forschungsarbeiten vorliegen.

Aber selbst die Gruppe der Borderline-Störungen, die fast 40 Prozent aller Publikation über Persönlichkeitsstörungen auf sich vereinigt, ist nach wie vor heftig umstritten: Man vergleiche hierzu die aktuellen Ätiologieperspektiven in

→ Kapitel 11, die es nahe legen, zukünftig deutlicher zwischen Borderline-Persönlichkeitsstörungen und chronifizierten Trauma- bzw. Belastungsstörungen zu unterscheiden. Oder man beachte die Sicht von Akiskal (1992), der sie wegen des vorhandenen Risikos, eine schwere Depresssion zu entwickeln, lieber gleich den affektiven bzw. Stimmungsstörungen zugeordnet sähe (→ 18.5).

Normal – krank – deviant. Zum anderen sind die geforderten Mindestkriterien der Persönlichkeitsstörungen nach wie vor kaum ausreichend dahingehend überprüft worden, wie „gesund“ oder „krank“ oder „deviant“ oder „normal“ jemand wirklich ist, wenn er die Mindestanzahl der jeweils „geforderten“ Kriterien einer Persönlichkeitsstörung (und vor allem: welche?) auf sich vereinigt.

Die bisherige Festlegung von Mindestkriterien ist schlicht das Resultat pragmatischer Setzungen in den unzweifelhaft langwierigen Diskussionen jener Psychiater und Psychologen, die den Diagnose- und Nomenklaturausschüssen der American Psychiatric Association oder der WHO angehören. Genau aus diesem Grund wären zur Frage der klinischen Validität des „Störungsgehaltes“ der Persönlichkeitsstörungen grundlegende Forschungsarbeiten dringend nötig. Eigentlich wären sie jeder weiteren praktischen Verwendung der Diagnosesysteme zwingend vorzuordnen.

Übergänge. Inzwischen mehren sich denn auch die empirischen Hinweise, die deutliche Beziehungen zwischen kategorialen und dimensionalen Konzepten offen legen und damit die Hypothese fließender Übergänge zwischen Normalität und Abweichungen unterstützen. In diesem Zusammenhang werden unterschiedliche Modelle und Operationalisierungen diskutiert und überprüft. Eine Möglichkeit besteht darin, Ähnlichkeitsbeziehungen indirekt über faktorenanalytische Methoden zu errechnen (vgl. Becker, 1998).

So haben beispielsweise Mitarbeiter der Forschungsgruppe um Saß mit einem facettentheoretischen Modell die strukturellen Ähnlichkeitsbeziehungen zwischen Persönlichkeitsdimensionen und -störungen empirisch abzusichern versucht (Saß et al., 1995, 1996, 2000). Dabei galten die Annahmen, dass Persönlichkeitsfaktoren höherer Ordnung (Extraversion, Gewissenhaftigkeit, Verträglichkeit, Offenheit gegenüber Erfahrungen usw.) die Persönlichkeit gesunder wie kranker Personen in ähnlicher Weise strukturieren und dass zwischen normalen Persönlichkeiten und Persönlichkeitsstörungen ein gradueller und kein grundsätzlicher Unterschied besteht – eine Hypothese, die auch den in → Kapitel 19 dargestellten Komorbiditätsmodellen zugrunde liegt.

Kontinuitätsmodell. So fanden sich beispielsweise enge Beziehungen der „Störungsmerkmale“ selbstunsicher, dependent und zwanghaft zur „Persönlichkeitsdimension“ Verträglichkeit, weiter waren schizotypisch, Borderline, narzisstisch und dissozial enger mit einem Strukturmerkmalsbereich „Desorganisierte Persönlichkeit“ verknüpft, histrionisch und hyperthym mit Extraversion usw. Die facettentheoretische Analyse unterstützte also die Annahme eines möglicherweise universell gültigen Kontinuitätsmodells der Persönlichkeit mit fließendem Übergang zwischen normalen Persönlichkeiten und Persönlichkeitsstörungen.

Allerdings waren die Ähnlichkeitsbeziehungen über die verschiedenen Stichproben hinweg nicht identisch. Während in der Normalpopulation allen Persönlichkeitsdimensionen eine hohe Diskriminationsfähigkeit zukam, stellt sich in der klinischen Stichprobe der „Neurotizismus" als gemeinsames Merkmal fast aller Individuen dar. Dieser Befund deckt sich ebenfalls mit anderen Untersuchungen zur Dimensionalität der Persönlichkeitsstörungen, auf die wir bereits in → Kapitel 5.4 eingegangen sind (vgl. Becker, 1998; v. Zerssen, 2000).

26.3.1 Kompetenz und Tolerierbarkeit

Die Frage der Grenzziehung zwischen „Normalität" und „Abweichung" lässt sich also nicht einfach durch Kriterien und Kriteriengewichtungen vornehmen. Gerade weil sich die Diagnose der „Störung einer Persönlichkeit" im Wesentlichen auf die Einschätzung des Interaktionsverhaltens der Betroffenen stützt, gibt es keine eindeutigen Grenzmarkierungen. Der Diagnostiker muss hier vielfach recht blind auf die Kriteriensetzungen vertrauen.

Toleranz. Würde man mit einer interaktioneller Perspektive an die Diagnose herangehen und dabei etwa die Frage der zwischenmenschlichen Tolerierbarkeit der in den Kriterien angegebenen Interaktionsaspekte mitberücksichtigen, dann würde man immer zwischenmenschliche Kontexte finden, in denen die gerade beurteilten Verhaltensmuster als (wesentliche) Kompetenz gelten können – mit Ausnahme delinquenter und krimineller Handlungen oder der Gewalt gegen sich selbst (Suizidversuch) oder der Gewalt gegen andere (für deren zwischenmenschlich-soziale Bewertung zumeist eindeutige Rechtsvorschriften gelten; → 24.3).

Die Beurteilung der kontextgebundenen Tolerierbarkeit von Störungskriterien gilt (im Sinne der Reliabilitätsanforderungen) jedoch prinzipiell als „diagnostischer Fehler". Dabei ist völlig unzweifelhaft, dass sich für fast alle Kriterien „sozial angemessene" Interaktionskontexte finden lassen oder auch Kontexte, in denen die Betroffenen mit ihren Eigenarten auf Toleranz und Akzeptanz stoßen. Wir haben dies beispielsweise für den Bereich der dissozialen Persönlichkeitsstörung herausgearbeitet (→ 10.3 und unten).

Dimensionalität. Die Frage der möglichen Grenzziehung zwischen „Normalität" (Persönlichkeits-*Eigenarten*) und „Abweichung" (Persönlichkeits-*Störungen*) ist nach der erstmaligen Kriterienausdifferenzierung seit dem DSM-III (von 1980) kaum substanziell untersucht worden. Kritiker haben angesichts der Willkürlichkeit der Kriterienfestlegung gefordert, Alternativen nicht zu vergessen. Die dazu unterbreiteten Vorschläge zielen vor allem auf die Entwicklung dimensionaler Modelle (vgl. Klein, 1993; Saß et al., 1996) – wobei sich offensichtlich mit dem Fünf-Faktoren-Modell der Persönlichkeit völlig neue Möglichkeiten einer erneuten Zusammenführung der jahrelang unverbunden nebeneinander herlaufenden Forschungen in der differenziellen Persönlichkeitspsychologie einerseits und der Klinischen Psychologie und Psychiatrie andererseits eröffnen (Costa & Widiger, 1993; → 5.3, → 5.4).

Funktionale Stile. Es ist jedoch die Frage, ob dimensionale Persönlichkeitstests die einzigen Perspektiven bereitstellen, um sich an die Frage der möglichen Grenzen heranzuwagen. Es gibt noch einige weitere Möglichkeiten. Diese sind jedoch im Bereich der Persönlichkeitsstörungen bislang kaum ausgelotet worden. Und sie werden dort, wo Forscher diese Wege beschreiten, mit Misstrauen und Skepsis betrachtet. Das liegt daran, dass die Forscher sich hierzu gleich eines der schwierigsten Störungsbilder – nämlich das der dissozialen Persönlichkeitsstörungen – ausgesucht haben. Gemeint sind z.B. die Untersuchungen von Sutker und Allain (1983) zur sog. „adaptiven Dissozialität".

Diese Forschungsperspektive geht den Weg der Grenzziehung zur „Abweichung" von der „Normalität" her. Es wird unterstellt, dass es viele Menschen gibt, die die Kriterien der Persönlichkeitsstörungen erfüllen, damit jedoch in den von ihnen gewählten Lebenskontexten ohne Probleme, wenn nicht gar sehr erfolgreich zurechtkommen (vgl. z.B. die „adaptive Dissozialität" vieler angesehener Politiker; → 10.3). Diese Perspektive unterstellt also ausdrücklich eine situative Variabilität und damit Kontextabhängigkeit der Persönlichkeitsstörungen (→ 6.3) – ganz im Unterschied zu den Diagnosesystemen, die von einer Nichtvariabilität und Zeitbeständigkeit der Persönlichkeitsstörungen ausgehen.

26.3.2 Zwischenmenschliche Funktion und Sinnhaftigkeit

Die Untersuchungen zur adaptiven Funktion der persönlichkeitsbedingten Interaktionsmuster beschäftigen sich mit einigen Eigenwilligkeiten, die den Persönlichkeitsstörungen grundsätzlich inhärent sind, die jedoch leider in der Diagnostik und Behandlung der Persönlichkeitsstörungen viel zu selten Beachtung finden. Persönlichkeitseigenarten sind nämlich „Kipp-Phänomene".

Interpersonelle Rollen. Viele Interaktionseigenarten der Betroffenen stellen sich unter bestimmten Perspektiven oder in bestimmten sozialen Kontexten als „Kompetenz", „sinnvoller Vulnerabilitätsschutz" oder als „besondere Stärke und Qualität" dar (Fiedler, 2000a). Und da dies die Betroffenen ebenfalls so sehen, führt dies über lange Sicht dazu, dass sie sich an ihre (ihnen zumeist ureigensten) Interaktionseigenarten gewöhnen. Schließlich üben sie dieses Rollenverhalten sogar sehr bewusst ein und pflegen es, sodass es ihnen später als vorzeigbarer oder Sicherheit ausstrahlender Anteil ihrer Person oder Persönlichkeit „in Fleisch und Blut" übergeht. Genau dieser Aspekt macht schließlich das jeweils vorfindbare Mehr oder Weniger der Ich-Syntonie aus.

Das jedoch bedeutet: Persönlichkeitstypische Interaktionsgewohnheiten werden von den Menschen nicht kontinuierlich auf ihre kontextspezifische Angemessenheit hin reflektiert, sondern als persontypisierende Gewohnheit, Interaktionssicherheit oder Rolle gelebt, präsentiert und weiterentwickelt. Als Persönlichkeitsstörungen werden sie nur diagnostiziert, wenn die Rollenpräsentation in unterschiedlichen Kontexten versagt, wenn sich die Bezugspersonen in Familie oder Beruf kritisch zu Wort melden, zwischenmenschliche Krisen und Konflikte zunehmen, oder aber auch: wenn Therapeuten in der Therapie auf tief greifende Widerstände oder auf Nicht-Compliance stoßen.

Diese Widerstände der Betroffenen gegenüber Veränderung erklären sich u.a. daraus, dass die eingeübte Rolle Sicherheit und Schutz bietet (→ 25.2). Mit großer Wahrscheinlichkeit kann davon ausgegangen werden, dass die „Rolle" (Aldridge-Morris, 1989; Kraus, 1991a) oder „Fassade" (Häfner, 1961) nach wie vor in bestimmten Situationen eine wesentliche, soziale und damit zumeist positiv bewertete oder die ihr persönlich inhärente, widerständig-gegensoziale Funktion erfüllt. Möglicherweise erfüllt sie diese Funktion auch noch in jenen Interaktionssituation, in denen sie von den Interaktionsteilnehmern selbst als situationsunangemessen erlebt wird. Genau aus diesen Gründen wird in den Behandlungskonzepten vorgeschlagen, die persönlichkeitsbedingten Interaktionsroutinen zunächst – zur Überwindung der „Rollenverfangenheit", vermeintlicher „Widerstände" oder um einen Zugang zur Metakommunikation zu erhalten – „positiv" zu bewerten und damit mit „Sinn" zu füllen (→ 22.2, → 24.5).

Kipp-Phänomen. Dies nun ist jener Aspekt, der mit „Kipp-Phänomen" gemeint ist. Dieses „Kipp-Phänomen" beinhaltet, dass genau zwischen „Person", „Motiv" und „Handlung" unterschieden werden muss, um die kontextspezifische Sinnhaftigkeit interaktioneller Gewohnheiten bestimmen zu können. Und genau dies versuchen jene Forscher herauszuarbeiten, die sich mit der adaptiven Funktion, also mit den Aspekten der motivierbaren oder sinnhaften oder kontextspezifischen Kompetenz in Persönlichkeitsstörungen beschäftigen. Ganz im Unterschied zu den übrigen psychischen Störungen haben sich bis heute jedoch leider nur sehr wenige Forscher mit dieser Frage beschäftigt (vgl. hierzu etwa die Arbeiten in Offer & Sabshin, 1991; auch: Pfuhl & Henry, 1993).

Diese Frage wäre nicht nur wichtig für die Aufklärung der Übergänge zwischen Normalität und Abweichung. Sie wäre zugleich von außerordentlichem Interesse für die Entwicklung von Behandlungsprogrammen, die in aller Regel ja von den vorhandenen Zielvorstellungen, Kompetenzen und Ressourcen der Patienten ihren Anfang nehmen müssen.

26.3.3 Zur Kompetenzepidemiologie der Persönlichkeitsstörungen

In einem weiteren (noch etwas utopisch anmutenden) Sinne könnte sich diese Kompetenzforschung zu den Persönlichkeitsstörungen auch aus jener engen Verbindung zu Persönlichkeitsstörungen loslösen. Sie könnte sich auf allgemeine kritische Lebenssituationen (Trennung/Scheidung), Lebenskontexte (Schichtzugehörigkeit/Milieu), Familieninteraktionen oder auf berufliche Kontexte beziehen, die zu ihrer Bewältigung jeweils spezifische Kompetenzen erforderlich machen. Hierzu findet sich im Herausgeberwerk von Offer und Sabshin (1991) ein wichtigstes Beispiel in den Ausarbeitungen zur gesundheitsförderlichen Problemlösungskompetenz in Familien (Wamboldt & Reiss, 1991). Ein weiteres Beispiel sind die kompetenztheoretischen Überlegungen bei Fiedler (1999a) mit Vorschlägen für ein psychologisches Modell adaptiver Strategien bei Persönlichkeitsstörungen und Ausarbeitungen zu ihre Therapierelevanz.

Kompetenzepidemiologie. Eine solche allgemeine, aber auch störungsspezifische Kompetenzepidemiologie (Kaiser, 1981) könnte sich u.a. an folgenden Zielen orientieren, mit denen schließlich erneut eine genaue Bezugnahme allgemeiner Kompetenzmuster-in-Situationen mit Kompetenzanalysen zu den einzelnen Persönlichkeitsstörungen möglich wäre:

- Welche Kompetenzen interagieren günstig oder ungünstig mit welchen Lebenssituationen und Lebensanforderungen in familiären und beruflichen Kontexten innerhalb unterschiedlicher Populationen, damit oder wenn sich keine psychischen oder Persönlichkeitsstörungen entwickeln?
- Welche differenziellen Voraussetzungen werden von den Patienten unterschiedlicher psychischer oder Persönlichkeitsstörungen bereits erfüllt bzw. welche (störungs-)spezifischen Kompetenzdefizite sind jeweils prototypisch beobachtbar oder lassen sich person- bzw. störungstypisch differenzieren?

Die Perspektive einer Kompetenzepidemiologie der Persönlichkeitsstörungen setzt (wie die übrigen Fragen nach Anzahl, Konzeptualisierung und Grenzziehung zur Normalität) zwingend theoretische Vorleistungen voraus. So wichtig es sicherlich war, die Diagnosesysteme endlich vom Theorieballast aus der ersten Hälfte dieses Jahrhunderts zu befreien: Der weitere Fortschritt hängt entscheidend davon ab, ob und wie das inzwischen vorliegende Wissen über Personeigenarten und -störungen, ihre prototypischen Vernetzungen, über Auftretenshäufigkeiten und Verteilung in umfassendere theoretische Modelle integriert werden kann. Damit kommen wir zur nächsten offenen Frage, die hier abschließend und knapp zusammengefasst angesprochen werden soll.

26.4 Welche Theorie versteht die Persönlichkeitsstörungen am besten?

Kurz beantwortet: Keine! Wir haben uns in diesem Band bemüht, einen möglichst breiten Überblick über die unterschiedlichen Theorieperspektiven zu geben. Es handelte sich dabei grob um fünf unterscheidbare Ansätze:

- psychodynamisch-psychoanalytisch,
- interpersonell-soziodynamisch,
- verhaltenstheoretisch-behavioral,
- verhaltenstheoretisch-kognitiv,
- biologisch-genetisch.

Es lässt sich leicht sehen, dass sie allesamt einen spezifischen Blickwinkel einnehmen. Zugleich ist es so, dass diese Perspektiven mit Blick auf die unterschiedlichen spezifischen Bereiche, die für ein Verständnis der Persönlichkeitsstörungen wesentlich sind, unterschiedlich weit ausgearbeitet bzw. nur jeweils mehr oder weniger relevant sind (→ Tabelle 26.1 mit einer persönlichen Einschätzung zum Stand der Ausarbeitung und zur Relevanz theoretischer Perspektiven, die der Leser durchaus anders beurteilen mag, als sie hier auf der Grundlage dieses Buches unterstellt werden).

Tabelle 26.1. Die differenzielle Bedeutsamkeit aktueller Theorieperspektiven für einen übergreifenden Verstehensansatz der Persönlichkeitsstörungen.

jeweils	Theoretische Perspektiven				
Person/Kontext	psycho-analytisch	inter-personell	behavioral	kognitiv	genetisch biologisch
Prädisposition			■		⬛
Entwicklung	■	▪	▪	▪	
Risiko-bedingungen			■	■	
Störungs-merkmale	■	⬛	■	■	▪
Komorbidität	▪				▪
Störungs-bedingungen	■	⬛	⬛	■	
Veränderungs-bedingungen	■	■	■	■	
Prävention			▪		
Verlauf/ Prognose					

Die Größe der Quadrate unterstellt jeweils eine höhere oder geringere Relevanz bzw. eine bereits mehr oder weniger vorhandene Reichweite der jeweiligen theoretischen Perspektiven.

26.4.1 Das Problem der theoretischen Stagnation

Deutlich wird, dass die bisher dominierenden Verstehensansätze möglicherweise das Gesamtspektrum der Verstehensnotwendigkeiten gar nicht vollständig umfassen können und – was in diesem Zusammenhang wichtiger ist – dass sie deshalb in einem Ergänzungsverhältnis zueinander stehen. Leider ist es so, dass diese Ergänzungsfunktion noch nicht ausgelotet wird – im Gegenteil: Da die Theoriebildung in diesem Bereich eng mit den Entwicklungen in den Therapie- und Professionsschulen verbunden ist (z.B. Verhaltenstherapie versus Psychoanalyse; medizinische Psychiatrie versus klinische Psychologie) dominiert nach wie vor eine unfruchtbare und damit zugleich (verdeckt und offen) immer auch eine berufspolitisch motivierte, konzeptuell und perspektivisch jedenfalls völlig unsinnige Konkurrenz und Abgrenzung zwischen den Denktraditionen.

Diese Konkurrenz ist in erheblichem Maße dafür verantwortlich, dass ein wirklicher Fortschritt in der Entwicklung übergreifender Theorieperspektiven aussteht, zumeist weil die Theorieentwicklung innerhalb der einzelnen Perspektiven kaum substanziell vorankommt. Wir haben es hier eher mit einer ungünstigen Stagnation zu tun, in der sich die Perspektivenbeschränkung wegen der abgrenzenden Bevorzugung zumeist jeweils einer zu engen Theorieperspektive auch verfangen muss. Wir haben dieses Problem der theoretischen Stagnation bereits an anderer Stelle ausführlicher dargestellt und wollen dies hier nur kurz erneut andeuten (vgl. Fiedler, 1994a).

Verhaltenstherapie. Wenn beispielsweise (wie dies häufig in der lerntheoretisch orientierten Verhaltenstherapieforschung der Fall ist) Untersuchungen zur Störungsätiologie und Symptombehandlung vorrangig durchgeführt werden, um der eigenen Sichtweise eine Absicherung zu geben (Verifizierungsforschung), führt dies zwangsläufig nicht zu grundlegenden Erneuerungen, sondern sehr schnell an die Grenzen des eigenen Systems. Auch die mehrfach in der Verhaltenstherapie erfolgten sog. Paradigmenwechsel (z.B. die sog. „Kognitive Wende") haben an diesem Problem bislang wenig geändert. Im Gegenteil.

Es wurden und werden nurmehr neue Konkurrenzsituationen heraufbeschworen, wie man sie gegenwärtig gelegentlich in der teils heftig geführten Auseinandersetzung zwischen den gemeinde- und sozialpsychologisch orientierten Verhaltenstherapeuten versus den teils rückwärts auf die frühe Reflextheorie gerichteten sog. Verhaltensmedizinern beobachten kann. Diese Konkurrenz erhöht bislang nur selten den Anspruch an die Notwendigkeit der theoretischen Erweiterung oder Neuorientierung des Ansatzes. Vielmehr werden an die Stelle einer notwendigen Globalkonzeption „Miniatursysteme" gesetzt, die nicht selten einen inflationären Boom von Einzeluntersuchungen nach sich ziehen. Vermutlich wird auf diese Weise versucht, das Risiko ganz offenkundiger Stagnation dadurch zu kaschieren, dass sich durch eine „Theorieexplikation der kleinen Schritte" (wie Foppa dieses Phänomen bereits 1965 treffend charakterisierte) Aussagen auf ganz spezifische Situationen und auf eng begrenzte Sachverhalte zu beschränken (zumeist auf experimentelle bzw. quasiexperimentelle Situationen).

Psychoanalyse. Auf der anderen Seite macht die relative Freizügigkeit der psychoanalytischen Deutungsversuche geradezu einen Teil der enormen Popularität dieses Denkansatzes aus, leider aber auch ihre Unüberprüfbarkeit und die für sie typische Widerstandskraft gegenüber Kritik. Es ist schon erstaunlich, mit wie vielen unterschiedlichen theoretischen Brillen ein und dasselbe Phänomen erklärbar wird (eine depressive Persönlichkeits- oder Charakterstörung kann oral-dependenten, oral-sadistischen, passiv-aggressiven, narzisstischen usw. Ursprungs sein, aus einem Autonomie-Bindungs-Konflikt resultieren oder auf traumatische Ursachen, z.B. auf frühkindlichen Mutterverlust oder Inzesterfahrungen, rückführbar sein und zumeist sind diese Perspektiven auch noch beliebig gegeneinander austauschbar).

Unverkennbar ist auch auf dieser Seite die „Sackgasse" der Stagnation, geradezu spiegelbildlich zur Stagnation in der empirisch orientierten Verhaltenstherapie, hier: als Inflation theoretischer Globalkonzeptionen bei gleichzeitiger Stagnation in der Möglichkeit, sich den Phänomenbereich differenziell zu erschließen. Natürlich würden die psychoanalytischen Erklärungsansätze bei einer Beschäftigung mit der empirischen Evidenz ihrer Postulate recht viel von ihrem lieb gewonnenen „Erklärungskomfort" und die so attraktive „Theorieflexibilität" einbüßen.

Integration. Es ist schon längst dringend an der Zeit, dass sich die Vertreter konkurrierender Verstehensansätze zusammenfinden und die Gemeinsamkeiten und Unterschiede ihrer Sichtweisen auf die möglichen Spezifika, Einseitigkeiten und Ergänzungsfunktionen hin bewerten. Damit rückte dann endlich auch einmal (und zwar zwangsläufig und als wohl wichtigster Aspekt) die bisher sträflich vernachlässigte Frage des Geltungsanspruches und der Realgeltung der jeweiligen Verstehensperspektive in den Mittelpunkt (Bastine, 1986; Fiedler, 2000a). Diese, eine hohe Bereitschaft zur Selbstkritik voraussetzende Diskussion kann nicht konkurrierend gegeneinander, sondern sinnvoll nur miteinander geführt werden.

26.4.2 Kann sich „Persönlichkeit" überhaupt ändern?

Schließlich tun sich in → Tabelle 26.1 einige Lücken auf, weil sie bisher kaum konzeptuell ausgearbeitet sind, wie z.B. die Frage nach den weiteren Entwicklungen, Verlaufsausgestaltungen und der Prognose von Persönlichkeit und Persönlichkeitsstörungen. Schaut man hierzu auf die vorliegenden Ergebnisse der allgemeinen Persönlichkeitsforschung in der differenziellen Psychologie, so kann man festhalten, dass sich „normale", „gesunde" bzw. „durchschnittliche" und zumeist dimensional betrachtete „Persönlichkeit" jenseits des 30. Lebensjahres anscheinend nicht oder nurmehr wenig ändert (vgl. z.B. Costa & McCrae, 1993).

Vorsicht: Falle! Diese Aussage stimmt nicht! Es hängt nämlich jeweils davon ab, was man unter „Persönlichkeit" versteht und entsprechend als Persönlichkeitsmerkmale erhebt und betrachtet (z.B. Helson & Stewart, 1993; vgl. hierzu auch die Beiträge in einer aktuellen Zusammenfassung bei Heatherton & Weinberger, 1993). Überspitzt gesagt: Ob sich eine Persönlichkeitsveränderung in der Zeit und beim Wechsel von Lebenskontexten (also ihre Zeit- bzw. Kontextvariabilität) beobachten lässt oder nicht, ist von den Instrumenten der Veränderungsbeobachtung oder Personbefragung abhängig!

Zur zukünftigen Erforschung der Persönlichkeitsveränderungen sei hier nochmals eine kleine Warnung aufgrund von Erfahrungen mit der aktuellen Fortentwicklung dimensionaler Persönlichkeitstests eingefügt. Gewarnt werden muss vor dem Versuch, einseitig Änderungen von Persönlichkeitsstörungen zu untersuchen. Forscher sollten sich grundsätzlich bemühen, nicht nur die Abnahme der Störqualität oder der Normalitätsabweichung von Persönlichkeitseigenarten in den Mittelpunkt zu rücken, sondern zugleich positiv konotierte „Zielgrößen" für günstige Persönlichkeitsentwicklungen festzulegen und zu erforschen (wie dies ansatzweise oben für den Bereich der Kompetenzepidemiologie angedeutet wurde).

Positive Persönlichkeitsmerkmale. Beispiele für positive persönlichkeitstypische Änderungsmerkmale finden sich bereits vielfältig im Bereich der Psychotherapieforschung, die bislang jedoch eher selten Eingang in die Erforschung psychischer Störungen gefunden haben. Gemeint sind ebenfalls „Persönlichkeitsmerkmale", wie z.B. „Bewältigungskompetenz" (Coping), „Selbstsicherheit", „Selbstwirksamkeit" („self-efficacy"), „Selbsteinbringung", „Selbsttranszendenz", „Offenheit für Erfahrung" usw., die genau so auch in einigen Neuentwicklungen von Persönlichkeitsinventaren als Dimensionsbezeichnungen mit entsprechenden Itemformulierungen zu finden sind (Fiedler, 1999b; → 5.4; → 5.5).

Nochmals – und mit Blick auf die angedeuteten Forschungsergebnisse der differenziellen Psychologie – zurück zu der Frage, ob sich Persönlichkeit in Langzeituntersuchungen ändert (Heatherton & Weinberger, 1993). Wie gesagt: Es hängt entscheidend davon ab, was die Forscher jeweils als „Persönlichkeit" untersuchen!

Man kann dazu gegenwärtig ziemlich sicher festhalten: Forscher können die Antwort der Wandelbarkeit von Persönlichkeit und Persönlichkeitsstörungen möglicherweise „manipulieren"! Nehmen sie zur Therapieerfolgskontrolle oder Langzeituntersuchung beispielsweise „gesundheitspsychologisch" und „normatologisch" konzeptualisierte Persönlichkeitsinventare (→ 5.5) mit „positiver" Persönlichkeitskonotation (also mit Merkmalen/Dimensionen wie: seelisch-körperliches Wohlbefinden, Selbstaktualisierung, selbst- und fremdbezogene Wertschätzungskompetenz; Selbstwertgefühl, Krisenbewältigungskompetenz, Selbstwirksamkeit oder gar Liebesfähigkeit), dann werden sie nach aller bisher vorliegender Erfahrung zeit- und kontextabhängige Veränderungen, Fluktuationen und Variabilitäten finden.

Persönlichkeit kann sich ändern. Man muss nur richtig fragen! Positive Personmerkmale erweisen sich eigentümlicherweise und im Unterschied zu den „klassischen" Persönlichkeitsmerkmalen (rigide, neurotisch, ängstlich usw.) als ausgesprochen änderungssensitiv. Nicht zuletzt deshalb eignen sich diese Verfahren besonders gut zur Veränderungsmessung in therapeutischen Kontexten, was man bislang von den klassischen Persönlichkeitsinventaren mit Negativdimensionierung der Persönlichkeitsmerkmale und entsprechender Formulierung der Items („Neurotizismus“, „Introversion“, „Rigidität“, „Psychotizismus“) – ebenfalls: eigentümlicherweise – nicht so leicht behaupten kann. Diese erweisen sich nämlich nur sehr eingeschränkt als sensitiv gegenüber persönlichen Änderungen, und sie scheinen damit eher die Stabilität und Unwandelbarkeit der persönlichen Gewordenheit einer Person zu suggerieren.

Wie dies nun (und vor allem: warum?) zu erklären ist, ist noch weitgehend unklar. Es könnte sein, dass Menschen – werden sie zum Ausmaß von positiven Eigenarten und Seiten ihrer Person befragt – genauer reflektieren und damit möglicherweise stimmigere Antworten geben, während sie lediglich stabile Ansichten bis hin zu Stereotypien (!) über sich selbst wiedergeben, wenn sie auf negative Aspekte ihrer Person angesprochen werden. Diese Beobachtung sollte jedoch zwingend zum Umdenken in der Persönlichkeitsforschung wie in der Erforschung der Persönlichkeitsstörungen Anlass geben. Gegenwärtig jedenfalls lässt diese Beobachtung viele, wenngleich durchaus interessante Spekulationen offen, die zwingend und vor allem möglichst bald der weiteren Erforschung zugeführt werden sollten (Fiedler, 1999b).

Für die Persönlichkeitsstörungen ist die Frage ihrer möglichen Änderungen im Verlauf des Erwachsenenalters (etwa in Longitudinaluntersuchungen) bislang kaum untersucht. Das Einzige, was hierzu substanziell über alle Störungen hinweg bekannt ist, ist, dass die Häufigkeit der Persönlichkeitsstörungen mit fortschreitendem Altersquerschnitt abnimmt (→ 20). Wie dies jedoch und aus welcher Perspektive heraus sinnvoll erklärt werden kann, ist ebenfalls weitgehend unklar.

26.4.3 Nach wie vor fehlt eine Entwicklungspsychologie der Persönlichkeitsstörungen

Dass in → Tabelle 26.1 die Entwicklungsperspektive nur sehr zurückhaltend „ausgelobt“ wurde, liegt am bedauerlichen Zustand, dass es bis heute kaum substanzielle Bemühungen gibt, die beiden Forschungsbereiche der Entwicklungs-(Patho-)Psychologie und der Persönlichkeitsstörungen miteinander zu verbinden. Bei Bewertung des Forschungsstandes wird schnell klar, dass gerade im Bereich der Entwicklungspathopsychologie in den vergangenen Jahren erhebliche Fortschritte zu verzeichnen sind. Diese betreffen nicht nur das immens zunehmende Wissen um die Entstehungsbedingungen der Entwicklungs- und Verhaltensstörungen in Kindheit und Jugend (vgl. Lewis & Miller, 1990; Steinhausen & von Aster, 1993; Petermann, 1994; Resch, 1996; Oerter et al., 1999).

Die Fortschritte betreffen vor allem Bemühungen, Entwicklungsprozesse zu konzeptualisieren, zu simulieren und zu modellieren und diese dann in prospektiven Längsschnittstudien zu erproben bzw. zu validieren (vgl. hierzu: Achenbach, 1990; Lewis, 1990a, b). Schließlich geht es aber auch darum, neben pathogenetischen die salutogenetischen Prozesse der Persönlichkeitsentwicklung möglichst gleichzeitig und vergleichend zu untersuchen (Fiedler, 1999c; Resch, 1999).

Viele der in der Entwicklungs-(Patho-)Psychologie generierten Forschungskonzepte können inzwischen eine modellbildende Funktion auch für die Verlaufsuntersuchung von Persönlichkeitsstörungen übernehmen (vgl. Wolff, 1993). Gegenwärtig wird zu leichtfertig übersehen, dass die Entwicklungsstörungen die grundlegenden Vorläufer der Persönlichkeitsstörungen sein können oder sind, sodass es in der Tat einigermaßen befremden muss, wenn diese beiden Forschungstraditionen bisher nur in zwei Bereichen (geringfügig) voneinander profitieren. Es sind dies einerseits Untersuchungen zur Bedeutung kindlicher Aggressivität und Delinquenz für die spätere Entwicklung von dissozialen Persönlichkeitsstörungen (vgl. Eron & Huesmann, 1990; Plomin et al., 1990; Perry et al., 1990; Petermann & Wiedebusch, 1993), andererseits Untersuchungen zur Borderline-Störung in Kindheit und Jugend (vgl. Cicchetti & Olsen, 1990; Lofgren et al., 1991).

26.5 Schluss

Aus all dem bis hier Niedergeschriebenen ergibt sich zwingend die Notwendigkeit zu extremer Vorsicht und Behutsamkeit, wenn man mit „Persönlichkeitsstörungen" als diagnostische und therapeutische Orientierung arbeitet. Die gegenwärtigen Klassifikationssystematiken sind im Bereich der Persönlichkeitsstörungen selbstkritisch, flexibel und perspektivisch als antiquierte Diagnostik im Wandel und im Übergang zu betrachten. Für den praktisch arbeitenden Kollegen heißt dies, zwingend und grundsätzlich über den Einzelfall und über die zu enge Sichtweise einer bestimmten Verstehensperspektive hinauszublicken. Und für den Forscher ergibt sich, dass sich eine Bestätigungsforschung schlichtweg verbietet.

Ich selbst verbinde mein nach wie vor gegebenes Engagement in diesem Bereich mit der Hoffnung, dass es gelingen könnte, die Personperspektive der Persönlichkeitsstörungen in Richtung Interaktions- und Kompetenzperspektive zu verlagern. Entstehung und Aufrechterhaltung der Persönlichkeitsstörungen werden nurmehr verständlich, wenn nach ihren Entsprechungen in den interpersonellen Erlebnissen und Erfahrungen der Betroffenen wie der Beteiligten (einschließlich des professionellen Diagnostikers) gesucht wird.

Die in diesem Buch immer wieder angesprochene Ursachenvielfalt der Persönlichkeitsstörungen verdeutlicht schließlich auch noch, dass sie Ausdruck und Wirkvariablen im Gewirr nicht nur zwischenmenschlicher, sondern vor allem auch gesellschaftlicher und gesundheitspolitischer Zusammenhänge sind. Auch diese sind als solche von der gesamten Lebensgeschichte des Einzelnen nicht zu trennen. Persönlichkeitsstörungen sind vollständig immer nur als Teil kollektiver Prozesse zu verstehen, in die sich der Einzelne verstrickt findet.

Mit Fragen und Problemen dieser Art hat sich die Forschung und Konzeptbildung im Bereich der Persönlichkeitsstörungen bisher leider nur sehr am Rande auseinander gesetzt. Mit Patienten selbst können und sollten diese Sachverhalte dennoch bereits heute offen besprochen werden.

Das alles ernsthaft so zur Kenntnis zu nehmen bedeutete jedoch in der Tat, viele festgefügte Theoriepfade radikal zu verlassen und nach völlig neuen Wegen der Diagnostik und Beurteilung zwischenmenschlicher wie gesellschaftlicher Beziehungskomplikationen, Konfliktzonen und ihrer Bewältigungsmöglichkeiten zu suchen. Ob und wie dies jedoch gelingen kann, vermag ich nicht vorauszusehen. Dass Ansätze und Wege dazu gefunden werden müssen, darauf gründet sich meine Hoffnung. Dass dies nur jenseits der festgefahrenen Schul- und Wissenschaftsideologien gelingen wird, steht für mich außer Frage.

Literaturverzeichnis

Weiterführende Literatur

Beck, A.T., Freeman, A. u.a. (1993). Kognitive Therapie der Persönlichkeitsstörungen. Weinheim: Psychologie Verlags Union.

Benjamin, L.S. (1995). Interpersonal diagnosis and treatment of personality disorders (2nd ed.). New York: Guilford.

Bronisch, T., Bohus, M., Dose, M., Reddemann, L. & Unckel, C. (2000). Krisenintervention bei Persönlichkeitsstörungen. Stuttgart: Pfeiffer bei Klett-Cotta.

Costa, P.T. & Widiger, T.A. (Eds.). (1993). Personality disorders and the five-factor model of personality. Washington, DC: American Psychological Association.

Fiedler, P. (2000). Integrative Psychotherapie bei Persönlichkeitsstörungen. Göttingen: Hogrefe.

Millon, T. (1996). Disorders of personality. DSM-IV and beyond (2nd ed.). New York: Wiley.

Saß, H. & Herpertz, S. (Hrsg.) (1999). Psychotherapie von Persönlichkeitsstörungen. Beiträge zu einem schulenübergreifenden Vorgehen. Stuttgart: Thieme.

Schmitz, B., Fydrich, Th. & Limbacher, K. (Hrsg.). (1996). Persönlichkeitsstörungen: Diagnostik und Psychotherapie. Weinheim: Psychologie Verlags Union.

Shapiro, D. (1991). Neurotische Stile. Göttingen: Vandenhoeck & Ruprecht.

Benutzte Literatur

Abbey, S.E. & Garfinkel, P.E. (1991). Neurasthenia and chronic fatigue syndrome: The role of culture in the making of a diagnosis. American Journal of Psychiatry, 148, 1638–1646.

Abel, T.M. (1960). Shift in intermediary objekt-gradient during the course of psychotherapy. American Journal of Psychotherapy, 14, 691–704.

Abraham, K. (1925). Psychoanalytische Studien zur Charakterbildung. In K. Abraham (1982). Gesammelte Schriften (Band 2; S. 103–160). Frankfurt/M.: S. Fischer.

Abrams, R.C. & Horowitz, S.V. (1996). Personality disorders after age 50: A meta-analysis. Journal of Personality Disorders, 10, 271–281.

Achenbach, T.M. (1990). Conceptualization of developmental psychopathology. In M. Lewis & S. Miller (Eds.), Handbook of developmental psychopathology (pp. 3–14). New York: Plenum.

Adler, A. (1911). Die Rolle der Sexualität in der Neurose. In A. Adler (1973). Heilen und Bilden. Frankfurt/M.: Fischer TB.

Adler, A. (1912). Über den nervösen Charakter. Grundzüge einer vergleichenden Individualpsychologie und Psychotherapie. Wiesbaden: Bergmann. [seit (1972). Frankfurt a.M.: Fischer TB].

Adler, G. (1981). The borderline-narcissistic personality disorder continuum. American Journal of Psychiatry, 138, 46–50.

Adler, G. (1986). Psychotherapy of the narcissistic personality: Two contrasting approaches. American Journal of Psychiatry, 143, 430–436.

Akhtar, S. (1986). Differentiating between schizoid and avoidant personality disorders. American Journal of Psychatry, 143, 1061–1062.

Akhtar, S. (1992). Broken structures. Severe personality disorders and their treatment. Northvale NJ: Jason Aronson.

Akhtar, S., Byrne, J. & Doghramij, K. (1986). The demographic profile of borderline disorder. Journal of Clinical Psychiatry, 47, 196–198.

Akiskal, H.S. (1983). Dysthymic disorders: Psychopathology of proposed chronic depressive subtypes. American Journal of Psychiatry, 140, 11–20.

Akiskal, H.S. (1989). Validating affective personality types. In L. Robins (Ed.), The validity of psychiatric diagnosis (pp. 217–227). New York: Raven.

Akiskal, H.S. (1990). An integrative perspective on recurrent mood disorders: The mediating role of personality. In J. Becker & A. Kleinman (Eds.), Psychosocial aspects of depression (pp. 215–235). Hillsdale, NJ: Erlbaum.

Akiskal, H.S. (1992). Borderline: An adjective still in search of a noun. In D. Silver & M. Rosenbluth (Eds.), Handbook of borderline disorders (pp. 155–176). Madison: International Universities Press.

Akiskal, H.S. & Akiskal, K. (1992). Cyclothymic, hypertymic, and depressive temperaments as subaffective variants of mood disorders. In A. Tasman & M.B. Riba (Eds.), Review of Psychiatry – Vol. 11 (pp. 43–62). Washington, DC: American Psychiatric Press.

Akiskal, H.S., Djenderedjian, A.M., Rosenthal, R.H. et al. (1977). Cyclothymic disorder: Validating criteria for inclusion in the bipolar affective group. American Journal of Psychiatry, 134, 1227–1233.

Akiskal, H.S., Hirschfeld, R.M.A. & Yerevanian, B.I. (1983). The relationship of personality to affective disorders. Archives of General Psychiatry, 40, 801–810.

Alexander, F. (1928). Der neurotische Charakter. Seine Stellung in der Psychopathologie und in der Literatur. Internationale Zeitschrift für Psychoanalyse, 14, 26–44.

Alden, L.E. (1989). Short-term structured treatment for avoidant personality disorder. Journal of Consulting and Clinical Psychology, 56, 756–764.

Alden, L.E., & Capreol, M.J. (1993). Avoidant personality disorder: Interpersonal problems as predictors of treatment response. Behavior Therapy, 24, 357–376.

Alden, L.E., Wiggins, J.S. & Pincus, A.L. (1990). Construction of circumplex scales for the Inventory of Interpersonal Problems. Journal of Personality Assessment, 55, 521–536.

Aldridge-Morris, R. (1989). Multiple personality: An excercise in deception. Hillsdale: Erlbaum.

Alnaes, R. & Torgersen, S. (1988). The relationship between DSM-III symptom disorders (Axis I) and personality disorders (Axis II) in an outpatient population. Acta Psychiatrica Scandinavia, 78, 485–492.

Amelang, M. (1986). Sozial abweichendes Verhalten. Entstehung – Verbreitung – Verhinderung. Berlin: Springer.

Amelang, M. & Bartussek, D. (1990). Differentielle Psychologie und Persönlichkeitsforschung (3. Aufl.). Stuttgart: Kohlhammer.

Amelang, M. & Borkenau, P. (1982). Über die faktorielle Struktur und externe Validität einiger Fragebogenskalen zur Erfassung der Dimensionen der Extraversion und emotionalen Labilität. Zeitschrift für Differentielle und Diagnostische Psychologie, 3, 119–146.

Amelang, M. & Zielinski, W. (1994). Psychologische Diagnostik und Intervention. Heidelberg: Springer.

Anchin, J.C. & Kiesler, D.J. (Eds.). (1982). Handbook of interpersonal psychotherapy. New York: Pergamon Press.

Andreoli, A., Gressot, G., Aapro, N., Trico, L. & Gognalons, M.Y. (1989). Personality disorders as a predictor of outcome. Journal of Personality Disorders, 3, 307–320.

Angleitner, A. & Borkenau, P. (1985). Deutsche Charakterkunde. In T. Herrmann & E.-D. Lantermann (Hrsg.), Persönlichkeitspsychologie. Ein Handbuch in Schlüsselbegriffen (S. 48–58). München: Urban & Schwarzenberg.

Angst, J. & Clayton, P. (1986). Premorbid personality of depressive, bipolar, and schizophrenic patients with special reference to suicidal issues. Comprehensive Psychiatry, 27, 511–532.

Angyal, A. (1965). Neurosis and treatment: A holistic theory. New York: Viking Press.

APA – American Psychiatric Association (1952). Diagnostic and statistical manual of mental disorders (1st ed.). Washington, DC: American Psychiatric Association.

APA – American Psychiatric Association (1968). Diagnostic and statistical manual of mental disorders (2nd ed.). Washington, DC: American Psychiatric Association.

APA – American Psychiatric Association (1980). Diagnostic and statistical manual of mental disorders (3rd ed.). Washington, DC: American Psychiatric Association.

APA – American Psychiatric Association (1987). Diagnostic and statistical manual of mental disorders (3rd ed.; revised). Washington, DC: American Psychiatric Association. [deutsch (1989). Diagnostisches und Statistisches Manual Psychischer Störungen DSM-III-R. Weinheim: Beltz].

APA – American Psychiatric Association (1994). Diagnostic and statistical manual of mental disorders (4th ed.). Washington, DC: American Psychiatric Association. [deutsch (1996). Diagnostisches und Statistisches Manual Psychischer Störungen DSM-IV. Göttingen: Hogrefe].

Arbeitsgemeinschaft für Methodik und Dokumentation psychiatrischer Befunde (1981). Das AMDP-System. Manual zur Dokumentation psychiatrischer Befunde (4. Auflage). Berlin: Springer.

Arlow, J.A. & Brenner, C. (1964). Psychoanalytic concepts and the structural theory. New York: International Universities Press.

Arntz, A. (1994). Treatment of borderline personality disorder: A challenge for cognitive-behavioural therapy. Behaviour Research and Therapy, 32, 419–430.

Ascher, L.M. (Ed.). (1989). Therapeutic Paradox. New York: Guilford.

Asendorpf, J.B. (1999). Psychologie der Persönlichkeit (2. Aufl.). Berlin: Springer.

Auchincloss, E.L. & Michels, R. (1983). Psychoanalytic theory of character. In J. Frosch (Ed.), Current perspectives on personality disorders (pp. 2–17). Washington, DC: American Psychiatric Press.

Baer, L., Jenike, M.A., Ricciardi, J.N. et al. (1990). Standardized assessment of personality disorders in obsessive-compulsive disorder. Archives of General Psychiatry, 47, 826–830.

Baille, A.J. & Lampe, L.A. (1998). Avoidant personality disorder: Empirical support for DSM-IV revisions. Journal of Personality Disorders, 12, 23–30.

Baldwin, B.A. (1979). Crisis intervention: A review of outcome research. Psychological Bulletin, 84, 43–52.

Balint, M. (1968). The basic fault – therapeutic aspects of regression. London: Tavistock. [dt. (1970). Therapeutische Aspekte der Regression. Stuttgart: Klett].

Balint, M., Ornstein, P.H. & Balint, E. (1972). Focal psychotherapy. London: Tavistock. [dt. (1973). Fokaltherapie. Ein Beispiel angewandter Psychoanalyse. Frankfurt: Suhrkamp.]

Barnes, R.D., Ickes, W. & Kidd, R.F. (1979). Effects of perceived intentionality and stability of another's dependency on helping behavior. Personality and Social Psychology Bulletin, 5, 367–372.

Baron, M., Gruen, R., Asnis, L. & Lord, S. (1985). Familial transmission of schizotypal and borderline personality disorders. Journal of American Psychiatry, 142, 927–934.

Barsky, A.J. & Wyshak, G. (1989). Hypochondriasis and related health attitudes. Psychosomatics, 30, 412–420.

Bartholomew, K. & Horowitz, L.M. (1991). Attachment styles in young adults: A test of a four-category model. Journal of Personality and Social Psychology, 61, 226–244.
Bastine, R. (1986). Entwicklungen und Kontroversen in der Klinischen Psychologie. In M. Amelang (Hrsg.), Bericht über den 35. Kongreß der Deutschen Gesellschaft für Psychologie in Heidelberg (Band 2; S. 501–513). Göttingen: Hogrefe.
Bastine, R. (1990). Klinische Psychologie. Band 1 (2. Aufl.). Stuttgart: Kohlhammer.
Bastine, R. (1992a). Psychotherapie. In R. Bastine (Hrsg.), Klinische Psychologie. Band 2 (S. 179–301). Stuttgart: Kohlhammer.
Bastine, R. (1992b). Klinische Psychodiagnostik. In R. Bastine (Hrsg.), Klinische Psychologie. Band 2 (S. 1–56). Stuttgart: Kohlhammer.
Battegay, R. (1981). Grenzsituationen. Bern: Huber.
Baumann, U. (1993). Persönlichkeitsforschung in der Psychiatrie. In M. Berger, H.J. Möller & U. Wittchen (Hrsg.), Psychiatrie als empirische Wissenschaft (preprint). Basel: Karger.
Beck, A.T., Freeman, A. & Associates (1990). Cognitive therapy of personality disorders. New York: Guilford Press. [dt. (1993). Kognitive Therapie der Persönlichkeitsstörungen. Weinheim: Psychologie Verlags Union].
Beck, A.T., Rush, A.J., Shaw, B.F. & Emery, G. (1979). Cognitive therapy of depression. New York: Guilford. [dt. (1992). Kognitive Therapie der Depression (3. Auflage). Weinheim: Psychologie Verlags Union].
Becker, C.W. & Krug, R.S. (1964). A circumplex model for social behavior in children. Child Development, 35, 371–396.
Becker, P. (1982). Psychologie der seelischen Gesundheit. Band 1: Theorien, Modelle, Diagnostik. Göttingen: Hogrefe.
Becker, P. (1989). Der Trierer Persönlichkeitsfragebogen TPF. Göttingen: Hogrefe.
Becker, P. (1996). Persönlichkeit. In K. Hahlweg & A. Ehlers (Hrsg.), Enzyklopädie der Psychologie: Klinische Psychologie, Band 1 (S. 465–534). Göttingen: Hogrefe.
Becker, P. (1998). A multifacet circumplex model of personality. Journal of Personality Disorders, 12, 213–225.
Becker, P. (1999). Beyond the Big Five. Personality and Individual Differences, 26, 511–530.
Bellack, A. (1979). Behavioral assessment of social skills. In A. Bellack & M. Hersen (Eds.), Research and practice in social skills training (pp. 75–104). New York: Plenum Press.
Benjamin, L.S. (1974). Structural analysis of social behavior. Psychological Review, 81, 392–425.
Benjamin, L.S. (1986). Adding social and intrapsychic descriptors to Axis I of DSM-III. In T. Millon & G.L. Klerman (Eds.), Contemporary directions in psychopathology. Toward the DSM-IV (pp. 599–638). New York: The Guilford Press.
Benjamin, L.S. (1987). Use of the SASB dimensional model to develop treatment plans for personality disorders. I: Narcissism. Journal of Personality Disorders, 1, 43–70.
Benjamin, L.S. (1992). An interpersonal approach to the diagnosis of borderline personality disorder. In J.F. Clarkin, E. Marziali & H. Munroe-Blum (Eds.), Borderline personality disorder. Clinical and empirical perspectives (pp. 161–198). New York: Guilford.
Benjamin, L.S. (1995). Interpersonal diagnosis and treatment of personality disorders (2nd ed.). New York: Guilford.
Benjamin, L.S. (1996). Ein interpersoneller Behandlungsansatz für Persönlichkeitsstörungen. In B. Schmitz, Th. Fydrich & K. Limbacher (Hrsg.). (1996), Persönlichkeitsstörungen: Diagnostik und Psychotherapie (S. 136–148). Weinheim: Psychologie Verlags Union.
Benjamin, L.S., Foster, S.W., Roberto, L.G. & Estroff, S.E. (1986). Breaking the family code: Analysis of videotapes of family interactions by Structural Analysis of Social Behavior (SASB). In L.S. Greenberg & W.M. Pinsof (Eds.), The psychotherapeutic process: A research handbook (pp. 391–438). New York: Guilford.

Bernstein, D.P., Useda, D. & Siever, L.J. (1993). Paranoid personality disorder: Review of the literature and recommendations for DSM-IV. Journal of Personality Disorders, 7, 53–62.

Bernstein, D.P., Useda, D. & Siever, L.J. (1996). Paranoid personality disorder. In T.A. Widiger, A.J. Frances, H.A. Pincus, R. Ross, M.B. First & W.W. Davis (Eds.), DSM-IV Sourcebook (pp. 665–675). Washington, DC: American Psychiatric Press.

Berrios, G.E. (1993). Personality disorders: A conceptual history. In P. Tyrer & G. Stein (Eds.), Personality disorders reviewed (pp. 17–41). London: Gaskell – Royal College of Psychiatrists.

Biermann-Ratjen, E.M. & Eckert, J. (1999). Gesprächspsychotherapie bei Borderline-Persönlichkeitsstörungen. PTT – Persönlichkeitsstörungen: Theorie und Therapie, 3, 90–97.

Birnbaum, K. (1909). Über psychopathische Persönlichkeiten. Eine psychopathologische Studie. In L. Loewenfeld (Hrsg.), Grenzfragen des Nerven- und Seelenlebens (Heft 64). Wiesbaden: C.F. Bergmann.

Black, A. (1974). The natural history of obsessional neurosis. In H.R. Beech (Ed.), Obsessional states (pp. 19–54). London: Methuen.

Black, D.W., Yates, W.R., Noyes, R., Pfohl, B. et. al. (1989). DSM-III personality disorder in obsessive-compulsive study volunteers: A controlled study. Journal of Personality Disorders, 3, 58–62.

Blackburn, R. & Coid, J.W. (1999). Empirical clusters of DSM-III personality disorders in violent offenders. Journal of Personality Disorders, 13, 18–34.

Blais, M.A., Hilsenroth, M.J. & Castlebury, F.D. (1997a). Psychometric characteristics of the cluster B personality disorders under DSM-III-R and DSM-IV. Journal of Personality Disorders, 11, 270–278.

Blais, M.A., McCann, J.T., Benedict, K.B. & Norman, D.K. (1997b). Toward an empirical/theoretical grouping of the DSM-III-R personality disorders. Journal of Personality Disorders, 11, 191–198.

Blaker, K.H. & Tupin, J.P. (1991). Hysteria and hysterical structures: Developmental and social theories. In M.J. Horowitz, M.J. (Ed.), Hysterical personality stile and the histrionic personality disorder (pp. 15–66). Northvale, NJ: Jason Aronson.

Blanck, G. & Blanck, R. (1974). Ego-psychology: Theory and practice. New York: Columbia University Press. [dt. (1981). Angewandte Ich-Psychologie (2. Aufl.). Stuttgart: Klett-Cotta].

Blankenburg, W. (1990). Wirkfaktoren paradoxen Vorgehens in der Psychotherapie. In H. Lang (Hrsg.), Wirkfaktoren der Psychotherapie (S. 122–138). Heidelberg: Springer.

Blashfield, R.K. & Davis, R.T. (1993). Dependent and histrionic personality disorders. In P.B. Sutker & H.E. Adams (Eds.), Comprehensive handbook of psychopathology (2nd. ed.; pp. 395–409). New York: Plenum Press.

Blashfield, R.K., Sprock, J. & Fuller, A.K. (1990). Suggested guidelines for including/excluding categories in the DSM-IV. Comprehensive Psychiatry, 31, 15–19.

Bleuler, E. (1922). Die Probleme der Schizoidie und der Syntonie. Zeitschrift für die gesamte Neurologie und Psychiatrie, 78, 375.

Bleuler, E. (1937). Lehrbuch der Psychiatrie (6. Aufl.). Berlin: Springer. [12. Aufl. (1972), neubearbeitet von M. Bleuler (Hrsg.). Berlin: Springer].

Bohman, M., Cloninger, C.R., Sigvardsson, S. & Knorring, A. v. (1982). Predisposition to criminality in Swedish adoptees: I. Genetic and environmental heterogeneity. Archives of General Psychiatry, 39, 1233–1241.

Bohus, M. (2000). Borderlinepersönlichkeitsstörungen. In J. Margraf (Hrsg.), Lehrbuch der Verhaltenstherapie (Bd. 2; S. 413–435). Berlin: Springer.

Bohus, M. & Bathruff, H. (2000). Dialektisch Behaviorale Therapie der Borderline-Störung im stationären Setting. Psychotherapie im Dialog, (Heft 4/2000), 55–66.

Bohus, M., Stieglitz, R.-D., Fiedler, P. & Berger, M. (1999). Persönlichkeitsstörungen. In M. Berger (Hrsg.), Psychiatrie und Psychotherapie (S. 771–845). München: Urban & Schwarzenberg.

Bohus, M., Swenson, C., Sender, I., Kern, I. & Berger, M. (1996). Die Anwendung der „Dialektisch-Behavioralen Therapie“ für Borderline-Störungen im stationären Bereich. Psychotherapie in Psychiatrie, Psychotherapeutischer Medizin und Klinischer Psychologie, 1, 32–43.

Bohus, M., Haaf, B., Stiglmayr, C., Pohl, U., Böhme, R. & Linehan, M. (2000). Evaluation of inpatient dialectical-behavioral therapy for Borderline personality disorder – a prospective study. Behaviour Research and Therapy, 38, 875–887.

Bohus, M., Limberger, M., Ebner, U., Glocker, F.X., Schwarz, B., Wernz, M. & Lieb, K. (2000). Pain perception during self-reported distress and calmness in patients with borderline personality disorder and self-mutilating behavior. Psychiatry Research, 95, 251–260.

Borkenau, P. (1990). Traits as ideal-based and goal-derived social categories. Journal of Personality and Social Psychology, 58, 381–396.

Borkenau, P. (1992). Der Trierer Persönlichkeitsfragebogen (TPF). Diagnostica, 38, 176–183.

Borkenau, P. & Ostendorf, F. (1989). Untersuchungen zum Fünf-Faktoren-Modell der Persönlichkeit und seiner diagnostischen Erfassung. Zeitschrift für Differentielle und Diagnostische Psychologie, 10, 239–251.

Borkenau, P. & Ostendorf, F. (1991). Ein Fragebogen zur Erfassung fünf robuster Persönlichkeitsfaktoren. Diagnostica, 37, 29–41.

Borkenau, P. & Ostendorf, F. (1994). NEO-Fünf-Faktoren Inventar (NEO-FFI) nach Costa & McCrea. Göttingen: Hogrefe.

Bornstein, R.F. (1992). The dependent personality: Developmental, social, and clinical perspectives. Psychological Bulletin, 112, 3–23.

Bornstein, R.F. (1993). The dependent personality. New York: Guilford.

Bornstein, R.F. (1994). Construct validity of the Interpersonal Dependency Inventory: 1977–1992. Journal of Personality Disorders, 8, 64–76.

Bornstein, R.F., & Kennedy, T.D. (1994). Interpersonal dependency and academic performance. Journal of Personality Disorders, 8, 240–248.

Bowlby, J. (1969). Attachment and loss. Vol.1: Attachment. New York: Basic Books. [dt. (1975). Bindung: Eine Analyse der Mutter-Kind-Beziehung. München: Kindler].

Bowlby, J. (1973). Attachment and loss. Vol. 2: Seperation: Anxiety and anger. New York: Basic Books. [dt. (1976). Trennung: psychische Schäden als Folgen der Trennung von Mutter und Kind. München: Kindler].

Bowlby, J. (1980). Attachment and loss. Vol. 3: Loss. New York: Basic Books.

Bowlby, J. (1979). The making and breaking of affectional bonds. London: Tavistock Publications. [dt. (1982). Das Glück und die Trauer. Herstellung und Lösung affektiver Bindungen. Stuttgart: Klett-Cotta].

Bracken, H. v. & David, H.P. (Hrsg.). (1959). Perspektiven der Persönlichkeitstheorie. Bern: Huber.

Bradley, S.J. (1979). The relationship of early maternal seperation to borderline personality in children and adolescent: A pilot study. American Journal of Psychiatry, 136, 424–426.

Braff, D.L. (1981). Impaired speed of information processing in nonmedicated schizotypal patients. Schizophrenia Bulletin, 7, 499–508.

Brantley, P.J. & Sutker, P.B. (1984). Antisocial behavior disorders. In H.E. Adams & P.B. Sutker (Eds.), Comprehensive handbook of psychopathology (pp. 439–478). New York: Plenum Press.

Braun, Ch. v. (1985). Nicht ich. Logik, Lüge, Libido. Frankfurt a.M.: Verlag Neue Kritik. [3. Aufl. (1990)].

Bremer, J. (1951). A social psychiatric investigation of a small community in northern Norway. Acta Psychiatrica et Neurologica, Suppl. 62, 1–166.

Bretherton, I. & Waters, E. (Eds.). (1985). Growing points of attachment theory and research. Chicago: Society for Research in Child Development.

Breuer, J. & Freud, S. (1893). Über den psychischen Mechanismus hysterischer Phänomene. Wiener medizinische Presse, 34 (4), 121–126. [In: Freud, S. (1971). Hysterie und Angst (Studienausgabe; S. 13–24). Frankfurt a.M.: Fischer].

Breuer, J. & Freud, S. (1895). Studien über Hysterie. Leipzig/Wien: Deuticke.

Briquet, P. (1859). Traité clinique et thérapeutique de l'hystérie. Paris: Baillière et fils.

Bronisch, T. (1992). Diagnostik von Persönlichkeitsstörungen nach den Kriterien aktueller internationaler Klassifikationssysteme. Verhaltenstherapie, 2, 140–150.

Bronisch, T. (1996a). Langzeitverläufe von Borderline-Persönlichkeitsstörungen. Psychotherapie in Psychiatrie, Psychotherapeutischer Medizin und Klinischer Psychologie, 1, 27–30.

Bronisch, T. (1996b). The typology of personality disorders – diagnostic problems and the relevance for suicidal behaviour. Crisis 17, 55–59.

Bronisch, T. & Mombour, W. (1998). The modern assessment of personality disorders. Part 2: Reliability and validity of personality disorders. Psychopathology, 31, 293–301.

Bronisch, T., Bohus, M., Dose, M., Reddemann, L. & Unckel, C. (2000). Krisenintervention bei Persönlichkeitsstörungen. Stuttgart: Pfeiffer bei Klett-Cotta.

Bronisch, T., Hiller, W., Mombour, W. & Zaudig, M. (1995). Internationale Diagnosen Checkliste für Persönlichkeitsstörungen nach ICD-10 und DSM-IV (ICDL-P). Bern: Huber.

Brown, G.W. & Harris, T.O. (1978). Social origins of depression: A study of psychiatric disorders in women. London: Tavistock.

Brown, T., & Wallace, P. (1980). Physiological Psychology. New York: Academic Press.

Bryan, J.H. & Kapche, R. (1967). Psychopathy and verbal conditioning. Journal of Abnormal Psychology, 72, 71–73.

Bryer, J.B., Nelson, B.A., Miller, J.B. & Krol, P.K. (1987). Childhood sexual and physical abuse in adult psychiatric illness. American Journal of Psychiatry, 144, 1426–1430.

Buchheim, P., Dammann, G., Martius, P., Clarkin, J.F. & Kernberg, O. (1999). Psychodynamische Therapie der Borderline-Persönlichkeit: ein Manual. PTT – Persönlichkeitsstörungen: Theorie und Therapie, 3, 66–78.

Buikhuisen, W. & Mednick, S.A. (Eds.). (1988). Explaining criminal behaviour: Interdisciplinary approaches. Leiden (NL): E.J. Brill.

Büntig, W.E. (1982). Das Werk von Wilhelm Reich und seinen Nachfolgern. In D. Eicke (Hrsg.), Tiefenpsychologie, Bd. 3: Die Nachfolger Freuds (S. 254–297). Weinheim: Beltz. [Kindlers „Psychologie des 20. Jahrhunderts"].

Burgess, A.W. & Holmstrom, L.L. (1974). The rape trauma syndrome. American Journal of Psychiatry, 131, 981–986.

Buss, D.M. (1991). Evolutionary personality psychology. Annual Review of Psychology, 42, 459–491.

Cadoret, R.J. (1978). Psychopathology in adopted-away offspring of biological parents with antisocial behavior. Archives of General Psychiatry, 35, 176–184.

Cadoret, R.J. & Cain, C. (1980). Sex differences in predictions of antisocial behavior. Archives of General Psychiatry, 37, 1171–1175.

Cadoret, R.J. & Cain, C. (1981). Environmental and genetic factors in predicting adolescent antisocial behaviors in adoptees. Psychiatric Journal of the University of Ottawa, 6, 220–225.

Cadoret, R.J., O'Gorman, T.W., Troughton, E. & Heywood, E. (1985). Alcoholism and antisocial personality: Interrelationships, genetic and environmental factors. Archives of General Psychiatry, 42, 161–167.

Cannon, D.S., Clark, L.A., Leeka, J.K. & Keefe, C.R. (1993). A reanalysis of the Tridimensional Personality Questionnaire (TPQ) and its relation to Cloninger's Type 2 alcoholism. Psychological Assessment, 5, 62–66.

Cappe, R.F. & Alden, L.E. (1986). A comparison of treatment strategies for clients functionally impaired by extreme shyness and social avoidance. Journal of Consulting and Clinical Psychology, 54, 796–801.

Carey, G. & DiLalla, D.L. (1994). Personality and psychopathology: Genetic perspectives. Journal of Abnormal Psychology, 103, 32–43.

Carr, A.C., Goldstein, E.G., Howard, F. & Kernberg, O.F. (1979). Psychological tests and borderline patients. Journal of Personality Assessment, 43, 582–590.

Carr, A.T. (1974). Compulsive neurosis: A review of the literature. Psychological Bulletin, 81, 311–318.

Carson, R.C. (1984). The schizophrenias. In H.E. Adams & P.B. Sutker (Eds.), Comprehensive handbook of psychopathology (pp. 411–438). New York: Plenum.

Carson, R.C. & Sanislow, C.A. (1993). The schizophrenias. In P.B. Sutker & H.E. Adams (Eds.), Comprehensive handbook of psychopathology (2nd. ed.; pp. 295–336). New York: Plenum Press.

Cary, G.L. (1972). The borderline condition: A structural dynamic viewpoint. Psychoanalytic Review, 59, 33–54.

Caspi, A., Bem, D.J. & Elder, G.H. (1989). Continuities and consequences of interactional styles across the life course. Journal of Personality, 57, 375–406.

Cattell, R.B. (1965). The scientific analysis of personality. London: Penguin.

Cawley, R. (1974). Psychotherapy and obsessional disorders. In H.R. Beech (Ed.), Obsessional states (pp. 259–290). London: Methuen.

Chodoff, P. (1989). Histrionic personality disorder. In American Psychiatric Association (Ed.), Treatments of psychiatric disorders (Vol. 3; pp. 2727–2736). Washington DC: American Psychiatric Association.

Chrzanowski, G. (1982). Das psychoanalytische Werk von Karen Horney, Harry Stack Sullivan und Erich Fromm. In D. Eicke (Hrsg.), Tiefenpsychologie. Band 3. Die Nachfolger Freuds (S. 346–380). Weinheim: Beltz. [Kindlers „Psychologie des 20. Jahrhunderts"].

Cicchetti, D. & Olsen, K. (1990). Borderline disorders in childhood. In M. Lewis & S. Miller (Eds.), Handbook of developmental psychopathology (pp. 355–370). New York: Plenum.

Ciompi, L. (1982). Affektlogik – Über die Struktur der Psyche und ihre Entwicklung. Ein Beitrag zur Schizophrenie-Forschung. Stuttgart: Klett-Cotta.

Clark, D.M. & Wells, A. (1995). A cognitive model of social phobia. In: R.G. Heimberg, M.R. Liebowitz, D.A. Hope & F.R. Schneier (Eds.), Social phobia: Diagnosis, assessment, treatment (S. 69–93). New York: Guildford.

Clark, L.A. (1990). Toward a consensual set of symptom clusters for assessment of personality disorders. In J.N. Butcher & C.D. Spielberger (Eds.), Advances in personality assessment (Vol. 8; pp. 243–266). Hillsdale, NJ: Erlbaum.

Clark, L.A. (1992). Resolving taxonomic issues in personality disorders. Journal of Personality Disorders, 6 (4), 377–381.

Clark, L.A., Livesley, W.J. & Morey, L. (1997). Personality disorder assessment: The challange of construct validity. Journal of Personality Disorders, 11, 205–231.

Clark, L.A., Vorhies, L. & McEwen, J.L. (1993). Personality disorder symptomatology from the five-factor model perspective. In P.T. Costa & T.A. Widiger (Eds.), Personality disorders and the five-factor model of personality (pp. 95–116). Washington DC: American Psychological Association.

Clark, J.V. & Arkowitz, H. (1975). Social anxiety and self-evaluation of interpersonal performance. Psychological Reports, 36, 211–221.

Clarkin, J.F. & Kendall, P.C. (1992). Comorbidity and treatment planning: Summary and future directions. Journal of Consulting and Clinical Psychology, 60, 904–908.
Clarkin, J.F., Koenigsberg, H., Yeomans, F., Selzer, M., Kernberg, P. & Kernberg, O.F. (1992). Psychodynamic psychotherapy of the borderline patient. In J.F. Clarkin, E. Marziali, & H. Munroe-Blum (Eds.), Borderline personality disorder. Clinical and empirical perspectives (pp. 268–287). New York: Guilford.
Clarkin, J.F., Marziali, E. & Munroe-Blum, H. (Eds.). (1992). Borderline personality disorder. Clinical and empirical perspectives. New York: Guilford.
Clarkin, J.F., Yeomans, F. & Kernberg, O.F. (Hrsg.). (2001). Psychotherapie der Borderline-Persönlichkeit. Stuttgart: Schattauer.
Cleckley, H. (1941). The mask of sanity: An attempt to clarify some issues about the socalled psychopathic personality. St. Louis: Mosby. [5th ed. (1976)].
Cloninger, C.R. (1987a). A systematic method for the clinical description and classification of personality variants. Archives of General Psychiatry, 44, 573–588.
Cloninger, C.R. (1987b). Neurogenetic adaptive mechanisms in alcoholism. Science, 236, 410–416.
Cloninger, C.R. (1987c). A systematic method for clinical description and classification of personality variants. Archives of General Psychiatry, 44, 573–588.
Cloninger, C.R., & Guze, S.B. (1970). Psychiatric illness and female criminality: The role of sociopathy and hysteria in antisocial women. American Journal of Psychiatry, 127, 303–311.
Cloninger, C.R. & Guze, S.B. (1975). Hysteria and parental psychiatric illness. Psychological Medicine, 5, 27–31.
Cloninger, C.R., Przybeck, T.R. & Svrakic, D.M. (1991). The Tridimensional Personality Questionnaire: US normative data. Psychological Reports, 69, 1047–1057.
Cloninger, C.R., Reich, T. & Guze, S.B. (1975). The multifactorial model of disease transmission: III. Familial relationships between sociopathy and hysteria (Briquets syndrome). British Journal of Psychiatry, 127, 23–32.
Cloninger, C.R., Svrakic, D.M., & Przybeck, T.R. (1993). A psychobiological model of temperament and character. Archives of General Psychiatry, 50, 975–990.
Cloninger, C.R., Martin, R.L., Guze, S.B. & Clayton, P.J. (1986). A prospective follow-up and family study of somatization in men and women. American Journal of Psychiatry, 143, 873–878.
Cloninger, C.R., Sigvardsson, S., Bohman, M., & Knorring, A. v. (1982). Predisposition to petty criminality in Swedish adoptees: II. Cross-fostering analysis of gene-environment interaction. Archives of General Psychiatry, 39, 1242–1247.
Coccaro, E.F. (1993). Psychopharmacologic studies in patients with personality disorders: Review and perspective. Journal of Personality Disorder, 7 (Supplement, Spring 1993), 181–192.
Coccaro, E.F., Astill, J.L., Herbert, J.L. & Schut, A.G. (1990). Fluoxetine treatment of impulsive aggression in DSM-III-R personality disorder patients. Journal of Clincial Psychopharmacology, 10, 373–375.
Cohen, A.K. (1972). Abweichung und Kontrolle (3. Aufl.). München: Juventa.
Coleman, M.J., Levy, D.L., Lenzenweger, M.F. & Holzman, P.S. (1996). Thought disorder, perceptual aberrations, and schizotypy. Journal of Abnormal Psychology, 105, 469–473.
Cooke, D.J., Michie, C., Hart, S.D. & Hare, R.D. (1999). Evaluating the screening version of the Hare Psychopathy Checklist – Revised (PCL: SV): An item response theory analysis. Psychological Assessment, 11, 3–13.
Cooper, A.M. & Ronningstam, E. (1992). Narcissistic personality disorder. In A. Tasman & M.B. Riba (Eds.), Review of psychiatry – Vol. 11 (pp. 80–97). Washington, DC: American Psychiatric Press.

Cornblatt, B.A., Erlenmeyer-Kimling, L. (1985). Global attentional deviance as a marker of risk for schizophrenia: Specifity and predictive validity. Journal of Abnormal Psychology, 94, 470–486.

Cornelius, J.R., Soloff, P.H., Perel, J.M. & Ulrich, R.F. (1990). Fluoxetine trial in borderline personality disorder. Psychopharmacology Bulletin, 26, 151–154.

Conte, H.R. & Plutchik, R. (1981). A circumplex model for interpersonal personal traits. Journal of Personality and Social Psychology, 40, 701–711.

Costa, P.T. & McCrae, R.R. (1985). The NEO Personality Inventory. Manual Form S and Form R. Odessa, FL: Psychological Assessment Ressources.

Costa, P.T. & McCrae, R.R. (1989). NEO PI/FFI manual supplement. Odessa, FL: Psychological Assessment Ressources.

Costa, P.T. & McCrae, R.R. (1990). Personality disorders and the five-factor model. Journal of Personality Disorders, 4, 362–371.

Costa, P.T. & McCrae, R.R. (1993). Set like plaster? Evidence for the stability of adult personality. In: T.F. Heatherton & J.L. Weinberger, J.L. (Eds.), Can personality change? (pp. 21–40). Washington DC: American Psychological Association.

Costa, P.T. & Widiger, T.A. (Eds.). (1993). Personality disorders and the five-factor model of personality. Washington, DC: American Psychological Association.

Coursey, D. (1984). The dynamics of obsessive-compulsive disorder. In T.R. Insel (Ed.), New findings in obsessive-compulsive disorder (pp. 104–121). Washington DC: American Psychiatric Association.

Cowdry, R.W. & Gardner, D.L. (1988). Pharmacotherapy of borderline personality disorder: Alprazolam, carbamazepine, trofluroperazine, and tranycypromine. Archives of General Psychiatry, 45, 802–803.

Crowe, R. (1975). Adoption studies of antisocial personality. Biological Psychiatry, 10, 353–371.

Dahl, A. (1986). Some aspects of the DSM-III personality disorders illustrated by a consecutive sample of hospitalized patients. Acta Psychiatrica Scandinavia, 73, 61–66.

Daley, S.E., Hammen, C., Burge, D., Davila, J., Paley, B., Lindberg, N. & Herzberg, D.S. (1999). Depression and axis II symptomatology in an adolescent community sample: Concurrent and longitudinal associations. Journal of Personality Disorders, 13, 47–59.

Davison, G.C. & Neale, J.M. (1988). Klinische Psyschologie (3. Aufl.). München, Weinheim: Psychologie Verlags Union.

Degkwitz, R., Helmchen, H., Kockott, G., & Mombour, W. (Hrsg.). (1980). Diagnoseschlüssel und Glossar psychiatrischer Krankheiten. Deutsche Ausgabe der internationalen Klassifikation der Krankheiten der WHO: ICD (= International Classification of Diseases), 9. Revision, Kapitel V. Berlin: Springer.

Deneke, F.W. (1996). Psychoanalytische Therapie bei narzißtischen Störungen. In W. Senf & M. Broda (Hrsg.), Praxis der Psychotherapie. Ein integratives Lehrbuch für Psychoanalyse und Verhaltenstherapie (S. 306–314). Stuttgart: Thieme.

Deneke, F.W. (1999). Neurobiologische Aspekte von Strukturbildungs- und Regulationsprozessen speziell bei Borderline-Patienten und unter Berücksichtigung sexuell-traumatischer Erfahrungen. PTT – Persönlichkeitsstörungen. Theorie und Therapie, 3, 119–131.

Depue, R.A. & Monroe, S.M. (1978). Learned helplessness in the perspective of the depressive disorders: Conceptual and definitional issues. Journal of Abnormal Psychology, 87, 3–20.

Deutsch, H. (1955). The imposter. Psychoanalytic Quarterly, 24, 483–505.

Dietrich, H. (1961). Analyse sozio-kultureller Faktoren bei depressiven Patientinnen. Confinia psychiatrica, 4, 110–122.

Digman, J. (1993). Historical antecedents of the five-factor-model. In P.T. Costa & T.A. Widiger (Eds.), Personality disorders and the five-factor model of personality (pp. 13–18). Washington DC: American Psychological Association.

Digman, J. & Takemoto-Chock, N.K. (1981). Factors in the natural language of personality: Reanalysis and comparison of six major studies. Multivariate Behavioral Research, 18, 149–170.

Diguer, L., Barber, J.P. & Luborsky, L. (1993). Three concomitants: Personality disorders, psychiatric severity, and outcome of dynamic psychotherapy of major depression. American Journal of Psychiatry, 150, 1246–1248.

Dilling, H., Mombour, W., & Schmidt, M.H. (Hrsg.). (1991). Klassifikation psychischer Krankheiten. Klinisch-diagnostische Leitlinien nach Kapitel V (F) der ICD-10. (1. Aufl.; Hrsg. für die deutsche Version der WHO-ICD). Bern: Huber.

Dilling, H., Mombour, W. & Schmidt, M.H. (Hrsg.). (1993). Klassifikation psychischer Krankheiten. Klinisch-diagnostische Leitlinien nach Kapitel V (F) der ICD-10. (2. überarbeitete und erweiterte Aufl.; Hrsg. für die deutsche Version der WHO-ICD). Bern: Huber.

Dittmann, V. & Stieglitz, R.D. (1994). Diagnostik von Persönlichkeitsstörungen. In R.D. Stieglitz & U. Baumann (Hrsg.), Psychodiagnostik psychischer Störungen (S. 230–244). Stuttgart: Enke.

Dittmann, V., Dilling, H. & Freyberger, H.J. (Hrsg.). (1992). Psychiatrische Diagnostik nach ICD-10 – Klinische Erfahrungen bei der Anwendung. Bern: Huber.

Dittmann, V., Ermer, A. & Stieglitz, R.D. (2001). Diagnostik von Persönlichkeitsstörungen. In R.D. Stieglitz, U. Baumann & H.J. Freyberger (Hrsg.), Psychodiagnostik in Klinischer Psychologie, Psychiatrie, Psychotherapie (S. 448–459). Stuttgart: Thieme.

Docherty, J.P., Fiester, S.J. & Shea, T. (1986). Syndrome diagnosis and personality disorder. In A.J. Frances & R.E. Hales (Eds.). American Psychiatric Association annual review – Vol. 5 (pp. 315–355). Washington, DC: American Psychiatric Press.

Dolan, B. & Coid, J. (1993). Psychopathic and antisocial personality disorders. Treatment and research issues. London: Gaskell – The Royal College of Psychiatrists.

Dose, M. (2000). Juristische Aspekte. In T. Bronisch, M. Bohus, M. Dose, L. Reddemann & C. Unckel (2000), Krisenintervention bei Persönlichkeitsstörungen (S. 193–210). Stuttgart: Pfeiffer bei Klett-Cotta.

Drake, R.E., Adler, D.A. & Vaillant, G.E. (1988). Antecedents of personality disorders in a community sample of men. Journal of Personality Disorders, 2, 60–68.

Dreessen, L. & Arntz, A. (1998). Short-interval test-retest interrater reliability of the Structured Clinical Interview for DSM-III-R Personality Disorders (SCID-II) in outpatients. Journal of Personality Disorders, 12, 138–148.

Dreessen, L., Hildebrand, M. & Arntz, A. (1998). Patient-informant concordance on the Structured Clinical Interview for DSM-III-R Personality Disorders (SCID-II). Journal of Personality Disorders, 12, 149–161.

Dührssen, A. (1973). Analytische Psychotherapie in Theorie, Praxis und Ergebnissen. Göttingen: Vandenhoeck & Ruprecht.

Dulz, B. & Makowski, C. (1999). Zur Pharmakotherapie und Pharmakaforschung bei Borderline-Patienten. PTT – Persönlichkeitsstörungen: Theorie und Therapie, 3, 98–110.

Dumas, J.E. & Wahler, R.G. (1985). Indiscriminate mothering as a contextual factor in aggressive-oppositional child behavior: „Damned if you do, damned if you don't." Journal of Abnormal Child Psychology, 13, 1–17.

Dupré, E. (1925). La doctrine des constitutions. In E. Dupré (Autor), Pathologie de l'imagination et de l'emotivé (S. 484–501). Paris: Payot.

Dusen, K.T. van, Mednick, S.A., Gabrielli, W.F., & Hutchings, B. (1983). Social class and crime in an adoption cohort. Journal of Criminal Law and Criminology, 74, 249–269.

Dyce, J.A. & O'Connor, B.P. (1998). Personality disorders and the five-factor model: A test of facet-level predictions. Journal of Personality Disorders, 12, 31–45.

Ecker, W. & Dehmlow, A. (1994). Der Einfluß von Persönlichkeitsstörungen auf die Behandlung von Zwängen. Praxis der Klinischen Verhaltensmedizin und Rehabilitation, 25 (Vorabdruck).

Eckert, J., Biermann-Ratjen, E.M., Papenhausen, R., Talmon-Gros, S., Tönnies, S., Seifert, R. & Spehr, W. (1987). Zur Diagnose von Borderline-Störungen: Überprüfung der Gütekriterien des „Diagnostischen Interview für Borderline-Störungen (DIB)". Psychotherapie und medizinische Psychologie, 37, 68–74.

Eckhardt-Henn, A. & Hoffmann, S.O. (2000). Zur psychodynamischen/psychoanalytischen Therapie der Histrionischen Persönlichkeitsstörung. PTT – Persönlichkeitsstörungen: Theorie & Therapie, 4, 160–167.

Eisler, R. (1976). The behavioral assessment of social skills. In M. Hersen & A. Bellack (Eds.), Behavioral assessment: A practical handbook (pp. 369–395). New York: Pergamon Press.

Erikson, E.H. (1946). Ego development and historical change. Psychoanalytic study of the Child (Vol. 2; pp 359–396). New York: International Universities Press. [dt.: Ich-Entwicklung und geschichtlicher Wandel. In E.H. Erikson (1981) Identität und Lebenszyklus (S. 11–54). Frankfurt: Suhrkamp].

Erikson, E.H. (1950a). Growth and crisis in the health personality (zus. mit J.M. Erikson). In M.J.E. Senn (Ed.), Symposion on the healthy personality (pp. 91–146). New York: Josua Macy. [Überbeitete deutsche Fassung: Wachstum und Krisen der gesunden Persönlichkeit. In E.H. Erikson (1981) Identität und Lebenszyklus (S. 55–122). Frankfurt: Suhrkamp].

Erikson, E.H. (1950b). Childhood and society. New York: Norton. [dt. (1979). Kindheit und Gesellschaft (7. Aufl.). Stuttgart: Klett-Cotta].

Erikson, E.H. (1956). The problem of ego-identity. Journal of the American Psychoanalytic Association, 4, 54–121. [Überarb. Fassung dt. (1980) Das Problem der Ich-Identität. In E.H. Erikson (1981) Identität und Lebenszyklus (S. 123–215). Frankfurt: Suhrkamp].

Erikson, E.H. (1968). Identity, youth and crisis. New York: Norton. [dt. (1970). Jugend und Krise. Die Psychodynamik im sozialen Wandel. Stuttgart: Klett].

Eron, L.D. & Huesmann, L.R. (1990). The stability of aggressive behavior – even unto the third generation. In M. Lewis & S. Miller (Eds.), Handbook of developmental psychopathology (pp. 147–156). New York: Plenum.

Ertel, S. (1966). Ein differentialmethodischer Versuch zum Intelligenzproblem. Psychologische Forschung, 30, 151–199.

Ertel, S. & Schindler, U. (1969). Intelligenzleistung und Testverhaltensdifferential. Diagnostica, 15, 75–98.

Esquirol, E. (1839). Des maladies mentales considérées sous les rapports médical, hygiénique et médico-legal. Paris: Baillière. [Zu Grunde gelegt die in Buchform vorliegende deutsche Übersetzung des 1. Kapitels: Von den Geisteskrankheiten (1968). Bern: Huber].

Essen-Möller, E. (1956). Individual traits and morbidity in a swedish rural population. Acta Psychiatrica et Neurologica Scandinavia, Suppl. 100, 1–160.

Eysenck, H.J. (1952). The scientific study of personality. London: Routledge & Kegan Paul.

Eysenck, H.J. (1959). Charakterologie, Schichtentheorie und Psychoanalyse: eine Kritik. In H. von Bracken & H.P. David (Hrsg.), Perspektiven der Persönlichkeitstheorie (S. 248–256). Bern: Huber.

Eysenck, H.J. (1970). The structure of human personality (3rd ed.). London: Methuen.

Eysenck, H.J. (1977). Crime and personality. London: Routledge & Kegan Paul.

Eysenck, H.J. (1980a). Typologie. In W. Arnold, H.J. Eysenck & R. Meili (Hrsg.) Lexikon der Psychologie (Band 3; S. 2374–2379). Freiburg i.Br.: Herder.

Eysenck, H.J. (1980b). Psychopathie. In U. Baumann, H. Berbalck & G. Seidenstücker (Hrsg.), Klinische Psychologie – Trends in Forschung und Praxis, Bd. 3 (S. 323–360). Bern: Huber.

Eysenck, H.J. & Eysenck, S.B.G. (1978). Psychopathy, personality and genetics. In R.D. Hare & D. Schalling (Eds.), Psychopathic behaviour: Approaches to research (pp. 197–223). New York: Wiley.

Eysenck, H.J. & Eysenck, M.W. (1985). Personality and individual differences. A natural science approach. New York: Plenum Press. [dt. 2nd ed. (1987). Persönlichkeit und Individualität. Ein naturwissenschaftliches Paradigma. Weinheim: Psychologie Verlags Union.]

Eysenck, H.J., & Rachman, S. (1967). Neurosen – Ursachen und Heilmethoden. Berlin: VEB Deutscher Verlag der Wissenschaften.

Fairbairn, W.R.D. (1940). Schizoid factors in the personality. In Fairbairn, W.R.D. (Author), Psychoanalytic studies of the personality. London: Tavistock. [Abdruck: Fairbairn, W.R.D. (1952). An object-relations theory of the personality (pp. 3–27). New York: Basic Books].

Fahrenberg, J., Hampel, R. & Selg, H. (1989). Das Freiburger Persönlichkeitsinventar FPI: revidierte Fassung FPI-R und teilweise geänderte Fassung FPI-A1 (5. ergänzte Auflage). Göttingen: Hogrefe.

Falloon, I.R.H. & Marshall, G.N. (1983). Residential care and social behavior: A study of rehabilitation needs. Psychological Medicine, 13, 341–347.

Faravelli, C. & Albanesi, G. (1987). Agoraphobia with panic attacks: One-year prospective follow-up. Comprehensive Psychiatry, 28, 481–487.

Faravelli, C., Ambonetti, A., Pallanti, S. & Pazzagli, A. (1986). Depressive relapses and incomplete recovery from index episode. American Journal of Psychiatry, 143, 888–891.

Farrelly, F. & Brandsma, J.M. (1986). Provokative Therapie. Heidelberg: Springer-Verlag.

Farrington, D.P. & West, D.J. (1990). The Cambridge study in delinquent development: A long-term follow-up of 411 London males. In H.J. Kerner & G. Kaiser (Eds.), Criminality: Personality, behaviour, life history. Berlin, New York: Springer-Verlag.

Feldman, P. (1993). The psychology of crime. Cambridge: Cambridge University Press.

Fenichel, O. (1945). Psychoanalytische Neurosenlehre, Band II. Freiburg: Walter, Olten.

Feuchtersleben, E. Fr. v. (1845). Lehrbuch der ärztlichen Seelenkunde. Als Skizze zu Vorträgen bearbeitet. Wien: Carl Gerold.

Fiedler, P. (Hrsg.). (1981). Psychotherapieziel Selbstbehandlung. Grundlagen kooperativer Psychotherapie. Weinheim: edition psychologie im VCH-Verlag.

Fiedler, P. (1986). Verhaltenstherapie in Gruppen. Überblick und Perspektiven. Gruppendynamik, 17, 341–360.

Fiedler, P. (1988). Existentielle Krisen und Krisenintervention. In G. Hörmann (Hrsg.), Handbuch der psychosozialen Intervention (S. 114–127). Opladen: Westdeutscher Verlag.

Fiedler, P. (1992). Psychosoziale Intervention und Anwendungsfelder der Klinischen Psychologie. In R. Bastine (Hrsg.), Klinische Psychologie. Band 2 (S. 361–408). Stuttgart: Kohlhammer.

Fiedler, P. (1993a). Persönlichkeitsstörungen. In H. Reinecker (Hrsg.), Lehrbuch der Klinischen Psychologie. Modelle psychischer Störungen (2. Auflage; S. 219–266). Göttingen: Hogrefe.

Fiedler, P. (1993c). Angehörigengruppen in der psychosozialen Versorgung (Editorial). Zeitschrift für Klinische Psychologie, 22, 254–263.

Fiedler, P. (1993d). Indikation und Behandlungssetting. In M. Linden & M. Hautzinger (Hrsg.), Verhaltenstherapie (S. 45–51). Heidelberg: Springer-Verlag.

Fiedler, P. (1994a). Störungsspezifische und differentielle Indikation: Gemeinsame Herausforderung der Psychotherapieschulen. Oder: Wann ist endlich Schluß mit dem Unsinn der Konkurrenz? Psychotherapieforum, 2, 20–29.

Fiedler, P. (1994b). Persönlichkeitsstörung. In H. Reinecker (Hrsg.) Fallbuch der Klinischen Psychologie (S. 95–112). Göttingen: Hogrefe.

Fiedler, P. (1994c). Die unsinnige Überzeugung mancher Therapeuten, auf ein zielgerichtetes Engagement und Expertentum in der Psychotherapie verzichten zu müssen. Verhaltensmodifikation und Verhaltensmedizin, 15 (1), 68–76.

Fiedler, P. (1994d). Persönlichkeitsstörungen: Schlüssel zum Verständnis therapeutischer Krisen. In M. Zielke & J. Sturm (Hrsg.), Handbuch Stationäre Verhaltenstherapie (S. 785–795). Weinheim: Psychologie Verlags Union.

Fiedler, P. (1995a). Verhaltenstherapie in und mit Gruppen. Psychologische Psychotherapie in der Praxis. Weinheim: Psychologie Verlags Union.

Fiedler, P. (1995b). Verhaltenstherapeutische Diagnostik bei Persönlichkeitsstörungen: Ein Schema zur Problemanalyse und Therapieplanung. Verhaltensmodifikation und Verhaltensmedizin, 16, 223–243.

Fiedler, P. (1996a). Psychotherapeutische Ansätze bei Persönlichkeitsstörungen: Gemeinsamkeiten und Unterschiede. In B. Schmitz, Th. Fydrich & K. Limbacher (Hrsg.). (1996), Persönlichkeitsstörungen: Diagnostik und Psychotherapie (S. 200–218). Weinheim: Psychologie Verlags Union.

Fiedler, P. (1996b). Persönlichkeitsstörungen. In K. Hahlweg & A. Ehlers (Hrsg.), Psychische Störungen und ihre Behandlung (S. 799–900). Göttingen: Hogrefe. [Enzyklopädie der Psychologie: Klinische Psychologie: Band 2].

Fiedler, P. (1996c). Dissoziative, vorgetäuschte und Impulskontroll-Störungen. In J. Margraf (Hrsg.), Lehrbuch der Verhaltenstherapie (Band 2; S. 319–336). Heidelberg: Springer.

Fiedler, P. (1998). Verhaltenstherapie in und mit Gruppen. Weinheim: Beltz-Taschenbuch.

Fiedler, P. (1999a). Ein psychologisches Modell adaptiver Strategien bei Persönlichkeitsstörungen und ihre Therapierelevanz. Persönlichkeitsstörungen. Theorie und Therapie (Sonderband: Grundlagen, Modelle, therapeutische Konzepte), 3, 35–39.

Fiedler, P. (1999b). Persönlichlichkeit versus Persönlichkeitsstörung: Verpaßt die Differentielle Psychologie einen wichtigen Zug? In Hacker, W. & Rinck, M. (Hrsg.), Zukunft gestalten. Bericht über den 41. Kongreß der Deutschen Gesellschaft für Psychologie (S. 204–215). Lengerich: Pabst.

Fiedler, P. (1999c). Salutogenese und Pathogenese in der Persönlichkeitsentwicklung. In Oerter, R., Hagen, C. v., Röper, G. & Noam, G. (Hrsg.), Klinische Entwicklungspsychologie (S. 314 –334). Weinheim: Psychologie Verlags Union.

Fiedler, P. (2000a). Integrative Psychotherapie bei Persönlichkeitsstörungen. Göttingen: Hogrefe.

Fiedler, P. (2000b). Beratung in der Psychotherapie? Ein Beitrag zur Diskussion am Beispiel der Behandlung einer narzisstischen Persönlichkeitsstörung. Beratung aktuell, 1, 52–68.

Fiedler, P. (2000c). Persönlichkeitsstörungen. In J. Margraf (Hrsg.), Lehrbuch der Verhaltenstherapie (Band 2; 2. Aufl.; S. 395–412). Berlin: Springer.

Fiedler, P. (2001). Dissoziative Störungen und Konversion. Trauma und Traumabehandlung (2. Aufl.). Weinheim: Beltz PVU.

Fiedler, P. (2001a). Grundlagen und Praxis der Verhaltenstherapie in und mit Gruppen. Psychotherapie im Dialog, 2, (1), 16–24.

Fiedler, P. (2001b). Persönlichkeit und Depression. Überlegungen zur differenziellen Indikation und Behandlung. Persönlichkeitsstörungen. Theorie und Therapie, S. 73–80.

Fiedler, P. & Mundt, Ch. (1996). Dissoziative Störungen, vorgetäuschte Störungen und Störungen der Impulskontrolle. In K. Hahlweg & A. Ehlers (Hrsg.) Psychische Störungen und ihre Behandlung. (Enzyklopädie der Psychologie: Klinische Psychologie; Band 2; S. 355–436). Göttingen: Hogrefe.

Fiedler, P. & Standop, R. (1994). Stottern. Diagnose, Ätiologie, Behandlung (4. Aufl.). Weinheim: Psychologie Verlags Union.

Fiedler, P. & van Eickels, N. (1981). Kooperation, Transparenz und Veränderung: Auf dem Weg zu einer lern- und personzentrierten Psychotherapieforschung. In P. Fiedler (Hrsg.), Psychotherapieziel Selbstbehandlung (S. 133–154). Weinheim: edition psychologie im VCH-Verlag.

Figley, C. (1978). Stress disorders among Vietnam Veterans: Theory, research, and treatment implications. New York: Brunner/Mazal.

Fink, P.J. & Tasman, A. (Eds.). (1992). Stigma and mental illness. Washington DC: American Psychiatric Press.

Finzen, A. (1988). Der Patientensuizid. Bonn: Psychiatrie-Verlag.

Fiorot, M., Boswell, P. & Murray, E.J. (1990). Personality and response to psychotherapy in depressed elderly women. Behavior, Health, and Aging, 1, 51–63.

First, M.B., Spitzer, R.L., Gibbon, M., Williams, J.B.W. & Benjamin, L. (1995). The Structured Clinical Interview for DSM-III-R Personality Disorders (SCID-II). Washington: American Psychiatric Press.

First, M.B., Spitzer, R.L., Gibbon, M. & Williams, J.B.W. (1995). The Structured Clinical Interview for DSM-III-R Personality Disorders (SCID-II). Part I: Description. Journal of Personality Disorders, 9, 83–91.

First, M.B., Spitzer, R.L., Gibbon, M., Williams, J.B.W., Davies, M., Borus, J., Howes, M.J., Kane, J., Pope, H.G. & Rounsaville, B. (1995). The Structured Clinical Interview for DSM-III-R Personality Disorders (SCID-II). Part II: Multi-site test-retest reliability study. Journal of Personality Disorders, 9, 92–104.

Fiske, D.W. (1949). Consistency of factorial structures of personality ratings from different sources. Journal of Abnormal and Social Psychology, 44, 329–344.

Fleming, B. (1996). Kognitiv-verhaltenstherapeutische Behandlung der histrionischen Persönlichkeitsstörung. In B. Schmitz, Th. Fydrich & K. Limbacher (Hrsg.). (1996), Persönlichkeitsstörungen: Diagnostik und Psychotherapie (S. 219–243). Weinheim: Psychologie Verlags Union.

Foppa, K. (1965). Lernen, Gedächtnis, Verhalten. Köln: Kiepenheuer & Witsch.

Ford, M.R. & Widiger, T.A. (1989). Sex bias in the diagnosis of histrionic and antisocial personality disorder. Journal of Consulting and Clinical Psychology, 57, 301–305.

Fossati, A., Madeddu, F. & Maffei, C. (1999). Borderline personality disorder and childhood sexual abuse: A meta-analytic study. Journal of Personality Disorders, 13, 268–280.

Fossati, A., Maffei, C., Bagnato, M., Donati, D., Donini, M., Fiorilli, M., Novella, L. & Ansoldi, M. (1998). Criterion validity of the Personality Diagnostic Questionaire-4+ (PDQ-4+) in a mixed psychiatric sample. Journal of Personality Disorders, 12, 172–178.

Fossati, A., Maffei, C., Bagnato, M., Donati, D., Donini, M., Fiorilli, M. & Novella, L. (2000). A psychometric study of DSM-IV passive-aggressive (negativistic) personality disorder criteria. Journal of Personality Disorders, 14, 72–83.

Foulds, G.A., Caine, T.M., Adams, A. & Owen, A. (1965). Personality and personal illness. London: Tavistock.

Fox, N.A., Kimmerly, N.L. & Schafer, W.D. (1991). Attachment to mother/attachment to father: A meta-analysis. Child Development, 62, 210–225.

Frances, A.J (1980). The DSM-III personality disorder section: A commentary. American Journal of Psychiatry 137, 1050–1054.

Frances, A.J. & Katz, S.E. (1986). Treating a young woman with a mix of affective and personality disorders. Hospital and Community Psychiatry, 37, 331–333.

Frances, A.J. & Widiger, T.A. (1986). The classification of personality disorders: An overview of problems and solutions. In A.J. Frances & R.E. Hales (Eds.), American Psychiatric Association annual review – Vol. 5 (pp. 240–257). Washington, DC: American Psychiatric Press.

Frances, A.J. & Widiger, T.A. (1989). Avoidant personality disorder. In American Psychiatric Association (Ed.), Treatments of psychiatric disorders (Vol. 3; pp. 2759–2762). Washington DC: American Psychiatric Association.

Franke, P., Maier, W., Hardt, J., Hain, Ch. & Cornblatt, B.A. (1994). Attentional abilities and measures of schizotypy: Their variation and covariation in a high risk sample for schizophrenia and controls. Psychiatry Research, 47 (reprint).

Frankl, V.E. (1981). Die Sinnfrage in der Psychotherapie. München: Piper.

Freeman, P.S. & Gunderson, J.G. (1989). Treatment of personality disorders. Psychiatric Annals, 19, 147–153.

Freud, A. (1936). Das Ich und die Abwehrmechanismen. London: Mayo. [dt. (1945). München: Kindler].

Freud, S. (1896). Zur Ätiologie der Hysterie. Wiener klinische Rundschau, 10 (22), 379–381; (24), 413–415; (25) 432–433; (26), 450–452. [In: Freud, S. (1952). Gesammelte Werke (Band 1; S. 425–459). Frankfurt: Fischer].

Freud, S. (1905). Bruchstück einer Hysterie-Analyse. Monatsschrift für Psychiatrie und Neurologie, 18 (4), 285–310; (5), 408–467. [In: Freud, S. (1952). Gesammelte Werke (Band 5; S. 163–286). Frankfurt: Fischer].

Freud, S. (1905). Drei Abhandlungen zur Sexualtheorie. Wien: Deuticke. [(1960), Gesammelte Werke (Band 5, 29–145). Frankfurt a.M.: S. Fischer].

Freud, S. (1908). Charakter und Analerotik. Psychiatrisch-neurologische Wochenschrift, 9 (52), 465–467. [(1960), Gesammelte Werke (Band 10; S. 203–209). Frankfurt a.M.: S. Fischer].

Freud, S. (1913). Zur Disposition der Zwangsneurose. Internationale Zeitschrift für ärztliche Psychoanalyse, 1, 525–532. [(1960), Gesammelte Werke (Band 8, 442–452). Frankfurt a.M.: S. Fischer].

Freud, S. (1914). Zur Einführung des Narzißmus. Jahrbuch der Psychoanalyse, 6, 1–24. [(1960). Gesammelte Werke (Band 10, 138–170). Frankfurt a.M.: S. Fischer].

Freud, S. (1916/1917). Vorlesungen zur Einführung in die Psychoanalyse. Leipzig: Heller. [(1960). Gesammelte Werke. Band 11. Frankfurt a.M.: S. Fischer].

Freud, S. (1924). Der Realitätsverlust bei Neurose und Psychose. Internationale Zeitschrift für Psychoanalyse, 10, 374–379. [(1960). Gesammelte Werke. (Band 13; S. 363–368). Frankfurt a.M.: S. Fischer].

Freud, S. (1931). Über libidinöse Typen. Internationale Zeitschrift für Psychoanalyse, 17, 313–316. [(1960). Gesammelte Werke (Band 14, 509–513). Frankfurt a.M.: S. Fischer].

Freud, S. (1933). Neue Folge der Vorlesungen zur Einführung in die Psychoanalyse. Wien: Internationaler Psychoanalytischer Verlag. [(1960). Gesammelte Werke. Band 15. Frankfurt a.M.: S. Fischer].

Freud, S. (1941). A disturbance on memory on the Acropolis. International Journal of Psychoanalysis, 22, 93–101. [Freud, S. (1936). Brief an Romain Rolland (Eine Erinnerungslücke auf der Akropolis). Gesammelte Werke (1950; Band 16; S. 250–257). Frankfurt: Fischer].

Freud, S. (1969). Vorlesungen zur Einführung in die Psychoanalyse Und Neue Folge. Studienausgabe, Band 1. Frankfurt a.M.: S. Fischer.

Fromm, E. (1941). Escape of freedom. New York: Holt, Rinehart & Winston. [dt. (1983). Die Furcht vor der Freiheit. Stuttgart: Deutsche Verlags-Anstalt].

Fromm, E. (1947). Man for himself. An inquiry into psychology of ethics. New York: Holt, Rinehart & Winston. [dt. (1954). Psychoanalyse und Ethik (2. Aufl.). Zürich: Diana].

Fromm, E. (1959). Sigmund Freuds mission. New York: Harper. [dt. (1981). Sigmund Freud. Seine Persönlichkeit und seine Wirkung. Frankfurt/M.: Ullstein].

Fromm, E. (1961). Marx's concept of man. New York: Frederick Ungar. [dt. (1982). Das Menschenbild bei Marx. Frankfurt/M.: Ullstein].

Frosch, J.P. (1983). The treatment of antisocial and borderline personality disorders. Hospital and Community Psychiatry, 34, 243–248.

Fulker, D.W., Eysenck, S.G.B. & Zuckerman, M. (1980). A genetic and environmental analysis of sensation seeking. Journal of Research in Personality, 14, 105–127.

Fuller, A.K. & Blashfield, R.K. (1989). Masochistic personality disorder: A prototype analysis of diagnosis and sex bias. Journal of Nervous and Mental Disease, 177, 168–172.

Fydrich, T., Renneberg, B., Schmitz, B. & Wittchen, H.U. (1997). Strukturiertes Klinisches Interview für DSM-IV, Achse II (Persönlichkeitsstörungen) – SKID-II. Göttingen: Hogrefe.

Fydrich, T., Schmitz, B. & Bodem, M. (1995). Fragebogen zu kognitiven Schemata (FKS). Heidelberg: Psychologisches Institut der Universität.

Fydrich, T., Schmitz, B., Dietrich, D., Heinicke, S. & König, J. (1996). Prävalenz und Komorbidität von Persönlichkeitsstörungen. In B. Schmitz, Th. Fydrich & K. Limbacher (Hrsg.). (1996), Persönlichkeitsstörungen: Diagnostik und Psychotherapie (S. 56–90). Weinheim: Psychologie Verlags Union.

Fydrich, T., Schmitz, B., Hennch, Ch. & Bodem, M. (1996). Zuverlässigkeit und Gültigkeit diagnostischer Verfahren zur Erfassung von Persönlichkeitsstörungen. In B. Schmitz, Th. Fydrich & K. Limbacher (Hrsg.). (1996), Persönlichkeitsstörungen: Diagnostik und Psychotherapie (S. 91–116). Weinheim: Psychologie Verlags Union.

Garnet, K.E., Levy, K.N., Mattanah, J.J.F., Edell, W.S. & McGlashan, T.H. (1994). Borderline personality disorder in adolescents: Ubiquitous or specific? American Journal of Psychiatry, 151, 1380–1382.

Gay, P. (1987). Freud: A life for our time. New York: Norton. [dt. (1989). Freud: Eine Biographie für unsere Zeit. Frankfurt a.M.: Fischer].

Gerstley, L., McLellan, A.T., Alterman, A.I., Woody, G.E., Luborsky, L. & Prout, M. (1989). Ability to form an alliance with the therapist: A possible marker of prognosis for patients with antisocial personality disorder. American Journal of Psychiatry, 146, 508–512.

Gittelman-Klein, R. & Klein, D. (1969). Premorbid asocial adjustment and prognosis in schizophrenia. Journal of Psychiatric Research, 7, 35–53.

Giovacchini, P.L. (1973). Character disorders: With special reference to the borderline states. International Journal of Psychoanalytic Psychotherapy, 2, 7–20.

Girolamo, G. de & Reich, J.H. (1993). Personality disorders. Genf: World Health Organization Publications. [Epidemiology of Mental Health Disorders and Psychosocial Problems].

Glatzel, J. (1975). Die Antipsychiatrie. Psychiatrie in der Kritik. Stuttgart: Fischer.

Glatzel, J. (1977). Das psychisch Abnorme. Kritische Ansätze zu einer Psychopathologie. München: Urban & Schwarzenberg.

Glatzel, J. (1990). Psychiatric diagnosis in the German-speaking countries. In N. Sartorius, A. Jablensky, D.A. Regier, J.D. Burke & R.M.A. Hirschfeld (Eds.), Sources and traditions of classification in psychiatry (pp. 59–92). Göttingen: Hogrefe & Huber.

Glueck, S. & Glueck, E. (1959). Predicting delinquency and crime. Cambridge, MA: Harvard University Press. [dt. (1963). Jugendliche Rechtsbrecher. Wege zur Vorbereitung. Stuttgart: Enke].

Goffman, E. (1959). The moral career of the mental patient. Psychiatry, 22, 123–142. [Auszugsweise dt. (1972). Die moralische Karriere der psychisch gestörten Patienten. In H. Keupp (Hrsg.), Der Krankheitsmythos in der Psychopathologie (S. 122–135). München: Urban & Schwarzenberg].

Goffman, E. (1961). Asylums. Essays on the social situation of mental patients and other immats. New York. [dt. (1972). Asyle. Über die soziale Situation psychiatrischer Patienten und anderer Insassen. Frankfurt: edition suhrkamp].

Goldberg, L.R. (1993). The structure of phenotypic personality traits. American Psychologist, 48, 26–34.

Goldberg, R.L., Mann, L.S., Wise, T.N. & Segall, E.A. (1985). Parental qualities as perceived by borderline personality disorder. Hillside Journal of Clinical Psychiatry, 7, 134–140.
Goldberg, S.C., Schulz, S.C., Schulz, P.M., Resnick, R.J., Hamer, R.M. & Friedel, R.O. (1986). Borderline and schizotypal personality disorders treated with low-dose thiothixine versus placebo. Archives of General Psychiatry, 43, 680–686.
Goldman, S.J., D'Angelo, E.J., DeMaso, D.R. & Mezzacappa, E. (1992). Physical and sexual abuse histories among children with borderline personality disorder. American Journal of Psychiatry, 149, 1723–1726.
Gorenstein, E.E. & Newman, J.P. (1980). Disinhibitory psychopathology: A new perspective and model for research. Psychological Review, 87, 301–315.
Gottesman, I.I. & Shields, J. (1976). A critical review of recent adoption, twin, and family studies on schizophrenia: Behavioural genetics perspectives. Schizophrenia Bulletin, 2, 360–398.
Grawe, K. & Braun, U. (1994). Qualitätskontrolle in der Psychotherapiepraxis. Zeitschrift für Klinische Psychologie, 23, 242–267.
Grawe, K., Donati, R. & Bernauer, F. (1994). Psychotherapie im Wandel. Von der Konfession zur Profession. Göttingen: Hogrefe.
Green, M.A. & Curtis, G.C. (1988). Personality disorders in panic patients: Response to termination of antipanic medication. Journal of Personality Disorders, 2, 303–315.
Greenberg, R.P. & Bornstein, R.F. (1988a). The dependent personality disorder: I. Risk for physical disorders. Journal of Personality Disorders, 2, 126–135.
Greenberg, R.P. & Bornstein, R.F. (1988b). The dependent personality: II. Risk for psychological disorders. Journal of Personality Disorders, 2, 136–143.
Griesinger, W. (1871). Die Pathologie und Therapie der psychischen Krankheiten (3. Aufl.). Braunschweig: Wreden. [1. Aufl. (1845). Stuttgart: Krabbe].
Grinker, R.R., Werble, B., & Drye, R. (1968). The borderline-syndrome: A behavioral study of ego functions. New York: Basic Books.
Grob, G.N. (1991). Origins of the DSM-I: A study in appearance and reality. American Journal of Psychiatry, 148, 421–431.
Groopman, L.C. & Cooper, A.M. (1995). Narcissistic personality disorder. In Gabbard, G.O. (Ed.), Treatments of psychiatric disorders (2nd ed.; Vol. 2; pp. 2327–2344). Washington DC: American Psychiatric Association.
Gross, G., Huber, G. & Schüttler, R. (1982). Lavierte Schizophrenie? In K. Heinrich (Hrsg.), Der Schizophrene außerhalb der Klinik (S. 19–33). Huber: Bern.
Gruhle, H.W. (1922). Psychologie des Abnormen. München.
Gruhle, H.W. (1956). Psychopathie. In W. Weygandt (Hrsg.), Lehrbuch der Nerven- und Geisteskrankheiten (2. Aufl.; S. 664–686). Halle: Marhold.
Guilford, J.P. (1975). Factors and factors of personality. Psychological Bulletin, 82, 802–814.
Gunderson, J.G. (1984). Borderline personality disorder. Washington, DC: American Psychiatric Press.
Gunderson, J.G. (1989a). Personality disorders. Introduction. In American Psychiatric Association (Ed.), Treatments of psychiatric disorders (Vol. 3; pp. 2633–2638). Washington DC: APA.
Gunderson, J.G. (1989b). Borderline personality disorder. In American Psychiatric Association (Ed.), Treatments of psychiatric disorders (Vol. 3; pp. 2749–2759). Washington DC: American Psychiatric Association.
Gunderson, J.G. (1992). Diagnostic controversies. In A. Tasman & M.B. Riba (Eds.), Review of Psychiatry – Vol. 11 (pp. 9–24). Washington, DC: American Psychiatric Press.
Gunderson, J.G. & Carroll, A. (1985). Klinische Probleme im Lichte empirischer Forschung. In H. Stierlin, L.C. Wynne & M. Wirsching (Hrsg.), Psychotherapie und Sozialtherapie der Schizophrenie (S. 141–162). Berlin: Springer-Verlag.

Gunderson, J.G. & Kolb, J.E. (1978). Discriminating features of borderline patients. American Journal of Psychiatry, 135, 792–796.
Gunderson, J.G. & Links, P. (1995). Borderline personality disorder. In Gabbard, G.O. (Ed.), Treatments of psychiatric disorders (2nd ed.; Vol. 2; pp. 2291–2311). Washington DC: American Psychiatric Association.
Gunderson, J.G. & Phillips, K.A. (1991). A current view of the interface between borderline personality disorder and depression. American Journal of Psychiatry, 148, 967–975.
Gunderson, J.G. & Singer, M.T. (1975). Defining borderline patients: An overview. American Journal of Psychiatry, 132, 1–10.
Gunderson, J.G. & Zanarini, M.C. (1987). Current overview of the borderline diagnosis. Journal of Clinical Psychiatry, 48, 5–11.
Gunderson, J.G., Kolb, J.E. & Austin, V. (1981). The diagnostic interview for borderlines. American Journal of Psychiatry, 138, 896–903.
Gunderson, J.G., Siever, L.J. & Spaulding, E. (1983). The search for a schizotype: Crossing the border again. Archives of General Psychiatry, 40, 15–22.
Gunderson, J.G., Frank, A.F., Ronningstam, E.F., Wachter, S., Lynch, V.J. & Wolf, P.J. (1989). Early discontinuance of borderline patients from psychotherapy. Journal of Nervous and Mental Disease, 177, 38–42.
Gunderson, J.G., Phillips, K.A., Triebwasser, J. & Hirschfeld, R.M.A. (1994). The Diagnostic Interview for Depressive Personality. American Journal of Psychiatry, 151, 1300–1304.
Gunderson, J.G., Ronningstam, E., & Bodkin, A. (1990). The diagnostic interview for narcissistic patients. Archives of General Psychiatry, 47, 676–680.
Gunderson, J.G., Links, P.S. & Reich, J.H. (1991). Competing models of personality disorders. Journal of Personality Disorders, 5, 60–68.
Gunderson, J.G., Ronningstam, E. & Smith, L.E. (1991). Narcissistic personality disorder: A review of data on DSM-III-R descriptions. Journal of Personality Disorders, 5, 167–177.
Gunderson, J.G., Zanarini, M.C. & Kisiel, C.L. (1996). Borderline Personality Disorder. In T.A. Widiger, A.J. Frances, H.A. Pincus, R. Ross, M.B. First & W.W. Davis (Eds.), DSM-IV Sourcebook (pp. 717–732). Washington, DC: American Psychiatric Press.
Guntrip, H. (1969). Schizoid phenomena, object relations, and the self. New York: International Universities Press.
Guze, S.B. (1964). Conversion symptoms in criminals. American Journal of Psychiatry, 121, 580–583.
Guze, S.B. (1967). The diagnosis of hysteria: What are we trying to do? American Journal of Psychiatry, 124, 491–498.
Guze, S.B. & Perley, M.J. (1963). Observations on the natural history of hysteria. American Journal of Psychiatry, 119, 960–965.
Häfner, H. (1961). Psychopathen. Daseinsanalytische Untersuchungen zur Struktur und Verlaufsgestalt von Psychopathien. Berlin: Springer-Verlag.
Häfner, H., Gattaz, W.F. & Janzarik, W. (Eds.). (1987). Search for the causes of schizophrenia. Berlin, New York: Springer-Verlag.
Hamburger, M.E., Lilienfeld, S.O. & Hogben, M. (1996). Psychopathy, gender, and gender roles: Implications for antisocial and histrionic personality disorders. Journal of Personality Disorders, 10, 41–55.
Hamilton, S., Rothbart, M. & Dawes, R. (1986). Sex bias diagnosed in DSM-III. Sex Roles, 15, 269–274.
Hare, E. (1991). The history of „nervous disorders“ from 1600 to 1840, and comparison with modern views. British Journal of Psychiatry, 159, 37–45.
Hare, R.D. (1968). Detection threshold for electric shock in psychopaths. Journal of Abnormal Psychology, 73, 268–272.

Hare, R.D. (1970). Psychopathy: Theory and research. New York: Wiley.
Hare, R.D. (1978). Electrodermal and cardiovascular correlates of psychopathy. In R.D. Hare & D. Schalling (Eds.), Psychopathic behavior: Approaches to research (pp. 107–144). New York: Wiley.
Hare, R.D. (1980). A research scale for the assessment of psychopathy in criminal populations. Personality and Individual Differences, 1, 111–119.
Hare, R.D. (1983). Diagnosis of antisocial personality disorders in two prison populations. American Journal of Psychiatry, 140, 887–890.
Hare, R.D. (1985). A comparison of procedures for the assessment of psychopathy. Journal of Consulting and Clinical Psychology, 53, 7–16.
Hare, R.D. (1987). Psychopathie. In W. Arnold, H.J. Eysenck & R. Meili (Hrsg.) Lexikon der Psychologie (Band 3; S. 1762–1771). Freiburg i.Br.: Herder.
Hare, R.D. & Cox, D.N. (1978). Clinical and empirical conceptions of psychopathy. In R.D. Hare & D. Schalling (Eds.), Psychopathic behavior: Approaches to research (pp. 1–22). New York: Wiley.
Hare, R.D. & Quinn, M.J. (1971). Psychopathy and autonomic conditioning. Journal of Abnormal Psychology, 79, 223–226.
Hare, R.D., Hart, S.D. & Harpur, T.J. (1991). Psychopathy and the DSM-IV criteria for antisocial personality disorder. Journal of Abnormal Psychology, 100, 391–398.
Hart, S.D. & Hare, R.D. (1989). Discriminant validity of the Psychopathic Checklist in a forensic psychiatric population. Psychological Assessment: A Journal of Consulting and Clinical Psychology, 1, 211–218.
Hartmann, H. (1939). Ego-psychology and the problem of adaption. New York: International Universities Press. [dt. (1970). Ich-Psychologie und Anpassungsproblem (2. Aufl.). Stuttgart: Klett].
Hartmann, H. (1950). Comments on the psychoanalytic theory of the ego. In H. Hartmann (1964). Essays on ego psychology. New York: International Universities Press. [dt. (1964/1965). Bemerkungen zur psychoanalytischen Theorie des Ichs. Psyche, 18, 330–353].
Hartmann, H. (1964). Essays on Ego-Psychology. New York: International Universities Press. [dt. (1972). Ich-Psychologie. Studie zur psychoanalytischen Theorie. Stuttgart: Klett.]
Hautzinger, M. & de Jong-Meyer, R. (1994). Depressionen. In H. Reinecker (Hrsg.), Lehrbuch der Klinischen Psychologie. Modelle psychischer Störungen (2. Aufl., S. 177–218). Göttingen: Hogrefe.
Hautzinger, M., Stark, W. & Treiber, R. (1989). Kognitive Verhaltenstherapie bei Depressionen. Weinheim: Psychologie Verlags Union.
Heatherton, T.F. & Weinberger, J.L. (Eds.). (1993). Can personality change? Washington DC: American Psychological Association.
Hehlmann, W. (1967). Geschichte der Psychologie (2. Aufl.). Stuttgart: Alfred Kröner.
Helson, R. & Stewart, A. (1993). Personality change in adulthood. In: T.F. Heatherton & J.L. Weinberger (Eds.), Can personality change? (pp. 201–226). Washington DC: American Psychological Association.
Henderson, D. (1939). Psychopathic states. New York: Norton.
Herbert, J.D., Hope, D.A. & Bellack, A.S. (1992). Validity of the distinction between generalized social phobia and avoidant personality disorder. Journal of Abnormal Psychology, 101, 332–339.
Herdtle, B. (1999). Das Diagnostische Interview zur Depressiven Persönlichkeitsstörung (DID). Unveröffentlichte Diplomarbeit. Heidelberg: Psychologisches Institut.
Herdtle, B., Kronmüller, K.T., Backenstraß, M., Gutwein-Meyer, S., Schiessel, K., Fiedler, P. & Mundt, Ch. (1998). Vergleich dreier Messinstrumente zur Erfassung der depressiven Persönlichkeitsstörung. Nervenarzt, 69, [Suppl. 1; Kongress der DGPPN in Essen], S. 117.

Herman, J.L., Perry, J.C. & Kolk, B. A. v. d. (1989). Childhood trauma in borderline personality disorder. American Journal of Psychiatry, 146, 490–495.

Herpertz, S. (1999). Schulenübergreifende Psychotherapie bei der Borderline-Persönlichkeitsstörung. In H. Saß & S. Herpertz (Hrsg.), Psychotherapie von Persönlichkeitsstörungen. Beiträge zu einem schulenübergreifenden Vorgehen (S. 116–131). Stuttgart: Thieme.

Herpertz, S. & Saß, H. (2000). „Die Hysterie" – ein Frauenleiden? Zur Geschlechterverteilung bei der Histrionischen Persönlichkeitsstörung. PTT – Persönlichkeitsstörungen: Theorie und Therapie, 4, 154–159.

Herpertz, S., Gretzer, A., Mühlbauer, V., Steinmeyer, E.M. & Saß, H. (1998). Experimenteller Nachweis mangelnder Affektregulation bei Patientinnen mit selbstschädigendem Verhalten. Nervenarzt, 69, 410–418.

Herrmann, T. (1976). Lehrbuch der empirischen Persönlichkeitsforschung (3. Aufl.). Göttingen: Hogrefe.

Herzog, G. (1988). Zwangsunterbringungen. In G. Hörmann & F. Nestmann (Hrsg.), Handbuch der psychosozialen Intervention (S. 171–182). Opladen: Westdeutscher Verlag.

Hillman, R.G. (1981). The psychopathology of being held hostage. American Journal of Psychiatry, 138, 1193–1197.

Hirschfeld, R.M.A. (1990). Personality and dysthymia. In S.W. Burton & H.S. Akiskal (Eds.), Dysthymic disorders (pp. 69–77). London: Gaskell – The Royal Collage of Psychiatrists.

Hirschfeld, R.M.A., Klerman, G.L., Gough, H.G., Barrett, J., Korchin, S.J. & Chodoff, P. (1977). A measure of interpersonal dependency. Journal of Personality Assessment, 41, 610–618.

Hirschfeld, R.M., Klerman, G.L., Lavori, P. et al. (1989). Premorbid personality assessment of first onset of major depression. Archives of General Psychiatry, 46, 345–350.

Hirschfeld, R.M., Shea, M.T. & Weise, R. (1991). Dependent personality disorder: Perspectives for DSM-IV. Journal of Personality Disorders, 5, 135–149.

Hirschfeld, R.M., Shea, M.T. & Talbot, K.M. (1996). Dependent personality disorder. In T.A. Widiger, A.J. Frances, H.A. Pincus, R. Ross, M.B. First & W.W. Davis (Eds.), DSM-IV Sourcebook (pp. 767–776). Washington, DC: American Psychiatric Press.

Hoch, P. & Catell, J. (1959). The diagnosis of pseudoneurotic schizophrenia. Psychiatric Quarterly, 33, 17–43.

Hoch, P. & Catell, J. (1962). The course and outcome of pseudoneurotic schizophrenias. American Journal of Psychiatry, 119, 106–115.

Hoch, P. & Polatin, P. (1949). Pseudoneurotic forms of schizophrenia. Psychiatry Quaterly, 23, 248–276.

Hoffmann, S.O. (1984). Charakter und Neurose. Ansätze zu einer psychoanalytischen Charakterologie. Frankfurt a.M.: Suhrkamp

Hoffmann, S.O. (1986). Psychoneurosen und Charakterneurosen. In K.P. Kisker, H. Lauter, J.E. Meier, C. Müller & E. Strömgren (Hrsg.), Psychiatrie der Gegenwart, Bd. 1: Neurosen, Psychosomatische Erkrankungen, Psychotherapie (3. Aufl.; S. 29–62). Berlin: Springer-Verlag.

Hoffmann, S.O. (1990). Charakterneurose und Borderlinepersönlichkeitsstörung. In P.L. Janssen (Hrsg.), Psychoanalytische Therapie der Borderlinestörungen (S. 17–25). Berlin: Springer.

Hoffmann, S.O. & Eckhardt-Henn, A. (1999). Indikation und Kontraindikation für Psychodynamische Psychotherapie bei Persönlichkeitsstörungen. PTT – Persönlichkeitsstörungen: Theorie und Therapie, 3, 60–65.

Hoffmann, S.O. & Eckhardt-Henn, A. (2000). Von der Hysterie zur histrionischen Persönlichkeitsstörung: ein historischer und konzeptueller Überblick. PTT – Persönlichkeitsstörungen: Theorie und Therapie, 4, 128–137.

Hofstätter, P.R. (1966). Einführung in die Sozialpsychologie. Kröner.

Holt, C.S., Heimberg, R.G. & Hope, D.A. (1992). Avoidant personality disorder and the generalized subtype in social phobia. Journal of Abnormal Psychology, 102, 318–325.

Homburger, A. (1929). Versuch einer Typologie der psychopathischen Konstitution. Nervenarzt, 2, 134–136.

Horevitz, R.P. & Braun, B.G. (1984). Are multiple personalities borderline? Psychatric Clinic of North America, 7, 69–88.

Horney, K. (1937). The neurotic personality of our time. New York: Norton. [dt. (1964). Der neurotische Mensch in unserer Zeit. München: Kindler TB].

Horney, K. (1939). New ways in psychoanalysis. New York: Norton. [dt. (1973). Neue Wege in der Psychoanalyse. München: Kindler].

Horney, K. (1942). Self-analysis. New York: Norton. [dt. (1974). Selbstanalyse. München: Kindler].

Horney, K. (1945). Our inner conflicts. New York: Norton. [dt. (1984). Unsere inneren Konflikte. Frankfurt a.M.: Fischer TB].

Horowitz, L.M. (1979). On the cognitive structure of interpersonal problems treated in psychotherapy. Journal of Consulting and Clinical Psychology, 47, 5–15.

Horowitz, L.M., Post, D.L., French, R. de S., Wallis, K.D. & Siegelman, E.Y. (1981). The prototype as a construct in abnormal psychology: 2. Clarifying disagreement in psychiatric judgements. Journal of Abnormal Psychology, 90, 575–585.

Horowitz, L.M., Rosenberg, S.E., Baer, B.A., Ureno, G. & Villasenor, V.S. (1988). Inventory of Interpersonal Problems: Psychometric properties and clinical applications. Journal of Consulting and Clinical Psychology, 58, 622–628. [dt. Manual: Horowitz, L.M., Strauss, B. & Kordy, H. (1994). Inventar zur Erfassung interpersoneller Probleme (IIP-D). Göttingen: Hogrefe.]

Horowitz, L.M., Rosenberg, S.E. & Bartholomew, K. (1993). Interpersonal problems, attachment styles, and outcome in brief dynamic psychotherapy. Journal of Consulting and Clinical Psychology, 61, 549–560. [dt. (1993). Interpersonale Probleme in der Psychotherapie. Gruppenpsychotherapie und Gruppendynamik, 29, 170–197].

Horowitz, M.J. (1980). Personality styles and brief psychotherapy. New York: Basic Books.

Horowitz, M.J. (Ed.). (1991a). Hysterical personality stile and the histrionic personality disorder. Northvale, NJ: Jason Aronson.

Horowitz, M.J. (1991b). Core traits of hysterical or histrionic personality disorders. In M.J. Horowitz (Ed.), Hysterical personality stile and the histrionic personality disorder (pp. 1–14). Northvale, NJ: Jason Aronson.

Horowitz, M.J (1995). Histrionic personality disorder. In Gabbard, G.O. (Ed.), Treatments of psychiatric disorders (2nd ed.; Vol. 2; pp. 2311–2326). Washington DC: American Psychiatric Association.

Horowitz, M.J. & Zilberg, N. (1983). Regressive alterations in the self-concept. American Journal of Psychiatry, 140, 284–289.

Horwitz, L., Gabbard, G.O., Allen, J.G., Frieswyk, S.H., Colson, D.B., Newsom, G.E. & Coyne, L. (1996). Borderline personality disorder. Tailoring the psychotherapy to the patient. Washington, DC: American Psychiatric Press.

Hull, J.W., Clarkin, J.F. & Kakuma, T. (1993). Treatment response of borderline inpatients. A growth curve analysis. Journal of Nervous and Mental Disease, 181, 503–509.

Huprich, S.K., Margrett, J., Barthelemy, K.J. & Fine, M.A. (1996). The Depressive Personality Disorder Inventory: An initial examination of ist psychometric properties. Journal of Clinical Psychology, 52, 153–159.

Hyler, S.E. (1994). Personality Diagnostic Questionnaire–4 (PDQ-4+]). New York: New York State Psychiatric Institute.

Hyler, S.E., Rieder, R.O. & Spitzer, R.L. (1983). Personality Diagnostic Questionnaire (PDQ [-R]). New York: New York State Psychiatric Institute. [PDQ-R: rev. for DSM-III-R (1987)].

Hyler, S.E., Skodol, A.E., Kellman, H.D., Oldham, J.M. & Rosnick, L. (1990). Validity of the Personality Diagnostic Questionnaire – Revised: Comparison with two structured interviews. American Journal of Psychiatry, 147, 1043–1048.

Iezzi, A. & Adams, H.E. (1993). Somatoform and factious disorders. In P.B. Sutker & H.E. Adams (Eds.), Comprehensive handbook of psychopathology (2nd. ed.; pp. 167–201). New York: Plenum Press.

Ingram, I.M. (1961). The obsessional personality and obsessional illness. American Journal of Psychiatry, 117, 1016–1019.

Insel, T.R. (1982). Obsessive-compulsive disorder – five clinical questions and a suggested approach. Comprehensive Psychiatry, 23, 241–251.

Insel, T.R. (1984). Obsessive-compulsive disorder: The clinical picture. In T.R. Insel (Ed.), New findings in obsessive-compulsive disorder (pp. 2–22). Washington, DC: American Psychiatric Press.

Jaeggi, E. (1981). Lauter Opfer – keine Täter? Zur Psychologie des Psychobooms. In: Merkur, Heft 3 (März), 335–337.

Jaensch, E.R. (1929). Grundformen menschlichen Seins. Mit Berücksichtigung ihrer Beziehungen zur Biologie und Medizin. Berlin: Elsner.

Jaensch, E.R. (1938). Der Gegentypus. Psychologisch-anthropologische Grundlagen deutscher Kulturphilosophie, ausgehend von dem, was wir überwinden wollen. Leipzig: Barth.

Jansen, M.A., Arntz, A., Merckelbach, H., & Mersch, P.A. (1994). Personality disorders and features in social phobia and panic disorder. Journal of Abnormal Psychology, 103, 391–395.

Jaspers, K. (1913). Allgemeine Psychopathologie. Berlin: Springer. [6. Aufl. (1953)].

Jenike, M.A., Baer, L., Minichiello, W.E., Schwartz, C.E. & Carey, R.J. (1986). Concomitant obsessive-compulsive disorder and schizotypal personality disorder. American Journal of Psychiatry, 143, 530–532.

Jervis, G. (1975). Manuale critico di psychiatria. Milano: Giangicomo Feltrinelli. [dt. (1978). Kritisches Handbuch der Psychiatrie (2. Aufl.). Frankfurt a.M.: Syndikat.]

Joffe, R.T., Swinson, R.P. & Regan, J.J. (1988). Personality features of obsessive-compulsive disorder. American Journal of Psychiatry, 145, 1127–1129.

Joffe, W.G. & Sandler, J. (1967). Über einige begriffliche Probleme im Zusammenhang mit dem Studium narzißtischer Störungen. Psyche, 21, 152–165.

Johnson, J.G., Smailes, E.M., Phil, M., Cohen, P., Brown, J. & Bernstein, D.P. (2000). Associations between four types of childhood neglect and personality disorder symptoms during adolescence and early adulthood: Findings of a community-based longitudinal study. Journal of Personality Disorders, 14, 171–187.

Jones, E.E. & Pittman, T.S. (1982). Toward a general theory of strategic self-presentation. In J. Suls (Ed.), Psychological perspectives on the self (pp. 231–261). Hillsdale, NJ: Erlbaum.

Jones, E.E., Farina, A., Hastorf, A.H., Markus, H., Miller, D.T. & Scott, R.A. (1984). Social stigma. The psychology of marked relationships. New York: Freeman.

Jones, M. (1976). Prinzipien der therapeutischen Gemeinschaft. Bern: Huber.

Jung, C.G. (1913). Zur Frage psychologischer Typen. Archives de Psychologie, 13 (52). [Wiederabdruck (1960). Gesammelte Werke. Band 6. Olten: Walter].

Jung C.G. (1921). Psychologische Typen. Zürich: Rascher. [Wiederabdruck (1960). Gesammelte Werke. Band 6. Olten: Walter].

Jung, C.G. (1928). Die Beziehungen zwischen dem Ich und dem Unbewußten. Darmstadt: Reichl. [zu Grunde gelegt wurde 2. Aufl. (1934). Zürich: Rascher. Überarb. Wiederabdruck (1964). Gesammelte Werke. Band 7. Olten: Walter].

Jung, C.G. (1935). Analytical psychology. Its theory and practice. [dt. (1975). Über die Grundlagen analytischer Psychologie. Die Tavistock Lectures 1935. Frankfurt: Fischer].

Juni, S. & Semel, S.R. (1982). Person perception as a function of orality and anality. Journal of Social Psychology, 118, 99–103.

Jurkuvic, G.J. & Prentice, N.M. (1977). Relation of moral and cognitive development to dimensions of juvenile delinquency. Journal of Abnormal Psychology, 86, 414–420.

Juster, H.R., Brown, E.J. & Heimberg, R.G. (1999). Sozialphobie. In J. Margraf (Hrsg.), Lehrbuch der Verhaltenstherapie (Band 2; 2. Aufl.; S. 43–59). Berlin: Springer.

Kadlub, K.J. (1956). The effects of two types of reinforcements on the performance of psychopathic and normal criminals. Doctoral dissertation, University of Illinois.

Kahn, E. (1928). Die psychopathischen Persönlichkeiten. In O. Bumke (Hrsg.), Handbuch der Geisteskrankheiten. Spezieller Teil 1, Bd. 4 (S. 227–487). Berlin: Springer.

Kaiser, P. (1981). Epidemiologie. In R. Bastine, P. Fiedler, K. Grawe, S. Schmidtchen & G. Sommer (Hrsg.), Grundbegriffe der Psychotherapie (S. 67–71). Weinheim: edition psychologie im VCH-Verlag.

Kalus, O., Bernstein, D.P. & Siever, L.J. (1993). Schizoid personality disorder: A review of current status and implications for DSM-IV. Journal of Personality Disorders, 7, 43–53.

Kalus, O., Bernstein, D.P. & Siever, L.J. (1996). Schizoid personality disorder. In T.A. Widiger, A.J. Frances, H.A. Pincus, R. Ross, M.B. First & W.W. Davis (Eds.), DSM-IV Sourcebook (pp. 675–684). Washington, DC: American Psychiatric Press.

Kämmerer, A. (2001). Somatoforme und dissoziative Störungen. In A. Franke & A. Kämmerer (Hrsg.), Klinische Psychologie der Frau. Ein Lehrbuch (im Druck). Göttingen: Hogrefe.

Kant, I. (1798). Anthropologie in pragmatischer Hinsicht. [in (1964). Theorie. Werkausgaben (Band XII). Frankfurt: Suhrkamp].

Kapfhammer, H.P. & Hippius, H. (1998). Special feature: Pharmacotherapy in personality disorders. Journal of Personality Disorders, 12, 277–288.

Kaplan, M. (1983). A woman's view on DSM-III. American Psychologist, 38, 786–792.

Kass, F., Skodol, A.E., Charles, E., Spitzer, R.L. & Williams, J.B.W. (1985). Scaled ratings of DSM-III personality disorders. American Journal of Psychiatry, 142, 627–630.

Kass, F., Spitzer, R.L. & Williams, J.B.W. (1983). An empirical study of the issue of sex bias in the diagnostic criteria of DSM-III axis II personality disorders. American Psychologist, 38, 799–801.

Keller, M.B. & Lavori, P.W. (1984). Double depression, major depression, and dysthymia: Distinct entities or different phases of a singl disorder? Psychopharmacological Bulletin, 20, 399–402.

Keller, M.B., Shapiro, R.W., Lavori, P.W. & Wolfe, N. (1982). Relapse in major depressive disorder. Archives of General Psychiatry, 39, 911–915.

Kellner, R., Abbott, P., Winslow, W.W. & Pathak, D. (1987). Fears, beliefs, and attitudes in DSM-II hypochondrias. Journal of Nervous and Mental Disease, 175, 20–25.

Kendell, R.E. (1975). The role of diagnosis in psychiatry. Oxford: Blackwell. [dt. (1978). Die Diagnose in der Psychiatrie. Stuttgart: Enke].

Kendell, R.E. (1990). A brief history of psychiatric classification in Britain. In N. Sartorius, A. Jablensky, D.A. Regier, J.D. Burke & R.M.A. Hirschfeld (Eds.), Sources and traditions of classification in psychiatry (pp. 139–151). Göttingen: Hogrefe & Huber.

Kendler, K.S., Lieberman, J.A. & Walsh, D. (1989). Structured Interview for Schizotypy (SIS): A preliminary report. Schizophrenia Bulletin, 15, 559–571.

Kendler, K.S., Masterson, C.C. & Davis, K.L. (1985). Psychiatric illness in first-degree relatives of patients with paranoid psychosis, schizophrenia and medical illness. British Journal of Psychiatry, 147, 524–531.

Kernberg, O.F. (1967). Borderline personality organization. Journal of the American Psychoanalytic Association, 15, 641–685.
Kernberg, O.F. (1968). The treatment of patients with borderline personality organization. International Journal of Psychoanalysis, 49, 600–619.
Kernberg, O.F. (1971). Prognostic considerations regarding borderline personality organization. Journal of the American Psychoanalytic Association, 19, 595–635.
Kernberg, O.F. (1973). Summary and conclusions of „Psychotherapy and psychoanalysis: Final report to the Menniger Foundation's psychotherapy research project". International Journal of Psychiatry, 11, 62–103.
Kernberg, O.F. (1975). Borderline conditions and pathological nacissism. New York: Aronson. [dt. (1980). Borderline-Störungen und pathologischer Narzißmus (4. Aufl.). Frankfurt a.M.: Suhrkamp].
Kernberg, O.F (1976). Object relation theory and clinical psychoanalysis. New York: Aronson. [dt. (1981). Objektbeziehungen und Praxis der Psychoanalyse. Stuttgart: Klett-Cotta].
Kernberg, O.F. (1977). The structural diagnosis of borderline personality organization. In P. Hartocollis (Ed.), Borderline personality disorders (pp. 87–121). New York: International Universities Press.
Kernberg, O.F. (1984). Severe personality disorders. New Haven: Yale University Press. [dt. (1991). Schwere Persönlichkeitsstörungen. Theorie. Diagnose, Behandlungsstrategien (3. Aufl.). Stuttgart: Klett-Cotta].
Kernberg, O.F. (1999). Persönlichkeitsentwicklung und Trauma. PTT – Persönlichkeitsstörungen. Theorie und Therapie, 3, 5–15.
Kernberg, O.F., Goldstein, E.G., Carr, A.C., Hunt, H.F., Bauer, S.F., & Blumental, R. (1981). Diagnosing borderline personality: A pilot study using multiple diagnostic methods. Journal of Nervous and Mental Disease, 169, 225–231.
Kernberg, O.F., Selzer, M.A., Koenigsberg, H.W., Carr, A.C., & Appelbaum, A.H. (1989). Psychodynamic Psychotherapy of Borderline Patients. New York: Basic Books. [dt. (1993). Psychodynamische Therapie bei Borderline-Patienten. Bern: Huber].
Kernberg, O.F., Dulz, B. & Sachsse, U. (2000). Handbuch der Borderline-Störungen. Stuttgart: Schattauer.
Kety, S.S. (1985). Schizotypical personality disorder: An operational definition of Bleuler's latent schizophrenia? Schizophrenia Bulletin, 11, 590–594.
Kety, S.S., Rosenthal, D., Wender, P.H. & Schulsinger, F. (1971). Mental illness in the biological and adoptive families of adopted schizophrenics. American Journal of Psychiatry, 128, 302–306.
Kety, S.S., Rosenthal, D., Wender, P.H. Schulsinger, F., & Jacobson, B. (1976). Mental illness in the biological and adoptive families of adopted individuals who have become schizophrenics. Behavior Genetics, 6, 219–225.
Keupp, H. (Hrsg.). (1972). Der Krankheitsmythos in der Psychopathologie. Darstellung einer Kontroverse. München: Urban & Schwarzenberg.
Keupp, H. (1976). Abweichung und Alltagsroutine. Die Labeling-Perspektive in Theorie und Praxis. Hamburg: Hoffmann und Campe.
Keupp, H. (Hrsg.). (1979). Normalität und Abweichung. Fortsetzung einer notwendigen Kontroverse. München: Urban & Schwarzenberg.
Keupp, H. & Zaumseil, M. (Hrsg.). (1978). Die gesellschaftliche Organisierung psychischen Leidens. Zum Arbeitsfeld klinischer Psychologen. Frankfurt a.M.: Suhrkamp.
Khan, M. (1971). Infantile neurosis as a false-self organization. Psychoanalytic Quarterly, 40, 245–263. [dt. (1977). Das falsche Selbst – eine infantile Neurose. In M. Khan (Autor). Selbsterfahrung in der Therapie (S. 274–292). München: Kindler].
Khan, M.M.R. (1983). The hidden selves. New York: International Universities Press.

Khouri, P.J., Haier, R.J., Rieder, R., Rosenthal, D. (1980). A symptom schedule for the diagnosis of borderline schizophrenia. A first report. British Journal of Psychiatry, 137, 140–167.
Kiesler, D.J. (1982). Interpersonal theory for personality and psychotherapy. In J.C. Anchin & D.J. Kiesler (Eds.), Handbook of interpersonal psychotherapy (pp. 3–24). New York: Pergamon.
Kiesler, D.J. (1983). The 1982 interpersonal circle: A taxonomy for complementarity in human transactions. Psychological Review, 90, 185–214.
Kiesler, D.J. (1986). The 1982 interpersonal circle: An analysis of DSM-III personality disorders. In T. Millon & G.L. Klerman (Eds.), Contemporary directions in psychopathology. Toward the DSM-IV (pp. 571–597). New York: The Guilford Press.
Kilzieh, N. & Cloninger, C.R. (1993). Psychophysiological antecedents of personality. Journal of Personality Disorders, 7 (Supplement, Spring 1993), 100–117.
Klages, L. (1920). Prinzipien der Charakterologie (2. Aufl.). Leipzig: Barth.
Klages, L. (1926). Die Grundlagen der Charakterkunde. Leipzig: Barth.
Klein, D.N. (1990). Depressive personality: Reliability, validity, and relation to dysthymia. Journal of Abnormal Psychology, 99, 412–421.
Klein, M.H. (1993). Issues in the assessment of personality disorders. Journal of Personality Disorders, Supplement, Spring 1993, 18–33.
Klein, M.H., Benjamin, L.S., Rosenfeld, R., Treece, C., Justed, J. & Greist, J.H. (1993). The Wisconsin Personality Disorders Inventory: Development, reliability, and validity. Journal of Personality Disorders, 7 (4), 285–303.
Klein, M.H., Kupfer, D.J. & Shea, M.T. (Eds.). (1993). Personality and depression. New York: Guilford.
Klerman, G.L. (1986). Historical perspectives on contemporary schools of psychopathology. In T. Millon & G.L. Klerman (Eds.), Contemporary directions in psychopathology. Toward the DSM-IV (pp. 3–28). New York: Guilford.
Klerman, G.L., Weissman, M.M., Rounsaville, B.J. & Chevron, E.S. (1984). Interpersonal psychotherapy of depression. New York: Basic Books.
Kline, P. (1967). Obsessional traits and emotional instability in a normal population. British Journal of Medical Psychology, 40, 153–157.
Kluft, R.P. (1991). Multiple personality disorder. In A. Tasman & S.M. Goldfinger (Eds.), Review of Psychiatry (Vol. 10; pp. 161–188). Washington DC: American Psychiatric Press.
Knight, R.P. (1953). Borderline states. Bulletin of the Menninger Clinics, 1, 1–12.
Koch, J.L.A. (1891–1893). Die psychopathischen Minderwertigkeiten (Bd. 1–3). Ravensburg: Maier.
Kocsis, J.H. & Frances, A.J. (1987). A critical discussion of DSM-III dysthymic disorder. American Journal of Psychiatry, 144, 1534–1542.
Koerner, K., Kohlenberg, R.J. & Parker, C.R. (1996). Diagnosis of personality disorder: A radical behavioral alternative. Journal of Consulting and Clinical Psychology, 64, 1169–1176.
Kohlhoff, A. (1992). Zur differentialdiagnostischen Unterscheidbarkeit von sozialer Phobie und selbstunsicherer Persönlichkeitsstörung mittels „SASB – Structural Analysis of Social Behavior“. Unveröff. Diplomarbeit. Heidelberg: Psychologisches Institut der Universität.
Kohut, H. (1971). The analysis of the self. A systematic approach to the psychoanalytic treatment of narcissistic personality disorders. New York: International Universities Press. [dt. (1973). Narzißmus. Eine Theorie der Behandlung narzißtischer Persönlichkeitsstörungen (2. Aufl.). Frankfurt a.M.: Suhrkamp].
Kohut, H. (1977). The restoration of the self. New York: International Universities Press. [dt. (1979). Die Heilung des Selbst. Frankfurt a.M.: Suhrkamp].
Kolb, J.E. & Gunderson, J.G. (1980). Diagnosing borderline patients with a semistructured interview. Archives of General Psychiatry, 37, 37–41.

Kool, S., Dekker, J., Duijsens, I.J. & de Jonghe, F. (2000). Major depression, double depression and personality disorders. Journal of Personality Disorders, 14, 274–281.

Koss, M.P. & Butcher, J.N. (1986). Research on brief psychotherapy. In S.L. Garfield & A.E. Bergin (Eds.), Handbook of psychotherapy and behavior change (pp. 627–670). New York: Wiley.

Kraepelin, E. (1903–1904). Psychiatrie. Ein Lehrbuch für Studierende und Ärzte (7. Aufl.). Leipzig: Barth. [5. Auflage (1896): 8. Aufl. (1909–1915). Leipzig: Barth].

Kraus, A. (1977). Sozialverhalten und Psychose Manisch-Depressiver. Stuttgart: Enke.

Kraus, A. (1987). Rollendynamische Aspekte bei Manisch-Depressiven. In K.P. Kisker, H. Lauter, J.-E. Meyer, C. Müller & E. Strömgren (Hrsg.), Psychiatrie der Gegenwart, Band 5: Affektive Psychosen (S. 403–423). Berlin: Springer.

Kraus, A. (1991a). Neuere psychopathologische Konzepte zur Persönlichkeit Manisch-Depressiver. In Ch. Mundt, P. Fiedler, H. Lang und A. Kraus (Hrsg.), Depressionskonzepte heute: Psychopathologie oder Pathopsychologie? (S. 42–54). Berlin: Springer.

Kraus, A. (1991b). Methodological problems with the classification of personality disorders: The significance of existential types. Journal of Personality Disorders, 5, 82–92.

Kraus, A. (1991c). Modes d'existence des hystériques et des mélancoliques. In P. Fédida & J. Schotte (Eds.), Psychiatrie et existence (pp. 263–280). Grenoble: Millon.

Kraus, F. (1926). Allgemeine und spezielle Pathologie der Person: Klinische Soziologie. Leipzig: Thieme.

Kretschmer, E. (1921). Körperbau und Charakter. Berlin: Springer. [25. Aufl. (1967). Berlin: Springer].

Kronmüller, K.T., Backenstraß, M., Reck, C., Fiedler, P. & Mundt, Ch. (2001). Persönlichkeitsfaktoren, Typus Melancholicus Persönlichkeitsstruktur und Zwei-Jahres-Verlauf der Major Depression. Nervenarzt (im Druck).

Kuhl, J. (2001). Motivation und Persönlichkeit: Interaktionen psychischer Systeme. Göttingen: Hogrefe.

Kuhl, J. & Kazén, M. (1997). Persönlichkeits-Stil und Störungs-Inventar (PSSI). Göttingen: Hogrefe.

Kuhn, T.S. (1970). The structure of scientific revolutions (2nd ed.). Chicago: University Press. [dt. (1978). Die Struktur wissenschaftlicher Revolutionen. Frankfurt: Suhrkamp].

Kutcher, S.P. & Korenblum, M. (1992). Borderline personality disorder in adolescent: A critical overview, novel speculations, and suggested future directions. In D. Silver & M. Rosenbluth (Eds.), Handbook of borderline disorders (pp. 535–552). Madison: International Universities Press.

L'Abate, L. & Milan, M.A. (1985). Handbook of social skills training and research. New York: John Wiley and Sons.

Lamb, C.S. (1980). The use of paradoxical intention: Self-management through laughter. The Personnal and Guidance Journal, 59, 217–219.

Lang, H. (1990). Wirkfaktoren bei der Psychotherapie depressiver Erkrankungen. In H. Lang (Hrsg.), Wirkfaktoren der Psychotherapie (S. 309–325). Heidelberg: Springer.

Lang, H. (1996). Falldarstellung einer ambulanten psychoanalytischen Behandlung einer Patientin mit narzißtischer Persönlichkeitsstörung. In B. Schmitz, Th. Fydrich & K. Limbacher (Hrsg.). (1996), Persönlichkeitsstörungen: Diagnostik und Psychotherapie (S. 259–266). Weinheim: Psychologie Verlags Union.

Langbehn, D.R., Pfohl, B.M., Reynolds, S., Clark, L.A., Battaglia, M., Bellodi, L., Cadoret, R., Grove, W., Pilkonis, P. & Links, P. (1999). The Iowa Personality Disorder Screen: Development and preliminary validation of a brief screening interview. Journal of Personality Disorders, 13, 75–89.

Langner, T.S. & Michael, S.T. (1963). Life stress and mental health. The midtown Manhatten study. New York: Glencoe.

Laporte, L. & Guttman, H. (1996). Traumatic childhood experiences as risk factors for borderline and other personality disorders. Journal of Personality Disorders, 10, 247–259.

Lazare, A., Klerman, G.L. & Armor, D.J. (1966). Oral, obsessive, and hysterical personality patterns: An investigation of psychoanalytic concepts by means of factor analysis. Archives of General Psychiatry, 14, 624–630.

Lazare, A., Klerman, G.L. & Armor, D.J. (1970). Oral, obsessive, and hysterical personality patterns: A replication of factor analysis in an independent sample. Journal of Psychiatric Research, 7, 275–290.

Leary, T. (1957). Interpersonal diagnosis of personality. New York: Roland.

Leichsenring, F. (1996). Borderline-Stile. Denken, Fühlen, Abwehr und Objektbeziehungen von Borderline Patienten. Bern: Huber.

Leichsenring, F. (1997). Borderline-Persönlichkeits-Inventar (BPI). Göttingen: Hogrefe.

Leighton, D.C., Harding, J.S., Macklin, D. et al. (1963). The character of danger. Psychiatric findings of the Stirling county study. New York: Basic Books.

Leonhard, K. (1963). Die präpsychotischen Temperamente bei monopolaren und bipolaren phasischen Psychosen. Psychiatrie et Neurologie (Basel), 146, 105–115.

Leonhard, K. (1968). Akzentuierte Persönlichkeit. Berlin: VEB Verlag Volk und Gesundheit.

Lersch, P. (1938). Der Aufbau des Charakters. München: Barth. [ab (1951). Der Aufbau der Person (4. Aufl.)].

Lescz, M. (1989). Group therapy. In American Psychiatric Association (Ed.), Treatments of psychiatric disorders (Vol. 3; pp. 2667–2678). Washington DC: American Psychiatric Association.

Lewinsohn, P.M., Hoberman, H.M. & Rosenbaum, M. (1988). A prospective study of risk factors for unipolar depression. Journal of Abnormal Psychology, 97, 251–264.

Lewis, A. (1974). Psychopathic personality: A most elusive category. Psychological Medicine, 4, 133–140.

Lewis, C.E., Rice, J. & Helzer, J.E. (1983). Diagnostic interactions: Alcoholism and antisocial personality. Journal of Nervous and Mental Disease, 171, 105–113.

Lewis, C.E., Robins, L.N. & Rice, J. (1985). Association of alcoholism and antisocial personality in urban men. Journal of Nervous and Mental Disease, 173, 166–174.

Lewis, M. (1990a). Models of developmental psychopathology. In M. Lewis & S. Miller (Eds.), Handbook of developmental psychopathology (pp. 15–27). New York: Plenum.

Lewis, M. (1990b). Challanges to the study of developmental psychopathology. In M. Lewis & S. Miller (Eds.), Handbook of developmental psychopathology (pp. 29–40). New York: Plenum.

Lewis, M. & Miller, S. (Eds.). (1990). Handbook of developmental psychopathology. New York: Plenum Press.

Liebowitz, M.R., Gorman, J.M., Fyer, A.J. & Klein, D.F. (1985). Social phobia: Review of a neglected anxiety disorder. Archives of General Psychiatry, 43, 729–736.

Liebowitz, M.R., Stone, M.H. & Turkat, I.D. (1986). Treatment of personality disorders. In A.J. Frances & R.E. Hales (Eds.), American Psychiatric Association annual review – Vol. 5 (pp. 356–393). Washington: American Psychiatric Press.

Liebowitz, M.R., Quitkin, F.M., Steward, J.M., McGrath, P.J., Harrison, W.M., Markowitz, J.S., Rabkin, J.G., Tricamo, E., Goetz, D.M. & Klein, D.F. (1988). Antidepressant specificty in atypical depression. Archives of General Psychiatry, 45, 129–137.

Lietaer, G., Rombauts, J. & Balen, R. v. (Eds.). (1990). Client-centered and experiential psychotherapy in the nineties. Louvain/Leuven (B): Leuven University Press.

Lilienfeld, S.O. (1994). Conceptual problems in the assessment of psychopathy. Clinical Psychological Review, 14, 17–38.

Lilienfeld, S.O., Van Valkenburg, C., Larntz, K., & Akiskal, H.S. (1986). The relationship of histrionic personality disorder to antisocial personality and somatization disorder. American Journal of Psychiatry, 143, 718–722.

Limbacher, K. & Schmitz, B. (1996). Stationäre Verhaltenstherapie bei Persönlichkeitsstörungen. In B. Schmitz, Th. Fydrich & K. Limbacher (Hrsg.). (1996), Persönlichkeitsstörungen: Diagnostik und Psychotherapie (S. 278–317). Weinheim: Psychologie Verlags Union.

Linden, M. & Hautzinger, M. (Hrsg.). (1993). Verhaltenstherapie. Heidelberg: Springer.

Lindsay, K.A., Sankis, L.M. & Widiger, T. (2000). Gender bias in self-report personality disorder inventories. Journal of Personality Disorders, 14, 218–232.

Linehan, M. (1987). Dialectic behavior therapy for borderline personality disorder: Theory and method. Bulletin of the Menninger Clinic, 51, 261–276.

Linehan, M. (1989a). Dialektische Verhaltenstherapie bei Borderline-Störungen. Praxis der Klinischen Verhaltensmedizin und Rehabilitation, 2, 220–227.

Linehan, M. (1989b). Cognitive and behavior therapy for borderline personality disorders. In A. Tasman, R. Hales & A. Frances (Eds.), Review of psychiatry – Vol. 8 (pp. 84–102). Washington: American Psychiatric Press.

Linehan, M. (1992). Behavior therapy, dialectics, and the treatment of borderline personality disorder. In D. Silver & M. Rosenbluth (Eds.), Handbook of borderline disorders (pp. 415–434). Madison: International Universities Press.

Linehan, M. (1993a). Cognitive behavioral treatment of borderline personality disorder. New York: Guilford. [dt. (1996). Dialektisch-Behaviorale Therapie der Borderline-Persönlichkeitsstörungen. München: CIP-Medien.]

Linehan, M. (1993b). Skills training manual for treating borderline personality disorder. New York: Guilford. [dt. (1996). Trainingsmanual zur Dialektisch-Behavioralen Therapie der Borderline-Persönlichkeitsstörungen. München: CIP-Medien.]

Linehan, M. (1994). Dialektische Verhaltenstherapie bei Borderline-Persönlichkeitsstörungen. In M. Zielke & J. Sturm (Hrsg.), Handbuch Stationäre Verhaltenstherapie (S. 796–804). Weinheim: Psychologie Verlags-Union.

Linehan, M.M. & Heard, H.L. (1992). Dialectic behavior therapy for borderline personality disorder. J.F. Clarkin, E. Marziali & H. Munroe-Blum, (Eds.), Borderline personality disorder. Clinical and empirical perspectives (pp. 248–267). New York: Guilford.

Linehan, M.M., Armstrong, H.E., Suarez, A., Allman D. & Heard, H.L. (1991). Cognitive-behavoiral treatment of chronically parasuicidal borderline patients. Archives of General Psychiatry, 48, 1060–1064.

Linehan, M.M., Heard, H.L., & Armstrong, H.E. (1993). Naturalistic follow-up of a behavioral treatment for chronically parasuicidal borderline patients. Archives of General Psychiatry, 50, 971–974.

Linehan, M.M., Hubert, A.E., Suarez, A., Douglas, A. & Heard, H.L. (1992). Cognitive-behavioral treatment of chronically parasuicidal borderline patients. Archives of General Psychiatry, 48, 1060–1064.

Links, P.S. (1992). Family environment and family psychopathology in the etiology of Borderline personality disorder. In J.F. Clarkin, E. Marziali & H. Munroe-Blum (Eds.), Borderline personality disorder. Clinical and empirical perspectives (pp. 45–66). New York: Guilford.

Links, P.S., Steiner, M., Boiago, I. & Irwin, D. (1990). Lithium therapy for borderline patients: Preliminary findings. Journal of Personality Disorders, 4, 173–181.

Links, P.S., Heslegrave, R. & van Reekum, R. (1999). Impulsivity: Core aspect of borderline personality disorder. Journal of Personality Disorders, 13, 1–9.

Lion, J.R. (1970). The role of depression in the treatment of aggressive personality disorder. American Journal of Psychiatry, 129, 347–349.

Lion, J.R. (1981). A comparison between DSM III and DSM II personality disorders. In J.R. Lion (Ed.), Personality disorders. Diagnosis and management (2nd ed., revised for DSM III; pp. 1–9). Baltimore: Williams & Wilkins.

Lion, J.R. (1987). Clinical assessment of violent patients. In L.R. Roth (Ed.), Clinical treatment of the violent person (pp. 1–19). New York: Guilford.

Lion, J.R. (1989). Intermittend explosive disorder. In American Psychiatric Association (Ed.), Treatments of psychiatric disorders (Vol. 3; pp. 2473–2476). Washington DC: APA.

Lion, J.R. & Bach-y-Rita, G. (1972). Group psychotherapy for violent outpatients. International Journal of Group Psychotherapy, 20, 185–191.

Livesley, W.J. (1985). The classification of personality disorder: I. The choice of a category concept. Canadian Journal of Psychiatry, 30, 353–362.

Livesley, W.J. (1986). Trait and behavioral prototypes of personality disorders. American Journal of Psychiatry, 143, 728–732.

Livesley, W.J. (1987a). A systematic approach to the delineation of personality disorder. American Journal of Psychiatry, 144, 772–777.

Livesley, W.J. (1987b). Theoretical and empirical issues in the selection of criteria to diagnose personality disorders. Journal of Personality Disorders, 1, 88–94.

Livesley, W.J. & Jackson, D.N. (1986). The internal consistency and factorial structure of behavior judged to be associated with DSM-III personality disorders. American Journal of Psychiatry, 143, 1473–1474.

Livesley, W.J. & West, M. (1986). The DSM-III distinction between schizoid and avoidant personality disorders. Canadian Journal of Psychiatry, 31, 59–62.

Livesley, W.J., Reiffer, L.I., Sheldon, A.E. & West, M. (1987). Prototypically ratings of DSM-III criteria of personality disorders. Journal of Nervous and Mental Disease, 142, 1344–1347.

Livesley, W.J., West, M. & Tanney, A. (1985). Historical comment on DSM-III schizoid and avoidant personality disorders. American Journal of Psychiatry, 142, 1344–1347.

Lobos-Wild, R. (1990). Die Psychotherapie der Soziopathen und der objektiv gefährlichen Patienten. Psychotherapie, Psychosomatik und medizinische Psychologie, 40, 307–315.

Loewenstein, R.J. (1991). Psychogenic amnesia and psychogenic fugue: A comprehensive review. In A. Tasman & S.M. Goldfinger (Eds.), Review of Psychiatry (Vol. 10; pp. 280–287). Washington DC: American Psychatric Press.

Lofgren, D.P., Bemporad, J., King, J., Lindem, K. & O'Driscoll, G. (1991). A prospective follow-up study of so-called borderline children. American Journal of Psychiatry, 148, 1541–1547.

Lohmer, M. (1990). Diagnostik und Behandlung von Borderline-Störungen in einem stationär-psychiatrischen Rahmen. Psychiatrische Praxis, 17, 172–179.

Lombroso, C. (1876). L'uomo delinquente. Mailand: Hoepli.

Loranger, A.W. (1988). Personality Disorder Examination (PDE). Manual. Yonkers, NY: DV Communications.

Loranger, A.W. (1992). Are current self-report and interview measures adequate for epidemiological studies of personality disorders? Journal of Personality Disorders, 6 (4), 313–325.

Loranger, A.W., Oldham, J.M. & Tulis, E. (1982). Familial transmission of DSM-III borderline personality disorder. Archives of General Psychiatry, 39, 795–799.

Loranger, A.W., Lenzenweger, M.F., Gartner, A.F., Susman, V.L., Herzig, J., Zammit, G.K., Gartner, J.D., Abrams, R.C., & Young, R.C. (1991). Trait-state artifacts and the diagnosis of personality disorders. Archives of General Psychiatry, 48, 720–727.

Loranger, A.W., Sartorius, N., Andreoli, A., Berger, P., Buchheim, P., Channabasavana, S.M., Coid, B., Dahl, A., Diekstra, R.W.F., Ferguson, B., Jacobsberg, L.B., Mombour, W., Pull, C., Ono, Y. & Regier, D.A. (1994). The International Personality Disorder Examination: IPDE. The WHO/ADAMHA international pilot study of personality disorders. Archives of General Psychiatry, 51, 215–224.

Loranger, A.W., Susman, V.L., Oldham, J.M., & Russakov, L.M. (1985). Personality Disorder Examination (PDE). White Plains, NY: New York Hospital – Cornell Medical Center Westchester Division.

Loranger, A.W., Susman, V.L., Oldham, J.M., & Russakov, L.M. (1987). The Personality Disorder Exammination: A preliminary report. Journal of Personality Disorders, 1, 1–13.

Luborsky, L. (1984). Principles of psychoanalytic therapy. A manual for supportive-expressive treatment. New York: Basic Books. [dt. (1988). Einführung in die analytische Psychotherapie. Berlin: Springer-Verlag.]

Lykken, D.T. (1957). A study of anxiety in sociopathic personality. Journal of Abnormal and Social Psychology, 55, 6–10.

Lykken, D.T. (1982). Fearlessness: Its carefree charm and deadly risks. Psychology Today, 16, 20–28. [dtsch. (1983). Furchtlosigkeit: Der Stoff aus dem die Helden (und Psychopathen) sind. Psychologie heute, 10 (Heft 8), 37–43.]

Lykken, D.T. (1984). Psychopathic personality. In R.J. Corsini (Ed.), Encyclopedia of psychology (pp. 165–167). New York: Wiley.

Lykken, D.T. (1995). The antisocial personalities. Hilsdale, NJ: Erlbaum.

Lyoo, I.K., Gunderson, J.G. & Phillips, K.A. (1998). Personality dimensions associated with depressive personality disorder. Journal of Personality Disorder, 12, 46–55.

Maccoby, E.E. (1980). Social development. New York: Harcourt-Brace.

Maffei, C., Fossati, A., Agostoni, I., Barraco, A., Bagnato, M., Donati, D., Namia, C., Novella, L. & Petrachi, M. (1997). Interrater reliability and internal consistency of the Structered Clinical Interview for DSM-IV Axis II Personality Disorders (SCID-II), Version 2. Journal of Personality Disorders, 11, 279–284.

Magnan, M., & Legrain, M. (1895). Les dégénérés (état mental et syndromes épisodiques). Paris: Rueff.

Maher, B. & Ross, J.S. (1984). Delusions. In H.E. Adams & P.B. Sutker (Eds.), Comprehensive handbook of psychopathology (pp. 383–409). New York: Plenum.

Maher, B.A. & Spitzer, M. (1993) Delusions. In P.B. Sutker & H.E. Adams (Eds.), Comprehensive handbook of psychopathology (2nd ed.; pp. 263–294). New York: Plenum Press.

Mahler, M.S. (1968). On human symbiosis and the vicissitudes of individuation. Vol. I: Infantil psychosis. New York: International Universities Press. [dt. (1972). Symbiose und Individuation. Bd. I: Psychosen im frühen Kindesalter. Stuttgart: Klett].

Mahler, M.S., Pine, F. & Bergman, A. (1975). The psychological birth of human infant. New York: Basic Books. [dt. (1975/1993). Die psychische Geburt des Menschen. Frankfurt a.M.: Fischer/TB].

Maier, W., Lichtermann, D., Klinger, T., Heun, R. & Hallmayer, J. (1992). Prevalences of personality disorders (DSM-III-R) in the community. Journal of Personality Disorders, 6, 187–196.

Maisch, H. (1983). Diagnostische Urteilsbildung zur Einschätzung von Schweregraden und ihrer Auswirkungen für forensische Zwecke: Grundlagenprobleme, Suchrichtungen, Annäherungsstrategien. Monatsschrift für Kriminologie, 66, 343–354.

Maiwald, G. & Fiedler, P. (1981). Die therapeutische Funktion kooperativer Sprachformen. In P. Fiedler (Hrsg.), Psychotherapieziel Selbstbehandlung. Grundlagen koperativer Psychotherapie (S. 97–132). Weinheim: edition psychologie im VCH-Verlag.

Malan, D.H. (1963). A study of brief psychotherapy. London: Tavistock. [dt. (1965). Psychoanalytische Kurzzeittherapie. Bern: Huber.]
Malinow, K.L. (1981a). Dependent personality. In J.R. Lion (Ed.), Personality disorders. Diagnosis and management (2nd ed., revised for DSM III; pp. 97–102). Baltimore: Williams & Wilkins.
Malinow, K.L. (1981b). Passive-aggressive personality. In J.R. Lion (Ed.), Personality disorders. Diagnosis and management (2nd ed., revised for DSM III; pp. 121–132). Baltimore: Williams & Wilkins.
Margraf, J. (Hrsg.). (2000). Lehrbuch der Verhaltenstherapie (Bd. 1 und 2). Berlin: Springer.
Marneros, A. (unter Mitwirkung einer Autorengruppe). (1999a). Handbuch der unipolaren und bipolaren Erkrankungen. Stuttgart: Thieme.
Marneros, A. (1999b). Persönlichkeit. In A. Marneros (unter Mitwirkung einer Autorengruppe), Handbuch der unipolaren und bipolaren Erkrankungen (S. 375–389). Stuttgart: Thieme.
Marneros, A., Rössner, D., Haring, A. & Brieger, P. (Hrsg.). (2000). Psychiatrie und Justiz. München: Zuckschwerdt Verlag.
Marshall, L.A. & Cooke, D.J. (1999). The childhood experience of psychopaths: A retropsective study of familial and social factors. Journal of Personality Disorders, 13, 211–225.
Marziali, E. (1992). The etiology of borderline personality disorder: Developmental factors. In J.F. Clarkin, E. Marziali & H. Munroe-Blum (Eds.), Borderline personality disorder. Clinical and empirical perspectives (pp. 27–44). New York: Guilford.
Marziali, E. & Munroe-Blum, H. (1994). Interpersonal Group Psychotherapy for Borderline Personality Disorder. New York: Basic Books.
Mason, B.J., Markowitz, J.C. & Klerman, G.L. (1993). Interpersonal psychotherapy for dysthymic disorders. In G.L. Klerman & M.M. Weissman (Eds.), New applications of interpersonal psychotherapy (pp. 225–264). Washington, DC: American Psychiatric Press.
Masterson, J.F. (1988). The search for the real self. New York: The Free Press. [dt. (1993). Die Sehnsucht nach dem wahren Selbst. Stuttgart: Klett-Cotta].
Maudsley, H. (1874). Responsebility in mental disease. London: King.
Mavissakalian, M. & Hamman, M.S. (1988). Correlates of DSM-III personality disorder and agoraphobia. Comprehensive Psychiatry, 29, 535–544.
Mavissakalian, M., Hamman, M.S. & Jones, B. (1990). A comparison of DSM-III personality disorders in panic/agoraphobic and obsessive-compulsive disorder. Comprehensive Psychiatry, 31, 238–244.
May, R. (1979). Psychology and the human dilemma. New York: Norton. [dt. (1982). Antwort auf die Angst. Leben mit einer verdrängten Dimension. Stuttgart: Deutsche Verlags-Anstalt].
McAdams, D.P. (1993). The stories we live by. Personal myths and the making of the self. New York: William Morrow.
McCann, J.T. (1988). Passive-aggressive personality disorder: A review. Journal of Personality Disorders, 2, 170–179.
McCollough, J.P. & Adams, H.E. (1970). Anxiety, learning sets, and sociopathy. Psychological Reports, 27, 47–52.
McCord, W.M. & McCord, J. (1964). The psychpath. An essay on the criminal mind (2nd ed.). Princeton: Van Norstrand.
McCrae, R.R. & Costa, P.T. (1990). Personality in adulthood. New York: Guilford.
McCullough, P.K. & Maltsberger, J.T. (1995). Obsessive-compulsive personality disorder. In Gabbard, G.O. (Ed.), Treatments of psychiatric disorders (2nd ed.; Vol. 2; pp. 2367–2376). Washington DC: American Psychiatric Association.
McDavid, J.D. & Pilkonis, P.A. (1996). The stability of personality disorder diagnosis. Journal of Personality disorders, 10, 1–15.

McGlashan, T.H. (1987a). Testing DSM-III symptom criteria for schizotypal and borderline personality disorders. Archives of General Psychiatry, 44, 143–148.
McGlashan, T.H. (1987b). Borderline personality disorder and unipolar affective disorder: Long term effects of comorbidity. Journal of Nervous and Mental Disease, 175, 467–473.
McGlashan, T.H. (1992). The longitudinal profile of borderline personality disorder. Contribution from the Chestnut Lodge follow-up study. In D. Silver & M. Rosenbluth (Eds.), Handbook of borderline disorders (pp. 53–83). Madison: International Universities Press.
McGlashan, T.H. & Fenton, W.S. (1990). Diagnostic efficiency of DSM-III borderline personality disorder and schizotypical disorder. In Oldham, J.M. (Ed.), Personality disorders: New perspectives on diagnostic validity (pp. 121–143). Washington DC: American Psychiatric Press.
McLemore, C.W. & Benjamin, L.S. (1979). Whatever happened to interpersonal diagnosis: A psychosocial alternative to DSM-III. American Psychologist, 34, 17–34.
McLemore, C.W. & Brokaw, D.W. (1987). Personality disorders as dysfunctional interpersonal behavior. Journal of Personality Disorders, 1, 270–285.
Meares, R. (1971). Obsessionality, the Sandler-Hazari Scale and spasmodic torticollis. British Journal of Medical Psychology, 44, 181–182.
Mednick, S.A., Gabrielli, W.F. & Hutchings, B. (1983). Genetic influence in criminal behavior: Evidence from adoption cohort. In K.T. van Dusen & S.A. Mednick (Eds.), Prospective studies of crime and delinquency (pp. 39–56). Bosten: Cluver-Nijhoff.
Meehl, P.E. (1962). Schizotaxia, schizotypy, schizophrenia. American Psychologist, 17, 827–838.
Meehl, P.E. (1990). Toward an integrated theory of schizotaxia, schizotypy, and schizophrenia. Journal of Personality Disorders, 4, 1–99.
Meissner, W.W. (1979). The paranoid process. New York: Aronson.
Meissner, W.W. (1989). Paranoid personality disorder. In American Psychiatric Association (Ed.), Treatments of psychiatric disorders (Vol. 3; pp. 2705–2711). Washington DC: American Psychiatric Association.
Meissner, W.W. (1995). Paranoid personality disorder. In Gabbard, G.O. (Ed.), Treatments of psychiatric disorders (2nd ed.; Vol. 2; pp. 2249–2260). Washington DC: American Psychiatric Association.
Meijer, M., Goedhart, A.W. & Treffers, P.D.A. (1998). The persinstence of borderline personality disorder in adolescence. Journal of Personality Disorders, 12, 13–22.
Mellsop, G.W. (1972). Psychiatric patients seen as children and adults: Childhood predictors of adult illness. Journal of Child Psychology and Psychiatry, 13, 91–101.
Mellsop, G.W. (1973). Adult psychiatric patients on whom information was obtained during childhood.' British Journal of Psychiatry, 123, 703–710.
Mellsop, G.W., Varghese, F., Joshua, S., & Hicks, A. (1982). The reliability of axis II of DSM-III. American Journal of Psychiatry, 139, 1360–1361.
Meloy, J.R. (1995). Antisocial personality disorder. In Gabbard, G.O. (Ed.), Treatments of psychiatric disorders (2nd ed.; Vol. 2; pp. 2273–2290). Washington DC: American Psychiatric Association.
Mentzos, S. (1980). Hysterie. Zur Psychodynamik unbewußter Inszenierungen. München: Kindler. [seit 1986. Frankfurt a.M.: Fischer].
Mentzos, S. (1982). Neurotische Konfliktverarbeitung. Einführung in die psychoanalytische Neurosenlehre unter Berücksichtigung neuer Perspektiven. München: Kindler. [seit 1984: Frankfurt a.M.: Fischer].
Mentzos, S. (1983). Abwehrmechanismen. In W. Mertens (Hrsg.), Psychoanalyse. Ein Handbuch in Schlüsselbegriffen (S. 62–68). München: Urban & Schwarzenberg.

Mentzos, S. (2000). Symptomatik und Psychodynamik – der Sinn des Symptoms. PTT – Persönlichkeitsstörungen: Theorie und Therapie, 4, 138–145.

Merikangas, K.R. & Weissman, M.M. (1986). Epidemiology of DSM-III Axis II personality disorders. In A.J. Frances & R.E. Hales (Eds.). American Psychiatric Association Annual Review – Vol. 5 (pp. 258–278). Washington, DC: American Psychiatric Press.

Mertens, W. (1983). Objektbeziehungstheorie. In W. Mertens (Hrsg.), Psychoanalyse. Ein Handbuch in Schlüsselbegriffen (S. 11–18). Weinheim: Psychologie Verlags Union.

Mertens, W. (1992). Psychoanalyse (6. Aufl.). Stuttgart: Kohlhammer.

Mervis, C., & Rosch, E. (1981). Categorization of natural objects. Annual Review of Psychology, 32, 89–115.

Métraux, A. (1985). Historische Bedingtheit der verstehenden Persönlichkeitsforschung. In T. Herrmann & E.-D. Lantermann (Hrsg.), Persönlichkeitspsychologie. Ein Handbuch in Schlüsselbegriffen (S. 19–26). München: Urban & Schwarzenberg.

Metzger, W. (1982). Adler als Autor: Zur Geschichte seiner wesentlichen Veröffentlichungen. In D. Eicke (Hrsg.), Tiefenpsychologie. Band 4. Individualpsychologie und Analytische Psychologie (S. 25–41). Weinheim: Beltz. [Kindlers „Psychologie des 20. Jahrhunderts"].

Micale, M.S. (1995). Approaching hysteria: Disease and its interpretations. Princeton, NJ: Princeton University Press.

Miller, A. (1979). Das Drama des begabten Kindes und die Suche nach dem wahren Selbst. Frankfurt a.M.: Fischer.

Millon, T. (1981). Disorders of Personality: DSM-III, Axis II. New York: Wiley.

Millon, T. (1983). Millon Clinical Multiaxial Inventory Manual (3rd ed.). Minneapolis, MN: National Computer Systems.

Millon, T. (1986). Schizoid and avoidant personality disorders in DSM-III. American Journal of Psychiatry, 143, 1321–1322.

Millon, T. (1987). Manual for the MCMI-II. Minneapolis, MN: National Computer Systems.

Millon, T. (1990). Toward a new personology. An evolutionary model. New York: Wiley.

Millon, T. (1993). Negativistic (passive-aggressive) personality disorder. Journal of Personality Disorders, 7, 78–85.

Millon, T. (1993). Personality disorders: Conceptional distinctions and classification issues. In P.T. Costa & T.A. Widiger (Eds.), Personality disorders and the five-factor model of personality (pp. 261–278). Washington DC: American Psychological Association.

Millon, T. (1996a). Disorders of personality. DSM-IV and beyond (2nd ed.). New York: Wiley.

Millon, T. (1996b). Avoidant personality disorder. In T.A. Widiger, A.J. Frances, H.A. Pincus, R. Ross, M.B. First & W.W. Davis (Eds.), DSM-IV Sourcebook (pp. 757–766). Washington, DC: American Psychiatric Press.

Millon, T. (1996c). Negativistic (passive-aggressive) personality disorder. In T.A. Widiger, A.J. Frances, H.A. Pincus, R. Ross, M.B. First & W.W. Davis (Eds.), DSM-IV Sourcebook (pp. 813–822). Washington, DC: American Psychiatric Press.

Millon, T., & Everly, G.S. (1985). Personality and its disorders: A biosocial learning approach. New York: Wiley.

Möller, H.-J. (1992). Zur Bedeutung und methodischen Problematik der psychiatrischen Persönlichkeitsforschung: Der Typus melancholicus und andere Konzepte zur prämorbiden Persönlichkeit von Patienten mit affektiven Psychosen. In A. Marneros & M. Philipp (Hrsg.), Persönlichkeit und psychische Erkrankung (S.45–65). Berlin: Springer.

Möller, H.-J. & Zerssen, D. v. (1987). Prämorbide Persönlichkeit von Patienten mit affektiven Psychosen. In K.P. Kisker, H. Lauter, J.-E. Meyer, C. Müller & E. Strömgren (Hrsg.), Psychiatrie der Gegenwart. Band 5: Affektive Psychosen (S. 165–179). Berlin: Springer.

Mombour, W., Zaudig, M., Berger, P., Gutierrez, K., Berner, W., Cranach, M. v., Giglhuber, O. & Bose, M. v. (1996). International Personality Disorder Examination (IPDE). Bern/Göttingen: Huber/Hogrefe.

Monopolis, S. & Lion, J.R. (1983). Problems in the diagnosis of intermittend explosive disorder. American Journal of Psychiatry, 140, 1200–1202.

Morel, B.A. (1857). Traité des dégénérescenses physiques, intellectuelles et morales de l'espèce humaine et des causes qui produisent ces variétés maladives. Paris: Baillière.

Morey, L.C. (1985). An empirical comparison of interpersonal and DSM-III approaches to classification of personality disorders. Psychiatry, 48, 358–364.

Morey, L.C. (1988). Personality disorders in DSM-III and DSM-III-R: Convergence, coverage, and internal consistency. American Journal of Psychiatry, 145, 573–577.

Morey, L.C. & Ochoa, E.S. (1989). An investigation of adherence to diagnostic criteria: Clinical diagnosis of the DSM-III personality disorders. Journal of Personality Disorders, 3, 180–192.

Morey, L.C., Waugh, M.H. & Blashfield, R.K. (1985). MMPI scales for DSM-III personality disorders: Their derivation and corrolates. Journal of Personality Assessment, 49, 245–251.

Müller, Ch. (1981). Psychische Erkrankungen und ihr Verlauf sowie ihre Beeinflussung durch das Alter. Bern: Huber.

Mundt, Ch. (1985). Der tiefenpsychologische Ansatz in der forensischen Beurteilung der Schuldfähigkeit. In W. Janzarik (Hrsg.). Psychopathologie und Praxis (S. 124–133). Stuttgart: Enke.

Mundt, Ch. & Fiedler, P. (1996). Konzepte psychosozialer Vulnerabilität für affektive Erkrankungen. In H.-J. Möller & A. Deister (Hg.), Vulnerabilität für affektive und schizophrene Erkrankungen (S. 1–9). Wien: Springer.

Mundt, Ch., Fiedler, P., Lang, H. & Kraus, A. (Hrsg.). (1991). Depressionskonzepte heute: Psychopathologie oder Pathopsychologie? Berlin: Springer.

Mundt, Ch., Fiedler, P., Ernst, S. & Backenstraß, M. (1996). Expressed Emotion and marital interaction in endogenous depressives. In Ch. Mundt, M. Goldstein, K. Hahlweg & P. Fiedler (Eds.), Interpersonal factors in origin and course of affective disorders (pp. 240–256). London: Gaskell – Royal College of Psychiatrists.

Mundt, Ch., Fiedler, P., Ernst, S. & Kohlhoff, A. (1994). Premorbid personality and observed marital interaction of endogenous depressive patients: First results. Neurology, Psychiatry and Brain Research, 2, 81–86.

Mundt, Ch. Fiedler, P., Kohlhoff, A., Ernst, S. & Kraus, A. (1993). Prämorbide Persönlichkeit, Expressed Emotion Index und partnerschaftliche Interaktion bei endogen Depressiven: Erste Ergebnisse. In Mundt, Ch., Kick, H. & Fiedler, P. (Hrsg.). Angehörigenarbeit und psychosoziale Intervention in der Psychiatrie (S. 25–35). Regensburg: Roderer.

Mundt, Ch., Goldstein, M. Hahlweg, K. & Fiedler, P. (Eds.). (1996). Interpersonal factors in origin and course of affective disorders. London: Gaskell – Royal College of Psychiatrists.

Mundt, C., Backenstrass, M., Kronmüller, K.T., Fiedler, P., Kraus, A. & Stangelini, G. (1997). Personality and endogenous/major depression: An empirical approach to Typus melancholicus: 2. Validation of Typus melancholicus core-properties by personality inventory scales. Psychopathology, 30 (3), 130–139.

Mundt, Ch., Kronmüller, K.T., Backenstraß, M., Reck, C. & Fiedler, P. (1998). The influence of psychopathology, personality, and marital interaction on the short-term course of major depression. Psychopathology, 31, 29–36.

Murray, H.A. (1938). Explorations in personality. New York: Oxford Press.

Neal, L.A., Fox, C., Carroll, N., Holden, M. & Barnes, P. (1997). Development and validation of a computerized screening test for personality disorders in DSM-III-R. Acta Psychiatrica Scandinavia, 95, 351–356.

Neisser, U. (1976). Cognition and reality. San Francisco: Freeman.

Nestad, G., Romanowski, A.T., Merchant, A., Foldstein, M.F., Gruenberg, E.M. & McHugh, P.R. (1990). An epidemiological study of histrionic personality disorder. Psychological Medicine, 20, 413–422.

Neugebauer, R., Dohrenwend, B.P. & Dohrenwend, B.S. (1980). Formulation of hypotheses about the true prevalence of functional psychiatric disorders among adults in the U.S. In B.P. Dohrenwend, M.S. Gould, B. Link, R. Neugebauer & R. Wunsch-Hitzir (Eds.), Mental illness in the United States: Epidemiological estimates (pp. 56–92). New York: Praeger.

Nielsen, J. & Nielsen, J.A. (1977). A census study of mental illness in Samsø. Psychological Medicine, 7, 491–503.

Nietzel, M.T. & Susman, D.T. (1990). Crime and aggression/child and spouse abuse. In A.S. Bellack, M. Hersen & A.S. Kazdin (Eds.), Handbook of behavior modification and therapy (pp. 523–545). New York: Plenum Press.

Nigg, J.T., & Goldsmith, H.H. (1994). Genetics of personality disorders: Perspectives from personality and psychopathology research. Psychological Bulletin, 115, 346–380.

Nigg, J.T., Silk, K.R., Westen, D., Lohr, N.E., Gold, L.J., Goodrich, S. & Ogata, S. (1991). Object representations in the early memories of sexually abused borderline patients. American Journal of Psychiatry, 148, 864–869.

Norden, M.J. (1989). Fluoxetine in borderline personality disorder. Progress in Neuro-Psychopharmacology and Biological Psychiatry, 13, 885–893.

Norman, W.T. (1963). Toward an adequate taxonomy of personality attributes. Replicated factor structure in peer nomination personality ratings. Journal of Abnormal and Social Psychology, 4, 681–691.

Norris, M. (1984). Integration of special patients into the community. London: Gower.

Noyes, R. & Kletti, R. (1977). Depersonalization in response to life-threatening danger. Comprehensive Psychiatry, 18, 375–384.

Nuechterlein, K.H. (1987). Vulnerability models for schizophrenia: state of the art. In H. Häfner, W.F. Gattaz & W. Janzarik (Eds.), Search for the causes of schizophrenia (S. 297–316). Berlin, New York: Springer.

Nystrom, S. & Lindegard, B. (1975). Predisposition for mental syndromes: A study comparing predisposition for depression, neurasthenia and anxiety state. Acta Psychiatrica Scandinavia, 51, 69–76.

Oberkirch, A. (1983). Personal writings in psychotherapy. American Journal of Psychotherapy, 37, 265–272.

Oerter, R., Hagen, C. v., Röper, G. & Noam, G. (Hrsg.). (1999). Klinische Entwicklungspsychologie. Weinheim: Psychologie Verlags Union.

Offer, D. & Sabshin, M. (Eds.). (1991). The diversity of normal behavior. Further contributions to normatology. New York: Basic Books.

Ogata, S.N., Silk, K.R., Goodrich, S., Lohr, N.E., Westen, D. & Hill, E.M. (1990). Childhood sexual and physical abuse in adult patients with borderline personality disorder. American Journal of Psychiatry, 147, 1008–1013.

Olbrich, E. (1982). Die Entwicklung der Persönlichkeit im menschlichen Lebensverlauf. In R. Oerter & L. Montada (Hrsg.), Entwicklungspsychologie. München: Urban & Schwarzenberg.

Oldham, J.M. (Ed.). (1991). Personality disorders: New perspectives on diagnostic validity. Washington DC: American Psychiatric Press.

Oldham, J.M. & Skodol, A.E. (1992). Personality disorders and mood disorders. In A. Tasman & M.B. Riba (Eds.), Review of Psychiatry – Vol. 11 (pp. 418–435). Washington, DC: American Psychiatric Press.

Oldham, J.M., Skodol, A.E., Kellman, H.D., Hyler, S.E., Rosnick, L. & Davies, M. (1992). Diagnosis of DSM-III-R personality disorders by two structured interviews: Patterns of comorbidity. American Journal of Psychiatry, 149, 213–220.

O'Maille, P.S. & Fine, M.A. (1995). Personality Disorder Scales for the MMPI-2: An assessment of psychometric properties in a correctional population. Journal of Personality Disorders, 9, 235–246.

O'Neale, P. & Robins, L.N. (1958). The relation of childhood behavior problems to adult psychiatric status: A thirty year follow-up study with 150 subjects. American Journal of Psychiatry, 114, 961–969.

O'Neill, R.M. & Bornstein, R.F. (1991). Orality and depression in psychiatric inpatients. Journal of Personality Disorders, 5 (1), 1–7.

Osgood, C.E. (1966). Dimensionality of the semantic space of communication via facial expression. Scandinavian Journal of Psychology, 7, 1–30.

Osgood, C.E., Suci, G.J. & Tannenbaum, P.H. (1957). The measurement of meaning. Urbana: University of Illinois Press.

Ostendorf, F. (1990). Sprache und Persönlichkeitsstruktur. Zur Validität des Fünf-Faktoren-Modells der Persönlichkeit. Regensburg: Roderer.

Ottoson, H., Bodlund, O., Ekselius, L., Grann, M., v. Knorring, L., Kullgren, G., Lindström, E. & Söderberg, S. (1998). DSM-IV und ICD-10 personality disorders: A comparison of a self-report questionaire (DIP-Q) with structured interview. European Psychiatry, 13, 246–253.

Overholser, J.C. (1987). Facilitating autonomy in passive-dependent persons: An integrative model. Journal of Contemporary Psychotherapy, 17, 250–269.

Oxford, J. (1986). The rules of interpersonal complementarity: Does hostility beget hostility and dominance, submission? Psychology Review, 93, 365–377.

Paddock, J.R. & Nowicki, S. (1986). An examination of the Leary circumplex through Interpersonal Check List. Journal of Research in Personality, 20, 107–144.

Palmer, T. (1992). The reemergence of correctional intervention. Newbury Park: Sage.

Paris, J. & Frank, H. (1989). Perceptions of paternal bonding in borderline patients. American Journal of Psychiatry, 146, 1498–1499.

Parker, G., Roy, K., Wilhelm, K., Mitchell, P., Austin, M.P. & Hadzi-Pavlovic, D. (1999). An exploration of links between early parenting experience and personality disorder type and disordered personality functioning. Journal of Personality Disorders, 13, 361–374.

Parnas, J., Schulsinger, F., Schulsinger, H., Mednick, S.A. & Teasdale, T.W. (1982). Behavioral precursers of schizophrenia spectrum. A prospective study. Archives of General Psychiatry, 39, 658–664.

Parnas, J., Schulsinger, F. & Mednick, S.A. (1990). The Copenhagen high-risk study: Major psychopathological and etiological findings. In E.R. Straube & K. Hahlweg (Eds.). Schizophrenia. Concepts, vulnerability, and intervention (pp. 45–56). Berlin: Springer.

Parsons, B., Quitkin, F.M., McGrath, P.J., Stewart, J.W., Tricamo, E., Ocepek-Welikson, K., Harrison, W., Rabkin, J.G., Wagner, S.G. & Nunes, E. (1989). Phenelzine, imipramin, and placebo in borderline patients meeting criteria for atypical depression. Psychophamacology Bulletin, 25, 524–534.

Partridge, G.E. (1930). Current conceptions of psychopathic personality. American Journal of Psychiatry, 10, 53–99.

Pasternack, S.A. (1974). The explosive antisocial, and passive-aggressive personalities. In J.R. Lion (Ed.), Personality disorders (pp. 63–79). Baltimore: Williams & Wilkins.

Penna, M.W. (1981). Classification of personality disorders. In J.R. Lion (Ed.), Personality disorders. Diagnosis and management (2nd ed., revised for DSM III; pp. 10–31). Baltimore: Williams & Wilkins.

Perrez, M. (1979). Ist die Psychoanalyse eine Wissenschaft? (2. Aufl.). Bern: Huber.
Perry, D.G., Perry, L.C. & Boldizar, J.P. (1990). Learning of aggression. In M. Lewis & S. Miller (Eds.), Handbook of developmental psychopathology (pp. 135–146). New York: Plenum.
Perry, J.C. (1989a). Dependent personality disorder. In American Psychiatric Association (Ed.), Treatments of psychiatric disorders (Vol. 3; pp. 2762–2770). Washington DC: American Psychiatric Association.
Perry, J.C. (1989b). Passive-aggressive personality disorder. In American Psychiatric Association (Ed.), Treatments of psychiatric disorders (Vol. 3; pp. 2783–2789). Washington DC: American Psychiatric Association.
Perry, J.C. (1992). Problems and considerations in the valid assessment of personality disorders. American Journal of Psychiatry, 149, 1645–1653.
Perry, J.C. (1993). Longitudinal studies of personality disorders. Journal of Personality Disorders, 7 (Supplement, Spring 1993), 63–85.
Perry, J.C. (1995). Dependent personality disorder. In Gabbard, G.O. (Ed.), Treatments of psychiatric disorders (2nd ed.; Vol. 2; pp. 2355–2366). Washington DC: American Psychiatric Association.
Perry, J.C. & Flannery, R.B. (1982). Passive-aggressive personality disorder: Treatment implications of a clinical typology. Journal of Nervous and Mental Disease, 170, 164–173.
Perry, J.C. & Flannery, R.B. (1989). Behavior therapy. In American Psychiatric Association (Ed.), Treatments of psychiatric disorders (Vol. 3; pp. 2649–2659). Washington DC: American Psychiatric Association.
Perry, J.C. & Klerman, G.L. (1980). Clinical features of borderline personality disorder. American Journal of Psychiatry, 137, 165–173.
Perry, S. (1985). A DSM-III-casebook of differential therapeutics. New York: Brunner & Mazel. [dort zu Persönlichkeitsstörungen: S. 291–353].
Petermann, F. (Hrsg.). (1994). Lehrbuch der klinischen Kinderpsychologie. Modelle psychischer Störungen. Göttingen: Hogrefe.
Petermann, F. & Wiedebusch, S. (1993). Aggression und Delinquenz. In H.C. Steinhausen & M. von Aster (Hrsg.), Handbuch Verhaltenstherapie und Verhaltensmedizin bei Kindern und Jugendlichen (S. 319–349). Weinheim: Psychologie Verlags Union.
Peters, E.R., Pickering, A.D., & Hemsley, D.R. (1994). „Cognitive inhibition" and positive symptomatology in schizotypy. British Journal of Clinical Psychology, 33, 33–48.
Peters, U.H. (1977). Wörterbuch der Psychiatrie und medizinischen Psychologie (2. Aufl.). München: Urban & Schwarzenberg.
Petrilowitsch, N. (Hrsg.). (1967). Zur Psychologie der Persönlichkeit. Darmstadt: Wissenschaftliche Buchgesellschaft.
Petrilowitsch, N. (1972). Psychopathien. In K.P. Kisker, J.E. Meyer, C. Müller & E. Strömgren (Hrsg.), Psychiatrie der Gegenwart, Band II: 1. Klinische Psychiatrie (2. Aufl.; S. 477–498). Berlin: Springer.
Pfahler, G. (1932). Vererbung als Schicksal. Leipzig: Barth.
Pfitzer, F., Rosen, E., Esch, E. & Held, T. (1990). Stationäre psychiatrische Behandlung von Borderlinepatienten. Nervenarzt, 61, 294–300.
Pfohl, B. (1991). Histrionic personality disorder: A review of available data and recommendations for DSM-IV. Journal of Personality Disorders, 5, 150–160.
Pfohl, B. (1996a). Histrionic personality disorder. In T.A. Widiger, A.J. Frances, H.A. Pincus, R. Ross, M.B. First & W.W. Davis (Eds.), DSM-IV Sourcebook (pp. 733–744). Washington, DC: American Psychiatric Press.
Pfohl, B. (1996b). Obsessive-compulsive personality disorder. In T.A. Widiger, A.J. Frances, H.A. Pincus, R. Ross, M.B. First & W.W. Davis (Eds.), DSM-IV Sourcebook (pp. 777–788). Washington, DC: American Psychiatric Press.

Pfohl, B. & Blum, N.S. (1991). Obsessive-compulsive personality disorder: A review of available data. Journal of Personality Disorders, 5, 363–375.

Pfohl, B., Black, D.W., Noyes, R., Coryell, W.H. & Barrash, J. (1991). Axis I and axis II comorbidity findings: Implications for validitiy. In J.M. Oldham (Ed.), Personality disorders: New perspectives on diagnostic validity (pp. 145–161). Washington, DC: American Psychiatric Press.

Pfohl, B., Coryell, W., Zimmerman, M. & Stangl, D. (1986). DSM-III personality disorders: Diagnostic overlap and internal consistency of individual DSM-III criteria. Comprehensive Psychiatry, 27, 21–34.

Pfohl, B., Stangl, D. & Zimmerman, M. (1982). The Structured Interview for DSM-III Personality Disorders (SIDP). Iowa-City: University of Iowa, Dep. of Psychiatry. [SIDP-R: rev. for DSM-III-R (1989)].

Pfohl, B., Blum, N. & Zimmerman, M. (1995). The Structured Interview for DSM-IV Personality Disorders (SIDP-IV). Iowa-City: University of Iowa, Dep. of Psychiatry.

Pfohl, B., Stangl, D. & Zimmerman, M. (1984). The implication of DSM-III personality disorders for patients with major depression. Journal of Affective Disorders, 7, 309–318.

Pfuhl, E.H. & Henry, S. (1993). The deviance process (3rd ed.). New York: Aldine de Gruyter.

Phillips, K.A., Gunderson, J.G., Hirschfeld, R.M.A. & Smith, L.E. (1990). A review of the depressive personality. American Journal of Psychiatry, 147, 830–837.

Phillips, K.A., Hirschfeld, R.M.A., Shea, M.T. & Gunderson, J.G. (1993). Depressive personality disorder: Perspective for DSM-IV. Journal of Personality Disorders, 7, 30–42.

Phillips, K.A., Hirschfeld, R.M.A., Shea, M.T. & Gunderson, J.G. (1993). Depressive personality disorder. In T.A. Widiger, A.J. Frances, H.A. Pincus, R. Ross, M.B. First & W.W. Davis (Eds.), DSM-IV Sourcebook (pp. 799–812). Washington, DC: American Psychiatric Press.

Piaget, J. (1956). The general problems of the psychobiological development of the child. In J.M. Tanner & B. Inhelder (Eds.), Discussions on child development (Vol. 4). New York: International Universities Press.

Pichot, P. (1990). The diagnosis and classification of mental disorders in the French-speaking countries: Background, current values and comparison with other classifications. In N. Sartorius, A. Jablensky, D.A. Regier, J.D. Burke & R.M.A. Hirschfeld (Eds.), Sources and traditions of classification in psychiatry (pp. 7–57). Göttingen: Hogrefe & Huber.

Pick, D. (1989). Faces of degenaration. A European disorder, c.1848–c.1918. Cambridge: Cambridge University Press.

Pilkonis, P.A. (1977). The behavioral consequences of shyness. Journal of Personality, 45, 596–611.

Pilkonis, P.A. (1984). Avoidant and schizoid personality disorders. In H.E. Adams & P.B. Sutker (Eds.), Comprehensive handbook of psychopathology (pp. 479–494). New York: Plenum Press.

Pilkonis, P.A. (1988). Personality prototypes among depressives: Themes of dependency and autonomy. Journal of Personality disorders, 2, 144–152.

Pilkonis, P.A. & Frank, E. (1988). Personality pathology in recurrent depression: Nature, prevalence, and relationship to treatment response. American Journal of Psychiatry, 145, 435–441.

Pilkonis, P.A., Yookyung, K., Proietti, J.M. & Barkham, M. (1996). Scales for personality disorders developed from the Inventory of Interpersonal Problems. Journal of Personality Disorders, 10, 355–369.

Pinel, P. (1809). Traité médico – philosophique sur l'aliénation mentale (2. edn). Paris: Brosson.

Plomin, R., Nitz, K. & Rowe, D.C. (1990). Behavioral genetics and aggressive behavior in childhood. In M. Lewis & S. Miller (Eds.), Handbook of developmental psychopathology (pp. 119–133). New York: Plenum.

Pollak, J.M. (1979). Obsessive-compulsive personality: A review. Psychological Bulletin, 86, 225–241.
Pollak, J.M. (1987a). Relationship of obsessive-compulsive personality to obsessive-compulsive disorder: A review of the literature. Journal of Psychology, 12, 137–148.
Pollak, J.M. (1987b). Obsessive-compulsive personality: Theoretical and clinical perspectives and recent research findings. Journal of Personality Disorders, 1, 248–262.
Pope, H.G., Jonas, J.M., Hudson, J.I., Cohen, B.M. & Gunderson, J.G. (1983). The validity of DSM-III borderline personality disorder: A phenomenologic, family history, treatment response, and long-term follow-up study. Archives of General Psychiatry, 40, 23–30.
Potach, H.M. (1994). Pragmatic-existential psychotherapy with personality disorders. Madison NJ: Gordon Handwerk.
Pretzer, J. (1996). Kognitive Therapie der Persönlichkeitsstörungen. In B. Schmitz, Th. Fydrich & K. Limbacher (Hrsg.). (1996), Persönlichkeitsstörungen: Diagnostik und Psychotherapie (S. 149–178). Weinheim: Psychologie Verlags Union.
Prichard, J.C. (1835). A treatise on insanity and other disorders affecting the mind. London: Sherwood, Gilbert & Piper.
Prins, H. (1980). Offenders, deviants, or patients? An introduction to the study of socioforensic problems. London: Tavistock.
Pütterich, H. (1985). Diagnostisches Interview für das Borderlinesyndrom von J.G. Gunderson. Weinheim: Beltz. [1990; 2. Aufl.; Göttingen: Hogrefe].
Quay, H.C. & Hunt, W.A. (1965). Psychopathy, neuroticism, and verbal conditioning. Journal of Consulting Psychology, 29, 283.
Quint, H. (1970). Über die Zwangsneurose. Göttingen: Vandenhoek & Ruprecht.
Rachman, S. & Hodgson, R.J. (1980). Obsessions and compulsions. Englewood Cliffs, NJ: Prentice Hall.
Räcker, J. & Jäger, E. (1981). Transparenz und Zieloffenheit als Voraussetzung partnerschaftlicher Kooperarion in Psychotherapien. In P. Fiedler (Hrsg.), Psychotherapieziel Selbstbehandlung (S. 77–96). Weinheim: edition psychologie im VCH-Verlag.
Rado, S. (1953). Dynamics and classification of disordered behavior. American Journal of Psychiatry, 110, 406–416.
Rado, S. (1956). Schizotypal organization: Preliminary report on a clinical study of schizophrenia. In S. Rado & G.E. Daniels (Eds.). Changing concepts of psychoanalytic medicine (pp. 225–236). New York: Grune & Stratton.
Rapaport, D. (1958). The theory of ego autonomy: A generalization. Bulletin of the Menninger Clinic, 22, 13–35.
Rapaport, D. (1960). The structure of psychoanalytic theory: A systematizing attempt. New York: International Universities Press. [dt. (1973). Die Struktur der psychoanalytischen Theorie (3. Aufl.). Stuttgart: Klett].
Rapaport, O. (1942). Emotions and memory. Baltimore: Williams & Wilkins.
Rattner, J. (1972). Alfred Adler in Selbstzeugnissen und Bilddokumenten. Reinbek bei Hamburg: Rowohlt.
Rauchfleisch, U. (1991). Die Bedeutung des Thematischen Apperzeptionstests (TAT) für die Diagnostik und Therapie von Borderline-Persönlichkeiten. Psyche, 45, 853–889.
Reddemann, L. & Sachsse, U. (1999). Trauma first! Persönlichkeitsstörungen. Theorie und Therapie, 3, 16–20.
Reich, J.H. (1987a). Instruments measuring DSM-III and DSM-III-R personality disorders. Journal of Personality Disorders, 1, 220–240.
Reich, J.H. (1987b). Sex distribution of DSM-III personality disorders in psychiatric outpatients. American Journal of Psychiatry, 144, 485–488.

Reich, J.H. (1992). Measurement of DSM-III and DSM-III-R borderline personality disorder. In J.F. Clarkin, E. Marziali & H. Munroe-Blum (Eds.), Borderline personality disorder. Clinical and empirical perspectives (pp. 116–148). New York: Guilford.

Reich, J.H. & Green, A.I. (1991). Effect of personality disorders on outcome of treatment. Journal of Nervous and Mental Disease, 179, 74–82.

Reich, J.H. & Noyes, R. (1986). Historical comment on DSM-III schizoid and avoidant personality disorders. American Journal of Psychiatry, 143, 1062.

Reich, J.H. & Noyes, R. (1987). A comparison of DSM-III personality disorders in acutely ill panic and depressed patients. Journal of Anxiety Disorder, 1, 123–131.

Reich, J.H. & Vasile, R.G. (1993). Effect of personality disorders on treatment outcome of axis I conditions: An update. Journal of Nervous and Mental Disease, 181, 475–484.

Reich, J.H., Noyes, R. & Troughton, E. (1987). Dependent personality disorder associated with phobic avoidance in patients with panic disorder. American Journal of Psychiatry, 144, 323–326.

Reich, J.H, Yates, W.R. & Nduaguba, M. (1989). Prevalence of DSM-III personality disorders in the community. Social Psychiatry and Psychiatric Epidemiology, 24, 12–16.

Reich, W. (1925). Der triebhafte Charakter. [In W. Reich (1977). Frühe Schriften I (S. 246–340). Köln: Kiepenheuer & Witsch].

Reich, W. (1933). Charakteranalyse. Techniken und Grundlagen. Berlin: Selbstverlag. [Wiederauflage (1971). Köln: Kiepenheuer & Witsch.]

Reid, W.H. (Ed.). (1981). Treatment of antisocial syndromes. New York: Van Nostrand Reinhold Company.

Reid, W.H. & Burke, W.J. (1989). Antisocial personality disorder. In American Psychiatric Association (Ed.), Treatments of psychiatric disorders (Vol. 3; pp. 2742–2749). Washington DC: American Psychiatric Association.

Reinecker, H. (1991). Zwänge. Diagnose, Theorien und Behandlung. Bern: Huber.

Reinecker, H. (1993a). Spezifische und soziale Phobien. In H. Reinecker (Hrsg.). Lehrbuch der Klinischen Psychologie: Modelle psychischer Störungen (2. Aufl.; 91–116). Göttingen: Hogrefe.

Reinecker, H. (1993b). Zwangsstörungen. In H. Reinecker (Hrsg.). Lehrbuch der Klinischen Psychologie: Modelle psychischer Störungen (2. Aufl.; 157–176). Göttingen: Hogrefe.

Renneberg, B. (1996). Verhaltenstherapeutische Gruppentherapie bei Persönlichkeitsstörungen. In B. Schmitz, Th. Fydrich & K. Limbacher (Hrsg.). (1996), Persönlichkeitsstörungen: Diagnostik und Psychotherapie (S. 344–358). Weinheim: Psychologie Verlags Union.

Renneberg, B. (2001). Borderline-Persönlichkeitsstörungen. In A. Franke & A. Kämmerer (2001). Klinische Psychologie der Frau. Ein Lehrbuch (im Druck). Göttingen: Hogrefe.

Renneberg, B., Chambless, D.L., Dowdall, D.J., Fauerbach, J.A. & Gracely, E.J. (1992). The Structured Clinical Interview for DSM-III-R, Axis II and the Millon Clinical Multiaxial Inventory: A concurrent validity study of personality disorders among anxious outpatients. Journal of Personality Disorders, 6, 117–124.

Renneberg, B., Goldstein, A.J., Phillips, D. & Chambless, D.L. (1990). Intensive behavioral group treatment of avoidant personality disorder. Behavior Therapy, 21, 363–377.

Resch, F. (1996). Entwicklungspsychopathologie des Kindes- und Jugendalters. Weinheim: Psychologie Verlags Union.

Resch, F. (1999). Entwicklungspsycho(patho)logie und Gesellschaft. PTT – Persönlichkeitsstörungen: Theorie und Therapie, 3, 173–184.

Rey, E.R. & Thurm, I. (1994). Schizophrenien. In H. Reinecker (Hrsg.), Lehrbuch der Klinischen Psychologie. Modelle psychischer Störungen (2. Aufl.; S. 503–526). Göttingen: Hogrefe.

Rieder, R.O. (1979). Borderline schizophrenia: Evidence of its validity. Schizophrenia Bulletin, 6, 39–46.

Riemann, F. (1961). Grundformen der Angst. Eine tiefenpsychologische Studie. München: Reinhard.

Robins, L.N. (1966). Deviant children grown up: A sociological and psychiatric study of sociopathic personality. Baltimore: Williams & Wilkins.

Robins, L.N. (1978). Study of childhood predictors of adult antisocial behaviour: Replication from longitudinal studies. Psychological Medicine, 8, 811–816.

Robins, L.N. (1981). Epidemiological approaches to natural history research. Journal of the American Academy of Child Psychiatry, 38, 566–580.

Robins, L.N., Helzer, J.E., Croughan, J. & Ratcliff, K.S. (1981). The NIMH Diagnostic Interview Schedule: Its history, characteristics, and validity. Archives of General Psychiatry, 38, 381–389.

Robins, L.N., Tipp, J. & Przybeck, T. (1991). Antisocial personality. In L.N. Robins & D.A. Regier (Eds.), Psychiatric disorders in America (pp. 258–290). New York: Free Press.

Rode, Ch. (1982). Jungs Hauptwerke. In D. Eicke (Hrsg.), Tiefenpsychologie. Band 4. Individualpsychologie und Analytische Psychologie (S. 160–170). Weinheim: Beltz. [Kindlers „Psychologie des 20. Jahrhunderts"].

Roff, J.D., Knight, R. & Wertheim, E. (1976). A factor analytic study of childhood symptoms antecedent to schizophrenia. Journal of Abnormal Psychology, 85, 543–549.

Rohde-Dachser, C. (1986). Borderlinestörungen. In K.P. Kisker, H. Lauter, J.E. Meier, C. Müller & E. Strömgren (Hrsg.), Psychiatrie der Gegenwart, Bd. 1: Neurosen, Psychosomatische Erkrankungen, Psychotherapie (3. Aufl.; S. 125–150). Berlin: Springer.

Rohde-Dachser, C. (1989). Das Borderline-Syndrom (4. Aufl.). Bern: Huber.

Rohde-Dachser, C. (1996). Psychoanalytische Therapie bei Borderline-Störungen. In W. Senf & M. Broda (Hrsg.), Praxis der Psychotherapie. Ein integratives Lehrbuch für Psychoanalyse und Verhaltenstherapie (S. 297–301). Stuttgart: Thieme.

Rohracher, H. (1965). Kleine Charakterkunde (11. Aufl.). Wien: Urban & Schwarzenberg.

Romney, D.M. & Brynner, J.M. (1989). Evaluation of a circumplex model of DSM-III personality disorders. Journal of Research in Personality, 23, 525–538.

Romoff, V. (1987). Management and control of violent patients at the Western Psychiatric Institute and Clinic. In L.H. Roth (Ed.), Clinical treatment of the violent person (pp. 235–260). New York: Guilford Press.

Ronningstam, E. & Gunderson, J. (1990). Identifying criteria for narcissistic personality disorder. American Journal of Psychiatry, 147, 918–922.

Ronningstam, E. & Gunderson, J. (1991). Differentiating borderline personality disorder from narcissistic personality disorder. Journal of Personality Disorders, 5, 225–232.

Rosenhan, D.L. (1973). On being sane in insane places. Science, 179, 250–258.

Rosenhan, D.L. & Seligman, M.E.P. (1989). Abnormal psychology. New York: Norton.

Rosenthal, D. (1975). The concept of subschizophrenic disorders. In R.R. Fieve, D. Rosenthal & H. Brill (Eds.), Genetic research in psychiatry. Baltimore: John Hopkins University Press.

Rosenthal, D., Wender, P.H., Kety, S.S., Welner, J. & Schulsinger, F. (1971). The adopted-away offspring of schizophrenics. American Journal of Psychiatry, 128, 307–311.

Rosenthal, T.L., Akiskal, H.S. & Scott-Strauss, A. et al. (1981). Familial and developmental factors in characterological depressions. Journal of Affective Disorders, 3, 183–192.

Ross, R., Frances, A.J. & Widiger, T.A. (1995). Gender issues in DSM-IV. In J.M. Oldham & M.B. Riba (Eds.), Review of psychiatry (Vol. 14; pp. 205–226). Washington: American Psychiatric Press.

Roth, L.H. (1987a). Clinical treatment of the violent person. New York: Guilford Press.

Roth, L.H. (1987b). Treating violent persons in prisons, jails, and security hospitals. In L.H. Roth (Ed.), Clinical treatment of the violent person (pp. 207–234). New York: Guilford.

Rothacker, E. (1938). Die Schichten der Persönlichkeit. [8. Auflage (1969). Bonn: Bouvier].

Rudolf, G. (1987). Krankheiten im Grenzbereich von Neurose und Psychose. Ein Beitrag zur Psychopathologie des Ich-Erlebens und der zwischenmenschlichen Beziehungen. Weinheim: Deutscher Studien Verlag.

Rudolf, G. (1996). Der psychoanalytische Ansatz in der Behandlung von Patienten mit Persönlichkeitsstörung. In B. Schmitz, Th. Fydrich & K. Limbacher (Hrsg.). (1996), Persönlichkeitsstörungen: Diagnostik und Psychotherapie (S. 117–135). Weinheim: Psychologie Verlags Union.

Rudolf, G. (1999). Psychotherapeutische Medizin. Ein einführendes Lehrbuch auf psychodynamischer Grundlage (4. Aufl.). Stuttgart: Thieme.

Ruiter, C. de & Greeven, P.G.J. (2000). Personality disorders in a Dutch forensic psychiatric sample: Convergence of interview and self-report measures. Journal of Personality Disorders, 14, 162–170.

Rush, B. (1812). Medical inquiries and observations upon the diseases of the mind. Philadelphia: Richardson. [wieder aufgelegt (1962). New York: Hafner Press].

Russell, G.A. (1985). Narcissism and the narcissistic personality disorder: A comparison of the theories of Kernberg and Kohut. British Journal of Medical Psychology, 58, 137–148.

Rutter, M., Shaffer, D. & Shepherd, M. (1973). An evaluation of the proposal for a multiaxial classification for child psychiatric disorders. Psychological Medicine, 3, 244–250.

Sachse, R. (1997). Persönlichkeitsstörungen. Psychotherapie dysfunktionaler Interaktionsstile. Göttingen: Hogrefe.

Sachse, R., Lietaer, G. & Stiles, W.B. (Hrsg.). (1992). Neue Handlungskonzepte in der Klientenzentrierten Psychotherapie. Eine grundlegende Neuorientierung. Heidelberg: Asanger.

Safran, J.D. (1984). Some implications of Sullivan's interpersonal theory for cognitive therapy. In M.A. Reda & M.J. Mahoney (Eds.), Cognitive psychotherapies: Recent developments in theory and practice (pp. 251–272). Cambridge: Ballinger.

Salkovskis, P.M. (1985). Obsessional-compulsive problems: A cognitive-behavioural analysis. Behaviour Research and Therapy, 23, 571–583.

Salkovskis, P.M. & Kirk, J. (1996). Zwangssyndrome. In J. Margraf (Hg.), Lehrbuch der Verhaltenstherapie (Band 2; S. 61–86). Berlin: Springer.

Salzman, L. (1960). Paranoid state-theory and therapy. Archives of General Psychiatry, 2, 679–693.

Salzman, L. (1973). The obsessive personality. New York: Jason Aronson.

Salzman, L. (1980). Treatment of the obsessive personality. New York: Jason Aronson.

Salzman, L. (1989). Compulsive personality disorder. In American Psychiatric Association (Ed.), Treatments of psychiatric disorders (Vol. 3; pp. 2771–2782). Washington DC: American Psychiatric Association.

Salzman, L. & Thaler, F.H. (1980). Obsessive-compulsive disorders – a review of the literature. American Journal of Psychiatry, 138, 286–296.

Sandler, J. & Hazari, A. (1960). The „obsessional“: On the psychological classification of obsessional character traits and symptoms. British Journal of Medical Psychology, 33, 113–122.

Sartorius, N. (1990). Sources and traditions of psychiatric classification: Introduction. In N. Sartorius, A. Jablensky, D.A. Regier, J.D. Burke & R.M.A. Hirschfeld (Eds.), Sources and traditions of classification in psychiatry (pp. 1–6). Göttingen: Hogrefe & Huber.

Saß, H. (1987). Psychopathie, Soziopathie, Dissozialität. Zur Differentialtypologie der Persönlichkeitsstörungen. Berlin: Springer.

Saß, H. (1988). Angst und Angstfreiheit bei Persönlichkeitsstörungen. In H. Hippius (Hrsg.), Angst: Leitsymptom psychiatrischer Krankheiten (S. 87–93). Berlin: Springer.

Saß, H. & Herpertz, S. (Hrsg.) (1999). Psychotherapie von Persönlichkeitsstörungen. Beiträge zu einem schulenübergreifenden Vorgehen. Stuttgart: Thieme.

Saß, H. & Koehler, K. (1982a). Diagnostische Kriterien für die Borderline-Schizophrenie auf der Basis des SSDBS. Archiv für Psychiatrie und Nervenkrankheiten, 232, 53–62.

Saß, H. & Koehler, K. (1982b). Borderline-Syndrome, Neurosen und Persönlichkeitsstörungen. Nervenarzt, 53, 519–523.

Saß, H. & Mende, M. (1988). Zur Erfassung von Persönlichkeitsstörungen mit einer integrierten Merkmalsliste gem. DSM-III-R und ICD-10 bei stationär behandelten psychiatrischen Patienten. In U. Baumann, I. Fähndrich, R. Stieglitz & B. Woggon (Hrsg.), Veränderungsmessung in Psychiatrie und klinischer Psychologie. Theoretische, methodische und empirische Beiträge (S. 145–206). München: Profil.

Saß, H., Herpertz, S. & Houben, I. (1992). Modern concepts of personality disorders of clinical psychopathology. Neurology, Psychiatry and Brain Research, 1, 116–121.

Saß, H., Herpertz, S. & Steinmeyer, E.M. (1993). Subaffective personality disorders. International Clinical Psychopharmacology, 8 (Suppl. 1), 39–46.

Saß, H., Houben, I., Herpertz, S., Steinmeyer, E.M. (1996). Kategorialer versus dimensionaler Ansatz in der Diagnostik von Persönlichkeitsstörungen. In B. Schmitz, Th. Fydrich & K. Limbacher (Hrsg.). (1996), Persönlichkeitsstörungen: Diagnostik und Psychotherapie (S. 42–55). Weinheim: Psychologie Verlags Union.

Saß, H., Steinmeyer, E.M., Ebel, H. & Herpertz, S. (1995). Untersuchungen zur Kategorisierung und Dimensionierung von Persönlichkeitsstörungen. Zeitschrift für Klinische Psychologie, 24, 239–251.

Saß, H., Jünemann, K. & Houben, I. (2000). Zur Klassifikation der Persönlichkeitsstörungen – gegenwärtiger Stand und Perspektiven im neuen Jahrtausend. PTT – Persönlichkeitsstörungen: Theorie und Therapie, 4, 43–58.

Sauer, H., Richter, P. & Saß, H. (1989). Zur prämorbiden Persönlichkeit von Patienten mit schizoaffektiven Psychosen. In A. Marneros (Hrsg.), Schizoaffektive Psychosen (S. 109–118). Berlin: Springer.

Scarpa, A., Luscher, K.A., Smalley, K.J., Pilkonis, P.A., Yookyung, K. & Williams, W.C. (1999). Screening for personality disorders in a nonclinical population. Journal of Personality Disorders, 13, 345–360.

Schaefer, E.S. (1959). A circumplex model for maternal behavior. Journal of Abnormal and Social Psychology, 59, 226–235.

Schäfer, M.L. (1991). Migräne und Persönlichkeit. Stuttgart: Enke.

Schanck, R.C. & Abelson, R.P. (1977). Scripts, plans, goals, and understanding. Hillsdale, NJ: Erlbaum.

Scharfetter, Ch. (1976). Allgemeine Psychopathologie. Stuttgart: Thieme.

Scharfetter, Ch. (1983). Schizophrene Menschen. München: Urban & Schwarzenberg.

Scheerer, E. (1985). Persönlichkeitspsychologie im Nationalsozialismus. In T. Herrmann & E.-D. Lantermann (Hrsg.), Persönlichkeitspsychologie. Ein Handbuch in Schlüsselbegriffen (S. 59–69). München: Urban & Schwarzenberg.

Scheff, T.J. (1963). The role of mentally ill and the dynamics of mental disorder: A research framework. Sociometry, 26, 436–453. [dt. (1972). Die Rolle des psychisch Kranken und die Dynamik psychischer Störung: Ein Bezugrahmen für die Forschung. In H. Keupp (Hrsg.), Der Krankheitsmythos in der Psychopathologie (S. 136–156). München: Urban & Schwarzenberg.].

Schepank, H., Hilpert, H., Hönmann, H., Janta, B., Parekh, H., Riedel, P., Schiessl, N., Stork, H., Tress, W. & Weinhold-Metzner, M. (1984). Das Mannheimer Kohortenprojekt – Die

Prävalenz psychogener Erkrankungen in der Stadt. Zeitschrift für psychosomatische Medizin, 30, 43–61.
Scheurer, H. (1993). Persönlichkeit und Kriminalität. Eine theoretische und empirische Analyse. Regensburg: Roderer.
Schmideberg, M. (1960). Psychiatric study and psychotherapy of criminals. Progress in Psychotherapy, 5, 156–160.
Schmideberg, M. (1970). The borderline patient. In S. Arieti (Ed.), American handbook of psychiatry. Vol. 1 (pp. 398–416). New York: Basic Books.
Schmitz, B. (1996). Verhaltenstherapie bei Persönlichkeitsstörungen. In W. Senf & M. Broda (Hrsg.), Praxis der Psychotherapie. Ein integratives Lehrbuch für Psychoanalyse und Verhaltenstherapie (S. 318–333). Stuttgart: Thieme.
Schmitz, B. (1999). Kognitive Verhaltenstherapie bei Patienten mit Persönlichkeitsstörungen: Behandlungsansätze und Psychoedukation. In H. Saß & S. Herpertz (Hrsg.), Psychotherapie von Persönlichkeitsstörungen. Beiträge zu einem schulenübergreifenden Vorgehen (S. 25–47). Stuttgart: Thieme.
Schmitz, B., Fydrich, Th. & Limbacher, K. (Hrsg.). (1996). Persönlichkeitsstörungen: Diagnostik und Psychotherapie. Weinheim: Psychologie Verlags Union.
Schneider, K. (1923). Die psychopathischen Persönlichkeiten. Leipzig: Franz Deutike. [2. wesentlich veränderte Auflage (1928); bis: 9. Auflage (1950). Wien: Deuticke].
Schramm, E. (1996). Interpersonelle Psychotherapie. Stuttgart: Schattauer.
Schroeder, M.L., Wormworth, J.A. & Livesley, W.J. (1993). Dimensions of personality disorders and the five-factor model of personality. In P.T. Costa & T.A. Widiger (Eds.), Personality disorders and the five-factor model of personality (pp. 117–127). Washington DC: American Psychological Association.
Schulte, D. (1976). Ein Schema für Diagnose und Therapieplanung in der Verhaltenstherapie. In D. Schulte (Hrsg.), Diagnostik in der Verhaltenstherapie (2. Aufl.; S. 75–104). München: Urban & Schwarzenberg.
Schulte, D. (1996). Therapieplanung. Göttingen: Hogrefe.
Schulte, D., & Wittchen, H.U. (1988). Wert und Nutzen klassifikatorischer Diagnostik für die Psychotherapie. Diagnostica, 34, 85–98.
Schulte, W. & Tölle, R. (1977). Psychiatrie (4. Aufl.). Berlin: Springer.
Schultz, J.H. (1928). Die konstitutionelle Nervosität. In O. Bumke (Hrsg.), Handbuch der Geisteskrankheiten. (Band 5; S. 28–111). Berlin: Springer.
Schultz-Hencke, H. (1927). Einführung in die Psychoanalyse. Jena: G. Fischer. [unveränderter Nachdruck (1972). Göttingen: Vandenhoeck & Ruprecht].
Schultz-Hencke, H. (1931). Schicksal und Neurose. Versuch einer Neurosenlehre vom Bewußtsein her. Jena: G. Fischer.
Schultz-Hencke, H. (1940). Der gehemmte Mensch. Stuttgart: Thieme. [Zu Grunde gelegt wurde die 2. Auflage (1946)].
Schultz-Hencke, H. (1951). Lehrbuch der analytischen Psychotherapie. Stuttgart: Thieme.
Scuito, G., Diaferia, G., Battaglia, M., Perna, G. et al. (1991). DSM-III-R personality disorders in panic and obsessive-compulsive disorder: A comparison study. Comprehensive Psychiatry, 32, 450–457.
Segal, D.L., Hersen, M., van Hasselt, V.B., Silberman, C.S. & Roth, L. (1996). Diagnosis and assessment of personality disorders in older adults: A critical review. Journal of Personality Disorders, 10, 384–399.
Seipel, K.H. (1996a). Falldarstellung einer ambulant kognitiv-verhaltenstherapeutischen Behandlung eines Patienten mit narzißtischer Persönlichkeitsstörung. In B. Schmitz, Th. Fydrich & K. Limbacher (Hrsg.). (1996), Persönlichkeitsstörungen: Diagnostik und Psychotherapie (S. 244–258). Weinheim: Psychologie Verlags Union.

Seipel, K.H. (1996b). Verhaltenstherapie bei narzißtischer Persönlichkeitsstörung. In W. Senf & M. Broda (Hrsg.), Praxis der Psychotherapie. Ein integratives Lehrbuch für Psychoanalyse und Verhaltenstherapie (S. 334–339). Stuttgart: Thieme.

Selvini-Palazzoli, M., Boscolo, L., Cecchin, G. & Prata, G. (1981). Paradoxon und Gegenparadoxon. Klett, Stuttgart.

Seltzer, L.F. (1986). Paradoxical strategies in psychotherapy. New York: Wiley.

Senf, W. & Jezussek, I. (1996). Stationäre psychoanalytische Behandlung von Patienten mit Persönlichkeitsstörungen. In B. Schmitz, Th. Fydrich & K. Limbacher (Hrsg.). (1996), Persönlichkeitsstörungen: Diagnostik und Psychotherapie (S. 267–277). Weinheim: Psychologie Verlags Union.

Shapiro, D. (1965). Neurotic stiles. New York: Basic Books. [dt. (1991). Neurotische Stile. Göttingen: Vandenhoeck & Ruprecht.].

Shapiro, D. (1981). Autonomy and the rigid character. New York: Basic Books.

Shapiro, E.R. (1989). Family and couples therapy. In American Psychiatric Association (Ed.), Treatments of psychiatric disorders (Vol. 3; pp. 2660–2666). Washington DC: American Psychiatric Association.

Shea, M.T. (1993). Psychosocial treatment of personality disorders. Journal of Personality Disorders, 7 (Supplement, Spring 1993), 167–180.

Shea, M.T. (1996a). Wirksamkeit von Psychotherapie bei Persönlichkeitsstörungen. In B. Schmitz, Th. Fydrich & K. Limbacher (Hrsg.). (1996), Persönlichkeitsstörungen: Diagnostik und Psychotherapie (S. 359–375). Weinheim: Psychologie Verlags Union.

Shea, M.T. (1996b). Enduring personality change after catastrophic experience. In T.A. Widiger, A.J. Frances, H.A. Pincus, R. Ross, M.B. First & W.W. Davis (Eds.), DSM-IV Sourcebook (pp. 849–860). Washington, DC: American Psychiatric Press.

Shea, M.T., Zlonick, C. & Weisberg, R.B. (1999). Commonality and specificity of personality disorder profiles in subjects with trauma histories. Journal of Personality Disorders, 13, 199–210.

Shea, M.T., Glass, D., Pilkonis, P.A., Watkins, J. & Docherty, J.P. (1987). Frequency and implications of personality disorders in a sample of depressed outpatients. Journal of Personality Disorders, 1, 27–42.

Shea, T.M., Pilkonis, P.A., Beckham, E., Collins, J.F., Elkin, I., Sotzky, S.M. & Docherty, J.P. (1990). Personality disorders and treatment outcome in the NIMH Treatment of Depression Collaborative Research Program. American Journal of Psychiatry, 147, 711–718.

Shea, M.T., Widiger, T.A. & Klein, M.H. (1992). Comorbidity of personality disorders and depression: Implications for treatment. Journal of Consulting and Clinical Psychology, 60, 857–868.

Sheard, M., Marini, J., Bridges, C. & Wapner, A. (1976). The effects of lithium on impulsive aggressive behavior in man. American Journal of Psychiatry, 133, 1409–1413.

Shearer, S.L., Peters, C.P., Quaytman, M.S. & Ogdon, R.L. (1990). Frequency and correlates of childhood sexual and physical abuse histories of borderline patients. American Journal of Psychiatry, 147, 214 –216.

Sheehy, M., Goldsmith, L. & Charles, E. (1980). A comparative study of borderline patients in psychiatric outpatient clinic. American Journal of Psychiatry, 137, 1374–1379.

Sher, K.J., & Trull, T.J. (1994). Personality and disinhibitory psychopathology: Alcoholism and antisocial personality disorder. Journal of Abnormal Psychology, 103, 92–102.

Siever, L.J. (1981). Schizoid and schizotypical personality disorders. In J.R. Lion (Ed.), Personality disorders. Diagnosis and management (2nd ed., revised for DSM III; pp. 32–64). Baltimore: Williams & Wilkins.

Siever, L.J. (1985). Biological markers in schizotypal personality disorder. Schizophrenia Bulletin, 11, 564–575.

Siever, L.J. (1992). Schizophrenia spectrum personality disorders. In A. Tasman & M.B. Riba (Eds.), Review of Psychiatry – Vol. 11 (pp. 25–42). Washington, DC: American Psychiatric Press.

Siever, L.J. & Davis, K.L. (1991). A psychobiological perspective on the personality disorders. American Journal of Psychiatry, 148, 1647–1658.

Siever, L.J. & Gunderson, J.G. (1983). The search for a schizotypal personality: Historical origins and current status. Comprehensive Psychiatry, 24, 199–212.

Siever, L.J., Bernstein, D.P. & Silverman, J.M. (1991). Schizotypal personality disorder: A review of its current status. Journal of Personality Disorders, 5, 178–193.

Siever, L.J., Bernstein, D.P. & Silverman, J.M. (1996). Schizotypal personality disorder. In T.A. Widiger, A.J. Frances, H.A. Pincus, R. Ross, M.B. First & W.W. Davis (Eds.), DSM-IV Sourcebook (pp. 685–702). Washington, DC: American Psychiatric Press.

Siever, L.J., Keefe, R., Bernstein, D.P., Coccaro, E.F., Zemishlany, Z., Peterson, A.E., Davidson, M., Mahon, T., Horvarth, T. & Mohs, R. (1990). Eye tracking impairment in clinically identified patients with schizotypal personality disorder. American Journal of Psychiatry, 147, 740–745.

Siever, L.J., Klar, H. & Coccaro, E. (1985). Psychobiological substrates of personality disorders. In H. Klar & L.J. Siever (Eds.), Biological response styles: Clinical implications. Washington, DC: American Psychiatric Press.

Siegel, R.A. (1978). Probability of punishment and suppression of behavior in psychopathic and nonpsychopathic offenders. Journal of Abnormal Psychology, 87, 514–522.

Sigmund, D. (1994). Die Phänomenologie der hysterischen Persönlichkeitsstörung. Nervenarzt, 65, 18–25.

Silver, D. & Rosenbluth, M. (Eds.). (1992). Handbook of borderline disorders. Madison: International Universities Press.

Silverman, J.M., Pinkham, L., Horvath, T.B., Coccaro, E.F., Klar, H., Schear, S., Apter, S., Davidson, M., Mohs, R.C. & Siever, L.J. (1991). Affective and impulsive personality disorder traits in the relatives with borderline personality disorder. American Journal of Psychiatry, 148, 1378–1385.

Singer, M.T. & Larson, D.G. (1981). Borderline personality and the Rorschach test. Archives of General Psychiatry, 38, 693–698.

Skodol, A.E., Buckley, P. & Charles, E. (1983). Is there a characteristic pattern to the treatment history of clinic outpatients with borderline personality? Journal of Nervous and Mental Disease, 17, 405–410.

Skodol, A.E., Rosnick, L., Kellman, H.D., Oldham, J.M. & Hyler, S. (1988). Validating structured DSM-III-R personality disorder assessment with longitudinal data. American Journal of Psychiatry, 145, 1297–1299.

Skodol, A.E., Rosnick, L., Kellman, H.D., Oldham, J.M. & Hyler, S. (1992). Development of a procedure for validating structured assessments of Axis II. In J.M. Oldham (Ed.), Personality disorders: New perspectives on diagnostic validity (pp. 41–70). Washington, DC: American Psychiatric Press.

Skrzypek, G.J. (1969). Effect of perceptual isolation and arousal on anxiety, complexity preference, and novelty preference in psychopathic and neurotic delinquents. Journal of Abnormal Psychology, 74, 321–329.

Slade, P.D. (1974). Psychometric studies of obsessional illness and obsessional personality. In H.R. Beech (Ed.), Obsessional states (pp. 95–112). London: Methuen.

Slavney, P.R. & Chase, G.A. (1985). Clinical judgement of self-dramatization: A test of the sexist hypothesis. British Journal of Psychiatry, 146, 614–617.

Small, I.F., Small, J.G., Alig, V.B. & Moore, D.F. (1970). Passive-aggressive personality disorder: A search for a syndrome. American Journal of Psychiatry, 126, 973–983.

Soldz, S., Budman, S., Demby, A. & Merry, J. (1993). Representation of personality disorders in circumplex and five-factor space: Exploration with a clinical sample. Psychological Assessment, 5, 41–52.

Soloff, P.H. & Millward, J.W. (1983). Developmental histories of borderline patients. Comprehensive Psychiatry, 24, 574–588.

Soloff, P.H., George, A., Nathan, R.S., Schulz, P.M., Cornelius, J.R., Herring, J. & Perel, J.M. (1989). Amitriptyline versus haloperidol in borderlines: Final outcomes and predictors of response. Journal of Clinical Psychopharmacology, 9, 238–246.

Soloff, P.H., George, A., Nathan, R.S., Schulz, P.M. & Perel, J.M. (1986). Paradoxical effects of amitriptyline in borderline patients. American Journal of Psychiatry, 143, 1603–1605.

Solomon, K. (1981). Personality disorders and the elderly. In J.R. Lion (Ed.), Personality disorders. Diagnosis and management (2nd ed., revised for DSM III; pp. 310–338). Baltimore: Williams & Wilkins.

Spitzer, R.L. (1983). Psychiatric diagnosis: Are clinicians still necessary? Comprehensive Psychiatry, 24, 399–411.

Spitzer, R.L. & Endicott, J. (1979a). Justification for seperating schizotypical and borderline personality disorders. Schizophrenia Bulletin, 5, 95–100.

Spitzer, R.L., Endicott, J. & Gibbons, M. (1979b). Crossing the border into borderline personality and borderline schizophrenia. Archives of General Psychiatry, 36, 17–24.

Spitzer, R.L., Endicott, J., Fleiss, J.L. & Cohen, J. (1970). The Psychiatric Status Schedule: A technique for evaluating psychopathology and impairement in role functioning. Archives of General Psychiatry, 23, 41–55.

Spitzer, R.L., Forman, J.W.B. & Nee, J. (1979). DSM-III field trails: I. Initial interater diagnostic reliability. American Journal of Psychiatry, 136, 815–817.

Spitzer, R.L. & Williams, J.B.W. (1984). Structured Clinical Interview for DSM-III (SCID-II) (revised). New York: NY State Psychiatric Institute (Biometric Research Department).

Spitzer, R.L., Williams, J.B.W., Gibbons, M. & First, M. (1990a). User's guide for the Structured Clinical Interview for DSM-III-R (SCID). Washington DC: American Psychiatric Press.

Spitzer, R.L., Williams, J.B.W., Gibbons, M. & First, M. (1990b). The Structured Clinical Interview for DSM-III-R, patient edition (SCID-P, Version 1.0). Washington DC: American Psychiatric Press.

Spitzer, R.L., Williams, J.B.W., Kass, F. & Davies, M. (1989). National field trial of the DSM-III-R diagnostic criteria for self-defeating personality disorder. American Journal of Psychiatry, 146, 1561–1567.

Sprock, J., Blashfield, R.K. & Smith, B. (1990). Gender weighting of DSM-III-R- personality criteria. American Journal of Psychiatry, 147, 586–590.

Stangl, D., Pfohl, B., Zimmerman, M., Bowers, W. & Corenthal, C. (1985). A Structured Interview for the DSM-III Personality Disorders. A preliminary report. Archives of General Psychiatry, 42, 591–596.

Stanley, M.A., Turner, S.M. & Borden, J.W. (1990). Schizotypal features in obsessive-compulsive disorder. Comprehensive Psychiatry, 31, 511–518.

Starcevic, V. (1990). Relationship between hypochondriasis and obsessive-compulsive personality disorder: Close relatives separated by nosological schemes. American Journal of Psychotherapy, 44, 340–347.

Starcevic, V., Uhlenhut, E.H. & Fallon, S. (1995). The Tridimensional Personality Questionnaire as an instrument for screening personality disorders: Use in patients with generalized anxiety disorder. Journal of Personality Disorders, 9, 247–253.

Stein, D.J., Hollander, E. & Skodol, A.E. (1993). Anxiety disorders and personality disorders: A review. Journal of Personality Disorders, 7, 87–104.

Stein, G. (1993). Drug treatment of personality disorders. In P. Tyrer & G. Stein (Eds.), Personality disorders reviewed (pp. 225–261). London: Gaskell – Royal College of Psychiatrists.
Steinhausen, H.-C. & von Aster, M. (1993). Handbuch Verhaltenstherapie und Verhaltensmedizin bei Kindern und Jugendlichen. Weinheim: Psychologie Verlags Union.
Stengel, E. (1959). Classification of mental disorders. Bulletin of the World Health Organization, 21, 601–663.
Stern, A. (1938). Psychoanalytic investigation of and therapy in the borderline group of neurosis. Psychoanalytic Quarterly, 7, 467–489.
Stevenson, J. & Meares, R. (1992). An outcome study of psychotherapy for patients with borderline personality disorder. American Journal of Psychiatry, 149, 358–362.
Stierlin, H. (1982). Dynamische Familientherapie. In R. Bastine, P. Fiedler, K. Grawe, G. Sommer & S. Schmidtchen (Hrsg.), Grundbegriffe der Psychotherapie (S. 98–103). Weinheim: edition psychologie im VCH-Verlag.
Stone, M.H. (1980). The borderline syndromes: Constitution, personality, and adaption. New York: McGraw Hill.
Stone, M.H. (1985). Schizotypical personality: Psychotherapeutic aspects. Schizophrenia Bulletin, 11, 576–589.
Stone, M.H. (1988). Abuse and abusiveness in borderlines. In: Proceedings and summery, 141st Annual Meeting, American Psychiatric Association. [zit. in: Tarnopolsky, A. (1992). The validity of the borderline personality disorder. In D. Silver & M. Rosenbluth (Eds.), Handbook of borderline disorders (pp. 29–52). Madison: International Universities Press.]
Stone, M.H. (1989a). Schizoid personality disorder. In American Psychiatric Association (Ed.), Treatments of psychiatric disorders (Vol. 3; pp. 2712–2718). Washington DC: APA.
Stone, M.H. (1989b). Schizotypal personality disorder. In American Psychiatric Association (Ed.), Treatments of psychiatric disorders (Vol. 3; pp. 2719–2727). Washington DC: APA.
Stone, M.H. (1992a). Borderline personality disorder: Course of illness. In J.F. Clarkin, E. Marziali & H. Munroe-Blum (Eds.), Borderline personality disorder. Clinical and empirical perspectives (pp. 67–86). New York: Guilford.
Stone, M.H. (1992b). Treatment of severe personality disorders. In A. Tasman & M.B. Riba (Eds.), Review of psychiatry, Vol. 11 (pp. 98–115). Washington, DC: American Psychiatric Press.
Stone, M.H. (1995). Schizoid and schozotypal personality disorder In Gabbard, G.O. (Ed.), Treatments of psychiatric disorders (2nd ed.; Vol. 2; pp. 2261–2272). Washington DC: American Psychiatric Association.
Stopa, L. & Clark, D.M. (1993). Cognitive processes in social phobia. Behaviour Research and Therapy, 31, 255–267.
Strack, S. (1987). Development and validation of an adjective checklist to assess the Millon personality types in a normal population. Journal of Personality Assessment, 51, 572–587.
Stravynski, A., Elie, R. & Franche, Y.L. (1989). Perception of early parenting by patients diagnosed avoidant personality disorder: A test of the overprotected hypothesis. Acta Psychiatrica Scandinavia, 80, 415–420.
Stravynski, A., Marks, I. & Yule, W. (1982). Social skills training in neurotic outpatients: Social skills training with and without cognitive modification. Archives of General Psychiatry, 39, 1378–1385.
Stuart, S., Pfohl, B., Battaglia, M., Bellodi, L., Grove, W. & Cadoret, R. (1998). The cooccurrence of DSM-III-R personality disorders. Journal of Personality Disorders, 12 (4), 302–315.
Strupp, H.H. & Binder, J.L. (1984). Psychotherapy in a new key: A guide to time-limited dynamic psychotherapy. New York: Basic Books. [dt. (1991). Kurzpsychotherapie. Stuttgart: Klett-Cotta.]

Sturgis, E.T. (1993). Obsessive-compulsive disorders. In P.B. Sutker & H.E. Adams (Eds.), Comprehensive handbook of psychopathology (2nd. ed.; pp. 129–144). New York: Plenum Press.

Sullivan, H.S. (1940). Conceptions of modern psychiatry. New York: Norton.

Sullivan, H.S. (1953). The interpersonal theory of psychiatry. New York: Norton. [dt. (1980). Die interpersonelle Theorie der Psychiatrie. Frankfurt a.M.: Fischer].

Süllwold, F. (1990). Zur Struktur der hypochondrischen und der hysteroiden Persönlichkeit. Zeitschrift für experimentelle und angewandte Psychologie, 37, 642–659.

Süllwold, F. (1994). Das Hypochondrie-Hysterie-Inventar (HHI). Konzept, Theorie, Konstruktion, meßtheoretische Qualitätskriterien, Normen und Anwendungsmöglichkeiten [Arbeiten aus dem Psychologischen Institut, 1994/6]. Frankfurt/M.: Johann Wolfgang Goethe-Universität.

Süllwold, L. (1978). Zwangsstörungen. In U. Baumann, H. Berbalk, & G. Seidenstücker (Hrsg.), Klinische Psychologie I: Trends in Forschung und Praxis. Bern: Huber.

Süllwold, L. (1983). Schizophrenie. Stuttgart: Kohlhammer.

Sund, A. (1973). Prognosis of psychiatric disorders in young Norwegian men. British Journal of Psychiatry, 122, 125.

Sutker, P.B. & Allain, A.N. (1983). Behavior and personality assessment in men labled adaptive sociopaths. Journal of Behavior Assessment, 5, 65–79.

Sutker, P.B., Bugg, F. & West, J.A. (1993). Antisocial personality disorder. In P.B. Sutker & H.E. Adams (Eds.), Comprehensive handbook of psychopathology (2nd. ed.; pp. 337–369). New York: Plenum Press.

Sutherland, S.M. & Frances, A. (1995). Avoidant personality disorder. In Gabbard, G.O. (Ed.), Treatments of psychiatric disorders (2nd ed.; Vol. 2; pp. 2345–2354). Washington DC: American Psychiatric Association.

Swildens, H. (1988). Procesgerichte gesprekstherapie. Amersfoort: Acco. [dtsch. (1991). Prozeßorientierte Gesprächspsychotherapie. Einführung in eine differenzielle Anwendung des klientenzentrierten Ansatzes bei der Behandlung psychischer Erkrankungen. Köln: GwG-Verlag.]

Syndulko, K. (1978). Electrocortical investigations of sociopathy. In R.D. Hare & D. Schalling (Eds.), Psychopathic behavior: Approaches to research (pp. 145–156). New York: Wiley.

Szasz, T.S. (1960). The myth of mental illness. American Psychologist, 15, 113–118. [dt. (1972). Der Mythos von der seelischen Krankheit. In H. Keupp (Hrsg.), Der Krankheitsmythos in der Psychopathologie (S. 44–56). München: Urban & Schwarzenberg.].

Szasz, T.S. (1961). The myth of mental illness. Foundations of a theory of personal conduct. New York: Harper & Row. [dt. (1972). Geisteskrankheit – ein moderner Mythos. Olten: Walter.].

Szasz, T.S. (1993). A lexicon of lunacy. Metaphoric malady, moral responsibility, and psychiatry. New Brunswick NJ: Transaction Publishers.

Takuma, T. (1980). Persönlichkeit. II. Einige Definitionsversuche. In W. Arnold, H.J. Eysenck & R. Meili (Hrsg.), Lexikon der Psychologie, Band 2 (S. 1581–1583). Freiburg i.B.: Herder.

Tellenbach, H. (1961). Melancholie (4. Aufl.). Berlin: Springer-Verlag.

Templer, D. (1972). Obsessive-compulsive neurosis: A review of research. Comprehensive Psychiatry, 13, 375–383.

Tennent, G. & Way, C. (1984). The English Special Hospital: A 12–17 year follow-up study. Medicine Science and the Law, 24, 81–91.

Thompson, L.W., Gallagher, D. & Czirr, R. (1988). Personality disorder and outcome in the treatment of late-life depression. Journal of Geriatric Psychiatry, 21, 133–146.

Thompson-Pope, K. & Turkat, I.D. (1993). Schizotypal, schizoid, paranoid, and avoidant personality disorders. In P.B. Sutker & H.E. Adams (Eds.), Comprehensive handbook of psychopathology (2nd ed.; pp. 411–434). New York: Plenum Press.

Tölle, R. (1966). Katamnestische Untersuchungen zur Biographie abnormer Persönlichkeiten. Berlin: Springer.

Tölle, R. (1986). Persönlichkeitsstörungen. In K.P. Kisker, H. Lauter, J.E. Meier, C. Müller & E. Strömgren (Hrsg.), Psychiatrie der Gegenwart, Bd. 1: Neurosen, Psychosomatische Erkrankungen, Psychotherapie (3. Aufl.; S. 151–188). Berlin: Springer.

Tölle, R. (1988). Beziehungen zwischen Persönlichkeit und Psychose. In W. Janzarik (Hrsg.), Persönlichkeit und Psychose. Berlin: Springer.

Tölle, R. (1990). Persönlichkeitsstörungen: Problematik und diagnostische Bedeutung. In P.L. Janssen (Hrsg.), Psychoanalytische Therapie der Borderlinestörungen (S. 7–16). Berlin: Springer.

Tölle, R. (1991). Psychiatrie (9. Auflage). Berlin: Springer.

Tölle, R., Peikert, A. & Rieke, A. (1987). Persönlichkeitsstörungen bei Melancholiekranken. Nervenarzt, 58, 227–236.

Torgersen, S. (1980). The oral, obsessive, and hysterical personality syndromes: A study of heredity and environmental factors by means of the twin method. Archives of General Psychiatry, 37, 1272–1277.

Torgersen, S., Onstad, S., Skre, I., Edvardsen, J. & Kringlen, E. (1993). „True" schizotypal personality disorder: A study of co-twins and relatives of schizophrenic probands. American Journal of Psychiatry, 150, 1661–1667.

Triebwasser, J. & Shea, M.T. (1996). Personality change resulting from another mental disorder. In T.A. Widiger, A.J. Frances, H.A. Pincus, R. Ross, M.B. First & W.W. Davis (Eds.), DSM-IV Sourcebook (pp. 861–870). Washington, DC: American Psychiatric Press.

Trull, T.J. (1990). DSM-III-R personality disorders and the five-factor model of personality: An empirical comparison. Journal of Abnormal Psychology, 101, 553–560.

Trull, T.J. & McCrae, R.R. (1993). A five-factor perspective on personality disorder research. In P.T. Costa & T.A. Widiger (Eds.), Personality disorders and the five-factor model of personality (pp. 59–72). Washington DC: American Psychological Association.

Trull, T.J., Widiger, T.A. & Frances, A. (1987). Covariations for criteria sets for avoidant, schizoid, and dependent personality disorders. American Journal of Psychiatry, 144, 767–771.

Trull, J.T., Useda, J.D., Doan, B.T., Vieth, A.Z., Burr, R.M., Hanks, A.A. & Conforti, K. (1988). Two-year stability of borderline personality measures. Journal of Personality Disorders, 12, 187–197.

Tscheulin, D. (Hrsg.). (1983). Beziehung und Technik in der klientenzentrierten Therapie. Weinheim: Beltz.

Tupes, E.C. & Christal, R.E. (1961). Recurrent personality factors based on trait ratings. USAF Technical Report ASD-TR-61–97.

Turkat, I.D. (1985). Paranoid personality disorder. In I.D. Turkat (Ed.), Behavioral case formulations. New York: Plenum

Turkat, I.D. (1990). The personality disorders. A psychological approach to clinical management. New York: Pergamon Press. [dt. (1996). Die Persönlichkeitsstörungen. Ein Leitfaden für die klinische Praxis. Bern: Huber.]

Turkat, I.D. & Banks, D.S. (1987). Paranoid personality and its disorders. Journal of Psychopathology and Behavioral Assessment, 9, 295–304.

Turkat, I.D. & Levin, R.A. (1984). Formulation of personality disorders. In H.E. Adams & P.B. Sutker (Eds.), Comprehensive handbook of psychopathology (pp. 495–523). New York: Plenum Press.

Turkat, I.D. & Maisto, S.A. (1985). Personality disorders: Application of the experimental method to the formulation and modification of personality disorders. In D.H. Barlow (Ed.), Clinical handbook of psychological disorders. A step-by-step treatment manual (pp. 502–570). New York: Guilford.

Turner, S.M. (1987). The effects of personality disorder diagnosis on the outcome of social anxiety symptom reduction. Journal of Personality Disorders, 1, 136–144.

Turner, S.M. & Beidel, D.C. (1989). Social phobia: Clinical syndrome, diagnosis, and comorbidity. Clinical Psychological Review, 9, 3–18.

Turner, S.M. Beidel, D.C., Dancu, C.V., & Keys, D.J. (1986). Psychopathology of social phobia and comparison to avoidant personality disorder. Journal of Abnormal Psychology, 95, 389–394.

Turner, S.M., Beidel, D.C., Borden, J.W., Stanley, M.A. & Jacob, R.G. (1991). Social phobia: Axis I and II corrolates. Journal of Abnormal Psychology, 100, 102–106.

Turner, S.M., Beidel, D.C. & Townsley, R.M. (1992). Social phobia: A comparison of specific and generalized subtypes and avoidant personality disorder. Journal of Abnormal Psychology, 101, 326–331.

Tyrer, P., Casey, P. & Gall, J. (1983). Relationship between neurosis and personality disorder. British Journal of Psychiatry, 142, 404–408.

Tyrer, P., Gunderson, J., Lyons, M. & Tohen, M. (1997). Extent of comorbidity between mental state and personality disorders. Journal of Personality Disorders, 11, 242–259.

Utitz, E. (1925). Charakterologie. Berlin: Pan Verlag.

Vaillant, G.E. (1975). Sociopathy as a human process. Archives of General Psychiatry, 32, 178–183.

Vaillant, G.E. (1976). Natural history of male psychological health: V. The relation of choice of ego mechanisms of defense to adult adjustment. Archives of General Psychiatry, 33, 535–545.

Vaillant, G.E. & Perry, J.C. (1988). Persönlichkeitsstörungen. In A.M. Freedman, H.I. Kaplan, B.J. Sadock, & U.H. Peters (Hrsg.), Psychosomatische Störungen (Psychiatrie in Praxis und Klinik. Band 4. S. 113–157). Stuttgart, New York: Georg Thieme Verlag.

Van den Berg, P.J. & Helstone, F.S. (1975). Oral, obsessive, and hysterical personality patterns: A Dutch replication. Journal of Psychiatric Research, 12, 319–327.

Van der Kolk, B. (1999). Das Trauma in der Borderline-Persönlichkeit. Persönlichkeitsstörungen. Theorie und Therapie, 3, 21–29.

Van der Kolk, B., Perry, J.C. & Herman, J.L. (1991). Childhood origins of self-destructive behavior. American Journal of Psychiatry, 148, 1665–1671.

Vogelsang, M. (1996). Ein Modell kognitiv-behavioraler Gruppentherapie bei dependenten Persönlichkeitsstörungen. Verhaltensmodifikation und Verhaltensmedizin, 17, 233–249.

Waid, W. & Orne, M.T. (1982). Reduced electrodermal response to conflict, failure to inhibit dominant behaviors, and delinquency proneness. Journal of Personality and Social Psychology, 43, 769–774.

Waldinger, R.J. & Gunderson, J.G. (1984). Completed psychotherapies with borderline patients. American Journal of Psychotherapy, 38, 190–202.

Walker, N. (1968). Crime and insanity in England. Vol. 1: The historical perspective. Edinburgh: University Press.

Walker, N. & McCabe, M. (1973). Crime and insanity in England. Vol. 2: New solutions and new problems. Edinburgh: University Press.

Walsh, F. (1983). The family of borderline patient. In R. Grinker & B. Werble (Eds.), The borderline-patient (pp. 149–177). New York: Jason-Aronson.

Waltz, J. & Trautmann-Sponsel, R.D. (1999). Verhaltenstherapie bei Borderline-Persönlichkeitsstörungen. PTT – Persönlichkeitsstörungen: Theorie und Therapie, 3, 79–89.

Wamboldt, F.S. & Reiss, D. (1991). Task performance and social construction of meaning: Juxtaposing normality with contemporary family research. In D. Offer & M. Sabshin (Eds.), The diversity of normal behavior. Further contributions to normatology (pp. 164–206). New York: Basic Books.

Watson, D., Clark, L.A. & Harkness, A.R. (1994). Structures of personality and their relevance to psychopathology. Journal of Abnormal Psychology, 103, 18–31.

Watzlawick, P., Beavin, J.H. & Jackson, D.D. (1969). Menschliche Kommunikation. Formen, Störungen, Paradoxien. Bern: Huber.

Weeks, G.R. & L'Abate, L. (1985). Paradoxe Psychotherapie. Stuttgart: Enke.

Weinshel, E.M. (1968). Panal report: Severe regressive states during analysis. Journal of the American Psychoanalytic Association, 14, 538–568.

Weintraub, W. (1981). Compulsive and paranoid personalities. In J.R. Lion (Ed.), Personality disorders: Diagnosis and management (pp. 163–181). Baltimore: Williams & Wilkins.

Weissman, M.M. (1993). The epidemiology of personality disorders: A 1990 update. Journal of Personality Disorders, 7 (Supplement, Spring 1993), 44–62.

Weissman, M.M., Prusoff, B.A. & Klerman, G.L. (1978). Personality and the prediction of long term outcome of depression. American Journal of Psychiatry, 135, 797–800.

Weitbrecht, H.J. (1963). Psychiatrie im Grundriß. Berlin: Springer-Verlag.

Wellek, A. (1950). Die Polarität im Aufbau des Charakters. System der Konkreten Charakterkunde. Bern: Francke. [3. neubearbeitete und wesentlich erweiterte Auflage (1966)].

Wellek, A. (1959). Der phänomenologische und experimentelle Zugang zu Psychologie und Charakterkunde. In H. von Bracken & H.P. David (Hrsg.), Perspektiven der Persönlichkeitstheorie (S. 219–229). Bern: Huber.

WHO – Weltgesundheitsorganisation (1991). Klassifikation psychischer Krankheiten. Klinisch-diagnostische Leitlinien nach Kapitel V (F) der ICD-10. (1. Aufl.; Hrsg.: H. Dilling, W. Mombour & M.H. Schmidt). Bern: Huber.

WHO – Weltgesundheitsorganisation (1993). Klassifikation psychischer Krankheiten. Klinisch-diagnostische Leitlinien nach Kapitel V (F) der ICD-10. (2. überarbeitete und erweiterte Aufl.; Hrsg.: H. Dilling, W. Mombour & M.H. Schmidt). Bern: Huber.

Werble, B. (1970). Second follow-up study of borderline patients. Archives of General Psychiatry, 23, 3–7.

West, M. & Sheldon, A.E.R. (1988). Classification of pathological attachment patterns in adults. Journal of Personality Disorders, 2, 153–159.

Westen, D., Ludolph, P., Misle, B., Ruffins, S. & Block, J. (1990). Physical and sexual abuse in adolescent girls with borderline personality disorder. American Journal of Orthopsychiatry, 60, 55–66.

Westermeyer, J. (1992). Schizophrenia and substance abuse. In A. Tasman & M.B. Riba (Eds.), Review of Psychiatry – Vol. 11 (pp. 379–401). Washington, DC: American Psychiatric Press.

Widiger, T.A. (1991). DSM-IV reviews of the personality disorders: Introduction to special series. Journal of Personality Disorders, 5, 136–148.

Widiger, T.A. (1992). Generalized social phobia versus avoidant personality disorder: A commentary on three studies. Journal of Abnormal Psychology, 101, 340–343.

Widiger, T.A. (1998). Sex bias in diagnosis of personality disorders. Journal of Personality Disorders, 12, 95–118.

Widiger, T.A. & Corbitt, E.M. (1993). Antisocial personality disorder: Proposals for DSM-IV. Journal of Personality Disorders, 7, 63–77.

Widiger, T.A. & Corbitt, E.M. (1996). Antisocial personality disorder. In T.A. Widiger, A.J. Frances, H.A. Pincus, R. Ross, M.B. First & W.W. Davis (Eds.), DSM-IV Sourcebook (pp. 703–716). Washington, DC: American Psychiatric Press.

Widiger, T.A. & Costa, P.T. (1994). Personality and personality disorders. Journal of Abnormal Psychology, 103, 78–91.
Widiger, T.A. & Frances, A. (1985). The DSM-III personality disorders. Perspectives from psychology. Archives of General Psychiatry, 42 , 615–623.
Widiger, T.A., & Frances, A. (1989). Epidemiology, diagnosis, and comorbidity of borderline personality disorder. In A. Tasman, R. Hales & A. Frances A. (Eds.), Review of psychiatry – Vol. 8 (pp. 8–24). Washington DC: American Psychiatric Press.
Widiger, T.A. & Frances, A.J. (1993). Toward a dimensional model for the personality disorders. In P.T. Costa & T.A. Widiger (Eds.), Personality disorders and the five-factor model of personality (pp. 19–40). Washington DC: American Psychological Association.
Widiger, T.A. & Shea, T. (1991). Differentiation of axis I and axis II disorders. Journal of Abnormal Psychology, 100, 399–406.
Widiger, T.A. & Trull, T.J. (1993). Borderline and narcissistic personality disorders. In P.B. Sutker & H.E. Adams (Eds.), Comprehensive handbook of psychopathology (2nd ed.; pp. 371–394). New York: Plenum Press.
Widiger T.A., Corbitt, E.M. & Millon, T. (1992). Antisocial personality disorder. In A. Tasman & M.B. Riba (Eds.), Review of Psychiatry – Vol. 11 (pp. 63–79). Washington, DC: American Psychiatric Press.
Widiger, T.A., Miele, G.M. & Tilly, S.M. (1992). Alternative perspectives on the diagnosis of borderline personality disorder. In J.F. Clarkin, E. Marziali & H. Munroe-Blum (Eds.), Borderline personality disorder. Clinical and empirical perspectives (pp. 89–115). New York: Guilford.
Widiger, T.A., Trull, T.J. & Hurt, S. (1987). A multi-dimensional scaling of DSM-III personality disorders. Archives of General Psychiatry, 44, 557–563.
Widiger, T.A., Cadoret, R., Hare, R., Robins, L., Rutherford, M., Zanarini, M., Alterman, A., Apple, M., Corbitt, E., Forth, A., Hart, S., Kultermann, J., Woody, G. & Frances, A. (1996). DSM-IV antisocial personality disorder field trial. Journal of Abnormal Psychology, 105, 3–16.
Widiger, T.A., Frances, A.J., Spitzer, R.L. & Williams, J.B.W. (1988). The DSM-III-R personality disorders: An overview. American Journal of Psychiatry, 145, 786–795.
Widiger, T.A., Frances, A.J., Harris, M., Jacobsberg, L.B., Fyer, M. & Manning, D. (1991). Comorbidity among axis II disorders. In J.M. Oldham (Ed.), Personality disorders: New perspectives on diagnostic validity (pp.163–194). Washington, DC: American Psychiatric Press.
Widiger, T.A., Frances, A., Warner, L. & Blum, C. (1986). Diagnosis criteria for the borderline and schizotypal personality disorders. Journal of Abnormal Psychology, 95, 43–51.
Widiger, T.A., Trull, T.J., Hurt, S.W., Clarkin, J. & Frances, A. (1987). A multidimensional scaling of the DSM-III personality disorders. Archives of General Psychiatry, 44, 557–563.
Widiger, T.A., Trull, J.T., Clarkin, J.F., Sanderson, C. & Costa, P.T. (1993). A description of the DSM-III-R and DSM-IV personality disorders with the five-factor model of personality. In P.T. Costa & T.A. Widiger (Eds.), Personality disorders and the five-factor model of personality (pp. 41–56). Washington DC: American Psychological Association.
Wiggins, J.S. (1968). Inconsistent socialization. Psychological Reports, 23, 303–336.
Wiggins, J.S. (1979). A psychological taxonomy of trait-descriptive terms: The interpersonal domain. Journal of Personality and Social Psychology, 33, 409–420.
Wiggins, J.S. (1982). Circumplex models of interpersonal behavior in clinical psychology. In P.C. Kendall & J.N. Butcher (Eds.), Handbook of research methods in clinical psychology (pp. 183–221). New York: Wiley.
Wiggins, J.S. & Broughton, R. (1985). The interpersonal circle: A structural model for the integration of personality research. In R. Hogan & W.H. Jones (Eds.), Perspectives in personality, Vol. 1 (pp. 1–47). Greenwich, CT: JAI-Press.

Wiggins, J.S. & Pincus, A.L. (1989). Conception of personality disorders and dimensions of personality. Psychological Assessment: Journal of Consulting and Clinical Psychology, 1, 305–316.

Wiggins, J.S. & Pincus, A.L. (1992). Personality: Structure and assessment. Annual Review of Psychology, 43, 473–504.

Wiggins, J.S. & Pincus, A.L. (1993). Personality structure and the structure of personality disorders. In P.T. Costa & T.A. Widiger (Eds.), Personality disorders and the five-factor model of personality (pp. 73–94). Washington DC: American Psychological Association.

Wing, J.K. (1984). Schizophrenie in Selbstzeugnissen (Einleitung). In H. Katschnig (Hrsg.), Die andere Seite der Schizophrenie (2. Aufl.; S. 21–29). München: Urban & Schwarzenberg. [spätere Auflagen: Psychologie Verlags Union, Weinheim].

Wing, J.K., Cooper, J.E. & Sartorius, N. (1974). Description and classification of psychiatric symptoms (Present State Examination). Cambridge: Cambridge University Press. [dt. (1982). Die Erfassung und Klassifikation psychiatrischer Symptome. Beschreibung und Glossar des PSE. Weinheim: Beltz].

Winnicott, D.W. (1965). Ego distortion in terms of true and false self. In D.W. Winnicott (Autor), The maturational processes and the facilitating environment (S. 140–152). New York: International Universities Press. [dt. (1974). Reifungsprozesse und fördernde Umwelt. München: Kindler].

Wittchen, H.U. (1996). Klassifikation und Diagnostik von Persönlichkeitsstörungen. In B. Schmitz, Th. Fydrich & K. Limbacher (Hrsg.). (1996), Persönlichkeitsstörungen: Diagnostik und Psychotherapie (S. 27–41). Weinheim: Psychologie Verlags Union.

Wittchen, H.U., & Schulte, D. (1988). Diagnostische Kriterien und operationalisierte Diagnosen. Grundlagen der Klassifikation psychischer Störungen. Diagnostica, 34, 3–27.

Wittchen, H.U., Schramm, E., Zaudig, M. & Unland, H. (1993). Strukturiertes Klinisches Interview Für DSM-III-R; Achse II (Persönlichkeitsstörungen) – SKID-II. Weinheim: Beltz.

Wittgenstein, L. (1958). Philosophical investigations. Oxford: Basil Blackwell. [dt. (1967). Philosophische Untersuchungen. Frankfurt a.M.: Suhrkamp].

Wolff, S. (1993). Personality disorder in childhood. In P. Tyrer & G. Stein (Eds.), Personality disorders reviewed (pp. 64–89). London: Gaskell – Royal College of Psychiatrists.

Wong, S.E., Slama, K.M. & Liberman, R.P. (1987). Behavioral analysis and therapy for aggressive psychiatric and developmentally disabled patients. In L.H. Roth (Ed.), Clinical treatment of the violent person (pp. 20–53). New York: Guilford Press.

Woody, G.E., McLellan, T., Luborsky, L. & O'Brian, C.P. (1985). Sociopathy and psychotherapy outcome. Archives of General Psychiatry, 42, 1081–1086.

Wulff, E. (1972). Psychiatrie und Klassengesellschaft. Frankfurt/M.: Fischer Athenäum.

Wundt, W. (1873). Grundzüge der physiologischen Psychologie (Band 3). Leipzig: Engelmann. [zu Grunde gelegt: 5. Auflage (1903)]

Yalom, I. (1980). Existential psychotherapy. New York: Basic Books. [dtsch. (1989). Existentielle Psychotherapie. Köln: Edition Humanistische Psychologie].

Yalom, I. (1989). Theorie und Praxis der Gruppenpsychotherapie. München: Pfeiffer.

Yookyung, K. & Pilkonis, P.A. (1999). Selecting the most informative items in the IIP Scales for personality disorders: An application of item response theory. Journal of Personality Disorders, 13, 157–174.

Young, J.E. (1990). Cognitive therapy for personality disorders: A schema-focused approach. Saratosa, Florida: Professional Resource Exchange.

Zanarini, M.C., Frankenburg, F.R., Chauncey, D. & Gunderson, J.G. (1987). The Diagnostic Interview for Personality Disorders: Interrater and test-retest reliability. Comprehensive Psychiatry, 28, 467–480.

Zanarini, M.C., Gunderson, J.G., Marino, M.F., Schwartz, E.O. & Frankenburg, F.R. (1989). Childhood experiences of borderline patients. Comprehensive Psychiatry, 30, 18–25.
Zander, E. & Zander, W. (1982). Die Neo-Psychoanalyse von Harald Schultz-Hencke. In D. Eicke (Hrsg.), Tiefenpsychologie. Band 3. Die Nachfolger Freuds (S. 297–345). Weinheim: Beltz. [Kindlers „Psychologie des 20. Jahrhunderts“].
Zaworka, W. & Hand, I. (1980). Phänomenologie (Dimensionalität) der Zwangssymptomatik. Experimentelle Diagnostik der Zwangsneurose. I. Archiv für Psychiatrie und Nervenkrankheiten, 228, 257–273.
Zaworka, W. & Hand, I. (1981). Die „Anankastische Persönlichkeit“ – Fakt oder Fiktion? Experimentelle Diagnostik der Zwangsneurose. Zeitschrift für Differentielle und Diagnostische Psychologie, 2, 31–54.
Zelmanowitz, J. (1971). David Rapaports gesammelte Schriften. Psyche, 25, 400–409.
Zerssen, D. v. (1969). Objektivierende Untersuchungen zur prämorbiden Persönlichkeit endogen Depressiver. In H. Hippius & H. Selbach (Hrsg.), Das depressive Syndrom (S. 193–205). München: Urban & Schwarzenberg.
Zerssen, D. v. (1973). Typus. In C. Müller (Hrsg.), Lexikon der Psychiatrie (S. 540–542). Berlin: Springer.
Zerssen, D. v. (1977). Premorbid personality and affective psychoses. In G.D. Burrows (Ed.), Handbook of studies on depression (pp. 79–193). Amsterdam: Excerpta Medica.
Zerssen, D. v. (1982). Personality and affective disorders. In E.S. Paykel (Ed.), Handbook of affective disorders (pp. 212–228). Edinburgh: Churchill Livingstone.
Zerssen, D. v. (1988). Der „Typus manicus“ als Gegenstück zum „Typus melancholicus“ in der prämorbiden Persönlichkeitsstruktur affektpsychotischer Patienten. In W. Janzarik (Hrsg.), Persönlichkeit und Psychose (S. 150–171). Stuttgart: Enke.
Zerssen, D. v. (1991). Zur prämorbiden Persönlichkeit des Melancholikers. In Ch. Mundt, P. Fiedler, H. Lang & A. Kraus (Hrsg.), Depressionskonzepte heute: Psychopathologie oder Pathopsychologie? (S. 76–94). Berlin: Springer-Verlag.
Zerssen, D. v. (1992). Der „Typus manicus“ – eine Variante der Zyklothymie? In A. Marneros & M. Philipp (Hrsg.), Persönlichkeit und psychische Erkrankung (S. 72–86). Berlin: Springer-Verlag.
Zerssen, D. v. (1993). Normal and abnormal variants of premorbid personality in functional mental disorders. Conceptual and methodological issues. Journal of Personality Disorders, 7, 116–136.
Zerssen, D. v. (1996). „Melancholic“ and „manic“ types of personality as premorbid structures in affective disorders. In Ch. Mundt, M.J. Goldstein, K. Hahlweg & P. Fiedler (Eds.), Interpersonal factors in orign and course of affective disorders (pp. 65–85). London: Gaskell.
Zerssen, D. v. (2000). Variants of premorbid personality and personality disorder: A taxonomic model of their relationships. European Archives of Psychiatry and Clinical Neuroscience, 250, 234–248.
Zerssen, D. v. (2001). Personality and affective disorders. In F. Henn, N. Sartorius, H. Helmchen & H. Lauter (Eds.), Contemporary psychiatry (Vol. 6; pp. 279–296). New York, Berlin: Springer.
Zerssen, D. v. & Pössl, J. (1990). The premorbid personality of patients with different subtypes of an affective illness: Statistical analysis of blind assignement of a case history data to clinical diagnosis. Journal of Affective Disorders, 18, 39–50.
Zerssen, D. v., Koeller, D.-M. & Rey, E.-R. (1970). Die prämorbide Persönlichkeit von endogen Depressiven. Confinia psychiatrica, 13, 156–179.
Zerssen, D. v., Pfister, H. & Koeller, D.-M. (1988). The Munich Personality Test (MPT) – a short questionnaire for self-rating and relatives' rating of personality traits: Formal pro-

perties and clinical potential. European Archives of Psychiatry and Neurological Sciences, 238, 73–93.
Zetzel, E. (1971). A developmental approach to the borderline patient. American Journal of Psychiatry, 128, 867–871.
Ziehen, T. (1905–1912). Zur Lehre von den psychopathischen Konstitutionen. Charité-Annalen, 29 , 279 (1905); 31, 146 (1907); 32, 113 (1908); 36, 130 (1912). [zit. nach K. Schneider (1950)].
Zimmer, F.T. (1991). Konzepte und Aspekte der Chronifizierung von Depressionen. In C. Mundt, P. Fiedler, H. Lang & A. Kraus (Hrsg.), Depressionskonzepte heute Psychopathologie oder Pathopsychologie? (S. 249–267). Berlin: Springer-Verlag.
Zimmerman, M. (1994). Diagnosing personality disorders. A review of issues and research methods. Archives of General Psychiatry, 51, 225–245.
Zimmerman, M. & Coryell, W. (1989). DSM-III personality disorder diagnosis in a non-patient sample. Archives of General Psychiatry, 46, 682–689.
Zimmerman, M. & Coryell, W. (1990). Diagnosing personality disorders in the community. A comparison of self-report and interview measures. Archives of General Psychiatry, 47, 527–531.
Zubin, J. & Spring, B. (1977). Vulnerability – a new view of schizophrenia. Journal of Abnormal Psychology, 86, 103–126.
Zuckerman, M. (1979). Sensation seeking: Beyond the optimal level of arousal. London: Wiley.
Zuckerman, D.M., Prusoff, B.A., Weissman, M.M. & Paradin, N.S. (1980). Personality as predictor of psychotherapy and pharmacotherapy outcome for depressed patients. Journal of Consulting and Clinical Psychology, 48, 730–735.

Namenverzeichnis

Sachwortverzeichnis

E

I

Q

R

T

U

V

W

Z